現代民事手続法の課題

謹んで古稀をお祝いし
春日偉知郎先生に捧げます

執筆者一同

執筆者一覧 (掲載順)

*は編者

安西明子 (あんざい・あきこ)	上智大学法学部教授
*加藤新太郎 (かとう・しんたろう)	中央大学大学院法務研究科教授・弁護士
川嶋四郎 (かわしま・しろう)	同志社大学法学部教授
河野憲一郎 (かわの・けんいちろう)	熊本大学大学院人文社会科学研究部(法学系)准教授
*中島弘雅 (なかじま・ひろまさ)	専修大学法学部教授・慶應義塾大学名誉教授
林 道晴 (はやし・みちはる)	東京高等裁判所長官
三上威彦 (みかみ・たけひこ)	武蔵野大学法学部教授・慶應義塾大学名誉教授
我妻 学 (わがつま・まなぶ)	首都大学東京大学院法学政治学研究科教授
坂本恵三 (さかもと・けいぞう)	東洋大学法学部教授
須藤典明 (すどう・のりあき)	日本大学大学院法務研究科教授・弁護士
髙田昌宏 (たかだ・まさひろ)	早稲田大学大学院法務研究科教授
本間靖規 (ほんま・やすのり)	早稲田大学法学部教授
金子宏直 (かねこ・ひろなお)	東京工業大学環境・社会理工学院社会・人間科学系准教授
越山和広 (こしやま・かずひろ)	龍谷大学法学部教授
*芳賀雅顯 (はが・まさあき)	慶應義塾大学大学院法務研究科教授
村上正子 (むらかみ・まさこ)	名古屋大学大学院法学研究科教授
山本和彦 (やまもと・かずひこ)	一橋大学大学院法学研究科教授
*三木浩一 (みき・こういち)	慶應義塾大学大学院法務研究科教授
山木戸勇一郎 (やまきど・ゆういちろう)	北海道大学大学院法学研究科准教授
上江洲純子 (うえず・じゅんこ)	沖縄国際大学法学部教授
岡 伸浩 (おか・のぶひろ)	弁護士
小原将照 (おはら・まさてる)	南山大学法学部教授
河崎祐子 (かわさき・ゆうこ)	信州大学経法学部教授
北島(村田)典子 (きたじま(むらた)・のりこ)	成蹊大学法学部教授
倉部真由美 (くらべ・まゆみ)	法政大学法学部教授
佐藤鉄男 (さとう・てつお)	中央大学大学院法務研究科教授
杉本和士 (すぎもと・かずし)	法政大学法学部教授
玉井裕貴 (たまい・ひろき)	東北学院大学法学部講師
濱田芳貴 (はまだ・よしたか)	弁護士
安達栄司 (あだち・えいじ)	立教大学大学院法務研究科教授
川嶋隆憲 (かわしま・たかのり)	名古屋大学大学院法学研究科准教授
工藤敏隆 (くどう・としたか)	慶應義塾大学大学院法務研究科准教授
定塚 誠 (じょうづか・まこと)	東京高等裁判所部総括判事
中村芳彦 (なかむら・よしひこ)	青山学院大学法務研究科特任教授・弁護士
ロルフ・シュテュルナー (Rolf Stürner)	フライブルク大学名誉教授
アストリッド・シュタッドラー (Astrid Stadler)	コンスタンツ大学法学部教授
アレキサンダー・ブルンス (Alexander Bruns)	フライブルク大学法学部教授

春日偉知郎先生 近影

現代民事手続法の課題

春日偉知郎先生古稀祝賀

編 集
加藤新太郎・中島弘雅・三木浩一・芳賀雅顯

信山社

はしがき

　私たちが斉しく敬愛する春日偉知郎先生には，2019 年 3 月 9 日に，めでたく古稀をお迎えになられました。そこで，私どもは，春日先生の日頃のご学恩に報い，また先生の一層のご活躍を祈念するために，春日先生の学問に接する機会のあった先生方に玉稿をお寄せいただき，古稀をお祝いする論文集を刊行することを企画いたしました。ここに，古稀祝賀論文集『現代民事手続法の課題』を上梓するとともに，謹んで春日先生に献呈いたします。

　春日偉知郎先生は民事手続法，とりわけ証拠法の分野において先駆的な業績を多数あげてこられました。先生のご業績とご経歴は本書の巻末にまとめておりますが，それらの論考を展開するに際しては常に実務の動向に目を向け，またドイツ法を中心とした比較法的考察を行うことで，実務に通用する精緻な学問体系を構築することを心がけてこられたと思われます。とくに証拠法の分野では，いち早くロルフ・シュテュルナー教授（現・フライブルク大学名誉教授）の事案解明義務論の紹介と，わが国への解釈論的導入の可能性を探求してこられました。春日先生のご論文集三部作『民事証拠法研究 ── 証拠の収集・提出と証明責任』（有斐閣，1991 年），『民事証拠法論集 ── 情報開示・証拠収集と事案の解明』（有斐閣，1995 年），『民事証拠法論 ── 民事裁判における事案解明』（商事法務，2009 年）は，証拠法の分野における金字塔的存在を示しているといえます。また，春日先生のご業績は，判決手続以外にも，民事執行法，倒産法，仲裁法，さらには国際民事手続法といった民事手続法全般にわたっております。とりわけ，ロルフ・シュテュルナー『国際司法摩擦』（商事法務，1992 年），『オーストリア民事訴訟法典（1995 年 3 月 15 日現在）』（共訳，法務資料 456 号，1997 年），『ドイツ民事訴訟法典（2011 年 12 月 22 日現在）』（共訳，法務資料 462 号，2012 年），『欧州連合（EU）民事手続法』（法務資料 464 号，2015 年）の翻訳や『比較民事手続法研究 ── 実効的権利保護のあり方』（慶應義塾大学出版会，2016 年）など，外国の司法制度や国際民事手続法へのご関心が特筆に値するものと思われます。

教育面では，獨協大学法学部，筑波大学社会学類・同大学院社会科学研究科，同大学院経営・政策科学研究科，同大学院ビジネス科学研究科，慶應義塾大学大学院法務研究科および関西大学大学院法務研究科の各大学において，専任教員として多くの学生の教育に従事してこられました。

　大学外での公務につきましても，司法試験（第二次試験）考査委員，司法制度改革推進本部労働検討会委員，最高裁判所規則制定諮問委員会臨時委員，法制審議会臨時委員（電子債権法部会），中央労働委員会公益委員，民事調停委員，家事調停委員などを歴任してこられました。

　また，春日先生のご活躍の場は日本にとどまらず，法整備支援の形で海外にも及んでいます。とくに，カンボディア王国からは，2008年に，カンボディア王国友好勲章を授与されました。

　このように，研究および教育に長年にわたり携わってこられ，また多大なる社会的貢献を果たしてこられた春日偉知郎先生への感謝と今後のご壮健を祈念して，私どもが一書を編むことができたことは，大いなる喜びであると感じております。本書にご寄稿いただいたご論文は，先生のこれまでのご活躍を象徴するように，民事訴訟法を中心に国際民事訴訟法，民事執行法，倒産法，ADRと多彩な分野にわたっております。

　本書を刊行するに際しては，まずは，ご多忙の中にもかかわらずご寄稿いただきました各執筆者の皆様に厚くお礼を申し上げます。また，信山社編集部の今井守様には，本書の企画，編集，そして刊行に至るまで周到にご準備いただきました。改めてお礼を申し上げる次第です。

　　2019年7月吉日

加藤新太郎

中島弘雅

三木浩一

芳賀雅顯

目　　次

はしがき（ix）

◈ 第 I 部 ◈ 判 決 手 続

◈ 1 ◈ 証　　拠

1　当事者間の負担分配から見た事案の解明………〔安西明子〕…7

　Ⅰ　は じ め に（7）
　Ⅱ　証明責任を負わない当事者の主張・立証（8）
　Ⅲ　文書提出命令の手続（19）
　Ⅳ　結びに代えて（24）

2　民事訴訟における論証責任論………………〔加藤新太郎〕…27

　Ⅰ　は じ め に（27）
　Ⅱ　民事訴訟の類型と論証責任を意識しない実務の傾向（30）
　Ⅲ　原理的な問題との関係（35）
　Ⅳ　論証責任論の効用（38）
　Ⅴ　結　　び（50）

3　私文書の成立の真正に関する「二段の推定」についての覚書
　　── その意義の再確認と限界について ………………〔川嶋四郎〕…53

　Ⅰ　はじめに ── 問題の所在（53）
　Ⅱ　最高裁昭和 39 年 5 月 12 日判決（54）
　Ⅲ　最高裁昭和 39 年判決の時代背景（58）
　Ⅳ　民訴法 228 条 4 項の位置づけと法的性質（61）
　Ⅴ　「第 1 段目の推定」における経験則の脆弱性 ── 多様な反証成功事例（65）
　Ⅵ　署名の真正と押印の真正 ── 署名代理（あるいは筆跡偽造）と「二段の推定」

目　次

の問題（69）

Ⅶ　司法研究報告書『民事訴訟における事実認定』等における警鐘（75）

Ⅷ　おわりに ── 自由心証主義の実質化を希求して（79）

4　民事訴訟における証拠の機能

　　── その体系的位置づけの可能性………………………〔河野憲一郎〕…85

Ⅰ　序（85）

Ⅱ　わが国における従来の議論とその問題点（86）

Ⅲ　ドイツにおける民事訴訟の手続構造と証拠の収集（93）

Ⅳ　証拠収集手続の体系化の試み（106）

Ⅴ　結　語（110）

5　当事者尋問再考 ………………………………………〔菅原郁夫〕…113

Ⅰ　はじめに ── 問題点の所在（113）

Ⅱ　ガス抜き効果についての研究（114）

Ⅲ　民事訴訟利用者調査からの示唆 ── 当事者尋問の副作用（119）

Ⅳ　分析結果からの示唆（123）

Ⅴ　最　後　に（127）

6　調査嘱託に対する回答拒絶と不法行為の成否 …〔中島弘雅〕…131

Ⅰ　は じ め に（131）

Ⅱ　調査嘱託制度の概要（132）

Ⅲ　先例としての東京高判平成 24 年 10 月 24 日（141）

Ⅳ　調査嘱託の不当拒絶と不法行為の成否（144）

Ⅴ　お わ り に（151）

7　提訴前の証拠収集についての展望

　　──「証拠保全の実務」と提訴前証拠収集処分の立案作業を踏まえて

　　………………………………………………………〔林　道晴〕…153

Ⅰ　は じ め に（153）

Ⅱ　「証拠保全の実務」に至る経緯（154）

Ⅲ　ドイツの独立証拠調べ手続の調査（157）

Ⅳ　提訴前の証拠収集処分手続の立法（159）

Ⅴ　今後の提訴前の証拠収集の在り方（164）

目　次

8　民事訴訟における新種媒体の証拠調べと PDF ファイルの
　　証拠力 ……………………………………………〔三上威彦〕…167

　　Ⅰ　は じ め に（167）
　　Ⅱ　文書の証拠調べ（168）
　　Ⅲ　新種証拠の取扱い（173）
　　Ⅳ　PDF ファイルの証拠力（184）
　　Ⅴ　お わ り に（190）

9　イギリスにおける患者に対して誠実に対応する義務と
　　新たな医療事故調査制度………………………………〔我妻　学〕…193

　　Ⅰ　は じ め に（193）
　　Ⅱ　医療安全に関する世界的な取組み（194）
　　Ⅲ　イギリスにおける医療安全の問題と医療事故調査（197）
　　Ⅳ　患者に誠実に対応する義務（201）
　　Ⅴ　イギリスにおける新たな医療事故調査制度（204）
　　Ⅵ　お わ り に（208）

◆2◆　訴え・判決

10　債務不存在確認の訴えと給付の反訴 ………………〔坂本恵三〕…213

　　Ⅰ　は じ め に（213）
　　Ⅱ　債務不存在確認の訴えと当該債務の履行を求める給付の訴えの関係（216）
　　Ⅲ　債務不存在確認の訴えと給付の反訴の処理（223）
　　Ⅳ　お わ り に（227）

11　民事裁判における判決理由の告知と実践的工夫
　　……………………………………………………〔須藤典明〕…229

　　Ⅰ　は じ め に（229）
　　Ⅱ　判決の言渡しに関する民事訴訟法などの規律（230）
　　Ⅲ　判決理由の要旨を告知することの意義（235）
　　Ⅳ　どのようなメモを作成していたか（240）
　　Ⅴ　理由の要旨を口頭で告知するための実践的工夫（245）
　　Ⅵ　お わ り に（254）

xiii

目　次

12　証拠調べ後の裁判官交代と直接主義の原則
　　── ドイツ法との比較に基づく一考察 ……………………〔髙田昌宏〕…257

　　Ⅰ　は じ め に（*257*）
　　Ⅱ　ドイツ民事訴訟法における裁判官の交代と直接主義の原則（*263*）
　　Ⅲ　ドイツ法からの示唆 ── まとめと今後の課題（*275*）

13　身分訴訟における判決効拡張再論…………………〔本間靖規〕…281

　　Ⅰ　は じ め に（*281*）
　　Ⅱ　ドイツ法の過去と現在（*282*）
　　Ⅲ　日本法との関係 ── 若干の比較（*290*）
　　Ⅳ　お わ り に（*292*）

14　民事訴訟費用の裁判と費用額確定処分……………〔金子宏直〕…293

　　Ⅰ　は じ め に（*293*）
　　Ⅱ　訴訟費用の負担に関する原則と手続（*294*）
　　Ⅲ　平成 8 年民事訴訟法改正と民事訴訟費用の裁判等（*295*）
　　Ⅳ　ドイツ法における費用額確定手続（*301*）
　　Ⅴ　訴訟費用の裁判等の手続の性質（*302*）
　　Ⅵ　訴訟費用額の確定に関する裁判例（*303*）
　　Ⅶ　直接取立の場合の費用額の確定（*307*）
　　Ⅷ　訴訟費用の負担の裁判の理由（*310*）
　　Ⅸ　結　　語（*312*）

◆ 3 ◆　国際民事訴訟

15　外国判決の承認と間接管轄の判断基準……………〔越山和広〕…317

　　Ⅰ　序　　論（*317*）
　　Ⅱ　判例基準の確認（*319*）
　　Ⅲ　判例における事案の解決（*324*）
　　Ⅳ　考　　察（*330*）
　　Ⅴ　結　　論（*337*）

16 外国判決不承認による不当利得
　　── 国際司法摩擦との相克………………………………〔芳賀雅顯〕…339

　Ⅰ　は じ め に（339）
　Ⅱ　ドイツでの議論（341）
　Ⅲ　日本法の解釈（353）
　Ⅳ　むすび ── 司法摩擦との関係（361）

17 ブリュッセルⅡa規則の改正案に見るEUにおける子の
　　奪取事案の解決枠組み………………………………〔村上正子〕…363

　Ⅰ　は じ め に（363）
　Ⅱ　EUにおける子の奪取事案の解決枠組み（366）
　Ⅲ　ブリュッセルⅡa規則の改正案（372）
　Ⅳ　むすびにかえて ── 日本法への示唆（380）

18 国際裁判管轄に関する若干の問題…………………〔山本和彦〕…385

　Ⅰ　は じ め に（385）
　Ⅱ　絶対的強行法規と合意管轄（386）
　Ⅲ　仲裁合意と国際保全管轄（395）
　Ⅳ　本案の国際裁判管轄がない場合の審判前の保全処分（402）

◆ 第Ⅱ部 ◆　民事執行・倒産手続

◆ 1 ◆　民 事 執 行

19 不当執行に基づく債権者の損害賠償責任…………〔三木浩一〕…413

　Ⅰ　は じ め に（413）
　Ⅱ　仮執行の場合（414）
　Ⅲ　保全執行の場合（418）
　Ⅳ　強制執行の場合（425）
　Ⅴ　担保権実行の場合（427）

xv

目　次

20　引換給付判決の執行開始要件としての反対給付の提供の意義について……………………………………〔山木戸勇一郎〕…433

Ⅰ　問題の所在（*433*）

Ⅱ　引換給付判決の強制執行の実施の実体法的な正当化根拠（*436*）

Ⅲ　各説から導かれる帰結の整理（*440*）

Ⅳ　検　討（*444*）

Ⅴ　おわりに（*447*）

◆ 2 ◆　倒　産

21　イギリスにおける倒産時の労働契約の取扱い── 再建型倒産手続における議論を中心に……………〔上江洲純子〕…451

Ⅰ　はじめに（*451*）

Ⅱ　イギリス倒産制度の概要（*453*）

Ⅲ　会社管理手続における労働契約の取扱い（*457*）

Ⅳ　イギリス労働法における解雇の取扱い（*459*）

Ⅴ　会社管理手続と剰員整理解雇の関係（*464*）

Ⅵ　おわりに（*470*）

22　破産管財人の受託者的地位── 信託的構成の再評価と管理機構人格説との調和 ……〔岡　伸浩〕…473

Ⅰ　はじめに（*473*）

Ⅱ　法定信託（受託者）説をめぐる考察（*474*）

Ⅲ　破産管財人の受託者的地位に関する考察（*482*）

Ⅳ　信認関係の構成要素（*484*）

Ⅴ　信託法理の展開と破産法への投影（*493*）

Ⅵ　まとめに代えて（*496*）

23　破産手続における求償権の取扱い…………………〔小原将照〕…499

Ⅰ　本稿の目的（*499*）

Ⅱ　平成29年決定について（*505*）

Ⅲ　全部義務関係の対象と実体法の理解（*513*）

Ⅳ　破産法における事後求償権の取扱い（*522*）

目　次

Ⅴ　考　察（*529*）

24　「債権者平等原則」の法的性質
── 破産判例の変遷を中心に ………………………〔河崎祐子〕…*543*

Ⅰ　は じ め に（*543*）

Ⅱ　「債権者平等原則」の生成 ── 第一期（～1970 年代）（*545*）

Ⅲ　「債権者平等原則」の変容 ── 第二期（1970 年代～1990 年代）（*549*）

Ⅳ　「債権者平等原則」の定着 ── 第三期（1990 年代～）（*554*）

Ⅴ　お わ り に（*560*）

25　裁判例における事業再生目的………………〔北島(村田)典子〕…*563*

Ⅰ　民事再生手続と事業の再生（*563*）

Ⅱ　民事再生手続利用の可否・民事再生法の規定（*566*）

Ⅲ　当事者の合意と民事再生手続（*573*）

Ⅳ　お わ り に（*590*）

26　個人再生手続における別除権協定の問題点……〔倉部真由美〕…*593*

Ⅰ　は じ め に（*593*）

Ⅱ　別除権協定において弁済が約された債権の法的性質（*594*）

Ⅲ　個人再生手続における別除権協定の締結（*596*）

Ⅳ　む す び に（*601*）

27　破産者の憲法的不自由はこれでよいのか ………〔佐藤鉄男〕…*603*

Ⅰ　は じ め に（*603*）

Ⅱ　わが国における破産者の人権制限の概要（*604*）

Ⅲ　破産者の身体的不自由 ── 居住制限を中心に（*607*）

Ⅳ　破産者の職業選択の不自由（資格制限）（*609*）

Ⅴ　破産者にはプライバシーがない？ ── 郵便物管理（*613*）

Ⅵ　破産情報をめぐる公私ジレンマ ── 官報公告の光と陰（*619*）

Ⅶ　終 わ り に（*623*）

28　破産手続・再生手続終了後の留保所有権者による
私的実行の可否 …………………………………〔杉本和士〕…*625*

Ⅰ　は じ め に ── 問題状況の確認と本稿の検討対象（*625*）

xvii

目 次

Ⅱ 破産手続終了後の留保所有権の処遇 (*630*)

Ⅲ 再生手続終了後の留保所有権の処遇 (*635*)

Ⅳ お わ り に (*636*)

29 仮想通貨交換業者の破産手続における利用者の仮想通貨返還請求権の取扱い
—— MTGOX 破産事件を素材として ………………〔玉井裕貴〕…*637*

Ⅰ は じ め に (*637*)

Ⅱ MTGOX 倒産事件の概要 —— 2 つの下級審裁判例 (*638*)

Ⅲ 仮想通貨の法的性質 (*646*)

Ⅳ 破産手続における仮想通貨返還請求権の取扱い (*652*)

Ⅴ 結びにかえて (*658*)

30 別除権協定の規律事項に係る議論の土俵に関する再考察
………………………………………………〔濱田芳貴〕…*661*

Ⅰ は じ め に (*661*)

Ⅱ 別除権協定の規律事項に係る実践的な要請について (*665*)

Ⅲ 別除権協定の規律事項に係る法理面での許容性いかん (*669*)

◆ 第Ⅲ部 ◆ ADR・仲裁手続

31 仲裁判断取消申立ての裁量棄却について
—— 仲裁人の開示義務違反の場合，ドイツ法の新展開…〔安達栄司〕…*693*

Ⅰ は じ め に (*693*)

Ⅱ 仲裁判断取消し（および承認）における裁判所の裁量権 (*697*)

Ⅲ 日本法への示唆 (*715*)

32 ADR 前置合意の効力に関する一考察 ……………〔川嶋隆憲〕…*719*

Ⅰ は じ め に (*719*)

Ⅱ 議論の状況 (*721*)

Ⅲ 若干の考察 (*733*)

Ⅳ 結びに代えて (*747*)

目　次

33　オーストラリアにおける金融 ADR
　　── ワンストップ・サービスへの統合経過………………〔工藤敏隆〕…*749*
　Ⅰ　は じ め に（*749*）
　Ⅱ　業界団体による自主的な紛争解決手続（1990 年代）（*750*）
　Ⅲ　政府の認可による紛争解決手続の分立と統合（2000 年代から 2010 年代）
　　（*754*）
　Ⅳ　単一の業態横断型 ADR（2018 年 11 月以降）（*760*）
　Ⅴ　お わ り に（*770*）

34　労働審判制度が民事訴訟法改正に与える示唆 …〔定塚　誠〕…*773*
　Ⅰ　労働審判制度と春日偉知郎先生 ── 平成 15 年夏（*773*）
　Ⅱ　民事訴訟実務の現状と評価（*776*）
　Ⅲ　多くのみなさんに使っていただける民事訴訟を目指して ── なぜ，民事裁判
　　は，国民の「迅速な裁判」のニーズに応えられていないのか（*780*）
　Ⅳ　労働審判制度が今般の民事訴訟法改正に与える示唆（*784*）
　Ⅴ　最 後 に（*797*）

35　医療 ADR における専門性と日常性 ………………〔中村芳彦〕…*799*
　Ⅰ　は じ め に（*799*）
　Ⅱ　医療 ADR の現状とその類型（*800*）
　Ⅲ　医療専門性の位置づけと役割（*804*）
　Ⅳ　法的専門性の位置づけと役割（*808*）
　Ⅴ　手続専門性と対話専門性の果たす役割（*812*）
　Ⅵ　訴訟と医療 ADR の交錯（*818*）
　Ⅶ　おわりに ── これからの方向性をめぐって（*820*）

◆ 第Ⅳ部 ◆ ドイツ民事訴訟手続

36　国際的な展開からみた民事訴訟における証拠収集の要件
　　………………〔ロルフ・シュテュルナー〔訳・芳賀雅顯〕〕…*825*
　〈原題〉Die Voraussetzungen einer Beweiserhebung im Zivilprozess im Spiegel
　　der internationalen Entwicklung〔Rolf Stürner〕

xix

目　次

I　序　論（825）

II　大陸の訴訟モデルとコモンロー訴訟モデルの相反する出発点（826）

III　2つの事例研究 —— ドイツの事案（Daktari und Flipper）とアメリカ合衆国の事例（Ashcroft）（831）

IV　基本問題および法的に理解困難な基本問題の構造（833）

V　ALI/UNIDROIT の Transnational Civil Procedure による解決と将来的な法発展を通じた解決の確認（837）

VI　一般的な事実主張および特定されていない証拠の申出に基づく事案解明を克服するためのドイツ民事訴訟法の手段（839）

37　ドイツ裁判所の専門化

…………〔アストリッド・シュタッドラー〔訳・芳賀雅顯〕〕…845

〈原題〉Die Spezialisierung deutscher Zivilgerichte〔Astrid Stadler〕

I　ドイツ裁判所構成法における新ルールとその背景（845）

II　専門化の必要性はあるのか？（851）

III　専門性の現実的な獲得（854）

IV　複数の専門領域にまたがる部（855）

V　結　語（857）

38　民事訴訟の主たる目的としての権利実現

………………〔アレキサンダー・ブルンス〔訳・芳賀雅顯〕〕…859

〈原題〉Rechtsverwirklichung als Primärzweck des Zivilprozesses
　　　　〔Alexander Bruns〕

I　民事訴訟の目的論の意義（859）

II　基本的立場（860）

III　推奨に値する民事訴訟の主たる目的の決定（872）

IV　ま と め（873）

春日偉知郎先生　略歴（875）

春日偉知郎先生　業績一覧（879）

現代民事手続法の課題

◆第Ⅰ部◆
判決手続

1 証 拠

1 当事者間の負担分配から見た事案の解明

安 西 明 子

I はじめに

　訴訟において証明責任を負わない当事者に主張・立証を要求することは，無理な議論ではなくなった[1]。事案解明義務論をはじめとする理論はこれを裁判所の心証内部から当事者の行為自体の問題として汲み上げ，後掲の伊方原発最高裁判決を契機に，その後さらに議論が展開してきた。現行民訴法及び規則においても，文書提出義務の拡大（民訴法 220 条 4 号）や積極否認（民訴規 79 条 3 項）はじめとする規定が設けられた。そして訴訟や執行の当事者でない第三者にも，情報提供を求める規定がますます拡大しようとしている。

　このような議論段階では，情報提供に対する拒絶権，秘密保持利益がない限り，当事者も第三者も事案解明に協力するべきであるとの考え方が先行して，公法上の義務としての一般化，その実効化のための不遵守に対する制裁に議論が集中し，当事者間，あるいは関係者間での負担の分配とその手続の観点が欠けているように思われる。事案解明の重要場面とされる文書提出命令に関しては，提出義務とその除外事由だけでなく，証拠の必要性とそれを詰めていく審理過程がさらに検討されるべきである[2]。そのほか様々な場面でも，情報提供義務の拡大と義務違反の制裁に関しては活発な議論があるが，事案解明義務等

---

(1)　この問題に関する近時の動向，議論のまとめとして「シンポジウム・民事裁判における情報の開示・保護」民訴雑誌 54 号（2008 年）79 頁，本稿との関係で特に春日偉知郎「問題の全体状況と主張・立証過程における開示」同 82 頁，「特集・証拠の偏在と民事訴訟」法時 82 巻 2 号（2010 年）4 頁，特に八田卓也「事実認定と証明」同 34 頁が参考となる。
(2)　拙著『民事訴訟における争点形成』（有斐閣，2016 年）136, 139, 158 頁。

『現代民事手続法の課題』春日偉知郎先生古稀祝賀〔信山社，2019 年 7 月〕

をめぐって旧法下で積み重ねられてきた手続要件が等閑視されているのではないか。元来，情報を必要とする当事者が情報を持つとされる相手方にそれを求めるには，まず自らが手続負担を果たすべきであり，その手続負担こそが，相手に情報を求めることができる根拠となる。情報提供に限らず，相手方が一定の負担を果たすように追い込まれるのは，それを求める当事者が先に相応の負担を果たすことによって相手に詰め寄っていったからであると考える。そのプロセス抜きに，相手が情報を持ち容易に提供できるから，義務が法定されれば当然にその負担を負わされるわけではない。

　この観点を最近の裁判例を題材に具体的に検討し，各当事者への負担の分配の指針を模索することが本稿の目的である。

II　証明責任を負わない当事者の主張・立証

1　原発差止仮処分における主張・疎明

　事案解明義務を具体的に検討するための最近の事例として，大阪高決平成29年3月28日判時2334号3頁を取り上げたい[3]。これは原子炉設置許可処分取消訴訟における当事者の主張・立証と裁判所の審理・判断のあり方を示した伊方原発最高裁判決（最一判平成4・10・29民集46巻7号1174頁。以下，伊方最判）の判断枠組みに依拠し，これを民事仮処分に転用した下級審裁判例のひとつであり，現在は主に行政法学説からの検討が積み重ねられている。

　伊方最判は，原発の安全性に関する事実の主張・立証責任は本来原告が負うが，安全性審査に関する資料をすべて被告行政庁が保持している等の点を考慮

---

(3)　本件は滋賀県内住民らが，高浜原発3・4号機を設置している関西電力に対し，本件各原発は耐震性に欠け，津波による電源喪失等を原因として周囲に放射性汚染物質を惹起する危険性を有するとして，本件各原発運転差止め仮処分の申立てをした事案である。第1審（評釈は越智敏裕・新判例解説Watch19号（2016年）309頁），保全異議審は，新規制基準が社会において許容され受けいれるべき危険の限度を画するものとなっているとはいえず，新規制基準にしたがって設置変更許可が受けられたことそれ自体によって安全性が確保されたとはいえない等とし，差止め仮処分を認めた。これに対する保全抗告で，本決定は原審の判断を覆し，原子力規制委員会による新規制基準適合性審査・判断過程に不合理な点が認められない限り安全性が認められるとし申立てを却下した。評釈は黒川哲志・判時2359（判評710）号（2018年）158頁，拙稿・新判例解説Watch23号（2018年）157頁。

II　証明責任を負わない当事者の主張・立証

して，まず被告側に行政庁の判断に不合理な点がないことを相当の根拠，資料に基づき主張立証する必要があり，これを尽くさない場合には被告の判断に不合理な点があることが事実上推認される，という判断枠組みを示した。これを民訴法学説は，証拠の構造的偏在事案で証明責任を負わない当事者に主張・立証の負担を課すことを認めた点で評価し，既存の証明概念の一般理解とは一致しないが，事案解明義務論[4]や具体的事実陳述＝証拠提出義務論[5]と共通するものと位置づけてきた。

そして，ここで検討する裁判例の原決定と保全異議決定は，結論として差止めを命じる際に伊方最判を引用し，他方，伊方判決を引用していない本決定も，被保全権利に関する事実の主張・疎明の責任は本来申立人債権者（以下，X）が負うとしつつ，専門的知見と資料の偏在を考慮して，まずは相手方（以下，Y）に主張・疎明すべきとし，これが尽くされない場合にはYに不利益な事実が推認されると述べて，原審の結論を覆して仮処分申立を却下した。両者の違いは，地裁がYの主張・疎明の負担が尽くされていないと見たのに対し，高裁は既に負担は果たされたと評価した点，すなわちYは「本件原発が原子力規制委員会の新基準を満たしていること」を示せばそれで足りると判断したことにある。本件でわかる通り，伊方最判を民事訴訟，民事保全に転用した下級審裁判例は，いずれも伊方最判を用いながら両極端に分かれており，行政法学においては，Yに証明責任を事実上転換する一段階構成（伊方最判：本件原審）に対し，Yに比較的軽い負担を課す二段階構成（伊方転用型：本決定）が多数を占めていると分析されている[6]。

しかし，このような二極化は，伊方最判も，これを基礎づけうる理論も本来，

---

(4)　竹下守夫「伊方原発訴訟最高裁判決と事案解明義務」木川古稀祝賀『民事裁判の充実と促進・中』（判例タイムズ社，1994年）9頁，春日偉知郎『民事証拠法論』（商事法務，2009年）23頁。

(5)　松本博之『民事訴訟における事案の解明』（日本加除出版，2015年）57頁，松本博之＝上野泰男『民事訴訟法（第8版）』（弘文堂，2015年）348頁。

(6)　本決定囲み解説・判時2334号（2017年）5，6頁，交告尚史「伊方の定式の射程」加藤追悼『変動する日本社会と法』（有斐閣，2011年）262頁，海渡雄一「独立した司法が原発訴訟と向き合う③──伊方原発最高裁判決の再評価　福島原発事故を繰り返さないための裁判規範を求めて」判時2354号（2018年）127，128頁等。越智・前掲注(3)312頁は両当事者による自己に有利な伊方最判引用，司法判断の二極化が最高裁判断が示されるまで続くとする。

意図していなかったのではなかろうか。証明責任を負わない当事者にも主張・立証（疎明。以下，省略）の負担を課そうとする考え方は，証明責任を転換してしまって，他方当事者にのみ負担を課そうとするものではない。両当事者に応分の負担を課すことにより，主張を手続過程において徐々に具体化することが目指されているのである。このような状況を招いているのは，証明責任を負わない当事者にばかり目が向き，本来は他方当事者が果たすべき負担，すなわち事案解明義務論が要件としている「手がかり」が問題とされていないこと，両者が主張を具体化してかみ合った争点を形成していく過程が十分に視野に入っていないことに問題があるのではなかろうか。

2 当事者間の負担分配の手続化
(1) 「手がかり」要件の重要性
(a) 判例・学説による軽視

春日教授による事案解明義務論はその発生要件として，証明責任を負う当事者が客観的に事案解明をなしえない状況にあること（事実からの隔絶），そのことに非難可能性がないこと，逆に相手方が事案解明を容易にでき，その期待可能性があることのほか，第一の要件として，相手方に事案解明を求める当事者（証明責任を負う側）が，自己の権利について合理的な基礎があることを明らかにする「手がかり」を示すことを挙げる[7]。

春日説が示唆を受けたドイツ民訴法理論では，元来，証明責任に加えて，理由づけ責任（具体的特定的事実陳述責任 Substantiierungslast）が重視されてきた[8]。当事者は，請求権等を根拠づけるのに一般的な主張ではなく，具体的に特定された事実を挙げて陳述／否認しなければならない。このような理由づけ

---

(7) 春日偉知郎『民事証拠法研究』（有斐閣，1991年）244，247頁。なお，後述の通り，春日説は解明義務を情報偏在類型に限定する点が，Stürner 説とは異なるとの分析は，廣尾・後掲注(8)162頁注⑿，畑・後掲注(8)619頁注㉖，628頁注㊱参照。

(8) Peter Arens, Zur Aufklärungspflicht der nicht beweisbelasteten Partei im Zivilprozess, ZZP 96 (1983) S. 1ff. ペーター・アーレンス（松本＝吉野編訳）『ドイツ民事訴訟の理論と実務』（信山社，1991年）4頁，佐上善和「民事訴訟における模索的証明について」民商78巻臨増3（1978年）205頁，廣尾勝彰「訴訟資料の収集に関する当事者の役割(1)」九大法学52号（1986年）206頁，森勇「主張と否認の具体化について」民訴雑誌34号（1988年）210頁，畑瑞穂「民事訴訟における主張過程の規律(2)」法協114巻1号（1997年）10頁等。

II　証明責任を負わない当事者の主張・立証

（あるいは具体化。以下，省略）の機能は，裁判所による主張の有利性・証明主
題の重要性の審査，相手方の適切な防御を可能とすることとされてきた。しか
し，当事者が理由づけ責任を負う事実から隔絶されている場合には，自己の主
張が一応納得しうるものであることを示しうる程度に理由づけることで必要か
つ十分であるとして，「手がかり」の主張が要件とされた。事案解明義務論に
おけるこの要件は，事案解明義務の歯止め，濫用による相手方の防御利益の侵
害回避を目的としている[9]。

　しかし，このような「手がかり」要件に，伊方最判をはじめとする多くの裁
判例は言及していない。この点に注目し，裁判例は事案解明義務によるという
よりも，具体的事実陳述＝証拠提出義務に近いと見られている[10]。たしかに従
来から，「手がかり」要件は不明確であり，そのために裁判官の裁量を拡大す
るとの批判が根強い[11]。そして春日説は解明義務要件のうち情報偏在に比重を
置き，具体的事実陳述＝証拠提出義務論も，（証明責任を負わない）相手方の先
行行為等の特別の接触点があることを要件とし，学説の多くは「手がかり」要
件を十分検討しなくなっている[12]。けれども，事案解明義務をはじめとする理
論は本来，証明責任を負う当事者が相手方を手続へ引き込み，相手に負担を求
めるからには，まず自らが相応の負担を果たすべきことを想定したのではない

---

(9)　Rolf Stürner, Die Aufklärungspflicht der Parteien des Zivilprpzess, 1976. S. 106ff.（本
　　書紹介は佐上善和・民訴雑誌 24 号（1978 年）238 頁），春日・前掲注(7) 244, 250 頁，
　　竹下守夫「模索的証明と文書提出命令違反の効果」吉川追悼『手続法の理論と実践・下』
　　（法律文化社，1981 年）174 頁参照。

(10)　松本・前掲注(5) 60 頁，高橋宏志『重点講義民事訴訟法・上（第 2 版補訂版）』（有斐閣，
　　2013 年）576 頁。高田昌弘「主張・立証の方法 —— 最高裁平成 4 年 10 月 29 日判決」法
　　教 221 号（1999 年）33 頁，山本克己「事案解明義務」法教 331 号（2006 年）91 頁参照。
　　なお，伊方最判の事件では X が十分な手がかりを提出しており，伊方最判もこのこと
　　を当然の前提としていたとする，春日・前掲注(4) 23, 44 頁，同・判批・伊藤眞ほか編『判
　　例から学ぶ民事事実認定』（有斐閣，2006 年）99 頁，竹下・前掲注(4) 21 頁。本件にお
　　いても X は独自に詳細な主張・疎明を展開している。「手がかり」要件に言及したもの
　　も含めて裁判例につき安井英俊「事案解明義務の法的根拠とその適用範囲」同志社法学
　　58 巻 7 号（2007 年）544, 552 頁参照。

(11)　アーレンス・前掲注(8) 21 頁，松本・前掲注(5) 56 頁，安井・前掲注(10) 530 頁等。

(12)　春日説の要件につき前掲注(7)参照。松本・前掲注(5) 60 頁，伊東俊明「主張過程にお
　　ける当事者の情報提供義務についての一考察」民訴雑誌 56 号（2010 年）197 頁，濱崎
　　録「提訴前手続における相手方の協力義務に関する一考察」香川法学 27 巻 3・4 号（2008
　　年）74 頁等。

か[13]。にもかかわらず，判例やそれを分析する学説が「手がかり」を不問に付しているために，原告（申立人）が伊方最判を証拠偏在による証明責任転換と見て有利に引用するのを助長し，これに対して裁判所は，相手方に負担を課すことを躊躇して上記の二段階構造（伊方転用型）を取るという状況を招いているのではなかろうか。

(b) 模索的証明の回避目的での要件堅持

ドイツでは，2001 年 ZPO142，144 条改正により，事案解明に関する裁判所の権限が拡大されたが[14]，それ以降も，理由づけ，「手がかり」は重視されている。まず，立法者は，改正によりドイツがこれまで回避してきたディスカバリーを導入したり，（不適法な）模索的証明を許容することにはならない根拠として，同 142 条につき両当事者には（主張と）理由づけ責任（Darlegungs-und Substantiierungslast）が免除されるわけではないことを挙げていたし，判例・学説もこれに沿っている[15]。同時に，改正が弁論主義から職権探知への転向ではない根拠として，同 142 条で規定されている「一方当事者の引用」要件と上記の理由づけ責任が挙げられている。

⒀　佐藤彰一「立証責任論における行為責任の対等と客観的立証責任概念の意義」立命館法学 1982 年 5・6 号 598 頁，廣尾・前掲注⑻ 216 頁，拙稿「証明責任」法教 434 号（2016年）35 頁。

⒁　ここでは文書提出に関する ZPO142 条について見ることとする。本条につき活発な議論があることは例えば，Dieter Leipold, Die gerichtliche Anordnung der Urkunden-vorlage, in: Schilken/Kreft/Wagner/Eckardt (Hrsg.), Festschrift für Warter Gerhardt, 2004, S. 563, 565.（その翻訳は，ディーター・ライポルト（松本博之編訳）『実効的権利保護』（信山社，2009 年）195 頁），春日偉知郎「ドイツの民事訴訟における文書の提出義務」松本古稀『民事手続法制の展開と手続原則』（弘文堂，2016 年）413 頁，同「証拠調べにおける当事者の支配（Parteiherrschaft）と裁判官の権能（Richtermacht）」上野古稀『現代民事手続の法理』（弘文堂，2017 年）163 頁，上田竹志・海外文献紹介・民訴雑誌 55 号（2009 年）209 頁，坂田宏「ドイツ民事訴訟における職権による文書開示制度を手がかりとして」石川明=三木浩一編『民事手続法の現代的機能』（信山社，2014 年）57 頁，ワグナー（河野訳）・後掲注㉑ 161 頁参照。

⒂　Bundestagsdrucksache14/6036. S. 120f. BGH NJW 2014, 3312, 3314; WM 2010, 1448, 1451; NJW 2007, 2989, 2992. Vgl. Stein/Jonas/Althammer, Kommentar zur Zivil-prozessordnung 23. Aufl. Bd. 2. 2016, § 142 Rn. 9, Hans-Willi Laumen, Der Grundsatz "nemo tenetur edere contra se" in der Rechtsprechung des Bundesgerichtshofs in: Brinkmann, Effer-Uhe, Völzmann-Stickelbrock, Wesser, Weth (Hrsg.), Festschrift für Hans Prütting, 2018, S. 394.

Ⅱ　証明責任を負わない当事者の主張・立証

　ここでひとつの論争となったのは，引用はどちらの当事者によるのでもよい
か，自らは所持しない文書を単に引用するだけで，証明責任を負わない相手方
当事者に対して同142条により文書提出を命じうるのかであった。これを肯定
すると，実体法上の請求権があるか（同422条），自ら所持する文書を引用し
た場合（同423条）に文書提出義務を限定してきた書証の規定と整合せず，職
権による模索的証明を認めることにもなりかねない。判例は，両当事者にも裁
判所にも情報獲得目的での濫用を禁止する一方で[16]，どちらの当事者の引用で
もよいとしている[17]。一方，理論においては，従来の判例や書証の規律との整
合性から証明責任を負う側の引用のみでは相手方の提出義務を認めない消極説
に対し，規定を設けた意味を失わせないよう引用当事者を限定しない積極説が
支配的であるが[18]，消極説はもちろん積極説でも，理由づけ，「手がかり」要
件を堅持している。まず消極説を主張するLeipoldは，事実主張の理由づけ要
請と職権による証拠調べ（Beweiserhebung）は密接に結びつき，前者の緩和が
認められれば必然的に後者が拡大すると指摘する。一貫しない判例の態度によ
り今後の運用も正確に述べられないが，改正により基本的な変更はないとして，
模索的証明の回避のため事実関係に関する十分な「手がかり」要請は低く設定
してはならないとする[19]。これに対し，積極説のうちでも，さらに進んで一般
的解明義務を説くStadlerも，同142条適用の要件としてどちらの当事者の引
用でもよいという主張の中で，主張の具体性（特定性）と文書の特定性を要求

---

[16]　BGH NJW2007, 155, 156; NZI 2008, 240, 241; NJW 2013, 2015. Dazu Leipold（FN 14）
S. 427f., Laumen（FN 15）S. 394.Dieter Leipold, Anordnung der Urkundenvorlage von
Amts wegen ohne Vorlagepflicht der Partei? in: Breitschmidt, Jent-Sorensen, Schmidt,
Sogo（Hrsg.）, Festschrift für Isaak Meier. 2015, S. 428 は，当事者は相手方を勝訴させる
資料を調達する義務はない（nemo tenetur edere contra se.）という原則から当事者の
一般的解明義務を否定していた従来判例を踏襲する上記判例を挙げ，この原則と決別し
ない限り，一方当事者の引用のみで相手方に提出を義務づける解釈は採れないとする。
Laumen（FN 15）S. 400 は，BGH は2007年以来この原則に明確には言及していない，
立法や判例の展開による証明責任を負わない当事者の多層的な協力義務に照らすと原則
はもはや一般的には妥当しなくなったとしつつ，理由づけ要件等により一般的な訴訟上
の解明義務導入にはならないとする。

[17]　BGH BGHZ 173, 23=NJW 2007, 2989.

[18]　Leipold（FN 16）S, 421, Stein/Jonas/Leipold,Kommentar zur Zivilprozessordnung 22.
Aufl. Bd. 3. 2005, § 142. Rn. 17ff. Vgl. Stein/Jonas/Althammer（FN 15）Rn. 17ff. 春日・
前掲注[14]・上野古稀180頁，河野・後掲注[21]172, 176頁も参照。

1 当事者間の負担分配から見た事案の解明〔安西明子〕

し，それが満たされていれば，裁判官の裁量とされている同142条の裁量余地はなくなり，文書提出を命じなければならないとする[20]。積極説に立ちつつ中道を行こうとするWagnerは，主張の具体性（特定性）と文書の特定性の問題が切り離されねばならないと指摘したうえで，後者の緩和は認め，陳述が具体化している限り模索にはならないとする[21]。

さらに最近の文献でも，当事者の理由づけ責任が前提とされている。Diakonisは職権による証拠調べをテーマとし，上記のような同142条1項の議論状況を紹介したうえで，理由づけの要求を職権による証拠調べの範囲を限定する弁論主義の発露と見る[22]。Scherpeは，Stadlerと同様，証拠方法と証すべき事実の特定こそ，同142条の裁判官の裁量を縮減して職権発動の義務を生じさせるモメントと見る[23]。Kochは，実体法の個別的情報請求権のつぎはぎでも，訴訟法上の一般的な解明義務でもない，証明責任分配や判例による二次的主張責任等の従来の議論と結びついた当事者の協力責任（Mitwirkungsverantwortung）を模索する。その過程で，同142条判断の指標としては主張の理由づけと文書の特定性のふたつを挙げ，前者については当事者が主張の十分な「手がかり」を提示することを要件とする[24]。Althammerも同142条の注釈の中で，主張の理由づけが要求されること，模索回避のためには主張の十分な「手がか

---

[19]　Dieter Leipold, Die liberale und die soziale Dimension der zivilprozessualen Sachaufklärung als Aspekte der Verfahrensgerechtigkeit in: Marinelli, Bajons, Böhm (Hrsg.), Die Aktualität der Prozess- und Sozialreform Franz Kleins 2015, S. 134f., Leipold（FN 14）S. 563, 570.

[20]　Astrid Stadler, Inquisitionsmaxime und Sachverhaltsaufklärung, in: Festschrift für Kostas E. Bays, 2003, Band2, 1626, 1639, Musielak/Voit/Stadler, Zivilprozessordnung 15. Aufl. 2018,§142 Rn. 4 u. 7.

[21]　Gerhard Wagner, Urkundenedition durch Prozessparteien ── Auskunftspflicht und Weigerungsrechte, in: JZ 2007, S. 706, 713. その翻訳，ゲルハルト・ワグナー（河野憲一郎訳）「訴訟当事者による文書提出 ── 情報提供義務と拒絶権」商学討究61巻4号（2011年）177，186頁。なお，2017年3月16日のBGH判決（I ZR205/15 BeckRS2017, 122068 Rn. 30）は文書の特定Bezeichnungは文書の識別が可能な程度に具体的であれば良いとする。

[22]　Antonios Diakonis, Grundfragen der Beweiserhebung von Amts wegen im Zivilprpzess, 2014, S. 201f. ただしここでは文書の特定性を主に論じている。

[23]　Julia Caroline Scherpe, Recht auf Beweis und Beibringungsgrundsatz im Zivilprpzess, in: ZZP 129, Bd. 2, 2016, S. 153, 178.

り」の要請を下げすぎてはならないとしている[25]。このように，具体化の程度判断は困難な問題であるが[26]，だからといっていずれの説も証明責任を負う当事者による理由づけ，「手がかり」を免除してはいない。

(2) 両当事者による段階的な理由づけ

(a) 理由づけ負担の分配

同時に，当事者の理由づけは，個別事案における相手方の応答に従って徐々に行われていくものである[27]。すなわち，原告は請求原因として権利を根拠づける事実を主張しなければならないが，その理由づけ，具体性の程度はさしあたり概括的なもので足り，相手が争ってはじめて，より詳細な具体的事実を陳述していくことになる。事案解明義務等の理論は，証明責任を負う一方当事者が情報を持たないために概括的な主張しかできない場合にも，相手方が証明責任を負わないからといって単純否認で済ませることを認めず，具体的事実を陳述して争い，その証拠を提出することを要求してきた。ただし，そのねらいは両者が具体的な争点を形成していくことにあるから，相手方の積極否認がどの程度具体的である必要があるかは，つぎの原告の対応により段階的に決まっていくものである[28]。

最近のドイツの理論でも同様であり，たとえばKochは前述の通り，協働責

---

[24] Raphael Koch, Mitwirkungsverantwortung im Zivilprozess, 2013. S. 160f. なお，同様の問題意識からの新文献として Hilal Ünal Kaya, Die Mitwirkungspflicht der Parteien des Zivilprozesses vor dem Hintergrund letzter Reformen in Deutschland und der Türkei, 2017.

[25] Stein/Jonas/Althammer（FN 15）Rn. 10.

[26] Leipold（FN 14）S. 563, 569ff., Musielak/Voit/Stadler（FN 20）Rn. 4, Stein/Jonas/Althammer（FN 15）Rn. 18. 事案解明義務に対しても，手がかりが示されたか，相手方が義務を果たしたかの判断は困難で裁判所の裁量に依存することになるとの批判があった（アーレンス・前掲注(8) 20 頁）。

[27] 以下につき，松本・前掲注(5) 10 頁，廣尾・前掲注(8) 198 頁，森・前掲注(8) 211 頁，畑・前掲注(8) 494 頁，同「主張・否認のあり方について」民訴雑誌 47 号（2001 年）236 頁，伊東・前掲注(12) 2 頁，同「不知の陳述の規制（一）」民商 117 巻 4・5 号（1998 年）632 頁，佐上善和「主張責任の意義と機能」井上治典ほか『これからの民事訴訟法』（日本評論社，1984 年）111 頁等。

[28] 松本・前掲注(5) 60 頁，春日・前掲注(4) 254 頁，森・前掲注(8) 216 頁，越山和広「訴訟審理の充実・促進と当事者の行為義務」民訴雑誌 57 号（2011 年）116 頁。ドイツ連邦労働裁判所の判例に基づき各当事者の段階的主張責任，主張の段階化を説くのは，松本・前掲注(5) 313，364 頁。

1 当事者間の負担分配から見た事案の解明〔安西明子〕

任を導く過程で二次的主張責任を検討し，証明責任を負う側が緩和された理由
づけを果たすのに続いて，相手方は二次的主張責任を果たさねばならないとし，
これを段階的システムとして検討するし，Laumen は，判例に基づき，まず証
明責任を負う側に「手がかり」が要求されること，相手方の二次的主張責任の
期待可能性の中で両当事者の利益衡量がなされること，二次的主張責任が果た
されれば，つぎに証明責任を負う側が更なる提出をしなければならないことを
述べる[29]。また，Gomille は，情報偏在の是正のために，主張段階からの規律
を可能にしようと真実義務（ZPO138 条 1 項）を実効化することにより，二次
的主張責任のような例外的対処ではない，一般的な理論化を目指す。その際の
事案解明モデルとして，証明責任を負う当事者の最初の陳述には訴訟物の特定
と相手方の応答を可能とする程度で良いとしつつ，相手方の否認があれば根拠
事実を提出する必要が生じ，期待可能な根拠事実が述べられるまではその主張
を不真実と扱い手続を進めないことにより，両当事者に鏡像のように具体化を
進めていく負担を課そうとする[30]。すでに，Stürner が，理由づけ責任の重要
な機能は当事者の訴訟活動の活性化およびそれへの指針の提供であるとし，理
由づけ責任という訴訟上の危険負担の分配を各当事者が事案解明の役割分担を
自主的に満たすよう強制するものと述べていたことを引いて，そこから相手の
応答を要求・誘発していく手続進行上の負担を見いだしていた学説もあった[31]。
このように理由づけ，具体化は相手の争い方に応じて段階的になされていくも
のであり，X に最初から全てを要求しないのと同様，Y にも包括的で最終的
な負担をかぶせてしまうものではないと考えられる。

---

[29] Koch (FN 24) S. 187, Laumen (FN 15) S. 396f. なお，同様の問題意識からの新文献と
　　 して Dimitrios Papanikolaou, Die sekundäre Erklärungspflicht im Zivilprozess, 2018.
[30] Christian Gomille, Informationsproblem und Wahrheitspflicht, 2016. S. 261, 269, 276.
　　 なお，本間学・民訴雑誌 64 号（2018 年）191 頁の紹介の通り，本書は客観的真実を追
　　 究するのでなく，相手方への資料調達義務否定の原則を真実義務と抵触しない範囲に限
　　 定しようという発想に基づく。Gomille に対し，真実義務の新解釈に基づく情報欠缺是
　　 正のための段階的事実陳述要請は，協力義務の部分的利用と同じく有効と思われない，
　　 最終的には理由づけ責任による情報獲得統制のバリエーション提案にすぎないとの批判
　　 がある（Vlg. Hans-Jürgen Ahrens, Rezensionen, ZZP 131, Bd. 2. 2018, S. 261, 264.本間
　　 191 頁は証明妨害理論について同旨）。
[31] 廣尾・前掲注⑻ 210, 218 頁。Brehm の対論的手続，弁論主義の下での当事者間の役
　　 割分担については，森・前掲注⑻ 219 頁。

Ⅱ　証明責任を負わない当事者の主張・立証

⒝　本件における Y の負担

　訴訟過程において両当事者に段階的に理由づけを分担させるには，一方当事者に過大な要求をしてはならないと同時に，単純な主張・立証で負担が全て果たされたと見ることもできない。この観点から見て，本決定のような Y の主張・立証の程度，主題の設定に問題はないか。伊方最判では証明責任を負わない当事者に課す最低限の主張・立証が明確にされず，それが判例の限界とされていたところ[32]，上記の二段階構成（伊方転用型）に属する本決定は，Y は原子力規制委員会の定めた安全性の基準に適合することを主張・立証するので足りるとする，ひとつの考え方を示している。この種の訴訟では司法が行政に代わって実体的な判断をしてよいかという問題があり，これを避けるため，伊方最判も既に行政の判断に不合理な点がないことを立証主題としていた[33]。そして本決定については，伊方最判が基準自体の不合理性，調査審議及び判断の過程も立証主題に入れていたことと比べて，本決定は極めて限定的であると指摘されている[34]。本決定は理由を述べていないものの，上記の二段階構成（伊方転用型）を採用する下級審裁判例でこのような考え方がとられるのは，行政訴訟ではない被規制者に対する民事訴訟や保全手続において，既に規制委員会の適合性審査を経ている電力事業者 Y に，規制委員会が安全確保のために策定した基準の内容等の合理性について主張・立証させることは適切でないとの考え方が背景にある[35]。

　なるほど行政判断代置は回避すべきであるが，Y が審査に通っていることを主張・立証すれば Y の負担が全て果たされたと見て，残り全て X の責任と

---

[32]　垣内秀介・判批・高橋宏志ほか編『民事訴訟法判例百選（第 5 版）』(2015 年) 132 頁，上原敏夫・判批・伊藤眞ほか編『民事訴訟法判例百選（第 3 版）』(2003 年) 154 頁，山本・前掲注⑽ 92 頁等。

[33]　高橋利文・判批・曹時 45 巻 3 号(1993 年)1025 頁参照。

[34]　以上は神戸秀彦「新規制基準下での原発差止め訴訟の考察」法と政治 68 巻 2 号（2017年）186 頁。これに対し，黒川・前掲注⑶ 162 頁は，本決定でも安全性基準がその策定過程，内容に不合理な点がないと最終的に認定されているとする。

[35]　本決定につき高木光「仮処分による原発の運転差止 —— 二つの高裁決定を素材として」自治研究 93 巻 9 号(2017 年)12 頁，黒川・前掲注⑶ 159, 162 頁，本件原決定につき越智・前注⑶ 312 頁。行政訴訟を提起すべきとする高木光「仮処分による原発再稼働の差止め」法時 87 巻 8 号（2015 年）3 頁と，原発運転差止めの民事訴訟を肯定する大塚・後掲注㉘との論争がある。

1 当事者間の負担分配から見た事案の解明〔安西明子〕

するのでは，既に法令に従って設置運転されている Y に改めての立証は不要
ともいえ[36]，当事者の主張・立証以前に一律に仮処分申立て却下，棄却判決が
導かれることになって，当事者間の公平な負担分配には結びつかない。本決定
に対しては，十分な審理を欠き，Y 準備書面を引き写した判断であるとの批
判が X 代理人側からなされていることからすると[37]，抗告審は，規制委員会や
Y の判断に対する X からの異論を実体判断代置になるからと受け流し，さら
なる具体化のため両者の主張をかみ合わせようとはしなかったのかもしれない。
一方，規制の強化点，それへの Y の対応の主張・疎明を求めた本件原決定は，
実体判断を回避しつつ，行政に追随しないためのひとつの工夫であったろう[38]。
このような状況のもと，Y に基準適合性からもう一段進んだ具体化を求め，
高裁で初めて差止仮処分を認める決定が出た（広島高決平成 29・12・13 判時
2357・2358 合併号 300 頁）[39]。この決定は，証明責任の所在を不明確にしている
嫌いもあるが，Y だけではなく X にも相応の主張・疎明を求めている点から，

---

(36) 同旨の批判は岩淵正明「原発民事差止訴訟の判断枠組みのあり方」環境と公害 46 巻
2 号（2016 年）12 頁等。本決定への批判として海渡・前掲注(6)127 頁。なお，井戸謙
一「独立した司法が原発訴訟と向き合う②」判時 2352 号（2018 年）117 頁も参照。

(37) 井戸・前掲注(36)117 頁以下，海渡・前掲注(6)126 頁以下。

(38) 岩淵・前掲注(36)13 頁は，規制委員会や電力会社の判断に異論が示されている場合は
その合理性を判断すべきとして原決定を評価する。大塚直「原発の稼働による危険に対
する民事差止訴訟について」環境法研究 5 号（2016 年）94 頁は，行政に敬譲を示した
うえ，裁判所が実体判断する余地を残したと原決定を評価する（これに対して越智・前
掲注(3)311 頁は基準合理性を実際上否定したと見る）。淡路剛久「原発規制と環境民事
訴訟」同 62 頁は本件原決定が原子力規制委員会での議論の再現でも判断代置でもない
と述べた点をまとめ，行政追随でない司法判断が可能であることを示したとする。井戸
謙一「原発関連訴訟の到達点と課題」環境と公害 46 巻 2 号（2016 年）5 頁は市民の常識
的感覚に合致した判断と評価する。なお，拙著・前掲注(2)247 頁では伊方最判適用裁判
例を評釈し，立証主題を変更し実体判断に代えて手続を審査する方向性を指摘した。

(39) この決定の評釈として黒川哲志・新判例解説 Watch23 号（2018 年）289 頁，山下義昭・
判時 2374（判評 715）号（2018 年）132(2)頁がある。海渡雄一・判時 2357・2358 合併
号（2018 年）35 頁も参照。なお，この決定は広島高裁平成 30 年 9 月 25 日の保全異議
決定により取り消されたが（朝日新聞「伊方原発の運転認める」「噴火リスク社会通念
で容認」2018 年 9 月 26 日付朝刊 14 版 1，3 面，日経新聞「伊方 3 号機，来月再稼働」
同日 14 版 35 面），保全異議決定では不合理とされた点につき原子力規制委員会の審査
手引見直しの動きも生じている（日経新聞「規制委，火山審査の手引見直しも『不合理』
指 摘 で」https://www.nikkei.com/article/DGXMZO35791500W8A920C1000000/，
2018/9/30 アクセス）。

主張・立証を段階的に分担させて理由づけを進めようとしたと見られる。

このように，本件をはじめとする原発差止の民事事件では，Xの理由づけの負担を不問にしたまま，Yにそれほどの負担を要求することもできず，またYも一応の主張・立証を行っているので，裁判所としては，安全性の欠如を認めて差止めという影響の大きな結論を，仮処分であっても認容することには抵抗があると考えられる。そのため，差止めを肯定した上記の広島高裁決定も，本案訴訟等の事情を考慮して平成30年9月末までという期限を付したのだろう[40]。差止めを認めないにせよ，両者の主張をかみ合わせて，具体的な争点を形成する手段として，Xの「手がかり」主張をはじめとする，理由づけの負担を各当事者に分担させることが重要と考える。

Ⅲ　文書提出命令の手続

1　相手方としての公務文書の所持者

つぎに題材に取り上げるのは，事案解明の主たる場面である文書提出命令において，その申立て時の理由づけ，とりわけ相手方の特定が問題となった，最二決平成29年10月4日民集71巻8号1221頁である[41]。本件の本案事件は，Y（香川県）の住民であるXが，県議会の議員（以下，議員）らが受領した政務活動費の中に使途基準に違反して支出されたものがあると主張して，地方自治法242条の2第1項4号に基づき，県知事に対し，上記支出相当額につき当該支出をした議員らに不当利得返還請求をすることを求める訴えである。Xは議員らが県議会の議長（以下，議長）に提出した政務活動費の支出に係る領収書及び添付資料の写し（以下，本件文書）について，議長の属する地方公共

---

[40]　海渡・前掲注(6) 132頁，同・前掲注(39) 25頁は，本案判決が期限までに示される状況になく，期限設定に説得力がないとする。なお拙著・前掲注(2) 238頁では，大規模ホテル建築差止仮処分を例に，満足的仮処分ではなく期限を付すことにより，集団拡散利益紛争における多様な利害調整，交渉を促進すべきと述べた。拙稿・判批・リマークス37号（2008年）115頁，同・判批・ジュリ1518号（2018年）127頁では，期限ではなく，執行段階での手続負担を果たす条件付きでの将来給付の訴えの利益の許容性を模索した。

[41]　評釈に，川嶋・後掲注(45) 124頁，平野・後掲注(48) 132頁，坂田・後掲注(51) 125頁，村田・後掲注(52) 98頁，拙稿・新判例解説Watch 24号（2019年）135頁がある。

1 当事者間の負担分配から見た事案の解明〔安西明子〕

団体であるYを文書の所持者として文書提出命令を申し立てた。しかし，これに対してYは，条例により議員が提出した本件文書を保管することとなっているのは議長であると主張して争ったため，文書提出命令の相手方となる所持者が問題となった。

文書提出命令の名宛人となる所持者（民訴法223条1項。以下，条文数のみ記載），特に公務文書のそれについては，文書提出命令による公法上の義務を負担することができるのは権利義務の主体たる国や地方公共団体であるとする説（法主体説）[42]と，実際に当該文書を保管し閲覧の可否につき決定権のある行政庁と見る説[43]の対立がある。本件第一審は，Yの主張の通り，条例の解釈に基づいて文書を直接管理する議長が所持者であるとして行政庁説を採り，文書提出命令の申立てを却下したが，抗告審は，文書提出命令の申立人の文書所持者を特定する負担軽減等を理由として県を所持者とし，本件文書のうち220条4号ロに該当する部分を除いて文書提出命令を下した。そして本決定も原決定を維持し，法主体説を採ることを明らかにした。

本決定の結論，法主体説が採られたことについて，本件評釈や学説の多数は支持するものと見られる。ただし，法主体説を採ることにより，一般的に申立人の所持者特定負担を軽減・除去しようとしているとすれば不適切ではないか，また，対立する説のいずれも文書提出命令不遵守の制裁を重視しすぎていないか，両当事者の負担分配の観点から検討の必要がある。

---

[42] 三木浩一『民事訴訟における手続運営の理論』（有斐閣，2013年）514頁，伊藤眞『民事訴訟法（第5版）』（有斐閣，2016年）438頁，高橋宏志『重点講義民事訴訟法・下（第2版補訂版）』（有斐閣，2014年）181頁，兼子一原著『条解民事訴訟法（第2版）』（弘文堂，2011年）1223頁〔松浦馨＝加藤新太郎〕，秋山幹男ほか『コンメンタール民事訴訟法Ⅳ』（日本評論社，2010年）429頁，南博方＝高橋滋編『条解行政事件訴訟法（第4版）』（弘文堂，2014年）495頁〔藤山雅行〕，加藤新太郎ほか『基本法コンメンタール民事訴訟法2』（日本評論社，2017年）98頁〔大渕真喜子〕，鈴木正裕ほか『新民事訴訟法講義（第3版）』（有斐閣，2018年）358頁〔春日偉知郎〕等。

[43] 鈴木忠一＝三ケ月章『新実務民事訴訟講座9』（日本評論社，1983年）304頁〔秋山壽延〕，山本和彦ほか『文書提出命令の理論と実務（第2版）』（民事法研究会，2016年）308頁〔大須賀滋〕，留保つきではあるが，春日偉知郎・判批・法研78巻8号（2006年）88頁等。

2 当事者間の負担分配の手続化

⑴ 文書所持者の特定の負担

文書提出命令の申立人は文書所持者を特定しなければならないが（221条1項3号，219条），当該文書を保管し閲覧可否の判断をなしうる行政庁を特定するのは容易でないから，行政庁を特定せずに申立てができることは，法主体説の実質的利点とされる[44]。他方，行政庁説は，実際に文書を管理している行政庁こそが文書の存否の判断や送達先として望ましいことを根拠としている。これに対しては，本件原決定も指摘する通り，法主体の内部の連絡調整によって解消できる問題に過ぎないとの反論が法主体説からなされてきた[45]。本決定は明確には述べていないものの，このように行政内部の調整負担よりも申立人の負担軽減を優先させたのだろう。また，行政庁説によると，上記の所持者概念の解釈問題のほか，実際に文書を所持していないと主張して相手方が争い，不所持として申立てが却下されるおそれもある。法主体説によればその危険が回避できるという申立人のメリット，負担軽減もあると考えられる[46]。

ただし，本件を具体的に見ると，Xは住民訴訟提起前に，県議会情報公開条例に基づき議長に対して既に情報公開請求をしており，本件文書を所轄する行政庁を十分認識していた。原審の認定（民集71巻8号1352頁）によれば，Xは情報公開手続を利用して，本件文書に対応する領収書等を入手したものの，その一部は処分行政庁（議長）の判断により非開示とされた。非公開部分は，領収書の領収印の印影や振込先の口座番号のほか，領収者が個人である場合のその氏名，団体である場合は登記等で公になっていない代表者氏名であり，このような取り扱いは県議会が作成した政務活動費マニュアルに記載されている領収書の情報公開範囲に沿うものであった。こうして得た文書はXにより本

---

[44]　三木・前掲注[42]514頁，長谷部由起子「公務文書の提出義務」井上追悼『民事紛争と手続理論の現在』（法律文化社，2008年）362頁，中島弘雅「文書提出命令の発令手続と裁判」梅・遠藤古稀『民事手続における法と実践』（成文堂，2014年）554頁。

[45]　三木・前掲注[42]515頁，川嶋四郎・本件評釈・法セミ763号（2018年）124頁等。

[46]　本件原々決定（民集71巻8号1240頁）でもYが不所持と主張し，原決定（同1328頁）も原々決定の却下理由に不所持を挙げている。文書の所持をめぐる争いにつき，林昭一「文書の所持および所持者概念について」徳田古稀『民事手続法の現代的課題と理論的解明』（弘文堂，2017年）253頁や和久田道夫「文書提出命令申立てにおける対象文書の存否の立証責任」梅・遠藤古稀・前掲注[44]525頁等参照。堀清史・本件評釈・リマークス58号（2019年）117頁。

案事件で書証として提出済みであった。以上から，おそらく X は，マスキングのない状態での本件文書の提出を求めて，今度は Y に対して文書提出命令の申立てをしたと推測される。そうすると X の負担軽減という見方は妥当せず，むしろ X がまず所持者を特定する負担を果たしたことを評価しておくべきと考える。そうしたうえで，議長に対して情報を求めても得られなかったからこそ，つぎに Y を相手取っていくという，X の段階的な特定の行動を評価して，本件で Y が所持者であると認めてよいのではないか。あるいは X としては，再び議長を相手取って，上記の県議会作成マニュアルに基づく情報公開範囲，非公開部分が妥当かどうかを，今度は 220 条 4 号に照らして争うことも，否定されないかもしれない。このような考え方，X の行動の選択肢は，住民が行政に対して定型的に所持者特定負担を免除されるという一般抽象的な負担の軽減・排除からではなく，X による特定負担の段階的な履行を評価することにより導き出される[47]。

(2) 監督官庁の意見聴取

一方，法主体説によると，上記の通り Y 側には内部の連絡調整の負担がかかるが，対象文書を現に保管し文書の閲覧に関する判断権を有している行政庁には，意見聴取の機会が与えられる。平成 13 年民訴法改正により，監督官庁の意見聴取手続（223 条 3 項）が備えられたところ，この規定が文書を保管している当該監督官庁が所持者ではないことを前提としていると見られることも，法主体説の根拠とされる[48]。本規定の趣旨は[49]，①文書の所持者としての国等と監督官庁はそれぞれ異なる立場にあり意見も完全に一致するとは限らず，②一般的には監督官庁は組織的に国等の内部機関といえるものの所持者たる国等を通じてその意見を反映させることにした場合，意見の真意が十分に裁判所に

---

[47] なお，これは所持者の特定の問題であると同時に，証拠の必要性の問題であり，ともに Ⅱ で前述した「理由づけ」に当たる。私見によれば，文書提出命令の申立人 X はここで示した特定行動を，申立書に記載して理由づける負担を負う。拙著・前掲注(2) 139 頁では，具体的事案における上記のような必要性を 220 条 4 号による文書提出を申し立てる必要性（221 条 2 項）として申立書に記載しておくことを提案した。

[48] 山本ほか・前掲注(43) 127 頁〔須藤典明〕，223 条 3 項と並んで，220 条 4 号ニの文言も法主体説を前提としていると指摘するのは，三木・前掲注(42) 515 頁，平野哲郎・本件評釈・ジュリ 1518 号（2018 年）133 頁，川嶋・前掲注(45) 124 頁等。

[49] 深山卓也ほか「民事訴訟法の一部を改正する法律の概要・下」ジュリ 1210 号（2001 年）176 頁。

伝わらないおそれもある，と整理されている。そして，その意見聴取をすべき
監督官庁とは，公務員の守秘義務の解除権限を有し，一般に文書の記載事項の
公務秘密該当性を最もよく知る立場にあることにかんがみ，文書記載の職務上
の秘密に関する事項を掌握する所轄庁の長又はその任命権者等をいうとされる。

　上記を踏まえ，法主体説を採ると監督官庁は議長ではなく議会となるのかは
定かでないが，本件原審は，議長の監督官庁は議会と解するのが相当であると
し，現に議会に意見聴取を行っている（民集71巻8号1342頁）。そして，議長
ではなく議会に意見聴取を行う根拠づけとして原審は，議長は議員の中から選
出され議会を代表することから，議会が議長の監督官庁として意見を述べるこ
とにより議長に対する手続保障が実質的に図られると述べている。議会を監督
官庁と解するなら，法主体説ではなく行政庁説を採って議長を所持者としても，
この手続を実施することができるのではないか，という疑問も湧く。けれども，
議長でなく議会を監督官庁と見ることにより，議会内には多様な意見があるこ
とを前提として，裁判所による意見聴取前に，議長はじめとする議員全員でこ
の問題を話し合う機会が設けられるとすれば，Xが求める支出透明化の契機
となりえる点で，評価できよう。政務調査費の使途基準違反を問われている当
該議員らにとっては，これが第三者の意見聴取（223条5項）の手続も兼ねる
ことになり，議会が公務秘密文書に該当すると回答するかどうかという結果に
左右されず，それ以前に，議長とだけでなく議会全体で実施される点で，規定
通りの運用よりも優れている。このような手続が実質化できるなら，既に書証
として提出したものより新しい情報はほとんど含まれない本件文書の提出よ
り[50]，大きな意義がある。

　最後に，不提出の効果についても付言したい。法主体説，行政庁説のいずれ
も，本案事件の当事者は法主体と行政庁のどちらか，当事者と文書所持者を一
致させることにより文書提出命令不遵守の場合に当事者としての制裁（224条）
を課せるかどうか，という観点を重視している[51]。(不)提出の不利益の責任，
とりわけ上記制裁を受けるに値するかという観点は，公文書に限られない文書
一般の所持者に関する学説が明確化した所持者の要件である。ただし，本件で

---

[50] 原決定（民集71巻8号1352, 1355頁）は，文書提出命令により団体代表者名が公表
　されてもプライバシー侵害等とならない理由として，すでに情報公開請求，本案での書
　証提出により開示済みであり，またはそこから調査可能であることを挙げている。

は住民訴訟の被告たる県知事は，いずれの当事者からも所持者と主張されておらず，県と議長のどちらが所持者であるかが問題となっている。本決定のなお書きも，本件で当事者性と所持者が無関係であることを確認しており[52]，本案訴訟の当事者ではない第三者が文書提出命令の名宛人となった本件では，真実擬制の制裁は直接には関係がない。さらに第三者に対する過料の制裁（225条）は，行政上の秩序罰と解されており，地方公共団体等に対して課すことはできないとされている[53]。本件は，文書提出（の強制）やその実効化のための制裁よりも，文書提出命令の手続における理由づけ，証拠の必要性の審理の重要性を見直す，ひとつの契機を与えてくれているのではなかろうか[54]。

Ⅳ　結びに代えて

本稿では，民事手続における一般的な情報提供義務の拡大，情報収集手段の強化の流れに対し，当事者および紛争関係者間の手続的な負担分配の観点から疑問を提示した。

当事者間の武器平等や実質的な手続保障として情報偏在の是正が必要とされるとしても，事案解明義務が論じられた際には，情報の偏在・格差が果たして

[51]　これについては，平成16年の行訴法改正により，抗告訴訟の被告適格が行政庁から国などの法主体に変更され，かつて主流であった行政庁説に代わり法主体説への根拠が強まったとされる。伊藤・前掲注[42]439頁，三木・前掲注[42]514頁，坂田宏・本件評釈・法教449号（2018年）125頁参照。ただし，三木は本案訴訟の当事者適格は法技術的な形式論に過ぎないとし，真実擬制の制裁発動を実質論として重視する。

[52]　本案事件が民事訴訟か行政訴訟か，その被告適格者により取扱いを区別することに合理性はないとする村田一広・本件評釈・ジュリ1520号（2018年）99，100頁。

[53]　平野・前掲注[48]133頁，門口正人編集代表『民事証拠法大系・第4巻』（青林書院，2003年）94頁〔萩本修〕，高田裕成ほか『注釈民事訴訟法・第4巻』（有斐閣，2017年）679頁〔名津井吉裕〕，吉村徳重ほか『注釈民事訴訟法・第7巻』（有斐閣，1995年）136頁〔野村秀敏〕等。しかし萩本は損害賠償の可能性を示唆し，名津井は過料に処す者と処せられる者が同一でない場合には（本件も該当か）制裁を課す余地を認める。また本案訴訟の当事者適格，特に住民訴訟の被告適格は法技術的な形式に過ぎないとすれば（三木・前掲注[51]参照），当事者と同視できる者を所持者とすることにより真実擬制の効果を及ぼすという解釈もありうるかもしれない。堀・前掲注[46]117頁も参照。

[54]　情報提供を強制するための制裁化に対しては，弁護士会照会への報告拒絶に対する損害賠償の事例につき，拙稿・判批・新判例解説Watch20号（2017年）191頁で疑問を述べたことがある。

Ⅳ　結びに代えて

正すべき不公正なものであるのか，その評価が先行していなければならないことが指摘されていた。その上で，具体的な事案において一方が相手方当事者に情報を求めることができる根拠について議論が深められ，その際には両者の関係性のほか，訴訟等の手続前と手続過程における理由づけの負担が重要であったはずである。それが，最近の議論では，情報提供義務を課すことにばかり目が向いて，情報を求める側の負担が不問とされて，かえって争点形成や証拠の必要性の審理が不十分になっているのではないかということを具体例を用いて示した。情報提供義務の一般化と義務違反の制裁強化という図式はわかりやすいが，その間の両当事者による手続を抜きにした，これまでの議論の成果を踏まえない立論ではなかろうか。

2 民事訴訟における論証責任論

加藤新太郎

I　はじめに

1　裁判実務におけるある伝承

　民事裁判実務は，裁判運営論，民事事実認定論，主張立証活動論などによって構成される。民事訴訟の法廷に立つ法曹は，体系的基本書を読了し，民事第一審の審理の流れなど実務の実際を学んで資格を得た後は，問題に遭遇する都度，コンメンタールや最高裁判例，下級審裁判例，論考，判例評釈などに当たるほか，オン・ザ・ジョブで経験を積むことにより，手続に精通しスキルを修得していく。その際，先輩法曹の経験談やそこから紡ぎだされる珠玉の行為規範の命題の数々は，若手法曹を魅了する。そのうちに，自分も先輩から聞いた決め台詞を後輩に語っていることに気づくのであるが，これは，成熟か，はたまた老いか。

　民事裁判官の間で伝承されている，裁判実務のあり方（裁判官の行為規範）に関する命題に，「事実審裁判所は，事実認定（のみ）で結論を出すべきである」というものがある。

　これには，さまざまな含意がある。

　第1に，これは，民事裁判について透徹した事実認識を述べるものである。すなわち，民事訴訟には，事実認定を的確にすれば，既存の規範枠組み（判例・通説）で結論が出せる案件が多いことは揺るぎのない事実である。

　第2に，これは，裁判官はいたずらに新規の学説に目を奪われることなく，自己の蓄積した知見と実務感覚に自信をもってよろしいという「自己肯定」の，また，自分で中途半端な理屈を編み出してはならないという「自己抑制」の教

2 民事訴訟における論証責任論〔加藤新太郎〕

訓を語るものでもある。

　第3に，高裁の民事部において裁判長から陪席裁判官にこれが語られる場合には，「理屈を述べず（規範論を展開せず）事実認定の問題としておけば，最高裁は手を出せない（破棄されない）」というニュアンスを帯びる。よく言えば，事実認定に精通している（はずの）高裁の意気地であり，悪く言えば，最高裁に破棄されるのは面白くないので可及的にそれを回避しようという保身であり，世俗的にみれば，「上に政策あれば下に対策あり」を具現化する「対策論」にすぎないということになろう。

　いずれにしても，裁判官で，「事実審裁判所は，事実認定（のみ）で結論を出すべきである」という命題を聞いたことのない者はいないであろう。

2　民事判決の類型とこの命題との関係

　ところで，民事判決の類型には，①物語判決・ムード判決，②事実認定・当てはめ判決がある。

　第1の物語判決・ムード判決は，（ア）事案の印象で結論を決め，それに合う証拠を拾って辻褄をあわせる「印象認定」，（イ）当事者の属性をみて，気の毒な方に下駄をはかせて証拠評価する「心情認定」，（ウ）争点について，証拠の内容でなく，量の多い側を勝たせる「重量認定」などの事実認定・結論判断をするものである[1]。まさしく，自由心証主義ならぬ，「自由印象主義」，「重量心証主義」と揶揄されてしかるべきスタンスによって出される判決である。裁判官としては主観的利益衡量をしているつもりであり結論が当たっている場合もあるであろうが，主観を前提としている限りにおいてその保障はない。第2の事実認定・当てはめ判決が推奨される前には，判決書は「原告の主張は云々であり，云々の証拠を提出し，これに対して，被告の主張は…」と事実摘示して，裁判所の判断を示す体裁をとっていたこともあり，物語判決・ムード判決が散見された。

　物語判決・ムード判決には敗訴当事者は納得できないものの，その論理性の乏しさに不服申し立てに苦慮することがしばしばである。控訴裁判所も一審判決の理路をリビューすることが難しく，一から主張・反論と証拠・反証を点検

---

[1]　加藤新太郎「民事裁判における『暗黙知』──「法的三段論法」再考（総括コメント）」法哲学年報 2013（2014 年）144 頁。

していくほかない。

　第2の事実認定・当てはめ判決は，要件事実論を基礎として，法律要件を具体化した主要事実を証拠・間接事実により認定し，当てはめをして結論を導くものである。包摂型判決であり，現在の実務では，このような判決が推奨されており，建前として，物語判決・ムード判決はよろしくないものであり，事実認定・当てはめ判決でなければならないとのコンセンサスが形成されている。裁判官は，稚拙な判決はあるにしても，皆事実認定・当てはめ判決を作成しようと心がけている（はずである）。

　実は，要件事実論の提唱には，物語判決・ムード判決を排斥し，基準のない主観的利益衡量に枠づけする意図があった。もっとも，事実認定・当てはめ判決は，理由説示において条項の概念定義の議論はあまりせず，定義に該当するか否かは事実をして語らしめるものであり，その意味では，要件事実論は，事実摘示に理由説示の一部が前倒しされたものである[2]。

　1でみた「事実審裁判所は，事実認定（のみ）で結論を出すべきである」という命題を要件事実論を前提とした民事訴訟に落とし込んだ場合には，どのような実務が展開されることになるか。

　筆者の観察するところ，それは，「事実認定―自由心証―証明責任論（要件事実論）の重視」であり，「事実を認定・判断して（明示的な規範適用を回避して）法的請求権を導く思考」につながるものである。

3　問題の設定

　それでは，事実認定のみで結論が出る（出すべきである）というプラクティスが形成されることについては，どのように評すべきであろうか。

　裁判官が結論を導く手法（思考枠組み）としての「事実認定－自由心証―証明責任論（要件事実論）」の有用性は疑いのないところである[3]。しかし，証拠により事実を証明した結果認定された事実だけでなく（つまり，「証明」だけで

---

[2]　村上淳一「転換期の法思考」同『システムと自己観察』（東京大学出版会，2000年）14頁。村上教授は，賀集唱判事の「1995・4　東大比較法制国際センター・ミニシンポレジュメ」を素材にして要件事実論を前提とした民事訴訟実務を論評される。

[3]　加藤新太郎「要件事実論の到達点」新堂幸司監修・高橋宏志・加藤新太郎編『実務民事訴訟講座〔第3期〕⑤証明責任・要件事実論』（日本評論社，2012年）34頁。

なく），その上で一定の規範的評価がされることを「論証」しなければならない訴訟類型がある。「論証」は，証明と同義に用いられることもあるが，ここでは，「課題である判断事項（論題）の真偽を確定するためこれを必然的に帰結させる前提（論拠）を提供すること」と定義しておきたい。論拠を提示して論題が真であることを正当化することができれば，論証が奏功したことになる。

本稿の問題関心は，「事実（事実問題）に関する証明責任に対応して論題に関する論証責任を観念することができるのではないか，民事訴訟において証明責任とともに論証責任を正面から認知することは，現在の民事訴訟実務の問題状況に対して，どのような効用があるか」を明らかにすることにある。

本稿の構成としては，以上に述べた問題関心の下に，民事訴訟の類型と論証責任を意識しない実務の傾向（Ⅱ），原理的な問題との関係（Ⅲ），論証責任の効用（Ⅳ）の順に論じ，最後に，結び（Ⅴ）で締めくくる。そのモチーフは，事実認定のみで結論が出る（結論を導くべきである）という命題の下にプラクティスが形成されることはプラスもあるが，論証の相対的軽視をもたらすマイナスもあることを明らかにし，論証責任論を審理・判断過程において具体化するとどのようなものとなるかについて，解釈論，実践論に即して説くことにある。いわば，論証責任論の試みである。

Ⅱ　民事訴訟の類型と論証責任を意識しない実務の傾向

1　証明責任型と論証責任型

民事訴訟の類型は，①争点が事実問題にある証明責任型，②争点が規範（論題）にある論証責任型に分かれる。

第1の証明責任型は，在来型訴訟である売買契約，賃貸借契約，消費貸借契約に関する民事訴訟がその典型である。要件効果型規範が適用される案件の事実関係に争いがあり，事実主張をすれば，法的構成も明らかになるタイプの訴訟である。

裁判官が結論を導く過程は，次のようなものとなる。まず，（ⅰ）要件事実の主張が不足しているか，充足しているかで分岐があり，不足している場合には主張自体失当として請求棄却となる。次に，（ⅱ）要件事実の主張が充足している場合には証明（立証）が奏功しなかったか，奏功したかで分岐があり，

Ⅱ　民事訴訟の類型と論証責任を意識しない実務の傾向

証明（立証）不奏功の場合には事実認定ができないから請求棄却となる。さらに，（ⅲ）証明（立証）が奏功した場合には，認定事実を法令に当てはめることができれば，請求認容となるが，そうでなければ請求棄却となる。

（ⅲ）において当てはめが難しいケースとしては，評価性の高いもの，例えば，主要事実について間接事実から推認することができるかが問題となるもの，黙示の意思表示が問題となるものがある。後者は，例えば，「賃貸借契約の貸主が，賃料不払いを理由として契約を解除したうえで未払い賃料請求したところ，借主が賃料を持参したので，これを受領した」という事実をどのようにみるかという問題がある場合である。このような場合，貸主の金銭受領を契約解除の撤回という黙示の意思表示とみるか，貸主は賃料相当損害金として受領したもの（解除の撤回という黙示の意思表示とみるのは相当でない）とみるか，いずれの評価が相当かという争点となる[4]。

これに対して，第2の論証責任型は，法的構成において一般条項，規範的要件，不特定概念の適用が問題となる類型である。不特定概念，抽象的概念を用いて規範的要件を法律要件として定めた実体法上の規定が一般条項であり[5]，規範的要件には，「信義誠実」（民法1条2項），権利濫用（同法1条3項），「公序良俗」（同法90条），第三者が代理人の権限があると信ずべき「正当な理由」（同法110条），「過失」（同法709条），「正当事由」（借地借家法6条，28条）などがある。

規範的要件（例えば，過失や正当事由）は，何を主要事実（要件事実）とみるかについて，①過失や正当事由を主要事実とみて，評価根拠事実・評価障害事実は間接事実と位置づける見解（間接事実説），②過失や正当事由は規範的評価（法的評価）であり，評価根拠事実・評価障害事実を主要事実とみる見解（主要

---

(4)　加藤新太郎『民事事実認定論』（弘文堂，2014年）4頁。黙示の意思表示が問題となるケースも，証明責任ではなく論証責任が前景化することになると解される。

(5)　一般条項は，規定の性質に着目した用語であり，不特定的または抽象的な概念を用いて法律要件を定めた規定をいう。不特定概念，抽象的概念は，法律要件の用いられた概念の性質に着目した用語であり，それらの条項の法律要件として用いられている概念が，不特定性や抽象性が高いものであることをいう。規範的要件は，法律要件の規範的な性質に着目した用語でありと，その法律要件が，通常の法律要件のように「事実」概念を用いるのではなく，規範的な意味における「評価」概念を用いたものをいう。以上につき，三木浩一「規範的要件をめぐる民事訴訟法上の諸問題」石川明=三木浩一編『民事手続法の現代的機能』（信山社，2015年）7頁。

事実説）とに分かれるが，現在では，②説が，通説・実務の立場となっている[6]。そして，評価根拠事実の証明責任は原告であり，評価障害事実の証明責任は被告であるとその所在が振り分けられている[7]。

もっとも，その認定判断は証明責任型とは異なる。まず，（ア）評価根拠事実がすべて証明できても規範的要件該当性を認めない場合があり，（イ）評価根拠事実の一部しか証明できなくても規範的要件該当性を認める場合がある。また，（ウ）評価障害事実がすべて証明できても規範的要件該当性を認める場合があり，（エ）評価障害事実の一部しか証明できなくても規範的要件該当性を認めない場合あるのである。その理由は，規範的要件該当性（過失あり，正当事由あり）の判断は総合的評価であるからと説明される。

この理由については，規範的要件該当性が総合的な認定判断となるのは，単に事実認定だけに尽きる問題ではなく，「論証」という作用が加わる問題であるからというのが正確な説明である。このように証明責任だけでは結論を導くことができない類型の争いがあることを確認したうえは，証明責任とともに論証責任を正面から意識した議論の必要性が語られるべきであろう。

2　論証責任を意識しない実務の傾向

(1) 審理における傾向

民事訴訟実務においては，現状では一般的に論証責任は観念されておらず，事実認定のみで結論が出る（出すべきである）というプラクティスが形成されていることから，規範的要件該当性が争点となるケースについて主張・反論の段階における議論が不足する傾向がみられる。このことを敷衍すると，論証責任型訴訟では，主張・反論の段階で，「どの評価根拠（障害）事実が証明でき

---

(6)　司法研修所編『民事訴訟における要件事実第1巻』（法曹会，1986年）30-37頁，加藤新太郎「主要事実と間接事実の区別」青山善充ほか編『民事訴訟法の争点（第3版）』（有斐閣，1998年）182頁，高橋宏志『重点講義民事訴訟法（上）（第2版補訂版）』（有斐閣，2013年）425頁。最判平成30・6・1民集72巻2号88頁参照。なお，主要事実説によった場合に不都合な結果が生じることを具体的事例により検討して間接事実説を説く論考として，大島眞一「規範的要件の要件事実」判タ1387号（2013年）3頁がある。これに対する的確な批判として，三木・前掲注(5)「規範的要件をめぐる民事訴訟法上の諸問題」『民事手続法の現代的機能』14頁以下参照。

(7)　司法研修所編・前掲注(6)『民事訴訟における要件事実第1巻』34頁。

たとすれば論拠とすることができ，それによって論証命題が論証できるか」を
確認しなければ，証拠調べをしても意味のない場合があるのにもかかわらず，
その議論をしないのである（例外がないわけではない）。

　もっとも，上記の議論は結論の帰趨を決するものであるから当事者双方とも
ヒートアップしがちであり，裁判官としては議論の整序・仕切りが大変になる。
そうしたことから，裁判官として，「中立・公平の要請」を口実に詰めること
を回避することになりがちである。しかし，論証責任を意識した訴訟運営をし
ようとする場合には，そうした懸念は（相対的にではあるが）少なくなるよう
に思われる。

　それでは，論証責任を意識した審理＝争点整理はどのようなものになるべき
であろうか。前述した黙示の意思表示の有無・解釈が争いとなるケースを例に
して考えてみよう。

　建物賃貸借契約の貸主が，賃料不払いを理由として契約を解除したうえで未
払い賃料請求したところ，借主が賃料を持参したので，これを受領した。その
後，貸主が賃貸借契約解除を理由として建物明渡請求訴訟を提起したのに対し
て，被告である借主が契約解除の意思表示は撤回された旨の抗弁を提出して
争った。これは，「建物賃貸借契約の貸主が，賃料不払いを理由として契約を
解除したうえで未払い賃料請求したところ，借主が賃料を持参したので，これ
を受領した」という事実を，（ア）貸主の金銭受領を契約解除の撤回という黙
示の意思表示とみるか，（イ）貸主は賃料相当損害金として受領したもの（解
除の撤回という黙示の意思表示とみるのは相当でない）とみるか，いずれの評価
が相当かという争点となる。これだけの事実では，なんとも判断がつかない
（裁判官は，そのような心証開示をするのが相当である）。そこで，他の基礎づけ
事実は無いか釈明すると，例えば，金銭受領時の会話の内容が主張立証される。
そして，（ⅰ）貸主が「次からはきちんと払ってくださいよ」と言って受領し
たのであれば，（ア）に傾くが，（ⅱ）貸主が「何度も滞納されるので，今回は
堪忍袋の緒が切れたのですよ」と言って受領したのであれば，（イ）に傾くこ
とになる。これらに対し，（ⅲ）貸主が黙って受領した場合には，さらに他の
基礎づけ事実の有無を検討していくことになるのである。

(2) **判決における傾向**

　証明責任型訴訟については，裁判官は要件事実論に精通した上で，争点整理

2 民事訴訟における論証責任論〔加藤新太郎〕

手続において，十分な主要事実が主張されているか，主要事実を推認させる間接事実・推認を妨げる間接事実にはどのようなものがあるか，主要事実・間接事実を証明する証拠方法の信用性を左右し得る補助事実は何かなどを確定し，それらの事実に関連する証拠を挙げ，書証については認否（の予定）を相互に確認したうえで，相手方が争う事実と，争わない事実とを区別し，証拠調べの対象を限定していくことにより，適切な事実認定・当てはめ判決に至る[8]。争点整理が適切に実施されている場合には，判決の理由付けも適切であるが，そうでない場合には問題のある判決となることが多い。しかし，これは個別的な現象である。

これに対して，論証責任型訴訟については，論証責任を意識しない結果，判決において結論を導く根拠（論拠）が薄くても，裁判官が気にかけなくなる傾向を指摘することができる。この点は，東京高裁（控訴審）における実務経験[9]をもとにそのように観察しているにすぎないから，字義通り「論証不足」という反論がされるかもしれないが，次のような事例に遭遇したことがある。

【例1】名誉毀損訴訟の抗弁として，摘示事実につき真実性の抗弁（ア）と真実相当性（誤信相当性）の抗弁（イ）とが主張されているケースについて，一審判決では，認定された間接事実では真実性を推認することができず（ア）が認められないとしつつ，（イ）も（ア）と同様に認定された間接事実では真実性を推認することができないことに加えて，被告が原告及び関係者に対し直接具体的な調査をしていないことをもって，（イ）も否定したものがあった。真実相当性（誤信相当性）の有無は，事実認定の問題だけですますことのできない論証の問題である。このケースでは，被告が真実相当性の評価根拠事実があること（これは真実性を推定することのできる間接事実と同じ事実）に加えて，原告及び関係者に対し直接具体的な調査をしていない事実（評価障害事実）はあるがそれをすることは現実的でも可能でもなかったから，その状況下では経験則上摘示事実を真実と信じることもやむを得ないものである旨主張していた。したがって，裁判所としては，被告が原告及び関係者に対し直接摘示事実につき具体的な調査をすることが果たして現実的であったのか（直接の調査に応じてもらうことが

---

(8) 加藤新太郎「争点整理の構造と実務」『梅・遠藤先生古稀祝賀論文 民事手続における法と実践』（成文堂，2014年）255頁。

(9) 筆者は，2009年4月から2015年3月まで6年間東京高裁で勤務した。

できたか，調査に応じたとして真実を語る蓋然性があったか）について認定判断することが必要であった。しかし，それをまったく欠いていた。この理由付けでは，論証として不十分というべきであるから，被告の納得は到底得られないであろうと思われた。

【例 2】外資系企業における中途採用者につき能力不足を理由として解雇したところ労働者から解雇無効訴訟を提起されたケースについて，一審判決では，①その職にある者として顕著に能力不足といえる具体的事実を認定しながら，②指導改善措置が十分でないとして解雇を無効とする請求認容判決をしたものがあった。これは，解雇の権利濫用性が判断の対象であり，①②は 2 要件として分けて考えるべきではなく，相関関係にあることを見落としている。解雇が権利濫用であることを論証できていない（論証不足である）のにもかかわらず，このような粗い理由付けで済ましていることは労働事件専門部の判決であっただけに当惑を覚えた。論証責任というより以前の「論証」そのものに対する理解が乏しいように感じられたのである。

　控訴されたケースは，是正され得る機会がある。しかし，論証責任型訴訟における一審判決の規範的要件該当性の判断（論証できたかどうかの判断）に納得できない場合でも，必ず控訴するとは限らない。当事者としては，手間・時間・費用をかけても逆転判断がされる保障もないことから控訴することなく不承不承ながら判決を確定させるという現実も少なからずあるとみるべきであろう。

Ⅲ　原理的な問題との関係

1　事実の客観性懐疑論

「事実審裁判所は，事実認定（のみ）で結論を出すべきである」という命題との関係で，事実をして語らしめるという発想は，事実は客観的真実という前提のはずであるが，その前提において失当であるとの村上淳一教授の所説（村上説）がみられる[10]。

　村上説は，事実は，投影された裁判官の主観が客観の外見をとったものにす

---

[10]　村上・前掲注[2]『システムと自己観察』15 頁。

2 民事訴訟における論証責任論〔加藤新太郎〕

ぎないという。事実は客観的真実という誤認は，事実を見定める「全人格的な力」を備えた裁判官への期待につながる。そして，裁判官たる者は，正しい主観（判断力）をもてるように個別と普遍の媒介に努めなければならなくなる。しかし，正しい客観がないのと同様に正しい主観もない。そこで，裁判官は，要件事実認定で理由説示の一部前倒しをするという姑息なやり方はやめて，多くの選択肢を考慮した上で，明確な論旨で理由説明を展開すべきであるというのである[11]。

村上説の結論部分には賛成できるが，正しい客観も正しい主観もないといわれると，それでは判断の正当化をどのようにしたらよろしいのかという疑義が生じる。また，裁判の客観性の要請は本質的なものではなかったのか[12]という根本的な疑問にも逢着する。しかし，この問題に立ち入ることはできない。ここでは，村上説も論証責任否定説（不要説）というわけではなさそうであることを確認しておけば足りるであろう。

2　裁判官の思考との関係

法的思考がどのようなものであるかについては，①法的三段論法を基礎とする「ルール準拠的思考」，②当該事件と既存の裁判例との比較作業を中心とする「ケース準拠的思考」の二つがあるといわれる[13]。小粥太郎教授は，一般条項が争点となる場合には，裁判官は，上記②の「ケース準拠思考」によるという[14]。そして，ケース準拠思考における判断要素としては，当該案件と先例との「類似関係の遠近」が重要であり，包摂の問題として扱われることになる[15]。

小粥説によれば，一般条項が争点となる場合の審理は，裁判官と当事者との一般条項の解釈・適用の問題に関する法的対話によって，一般条項の意味を明らかにし，評価根拠事実・評価障害事実を表面化していく。もっとも，例えば，正当事由（借地借家法6条，28条）の有無の判断は要件効果型思考には依拠せ

---

(11)　村上・前掲注(2)『システムと自己観察』16頁。

(12)　中村治朗『裁判の客観性をめぐって』（有斐閣，1970年）48頁，田中成明『法的思考とはどのようなものか』（有斐閣，1989年）102頁。

(13)　亀田洋『法的思考』（有斐閣，2006年）381頁。

(14)　小粥太郎『民法学の行方』（商事法務，2008年）61頁。なお，細かな点であるが，小粥教授は，「ケース準拠的思考」ではなく「ケース準拠思考」といわれる。

(15)　小粥・前掲注(14)『民法学の行方』61，66頁。

Ⅲ　原理的な問題との関係

ず，借家であれば，借家人側の事情と家主側の事情とを比較する総合判断型思考を展開することになる。つまり，規範的要件における要件事実（主要事実）は，具体的な評価根拠事実及び評価障害事実とすることでよいが，その認定・判断においては，評価根拠事実と評価障害事実とを分断せず，総合判断すべきであり，規範的要件解釈論においても，考慮要素を析出し，構造化された総合判断を可能にするものが要請されるというのである。例えば，構造化された総合判断としての「過失」は，「（ⅰ）結果（損害）発生の蓋然性（危険），（ⅱ）被侵害利益の重大さ，（ⅲ）上記（ⅰ）（ⅱ）の因子と行為義務を課すことによって犠牲にされる利益との比較衡量」という形に構造化されたものであり，同じく「暴利行為」は，（ⅰ）当事者の関係・状況，（ⅱ）利得の大きさとの相関関係として構造化されている(16)。

　以上についてコメントすれば，小粥説は，一般条項（規範的要件）は考慮要素を析出して構造化するように解釈されるべきであり，それらの複数の要素を総合判断すべきであるという。これは，規範的要件を論証しやすいように考慮要素を析出・明示するような実体法解釈論が必要であり，審理においては考慮要素に当たる事実を総合判断により論証できたかを判定するというものである。小粥説は，論証責任論と整合的な見解と評することができる。

　また，「事実審裁判所は，事実認定（のみ）で結論を出すべきである」という命題との関係では，小粥教授は，要件事実論は，法的判断を証明の成否に還元させるかのようなところがあり，それは一般条項に関しても変わらない旨指摘される(17)。司法研修所のテキストの該当部分は，「民事裁判による紛争解決は，原告が訴訟物として主張する一定の権利の存否の確定を通して行われる。この権利は観念的な存在であるから，口頭弁論終結時における右権利の存否を直接に認識する手段は，原則として存在しない。したがって，当該権利の存否の判断は，その権利の発生，発生障害，消滅等の幾つかの法律効果の組み合わせによって導く出す以外に方法はない。そして，このような各種の法律効果の発生が肯定されるかどうかは，その発生要件に関する具体的事実（要件事実）の有無に関することになる」(18)というものである。

----

(16)　小粥・前掲注(14)『民法学の行方』71頁。

(17)　小粥・前掲注(14)『民法学の行方』81頁。

(18)　司法研修所編・前掲注(7)『民事訴訟における要件事実第1巻』301-302頁。

2 民事訴訟における論証責任論〔加藤新太郎〕

上記の記述は，要件効果型規範が争点となる証明責任型訴訟には問題なく妥当するが，法的判断を証明の成否に還元させる趣があるという小粥教授の評は当たっている。そればかりか，論証責任型訴訟もまったく同様でよろしいかについては議論の余地があるが，そのことに何ら触れていないのであるから，上記テキストは一般条項（規範的要件該当性）が争点になる場合にも法的判断を証明の成否に還元する立場と受け止められてもやむを得ないであろう。

IV　論証責任論の効用

1　権利の推定

(1) 問題の所在

権利は観念的な存在であるから，直接認識する手段はない。したがって，ある人が，一定の目的物が自己の所有である（自分に所有権がある）ことを論証しようとする場合には，その権利の取得原因事実を主張立証することが必要である。例えば，その土地が自分の所有であることを論証するためには，原告として，原始取得者から自分までの所有権取得原因事実を主張立証することが必要になる。

その例外としては，①法律上の権利推定が認められる場合（占有者が占有物について行使する権利は適法に有するものと推定する民法188条，境界線上に設けた境界標，囲障，障壁，溝，堀は相隣者の共有に属する物と推定する同229条），②相手方が，当該権利の存在及び帰属を認める場合である。①の場合には，前提事実を主張立証すれば足り，推定される権利・適法性については，主張立証いずれの負担も免れる。また，②の場合には，権利自白として，証明を要しないことになる[19]。

問題は，上記①でも②でもなく当事者が，権利の帰属を争う場合である。

不動産登記がある場合には権利の推定が問題とされる。登記簿上の所有名義人は反証のない限り当該不動産の所有権を持つことを推定される（事実上の推定）とするのが判例である（最判昭34・1・8民集13巻1号1頁，最判昭38・10・15民集17巻11号1497頁，最判昭39・1・23判時365号62頁，最判昭46・6・29

---

[19]　周知のとおり，権利自白の成否については，学説上，積極説・消極説・中間説の争いがあるが，実務上は，いわゆる「もと所有」について権利自白を肯定する。

判時 635 号 110 頁，東京高判昭 52・8・3 判時 870 号 74 頁，東京高判昭 54・5・28 判タ 389 号 90 頁）。学説には，①登記された権利が登記された権利者に帰属していることが法律上推定されるとする見解（法律上の推定説）[20]，②登記に記載された事項は実体に符合している蓋然性が高いという経験則を根拠として事実上の推定力を肯定する見解（事実上の推定説）[21]に分かれ，後者の中には，（i）権利の存在及び帰属が推定されるとする見解，（ii）登記原因だけが推定されるとする見解，（iii）権利の存在，帰属，登記原因が推定されるとする見解[22]がみられるが，判例と同様に②（i）説が多数となっている。

(2) 一般法理としての「事実上の権利推定」

(a) 総　説

株式の所有権（株式権）について権利の帰属が争われた事案で，「一定の間接事実によって経験則上直接に所有権の存在を推認してよいか」という論点が前提問題とされたケースがある。東京高判平 24・12・12 判時 2182 号 140 頁，判タ 1391 号 267 頁が，これである。

(b) 事案の概要

X は，亡 A（大企業 S グループ創業者）の法定相続人である。鉄道・ホテル経営をメインとする大企業 S グループは，一連の組織再編を実施した。

X は，S グループの事実上の持株会社であった株式会社 B の株式の大半はその株主名簿記載の株主ではなく，A の未分割遺産として X を含む A の相続人及びその承継人に帰属しているとの主張を前提とし，それにもかかわらず，Y らが，実質株主である X を無視し，名義人を株主と扱い，創業家を排除する形で，S グループの一連の組織再編を強行したと主張して，Y らに対し，S グループの組織再編に関する一連の行為の株主総会の決議不存在確認又は決議取消し等を請求した。

---

[20]　法律上の権利推定説は，我妻栄＝有泉亨補訂『新訂物権法（民法講義 II）』（岩波書店，1983 年）45 頁，兼子一「推定の本質及び効力について」『民事法研究 I』（酒井書店，1950 年）26 頁など。

[21]　事実上の権利推定説は，星野英一「判批」法協 77 巻 1 号（1960 年）77 頁，阿部徹「登記の推定力」幾代通ほか編『不動産登記法講座 I』（日本評論社，1976 年）220 頁など。

[22]　北川清「登記簿による認定」伊藤眞＝加藤新太郎編『［判例から学ぶ］民事事実認定』（有斐閣，2006 年）134 頁，上田賀代「登記の推定力」奥田隆文＝難波孝一編『民事事実認定重要判決 50 選』（立花書房，2015 年）103 頁。

2 民事訴訟における論証責任論〔加藤新太郎〕

争点は，①株式会社Bの株式はその名義人ではなく，Xを含むAの承継人の所有であるといえるか，②Aが借用名義株を所有していたといえるかであった。具体的には，Aの死亡時にA以外の名義であった株式について，B社設立時にAが第三者名義で引き受けたもの，その後にAが第三者名義で買い受けたもの，増資時に第三者名義で引き受けたもの（借用名義株）といえるか等が問題となった。しかし，本件では，そのような権利取得原因事実を明らかにする証拠方法がないという特殊性がみられた。そこで，「事実上の権利推定」の可否が論点となった。

（c）判　旨

①　判断枠組み

一定の間接事実によって経験則上直接にある権利の存在が推認することができる場合には，権利推定の法律効果として権利の存在そのものが推定される結果，その権利の取得原因事実の主張・立証の必要がなくなると解される。このように「事実上の権利推定」を一般法理として肯定する場合には，経験則上権利の存在を推認するに足りる十分な間接事実が認定されることが与件となるから，相応の主張立証が必要不可欠となる。

本件におけるXの立証主題は，「Aが死亡した時点において同人が他人名義でB社株を所有していたこと」であり，Xは，AのB社株の所有権を直接推認するに足りる間接事実を立証することが必要となる。

②　借用名義株について

「事実上の権利推定」という判断枠組みにより，Xの主張する間接事実からAのB社株の権利推定ができるかについて，（ア）AのB社（Sグループ）支配の意思が強固であったこと，（イ）昭和16年公正証書の存在，（ウ）S鉄道の管理株の存在，（エ）自認名義人の存在，（オ）Aの自己資金のほか，その他の証拠を検討するに，間接事実の中には，自認名義人の存在など有力なものもみられるが，それはAのB社株の権利推定をするには十分なものとはいえない。その他の間接事実を含めて検討しても，経験則上直接にAのB社株の権利推定をするにはなお十分とはいえない。

B社・Sグループを従前創業家が支配してきたという事実からすると，AがB社株の相当割合のものを借用名義株として実質的に所有していた可能性はないとはいえないが，高度の蓋然性があるという証明はできていない。仮に借用

名義株を利用して支配をしようとする場合には，事柄の性質上証拠を残さないようにするものと考えられるが，そうであるからといって，本件において証明度を軽減することは相当とはいえない。

(d) 考　察

一般法理としての「事実上の権利推定」は，不動産登記における「事実上の権利推定」の判例法理の類推を論拠とする。具体的には，権利の取得原因事実は証明できないが，経験則上権利の存在を推認するに足りる十分な間接事実を証明することができるケースについては，そのような主張証明の方法を許容しようするものである[23]。こうしたケースは例外的なものであり，相応の主張立証が必要不可欠となるが，そのような主張証明の方法それ自体を否定する必要はないし相当でもない[24]。株主名義を有しない者が株主であることを証明するには，前主からの売買等の権利取得原因事実を主張立証することが通常であるが，本件では，それを明らかにする証拠方法がない。そこで，東京高判平24・12・12 は，事実上の権利推定の判断枠組みにより，「株主名義を有しない者が株主であるとして主張立証した経験則上権利の存在を推認し得る間接事実（ア）〜（オ）」を個別的に，かつ，これらを全体的に考察して事実上の権利推定をするには十分とはいえないとした。

従前の説明の仕方は以上のとおりである。これに対して，論証責任の観点からすると，「権利の存在は取得原因事実を証明して論証する方法と，それ以外の事実を証明して論証する方法がある」と整理することができる。そうすると，（ア）〜（オ）は「株主名義を有しない者が株主であるとして主張立証した経験則上権利の存在を推認し得る間接事実」ではなく，「株主名義を有しない者が株主であることを論証しようとして主張立証した論理則上権利の存在の論拠となる主要事実」と理解するのが相当である。実質的にみても，（ア）〜（オ）

---

[23]　これに対して，一般法理としての「事実上の権利推定」を否定する見解として，二羽和彦「判批」私法判例リマークス 48 号（2014〈上〉）（2014 年）125 頁がある。否定説は，実務上認められる所有権の権利自白のアナロジーで事実上の権利推定を肯定することは，権利自白が権利の取得原因事実を争点から排除するものであるのに対し，事実上の権利推定は，争いあるに権利につき取得原因事実の主張証明することなしに別の事実から当該権利を推定するもので機能が異なるから無理があるという。

[24]　加藤新太郎「株式の所有権（株主権）について事実上の権利推定はできるか」NBL1083 号（2016 年）88 頁。

の事実は，間接事実の規律（弁論主義の適用なし）よりも主要事実の規律が適切といえよう。

また，判旨の「B社・Sグループを従前創業家が支配してきたという事実からすると，AがB社株の相当割合のものを借用名義株として実質的に所有していた可能性はないとはいえないが，高度の蓋然性があるという証明はできていない」という部分は，論証責任の観点からすると，「B社・Sグループを従前創業家が支配してきたという事実からすると，AがB社株の相当割合のものを借用名義株として実質的に所有していた可能性はないとはいえないが，論証できていない」と表現するのが正確である。

さらに，判旨の「仮に借用名義株を利用して支配をしようとする場合には，事柄の性質上証拠を残さないようにするものと考えられるが，そうであるからといって，本件において証明度を軽減することは相当とはいえない」という部分は，論証責任の観点からすると，証明度の問題として捉えるのではなく，論証度の問題であるから，「仮に借用名義株を利用して支配をしようとする場合には，事柄の性質上証拠を残さないようにするものと考えられるが，そうであるからといって，論拠が乏しくとも論証ありとしてよいとすることは相当とはいえない」というべきである。

以上によれば，論証責任の観点からすると，「一定の間接事実によって経験則上直接に所有権の存在を推認してよいか」という論点は生じない。権利の存在は取得原因事実を証明して論証する方法と，それ以外の事実を証明して論証する方法があることを承認すればよいのである[25]。所有権の存否は規範的評価そのものであるから，取得原因事実の主張立証（証明）のほかに，他の論拠（事実・証拠・論理則）から論証する方法を許容することを否定する余地はないように思われる。

---

(25) 藤原弘道「動産所有権の証明」同『民事裁判と証明』（有信堂，2001年）95頁は，動産所有権の証明について，公示送達による呼出しの場合の証明度軽減，弁論の全趣旨による立証軽減，事実上の権利推定による証明，即時取得による証明による証明などについて，実例に即して考察する示唆に富む論考である。本文に述べたように所有権取得原因事実の証明に加えて，所有権それ自体の論拠による論証という作用を認知することにより，より実質論を踏まえた議論になるように思われる。

2　一応の推定

「一応の推定」は，古くから判例法上形成されてきた概念である[26]。例えば，他人の主有する山林の立木を伐採した類型についての「過失の一応の推定」（大判大正7・2・25民録24輯282頁，大判大正9・4・8民録26輯482頁），保全処分命令が保全異議ほかの手続において取り消され，又は本案訴訟において原告（債権者）敗訴の判決が言い渡され確定した類型についての「過失の一応の推定」（大判昭和9・6・15民集13巻1164頁，大判昭和13・5・7民集17巻867頁，最判昭和43・12・24民集22巻13号3428頁，最判平成2・1・22判時1340号100頁）などがこれである。

　一応の推定は，通常の事実上の推定よりも高度の蓋然性ある経験則によって，間接事実（前提事実）から要証事実を推認するものと解されている[27]。高度の蓋然性ある経験則は，例外随伴性が低く，前提事実の証明があれば推定事実の存在が高度の蓋然性をもって認識されることになるから，相手方が推定事実の不存在を推認させる事実（特段の事情）を証明しなければ，推定事実の証明があったものと認定されるのである[28]。

　「一応の推定」が事実を対象として経験則の適用である限りは，これを肯定することに格別の問題はない。しかし，「過失の一応の推定」については，過失が規範的要件であり，主要事実は評価根拠事実と解する以上，事実ではない過失を「推定」するというのは措辞不適切であるばかりか，その前提を立証負担軽減のために変更していることになる[29]。

---

[26]　中野貞一郎『過失の推認』（弘文堂，1978年）1頁，藤原・前掲注[25]『民事裁判と証明』63頁，高田裕成「過失の一応の推定」前掲注[22]『[判例から学ぶ]民事事実認定』61頁，加藤新太郎「経験則論」『民事事実認定論』（弘文堂，2014年）190頁。なお，表見証明論も「一応の推定」論と同趣旨の議論であるが，両者を論じたものとして，春日偉知郎『民事証拠法研究』（有斐閣，1992年）が到達点を示すものとして有益である。

[27]　新堂幸司『新民事訴訟法（第5版）』（弘文堂，2011年）617頁，中野貞一郎ほか『新民事訴訟法講義（補訂版第2版）』（有斐閣，2009年）281頁，360-362頁〔青山善充〕，山木戸克己『民事訴訟法論集』（有斐閣，1990年）〕39頁。

[28]　鈴木正裕=青山善充編『注釈民事訴訟法（4）』（有斐閣，1995年）65頁〔加藤新太郎〕。したがって，一応の推定は，自由心証主義の枠内における経験則の適用の一場面である。

[29]　伊藤眞『民事訴訟法（第6版）』（有斐閣，2018年）387頁。なお，伊藤滋夫『要件事実の基礎（新版）』（有斐閣，2015年）98頁も，過失は法的評価であり評価根拠事実が主要事実であるという現在の通説に立場から「過失の一応の推定」理論を批判する。

2 民事訴訟における論証責任論〔加藤新太郎〕

その限りで，「過失の一応の推定」に関する従前の議論は見直される必要がある。すなわち，論証責任を観念することにより，「過失の一応の推定」は「過失の一応の論証」として再構成する方向が相当と解されるのである。

3　借地借家法における正当事由の審理

(1) 山本和彦説

一般条項について，選択型（横型）一般条項と総合判断型（縦型）一般条項を区別して議論するのは，山本和彦教授である。選択型一般条項は，不法行為の過失（民法709条）が典型であり，要件を満たす行為の多様性に着目して一般条項にされている。これに対して，総合判断型一般条項は，借地借家法の正当事由（借地借家法6条，28条）が典型であり，要件の考慮要素の多様性に着目して一般条項にされているものである[30]。

正当事由について，その評価根拠事実（証明責任は貸主）と評価障害事実（証明責任は借主）を主要事実として審理・判断する場合に，規範的要件である正当事由を要件効果型規範と同様に扱っていくために，借地借家法28条を要件効果型規範へ再構成する解釈をする所説がある。すなわち，「家主が建物使用を必要とする事実（建替えの必要性，土地再開発の相当性，立退き料の提供）により正当事由があるとの評価が根拠づけられる場合に限り，契約更新を拒み解約の申し入れをすることができる。ただし，これと別個の事実（店子が建物使用を必要とする事実）によれば正当事由があるとの評価を妨げるときは，この限りではない」と解するものが，これである[31]。これは，後述する司法研修所説を実体法解釈の面から補強する見解でもある。

しかし，山本教授は，総合判断型一般条項は，一種の非訟性を有する規範であり，判断枠組みが通常の要件効果型規範とは異なり，上記のような再構成は

---

(30)　山本和彦「総合判断型一般条項と要件事実」同『民事訴訟法の現代的課題』（民事手続法研究Ⅰ）（有斐閣，2016年）266頁。なお，倉田卓次『民事実務と証明論』（日本評論社，1987年）258頁は，過失（民法709条）を多様性の，正当事由を複合性の一般条項という。また，山木戸・前掲注(27)『民事訴訟法論集』37頁は，前者を競合型類型，後者を総合型類型という。

(31)　難波孝一「規範的要件・評価的要件」伊藤滋夫＝難波孝一編『民事要件事実講座1』（青林書院，2005年）221頁。これは，司法研修所編・前掲注(6)『民事訴訟における要件事実第1巻』34頁以下の所説を敷衍するものと解される。

難しいと批判される。その理由は，考慮要素が多く評価根拠事実と評価障害事実の組み合わせはさらに多くなること及び個々の要素（家屋使用の必要性など）が程度問題であることにより規範構造が複雑化し判断が難しくなるうえに，総合的評価をするという総合判断型一般条項である正当事由の規範の本質を反映できていないことに求められる[32]。そして，評価根拠事実・評価障害事実は，証明責任の問題にはならないが，弁論主義の対象とはなる「準主要事実」と位置付け，個々の事実の心証度を前提に総合判断により法規範を適用して法的効果を導くことを提唱する。すなわち，総合判断型一般条項については証明責任の適用はない。「主張責任・証明責任の所在一致説」に対しては，人事訴訟は弁論主義が適用されないが証明責任はあるという例であり，実定法上採用できないから，弁論主義（主張責任）は適用になるが証明責任は適用にならないという場面も存在してよい。証明責任の対象となる事実の範囲を定める基準は，「どの事実について真偽を確定しないと判決ができなくなるか」であるが，正当事由の判断においては多様な考慮要素を総合判断することになるから（ある事実の真偽を確定しないと判断ができなくなることはないから）証明責任を観念する必要はないのであるとする[33]。山本説は，論証責任論に極めて整合的な所説であるということができる。

(2) 三木浩一説

三木浩一教授は，ある規範的要件が，総合判断型であるか択一判断型（選択型）であるのかは，条項を単位として画一的に定まるものではなく，個別具体的な事実関係や当事者の組み立て方によって定まるものであるという[34]。したがって，過失でも総合判断型のケースがあり，正当事由でも択一判断型のケースがある。

例えば，旧い木造建物を事業用に賃貸した借家契約について，家主 X が借主 Y に対し，老朽化し朽廃して構造的にも物理的にも安全といえない状態にあり，都内でも有数の商業地に所在するのにもかかわらず地域に相応しい効用を維持することが困難になったことを理由として解約の申し入れをした場合に，

---

(32) 山本・前掲注(30)『民事訴訟法の現代的課題』268 頁。
(33) 山本・前掲注(30)『民事訴訟法の現代的課題』273-279 頁。
(34) 三木・前掲注(5)「規範的要件をめぐる民事訴訟法上の諸問題」『民事手続法の現代的機能』14 頁。

Ｙが「正当事由」がないとして，解約の有効性を争ったケースでは，「正当事由」の成否は，当該建物が朽廃しているか否かを判断することにより判定されるから，択一判断型であるとする[35]。確かに，このような争い方にとどまる限りにおいては「総合判断」する必要はないといえる。しかし，家主Ｘとしては，建物の老朽化により建替え必要であるとする主張のみでは「正当事由」がないと判断されることを予測して，正当事由を補完するため立退き料支払いの申出をすることが類型的に想定される。そうなると，このケースは総合判断型になる。三木説は上記のような展開になる場合があることも織り込み済みのはずであり，個別具体的な事実関係や当事者の組み立て方により判断の仕方が変わることを指摘する同説（事案対応アプローチといえよう）は相当である。他方，条項に着目して分類する山本説（条項対応アプローチといえよう）についても，民法709条の「過失」であれば選択型になることが多く，借地借家法6条，28条の「正当事由」であれば総合判断型になることが多くなることを述べるものと理解すれば足りるであろう。

　三木教授の指摘は，一般条項を分類して審理判断のプロトタイプを決定することの意味合いを相対化するものとして評価したい。筆者は，さらに進んで，民法709条の「過失」の存否についても構造化された判断枠組みに依拠して考慮要素を総合的に判断してこれを判定するという実質に着目すれば，総合判断型であるか択一判断型（選択型）かという分類は審理及び認定判断をいかにするのが相当かという指標としては大きな意味を持たないと考える。三木教授は，総合判断型も択一判断型も「規範的には一種の真偽判断」が行われている[36]といわれるが，この点もそのとおりである。そして，規範的観点から行われる「一種の真偽判断」とは，論証ができているかを判定する作用そのものといってもよいであろう。

　(3) 考　察

　山本説は，総合判断型一般条項である借地借家法6条，28条の「正当事由」につき，その評価根拠事実・評価障害事実を「準主要事実」とし，弁論主義の

---

[35]　三木・前掲注(5)「規範的要件をめぐる民事訴訟法上の諸問題」『民事手続法の現代的機能』10頁。

[36]　三木・前掲注(5)「規範的要件をめぐる民事訴訟法上の諸問題」『民事手続法の現代的機能』15頁。

対象にはなるが証明責任を観念しないという。正当事由の評価根拠事実は請求
原因であり，評価障害事実は抗弁であり，いずれも主要事実である（証明責任
はもちろんある）という見解（司法研修所説）が，これに対立するという図式が
ある。いずれも，これが総合判断であることは前提としている。

　司法研修所説は，評価根拠事実に基づけば当該規範的評価が成立するという
判断が先行しなければならず，この評価の成立を前提として，評価障害事実の
存否が問題となる理論上の関係があり，このような判断の構造を否定する趣旨
で「総合判断」という表現が用いられているとすれば疑問であるとする[37]。こ
れを敷衍すると，「正当事由」が争点となる場合には，評価根拠事実・評価障
害事実の両方が主要事実である以上，賃貸人側の事情は賃貸人に，賃借人側の
事情は賃借人に証明責任があり，真偽不明の事実があるときにはこれはないも
のとし認定事実だけで正当事由の有無を判断すべきであるが，正当事由の有無
は法的判断であるから真偽不明ということはありえないと解説される[38]。

　これに対して，従前から，総合判断型一般条項の主要事実については弁論主
義の適用はあるとしても証明責任は観念する必要はないとする見解（賀集
説）[39]はみられたし，「準主要事実」という概念も使われることがあった[40]。し
かし，後者の評価根拠事実・評価障害事実を「準主要事実」と呼ぶ立場は，実
質的に主要事実と同様の扱いをするにとどまるものと解されていた[41]。

　司法研修所説にいう「総合判断」は，要件効果型規範が適用される案件で事
実争点となる証明責任型訴訟と同じ判断構造とみるものであるが，総合判断型
一般条項である正当事由の規範の本質に整合するかについて検討してみよう。
上記Ⅱ・1でみたところであるが，規範的要件該当性の認定判断は，（ア）評

---

[37]　司法研修所編・前掲注(6)『民事訴訟における要件事実第 1 巻』36-37 頁。

[38]　兼子一原著・松浦馨＝新堂幸司＝竹下守夫＝高橋宏志＝加藤新太郎＝上原敏夫＝高田裕成『条
　解民事訴訟法（第 2 版）』（弘文堂，2011 年）1022 頁〔松浦馨＝加藤新太郎〕。

[39]　倉田卓次ほか「研究会・証明責任論とその周辺」判タ 350 号（1977 年）47 頁以下〔賀
　集唱発言〕。賛成するのは，松本博之『証明責任の分配（新版）』（信山社，1996 年）
　336-337 頁。

[40]　倉田・前掲注(30)『民事実務と証明論』260 頁。

[41]　司法研修所編・前掲注(6)『民事訴訟における要件事実第 1 巻』31 頁。これに対して，
　山本説は，弁論主義・証明責任双方の対象となる主要事実とその双方の対象とならない
　間接事実の中間概念として，弁論主義の対象にはなるが証明責任の対象とはならない「準
　主要事実」を構想するのである。山本・前掲注(30)『民事訴訟の現代的課題』272 頁。

価根拠事実がすべて証明できても規範的要件該当性を認めない場合があり，（イ）評価根拠事実の一部しか証明できなくても規範的要件該当性を認める場合がある。また，（ウ）評価障害事実がすべて証明できても規範的要件該当性を認める場合があり，（エ）評価障害事実の一部しか証明できなくても規範的要件該当性を認めない場合あるというものである。これは，要件効果型規範が争点となる場合の認定判断とは明らかに異なる。なぜなら，規範的要件該当性の認定判断はこれが論証されているか否かを判定するものであるから，上記のように（ア）〜（エ）のような結果が生じるのである。

　それでは，山本説のように，正当事由の評価根拠事実・評価障害事実を「準主要事実」とし，弁論主義の対象にはなるが証明責任を観念しない見解はどうであろうか。規範的要件該当性の認定判断を適切にするためには，（ｉ）証明責任のある「主要事実」がよろしいか，（ⅱ）証明責任のない「準主要事実」でなければならないか（【問題 A】）。この点を検討する前提として，まず，規範的要件該当性の認定判断は，事実の証明の先の論証という作用であることを確認しておきたい。そうすると，【問題 A】は，（ⅰ'）論証の論拠となるべき評価根拠事実には証明責任を課すことがよろしいか，（ⅱ'）証明責任を課さなくともよろしいかという問題（【問題 B】）に置き換えることができる。そうすると，次のような立場が想定される。

　第1に，論証の質を可及的に高めるという要請を考慮して，【問題 B】については（ⅰ'），【問題 A】については（ⅰ）を選択するのが相当と解する立場である。

　第2に，論証責任を観念しておくことが重要なのであって，その認識がされていれば，【問題 A】【問題 B】については，いずれでなければならないとの立場も十分考えられよう。

　第3に，証明責任のない「準主要事実」構成であっても，論証責任が控えているから規範的要件該当性の認定判断には（マイナスの）影響はなく，そうした構成であることがむしろ論拠のレベルを斟酌することが可能になり論証の質を高めることになると解して，【問題 B】については（ⅱ'），【問題 A】については（ⅱ）を選択する立場もあり得る。

　第3の立場が山本説であるが，同説に対しては，「賀集説を深化させて有益である」[42]，実務における総合的判断の実態にも合致し，より適正な判断が期

待できる[43]という評価もみられ，これらは，第3の立場に与するものである。これに対して，総合判断型も択一判断型も「規範的には一種の真偽判断」が行われているのに，総合判断型にのみ証明責任を適用しないのは過剰であると批判する見解[44]は，第1の立場ということになる。

　以上の考察によれば，規範的要件該当性の認定判断は，要件効果型規範が適用される事実が争点となる証明責任型訴訟の認定判断とは異なり，これが論証されているか否かを判定するものであり，【問題A】【問題B】については，いずれでなければならないとはいえない。そうであれば，さしあたり証明責任のある評価根拠事実・評価障害事実を主要事実として扱うことでよいと考える。ただし，評価根拠事実と評価障害事実を請求原因と抗弁のように判断順序を厳格につけて認定判断するのではなく，両者を総合的に判断して規範的要件該当性を認定判断するのが相当である。また，一般条項に定める規範的要件該当性は総合的な認定判断になることが原則であるから，その限りで，一般条項を総合判断型と択一判断型とに区別する実益は限定的なものではないかと考える。

4　論証責任の実践論

(1)　審　理

　論証責任型訴訟があり，事実認定のみでは結論が出ない場合があるという認識の下に展開されるプラクティスは，次のようなものになるはずである。

　論証責任型訴訟（規範的要件が争点となる類型，黙示の意思表示の有無・解釈が争いとなる類型）について，主張・反論の段階では，①論証命題の明示，②どの評価根拠（障害）事実が証明できれば論拠として，論証命題が論証できるかの確認とコンセンサスの形成・共有がされることになる。

　その結果，第1に，論証責任型訴訟の訴訟活動において，当事者の主張の精度が向上する。

　第2に，審理の適正化・効率化を図ることができる。具体的には，主張段階で提出された評価根拠事実をすべて証明できたとしても，論拠として十分でな

---

(42)　高橋・前掲注(6)『重点講義民事訴訟法（上）（第2版補訂版）』525頁（注9）。

(43)　新堂幸司『新民事訴訟法（第5版）』（弘文堂，2011年）607頁（注5）。

(44)　三木・前掲注(5)「規範的要件をめぐる民事訴訟法上の諸問題」『民事手続法の現代的機能』15頁。

く論証命題が論証できる見込みがない場合には，主張自体失当であるから，証拠調べを実施することなく請求棄却することになり，そうでない場合にのみ，証拠調べを実施することになる。

(2) 判決（認定判断）

裁判官が，論証責任型訴訟について結論を導く根拠・理路にフォーカスした心証形成をすることが一般化する。さらに，評価性の高い抗弁判断における理由づけも精緻になる。すなわち，規範適合的事実認定・結論正当化判決が可能になる。

V 結 び

本稿では，民事裁判官の間で伝承されている，裁判実務のあり方（裁判官の行為規範）に関する命題「事実審裁判所は，事実認定（のみ）で結論を出すべきである」を批判的に検討し，規範的要件該当性が争点となる訴訟類型について，証明責任型審理でなく，論争責任型審理をすることの必要性を論じ，論証責任論を提唱した。

冒頭のⅠ・1では，上記の命題は，民事裁判についての事実認識，裁判官の「自己肯定」と「自己抑制」，最高裁との関係における事実審裁判官に意気地又は対策論であると述べたが，もう一つ，「当事者が事実を提出（証明）すれば，裁判官が法を与える」という民事訴訟の基本的構造に根差したものであるとも解される。そのコロラリーとして，証明責任を負う事実を証明できない不利益は当事者が被ることになる反面，法は原則として証明不要（例外は外国法）であり，法解釈・当てはめは，裁判官の専権となっているのである。

しかし，規範的要件該当性の有無が争点となる類型，黙示の意思表示の有無・解釈が争いとなる類型は当事者が提出し証明した事実を評価して（これらを論拠として）要件該当性を判定（論証）しなければならない。論証責任を観念することが必要かつ有益な所以である。また，規範的要件の解釈論においても，考慮要素を析出し，構造化された総合判断を可能にするものが要請される。規範的要件の認定判断においては，要件効果型思考ではなく，単に諸事情を勘案した総合判断でもなく，構造化された総合判断（統合型思考）が必要と解されるからである[45]。

V 結 び

　論証責任は，原則として当該規範的要件の適用を求める側の当事者が負うと解するのが相当であるが，実定法で例外を定めることは可能である[46]。論証責任の効果は，論拠を提出して論陣を張ったものの規範的要件該当性を論証することができなかった不利益は当事者が負うというものである。

　原則的証明度は，高度の蓋然性のあること（その認識）であるが，原則的論証度（その論拠により規範的要件該当性を論証できたとしてよいレベル）をどのように考えるかという問題がある。この問題については，（さらに詰めて考える必要があるが），水掛け論にとどまるレベルでは論証ありとはいえないが，相当程度の優越的な論拠が提示され反論が困難になったレベルであれば論証ありと解してよいと思われる。つまり，原則的論証度は，裁判所がある論題（規範的要件該当性など）に関し当事者双方から論拠（証拠・経験則に基づく事実主張，当該論題の論理的判断構造・論理則の主張）の提出を尽くさせた上で，論証責任を負う側が相当程度に優越的な論拠を提示しており，相手方が反論困難になったレベルということになる[47]。もとより，当事者としては，裁判官が論証ありという判断を容易にすることのできるような論拠を提出していく訴訟活動が必要になる。

　本稿における以上の考察によれば，次の事項を指摘することができるであろう。

　第一に，民事訴訟における認定判断に証明のほかに論証という作用があることを正面から認知することは，実体法の解釈論にも有益であるし（Ⅳ・1），裁判官が自らの心証形成プロセスの実相を自覚することにも資する上に，論証責任型訴訟の審理の適正化・効率化に著効がある。

　第二に，論証のプロセスは法的議論に関する理論[48]の実践としての側面を有

---

(45)　加藤・前掲注(3)「要件事実論の到達点」『実務民事訴訟講座〔第3期〕⑤証明責任・要件事実論』41頁。

(46)　自賠法3条ただし書きは，「自己及び運転者が自動車の運行に関し注意を怠らなかったこと…を証明したとき」は免責される旨を定める。これは，過失の証明責任の転換と説明されるが，過失＝規範的要件であることを与件とすれば交通事故被害者救済の趣旨で実定法において論証責任を転換した例と解することができる。

(47)　直接の問題関心は異なるが，三木浩一『民事訴訟における手続運営の理論』（有斐閣，2013年）468-469頁は，規範的要件における法的評価と証明度の関係を論じており参考になる。

するように思われ，あるべき論証活動を意識的に実践していくことは，民事訴訟の結論を導く判断過程を明晰にし，判断の質を向上させることになる。

第三に，行政処分取消訴訟における「処分の違法性」や「裁量の逸脱・濫用」は規範的要件であるから，論証責任論を適用することにより解釈論・訴訟運営論について新生面を切り開くこともできそうである[49]。

本稿を契機にして，このテーマについてさらに考察を深めていくことにしたい。

---

[48] 法的議論に関する理論については，平井宜雄『法律学基礎論覚書』（有斐閣，1989 年）16-30 頁，同『続・法律学基礎論覚書』（有斐閣，1991 年），ジュリスト編集部編『法解釈論と法学教育』（有斐閣，1990 年）64-108 頁，田中成明『現代法理学』（有斐閣，2011 年）546-550 頁，同『現代裁判を考える』（有斐閣，2014 年）209-264 頁，同『法の支配と実践理性の制度化』（有斐閣，2018 年）23-105 頁，亀本洋ほか訳（ニール・マコーミック）『判決理由の法理論』（成文堂，2009 年）参照。

[49] 本文に述べた論証という観点から司法審査の在り方を考察する注目すべき論考として，巽智彦「事実認定論から見た行政裁量論 —— 裁量審査の構造に関する覚え書き」成蹊法学 87 号（2018 年）97 頁。

3 私文書の成立の真正に関する「二段の推定」についての覚書
── その意義の再確認と限界について

川 嶋 四 郎

I はじめに ── 問題の所在

　民事訴訟において，私文書の成立の真正は，挙証者が証明しなければならないが（民訴法 228 条 1 項），公文書の場合（同条 2 項）だけではなく，私文書の場合にも，民事訴訟法に推定規定が置かれている（同条 4 項）。それは，「私文書は，本人又は代理人の署名又は押印があるときは，真正に成立したものと推定する。」という規定である。

　この規定の旧規定（旧 326 条）は，大正 15 年（1926 年）の改正で新設されたものである。当時の立法担当者は，「私文書卜雖本人又ハ代理人ノ眞正ナル署名又ハ捺印アルモノニ在リテハ一應其ノ成立ノ眞正ヲ推定スルヲ相當トス」というのが，旧規定を設けたゆえんであると記している[1]。現行規定は，その旧規定をそのまま現代語化したものである。

　現行民訴法 228 条自体，旧法における公文書および私文書の真正に関する規定（旧 323 条から 326 条）を，順序を変えてまとめたにすぎない規定のようにみえるが，やや状況は異なる。私文書に関して，旧法は，その直前の旧民訴法 325 条に，「私文書ハ其ノ眞正ナルコトヲ證スルコトヲ要ス」との規定を置いており，その立法理由として，私文書は公文書と異なり公文書のように推定するには適さないので，私文書の真否について争いがあれば，挙証者がその成立の立証を必要とすることにしたと明記されていた[2]。旧民訴法 325 条（現 228 条 1 項に対応）と旧民訴法 326 条（現 228 条 4 項）との関係は，必ずしも明確で

---

[1]　司法省編『民事訴訟法中改正法律案理由書』（清水書店，1926 年）49 頁。

[2]　司法省編・前掲書注[1] 48 頁。

『現代民事手続法の課題』春日偉知郎先生古稀祝賀〔信山社，2019年 7 月〕

はないが，立法理由を念頭に置いて両者を併せ読んだ場合には，挙証者は私文書の真正を立証しなければならないが，ただし，本人等の真正な署名または真正な押印がある場合には，文書が真正であると推定されることにより，挙証者にとっては，そのような署名または押印の存在が，証明負担の軽減に役立つことを明らかにしている。

　ところが，立法担当者の意図，すなわち，私文書の推定のためには，このような「眞正ナル署名又ハ捺印〔現，押印〕」が必要であることは，旧民訴法326条（現228条4項）の規定の文言上，必ずしも明確ではなかった。署名の場合は，字義通りの自署であれば，作成者の意思に基づくものと推定しやすいが，押印の場合には他者が印章を押すことも可能であることから，作成者の意思に基づく押印の認定が不可欠の前提事項であり，それが「眞正ナル……捺印」の意味するところと解されるのである。学説上は，確かにそのように解されていたものの[3]，そのことが条文上必ずしも明確ではなかったことから，次に述べる最高裁昭和39年5月12日第三小法廷判決（民集18巻4号597頁）が言い渡されることになったのである。

　このような事情を考慮すると，現在では，この判決が，「二段の推定」の「第1段目の推定」を判示したと評価され，しかも，影響力の強い先例として定着してきたことから，その含意および先例としての通用性を，今一度再考する必要がある。それと同時に，「二段の推定」法理を用いた判断のあり方，すなわち意義と限界自体についても，精査しなければならないと考えられる。

II　最高裁昭和39年5月12日判決

1　事　案

　本件は，信用保証協会が原告（X）として，保証人（Y₁）および連帯保証人ら（Y₂・Y₃）を被告として提起した求償債権等請求事件である。

　第1審では，Y₁・Y₃が期日に欠席し，出席したY₂が請求原因事実を認めたことから請求認容判決が言い渡された。Y₁が控訴したが，控訴審で，Y₁は全面的に争い，Xが主張する借受けや保証委託の行為は，Y₁の印鑑をY₂が盗用

---

(3)　例，岩松三郎=兼子一編『実務講座民事訴訟〔第4巻〕』（有斐閣，1959年）266頁等多数。

してなしたものであり，自己に責任はなく，第 1 審で欠席したのも，Y_2 のうまく取り計らうという言にのせられてしたことであると主張した。また，Y_1 と Y_2 は同棲していたこともあったが，それは，印鑑盗用後のことであり，同棲はその盗用をごまかすためのものであった旨を主張した。

　控訴審は，証人尋問や当事者尋問などを行い，X 提出の各書類に Y_1 の印が押されていることは当事者間に争いがない以上，民訴法 326 条（現 228 条 4 項）により，当該文書は真正に成立したものと推定され，証人尋問や当事者尋問の結果からも，それを覆す反証は認められないとして，控訴を棄却した。

　Y_1 の上告に対して，最高裁は，以下のように述べ，上告を棄却した。

2　判　旨

「民訴 326 条（現 228 条 4 項）に『本人又ハ其ノ代理人ノ署名又ハ捺印アルトキ』というのは，該署名または捺印が，本人またはその代理人の意思に基づいて，真正に成立したときの謂であるが〔以上を，【判旨前段】とする。〕，文書中の印影が本人または代理人の印章によつて顕出された事実が確定された場合には，反証がない限り，該印影は本人または代理人の意思に基づいて成立したものと推定するのが相当であり，右推定がなされる結果，当該文書は，民訴 326 条（現 228 条 4 項）にいう『本人又ハ其ノ代理人ノ（中略）捺印アルトキ』の要件を充たし，その全体が真正に成立したものと推定されることとなるのである〔以上を，【判旨後段】とする。〕。」（〔　〕内は，筆者）

3　判決の含意

　この判決は，裁判所において，これまで「二段の推定」の「第 1 段目の推定」部分の先例として，頻繁に引用されてきた。先に挙げたように，本件の判決要旨としては，「私文書の作成名義人の印影が当該名義人の印章によって顕出されたものであるときは，反証のないかぎり，該印影は本人の意思に基づいて顕出されたものと事実上推定するのを相当とするから，民訴法第 326 条（現 228 条 4 項）により，該文書が真正に成立したものと推定すべきである。」とまとめられているが，その含意は，実のところ，次の 2 点に存在した[4]。

---

[4]　蕪山厳「本件判例解説」『最高裁判所判例解説・民事篇〔昭和 39 年度〕』（法曹会，1965 年）111 頁等参照。

3 私文書の成立の真正に関する「二段の推定」についての覚書〔川嶋四郎〕

すなわち，一方で，【判旨前段】は，解釈判例であり，「法文の表現上も明確を欠き，実務上も往々にして誤って解釈され勝ちであった民訴326条（現228条4項）の解釈に関する最高裁としての初めての判例として，是非とも判例集に登載しなければならない」ものであったが，他方で，【判旨後段】は，経験則に関する判例にすぎなかった。それは，「経験法則に関する，しかも自明の経験法則に関するものであるから，ことさらに判決要旨として摘出しないのが一般の取扱いである。しかし，前段の判示の要旨と一括して掲げるのであれば邪魔にならないし，また，そのような要旨の表現とすることによって，具体的事案に民訴326条（現228条4項）を適用する仕方も浮び上ってくるという実務への配慮もあって，前掲のような要旨の表現となったもの」[5]と，当時の最高裁判所調査官により，特に明記されているのである。

そうすると，「二段の推定」における「第1段目の推定」を初めて明示した最高裁判決であると評される本判決の本旨は，民訴法326条（現228条4項）の適用の前提事実として，立法担当者が立法理由に明記した「眞正ナル」署名または押印の事実を確認した【判旨前段】部分にこそあり，「私文書の作成名義人の印影が当該名義人の印章によって顕出されたものであるときは，反証のないかぎり，該印影は本人の意思に基づいて顕出されたものと事実上推定するのを相当とする」という【判旨後段】部分は，いわば「付けたり」的なものであった。つまり，本来的に多様で状況依存的な経験則に関することから，一般には判旨として摘出しないものの，前段部分と一緒に掲げても邪魔にならない程度の判示ゆえに，実務の適用指針になるといった配慮から付加されたものにすぎなかったのである。このことは，「二段の推定」における「第1段目の推定」ルールの脆弱さを意味しており，その根拠となる経験則の脆弱さ（経験則の蓋然性の低さ）を物語っていると考えられるのである[6]。

---

(5) 以上につき，坂井芳雄「印影の同一と文書の成立の推定（2・完）——最高裁判例の受け取り方」判時429号（1966年）4頁，4頁〔坂井判事は，本稿執筆当時，最高裁判所調査官であり，最高裁判例編集に関与された裁判官であった。同，5頁参照〕。本稿は，当時および後世（「現在」を含む。）の裁判官や法実務への重要なメッセージと考えられる。

(6) なお，蕪山最高裁判所調査官の解説（注(4)）には，「二重の推定」という表現はみられるが，坂井芳雄判事の論文（注(5)）には，「二重の推定」や「二段の推定」といった表現はみられない。

Ⅱ　最高裁昭和39年5月12日判決

　ここにいう経験則とは，「他人が本人の印章を勝手に使用することは通常考えられないという日常生活上の経験則」[7]，すなわち，日本においては，実印が非常に尊重され，慎重に保管され，妄りに他人に手渡さないという慣習が存在するので，文書に作成者の印章によって顕出された印影が存在する場合には，その印影が，作成者の意思に基づいて顕出されたとの推定を働かせてもよいとする経験則[8]であるが，これは，必ずしも強い経験則ではない。

　なぜならば，これは，次のことを意味するにすぎないからである。すなわち，「文書に被告の所持する印章の印影がある。何らの事情なくしてそのような印影がある筈がない。その印影が存在する理由として，被告自身が押捺したか，被告が第三者をしてこれに押捺させたか，ということがある程度の蓋然性をもって推測しうることである。しかし，盗用，濫用の可能性が証明されればたちまちぐらつく性質の推測である。この判決のいっている経験則はこの程度の経験法則をいっているにすぎない」[9]のである。また，比較的最近でも，「一般的に言えば，経験則は，一定の因果関係を疑似法則化したものであり，自然科学の原理・原則を前提とした確実性の高いものもあれば，人間行動の観察に基づいて導かれた一つの蓋然性にすぎず，もともと多くの例外を伴い，必ずしも確実性が高いわけではないものもある。そして，ここで問題としている第一段目の推定を支えている経験則は，もともと多くの例外を伴う人間行動の蓋然性の一つにすぎないものであるから，これを確実なもの，高度なものとして厳格に適用しようとするのは相当ではない。」[10]と，慎重かつ的確な指摘がなされ，実質的に最高裁昭和39年判決の含意が再確認されているのである。

　このような最高裁昭和39年判決の【判旨後段】部分の基礎にある経験則の程度に関する理解は，その部分が確たる法理として一人歩きすること，すなわち濫用的な利用を抑止するために，まず押さえておかなければならない大前提であろう。現在，「二段の推定」と呼ばれ，私文書の真正の推定の局面で幅を

---

[7]　髙田裕成＝三木浩一＝山本克己＝山本和彦編『注釈民事訴訟法〔第4巻〕』（有斐閣，2017年）741頁〔名津井吉裕執筆〕。

[8]　川嶋四郎『民事訴訟法』（日本評論社，2013年）559頁。

[9]　坂井芳雄「印影の同一と文書の成立の推定（1）──最高裁判例の受け取り方」判時428号（1966年）7頁，8頁。

[10]　須藤典明「判例批評」伊藤眞＝加藤新太郎編『判例から学ぶ民事事実認定』（有斐閣，2006年）56頁，59頁。

きかせている推定法理も，登場時には，実は，重要な【判旨前段】の法解釈に際して，いわば「付けたり」として判示された事項にすぎなかったのである。

なお，最高裁昭和39年判決の事案は，求償事件という典型的な契約事件ではあるものの，「バーのマダムと情人との間における印判使用」[11]という特異な事例であり，しかも，「盗用」を疑わせる事例であった。後述のように（→Ⅴ），一般に盗用事例は，「二段の推定」の「第1段目の推定」が揺らぐ典型例でもあり，本件では，反証が認められることが多い微妙な類型の事件において，敢えて，一般的な規範定立が行われた。その理由や背景事情は，是非とも押さえておく必要がある（→Ⅲ）。それとともに，最高裁昭和39年判決の事案でも，控訴審における反証の成否が問題とされており，しかも，判決要旨にわざわざ「反証のない限り」と明示され，「事実上推定する」と判示されたにすぎないので，裁判所は，個別具体的な事案ごとに，あくまで自由心証主義の下における自由な心証形成を行うべきことが，【判旨後段】には含意されていると考えられるのである。最高裁昭和39年判決の事案は特殊であり，判断内容はもちろん証拠調べの結果に基づく帰結であり，盗用が疑われる事案であっても「二段の推定」の「第1段目の推定」が強く働くといったことを示唆してはいないのである。

Ⅲ　最高裁昭和39年判決の時代背景

この年は，高度経済成長期のまっただ中にあり，東京オリンピックが開催された記念すべき年であるが，それはともかく，最高裁昭和39年判決以前に，「二段の推定」を認めた裁判例（広島高判昭和38年3月27日・高民集16巻1号59頁〔これは，上告審判決〕）も存在した。ただし，その判決要旨の言い回しは，かなり慎重であった。つまり，「私文書の印影が作成名義人の印章によつて顕出されたものであるという事実より右押印が真正であるとの推定を許さないものではなく，右推定の結果，民訴第326条（現228条4項）により右文書は作成名義人の押印あるものとしてその成立の真正を推定しうるものというべきである。」とされていた（判決理由中では，「反証なしとの証拠判断も首肯しえないで

---

(11)　三ケ月章「判例批評」民事訴訟法判例百選（有斐閣，1965年）114頁。

はない」といった微妙な表現のもとで判決が言い渡されていた。)。ここでは，「二段の推定」の「第1段目の推定」は，あくまで，そのような「推定を許さないものではな」いといった程度の経験則に依拠していたことが示唆されるのである。

それでも，昭和39年当時には，大正大改正時に新設された条文に関して，「二段の推定」を一般的な規範定立の形式で明示すべき時代的な要請も存在した。確かに，経験則は，一般に多様であり，しかも優れて事案依存的であるが，経験則に関する判例が，最高裁判例として抽象化された判決要旨という一般的な形式で流布されると，あたかもそのような証拠法則規定が制定されたのと同様の事実上の作用を営みかねない。ところが，それは，最高裁昭和39年判決の当時，ある種期待あるいは待望されたことでもあったとさえ考えられたのである[12]。

すなわち，この判例は，当時，民事裁判の法廷を悩ましていたとされる「書証の成立否認濫用の傾向」に対して，大きな牽制となること，とりわけ，昭和39年に，時代の要請から，略式訴訟として証拠方法等の制限手続をもつ「手形・小切手訴訟の制度」が創設されたものの，「手形の成立否認の濫用が制度を危うくしないかと危惧されていた」だけに，手形・小切手訴訟制度の採用に当たって印影の成立の推定に関する立法がなされなかった状況で，「この判例がこの点につき望外の効用を果した」[13]と指摘されていたのである。この判例は，その後の手形・小切手訴訟制度の機能を十分に発揮させ，その役割を下支えする判例理論のひとつとなったと考えられる。

そうすると，最高裁昭和39年判決は，あくまで付加的に判決要旨とされた経験則に関する上記【判旨後段】部分が，時宜を得て，あたかも「私文書の印影が本人の印章によって顕出されたものであるときは，その印影は本人の意思に基づいて顕出されたものと推定する」（代理人の場合も同様）といった心証形成パターンを正当化する基本ルールが形成された（法定証拠法則が実質的に規定化された）かのような状況を呈することとなったように思われる。たとえ弱い経験則の判例化であっても，いったん判例として言い渡された以上は，心証形成の正当化のために比較的容易に依拠できる判例として通用力をもつことと

---

[12]　以下については，坂井・前掲論文注(5)5頁。

[13]　三ケ月・前掲批評注(11)115頁も同旨。

3 私文書の成立の真正に関する「二段の推定」についての覚書〔川嶋四郎〕

なった。それは，手形・小切手事件だけではなく，契約事件や相続関係事件など，私文書の真正が争われるすべての事件において，いわば便宜な判例法として汎用されることとなったのである。

ただし，本来的には，それはあくまで「私文書否認の濫用」を背景として生成した対処療法的な推定の判示とも考えられ，判決要旨中に，「反証のないかぎり…事実上推定するのを相当とする」ことが，わざわざ確認的かつ注意的に明記されているように，自由な心証形成を強く拘束する性格をもった判例ではなかったのである。むしろ，本判決は，「二段の推定」の「第1段目の推定」に関しては，事例判決的な意味合いをもったものにすぎなかったとさえ評することができるであろう。

そのことは，このような判決が言い渡された後に，「二段の推定」への安易な寄り掛かりに対して警鐘を鳴らす判例さえも言い渡されていたことからも，窺い知ることができる。たとえば，後述の最二小判昭和45年10月30日（判時611号34頁→Ⅴ④）などは，その好例である。

かつて，新堂幸司教授は，民事訴訟法理論の基本的特色として，「大量事件の画一的処理の要請」と「現状肯定的処理の傾向」を指摘された[14]。すなわち，前者の要請は，裁判所が限られた人的・物的資源によりできるだけ迅速に民事紛争を処理しなければならないので，事件処理の効率化のために働かざるを得ない要請であり，後者の傾向は，民事紛争という集団現象を迅速かつ確実に処理するためには，手続主宰者が従前から慣れ親しんだ手続やルールを改めることには消極的になりかねない傾向をいう[15]。これらは，民事訴訟法学における「公益性の強調」を背景とし，訴訟手続上の法規範や理論の特質に向けられた評価であり，そのような一般的な現状認識を前提として，一方で，利用者のために，個別事件の具体的な文脈における適正な事案解明を裁判所に促し，他方で，使い慣れた手続であることに藉口して改善の努力を怠ってはならないことを述べ，さらには，個別事件で公益性との調和を考慮しながらも，利用者の立場から民事訴訟法学・民事訴訟法理論を構築すべきであることが，鋭く指摘さ

---

[14]　新堂幸司『民事訴訟法〔初版〕』（筑摩書房，1974年）33-34頁。

[15]　この指摘は，最新版でも変わらない。新堂幸司『新民事訴訟法〔第5版〕』（弘文堂，2011年）60-62頁を参照。

れたのである[16]。

このような基礎的な視角から，「二段の推定」の「第1段目の推定」の経緯とその経験則の内容を一瞥すれば，その画一的かつ機械的な適用が抑制されるべきことが明らかになるであろう。時代の要請といった背景はあったにせよ，その後の時代や社会状況の変化に応じて，きめ細かな私文書真正の判断プロセスの保障，とりわけ反証活動の保障のあり方，さらには，自由心証主義を実質化する方向性こそが，探求されるべきであると考えられる。

Ⅳ　民訴法228条4項の位置づけと法的性質

現行法の制定の際に，旧法における公文書および私文書の真正に関する規定がまとめられ，現行民訴法228条が制定された。興味深いことに，同条1項では，公文書と私文書とを問わず，「文書は，その成立が真正であることを証明しなければならない。」と規定され，公文書と私文書を一括する形式で規定された。旧法と比較して，公文書の真正の証明部分が付加されたことになる。これは，公文書であれ私文書であれ，ともに形式的証拠力が必要であるゆえに，いわば当然の事柄として確認的に規定されたものである。

ただし，同条次項以下（228条2項以下）を読めば，公文書と私文書の推定のあり方には，大きな径庭があることが明らかである。しかも，旧法下では，私文書の真正の証明に関する旧民訴法325条のすぐ後に，私文書の真正の推定に関する旧民訴法326条が置かれていたのであり，これは，当時の立法理由に述べられていたように，私文書は公文書とは異なり公文書のように推定するには適しないことから，特に設けられたものであったことは，すでに述べた。そこには，挙証者が私文書の真正の証明責任を負うことを大前提として，当事者が公平な証明活動を行うといった制度的基盤が確かに存在していたのである。

これに対して，現行法では，民訴法228条1項で公文書と私文書が一括規定され，その後に各文書の真正に関する推定規定が置かれることになった。同条項が，旧法の「私文書」を「文書」に改めたものと解されるため，実質的な改正を意味しない[17]とも指摘されている。しかしながら，旧法下とは異なり，公

---

(16)　新堂・前掲書注(15)62-64頁参照。

(17)　高田ほか編・前掲注釈民訴注(7)708頁〔名津井吉裕執筆〕。

3 私文書の成立の真正に関する「二段の推定」についての覚書〔川嶋四郎〕

文書と私文書の成立の真正が同一条文内に規定されたこと，公文書とは異なるゆえに特に明記されていた私文書の成立の証明に関する規定が文書一般の真正の証明規定に統合されることにより公文書と私文書との間の真正の推定の違いが希釈化されかねない危惧が生じたこと，さらには，本来挙証者が私文書の真正を証明しなければならないものの，「二段の推定」の存在のために，公文書に近似するかたちで私文書の成立の真正が推定されるかのような事実上の期待を挙証者に抱かせることとなったことなどが，私文書の真正をめぐる現在の実務状況ではないかと考えられる。しかし，公文書と私文書は基本的に異なることはいうまでもない。また，挙証者は，「二段の推定」の「第1段目の推定」の基礎にある経験則の脆弱さと，次に述べる民訴法 228 条 4 項（「第 2 段目の推定」）の法的性質から，「二段の推定」自体に過大な期待を寄せるべきではないと考えられる。

最高裁昭和 39 年判決は，私文書の真正の推定規定である民訴法 228 条 4 項の前提事実（要件事実）の存在を推定するものであった（「第1段目の推定」）。その事実を基礎に，文書全体が真正に成立したものと推定する民訴法 228 条 4 項の規定（「第 2 段目の推定」規定）の法的性質に関しては，法定証拠説と法律上の事実推定説との対立がみられる。

通説は，事実上の推定を導く経験則が法定化されたとする法定証拠説（経験則法定説）であり，反証によって推定が覆されるとする[18]。これに対して，ごく少数説であるが，法律上の事実推定説は，証明責任の転換をもたらす効果が

---

[18] たとえば，兼子一原著・松浦馨=新堂幸司=竹下守夫=高橋宏志=加藤新太郎=上原敏夫=高田裕成『条解民事訴訟法〔第 2 版〕』（弘文堂，2011 年）1266 頁〔松浦馨=加藤新太郎執筆〕などを参照。そこでは，本条項について，「一定の証拠方法（署名・押印のある私文書）に一定の証拠価値（私文書成立の真正）を付与することを裁判官に命ずる法規である」とする。「一定の証拠価値」という表現の中には，事案ごとの証拠力の高低の差異さえ感じられる。また，兼子一「推定の本質及び効果について」同『民事法研究 I』（酒井書店，1950 年〔初出，1937 年〕）310 頁〔これは，事実認定に際して裁判官の自由心証に対する「一応の拘束」を意味するとする。〕。ここでも，法律上の事実推定説のように自由な心証形成を排除するといったものではなく，裁判所の心証形成に対する「一応の拘束」にすぎないとする点で，事案即応的な証拠力の自由な認定の可能性を示している。さらに，加藤新太郎「文書成立の真正の認定」『判例民事訴訟法の理論（中野貞一郎先生古稀祝賀）〔上〕』（有斐閣，1995 年）575 頁，592 頁等も参照。

IV　民訴法228条4項の位置づけと法的性質

生じるとし，推定を覆すためには本証までもが必要であると論じている[19]。しかし，法律上の事実推定説は，窮屈な事実認定を強いる点に問題があると批判されている。

　この「第2段目の推定」を根拠づけるのも，また経験則である。ここでも，日本では，法律上印章が重要なものとして広く認識され，その取扱いが慎重であるので，真正に成立した印影が存在するならば，文書全体が真正である確率が高いという経験則があげられていた。それゆえ，このような経験則の脆弱さから，自由心証主義を制約することは正当ではないことから，法律上の事実推定説は妥当性を欠くと考えられるのである。

　現在の実務では，「第1段目の推定」が破れるか否かについて争われる事件がほとんどであるので（→V），この民訴法228条4項による「第2段目の推定」の性質を論じる実益はあまりない[20]とさえ指摘されている。そうすると，「第1段目の推定」の成立が「第2段目の推定」を決定づけることになる。そのことは，現在，先に述べた脆弱な経験則が，結局は文書全体の成立の真正についての最終判断に大きな影響を与える仕組みとなっていることを示唆するのである。ただし，民訴法228条4項に関する通説は，法定証拠説と呼ばれていたが，近時では，経験則法定説とも呼ばれている。最高裁昭和39年判決に鑑みると，この程度の表現の方が妥当であろう。

　このように，「第2段目の推定」の根拠をなす経験則についても，結局は「第1段目の推定」の根拠と同様に，印章の重要性とその取扱いの慎重さという要素に基づいた経験則が挙げられていたのであり，要するに「二段の推定」

---

[19]　松本博之＝上野泰男『民事訴訟法〔第8版〕』〔松本博之執筆〕505頁（弘文堂，2015年），名津井吉裕「私文書の真正の推定における証拠法則の再検討」『民事手続法の現代的課題と理論的解明（徳田和幸教授古稀祝賀）』（弘文堂，2017年）233頁，250-251頁。なお，両文献は，いずれもドイツ法の議論を参照しているが，押印の真正に関する規定をもたない（署名の真正に関する規律のみをもつ）同法下の議論を，他人でも押印できるその押印の真正の議論にまで押し及ぼすことには疑問がある。本人しか書けない自署，すなわち署名の真正の問題と，他者でも可能な押印の真正の問題とは，（条文上は同一条文に規定されているとしても）同一に論じることは，危険すぎると考えるからである。
　　ちなみに，公文書の真正に関する推定規定（民訴法228条2項）でさえ，通説（例，兼子一原著・松浦ほか・前掲書注[18]1266頁〔松浦馨＝加藤新太郎執筆〕〔弘文堂，2011年〕，川嶋・前掲書注[8]557頁等）は，反証を認める法定証拠説に立っているのである。
[20]　須藤・前掲批評注[10]58頁。

3 私文書の成立の真正に関する「二段の推定」についての覚書〔川嶋四郎〕

とは，脆弱な経験則を2度も用いたいわば「二重の推定」なのである[21]。しかも，「二段の推定」とは呼ばれるものの，結局は，反証がない限り推定されるという，事実上の推定をいうにすぎない。「二段の推定」の実質は，事案ごとに様々ではあるものの，詰まるところ，「証明の必要」を，相手方に移動する程度のものにすぎないと考えられるのである。先に述べた法定証拠説の実質は，裁判官の心証に対するこの程度の「一応の拘束」にすぎないのである。

さらに，この点に関して，「二段の推定」が，いわば三重にグレーゾーンを100％に擬制している[22]という，より根源的な批判もある。すなわち，まず，最高裁昭和39年判決により，①「印影の一致（文書の印影と本人等の印章の印影との一致）」が②「押印の真正（本人等の意思に基づく押印）」を推定し（「第1段目の推定」），次に，民訴法228条4項により，この②が③「文書全体の成立の真正」を推定し，さらに，この③が④要証事実（証明主題）を推定することになるのであり，これはいわば「三重の擬制（①→②，②→③，③→④の推定）」であると批判されるのである。その結果として，「補助事実たる文書の真正についての悉無律的な確定は必要とせず，全て証明主題の真偽に関する自由心証のための資料として，そのまま素直に心証形成する場合と較べ，現行制度では形成される心証に大きな誤差が生じる危険が大きいと思われる」と，警告されていたのである。このような，いわば「三重の推定」は，自由心証主義の形骸化と事実認定の「砂上の楼閣」化の危惧を，生じさせることになりかねない。

ともかく，「二段の推定」とはいっても，反証によって覆る事実上の推定にすぎず，相手方は，「第1段目の推定」にせよ，「第2段目の推定」にせよ，その事実を真偽不明の状態に持ち込めば反証は成功したことになるのであり，これらの反対事実まで証明する必要はない。このような「二段の推定」における推定の実質的な意味合いは，その基礎にある経験則の脆弱さから，先に述べたように，「押印の真正」や「文書全体の真正（正確には，押印部分以外の文章の成立の真正）」に関する「証明の必要」が，挙証者から相手方に移ったにすぎない程度のものと考えられるからである。

---

[21] 川嶋四郎「私文書真正の推定におけるいわゆる『二段の推定』の法理についての覚書」消費者法ニュース66号（2006年）180頁，182頁，同・前掲書注(8)559頁参照。

[22] 吉村徳重=小島武司編『注釈民事訴訟法(7)』〔太田勝造執筆〕（有斐閣，1995年）177頁，183-185頁。

V 「第1段目の推定」における経験則の脆弱性 —— 多様な反証成功事例

最高裁昭和39年判決は,「二段の推定」における「第1段目の推定」として,「私文書の作成名義人の印影が当該名義人の印章によって顕出されたものであるときは,反証のないかぎり,該印影は本人の意思に基づいて顕出されたものと事実上推定する」と,その判決要旨にまとめられていることから,この推定の性質は,事実上の推定であると考えられる。

この判決以降,最高裁レベルでは,これを踏襲する,最二小判昭和40年7月2日(集民79号639頁〔売掛代金請求事件〕→①),最三小判昭和43年6月21日(集民91号427頁,判時526号55頁〔建物明渡請求事件〕→②)が言い渡されており,さらに,最三小判昭和45年9月8日(集民100号415頁〔所有権確認請求事件〕→③)や最一小判昭和47年10月12日(金法668号38頁〔手形金請求事件〕→⑤)等においては,この推定が「事実上の推定」にとどまることを明言し,反証が成功すれば,この推定を破ることができることが,具体的に判示されている。

以下,最高裁において「二段の推定」が問題となった判例を一瞥したい(下級審裁判例を含む総合的な判例研究は,紙幅の関係で他日を期したい。)。

① 最二小判昭和40年7月2日(集民79号639頁)

最高裁は,売掛代金請求事件において,最高裁昭和39年判決を引用し,原判決が,反証である当事者の供述は措信しえないとしているので,民訴法326条(現228条4項)により甲1号証の成立を認めたのは正当であると判示する。最高裁昭和39年判決のストレートな適用事例である。

② 最二小判昭和43年6月21日(集民91号427頁,判時526号55頁)

最高裁は,建物明渡請求事件において,代理人を通じた本件建物の売買契約を認定する際に,「第1段目の推定」を用いた。これも,最高裁昭和39年判決の踏襲である。

以上は,「二段の推定」の考え方の定着を窺わせる判例であるが,以下の判例は,いずれも,「二段の推定」(その「第1段目の推定」)が破られたか,あるいは,その形式的な適用を否定した事件である。

3 私文書の成立の真正に関する「二段の推定」についての覚書〔川嶋四郎〕

③ **最三小判昭和 45 年 9 月 8 日**（集民 100 号 415 頁）〔盗用の事例〕

最高裁は，共同相続による共有登記名義人らを被告とする土地所有権確認の訴えにおいて，同居の親族が名義人本人の印章を自由に使用することができる状況にあったことを認定し，「第 1 段目の推定」を否定した。

④ **最二小判昭和 45 年 10 月 30 日**（裁時 101 号 313 頁，判時 611 号 34 頁）

最高裁は，原審での最終口頭弁論期日において初めて提出された借用証書について，それ以前は証書の存在について言及されておらず，かえって，挙証者において口頭の契約であったと述べていたこと，名義人はその成立を否認し筆跡鑑定を申し出たが，原審が採用しなかったことなどに鑑みると，控訴審が相手方当事者に反証提出の機会を与えることなく，相手方当事者が印影の一致を認めたことから直ちに借用証書の成立の真正を認定した原判決には，審理不尽の違法があると判示した。これは，「二段の推定」への安易な依拠に対して警鐘を鳴らした判例である。

⑤ **最一小判昭和 47 年 10 月 12 日**（金法 668 号 38 頁）〔印章冒用の事例〕

最高裁は，手形金請求事件において，手形行為について，会社代表者印を預託するに至った経緯，その後の預託印章を使用して手形を振り出す際の状況，その会社で通常行われていた手形用紙左肩部分へのナンバーの刻印や経理担当者の割印がないことなどの事実を重視して，推定を否定した原審判決を是認した。これは，「二段の推定」の考え方自体を否定したわけではないが，自由な心証形成に基づく総合的な判断を行った判決である。

⑥ **最一小判昭和 50 年 6 月 12 日**（集民 115 号 95 頁，判時 783 号 106 頁）〔印章共用の事例〕

最高裁は，所得税修正申告書面の真否確認請求事件において，印章については，印鑑登録がなされている実印に限られるものではなく，認印でもよいと判示したが，印章が 2 人以上で共有，共用している三文判によって顕出されたものであるときは，その印影は名義人の意思に基づいて顕出されたものと推定することはできないと判示し，原判決を取り消した。名義人本人の専用の印章ではないことによって，「二段の推定」の「第 1 段目の推定」が破られることを明示した判決である。

⑦ **最二小判昭和 62 年 12 月 11 日**（門口正人「最高裁民事破棄判決の実情(2)―昭和 62 年度」判時 1296 号 9 頁，16 頁）〔印章盗用の可能性を示す事例〕

最高裁は，原審が，抵当権設定契約書，委任状に押捺されている印影が本人の実印であることを疑うに足りる客観的事情があるにもかかわらず，その印影が印鑑証明書の印影と同一であるとの鑑定結果に基づき，上記契約書等が真正に成立し，右抵当権が本人の意思に基づき適法に設定されたと認定したことを違法と判示した。

最高裁は，相手方が，名義人が専用する印章をその意思に基づかないで使用された
疑いを生じさせれば足り，必ずしも盗用の事実までをも立証する必要はない（盗用
の可能性で足りる）と判示した。この判決は，破棄判決である点にも意義がある。

⑧ **最三小判平成 5 年 7 月 20 日**（瀧澤泉「最高裁民事破棄判決の実情(2)—平成 5
年度」判時 1508 号 18 頁，18 頁）〔印章冒用の可能性を示す事例〕
　最高裁は，保証の成否が争われた事案において，名義人の妻の借入債務について
名義人が連帯保証をした旨の契約書が作成された頃に，名義人である夫が出稼ぎの
ため自宅を離れていて，妻が印章を自由に使用することができる状況にあり，推定
が破られると考えるのが自然であり，名義人が在宅していた事実を確定する必要が
あり，また，常態的に出稼ぎをしている夫の生活状況に比べて保証金額が相当高額
であること，名義人は，貸主との取引に関わったことがなく，保証意思の確認を求
められたこともないことからすると，名義人が留守宅の妻に指示して捺印させるの
は極めて例外的な事情がある場合に限られるが，このような事情について何ら言及
しないまま推定を認めた原判決には，審理不尽の違法があると判示した。これは，
冒用の可能性を示す事例であり，「二段の推定」の「第 1 段目の推定」が破られる可
能性を示唆したものであるが，そのために，自由な心証形成に基づく総合的な判断
の必要性を説く判例と考えられる。この判決も，破棄判決である点に意義がある。

　ただし，この間，最三小判昭和 48 年 6 月 26 日（川口冨男「最高裁民事破棄判決
の実情(2)—昭和 48 年度」判時 735 号 3 頁，5 頁）は，原審が，被告が使用目的を確
認せずに印章を預託したのでこれが冒用されたと認定したのに対して，最高裁が，
取引関係者が印章を他人に預託する場合には，少なくとも主観的にはその使用目的
を意識した上で行われることが，経験則上，取引の通例であるとして，さらに印章
交付の理由を探求することなく押印の真正を否定した原審には，審理不尽の違法が
ある旨を判示した。これは，一見「二段の推定」に依拠した判例のようにみえるが，
使用目的を意識した上で預託するといった取引上の経験則に言及していることから，
自由な心証形成に基づく判断の必要性を説くものと評価することができる。

　以上は，すべて旧法下の最高裁判例であるが，一般的にみれば，かつての裁
判例において，名義人の印章の印影は存在するもののその押印の真正が争われ
た事例の多くは，手形・小切手訴訟事件においてであった。手形・小切手につ
いては，制度的に取引の安全を保護すべき要請が高く，また，手形・小切手を
用いる企業人としての職務と責任から，名義人の印章による印影が存在すれば，
それが名義人の意思に基づいて顕出されたものと推定することも，あながち不
自然ではないと考えられる。

3 私文書の成立の真正に関する「二段の推定」についての覚書〔川嶋四郎〕

しかし，これに対して，一般市民が関わる保証契約事件や相続関係事件などの場合には，むしろ推定に慎重な裁判例が少なくないという一般的な傾向[23]が指摘されている。手形・小切手事件の新受事件数が激減した現在，一般に，「二段の推定」が争点となる個別事案では，特に慎重な判断が要請されると考えられる[24]。

ここで一瞥した判例は，最高裁判例のみであるが，特に，「二段の推定」が揺らぐ場合には，主として，盗用型の場合や冒用型の場合などがある。

盗用型とは，本人の保管する印章が盗難に遭い，他人が無断でそれを使用した場合であり，冒用型とは，本人が当該文書作成以外の目的で他人に預けていた印章が勝手に用いられた場合である。盗用型では，相手方が推定を破るためには，実際に印章が盗まれたことまで証明する必要はなく，盗取の可能性が認められれば十分であるが，冒用型では，他人に当該文書作成以外の他の目的で印章を預けていた可能性が証明されただけでは足りず，これについて裁判官に確信を抱かせなければならない[25]。両者の差異は不均衡を示すようにもみえるが，しかし，他人に印章を預けていることの基礎には特定の目的（例，特定の契約締結の目的等）があることから，通常その証明は容易に行うことができると考えられるゆえに，反証活動の具体的な内容としても妥当であろう。いずれも，本人の印章の印影がある場合で，押印の真正に関する「証明の必要」が相手方に移動した事案において，最高裁昭和39年判決によって示された相手方の反証活動に関する基本指針に即応すると考えられる。

---

[23] 従前の裁判例については，加藤・前掲論文注[18] 593頁以下，森宏司「私文書の真正の推定とその動揺」判タ563号（1985年）26頁，28頁以下，須藤・前掲批評注[10] 58頁等を参照。

[24] 換言すれば，要するに，「第1段目の推定」も「第2段目の推定」も，ともにその根拠は経験則にあることから，推定の強さは一定ではなく，具体的な事実関係によることになるのである。たとえば，今泉愛「書証の成立（二段の推定）」奥田隆文=難波孝一編『民事事実認定・重要判決50選』（立花書房，2015年）357頁，365頁を参照。

[25] 森・前掲論文注[23] 34頁以下頁，門口正人編『民事証拠法大系〔第4巻〕』（青林書院，2003年）40頁，45頁〔石井浩執筆〕。

Ⅵ　署名の真正と押印の真正 —— 署名代理（あるいは筆跡偽造）と「二段の推定」の問題

1　署名の真正の位置づけ

　民訴法 228 条 4 項は，性質の異なる 2 種類の推定を規定する。本人等の真正な署名がある場合，または，真正な押印がある場合に，私文書の真正を推定する旨を規定するのである。ところが，両者それぞれに「二段の推定」を観念することができるが，いずれも経験則に基づく事実上の推定であるものの，その経験則の強さの程度には，大きな違いがみられる。

　まず，署名の場合には，本人しか書くことができないため，本人による自署があれば，私文書の真正が強く推定される。文書に顕出された自署の筆跡から，本人の意思に基づく真正な署名であることを推定する際の経験則は，署名という行為の固有性と排他性といった性質から，押印の場合に作用する経験則よりも，はるかに強力である[26]。それゆえ，署名の真正を争う相手方（本人）は，たとえば，脅迫により書かされたこと，自署のようではあるが自署がスキャナーにより読み込まれ複写されたものであること，他の文書から自署の部分のみを切り取って文書に貼付し複写されたものであること（この場合は，特に原本確認が必要），白紙の書面または別目的の文書に行った署名が流用されたこと，または，特定の目的で作成され自署された文書が後に加筆されまたは改ざんされたことなどを主張立証して，当該文書への署名の真正に関する心証形成を真偽不明に持ち込む必要がある[27]。

　これに対して，本人の印章の印影が顕出されている場合には，その押印は他人が行うことが可能な性質の行為であるため，本人がその意思による押印を争

---

[26]　高田ほか編・前掲注釈民訴注(7) 740 頁〔名津井吉裕執筆〕。署名の真正につき疑いがある場合でも，印影の偽造や盗印による押印と比較して，筆跡の偽造は困難であり，筆跡の対照（民訴法 229 条）や筆跡鑑定を通じて真正の判断ができると考えられるので，一般に，本文で述べたような署名の真正に関する「第 1 段階目の推定」の基礎をなす経験則の作用範囲は狭められることになる。

[27]　ここに挙げた反証事実は，当該文書への署名という観点からは，署名の真正に関する「第 1 段目の推定」に関するものと考えられるが，厳密にみた場合には，署名の複写や盗取のように「第 2 段目の推定」に関するものとみることもできる事実も含まれる。裁判所は，自由心証主義の下で，事案に応じて認定しやすい方で認定すれば足りるであろう。

3 私文書の成立の真正に関する「二段の推定」についての覚書〔川嶋四郎〕

うときには，そもそも押印の真正の推定自体，たとえ最高裁昭和 39 年判決が
あるとしても，署名の真正の場合と比較して，その真正の推定度合いは高くな
いと考えられるのである。なぜならば，本人が押印したとするならば，本人は
その文書に押印する機会があったはずであり，それはとりも直さず重要な処分
証書に本人が自署する機会が存在したことを意味するからである。そのような
機会の存在にもかかわらず，本人の自署がなく，代筆である場合は異例のこと
と考えられるからである。なお，仮にそれが署名代理や署名代行である場合に
は，挙証者による代理権や署名代行権の主張立証は不可欠であり，それがない
場合は，文書偽造と評価されてもやむを得ないと考えられるのである[28]。

　このように署名の真正と押印の真正は，その基礎にある経験則の強弱に大き
な差異があり，署名の真正の推定が，文書の成立の真正を推定する場合は多い
と考えられる。しかし，たとえば実際には真正な署名後の文書の改ざんなどの
ように，細かくみた場合に署名の真正が文書の一部または全部（改ざん部分）
の成立の真正を推定させない場合や，あるいは，事後的な改ざんの事実の認定
を通じて，主要事実（文書の改ざん部分に関する主要事実）の存在の推認を否定
する場合も，十分に考えられる。いずれも，自由心証主義の下での当然の帰結
と考えられるのである[29]。

2　署名偽造と「二段の推定」

もとより私文書の真正に関する法の考え方の背景には，偽造文書による誤っ

---

[28]　従来，署名の真正と押印の真正との相互関係については，ほとんど論じられることが
なかった。その理由としては，①民訴法 228 条 4 項の条文の書きぶりとして，署名の真
正と押印の真正は，相互に独立して文書の成立の真正を推定するかのように読めること，
②次に述べるように，署名代理や署名代行が認められていることから，証拠法の領域に
おける自署の価値が後退させられ，自ずと押印の真正の方に焦点が向けられ，「二段の
推定」の法理が汎用されることになったこと，さらには，③その結果，自由心証主義の
下での総合的な心証形成の中で，自署ではないことの評価が希釈化され，形式的な「二
段の推定」の適用を通じて，自由心証主義に基づいた主要事実に関する自由な心証形成
が，事実上制約を受けがちであったことなどを挙げることができる。なお，後注[52]も参
照。

[29]　このように考えると，兼子博士が，民訴法 228 条 4 項の法的性質について法定証拠説
に立ち，裁判官の心証形成に対する「一応の拘束」にとどめたことも，「ハンコ」社会
における危惧，推定法理の濫用の防止，ひいては，自由心証主義の実質化の観点から，
十分に理解することができる。後注[49]とその本文も参照。

Ⅵ 署名の真正と押印の真正

た事実認定を可及的に回避すべき要請が存在する。文書が名義人の意思に基づいて作成されたものではないならば，それは偽造文書であり，そのような文書によって証明主題である主要事実を認定したのでは，裁判所が事実認定を誤り，司法は信頼を失いその権威も失墜することになるからである。したがって，文書の作成者に関する挙証者の主張と文書の真の作成者とが一致する必要がある[30]。民事訴訟では，規定上，文書が真正に成立したものであること（結果的に偽造文書ではないこと）が証明されない限り，要証事実の事実認定資料から排除して，実体的真実に基づく事実認定がなされるような制度設計がなされているのである[31]。

ところが，日本では，従来から署名代理や署名代行が認められてきた。署名とは本来自署を意味することから，署名の代理・代行とはそれ自体語義矛盾あるいは自家撞着のきらいはあるが，民訴法 228 条 4 項は，真正な署名か，または，真正な押印があれば，文書の成立の真正を推定する法規の構造となっているため，署名代理等の場合であってもそれが適法で真正な押印があれば，文書の真正が推定されることになる。

実務では，本人名義の処分証書が書証として提出された場合に，それが，本人またはその使者により作成されたものか，署名代理によるものかをさほど問題にせずに，押印の真正に関する「二段の推定」を適用しているのが実情であるとの指摘さえも存在する[32]。

このような実務と関連して，近時，裁判官の間でも興味深い基本的な見解の対立がみられる。

まず，署名代理の局面で「二段の推定」の最大限の活用を企図する見解である。これは，私文書の作成者とされる者の印影の存在を，署名代理の代理権の認定にまで流用する考え方といえる。すなわち，「文書に名義人の印章によって顕出された印影が存する場合には，経験則上，当該印影は名義人又は名義人から当該印影部分作成権限の授権を受けた者によって顕出されたものと推定さ

---

(30) 河野信夫「文書の真否」鈴木忠一=三ケ月章監修『新・実務民事訴訟講座(2)』（日本評論社，1981 年）203 頁，203 頁，206 頁注(6)参照。

(31) 須藤・前掲批評注(10) 57 頁。

(32) 川添利賢「署名代理と二段の推定」立教法務研究 1 号（2008 年）203 頁，203 頁，206 頁注(6)。

3 私文書の成立の真正に関する「二段の推定」についての覚書〔川嶋四郎〕

れる」[33]とする実務家（裁判官）の見解である（ここでは，さしあたり，授権推定説と呼ぶ。）。

しかし，この授権推定説には，いくつかの大きな疑問がある。

まず，この説は，審理の結果，私文書の作成者が挙証者の主張と違う場合に，その記載内容を裁判所が一切斟酌できないのは不当であるとの問題意識を背景としているが，そもそも，私文書とは，ある特定人の思想内容を表すものであり，作成者と書面上の記述との結びつきが認められないならば，その記載内容をもって証拠上特定の者の思想であるとは到底いうことができない[34]。したがって，そのような場合に私文書に記載されている意味内容を証拠とする法理を考えること自体，厳格な証拠調べが要求される現行民事訴訟法の下では，すでに書証の取調べの範疇を逸脱しているであろう（ただし，その検証物としての取調べの可能性は，また別論である。）。

次に，民事訴訟において押印の真正が争われている事案では，本人が押印したのか，第三者が押印したのか，さらには，第三者に代理権などの正当権限が与えられていたのか否かが争点であるのに，「印影」の存在によって代理権の存在まで推定し，「二段の推定」を拡張しようとする授権推定説は，要件事実も異なり実務感覚に合致しないといった，強い違和感が，実務家[35]から提示されている。すなわち，授権推定説は，とりもなおさず「署名代理」のような場合を想定して「二段の推定」の活用を企図する考え方であり，そのような立場では，「代理権の授与」などの重大な事実認定を行うことなく審理の過程からの認定作業を排除してしまう議論であり，到底賛成することはできないと，考えられるのである。

さらに，授権推定説によれば，結局，自署でない場合（最も極端な場合は筆跡偽造の場合）でも，安易に「二段の推定」に依拠して，機械的かつ形式的に文書全体の真正ひいては主要事実の推認への道を開くことになり，偽造文書であることを争う機会さえ，実質的にかなり減殺される可能性が生じる。押印の真正に関する「二段の推定」の濫用である。むしろ，重要な契約ならば，自署

---

[33]　井上泰人「文書の真正な成立と署名代理形式で作成された処分証書の取扱いに関する一試論」判タ939号（1997年）21頁，35頁。

[34]　河野・前掲論文注[30]204頁。

[35]　以上につき，須藤・前掲批評注[10]58頁。

Ⅵ　署名の真正と押印の真正

されていないこと自体が極めて不自然であり，また，署名代行権限が付与され
ていない場合に代筆された氏名に作成名義人の印影が押されていること自体か
なり不自然であり，本人の印影の存在だけで，そのような不自然さを払拭す
ることは，通常できないであろう。上述のように，本人がその意思で押印したの
なら，本人が当該文書に向き合う実際の機会が存在したはずであるので，同時
に自署を行うことも通常可能であると考えられるからである。偽造文書は，直
接間接に偽造者の利益を示す文書等ではあるとしても，作成名義人の意思を表
すことのない文書である。それを書証として用いる際にも，証拠共通の原則に
より，あくまで偽造文書として，裁判所の心証形成（要証事実の不存在の認定）
の基礎となるにすぎないのである。

　先に述べたように，「二段の推定」の「第1段目の推定」の根拠である経験
則自体が脆弱であることは，すでに多くの裁判官が認めるところである（→
Ⅶ）。それゆえ，授権推定説のいうように，そのような脆弱な経験則が法律効
果の発生の要素である代理権を直接基礎づけることは，法的にも常識的にもあ
りえないであろう。

　「第1段目の推定」が裁判官の心証形成に一定の指針（「一応の拘束」）を与え
るものであるとしても，反証が認められることから，自署ではない事実（偽造
の筆跡である事実）や相手方が押印や作成を争っている事実などは，裁判所の
自由な心証形成の重要な要素となると考えられる。「二段の推定」の「第1段
目の推定」とはいっても，法律上の事実推定ではなく，押印の真正に関する
「証明の必要」が相手方に移動したにすぎないので，たとえば，文書偽造のた
めの印章の盗用可能性，その冒用または複写などの事実が，真正な押印の事実
を真偽不明に持ち込む決定的な事実になる。その「証明の必要」の移動の程度
も，事案により様々であるが，いずれにせよ，その反証活動が成功すれば，
「第1段目の推定」は破れ，当該文書は，偽造文書となる。その場合には，「第
2段目の推定」は，その基礎を欠き働かない。それにもかかわらず，「二段の
推定」の形式的な適用によって，本人の印章の印影のみから文書の成立の真正
を認め，要証事実を推認することは，自由心証主義に反し許されないであろう。
実質的な偽造文書が，本人の印章の印影に基づく「二段の推定」の形式的な適
用によって真正化するといった心証形成は，常識的にみて考えられないからで
ある。当該偽造文書（偽造の処分証書）に基づき要証事実を推認しないことは，

3　私文書の成立の真正に関する「二段の推定」についての覚書〔川嶋四郎〕

自由心証主義を採る限り，当然であろう[36]。

　一般に，偽造の事案は多様であり，裁判所の自由な心証形成を通じた偽造文書のチェックは不可欠である。「二段の推定」が，慎重に，実質的かつ総合的に行われなければならないゆえんである。

　たとえば，①契約の目的，背景および経緯，②名義人による真正な印鑑登録，③印章の保管場所や保管状態（印章の保管場所への他者のアクセス可能性），④代署の事情（作成名義人が契約作成時に同席している場合や他の契約書はすべて自署している場合などには，代署は不自然），⑤署名押印後の改ざんの有無などは考慮すべきである。書証の取調べに際しては，原本の確認（民訴規143条）は不可欠であり，⑥原本の不存在は，複写等による偽造文書の作成が強く疑われることになる。

　また，⑦金額が当事者（特に，被告）の日常の取引からみて多額である場合（多額の場合には，より慎重な心証形成の必要があること），⑧当事者（特に，原告）が金融機関である場合（一般人と比較して，原告が金融機関である事件で「二段の推定」が問題となるときには，本来，ガバナンス・法令遵守・注意義務・説明義務の観点から，真正確保の手続がきちんととられているはずであるので，被告が争う場合には，より慎重な判断が要請されること），⑨当事者間で複数の取引関係がある場合（この場合には，他の個別取引との間の署名押印の仕方の比較検討が不可欠となること），⑩印章（実印）の預託の場合（預託目的の考慮，預託目的と争いとなっている契約との関係，「二段の推定」への依拠とそれに基づく判断とは別に，総合的な判断を通じた契約の不成立〔契約意思の欠缺〕の認定も考えられること〔東京高判平成23年9月28日・金法1943号126頁〕）など，「二段の推定」が経験則に基づくものであるだけに，裁判所の適正かつ自由な心証形成のためには，個別事案における多様な総合考慮が不可欠であると考えられるのである[37]。

---

[36]　なお，基本的には，証拠裁判主義の観点から，このような場合には，弁論の全趣旨に基づく要件事実の認定も許されないと解される。

[37]　なお，証書真否確認の訴え（民訴法134条）の存在は，事案によっては，証書の真否の確認が独立の訴え提起による審理判断にふさわしいくらいに重要な紛争解決の要諦であることを示し，慎重かつ実質的な判断を要するものであることを明らかにしている。

Ⅶ 司法研究報告書『民事訴訟における事実認定』等における警鐘

　近時，「二段の推定」の機械的な活用に対する自戒と警鐘は，多くの裁判官の中で共有化されつつあると考えられる。

　たとえば，「第一線の裁判官の多くは，事実認定の手法として『二段の推定』をそれほど重要視していないのが実情ではないかと思われる。そうであれば，当事者や代理人が『二段の推定』に過大な期待をかけることは禁物であり，地道に間接事実（補助事実）を積み重ねて立証していく姿勢が必要であろう」とされ，「これらの議論は経験則の役割や推定の意味を改めて考えさせるものであり，事実認定の在り方を考える上で大きな意義を有するものであるが，実践的には，『二段の推定』だけで勝負しない，事実認定しないということに尽きるのでないかと思われる。」[38]といった的確な指摘がなされている。

　また，現行民事訴訟法下の平成 19 年に公刊された司法研究報告書である『民事訴訟における事実認定』[39]（以下，単に『司法研究報告書』と呼ぶ。）は，書証の証拠力に多くの紙数を費やし，特に「二段の推定」については，その安易な寄り掛かりに対して，強く注意を喚起している[40]。

　まず，そこでは，最高裁昭和 39 年判決について，その含意を明らかにし注意を喚起した坂井論文の一部が引用されている[41]。

　「本推定〔「二段の推定」の「第 1 段階目の推定」〕は，『人は文書にみだりに自分の判を押さないものである。印章を人に託する場合にも，その用途を限定して信頼のおける人に託するのが通常である。日本人にはこのように印章を大切にする習慣がある。この習慣に照らして考えれば，文書に本人の印章が押捺されている以上，本人自身が押印したか，人に印章を託して押捺させたかしたものであろう』という経験則に基づく推測の上に立つものである。しかし，この推測は，余り蓋然性の高いものではない。印章盗用の事例は，我々の周囲にあまりにも多く見聞きする。眼

---

(38)　須藤・前掲批評注(10) 60 頁。

(39)　これは，司法研究報告書 59 輯 1 号（2007 年）として公表された，平成 17 年度の司法研究である。司法研究員は，瀧澤泉，小久保孝雄，村上正敏，飯塚宏，手嶋あさみの各判事である。同年に，司法研修所編の形式で，法曹会からも公刊されている。

(40)　以下は，司法研究報告書注(39) 136-137 頁による。

(41)　坂井・前掲論文注(9) 7 頁。

3 私文書の成立の真正に関する「二段の推定」についての覚書〔川嶋四郎〕

前の事件が，この印章盗用のケースでないという保証は全くない。否むしろ，相手方が文書の成立を争うが故に訴訟になっていること自体からして，印章盗用のケースではないかとの疑いさえ生ぜしめるほどである。印章が他人によって他の目的で占有されていた事実，あるいは，他人によって容易に本人の意思に反する使用がなされ得る状態にあった事実が明らかになっただけでも，前記の推定はもう御破算になり，文書への印章の押捺が果たして名義人自身の手によって，あるいはその意思に基づいた第三者の手によって押捺されたものであるかどうかを考え直さなければならないのである。

上記判例は，法律の解釈に関する判例ではなく，一般社会における経験法則の存否に関する判例であり，その趣旨は，印影の成立の真正について，上に説明した程度の蓋然性をいう以外のものではない。したがって，上記判例を過大に受け取られては困る。この判例にいう印影の成立の推定に関する経験則は，一般に受け取られているほど強力なものではない。」（〔　〕内は，筆者）

この論攷は，主として，上記（→Ⅱ）のように，裁判所が，この判例を正確に理解し，「二段の推定」に強く依拠することなく，自由な心証により適正な事実認定を行うべきこと，および，訴訟代理人弁護士も，「二段の推定」に過度に期待したり警戒したりすることなく，攻撃防御方法を提出し，活達な弁論が行われるべきことを期待して書かれたものと推測できる。裁判所や弁護士がそれを行わない場合には，誤判を招きかねず，しかも，当事者を犠牲にした不幸な法廷になりかねないとの憂慮に基づいた論考とも考えられる。そのことから，この『司法研究報告書』でも，「審理判断に当たる裁判所自身，再度改めてその趣旨を確認し，不当に形式的な判断に流れないよう，これに当たることが肝要であろう」[42]と，念が押されているのである。

しかも，「書証の形式的証拠力の判断においては，印章の支配に直結した事情の検討に加え，関係者の人間関係や利害関係，従前の経過等に照らした文書の合理性，さらには事後の関係者の言動等の検討が重要であること，すなわち，事案の本質に即し，より広い視野に立った実質的，総合的な判断が極めて重要であることを，ここで改めて強調しておきたい」[43]とも，総括として付言されているのである。

さらに，この『司法研究報告書』の資料として，練達の高裁裁判官（東京，

---

[42]　司法研究報告書・前掲注[39] 136-137 頁。

[43]　司法研究報告書・前掲注[39] 137 頁。

Ⅶ　司法研究報告書『民事訴訟における事実認定』等における警鐘

大阪，名古屋の各高裁裁判官。計14名）による「事実認定を語る—高裁裁判官インタビュー集」が収録されている。この報告書のテーマは，「民事訴訟における事実認定」という広範な領域に広がるものであるが，そこには，「二段の推定」に関する言及が数多くみられる[44]。つまり，「本人名義の印章が押捺されていれば，ほぼそれだけで成立の真正を認定して（若しくはその心証を得て）しまい，特段の事情について実質的な審理判断が尽くされない，形式的な認定に流れがちな危うさが，繰り返し指摘されている」[45]点が，特に印象深いのである。

　以下，掲載順にいくつかの指摘を取り出せば，次のとおりである。

　① 書証の成立だけから結論を導かないことが大切であり，「書証の成立だけを判断していて，書証ができあがった経過を認定していない判決を見ることがありますが，いかがなものかと思います。『二段の推定』の問題になるケースでも，どういう事実経過でその書面が作成されたのかが分かれば，『二段の推定』を使う必要がないことも多くあります。」として，その具体例が挙げられている（同書，325頁）[46]。

　② 処分証書作成の背景にある動機や目的が重要である。「そもそも，契約等の法律行為は，取引行為であり，目的のある行為ですから，その背後には動機があるはずです。したがって，法律行為は，効果意思だけではなく，合理的な動機，目的があって初めて認定できるものなのです。しかし，契約書の記載内容からは，これらの動機，目的や背景事情は見えてきません。したがって，契約書の成立のみならず，特段の事情についても重要な争点ととらえ，これらの事情の探求を心がけるべきです。そもそも，事件になるのは，特段の事情がある（あるおそれがある）からだといっても過言ではありません。裁判官は，特段の事情の認定にもっと積極的になるべきであると思います」と指摘されている（同書，325頁）。

　③ 書証の慎重な考慮が要請されることもある。「第1審の判断を見ていると，書証の取扱いにつき気になる例も散見されます。もちろん書証は，いわゆる動かない証拠として，民事訴訟における事実認定の重要な要となり得るものですが，当然の

⑷　司法研究報告書・前掲注㊸ 315頁以下。

⑷　司法研究報告書・前掲注㊸ 135頁。

⑷　さらに，処分証書の作成経緯の不自然さについては，司法研究報告書・前掲注㊸ 365-366頁にも，「結論としては，わざわざ債権者が自宅に赴きながら，契約書への署名・押印のみが債権者の面前でなく，奥に引っ込んでされたということの不合理性を重視して，保証契約の成立を否定しました。」という言及がみられる。

3 私文書の成立の真正に関する「二段の推定」についての覚書〔川嶋四郎〕

ことながら，書証が語ることを覆すべき事情がある場合もあります。このような場合には，適切にこれを採り上げ，斟酌しなければならないのに，その判断が適切になされていなかったり，時として，少し形式的に割り切りすぎているのではないかと感じられることがままあります」と指摘されている（同書，346頁）。

④「二段の推定」について，事実上の推定は，経験則の適用の一場面ですから，事実関係によってはこれが容易に破られる場合があることに留意する必要があるとの指摘もみられる（同書，354頁）。

⑤「二段の推定」を用いて審理判断するのであれば，推定を破る事実を当事者に主張立証させるべきであるとして，「文書の成立が決め手となる場合は，押印された印影が作成者の印鑑によってされたものかどうかが重要です。この点，原審裁判所では非常に安易に成立について考えているのでしょうか，成立の認否をきちんととっていないものが散見されます」との指摘もみられる（同書，368頁）。

⑥「二段の推定」の適用を誤った事案もみられる。すなわち，「保証人かどうかが争われた事案で，契約書に保証人の記名，押印がありました。それについて二段の推定による認定をしているのです。原審は，印鑑登録された印鑑と押捺された印影が同じとしているのですが，実はその印鑑登録された印鑑は他人が印鑑登録したものであって，自分の印鑑でないとして争っているのですから，二段の推定が許される事案ではないのです。この事案は，控訴審で以上の点を指摘して，調べ直して，最終的には，訴えの取下げで終局しました。」と報告されている（同書，373頁）。

⑦「パターン化した経験則」は有害である。「二段の推定」は，「事案の処理に現場が悩む中，思考を整理してくれたという点で意味がありますが，それが，その生まれた土壌を離れて一つの絶対的な経験則になってしまい，思考が停止し，容易に反証を認めないとすれば，パターン化した経験則が害を及ぼすことになってしまいます。
　まず，生の裸の事実を見て，吟味し，そこから確信を生みだすために苦闘すべきで，このような経験則に余り頼るのはよくないのではないでしょうか。事案に応じて経験則を用いるべきで，これに頼って思考が止まってしまうのは問題です。迷いつつ，ゼロから出発するしかない，これが事実認定の宿命です。高裁でも，合議で二転，三転する事件もあります。」と指摘されている（同書，390頁）[47]。

---

[47]　この文脈では，最高裁判例の存在と思考停止の危険性を指摘された，藤原弘道「思うて学ばざれば則ち殆し――民事裁判における実務と学説・判例との係わりについて」同『民事裁判と証明』（有信堂高文社，2001年〔初出，1997年〕）199頁，217-218頁も参照。

これまで述べてきたように，実務上，私文書の証拠力の判断局面において，「二段の推定」が果たしている役割は大きいが，「形式的証拠力」の判断が，実際には，裁判所の実質的かつ総合的な判断を要する問題であることも，また明らかになったと考えられる。

なお，以上は，すべて高裁裁判官へのインタビュー結果である。現在，控訴審としての高裁での民事実務においては，「続審制の事後審的運営」が一般に行われているが，このような結果をみるかぎり，「二段の推定」との関係で，特に高等裁判所において，「控訴審裁判官としては，証拠を自分で調べ直さなければならないような，より慎重な審理が必要となる事件とそうでない事件との適切な振り分け作業が重要となり，このためには弁論前の記録の精査が不可欠となる」[48]と考えられるであろう。

Ⅷ　おわりに ── 自由心証主義の実質化を希求して

本稿で，私は，まず，最高裁昭和 39 年判決が，条文解釈上の疑義を明確にするために下した判決内容に，経験則の評価判断をも織り込み，併せて判決要旨を創造したことによって，「二段の推定」法理が形成され，それが，時代の潮流にも乗り，本来，自由心証主義の下での自由な心証形成が保障されていた領域に，事実上の推定にすぎないにもかかわらず一定の機械的な心証形成の可能性を持ち込んだことを指摘した。

最高裁昭和 39 年判決の含意としては，「民訴法 326 条（現 228 条 4 項）には，真正な署名または押印が要求される」という条文解釈の確認部分が主たる判示部分であり，名義人の印影と当該私文書の印影との一致が，反証のない限り，その意思による押印と事実上推定できるとしたにすぎなかったと考えられる。そのように，「二段の推定」における「第 1 段目の推定」は，脆弱な経験則に基づくいわば緩やかな心証形成の指針にすぎないにもかかわらず，民訴法 228 条 4 項の推定とあいまって，これまで実務上，あたかも一定の強い推定法理が形成されたかのような観を呈してきたのである。

しかし，私文書の作成名義人の印影の顕出は，その経験則の脆弱性から，繰

---

[48]　新堂・前掲書注[15] 895 頁。

3 私文書の成立の真正に関する「二段の推定」についての覚書〔川嶋四郎〕

り返し述べてきたように，挙証者から相手方への「証明の必要」の移動を招来
させるにすぎない程度の推定として理解すべきであり，その反証の程度も，事
案ごとに多様であると考えられる。裁判所は，私文書の成立の真正が争いと
なった場合には，印影の一致があるときでも，挙証者の相手方の反証提出活動
という手続保障に配慮しつつ，自由心証主義の下での慎重な心証形成が望まれ
る。

　これまでの民事訴訟法学や裁判実務における民訴法 228 条 4 項関係の議論で
は，法文の文言が本人等の「署名又は押印」とあり，また，署名代理や記名押
印が認められていることなどとあいまって，押印のある私文書の真正の成否に
ついては，本人等の印章の印影の存在に起因した「二段の推定」の成否に焦点
が当てられてきた。つまり，自署ではない場合，つまり究極的には文書偽造目
的での代筆の場合にも，本人等の印章による印影が存在さえすれば，署名偽造
は問うことなく文書の成立の真正を推定していた観さえ否めない。

　しかし，本文で繰り返し述べてきたように，本人等の印章による印影から本
人の意思に基づく押印を推定すること，つまり押印の真正を推定することは，
脆弱な経験則に基づくものにすぎず，むしろ，筆跡の偽造が認められる場合は，
「二段の推定」のみに依拠することなく，文書の成立の真正，ひいては要証事
実の認定に際しては，自由心証主義の下での慎重な総合的事実認定が要請され
ることになると考える。もとより，私文書全体の真正な成立の認定は，形式的
証拠力の認定であるものの実質的証拠力の基礎になる前提事項であり，しかも，
要証事実の認定も，言うまでもなく自由心証主義に基礎づく慎重な総合判断に
委ねられるべき事項だからである。

　私文書が処分証書の場合には，契約の成立に直結することから，合意の存在
という要件事実の認定に関わる。契約の不成立を経験則上強く推認させる偽造
文書が，本人等の印影があるというだけで「二段の推定」を用いて，形式的証
拠力が認められ実質的証拠力をもつものにまで成り上がり，その結果，合意の
存在を推認するようなことになれば，著しい推論の飛躍であり，自由心証主義
の形骸化と言わざるを得ないであろう。なぜならば，「二段の推定」は，印影
のみを手がかりに，主要事実の推認に役立つ私文書の補助事実を裁判所が判断
する際の緩やかな指針にすぎず，主要事実の認定に際して，裁判所は，自由心
証主義に基づく慎重な判断を行うべきであると考えられるからである。「二段

の推定」は補助事実に関するルールにすぎず，主要事実の存否の判断に際しては，それをも含め，また，署名の偽造の有無やその他の諸般の事実を考慮に入れて，慎重な総合的判断を行うべきであると考えられるのである。

以上は，証拠法領域における反証提出活動の保障という手続保障の充実化の課題でもあり，そのような判断こそが，現代民事訴訟が命脈を保ち得る自由心証主義の営みを，日本における適正な裁判の実現のために実質化させることにつながるのである。

すでに日本では，バブル崩壊後における金融機関の取立ての現場で，バブル期の過剰融資の後遺症ともいえる金融被害が数多く発生してきた。その当時，「金融機関が『人』にお金を貸すのではなく，『ハンコ』と『書類』にお金を貸してきた」[49]とまで評されたこともあった。

日本でも，近代化を目指した明治初期に，明治政府は，欧米諸国と同様に，重要な書類の作成に際しては，「自署」の重要性を理解し，次のような布告を出していた。

「諸證書ノ姓名ハ必ス本人自ラ書シテ實印ヲ押スヘシ若シ自書スルコ能ハサル者ハ他人ヲシテ代書セシムルヲ得ルト雖モ必ス其実印ヲ押スヘシ其代書セシ者ハ本人姓名ノ傍ニ其代書セシ事由ト己レノ姓名トヲ記シテ実印ヲ押スヘシ」

これは，明治10年7月7日太政官布告第50号である。ここでは，代署の場合を認めつつも，代署者の姓名，その事由の付記とともに，実印を押さなければならないとまで命じていたのである。その理由として，当時の司法省は，贋印や盗印が押された証書が，ややもすれば「人民ノ権利財産ヲ損害スルノ悪弊」を生じることの懸念を挙げていた[50]。それは人民の権利保護に配慮し，自署を要求する近代化政策であったが，この太政官布告に対しては，当時の大蔵省から，事務処理上の煩雑化の回避のために，公文書へは適用しない旨の上申書が出され，また，銀行からは，多数の契約書を作成する必要があるためその都度自署と捺印をすることは困難ゆえに適用を除外して欲しい旨の伺いが立てられた。そこで，結局司法省は譲歩し，上記太政官布告の適用範囲が「民事上

---

(49)　北健一『その印鑑，押してはならない ── 金融被害の現場を歩く』78頁（朝日新聞社，2004年）。同書の書評として，川嶋四郎「書評：「ハンコ」は誰のためにあるか」法学セミナー601号（2005年）128頁参照。

(50)　北・前掲書注(49) 213頁参照

3 私文書の成立の真正に関する「二段の推定」についての覚書〔川嶋四郎〕

相互ノ契約ニ係ル証書」に限る旨の但書が付され，さらに銀行の当座預金請取証書，振出手形および為替手形は，その布告の除外例とされたという[51]。

現代社会における金融取引では，生体認証等の最先端の個人識別方法が採用され，財産権（憲法 29 条）の保障が徹底されつつある。そのような現況では，印影のスキャン等により第三者が容易に作出できる本人の印章の印影に由来する「二段の推定」に強く依拠した形式的な裁判実務は基本的に改められるべきであり，私文書の真正が争点となる事案での自由心証主義の実質的な復権を通じた真実に即した民事裁判の実現が，切に望まれるのである[52]。本稿執筆の意図は，まさにこのような法的救済の実現にある。

日本社会における最後のセイフティネットとして，司法制度改革以降，司法による事後的救済がますます重要視されている。このような現在においては，世界水準の商取引等を適正に実現するためにも，過度の「ハンコ」依存型心証形成の実務は基本的に改められるべきであり，司法の局面においても，自署の

---

[51] 北・前掲書注(49) 215 頁。ここでは，新関欽哉『ハンコロジー事始め —— 印章が語る世界史』（日本放送出版協会，1991 年）が引用されている。さらに，この点に関しては，法制史家の著作である，石井良助「明治維新と『はん』」同『印判の歴史』（明石書店，1991 年〔1964 年，学生社版の再刊〕）220 頁も参照。

[52] たとえば，偽造された印影等に基づく預金の払戻しなどの局面では，債権の準占有者への弁済（民法 478 条）の問題となり，預金者が保護される可能性はあるが，処分証書の押印偽造の場合には，「二段の推定」の適用局面や契約成立局面における裁判所の自由心証により，被害者救済の成否が決まることになる。

　なお，ごく最近，「二段の推定」法理に関わるものではないが，私文書の成立の真正に関する自由心証主義のあり方との関係で高く評価できる裁判例が言い渡された。自署のみが存在する私文書の成立の真正に関する裁判例である，大阪高判平成 30 年 3 月 8 日（判時 2378 号 10 頁〔私文書の成立の真正を否定〕）が，それである。本件は，X・Y 間で Y 所有不動産の売却についての一般媒介契約が締結され，同契約に基づく X の媒介行為によって同不動産の売買契約が成立したとして，X が Y に対し約定報酬金と遅延損害金を求めたが，その際に，本件媒介契約の成立をめぐり，Y の署名がある本件媒介契約書の成立の真正が争点となった事例である。大阪高裁は，Y が他の書類には押印をしたにもかかわらず，敢えて本件媒介契約書には押印しなかった点，本件売買契約締結時，売買代金の決済は行われたが，媒介報酬を控除して Y に支払うという処理を X がしなかった点，および，本件売買契約締結に至る経緯から，Y は本件媒介契約を締結する意思がなかったため，押印を拒んだものであるとし，Y の署名があることによる本件媒介契約書が真正に成立したとの推定は覆されているとして，本件媒介契約の成立を認めなかったのである。上田竹志「本件批評」法学セミナー 774 号 108 頁（2019 年）参照。

　　　　　　　　　　　　　　　　　　　Ⅷ　おわりに

重要性をリードできる法律実務の形成が望まれる[53][54][55]。

---

[53]　川嶋四郎「ハンコ文化の見直し必要」世界週報 84 巻 36 号（時事通信社，2003 年）
　　　54 頁。なお，「実印に重きをおくと，偽造または盗用の危険がある」ことは，すでに以
　　　前から「歴史」的にも指摘されていたのである。たとえば，石井・前掲論文注[51] 229 頁
　　　参照。

[54]　本稿は，自由心証主義自体を論じるものではないが，これについては，春日偉知郎「自
　　　由心証主義」同『民事証拠法研究 ―― 証拠の収集・提出と証明責任』（有斐閣，1991 年
　　　〔初出，1983 年〕）41 頁などを参照。

[55]　なお，いわゆる「新様式判決」と書証の成立についての判断のあり方も，今後の検討
　　　課題となる。同様式の下では，書証の成立に関する判断が，原則として記載されないこ
　　　ととなったからである（最二小判平成 9 年 5 月 30 日・判時 1605 号 42 頁も，文書の成
　　　立の真正は，判決書での表示を要しないものと判示した。）。ただし，「書証の成立の真
　　　否が実質的に争われている場合には，その成立に関する判断をできるだけ分かりやすく
　　　記載すべきである」（最高裁判所事務総局編『民事判決書の新しい様式について』〔法曹
　　　会，1990 年〕12-13 頁）とされており，そのことが具体的にどのように履践されている
　　　かについては，今後検討すべきであろう。

4 民事訴訟における証拠の機能
── その体系的位置づけの可能性

河野憲一郎

I 序

　わが国では，1970年代より，公害，医療過誤，製造物責任，独占禁止法違反事件など，争点となる過失や因果関係の証明が著しく困難な，いわゆる現代型訴訟の登場をきっかけとして，民事証拠法の分野の議論が活発化した。こうした動きの先駆けとなったのが，いわゆる証明責任論争であった。通説である法律要件分類説と利益考量説の間で戦わされたこの論争は，結局，通説を覆すことはできなかったが，むしろ論争の最大の成果として，証明責任の問題に持ち込まれる以前の立証過程，さらには証拠の収集に注目を集めた[1]。このような学説における証拠の収集過程への関心の増大は，訴訟における当事者（弁護士）の立証活動およびその準備のための証拠の収集が，民事弁護における要諦といえることに鑑みるならば[2]，今日の民事訴訟法学に対する実務からの要請に応えようとするものであったととらえることができよう。

　もっとも，こうした方向性それ自体は妥当であるとしても，証拠収集過程の位置づけが，従来，十分にわが国の民事訴訟法の基本的な枠組みとの関連において議論されてきたと言いうるかについては，なお検討を要すると思われる。例えば，手続上，「証明の必要（Beweisbedürftigkeit）」が具体的に問題となるのは，当事者の態度決定，すなわち否認によってであるが，それとの関係で証拠の収集について語られてきたかは，疑問なしとしない。これらの議論の過程

---

(1)　最初にこのことを指摘したのは，小島武司「証拠保全の再構成 ──『挙証限界』と『二重機能』の理論をめぐって」自由と正義29巻4号（1978年）28頁以下。

(2)　司法研修所『四訂民事弁護における立証活動』（日本弁護士連合会，2005年）1頁参照。

『現代民事手続法の課題』春日偉知郎先生古稀祝賀〔信山社，2019年7月〕

では，むしろ証拠の収集という問題が独立・抽象的に取り扱われ，証明の必要の問題とは切り離して論じられてはいなかったであろうか。証拠の収集という問題は，手続的な関連において位置づけ，理解されなくてはならない。また，証拠の収集という場合に，具体的にどのような状況を想定していたかも問題となろう。例えば，相手方当事者の手元にある文書に対する文書提出義務の範囲の拡張などが注目され，これとの関係でアメリカ合衆国のディスカヴァリー制度の導入等々が論じられたが，その際に，はたしてドイツ民事訴訟法を母法とする日本法とアメリカ合衆国法との間に横たわる訴訟手続の構造上の相違は，十分に意識されてきたであろうか。今日のわが国における民事証拠法の実際が，訴訟法理論の中に取り込まれるべき適切な場所が与えられる必要があろう。そのためには，いま一度，手続構造との関連でわが国の証拠収集手続を再検討する必要があるように思われる。

本稿では，はじめにわが国の議論の状況を限られた範囲においてではあるが振り返り，その問題点を明らかにする（II）。続いて，ドイツ法を主たる対象として，その議論がわが国の学説に与えた影響を振り返り，わが国における議論の構築にとっての手がかりとしたい（III）。その上で，民事証拠法の体系化の可能性についての方向性を示し（IV），最後にまとめとする（V）。

II　わが国における従来の議論とその問題点

1　従来の議論

(1) 議論の推移

はじめにわが国の議論の推移を時系列的に簡単に整理しておこう。

民事証拠法の分野において，証拠の収集過程の規律という観点からの議論が展開するきっかけとなったのは，いわゆる証明責任論争[3]であった。証明責任の分配を実体法規定の分類によって決する伝統的通説である法律要件分類説（規範説）と，証拠との距離や公平の観点からこれを決する利益考量説の間で戦わされたこの論争は，結果的には，法律要件分類説が基本的には維持され，必要な場合にこれに修正を施し，証明責任の分配を決するということに収斂し

---

(3) これについては特に，シンポジウム「証明責任(挙証責任)の分配」民事訴訟雑誌22号（1976年）153頁。

Ⅱ　わが国における従来の議論とその問題点

た。同時に，証明責任による解決は，決して裁判にとって「最善（ベスト）」の策ではなく，「次善（ベター）」の策でしかないとの認識が定着するに至るのである。この論争を通じて，証拠の欠乏という事態を解決することが重要であるとの認識が，一般に普及することとなった[4]。

こうした中，旧法下において，いわゆる現代型訴訟の登場を背景に，当時限定義務であった文書提出の制度の拡張に関する下級審裁判例[5]や証拠保全の証拠開示的な運用に関する裁判例[6]が出され，学説の注目を集めた。このような状況を背景として，わが国の議論の中心は，いわゆる「証拠の収集」に移ることとなる。その過程で，ドイツにおける証明妨害や模索的証明や情報請求権についての判例理論の発展や学説上の議論が，わが国の議論の俎上に載せられた。

さらに証拠収集は，現行民事訴訟法に至る改正作業の過程でも重要な柱とされた。これはもう1つの柱である「争点整理手続の整備」と密接に関連した問題の提起であった。すなわち，当事者が争点等の整理に向けた十分な準備をすることができるようにするために，弊害が生じないように配慮しつつ，訴訟に必要な証拠の収集を容易にすべく，文書提出命令の対象となる文書を拡充されたほか（民訴220条），文書提出命令の手続を整備し，また，当事者が主張立証を準備するために必要な情報を直接相手方から取得することを可能にする当事者照会の手続が新設された（民訴163条）[7]。また平成15年改正に際しては，「提訴前証拠収集手続の拡充」が改正の眼目とされ，訴え提起前における照会の手続および訴え提起前における証拠収集処分の手続が新設された[8]。ここでは相手方からの証拠の収集という点も重要であるが，それと並んで，証明責任

---

(4)　小林秀之・群馬弁護士会編『証拠収集の現状と民事訴訟の未来』（悠々社，2017年）7頁，40頁。

(5)　昭和50年8月までの判例について，住吉博「判例研究・文書提出義務」民商74巻5号（1976年）803頁以下，それ以後のものについては，小林秀之「文書提出命令をめぐる最近の判例の動向（1）～（4・完）」判時989号144頁，同992号147頁，同995号140頁，同998号140頁（いずれも1981年）参照。

(6)　これについては，例えば，大竹たかし「提訴前の証拠保全実施上の問題点」判タ361号（1978年）74頁以下。

(7)　法務省民事局参事官室編『一問一答新民事訴訟法』（社団法人商事法務研究会，1996年）6頁。

(8)　これについては，小野瀬厚＝武智克典編『一問一答平成15年改正民事訴訟法』（商事法務，2004年）28頁。

を負った当事者による証拠収集一般が問題となっている。この点に関して，アメリカ合衆国のディスカヴァリーの制度の導入が実務家サイドから主張されたのは，注目に値する。アメリカ合衆国のディスカヴァリーでは，①証言録取書（depositions; Rule 27-32），②質問書（interrogatories; Rule 33），③文書等の提出および土地等への立ち入り（production of documents etc. and entry upon land; Rule 34），④身体および精神の検査（physical and mental examinations; Rule 35），⑤自白の要求（requests for admission; Rule 36）の５つがあるが，例えば，証言録取書は，日常的に証拠の収集に苦心するわが国の実務家から見れば，たしかに魅力的に見えたのかもしれない。しかし，アメリカ合衆国の民事訴訟手続は，わが国のそれとは手続構造が大きく異なっていることを無視することはできない[9]。

いずれにせよ，ここでは争点整理手続との関連を意識した上で，証拠収集という議論が展開されるに至ったことが注目される。もっとも，これらはあくまでも制度の議論であり，それのみでは具体的な問題解決にとってはなお不十分である。当事者の行為規制に着目した議論もまた不可欠であろう。

(2) 証拠収集をめぐる議論

証拠の収集に焦点をあてることにより現代的な問題の解決を試みる傾向を強く推し進めた学説としては，昭和56年（1981年）5月17日の第51回民事訴訟法学会での2つの個別報告が象徴的なものであった。

① 小林秀之報告

小林秀之教授の「民事訴訟における訴訟資料・証拠資料の収集の素描」と題

---

(9) ドイツ法を継受したわが国の民事訴訟制度が，訴えの提起後，判決に至るまで裁判所が事件を管理する手続構造を採るのに対して，アメリカ合衆国の制度では，裁判所におけるトライアル（公判）に先立つプリトライアルの段階は，もっぱら当事者間での交渉に委ねられている。また，アメリカ合衆国においては，プリーディング（訴答）では，事実を特定する必要がなく，相手方に攻撃防御方法の概要を知らせれば足りるため，攻撃防御方法を基礎づける新たな事実の開示を目的としてディスカヴァリーを求めることができる，とされている（「証拠漁り（Fishing expedition）」の許容）。

　Hickman v. Taylor, 329 U.S. 495 (1947) において，合衆国連邦最高裁判所は，「もはや『証拠漁り』という時代がかった叫びが，当事者が相手方の側にある事実を探索することを妨げることはできない。……両当事者によって収集された全ての重要事実のお互いの知識は，適切な訴訟にとって必須のものである。この目的で，当事者は相手方の有する事実は何でも吐き出すように強いることができる」，と述べている。

Ⅱ　わが国における従来の議論とその問題点

する報告[10]は，一方で，主要事実と間接事実の区別の問題を，他方で，相手方からの訴訟資料・証拠資料の取得の問題を取り上げた。小林報告は，前者に関する従来の取り扱いを批判し，また，後者に関しては，アメリカ合衆国法をも含めた比較法的検討の後，次のように結論付けた。すなわち，「文書提出命令や証拠保全についてのわが国の判例や実務は，……概して証拠開示的傾向を有し，証拠収集のための利用も認める拡張的傾向を目指している。また諸外国も，すべて証拠収集制度を拡充し，文書提出義務を一般義務化する方向にあり，母法国ドイツでも，民訴法改正の動きがあるのみならず，文書提出義務の基礎となる実体法上の請求権を拡張したり，証明妨害，模索的証明，情報請求権についての判例理論により，法の欠缺がかなり埋められている。このような判例，実務や比較法の方向は，証明責任と当事者の解明能力とのギャップを埋めかつ実体的真実発見の要請にこたえようとするものとして，支持できるだろう。わが国の解釈論としても，立法的解決が当分期待できぬ以上，〔旧〕民訴法312条各号（＝現220条1〜3号），343条（＝現234条）の拡張解釈を積極的に肯定し，文書提出命令や証拠保全には証拠収集機能があることを正面から認めて良いのではないだろうか（傍点筆者）」と[11]。

　以上のような小林報告は，比較法的研究を基礎に証拠法に対する重要な提言を行うものであった。もっとも，この見解は相手方当事者からの証拠の収集を問題とするものであるが，例えばコモン・ローの法制度とドイツ法系の制度との違いは，十分意識されていなかったようにも思われる。ディスカヴァリーとわが国の制度とは，そこで念頭に置かれている文書提出1つを考えただけでも，相手方当事者への提出なのか，それとも裁判所への提出であるかは大きく異なるはずであり，より踏み込んだ分析は必要だったのではないか[12]。そして，こ

---

(10)　小林秀之「民事訴訟における訴訟資料・証拠資料の収集の素描」民事訴訟雑誌28号（1982年）30頁。

(11)　小林・前掲注(10)58頁。

(12)　この点については，河野正憲『民事訴訟法』（有斐閣，2009年）483頁注(48)が，以下のような指摘をしている。すなわち，「ドイツ法系訴訟手続では，主として裁判所における手続が規律され，裁判所の証拠調べの一環として，当事者の手持ち証拠の他相手方及び第三者が所持する証拠についても（当事者自身が取得するのではなく）裁判所への提出を命じる形が採られる。この手続はしたがって証拠の収集自体ではなく，裁判所が行う証拠調べの前提であり，提出は裁判所の具体的命令によって基礎づけられる」，と。

4 民事訴訟における証拠の機能〔河野憲一郎〕

の点を明らかにしない限り，言うところの「証拠収集」の意味は明らかになら
ないのではないかと思われる[13]。

② 春日偉知郎報告

春日偉知郎教授の「証拠の蒐集および提出過程における当事者行為の規律
── 事案解明義務の要件を中心として ── 」と題する報告は[14]，「証明責任を
負っていない相手方にも一定の範囲で証拠の蒐集および提出を強制し（傍点筆
者），事実関係の解明に携わらせ」るとの主題を掲げ[15]，かかる主題を展開す
るために，ドイツにおいて提唱された事案解明義務を仮説のまま立法論にとど
めておくのではなく，解釈論の次元で具体化することを試みるものであった[16]。
春日報告は，当事者の証拠収集および提出の指針となすべく，事案解明義務の
要件を提唱している。すなわち，①主張・証明責任を負う当事者が，事件の事
実関係からの隔絶された地位にあること（この当事者が客観的に事案解明をなし
えない状況），②その当事者が，しかし，自己の主張について具体的な手がか
りを提示していること，③相手方に，事案解明を期待することが可能であるこ
と，④主張・証明責任を負う当事者が，事実関係を知りえず，または事実関係
から隔絶されていたことに非難可能性のないことの 4 要件である[17]。また，
（西）ドイツの訴訟準備のための情報請求権について，判例の流れと学説の一端
を紹介した後，今後のわが国の解釈論への示唆として，「訴訟上の事案解明義
務と並んで，訴訟前の情報請求権もまた，相手方からの証拠の蒐集に効果的で
ある」とも述べている[18]。

---

[13] もっとも，小林教授が，〈証拠方法〉ではなく，〈証拠資料〉の収集とされている点は，
アメリカ合衆国の制度とわが国の制度の現象面での違いを意識されていたことを推測さ
せる。しかし，より手続の構造論に踏み込んだ検討が必要ではなかったか。

[14] 春日偉知郎「証拠の蒐集および提出過程における当事者行為の規律 ── 事案（実）解
明義務の要件を中心として ── 」民事訴訟雑誌 28 号（1982 年）60 頁。

[15] 春日・前掲注[14] 61 頁。

[16] 春日・前掲注[14] 66 頁。

[17] 事案解明義務理論は，ドイツのシュテュルナーの提唱にかかるが，春日説は，そこで
示された要件を採用してはいない。シュテュルナーの事案解明義務理論について，詳細
は後掲Ⅲ.2 参照。

[18] ここでは，春日教授は，特別の法律関係に立っている当事者間でだけ情報請求権を認
めようとするシュテュルナー説に依拠して，情報請求権が相手方に訴求できる要件とし
て，①当事者間に実体的な法律関係が存在していること，②情報利益が存在すること，
③情報を求める当事者が，相手方の協力なくして自己の力だけで事実関係を証明しえな

Ⅱ　わが国における従来の議論とその問題点

　以上のような春日説は，ドイツ法の議論を基礎に，わが国において事案解明
義務理論の展開を試みたものである(19)。もっとも，そこでの議論は，「社会生
活の上で当事者間に事案解明力の格差が定型的に生じている場合」にみられる
「証明上の危険だけが覆いかぶさってくる，という不合理な状況」に対処しよ
うというものであって，民事訴訟手続一般において問題となる争点整理手続と
の関連については，当面の関心の対象とはされてはいなかった(20)。しかし，
翻って，証明の必要の問題が生じるのは主張に対して否認がなされた場合に限
られるのであって，そうだとすると争点整理手続との関係を無視することはで
きないのではないか(21)。

2　従来の議論の問題点

　以上みてきたようなわが国の議論においては，抽象的に証拠収集の必要性が
論じられてはきたものの，具体的な訴訟との関連において十分にあるべき具体

　　いことの3つを挙げている。春日・前掲注(14) 101頁以下。
(19)　この見解は，解明義務導入の目的を当事者間の主張・立証能力の著しい格差の是正に
　　求める。わが国では事案解明義務理論を肯定的に評価する見解が比較的多い。そのうち
　　の多くのものは，解明義務は，証拠の収集・提出の局面で問題となると考えているよう
　　である。
　　　なお，事案解明義務理論を肯定的に評価する立場として，竹下守夫「伊方原発訴訟最
　　高裁判決と事案解明義務」木川統一郎博士古稀祝賀『民事裁判の充実と促進（中）』（判
　　例タイムズ社，1994年）1頁，高橋宏志『重点講義民事訴訟法（上）』（有斐閣，第2版
　　補訂版，2013年）573頁，畑瑞穂「模索的証明・事案解明義務論」鈴木正裕先生古稀祝
　　賀『民事訴訟法の史的展開』（有斐閣，2002年）607頁，安井英俊「事案解明義務の法
　　的根拠とその適用範囲」同志社法学58巻7号（2007年）2873頁などがある。
(20)　春日・前掲注(14) 61頁。ちなみに，春日教授の事案解明義務理論は，現代型訴訟など
　　の証拠の偏在する事件において，証明責任を負わない当事者にも解明への寄与を求める
　　理論と捉えられてきた節があるが，春日教授自身は，「証拠の偏在型は事案解明義務を
　　用いることに最も適している類型であって，証拠偏在型に事案解明義務の適用を限定し
　　ているわけではない」，と述べていることに注意を要する。民事訴訟雑誌57号（2011年）
　　164頁以下（春日発言）。これに引き続く，越山和広教授との質疑もあわせて参照。
　　　とはいえ，本文で続けて述べるような否認との関係については，十分には検討されて
　　こなかったように思われる。
(21)　もちろん証拠の収集は，訴え提起前からなされえ，その意味では，認否の問題とはい
　　ちおう切り離される。しかし，証拠の収集は一般的・抽象的に語られるものではなく，
　　現実の訴訟との関連において最終的には問題となるものであることも決して看過される
　　べきではない。

4 民事訴訟における証拠の機能〔河野憲一郎〕

的な手続が論じられてはこなかったようであり，このことは今日に至るまで続いているように思われる。以下に敷衍しよう。

(1) 証拠収集の不明確

まず，従来の議論では証拠収集手続の位置づけが意識的に論じられることはなかった点が顕著である。そもそも証拠収集手続を訴訟全体の中でどのように位置づけるべきかという問題は，比較法的に見て多様なとらえ方のなされうる問題である。一般に日本法の下では，手続上必要とされる証拠の問題は，証明責任を負った当事者が相手方の否認を前提に最終的には自ら証明すべき負担の問題であり，その結果，必要であるにもかかわらず自らが有しない証拠は，相手方または第三者から獲得する必要がある。しかし，わが国では証拠収集のための手段が必ずしも十分には用意されてはいないことから，文書提出命令や証拠保全の拡張という方法が用いられてきた。しかし，これらもまた理論的に十分な裏付けはなく，証拠の収集への要請に十分に応じるものとはいえなかった。これに対して，例えば当事者対抗主義（adversary system）を採るアメリカ合衆国法のディスカヴァリーの制度をこのような要請に応えるものとみて，これらの導入の可否が，わが国で論じられはじめたところであった。しかし，翻って，それがはたしてわが国の民事訴訟制度の基本構造と適合していたのかの検討はなお不可欠であり，その際，特に証拠収集手続自体が抽象的に論じられるべきではなく，それは争点整理の在り方との関係で位置づけられなければならないと思われる[22]。

(2) 証明の必要とその対象

次に，本来「証拠」の収集という場合に，具体的な訴訟において，どのような証拠を，どのような手続を経て収集するのかもまた問題となるはずである。この点につき，例えば春日説では，証明段階での事案解明義務の発現形態としては，「文書提出義務」や「検証物の提示義務・検証受忍義務」が念頭に置かれているようである。他方，そこでは証人尋問や当事者尋問については，さしあたって具体的提言はなされてはいない[23]。しかし「証拠の収集」の規律を総

---

[22] 前掲注(13)に対応する本文参照。このことは多かれ少なかれわが国の議論一般に当てはまる批判であり，必ずしも小林説のみに向けられるべきものではない。

[23] 春日偉知郎「民事裁判における事案解明(論)について」同『民事証拠法論 —— 民事裁判における事案解明』（商事法務，2009 年）65 頁は，「証人尋問及び当事者尋問につい

Ⅱ　わが国における従来の議論とその問題点

体的に論じるのであれば，より一般に証拠全体との関係での位置づけが必要ではないかと思われる。例えば，何が証拠として重要な意味を持つかは，訴訟手続の構造や実体法規定等の規律によって大いに異なるであろう。わが国やドイツのような実体法が制定法として定められた制度の下では，どのような事項が主要事実として定められているかが重要となり，それに伴って，立証に必要な証拠方法も違ってくるはずである。例えば，契約関係の訴訟において契約書（文書）に一定の方式性が求められ，それゆえに証拠調べが文書の取調べを中心とするところでは文書（殊に証書）が決定的な意味をもつ。これに対して，わが国のごとく広く諾成契約を認めるところでは[24]，たしかに文書には契約の成立を立証するための重要証拠としての意味は認められるが，それで十分なのではなく，書証に反する事項の証明が，これと並んであるいは補充的に，証人尋問を通じた立証（反証）によって広く認められることとなる。しかも，証人尋問に関しては，わが国の口頭弁論では，ドイツとは異なり交互尋問制が採用されていることから，当事者（弁護士）と証人との関係は，例えばドイツ法と大きく異なる[25]。このような口頭弁論制度の違いが，手続過程における証拠の機能に大きな違いをもたらしうる。すなわち，文書の機能と内容は訴訟制度の違いにより異なりうるし，文書と証人との訴訟において果たす役割も国によって異なりうるはずである。従来，これらの点をも踏まえてドイツの制度との比較がなされていたかどうかは，なお検討を要するところである。

ても，交互尋問や対質を通じて，これらの者からの事案解明を引き出すことを研究すべきではないかと思いますが，これは今後の課題でしょう」と述べている。

[24]　いわゆる契約の自由に関して，日本法は，立法例には珍しく「方式の自由」が徹底している。立法例としては，むしろ一定の価額以上の債権を発生させる契約に書面を要するとしたり，その証明方法として証書を要するとしたりするものが多い。星野英一『民法概論Ⅳ（契約）』（良書普及会，1986 年）10 頁，116 頁。

[25]　谷口安平『口述民事訴訟法』（成文堂，1987 年）197 頁も参照。交互尋問制は，昭和23 年の民事訴訟法改正でアメリカ合衆国の影響の下に導入された。これについては，福田剛久『民事訴訟の現在位置』（日本評論社，2017 年）82 頁参照。

Ⅲ　ドイツにおける民事訴訟の手続構造と証拠の収集

1　比較法の対象としてのドイツ法

　わが国の民事証拠法が，交互尋問の点は別として，基本的には手続構造としてドイツ法を基礎としていることには疑いはない。もっとも，ドイツ法のあり方が必ずしも十分ではないとされてきたのは先にみたとおりであり，この不十分な点を埋めるべく，アメリカ合衆国のディスカヴァリーの制度の導入の可否が現行民事訴訟法の立法段階において議論され，最終的には否定された。

　たしかにディスカヴァリーによって各当事者は相手方の有する証拠を調査できるし，自己の事件の証明に役立つ可能性のある証拠を手に入れることができること[26]は否定しえない。しかし，わが国の制度は，大陸法に属するドイツ法の制度を主として継受したものであり，コモンロー系の制度とは大きく異なる点も見過ごされてはならないであろう。この点で，ドイツ法に造詣の深いアメリカ人の比較法学者マグザイナー（*James Maxeiner*）が，きわめて重要な指摘を行っている[27]。すなわち，彼は，ドイツ法とアメリカ合衆国法との間に横たわる相違として「制定法の適用」という要素を挙げ，ドイツの民事訴訟における事実への法の適用のあり方としてのレラチオーンス・テヒニーク（Relationstechnik）について論究している[28]。それによると，適用されるべき法が三段論法規範の形式をとっていることがレラチオーンス・テヒニークの基礎であり[29]，この大前提たる法規については，ドイツでは他の大陸法系諸国と同様，「汝は余に事実を語れ，然らば余は汝に法（権利）を語ろう（*da mihi*

---

[26]　ディスカヴァリーが，これら2つの目的を持つことについては，*Hazard/Taruffo*, American Civil Procedure. An. Introduction, 1993, S. 117. 同書の翻訳として，ジェフリー・C. ハザード・ジュニア＝ミケーレ・タルッフォ（田邊誠訳）『アメリカ民事訴訟法入門』（信山社，1997年）がある（同書129頁）。

[27]　*Maxeiner*, It's the Law! Apply the Law is the Missing Measure of Civil Law/Common Law Convergence, SUPREME COURT LAW REVIEW 2010, S. 469.

[28]　*Maxeiner*, a.a.O.（Anm. 27），S. 474 ff. 彼は，ドイツの民事訴訟の（高い）質の保証をしているものの1つとして，レラチオーンス・テヒニークを挙げる（S. 475）。

[29]　*Maxeiner*, a.a.O.（Anm. 27），S. 475. レラチオーンス・テヒニークについて詳しく紹介したわが国の文献として，木川統一郎「西ドイツにおける集中証拠調べとその準備」同『訴訟促進政策の新展開』（日本評論社，1987年）53頁以下（特に63頁以下）がある。

factum, dabo tibi ius）」の法諺が妥当すること[30]，小前提たる事実の確定に関して，争点整理（Case-Structuring）に際しては裁判所と当事者の間での討論が行われるのであり，これはアメリカ合衆国のトライアルともプリトライアル・ディスカヴァリーとも異なること[31]，争点整理が行われる結果，多くの事件では証人尋問が必要となることなく終了することなどが指摘されている[32]。ここで挙げられているようなアメリカ合衆国法とは異なるドイツ法の諸特色は，わが国の民事訴訟法も共有するところであり，そうだとすると，まずはドイツ法において証拠の収集の問題がどのような位置づけを得ているのか，特に証明の必要との関係はどのようになっているのかを明らかにする必要があろう。

　先にも見たように，従来のわが国の議論においては，証拠の収集の問題はシュテュルナー（*Rolf Stürner*）によって提唱された証明責任を負わない当事者の事案解明義務理論を参照しつつ論じられてきた[33]。しかし，はたしてそれが証拠収集の手続やそのための手段をめぐる議論として適切なものであったかが，再検討されなくてはならない。

2　シュテュルナーの「解明義務理論」の再検討

　とりわけドイツ法においては，例えば文書提出義務が限定義務とされるなど，伝統的に比較的限定された解明手段しか提供されてこなかったことから，この点を埋め合わせるべく唱えられたのが，シュテュルナーの証明責任を負わない当事者の事案解明義務の理論であった[34]。

　シュテュルナーは，民事訴訟の目的は実体的真実に基づく権利保護であり，この目的を実現するために，証明責任を負わない当事者の一般的・包括的な解明義務を承認すべきである，とした[35]。もっとも彼によれば，証明責任を負わ

---

[30]　*Maxeiner*, a.a.O.（Anm. 27），S. 475. ドイツでは，このように法の適用が裁判所の職責とされているのに対して，アメリカ合衆国では，三段論法による事件への法の適用に責任を負ってきたのは，裁判所というよりもむしろ当事者であるという（S. 486 f.）。

[31]　*Maxeiner*, a.a.O.（Anm. 27），S. 479.

[32]　*Maxeiner*, a.a.O.（Anm. 27），S. 480 ff. そこで，彼は「絞り込まれた証拠調べ（Focused Evidence-taking）」という表現を用いている。

[33]　前記 II. 1.（2）の①および②。

[34]　*Stürner*, Die Aufklärungspflicht der Parteien des Zivilprozesses, 1976. 本書の紹介として，佐上善和・民事訴訟雑誌 24 号（1978 年）238 頁がある。

[35]　*Stürner*, a.a.O.（Anm. 34），S. 29 ff.

4 民事訴訟における証拠の機能〔河野憲一郎〕

ない当事者は，ただちに裁判の基礎となる事実関係の解明に関与・協力すべき
義務を課されるわけではない。彼は，証明責任を負う当事者が，一定の要求を
満たす「具体的に理由付けられた事実陳述」を行うことが，現行のドイツ民事
訴訟法上の手続にかなった真実発見の要件とされている，という[36]。シュテュ
ルナーによれば，具体的理由付け「責任」という理論構成が採用される論拠は，
濫用的な手続開始ないし証拠調べを予防すべき「もっともらしさのコントロー
ル（Plausibilitätskontrolle）」に求められる[37]。ここから彼は，当事者が具体的
理由付け責任を負う事実について定型的に知識を欠く状態にある場合には，具
体的理由付け責任の目的論的軽減を行うことが適切であるとし，そうした場合
には詳細な事実陳述がなされる必要はなく，「手がかり（Anhaltspunkt)」が陳
述されれば十分であるとするのである[38]。事案解明義務の内容に関しては，証
明責任を負わない当事者の，考えられかつ期待可能なすべての解明寄与が含ま
れるとし，解明を義務付けられた当事者は，法的に重要な事実関係と証拠方法
の存在に関するに情報提供を義務付けられ，この情報は当事者宣誓と文書の提
示によってコントロールされること，またこの者は検証物の視察と通例は検査
を受忍しなければならないこと，相当性と期待可能性という範囲内において必
要な身体および精神の検査を受忍しなければならないこと，文書はZPO422
条および同423条の事例を超えて提出されなければならないことを主張してい
る[39]。

　以上のようなシュテュルナー理論は，実体的真実にもとづく権利保護を民事
訴訟の目的であると理解し，この目的を実現する手続を保障するため，証明責
任を負わない当事者の一般的・包括的な解明義務を承認すべきであると主張す
るものではあるが，その際に，伝統的に弁論主義の下で認められてきた民事訴
訟の対論的な手続構造を基本的に尊重しつつ，解明義務の要件として，まず，
証明責任を負う当事者の主体的・自律的な活動を要求し，これを媒介として当

---

(36)　*Stürner*, a.a.O.（Anm. 34), S. 106.

(37)　*Stürner*, a.a.O.（Anm. 34), S. 114.「このようにみてくると，具体的理由付けと重要性
　　の審査は，関与者の負担などを伴う真実審理に先行するもっともらしさのコントロール
　　の一形式にほかならない」(S. 117)。

(38)　*Stürner*, a.a.O.（Anm. 34), S. 119.

(39)　*Stürner*, a.a.O.（Anm. 34), S. 134 ff.

事者の事案解明義務の立体化・動態化を図るものであった[40]。もっとも，シュテュルナー理論は結局は裁判官の観点に偏したものであり，解明義務の内容に関して述べられているように，証拠の提出については触れてはいるものの，その前提たる証拠の収集の位置づけや規律については，そもそも関心事というわけではなかった点には注意を要する。ドイツにおいてさらに証拠の収集についても多少の議論を展開したのは，次に見るブレームである[41]。

とはいえこのシュテュルナー理論に対する評価を明らかにすることは，ドイツにおける問題状況を正確に理解する上で欠かせない。シュテュルナー説に対するドイツ学説の反応の詳細については，すでにわが国において紹介されているところであるので，それらに委ねることとするが[42]，ここでは，ヘンケル（*Wolfram Henckel*）がその書評[43]の中で，きわめて重要な指摘を行っている点のみを確認しておこう。ヘンケルは，たしかに一般にも紹介されている通り，「著者の革命的な構想は，実は，現代の訴訟を体系的に把握し，解釈学上の伝統をこじ開け，訴訟の現実を，それが伝統的な解釈学的前提に矛盾する限度でも体系へと統合しようとする試みである。それゆえに，将来，この著作の基本原理についてほとんど争うことはできないであろう」と述べて，このシュテュルナーの業績をきわめて高く評価しているのだが[44]，しかし，その際に，「著者がその発見を喜ぶあまり，行きすぎた点がそこここにないかどうかを〔今後は〕争うことになろう」[45]とも述べて，いくつかの問題提起を行っている。具体的には，「著者によって強調された訴訟法と実体法の連関（Kongruenz）が，ここでなお，論拠の支柱を提供しうるかもしれない」とした上で，「実体法に

---

[40]　廣尾勝彰「訴訟資料の収集に関する当事者の役割」九大法学 52 号（1986 年）158 頁。ただし，後注[48]も参照。

[41]　後記Ⅲ.3。

[42]　基本的なものとして，ロルフ・シュトルナー（森勇訳）「民事訴訟における事案解明義務にあたっての当事者の義務 —— 証明妨害理論にもよせて」民事訴訟雑誌 32 号（1986年）111 頁以下（これは，*Stürner*, Parteipflichten bei Sachverhaltsaufklärung im Zivilprozeß: Zugleich ein Beitrag zur Lehre von der Beweisvereitelung, ZZP 98（1985）237 の翻訳である）。なお，ドイツ連邦通常裁判所の判決については，後記Ⅲ.4.（2）。

[43]　*Henckel*, ZZP 92（1979），100.

[44]　*Henckel*, ZZP 92（1979），100, 104. この部分は，廣尾・前掲注[40]163 頁注[17]や春日・前掲注[23]40 頁の紹介するところである。

[45]　*Henckel*, ZZP 92（1979），100, 104.

おける危険分配（Risikozuweisung）は，一方の側からも他方の側からも主張が
なされないという状況が認められて初めて生じる。……〔ここでは〕著者の述
べたところを越えて（傍点は筆者），危険を負担した当事者の義務をも問題とし
うるのではなかろうか。けだし，訴訟上の不利益は，危険を負った当事者が，
彼の側で義務に違反しなかった場合にはじめて，危険分配という意味での負担
であるからである」という(46)。そして，ここからヘンケルは，「おそらくは危
険を負わない当事者の解明義務の限界もまた，両当事者相互の義務を比較検討
するならば，〔シュテュルナー説よりも〕より狭く引かれるのではないか」，と
の指摘を行っているのである(47)。

　このようなヘンケルの指摘は，当事者の行為の規律原理に着目してみた場合
のシュテュルナーの事案解明義務理論の肌理の粗さを喝破するものであり，き
わめて注目に値する。それは証明責任を負った当事者もまた，主張責任および
証明責任という「責任」に先立って具体的に理由付けられた事実主張をする
「義務」や，主張が否認された場合には証拠を提出する「義務」を負うことが，
当事者行為の規律のあり方としては当然に前提となるのではないかを問うもの
であった。シュテュルナー説も含めて，従来の議論にはこの視点が欠けていた
というべきである。加えて，当事者に具体的事案において事案解明義務を課す
とすれば，その実質的根拠が明らかにされなくてはならない。単にその根拠と
して民事訴訟の目的が真実の発見による個人の権利保護であるという主張を挙
げるだけでは，当事者は結局，訴訟の主体から単なる客体に転落してしまうこ
とになる(48)。ヘンケルにあっては，訴訟法と実体法のパラレルな価値評価が強

---

(46)　*Henckel*, ZZP 92 (1979), 100, 105.

(47)　*Henckel*, ZZP 92 (1979), 100, 105.

(48)　シュテュルナー説にきわめて否定的なアーレンスは，シュテュルナーの主張するもっ
　　ともらしさの手がかりの事案類型につき，説得性を疑問視する。特に，シュテュルナー
　　が言うように，違法な挙動から他の違法な挙動を推論できる（*Stürner*, a.a.O.（Anm. 34），
　　S. 125）かどうか，したがってある契約違反から他の契約違反を推論できるかは，非常
　　に疑わしいと述べ，「義務存在のための，かくも不明確な要件に鑑みると，結局のところ，
　　全ては裁判官の裁量に置かれることになる。この要件が不精確であればあるほど，裁判
　　所の裁量の余地はそれだけ一層大きい。そして，その不履行からかくも広範な効果が生
　　じるとされる義務において，そうなのである」とのきわめて正当な指摘をしている。
　　Arens, Zur Aufklärungspflicht der nicht beweisbelasteten Partei im Zivilprozeß, ZZP 96
　　(1983), 1, 14. 同論文の翻訳として，アーレンス（松本博之訳）「民事訴訟における証明

調されており，彼はこのことを前提として，そしてその限りで，シュテュルナー説への賛成を示すものであるといえよう[49]。次に見るブレームの議論は，このようなヘンケルの問題提起に即したものでもあった。

3　ブレームの「弁論評価と当事者の陳述に対する裁判官の拘束」論

シュテュルナー説が結局は裁判官の観点に偏したものであったのに対して，当事者の解明の利益に着目して，シュテュルナー説を批判的に検討したのが，ブレーム（*Wolfgang Brehm*）であった[50]。彼によれば，ドイツ民事訴訟法においては，証拠調べの対象となる事実の確定にとっては，当事者の訴訟手続上の態度が決定的であり，解明の必要性は，一方当事者の主張とこれに対する相手方の認否という当事者の態度決定を通じて確定されるはずである[51]。しかしながら，ドイツの実務は必ずしもそうはなってはおらず，弁論評価（いわゆる弁論の全趣旨）が，非常に大きな役割を演じることにより，当事者の陳述に対する裁判所の拘束は弱められている，という[52]。ブレームの議論は多岐にわたるが，以下の2点を指摘しておこう。

第一に，ドイツの民事訴訟実務では，当事者は，事実の主張段階では，自己の主張を具体的に理由付けて（substantiert）しなければならないし，同様のこ

責任を負わない当事者の解明義務について」民事訴訟雑誌 28 号（1983 年）57 頁以下がある（同 77 頁以下）〔ペーター・アーレンス（松本博之＝吉野正三郎訳）『ドイツ民事訴訟の理論と実務』（信山社出版，1991 年）所収〕。

[49]　*Henckel*, Prozeßrecht und materielles Recht, 1970, S. 61 ff. 本書の紹介として，文字浩「訴訟法と実体法」法学論叢 87 巻 5 号（1970 年）74 頁がある（ただし，判決効論中心）。ヘンケルは，こうした観点から，訴訟を主観的私権の行使のための手続としてとらえ，その定式の長所として，①その性質上，実体法実現について疑問のある訴訟規範の解釈を禁止することと，②訴訟法と実体法を統一的価値に帰せしめることの二点を指摘する。

[50]　*Brehm*, Bindung des Richters an den Parteivortrag und Grenzen freier Verhandlungswürdigung, 1982. 本書の紹介として，太田勝造・民事訴訟雑誌 31 号（1985 年）216 頁がある。

[51]　*Brehm*, a.a.O. (Anm. 50), S. 3. そこで彼は，「両当事者が，真実または不真実について同意しているところでは，裁判所の確信は決定的ではない。しかし，当事者は一致して事実を処分する権能をもっているだけではない。対立する態度決定もまた，裁判所にとって何よりも拘束的である。すなわち，否認は証明の必要ありとみなされる。／したがって，弁論評価の拡大は，当事者の陳述に対する裁判官の拘束を制約する。当事者の態度決定が，裁判官の確信によって取って代わられるのである」と述べている。

[52]　*Brehm*, a.a.O. (Anm. 50), S. 3 ff.

4 民事訴訟における証拠の機能〔河野憲一郎〕

とが，相手方の否認についても当てはまり，当事者がそれぞれこの要求を満た
すことができなければ，その当事者の陳述は顧慮されないことになる。これと
関連して，裁判所に証拠調べを求める当事者は，証明主題と立証趣旨を詳細に
理由付けて述べなくてはならず，これを行わない証拠申立ては，不適法な「模
索的証明（Ausforschungsbeweis）」と評価され，裁判所により却下される[53]。
ブレームは，ここに実務において重要な弁論評価の適用事例が見出され，これ
によって本来の当事者の陳述への裁判官の拘束が和らげられている，という[54]。
かくて，ブレームは，具体的理由付けの審査の枠内における弁論評価の役割の
分析を試みるが，その際に，具体的理由付け原則（Substantierungsgrundsatz）
の妥当根拠と適法な陳述のための基準を探求した[55]。この関連において彼が用
いたのが「対論的手続の情報システム」という道具概念であり，これはドイツ
民訴法（ZPO）においては，主張に対してなされる否認によって訴訟プログラ
ムが確定される構造になっていることを指すものである[56]。すなわち，ブレー
ムは主張段階と証明段階の区分に目を向ける[57]。ブレームによれば，具体的理
由付け原則は，主張と陳述のシステムが機能することを保障すべきであり，そ
れゆえ，主張は，相手方の陳述義務を作動させるのに適切である程度に特定し
ているべきである[58]。他方，相手方の陳述義務は，訴訟プログラムを確定する
という目的を持ち，必要とされる代替的説明の程度は，この目的によって決定
されるのだという[59]。

---

[53]　この点については，*Brehm*, a.a.O.（Anm. 50），S. 81 ff. なお，模索の禁止は，「当事者
　　は相手方を勝訴に導きうる資料を提供する義務を負うものではないという原則（いわゆ
　　る *nemo contra se edere tenetur* 原則）」で基礎づけられていることがあるが，ブレームは，
　　この基本原則は誤ったものであり，ドイツ民訴法に基礎を見ない，という（S. 83）。

[54]　*Brehm*, a.a.O.（Anm. 50），S. 47.

[55]　*Brehm*, a.a.O.（Anm. 50），S. 51 f.

[56]　*Brehm*, a.a.O.（Anm. 50），S. 62 f.

[57]　*Brehm*, a.a.O.（Anm. 50），S. 64 f. そこで彼は，主張と証拠の区別は永い法的伝統に由
　　来し，普通法訴訟はザクセンの訴訟から証拠分離主義を継受していること，たしかに
　　ZPO は証拠分離主義を廃棄したが，現在もその手掛かりが制定法中に見られること（例
　　えば ZPO357 条 1 項），主張と証拠の区別は今日のレラチオーンス・テヒニークの基礎
　　でもあること，を指摘している。なお，レラチオーンス・テヒニークに関する比較法的
　　議論に関しては，Ⅲ.1 で述べた。

[58]　*Brehm*, a.a.O.（Anm. 50），S. 84.

[59]　*Brehm*, a.a.O.（Anm. 50），S. 89.

Ⅲ　ドイツにおける民事訴訟の手続構造と証拠の収集

　第二に，ブレームは，争いのある事実についての解明の程度を論じる関係で，（ⅰ）厳格な証明が当事者にとって有する意義と（ⅱ）証明責任規範の有する機能を論じている⁽⁶⁰⁾。後者については，①真偽不明の場合に裁判を可能にする任務のほかに，②証拠提出責任の基礎としての任務や③訴訟に至る前の段階で，法律交渉の参加者を証拠の確保へと動機づけるという重要な機能もあるという⁽⁶¹⁾。彼はこのようにして証明責任を負った当事者の証拠保存義務を引き出すのであるが⁽⁶²⁾，このこととの関連で，過失による証明妨害の問題に言及している。彼は，この事例群の場合には，証明責任を負っていない当事者が義務違反を非難されているのであって，証明責任から引き出される証拠保存義務が問題になっているわけではないことを確認した上で⁽⁶³⁾，特別の根拠にもとづいて，証明責任を負う当事者の相手方にも，一定の証明可能性を獲得するよう義務付けることは排斥されない，という⁽⁶⁴⁾。

　以上のようなブレームの議論は，シュテュルナーの議論とは異なり，証明責任を負う当事者の具体的理由付け責任だけではなく，相手方当事者の具体的理由付け責任（否認の理由付け）の問題をも取り上げ，これらの根拠を弁論主義の下での当事者相互間での「対論的手続の情報システム」に求めたものである。この点は，ドイツ法系の民事訴訟の構造的特色ともいうべき主張段階と証拠段階の区別の意義とその規律について明らかにしたものとして，大いに評価に値する⁽⁶⁵⁾。また，従来，ドイツ法においては十分に論じられることのなかった証

⑹　*Brehm*, a.a.O.（Anm. 50），S. 189 ff.

⑹　*Brehm*, a.a.O.（Anm. 50），S. 192 ff. なお，ブレームによれば，第三の機能は，訴訟の中で解明を通じて意見の相違を収拾することを目指しているだけではなく，紛争の発生を阻止するものでもあるという（S. 197）。

⑹　*Brehm*, a.a.O.（Anm. 50），S. 197.

⑹　*Brehm*, a.a.O.（Anm. 50），S. 198.

⑹　*Brehm*, a.a.O.（Anm. 50），S. 198 ff. ここでは証明責任を負った当事者の側の義務が語られており，これは *Henckel*, ZZP 92（1979），100, 105 ff. によって示された問題関心の展開として評価できる。ただし，証明妨害に関する箇所の脚注からも明らかなように，この問題に関する学説の取り上げ方や検討はきわめて不十分である。この問題について，包括的な検討を行ったものとしては，例えば，*Konzen*, Rechtsverhältnisse zwischen Prozessparteien: Studien zur Weckselwirkung von Zivil- und Prozeßrecht bei der Bewertung und den Rechtsfolgen prozeßerheblichen Parteiverhaltens, 1976, S. 227 ff.

⑹　とりわけ比較法的観点から見て，重要な意味を持つ。繰り返しになるが，ドイツ法で

101

拠の収集について，証明責任規範および実体法規範と結びつけて論じている点
は，非常に先見の明のあるものでもあった。しかしながら，その議論は，必ず
しも説得的に十分な構造化がなされたものとは言えず，しかもその論述はいさ
さか散漫に流れる嫌いがあり，残念ながら支配的な地位を得るまでには至って
いない。

4　ドイツにおける今日の状況

(1)　概　観

　ドイツにおける今日の議論において，シュテュルナーの事案解明義務理論は，
依然，重要な議論の対象である[66]。すなわち，ドイツの下級審裁判例には事案
解明義務を認めるものもあらわれていたが[67]，ドイツ連邦通常裁判所（BGH）
1990年6月18日判決は，事案解明義務を否定する旨判示した[68]。このように
1990年のBGH判決によって解釈論としての事案解明義務理論が否定されたの
に対しては，学説上，立法論としてこれを導入することが改めて論じられた[69]。

　ドイツでは2001年7月27日の民事訴訟改正法[70]によって第一審手続が包括
的に強化されたが，その際に，立法者は一般的な解明義務を導入することはせ
ず，ZPO142条1項および同144条1項2号の改正により，裁判所は，当事者
または第三者が所持する，一方当事者の援用する文書その他の物の提出を命ず
ることができるとの改正のみを行った。こうした一般的な事案解明義務の導入
に踏み切らなかった立法者の決断には，ますます批判が強まっている[71]。また，
ZPO142条1項，144条1項2号の枠内での文書提出命令の拡大については，

　　は，争点整理を前提に，前掲注(32)で触れた「絞り込まれた証拠調べ（Focused Evi-
　　dence-taking）」が行われるのであり，この点でアメリカ合衆国法とは大いに異なる。
[66]　さしあたり，*Rosenberg/Schwab/Gottwald*, Zivilprozessrecht, 18. Aufl. 2018, S. 660
　　参照。
[67]　OLG Schleswig, NJW 1983, 347 ff.; OLG Hamm, Rpfleger 1979, 113 ff.; 1981, 447 usw.
[68]　*BGH* NJW 1990, 3151 = ZZP104, 203（mit Anmerkung von *Stürner*）．松本幸一「真実
　　発見をめぐる裁判官と当事者の役割の交錯」民事訴訟雑誌39号（1993年）194頁以下，
　　春日・前掲注(23) 51頁以下。
[69]　例えば，*Gottwald*, Gutachten, 61. Juristentag, 1996, A 7, A 14.
[70]　Zivilprozeßreformgesetz vom 27. 7. 2001.
[71]　これについては，*Rosenberg/Schwab/Gottwald*, Zivilprozessrecht, 18. Aufl. 2018,
　　S. 660 Fn. 24.

その不明確さも相まって，大いに議論が戦わされている[72]。

以下では，本稿の主題の展開との関係で，BGH 1990 年 6 月 18 日判決と ZPO142 条をめぐるヴァーグナー（*Gerhard Wagner*）の議論についてのみ触れておこう。

(2) ドイツ連邦通常裁判所 1990 年 6 月 18 日判決

事案は，合名会社の社員である原告が，同じく合名会社の社員である被告に対して，会社の重大な利益の移転を図ったことが忠実義務に違反するとして，損害賠償を請求したものであった。そこでの争点は，利益移転の事実があったかどうかであるが，被告が原告等を排除していて単独で業務執行をしていたことから，原告にとっては，具体的な事実主張ができないような状況に置かれていた。控訴審は，被告には事案解明義務があるとしたが，連邦通常裁判所は，次のような理由でこれを否定したものである。少し長くなるが，判旨を引用しておこう。

「民事訴訟において真実義務が本質的な意味を有するということが，当事者が何よりも真実の発見に奉仕するのだという行態を行うことを一般的に義務付けられる，との帰結を許容するものではない。真実発見の任務も法治国家原則も，民事訴訟を弁論主義の下に置くことを立法者に妨げさせるものではなく，必要な事実を主張し，証拠方法を提出することは第一次的に当事者に委ねられている。民事訴訟における主張責任および証明責任の規律もまた，このことに関連する。当事者が相手方に対して情報および収支決算の提供や資料の引渡し等々を求める請求権を有するか否かは，実体法の問題である……。これについては一連の明示的規定が存在する。また，法律関係や利益状況の内容に応じて，信義誠実という観点がこうした諸義務を正当化している……。しかしながら，実体法は，一般的な情報義務を知らないし，こうした義務を導入することは訴訟法の役割でもない……。むしろ，訴訟法は，何ぴとも自己の不利になるものを提出する義務を負わされるものではない（*nemo contra se edere tenetur*），という原則のもとにとどまっているのである。……

もっとも，判例は，特定の場合において，第一次的に主張・証明責任を負った当事者の相手方に対して一定の，（二次的）主張責任を課している。すなわち，とりわ

---

[72] これについては，*Wagner*, Urkundenedition durch Prozessparteien - Auskunftspflicht und Weigerungsrechte, JZ 2007, S. 706 ff. 翻訳として，河野憲一郎「訴訟当事者による文書提出 —— 情報提供義務と拒絶権」商学討究 61 巻 4 号（2011 年）161 頁以下がある。また春日偉知郎「ドイツの民事訴訟における文書の提出義務」松本博之先生古稀祝賀論文集『民事手続法制の展開と手続原則』（弘文堂，2016 年）413 頁以下。

け，主張義務を負っている当事者が，彼の主張すべき事象経過の外にいて，それについて何ら詳しい知識を有しておらず，他方，訴訟の相手方はそうした知識を有し，かつ，これを詳細に陳述することを期待することができる場合がそうである」。

BGH 判決は，民事訴訟では弁論主義および「何ぴとも自己の不利になるものを提出する義務を負わされるものではない」との原則[73]が妥当することを理由に事案解明義務を否定したが，その説得性については，次に見るように疑問が提起されている。

(3) 近時の新たな見解（ヴァーグナー）

BGH 判例および通説の採用する原則（定式）との関連で，2011 年民訴法改正による ZPO142 条は法体系中に大いなる緊張関係をもたらすこととなった。この問題の解決を試みたヴァーグナー（*Gerhard Wagner*）の見解が，非常に注目に値する。

支配的な観念によれば，真実発見と法実現に対する利益は，弁論主義によって限界づけられ，それは訴訟当事者に広範囲の訴訟上の解明義務と提出義務を課すことを排除していると理解されている。これに対して，ヴァーグナーは，弁論主義と実体法上の私的自治の原則との関連性は，訴訟上の解明義務には対立するものではない，という[74]。彼は，解明義務の独自の問題は，弁論主義との適合性にではなく，当事者の双方向的な関係における妥当性にあることを確認する[75]。BGH 判例においても，伝統的な見解においても，当事者は相手方の利益のために事案の解明に協力する義務を負うものではないとの原則が厳格に貫徹されているわけではない。判例・実務上，訴訟上の解明義務を承認することなく，訴訟当事者間の情報の非対象をなくすさまざまな手段を導き出しており，その典型として，証明責任の転換やいわゆる二次的主張責任を挙げることができる，というのである[76]。

---

[73] この原則は，すでに *BGH* NJW 1958, 1491, 1492 において示されており，広く知られたものであった。

[74] *Wagner*, a.a.O.（Anm. 72），S. 710 ff. ヴァーグナー（河野訳）・前掲注[72]176 頁以下。

[75] *Wagner*, a.a.O.（Anm. 72），S. 711. ヴァーグナー（河野訳）・前掲注[72]178 頁。

[76] *Wagner*, a.a.O.（Anm. 72），S. 711. ヴァーグナー（河野訳）・前掲注[72]178 頁。なお，ヴァーグナーは，自らは主張責任を負っていないが，しかしより情報を有している当事者の不利益になるような主張責任の転換が，二次的主張責任という形象の内容であるとし，この二次的主張責任の場合には，より情報を有している当事者は本案判決がその者

Ⅲ　ドイツにおける民事訴訟の手続構造と証拠の収集

5　小　括

以上の検討を整理しておこう。

　これまで見てきたところからも明らかなように，ドイツにおいては，必ずしもわが国におけるように証拠の収集という観点に焦点を当てて，問題が論じられてきたわけではない。そこでの問題関心は，事案解明における裁判所の権限強化の是非にあったのであり，その結果，相手方の事案解明義務は，当事者の証拠収集にではなく，裁判所での証拠提出の局面に光を当てるものであった。ドイツ法にあっては，文書の提出や検証物の提出が，裁判所における証拠調べの一環として行われることからすれば，このことは決して奇異なことでもない。証拠収集の問題を多少なりとも論じたのは，ブレームであったが，これは基本的には実体法上の証拠保存義務に関わっていることが看過されてはならない。そうであるとすれば，ドイツ法からわが国の証拠収集の議論に一定の示唆を得ようとすれば，訴訟法と実体法の連関に目を向ける必要があるということになろう。

　ドイツでは 2001 年の法改正により，裁判所の関与が強化されたが，そこでは多くの学説は，ZPO142 条の異質性を強調するばかりで，十分な理論化をなし得てはいなかった。しかし，解釈論には現実の法規定を理論的に整序することが求められているのであり，そうだとすると，今日の状況はドイツ法の議論がなお混迷状態にあることを示唆するものである[77]。したがって，その混迷の

の不利になることを考慮しなければならないのに対して，目下論じている ZPO142 条の場合には，さしあたっては提出命令が発令されるにすぎないので，問題は必ずしも同一ではないと指摘する。もっとも，こうした法律効果の相違にもかかわらず，二次的主張責任の諸事例における問題には ZPO142 条のそれとの構造上の同一性がある，という。というのは，解明に利益のある当事者には，常に，その者が彼のアクセスできる情報に基づいて提供できる限度で，具体的理由付けが要求されなければならないからである。*Wagner*, a.a.O.（Anm. 72），S. 713. ヴァーグナー（河野訳）・前掲注(72) 187 頁。

[77]　こうした観点から注目に値するのは，イギリス法における展開である。そこでは，従来の当事者対抗主義に対する反省から裁判所の監督権限の強化が叫ばれ，この面のみからすれば，イギリス法とドイツ法の相違は止揚されてきているようにも見える。ただし，構造的相違に由来する隔たりは未だ大きい。

　　例えば，イギリス法の民事捜索命令（civil search orders）の制度がそうである。これは，申立人が被申立人の土地建物等を調査し，不正行為の証拠を収集または確保することを認めるよう被申立人に義務付ける，補助的な差止命令（ancillary injunctions）である（かつては，アントンピラー・オーダーと呼ばれた）。これについては，ニール・

4 民事訴訟における証拠の機能〔河野憲一郎〕

真の姿を明らかにした上で，問題の解決策を示す理論が求められていることが，明確に確認されなければならない。これらのことを踏まえて，次に日本法の検討に移ることとする。

Ⅳ　証拠収集手続の体系化の試み

1　わが国の状況

わが国では，証拠収集手段の拡充の掛け声の下，例えば法改正によって文書提出の拡充等の改正がなされた。これについて，それが職権主義の強化につながる等の強い反対が出されているわけではない点に，ドイツとは異なった反応が見られる[78]。そこには日本における独自の発展との関係をみることができよう。特に，裁判所による証拠調べという観点の強く残っているドイツ法に対して，わが国では証拠収集という観点が，部分的にはアメリカ合衆国法の影響で重要な意味を持っているからではないか。そして，わが国におけるこのような独自の展開を促した要因としては，交互尋問制の採用に伴う，当事者（弁護士）の訴訟活動に関わるわが国特有の理解があるように思われる。

もっとも，当事者（弁護士）の訴訟活動に関する実務の現実は，いまだ必ずしも十分に理論の中に取り込まれているとはいえず，その結果，わが国の状況に即した制度構築が求められているといえよう。例えば，新たに導入された証拠収集処分等がほとんど用いられていないということは，このことを裏付けるものである。そうした点に鑑みるならば，単なる制度の議論ではなく，より具体的事件を念頭に置いた証拠の収集のあり方に即した理論が求められよう。

アンドリュース（溜箭将之＝山﨑昇訳）『イギリス民事手続法制』（法律文化社，2012年）201頁。このようなインジャンクションの制度をドイツ法は認めていない。ドイツ法系の国々とコモン・ロー諸国における仮の権利保護（einstweiliger Rechtsschutz）制度の手続構造上の相違については，*M. Kawano*, Funktionerweiterung und Strukturwandel der Regelungsverfügung?, in: Stürner/Matsumoto/Lüke/Deguchi（Hrsg.），Festschrift für Dieter Leipold zum 70. Geburtstag, 2009, S. 601, 605 ff.

[78]　ドイツ法における最近の展開については，春日偉知郎「証拠調べにおける当事者の支配（Parteiherrschaft）と裁判官の権能（Richtermacht）」上野泰男先生古稀祝賀論文集『現代民事手続の法理』（弘文堂，2018年）163頁以下。

2 証明責任と証拠提出義務

わが国の民事訴訟においては，ドイツにおけると同様，実体法における要件事実の規律，換言すれば証明責任の分配が，個々の訴訟における審理のあり方をも規定している。すなわち，証明責任は，本来的にはある事実の存否が不明の場合に，当該事実の（通常は）不存在を仮定することによって裁判を可能にするための法制度であるが，弁論主義のプリズムを通して当事者の行為責任として投影されるといわれる[79]。一方の当事者は，自己の権利を基礎づける具体的な事実を主張し，争いがあればこれを立証するとともに，相手方は，当該権利の発生を妨げ，あるいは消滅させる具体的事実を主張し，また争いがあれば，これを証拠によって立証しなければならない。

もっとも，このような証明責任は，主観的証明責任なるものを観念するとしても，あくまでも不提出の場合の「責任」の分配を問題とするにすぎない。しかし，これを「責任」というのであれば，証明責任を負った当事者が証拠を提出しえない場合には，その非難可能性の有無を問わずに，証明責任の危険がかかってくることとなろう。これに対して，これを「義務」と見る場合には，証明責任を負った当事者が証拠を提出しえないことに非難可能性のない場合に，ただちにこの者に証明責任の危険を及ぼすことはできまい。もしこのような証明責任を負った当事者の証拠提出義務を観念するとすれば，かかる義務は，証明責任を負担しない相手方の側からの「否認」の結果はじめて具体化することになる。そこで，証明責任を負担する当事者が一定の行為を尽くした場合に，今度は，相手方に一定の証拠提出義務を課すことはできないかどうかが，問題となりうる。

この点，ドイツでは，訴訟前の民法上の義務を拡張したり[80]，信義則を援用したりする立場が有力であったのに対して[81]，シュテュルナーは，一般的な事案解明義務を措定し，「もっともらしさ」を裏付ける手がかりを示すことによって，証明責任を負わない当事者の解明義務が具体化されるものだと説い

---

[79]　三ヶ月章『民事訴訟法』（有斐閣，1959 年）409 頁。

[80]　例えば，*Konzen*, a.a.O. (Anm. 64), S. 241 f. 彼は，例えば証明妨害の問題を，訴訟上の法律効果を伴った民法上の行為の問題として位置づけ，取り扱っている。

[81]　*Arens*, ZZP 96 (1983), 1, 21 ff. アーレンス（松本訳）・前掲注[48]90 頁以下

た[82]。これらの議論は，それぞれ立場は異なるが，もっぱら証明責任を負わない当事者との関係で解明活動を論じてきたという点では共通性を見出すこともできる。しかし，具体的な訴訟過程における規律として考えるのであれば，むしろ第一次的には証明責任を負った当事者との関係で解明活動の規律が問題とされなくてはならないのではないか。なお，このような証明責任を負った当事者の義務というものは，証拠の提出に関して顕著であったが，事実主張の段階においても主張責任を負った当事者の「義務」を観念することができよう[83]。

　このような証明責任を負わない当事者が「義務」を負担することは，実体法においては，信義則の一態様としての付随義務や社会生活上の義務[84]に比肩しうるものといえよう。そして，そのような義務とは，具体的な訴訟過程における当事者の行為規範にもとづいて生ずるものであり，裁判所による釈明権の行使等を通じて具体化されることとなろう。

3　証拠提出義務の対象たる事実と証拠

　ところで，上に述べたような証明責任を負った当事者の義務を観念することの意味は，当事者が提出すべき事実や証拠に関しての訴訟における行為規範を示すことにあった。このような意味での行為規範は，主要事実そのものを直接証拠によって証明する場合というよりも，むしろ相手方の否認により必要となる，立証事項の具体的証明のために必要な間接事実を具体的事案に即して分析・提出し，それらの間接事実の積み重ねを前提に立証活動を行う場合にこそ，

⑻　前記Ⅲ.2.

⒀　河野憲一郎「民事訴訟における主張の意義と機能 —— その再考」民事訴訟雑誌60号（2014年）188頁では，ドイツの二次的主張責任の議論に倣って，医療過誤訴訟などを念頭に，相手方がきわめて専門的な情報を独占している場合には，当該相手方に訴訟上の行為義務を課し，これが遵守されない場合には否認として顧慮せず，自白を擬制するとの方向性を提案したが，このような相手方の訴訟上の行為義務を問題としうるのは，証明責任を負った当事者が，これに対応する主張責任を負うが，それに先立って行為義務を負っていること（したがって，かかる義務の不履行に非難可能性がなければ，相手方の行為義務が顕在化しうるということ）を前提とする。

⒁　社会生活上の義務については，ゲルハルト・ヴァーグナー（河野憲一郎訳）「法定債務関係(1)」小樽商科大学人文研究123輯（2012年）29頁以下（原典は，*Wagner*, Gesetzliche Schuldverhältnisse, in: Willoweit (Hrsg.), Rechtswissenschaft und Rechtsliteratur im 20. Jahrhundert: Mit Beiträgen zur Entwicklung des Verlages C.H. Beck, 2007, S. 181, 185 ff.）。

より顕著な形でその重要性が示されよう[85]。けだし，間接事実から立証対象を明らかにするにあたっては，証明責任が主要事実についてのみ問題となるものであるため，この規律のみですべてを決することはできないからである。むしろ間接事実での証明による場合には，本来，間接事実については証明責任が問題となりえないことから，これらに要する主張や証拠の提出「義務」を考える必要性は，ますます大きいと言える。

このように具体的な訴訟においては間接事実の果たす役割が非常に大きい。したがって，例えばドイツ法において広く認められている実体法上の情報請求権をわが国にも導入せよとの議論は，それ自体の正当性は否定しえないとしても，かかる情報請求権はあくまでも直接的な主要事実の立証との関係で発現するのであって，間接事実による立証の積み重ねが問題となるケースにおいて必要となる間接事実に関する情報や証拠の獲得には決して有効たりえない点が，看過されてはならない。

4　証拠収集との関連

当事者が証拠を提出すべき対象となりうるのは，あくまでも争いのある事実についてであって，争いのない事実や公知の事実については証明の必要はない。つまり，証拠の収集が問題となるのは，係属している訴訟において，当該事実が当事者間で争われている場合に限られる[86]。

その際，具体的に提出すべき証拠として問題となるのは，必ずしも主要事実に関する証拠に限られるものではなく，むしろ間接事実に関する証拠の占める比重が圧倒的に大きい。とりわけ（ⅰ）わが国では証人尋問において交互尋問制が採用されていることから，当事者（弁護士）が証人尋問を実効的に行うこ

---

[85]　主要事実と間接事実の区別については，さしあたり河野憲一郎「弁論主義と釈明権」法教 375 号（2011 年）19 頁（特に 20 頁以下）参照。

[86]　これに対して，アメリカ合衆国連邦民訴規則の手続では，証拠は訴え提起後のディスカヴァリーによって収集される。そこでもプリーディングの十分性との関係で，ディスカヴァリーによって解明すべき事実に制限がかかる点も看過されてはならない。そこでもプリーディングの十分性（sufficiency）との関係で，ディスカヴァリーによって解明すべき事実に制限がかかることが指摘されている。この点につき，*Louisell/Hazard/Tait*, Cases and materials on pleading and procedure: state and federal, 5th Ed., 1983, S. 101ff. は，「訴状の不十分性の帰結」と題して，*Mitchell v. E-Z Way Towers, Inc.*, 269 F. 2d 126（1959）を引用していた。

ととの関連で，間接事実・補助事実に関する証拠を収集する必要が大きい。あるいは，（ⅱ）主要事実は明白であっても，それは具体的な間接事実の積み重ねによって総合的に判断されることが稀ではない。そのような場合，立証対象は，抽象的に当然に前提とはされえない。例えば，不法行為における「因果関係」が争点となるようなケースでは，主要事実たる因果関係の存在は，多くの場合，間接事実の積み重ねによってはじめて明らかとなる[87]。このような必要な間接事実を選択し，これを証明するために必要な証拠を定めて確保することは，当事者（弁護士）の中心的な仕事である。このような立証対象が当初ははっきりしないケースでは，当事者（弁護士）が，争点を明らかにする過程で，自ら事件のストーリー（仮説）を組み立てた上で，証拠の収集をし，それによって検証をしつつ立証をすることの有する意味は非常に大きい[88]。すなわち，争点を予測して証拠を収集するとともに，獲得した証拠にもとづいて証拠調べで解明すべき事実関係の方向性を当事者（弁護士）が確定させることとなる。このように見るならば，日本法においては，当事者の行為の規律に光を当てる必要性は，制度の根本（弁護士の役割）を理解する上で必要不可欠というべきである。この意味で，ドイツ法を参考としつつも，わが国の現実に即した理論を探る必要があるといえよう。

Ⅴ 結 語

以下に本稿の結論を述べておく。

わが国では，具体的な事件で証明が必要かどうかは，相手方当事者の認否によって決まる。従来，事案解明義務理論との関係で論じられてきた，証明責任を負わない当事者の証拠の提出の問題に関しては，まず第一に証明責任を負っ

---

[87] 例えば，最判昭和50年10月24日民集29巻9号1417頁（東大ルンバール事件）は，訴訟上の因果関係の証明に関して，原審認定事実との関連で，間接事実によって具体的にどのような証明がなされていれば証明ありと言えるのかを明らかにしている。河野（正）・前掲注(12) 458頁以下。

[88] 弁護士の立場からの間接事実と証拠の模索，弁護士が自らその場に行って証拠を収集し法的主張をすべきことについての大変興味深いエピソードとして，加藤新太郎司会「〔座談会〕民事事実認定の実務と課題」林屋礼二ほか編『法曹養成実務入門講座2 事実認定 渉外事件』（大学図書，2005年）12頁（山浦善樹発言）。

　　　　　　　　　　　　　　　　　　　　　　　　　　Ⅴ　結　語

た当事者の証拠提出義務を観念した上で，この者の非難可能性との関係におい
て，証明責任による解決ではなく，相手方に証拠提出を求める方向での議論が
求められているというべきである。そして，収集されるべき証拠は，このよう
な訴訟における具体的な証拠提出の必要との関係で決定されるものである。そ
のような証拠としては，主要事実に関する証拠よりもむしろ間接事実に関する
証拠の方が実際に問題となるケースは多いであろう。

　本稿では，当事者の訴訟上の行為に光を当てることによって，証拠の収集・
提出に関する検討を試みてみた。大方のご批判を乞う次第である。

〔付記〕恩師春日偉知郎先生は，このたびめでたく古稀を迎えられた。先生の今後ますます
　　のご健勝とご活躍を心から祈念するとともに，これまでの感謝とお祝いの気持ちを
　　込めて，誠に拙いものではあるが，先生に本稿を捧げさせていただきます。

5　当事者尋問再考

菅 原 郁 夫

I　はじめに ── 問題点の所在

　かつて，敗訴の可能性の高い当事者の不満を和らげるために，当事者尋問が行われる場合があったことが指摘されていた。いわば，言い分を聞き入れる訳にはいかないが，言いたいことは言わせることで不満を和らげる，といったことがその趣旨であろう[1]。集中審理の形態が行き渡った今日の実務において，この目的のみで当事者尋問を申請することはほとんどないと思われる。しかし，反面，こういった考慮を含む意味での当事者尋問は，依然皆無とは言えないようである。事実，近時の実務家の発言の中にも，そういった視点の存在をうかがわせるものがある[2]。

　他方で，2000 年に始まった民事訴訟利用者調査の中で最も明確に示された知見の一つは，尋問経験者の訴訟制度に対する評価が顕著に下がる点であった。

---

[1]　プラクティス研究会「『証人尋問・当事者尋問・鑑定・証拠保全について』の（一）」法の支配 34 巻（1978 年）80 頁以下。たとえば，山本発言では「それは，法的な判断では，たとえば当然こちらが負けるのだとしても，しかし，感情的な面とかいろいろないわゆる当事者の気持ちとして負けることが不公平だという点もあるんですね。だからそういうのはやはり本人に言いたいことを言わせて，『こちらの言うことは全部聞いてもらったけれどもやはり法的にはこうなんだ，裁判だからやむを得ないじゃないか』と，そこまで行きませんと当事者は納得しないんですよね」といった発言がある（83 頁）。また，反省すべき点としてであるが，裁判所の心証のとれた後においても，当事者に満足感を与えるために当事者尋問が行われる場合のあることの指摘として，菊井維大=村松俊夫『全訂民事訴訟法II』（日本評論社，1989 年）696 頁以下参照。

[2]　ジュリスト特別座談会「2016 年民事訴訟利用者調査」論究ジュリスト 28 巻 180 頁（高橋発言）参照。

この知見からすれば，当事者尋問の実施は上記当事者の不満を和らげる効果どころか，むしろ逆効果になっている可能性さえ考えられる[3]。

　本稿では，この相反する指摘をどのよう理解し，本来当事者尋問はどのようにもちいられるべきものなのかに関し，これまでの研究や調査結果を用いより踏み込んだ検討を試みる。以下，初めに，そもそも当事者尋問の不満を和らげる効果が実際存在するのかといった点を，関連する研究成果等を概観することによって明らかにする（Ⅱ）。ついで，当事者尋問が当事者の評価の低下をもたらす原因についてもより踏み込んだ分析を行う（Ⅲ）。その上で，それらの考察から導かれる今後の当事者尋問へのあり方等，実務への示唆を示す（Ⅳ）。

Ⅱ　ガス抜き効果についての研究

1　ガス抜き効果とボイス・イフェクト

　前述の敗訴の可能性の高い当事者の不満を和らげるために当事者尋問を行うことを「ガス抜き」尋問と呼ぶことがある[4]。「ガス抜き」とは，一般に「（比喩的に）組織内に鬱積した不満を解消させること」[5]の意味にとらえられるが，前述の実務家の発言を踏まえ，ここでは，その意義を「敗訴当事者の不満を和らげる」尋問ととらえることにする。まず考えなくてはならないのは，果たして，そのような効果が実際に当事者尋問によって生じうるのかという点であろう。

　この点に関し有益な示唆をもたらすのは，手続的公正に関する社会心理学研究である。この手続的公正研究は，手続の公正さの知覚に関する研究で，人々が公正と感じる手続はどのような手続か，さらに，その公正な手続を経験する

---

(3)　2000年の民事訴訟利用者調査に関しては，菅原郁夫「当事者の関与と訴訟評価」佐藤岩夫＝菅原郁夫＝山本和彦編『利用者からみた民事訴訟 —— 司法制度改革審議会「民事訴訟利用者調査」の2次分析』（日本評論社，2006年）131頁以下，2006年民事訴訟利用者調査に関しては，菅原郁夫「審理への立会いと尋問経験が訴訟過程に与える影響とは」菅原郁夫＝山本和彦＝佐藤岩夫編『利用者が求める民事訴訟の実践 —— 民事訴訟はどのように評価されているか』（日本評論社，2010年）62頁以下参照。

(4)　たとえば，山本和彦「『ガス抜き』尋問の『神話』の崩壊」菅原＝山本＝佐藤・前掲注(3)『利用者が求める民事訴訟』103頁参照。

(5)　電子辞書［広辞苑（第7版）］より。

II　ガス抜き効果についての研究

ことによって，態度や行動にどのような影響が生じるのかといった点を実証的に検証する研究である。哲学的に何が手続の公正さかを定義したり，規範論的に公正な手続とはいかにあるべきかを考えるといった研究ではなく，人々がどのような手続を実際に公正と感じるかに焦点を当てる研究である[6]。この研究は，1970 年代から登場してくるが，当初研究対象としたのは裁判手続であった[7]。その内容は，人々は，裁判の場においても，その受け取る結果（判決等）だけではなくて，その結果を決定するに至る手続に着目し，その手続に対する公正感覚が人々の態度や行動に影響を及ぼしうることを指摘するものであった。具体的には，人々は紛争解決にあたり公正と感じられる手続を選択する傾向があり，さらに，公正と感じられる手続を経験した場合には，不利な結果であっても受け入れる傾向が生じ，裁判制度に対する信頼も維持されるといったことが見いだされている[8]。

　そして，上記ガス抜き尋問の効果との関係で，この研究の中で示された興味深い知見に，「ボイス・イフェクト（Voice effect）」と呼ばれるものがある[9]。これは，たとえ結果に影響を与えることない場合であっても，その結果を受け取る当事者に自らの主張について語らせることによって，当該結果の評価が上るといったものである。まさに実務上指摘されるように，敗訴が明らかな当事者に当事者尋問の場で発言の機会を与えることによって結果に対する不満を和らげることができるといった指摘と重なるものである。この効果は，理論的に

---

(6)　これらの研究の概観をなす文献として，Thibaut, J. & Walker, L., Procedural justice: A psychological analysis, Hillsdale, NJ: Lawrence Erlbaum (1975); Lind, E. A. & Tyler, T. R., The social psychology of procedural justice, New York: Plenum (1988)（同書訳：菅原郁夫=大渕憲一訳『フェアネスと手続きの社会心理学』（ブレーン出版, 1995 年)), Tyler, Tom R. et al., Social justice in a diverse society, Westview Press (1997)（同書訳：大渕憲一=菅原郁夫監訳『多元社会における正義と公正』（ブレーン出版, 2000 年))を参照のこと。

(7)　裁判手続に関する研究の紹介として，菅原郁夫『民事訴訟政策と心理学』（慈学社, 2010 年）25 頁以下参照。

(8)　とくに，この結果に従う傾向が生じる点に関しては，Tyler, T. R., Why people obey the law: Procedural justice, legitimacy, and compliance, New Haven: Yale University Press (1990)を参照のこと。その概要の紹介に関しては，菅原郁夫『民事裁判心理学序説』（信山社, 1998 年）303 頁以下参照。

(9)　価値表出効果（value expressive effect）と呼ばれる場合もある。菅原・前掲注(8)『序説』278 頁参照。

5 当事者尋問再考〔菅原郁夫〕

導き出された指摘というよりも，実験の中で確認されたものであり，現実的な効果といえる[10]。不利な結果は変わらないとしても，自らの立場を言わせることによってその不満を和らげるというガス抜き尋問の効果に関する指摘は，このボイス・イフェクトによるものである可能性が高い。とすれば，その用い方の当否は別としても，ガス抜き尋問の効果はそれなりの根拠を有するものであり，かつての実務家の指摘も根拠のない感覚論ではなく，実験的に検証された根拠のある現象を言い表したものである可能性が高いことになる。

2 ボイス・イフェクトの発生メカニズム

さて，ガス抜き効果がボイス・イフェクトによるものである可能性があるとしても，それが何故，どのような場面において生じるのかに関しては，ボイス・イフェクトが生じるメカニズムについて，さらに踏み込んだ考察が必要であろう。

ボイス・イフェクトが生じるメカニズムの理解の前提として，まずは手続的公正研究の流れの理解が有益であろう。当初の手続的公正研究では，前述のように結果と並んで，あるいはそれ以上に手続が重視されるのは，手続が結果を左右する要素であるからだと考えられていた。より詳しく述べるならば，当事者にとっては結果すなわち裁判でいえば有利な判決を得ることが何より重要なことであるが，裁判では結果の判断自体は第三者である裁判官に委ねられている。そのため，当事者は，有利な結果を自由に得ることはできず，第三者の判断に至る過程をコントロールすることでしか最終的な判断に影響力を行使することができない立場に置かれる。そこで，当事者は，その過程のコントロール権限をより多く自らに留保する手続，具体的には，証拠の提出権限等を当事者に留保する当事者主義型の手続を公正なものと感じ，好むことになると解していた。この解釈は手段主義モデルと呼ばれるが，この考え方では，重要なのはあくまでも結果の点であり，結果に影響を与えない要素が手続評価に影響を及

⑽ 実験に関しては，以下の文献を参照のこと。Musante, L., Gilbert, M., A. & Thibaut, J., The effects of Control on Perceived Fairness of Procedures and Outcome. 19 Journal of Experimental Social Psychology 223 (1983), Tyler, T. R., Rasinski, K., & Spodick, N. The influence of voice on satisfaction with leaders: Exploring the meaning of process control. 48 Journal of Personality and Social Psychology 72 (1985). これらの紹介については，菅原・前掲注(8)『序説』220 頁以下参照。

ぼすことはあり得ないことになる[11]。

　しかし，実際には，こういった視点での検証を重ねるなかで，手段主義モデルの説明とは異なり，手続への参加や発言が結果への影響力ではない場合でも，手続の評価をあげることを示す研究成果がいくつか示されることになった。その結果，当事者は結果ではなく，端的に手続自体に着目していることを指摘する研究が登場してくるようになったのである。前述のボイス・イフェクトいった現象もそのような流れの中で見いだされた知見の一つである。そして，そういった研究成果の蓄積の結果，当事者が最終的に着目しているのは結果のみであるとする解釈が成り立たなくなり，手続自体も関心の対象である点が自覚されるようになってきたのである。そしてさらに，何故手続自体が着目されるかに関しては，当事者は訴訟の結果だけではなく，訴訟の過程を通じて認識される自らの社会的地位にも関心を有し，公正な手続は自らの適切な社会的地位を認識させるが故に好まれ，肯定的に評価されるとの説明がなされることになる[12]。さらに，そういった視点から手続を見るとき，その公正さを感じさせる要素として，判断を下す権威者，裁判でいえば裁判官との人間関係的な要素が重要性であるといった点が見いだされるにいたった。より具体的には，権威者が手続に参加した者の地位を尊重するか，信頼性があるか，中立性があるか，といった要素が重要であることが指摘されることになる。なぜなら，人々は，自分に影響が及ぶ判断を下される過程において，判断を下す者を社会の代表者として見て，その社会の代表者が自分をどのように扱うのかを確認することによって自分の社会的な地位を確認しているのである。そのため，前述の要素に着目し，自らが十分に尊重されていると感じれば，たとえそれが自分にとって不利な結果であっても受け入れ，その判断を下した制度に対する支持を失わない，といった説明がなされることになる。この考え方は，リレーショナル・モデルと呼ばれるが，この理論は，今日の手続的公正研究の主流ともいえる[13]。

---

(11)　この手段主義モデルに関しては，菅原＝大渕訳・前掲注(6)『フェアネスと手続』238頁以下を参照のこと。

(12)　ここでの説明には，何故裁判をすることが自らの社会的地位の確認につながるのか，やや論理の飛躍があるようにも思われる。しかし，訴訟を行うことの目的がそもそも複数であることを示唆する紛争解決の多目的理論をこの解釈に重ね合わせることでその理解は可能となる。その点に関しては，菅原郁夫「法廷における人間の心」加藤雅信＝河合隼雄編『人間の心と法』（有斐閣，2003年）193頁以下を参照のこと。

5 当事者尋問再考〔菅原郁夫〕

さて，それでは，このリレーショナル・モデルに従えば，ボイス・イフェクトが生じるのはどの様な理由によるのであろうか。このモデルによれば，当事者が手続の公正さを感じ，その結果に従うのは，自らが結果に影響力を行使したからではなく，中立で信頼性のある裁判官によって，自分の言い分を述べる機会を与えられ，その立場を尊重されたからだということになる。それ故，自らの立場を述べる機会を与えられたならば，それが勝訴に直結しなくても納得するといったことになるのである。ただ，ここで注意しなくてはならないのは，そこで重視されているのは，発言の情報提示の側面ではなく，あくまでも当事者が裁判官によってその話を聞くべき存在として扱われた，すなわち，その地位や立場を尊重された点にあることである。別な言葉でいえば，発言という行為自体が効果を導くのではなく，その話を聞くべき対象者として扱われ，社会的地位が認められたが故に効果が生じるのである。したがって，発言の機会が与えられても，当事者が自らの立場を尊重してもらったと捉えることが出来なければ，その効果は生じないことも十分にあり得ることになる。

翻って考えてみるならば，かつての実務では，口頭弁論では口頭主義が形骸化し，書面交換のみが行われ，当事者であれ代理人であれ，口頭で自らの主張をなす機会はなく，他方で今日のように集中審理が徹底していない五月雨式の審理であった。口頭弁論で主張の機会が実質ないに等しいが，証拠調べの場ではその代替の場があったといってもよかろう。五月雨式の審理の場合には，事実を認定するというよりも，当事者の話を聞く趣旨での尋問もあり得たのかも知れない[14]。特にかつては，証人や当事者に対する尋問が，主尋問と反対尋問とを別期日に行うといったことも珍しくはなく，そういった状況では，主尋問を受ける当事者にとっては，その期日はまさに弁護士の質問を通じて，自らの言いたいことを言う機会が提供され，裁判官にもそれをしっかり聞いてもらったとの印象をもたらしたとしても不思議ではない。さらにいえば，もはや勝敗の決したという思いや，和解含みの思いを裁判官や相手方も共有している場合

---

(13) リレーショナル・モデルは「集団価値モデル」と呼ばれるものにも近似すするが，これらに関しては次の文献を参照のこと。See, Tyler, T. R. & Lind, E. A., "A relational model of authority in groups," in M. Zanna (Ed.), Advances in experimental social psychology, Vol. 25 (1992), pp.115-191.また，菅原＝大渕訳・前掲注(6)『フェアネスと手続』247頁以下参照。

(14) この点に関しては，プラクティス研究会・前掲注(1)「座談会」82頁（小島発言）参照。

には，反対尋問も過激なものではなかった可能性もありうる[15]。このような点を考えるならば，もちろんすべての当事者尋問がそうであったとはいえないまでも，状況によってはまさにボイス・イフェクトを生じさせるのに十分な環境がもたらされていたことも考えられる。あるいは，事案によっては，無意識のうちにもボイス・イフェクトの生じる環境をあえて作っていたとも言えるのではなかろうか。不利な結果に終わる当事者に，できるだけその結果を受け入れてもらう，あるいは，和解の素地を作る何らかの手法として有効な機能があるならば，尋問の場で行うことの当否には議論はありうるとしても，それを効果的に使うことは実務の一つの知恵であったようにも思われる。

III　民事訴訟利用者調査からの示唆 —— 当事者尋問の副作用

さて，以上の考察からすれば，かつての実務家の指摘のように，当事者尋問にボイス・イフェクトが認められる可能性は十分にあったことになるが，冒頭に述べたように，民事訴訟利用者調査の結果はその予想に全く反するものである。この予想と現実との乖離との背景にはどの様な説明がありうるのであろうか。はじめに，民事訴訟利用者調査の結果を改めて振り返ってみよう[16]。

まず，2000 年の民事訴訟利用者調査の 2 次分析では，「十分に主張ができたか」，「証拠を十分に提出できたか」，「進め方が公正だったか」，「審理が充実していたか」，「結果に満足しているか」，「訴訟制度に満足しているか」といった比較した項目の全てにおいて尋問経験者の評価が，尋問未経験者の評価を下

---

[15]　たとえば，そういった尋問がセレモニー的である点や聞くことよりも言わせることに重点があったとされる点に関しては，プラクティス研究会・前掲注(1)「座談会」82 頁（村松発言，小島発言，倉田発言）参照。

[16]　民事訴訟利用者調査は，2000 年に司法制度改革審議会が実施して以降，調査実施主体を民事訴訟制度研究会に変え，2006 年，2011 年，2016 年と継続して実施されている。ただ，調査票はその都度微修正が施され，回答者の尋問経験の有無を端的に問う質問は2011 年の調査以降削除されている。そのため，本稿では，2000 年と 2006 年の調査結果のみを考察の対象とする。なお，上記審議会の調査結果は，同審議会のホームページ（http://www.kantei.go.jp/jp/sihouseido/tyousa-dex.html　2019 年 4 月 1 日確認）に，その後各調査の結果については，民事訴訟制度研究会『2006 年民事訴訟利用者調査』（商事法務，2007 年），同『2011 年民事訴訟利用者』（商事法務，2012 年），同『2016 年民事訴訟利用者調査』（商事法務，2018 年）を参照こと。

5 当事者尋問再考〔菅原郁夫〕

回っており，尋問経験が訴訟の各側面に対する評価を大きく下げているように見える点が指摘されている。そこでは，当事者にとって尋問経験は手続関与の機会として積極的に受け取られているのではなく，むしろ手続や訴訟制度に対する評価を下げる苦痛な経験として位置づけられているといった指摘がなされている。そしてさらに，そのような評価低下の原因となっているのは，法廷の場での相手方当事者による反対尋問であろうとの推測がなされている。その根拠としては，同じく当事者尋問等を経験した当事者であっても，相手方に弁護士が付いていない場合には，上記の手続評価，結果・制度評価のいずれにおいても評価の低下はそれほど大きくなっていないことが指摘されている[17]。

　さらに，2006年の民事訴訟利用者調査に関しても，同様な観点からの2次分析がなされ，全般にその差はやや少なくなったものの，2000年調査同様，手続過程や手続関与者，さらには結果・制度に関する評価においても尋問経験者の方が，尋問未経験者よりも評価が有意に低くなること，およびその低下が相手方に弁護士がいる場合に著しいことが報告されている[18]。加えて，「自らの主張（裁判の中で，自分の側の立場を十分に主張できたと思いますか）」，「自らの証拠の提出（裁判の中で，自分の側の証拠を十分に提出できたと思いますか）」のいずれの質問に関しても，むしろ尋問経験者の評価の方が低くなっている点が強調されている[19]。この主張や証拠の提示に関する評価を見る限り，これまで指摘されてきた点とは異なり，尋問の経験は，当事者にとってそもそも自らの主張や証拠の提示の場としては認識されていない可能性すら示されているよ

---

(17)　佐藤=菅原=山本・前掲注(3)『利用者からみた民事訴訟』141頁以下。なお，この文献では，当事者が主体的に手続に参加する「能動関与」と，取り調べの対象として手続に強制的に引き込まれる「受動関与」が区別され，当事者尋問は「受動関与」であるが故に否定的な評価がなされる旨の説明がある。菅原・前掲注(7)『民事訴訟政策』217頁以下も参照のこと。

(18)　菅原=山本=佐藤・前掲注(3)『利用者の求める民事訴訟』65頁以下。

(19)　かつての実務家の指摘は，当事者に言いたいことを言わせたることによって不満が和らげられるといった趣旨であろうが，同じように否定的な結果が2000年の調査においても出ていることからすれば，当事者の意識としては，尋問を受けることによっては，言いたいことが言えたとの感覚自体が生じていない可能性すら示されているようにも思われる。その原因としては，法的な観点からの質問と答えが繰り返されても，それは自分の言いたいことを言ったという感覚をもたらさないこと，あるいは，主尋問においてもしばしば生じる「その点はいいから」といった当事者に対する発言制限的な尋問の行使などが考えられる。

うに思われる[20]。

このように，尋問経験者の訴訟制度に対する評価が低くなる点は，2000年および2006年の民事訴訟利用者調査において，最も明確に示された調査結果の1つである。その原因として強く推測されるのは，過度の反対尋問の行使，とくに時として生じる人格攻撃の存在である[21]。その点は，鑑定人尋問に関する改正時の議論をみても容易に推測がつくところである。その立法過程においては，鑑定人尋問が交互尋問の形式で行われること，端的には，鑑定人が反対尋問にさらされることが，専門家が鑑定人になることを敬遠する1つの原因であることが指摘されていた[22]。

また，この点に関わり参考となるは，イギリスにおける証人経験者に対する調査の結果である。同国では，刑事事件に関してではあるが，内務省が証人の満足度に関する調査を行い，過度に技巧的な反対尋問が，証人の満足度と再協力意志を低下させることが示されている[23]。そして，その結果に対しては，不適切な反対尋問の存在が，裁判所から正確な証拠を遠ざけているとの指摘がなされている[24]。日本においても，同様の指摘が当てはまるのではなかろうか[25]。

このような反対尋問の存在が，ボイス・イフェクトの発生メカニズムにどのような影響を及ぼしうるのであろうか。前述のようにボイス・イフェクトが生じるのは，当事者が社会の構成員として裁判官からその立場を尊重されることによるものである。そうであるとしたならば，当事者尋問にその効果を期待す

---

[20]　菅原=山本=佐藤・前掲注(3)『利用者の求める民事訴訟』67頁。

[21]　2000年調査の2次分析関わる座談会において，当事者尋問のプラスの面として，自分の主張，思いのたけを法廷で述べることによって気分的にすっきりするといった点を指摘する反面，反対尋問を受ける苦痛が想像以上のものであり，当事者としては，当事者尋問によってマイナスを補ってあまりあるメリットが感じられないのではないかとの指摘がなされている。座談会「民事裁判利用者実態調査の分析」ジュリスト1250号85頁（加藤発言）参照。

[22]　鑑定人に対し，必要以上に敵対的な反対尋問が行われることを避けることが改正の1つの目的であった点に関しては，小野瀬厚=武智克典編著『一問一答平成15年改正民事訴訟法』（商事法務，2004年）59頁参照。

[23]　Whitehead, E., Witness satisfaction: Findings from the witness satisfaction survey, Home Office Research Study 230, (2000) p. 30ff.

[24]　Henderson, E., Heffer, C. & Kebbell, M., Courtroom Questioning and Discourse, in Oxburgh, G. Myklebust, T., Grant T. & Milne, R., Communication in Investigative and Legal Contexts（2015）pp.181-208, 192.

る場合には，当事者尋問の場が当事者の立場を尊重するようなものではなくはならない。すでに述べたように，かつての当事者尋問は，五月雨式審理の中で，純粋な事実認定というよりもいわばセレモニーとしてなされた面があり，ボイス・イフェクトが生じる環境が整っていた場合も多かったのではないかと思われる。しかし，今日の実務の状況はかつてとはかなり異なる。争点整理手続において争点を明確にし，その定まった争点に関して集中証拠調べを行うのが今日の実務である。尋問はあくまでも事実認定のために必要であるがために行われ，そうであるが故に，実施される場合には，供述の信憑性を吟味すべく，主尋問のあとに連続して，相手側からの厳しい反対尋問が想定されることになろう。さらにいえば，主尋問自体も争点に関連した事項に絞られ，それ以外の当事者の心情や立場について問いかける尋問は必ずしも多くはなくなった可能性がある。そういった状況では，事実認定の結果に影響を及ぼすことがないと思われる当事者の話を，ガス抜きの趣旨で聞くような当事者尋問は許容される余地が少なくなったのではなかろうか。そうであるとしたら，主尋問でも，自分の立場を十分に語れず，かりに一定範囲言いたいことを言えたとしても，すぐさまそれを否定するための反対尋問が引き続くことになろう。そういった意味では，今日の当事者尋問はまさに厳格な事実認定の場であり，そこは当事者が尊重される場というよりも，自らが取り調べの対象とされる場であり，むしろ時には逆に人格を無視した反対尋問にさらされる場であるともいえる。そのような環境においては，同じく発言の機会が与えられた場合であるといっても，ボイス・イフェクトが生じる余地は少ないように思われる。

これらの点を考えると，集中証拠調べの原則が取られる今日の審理では，か

---

(25)　なお，同様の問題は当事者尋問にも当てはまるが，当事者尋問が高い蓋然性で実施されることを考えると，訴訟をしようする者，すなわち，潜在的当事者が，反対尋問を恐れるがゆえに，訴訟を躊躇することも考えられる。そうであるとしたならば，単に正確な証拠が裁判所から遠ざかるだけではなく，国民自体を訴訟から遠ざけているといった懸念も生じてこよう。ちなみに，筆者が2013年に行った全国調査（2013年度文科省科研費研究基盤(C)「民事訴訟の意識調査(経年)」課題番号25380118）によれば，訴訟への入り口ともいえる弁護士へのアクセス契機は72%が親戚や知人の紹介など人的関係に基づいていた。その人的ネットワークの中に尋問経験者がいれば，訴訟利用は抑制される可能性は低くない。むしろ人は知り合いに訴訟をしたことのある人間がいれば，その人にアドバイスを求めよう。そのときに，尋問経験者の「裁判なんかすると，反対尋問で大変なことになる」との一言が訴訟を抑制することは十分にありえよう。

つての実務において当事者尋問の副産物として期待された効果を期待すること
は困難であり，むしろ，今日見つめなくてはならないのは，民事訴訟利用者調
査で示された尋問経験の弊害の方であろう。今やかつてのガス抜き的当事者尋
問の生じる余地はほとんどないにも関わらず，実務家の意識の中にはかつての
イメージが残存し続けているというのが現実なのではなかろうか[26]。

Ⅳ 分析結果からの示唆

さて，以上の分析に基づくならば，今日の実務のあり方を考えるにあたって
は，二つの異なる視点からの示唆があり得るように思われる。一つは，端的に
今日の当事者尋問の現実の機能を考え，どのようにそれを用いるべきかという
観点であり，もう一つは，かつての実務の知恵ともいえるガス抜き尋問のメ
リットを今日の訴訟手続では，どのような場面に期待すべきなのかという点で
ある。

1 当事者尋問の謙抑性

まず，前者の問題から考えることにする。前述のような分析からすれば，今
日の実務においては，単に当事者尋問を実施することで，ガス抜き効果を期待
することは難しく，むしろ弊害の危険性の方が高いといえる[27]。そのため，か
つての指摘に従い，当事者の納得を得る意味や，和解を導くためのといった意
図で安易に当事者尋問を実施することは避けるべきことになろう[28]。さらにい
えば，当事者も最後に話を聞いてもらえなければ納得できないであろうといっ
た発想の当事者尋問も当事者への配慮ではなく，当事者を傷つけることになり

---

[26] 2000年および2006年の民事訴訟利用者調査の2次分析によって尋問効果の弊害が示
されたことに対しては，実務家から一様に驚きの言葉が発せられている。たとえば，前
掲座談会「民事裁判利用者実態調査の分析」86頁（塩谷発言），川端基彦「訴訟手続に
対する利用者評価を高めるものは何か」菅原=山本=佐藤・前掲注(3)『利用者の求める民
事訴訟』101頁など。

[27] 現行民事訴訟では，202条2項により，尋問順序の変更が可能となっている。その変
更可能な範囲に関しては，議論のあるところもあるが，この規定を柔軟に用い，とくに
両当事者が異議をとなえない範囲では，裁判官による尋問の先行などにより，ボイス・
イフェクトを導く可能性は残っていよう。

123

得る点を意識すべきである[29]。もちろん，そういった当事者尋問のネガティヴな側面は，常に生じるわけではなく，事案やさらには当事者によってもその程度は異なりうるものであろう。また，当事者への説得という意味でも当事者尋問が必要と解される場面があることも否定しえまい[30]。しかし，本稿で示した2回の民事訴訟利用者調査の結果からすれば，その弊害は決して侮れるものではなかろう。そうであるとすると，まずは，安易な当事者尋問はできるだけさけ，事実認定のために真に必要な場合にのみ，それを実施するという謙抑的な姿勢が望ましいといえよう[31]。その意味で，当事者尋問を申請するにあたっては，事実認定上，真にその当事者尋問が必要か，何の目的でそれを行うのかといった点に関する再吟味が必要といえよう[32]。

2 かつてのガス抜き的当事者尋問に変わるものはあるのか

次に，かつての実務が，訴訟過程において，当事者の納得を導いたり，和解の機運を醸し出したりするために当事者尋問を用いた面があり，当時の実務の

---

[28] 筆書はかつて，今日ほど集中審理が原則化していないことを前提に，当事者尋問の先行の必要性を説いた。これは，口頭弁論の口頭主義が形骸化していることから，当事者尋問が実質当事者の口頭での主張の機会になることに着目しての提言であった。当事者の口頭での主張の重要性に関しては，今日もそれを否定するものではないが，それを当事者尋問の形で行う場合には反対尋問による攻撃があることをあまり意識しない提言であった。これまでの民事訴訟利用者調査の結果を踏まえ，本稿は，従来の説を修正するものである。従来に考えについては，菅原・前掲注(8)『序説』253頁以下を参照のこと。

[29] この点，そもそも当事者は自らに有利な事柄ばかりを述べるのではなく，不利な点に関する尋問も甘受すべきであるし，そうすることによって初めて自らの主張が維持できることを自覚すべきとの考え方もあり得よう。そういった指摘としては，佐藤=菅原=山本・前掲注(3)『利用者からみた民事訴訟』146頁以下（加藤コメント）。この指摘はまさにその通りであり，適切な指摘である。しかし，本稿での主張は，当事者に不利な質問を控えるべきである，といったことではなく，元来不愉快さを伴う体験を，安易に愉快なものと考え，当事者に体験させていなかったか，という当事者尋問を実施する側の意識の問題である。また，さらにいえば，報告の末尾で述べるように，そもそも過度に対立的な反対尋問で当事者に不愉快な体験をさせる必要があるのかといった問題でもある。

[30] 近藤昌昭「手続の主役は誰か」菅原=山本=佐藤・前掲注(3)『利用者の求める民事訴訟』99頁が，裁判官の立場として，「敗訴する当事者に尋問の機会を与えて，反対尋問の中で当事者の主張ないし供述が採用できないことを明らかにして，それを判決理由中にも明示することの必要性も否定できないし，尋問後に裁判所から心証を開示して和解によって解決するケースもある」といった指摘もなされている。

状況ではそれが期待通りに効果をもたらしていた可能性があった。そうである
としたならば，それを当事者尋問に期待することが難しいとしても，そういっ
た配慮自体が今日の実務のおいて不要になったのであろうか。おそらくは，そ
の点は今日においても必要とされているのではなかろうか。当事者尋問の弊害
が明らかなったときに示された実務家の驚きは，いまだにかつて指摘された肯
定的な効果を当事者尋問に期待していたことの裏返しともいえよう。そうだと
すれば，当事者尋問では難しいとしても，今日そういった配慮を示すべき場面
は他にないのかといったことを検討してみる必要があるように思われる。

　その意味で注目すべきなのは，本来的に当事者の主張の場である弁論や争点
整理段階の方であろう。かつては形骸化した口頭主義も一定範囲で復活してい
るとしたならば，その意義を新たなに確認し，ここに当事者を積極的に参加さ

---

(31)　現行の民事訴訟法は，旧民事訴訟法 336 条の「裁判所カ証拠調ニ依リテ心証ヲ得ルコ
　　ト能ハサルトキ」という当事者尋問の補充性に関する文言を削除し，従前議論のあった
　　当事者尋問の補充性に修正を加えた。このことと，前述の当事者尋問の謙抑性との関係
　　に関し，若干言及しておく。
　　　現行民事訴訟法が，上記の当事者尋問の補充性に関する文言を削除した理由は，それ
　　まで，当事者尋問の補充性の根拠の一つとされていた信憑性の低さについての指摘が必
　　ずしも当てはまらないことによるものであるとの説明がなされている。本稿の立場で
　　も，その点に異論はない。とくに，本稿も信憑性に着目して，当事者尋問の補充性を復
　　活すべきとの立場を取るものではない。むしろ，事実認定上，真に必要であれば証人，
　　当事者尋問の区別なく，必要な証拠調べを実施すべきという点では改正の趣旨に賛成す
　　るものである。その上で，本稿の立場としては，当事者尋問の早期実施による情報収集
　　やガス抜きといった趣旨からの当事者尋問の実施があるとしたならば，それは控えるべ
　　きであることを指摘するものである。加えて，本稿が指摘するのは，ガス抜き的といわ
　　ないまでも，やはり本人からの話を聞かなくてはといった意識からの当事者尋問の実施
　　は副作用の方が大きい点を指摘するものである。
(32)　また，かつては当事者が多くの情報を有するが故に，初めに当事者尋問を実施すると
　　いった指摘もあった。このやり方も，本来それは争点整理段階で十分な主張交換をなし，
　　争点をあぶり出した上で集中証拠調べに望むといった本来の審理のあり方からすれば，
　　やはり避けるべき当事者尋問の姿といえよう。こういった点に関しては，現行法で集中
　　審理が徹底し，その前提として十分な争点整理が実施されれば，当事者からの情報収集
　　と必要性は低下するであろうとの見込みもすでになされていたところである。福永有利
　　「証人尋問と当事者尋問の改革」松本博之＝宮崎公夫『講座　新民事訴訟法 II』（弘文堂，
　　1999 年）236 頁，竹下守夫＝青山善充＝伊藤眞編『研究会新民事訴訟法』（有斐閣，1999 年）
　　268 頁（竹下発言）。なお，旧法下での当事者尋問の補充性に関する批判に関しては，
　　中野貞一郎「当事者尋問の補充性」同『民事手続の諸問題』（判例タイムズ社，1989 年）
　　188 頁以下参照。

5 当事者尋問再考〔菅原郁夫〕

せ，発言の機会を設けるといった工夫をすべきであろう。それによって，当事者は反対尋問のような直接的な攻撃に遭うことなく，自らの立場を語ることができよう。その際，留意すべき点は，前述のリレーショナル・モデルによれば，重要なのは当事者に語らせるといった行為自体が無条件に納得を導くのではなく，むしろ当事者に話の機会を与えることによって社会的権威者すなわち裁判官から示される当事者の立場への配慮が効果を導く点である。

　実際，2006年調査の2次分析において，尋問を経験した当事者であっても，裁判官が問題をよく理解していると感じた場合には，手続の公正さの評価は，尋問未経験であるが裁判官が問題をよく理解しているとは感じなかった当事者よりも遙かに高くなっていることが示されている。そして，とくにこの点に関しては，「手続の公正さの評価にあたって，尋問経験のもつネガティヴな影響力は避け得ないとしても，当事者が裁判官は問題を十分に理解していると感じた場合にはその影響力を最小限にとどめることができるし，逆に，当事者が裁判官は問題を十分に理解していないと感じた場合には，尋問経験のネガティヴな影響力はかなり大きなものになり，手続の公正さの評価はかなり低いものになる」といった指摘がなされている。また同様に，当事者が尋問を経験した場合であっても，裁判官の中立性を感じることによって，裁判官への評価は尋問未経験で中立性を十分に感じることができなかった当事者よりも高いことが示されている。同様の効果は，「十分な準備（その裁判官は，あなたの事件の審理のために十分な準備をしていたと思いますか）」「信頼性（その裁判官は信頼できる人物だと思いましたか）」への評価を高めることによっても得ることができるであろうことなども示されている。これらの結果は，上記各質問が裁判官からの当事者への尊重意志を示す要素であると解してみれば，前述のリレーショナル・モデルに基づく解釈と整合的なものといえる。その意味では，当事者に現実に発言させるかどうかにのみ拘泥することなく，リレーショナル・モデルの考え方に従い，いかなる形で当事者の立場への尊重を示すことができるかを考えるべきであろう。

　一言で，争点整理段階への当事者の参加といっても，どのような形態が可能であり，また望ましいかは今後さらに検討する必要があろう[33]。しかし，忘れるべきではないのは，かつてのガス抜き的当事者尋問が単なる幻想ではなく，現実の効果を持った可能性があったことである。そして，その実務感覚を通じ

て自覚される至った効果を，今日の実務においても失うべきではなかろうという点である。その意味で，今一度争点整理のあり方を考え，可能な限り当事者の立場への配慮を示すような形での参加の可能性を模索してもよいのではなかろうか[34]。

V　最　後　に

　最後に，本稿の考察を通じ，筆者が感じたことをとりまとめる。

　まず，本稿の直接の目的は，当事者尋問のあり方を考えることである。その点に関しては，五月雨式審理における当事者尋問の機能と集中審理が原則化した今日のそれとは異なるものがあり，かつての当事者尋問において期待されたガス抜き機能のようなものは，今日の当事者尋問には期待できず，むしろ厳しい反対尋問にさらされることによる弊害に注意すべきだ，ということになる。これが本稿の一つの結論である。

　しかし，この結論を超えてさらに指摘しなくてはならないことがあるように思う。上記の考察の過程では，かつての実務において，当事者尋問には事実認定機能以外の機能が期待されていたことが示された。すなわち，当事者を納得させ，和解の素地を作るといった機能である。こういった機能は，訴訟による紛争の解決ということを考えた場合，決して無視しえない観点である。それによって，控訴や強制執行の割合を下げる可能性があるともいえる。その意味では，それを今日の当事者尋問に期待することはできないとしても，そのこと自体は否定されるべきものではなかろう。そして，こういった指摘の背後には，

---

(33)　ただし，争点整理が法律要件に従った対立点の整理であることを考えれば，当事者の述べたいことと争点整理の論点とが重なるとは限らない。ことの本質は，訴訟が日常生活の一部のみを法的観点で切り取ることにあるともいえる。具体的にいかなる対応があり得るかはさらなる検討が必要であろう。この点に関し，総合的な検討の必要性を示唆するものとして，山本・前掲注(4)「『ガス抜き』尋問」103 頁以下参照。

(34)　筆者は，2011 年の民事訴訟利用者調査の 2 次分析において，制度の満足度には，結果の有利不利よりも裁判官の評価が大きな影響を及ぼし，その裁判官の評価には，傾聴や価値観理解といった非法律的な要素も影響することを見いだした。そういった視点からも，この争点整理段階での当事者への発言機会の提供は重要な要素のように思われる。この点に関しては，菅原郁夫「利用者調査の結果から示唆されるもの」NBL1002 号（2013年）11 頁以下参照。

5 当事者尋問再考〔菅原郁夫〕

視点を変えるならば，敗訴者への配慮あるいは優しさのようなものが存在していたともいえる[35]。それに対し，今日の訴訟は，集中化され効率的な運営を目指してきた。その方向に突き進むことで，かつては存在した配慮あるいは優しさのようなものが，少なくとも当事者尋問の場面では切り捨てられてしまったともいえる。しかし，それが正しい方向であろうか。確かに，訴訟に要する時間が長すぎることが訴訟を人々から遠ざけてきたのは事実であろう[36]。その意味では，訴訟の迅速化は克服すべき重要な課題である。だが，迅速化だけが求められる点であろうか。民事訴訟利用者調査の結果に従えば，制度の満足度には審理時間の長短の要素が影響を及ぼさない点は繰り返し確認されてきた点である[37]。その点も考えるならば，今一度かつてのように当事者の立場を考える優しい民事訴訟の視点も思い出す必要もあるのではなかろうか。もちろんそれは，かつてのような五月雨式の審理に戻れということはない。集中し効率化を図る中でも，当事者への一定の配慮をなす要素はないのか今一度考えてみる必要性もあるのではという問いかけである。本稿ではその点に深く立ち入ることはできないが，前述のように争点整理手続への当事者の積極的参加に加え，さらに進んで，刑事訴訟における被害者の意見陳述制度のような当事者弁論権といったものも，将来的には一考に値するように思われる[38]。かつての議論を振り返る中で，当事者尋問のあり方の再考は，集中化，効率化とは異なる審理要素の重要性を示唆しているようにも思われる。

---

[35] なお，ここでいう敗訴当事者への配慮とは，損害賠償額を減じるといった，結果の点における譲歩あるいは妥協を意味するものではない。結果ではなく，敗訴者すなわち結果的に自らの言い分が認められない者であっても，その言い分自体はきちんと話させ，きちんと聞くといった配慮である。当事者の言いたいことは，法律要件に関わらない場合も少なくない。それでも，一人の人間として言いたいことを述べてもらうというのが，かつてのガス抜き尋問であったように思う。その配慮が今日においても必要であり，それが結果的に結果の受け入れもたらし，制度への支持を維持するといった効果をもつ，というのが本稿の指摘である。

[36] 民事訴訟制度研究会・前掲注(16)「2006 年調査」37 頁以下，同・前掲注(16)「2011 年調査」70 頁以下，同・前掲注(16)「2016 年調査」86 頁以下参照。また，2000 年の調査，2006 年調査の 2 次分析として，これらの点を扱うものとして，それぞれ，藤田政博「訴訟利用にともなう費用と時間」佐藤=菅原=山本・前掲注(8)『利用者からみた民事訴訟』105 頁以下，同「訴訟をためらう原因は何か」菅原=山本=佐藤・前掲注(8)『利用者の求める民事訴訟』74 頁以下参照。

[37] たとえば，菅原・前掲注(34)「利用者調査の結果」12 頁参照。

　　　　　　　　　　　　　　　　　　　　　　　　Ⅴ　最　後　に

　さらに，もう一つ再考を要する点を付け加えたい。それは，反対尋問のあり
方である。今日，反対尋問権の保障は適正な事実認定のためには不可欠なもの
と解されている。その点に異論を唱える必要はない。問題なのは，その実施形
態であり，分かりにくさや過度に攻撃的である点であろう。そして，それが，
むしろ真実発見の障害になったり，人々を訴訟から遠ざけている可能性すらあ
るとしたら，民事訴訟制度の根幹に関わる問題ともいえる。翻り考えるならば，
事実認定の場は，正確な事実の認定の場であり，証人や当事者の糾弾が目的の
場ではない。きちんと事実が認定できるのであれば，過度に敵対的であったり，
攻撃的であったりする必要は理論的には存在しない。とすれば，今後目指さな
くてはならないのは，事実認定の目的にかなった適正な範囲内での反対尋問権
の行使であり，非対立的な反対尋問といったものを考える余地も十分にあり得
るように思われる[39]。それが確立されれば，現状において当選者尋問を実施す

------

[38]　この点に言及するものとして，山本・前掲注(4)「『ガス抜き』尋問」103頁参照。また，
　　米国において手続的公正研究の成果に基づき，民事訴訟においても被害者の意見陳述制
　　度のような当事者の言葉による主張の場の必要性を指摘するもとして，以下の文献があ
　　る。Nourit Zimerman and Tom R. Tyler, Between Access to Counsel and Access to
　　Justice: A Psychological Perspective, 37 Fordham Urb. L.J. 473 (2010), 506.

[39]　筆書は，別稿において，証言心理学の成果にもとづき，証人は「正直な証人」と「嘘
　　つきの証人」のほかに無意識のうちの記憶の変容などによる「勘違いをしている証人」
　　がいることを指摘した。そして，この「勘違いをしている証人」は虚偽を述べている意
　　識がないことから，反対尋問は効果的に機能しない面があることも指摘した。そこから，
　　反対尋問でなすべきことは，正直か，嘘つきかを明らかにすることではなく，端的に証
　　言の正確性の吟味をなすことであることを主張した。そのために参考となるのは，アメ
　　リカの法曹の継続教育機関の National Institute for Trial Advocacy の法廷弁論講習にお
　　いて取られる手法である。そこでは，尋問においては「事実についての証言」と「その
　　評価」を区別し，反対尋問において行うべきは，「事実についての証言」の引き出しで，
　　「その評価」の部分は証人や当事者の口から語らせる必要はなく，最終弁論等で弁護士
　　が指摘するべきであるとされる。こういった技法は，McCormick on Evidence § 7. が，
　　証人に議論にわたる質問（Argumentative question）が禁止されるのは，弁護士には自
　　分の意見を述べる場として，最終陳述があるからだと説明される点とも整合する。その
　　ほかにも，反対尋問の過度の攻撃性を抑制するアプローチは，いわゆる弾劾尋問におい
　　て，嘘をいっているもの対しても，決定的な反証がある場合，とくに証人に嘘を認めさ
　　せる必要はなく，信憑性の高い証拠との離齬を示せば，それで十分とする，いわゆる
　　3C と呼ばれる手法にも示されている。それによれば，まずは過去に自らが述べたこと
　　を確認し（commitment），ついでより信憑性の高い証拠の存在ついて認めさせ（credi-
　　bility），最後に内容をつきあわせる（confrontation）といった手法がよいとされる。そ

129

5 当事者尋問再考〔菅原郁夫〕

る場合にも，その弊害を一定程度和らげることができ，さらには，かつての実務家が指摘していた当事者尋問の積極的効果が再生する場面もあるのかも知れない。この反対尋問のあり方についても，当事者に優しい民事訴訟という観点からの見直しが必要なように思われる。

〔付記〕春日偉知郎先生には，筆者がまだ駆け出しの研究者であったころ編集の機会をいただいた現代のエスプリ 350 号「目撃者の証言」にご寄稿をお願いしたところ，ご快諾をいただき，「ドイツにおける証言心理学研究の歴史」という極めてインフォーマティブなご論考をご寄稿いただきました。以降折に触れてご指導をいただき，今日に至っています。このたび，先生の古稀をお祝い申し上げると同時に，今後の益々のご健勝をお祈り申し上げます。
　本稿は，一般財団法人司法協会平成 29 年度研究助成および早稲田大学特定課題研究助成費(課題番号 2018K 050)の成果の一部である。

して，加えて重要なのは，その後は，run away であり，それ以上深入りをしないことだとされる。矛盾点を端的に指摘すれば，嘘を証人に認めさせる必要ないとされているのである。
　こういった非対立的反対尋問のアプローチが，当事者対立構造が徹底しているアメリカにおいても取られている点は注目すべきところである。筆者は，非対立的反対尋問の範囲を広げることで，証人への人格攻撃を抑制することができると考える。なお，上記の弾劾尋問の手法については，スティーヴン・ルベット著（菅原郁夫=岡田悦典=小田敬美訳）『現代アメリカ法廷技法』（慈学社，2010 年）133 頁以下参照，証言心理学の知見をもとした反対尋問のあり方に関しては，B.L.カトラー著（浅井千絵=菅原郁夫共訳）『目撃証人への反対尋問：証言心理学からのアプローチ』（北大路書房，2007 年）を，また筆者の反対尋問のあり方に関する提言に関しては，菅原郁夫「事実認定と心理学 ── 証人尋問制度の再構成」民事訴訟雑誌 63 巻（2017 年）177 頁以下を参照のこと。

6 調査嘱託に対する回答拒絶と不法行為の成否

中 島 弘 雅

I　は じ め に

　民事訴訟法 186 条は，裁判所が，必要な調査のために，官庁もしくは公署，外国の官庁もしくは公署または学校，商工会議所，取引所その他の団体に対して，情報の提供を求めることができると定めている。これらの団体からその保有する情報を得るためには，担当者や関係者の証人尋問や鑑定等を行うことも考えられる。しかし，それらの団体の手許にある資料から容易に結果を得られる場合に，裁判所が，証人尋問や鑑定等に代えて，より迅速・確実な方法で必要な情報を得られるようにしたのが，調査嘱託制度である。このように調査嘱託は，証拠資料の簡易かつ特殊な収集方法であるといえる。しかるに，裁判所が訴訟事件の処理のために必要と認めて，調査嘱託をしたにもかかわらず嘱託先が回答を拒絶してくる場合がある。この場合に，調査嘱託申立人たる訴訟当事者が，嘱託先に対して不法行為に基づき損害賠償請求できるか否かという点が，近時，議論されている。

　この調査嘱託と事実上同様の目的で利用できる制度として，各単位弁護士会の行う弁護士会照会がある（弁護士法 23 条の 2）。この弁護士会照会に対する照会についても，その回答拒絶が不法行為となるか否かが，同様に議論されているが，周知のように，近時，[1]最（3 小）判平成 28・10・18 民集 70 巻 7 号 1725 頁[1]は，少なくとも弁護士会照会をした単位弁護士会に対する不法行為について，その成立を否定した。しかし，仮に単位弁護士会に対する不法行為が成立しないとしても，弁護士会照会を申し出た訴訟当事者に対して不法行為が成立し得るか否かは別問題であり，[1]判決は，訴訟当事者に対する不法行為

6 調査嘱託に対する回答拒絶と不法行為の成否〔中島弘雅〕

の成立まで否定したものではない。

本稿は，かかる問題状況の下で，裁判所からの調査嘱託に対して嘱託先が回答拒絶をした場合に，その行為が調査嘱託申立人たる訴訟当事者に対する不法行為を構成する場合があるか否かという点について，若干の検討を行うことを目的としている。ただ，その前提として，以下の検討に必要な限りで，調査嘱託とはどのような制度なのかを，その沿革も含めて確認しておく。

II 調査嘱託制度の概要

1 調査嘱託制度の趣旨

平成 8（1996）年に成立した現行民事訴訟法〔以下，現行民訴法ということがある〕186 条は，大正 15（1926）年成立の旧民事訴訟法〔以下，旧民訴法ということがある〕262 条（「裁判所ハ必要ナル調査ヲ官庁若ハ公署，外国ノ官庁若ハ公署又ハ学校，商業会議所，取引所其ノ他ノ団体ニ嘱託スルコトヲ得」との規定）をそのまま引き継いだものであり，証人尋問，当事者尋問，鑑定，書証，検証という他の 5 つの証拠方法とは独立した簡易かつ特殊な証拠調べの方法として，公私の団体に対して調査を嘱託するという方法を認めたものである[2]。調査嘱託は，旧民訴法では，裁判長が行う旨が定められていたが（旧民訴 130 条 2 項），現行民訴法下では，裁判所の決定に基づいて裁判所書記官が行うことになっている（民訴規 31 条 2 項）。

---

[1] [1]判決の解説ないし評釈として，斎藤毅・ジュリスト 1504 号（2017 年）100 頁，同『最高裁判例解説民事篇平成 28 年度（下）』2417 頁，伊藤眞・金法 2053 号（2017 年）1頁，井上聡・金判 1505 号（2017 年）1 頁，川嶋四郎・法学セミナー 751 号（2017 年）129 頁，酒井一・法学教室 437 号（2017 年）145 頁，吉岡伸一・銀法 809 号（2017 年）23 頁，加藤新太郎・NBL1089 号（2017 年）86 頁，同・平成 28 年度重要判例解説（ジュリスト 1505 号）（2018 年）81 頁，鈴木健之・金法 2057 号（2017 年）50 頁，中務正裕・金法 2067 号（2017 年）39 頁，安西明子・新判例解説 Watch（法学セミナー増刊）20号（2017 年）189 頁，栗田隆・関西大学法学論集 67 巻 3 号（2017 年）101 頁，栗田昌裕・民商法雑誌 153 巻 4 号（2017 年）555 頁，高橋眞・現代消費者法 35 号（2017 年）68 頁，我妻学・私法判例のマークス 55 号（2017 年）46 頁，同・金判 1538 号（2017 年）8 頁，笠井正俊・金法 2073 号（2017 年）74 頁，工藤敏隆・法学研究 90 巻 10 号（2017 年）109 頁などがある。

2 調査嘱託制度の沿革

(1) 現行民訴法186条の前身である旧民訴法262条の沿革については，(a)明治23年制定の旧々民事訴訟法〔以下，明治民訴法ということがある〕219条をもって旧民訴法262条の前身とする見解[3]と，(b)明治民訴法219条は，大正15年改正によって削除されたのであり，旧民訴法262条は，大正15年改正により新設された規定であるとする見解[4]とが対立している。

(a)説は，明治民訴法219条は，「地方慣習法，商慣習及ヒ規約又ハ外国法ノ現行法ハ之ヲ証ス可シ裁判所ハ当事者カ其ノ証明ヲ為スト否トニ拘ハラス職権ヲ以テ必要ナル取調ヲ為スコトヲ得」と規定していた[5]のに対し，旧民訴法262条は，その調査対象につき，地方慣習法，外国法等の限定をすべて廃止して，単に「必要ナル調査」と改め，被嘱託者の範囲を，官庁，外国の官庁，公署，学校，商工会議所，取引所その他の団体と非常に広くその範囲を拡張している点で，明治民訴法219条を修正した形をとっているが，実質的には相当部分について明治民訴法262条の規定を拡張したものであるとする。そして，旧民訴法の立法理由書が，同法262条は当事者の申し出た証拠によって心証を得ることができない場合その他必要があると認める場合に，裁判所が職権をもって証拠調べをなすことができることを規定したものであり，その趣旨・判断の適正を期そうとするときに，民事訴訟の取調べについて職権主義を加味した場

---

(2) 谷口安平=福永有利編『注釈民事訴訟法(6)』（有斐閣，1995年）170頁［矢吹徹雄］，新堂幸司『新民事訴訟法（第5版）』（弘文堂，2011年）390頁，小海隆則「調査嘱託／証拠法上の位置付け」門口正人編集代表『民事証拠法大系(5)』（青林書院，2005年）135-137頁，杉山悦子『専門家の責任』（有斐閣，2007年）324-325頁，兼子一原著・松浦馨ほか『条解民事訴訟法（第2版）』（弘文堂，2011年）1068頁［松浦馨=加藤新太郎］，笠井正俊=越山和広編『新・コンメンタール民事訴訟法（第2版）』（日本評論社，2013年）782［山田文］，松本博之=上野泰男『民事訴訟法（第8版）』（弘文堂，2015年）475-476頁［松本博之］，菊井維大=村松俊夫原著・秋山幹男ほか『コンメンタール民事訴訟法IV』（日本評論社，2019年）121頁，加藤新太郎=松下淳一編『新基本法コンメンタール民事訴訟法1』（日本評論社，2018年）29頁［福本知行］，中野貞一郎=松浦馨=鈴木正裕編『新民事訴訟法講義（第3版）』（有斐閣，2018年）379頁［春日偉知郎］，伊藤眞『民事訴訟法（第6版）』（有斐閣，2018年）388頁注(275)など。

(3) 村松俊夫「判例評釈」民商法雑誌63巻5号（1971年）768頁。

(4) 納谷広美「判例評釈」法学協会雑誌88巻9・10号（1971年）890頁。

(5) 村松・前掲注(3)768頁は，この明治民訴法219条に該当するのは，ドイツ旧民訴法293条であるとされる（同旨，宮下明弘「判例批評」法学研究44巻7号(1971年)129

6 調査嘱託に対する回答拒絶と不法行為の成否〔中島弘雅〕

合の１つであると説明している[6]のは，この改正の趣旨を端的に説明したものであるとされる。また，旧民訴法262条がこのように調査嘱託の対象事項と被嘱託者の範囲を広く拡張した理由は必ずしもはっきりしないが，旧民訴法の改正に深く関与した長島毅，森田豊次郎両氏が，共同執筆の旧民訴法の注釈書において，旧民訴法262条の趣旨につき，たとえば，従来は，ある銀行の資産状況を知ろうとするような場合には，大蔵省〔当時〕の当該官吏を証人として尋問するのが一般的であるが，当該官吏は結局のところ大蔵省における調査材料によって陳述をなすものに過ぎず，しかも，当該官吏が類似の事件についてたびたび証人として呼出しを受けると，公務の妨げとなることが多いと思われるところ，かかる場合に，当該事項につき大蔵省に調査の結果について報告を求めることができるのは便宜である旨を述べている[7]ことからも，旧民訴法262条が調査嘱託の対象事項と被嘱託者の範囲を拡張する趣旨であることが伺えるとする[8]。

(2) これに対し，(b)説は，明治民訴法219条は，旧民訴法の改正の審議の過程で，当事者が外国法等を立証しなければならないことは明らかであるとの理由で削除されたのであり，旧民訴法262条への承継（または関連）にはまっ

頁）。同条は，「外国法，慣習法および規約は，それらが裁判所に知られない限りにおいてのみ証明を必要とする。これらの法規を調査するにあたり，裁判所は，当事者の提出した証明に制限されない。裁判所は，その他の調査方法を使用して，かつ，その使用のために必要な事項を命令する権限を有する。」という規定であった。これに対し，高田昌宏教授は，わが国の調査嘱託にあたるドイツの制度は，「公の報告の取寄せ（Einholung der amtlichen Auskünfte）」制度であるとされる（高田昌宏『自由証明の研究』（有斐閣，2008年）155頁）。もっとも，わが国の民事訴訟法に大きな影響を与えた1877年ドイツ民事訴訟法典の発布当時，同法典には「公の報告」という述語自体はなく，この言葉が法文に現れるのは，1909年の法改正によってである（同改正民訴501条）。ドイツ現行民事訴訟法は，「公の報告の取寄せ」制度につき，以下のような規定を置いている。すなわち，同法273条2項2号は，口頭弁論の準備のために，裁判長または裁判長が指定した受訴裁判所の構成員は，官庁または公務員に対し，文書の提出または職務上の情報の提供を求めることができる旨を定めるとともに，358条aは，裁判所が，口頭弁論前に官署の報告の取寄せを命じる証拠決定と，その決定の実施をなすことができる旨を定めている。ドイツの「公の報告の取寄せ」制度については，高田・前掲159頁以下が詳しい。

(6) 司法省編『民事訴訟法中改正法律案理由書』（清水書店，1926年）141頁。

(7) 長島毅=森田豊次郎『改正民事訴訟法解釈』（清水書店，1930年）312-313頁。

(8) 以上につき，村松・前掲注(3)768頁。

Ⅱ 調査嘱託制度の概要

たく言及されていないという。そうすると，なぜ旧民訴法に262条があるのか
が問題となるが，同条は，以下の経緯を辿って新たに設けられた規定であると
いう。すなわち，もともと旧民訴法262条に当たる規定は，旧民訴法の改正草
案の段階では存在しなかった。しかし，民事訴訟法改正調査委員会の審議の過
程で，旧刑事訴訟法230条（「裁判所ハ官署又ハ公署ニ鑑定ヲ嘱託スルコトヲ得」
との規定）のような規定を民事訴訟法にも置く必要があるのではないかという
点が再び議論されるに至ったということもあって⁽⁹⁾，最終的に，民事訴訟法に
おいても官庁や公署に鑑定を嘱託する必要があることに加え，その他の法人で
あって完全な組織を有するものに対しても鑑定を嘱託することができる旨の規
定を置くことが必要ではないかという見解が有力となり⁽¹⁰⁾，旧民訴法262条に，
「裁判所ハ必要ナル調査ヲ官庁若ハ公署，外国ノ官庁若ハ公署又ハ学校，商業
会議所，取引所其ノ他ノ団体ニ嘱託スルコトヲ得」との規定が置かれるに至っ
たと，旧民訴法262条が新設された経緯を説明する。そして，かかる立法経過
を踏まえると，旧民訴法262条は，証人，鑑定人，当事者本人，検証物，文書
の証拠方法およびこれらの証拠調べとは別個に，独立した簡易な証拠資料獲得
の方法を規定したものと理解すべきであって，同条は，証拠方法の範囲を官公
署以外の被嘱託団体まで広げるとともに，その証拠調べの方法として裁判所に
よる「調査嘱託」という行為を規定したものであるという⁽¹¹⁾。

(3) いずれの見解を妥当と解すべきかについて，即断は避けるべきであるが，
少なくとも明治民訴法219条と旧民訴法262条・現行民訴法186条との文言の
相違や，旧民訴法の改正検討委員会における審議過程，そして何よりも現行民
訴法が要証事実の立証につき弁論主義（当事者主義）を基調としているという
点を考慮すると，調査嘱託の沿革については(b)説の説明の方が説得的である
ように思われる。ただ，沿革につき仮に(a)説に立つと，裁判所としては，官
公署だけでなく民間の一般会社に対しても，必要に応じて職権で調査嘱託を行
うことができ，他方，被嘱託団体としては，調査の結果を報告する義務を負い，

⑼　民事訴訟法改正調査委員会における審議の様子につき，松本博之ほか編『日本立法資
　　料12　民事訴訟法(3)〔大正改正編〕』（信山社，1993年）314-317頁参照。

⑽　この点については，松本博之ほか編『日本立法資料13　民事訴訟法(4)〔大正改正編〕』
　　（信山社，1993年）507頁，同編『日本立法資料14　民事訴訟法(5)〔大正改正編〕』（信
　　山社，1993年）330-331頁参照。

⑾　以上につき，納谷・前掲注(4)890-891頁。

正当な理由がない限り，これを拒むことはできないとの解釈や，調査嘱託では，厳格な証明ではなく，自由な証明で足りるとの解釈に結びつきやすいように思われる[12]。

これに対し，(b)説に立つと，条文の文言上，職権による調査嘱託も許容されると解し得る規定であるとはいえ，弁論主義を基調とする現行民事訴訟制度の下では，調査嘱託により立証すべき事項としては，当該係争事項につき被嘱託者の主観により差異が生ずる余地の少ない事項（他の証拠によっても同一の結論が出ることにつき蓋然性の高い事項）で，しかも被嘱託者の手持ちの資料により簡易に結論づけ得る事項（特別な実験・研究等を要するまでもない事項。たとえば，(イ)外国法規，慣習法，地方自治体の法規，当事者の所属するまたは関係する団体の自主立法等の法規，(ロ)経験則，(ハ)慣習・慣行，一定の日時における気象情報（降雨量・風速・天気等），市場性をもつ商品の一定の日時・場所における取引価格等）等，係争当事者の言動に左右されにくい事実）に限定すべきであるとの解釈[13]や，証人尋問，当事者尋問，鑑定，書証，検証といった５つの証拠調べ方法と比べ，調査嘱託は簡易かつ特殊な証拠調べ方法であるとはいえ，民訴法の認める第６の証拠調べ方法である以上，調査嘱託においても，自由な証明ではなく，厳格な証明が必要であるとの解釈[14]に結びつきやすいといえようか。

3 調査の嘱託
(1) 嘱託の申立てと職権による調査嘱託

調査の嘱託は，当事者の申立てまたは裁判所の職権により行う。現行民訴法186条や旧民訴法262条の文言や調査嘱託制度の沿革を前提にすると，職権による調査嘱託は可能と解される。しかし，弁論主義を基調とする現在の民事訴訟制度の下では，当事者間に争いのある要証事実については，裁判所は当事者が申し出た証拠によって認定することが求められており，当事者は，証明すべ

---

(12) 村松・前掲注(3) 769 頁参照。

(13) 納谷・前掲注(4) 891・892 頁。

(14) 高田昌宏教授は，わが国の調査嘱託にあたるドイツの制度は，「公の報告の取寄せ」制度であるとされるが（前注(5)参照），高田教授は，ドイツの「公の報告の取寄せ」制度では，厳格な証明を必要とする見解が有力であることを紹介したうえで，わが国の調査嘱託も本来厳格な証明としての証人尋問や鑑定に関する証拠手続に組み入れられるべきものであるとされる。高田・前掲注(5) 184 頁。後注(21)も参照。

き事実を特定して証拠申出をしなければならないのであるから（民訴180条），当事者が調査嘱託の申立権を有し，当事者の申立てによって調査嘱託が行われるのが原則である[15]。沿革的に見ても，職権による調査嘱託は，どうしても必要な場合に限り例外的に認めるべきものである。実際にも当事者の申立てがないのに職権で調査嘱託が行われることは稀であり，ほとんどの調査嘱託は，当事者の申立てに基づいて行われているようである[16]。

(2) 嘱託先（被嘱託者）

嘱託先（被嘱託者）は，官庁もしくは公署，外国の官庁もしくは公署または学校，商工会議所，取引所その他の団体である。学校には，国公立の学校だけでなく，私立学校も含まれる。「その他の団体」が嘱託先とされたのは，沿革的に見て（前述2(1)参照），一定の規律に従って組織的，継続的に運営されている団体については，官庁や公署と同様に，報告内容の客観性，確実性が期待できると考えられたからに他ならない[17]。従って，そうした団体であれば，公法人だけでなく，私法人たる株式会社でも[18]，また権利能力なき社団または財団でもかまわない。

しかし，個人に対する調査嘱託はできない。旧民訴法制定時における調査嘱託制度導入の経緯を見る限り，個人に対する調査嘱託はおよそ想定されていなかったといえるが，現行民訴法の制定に際しては，証拠収集手続充実の観点から，嘱託先を公認会計士や医師などの専門家個人にも拡大することも検討された。しかし，どこまでその範囲を認めるかといった問題があったことに加え，現行民訴法が一般的な証人尋問の制度として尋問に代わる書面の提出（民訴205条）を認めたことで，専門家個人からの情報収集が可能となったことから，個人への嘱託先の拡大は見送られた[19]。

---

[15] 小海・前掲注(2)139頁，菊井=村松原著・秋山ほか・前掲注(2)122頁，加藤=松下編・前掲注(2)29頁［福本］。

[16] 大森文彦ほか「〈座談会〉民事訴訟の新展開〈上〉」判タ1153号（2004年）19頁［福田剛久発言］，菊井=村松原著・秋山ほか・前掲注(2)122頁参照。

[17] 岩松三郎=兼子一編『法律実務講座(4)』（有斐閣，1961年）4頁，谷口=福永編・前掲注(2)170頁・171頁［矢吹］，小海・前掲注(2)145頁，菊井=村松原著・秋山ほか・前掲注(2)122頁，伊藤・前掲注(2)388頁注(275)参照。

[18] 大判昭和15・4・24民集19巻749頁。

[19] 竹下守夫=青山善光=伊藤眞編『研究会 新民事訴訟法 —— 立法・解釈・運用』（有斐閣，1999年）264頁［福田剛久・柳田幸三発言］，杉山・前掲注(2)326頁，菊井=村松原著・

6 調査嘱託に対する回答拒絶と不法行為の成否〔中島弘雅〕

(3) 嘱託事項（調査内容）

現行民訴法186条は，旧民訴法262条と同様に，調査嘱託の対象となる事項（調査内容）について特に定めを置いていない。しかし，証人尋問や鑑定等に代わる証拠調べの方法として，調査嘱託という簡易かつ特殊な証拠調べが認められ，公私の団体が嘱託先とされたのは，前述のように，一定の規律に従って組織的，継続的に運営されている団体については，官庁や公署と同様に，報告内容の客観性，確実性が期待できると考えられたからに他ならない。そのことを前提にすると，嘱託事項（調査内容）は，嘱託先である公私の団体が，団体として保有する情報によって客観的に報告できるものに限られ，報告に当たって主観を混入させるおそれのあるものや，当該団体の構成員または所属員が個人的に保有する情報は，原則として調査嘱託の対象事項にならないと解すべきである[20]。

公私の団体が団体として保有する情報によって客観的に報告できるものであれば，法律上，嘱託事項（調査内容）に制限はない。嘱託事項の具体例としては，先にこの制度の沿革について触れたところで紹介した事項（二2(3)参照）が挙げられることが多いが，調査嘱託制度には，証人尋問や鑑定等とは異なり，被嘱託者の中立性・真実性を担保するための忌避や宣誓等の制度が備わっていないことに加え，当事者に尋問権や質問権も保障されていないので，嘱託事項は，基本的に手続保障上支障のない範囲に限定されると解すべきである[21]。

秋山ほか・前掲注(2)122頁，加藤=松下編・前掲注(2)29頁［福本］など参照。

[20] 菊井=村松原著・秋山ほか・前掲注(2)123頁参照。若干のニュアンスの違いはあるが，基本的に同趣旨と思われるものとして，野田宏『最高裁判例解説民事篇昭和45年度(上)』27頁，納谷・前掲注(4)891頁，谷口=福永編・前掲注(2)170頁［矢吹］，笠井=越山編・前掲注(2)782頁［山田］，伊藤・前掲注(2)388頁注(275)など。

[21] 小海・前掲注(2)142頁，大森ほか・前掲注(16)19-20頁［山本和彦発言］，菊井=村松原著・秋山ほか・前掲注(2)123頁，兼子原著・松浦ほか・前掲注(2)1069頁［松浦=加藤］など。この点に関し，高田昌宏教授は，わが国の調査嘱託にあたるドイツの「公の報告の取寄せ」制度（前掲注(5)参照）に関する判例・学説等を検討した上で，ドイツの「公の報告」に関する許容基準からわが国の調査嘱託を見ると，わが国の調査嘱託における調査内容（嘱託事項）は，官庁または所定の団体に記録上顕著な事項の再現に関わる場合にのみ適法であると解すべきであり，たとえ団体の側には職務上顕著であっても，記録上顕著でない事項に関する報告は不適法となるとする（高田・前掲注(5)184頁）。しかし，わが国の実務は，そこまで狭く解していないように思われる。このことにつき，兼子原著・松浦ほか・前掲注(2)1069頁［松浦=加藤］参照。

Ⅱ　調査嘱託制度の概要

　もっとも，手続保障の問題は，少なくとも両当事者が調査嘱託を望んでいる場合には，調査内容を制限する理由にならないのはもちろんである。また，調査嘱託の結果（報告内容）をどのように評価するかは，他の証拠をも考慮した上での裁判所の自由心証の問題であり（民訴247条），相手が調査嘱託の結果を争えば，証人尋問や鑑定等に進むことも考えられる[22]から，嘱託事項（調査内容）は，他の代替証拠の有無や，当事者の手続保障上の支障[23]の有無，さらには嘱託先にこの制度が予定している以上の負担をかけることにならないか等を考慮して，事案ごとに個別にその相当性が判断されるべきであって，解釈上，一律に嘱託事項に限定を加えることは困難であるし，適当でもない[24]。特に，近時，科学技術の発達や，社会・経済の発展・複雑化に伴って，事案の解明のために第三者の有する専門情報を必要とする訴訟が増えており，専門情報の収集という観点から，嘱託事項（調査内容）を常に見直すことが必要であろうとの指摘もある[25]。

(4)　嘱託先の回答義務

　調査嘱託制度紹介の最後に，本稿のテーマと密接に関連する，嘱託先の回答義務について触れておく。

　前記調査嘱託先（被嘱託者）のうち，外国の官庁その他の団体には，条約その他の定めがある場合でなければ，調査嘱託があっても回答する義務はない。これに対し，嘱託を受けた国内の官公署，公私の団体は，回答をすべき一般公法上の義務を負い，嘱託を受けた国内の団体は正当な事由がない限り報告を拒むことはできないというのが，通説の見解である[26]。下級審裁判例でも，たと

---

[22]　この点につき，大森ほか・前掲注(16) 19-21 頁［福田剛久発言］参照。

[23]　この点につき，大森ほか・前掲注(16) 20 頁［山本和彦発言］参照。

[24]　以上につき，小海・前掲注(2) 142 頁，菊井=村松原著・秋山ほか・前掲注(2) 124 頁参照。

[25]　大森ほか・前掲注(16) 18-21 頁［福田剛久発言］，杉山・前掲注(2) 374-376 頁，菊井=村松原著・秋山ほか・前掲注(2) 124 頁参照。嘱託事項（調査内容）の具体例については，近時のものも含め，秋山ほか・前掲注(2) 124-125 頁を参照のこと。

[26]　たとえば，長島=森田・前掲注(7) 312 頁，斎藤秀夫ほか編『注解民事訴訟法(7)（第 2 版）』314 頁［小室直人=吉野孝義］，小海・前掲注(2) 147-148 頁，兼子原著・松浦ほか・前掲注(2) 1069 頁［松浦=加藤］，菊井=村松原著・秋山ほか・前掲注(2) 123 頁，笠井=越山編・前掲注(2) 783 頁［山田］，中野ほか編・前掲注(2) 379 頁［春日］］，伊藤・前掲注(2) 388 頁注(275) など。

6 調査嘱託に対する回答拒絶と不法行為の成否〔中島弘雅〕

えば，[2]大阪高判平成 19 年 1 月 30 日判時 1962 号 78 頁[27]は，裁判所が銀行に対して，調査嘱託として，銀行口座開設者の氏名・住所等の個人情報の回答を求めたのに対し，金融機関が顧客の個人情報保護の要請や顧客の個人情報をみだりに第三者に提供してはならないとの取引契約上の義務を負うこと等を理由に調査嘱託に対する回答を拒絶した事案において，金融機関が裁判所による調査嘱託に応ずる公法上の義務を負うことを認めている[28]。また，後に詳しく検討する[3]東京高判平成 24 年 10 月 24 日判タ 1391 号 241 頁・金判 1404 号 27 頁[29]も，嘱託先である電気通信事業者が顧客の個人情報保護，通信の秘密の保持および企業秘密の非公開等を理由に調査嘱託に対する回答を拒絶した事案において，これに回答する義務は，当該調査嘱託をした裁判所に対する公法上の義務であることを認めている。

これに対しては，官公署に対する調査嘱託は官公署間の協力援助義務に基づくが，それ以外の団体が嘱託に応じて回答すべき義務の根拠と範囲が明らかでないことや，法律は第三者に法的義務を課する場合にはそのことを明示するものであるが（たとえば，民訴 190 条・212 条 1 項・220 条 1 項など），公私の団体に対する調査嘱託について，そのような定めはないこと，嘱託はあくまでも依頼であって命令ではないこと，外国の官庁・公署が（国際司法共助の方式によってではあるが）調査嘱託の対象とされていること，回答がなされない場合のための制裁が定められていないことから見て，法律は少なくとも公私の団体に関しては法的義務を課しているのではなく，任意の協力を要請するものと解することが可能であるとの見解もある[30]。しかし，民事訴訟法が，一定範囲の団体

---

(27) [2]判決の解説ないし評釈として，岡本雅弘・金法 1795 号（2007 年）4 頁，宮川不可止・金法 1801 号（2007 年）48 頁，近藤大・金判 1267 号（2007 年）11 頁，中原利明・金法 1812 号（2007 年）63 頁，前田陽一・判タ 1249 号（2007 年）51 頁，亀井洋一・NBL868 号（2007 年）6 頁，小野寺健太・早稲田法学 83 巻 2 号（2008 年）121 頁，平城恭子・平成 19 年度主要判例解説〔別冊判タ 22 号〕（2008 年）120 頁，本多正樹・ジュリスト 1373 号（2009 年）131 頁，岩藤美智子・金判 1336 号（2010 年）32 頁がある。

(28) [2]判決の原審たる後掲[4]大阪地判平成 18・2・22 も同様の判示をしている。

(29) [3]判決の解説ないし評釈として，上田竹志・法学セミナー 700 号（2013 年）132 頁，栗田隆・関西大学法学論集 63 巻 2 号（2013 年）139 頁，丸山昌一・NBL1001 号（2013 年）78 頁，芳賀雅顕・法学研究 89 巻 7 号（2016 年）102 頁などがある。

(30) 松本＝上野・前掲注(2)476 頁〔松本〕，福本知行「裁判権に服する者の一般公法上の義務という概念について」上野泰男先生古稀祝賀論文集『現代民事手続の法理』（弘文堂，

に対して裁判所の嘱託権限を認めている以上，制裁の規定を欠くからといって，回答義務を否定する理由にはならないように思われる[31]。

このように，裁判所が証拠収集のために調査嘱託をした公私の団体には，当該裁判所に対して回答をすべき公法上の義務があると解されるが，問題は，嘱託先がそうした義務に違反して回答を拒絶した場合に，そのことが訴訟当事者に対する不法行為を構成する場合があるかという点である。以下，章を改めて，この問題を検討する。

Ⅲ　先例としての東京高判平成 24 年 10 月 24 日

1　事案の概要と判旨

調査嘱託に対する回答拒絶が不法行為（民 709 条）を構成するか否かという点につき判示した最高裁判決はないが，この点につき判断した重要な高裁判決として，先にも触れた前掲[3]東京高判平成 24 年 10 月 24 日がある。[3]判決の事案は，以下の通りである。

Ｘは，訴外Ａ（別訴被告）ら 9 名に対して，運用実態のない架空の投資ファンドへの出資により損害を被ったとして損害賠償請求訴訟を提起しようとした。しかし，Ａらの住所が不明であったので，訴状副本および期日呼出状等を送付するため，電気通信事業者Ｙを嘱託先として，以下の事項について調査嘱託を受訴裁判所に申し立てた。嘱託事項は，Ａが使用したとされる携帯電話番号につき，(1)名義人の氏名および住所地，(2)電話料金請求書送付先住所地等，(3)右電話番号以外の連絡先電話番号，(4)電話料金の支払方法（口座引き落としであればその金融機関）を明らかにすることであった。

裁判所は，Ｘの申立てを認め，民訴法 151 条 1 項 6 号，同条 2 項および 186 条に基づきＹに前記事項につき調査嘱託を行った。これに対しＹは，個人情報保護，通信の秘密の保持および企業秘密の非公開等を理由に回答を拒絶した。そのため，Ａに対する訴状等の送達は公示送達によって行われた。これを受けてＸは，Ｙが正当な理由がないにもかかわらず，調査嘱託に対して回答を拒絶したとして，Ｙに対して不法行為（民 709 条）に基づく損害賠償請求訴訟

2017 年）65 頁以下，特に 78 頁。

(31)　伊藤・前掲注(2) 388 頁注(275)，小海・前掲注(2) 148 頁参照。

6 調査嘱託に対する回答拒絶と不法行為の成否〔中島弘雅〕

を提起し（住所を把握することができなかったことによる経済的損失として 10 万円，慰謝料として 10 万円および調査嘱託の申出に要した費用相当額 1000 円の合計 20 万 1000 円），また，中間確認の訴えとして Y が本件調査嘱託に回答すべき義務を負うことの確認を求める訴えを提起した。本件損害賠償請求訴訟において，X は，Y が本件調査嘱託に対する回答を拒絶したことによって，法律上保護された利益を侵害されたと主張した。そこで，本件訴訟では，Y が回答を拒絶したことが，調査嘱託を申し立てた X との関係で不法行為を構成するか否かが問題となった。

本件原審（東京地判平成 24 年 5 月 22 日金判 1404 号 35 頁）は，調査嘱託に対して回答すべき義務は，嘱託先が当該調査嘱託をした裁判所に対して負う一般公法上の義務であり，当該義務は，調査嘱託を申し立てた当事者に対して負うものではないから，嘱託先が当該調査嘱託に回答しないことで，当該調査嘱託を申し立てた訴訟当事者に対する不法行為が成立する余地はないとした[32]。そこで，X が控訴した。

これに対して，控訴審たる東京高裁[3]判決は，調査嘱託に対して回答すべき義務は，「訴訟当事者に対する直接的な義務ではない」としつつも，嘱託先に回答義務があるにもかかわらず回答しないことによって，調査嘱託を求めた当事者の権利や利益を侵害した場合には，嘱託先に対して，不法行為に基づく損害賠償を認める場合があり得るとの興味深い一般論を展開している。本件損害賠償請求訴訟に関する判旨は，以下の通りである（中間確認の訴えの利益に関する判旨については，省略する）。

「Y は，本件調査嘱託事項(1)から(3)までの調査嘱託に回答すべき義務があるのに，これをしなかった。X としては，本件調査嘱託を通じて取得できた資料を基に A の住所を覚知するなどして有効な訴訟遂行を考えていたが，Y からの本件調査嘱託に対する回答がなかったことにより，A の住所を知ることができず，結局公示送達の方法により訴訟を遂行せざるを得なかった。その意味で X の有効な訴訟遂行の権利が侵害されたとみる余地もある。確かに，

---

[32]　前掲[2]大阪高判平成 19・1・30 も，公的な義務に違反するものではあるが，当事者個人の個々の権利を侵害するものではないとして，不法行為の成立を否定している。弁護士会照会につき，名古屋高判 25・7・19 金判 1430 号 25 頁，東京地判平成 26・7・22 金判 1452 号 60 頁は，当事者本人には法律上保護される利益が存在しないとする。

Ⅲ　先例としての東京高判平成24年10月24日

調査嘱託に対する嘱託先の回答義務は，前記のとおり当該調査嘱託をした裁判
所に対する公法上の義務であり，調査嘱託の職権発動を求めた訴訟当事者に対
する直接的な義務ではないので，上記公法上の義務に違反したことが直ちに上
記訴訟当事者に対する不法行為になるというものではない。しかし，調査嘱託
の回答結果に最も利害を持つのは調査嘱託の職権発動を求めた訴訟当事者であ
るところ，この訴訟当事者に対しては回答義務がないという理由のみで不法行
為にはならないとするのは相当ではないというべきである。したがって，調査
嘱託を受けた者が，回答を求められた事項について回答すべき義務があるにも
かかわらず，故意又は過失によって当該義務に違反して回答しないため，調査
嘱託の職権発動を求めた訴訟当事者の権利又は利益を違法に侵害して財産的損
害を被らせたと評価できる場合には，不法行為が成立する場合もあると解する
のが相当である。」

2　東京高判平成24年10月24日の評価と残された問題

東京高裁［3］判決が説示しているように，確かに，調査嘱託に回答する義務
は，裁判所と嘱託先との間の訴訟法律関係に基づく公法上のそれであり，その
限りで訴訟当事者と嘱託先との間には，直接的な権利義務関係はないと解され
る。しかし，そもそも原告Xが当該調査嘱託の申立てを行ったのは，Xが，
本件被告Yから，別訴被告Aらの住所などに関する情報を入手し，もってA
らを被告とする損害賠償請求訴訟を提起しようとの目的からであり，本件調査
嘱託を行うのに最も利害関係を有しているのは当該調査嘱託を申し立てた訴訟
当事者Xである。そして，嘱託先Yからの嘱託回答の拒絶に際して最も大き
な不利益を被るのも，裁判所ではなく，当事者Xである。現に，Xは，Yか
ら調査嘱託の回答が得られなかったために，別件訴訟において公示送達によら
ざるを得なかったのである。

にもかかわらず，この場合に，訴訟当事者たるXは，裁判所に対して調査
嘱託に関する職権の発動を求めたにすぎず，訴訟法律関係としては，裁判所と
嘱託先Yとの公法上の一般的義務が生ずるのみであって，嘱託事項について
回答されなかったことによる調査嘱託申立人の不利益は保護に値しないと断じ
てしまうのは，調査嘱託の制度的利用者が受ける不利益に鑑みて妥当とは思え
ない。また，調査嘱託制度を実効あらしめるためにも，正当な理由なくして回

答を拒絶する場合には，不法行為の成立を模索することが実務上も学問上も重要である。その意味で，東京高裁[3]判決が，嘱託先の調査嘱託に対する回答義務は，訴訟当事者に直接負うものではないとしても，訴訟当事者との関係で不法行為が成立する余地を認めたことは大いに評価に値する[33]。

　もっとも，[3]判決は，そこまで踏み込んだ説示をしていながら，結論としては，本件調査嘱託では，単に調査嘱託事項だけが記載されているだけでその目的の記載がなかったので，被告Yにとって調査嘱託の目的が判然としなかったため秘密保持等の理由から回答を拒否したとしてもやむを得なかったと結論づけている。

　確かに，調査嘱託の回答を拒否するか否かを嘱託先が判断するためには，調査嘱託の目的を相手方に知らせる必要があるとも考えられる。しかし，これまでの裁判実務では，嘱託先に送付される調査嘱託書には，目的についての記載はなされないのが一般的であった。従って，従来の調査嘱託書の記載に関する実務運用を前提とする限り，嘱託先の回答拒絶が不法行為を構成すると解する余地はないようにも思える。しかし，果たして，調査嘱託書にその目的について具体的な記載がなければ，不法行為は成立しえないものなのであろうか。以下で検討するように，調査嘱託書に目的について具体的な記載がなくても，調査嘱託に対する回答拒絶が不法行為を構成する場合があると考えられる。

IV　調査嘱託の不当拒絶と不法行為の成否

1　調査嘱託申立人の「権利または法律上保護される利益」について

(1) ところで，調査嘱託に応じて回答がなされることについて嘱託申立人が有する利益をどのように評価するかという点に関しては，大きく2つの見解が対立しているように思われる。

　1つは，(a)調査嘱託に回答する義務は，裁判所と嘱託先との間の訴訟法律関係に基づく公法上の義務であり，嘱託申立人（訴訟当事者）と嘱託先との間には直接的な権利義務関係はないから，嘱託申立人が有する利益は，単なる反射的利益にすぎず，回答義務違反は，嘱託申立人との関係で不法行為を構成し

---

(33)　以上につき，芳賀・前掲注(29) 108頁参照。

ないとする見解である[34]。つまり嘱託申立人（訴訟当事者）が訴訟の証拠を入手する利益は，裁判所の権限行使によって得られる反射的利益にすぎないと考える見解である[35]。

　そして，今ひとつは，(b)嘱託申立人（訴訟当事者）と嘱託先との間に，直接的な権利義務関係はないとしても，嘱託申立人は，主張立証の手段として調査嘱託を利用するのであり，調査嘱託の回答により実質的に保護される主体は，嘱託申立人であるから，回答義務違反は，嘱託申立人（訴訟当事者）の有する法的利益の侵害となり得る（不法行為が成立し得る）とする見解である[36]。前掲東京高裁[3]判決は，嘱託申立人（訴訟当事者）が有する利益を，訴えの利益との関係ではいわば反射的利益にすぎないとしつつも，損害賠償請求権との関係では「調査嘱託の回答結果に最も利害を持つのは調査嘱託の職権発動を求めた訴訟当事者である」との理由により，不法行為によって保護される利益であると解しているので（結論的には不法行為の成立を否定したとはいえ），一応(b)説に立つものといえる。

　(2) そこで，以上の(a)説と(b)説のいずれの見解が妥当かが問題となるが，この点については，何よりも，調査嘱託制度の趣旨，すなわち，調査嘱託はいかなる局面で用いられる制度なのかという点から検討していく必要がある。す

---

(34)　弁護士会照会につき同旨の下級審裁判例として，東京高判平成 22・9・29 判時 2105 号 11 頁，東京高判平成 25・4・11 金判 1416 号 26 頁，福岡高判 25・9・10 判時 2258 号 58 頁など。

(35)　弁護士会照会に対する回答拒絶に関して述べられたものであるが，升田純「判例評釈〔後掲[4]判決〕」金法 1772 号（2006 年）26 頁，宮川・前掲注(27) 55 頁，斎藤・前掲注(1) ジュリスト 1504 号 101-102 頁，同『最高裁判例解説民事篇平成 28 年度（下）』2423-2424 頁などが，かかる見解に立つ。

(36)　同旨の判決として，後掲[4]大阪地判平成 18・2・22 がある。また，弁護士会照会につき同旨の下級審裁判例として，京都地判平成 19・1・24 判タ 1238 号 325 頁，東京地判平成 22・9・16 金法 1924 号 119 頁，岐阜地判平成 23・2・10 金法 1988 号 145 頁，名古屋高判平成 23・7・8 金法 1988 号 135 頁，福岡地判平成 25・4・9 金判 1440 号 47 頁などがある。同旨の学説として，近衛・前掲注(27) 15 頁，前田・前掲注(27) 57 頁，小野寺・前掲注(27) 139 頁以下，岩藤・前掲注(27) 35 頁，栗田隆・前掲注(29) 158 頁，加藤・前掲注(1)・NBL1089 号 89 頁，藤田広美「判例評釈」事業再生と債権管理 142 号（2013 年）124 頁以下，酒井博行「弁護士会照会に対する報告拒絶と損害賠償請求の訴え」北海学園法学研究 51 巻 4 号（2016 年）496 頁，同『民事手続と当事者主導の情報収集』（信山社，2018 年）308 頁などがある。

6 調査嘱託に対する回答拒絶と不法行為の成否〔中島弘雅〕

なわち，調査嘱託は，訴訟が裁判所に係属した後に利用される場合には，適正
な裁判を実現することの一環として，また，訴え提起後，訴訟係属前に利用さ
れる場合には，当事者の裁判を受ける権利（憲32条）の保障の一環として，
その利用が認められるものである。

いうまでもなく民事訴訟は，法秩序を維持することを目的とするだけでなく，
私人間の紛争の解決をも目的としている。この点で，刑事訴訟のような専ら公
益を目的とする訴訟制度とは異なる。民事訴訟の当事者は，民事訴訟を通じて，
自らに関する紛争を解決することが法律上保障されている（憲32条）。民事訴
訟法その他の法律は，かかる民事訴訟の目的を達成するため，当事者に対して，
裁判所の調査嘱託（民訴186条）や弁護士法23条の2に基づく弁護士会照会の
制度等によって証拠等を利用する機会を与える一方で，証拠等を所持する第三
者に対して調査嘱託や弁護士会照会等の制度により回答（提出）を義務づけて
いるのである。調査嘱託や弁護士会照会の申立人には，かかる裁判を受ける権
利ないし司法制度による紛争解決を適切に実現する利益があり，しかも，訴訟
当事者が，その関係する紛争を解決するために，調査嘱託や弁護士会照会等の
制度の枠内で，第三者の所持する証拠等を利用する機会が認められているとす
れば，訴訟当事者が調査嘱託や弁護士会照会により回答や報告を得る利益は，
不法行為法上の保護に値する利益というべきである[37]。

最初にも触れたように，確かに，比較的最近の前掲最高裁[1]判決は，弁護
士会照会に対する回答（報告）拒絶が弁護士会に対する不法行為となるか否か
が争われた事案において，弁護士会に対する不法行為の成立を否定した。しか
し，岡部喜代子裁判官は，[1]判決の補足意見の中で，弁護士会照会に対する
理由のない回答拒絶により，弁護士会照会を申し出た弁護士ないし事件の当事
者（依頼者）に対する不法行為が成立することがあり得ると述べている。かか
る岡部裁判官の補足意見に従えば，調査嘱託に対する理由のない回答拒絶につ
いても，調査嘱託申立人（訴訟当事者）に対する不法行為が成立し得るとの解
釈を導くことは可能である。

(3) もっとも，上記のような調査嘱託や弁護士会照会に対する回答拒絶によ
り不法行為が成立し得るとする見解ないし解釈に対しては，調査嘱託や弁護士

---

(37) 以上につき，栗田隆・前掲注(29)158頁，酒井博行・前掲注(36)北海学園法学研究51巻
4号497頁，同・前掲注(36)民事手続と当事者主導の情報収集310-311頁など参照。

IV　調査嘱託の不当拒絶と不法行為の成否

会照会に対する回答拒絶に対して制裁を定めた規定が存在しないことを理由に，調査嘱託や弁護士会照会の規定の趣旨を超えるとして，これに異議を唱える学説も存在する[38]。そこで，比較のために，第三者が裁判所の提出命令に違反したときに，制裁規定（民訴 224 条，225 条）を有する文書提出命令と，制裁規定のない調査嘱託・弁護士会照会との間で，不法行為の成否につき差異があるか否かを検討することにする。

　たとえば，第三者に対して訴訟の勝敗を決することになりそうな文書の提出が命じられるべき場合に，第三者が当該文書を紛失した等の虚偽の理由を述べて提出命令を免れたり，提出命令が発令されたにもかかわらず当該第三者が提出をしなかったために，挙証者（提出命令申立人）がその文書を証拠として利用することができないまま敗訴した後に，当該文書の所在が明らかになった場合には，挙証者は，当該第三者（文書所持者）の違法行為により法律上保護されるべき利益を侵害されたと評価することができる。もちろん，この場合，第三者の文書提出義務は，裁判所に対する公法上の義務であるから，挙証者が当該第三者に対して文書提出義務につき履行請求権を有すると解することはできない。しかし，他方で，挙証者は，憲法 32 条が保障する「適正な裁判を受ける利益」を有しており，この法律上保護されるべき利益が，文書所持者の違法な行為により侵害されたとみることができる[39]。この場合に，第三者（文書所持者）の行為が不法行為を構成するか否かは，第三者の上記の行為が，挙証者の法律上保護されるべき利益を侵害したか否かによって決まるのであり[40]，制裁規定の有無によって決まるものではない。そうだとすると，調査嘱託や弁護士会照会に対して，嘱託先や照会先が正当な理由もなく回答拒絶したり報告をしなかった場合についても，以上の理は，そのまま当てはまるから，制裁を定めた規定が存在しないことは，不法行為の成立を否定する根拠にはならないと解される。

---

(38)　升田・前掲注(35) 26 頁。伊藤・前掲注(2) 388 頁注(275)も，調査嘱託に対する回答義務違反が直ちに相手方に対する損害賠償責任を発生させるものではないとする。

(39)　以上につき，栗田隆・前掲注(29) 157-158 頁。

(40)　前田・前掲注(27) 57 頁，近衛・前掲注(27) 15 頁参照。

2 調査嘱託先による回答拒絶の違法性について

一般論として，調査嘱託先による回答拒絶が，民法709条所定の不法行為を構成し得るとしても，嘱託申立人の嘱託先に対する損害賠償請求が認められるためには，嘱託先の行為が，嘱託申立人の法律上保護される利益を侵害して「違法」と評価されることが必要である。

もっとも，嘱託申立人保護の必要性は，その者の主張する権利関係の内容や事実上および法律上の根拠の強弱，代替となる証拠の有無などによって様々であるから，保護の要否＝違法性の有無は，個別具体的に判断せざるを得ない。たとえば，嘱託申立人の主張する権利関係が，事実上および法律上の根拠を明らかに欠いている場合には，保護の必要性はなく，違法とはいえない可能性が高い。また，仮に嘱託申立人の主張する権利関係に理由があるとしても，他の証拠により要証事実の立証が容易な場合にも，保護の必要性は低く，違法と評価できない場合もあり得よう。逆に，調査嘱託の回答しか有力な証拠がない場合には，嘱託申立人保護の必要性はそれだけ高くなり，回答拒絶は違法性を帯びる可能性も高くなる(41)。

また，嘱託先の回答拒絶の理由やその態様も，違法性の判断において考慮すべき事情である。周知のように，金融機関が調査嘱託先である場合には，金融機関が守秘義務（秘密保持義務）を理由に回答を拒絶する事例が少なくない(42)。しかし，嘱託先の回答義務が，金融機関の守秘義務の存在によって限定（制限）されることはなく，金融機関が裁判所から調査嘱託を受けた場合には，常に回答義務を負うことになり，その限度で金融機関は守秘義務を免れるものと解される。その根拠は，以下の通りである。すなわち，金融機関の守秘義務においては，専ら預金者（顧客）と金融機関との取引関係の内容（取引関係の存在，取引の内容，口座の残高等）がその対象となる。確かに，このような取引関係の内容が，預金者および金融機関の経済的信用に関わる情報であることからすれば，預金者と金融機関にはこれをみだりに公開されない法律上の利益が存在することは否定できない。しかし，①経済的信用に関わる情報は，一定の範囲で共有され取引において利用されるべきことが予定されていること，②金融

---

(41)　以上につき，小野寺・前掲注(27)139-140頁参照。

(42)　たとえば，前掲最高裁[1]判決，広島高岡山支判平成12・5・26判時1726号146頁，前掲[2]判決，前掲東京高判平成25・4・11の事案など。

機関の守秘義務について法令上の根拠は存在せず，ほとんどの金融機関において約款等により守秘義務の内容を具体化する措置もとられていないこと，③金融機関の守秘義務違反に対する刑事上の制裁は予定されていないこと，④金融機関の従業員が民事訴訟の証人となる場合においても預金者との取引関係について証言を拒むことはできないと解されること（民訴197条参照）等を考慮すると，金融機関が裁判所から調査嘱託を受けた場合には，守秘義務を理由に，預金者との取引関係の内容について回答を拒絶することはできないと解するのが妥当である[43]。従って，金融機関の守秘義務を理由とする調査嘱託に対する回答拒絶は，違法性を帯びるものと解することができる。

3　調査嘱託先の過失について

　次に，不法行為の成立要件としての過失について検討する。この点につき，前掲大阪高裁[2]判決の原審たる[4]大阪地判平成18年2月22日金判1238号37頁[44]は，個人名義の預金口座の届出氏名・住所についての弁護士会照会に対する金融機関の回答拒絶が不法行為になるか否かが争われた事案において，金融機関の回答義務違反を認定したものの，当時，回答義務についての解釈が確立しておらず，照会先（金融機関）において回答を拒絶すべきとする見解[45]も有力であったことや，いったん調査嘱託や弁護士会照会に回答してしまうと，顧客の利益が害され，その利益回復が困難であることなどの事情を挙げて，嘱託先ないし照会先の過失を否定した。

　いうまでもなく，不法行為に基づく損害賠償請求訴訟における過失の判断においては，結果発生の予見可能性と注意義務の内容など不法行為者の主観的な事情が中心的な問題となる。もちろん，この場合に，仮に嘱託先が回答を拒絶

---

(43)　以上につき，小野寺・前掲注(27)134-135頁参照。

(44)　[4]判決の解説ないし評釈として，升田・前掲注(35)21頁，谷本誠司・銀法660号（2006年）40頁，鈴木秋夫・金法1769号（2006年）26頁，吉井隆平・平成18年度主要民事判例解説（判タ1245号）（2007年）26頁，本多正樹・ジュリスト1373号（2009年）131頁などがある。

(45)　たとえば，鴻常夫ほか「〈座談会〉預金取引（第118回）」金法910号（1979年）33頁［村山邦夫発言］，松嶋泰=森泉章『判例銀行取引法』（日本経済評論社，1980年）38頁［松嶋］，堀内仁ほか『新銀行実務総合講座〔第1巻〕』（金融財政事情研究会，1987年）482頁［川田悦男］など。

する正当な理由の有無につき利益衡量を誤ったとしても，その判断が合理的範囲にとどまっていれば，過失は否定され，嘱託先は不法行為責任を負わないとする解釈もあり得るところである[46]。しかし，いわゆる相関関係説を前提にすると，嘱託先の主観的事情は，侵害行為の態様の一要素として違法性の判断において評価し尽されてしまう可能性が高く，加害者の過失の有無は，不法行為成立の可否の判断において，あまり重要な役割を有しないように思われる。たとえば，資料の廃棄等により調査ができないという理由で調査嘱託に対する回答を拒絶した場合を想定すると，資料の廃棄が法定の保存期間を遵守したものかどうか，当事者（被害者）等を害する目的があったかどうかなどの事情も含めて，違法性を判断する事情と見ることができる。従って，過失の判断として主観的事情を改めて判断する必要は，ほとんどないといってよいのではなかろうか[47]。

4　損害の内容について

最後に，調査嘱託先の回答拒絶により，調査嘱託申立人（訴訟当事者）の法律上保護されるべき利益が侵害されたと認められ，かつ，その回答拒絶が違法と評価される場合に，申立人に生じる「損害」をどのように考えるべきかも問題となる。

この場合には，原則として，これに対応した精神的損害ないし無形的損害が認められるものと考えられる。嘱託申立人（訴訟当事者）が調査嘱託により回答を受ける利益は，当該証拠に係る権利の存否とは関係なく，独自の法的保護を受けるものと解されるから，この侵害については一定の精神的損害または無

---

[46]　弁護士会照会に対する回答拒絶に関して述べられたものであるが，伊藤眞「弁護士会照会の法理と運用 —— 二重の利益衡量からの脱却を目指して」金法 2028 号（2015 年）20 頁，木村健太郎「弁護士会照会を受けた照会先の不法行為責任を認めた事例の検討 —— 名古屋高判平 27・2・26 と大阪高判平 26・8・28」金法 2022 号（2015 年）13 頁以下，山口斉昭「弁護士会照会に対する照会先の不法行為責任について」早稲田法学 91 巻 3 号（2016 年）228 頁など参照。山本周平「判例評釈」判例論 685 号〔判時 2280 号〕（2016 年）10 頁以下は，報告（回答）拒絶時の照会先の認識内容を基準にして「相当の理由」があれば，過失は否定されるとする。以上の諸学説の存在につき，栗田昌裕・前掲注(1) 568 頁参照。

[47]　以上につき，小野寺・前掲注(27) 140-141 頁参照。

形的損害が発生すると考えるべきである。現に，弁護士会照会に対する回答拒絶が不法行為を構成するか否かが争われた多くの下級審裁判例において，精神的損害または無形的損害が損害と認定されている[48]。同様に訴訟当事者が訴訟事件を依頼した弁護士に対して支払った弁護士費用も，いくつかの下級審裁判例において，損害と認定されている[49]。このことは，調査嘱託に対する回答拒絶の場合にも妥当しよう。

その意味で，調査嘱託申立人（訴訟当事者）の法的利益が調査嘱託先の回答拒絶により侵害された場合には，嘱託先の協力の下に適正な裁判を受ける利益を侵害されたことに基づき発生した「損害」につき，賠償請求権が成立すると解することができる。

Ｖ　おわりに

以上，縷々述べてきたように，裁判所からの調査嘱託に対して嘱託先が回答拒絶をした場合，仮に調査嘱託書にその目的について具体的な記載がなされていなくても，嘱託先の回答拒絶によって調査嘱託申立人の法律上保護されるべき利益が侵害されたと認められ，かつ，その回答拒絶が違法と評価されるときは，嘱託申立人に発生した損害について，不法行為に基づく賠償請求権が発生し得ると解することができる。これが，本稿の結論である。

〔付記〕筆者は，春日偉知郎先生と，かつて筑波大学で5年間，そして慶應義塾大学で10年間，同僚として過ごす機会に恵まれただけでなく，春日先生が慶應義塾大学を退職された後も，今日に至るまでご指導・ご鞭撻を賜っている。そのような春日先生の古稀をお祝いする本論文集に，全くもって覚書きの域を一歩も出ない未熟な小稿しか献呈できないのは慚愧に堪えないが，筆者のお祝いの気持ちのみをお受け取りいただければ幸いである。

---

[48]　前掲注(36)に掲げた，前掲京都地判平成19・1・24，前掲東京地判平成22・9・16，前掲岐阜地判平成23・2・10，前掲名古屋高判平成23・7・8，前掲福岡地判平成25・4・9など。以上につき，栗田昌裕・前掲注(1)568頁参照。

[49]　前掲注(36)に掲げた，前掲東京地判平成22・9・16，前掲福岡地判平成25・4・9。

7 提訴前の証拠収集についての展望
——「証拠保全の実務」と提訴前証拠収集処分の立案作業を踏まえて

林　　道　晴

I　はじめに

　民事訴訟において充実した審理を実現するためには，当事者から関係する証拠が適時適切に提出されることが必要であり，当事者側（特に依頼を受けた弁護士）としては，自らの支配領域にある証拠資料を整理収集することはもちろんであるが，相手方ないし第三者の支配領域にある証拠となるべき資料を収集することが必要となる場面がある。そのために，現行民訴法が用意している手段が「証拠保全」手続（民訴234から242まで）と「訴え提起前（提訴前）における証拠収集の処分等」手続（民訴132条の2ないし132の9）である。筆者は，前者について裁判所内部の運用上の指針的な資料を作成することに関与し，後で述べるとおり，その作業の成果物は金融財政事情研究会から「証拠保全の実務」として公刊されるに至っている（2006年（平成18年）に齋藤隆ほか編著として刊行され，2015年（平成27年）に森冨義明ほか編著として「新版証拠保全の実務」が刊行されている。以下当初刊行されたものを「証拠保全の実務」，2015年に刊行されたものを「新版証拠保全の実務」という。）。後者については，これも後で述べるとおり，立法作業に関わりを持つに至っている。いずれの手続も，春日偉知郎先生（以下「春日先生」と略称させていただく。）が一貫して研究のテーマとされてきた民事訴訟の証拠論に係る問題であり，筆者が春日先生から指導を受ける契機となったものでもある。本稿は，基本的には，筆者の2つの問題へ関係した経緯や結果を振り返るものであって，およそ春日先生からいただいた学恩にお応えできるような学術的な論説とはなっていないが，春日先生の民事訴訟の証拠論の研究に少しでも寄与する材料を提供できればという思いから寄

『現代民事手続法の課題』春日偉知郎先生古稀祝賀〔信山社，2019年7月〕　　*153*

7 提訴前の証拠収集についての展望〔林　道晴〕

稿させていただいたところである。春日先生の古稀をお祝いするとともに，末永く研究を続けられお教えを受ける機会を与えていただければと願っている。

II　「証拠保全の実務」に至る経緯

1　なりたての裁判官と証拠保全手続

証拠保全手続は，任官して民事部に配属となった判事補が初めて単独で執務することとなるものである（書記官が調書作成の必要等から保全の現場に同道するなど，その実質的な補助を受けてではあるが。）。筆者も，東京地裁の民事部で裁判官（判事補）の初任時代を過ごしたが，緊張しながら証拠保全手続の執務に当たった記憶がある。東京地裁には，多数の証拠保全の事件が係属し，過去の事件処理を通じて参考となる事項については，それなりの資料がまとめられており，筆者もそうした資料の助けを得て無事事件処理を終えることができた。その後，行政庁（当時の厚生省）出向経験を経て，判事補としての最後の3年間（1989年（平成元年）4月から1992年（平成4年）まで）を札幌家裁，地裁で過ごしたが，札幌地裁で初めて証拠保全事件を担当することとなる判事補向けに，証拠保全手続の講演をすることとなり，判事補の集まりである判事補会のルートで裁判官の経験談（札幌地裁におけるものに限らず，他の庁でのものも含む。）を集めて資料をまとめて講演を行った。その内容については詳細を紹介するに値するほどのものではないが，証拠収集手続の在り方を検討するに当たって，現在でもなお重要なポイントと考えている点を紹介したい。それは，証拠収集手続の局面であっても，申立ての背景にある紛争がどのようなものであり，申立人が何を求めているのか，つまり，事案の筋をできる限り把握するように努めること，そして，証拠保全手続の実施に当たっても，想像される事案の筋に合わせてどこまで便宜を図るかについて決めておく必要があるということである。「事案の筋をつかむ」とはいっても，その判断の材料は申立人からの一方的なもので，しかも限られたものにとどまるので，申立書や疎明資料に加えて，申立人代理人弁護士との事前面接におけるやりとりが重要であることを強調した。この点は現在でも同じ考えであり，こうしたアプローチを心掛けておくことは，いずれ合議事件の受命裁判官として争点整理や和解に取り組む際のトレーニングにもなると考えた上での助言であった。

Ⅱ 「証拠保全の実務」に至る経緯

2 東京地裁証拠保全研究会の証拠保全ガイドブック作成作業への参加

筆者は，札幌家地裁での執務の後，1992年（平成4年）4月から東京地裁民事部に異動になり，民事の通常事件部で，合議事件の右陪席と単独事件を担当することとなった。東京地裁では，従来から2年目の新任判事補を中心に証拠保全研究会が開催され，証拠保全手続に関する実務上の問題，処理の実情などについて調査，研究を続けていたが，私が着任したころ，この研究会における従前の調査，研究の結果を踏まえて，証拠保全事件を初めて担当する新任判事補向けに，手続の概要を紹介するガイドブックを作製し提供するという作業が始まった。この作業の中心メンバーは，当時判事補となって2年目の43期の研究員（その多くは，現在，東京地裁や周辺庁の部総括をしている。）であるが，指導担当判事4名が加わることとなり，その1名として筆者も参加することとなった。指導担当判事の筆頭は，23期の佐藤久夫部長（後に札幌高裁長官時代に病気で亡くなられた。）で，筆者も自由に発言させていただいた。特に，せっかくガイドブックをまとめる以上，ユーザーである若い判事補が使いやすいものとするために，まず，初めて担当する者が手続の流れのイメージをつかめるように，具体的なモデル事例（当時最も典型的であった医療過誤訴訟を前提にしたカルテの証拠保全）を設定して，申立てから証拠保全の実施，手続の終了までを物語風に記述したものと，証拠保全の運用と問題点をQ&Aの方式で解説するものの2編構成としたらどうかと提案し，メンバーや他の指導判事の了解を得て，そのスタイルによることとなった。作業は，通常の業務終了後にメンバーと指導判事が集まって，判事補メンバーが分担執筆した原稿を基に，指導担当の裁判官と意見交換をして内容を詰めていくという形で進行したが，この意見交換自体楽しいものであったし，1で述べた札幌地裁での講演の経験を生かすこともできた。筆者は，後で述べる6か月間の海外の民事裁判の実情調査に出かけることとなり，帰国直後に最高裁事務総局民事局参事官に異動したため，残念ながら仕上りに至る段階まで関与できなかった。1993年（平成5年）3月に完成した成果物は，「証拠保全ガイドブック」との名称の下に内部資料の小冊子にまとめられ判事補等に配布される一方，全国裁判所書記官協議会（書協）が編集し定期的に刊行していた「書記官」157号（同年11月号）誌上に搭載され書記官の読者に紹介された。実は，成果物の公表方についても，筆者は，裁判所関係者だけでなく弁護士も含めた法律実務家にとって参考となる内

155

7 提訴前の証拠収集についての展望〔林 道晴〕

容を含んでおり，類似の公刊図書がないことからも，民間の出版社から刊行できないかという提案をしていたのであるが，大詰めの局面に戦線離脱をしており，その企画は実現しなかった。筆者としては，少しもったいない公表形式にとどまったと感じられた。

3 「証拠保全の実務」の刊行等

東京地裁証拠保全研究会の「証拠保全ガイドブック」は，ユーザーである判事補や書記官に好評であり，2000 年（平成 12 年）には改訂版が作成配布された。筆者は，2003 年（平成 15 年）に東京高裁から異動して東京地裁民事部の部総括裁判官となったが，後で述べる同年の民事訴訟法改正により「提訴前の証拠収集処分」手続が導入されたことから，その運用方等を検討するために，東京地裁に，「提訴前の証拠収集のための処分検討委員会」が設置された。2004 年（平成 16 年）4 月には，証拠保全研究会と提訴前の証拠収集のための処分検討委員会とが統合されて「証拠保全・収集処分検討委員会」という組織となり，同委員会は，提訴前の証拠収集処分の運用状況について調査研究を開始するとともに，「証拠保全ガイドブック」の改訂作業に着手することとなった。改訂作業の中心となったのは，55 期から 57 期までの判事補の委員であり，筆者は，この作業開始のころに同委員会に参加し，大元の「証拠保全ガイドブック」作成に関与した経験も踏まえて意見を述べた。この作業は，平成 17 年（2005 年）まで続けられ，成果物である「証拠保全ガイドブック―全訂版―」が内部に配布されたのは，2006 年（平成 18 年）3 月であったが，筆者は，2005 年（平成 17 年）3 月に司法研修所教官へ異動となったことから，再び完成まで関与することはできなかった。ただ，今回の成果物については，裁判官，書記官等裁判所関係に限らず，弁護士など外部のユーザーにも広く周知し申立ての参考にしてもらうために，民間の出版社から公刊することを強く提言し，委員会のメンバーの了解も得て公刊する方向となり，具体的な出版社（金融財政事情研究会）との下交渉を済ましていたので，裁判所内部で配布される資料の完成と同時に，「証拠保全の実務」として刊行されることとなった。

「証拠保全の実務」は，想定していた以上に，ニーズがあったようであり，Ⅰで述べたとおり 2015 年（平成 27 年）7 月には改訂版である「新版証拠保全の実務」が刊行されている。証拠保全事件の大多数を占めていたカルテ等医療

156

記録については，医療機関における任意開示制度が普及してきた結果，減少傾向にあるといわれている（「新版証拠保全の実務」244 頁）が，相当数の申立てが依然としてあるし，電子カルテの保全をめぐって新しい問題が生じてきている（町村泰貴ほか編「電子証拠の理論と実務」279 頁以下（2016 年））。また，「新版証拠保全の実務」270 ページ以下では，医療（過誤）事件以外で，証拠保全手続の活用が問題となっている領域として労働事件と金融商品取引事件を取り上げているし（前掲「電子証拠の理論と実務」285 頁以下も同じ），知的財産関係事件（知財事件）を本案とする証拠保全についても，特有の問題が議論されはじめており，そこでも電子的な証拠の保全方法等が問題となっている（前掲「電子証拠の理論と実務」288 頁以下。なお，松川充康「提訴前証拠収集処分としての現況調査命令等の活用を巡る諸問題」判タ 1448 頁以下（2018 年）も同様な問題意識に基づく論説である。）。

Ⅲ　ドイツの独立証拠調べ手続の調査

　Ⅰの 2 で述べたとおり，筆者は，札幌家地裁から東京地裁民事部に異動して民事通常事件の単独事件と合議の右陪席を担当することとなるが，間もなく，当時進行中であった民事訴訟法の改正作業の基礎資料を収集するための海外の民事裁判の実情調査を命じられる。具体的な調査項目は，ドイツにおける1990 年司法簡素化法（ドイツの民事訴訟法の一部改正法。以下「司法簡素化法」という。）の施行状況，スイス及びベルギーにおける民事裁判の状況という盛沢山のものであった。ドイツについては，6 か月の調査期間のうち 3 か月程度を割いてハンブルク，ベルリン，ミュンヘンの地方裁判所及び区裁判所をわたり歩いて調査をしたが，その調査結果の詳細は，「1990 年司法簡素化法後のドイツの民事訴訟実務」曹時 46・10 号 27 頁以下（1994 年）として公表している。ドイツでの調査事項中に，新しい証拠保全手続である「独立証拠調べ手続」があり，同手続については，春日先生がいち早く論説（「ドイツ民事訴訟法における「証拠保全手続」の改正によせて」NBL474 号 12 頁以下（1990 年））を公表されていたこともあって，かねてより面識があった同先生のご指導をあおぐこととなった。司法簡素化法による改正前のドイツ民事訴訟法の証拠保全手続は，日本法のそれとほぼ同様なものであったが，司法簡素化法により，証拠保全手続

の名称自体「独立証拠調べ手続」と改称され，それ自体独立した証拠調べのための手続として編成し直された。詳細は，前掲の「1990 年司法簡素化法後のドイツの民事訴訟実務」曹時 46 巻 10 号 61 頁以下を参照願いたいが，ドイツの独立証拠調べでは，従前の証拠保全目的（証拠方法が減失し又はその利用が困難となるおそれがあるときを要件とするもの）による証拠の保全に加えて，「「物の現在の状態」を確定する必要があるときで，申立人にその確定に「法的利益」があるとき」を要件として，訴訟が係属する前に限り，かつ，保全できる証拠方法も「書面による鑑定」に限定した上で，確定できる対象を「人の状態又は物の状態もしくは価値」，「人の損害，物の損害又は物の瑕疵の原因」及び「人の損害，物の損害又は物の瑕疵を除去するのに必要な費用」と飛躍的に広げられている。上記事項の確定が法的紛争の回避に役立つときは，要件である「法的利益」があるものとみなされることも規定された。実務的には，従前は認められていないと解されていた，「物の損害又は物の瑕疵」の「原因」やそれを「除去するのに必要な費用」を確定するために，書面による鑑定を利用できることとなると，例えば，建築物や製造物の瑕疵（欠陥）が問題となっている事案で，独立証拠調べ手続を利用して当該瑕疵の原因やその修復費用を確定することが可能となり，その結果を踏まえた任意の話し合いにより，訴訟手続を経ることなく紛争を解決することが期待できる。また，「人の損害」の「原因」やそれを「除去するのに必要な費用」を確定するために，書面による鑑定報告を利用できるとすると，例えば，医療過誤でそうした点が問題となっている事案でも，独立証拠調べ手続を利用して当該損害の原因やその修復費用を確定することによって，紛争解決につなげていくことも期待できないではない。しかしながら，筆者の調査した 1993 年（平成 5 年）前半時点では，従前の証拠保全でも活用されていた建築物の瑕疵や自動車の欠陥に関する書面鑑定の事案での利用しか認められず，ドイツでは大都市に属するハンブルク，ベルリン，ミュンヘンの各地方裁判所の医療事件部の調査をしたものの，医療（過誤）事件での活用例は見当たらなかった。司法簡素化法が施行されて 2 年が経過した時点での調査であり，この調査結果から一般的な傾向なり一定の結論を見出すことには慎重であるべきであろう。筆者は，この海外調査から帰国して間もない 1993 年（平成 5 年）7 月に最高裁事務総局民事局参事官に異動し，当時進行中であった民事訴訟法の改正作業に関与することなったが，同改正においては，

提訴前の証拠収集の改正が議論されることなく，筆者の海外調査の結果を生かす機会はなかった。

なお，春日先生は，その後も独立証拠調べ手続についての研究を続けられ論説を発表されているが，2014年（平成26年）初出（河野正憲先生古稀祝賀記念「民事手続法の比較法的・歴史法的研究」）の「独立証拠手続の機能」（春日偉知・「比較民事手続法研究」111頁（2016年））で，医療過誤事案について独立証拠調べ手続による書面鑑定の利用の可否が問題となったものについて，いずれも下級審の判断を破って手続の利用を認めたドイツ連邦通常裁判所の決定（2003年1月21日決定と2013年9月24日決定。前者では，右手の機能障害をもたらした神経の切断が，手術をした医師の過誤に起因するかが質問事項となっており，後者では，胃の内視鏡検査とその後の緊急手術までの間の放置が，診療後の過誤であって医師の著しい注意義務違反に当たるかという点などが質問事項となっていた。）を紹介されており，これによれば，医療（過誤）事案についても，独立証拠調べ手続による書面鑑定が用いられるようになってきていることがうかがわれる。

Ⅳ　提訴前の証拠収集処分手続の立法

1　司法制度改革審議会意見書

改正民事訴訟法が施行されてから1年半が経過した1999年（平成11年）7月に，司法制度改革審議会における司法制度の議論が始まり，「民事裁判の充実・迅速化」，具体的には，「民事訴訟事件の審理期間をおおむね半減することを目標とし，」それを実現するための方策の一つとして，証拠収集手続の拡充が議論され，同審議会が2001年（平成13年）6月にまとめた意見書では，「訴え提起前の時期を含め早期に証拠を収集するための手段を拡充すべきである。そのため，ドイツ法上の独立証拠調べ（訴え提起前においても，法的利益があるかぎり，証拠保全の目的を要件とすることなく，一定の事項につき「書面による鑑定」を求める制度），相手方に提訴を予告する通知をした場合に一定の証拠収集方法を利用できるようにする制度を含め，新たな方策を検討し，導入すべきである。その際，証拠の所持者の側の権利の確保や濫用に伴う弊害のおそれにも配慮する必要がある。」と提言され，独立証拠調べが脚光を浴びることとなり，この意見書を受けた民事手続法の改正を議論するために設けられた法制審議会

の民事・人事訴訟法部会においても，具体的な改正検討項目として取り上げられるに至った。筆者は，当時，最高裁事務総局民事局第一・第三課長であったことから，同部会での改正作業にも関与することになり，奇しくも前記Ⅲの海外調査の経験を生かす機会を与えられることとなった。

2　平成 15 年改正民事訴訟法の立法作業への関与

司法制度改革審議会の意見部分については，2003 年（平成 15 年）3 月に国会に提出され同年 7 月に参議院の可決を受け成立し，翌 2004 年（平成 16 年）4 月に施行された「民事訴訟法等の一部を改正する法律」（同年法律第 108 号）の一部として改正が実現し，計画的な訴訟進行を実現する方策の一つとして，「提訴前の証拠収集処分」手続が規定されることとなった。具体的には，訴えを提起しようとする者がその相手方に対し，訴えを提起する意思及び紛争に関する言い分を明らかにする「(提訴)予告通知」を書面でした上で（民訴 132 条の 2），「訴えが提起された場合の立証に必要であることが明らか」であり，「申立人が自ら収集することが困難であると認められる」「証拠となるべきもの」について，(i)文書の所持者に文書（準文書を含む。）の送付を嘱託すること，(ⅲ)資料に基づいて容易に調査することができる客観的事項について官庁その他の団体に調査を嘱託すること，(ⅲ)専門的な知識経験を有する者に専門的な知識経験に基づく意見の陳述を嘱託すること，(ⅳ)執行官に対し，物の形状，占有関係その他の現況についての調査を命ずることの 4 つの処分をすることが認められた（民訴 132 条の 4）。提訴後の証拠調べとしては，(i)が送付嘱託，(ⅱ)が調査嘱託，(ⅲ)が鑑定，(ⅳ)が検証に対応していることは明らかであり，提訴予告通知により簡易な形で証拠収集ができるようにしたものである。

筆者は，この立法作業には，東京高裁に異動することとなった 2002 年（平成 14 年）8 月まで関与していたが，同年 6 月には法制審議会で法律案につながる「民事訴訟法改正要綱中間試案」が取りまとめられて公表され，パブリックコメントの手続中で法制審議会の議論は中断していた。筆者は，この要綱中間試案を対象として同年 7 月に実施されジュリスト 1229 号 129 頁以下に登載された「座談会　民事訴訟法の改正に向けて―民事訴訟法改正要綱試案をめぐって」（司会は高橋宏司先生。以下「ジュリスト座談会」という。）に出席し，提訴前の証拠収集処分の要綱試案策定に至る経緯について説明する機会を得た。ジュ

IV 提訴前の証拠収集処分手続の立法

リスト座談会 147 頁以下では，筆者は，「「証拠収集処分の拡充について考えられる一つのイメージ」（筆者注：ジュリスト座談会 148 頁に〔資料 6〕として再録）という形で」最高裁側から「具体的なイメージを提案させていただき，法制審でご議論いただきました。」提訴予告通知を「することによって，訴訟係属に準ずる状態を作り出し，その状態の中で当事者同士のやりとりを通じて一定の訴訟準備ができるようにしたらどうかというアイディアです。」「裁判所の関与は，できる限り少ないものに」して「当事者の自由で主体的な活動によって証拠資料の収集ができるものを設けたいということで，先ほどの「イメージ」図を使って法制審で意見を述べさせていただきました。」「提訴予告通知を前提にしながら，提訴後の手続よりもより緩やかな手続，例えば，鑑定ではなくて「判定」（筆者注：イメージ図では，「専門的知見の活用」というタイトルの下に，「専門家が専門的事項の判定（簡易な鑑定）をするなどが考えられる。」との説明文が付されている。），検証ではなくて「現地調査」（筆者注：イメージ図では，「現地調査」のタイトルの下に，「執行官が紛争現場に赴き，現状等を調査することが考えられる。」との説明文が付されている。），証人尋問の代わりに「公証人による陳述録取」というメニューを用意し，鑑定・検証・証人尋問で収集できる資料を提訴前に収集できるようにしたらどうかという提案をしました。」「一定期間内に提訴することを前提に，資料収集をし，訴訟の準備をする手段として設けていくことを考えており，中間試案もその点は同様な考え方に立っていると思います。この方向での制度改革を目指してほしいと思っています。」と発言している。この発言のとおり，手続を運用する最終的な責任を負っている裁判所側から，ポンチ絵的なイメージ図を用意して，法制審に具体的な改正項目についての提案をしたのは事実である。このうち，「公証人による陳述録取」は立法としては見送られ，法制審の議論を踏まえてイメージ図にはなかった送付嘱託と調査嘱託も追加して規定されることとなっているが，「判定」と「現地調査」については，その提案趣旨がほぼ実現しているといってよい。

　ちなみに，イメージ図の「判定」と独立証拠調べ手続との関係については，筆者は，ジュリスト座談会 156 頁以下で「独立証拠調べという言葉のイメージとして，提訴後の証拠調べと同じようなものを提訴前にできるようになるという印象を与えます。ただ，私もドイツで独立証拠調べの運用を調査してきたのですが，」「かなり前提が違うのです。日本の場合，鑑定，検証を実施しようと

7 提訴前の証拠収集についての展望〔林　道晴〕

すると，当然鑑定事項，検証事項をめぐって非常に濃密な議論をしなければなりません。その前提としての立証事項の詰めも必要になってきます。そういうものを提訴前にももってくると，かえって時間がかかるだけではないかという感じがいたしますし，行えることの限度があると思います。その一方では，提訴前に専門家の判断を得たい，あるいは現地の状況を押さえたいという場合もあるだろう。それで，参考にしたのが「判定」についてはフランスのレフェレであり，「現地調査」についてはフランスのコンスタという制度です。少しでも，緩やかなもので強制力はないのですが，途は開けておこう，両当事者，実際上は弁護士が提訴予告通知，その回答や当事者照会を通じて話を煮詰めていけば，専門家に見てください，あるいは双方立ち会いで現地を見てくださいという話ができるのではないか」，「複雑訴訟すべてについて有効に使えるというわけではありませんが，活用方法を工夫していけばかなり使える余地があると思います。むしろ実務で工夫して育てていってほしいという感じをもって，提案させていただいているのです。」と発言している。独立証拠調べを参考にして，基本的には提訴後における書面鑑定と同様なものを，提訴前に導入しようとすると，手続的にも時間的にも重たいものとなって実際上機能しないおそれがあることから，裁判所側の提案に当たっては，少しでも簡易な形でのものをと考えたところである。もっとも，改正が実現した民訴法132条の4第1項第3号の専門家に対する専門的な知識経験に基づく意見の陳述制度は，提訴後の鑑定よりも簡易なものというイメージにおいて共通認識ができているものの，独立証拠調べをモデルにしたものという理解が，研究者の間では一般的であり（例えば，高橋宏志「民事訴訟法改正・人事訴訟法制定　研究者の立場から」自由と正義54巻7号49頁（2003年）では「専門家の意見陳述は，ドイツの独立証拠調べにヒントを得たものであり，簡易な鑑定と言うべきものである。」とする。），春日先生も2002年（平成14年）初出の「ドイツの「独立証拠調べ」について」（「民事証拠法論　民事裁判における事案解明」（2009年））では，法制審での民事訴訟法の改正作業を念頭に置いて，独立証拠調べ手続をモデルにした改正提案をされている。

3　提訴前の証拠収集処分手続の運用状況

提訴前の証拠収集処分の申立件数（全国の裁判所の合計件数）については，最

高裁事務総局「裁判の迅速化に係る検証に関する報告書（概況編）」（2013 年）で紹介されており，これによれば，制度の発足直後の 2005 年（平成 17 年）が 320 件であったところ，2006 年（平成 18 年）が 144 件，2007 年（平成 19 年）が 120 件，2008 年（平成 20 年）が 108 件，2009 年（平成 21 年）が 89 件，2010 年（平成 22 年）が 78 件，2011 年（平成 23 年）が 66 件，2012 年（平成 24 年）が 87 件という低調な利用状況にあるといってよい（2013 年（平成 25 年）以降の具体的な件数の統計は，公表されていない。）。同資料には，どの証拠収集処分が申し立てられたかについての紹介がなく，公刊資料でこの点にふれたものとして東京地裁民事部四委員会共同報告「改正民事訴訟法 500 日の歩み」判時 1910 号（2005 年）があるが，これによると，東京地裁における制度が施行された 2004 年（平成 16 年）4 月 1 日から 2005 年（平成 17 年）7 月 31 日までの間の申立件数の内訳が文書送付嘱託 25 件，調査嘱託 9 件であるのに対し，意見陳述の嘱託と現況調査はいずれも 0 件と紹介されている。こうした傾向は以後も変わっていないと推測され，提訴前の証拠収集処分は，活発には利用されておらず実務に定着したとはいえない状況にあるといえる。

　利用が活発でない理由については，春日先生も，前掲の「独立証拠手続の機能」130 頁で独立証拠調べ手続が利用されていることとの対比で論じられており，ドイツで独立証拠調べ手続が利用されているのは，日本の提訴前の証拠収集処分のような提訴予告通知が必要でないことと，独立証拠調べ手続では，申立人の「法的利益」が要件となっているが，この要件は緩やかに解されることが学説や判例上有力となっていることなどが影響しており，それらの点が，提訴前の証拠収集処分をより使い勝手がよいものに再構築していく際のポイントとなることを指摘している。また，弁護士の立場からは，増田勝久弁護士が「訴え提起前の証拠収集制度」法時 87 巻 8 号 16 頁以下（2015 年）で，同様に提訴予告通知が必要となっていることが弁護士の実務と適合していない面があること（事前交渉により訴え提起の段階では基本的な資料や情報が収集できており，提訴前の手続で手間暇かけるよりも訴えを提起した方が早いとの弁護士の実感を踏まえてのものである。）や，「明白な必要性」の要件（民訴 132 条の 4 第 1 項で対象が「当該予告通知に係る訴えが提起された場合の立証に必要であることが明らかな証拠となるべきもの」に限られていること）が訴え提起前の相手方の明確な反論の余地のない段階で求められるのは手続的に重過ぎることなどが，提訴前の

証拠収集処分を利用価値の低いものとしていると指摘している。最新の文献で知財事件への提訴前の証拠収集処分の運用を拡充する方策を検討した前掲「提訴前証拠収集処分としての現況調査命令等の活用を巡る諸問題」判タ1448号39頁以下では，「不相当性の要件」（民訴132条の4第1項ただし書で「その収集に要すべき時間又は嘱託を受けるべき者の負担が不相当なものとなることその他の事情により，相当でないと認めるとき」は，提訴前の証拠収集処分ができないこととされていること）が問題となる可能性を指摘している（例えば，特許権侵害の主張立証のため，相手方の工場等に立ち入って，特許権侵害の疑いのある製造方法や製造機械の使用などの製造工程を正確に特定するに足りる証拠の入手しようとする場合，相手方の負担や営業秘密侵害のおそれが問題となるようなことを想定している。）。

V　今後の提訴前の証拠収集の在り方

　提訴前の証拠収集処分手続はもちろん，証拠保全手続についても，より利用しやすく効果的なものとするために立法論的な検討が必要な面があることは確かであるが，本稿ではその点について論ずることは差し控えたい。むしろ，運用によって両手続の利用価値を高めていく余地がある点を述べて，本稿を閉じたい。

　まず，東京地裁での証拠保全手続の運用の叡智を集めたといってもよい「証拠保全の実務」が実務家の間で受け入れられ，その改訂（「新版証拠保全の実務」の刊行）に至った経過を見ると，カルテ等医療記録の医療機関による任意開示制度が定着し，その関係の証拠保全事件が減少していると見込まれる中でも，依然として証拠保全手続へのニーズがあると考えられる。しかも，Ⅱの3で述べたとおり，最近刊行された文献上は，労働事件，金融商品取引事件や知財事件での活用が論じられている。申立人となる弁護士がその利用価値を再認識し，活用についての工夫をすることが望まれている。また，裁判所側においても，申立ての背景にある事案の筋をつかんだ上で，当該証拠保全が将来的な紛争の解決に有意義なものと判断された場合には，ある程度柔軟な発想で申立人のニーズにこたえていく工夫をすることが考えられる。こうした運用上の工夫を積み重ねていくことによって，証拠保全手続の活用余地が広がっていくこ

V　今後の提訴前の証拠収集の在り方

とが期待できる。

　一方，提訴前の証拠収集処分手続については，関係者として申立人となる弁護士しか想定できない証拠保全手続と違って，提訴予告通知によって相手方に早い段階で弁護士がつく可能性があることに着目してもよいように思われる。双方弁護士にはそれぞれの思惑もあるとは思うが，提訴後の展開もにらんだ上で，提訴後の円滑な訴訟進行のために有益な証拠を早期に得ることは，双方にとってメリットを想定できる場合もあるはずである。そのような場合に，早期に裁判所と双方弁護士の打ち合わせの機会を設定し，話し合いを通じて必要な証拠収集処分を利用することに理解が得られ，（その円滑な実施のためにルールが必要であれば，）ルールについても合意した上で，そのルールに沿った証拠収集処分を実施してみるようなことも考えられるのでないか。特に，平成15年改正民事訴訟法により一連の専門訴訟対策が講じられ，提訴後の専門家の活用制度として，専門委員制度が導入される一方，裁判所において鑑定人の確保に向けた施策が展開され成果を上げつつあることから，従前よりは専門家の民事訴訟への協力が得られやすい状況となってきている。提訴前においても，この専門訴訟対策の成果を生かすことによって，簡易な形で証拠収集処分としての専門家の意見陳述の嘱託を利用する環境が整いつつあるといえる。いずれにせよ，提訴前の証拠取集手続の活性化のためにも，利用者である弁護士と運用を預かる裁判官の意識を変えていく必要がある。いきなり個々の事件における裁判所と申立人・相手方の弁護士の連携が難しいとしても，例えば，裁判所と弁護士会との民事訴訟の運用に係る意見交換の機会等に，ニーズがありそうな事件の具体的なモデル事例を設定して，申立てから証拠収集処分までの手続の流れを想定してみること（前期Ⅱの2で述べた，「証拠保全の実務」中，具体的なモデル事例を設定した上で，申立てから証拠保全の実施，手続の終了までを物語風に記述した部分を作成するのと同様な作業をするイメージである。）も，検討されてもよいのではと思われる。ちなみに，前掲「提訴前証拠収集処分としての現況調査命令等の活用を巡る諸問題」判タ1448号9頁以下は，特許権侵害事件について提訴前証拠収集処分を活用した際の具体的な運用イメージを紹介しており，同様な問題意識に基づくものとして注目される。

　提訴前の証拠収集の在り方について，立法論的な検討とは別に，運用の活性化に向けた議論が盛り上がることを期待してやまないところである。

8 民事訴訟における新種媒体の証拠調べと PDF ファイルの証拠力

三 上 威 彦

I は じ め に

近時，法務省は，司法書士会に対して，不動産登記のオンライン申請に関して，いわゆる「資格者代理人方式（新提案 PDF 方式)」の導入を提案した。「資格者代理人方式」とは，不動産登記のオンライン申請において，司法書士等の資格者が代理する場合，委任状，印鑑証明，登記原因証明情報等を提供するに際し，資格者が原資料を確認した上でスキャニングした PDF ファイルデータに電子署名を付した場合には，当該データをオンラインで提供することができるとするものである。この法務省提案に対しては見解が分かれており，賛成論もある一方で，疑念を呈する見解も根強いものがある[1]。現在，この法務省提案は凍結されているようであるが，法務省からの司法書士会に対し意見聴取をする日程も組まれているようであり，この問題は，引き続き議論が継続するであろう。

そこで，本稿では，このような議論のための基礎資料を提供する意味で，民事訴訟法上，文書や新種媒体に関する証拠調べの概要を明らかにし，それらの証拠力について検討し，さらに，PDF ファイルデータの証拠力につき考察をするものである。その意味で，本稿は，不動産登記法や附属法令の実体法的な

---

(1) 賛成するものとして，七戸克彦「不動産登記の真実性担保手段」日本登記法研究会第 3 回研究大会資料集（2018 年）1 頁以下。なお，この制度についての慎重論は，現在行われている不動産登記のオンライン申請を否定するものでははないし，資格者代理人方式自体を否定するものでもない。すなわち，不動産登記のオンライン申請を前提とした上で，資格者代理人方式の制度を実際に生かすためには，数々の前提条件を整備する必要があるという主張のように思われる。

『現代民事手続法の課題』春日偉知郎先生古稀祝賀〔信山社，2019年7月〕

8 民事訴訟における新種媒体の証拠調べとPDFファイルの証拠力〔三上威彦〕

解釈に立ち入るものではない。

Ⅱ　文書の証拠調べ

1　文書の真正な成立

(1)　文書の形式的証拠力

　書証とは，作成者の意思や認識（これらは思想と呼ばれることがある）が記載されている文書を裁判所が閲読して，その意味内容を係争事実の認定のための証拠資料とする証拠調べをいう。書証は，文書の意味内容を証拠資料とする証拠調べである点で，文書の存在自体やその外形（紙質や形状）を証拠資料とするための証拠調べである検証とは異なる。

　それに対し，図面，写真，録音テープ，ビデオテープその他の情報を表すために作成された物件で文書でないものは，「文書に準ずる物件（準文書）」として，書証の手続により証拠調べがされることになった（231条）[2]。

　ところで，書証は，文書の作成者の意思や認識などの意味内容を証拠資料に用いるための証拠調べであるから，まず，その文書が，挙証者が作成者であると主張する特定人（作成名義人）の意思に基づいて作成されたということを確かめる必要がある。もし，挙証者の主張通りの作成名義人の意思によって作成されたものでなければ，その文書の意味内容を議論する前提を欠くことになるからである。このように，当該文書が作成者の意思に基づいて作成されたということが肯定されることを，文書が真正に成立したといい，これにより，文書の形式的証拠力が備わることになる（228条1項）。

　文書の真正，すなわち，作成者の意思に基づいて文書が作成されたとの事実

---

(2)　これらのうち，図面と写真は，そのままで可視的ではあるが作成者の思想を表していないのに対し，録音テープやビデオテープは，可視的ではないが作成者の思想が表されている点で異なる。しかし，立法担当者によれば，両者の性質を区別することなく，旧民訴法332条の「証拠ノ為作リタル物件ニシテ文書ニ非サルモノ」という表現をわかりやすい形に改めたとされている（法務省民事局参事官室編『一問一答平成30年人事訴訟法』〔商事法務，2019年〕277頁）。したがって，ここでいう準文書とは，検証物のうち，証拠を残すあるいは伝達するために作成された物件，すなわち，情報を表すために作成された文書以外の有体物を意味すると解される（三宅省三=塩崎勤=小林秀之編集代表『新民事訴訟法大系　第3巻』〔青林書院，1997年〕87頁〔宇野聡〕）。

が認められれば，通常は形式的証拠力も肯定されるが，習字の目的で作成された文書のような場合には，なお形式的証拠力に欠ける[3]。ここでいう作成者は，記載内容たる思想の主体を意味するものであって，必ずしも媒体上に文字・記号などを直接記入した者を意味するものではない。

形式的証拠力の前提事実として文書の真正が確定されなければならないので，挙証者から文書が提出されると，裁判所は，相手方にその認否，すなわち文書の真正な成立を認めるかどうかを確認する。相手方が成立を争うと，挙証者は，その真正を証明しなければならない。文書の真正な成立のためには，通説によれば，①文書の作成者の特定，②挙証者による作成者の主張，③作成者の意思に基づくこと，が要件として必要であり，その結果，挙証者が主張した者以外の者が作成した文書では，その真正を欠くことになる[4]。また，写し（認証なき謄本・抄本）による書証の申出の場合における文書の成立の真正とは，挙証者の主張通りの者によって当該写しが作成されたことのほか，原本が存在しかつ挙証者の主張通りの作成名義人によって作成されたことを含む[5]。文書の成立の真正は，証拠の信用性に関する補助事実であり，この点について争いがある場合には，挙証者がそれを証明しなければならない。ただ，法律は，公文書と私文書に分け，一定の事由があれば，文書の成立の真正を推定する旨の規定を置いている（228条2項・4項）。

(2) 公文書の成立の真正の推定

公文書は，その方式と記載内容から判断される趣旨とによって，公務員が職務上作成したものと認められるときは，真正に成立したものと推定される（228条2項）。この推定の性質については，法律上の事実推定説もあるが，法定証拠法則であると解する見解が有力である[6]。これが法定証拠法則であるとすると，外観上公文書と認められれば，その作成過程について挙証者は積極的

---

(3) 兼子一 原著『条解民事訴訟法（第2版）』（弘文堂，2011年）1179頁〔松浦馨=加藤新太郎〕，伊藤眞『民事訴訟法（第6版）』（有斐閣，2018年）425頁。

(4) 兼子・前掲注(3) 1263頁。

(5) 兼子・前掲注(3) 1263頁。

(6) たとえば，兼子・前掲注(3) 1266頁，伊藤・前掲注(3) 426頁。なお，学説の状況については，内海博俊「『法定証拠法則』たる『推定』の意義に関する覚書」高橋宏志ほか編『民事手続の現代的使命（伊藤眞先生古稀祝賀論文集）』（有斐閣，2015年）47頁以下が詳しい。

な証明を必要とせず，むしろ相手方が，反証を挙げなければならない。その反証は，反対事実すなわち真正でないことの証明までを要求するものではない。このことは，公文書の成立の真否について疑いがあるときは，裁判所は，職権で，当該官庁または公署に照会することができる（228条3項）と規定していることからも窺うことができる。もし法律上の事実推定説に立つと，推定を覆すためには，反対事実の証明が必要であるから，この文言とは相容れないであろう。

なお，公文書と私文書が混在する文書については，それぞれの文書部分について，文書成立の真正を考えるべきである。たとえば内容証明郵便は，証明部分は公文書であるが，通信部分は私文書である。よって，公文書の真正な成立の推定を受けるのは，公文書の部分に限られる。

(3) 私文書の成立の真正の推定

私文書は，本人またはその代理人の署名または押印があるときは，真正に成立したものと推定される（228条4項）。また，電子署名法[7]3条は，「電磁的記録であって情報を表すために作成されたもの（公務員が職務上作成したものを除く。）は，当該電磁的記録に記録された情報について本人による電子署名（これを行うために必要な符号及び物件を適正に管理することにより，本人だけが行うことができることとなるものに限る。）が行われているときは，真正に成立したものと推定する」との規定を置いている。

この推定の法的性質は，公文書と同様，法定証拠法則であると解する[8]。すなわち，一定の証拠方法（署名，押印のある私文書）に一定の証拠価値（私文書の成立の真正）を付与することを裁判官に命ずる法規であると考えられる。

私文書に，作成者と主張されている人またはその代理人の署名・押印があれば，その本文はタイプで打ってあったり，筆跡が違っていても，その全体の成立の真性が推定されるから，挙証者としては，署名・押印の真性であることを証明すれば足りる[9]。署名・押印の真性とは，文書上に本人もしくは代理人の

---

(7) 正式には，電子署名及び認証業務に関する法律（平成12年法律第102号）という。
(8) 兼子・前掲注(3)1266頁，伊藤・前掲注(3)427頁等。
(9) 署名・押印の真性について争いのない場合のみならず，争いがあってもその真性が証明されれば推定は適用されるとするものとして，大判昭7・2・22新聞3378号12頁を参照のこと。

Ⅱ　文書の証拠調べ

意思に基づいてなされた真正な署名（記名，代筆を含む）があるか，または本人もしくは代理人の意思に基づいて押捺された真正な印影（実印・認め印ほか，拇印でもよい）があることをいう[10]。

　私文書に押されている印影が作成者の印章によって顕出されたものであるときは，反証のない限り，その印影はその者の意思に基づいて検出されたものと事実上推定することができる[11]。そして，意思に基づいた押印があるときは，民訴法228条5項の推定を受けることになるから，「印章と同一の印影→押印の推定→文書の真正の推定」という，いわゆる2段の推定が働くことになる[12]。このうち，一段目の推定は，経験則に基づく事実上の推定であるから，相手方において，本人または代理人の意思に基づいて押捺されたものでない事項について，反証をあげることができれば，推定が破られる。たとえば，印章を共有・共用していた場合[13]や，印章を預託していた場合[14]，印章を盗まれた場合[15]，第三者が自由に印章を使用できる状況にあった場合[16]，押捺した文書が作成されていることが不自然である場合[17]など，特段の事情があれば，第1段の「印章と同一の印影→押印の推定」は妨げられるであろう[18]。また，相手方は，第2段の「押印の推定→文書の真正の推定」という法定証拠法則に対して直接に反証を行うことも可能であろう。

　以上のような，文書の真正をめぐる証明について特別の証拠方法の制限はないが，法は，作成者とされる者の他の筆跡または印影の対照による証明が可能である旨を注意的に規定する（229条1項）。これは証拠調べの方法としては検証である。ただし，対照に用いられる筆跡や印影が備えられた文書の提出については，書証の規定が準用されている（229条2項）。

---

(10)　兼子・前掲注(3) 1267頁。

(11)　最判昭39・5・12民集18巻4号597頁，三ケ月章『判例民事訴訟法』〔55〕283頁，近藤隆司・民事訴訟法判例百選5版151頁。

(12)　加藤新太郎「文書成立の真正の認定」新堂幸司ほか編『判例民事訴訟法の理論（上）（中野貞一郎先生古稀祝賀）』（有斐閣，1995年）593頁。

(13)　最判昭50・6・12民集時783号106頁。

(14)　最判昭47・10・12金法668号38頁。

(15)　大阪高判昭40・12・15金法434号8頁。

(16)　最判昭45・9・8裁判集民100号415頁。

(17)　最判平5・7・20判時1508号18頁。

(18)　加藤・前掲注(12)593頁以下に，これらの裁判例についての紹介がある。

文書の成立の真否を争う当事者に対して反証提出の機会を付与することは，手続保障の観点から重要であり，これを欠くときは，審理不尽の違法があるとされることがある[19]。

2　実質的証拠力

形式的証拠力が認められると，次に，立証主題たる事実を証明することに文書の記載内容がどの程度寄与するものかということ（実質的証拠力）が問題になる。言い換えれば，実質的証拠力は，文書の証拠価値の評価の問題であるから，裁判所の自由心証主義に委ねられる（247条）。証人や当事者の証言に比較すると，文書の証拠価値が高いと言われることがあるが，これはあくまで一応の基準に過ぎず，絶対的なものではあり得ない。もっとも，口頭弁論調書の証明力（160条3項）のように，法が自由心証主義に対する例外を設けている場合は別である。

なお，文書には，処分文書と報告文書を区別することができる。処分文書とは，証明しようとする法律行為が記載されている文書（契約書，手形，遺言書など）であり，それ以外の作成者の経験を記載したり意見を述べた文書を報告文書という。処分文書にあっては，形式的証拠力が認められると，通常，作成者がそこに記載された法律行為をしたことが強く推定され，反証をあげて争うことは容易ではなくなる。たとえば，遺言書や契約書などが作成者の意思に基づいて成立したことが認められれば，特段の事情がない限り，記載内容たる法律関係発生の事実が認められるが，これは文書の性質によるものである[20]。したがって，処分文書の成立を争う独立の利益が認められ，証書真否確認の訴え（134条）によって，成立の真正を争う余地が認められている。

3　書証の手続

書証の申出は，弁論主義の下では，当事者の申出によることを原則としてい

---

[19]　最判昭45・10・30判時611号34頁，最判平5・12・7判時1510号14頁。

[20]　もっとも，厳密に言うと，処分証書性は，遺言ないし，契約の意思表示部分のみに限られ，遺言書や契約書作成の日時，場所，及び立会人などの記載部分は，報告文書であって，疑いがあれば，他の証拠による証明が必要になる（秋山幹男＝伊藤眞＝加藤新太郎＝高田裕成＝福田剛久＝山本和彦〔菊井維大＝村松俊夫原著〕『コンメンタール民事訴訟法Ⅳ』〔日本評論社，2010年〕354頁）。

る（例外として，商業帳簿等については，裁判所は職権で提出を命じることができる〔商 19 条 4 項，会社 434 条・443 条〕）。具体的には，①挙証者が自ら所持する文書はそれを提出する。②相手方または第三者が所持する文書にあっては，その提出義務を負うもの（220 条）については，文書提出命令を申し立てる（219 条）。その他，③所持者が任意に提出に協力する見込みのある文書については，文書の送付嘱託の申立てによりすることもできる（226 条）。

文書の提出は，原本，正本または認証謄本によってしなければならないが，裁判所は，必要があれば原本の提出等を命じることができる（民訴規 143 条）。その趣旨は，文書の取り調べにあっては，成立後改竄の可能性の低い原本を取り調べることによって，そこに書かれた意味・内容を証拠資料とすることが求められるからである。文書の写しを提出してなす書証の申出は不適法である[21]。ただし，①相手方が原本の存在と成立を争わず，その写しをもって原本の提出に代えることに異議がない場合，②文書の写し自体を書証の対象とする趣旨で，写し自体を提出して書証の申出をする場合には，それによらない取扱いをしてもかまわない[22]。

Ⅲ 新種証拠の取扱い

伝統的には，思想を記録し，伝達する媒体としては，紙が用いられ，文書の概念も紙媒体を前提とするものであった。しかし，近年の科学技術の発達の結果，録音テープ，ビデオテープ，磁気ディスクなどの磁気媒体，およびマイクロフィルム，光ディスクなどの光媒体が思想の記録や伝達のために多用されるようになった。これらの新種媒体は，思想の記録・伝達という機能の点においては，文書と同一の機能を果たすものであるが，媒体そのものから視覚によって記載内容を認識することはできず，その内容を閲読するためには，一定の方式に従った特別の装置の操作を介在させることを要する点で，文書と区別され

---

[21] 最判昭 35・12・19 民集 14 巻 13 号 3020 頁。

[22] ②の場合につき，東京地判平 2・10・5 判時 1364 号 3 頁。なお，民事訴訟規則 143 条は，旧 322 条 1 項 2 項を規則化したものであり，規定内容は旧法のそれと同一である。したがって，旧法 322 条についての解釈がそのまま妥当する（最高裁判所事務総局民事局監修『条解民事訴訟規則』〔司法協会，1997 年〕303 頁・304 頁）。

8 民事訴訟における新種媒体の証拠調べとPDFファイルの証拠力〔三上威彦〕

る。このような特徴は，新種媒体についての証拠調べが求められたときに，裁判所がどのような手続によってそれを行うかという問題が生じる。

1 準 文 書

この問題につき，図面，写真，録音テープ，ビデオテープその他の情報を表すために作成された物件で文書でないものは，「文書に準ずる物件（準文書）」として，書証の手続により証拠調べがされることになった（231条）。具体的には，写真・録音テープ等の証拠調べの申出をするときは，その証拠説明書において，撮影，録音，動画等の対象並びにその日時及び場所を明らかにしなければならない（民訴規 148条）。そして，文書の閲読に代わり，法廷において，機器を用いて再生・視聴する方法により取り調べる。もっとも，録音テープ等の音声の正常の検査を目的とするような場合は，検証手続となる[23]。

2 準文書以外の新種媒体の証拠調べ

準文書に該当しない磁気テープや磁気ディスク，磁気ドラム，光ディスク等の新種媒体の証拠調べについては，いかなる手続において，これらの媒体の取調べをすべきかについては争いがある。

(1) 書証説と検証説

準文書以外の新種媒体，たとえば，磁気テープや磁気ディスク，磁気ドラム，光ディスク等（以下，磁気テープ等という）に関しては，思想の記録や伝達という機能の点においては，文書と同一の機能を果たすものであるが，媒体そのものから視覚によって記載内容を認識することはできず，その内容を閲読するためには，一定の方式に従った特別の装置の操作を介在させることを要する点で，文書とは区別される。これらの媒体を証拠として取り調べる場合に，いかなる手続によるべきかという問題については，新種媒体の機能を重視して，書証として取り調べるべきであるとする書証説と，新種媒体の性質を重視して，形式的証拠力を裁判官の視覚によって判断できない以上，媒体の形状等を検証によって認識する以外にないとする検証説との対立がある。

書証説によれば，磁気テープ等でいえば，それ自体を文書または準文書と解

---

[23] 加藤新太郎『手続裁量論』（弘文堂，1996年）232頁。

Ⅲ 新種証拠の取扱い

する。文書とする見解は，磁気テープ等は人の思想を内容とし，それを通常の文字ではなくコンピュータ特有の記号によって表現しているに過ぎないものであるから，これは文書にほかならないものであるとする[24]。それに対し準文書説は，磁気テープ等自体は可視的状態にないから通常の文書であるとはいえないが，その内容はプリントアウトされれば紙面等の上に可視的状態に移し替えられるから，これを準文書というべきであるとする[25]。

それに対して検証説によると，書証の対象としての文書は，裁判官がその目で見て判断できることを前提としているが，磁気テープ等はそれが不可能であり，法の予定している形での文書の取り調べではあり得ない。仮に，磁気テープ等が文書であるとしても，書証の形式的証拠力の判断については，公文書および私文書の真性の推定の規定をもち，裁判所が原本の提示を命じ，さらに筆跡または印影の対照によっても文書の成立を認めることができる（228条・229条）とされていることからみて，証拠調べの手続の構造として，裁判官が直接，形式的証拠力について判断を形成するものであることが前提となっている。しかし，磁気テープ等は，裁判官が直接に形式的証拠力を判断することができず，結局磁気テープ等の内容とプリントアウトされた書面の同一性に関して鑑定する必要性が残るから職権による鑑定が可能な検証によるべきであるとする[26]。

このような対立を背景に，磁気テープ等の形式的証拠力につき，書証説と検証説とを対比してみると，両説の磁気テープ等の形式的証拠力の捉え方が異なる。すなわち，書証説は，形式的証拠力を磁気テープ等が作成者の権限ないし意思に基づいて作成されたことであると捉えているのに対して，検証説では，プリントアウトされた書面の記載内容と磁気テープ等の内容との同一性の問題と考えており，そもそも形式的証拠力は問題とはならない。検証説では，プリントアウトした書面と磁気テープ等の内容との同一性の判断につき鑑定の必要性が残されるとするが，書証説によれば，その同一性の判断は実質的証拠力の問題であり，常に同一性に疑義が生じ鑑定が必要となるわけではないとする。

---

[24] 竹下守男「コンピュータの導入と民事訴訟法上の諸問題」ジュリスト484号（1971年）31頁，春日偉知郎「録音テープ等の証拠調べ」木川統一郎ほか編『新・実務民事訴訟講座(2)』（日本評論社，1981年）201頁等。

[25] 春日偉知郎「判批」判タ362号118頁，住吉博「判批」判時919号162頁，本間義信「解説」昭53年度主要判解265頁，加藤新太郎「解説」民訴百選2版214頁等。

[26] 住吉・判時919号162頁。

8 民事訴訟における新種媒体の証拠調べとPDFファイルの証拠力〔三上威彦〕

(2) 新書証説と新検証説

　新書証説は，磁気テープ等を証拠資料としたいと考えるのは，そこに記録された思想的意味のある内容（情報データ）を要証事実の証明に用いる必要がある場合であろうから，文書と同様の機能を利用したいという意図であるから，書証として証拠調べをすることが相当であるとする。これによれば，磁気テープ等に記録された思想内容を証拠資料とする場合には，通常は，プリントアウトされて閲読可能になった文書（これが，原本となる）を書証の手続により取り調べるのが相当であるとする。そして，そのような形で証拠調べの申出をする当事者は，証拠説明書において，プリントアウトされた文書の記載から明らかな場合を除き，磁気テープ等に入力した者，入力した日時，プリントアウトした者，プリントアウトした日時等の事項を明らかにすべきであろうとする（民訴規148条の類推）。さらに裁判所または相手方の求めがあるときは，内容説明書を提出しなければならないと解する（民訴規149条1項の類推）という。そして，プリントアウトされた書面と磁気テープ等の内容の同一性に争いがある場合には，磁気テープ等自体を取り調べなければならないが，この場合における証拠調べの方法としては，鑑定または検証になることになるが，これは証拠価値（実質的証拠力）に関する補助事実の立証を目的とするものであると解する[27]。

　この見解によれば，プリントアウトした書面が提出されれば，これを通常の書証の方式によって取り調べる。したがって，形式的証拠力は，通常の文書とまったく同様に，文書上の署名・押印などに基づいて判断されることになろう。そして，論者によれば，当事者がプリントアウトした書面を文書としての体裁を整えて提出しさえすれば，通常，文書の形式的証拠力はあまり問題になることはなく，相手方が文書の成立を否認しても，作成名義人の証人尋問等により形式的証拠力が認められることになるという[28]。

　これに対して，新検証説[29]は，情報媒体の文書性を否定し，情報媒体からプリントアウトされた文書を原本とみる点では，新書証説と同じであるが，情報

---

[27]　加藤新太郎『民事事実認定論』（弘文堂，2014年）327頁・328頁，同・前掲注[23]227頁以下。

[28]　加藤・前掲注[23]228頁。

[29]　夏井髙人『裁判実務とコンピュータ』（日本評論社，1993年）140頁以下。

媒体自体および媒体上のデータを直接に証拠調べの対象とする場合には検証で
あるとする点で異なる。したがって，統一的処理ではなく，証拠調べの目的に
応じて，書証の証拠調べまたは検証の証拠調べのいずれかを選択することにな
る。新書証説が，情報媒体からプリントアウトされた文書を生成文書として，
可能文書たる情報媒体と連続性を備えた文書とみるのに対し，新検証説は，プ
リントアウトしたした文書を情報媒体から独立した文書と理解し，情報媒体上
のデータおよび内容を推認させる一種の「報告証書」とみるのである。した
がって，プリントアウトされた文書の証拠価値は，相対的に低く，（直接の証
拠資料となり得るのは，情報媒体上のデータを出力させたことにより，一定の結果
が得られたということに尽きる），作成名義人が正当なオペレーションを実行し
たとの経験則の適用を前提として，証拠価値を有するにすぎないという[30]。

(3) プリントアウト原本説への疑問

　学説は以上のように書証説と検証説の対立に端を発し，互いの欠点を補う形
で，新書証説と新検証説が唱えられ，その位置づけは異なるものの，情報媒体
のデータをプリントアウトしたものを原本とする点では一致を見ている。ただ，
新書証説によれば，プリントアウトされた文書（生成文書）を原本として，通
常の書証の方式により取り調べるので，形式的証拠力についても，通常の文書
の取調べと異なるところはない。しかし，そこでは，情報媒体のデータの作成
者と，その内容をプリントアウトしたものの作成者とは異なる場合がある。し
たがって，プリントアウトされた文書が，形式的証拠力，実質的証拠力を満た
すとしても，そのことによって，情報媒体上のデータの形式的証拠力および実
質的証拠力を満たすことにはならないのではないだろうか。それに対して，新
検証説によれば，直接に証拠資料となり得るのは，情報媒体上のデータから一
定の出力結果が得られたという事実であって，プリントアウトされた書面の記
載内容の正確性は事実上推定されるにすぎない。すなわち，プリントアウトさ
れた書面を原本とみながら，他方で，情報媒体に記録された作成者の思想内容
を直接的な証拠資料と解さないため，「あたかも文書の写しを原本として提出
した場合の証拠力しか認めないことになり，」実質的証拠力をきわめて限定す
る結果となっている[31]。

---

(30) 春日偉知郎「新種証拠の証拠調べ」ジュリ 1028 号（1993 年）111 頁。

(31) 春日・前掲注(30) 112 頁。

8 民事訴訟における新種媒体の証拠調べとPDFファイルの証拠力〔三上威彦〕

このような状況に鑑みると，はたして，電子媒体に保存されたデータをプリントアウトした書面を原本とすることは妥当なのだろうかという疑問がわいてくる[32]。デジタルデータ形式の思想・認識は，データを入力（と一定の処理を）し終えるとその内容は確定する。デジタルデータのままでは，一般の人は即可読の状態とはいえないとしても，データに記憶した作成者本人の意識としては，少なくともディスプレイに表示して読む（読まれる）ことは記録（入力）時に織り込み済みである。文書は紙に限らず，木片・皮・石でもよく，ロッカーキー・下足札等は準文書とされているが[33]，ディスプレイに映された可読状態の表示は十分その原本ということができるのではあるまいか。これに対し，プリントアウトした紙は，PC から離れた別の有体物であり，データの思想・認識の表明者（作成者）と，印刷してプリントアウト作成を決定した者とは必ずしも同一人物ではない。プリントアウト原本説は，本人の原本作成意思と関係なく原本扱いを認めることから，以下のような問題が生じると考えられる。まず第1に，原本は「確定的に」作成されたものをいうが，作成者の思想・認識はデータ入力時にすでに確定しており，作成者が媒体に記憶することで，PC のディスプレイに表示可能な状態になる。ところが，プリントアウト原本説では，印刷によりプリントアウトがなされたのが作成者の入力から相当時間が経った後であっても，プリントアウトされたものが原本となる。これを原本とすることがはたして妥当であろうか。第2に，デジタルデータを出力（印刷）したのが，本人が実際にデジタルデータの入力時から長期間が経過した後である場合もあろう。そのような場合には，すでに作成者が死亡していたり，データの存在を忘却していたりしたとしても，このとき作成できるはずのない（または作成意思のない）作成者が原本（プリントアウトされた文書）を作成したことになりはしないか。すなわち，プリントアウト原本説では，原本の作成時期の説明が困難となる。もし作成時期を整合的に説明するならば，印刷した者の印刷意思を基準にして，プリントアウト出力（印刷）時を作成時期とするしかないが，当該（準）文書に表明された思想・認識の主体は印刷者ではなく，デジタルデータの作成者なのであるから，結局，印刷者は，「写し」の作成者で

---

[32] 町村泰貴=白井幸夫編『電子証拠の理論と実務』（民事法研究会，2016 年）165 頁〔櫻庭信之〕が多々指摘するところである。

[33] 秋山ほか・前掲注[20] 525 頁。

しかない。第3には，プリントアウト原本説は，契約書等の作成部数等に対する作成者の認識とも乖離する。すなわち，どれを原本とするかという本人の意識と関係なく，例えば，誰かが，一万部ものプリントアウトを作っても，そのすべてが原本ということになろう。原本性の要素の一つは「最初に」作成されたものであることである。しかし裁判所に提出したプリントアウトされた文書が，「最初に」の範囲内の印刷である（ほかに先に誰も印刷していない）ことをどう証明するかの問題もある。端的に「原本に代わる」写しといえば足りるものを，プリントアウト原本説は，原本性の定義の「最初に」の意味を失わせている[34]。

さらに，電子署名法3条は，「電磁的記録であって情報を表すために作成されたもの（公務員が職務上作成した者を除く）は，当該電磁的記録に記録された情報について本人による電子署名（これを行うために必要な符号及び物件を適正に管理することにより，本人だけが行うことができることとなるものに限る。）が行われているときは，適正に成立したものと推定する」と定め，民訴法228条4項と同趣旨の規定を設けている。そして，電子署名と認められるためには，電子署名法2条1項の要件を満たす必要がある。こうした厳格な要件が課されながらも，電子署名の真性推定に対する反証が可能である（電子署名3条参照）。デジタル証拠に署名または捺印がない場合，真性推定への反証を許す民訴法228条4項の適用はなく，このデジタル証拠には同法1項が適用され，本来，原本をもって（準）文書を提出しなければならないはずである。ところが，プリントアウト原本説では，申出者が提出時に，電磁的記録のプリントアウトであると説明すれば，民訴規則143条1項を簡単に通過し，民訴法228条1項を満たすことになるが，これでは，電子署名法が，厳格な認識要件を要求し，しかも，電子署名の真性推定への反証すら許していることとの均衡を失する[35]。

以上のように考えれば，端的に，プリントアウトの提出は原本としてではなく，「原本に代え」た写しの提出として扱うべきではなかろうか。

(4) 2段の推定とデジタルデータ

民訴法228条4項は，旧民訴法326条に相当するものであるが，判例[36]は，

---

(34) 町村=白井編・前掲注(32)168頁〔櫻庭信之〕参照。

(35) 町村=白井編・前掲注(32)171頁〔櫻庭信之〕。

(36) 最判昭39・5・12民集18巻4号597頁。

旧民訴法 326 条に関し，「『本人又ハ其ノ代理人ノ署名又ハ捺印アルトキ』というのは，該署名または捺印が，本人またはその代理人の意思に基づいて，真正に成立したときの謂であるが，文書中の印影が本人または代理人の印章によって顕出された事実が確定された場合には，反証がない限り，該印影は本人または代理人の意思に基づいて成立したものと推定するのが相当であり，右推定がなされる結果，当該文書は，民訴 326 条にいう『本人又ハ其ノ代理人ノ（中略）捺印アルトキ』の要件を充たし，その全体が真正に成立したものと推定されることとなるのである」と判示している。その一方で，他の判例[37]は，反証がない限り，私文書の印影が名義人の意思に基づいて顕出されたものと事実上推定される当該名義人の印章とは，「印鑑登録をされている実印のみを指すものではないが，当該名義人の印章であることを要し，名義人が他の者と共有，共用している印章はこれに含まれないと解するのを相当とする」と判示し，本人以外にも家族の誰もが使えるような三文判では，印影が本人の意思に基づいて顕出されたものとたやすく推定することは許されないとした。

　しかし，これらの判旨は，紙媒体を前提としたものであり，電子証拠の場合，その性質上，本人または代理人がデジタルデータに直接署名または押印することはできないし，筆跡等が残るわけでもないことから，電子証拠については上記推定規定を適用することができず，従来，本人確認の手段は未整備であった。ただ，証拠提出されたプリントアウトのデジタルデータを格納する当該 PC が職場や家族で共有されておらず，実際に使用しているのが行為者本人のみであって，本人に限りパスワードを知っていたという場合や，当該 PC が共有されても，プリントアウトされた電子メールのアカウントが行為者本人のみによって管理され，共有者らが知らないという場合等には，二重の推定に類似した状況が現れる。

　しかし，このような状況は，むしろ例外的であり，特に電子証拠の場合，原本の真正性をどうやって保証し，どのような形で保存するかという問題が生じる。原本が要求される根拠を考えれば，デジタルデータにあっても，その保存と真正性と非改竄性の担保ということができるであろう。そして，デジタル化時代の原本とは，物そのものではなく，「認証されたデータそのもの」と捉え

---

(37)　最判昭 50・6・12 訟月 21 巻 7 号 1403 頁。

直す必要があり，複数の全く同じものができるという意味で，どれかひとつを
「真正」なものとして認証し，電子署名，タイムスタンプ[38]等を付しておく必
要がある[39]。

　そこで，この問題を解決する１つの手段として，電子署名・電子認証技術が
生み出され，さらに，それを前提として，平成12年５月24日，電子署名法が
制定され，今日では，デジタルデータについてその真正を立証するには，電子
署名・電子認証によることもできるようになった[40]。すなわち，電子署名法２
条１項によれば，電子署名とは，「電磁的記録（電子的方式，磁気的方式その他
の人の知覚によっては認識することができない方式で作られる記録であって，電子
計算機による情報処理の用に供されるものをいう。以下同じ。）に記録することが
できる情報について行われる措置であって，次の要件のいずれにも該当するも
の」と定義され，その要件として，当該情報が当該措置を行った者の作成にか
かるものであることを示すためのものであること（同項１号），当該情報につ
いて改変が行われていないかどうかを確認することができるものであること
（同２号）と規定されている。そして，それを前提として，同法３条は，「電磁
的記録であって情報を表すために作成されたもの（公務員が職務上作成したもの
を除く。）は，当該電磁的記録に記録された情報について本人による電子署名
（これを行うために必要な符号および物件を適正に管理することにより，本人だけが
行うことができることとなるものに限る。）が行われているときは，真正に成立し
たものと推定する。」と規定している。したがって，これに当たる電子データ
があれば，２段の推定ははたらくものといえよう。　しかし，電子署名法３条
の要件を充たさないプリントアウトされた文書に，実印保管の経験則から生ま
れた２段の推定法理をそのまま適用することはできない。なぜならば，電子署
名法３条は，電子署名のために必要な符号および物件を適正に管理することに
より，本人だけが行うことができる場合に限って，成立の真正を推定するもの
であり，これが認証要件になるとさらに厳格になっているからである（電子署

---

(38)　タイムスタンプについては，総務省『タイムスタンプの概要・動向および業務の電子
　　化における証拠性確保の活用事例（第１版（抜粋加筆））』（2018年）参照のこと。
(39)　笠原毅彦「民事裁判のIT化」棚瀬孝雄ほか編『権利実効化のための法政策と司法改
　　革（小島武司先生古稀祝賀〈続〉）』（商事法務，2009年）1002頁。
(40)　電子署名制度については，町村=白井編・前掲注(32) 240頁以下〔森冨義明=東海林保〕
　　が詳しい。

名および認証業務に関する法律施行規則2条)。したがって,このような場合には,その文書の成立の真正を主張する者において,民事訴訟法の規定(228条4項)によることなく,改竄やなりすましがされていないことを証明する必要に迫られることになる。そして,この場合でも,デジタル情報そのものを検証することによって改竄・なりすましの可能性を技術的に否定できれば,デジタルデータの真正な成立の立証が可能とされる場合があり,その技術的手段として,デジタルフォレンジック[41]が有用であるとされている[42]。すなわち,デジタルフォレンジックを活用することで,挙証者の保有するデジタル情報であって紛争の相手方が作成したものの真正な成立を立証するために,当該デジタル情報や作成者,修正履歴などを記した付加情報(メタデータ)を明らかにしたり,定期的バックアップが行われている状況下では,一定時点でのデジタル情報の内容と現在の情報との一致不一致などを積み上げていくことによって電子証拠の成立の真正を証明することが考えられる[43]。

(5) 電子証拠の実質的証拠力

既に述べたように,実質的証拠力とは,形式的証拠力が認められた文書につき,立証主題である事実を証明することに文書の記載内容がどの程度寄与するかという問題である。電子証拠の場合,同一のデジタルデータをその内容が損なわれることなく簡単に何度でもコピーでき,また,デジタルデータであるがゆえに容易に置き換えが可能であるという特質から,電子証拠の実質的証拠力については,データの改変,改竄の有無が問題となることが多い。

このように,後日の紛争や裁判に備えて,電子データの内容の同一性,信用性を確保する手段として,電子公証制度を利用することが考えられる。電子公証制度とは,平成12年に公証人法および民法施行法の一部を改正する法律によって導入された制度であり,これにより,公証人が従来文書について行っていた認証および確定日付の付与の事務に対応して,電磁的記録(電子文書)についても,電磁的記録に電子署名をしたものを認証し,電磁記録に確定日付を

---

(41) デジタルフォレンジックについては,町村=白井編・前掲注(32) 262頁以下〔森冨義明=東海林保〕が詳しい。

(42) 町村=白井編・前掲注(32) 250頁〔森冨義明=東海林保〕。

(43) 岡村久道編著『インターネットの法律問題——理論と実務』(新日本法規出版,2013年) 439頁〔町村泰貴〕

Ⅲ　新種証拠の取扱い

付与する事務を行うことができるようにしたものである[44]。この電子公証制度
は，情報内容の消失や改竄に備え，情報の交換を事後的に確認し，証明するた
めの仕組みとして位置づけることができる。すなわち，電子署名や電子認証だ
けでは，伝送途中での情報の消失等に対応できないため，作成された情報に関
する記録を信頼できる第三者機関に保管させ，これにより後日紛争が生じた際
に情報の存在・内容を証明することを可能とし，紛争の解決に役立てることを
目的としているとされる。電子公証制度には，①電子私書証書の認証，②電子
確定日付の付与，③保存および内容に関する証明という3つの内容からなる。

①　電子私書証書（電磁的記録）の認証は，従来の私書証書の認証の制度を電
子化するものであり，嘱託人が，法務大臣の指定を受けた指定公証人の面前で，
電磁的記録に記録された情報に，電子署名をし，または電子署名をしたことを
自認した場合に，電磁的記録の認証を受けることができることとしている（公
証62条ノ6第1項）[45]。

②　電子確定日付の付与は，民法施行法の一部改正により，従来の確定日付
の付与の制度を電子化するもので，指定公証人が電磁的記録に記録された情報
に日付を内容とする情報（日付情報）を付すことができるようにするとともに，
これが付された場合には，当該情報を「確定日付のある証書」とみなすもので
ある。インターネットを通じたオンラインにより申請が可能であり，具体的に
は，電子的な情報（データ）を指定公証人に送信し，指定公証人が当該情報を
確認したうえで，当該情報に日付を内容とする情報（日付情報）を付して，こ
れに電子署名をしたうえで送信者に送り返すことになる[46]。これを利用するこ
とによって，民法467条2項所定の債権譲渡の第三者対抗要件に用いることが
できるほか，証明された日付に当該デジタルデータが存在したことに証明利用
することもできる[47]。

③　さらに，認証を受け，または日付情報を付された情報を保存し，その内
容を証明することができる制度を設けるものである[48]。この制度は，公証人が，

---

[44]　小川秀樹「電子公証制度の概要」金法1579号（2000年）11頁参照。

[45]　小川・前掲注[44] 12頁。

[46]　小川・前掲注[44] 13頁。

[47]　小川・前掲注[44] 13頁。内田晴康＝横山経通編著『インターネット法（第4版）』（商事
　　法務，2013年）201頁。

[48]　小川・前掲注[44] 13頁。

8 民事訴訟における新種媒体の証拠調べとPDFファイルの証拠力〔三上威彦〕

私書証書の認証または確定日付の証明を行った際に，電子私書証書の認証であれば，日付情報を付した時点で電磁的記録の記録された情報の同一性を確認するに足りる情報（通常ハッシュ値）を保存し，嘱託人等から請求があれば，これらの者が保有する情報と日付情報を付された情報の同一性の証明が行われるものであり（民施7条1項，公証62条の7第3項1号），また，日付の付与の場合であれば，日付情報が付された情報と同一内容の情報の保存が行われ，その後，請求があれば，これと同一の情報の提供が行われるものである（民施7条1項，公証62条の7第2項）。この制度により，日付が付された後，情報の内容に変更がないことにつき公証人に証明を求めることが可能となり，また，日付情報が付された情報が後日消失したとしても，事前に情報自体の保存の請求をしておけば，いつでも同一の情報を入手できることになる[49]。

このような制度を利用することによって，後日の改竄や情報の消失によるリスクを回避することができるが，もとより，後日の紛争に備えてすべてのデジタル情報につき電子公証制度を利用するのは困難であろう。今後，この制度がどのようなデジタル情報においてどの程度活用されるのか注目する必要がある。

Ⅳ PDFファイルの証拠力

今回のいわゆる「資格者代理人方式（新提案PDF方式)」とは，オンライン申請資格者代理人が，登記申請に必要ないわゆる添付書面（登記済権利証・登記識別情報・印鑑証明書・委任状等）の原本につき，上記資格者代理人が，原本と相違ない旨を明らかにした原本の写しを電磁的方法（PDF）により作成し，申請情報と共に，電磁的方法によって作成された写しを法務局（登記官）に送信して登記申請をなすものである。これに対して，現行の，「オンライン別送方式」といわれるものは，申請情報はオンラインで送信するが，それと同時に，添付書類の原本は，法務局に持参または郵送するという方法で行われている。両制度において大きな違い生じるのは，現行の制度においては，最終的には登記官が，登記をする前提として，電磁的方法で作成された添付書類の写しを，原本と照らし合わせて，その真正を判断することが可能であるのに対し，新方

---

[49] 小川・前掲注[44] 14頁。内田=横山編著・前掲注[47] 201頁。

式によると，その真正性の根拠が，申請資格者代理人の，それらの写しは原本と相違ない旨の宣言に委ねられているという点である[50]。

そこで，以下では，添付書類の原本をPDFファイルにした場合，その証拠力はどのように考えるべきかということが問題となる。この点につき，以下で若干の考察を行う。

1 PDFファイルの特質

PDF（Portable Document Format）とは，アドビシステムズが開発したものであり，文字情報だけでなく，画像や写真などの図版や，フォントの種類，文字の大きさなどの情報がそのまま記録でき，紙の印刷物などと同じようなレイアウトで画面に表示できるのが特徴である。PDFは，従来紙に印刷して交換していたデザインやレイアウト等の情報の配布・交換・蓄積等を，電子的に行うために用いられる。そして，PDFを作成するには，一定のソフトウエアを必要とし，PDFを受け取ったときは，PDFリーダーという特別のソフトウエアを使ってはじめて表示・印刷をすることができる。このように，PDFは，あくまで電子文書であり，紙媒体による文書ではない。したがって，民事訴訟法上，文書の証拠力を考える上でも，このような電子文書をいかなるものとして捉えるのかという問題が生じる。

しかも，ここで検討の対象としているPDFファイルは，あくまで登記申請の際の添付書類をスキャンしたものであり，それらの文書の写しであることは明らかである。しかも，原本は紙媒体で作成されていることから考えて，情報内容につき，PDFファイルの原本性が問題となることはない（もちろん，「写し」たるPDFファイル自体が原本として提出された場合，その原本性を論じる余地はある）。その点が，上述したいわゆる新種媒体の証拠調べとは根本的に異なる点である。

2 書証の申出と文書の種類

書証の申出とは，裁判所に書証という証拠調べを求める当事者の行為であるが，書証の申出は，文書を提出し，または文書の所持者にその提出を命じるこ

---

[50] この制度の下においては，登記官には，送信されたPDFファイルしか情報が与えられないのであり，その真正についての実質的な審査はできないことになる。

8 民事訴訟における新種媒体の証拠調べとPDFファイルの証拠力〔三上威彦〕

とを申し立てなければならない（219条）。文書を提出して書証の申出をするときは，当該申出をするまでに，①文書の写し，および②証拠説明書を提出しなければならない（民訴規137条1項）[51]。

ところで，文書には様々なものがある。文書の「原本」とは，文書の作成名義人が作成した文書のことである。そして，原本とは，写し，謄本，抄本および正本を作成するときの基になる文書である。文書の「写し」とは，原本に基づいて作成された元本と同一記載内容を有する文書である。文書の「謄本」とは，原本に基づいて作成された原本の記載内容全部の写しである。それに対して，記載内容の一部の写しであれば，それは「抄本」という。謄本のうち，法令上の権限のある者が認証文書を付したものを「認証のある謄本」という。したがって，「写し」と「（認証のない）謄本」とは，同義である。

「正本」とは，①謄本のうち，法令によって原本と同じ効力を与えられたものをいう場合と，②副本に対して正の方を指す場合とがある。①の意味での正本を判決書を例にとって説明すると，裁判官が署名押印した判決書の原本は，訴訟記録内に唯一存在するものであり，債務名義として判決をした裁判所以外のところで，判決書の原本と同一の効力を発揮させるために使われるが判決書の正本である。判決書の当事者への送達は，正本によって行われる（255条2項）。

②の意味についていえば，「副本」とは，原本が複数存在する場合において，正副の区別がされたときの副の方をいう。民事訴訟において副本は，当事者が裁判所に提出した文書のうち，1通（正本）を訴訟記録内に編綴し，他の1通（副本）を相手方当事者に送達するとき（民訴規22条2項・40条1項・58条1項・2項・162条1項）などに必要とされる。

3　写しの提出

書証の申出をする最初の段階では，写しを提出する（民訴規137条1項）こ

---

[51]　これは，文書の原本等は期日にしか提出できないとしても，その写しであれば期日前であっても提出することが可能であるし，その写しおよび証拠説明書を見れば，裁判所および相手方当事者としては，期日に提出される書証の内容を事前に吟味，検討して，立証趣旨との関連性，取調べの必要性等を判断することができるし，その結果，期日に取り調べるべき書証の整理が可能となる。こうした観点から，書証の申出に係る文書の写しの早期提出を促すためのものである（条解民事訴訟規則290頁）。

とで足りるが，文書を提出してする書証（証拠調べ）における「文書の提出」
は，原本，正本または認証のある謄本（原本等という）でなければならない
（民訴規143条1項）。すでに述べたように，文書の写しを提出してなす書証の
申出は不適法である[52]。よって，写しを提出しただけで，期日に出頭しなかっ
たり，出頭しても原本等を裁判所に提出しなかったりすれば，適法な書証の申
出がないことになり[53]，証拠調べを行うことはできない。ただし，①相手方が
原本の存在と成立を争わず，その写しをもって原本の提出に代えることに異議
がない場合，②文書の写し自体を書証の対象とする趣旨で，写し自体を提出し
て書証の申出をする場合には，それによらない取り扱いをしてもかまわない[54]。
よってこれらの場合，実務上は，「写しを原本に代えて」提出すると取り扱う
という便法をとることもあるといわれる[55]。この便法と異なり，真に当事者が
ある文書の写ししか所持していないことがある。このような場合においては，
「写しを原本として提出」するという方法で文書が提出される場合がある。こ
の場合において，書証目録の文書の標目等には，原本と同じ標目（たとえば
「賃貸借契約書」）を記載したうえで「賃貸借契約書写し」と記載する（これに
より「写しを原本として」提出する場合と区別される）。これに対する認否は，写し
である当該文書の成立ならびに「原本の存在および成立について」行う[56]。写
しを原本として提出したうえで当事者が立証するのは，原本の記載内容である
からである。

　よって，写しとしてのPDFファイルを原本に代えて提出することには，上
述のように，①原本に代えて写しを取り調べることに当事者の異議がなく，か
つ，②原本の存在および成立に争いがないときという2つの要件を充たさなけ
ればならない。しかし，登記申請の添付書類についていえば，その成立や内容

---

[52]　最判昭35・12・9民集14巻13号3020頁。

[53]　最判昭35・12・9民集14巻13号3020頁。

[54]　②の場合につき，東京地判平2・10・5判時1364号3頁。なお，民事訴訟規則143条
　　は，旧322条1項2項を規則化したものであり，規定内容は旧法のそれと同一である。
　　したがって，旧法322条についての解釈がそのまま妥当する（最高裁判所事務総局民事
　　局監修『条解民事訴訟規則』〔司法協会，1997年〕303頁・304頁）。

[55]　古閑裕二「書証の申出と取り調べ〔1〕書証の申出」門口正人編集代表『民事証拠法
　　大系第4巻』（青林書院，2013年）58頁。

[56]　古関・前掲注[55]59頁。

について問題が生じた場合には，①および②の要件はともに充たさないことになり，このような便法は利用することはできないであろう。

そこで，次に考えられるのが，当事者がある文書の写ししか所持していない場合に，PDFファイルを原本として提出する方法である。この場合，書証の申出は，当該PDFファイルの原本，正本または認証のある謄本でしなければならない。したがって，ここでも新種媒体の証拠調べで述べたように，何を原本と見るかについては，書証説・検証説・新証拠切・新検証説の対立が生じることになるが，既に述べたように，PDFをプリントアウトした文書をそのまま原本とすることはできない。むしろ，プリントアウトの提出は原本としてではなく，「原本に代え」た写しの提出として扱うべきである。したがって，PDFファイルを原本として提出する場合，一般的にはプリントアウトした文書が提出されるが，それは，写しとしての機能を有する原本（PDFファイル）のさらなる写しという位置づけになる。

4　形式的証拠力と実質的証拠力

(1)　形式的証拠力

PDFファイルの形式的証拠力（文書の真正な成立）についていえば，基本的に民訴法228条4項の規定が適用される。そして，デジタル証拠については既に述べたように，電子署名・認証法による電子署名が付されていれば，一応，いわゆる2段の推定も認められてもよいであろう。PDFファイルもデジタル証拠の一種であり，そこでの議論がそのまま妥当すると考える。したがって，電子署名・認証法による電子署名が付されていれば，一応，いわゆる2段の推定も認められてもよいであろう。しかし，ここで問題にしているいわゆる「資格者代理人方式（新提案PDF方式）」で用いられるPDFファイルは，申請者本人が作成するものではなく，登記申請代理人たる司法書士が作成するものである。したがって，電子署名法3条により成立の真正が推定されることはない。したがって，成立の真正を証明するためには，当該PDFデータに，タイムスタンプを付したり，デジタルフォレンジック等を活用することで，文書の真正な成立を証明することになる。

また，形式的証拠力を充実させるために，電子私書証書の認証，電子確定日付の付与，電子データの保存及び内容に関する証明といった，いわゆる電子公

Ⅳ　PDFファイルの証拠力

証制度の利用が考えられる。すなわち，司法書士に対し，登記申請書類に限定した上で，公証権限を付与することである[57]。そうすれば，司法書士が，原本と相違ない旨を付記し署名（電子署名でも可）することにより，当該 PDF ファイルは認証謄本となる。認証謄本であれば，写しとしての正確性が担保されていることから，これらが提出され，証拠調べがなされた場合に，原本について証拠調べが行われたと同様に扱われる[58]。したって，原本の証拠力と同様，2 段の推定を働かせることはできるであろう。ただ，その前提として，電子公証制度におけるように，指定司法書士の制度の創設も必要であり，情報の保存の問題も整備する必要があるほか，公証人法等との関係でもいろいろと難しい問題が生じるように思われる。

　さらに，立法論ではあるが，司法書士が原本を確認した電子署名を付した PDF ファイルにつき，電子署名法 3 条と同様のデジタルデータの成立の真正を推定する規定を置くことが考えられる。すなわち，電子署名法 3 条によれば，デジタルデータの成立の真正の推定は，データ作成者本人だけが行うことができることとなるという条件を満たした電子署名を施した場合にのみ認められるものであるが，その扱いを，司法書士が作成した PDF ファイルにまで広げることである。これは，常に品位を保持し，業務に関する法令及び実務に精通して，公正かつ誠実にその業務を行う職責を負っている（司法書士法 2 条等）という司法書士の地位によって基礎づけられることになろう。もしこれが認められるならば，司法書士が作成し，電子署名を付した PDF ファイルにつき 2 段の推定を働かせることが可能となろう。いずれにせよ，今回の「資格者代理人方式（新提案 PDF 方式）」においては，電子署名のみが制度化されているようであるが，これだけでは，形式的証拠力を担保するためには十分とはいえないであろう。

(2)　実質的証拠力

　PDF ファイルの実質的証拠力についても種々の問題があるように思える。既に述べたように，実質的証拠力とは，形式的証拠力が認められた文書につき，立証主題である事実を証明することに文書の記載内容がどの程度寄与するかという問題である。PDF ファイルも，他の電子証拠の場合と同様，同一のデジ

---

[57]　可能性としては，不動産登記法，あるいは司法書士法の改正が考えられる。

[58]　吉村徳重＝小島武司編『注釈民事訴訟法(7)』（有斐閣，1995 年）147 頁〔田邉誠〕。

タルデータをその内容が損なわれることなく簡単に何度でもコピーでき，また，デジタルデータであるがゆえに容易に置き換えが可能であるという特質から，電子証拠の実質的証拠力については，データの改変，改竄の有無が問題となることが多いと考えられる。したがって，後日の紛争や裁判に備えて，電子データの内容の同一性，信用性を確保する手段を確保する必要がある。そのためには，デジタルフォレンジック等の活用も視野に入れる必要がある。この点でも，今回の資格者代理人方式の提案は，不十分なものといわざるをえないであろう。

5 「写し」としての PDF ファイル

ただ，ひるがえって考えてみれば，ここで問題にしている登記申請の場合においては，添付書類等の原本が可視的・可読的な状態で厳然として通常は紙媒体で存在しており，PDF ファイルデータは，たとえ，司法書士が原本を確認して電子署名を付したとしても，司法書士に公証権限がない以上，それは結局，原本の単なる「写し」にすぎない。したがって，たとえそれが原本として提出され，それが形式的証拠力および実質的証拠力を充たしたとしても，それは，せいぜい写しとして「そのような内容の原本が存在する」ということを証明するものでしかない。したがって，コストをかけて，PDF ファイルの形式的証拠力を充実させるために電子署名制度を利用し，電子公証制度等を導入してみても，その結果は，せいぜい「そのような内容の原本が存在する」ということを明らかにするものにすぎない。そうであれば，むしろ，当該文書の成立や内容に争いがあったときは，可読的な原本たる紙媒体による添付書類があるのであるから，原本としてのそれらの文書と，写したる PDF ファイルの内容を比較検討することによって（この手続は検証になろう），そのような紛争の解決を図ることができる，現行の，いわゆる「オンライン別送方式」を維持することには依然として十分な合理性があると考える。

V おわりに

以上，本稿の前半では，文書の証拠力を中心に，新種媒体について証拠調べの在り方と検討してみた。しかし，それらの一般論は，ここで問題としている，登記申請に必要な添付書類を PDF ファイルデータにしたものには必ずしも妥

V おわりに

当しないことが明らかになった。たとえば，磁気テープや磁気ディスク等では，その不可視的なデータがあり，その内容は，プリントアウトされた文書の内容と同一性が高いと考えられる。そのような場合に，そのような思想・認識につき争いがあった場合，その情報の成立の真正および実質的証拠力が，当該紛争の解決に直接役立つ。それに対し，ここで検討したPDFファイルにおいては，添付書類たる原本となる文書は，可読的な状態で存在しているのであり，紛争が起こっても，原本とPDFファイルとを対比することによりその解決が可能なのであり，登記申請の添付書類のPDFファイルのデータの証拠力を高める議論をする必要性は必ずしも高くはないと考えるものである。

9 イギリスにおける患者に対して誠実に対応する
義務と新たな医療事故調査制度

我 妻 　 学

I　は じ め に

　平成 27 年の医療法の改正により，医療事故調査制度が設けられている[1]。

　病院，診療所又は助産所（以下，「病院等」という。）に勤務する医療従事者が提供した医療に起因し，又は起因すると疑われる死亡又は死産であって，当該病院等の管理者が当該死亡又は死産を予期しなかったもの（医療法 6 条の 10 第 1 項）について，原因究明および再発防止を図り，医療の安全と質の向上を図るために，原則として院内調査が行われなければならない。

　医療事故が発生した場合，遅滞なく当該病院等の管理者は，当該医療事故の日時，場所及び状況などについて，民間の第三者機関たる医療事故調査・支援センターに報告をしなければならない（同法 6 条の 10 第 1 項）。あわせて，病院等の管理者は医療事故に係る死亡した者の遺族等に対する説明が義務づけられている（同条第 2 項）。死亡事故に限定されてはいるものの，医療事故に関し，一元的に情報が集約される点で，医療安全の向上にとっても画期的なことと評価できる。

　医療事故発生後，医療機関は，速やかに医療事故の原因を明らかにする調査（医療事故調査）する義務がある（同法 6 条の 11 第 1 項）。院内調査に際して，医療医学に関する学術団体その他の厚生労働大臣が定める団体）に対し，必要な支援を求めるものとされる（同条第 2 項・第 3 項）。本制度は，院内事故調査

---

(1)　医療事故調査制度に関し，田上喜之「平成 26 年医療法改正の解説」法律のひろば 67 巻 11 号（2014 年）4 頁，山本和彦「医療事故制度の新たな制度」同 8 頁，「シンポジウム医療事故調査制度について」年報医事法学 32 号（2017 年）72 頁以下の論文など参照。

制度を基本としていることに特徴がある。本制度の目的は，原因究明と再発防止であり，個人責任を追及するものではないことから，調査報告書あるいは医療事故調査・支援センターの内部資料に関し，訴訟において証拠資料となるのか，情報の共有をする必要がないのかが問題となる[2]。

死亡事例を対象としているため，医療事故調査制度における遺族と医療従事者の関係も問題として残っているように思える。

本論文は，医療安全に関する世界的な取組みを紹介した上で，医療安全に関するイギリスの近時の取組みを取り上げる。たしかに，医療及び健康保険制度はそれぞれ異なっており，単純に比較することは出来ないが，医療安全[3]，特に有害事象の原因究明と再発防止は，共通の問題であり，医療事故報告と医療事故調査制度は，再発防止のための両輪であり，我が国における医療安全を考える上でも参考になると考えるからである[4]。

Ⅱ　医療安全に関する世界的な取組み

1　世界保健機関による医療安全の推進

2002年に開催されている第55回世界保健会議では，医療安全が患者の看護における基本原則であり，品質管理の重要な要因であることを明確にしている[5]。そこで，医療安全を向上するには，有害事象の予防，有害事象を可視化することおよび有害事象が生じた場合の影響を減少させることが必要である。具体的には，よりよい医療事故報告制度，熟達した医療事故の調査及び信頼できるデータの共有といった過ちから学ぶこと，過ちを予見し有害事象を導く制度上の問題点を究明すること，医療機関内外における既存の知見を確認するこ

---

(2) 山本和彦他編著『文書提出命令の理論と実務（第2版）』（民事法研究会，2016年）404頁（村田渉）など参照。西口元＝辻村佑一「医療事故調査制度の現状と課題 ── 委員会報告書を中心として」法律のひろば71巻4号（2018年）45頁は，医療事故調査報告書に関し，一般義務文書（民訴220条4号）として文書提出命令の対象となるとされる。

(3) Patient safety が原文であるが，我が国で一般に用いられている「医療安全」との訳語にしている。

(4) イギリスの医療事故調査制度に関し，我妻学「医療事故調査制度の比較法的考察」年報医事法学・前掲注(1)115頁も参照。

(5) World Health Organization, *Quality of Care: Patient Safety*, A55/13, 2002.

と，提供する医療制度自体を向上させることである。

　医療安全に関心が高まっているが，有害事象の問題に対する広範な理解がなお十分ではないと指摘されている。医療の質の管理が各国によって異なっており，用語の定義の標準化，基準の統一及び有害事象報告の相互互換などが必要であるとされている。

　2005 年に世界保健機関が公表している有害事象に関する報告および再発防止に関するガイドライン草案[6]は，加盟国に対して，医療安全の向上のために，有害事象の報告と再発防止策を講ずることを奨励している。

　有害事象の報告制度の主たる目的は，事故を教訓とすることであり，単に事故情報を収集するだけでは，医療安全を十分に向上することはできず，有害事象の報告によって，組織の問題点を浮き彫りにするような事故調査が必要であり，有害事象の報告制度の最も重要な機能は，有害事象の分析および調査の結果，組織改革をすることであると指摘している（第 2 章）。

　医療安全のために各国に奨励している報告制度と再発防止制度の骨子は，①報告制度により，組織の問題を把握するように原因分析および調査を行うことによって，医療安全の向上に資すること，②必要な情報を広く収集することの促進のため，有害事象の報告によって報告者を処罰したり，不利益を与えないこと，③データ解析による調査結果を最低限フィードバックすること，理想的には，制度の改善に関する勧告をすること，④有害事象の分析，再発防止策を構築するための専門家などの人的，物的資源の必要性である（8 章）。

　これらの提言は，国際的な規制を設けるというよりは，医療安全のために有害事象の報告制度を促進するためのものである。

　これまでの有害事象の報告制度および医療安全のための医療情報コードの国際的共通化事業[7]をあわせて，医療安全に関する報告書に関し，患者の情報，事故の発生場所および発生時刻，関係する医療従事者，事故類型および結果など分析に必要な医療情報のコードを最小限共通化することによって，より分析を容易にし，情報の共通化によって，事故報告を相互に比較することによって，

---

(6)　World Alliance for Patient Safety, *WHO Draft Guidelines for Adverse Event Reporting and Learning System*, 10, 12-15, 49-51 (2005).

(7)　*International Classification for Patient Safety*, WHO, 2009.

医療安全を向上させることを目的としている[8][9]。

医療安全は，医療の基本原則であるのに，危険ないし医療の質が低いことにより，かなりの数の患者が恒久的な傷害あるいは死に至るような傷害を被っているとされており，医療安全は，主要な世界的な問題といえる。そこで，2017年に世界保健機関は，第3次世界的医療安全目標[10]として，医療をより安全に，とのスローガンを公表している[11]。

医療過誤[12]は，治療及び看護などにおける患者にとって，回避しうる脅威であり，全世界における医療過誤による損失は，420億ドルに達すると試算されている。そこで，重篤であるが，回避可能な医療と関連する事故を今後5年間で，半分まで減少させることを目標としている。

世界保健機関は，医療安全に関する主要な目標を推進するのに指導的役割を果たすこと，各国の計画を促進させること，制度設計及び行動指針を専門家に委託すること，安全な投薬に関する政策，指針及び器具を発展させることなど種々の提言をしている。優先課題として，子ども，高齢者および障害者などのリスクの高い事象，多薬投与および転院などを挙げている。

2 イギリスにおける医療安全の試み

イギリスの健康及び社会保障省は，世界保健機関による医療安全を推進する一連の動向を支持し，医療過誤の分析を行うとともに，2017年に医療安全に関するワーキンググループ（Short Life Working Group）を立ち上げ，2018年に報告書を公表している[13]。ワーキンググループは，デジタル時代における医療

---

(8) *International Consultation on European Validation of the Minimal Information Model for Patient Safety Incident Reporting and Learning, Technical Report*, 2015.

(9) WHO のプロジェクトに関し，種田憲一郎国立保健医療科学院上席主任研究官に大変お世話になった。

(10) 第1次世界的医療安全目標は，2005年により清潔なケアがより安全である，とのスローガンの基に，感染予防を目的に手洗いを奨励することであり，第2次世界的医療安全目標は，2007年に安全な手術がより人命を救う，とのスローガンの基に手術のリスクを減少させることである。

(11) World Health Organization, *Patient Safety- Making Health Safer*, 2017.

(12) 医療過誤の定義に関し，一致した見解はないが，世界保健機関は，いかなる回避しうる事象で，不適切な投薬または患者に危害を与えるものであるとしている。

(13) Short Life Working Group, *The Report of the Short Life Working Group on reducing*

安全の向上のために IT 技術の重要性を指摘するとともに医療従事者が医療に関する重要な点だけではなく，より一般的な知識及び援助に関し，情報の共有を向上させることを指摘している。

Ⅲ　イギリスにおける医療安全の問題と医療事故調査

1　ブリストル王立小児病院事件

　ブリストル王立小児病院において，1984 年〜1995 年の間に行われた小児心臓手術の死亡率（53 人中 29 人が死亡）が全国平均よりも高く，手術が行われた当初から病院内外で医療安全に関して問題視されていたが，1995 年に手術を中断するまで結局そのまま見過ごされてきた。事件を重く受け止めた保健省は，1998 年にケネデイ教授に調査を依頼し，2001 年に最終報告書[14]が公刊されている。同報告書は，単に医療事故の原因分析をするだけではなく，患者を中心とした医療安全の観点から当時の医療制度自体を幅広く検証し，多様な勧告をしている。

　特に重要なのは，医療安全と質の向上のためには，事故から学ぶ姿勢が大事であり，事故の犯人探しで幕引きをしないことである。医療従事者に事故報告を奨励するには，隠し立てのないこと（open），自発性（free）および制裁を与えない環境を整備することが必要である。

　これに対し，重大な事故報告を阻害する主要な要因は，非難する文化[15]である（16 頁，358 頁，362 頁）と指摘している。

　全国規模の医療事故報告制度が機能するには，各地域で医療事故報告制度が適切に行われていることが不可欠である。しかし，無事故の神話によって，患者による医療従事者に対する期待が過大となり，期待通りの結果にならなかった場合に，医療従事者が過ちを認めることは困難である，と指摘している。さらに，医療従事者は，同僚の医療行為などに問題があっても，警察や監督官庁

---

　　medication-related harm, 2018.

(14)　*Learning from Bristol: The Report of the Public Inquiry into Children's Heart Surgery at the Bristol Royal Infirmary* 1984-1995 (Cm 5207, 2001).

(15)　過失責任に基づく現行の医療訴訟に関し，自発的な事故報告制度を阻害する要因であるとして，訴訟や不法行為制度から原因分析，再発防止および補償などにより適切な制度に将来的に置き換えることにも言及している（367 頁）。

9 イギリスにおける患者に対して誠実に対応する義務と新たな医療事故調査制度〔我妻　学〕

などに通報しないのは，同僚の行為を非難することは適切ではない，と今まで考えられてきたからである[16]。

当時，既に医療事故報告制度が整備されていたのに，結果的に再発を防止できなかったのは，公衆衛生を担当する主席医務官によれば，①病院内外の様々な報告制度に関し，報告事項が標準化されておらず，報告の目的も相互に異なるため，情報の収集が不十分であること，②各地域の報告制度の運用がまちまちであること，③重大な事故に関する調査・分析が不十分なため，適切な再発防止策がとられなかったこと，④報告書の公表までに要する期間が長く，内容も様々であり，医療機関内部での医療事故情報の共有も不十分であることなどが指摘されている[17]。

そこで，最終報告書は，患者に対して，有害事象[18]が生じた場合，誠実に対応する義務（candour）を国民健康サービスに従事する全ての者が負っていると認識しなければならないこと（勧告33），患者は，事態が悪化した場合，説明および謝罪を受ける権能を有していること（同34）を勧告している。

全国規模の事故報告制度を設けるだけではなく，医療従事者による事故報告を奨励するために48時間以内に報告している場合には，原則として，懲罰の対象としないこと（勧告114），反対に事故を隠蔽した医療従事者に対し，懲罰の対象とすること（同115）などもあわせて勧告している。

2　全国規模の医療事故報告制度の構築

政府は，最終報告書の勧告を基本的に支持することを明らかにし，全国規模の有害事象の収集・分析および警告を発する単一の機関の設置（勧告106～120），医療従事者による事故報告を奨励するために48時間以内に報告している場合には，原則として，懲罰の対象としないこと，反対に事故を隠蔽した医療従事者に対し，懲罰の対象とすることなどを勧告している[19]。

---

[16]　1980年代に200人以上の患者を安楽死させたとされるシップマン事件の第5調査報告書 *Safeguarding Patients: Lessons from the Past - Proposals for the Future*, 72 (2004) も参照。

[17]　Chief Medical Officer, *An Organisation with a Memory*, (2000).

[18]　有害事象とは，患者に危害を与えている予期せぬ事態である（441頁）。

[19]　*Learning from Bristol*: The Department of Health's Response to the Report of the Public Inquiry into children's heart surgery at the Bristol Royal Infirmary 1984-1995

Ⅲ　イギリスにおける医療安全の問題と医療事故調査

再発を防止するための全国規模のデータベース機関として，2001 年に医療安全局（National Patient Safety Agent）が設立され，2004 年から全国規模の報告制度および再発防止策が構築され，2005 年～2010 年まで，累計 526,186 件の医療安全に関する全国規模の連結不可能匿名化のデータを収集・分析している[20]。2002 年～2011 年まで累計 14 件の医療安全に関する注意喚起がなされている[21]が，医療安全局は，個々の医療事故の調査をするわけではない。医療安全局は，予算などの関係から国民健康保険サービスの改善部門（NHS Improvement）に移管されている。

3　中部スタフオードシャ(Mid Staffordshire)病院事件

イギリスにおいて，医療事故報告制度の整備など医療安全を向上するための種々の方策がとられたにもかかわらず，中部スタフオードシャ病院における 2005 年～2009 年の死亡事例が問題となり，Robert Francis 勅選弁護士によって，2009 年～2010 年および 2011 年～2013 年に 2 度の調査が行われ，2011 年[22]および 2013 年に[23]報告書が公表されている。

病院に患者があふれており，病院の衛生状態も劣悪であり，診療を適切に行わなかったため患者が死亡したこと，医療情報を適切に管理しないなど医療安全に深刻な問題があることに関し，内部調査，外部監査および内部告発があったにもかかわらず，抜本的な改善策がとられなかったこと，患者へ適切な医療行為を提供するというよりも慢性的な財源不足を懸念していたこと，患者の落下事故を報告しないなど透明性および患者及びその家族に誠実に対応する姿勢が欠けており，医療従事者間相互に事故情報および問題点を共有しておらず，被害者が真実を知ることが遅れる要因となったこと，医療従事者が治療などに懸念をいだいていても後で懲戒されるおそれから適切に事態が報告されていな

(Cm 5363, 2002).

[20]　D. Cousins, D. Gerrett and B.Warner, *A Review of Medication Incidents Reported to the National Reporting and Learning System in England and Wales over 6years* (2005-2010), BrJ Clin Pharmacol, 74: 4, 59 8(2012).

[21]　Cousins, et al., Id at602.

[22]　Independent Inquiry into care provided by Mid Staffordshire NHS Foundation Trust (2011).

[23]　*Report of the Mid Staffordshire NHS Foundation Trust Public Inquiry* (HC947, 2013).

かったこと，役員会も病院で生じている有害事象に目を向けず，患者を無視していたこと，医療従事者の配置や教育に十分に配慮していなかったことなど種々の問題点が指摘されている。

4　イギリスにおける医療事故調査制度の問題点

24 の救急病院における 74 の医療事故調査報告書（2013 年 4 月～2014 年 10月）の分析から，以下のような重大事故の報告・調査の問題点が指摘されている[24][25]。

第一に徹底的な原因分析が必要な重大な医療事故[26]とその他の事故と選別する基準が明確ではないため，事故調査に時間を要すること，報告書の結論を明確にしていないため，有効な再発防止策を講ずることができないことである。

第二に患者およびその家族に医療事故があったことの報告がなされているが，事故調査段階で家族に情報を提供しているのは，半数に過ぎず，患者あるいはその家族が実際に事故調査に対し，意見表明する機会を付与されているのは，12 パーセントに過ぎなかった。事故調査報告書を患者に交付するとされていたのに，実際に患者に交付されたことが報告書から明らかになったのは，ほとんどなかった。

第三に重大事故および調査段階における医療従事者への聞取やサポートが必要であるが，事故調査において，医療従事者に対し直接聞取調査をしているのは，39 パーセントにすぎず，多くの場合は，陳述書の提出で済ませており，医療従事者に対する聞取調査が実施されたことを示す資料がない報告書も 3 割弱であった。

---

[24]　Care Quality Commission, *Learning, Candour and Accountability*, 2016.

[25]　患者の医療機関などに対する苦情処理の調査においても同様の問題点が指摘されている（Parliamentary and Health Service Ombudsman, *A Review into Quality of NHS*, 2015）。

[26]　重大な事故とは，医療行為（作為および（ないし）不作為）による予期せぬ死亡ないし回避できた死亡，予期せぬ重大な傷害ないし回避できた重大な傷害および死亡ないし重大な傷害を回避するために医療従事者による治療が必要とする予期せぬ傷害ないし回避しえた傷害などである（Serious Incident Framework, 13(2013)）。なお，患者の取り違え，手術の部位の取り違えなどあってはならない事例（never-event）の場合（Revised Never Events Policy and Framework (2015)）は，実際に傷害が生じなくても重大な事故と評価される。

第四に重大事故に対する専門家による分析が必要であるのに，主たる原因あるいは寄与要因などを十分に明らかにしているのは，1割よりも少なかった。

第五に再発防止策の構築が必要なのに，具体的な再発防止策を構築し，実際に類似の事故が減少しているかを十分に検討しているのは，35パーセントに過ぎず，ほとんどの場合は，医療従事者に対して，プロトコールの遵守を周知徹底することあるいは注意喚起などにとどまっている。

IV 患者に誠実に対応する義務

1 はじめに

中部スタフオードシャ病院事件の報告書は，医療現場の種々の問題を踏まえて，患者に誠実に対応する医療従事者の義務として，以下のように立法することも勧告している（勧告181）。

治療又は看護によって，患者が死亡又は重篤な傷害を被ったと医療従事者が信ずる場合又は疑義を有する場合，患者又はその他の正当な権限が認められる者に対し可能な限り早急に事実に関し報告し，その後に患者が合理的に求めるであろう情報および説明をしなければならないこと，医師・歯科医師，看護師，その他の医療従事者が自分と同様に雇用されている医療従事者による治療又は看護などにより，患者が死亡又は重篤な傷害を被ったと信ずる場合又は疑義を有する場合，可能な限り早急に雇用者に対し，報告しなければならない。ただし，本勧告を遵守して提供された情報自体は，民事又は刑事責任の証拠又は責任を認めたと処理してはならないが，法律上の義務を遵守しなければ，患者に対し救済を付与しなければならない。

主席医務官も同様に，患者に対して，医療従事者および管理者が誠実に対応することの法律上の義務化（勧告12）を唱えている[27]。ただし，医療安全の目的で有害事象を報告する場合には，原則として，懲戒事由から除外するが，刑事罰あるいは患者を継続して治療することが安全ではない場合にはこの限りではないとしている。

---

[27] *Making Amendments*(A Consultation paper setting out proposals for reforming the approach to clinical negligence in the NHS):A Report by the Chief Medical Officer (2003) at 125.

有害事象を明らかにしている報告書および情報に関し，法律上の秘匿特権を認めることも提案している。ただし，医療記録に情報が記載されていないければ除外されることが注目される。

2　患者に誠実に対応する義務

(1)　患者に対する医療機関の義務

2013 年から国民健康サービスは，国民健康サービスの標準契約に基づいて提供されている医療による医療安全事象に関し，患者および家族に対し，謝罪すること，事故調査に関し，継続的に情報を付与し，結果を支援するなどの組織として誠実に対応する義務を負っている[28]。医療安全事象とは，医療安全局の定義に準拠し，中位（moderate）傷害，重篤な傷害あるいは死亡事例である。具体的には，中位傷害とは，予定外の再手術，再入院あるいは治療期間の延長を要するが，恒久的な傷害ではない事例である。重篤な傷害とは，誤って手足又は器官の切除あるいは脳障害など恒久的な身体障害などの事例である。死亡事例は，自然死ではなく，医療安全事象による死亡事例である[29]。

これに対し，追加の診察又は，応急措置，付随的な投薬など軽微な治療が必要な軽度の傷害および傷害がない場合は，医療機関が相当と考える場合に患者に通知することが望ましい。

患者及びその家族に対し，医療安全事象が生じたことを事故報告後 10 営業日以内に通知しなければならない。患者又はその家族への最初の通知は，口頭で行わなければならない。可能ならば，患者又はその家族と相対して行うことが望ましい。

(2)　患者に対する医師などの医療従事者の義務

医師の患者に対し誠実に対応する義務はあくまでも倫理上の義務と理解され，法律上の義務ではないとされていた[30]。医療従事者である医師は，倫理上の義務だけではなく，専門家として，患者に誠実に対応する義務を負っている[31]。

---

[28]　2013/2014 NHS Standard Contract: Technical Contract Guidance with further detail of the candour requirement set out at Annex 4.

[29]　National Patient Safety, *Seven Steps to Patient Safety*, 2 nd print, 2004, table 2 at 100.

[30]　Powell v Boldaz [1998] Lloyd's Rep Med at 116; J Laing and J McHale, *Principles of Medicine*, 14 ed., at 91, 2017.

[31]　医師と同様に看護師および助産師も専門家責任として，患者に誠実に対応しなければ

Ⅳ　患者に誠実に対応する義務

具体的には，不適切な施設，器具または他の方策のため，患者が危険にさらされている場合に可能なら正常に戻すようにしなければならない。本専門職指針および職場の方針に従って，懸念を明らかにしなければならない。自らとった手段を記録に残さなければならない[32]。

患者に有害事象が発生した場合，率直で誠実でなければならない。自己の患者が傷害あるいは苦痛を被った場合，可能なら正常に戻すこと，謝罪を申し出ること，何が発生しているのか，短期的および長期的影響を十分に説明しなければならない[33]。

医師は，患者に対し，有害事象が発生した場合に通知，謝罪，適切な救済および有害事象による短期間および長期間の影響を説明しなければならない。謝罪の具体的な内容は，何が起こったのか，発生した危害に対しどのように対応しうるのか，再発をどのように防止するかである。ただし，謝罪をしたからといって，有害事象に関し，法的責任を認めたことにはならない（2006年救済法2条）[34]。

2015年4月から医療機関および医師などの医療従事者は，患者および関係者に対し，契約上あるいは倫理上の義務だけではなく，法的に誠実に対応する義務を負っている（20条）[35]。

医療機関は，看護および治療に関し，自発的にかつ率直に対応しなければならない（同条1項）。通知すべき医療安全事象が発生したと医療機関が認識した場合，合理的に可能な範囲で早期に関係者に対し，医療安全事象が発生したことを通知しなければならない。通知する時期を含めて，医療安全事象に関して，関係者に対し合理的な支援を行わなければならない（同条2項）。

関係者とは，患者が死亡した場合に適法に代理している者，患者が16歳以下で，看護又は治療に関し判断できない者，患者が16歳以上で，判断が出来ない場合に，適法に代理しているものである（同条7項）。通知すべき医療安全事象は，医療安全局の基準に準拠している。義務に違反した場合，刑事罰とならない。

---

[32]　General Medical Council, *Good Medical Practice*（2013），para 25.

[33]　Id, at para 55.

[34]　General Medical Council, *Openness and Honesty when Things Go Wrong: the professional duty of candour*, 2015.

[35]　Health and Social Care Act 2008（Regulated Activities）Regulations 2014.

9 イギリスにおける患者に対して誠実に対応する義務と新たな医療事故調査制度〔我妻　学〕

して（22 条 1 項 d）過料が科される（23 条 5 項）。

我が国では，医療事故が発生した場合，当該事故の発生原因・再発防止策等について慎重かつ十分な調査等を行った上で報告（顛末報告義務）をするなど，適切な診療行為を行うべき診療契約上の義務を負っていると解されている[36]。患者に対する医師の顛末報告義務が診療契約にともなう付随義務として認めているのに対し，イギリスでは，医療事故の教訓を踏まえて，患者に対する医療機関の契約上の義務，医療従事者の専門家としての責任だけではなく，医療安全のために，新たに独立の法的義務とされていることが注目される。

V　イギリスにおける新たな医療事故調査制度

1　はじめに

下院の特別委員会は，医療事故調査制度に関し，以下の諸問題を指摘している。医療安全事象が生じた場合に，原因究明・再発防止を適切に行うのには，組織的，精密かつ再発防止の観点から調査する必要があるが，現行制度では，多くの医療安全事象が報告されず，調査もされていない。そのため，事故調査が行われても不完全であり，原因究明および再発防止に資することは出来ず，事故調査の質もばらばらである。

院内調査だけでは，公正・中立な事故調査・分析を行うのが困難であるが，医療安全事象を組織的かつ中立的に調査し，重大な医療過誤の再発を防止するための機関が存在しない。

そこで，重大事故に対する組織的な原因究明により医療安全を向上させ，再発を防止するために，航空機事故調査委員会のように医療機関などから独立した国立医療事故調査機関を設けることを 2015 年に勧告している[37]。

勧告の骨子は，第一に，医療従事者が懲戒の恐れを心配しないで，情報を自

---

[36]　劔持淳子「医師の顛末報告義務」判タ 1304 号（2009 年）37 頁，坂上武仁「医師の患者又はその遺族に対する顛末報告義務」法と政治 63 巻 4 号（2013 年）95 頁，秋吉仁美編著『リーガル・プログレッシブ・シリーズ医療訴訟』（2009 年）339 頁［藤山雅行］，浦川道太郎ほか『専門訴訟 4 巻』（2010 年）39 頁［浦川］など参照。

[37]　Public Administration Select Committee, *Investigating Clinical Incidents in the NHS*, Sixth Report of Session 2014-15, 2015; Department of Health, *Providing 'Safe Space' in Healthcare Safety Investigation*, 2016.

由に提供できるように，事故調査資料が原則として，秘匿（safe space）の対象
となること，第二に，制度全体を調査するため，医療機関，監督機関などから
独立した中立の機関であること，第三に，透明性および説明責任を果たし，事
故を教訓とし，改善を図るため，報告書を公表し，勧告を周知させ，医療の質
規制委員会（Care Quality Commission）などに実施状況を監督させることであ
る。

　保健省も新たな医療事故調査機関を設けるとの特別委員会の勧告を受け入れ
ている[38]。

　保健省は，事故調査機関を設けるために専門家の助言を求め，2016 年に報
告書が公表されている[39]。

　専門家による報告書においても，現行制度の問題点を以下のように指摘して
いる。事故調査の開始が遅れ，関連する情報を収集することが出来ず，院内調
査の多くは，十分な財源がなく，専門家の関与も十分ではなく，調査時間も限
られており，限界がある。各地域毎の事故調査では，医療安全の問題として，
共通する制度上の問題を把握し，整合的に問題を示すことは困難である。この
ように事故調査が不十分なことによって，さらに患者およびその家族は，失望
している。医療従事者も事故調査の質の低さに失望し，責任追及を恐れて，調
査手続に疑念をいだき，調査結果がどのようになるか不安に感じている。

　もちろん，これらの問題は，長期にわたる医療安全および医療事故調査の根
本問題であり，新たに独立の医療事故調査制度を立ち上げることだけによって，
一挙に解決するわけではないことも認めている。しかし，事故調査が専門家に
よって，組織的に継続して迅速に行われ，患者及びその家族，医療従事者およ
び国民に広く信頼されるようになれば，有害事象を特定し，再発を防止しうる
ことを指摘している。

2　医療安全調査部

⑴　は じ め に

新たな医療事故調査制度として，医療安全調査部（Healthcare Safety Investi-
gation Branch（HSIB））が保健省の省令（2006 年国民保険サービス法 7 条）に基

---

[38]　Department of Health, *Learning, not Blaming*, para 15, CM9113 (2016).

[39]　*Report of The Expert Advisory Group*, Healthcare Safety Investigation Branch, 2016.

づいて，2016年に創設されている。国民健康サービス改善部の一部門であり，財源は，保健及び社会保健省に基づくが，厳格な基準に基づいて，医療事故の調査を開始し，国民健康サービスなど他の機関とは独立しているとされている[40]。2017年4月から患者およびその家族，医療従事者からの聞取調査などを行っている。

調査の対象は，第一に病院内における酸素吸入器の適切な使用方法，人工器官を誤って埋め込むこと，経口薬を誤って静脈へ注射することなどの医療安全に関する重大な組織的問題であり，予算などの関係から年間三〇件程度を調査することが予定されている。第二に死産や分娩に関連して重度の障害を負う子どもの数を減少させ，産科の医療安全を向上するため[41]，年間千件程度の地域の産科医療事例である。

(2) 事故調査資料と秘匿

医療事故の原因を究明し，再発を防止するには，医療従事者が安心して，医療事故を報告し，問題点を徹底的に議論する必要がある。そのためには，医療従事者が不当に非難されたり，後で，懲戒や訴訟による責任追及をされないことが保障されなければならないが，現行法制度の下では，明文の規定がなく，医療従事者に対する秘匿を立法すべきと勧告されている[42]。

他方で，患者及びその家族は，医療従事者に秘匿を付与すると必要な情報が収集できないのではないかという懸念を示している[43]。患者およびその家族が必要な事故情報を入手することを阻害しないように秘匿の範囲をどこまで認め

---

[40] Healthcare Safety Investigation Branch, Annual Review2017/18 at 5 (2018). 設立過程においては，原因究明および再発防止に専念し，公正な調査をするために，国民健康サービスだけではなく，保健省からも独立した組織とすることが勧告されていた（*Report of Expert Advisory Group*, supra note 39 at 16）。組織の詳細は，http://www.hslib.org.uk 参照。

[41] Department of Health, *Safer Maternity Care Next Steps towards the National Maternity Ambition*, 2018.

[42] Public Administration Select Committee, supra note 37 ,para 136,para139; *Report of The Expert Advisory Group*, supra note 39 at 26; Department of Health, *Providing 'Safe Space' in Healthcare Safety Investigation*, 2016 ; Public Administration and Constitutional Affairs Committee, *Will the NHS never learn? Follow-up to PHSO report 'Learning from Mistakes' on the NHS in England*, Seventh Report of Session 2016-17, 2017

[43] Department of Health, Id at 16.

るか，が問題となる[44]。

① 秘匿特権との関係

医療従事者が弁護士に法律相談をしている場合（法律相談秘匿特権）には，依頼人が自由闊達に弁護士に法律相談が出来るように，依頼人と弁護士間のコミュニケーションを後から訴訟などで開示の対象から除外することを保障している。

もっぱら民事又は刑事訴訟などを念頭にして，医療従事者が準備をしている場合（訴訟秘匿特権）には，当事者または弁護士と，証人など第三者との間で，準備している資料は，訴訟などで開示の対象から除外される[45]。

秘匿特権との関係で問題となった事案として，Lee v Southwest Thames Regional Health Authority [1985] 1WLR845(CA)が著名である[46]。

事案は，重度の火傷を負った子どもが，A病院で火傷の治療を受けたが，救急車でB病院に転送される間に脳に重度の障害を負った事件で，子どもの親Xが救急車を管理しているCを相手に損害賠償請求訴訟を提起している。訴外A，Bから任意に提出された資料から，救急車でAからBに搬送中に呼吸障害が生じたことを示唆している。Cは，Xに対する責任に関し，法的助言を求めるためにCに提出された救急隊員の覚書を証拠として提出している。Cは，潜在的に本件訴訟の被告となり得るAの経営主体であるA'が訴訟に対応する目的で作成した資料の探索を求めるXの申立てに対して，秘匿特権を理由に異議を述べている。

第1審は，Xの申立てを認めなかった。これに対して，Xは上訴したが，上訴院もXの申立てを認めなかった。

現在，医療機関は，患者及びその家族に誠実に対応する義務が認められているので，少なくともAおよびBに対し，Xは脳に重度の障害を負った原因などに関し，説明を求めることが出来るので，本件のように訴訟による資料の探

---

[44]　Public Administration Select Committee, supra note39 at; Department of Health, *Providing 'Safe Space' in Healthcare Safety Investigation*, 2016.

[45]　イギリスにおける秘匿特権に関し，我妻学「イギリスにおける法律専門職に対する秘匿特権と証拠の開示」石川明=三木浩一編著『民事手続法の現代的機能』（信山社，2004年）541頁，長谷部由起子「弁護士・依頼者間秘匿特権に関する覚書——民事手続法からのアプローチ」曹時71巻1号（2018年）1，24頁など参照。

[46]　B.Thanki, *The Law of Privilege*, 3rd ed., para 6.38, 2018.

索は原則として不要になると考えられる。

本件で念頭にしているのは，医療安全のために医療従事者に対する聞取調査などであり，訴訟を想定して準備するものではないので，秘匿特権の問題とはならない。

② 秘匿事由の範囲

秘匿に関する法整備が間に合わなかったため，省令で，以下のように秘匿事由の範囲が定められている。

非難あるいは責任追及の目的ではなく，医療安全のために実施されることを信頼してより包括的かつ徹底的に医療安全調査部に提供されている資料に関し，医療安全の勧告以外の目的で，原則として開示しない。ただし，より優先する公益的要請あるいは法律の規定に基づく場合は，この限りではない（6条1項）。裁判所の命令又は法律の規定に基づいて，開示を求められているが，主席調査官が優先する公益的要請がないと判断している場合には，医療安全調査部が収集した資料を任意に開示しないように必要な情報を提供しなければならない（同条4項h）。ただし，患者又は家族の要請があった場合には，患者の診療に必要な範囲で，必要に応じて匿名化するなどして，首席調査官が，秘匿原則を勘案して，個別に判断して，開示することが出来る（同項b）。

したがって，イギリスでは，医療安全調査部が収集した資料が全て秘匿にされているのではなく，裁判所の命令による場合は除外されている。

Ⅵ　お わ り に

2017年に医療安全調査部に関する法案（以下，「法案」と略記する）が公表され[47]，2018年に両院の委員会で協議され，修正案が示されている[48]。医療安全調査部に関し，省令によるのではなく，立法が必要とされているからである。

法案では，医療安全を促進する目的のために提出されたと医療安全調査部が合理的に判断している情報及び文書などの資料，あるいは医療安全調査部が医

---

[47]　Department of Health, Draft Health Service Safety Investigations Bill.

[48]　House of Lords House of Commons Joint Committee on the Draft Health Service Safety Investigations Bill: *A New Capability for Investigation Patient Safety Incidents*, Report of Session 2017-19, HC 1064, 2018.

Ⅵ　おわりに

療安全に関して実際に調査した情報及び資料にもともと限定されていた。しかし，両院の修正案では，実際に調査した資料だけではなく，医療安全の促進のため，実際に調査しなかった資料にまで拡げられている。医療安全調査部が実際に調査する年間件数は，予算などの関係から限定されており，実際に調査していなくても，医療機関の内部通報者に関する情報は，秘匿され，保護されるからである（para 89-90.）。

秘匿の例外に関し，政府提案よりも要件を緩和し，刑事罰に当たる場合に，警察への開示，あるいは重大な違法行為に当たる場合に医師などの医療従事者の監督機関などに開示を認めている。ただし，専ら患者又は，公衆に対し重大で継続する危険がある場合に限定している（para 91-102.）。

2018年末に政府は，秘匿の範囲及び例外に関する両院の修正案に基づいて，法案を一部修正している[49]。

両院の委員会では，医療安全調査部の情報及び資料に関し，独立の機関として秘匿を認めるが，各地域の国民健康サービスによる内部調査に関する情報・資料などに関し，同様に秘匿を認めることは，患者に対する誠実に対応する義務を医療機関に契約上及び法律上定めたことに反すること（para145-147），各地域の国民健康サービスに十分な予算手当がされない中での事故調査の正当性に疑義があること（para 148-150）から否定している。

政府は，医療従事者に対する秘匿を認めても，患者に対し，医療機関が誠実に対応する義務と反するものではなく，専ら再発防止などの医療安全のために行われ，患者は，各地域の国民健康サービスなどの医療機関に必要な情報を収集できるとしていた[50]。

イギリスにおいて，秘匿の範囲を新たに設立されている医療安全調査部の情報及び資料に限定しているのは，ブリストル王立小児病院，中部スタフォードシャ病院事件など各地域の国民医療サービスにおける患者に対する医療機関及び医療従事者の対応に問題があったこと，院内調査が十分に機能してこなかったことなどが起因していると思われる。

---

[49]　Department of Health, *The Government Response to the Report of the Joint Committee on The Draft Health Service Safety Investigations Bill*, 2018.

[50]　Department of Health, Fact Sheet 4 The Draft Health Service Safety Investigations Bill -duty of candour and 'safe space', para 10.

しかし，極めて限定した事例しか扱わない医療安全調査部の事故調査にしか医療従事者の秘匿を認めなければ，かえって，各地域の医療機関の医療安全が改善されるように医療事故が適切に報告され，事故調査が行われるのか疑問に感ずる。

医療安全の観点から患者及びその家族に対して，医療機関及び医療従事者に対して，誠実に対応する法律上の義務が認められたことが，かえって，医療事故情報の秘匿の範囲を否定する方向に作用していることは，医療安全と医療事故の原因究明・再発防止の関係が複雑な要因によることを示しているといえる。

さらに，イギリスでは，秘匿に関し，刑事罰に該当する場合などに警察あるいは医療従事者の監督機関への情報提供の余地を認めていることも，我が国で2008年に策定された医療安全調査委員会設置法案（仮称）大綱案に対する医療従事者からの反発が強かったことを考えると，医療従事者がどのように反応するのかも注目される。

今後，どのようにイギリスで立法化されるのか，医療安全に関する理解を高めるために必要な財源を確保し，医療機関の管理者だけではなく，医師，看護師などの医療従事者の教育・研修がどのように行われるのか注目したい。

2 訴え・判決

10 債務不存在確認の訴えと給付の反訴

坂 本 恵 三

I は じ め に

　債務不存在確認の訴えが訴訟係属している状態で，不存在の確認が求められている債務の履行を求める給付の訴えが提起された場合，民事訴訟法142条の定める二重起訴禁止との関係で，これら二つの訴えをどのように扱うべきかという問題がある。この問題をめぐっては，様々な見解が示されてきた[1]。関連する問題のパターンとしては，債務不存在確認の訴えが訴訟係属中に当該債務の履行を求める給付の反訴が提起される場合の他，債務不存在確認の訴えが訴訟係属中に給付の別訴が提起される場合や，まず債務の履行を求める給付の訴えが訴訟係属した後に，債務不存在確認の反訴が提起される場合と，給付の訴えが訴訟係属した後に債務不存在確認の別訴が提起される場合が考えられる。

　多数説の立場では，債務不存在確認の訴えと当該債務の給付を求める給付の訴えとでは，訴訟物は異なるが，審判対象たる権利関係は同一であるから，どちらの訴えが先行したかを問わず，別訴として提起された後訴は，二重起訴の禁止に抵触して却下される[2]。また，債務不存在確認の訴えが有する給付の訴

---

(1)　このテーマおよびこのテーマに関する学説・判例の詳細については，松本博之博士の詳細な研究がある。松本博之「重複起訴の成否 ── 同一権利関係に基づく消極的確認訴訟と給付訴訟の競合の場合について」中野貞一郎先生古稀祝賀『判例民事訴訟法の理論（上）』（有斐閣，1995年）347頁以下。そのほかこのテーマを論じたものとしては，永井博史「債務不存在確認訴訟の係属中になす給付命令のみを求める反訴 ── 重複起訴の禁止についての一考察」『慶應の法律学　民事手続法 ── 慶應義塾創立150年記念法学部論文集』（慶應義塾大学出版会，2008年）131頁以下，萩澤達彦「債務不存在確認の訴えと債務の履行を求める反訴提起」成蹊法学77号（2012年）1頁以下がある。

10 債務不存在確認の訴えと給付の反訴〔坂本恵三〕

えの提訴誘発機能に着目し，別訴の形であれ反訴の形であれ，債務不存在確認の訴えが訴訟係属中に提起された給付の訴えは二重起訴の禁止に抵触することはなく，給付の訴えを原告が単独で取り下げることができなくなった時点で，債務不存在確認の訴えが原則として確認の利益を失うという見解も唱えられていた[3]。さらには，債務不存在確認の訴えと当該債務の履行を求める給付の訴えが競合する場合，前訴と後訴のどちらの訴えを却下すべきかをより柔軟に処理すべきであるという見解もある[4]。

これらいずれの見解においても，問題の給付の訴えが別訴ではなく反訴を用いて，債務不存在確認の訴えと同一訴訟手続において提起された場合には，審理の重複や既判力を有する判断の矛盾抵触の問題は事実上生じないことが期待できるので，二重起訴の禁止には触れないと解されている。

わが国の民事訴訟法の母法国であるドイツにおいても，この問題については様々な見解が示されている[5]。ドイツの判例は，確認訴訟に対して基本的に給付訴訟が優先するという原則から，不存在確認が求められている請求権の実現を求めて給付の訴えが提起され，かつこの給付の訴えが単独ではもはや取り下げられなくなった場合には，請求権の不存在確認についての即時確定の法的利益が消滅するという結論を導いている[6]。なぜならばドイツ民訴法269条1項

---

(2) 兼子一『新修民事訴訟法体系（増訂版）』（酒井書店，1965年）175頁，三ケ月章『民事訴訟法（法律学全集）』（有斐閣，1959年）120頁，小山昇『民事訴訟法（五訂版）』（青林書院，1989年）231頁，上田徹一郎『民事訴訟法（第7版）』（法学書院，2011年）147頁，新堂幸司『新民事訴訟法（第5版）』（弘文堂，2011年）226頁，加藤哲夫「二重起訴の禁止」三ケ月＝中野＝竹下編『新版・民事訴訟法演習（1）』（有斐閣，1983年）など。

(3) 松本・前掲注(1) 372頁以下。なお，松本博士は，後にこの立場を一部改めている。本稿Ⅲの2を参照。

(4) 三木浩一「重複訴訟論の再構築」法学研究68巻12号（1992年）115頁。

(5) たとえば，Stein/Jonas Kommentar zur Zivilprozessordnung 22. Aufl. Bd 4 22.Aufl. 2008 Mohr SiebeckRdnr. 92, 93, 94 S. 238ff.（Herbert Roth 執筆）や Münchener Kommentar zur Zivilprozessordnung Bd. 15. Aufl. 2016 C. H. BeckS. 1618 Rdnr. 66（Becker-Eberhard 執筆）などを参照。なお Münchener Kommentar・前掲注(5)によれば，ドイツではたとえば警告を受けた原告が，被告には被告が警告で主張した不作為請求権が帰属しないことの確認を申し立て，次に被告が，異議を申し立てられた競争行為の不作為を訴えによって求める場合のように，不正競争法の領域においてこの問題が生じることが多いようである。

(6) Münchener Kommentar・前掲注(5) 1618頁，Rdnr.66 などを参照。

214

によって給付の訴えの取下げに消極的確認訴訟の原告（債務者）の同意が必要となり，給付の訴えの取下げがもはや単独ではできなくなるやいなや，消極的確認訴訟の原告は，給付の訴えの枠内で自己が求めた確認の裁判がされることを保障されるからである。ただし，判例によって展開された例外に該当する場合は，この限りではないとされる[7]。上述のように確認の利益が訴訟中に後発的に消滅する場合には，それによって確認訴訟の原告の申立ては，給付の訴えが確認の訴えと対応関係にある限りにおいて，不適法となる[8]。

そのほかこの結論をとる理由としては，給付の訴えの原告の利益保護があげられる。すなわち，債務不存在確認の訴えで被告が勝訴すれば，確かに不存在確認が求められた債務が存在することは確認されるが，確認判決には執行力が認められないので，そのままでは債権者（債務不存在確認の訴えの被告）は，強制執行をすることができないことや，消極的確認の訴えには時効中断の効果が認められないので，債権者が消滅時効中断の可能性を奪われることが，理由とされる。消滅時効は，本訴である債務不存在確認の訴えの被告の請求棄却の申立てによってこれを中断することはできないとされている[9]。

さてわが国では，債務不存在確認の訴えが訴訟係属中に当該債務の履行を求める給付の反訴が提起された場合について，最高裁判所は，平成16年3月25日第一小法廷判決において，債務不存在確認の訴えの訴訟係属中に，当該債務の履行を求める給付の反訴が提起された場合には，前訴に当たる債務不存在確認の訴えの確認の利益が消滅し，この訴えが却下されるという判断を示した[10]。

本稿では，債務不存在確認の訴えが訴訟係属中に提起された当該債務の履行を求める給付の訴えに二重起訴禁止の原則が適用されず，債務不存在確認の訴えの確認の利益が失われるという最高裁判決の結論を導く理由づけを考察した

---

(7) Stein/Jonas・前掲注(5) 238頁以下。Münchener Kommentar・前掲注(5)によれば，ドイツの判例が，確認の利益の存続のために例外としているのは，確認訴訟が，とりわけ控訴審においてほとんど判決に熟しているのに給付訴訟はまだ判決に熟していない場合や，（もはや単独では取り下げできない）給付の訴えで追及されている請求権について本案判決を下すことができないことが確定した場合である。例外を認めるための基準となっているのは，給付の訴えがもはや単独では取り下げられなくなった時点である。

(8) Stein/Jonas・前掲注(5) 239頁。給付の反訴が一部請求である場合を想定している。

(9) Stein/Jonas・前掲注(5) 238頁以下。

(10) 最判平成16年3月25日民集58巻3号753頁。

10 債務不存在確認の訴えと給付の反訴〔坂本恵三〕

うえで，最終的に債務不存在確認の本訴と給付の反訴とをどのように扱うべきかについて検討する。

なお問題の設定としては，債務不存在確認の訴えと給付の別訴ということも理論的には考えられるが，民事訴訟費用等に関する法律の別表第一の六項によれば，本訴と目的を同じくする反訴については，申立手数料がかからないので，別訴ではなく反訴の提起をするのが合理的であると考えられる。確かに，管轄裁判所が複数存在する場合，給付の訴えを提起する債権者がどの裁判所に訴えを提起するかは，債権者の自由に委ねられており，それはそれとして尊重しなければならないが[11]，管轄の問題は，移送制度によって柔軟な対応が可能であり[12]，訴訟費用の観点を顧慮すると，債務不存在確認の訴えに対して当該債務の給付を求める別訴ではなく反訴が提起されるのが一般的であると予想される。

II 債務不存在確認の訴えと当該債務の履行を求める給付の訴えの関係

1 二重起訴禁止の観点

二重起訴禁止の適用要件は，訴訟係属中の訴え提起であって，事件の同一性が認められることであるが，事件の同一性は，(1) 当事者の同一性と(2) 訴訟物の同一性で判断するというのが通説の立場である。

(1) 当事者の同一性

さて，本訴である債務不存在確認の訴えの当事者は，債務者が原告であり，債権者が被告である。一方，給付の反訴については，当事者は，債権者が原告で，債務者が被告である。

二つの訴訟においては，当事者は原告と被告で入れ替わっているが，債権者と債務者である。二重起訴禁止原則の制度趣旨については議論があるが[13]，伝統的な見解にしたがって，これを，既判力を有する判断の矛盾抵触の回避であると考えれば，債権者と債務者はいずれの訴訟においても当事者として既判力が及ぶ立場にいるので，当事者の同一性という要件は満たされている。

---

(11) 松本・前掲注(1) 374 頁。

(12) 髙橋宏志『重点講義民事訴訟法 上 (第 2 版補訂版)』(有斐閣，2013 年) 134 頁を参照。

(13) たとえば，三木・前掲注(4)を参照。

Ⅱ　債務不存在確認の訴えと当該債務の履行を求める給付の訴えの関係

(2) 訴訟物の同一性

　訴訟物という用語については，大きく分けて三つの用法が考えられる[14]。通常は，原告の被告に対する権利主張という意味で用いるか，その権利主張の中身となっている権利そのものという意味で用いるかのいずれかである[15]。

　債務不存在確認の訴えの訴訟物は，訴訟物を原告の被告に対する権利主張ととらえれば，債務者の債権者に対する債務（債権）の消極的主張であり，訴訟物を権利主張の中身である権利そのものととらえるのであれば，訴訟物は，債務者の債権者に対する債務（債権）ということになる。一方，給付の反訴の訴訟物は，訴訟物を権利主張ととらえれば，債権者の債務者に対する債権の積極的主張ということになり，訴訟物を権利主張の中身である権利そのものととらえれば，債権者の債務者に対する債権（債務）ということになる。

　したがって，本稿で扱うケースにおいては，訴訟物を原告の被告に対する権利主張の中身の権利そのものととらえる場合には，これら適用要件が充足され，民訴142条が直接適用されることになる。一方，訴訟物を原告の被告に対する権利主張ととらえる場合には，厳密にいえば二重起訴禁止の適用要件のうち，訴訟物の同一性は認められないので，民訴142条を直接適用することはできないことになる。しかし，この立場でも，二重起訴禁止の原則を伝統的見解に従って既判力を有する判断の矛盾抵触を回避するための制度であると考えれば，債務不存在確認の訴えと同訴訟で不存在の確認が求められている債務の履行を求める給付の訴えが並行して審理され，例えばどちらの訴訟においても請求認容判決が下されこれが確定した場合には，債務不存在確認訴訟では，被告の原告に対する債務が存在しないという判断に既判力が生じ，給付の訴えにおいては，債権者の債務者に対する債権（債務者の債権者に対する債務）が存在するという判断に既判力が生じることになり，既判力を有する判断の矛盾抵触が生じるため，これを類推適用の基礎として，142条の類推適用が可能になる。

　それゆえ，訴訟物をどのような意味で用いるにしても，本稿で扱うケースにおいては，反訴である給付の訴えについて，二重起訴禁止の適用要件は充足されるというのが通説の基本的な立場である。

---

[14]　和田吉弘「基礎からわかる民事訴訟法」（商事法務，2012年）38頁以下参照。

[15]　このほかには，判決要求を訴訟物という用語で表すことが考えられる。その場合には，訴えの類型が異なれば訴訟物が異なることになる。

(3) 併合訴訟と二重起訴禁止の原則

しかし，本訴と反訴というように，二つの訴訟が同一の訴訟手続で審理される場合には，制度的な保障があるわけではないが，同一の裁判所が審理判断することから，二つの事件について矛盾する判断が下されることはないということが事実上期待できる。その結果として既判力を有する判断の矛盾抵触がおこることはないということも一応期待でき，二つの訴訟が同一の訴訟手続において審理される場合には，既判力を有する判断の矛盾抵触という問題は現実には生じないので，民訴142条の適用要件が充足される場合であっても，二重起訴禁止の原則を適用する必要がないと考えることができる。

もっとも，弁論の併合，分離は，裁判所の専権事項であるため，本訴と反訴のように，同一の裁判所に係属する訴訟であっても，裁判所が弁論を分離してしまえば，二つの訴訟は別個の裁判所に係属することになり，事実上二つの訴訟で矛盾する判決が回避されるという保障もなくなる。それゆえ，二つの訴訟が同一の裁判所に係属しているというだけでは，二重起訴禁止の規定が適用されなくなるわけではないというのが，判例の立場である[16]。

この点に関して本稿で扱うケースで特徴的であるのは，これら二つの訴訟については，その請求の間に2の(2)で述べるように条件関係が認められるため，弁論の分離ができないということである。

2 債務不存在確認の本訴と当該債務の履行を求める給付の反訴の特殊性

(1) 債務不存在確認の訴えが確認の利益を失うということ

本稿で扱うケースについての判例の立場，すなわち債務不存在確認の訴えが訴訟係属中に，当該債務の履行を求める給付の反訴が提起された場合には，本訴である債務不存在確認の訴えの確認の利益がなくなるという見解は，本訴で

---

[16] 最判平成3年12月17日民衆45巻9号1435頁。また東京高裁は，相殺の抗弁と二重起訴の成否の問題についていわゆる抗弁先行型のケースで，既判力を有する判断が矛盾抵触する危険があることなどを理由として，相殺の抗弁の自働債権に供されている債権を別訴で訴求することが二重起訴の禁止に触れると判断したうえで，「右二つの訴訟の弁論が併合されている場合についても，将来において両訴訟の弁論が分離されることがあり得ないといえない以上，別意に介すべき理由はない」として，弁論が併合されている場合であっても，二重起訴禁止の適用要件が充足していれば，二重起訴禁止の原則に触れるとしている（東京高裁平成8年4月8日判決判タ937号262頁）。

Ⅱ　債務不存在確認の訴えと当該債務の履行を求める給付の訴えの関係

ある債務不存在確認の訴えで原告である債務者が求めている訴訟の目的は，債権者が原告となっている給付の反訴において，反訴被告である債務者が勝訴すれば，達成することができることを根拠としている。すなわち，本訴で原告，債務者が請求認容判決を得てこの判決が確定すれば，債務者の債権者に対する債務は存在しないという判断に既判力が生じるが，債権者が提起した給付の反訴において被告債務者が請求棄却の勝訴判決を得てこれが確定しても，債権者の債務者に対する債権は存在しないという判断に既判力が生じ，この結論は，債務者の債権者に対する債務は存在しないということと同義であるので，債務者は，債務不存在確認の訴えで求めた内容を債権者が原告となる給付の訴えにおいても達成できるのである。

それに対し，債権者としては，債務者の提起した債務不存在確認の訴えで勝訴しその判決が確定すれば，確かに債権者の債務者に対する債権が存在するという既判力を有する判断を得ることはできるが，これはあくまでも確認判決であって，執行力までは認められない。債権者が提起する給付の訴えで債権者が勝訴すれば，債権者の債務者に対する債権が存在するという判断を既判力によって確定することができるだけでなく，この判決に基づいて債務者に対して強制執行をすることができる。

つまり，債権者と債務者の間の債権債務関係の存否の判断については，本訴である債務不存在確認の訴えでも被告が提起した給付の訴えでも，目的を達成することはできるが，債務不存在確認の訴えに対して下される確認判決には，執行力が認められないことから，執行力が認められる給付判決が下される可能性もある給付の訴えが，債務不存在確認の訴えに優先するという判断が示されたものと考えられる。その結果，本訴である債務不存在確認の訴えの確認の利益がなくなるという結論が導かれるものと考えられる。

⑵　債務不存在確認の訴えが確認の利益を失うことは条件付きであるということ

しかし，ここで注意しなければならないのは，本訴である債務不存在確認の訴えについて確認の利益が存在しないという事情は，確定的なものではなく，条件が付されているということである。すなわち給付の反訴において本案判決が下されれば，債務不存在確認の訴えで不存在の確認が求められている債務の存否について既判力を有する判断を取得することができるが，給付の反訴にお

いて本案判決が下されなければ，そのような判断を取得することはできない。つまり，本訴である債務不存在確認の訴えに確認の利益がないということは，反訴において本案判決が下されることを解除条件としているのである。この意味において，本稿で扱うケースにおける本訴と反訴は条件関係で結ばれており，条件関係にあることを理由として，弁論の分離ができない関係にある[17]。それゆえこのケースでは，本訴と反訴においては事実上矛盾する判断が下されることがないということが，事実上保障されており，二重起訴禁止の原則が，適用されないことになるのである。

　ドイツ民事訴訟法は，269条1項で日本の民事訴訟法261条2項と同様に，被告が本案について弁論した後は，原告は被告の同意がなければ訴えを取り下げることができないことを規定している。すなわちその状態になれば，被告が同意しない限り，基本的には本案判決が下されることになる。ドイツの学説・判例が，本稿で扱うケースについて，給付の訴えがもはや単独では取り下げられなくなったときに，消極的確認の訴えに確認の利益がなくなるとしているのも，上述の意味での解除条件が成就した場合とほぼ同義で，給付の訴えについて基本的に本案判決が下されることが確実になったということを示しているものと考えられる。しかし，単独で訴えを取り下げることができなくなった時点を基準とするため，その後反訴である給付の訴えについて訴訟要件が欠けるなど，本案判決が下されない事情が発生する場合に例外を認めざるを得ないことになる。

　確かに，単独では訴えの取り下げができなくなったにもかかわらず，訴えの取下げに被告が同意して，被告が，本案判決を得ることができなくなっても，それは被告の自己責任であるから，単独で訴えの取り下げができなくなった時点で，消極的確認の訴えにおける訴えの利益がなくなると考えることには，一応の合理性はある。しかし，問題のケースで消極的確認の訴えにおける訴えの利益がなくなるのは，給付の反訴において本案判決が下されることを解除条件とする条件付きのものであることを認めるのであれば，この条件関係を前提とした説明の方が，例外を認める必要がないという意味でもより適切である。

---

(17)　条件関係で結ばれた予備的併合訴訟について弁論の分離ができないとするものとして，たとえば，上田・前掲注(2) 272 頁。兼子一／松浦馨・新堂幸司・竹下守夫ほか『条解民事訴訟法（第2版）』（新堂幸司・上原敏夫執筆）（弘文堂，2011 年）929 頁。

Ⅱ　債務不存在確認の訴えと当該債務の履行を求める給付の訴えの関係

　平成 16 年 3 月 25 日の最高裁判決も，給付の反訴が提起されたのに対して，直ちに弁論の分離をして債務不存在確認の本訴について訴え却下の判決を下すのではなく，給付の反訴についての本案判決と一緒に債務不存在確認の本訴について訴え却下の判決を下しているが，この扱いは，本訴と反訴のこの条件関係を顧慮したものと考えることができる。

　またこの本訴と反訴の間の条件関係は，当事者の意思によって付されたものではないという点でも，特殊なものである。主位請求が請求認容されることを解除条件として予備的請求を併合する請求の客観的予備的併合に代表されるように，併合された請求間の条件関係は，当事者の意思によって付されるのが一般的である。しかし本稿で扱うケースでは，併合された請求の関係から請求間に条件関係がいわば客観的に認められるのであって，そこに主観的な要素として当事者の意思は介在していないのである。

3　確認の利益

　さて，平成 16 年 3 月 25 日の最高裁判決では，債務不存在確認の訴えに確認の利益がなくなるとされているが，確認の利益の有無についての通説的な判断基準である，①対象選択の適否，②即時確定の利益，③方法選択の適否のいずれかが，このケースで問題になっているようには思われない[18]。

　対象選択の適否については，「現に争われている自己の現在の権利の法律関係の積極的確認である場合にこれが認められる」のが一般的である[19]。債務不存在確認の訴えは積極的確認ではなく消極的確認であるが，債務者に債務の存在することの確認を求めることを要求できないという性質上，この基準を満たしていると認めざるをえない。即時確定の利益についても，「原告の権利ないし法的地位につき危険ないし不安が現存しており，その除去のために確認判決によって即時に権利ないし法的地位を確定する必要がある場合」でなければな

---

[18]　確認の訴えについて権利保護の資格と権利保護の利益を分けて考察する立場では，結論はともかく，確認の利益の有無の判断基準が異なることになる。伊藤眞『民事訴訟法（第 6 版）』（有斐閣，2019 年）182 頁以下を参照。

　　　また，本稿で扱っているケースについて債務不存在確認の本訴が確認の利益を失うことを，訴訟経済の観点で説明するものとして，梅本吉彦『民事訴訟法（第 4 版）』（信山社，2009 年）373 頁がある。

[19]　たとえば，上田・前掲注(2) 220 頁。

10 債務不存在確認の訴えと給付の反訴〔坂本恵三〕

らないとして，具体的には，「原告の権利や法的地位が被告によって否認され，あるいは相いれない権利主張がなされる場合に生じるのが一般的である」とされる[20]。債務不存在確認の訴えが訴訟係属中に債権者が，当該債務の履行を求める給付の訴えを提起することは，まさに債権者が債務者の権利主張と真っ向から対立する権利主張をしているのであって，この基準も充足されていると解さざるを得ない。また，確認訴訟によることの適否（方法選択の適否）とは，「他の訴訟類型ないしその他の手段によるほうが適切である場合には，確認訴訟は許されない」という意味であり[21]，債務が存在しないことの確認を求める債務者には，消極的確認の訴えを用いて債務不存在確認を求める以外に方法はなく，この基準も満たされている。すなわち通説的な確認の利益の判断視点によれば，このケースで，債務不存在確認の訴えから確認の利益が失われるという結論は，導きがたい[22]。

むしろこのケースでは，給付の訴えについて本案判決が下されれば，債務不存在確認の訴えはその目的を達成し，債務不存在確認の訴えで本案判決を下す必要がないという意味で，確認の訴えについて訴えの利益が欠けると考えるほうが自然であろう。三つの類型の訴えに共通する訴えの利益は，「当該請求が，法律上の争訟であって一般的に本案判決による総省の処理に適し，かつ当該請求につき具体的に，本案判決を求める現実の必要性ないし利益がなければならない」ことと説明されるが[23]，まさにこのケースでは，本案判決を求める現実の必要性ないし利益が，給付訴訟において本案判決が下されることによって，債務不存在確認の訴えから消滅すると考えられるのである[24]。

---

(20) 上田・前掲注(2) 222 頁。

(21) 上田・前掲注(2) 223 頁。

(22) 高橋・前掲注(12) 135 頁は，この判決の理由づけが，「給付の反訴という，より適切な方法が行使されたから確認の利益がなくなるという論法であって」，従来の訴えの利益の理論との整合性に問題があることを指摘する。なお，この意味で確認の利益が欠けるというのであれば，それは，即時確定の利益ではなく，変則的に方法選択の適否の観点で，確認の利益が認められないということになろう。

(23) 上田前掲 211 頁以下。

(24) ドイツの文献でも，同様のケースにおいて債務不存在確認の訴え（消極的確認の訴え）に確認の利益 Feststellungsinteresse が欠けることになると記すのが一般的であるようだが，同様の内容が，権利保護の必要性 Rechtsschuetzbedurfnisse とか，単に法的利益 rechtliches Interesse という言葉で表されていることもあり，厳密な意味で確認の利

Ⅲ　債務不存在確認の訴えと給付の反訴の処理

1　判例の立場

さてこれまで検討してきたことから明らかになったように，債務不存在確認の訴え（本訴）が訴訟係属中に当該債務の履行を求める給付の反訴が提起された場合，民事訴訟法142条の適用要件は充足するが，本訴と反訴の間に条件関係があることから弁論の分離が許されないため，二重起訴の禁止には触れず，この給付の反訴で本案判決が下されることを解除条件として，債務不存在確認の本訴に，訴えの利益が欠けることになる。これを前提として，それぞれの訴えをどのように取り扱うべきかを検討してみたい。

平成16年3月25日の最高裁判決は，債務不存在確認の本訴については訴え却下の訴訟判決を下し，当該債務の履行を求めた給付の反訴については一部認容の本案判決を下している。反訴が二重起訴禁止に抵触せず，上述の解除条件が成就した結果，本訴に訴えの利益が欠けるという結論からすれば，本訴請求について本案判決を下し，本訴請求について訴訟判決を下すというのは，合理的な判決であると考えられる[25]。

2　債務不存在確認の訴えが給付の反訴に対する請求棄却の申立てに転化するという説

これに対し，松本博之博士は，「原告の債務不存在確認の訴えに対し，被告が原告の債務を主張して給付の反訴を提起したときは，反訴は本訴と別個の訴訟物を持つ。本訴において被告が請求棄却判決を取得しても，確認判決は債務名義にならないから，反訴は訴訟物を異にする訴えである。反訴が適法に提起

益の問題と考えられているわけでもないようにも思われる。もっとも，本文で示したように，即時確定の（法的）利益 rechtliches Interesse an alsbaldiger Feststellung と記すものもある。

[25]　学説の中には，消極的確認の本訴と給付の反訴のいずれについても本案判決を下すべきだとするものもある（たとえば，萩澤前掲36頁，永井前掲論文も結論は二つの本案判決ということになると思われる）。しかし，この本訴と反訴は，本文で示したような条件関係で結ばれており，本訴の訴えの利益についての解除条件が成就した結果本訴の訴えの利益が否定されると考えるべきである。

されると，逆に本訴は確認の利益を失い，反訴請求棄却の申立てに転化すると
解すべきである。このような解釈が，反訴誘発機能を有する消極的確認訴訟の
制度理解に合致する。判例はこの場合，本訴を不適法却下すべきものとするが，
反訴請求棄却申立てに転化した本訴申立てを却下する必要はないであろう。こ
のようにして，債務不存在確認の訴えは給付の反訴を誘発したことによりその
目的を果たすことができる。本訴原告は，反訴請求の棄却判決を得れば，本訴
の目標を達することができる（通説は，本訴と反訴は訴訟物を同じくするが，同
一訴訟手続で審理裁判されるから重複起訴にならず，本訴の確認の利益は失われな
いとするが，疑問である）」，として判例の立場に疑問を呈している[26]。

　債務不存在確認の本訴と当該債務の履行を求める給付の反訴という実質的に
裏表の関係にある権利関係を訴訟対象とするこのケースで，判決を一つで済ま
せる可能性がある結論を導くこの見解は，魅力的である。しかし，消極的確認
訴訟である債務不存在確認の訴えが給付訴訟誘発機能を有するとしても[27]，給
付の反訴が提起されたというだけでは，債務不存在確認の訴えの目的が達成さ
れたとはいえない。債務不存在確認の訴えの目的が達成されるのは，あくまで
も給付の反訴において本案判決が下され，債務不存在確認訴訟で下されるのと
同じ債務の存否についての判断が，給付の反訴に対する本案判決で示された場
合に限られるからである。

　これを前提に考えると，債務不存在確認の訴えが，給付の反訴の提起によっ
て給付の反訴に対する請求棄却の申立てに転化するという見解は，どの時点で
この転化が生じると考えるにせよ，転化が生じた後に給付の反訴について本案
判決を下すことができない事情が生じた場合に，訴えではない請求棄却の申立
てに対しては本案判決を下すことはできないので，債務不存在確認の訴えが目
的を達成することができないことになってしまう。

3　最高裁判所平成 18 年 4 月 14 日判決

債務不存在確認の訴えに給付訴訟誘発機能を有することを前提として，債務

---

(26)　松本博之・上野泰男『民事訴訟法（第 8 版）』（弘文堂，2015 年）366 頁。

(27)　債務不存在確認訴訟の有する給付訴訟誘発機能に関しては，坂田宏「金銭債務不存在
　　確認訴訟に関する一考察 —— その機能と解釈の指針（二）」民商法雑誌 96 巻 1 号（1987
　　年）77 頁以下も参照されたい。

Ⅲ 債務不存在確認の訴えと給付の反訴の処理

不存在確認の訴えが訴訟係属中に給付の反訴が提起された場合には，債務不存在確認の訴えは，給付の反訴において本案判決が下されることを解除条件とする条件の付された訴えに変更されると解することができないか。それができれば，松本説のように，債務不存在確認の訴えが請求棄却の申立てに転化すると解する場合の不都合を回避することができ，条件が成就した場合には，給付の反訴について本案判決が下されることにより，また条件が成就しなかった場合も，債務不存在確認の訴えについて本案判決が下されることによって，債務不存在確認の訴えはその目的を達成できる。

ところで，最高裁平成 18 年 4 月 14 日第 2 小法廷判決は，「係属中の別訴において訴訟物となっている債権を自働債権として他の訴訟において相殺の抗弁を主張することは，重複起訴を禁じた民訴法 142 条の趣旨に反し，許されない」として，相殺の抗弁と二重起訴の禁止に関するいわゆる抗弁後行型のケースでの判例の立場[28]を確認した後で，「しかし，本訴及び反訴が係属中に，反訴請求債権を自働債権とし，本訴請求債権を受働債権として相殺の抗弁を主張することは禁じられないと解するのが相当である。この場合においては，反訴原告において異なる意思表示をしない限り，反訴は，反訴請求債権につき本訴において相殺の自働債権として既判力ある判断が示された場合にはその部分については反訴請求としない趣旨の予備的反訴に変更されることになるものと解するのが相当であって，このように解すれば，重複起訴の問題は生じないことになるからである。そして，上記の訴えの変更は，本訴，反訴を通じた審判の対象に変更を生ずるものではなく，反訴被告の利益を損なうものでもないから，書面によることを要せず，反訴被告の同意も要しないというべきである。」と判示した。この判決においては，判例の立場では反訴訴求債権について生じる既判力を有する判断と，相殺の抗弁の自働債権について生じる既判力を有する判断との矛盾抵触の可能性から，二重起訴の禁止に触れるとして許されないとされてきた反訴訴求債権を自働債権とする相殺の抗弁を適法なものと解釈するための理由づけとして利用されたものではあるが，反訴訴求債権と相殺の抗弁の自働債権との関係から，反訴が，予備的反訴に変更されたと解釈できることを認めている。

---

[28] 最判平成 3 年 12 月 17 日民集 45 巻 9 号 1435 頁。

10 債務不存在確認の訴えと給付の反訴〔坂本恵三〕

　この判決の要旨は、「本訴及び反訴が係属中に、反訴原告が、反訴請求債権を自働債権とし、本訴請求債権を受働債権として相殺の抗弁を主張することは、異なる意思表示をしない限り、反訴を、反訴請求債権につき本訴において相殺の自働債権として既判力ある判断が示された場合にはその部分を反訴請求としない趣旨の予備的反訴に変更するものとして、許される。」というものである[29]。

　そこで、最高裁判所平成18年4月14日判決で示された訴え変更についての考えを本稿のケースに適用することが可能であれば、本稿のケースでも、給付の反訴が提起されることによって本訴は予備的本訴（反訴について本案判決が下されることを解除条件とする訴えという意味である）に変更されたものとして、反訴についての本案判決が下される場合には、本訴についての解除条件が成就したとして当初から訴訟係属がなかったことになり、それゆえに、本訴についての判断をすることができなくなり、したがって、本訴について訴え却下の判決もすることができないことになる。

　最高裁平成18年4月14日判決では、「本訴についての『本訴被告』の相殺の抗弁の主張が、黙示的に、『本訴被告』が反訴を予備的なものとする（つまり、本訴の相殺の抗弁において判断される限度において請求に解除条件を付する）意思があった」と解することにより、本訴である債務不存在確認の訴えが、上記の意味での予備的反訴に変更されるという結論を導くことができた。この結論を、債務不存在確認の訴えが訴訟係属中に当該債務の履行を求める給付の反訴が提起された場合に拡張するためには、同様に、給付の反訴において本案判決が下される場合には本訴である債務不存在確認の訴えに解除条件を付する意思があったと判断できるだけの、平成18年判決における相殺の抗弁に相当するものがなければならない。

　本稿で扱っているケースでは、債務不存在確認の訴え自体がそれに該当すると考えられる。すなわち、債務不存在確認の訴えは、給付の訴えの提起を強制（誘発）する機能を持っている。また、消極的確認の訴えの原告である債務者

---

[29]　予備的反訴とは、例えば和田前掲496頁によれば、本来は、原告の売買代金請求に対して、被告が売買契約の無効を主張して請求棄却の判決を求めながら、売買契約が有効と判断され請求が認容される場合には、売買目的物の引き渡しを請求する場合のように、本訴の却下または棄却を解除条件とする反訴をいう。これに対し、この判決で使用されている予備的反訴は、本文で示したような条件付きの反訴という意味の反訴である。

にとっては，当該債務の履行を求める給付の反訴が提起された場合，給付の反訴において請求棄却の本案判決を得ることができれば，本訴において請求認容判決を得たのとまったく同じ状態であり，逆に反訴において請求認容判決が下されれば，その判決の有する執行力の点を度外視すれば，本訴において請求棄却判決を得たのとまったく同じ状態である。またこの二つの訴えの間にある条件関係は，二つの訴えの請求の関係から認められるものであって，当事者の意思を介さない客観的なものであり，これについては合理的でかつ客観的な訴訟運営の観点から評価することが許されるものである。これらの点を顧慮すれば，消極的確認の本訴そのものに，仮に給付の反訴が提起されれば，本訴は給付の反訴において本案判決が下されることを解除条件とする条件付きの訴えに変更するという黙示的な意思表示が含まれていると解釈することも無理ではないと考える。

そのほか，平成18年判決は，上記の訴えの変更についてさらに，①本訴，反訴を通じた審判の対象に変更を生ずるものではなく，②反訴被告（本稿との関係では本訴被告）の利益を損なうものでもないことを要件として，この訴えの変更は，書面によることを要せず，反訴被告（本稿との関係では本訴被告）の同意も要しないとしているが，本稿で扱ったケースでもこれらの要件は充足されている。

なお平成18年4月14日判決の考え方を本稿で扱っているケースに転用する場合には，表現の問題として，債務不存在確認の本訴が，予備的本訴に変更されることになるが，ここでいう予備的という意味は，一般的な予備的反訴で用いられているような本来の意味での予備的ということではなく，給付の反訴で本案判決が下されることを条件とするという意味であるので，論理的に予備的本訴という概念は存在しないという問題は生じない[30]。しかし，混乱を避けるためには，条件付きの訴えという表現を使用すべきである。

IV　お わ り に

本稿では，債務不存在確認の訴えが訴訟係属中に，不存在確認が求められて

---

[30]　山本和彦編著『Law Practice 民事訴訟法（第3版）』（商事法務，2018年）101頁以下を参照。

10 債務不存在確認の訴えと給付の反訴〔坂本恵三〕

いる債務の履行を求めて給付の反訴が提起された場合の，二つの訴えの関係を考察し，この二つの訴えをどのように処理すべきかを検討した。以下では，結論をまとめてみたい。

まず二重起訴禁止の観点については，訴訟係属中の訴え提起であって，当事者の同一性と訴訟物の同一性が認められる結果，事件の同一性が認められるので，二重起訴禁止の適用要件が満たされる（類推適用のケースを含む）。また，債務不存在確認の訴えについての訴えの利益は，給付の反訴について本案判決が下されることを解除条件として喪失することになるので，この条件関係に基づいて，債務不存在確認の訴えと給付の反訴の併合訴訟について弁論の分離をすることは許されない。したがって，債務不存在確認の訴えが訴訟係属中の給付の反訴の提起は，民事訴訟法 142 条の二重起訴禁止の適用要件は満たすが，二重起訴禁止には触れない。これを前提とすると，債務不存在確認の訴えについて訴え却下の訴訟判決を下し，給付の反訴について本案判決を下した平成16 年 3 月 25 日の最高裁判決は，合理的なものであると評価できる。なおこの問題に関する学説・判例が確認の利益として論じている内容は，三つの類型の訴えに共通する訴訟要件としての訴えの利益であると考えるべきである。

以上のように平成 16 年 3 月 25 日の最高裁判決は一応合理的なものと評価できるのであるが，「本訴及び反訴が係属中に，反訴原告が，反訴請求債権を自働債権とし，本訴請求債権を受働債権として相殺の抗弁を主張することは，異なる意思表示をしない限り，反訴を，反訴請求債権につき本訴において相殺の自働債権として既判力ある判断が示された場合にはその部分を反訴請求としない趣旨の予備的反訴に変更するものとして，許される。」とする平成 18 年 4 月 14 日の最高裁判決における，訴え変更の理解を前提にすると，本稿で扱った債務不存在確認の訴えは，給付の反訴が提起されたことによって，給付の反訴において本案判決が下されることを解除条件とする訴えに変更されたと解することができる。

したがって最終的にこの二つの訴えの処理としては，給付の反訴について本案判決を下すことだけが許され，債務不存在確認の訴えについては，解除条件が成就したことを理由として最初から訴訟係属しなかったこととなり，訴え却下の訴訟判決を下すことも許されないと考えるべきである。

11 民事裁判における判決理由の告知と実践的工夫

須 藤 典 明

I は じ め に

　最高裁判所は，2016 年（平成 28 年）3 月から，民事事件での判決言渡しにおいて，主文の朗読に続いて理由の要旨を読み上げる取組みを始めた[1]。判決の言渡しは，民事裁判の締めくくりであるから，訴訟当事者や代理人や関係者に対して，その結論（主文）はもとより，どのような理由でそのような判断に至ったのかを説明することは，当事者や国民にとって民事裁判への信頼を高めることに役立つとともに，民事裁判の客観性や透明性にも寄与するものであるから，積極的に推進すべきものと考える[2]。

　私は，そのような思いから，東京高等裁判所民事部の裁判長であった 2013 年（平成 25 年）5 月から 2015 年（平成 27 年）6 月までの約 2 年間，自分で審理し判決を言い渡したすべて事件について，精粗はあったものの，主文の朗読に続き，その理由の要領を口頭で告げること（以下，本稿では「理由の要旨の告

---

[1]　朝日新聞同年 12 月 31 日朝刊は，同月 8 日に第一小法廷の小池裕裁判長が厚木基地騒音訴訟の判決言渡しにおいて理由の要旨を述べたことを報道した。その際，私が現役時代に判決理由の要旨を告げていたことをも取り上げて報じた。

[2]　日本経済新聞 2017 年 9 月 16 日付け夕刊の記事によれば，同年 8 月末までに第 1 小法廷と第 3 小法廷で合計 18 件の事件について理由の要旨が告げられ，同年 9 月 8 日には第 2 小法廷でも水俣病訴訟において理由の要旨が読み上げられたそうである。私が最高裁判所事務総局広報課に問い合わせたところ，各小法廷における理由の要旨の告知はその後も行われており，2016 年 3 月から 2019 年 3 月末日までの間に，第 1 小法廷で 33 件，第 2 小法廷で 9 件，第 3 小法廷で 17 件，合計 59 件の事件について判決言渡しの際に理由の要旨を読み上げが行われたとの回答であった。

『現代民事手続法の課題』春日偉知郎先生古稀祝賀〔信山社，2019年 7 月〕　　　*229*

知」という。）を行った[3]。

しかし，一般的には，地裁・高裁レベルで民事裁判を担当している多くの裁判官（以下「民事裁判官」という。）にとって，傍聴人が詰めかけている事件の判決言渡しの際に，主文の朗読に続いて口頭でその理由の要旨を告げることは，法廷における「やじ」や「暴言」などの不規則発言を誘発し，混乱が生じるおそれがあることなど，さまざまな理由から躊躇を感じてしまうものである[4]。

そこで，本稿では，一人でも多くの民事裁判官に，判決言渡しの際に判決理由の要旨も口頭で告げてもらえるよう，民事裁判において判決理由の要旨を告知することの意義等を論じるとともに，私の個人的な経験に基づくものではあるが，実際に法廷で円滑に理由の要旨を告知するためのノウハウやスキル，すなわち，事前にどのような準備をすればよいのか，当事者や傍聴人を前に口頭で理由の要旨を告げる際にどのような事柄に注意し，どのような工夫をするとよいのかなどについて，検討材料を提供しようとするものである[5]。

II　判決の言渡しに関する民事訴訟法などの規律

1　民事訴訟法では判決原本に基づいて言い渡すことだけが求められている

民事裁判は，訴えの提起に始まり，当事者双方による主張立証を経て，判決の言渡しによって終了するが，その締め括りとなる判決の言渡しについて，民事訴訟法（以下「法」という。）は，254 条による例外的な場合[6]を除いて，判

---

[3]　これに先立ち，東京地方裁判所民事部の裁判長であったときにも，社会的に注目を集め，多くの傍聴人が判決の言渡しを聞きに来ている事件では，主文の朗読に続き，理由の要旨を口頭で告知したこともあったが，これは例外的なものであった。

[4]　刑事事件では判決理由も告げられるが，民事事件とは法廷内の安全確保や秩序確保のための態勢が大きく異なる。刑事事件の法廷では，裁判所の警備担当者だけではなく，被告人が勾留されている事件であれば複数の刑務官も立ち会っている上，被告人が保釈中であっても，実刑が見込まれる事件であれば，言渡し後の検察官による身柄確保の執行のため検察事務官も控えているなど，何重にも法廷警備等の態勢がとられており，法廷の混乱などをそう心配する必要はない。

[5]　現役当時，本稿の頭出しのような巻頭言，須藤典明「民事事件における判決理由の告知」金融・商事判例 1469 号（2016 年）1 頁を発表しているので，併せて参照していただければ幸いである。

[6]　被告が口頭弁論において原告主張の事実を争わず，何らの防御方法も提出しない場合（法 254 条 1 項 1 号）と公示送達による呼出しを受けた被告が口頭弁論期日に欠席した

決書の原本に基づいて言い渡しをすることだけを定めており（法252条），その具体的な内容は民事訴訟規則（以下「規則」という。）に委ねている。そして，規則では，裁判長が主文を朗読して行い（規則155条1項），裁判長は，相当と認めるときは，判決の理由を朗読し，又は口頭でその要領を告げることができる，とされているだけである（同条2項）[7]。つまり，現在の民事訴訟の規律では，判決の言渡しにおいて必要的なものは主文の朗読だけであり，主文の朗読が終了すれば，法的な意味での判決の言渡しは終了するものと考えられており，仮に，主文の朗読に続いて告知された判決理由の要旨と判決文に記載されている判決理由とに齟齬があったとしても，判決言渡しの効力には全く影響しないと解されている[8]。

　このようなことから，民事裁判の実務では，理由の朗読やその要旨の告知は，ほとんど行われていない[9]。請求棄却の場合であれば，訴訟費用の朗読を含めても，わずか10秒から20秒程度で終わってしまい，判決を聞きに来た本人や代理人や関係者（以下「当事者等」という。）は，あまりのあっけなさに困惑した表情で法廷を後にする。しかし，法廷での審理を重ね，民事裁判を締めくくる最後の判決の言渡しが一瞬で終わってしまい，せっかく判決を聞くために法廷に来た当事者等が全くその内容を理解することができないまま帰るのでは，

　　場合（同項2号）には，判決書の原本に基づかないで判決の言渡しをすることができ（同項柱書），書記官により調書判決が作成される（同条2項）。

[7]　平成8年改正前の旧民事訴訟法189条1項では，「判決ノ言渡ハ判決原本ニ基キ裁判長主文ヲ朗読シテ之ヲ為ス。」と定められ，同条2項で「裁判長ハ相当ト認ムルトキハ判決理由ヲ朗読シ又ハ口頭ヲ以テ其ノ要領ヲ告クルコトヲ得。」と定められていたが，同改正に際して，同法には原本に基づく言渡しだけが残り（現252条），主文の朗読と理由の告知等は規則に落とされた（規則155条1項・2項）。言渡時には既に判決書の原本ができており，言渡終了後すぐにその正本を当事者（代理人）に交付することができ，当事者（代理人）はこれを読めば判決理由を知ることができるので，特に問題はないと考えられていたようである。

[8]　岩松三郎＝兼子一『法律實務講座・民事訴訟第一審手続(4)』（有斐閣，1962年）46頁。

[9]　刑事事件では，刑訴法342条において「判決は，公判廷において，宣告によりこれを告知する。」と定めた上，同規則35条2項は，「判決の宣告をするには，主文及び理由を朗読し，又は主文の朗読と同時に理由の要旨を告げなければならない。」と定めている。もっとも，判決書は判決宣告時までに作成されている必要はないが（最判昭25.11.17刑集4-11-2328），判決の宣告において，主文のみを告知し，その理由の全部を省くことは許されない（仙台高判昭63.12.12判時1309号154頁）。

11 民事裁判における判決理由の告知と実践的工夫〔須藤典明〕

民事裁判にかける当事者等の思いや期待を裁判所に受け止めてもらったとは感じられず，不全感が残ることであろう[10]。

2 相当と認めるときは判決理由の朗読やその要領を口頭で告げることができる

もっとも，現在でも，民訴規則によって，裁判長が「相当と認めるとき」は，理由の朗読や要旨を告知することができるとされており，例外的に判決の理由の要旨が口頭で告知されることがある。

まず，この「相当と認めるとき」とは，どのような場合が想定されているのであろうか。旧民事訴訟法 189 条 2 項当時において，昭和初期の教科書では，「若シ裁判長ニ於テ其ノ理由ヲモ当事者ニ知ラシムルヲ相当ト認ムルトキハ主文ヲ朗読スル際其ノ理由ヲモ同時ニ朗読シ又ハ口頭ヲ以テ其ノ要領ヲ告クルコトヲ得」と説明していた[11]。昭和 20 年以前の明治憲法下における民事裁判は，天皇の名において行われたもので，極めて権威主義的なものであり，理由の要旨を告げるかどうかは，全くの裁判長の自由裁量と考えられていたから，当然といえば当然であろう[12]。

---

(10) 私は，若いときに東京法務局訟務部付（いわゆる訟務検事）を経験し，東京高等裁判所管内 1 都 10 県の地方裁判所に係属する国を当事者とする事件の代理人をしていた。判決の言渡期日には，当時は東京大手町にあった東京法務局の庁舎からわざわざその地方裁判所まで出向いて判決を受けるが，主文の朗読だけの言渡しであり，何とも割り切れない思いをしたものである。

(11) 戦前に大審院判事として活躍されていた中島弘通判事の『日本民事訴訟法第一編』(松華堂書店，1934 年）では，上記のように一般的な説明だけでどのような場合かについて具体的な言及はされておらず，同じく細野長良判事の『民事訴訟法要義第四巻』（厳松堂書店，1934 年）124 頁も同様である。

(12) 私は昭和 53 年から昭和 54 年にかけて滋賀県大津で司法修習をしていたとき，当時の大津地方・家庭裁判所水口支部を訪れ，かつての裁判の権威主義の残滓を感じたことがある。当時の同支部の庁舎はまだ戦前からのものを使用していたが，まず，木造の大きな庁舎の入口横にある，かつての受付窓口に驚いた。小さな窓口が極めて高い位置にあり，窓口下に置かれている大きな石に上がっても，私の顎がやっと窓口の台にとどく程度であって，本当に下々の者がお上にお願いするという構造だったからである。入口を入ると，すぐに大きな菊の紋章の入った屋根瓦が置かれていたが，かつては，庁舎正面の屋根の真ん中に飾られていたとのことであった。また，法廷は別棟で，裁判官・書記官は渡り廊下で中から入れるが，当事者等は，構内の庭から直接入る構造である。法廷内では，傍聴席はもとより，当事者席や証人席も土間で床がない。「法廷」という名が，

232

Ⅱ　判決の言渡しに関する民事訴訟法などの規律

　私が裁判官に任官した昭和50年代の実務では，①当事者が出頭して判決理由を聞きたいと強く望んでいるとき，②社会の注目を集める事件で，言渡期日に多数の傍聴人が聞きに来ている場合で，③裁判長がその必要を認めたときがこれに当たるとされ[13]，その後，平成になって，②の場合には，担当合議体において「事案の概要」や「理由の要旨」などをあらかじめ作成し，言渡しの直後に当事者や報道機関に配布することもある[14]とされていた。確かに，昭和の時代には，全国各地で大規模な公害訴訟などがあり，その判決言渡しに際して，裁判所から判決正本とともに判決の理由の要旨などが配られていたことは，私自身も経験がある[15]。

　また，私自身，東京地裁民事部の裁判長であったとき[16]に，司法記者クラブから要請があって，事前に，「事件の概要」や「判決理由の要旨」などを記載した書面を作成しておき，言渡し後に記者クラブを通して報道各社にこれらを配布していた。このような便宜の提供は現在も行われているが，その理由は，単に記者クラブ加盟の報道各社に対して取材の手間を省くためではない。一般の国民は，報道を通してしか事件の存在や判断内容等を知ることができないから，国民の関心が高い事件であればあるほど，国民の知る権利との関係でも，報道各社の報道を通して裁判所の判断内容が国民に正確に伝わることが必要であり，大切である。報道各社の記者は，判決書の読み方などについても先輩記者等から一定の教育を受けているようであるが，それでも，短時間に，長い判決書を読んで正確に理解し適切に記事にして報道することはそう簡単ではない

　　庭を示す「廷」の字を使っている理由を肌で感じた。裁判官席のある法壇は現在よりもかなり高い位置にあり，裁判所のすべてが天皇の名において行われる裁判の権威を知らしめる装置であった。

(13)　岩松三郎=兼子一『法律實務講座・民事訴訟第一審手続(5)』（有斐閣，1962年）45頁など。

(14)　菊井維大=村松俊夫『民事訴訟法Ⅰ（全訂版補訂版）』（日本評論社，1993年）149頁［渋川満］。

(15)　昭和50年代は現在のようなパソコンによる文書の作成は全く普及しておらず，コピーも薄紫色の湿式コピーで，1回に1部しかコピーできないものであったため，判決書は，薄い用紙にカーボン紙を挟み，タイプ打ちで原本と正本等7～8部を同時に作成していた。大きな事件で関係先に配布する判決の写しが多数必要な場合は，裁判所は原本をタイプで打って印刷所に回して印刷し製本していたものである。

(16)　平成13年4月から平成16年12月まで，平成19年4月から平成21年7月まで。

であろう。そのようなことを考慮して，社会的に注目を集めている事件を担当している合議体の多くは，要請があれば，それぞれの判断で，できるだけこれに応えているのが実情であろう。そして，わざわざ「事件の概要」や「判決理由の要旨」を記載した書面を作成したのだから，報道関係者に対してだけではなく，法廷に来ている当事者等に対しても，私が是非とも理解してほしいと考えている点なども含めて，口頭で判決理由の要旨を述べようと考えたのである。ただ，判決の言渡しに際してそのような書面を作成するのは年に4～5回程度であったから，理由の要旨を口頭で告知したのも例外的なものにとどまっていた[17]。

3　判決理由の要旨を告知しなくてよいとするのは権威主義の残滓ではないか

現在の民事訴訟法においては，これまで述べたとおり，判決言渡しにおける理由の朗読や要旨の告知は，法律事項でさえなくなり，規則に落とされている。平成8年当時の解説などにおいても規則に落とされたことを疑問視する見解は見当たらず，当然であるかにように，判決言渡しにおける理由の朗読や要旨の告知は，全く裁判長の裁量に任されているなどと説明されている[18]。今から思えば，現行の民事訴訟法への改正は，国民に開かれた，利用しやすく分かりやすい民事訴訟を目指すことを出発点として検討されたはずである[19]のに，民事裁判の仕上げであり，当事者にとっては最大の関心事である判決の言渡しにおいてさえ，その主文さえ朗読すれば足り，理由の朗読やその要旨の告知は必ずしも必要なものではないと考えていたようである。そして，この点については，実務家はもとより研究者の方々からも特に異論は出なかったようであるから，その全員が，頭では分かっていたつもりであっても，民事裁判を利用する国民が何を求めているのか，どのような民事裁判制度が国民にとってオープンなも

---

(17)　今から思えば，そのような地裁での経験が高裁の裁判長になってすべての事件で口頭で判決理由の要旨を告げることの絶好の準備運動になっていたと感じている。

(18)　南敏文「判決②—判決言渡し」三宅省三=塩崎勤=小林秀之『新民事訴訟法大系—理論と実務—』第3巻（青林書院，1997年）257頁以下，最高裁判所事務総局民事局監『条解民事訴訟規則』（司法協会，1997年）322頁）など参照。

(19)　須藤典明「実務からみた新民事訴訟法10年と今後の課題」民訴雑誌55号（2009年）94頁以下参照。

のので分かりやすく，利用しやすいものであるのかなどについて，まだ権威主義的な民事裁判制度の残滓を払しょくすることができずにいたのではないかと思われる。

Ⅲ　判決理由の要旨を告知することの意義

　判決言渡しの際にその理由の要旨をも口頭で述べることは，上記のとおり，法的に必要的なものとされていないことや，傍聴人等の一部が法廷内で騒いだりして言渡しが混乱するのではないかなどの心配から，多くの民事裁判官が躊躇を感じていることは，私も十分に理解できる。しかし，約2年間の経験からいえば，裁判所がその判断に至った理由を口頭で説明しているときに，当事者や傍聴人等が法廷内で騒いだり，野次を言ったり，拍手をしたりすることはほとんどなかった。実際には，そう心配する必要はないのである。仮に，多少の混乱が生じたとしても，法廷内で誰かに危害が及ぶような例外的なことが生じない限り，多少の混乱を上回る効果があると考えられる。

1　事件の当事者や関係者に対する説明責任を果たすものである

　第一に，民事裁判はもっぱら私人間（ときに国や地方公共団体などを含むことがある。）の法的紛争を適正な手続で合理的に解決するための社会的制度であり，主文の朗読に引き続いてその理由の要旨を口頭で告げることは，訴訟当事者や関係者に対して，提起された民事裁判の審理を担当し，判断をした裁判所としての説明責任を果たすものであって，国民に対して開かれた民事裁判，わかりやすく利用しやすい民事裁判を肌で感じてもらうためにも必要なものである。

　もちろん，法曹資格のある代理人であれば，審理の経過や担当裁判官からの釈明や証人尋問の際の補充尋問の内容等によって，判決がどのようなものになるのか，勝ち負けやその理由付けなどについて大体は推測が可能ではあるが，それでも，ときに思いもかけない理由による判断がなされることもあり，私自身，訟務検事であったときに，勝つと思っていた事件で負けたり，負けると思っていた事件で勝ったりしたことがあり，裁判長から説明を聞きたいと思ったことがある。

11 民事裁判における判決理由の告知と実践的工夫〔須藤典明〕

法律の素人である当事者本人は，判決の言渡しがあっという間に終わってしまうことに唖然とし，判決書を読んでもその判断の理由を正確に理解することは困難で呆然としてしまう。これでは，国民に開かれた分かりやすい民事裁判とはいえず，特に敗訴した当事者は，裁判所に対する怒りや不信を強めることになってしまう[20]。なお，判決理由の要旨を口頭で告げて終了した後の当事者や傍聴人等の様子を書記官に尋ねると，特に混乱が生じることはなく，かえって，書記官に対して，「認めてもらえませんでしたが，理由はわかりました。」などと頭を下げて帰る当事者本人も少なくなかったと聞いていた。

2 法廷内にいる他の事件の当事者や代理人に裁判所の審理に臨む姿勢が伝わる

地裁で主文の朗読に続いてその理由の要旨を口頭で告げるような事件は，社会的に注目を集める事件であって，傍聴席も満席になり，期日もその事件の言渡しだけを指定しているのが普通であるから，他の事件の当事者や代理人が聞いているということはない。これに対して，高裁では，極めて例外的な大規模訴訟の言渡しはその1件だけの期日指定をするが，そうでない限り，判決言渡し期日には，著名な当事者や社会的に注目されている事件も含めて，1度に7〜8件前後の言渡しを順番に行っていた。そこで，通常は，傍聴席には，言渡しを待つ別事件の当事者や代理人も来ていて，先に言い渡されている事件の様子を見ている。そして，前の事件で裁判所が判決主文の言渡しに続いて，その理由の要旨を口頭で告知していると，待っている次の事件の当事者や代理人も，自分の事件ではなくても判決理由の要旨の告知を聞いており，それ自体で裁判所に対する信頼が高まってくるようである[21]。

---

[20] 現在はインターネットなどによる情報発信が盛んであり，例えば，「○○裁判長は，主文の言渡しをした後，傍聴席からの「不当判決」の非難を浴びながら，逃げるように法廷を後にした。」などと記載されている例もあるが，これなども，理由の要旨を丁寧に告げていれば，少なくとも，逃げるように法廷を後にしたなどと書かれることはなかったであろう。

[21] 現役当時，陪席裁判官から，ネットに部長の言渡しが載っていますと教えられたことがあった。本稿の執筆にあたり，思い出して検索してみたところ，現在も，杉浦ひとみ弁護士の「杉浦ひとみの瞳」に「東京高裁14民事部須藤典明裁判長の判決がわかりやすい！」との記事や，「あおい法律事務所ブログ」の「判決報告（第一商品，東京高裁平成26年7月17日）」などの記事が掲載されている。

Ⅲ　判決理由の要旨を告知することの意義

そのような投稿等を見ると，自分でいうのもおかしなものではあるが，裁判にかける当事者等の思いを裁判所も真剣に受け止めようとしていることは，当事者等にも伝わっているようである。もっとも，代理人の弁護士でさえ，民事裁判の判決言渡しで初めて理由の要旨を聞いたといい，法廷ウォッチャーでさえ，裁判長が理由の要旨を述べたと驚くくらいである[22]から，まだまだ極めて例外的なものであろう。

3　報道関係者も判決の内容を正しく理解しやすくなる

また，判決理由の要旨を口頭で告げることは，報道のために判決の言渡しを聞きに来ている記者にも，一定の効果があるように思われる。社会的に注目を集めている大きな事件では，事実関係や争点が錯綜し，当事者双方の主張も入り組んでいて，判決書も長いものになり，記者といえども読み通すことは必ずしも簡単ではないし，判決の趣旨やポイントを正確に理解することはかなり難しい。

そこで，裁判所が，主文の朗読だけではなく，その理由の要旨を口頭で説明すれば，記者も，事案の概要や，第一審判決のポイントや控訴理由のほか，高裁判決の理由のポイントなどを，容易に，かつ，正確に理解することができる。その結果，記者の記事が正確になり，国民に対する正確な報道に役立つことになる。実は，他の部の裁判長から，「須藤さんは和解が多いのであまり判決をしないけど，判決をするとよく報道されるよね。」などといわれたことがある。当時は，「私も結構，判決をしているんですよ。」などと答えていたが，本稿を書きながら考えてみると，記事になりそうな事件では，先に述べたように，要望を受けて「事件の概要」や「判決理由の要旨」などの書面を配布している上，判決言渡しの際に，口頭で詳細に，事案の概要や審理の経過や控訴人の控訴理由などに触れ，判決理由の趣旨やポイントなどについて丁寧に説明し，判決における裁判所のメッセージともいえる部分を強調するなどしていたので，判決を聞きに来ていた記者にとっては，事件の概要や判決のポイントなどを容易に

---

[22]　上記のほか，「今井亮一の交通違反バカ一代！」の「大事件！民事の判決，要旨を裁判長が述べたあっ！」などいくつも掲載されている。また，社会的に注目を集めていた事件では，私が口頭で詳細に理由の要旨を告げた際の様子を子細に報告しているものもみられる。

理解することができ，記事にしやすかったからではないかと思いあたった。そうであれば，理由の要旨の告知は，思わぬ副次的効果があったことになる。

4　口頭要旨の準備等が判決書や審理等の在り方を見直す機会になる

　高裁裁判長になって口頭で判決理由の要旨を告知するようになった当初は，特にメモを作成することなく，主文の朗読に続いて，判決原本を見ながら，頭に入っている事案の概要や判断の要点等をアドリブ的に口頭で告げていた。しかし，何回かやってみて，口頭で告げたところが正確であっただろうか，当事者にうまく伝わっただろうか，何か誤解が生じたことはないだろうかと思い直すところがあり，念のため，事前に簡単な言渡しのためのメモを作成しようと考えて，作成し始めた。

　口頭告知のためのメモは，判決書案のデータを利用して自分で作成したが，その作業は，実際に口で話すことを前提にして，再度，判決文を検討することであった。そして，これまでの判決書は，当然ながら，目で読むものであって，声に出して読む前提で作られているものではないことを実感した。しかも，目で読んでいるときには感じなかった判決理由の記載の順序や前後のつながりはもとより，用語の選択やちょっとした言い回しのニュアンスなども気になるようになり，改めて判決書を客観的に見直す機会になったのである。メモの作成中に判決書の記載がどうしても気になって訂正し，判決原本を作り直したことも数件あった。

　また，口頭で理由の要旨を告げる際には，後述のように，当事者等の呼び方や言い回しなどにも注意を払うが，判決のときだけ，取ってつけたように当事者等の呼び方や言い回しなどを変えても，当事者等の信頼を得られることにはならない。結審するまでの審理の際にも，当事者等を無用に刺激したり侮辱したりしないよう[23]，これまで以上に注意をして訴訟指揮をするようになる。

---

(23)　若いときに国の代理人として東京高裁管内1都10県の裁判所に出廷し，待っている間も含めて多くの裁判長の訴訟指揮を見分したが，何をいっても揉めない裁判長と，逆に，何をいっても揉める裁判長がいることに気づいた。観察の結果だけいえば，内容の問題ではなく，裁判長にその気持ちはなかったのであろうが，当事者等を馬鹿にしたような言い方に聞こえてしまったり，当事者等を追い詰めるような指揮をしたり，法廷で激昂することなどが問題であると感じた。今なら，「上から目線で感じ悪い」といわれることに尽きるように思われるが，自分が裁判長になったらそのようなことはすまいと

Ⅲ　判決理由の要旨を告知することの意義

　結局，口頭で判決理由の要旨を告知することが，判決書の見直しや日頃の訴
訟指揮の在り方への反省等を自覚させ，国民に開かれたわかりやすい裁判を実
現することに役立つことを感じたのである。

5　高裁では判決理由の要旨の告知を義務づけるべきではないか

　判決の言渡しは民事裁判の締め括りとなるものであるから，裁判所は，当事
者に対して，どのような結論になったのか（主文の朗読）だけではなく，その
ような結論に至った理由を説明する責任もあるのは当然のことであろう。もっ
とも，裁判所がそのような判断に至った理由は，判決書において過不足なく説
明されているはずであり，読めばわかるはずであるから，わざわざ口頭で説明
する必要はないという説明も理解できないものではない。ただ，実際には，判
決書は極めて技術的・専門的にできているものであって，使用されている専門
用語も多く，ロースクールの学生でさえ正確に理解することは容易ではない。
法律について全く知識のない当事者本人にとっては，少し長い判決書になると，
そもそも最後まで読み通すことが困難であるし，仮に何とか読みとおしたとし
ても，ちょっとした判決書の約束事がわかっていないため，途中でその意味が
よく分からなくなっている。そのような意味で，判決の言渡しの際に，裁判官
が判決の結論とその理由を直接説明することは，後に判決書を読む際にも理解
を容易にし，当事者にとってわかりやすい民事裁判と感じることに大いに役立
つものである。

　もっとも，地裁の民事裁判では，一度に言い渡す件数が多いことや，欠席判
決など実質的な理由がないものも含まれていること，当事者の紛争エネルギー
が審理過程で十分には発散されていない事件も少なくなく，理由の要旨を告知
している最中に怒りが爆発して法廷が混乱する事態も考えられないわけではな
いこと，日本の民事裁判の法廷では専門の警備担当者が常時立ち会っているわ
けではないことなどの実情を考慮すると，できるだけ理由の要旨を告知するこ
とが好ましいが，そのすべてについて要旨の告知を求めることは，現実的では
ないようにも思われる。

　ただ，高裁であれば，法廷の数もそう多いわけではなく，警備担当者の確保

　思ったものである。

11 民事裁判における判決理由の告知と実践的工夫〔須藤典明〕

もできないわけではないから，当面は，高裁での判決の言渡しに限ってでも，民事事件の判決の言渡しにおいて，主文の朗読だけではなく，その理由の要旨の告知をも義務付けてはどうだろうか(24)。現在は規則事項であるから，民訴規則 155 条 2 項を改めれば可能である(25)。

Ⅳ　どのようなメモを作成していたか

次に，私が理由の要旨を口頭で告知するために作成していたメモについて述べてみたい。高裁裁判長は，主任裁判官から回ってきた判決原案を読み，よほどのことがない限り，自分のスタイルで隅々まで手を入れて判決の修正案を作成し，これを主任裁判官ともう一人の陪席裁判官に回して，それぞれの意見を聞きながら合議を重ね，必要な訂正を加えて判決原本を完成させていくので，そのプロセスで事案の概要から判決理由まで頭に入っており，その要約版であるメモを作成することに困難はない。問題は，どの程度の長さのメモを用意するのが適切かということであろう。

1　初期の頃の簡単なメモ

作成初期のメモは，【参考 1】にあるように，本当に判断のポイントだけを示した極めて簡単なものであった（実際の件数はもっと多いが，紙数の関係で数件にとどめた。）。

---

(24)　仮に，口頭で告知された判決理由の要旨と判決文に記載されている判決理由とが食い違うようなことがあってはならないが，仮にあったとすれば，現行法では，注 5 のとおり，主文の朗読で言渡しは終了しているから，判決文に記載されているところが正式な判決理由であることに争いはない。仮に，理由の要旨の告知を義務付けた場合でも，判決原本に基づいての口頭告知が前提であるから，判決文に記載されている理由が優先される，口頭での判決原本の記載の変更などは許されないことになるであろう。

(25)　もっとも，その実現はそう簡単ではないであろう。まずは，多くの民事裁判官が実際に法廷で理由の要旨を口頭で告知してみて，その経験をもとに具体的にどのような点が問題なのか，どのようにすればよいのかなどを検討し，整理して，多くの裁判官が実践しやすい理由の要旨の告知の在り方について，一定のコンセンサスを得ることが肝要であろう。

Ⅳ　どのようなメモを作成していたか

【参考1】

（注：gは（行ウ），nは（ネ）の略号。当事者名は適宜 A，B，C 等とした。以下，同じ。）

【1】25n ○○○　A v. B 製作所（控訴棄却）
　H4〜11 年の不当な人事評価で賃金差別を受けたとの事案。控訴人は成績評価が平均よりも下回っており，自分の考えと違うと上司の指示にも従わず，指導力など職長としての力量にも問題があったこと，全体では控訴人よりも低い評価の者もいたこと，また，労使双方による苦情処理委員会等でも不当な評価とは判断されなかったことなどに照らし，請求を棄却した原判決は相当。

【2】25n ○○○○　C v. D ほか（控訴棄却）
　共同相続した土地・建物の共有物分割。控訴人 C は建物の取得と利用を希望しているが，母親 D と他の兄弟は売却してお金で分けることを希望。
　C が希望している建物を相続して利用するにはその敷地も取得することが必要になるが，C の持分では通路などの確保は困難な上，残地の地形も極端に悪くなり，現実的ではないので，売却やむなし。

【3】25n ○○○○　E v. 医療法人 F（原判決一部変更）
　不用意に手首に注射されたことを医療過誤とする損害賠償請求。看護師に注射ミスがあったことは認められるが，E に明らかな神経損傷があったとは認められず，約 1 年 7 か月の経過で症状固定は相当。
　損害額の算定については見直して，主文のとおり変更。

【4】25n ○○○○　G v. H 火災（控訴棄却）
　控訴人が H.20 年 5 月に 1,600 万円で購入した BMW が 1 年 4 か月後に盗まれたとして保険金を請求。
　控訴人は，飲みに行って車のキーや免許証等を紛失してしまい，その翌日の夜までの間に自宅前駐車場に駐車しておいた BMW がなくなったと主張。
　しかし，控訴人は，キーや免許証等を紛失したのに，すぐに探そうとせず，警察に紛失届もしていない上，1 日も経たないうちに，自宅前に駐車していた特殊な盗難防止装置付きの BMW が，窓ガラスが割られた形跡もなく第三者に盗まれたというのは不自然であって，控訴人の主張事実を認定することは困難。

　上記の【参考1】のメモは，控訴審裁判所としての判断のポイントだけを簡略に取りまとめた程度であって，主に，事案の概要や第一審判決の判断内容を知っている当事者や代理人を前提に，この程度でも，控訴審の判断のポイントをわかってもらえるであろうと考えたものである。

241

2 事案の概要，原審の判断，当裁判所の判断の要点を記載したメモ

地裁の事件では，判決の言渡しの際に，当事者も傍聴人も誰も出廷せず，法廷には裁判官と書記官しかいないということも珍しいことではないが，高裁の事件では，判決の言渡期日に当事者も傍聴人も誰も法廷にいないということは，ほとんどなく，誰かは法廷にいて，判決の言渡しを聞いている状況であった。その事件の直接の当事者等だけではなく，一般の傍聴人，新聞やテレビなどの記者，週刊誌や業界紙などの担当者，弁護士が来ない代わりに判決の言渡しだけを聞きに来た弁護士事務所の事務員など実に多様で㉖，必ずしも事案の概要を知っているわけではない。

そこで，そのような直接の事件関係者以外の人でも，言渡しの際に裁判長が告げる判決理由の要旨を聞いていれば，どのような事件について，第一審でどのような判断がなされ，控訴審では何が争われて，控訴審裁判所はどのような点を理由にそのような判断をしたのかが分かるように，①事案の概要，②第一審（原審）の判断と控訴理由の要旨，③当裁判所の判断理由の要旨，の３つの要素を抽出してこれを柱とし，特段の事情がない限り，上記①〜③の要素がわかる程度の【参考２】のようなメモに切り替えることとした。実際，多くの事件は，このような内容のメモに基づいて口頭で判決理由を告知した。

【参考２】　　　（注：事件番号の前のイロハニは，主任裁判官の符号。以下，同じ。）

> **【5】ニ 26g ○○○　A v. 国（控訴棄却）**
> 　本件は，昭和 60 年 10 月に本邦に入国し，その後，日本人と結婚するなどして在留期間の更新や在留特別許可を受けてきた中国国籍の女性である控訴人が，本件在留特別許可が認められず，強制退去の対象者とされたことの取消を求めている事案。
> 　原判決は，在留特別許可の判断は法務大臣等の広範な裁量に委ねられている

㉖ 国や地方自治体や大きな会社の担当者等は，法廷に出て来ても当事者席に座ることは少なく，傍聴席で主文の言渡しを聞いて，判決書は後日，郵送で受け取ることも少なくない。当事者席に着いて言渡しを聞き，判決正本の送達を受けてしまうと，控訴や上訴の期間が進行を開始し，実質的な手持ちの検討時間が少なくなってしまうが，担当者等の一存で控訴や上訴の要否等を判断することはできず，内部で何段階もの意見調整や打合せに時間が必要になるからである。口頭で，理由の要旨について説明を受けていると，上記の担当者等は，より正確な報告資料を作成することができるという副次的なメリットがある。

ところ，控訴人は窃盗罪で懲役有罪判決を受けるなど在留状況が悪質であるから，日本国籍を有する実子がいることなどを考慮しても，在留特別許可を付与しなかったことに裁量権の逸脱，濫用はないとして控訴人の請求を棄却。

　関係証拠によれば，控訴人は，これまで窃盗等により懲役の実刑判決を受け，過去2回，在留期間を超えて本邦に残留し，そのたび今後は真面目に生活し，わが国の法令に違反しないことを誓約し，平成20年1月には同じことを繰り返したら親兄弟のいる中国へ帰国すると約束して在留特別許可を付与されたのに，今回再び窃盗で実刑判決を受けており，これまでよりも一段と状況が悪質になっているから，日本国籍を有する実子がいることなどを考慮しても，在留特別許可を付与しなかったことに裁量権の逸脱，濫用はない。

【6】ハ26n ○○○○　B v. C（控訴棄却）

　本件は，平成17年6月に発生したバイクと右折車との衝突事故による損害賠償請求事件。

　原判決は，過失割合につき控訴人B25％：被控訴人C75％とした上，平成18年3月末日までには症状固定とし，これまでに控訴人Bが合計844万円余の賠償金の支払を受けていることから，更にこれ以上支払うべきものはないとして請求を棄却。

　控訴人Bは，Bの過失割合は5％であり，症状固定は平成24年3月1日であると主張しているが，当裁判所も，関係証拠により，平成18年3月末日までには症状が固定したものというべきであり，仮に過失割合が5％であっても，これまでに支払いを受けた合計844万円余を超えることはないと判断する。

　したがって，控訴人の請求を棄却した原判決は正当。

【7】ハ26n ○○○○　D v. E（控訴棄却）

　本件は，平成20年7月に死亡した母親の相続をめぐる姉妹（控訴人Dは長女，被控訴人Eは三女）の争いで，母親が作成した妹の被控訴人Eに財産を相続させるとの平成14年12月の公正証書遺言の無効確認と，予備的に遺留分減殺請求による価額弁償金の支払を求めている事案。

　原審は，本件公正証書に偽造や方式違背はなく，遺言能力もあったとした上，予備的請求につき，963万円余の遺留分侵害を認め，供託金610万円余を控除した残額353万円余の支払を命じた。

　控訴審でも，遺言の効力が争われ，改めて筆跡鑑定等が提出されたが，公正証書の偽造は認められないし，当時の母親の長谷川式簡易テストも30点満点中26点であり，遺言能力も認められるので，控訴人Dの主張は理由がない。

3　メモのその他の留意点

このように言渡しメモのポイントは，控訴審である高等裁判所の判断の理由

11 民事裁判における判決理由の告知と実践的工夫〔須藤典明〕

のポイントがわかるように説明するための参考資料ということである。

(1) 原判決を維持するケースでは、結論として原判決を維持しているから、「控訴人の控訴は理由がない」だけでも要旨の告知ではあろうが、それなら告知しなくても同じであろう。要旨を口頭で説明する以上、控訴理由のポイントを裁判所が要約して、これに対する判断のポイントを述べることが必要であろう。上記【参考2】の各ケースは、そのような考えに基づいている。

(2) これに対して、原判決を取り消したり、変更するケースでは、原判決を取り消したり、変更する理由こそが説明のポイントである。

もっとも、取消しや変更の理由は個別事件ごとに異なり、大きく分ければ、(i) 事実認定変更型（前提となる事実認定が異なり、処分の評価や損害賠償金額に違いが出たというケース）と、(ii) 法律解釈変更型（適用法規等の解釈についての理解等が異なり、原判決とは判断が異なったケース）とがある。なお、実際には、(iii) 中間型（事実認定の違いによるようにもみえるが、前提となる法規の意味等についての理解も微妙に異なり、それが事実認定にも影響を与えたケース）もある。次の【参考3】の【8】は、そのような(iii)のケースの一つである。老母にどの程度の意思能力があれば養子縁組能力が認められるかについて、原判決は、既に認知症を発症していたことを重視したが、高裁判決では、認知症だからといって常時すべての判断能力がないというものではないとの理解を前提として、長女と反目するようになった老母が同居している長男の妻子に実際に面倒をみてもらっていることから、自分の財産の額などは十分には認識できなくなっていたものの、その一部が妻子にも渡るよう養子縁組をすることで、きちんと面倒を見続けてもらいたいとの思いでした縁組であり、そのような養子縁組も認めてよいとの考えがある。アドリブでは、冗長になってしまいがちであるため、そのような趣旨が当事者等に伝わるようやや細かいメモを作成しておくことが肝要である。

【参考3】

【8】ニ26n○○○　Ａら v.Ｂ（原判決取消・請求棄却）

　本件は、平成22年9月に死亡した母親の長女である被控訴人Ｂが、その7か月前にされた母親と、長男の妻子（控訴人Ａら）との養子縁組の効力を争っている事案である。

V 理由の要旨を口頭で告知するための実践的工夫

　原審は，本件養子縁組は長男が長女の遺留分の減少を目的としてしたもので，母親には実質的な要旨縁組意思がなかったとして，養子縁組を無効とした。

　関係証拠によると，母親は，本件養子縁組当時91歳で，認知症を発症しており，意思能力は必ずしも万全ではなかったものの，その直前に成年後見判断のために裁判所が選任した鑑定医の診察を受けており，その際は事理弁識能力を欠くほどではないと診断されていることや，同居して面倒を看てもらっていた長男の妻子を養子とすることは理解していたことなどに照らし考えれば，養子縁組の意思が認められる。しかも，母親は，その前に頼りにしていた長女がその期待に反したため，裏切られたと感じ，安定した老後の生活を送りたいとの思いから，同居していた長男の妻子と養子縁組をしたものと認められる。そうであれば，その際に長男の働きかけがあり，結果的に長女である被控訴人の遺留分が減ることになっても，母親の縁組意思を否定することは相当ではない。

　したがって，これと異なる原判決を取り消して被控訴人（長女）の請求を棄却する。

V　理由の要旨を口頭で告知するための実践的工夫

　言渡しのためのメモについては，おおむね上記のとおりであるが，法廷で円滑かつ安全に口頭で理由の要旨を述べるために気をつけておかなければならないこと，すなわち，実践的な工夫点などについて説明しておきたい。

1　事前の陪席裁判官や立会書記官との打合せ

　法廷で，主文の朗読に続いて，その理由の要旨を口頭で告げるということは，陪席裁判官の主任事件についての期日指定や書記官の立会時間などにも影響し，場合によっては，全員参加で要旨を告知中の法廷内の安全確保や秩序維持等に努めなければならないから，事前に，陪席裁判官や立会書記官との十分な打合せが必要である。

　私が裁判長をしていた東京高裁第14民事部では，私が着任する前から，口頭弁論期日と判決言渡し期日の前日には，裁判官全員と立会書記官とで，弁論や言渡しが予定されている全事件について，一件ずつ確認をしていく合議システムが確立されていた。判決の言渡しについても，その場で，言渡しの順序や所要時間などについても確認し，全員で共通認識をもつようにした。また，事

件によって，合議体を構成する裁判官が異なり，一部交替が必要になるため，そのことも前提として，言渡しの順序などを組み立てておき，全員で共通認識をもっておくことが肝要である。

特に，理由の要旨の告知中に傍聴席などから不規則発言がされて法廷が混乱する可能性がある事件については，事前にそうならないような態勢を準備しておくことが重要である。混乱が予想される以上，当番の立会書記官だけではなく，主任書記官や他の書記官も，裁判所の腕章を用意して法廷内に入り，当事者席と傍聴席の間に立ってもらうなど人的態勢を強化するための準備をしておくことが有効であり，必要である。もちろん，陪席裁判官も，法廷での混乱が起きにくいよう法廷内で毅然とした態度を保ち，常に当事者席や傍聴席等の法廷内の様子に目を配り，何かあればすぐに裁判長に連絡することを確認して，そのためのメモ用紙も準備しておくなども大切である。

理由の要旨は裁判長が告げるが，その円滑な進行は，部の全裁判官と全書記官とのチーム・プレイによって実現するのである。

2　判決言渡期日の指定や判決言渡しの順序

判決理由の要旨を口頭で告げようとする場合には，まず，判決言渡期日の指定や判決言渡しの順序について，考えておくことが必要である。

(1) 多数の当事者等や傍聴人が予想される事件は別指定に

社会的に注目され，多数の当事者等が言渡しに出廷してくる事件や，大勢の傍聴人が押し掛ける事件の言渡しは，他の事件とは別に，その事件だけの時間を指定しておくことが必要である。当事者や代理人席の確保や報道関係者用の席の確保など，判決言渡しの場としての法廷の準備が必要であり，他の事件を一緒に指定するのは混乱の原因になるからである。そして，そのような事件では，報道関係者に対して「事案の概要」や「判決理由の要旨」等が配布されることも少なくなく，法廷でも，事件の概要や審理の経過や理由の要旨等を比較的丁寧に説明することになるので，事件番号の読み上げから理由の要旨の告知終了までに約 10〜15 分程度を考慮し，これに，当事者等が法廷内に入って落ち着くまでの時間と，言渡終了後に法廷から退出する時間を考えると，1 件で約 30 分程度の時間を確保しておくことが必要になる。

V 理由の要旨を口頭で告知するための実践的工夫

(2) 簡単な事件を先に，複雑な事件は後に

同じ言渡し期日に，事件内容等が複雑ではなく，理由の要旨は簡単に済んでしまう事件と，複数の当事者がいたり，事実自体が錯綜していて，理由の要旨の説明も長くなってしまう事件とが予定されている場合には，通常は，簡単な事件の言渡しを先にするよう配慮していた。

(3) 当事者等が出廷してくる見込みの事件を先に，誰も出廷してこない見込みの事件は後に

法廷で言渡しの順番を待つのは，やはり落ち着かず気持ちの良いものではないから，誰も出廷してこない見込みの事件は言渡しの優先順序が低いので，当事者等が出廷してくる見込みの事件を先にするよう配慮していた。

(4) 法廷が混乱する可能性がある事件を何件目にするか

判決の言渡しに際して法廷内で不規則発言などがなされ，若干の混乱が起きる可能性のある事件については，書記官室から，全くの別期日にその1件だけを指定するか，その日の言渡しの一番最後にしてはどうかという提案がされることがある。しかし，私は，別期日や最後の指定にはしない方がよいと考えている。他の事件の当事者等が全くいないということは，法廷で騒ぎを起すことも厭わない当事者等にとっては好都合であり，まさに法廷が，裁判所とその当事者等との直接対決の場になってしまう。他の事件の当事者や代理人や傍聴人がいれば，そのような当事者等であっても，他人の目を気にせざるを得ず，やはりあまり過激な行動はしないからである。しかも，裁判所としても，他の事件の当事者等がいれば，問題の事件の当事者等とは対立しても，他の事件の当事者や代理人や傍聴人が裁判所の指揮を後押ししてくれ，混乱を収拾する糸口がつかめて，大きな混乱にはならずに収束する可能性が高いからである（なお，後記注(29)のエピソード参照。)。

(5) 不倫や離婚やセクハラなど個人のプライバシィーなどが深く関係する事件

地裁では，判決言渡し期日に当事者や傍聴人が誰も法廷に現れないということもそう珍しいことではないが，高裁では，判決言渡し期日に当事者や代理人や傍聴人等が誰も法廷に現れないということは，まず考えられない。特に最近では，法廷ウォッチャーといわれる人たちや，その人たちのブログやツイッターなどを見て，全く無関係の一般傍聴人が興味本位で判決言渡しを聞きに来

247

ることも少なくない。しかし，不倫や離婚やセクハラなど個人のプライバシィーなどが深く関係する事件では，当事者や関係者は，できるだけ他人に知られたくないと考えているから，そのような事件の言渡しは，できるだけ最後に回しにして，一般傍聴人が少ない状態で言渡しをするよう配慮することが相当であろう。

3　当事者の出頭状況ほか法廷の様子の確認

　法廷で何件もの判決について，円滑に混乱もなく，口頭で判決理由の要旨を告知するためには，法廷の状況等を十分に把握しておくことが必要である。

(1)　開廷前の書記官による確認など

　判決言渡期日の法廷では，裁判官の入廷前に，立会書記官が先に入廷して，当事者席や傍聴席の様子を確認するとともに，出頭表の記載内容を見て関係者の出頭状況を確認したりし，その情報を法廷裏の合議室に控えている裁判官に伝えて，裁判官が事前の合議で想定したところと大きな違いが生じていないかどうか確認し，臨機応変の対応がとれるよう準備する。

(2)　個別事件ごとの書記官による出頭状況等の再確認など

　当事者や代理人等の出頭の有無については，高裁でも弁論期日が何回か繰り返されている事件では，裁判官や書記官が当事者等や代理人の顔を覚えていることが少なくないので，当事者等が法廷に出て来ているかどうかはほぼ確認できるが，一回結審の場合には，難しい。また，開廷当初は来ていなくても，先行事件の言渡しをしているうちに傍聴席の人数が増えてくることもある。そのようなことから，個別事件では，念のため，各事件の言渡前に立会書記官が傍聴席に向けて，「平成25年（ネ）第×××号，○○さんと○○さんの事件の関係者の方，いらっしゃいますか。」などと改めて確認していた。ときどき，関係者が「はい。」などといって傍聴席で手を上げることがある。当事者席には座らない場合でも，そのような事件では，当事者等が出頭している場合と同様に理由の要旨を告知するように配慮した。

4　裁判長として法廷で実際に告げる際の注意点

(1)　口頭告知の弱点を自覚して，弱点を補うような工夫をする

　判決理由を口頭で告知する際にまず気をつけなければいけないのは，告知を

V　理由の要旨を口頭で告知するための実践的工夫

聞いている当事者や傍聴人等は，聞いた順番でしか内容を理解できないし，すべてを覚えられるわけではなく，聞いた瞬間に聴き取れなかったところは，分からなくなってしまうということに注意して，理由の要旨を告げることが大切だということである。

　裁判所は，正確性を重視するあまり，どうしても最初から細かな話を長々とする傾向があるが，それでは口頭告知の意味が半減してしまう。細かな点は判決書があるから，要旨の告知では，耳で聴いて分かるように，できるだけ短い文章で，コンパクトに，順を追って，分かりやすい内容を話すことが肝要である。傍聴席の後ろまではっきり聞える程度の声の大きさで，余裕をもったペースで話すことも大切である[27]。また，抑揚のない話も聴きにくいものであるから，事前に作成したメモをそのまま淡々と読むのも避けなければならない。メモは，なるべく目線の先においてときどき見る程度にして，当事者席や傍聴席なども見ながら語りかけるような気持ちで話すことが大切である。

　結局，理由の要旨を聞いて分かってもらうために話すという姿勢をもって，臨機応変に対処することが重要である[28]。

　(2)　当事者等を不快にさせない話し方を工夫する

　判決理由の要旨を告知しようとすると，どうしても訴訟関係者の名前等が出てきたり，一定の状況説明等が必要になることがあるが，その際に，不用意に当事者等を不快にさせたり，侮辱されたと受け取られないように注意することも重要である。裁判所は，法廷で日常的に当事者を控訴人とか被控訴人と呼び，複数の当事者がいる場合には，「控訴人らは」などと呼んでおり，全く抵抗を感じていないが，一般社会では，「○○ら」というのは，何となく上から目線の呼び方であると理解されているから，理由の要旨を告げるときには，「○○

----

[27]　訟務検事であった当時，法曹有資格者ではない職員から，法廷での裁判長の釈明内容や指示内容がよく聴き取れなかったという不満を聞かされたことがある。確かに，裁判官の法廷態度はさまざまで，小さな声でぼそぼそ話す裁判長もいないではない。そのような裁判長は，日ごろから相手方に話を理解してもらうという姿勢に欠けていることが問題である。

[28]　例外的な場合ではあるが，高齢者の本人が出廷してきて，聴こえてますかと確認すると，困った顔をする。そこで，裁判官席のすぐ前まで来てもらって，近くで理由の要旨を説明すると，ぱぁーと顔が明るくなって，控訴を棄却したのに，ありがとうございましたと，笑顔で帰って行ったこともあった。

ら」という呼び方は避けて，「控訴人の皆さんは」とか，家族間の事件であれ
ば，「お兄さんに対して，妹さんたちは，」などと呼ぶことにして，聞いている
印象がソフトな感じになるよう心掛けた。また，会社の関係者などが出てくる
と，裁判所は敬称を付けずに，名前をそのまま「○○は」と呼び捨てのように
なってしまうことがほとんどであるが，これも，一般社会の常識に照らせば非
常識で失礼な呼び方であるので，役職やさんなどを付けて，「○○係長は」と
は「○○さんは」などと呼び，全く敬称的なもののない呼び捨てはしないよう
にした。

(3) 判断に影響しない主張でも当事者等が強く主張していたものは言及する

　本人や代理人等は，当然であるが，あまり有望な法律論ではないことは分
かっていっても，自分がした主張については，裁判所の判断を知りたがるもの
である。新様式判決では，結論に影響しないような主張については取り上げる
必要がなく，それに対する判断を示す必要もないとの見解もないわけではない
が，そのような裁判所の姿勢は，国民が利用しやすく分かりやすい民事裁判と
はかけ離れたもので，裁判に対する不信を増幅させるだけであるから，適切で
はない。当事者等は，合理的な思考や経済的な損得勘定だけでは納得できずに
わざわざ訴訟を提起しているのであるから，裁判所は，当事者等のそのような
思いとして受け止めたことを示すためにも，判決書にたとえ１行であっても当
事者が意識していた主張は取り上げ，簡単ではあっても，それに対する判断を
示しておき，理由の要旨の告知に際しても，ひと言は口頭でも触れる姿勢が肝
要であろう。

　次のケースは，そのようなものの一つで，Ａ市内にあったＢ大学付属高校
の周辺に住む住民が，住民にも一定の景観利益があると主張して，同高校内に
あった旧時計塔校舎の取壊し・新時計塔校舎の建設に関する各種処分の取消な
どを求めた訴訟である。

【参考４】

　確かに，皆さんが旧時計塔校舎を含む景観に長年馴染み，地域の象徴として
愛着を感じていることは裁判所も理解することができます。しかし，新時計塔
校舎になったからといって皆さんの生命や身体の安全が損なわれるというもの
ではありません。しかも，旧時計塔校舎は国や地方公共団体によって特に文化

V　理由の要旨を口頭で告知するための実践的工夫

的な価値等の高い文化財として指定されてはいませんから，これを建て替える
ことが刑罰法規や行政法規に反したり，公序良俗に反することはありません。
そのような旧時計塔校舎を保存するかどうかは，第一次的にはその所有者であ
るＢ大学の意向に委ねられているものです。大学側は，旧時計塔と同様の高
さや外観を有する新時計塔として，建て替えによって外観に大きな変更が生じ
ないよう配慮することが認められます。そうすると，長年馴染んできた旧時計
塔に対する皆さんの気持ちはそのとおりなのでしょうが，皆さんにその建て替
えの禁止を求めるまでの法的根拠は出てこないといわざるを得ません。

このような告知をしたところ，不規則発言はほとんど出なかった。

(4) 不規則発言が出にくいようにするための工夫

①　傍聴人が多数詰めかけている事件では，不規則発言が出がちである。そ
れだからといって，理由の要旨の告知を取りやめるようでは本末転倒であろう。
そのような場合，判決主文の朗読を解する前に，裁判長が自分の口で，「それ
では，これから判決を言い渡しますが，主文の朗読に続いて，判決理由の要旨
を口頭で説明します。皆さん，静かにお聴きください。」などと理由の要旨を
告げることを予め知らせておくと，主文朗読直後の傍聴席からの不規則発言は
ほとんどなくなる。

②　当事者や関係者等を不快にさせないよう，その呼称などにも気をつけ，
侮辱したり，いやな思いをできるだけしないような言い方が大切であることや，
当事者等の主張には配慮して一応の言及をすることなどについては，既に述べ
たとおりである。

③　息継ぎのタイミングを適宜ずらすことも効果的である。

例えば，統合失調症により厚生労働大臣から障害等級を３級とする障害厚生
年金の支給決定を受けた控訴人が，傷害等級を２級とするよう求めて社会保険
審査官に対し審査請求をしたが，審査請求期間を経過しているとして却下され
たため，統合失調症の病気の影響もあって期間内に審査請求できなかったこと
に「正当な事由」があると主張して，決定の取消しを求めた本人訴訟の事案で，
控訴人が期日以外にも度々書記官室に来て，長時間にわたって担当書記官に社
会保険審査官等に対する不満などを述べ続け，書記官事務にも支障をきたすこ
とがあった。

251

11 民事裁判における判決理由の告知と実践的工夫〔須藤典明〕

判決の言渡しをすれば，さらに頻繁に書記官室に顔を出して長時間にわたって判決に対する不満を述べることが予想されたため，判決の言渡しに際して，私から直接，控訴人に対して丁寧に判決の理由を説明しておく必要があったが，告知の途中で本人があれこれと不満を述べ始めることも想定された。そこで，次のような理由の要旨を告げた際，

【参考5】

> 関係証拠を検討すると，Aさんは，本件処分当時，統合失調症を発症していて，その程度はともかく，対人関係について援助を必要とする状態であったことは<u>認められます</u>。しかし，障害等級を3級とする障害厚生年金の支給決定の際には，これに不服がある場合には社会保険審査官に対して審査請求をしなければならないことが分かるように<u>書かれていました</u>。その後，Aさんは，ねんきんダイヤルに電話をしたり，年金事務所へも出かけて相談していますから，統合失調症の病気ではあったのですが，必要な情報を集めたり，判断し，行動する能力は，他の人と比べてそれほど大きく劣っていたとは<u>考えられません</u>。<u>現に今</u>，こうしてAさん自身でこの裁判を起こすこともできていますから，障害等級を3級とする年金の支給決定を受けたときに，定められた期間内に審査請求をすることができないほど，注意力や判断力や行動力が欠けていたとはいえないと判断されます。　　　　　　　　　（下線は本稿のために加筆）

普通であれば，3行目の「認められます。」，5行目の「書かれていました。」，8行目の「考えられません。」で文を切り，息継ぎをするタイミングになるが，裁判所に文句を言いたい当事者は，そのような裁判所の区切り，息継ぎによって空白が生じるタイミングを見計らって，「裁判長，……」などと自分の意見を言い出すことが少なくないので，そのタイミングを裁判所が適宜ずらすことで，当事者が不満を切り出すタイミングを掴み難くなる。例えば，2行目の「認められます。」で切るのではなく，「認められます。しかし，」と「しかし」までを続けて，そこで一息入れる。4行目なら，「書かれていました。その後，Aさんは」，6行目なら，「考えられません。現に今，」という具合である。

このような息継ぎのタイミングを意図的にずらすことは，他の事件でも効果的であったように感じている。当事者等は，次に何か続く言葉がきたことで，次に何が続くのか気になり，裁判所の次の発言を聴くモードに入るようで，不規則発言が出ることはほとんどなかったのである。

V 理由の要旨を口頭で告知するための実践的工夫

(5) 告知の途中で不規則発言が出たり，拍手が起こったりした場合への対処

　実際に私が口頭で判決理由の要旨を告げた事件で，不規則発言等で法廷が混乱したのは1件だけであり，それ以外には多少の不規則発言や拍手がされた程度であった。多少の不規則発言や拍手などについては，あまり大げさに注意したりしないことが肝要である。当事者双方の対立が鮮明な事件では，どちらかに有利な判断が出てくると，拍手が起こったり，「よし！」などと掛け声が飛ぶこともあったが，そのようなときには，大袈裟に「発言禁止」などと注意したりせずに，ちょっと言葉を止めて，傍聴席に向けて，手ぶりで制止したり，口に指を当てて「シー」のしぐさをしたりすれば，傍聴席内部で静かにと注意が出たりして静粛を回復することができた。混乱した1件も，興奮した当事者本人が裁判官席に詰め寄ったものの，裁判所に対する傍聴席からの後押しもあって，それ以上の混乱には至らなかった(29)。

---

(29)　その1件というのは，選挙があるたびに選挙無効の訴えを提起する常連の当事者本人であった。弁論では騒いだりはしなかったが，1度目の事件の判決言渡しのときには最後に「不当判決」「不当判決」とぶつぶつ言っていたので，2度目の事件の判決言渡しの時には，書記官室から言渡しを別にしてはどうかとの提案があった。しかし，私は，別にしたらかえって収拾が困難になるのではと考えて，6件の言渡しのうち3件目にしようと決めた。仮に何か混乱が生じても，あと3件残っていれば，残りの言渡しがあるからとの理由で本人を押し切れるのではないかと考えてのことである。当日の言渡しが始まり，2件は順調に終わって，問題の事件の言渡しを始めた。争点が多岐であったため，主文の朗読に続いて一つずつ争点と理由の要旨を説明していたところ，途中で急に本人が当事者席から立ち上がり，大声で「判決は間違っている。取り消してください。」と叫んで飛び出してきて，書記官の制止を振り切って裁判官席の法段の前に仁王立ちになり，「判決は間違っている。取り消してください。」を繰り返した。私は，目の前にいる本人に，判決理由の説明中なので席に戻るよう注意を与えながら，理由の要旨の説明を終えて，この判決に不服があれば，最高裁判所への上訴の手続をとってくださいと教示し，「別の事件の判決の言渡しがありますから，交替してください」と促した。本人は興奮状態で書記官に制止されながらも仁王立ちで「判決を取り消してください」と繰り返し，私は，「次の事件がありますから交替してください。」を繰り返した。法廷内に緊張が走り，本人と私の声だけが響いていたが，傍聴席から「次の事件の言渡しがあるんだ，替われ。」との発言があり，不意を突かれたかのように本人が傍聴席を振り返ったところ，「次の言渡しがあるぞ。」との声が法廷内に響いた。この発言で本人も鎮まり，不服そうに当事者席に戻って書類をまとめて法廷を出ていった。陪席の観察によると，法廷にいた別事件の弁護士の一人が声を発したようであった。私は，「お騒がせしました。次の言渡しです。」と告げて，引き続き予定されていた別件の言渡しを行った。

Ⅵ　おわりに

　民事裁判は，対等な私人間の紛争を法的な判断をもって解決しようとするものであり，裁判所は，当事者双方が主張立証したところを前提として事実認定を行い，憲法や法令等に照らし，どちらに理があるのかを判断するものである。もちろん，多くの場合，権利を侵害されたとする当事者が，その侵害の原因を生じさせた相手方等に対して訴訟を提起して，法的な救済を求めるというのが典型的な訴訟構造である[30]。社会的な制度の当否そのものが争われているような例外的な事件を除けば，多くの民事裁判は，個人の自由と平等を前提とし，当事者双方が対等であることを制度の大前提として，お互いに自らが有利と考える主張立証を尽くして争うものであるから，ほぼ間違いないであろうという程度（6：4程度）に主張立証が優った当事者を勝訴させるべきである[31]。

　そして，そのような民事裁判では，一方の当事者が勝てば，他方の当事者は負けるのであって，必ずどちらかの当事者が負けるから，不満が出ない民事裁判などはないのである。もちろん，判断内容に不満があっても，裁判手続の中で，言いたいことを言えた，主張立証を尽くしたと実感できれば，当事者はそのことに一定の満足を覚えるはずであるとの議論もある。しかし，そのようなことは，いわば建前の議論であって，手続の意義をあまりにも美化するものであり，実際的ではない。現実には，負けた当事者は，あれだけ主張立証したのに裁判所は分かっていないとか，裁判官はあまりにも世間は知らなさすぎるなどという非難が声高に叫ばれるものである。逆に，勝った当事者は，その理由では相当際どい非難を浴びていても，その部分は無視して，あるいは自分に都合良く解釈して，勝った裁判の意義を最大限利用しようとするものである[32]。民

---

(30)　これに関連して，須藤典明「高裁から見た民事訴訟の現状と課題」判例タイムズ1419号（2016年）5頁以下も参照。

(31)　高度の蓋然性を前提とすると，主張立証が優っただけでは勝てず，消極的誤判も生じるが，その点については，須藤典明「民事裁判における原則的証明度としての相当程度の蓋然性」『伊藤眞先生古稀祝賀記念論文集』（有斐閣，2015年）339頁以下など参照。

(32)　数多くのネット記事のほか，たとえば，民事訴訟制度研究会（菅原郁夫代表）編『2016年度民事訴訟利用者調査』（商事法務，2018年）126頁では，当事者本人の裁判官に対する印象について，「一貫してみてとれるのは，有利当事者の肯定回答割合の高さ，

VI　おわりに

事裁判も刑事裁判も，およそ社会的な制度である以上，だれにも不満の出ない制度などありえないことは自明のことである[33]。

　また，最近では，極めて個人的な不適合等がその理由であるにもかかわらず，あたかも現在の民事裁判そのものが信頼できず無意味であるかのようなことを声高に主張して，裁判に絶望する書物なるものまで出てくる始末である。しかし，絶望は何も生み出さず，かえってよく事情が分からない国民を不安に陥れ，制度不信のスパイラルを増幅するだけであろう。日本の裁判や裁判所というシステムが極めて公平で信頼できるものであることは，長年，民事裁判実務に携わってきた者のひとりとして自信をもっている。ただし，現状に満足してしまい，改善を怠れば退歩が始まることも明らかである。

　私たちは，より国民に開かれ，利用しやすく分かりやすい民事裁判をとおしてこれまで以上に国民に信頼される民事裁判を実現するため，一人一人ができることを一歩ずつ実践して，日々努力を重ねることが必要である。その一環として，判決の言渡しに際して，主文の朗読だけではなく，その理由の要旨をも口頭で告知する試みが広く実務に定着することを願うものである[34]。

　……不利当事者の否定回答割合の高さである。」と総括されている。

[33]　木谷明「裁判官の品位とは何か —— 岡口裁判官処分問題に寄せて」判時 2392 号（2019年）105 頁等も参照。

[34]　春日偉知郎先生には，平成 7 年に司法試験民事訴訟法の考査委員をご一緒させていただいて以来，折に触れてお教えをいただいてきた。今回の古稀祝賀論文集のテーマを何にしようかと考えていたとき，かつて先生から実務についてのお尋ねがあったときの笑顔を思い出し，本稿を書かせていただくこととした。提出が遅くなってしまったことをお詫びしつつ，本稿を先生に捧げる次第である。

12 証拠調べ後の裁判官交代と直接主義の原則
── ドイツ法との比較に基づく一考察

髙 田 昌 宏

I はじめに

1 わが国の民事訴訟手続では，直接主義（直接審理主義）が原則として妥当する。直接主義とは，一般に，弁論および証拠調べを，判決をする裁判所が自ら行わなければならないとの原則を意味する。一般に，「判決は，その基本となる口頭弁論に関与した裁判官がする。」と定める民事訴訟法249条1項がこの原則を明示的に規定していると解されている[1][2]。これに対して，判決を行う裁判官以外の者が行った審理の結果に基づき裁判官が裁判するという方式が

---

[1] 伊藤眞『民事訴訟法（第6版）』（有斐閣，2018年）272頁，高橋宏志『民事訴訟法概論』（有斐閣，2016年）134頁，中野貞一郎=松浦馨=鈴木正裕編『新民事訴訟法講義（第3版）』（有斐閣，2018年）260頁［池田辰夫］・333頁［春日偉知郎］，松本博之=上野泰男『民事訴訟法（第8版）』（弘文堂，2015年）62頁［松本］，三木浩一=笠井正俊=垣内秀介=菱田雄郷『民事訴訟法（第3版）』（有斐閣，2018年）145頁［笠井正俊］，菊井維大=村松俊夫原著・秋山幹男=伊藤眞=加藤新太郎=髙田裕成=福田剛久=山本和彦『コンメンタール民事訴訟法V』（日本評論社，2012年）149頁，髙田裕成=三木浩一=山本克己=山本和彦編『注釈民事訴訟法 第4巻』（有斐閣，2017年）1045頁［山田文］ほか。民事訴訟法249条1項の前身である旧民事訴訟法（以下，「旧民訴法」と略す。）187条1項について同旨，三ケ月章『民事訴訟法〔法律学全集〕』（有斐閣，1959年）340頁。
[2] 旧民訴法下の文献ではあるが，鈴木正裕=青山善充編『注釈民事訴訟法(4)』（有斐閣，1997年）132頁［小林秀之］は，旧民訴法125条（現行民訴法87条1項）が定める必要的口頭弁論の趣旨にも，直接主義の原則が含まれているとする。さらに，鈴木重勝「民事裁判所の構成変更と訴訟審理原則」早法57巻2号（1982年）250頁は，旧民訴法125条（現行民訴法87条1項）において直接主義が口頭主義とともに定められているとし，旧民訴法187条1項（現行民訴法249条1項）は，判決裁判所の構成を定めたものと解する。

『現代民事手続法の課題』春日偉知郎先生古稀祝賀〔信山社，2019年7月〕

12 証拠調べ後の裁判官交代と直接主義の原則〔髙田昌宏〕

間接主義であり，直接主義の原則からは，その例外として位置づけることができる。現行民事訴訟法は，直接主義の原則に対する例外を明文で定めており，受命裁判官または受託裁判官による証拠調べ（民事訴訟法〔以下，「民訴法」と略す。〕185条，195条・210条，268条）がその代表例である。

ところで，訴訟の途中で裁判官が交代した場合，新しい裁判官は，それ以前に行われていた弁論や証拠調べには関与しておらず，判決をする裁判官自らが弁論および証拠調べを行うとの直接主義を遵守しているとは言い難い。そのため，直接主義を徹底すると，新しい裁判官の面前で弁論や証拠調べをくり返すことが必要となるはずである。しかし，それでは，訴訟経済に反するし，当事者にとっても迷惑であることから，民事訴訟法は，「裁判官が代わった場合には，当事者は，従前の口頭弁論の結果を陳述しなければならない。」と定め，裁判官の交代の場合に，当事者による「従前の口頭弁論の結果の陳述」——いわゆる「弁論の更新」手続 —— を要求するにとどめる（民訴法249条2項）。ただし，証人尋問については，直接主義を貫徹すべき要請が強いことから，この弁論の更新とは異なる規律を設け，単独の裁判官が交代した場合または合議体の裁判官の過半数が代わった場合に，当事者の申出があれば，それ以前に尋問された証人について，裁判所は，さらに尋問をしなければならないと規定する（同249条3項）。

2 この民訴法249条2項および3項の規律は，これまで，実務上および理論上，様々な問題を提起してきた。最も議論されてきた問題は，「弁論の更新」手続の訴訟法的な位置づけ，およびその懈怠の効果であろう。この点は，更新手続が形骸化している状況とも関係して[3]，現在もなお，学説・判例上，見解の対立があり，いまだ決着をみない[4]。多数説は，本来直接主義を貫徹するならば，弁論および証拠調べのやりなおしが要求されるところ，それができないがゆえに，直接主義の形式を満足させるために，あるいは直接主義を擬制するために必要な手段として，弁論の更新を位置づける[5]。そして，弁論の更新の

---

[3] 現行民事訴訟法249条1〜3項の規定は，旧民訴法187条と内容上変わりはないが，現行民事訴訟法のもと，当事者と新裁判官との従前の口頭弁論についての対論として，弁論の更新の「実質化」を求める意見が見られる（たとえば，鈴木（正）＝青山編・前掲注(2)132，134頁［小林］。後注(5)も参照。

[4] 旧民訴法下の文献ではあるが，この問題に関する最も詳細かつ重要な研究として，鈴木（重）・前掲注(2)159頁以下がある。

I　はじめに

手続に懈怠があると，249条1項違反，そして絶対的上告理由（312条2項1号），再審事由（338条1項1号）に該当する違反があるとする(6)。判例も，結論は同じである(7)。しかし，かりに従前の結果の陳述が実質的に行われたとしても，到底，従前の口頭弁論のやりなおし（くり返し）にはならないし，新裁判官のもとでの裁判基礎が従前の口頭弁論の結果としての調書などの記録である以上，間接主義による審理に等しい(8)。それにもかかわらず，更新手続の懈怠があると，直接主義を定める249条1項違反があるとするのは，懈怠に不当に重い効果を与えると批判される。また，多数説は，249条1項の「基本となる口頭弁論」が最終口頭弁論を意味すると解するから，更新手続の懈怠があると，249条1項の「基本となる口頭弁論」に関与したことにならないとする理由があいまいになる(9)。そうした批判も前提に，近時は，多数説・判例とは異なって，弁論の更新を懈怠しても（せいぜい）249条2項違反にとどまり，249条1項違反にはならないとする見解が有力になりつつある(10)。

3　裁判官の交代の際の一般的な規律である弁論の更新の手続とならんで，いわば特別な規律として，前述のとおり，証人尋問後の裁判官の交代の場合に，

---

(5)　新堂幸司『新民事訴訟法（第5版）』（弘文堂，2011年）518頁，三ケ月・前掲注(1) 341頁。なお，上野泰男「旧民事訴訟法一八七条三項の新設について」伊藤眞＝高橋宏志＝高田裕成＝山本弘＝松下淳一編『民事手続法学の新たな地平 —— 青山善充先生古稀祝賀論文集』（有斐閣，2009年）は，弁論の更新を，直接主義の貫徹と訴訟審理の効率性の要請とを折衷する実務上の方策を法律上の制度としたものであるとし，その制度趣旨にふさわしい内容・実質を有するものでなければならないとする。

(6)　新堂・前掲注(5)518頁，中野＝松浦＝鈴木（正）編・前掲注(1)261頁［池田］・334頁［春日偉知郎］，松本＝上野・前掲注(1)64頁，鈴木（正）＝青山編・前掲注(2)137頁［小林］，菊井＝村松原著・秋山ほか・前掲注(1)156頁。

(7)　旧法の下で最判昭和33・11・4民集12巻15号3247頁。本判決については，さしあたり萩澤達彦「弁論の更新」新堂幸司＝青山善充＝高橋宏志編『民事訴訟法判例百選I（新法対応補正版）』（有斐閣，1998年）180頁参照。

(8)　中野貞一郎＝松浦馨＝鈴木正裕『民事訴訟法講義（第3版）』（有斐閣，1995年）251頁［鈴木重勝］は，従前の裁判官という他の者の審理の結果を当事者の報告に基づいて審理するものであることから，この限りで間接主義が行われているとみる。

(9)　「基本となる口頭弁論」を判決前の最終口頭弁論期日を指すとするのが多数説であり，これに対しては，判決の基礎となるすべての口頭弁論を意味するとの少数説が対立する。たとえば，鈴木（正）＝青山編・前掲注(2)130頁［小林］は，多数説のように解すると，直接主義は実質的に骨抜きとなるし，2項・3項は本来的に不要な規定になるとして，少数説を支持する。

12 証拠調べ後の裁判官交代と直接主義の原則〔髙田昌宏〕

交代前の証人尋問について当事者の申出に基づく再尋問（証人尋問の再施）を裁判所に義務づける規定が置かれている（民訴法249条3項）。弁論の更新に関する規定（同249条2項）が，1926年（大正15年）改正で新設されたのに対し（旧民事訴訟法〔以下，「旧民訴法」と略す。〕187条2項），証人尋問の再施を義務づける民訴法249条3項（旧民訴法187条3項）は，1948年（昭和23年）の改正の際に新設されたもので[11]，前者とは沿革を異にする規律である。ここでは，証人尋問の際の証言の信用性の判断（心証形成）にとって証人に対する裁判官の直接的・個人的印象がとくに重要であることから，特別に再尋問の可能性が開かれており，その限度で直接主義の実質的な保障が図られている[12]。これは，直接主義が，証拠調べ（そのなかでも人証）において真価を発揮し，裁判官の自由心証の前提として重要であることに基づくものである[13]。

　この証人の再尋問を義務づける規定については，従来，弁論の更新に比べると，さほど注目されてこなかったように見受けられるが，そうかといって，その規定の解釈・運用をめぐって議論や問題点の指摘がないわけではない。とくに議論の余地があるのが，その適用範囲である。具体的に問題となるのは，まず，控訴の提起によって裁判官の交代が必然的に生じることから，民訴法249

---

(10)　鈴木（重）・前掲注(2)237頁以下，兼子一原著・松浦馨＝新堂幸司＝竹下守夫＝高橋宏志＝加藤新太郎＝上原敏夫＝高田裕成『条解民事訴訟法（第2版）』（弘文堂，2011年）1392頁〔竹下守夫＝上原敏夫〕，高橋・前掲注(1)135頁，高田（裕）ほか編・前掲注(1)1057頁〔山田〕。これらの見解に対して，鈴木（正）＝青山編・前掲注(2)137頁〔小林〕は，弁論の更新を実質化することにより，かなりの程度の直接主義の補完が可能になり，更新手続を新裁判官と当事者の議論の場として積極的に評価することから，多数説・判例を支持すべきとする。しかし，かりに弁論の更新において，当事者に，従前の審理の経過を新裁判官に説明し，それについて新裁判官に十分に認識してもらうことを期待し，それが実際に実施されたとしても，それと新裁判官による弁論および証拠調べへの関与とを同視することは，やはり困難であろう（鈴木（重）・前掲注(2)203頁以下参照）。その点では，弁論の更新は，直接主義の問題性をカバーするものとして位置づけることはできず，むしろ従前の調書などの訴訟記録に基づく新裁判官による審理という意味で間接主義の通用を中心に考えるほうが正鵠を射ているように思われる。

(11)　鈴木（正）＝青山編・前掲注(2)128頁以下〔小林〕参照。その経緯については，上野・前掲注(5)1頁以下が詳しい。

(12)　鈴木（正）＝青山編・前掲注(2)137頁〔小林〕参照。

(13)　たとえば，中野＝松浦＝鈴木（正）編・前掲注(1)261頁〔池田〕参照。直接主義と自由心証主義との関係については，春日偉知郎「自由心証主義の現代的意義」新堂幸司編集代表『講座民事訴訟⑤証拠』（弘文堂，1983年）27頁，とくに57頁以下参照。

I　はじめに

条3項の規定が控訴審において適用されるか否かである。たとえば，控訴審において，第一審で取り調べられた証人を同一事項について再度取り調べてもらいたいとの意図で当事者が証人の再尋問を申し出たときに，控訴裁判所は再尋問を行わなければならないかが問われる。これは，現行民事訴訟法下の控訴審において事後審的審理（事後審的運用）の方式により同一事項について同一証人の再度の取調べは行わないという考え方が有力であることと結びついて見解の対立が見られる[14]。

　民訴法249条3項の適用範囲をめぐっては，その適用対象に関しても議論の余地がある。すなわち，規定上は，証人尋問について定められていることから，他の証拠方法については再度の取調べが必要ないのか，とりわけ証人とならんで人証に含まれる当事者本人や鑑定人の場合に再尋問や再質問の必要はないのか，人証以外はどうかが問われる。これについては，他の証拠方法，とくに当事者本人について消極的な立場をとった旧民訴法下の判例[15]があるが，学説では，当事者本人や鑑定人について同項の準用または類推適用を認める見解も有

---

[14]　判例は，控訴審における民訴法249条3項（旧民訴法187条3項）の適用に消極的な立場をとる（最判昭和27・12・25民集6巻12号1240頁ほか）。現行法のもとで判例の立場と同様に消極的な立場をとるものとして，新堂・前掲注(5)518頁，笠井正義=越山和広編『新・コンメンタール民事訴訟法（第2版）』（日本評論社，2013年）917頁［越山］，高田（裕）ほか編・前掲注(1)1062頁［山田］，兼子原著・松浦ほか・前掲注(10)1395頁［竹下=上原］，菊井=村松原著・秋山ほか・前掲注(1)159頁ほか。とくにこの問題について考察を加えるものとして，上野・前掲注(5)，同「続審制と控訴審における裁判資料の収集」民事手続法研究2号（2006年）88頁，松本博之「控訴審における『事後審的審理』の問題性」伊藤眞=高橋宏志=高田裕成=山本弘=松下淳一編『民事手続法学の新たな地平——青山善充先生古稀祝賀論文集』（有斐閣，2009年）459頁，同『民事控訴審ハンドブック』（日本加除出版，2018年）400頁，佐瀬裕史「控訴審における証人の再尋問——人証調べの直接主義の価値」高橋宏志=上原敏夫=加藤新太郎=林道晴=金子宏直=水元宏典=垣内秀介編『民事手続の現代的使命——伊藤眞先生古稀祝賀論文集』（有斐閣，2015年）289頁，同「控訴審における直接主義」高田裕成=山本弘=山本克己=松下淳一=畑瑞穂編『民事訴訟法の理論——高橋宏志先生古稀祝賀論文集』（有斐閣，2018年）1017頁がある（このうち，上野教授と松本教授は，控訴審における249条3項の適用に積極的な立場をとられる）。

[15]　最判昭和42・3・31民集21巻2号502頁。この旧法下の判例は，当事者尋問の補充性（旧民訴法336条）を根拠にしており，補充性が大きく緩和された現行法（民訴法207条2項）のもとで，その立場が維持できるかは議論の余地がある（高田（裕）ほか編・前掲注(1)1061頁［山田］）。

261

12 証拠調べ後の裁判官交代と直接主義の原則〔髙田昌宏〕

力である[16]。

上記の 249 条 3 項の適用範囲の議論とも関連するが，そもそも裁判官の交代があった場合に，従前の裁判官の面前で行われた証拠調べの結果について，249 条 2 項の弁論の更新および同 3 項による証人尋問の再施の義務化で満足してよいのか，かりにそうでないとすると，新裁判官または新構成の裁判所の面前での証拠調べの再施行についてはどのような規律が妥当するのかについては，これまで十分に検討されてこなかったように思われる[17]。この問題は，249 条 3 項が 1948 年の民事訴訟法の一部改正の際に連合国最高司令官総司令部の強い示唆により導入された旧民訴法 187 条 3 項を引き継ぐ規定で，もともと，わが国の既存の民訴法規定との整合性などを十分に検討したうえで導入されたのか明らかでないことと関連があるかもしれない。

4 民訴法 249 条（旧民訴法 187 条）に関する以上の概観から，裁判官の交代については，旧民訴法以来，いまだ十分に解明または解決されたとはいえない諸問題が，弁論の更新に関する規律（民訴法 249 条 2 項）のみならず，証人尋問の再施に関する規律（同 3 項）にも存在することが明らかであろう。そこで，本稿では，裁判官の交代の際の規律のうち，直接主義との関係でより重要な意味があると思われる後者の規律をめぐる問題を解決するための手がかりを得る

---

[16] 消極説としては，兼子原著・松浦ほか・前掲注[10] 1395 頁〔竹下＝上原〕，菊井＝村松原著・秋山ほか・前掲注[1] 159 頁，本人尋問につき消極的なものとして新堂・前掲注[5] 519 頁，最判昭和 42・3・31 民集 21 巻 2 号 502 頁ほか。一方，当事者本人と鑑定人について 249 条 3 項の類推適用を肯定するものとして，髙田（裕）ほか編・前掲注[1] 1061 頁〔山田〕，当事者本人のほかに鑑定人や検証にも準用を肯定するものとして，鈴木（正）＝青山編・前掲注[2] 139 頁〔小林〕。

[17] もっとも，兼子一『条解民事訴訟法上』（弘文堂，1955 年）469 頁，兼子原著・松浦ほか・前掲注[10] 1395 頁〔竹下＝上原〕は，裁判官の交代後，当事者の申出がなくても，裁判所として尋問調書だけでは心証を得るのに不十分と認めるときは，職権で再尋問を命ずることは妨げないとし，交代後の裁判官が訴訟の具体的状況により必要と認めたときは，当事者尋問のみならず，鑑定や検証でも再度の証拠調べを実施できるとする。なお，証人の再尋問については，旧々民事訴訟法で設けられていた，証人の再尋問を定める ZPO 398 条に相当する規定（旧々民訴法 317 条）が大正 15 年改正で削除されているが，判例では，当事者の申出の証人の尋問がいったん終了した後でも，裁判所は，尋問のなお不完全な点を発見すれば，当事者の申請した立証事項の範囲を超えない限りにおいて，職権でその証人を再尋問する決定をすることができるとされている（最判昭和 30・7・14 民集 9 巻 9 号 1038 頁，岩松三郎＝兼子一編『法律実務講座民事訴訟 第一審手続（3）』（有斐閣，1961 年〔復刊版 1984 年〕）236 頁）。

べく，わが国の民事訴訟法の母法であり，かつ民訴法249条1項の範となった規定を有するドイツ民事訴訟法（Zivilprozessordnung〔以下，「ZPO」と略す。〕）[18]における裁判官の交代の際の手続法的規律に考察の目を向けることにする。

Ⅱ　ドイツ民事訴訟法における裁判官の交代と直接主義の原則

1　ドイツ民事訴訟法上の直接主義の原則

1　わが国の民事訴訟法の母法であるドイツ民事訴訟法（ZPO）では，わが国の民事訴訟法と同様，訴訟手続において直接主義の原則（Unmittelbarkeitsgrundsatz）が妥当する。これは，わが国で直接主義原則を宣言する規定として位置づけられている民訴法249条1項（旧民訴法187条1項）に相当する（沿革的に同規定の範となった）規定が，ZPO 309条に置かれていることからも窺うことができる。もっとも，ドイツの民事訴訟法の文献では，直接主義の原則の定めとして引用されるのは，ZPO 309条ばかりではなく，わが国の民訴法87条（口頭弁論の必要性）1項本文に対応するZPO 128条1項——本項は，「当事者は，判決裁判所において，訴訟につき口頭により弁論をなすものとする。」と規定する——が，口頭主義とならんで直接主義を明文化するものとして引合いに出される[19]。加えて，ZPOには，わが国の民事訴訟法にはない「証拠調べにおける直接主義原則」を明文で定める規定が，ZPO 355条1項[20]に置かれており，同項1文は，「証拠調べは，受訴裁判所（Prozessgericht）においてこれをなす。」と規定する。

わが国の民事訴訟法では，直接主義が妥当する口頭弁論のもとで狭義の弁論

---

[18]　後述のとおり，ドイツ民事訴訟法は，ZPO 309条に，わが国の民訴法249条1項に相当する規定を置く。ZPO 309条は，「判決をする裁判官（Erkennende Richter）」の見出しのもと，「判決は，判決の基本となる（dem Urteil zugrunde liegend）弁論に関与した裁判官に限り，これをすることができる。」と定める。なお，本条の訳出にあたっては，齋藤常三郎＝中田淳一『独逸民事訴訟法〔Ⅰ〕現代外国法典叢書（10）』（有斐閣，1942年〔復刻版1955年〕）454頁を参考にした。もっとも，法務大臣官房司法法制部編『ドイツ民事訴訟法典——2011年12月22日現在』（法曹会，2012年）106頁のように，「判決の基礎になる弁論」と訳すほうが正確かもしれない。その点について，鈴木重勝「民事訴訟法の基礎・第一講口頭弁論——〔第二〕直接主義と間接主義（その1）」法セ398号（1988年）82頁参照。

263

と証拠調べの両方が包摂されるところ，ドイツでは，弁論と証拠調べとが截然と区別されている面があり，弁論における直接主義違反と，証拠調べにおける直接主義の違反との区別も存在する。前者の直接主義違反は，309条違反として，判決を無効にはしないが絶対的上告理由および無効（再審）事由（ZPO 547条1号，579条1項1号）となるのに対し，証拠調べの直接主義（同355条1項）に対する違反は，責問権の放棄（同295条1項）の対象となる一方[21]，当事者からの責問があったにもかかわらず違反が除去されない場合，または当事者が違反を責問できなかった場合に，控訴または上告によって違反を主張することができるにとどまる[22]。

2　わが国でもそうであるが[23]，直接主義の概念自体は，多様な関連点を有しており，その意味で多義的でもある。たとえば，ベルガーによれば，直接主義の原則は，次の三つの方向で理解できるとされる[24]。すなわち，①弁論，証拠調べおよび裁判（判決）の関係，②形式的直接性（Formelle Unmittelbarkeit〔Unmittelbarkeit der Beweisaufnahme（証拠調べの直接性）〕），および③実質的直

---

(19)　Z. B. Jauernig/*Burkhard Hess*, Zivilprozessrecht, 30. Aufl., 2011, §27 Rn. 11; *Caroline Meller-Hannich*, Zivilprozessrecht, 2. Aufl., 2016, Rn. 63; *Jens Adolphsen*, Zivilprozessrecht, 5. Aufl., 2016, §4 Rn. 31; Zeiss/*Klaus Schreiber*, Zivilprozessrecht, 12. Aufl., 2014, Rn. 189. *Eberhard Schilken*, Zivilprozessrecht, 7. Aufl., 2014, Rn. 378 も，ZPO 309条だけでなく，なかんずく ZPO 128条に直接主義原則は現れる，と述べる。鈴木（重）・前掲注(2) 255頁注(3)参照。

(20)　ZPO 355条1項は，「証拠調べは，受訴裁判所においてこれをなす。証拠調べは，この法律に定める場合に限り，受訴裁判所を構成する裁判官または他の裁判所に嘱託することができる。」旨規定する。この規定が定める「証拠調べの直接主義」については，髙田昌宏「証拠法の展開と直接主義の原則 —— ドイツ民事訴訟法との比較に基づく覚書」民訴59号（2013年）61頁以下も参照。

(21)　Rosenberg/Schwab/*Peter Gottwald*, Zivilprozessrecht, 18. Aufl., 2018, §117 Rn. 23. 反対，*Stephan Weth*, Der Grundsatz der Unmittelbarkeit der Beweisaufnahme, JuS 1991, 36.

(22)　*Weth*, JuS 1991, 36; Rosenberg/Schwab/*Gottwald*, a. a. O. (Fn. 21), §121 Rn. 46.

(23)　松本＝上野・前掲注(1) 62頁［松本］参照。

(24)　Stein/Jonas/*Christian Berger*, Kommentar zur ZPO, 23. Aufl., 2015, §355 Rn. 1 ff. このような直接主義の分類は，ケルンの分類とも共通する（*Christoph A. Kern*, Der Unmittelbarkeitsgurndsatz im Zivilprozess, ZZP 125 (2012), 53, 54 ff.）。なお，ケルンは，本文①の意味での直接性のうちの，とくに弁論と判決の関係に着目して，「判決の直接性（Unmittelbarkeit des Urteils）」と呼び，証拠調べの直接性と区別する（*Kern*, ZZP 125, 54）。

接性〔Materielle Unmittelbarkeit〔Unmittelbarkeit des Beweismittels（証拠方法の直接性）〕〕である。ベルガーは，①ないし③について次のような整理を行っている。

①については，弁論および裁判の関係における一般的直接性を ZPO 309 条——同規定によれば，判決は，判決の基本となる弁論に関与した裁判官のみがなすことができる（人的直接性〔persönliche Unmittelbarkeit〕）——，および，判決が時間的に速やかに弁論に連続することを要求する ZPO 310 条 1 項（時間的直接性〔zeitliche Unmittelbarkeit〕）の両規定が担保する。

②の証拠の形式的直接性は，証拠調べが全員出席の受訴裁判所の面前で行われなければならないことを意味し，ZPO 355 条は，これのみを扱う。

③の証拠の実質的直接性は，その内容により重要な事実に最も近い証拠方法のみが適法であることを意味し，証明主題についてではなく他の証拠方法についてのみ報告する証拠方法を排除する。証拠方法の実質的直接主義は，ZPO によれば，妥当しない[25]。

以上の直接主義の概念分類のうち，ドイツでも民事訴訟において妥当することについて争いのない①と②の直接主義概念が，裁判官の交代の際にも，まずは重要となる。そこで次に，訴訟中に裁判官の交代があった場合の規律において，これらの直接主義概念がどのような意味を有するかを見ていくことにする。

2 裁判官の交代に関する一般的規律

1 ZPO 309 条は，ドイツ民事訴訟法典（Civilprozeßordnung）の制定（1877年）以来，改正されておらず（1900 年まではドイツ民事訴訟法 280 条），前述のとおり，わが国の民事訴訟法 249 条 1 項（旧民訴法 187 条 1 項，1890 年制定の旧々民事訴訟法 232 条）の範となった規定で，判決の基本となる弁論に関与・臨席した裁判官のみが判決を行うことができる旨規定している。この ZPO 309 条の「判決の基本となる弁論」の意義については，それが最終口頭弁論を意味すると一般に解されており（通説）[26]，その結果，判決をする裁判官は，最終口頭弁論よりも前に行われた弁論期日に関与している必要はないとされる。以上の点は，ZPO 309 条に相当するわが国の民事訴訟法 249 条 1 項における通説

---

[25] Stein/Jonas/*Berger*, a. a. O. (Fn. 24), §355 Rn. 4, 29; *Weth*, JuS 1991, 35 u. a. 髙田（昌）・前掲注[20] 61 頁参照。

の理解と異ならない。わが国の場合は，民事訴訟法249条1項のあとに2項および3項で，裁判官が交代した場合の規律が設けられており，裁判官の交代の場合に，それらの規定に従って処理されることは，すでに述べたとおりであるが，ZPO 309条の場合は，その種の裁判官の交代に関する定めはなく，またZPO自体，この問題について包括的な規律をしていない[27]。とはいえ，裁判官の交代があった場合の扱いについては，これまで，ZPO 309条を前提として解釈が行われてきた[28]。その際，以下のように，いくつかの場合に分けて，その取扱いが検討されている[29]。

2 まず，裁判官の交代が最終口頭弁論の前にあった場合である。この場合は，ZPO 309条からは，何らの帰結も導き出すことはできない。なぜなら，この規定によれば，判決内容を決定する裁判官が最終口頭弁論に関与することが

---

[26] BGHZ 10, 130, 132; BGHZ 61, 369, 370 = NJW 1974, 143, 144; BGH NJW 1981, 1273, 1274; *Wolfgang Lüke*, Zivilprozessrecht, 10. Aufl., 2011, Rn. 32; *Arwed Blomeyer*, Zivilprozeßrecht, 1963, S. 92; Rosenberg/Schwab/*Gottwald*, a. a. O. (Fn. 21), §60 Rn. 1; Stein/Jonas/*Christoph Althammer*, Kommentar zur Zivilprozessordnung, 23. Aufl., Bd. 4, 2018, §309 Rn. 2; MünchKommZPO/*Hans-Joachim Musielak*, 5. Aufl., 2016, §309 Rn. 4; Musielak/*Wolfgang Voit*, Grundkurs ZPO, 14. Aufl., 2018, Rn. 888; *Schilken*, a. a. O. (Fn. 19), Rn. 378. これは，口頭弁論の一体性の原則（Grundsatz der Einheit der mündlichen Verhandlung）によって根拠づけられている（Vgl. *Matthias Wallimann*, Der Unmittelbarkeitsgrundsatz im Zivilprozess, 2016, S. 154）。これに対しては，口頭弁論の一体性の原則からは，むしろすべての弁論期日が一体とみなされるならば，裁判官は終始全部の弁論期日に関与しなければならないとして，基本となる口頭弁論は，すべての弁論期日を意味するとする反対説が存在する（*Wallimann*, a. a. O., S. 244 f. 同一の結論に立つものとして，Grunsky/*Florian Jacoby*, Zivilprozessrecht, 16. Aufl., 2018, Rn. 127）。この見解を前提にすると，裁判官の交代がある場合には，新裁判官の面前で従前の弁論・証拠調べがすべてくり返されるべきとの考え方が唱えられうる。実際，*Wallimann*, a. a. O., S. 245 は，この考え方を支持する。

[27] *Wallimann*, a. a. O. (Fn. 26), S. 154.

[28] MünchKommZPO/*Musielak*, 5. Aufl., §309 Rn. 10; *Oliver Elzer*, Fällung der Entscheidung und Richterwechsel, ArbRAktuell 2015, 500, 501.

[29] 鈴木（重）・前掲注(2)166頁注(1)は，ドイツ法が，裁判官の交代の時期から3つのグループ（①裁判官の交代が口頭弁論終結後から判決内容の決定までに行われる場合，②判決内容の決定から判決言渡しまでの間に裁判官交代が行われる場合，③判決言渡し後から完全な判決書作成にいたるまでの間に裁判官の交代が行われる場合）に分けてその取扱いを考える点について，これはドイツ法特有の判決言渡し制度に基づくものであり，それゆえ，わが国では，三つの場合のうち後二者は問題にならないとする。

Ⅱ　ドイツ民事訴訟法における裁判官の交代と直接主義の原則

要求されるにすぎないからである[30]。裁判官の交代は，弁論のくり返し（正確には，ZPO 137 条 1 項による口頭弁論を開始させる当事者の申立て）も，証拠調べのくり返しも強いることはない[31]。

　次に，裁判官の交代が最終口頭弁論の後，判決内容決定の前である場合は，ZPO 309 条に適合するよう，弁論が再開されなければならない（ZPO 156 条 2 項 3 号）[32][33]。ここでは，口頭弁論のくり返しが必要とされる。もっとも，新たな口頭弁論においては，証拠調べも含め，従前に行われたことについての当事者陳述で十分であると解されているようである[34]。口頭弁論が再開されず

---

[30]　MünchKommZPO/*Musielak*, 5. Aufl., §309 Rn. 10. *Elzer*, ArbRAktuell 2015, 501 も，309 条が，判決内容を決定する裁判官が最終口頭弁論に関与していなければならないことのみを要求するにすぎないと言う。

[31]　MünchKommZPO/*Musielak*, 5. Aufl., §309 Rn. 10; *Elzer*, ArbRAktuell 2015, 501. 後者は，口頭弁論終結前の裁判官の交代は無害（unschädlich）であると言う。

[32]　BGH NJW-RR 2012, 508, 509; MünchKommZPO/*Musielak*, 5. Aufl., §309 Rn. 12; *Schilken*, a. a. O. (Fn. 19), Rn. 379; *Blomeyer*, a. a. O. (Fn. 26), S. 401; *Lüke*, a. a. O. (Fn. 26), Rn. 32; Zeiss/*Schreiber*, a. a. O. (Fn. 19), Rn. 189.

[33]　ZPO 348 条の a により，訴訟が民事部から単独判事に委託された場合，裁判の前に単独判事の面前で口頭により弁論がなされなければならない。348 条の a 第 2 項により単独判事から民事部へ返す場合，同じく，訴訟が判決によって裁判される前に部の面前で最終弁論が行われなければならない。MünchKommZPO/*Musielak*, 5. Aufl., §309 Rn. 12.

[34]　Rosenberg/Schwab/*Gottwald*, a. a. O. (Fn. 21), §60 Rn. 1（なお，ゴットヴァルトは，この論拠として，ZPO 285 条 2 項を挙げる。）; Thomas/Putzo/*Christian Seiler*, ZPO, 39. Aufl., 2018, §128 Rn. 6 f. 後者の Thomas/Putzo/*Seiler*, a. a. O. は，裁判官の交代の際には，当事者が従前の弁論の内容を報告しなければならないということと，その面前で最後に弁論された裁判官のみが裁判をしてよいこと（ZPO 309 条）が結果として生じるとする。このほかに，*Lüke*, a. a. O. (Fn. 26), Rn. 32 は，裁判官の交代の場合に，新たに加わった裁判官は，これまでの訴訟資料について知識を得る必要があるとし，当事者の陳述については，報告的意味しかないことから，陳述が実際にくり返されるか，書面の引用で十分かは裁判官の裁量に委ねられるとし，他方，自白や請求の放棄・認諾などの拘束力ある訴訟行為は有効であり，当事者の申立てや裁判官の行為と同様，くり返される必要はない，と述べる。また，*Jürgen Baumann*, Grundbegriffe und Verfahrensprinzipien des Zivilprozeßrechts, 1970, S. 43 は，交代後の口頭弁論では，これまでの実務では，弁論がなされることはほとんどなく，当事者が従前の申立ておよび書面を引き合いに出すだけで，全部がたいてい茶番（Farce）であるとしている。なお，わが国の文献であるが，岩松＝兼子編・前掲注[17] 333 頁は，ドイツでも，ZPO 309 条のもとで，弁論の更新に相当する報告が一部で承認されていたとする。

に, その間に退いた裁判官が署名した判決が言い渡される場合は, 判決裁判所の構成は違法（同547条1号, 579条1項1号）となる[35]。

判決内容決定後, 判決言渡しの前の裁判官の交代の場合は, ZPO 309条によって規律される場合にあたらず, したがって, 判決内容を決定した同一の裁判官が判決言渡しに関与する必要はない[36]。判決言渡し後・判決への署名の前の裁判官交代の場合は, ZPO 315条[37]が重要である。

3 以上が, （同一審級での）訴訟手続中に裁判官の交代があった場合の規律または措置である。とくに証拠調べの後に裁判官が交代した場合の取扱いについては, その場合の交代として最終口頭弁論以前の裁判官の交代が想定されることから, 交代があっても新裁判官による証拠調べの再施は, 一般に必要ないと考えられているようであるが, その点の取扱いについて, さらに考察を試みることにする。

3 証拠調べ後の裁判官の交代

(1) 判例・通説

1 証拠調べ後の裁判官の交代の場合は, 旧裁判官の面前でなされた証拠調べに, 新裁判官は通常なんら関与していない。そのため, 判決をする裁判官自らが証拠調べを含む口頭弁論に関与（臨席）していなければならないとの直接主義の要請を貫徹するならば, 新裁判官の面前で証拠調べが再度実施される必要が生じるようにも思われる。既述のとおり, ドイツの民事訴訟法は, この場合の取扱いを正面から規律する規定を有していない。しかし, 判例および通説は, 証拠調べ後の裁判官の交代は, 原則として, 証拠調べのくり返し（再施）

---

(35) *Elzer*, ArbRAktuell 2015, 501; BGH NJW-RR 2015, 893 Rn. 12; BGH NJW-RR 2012, 508.

(36) MünchKommZPO/*Musielak*, 5. Aufl., §309 Rn. 13; *Elzer*, ArbRAktuell 2015, 501; BGH NJW 1974, 143; BGH NJW 2001, 1502, 1503. エルツァーは, 「判決にとってのみ重要な口頭弁論に関与した裁判官は, 内容決定した判決の言渡しに関与する必要はない。なぜなら, 言渡しによって判決が, 言い渡した裁判官の判決になることはなく, 依然として, 判決内容を決定した裁判官の裁判であるからである。」と述べる。

(37) ZPO 315条（裁判官の署名）は, 1項において, 「判決には, 裁判に関与した裁判官が署名することを要する。裁判官がその署名をなすにつき差し支えのあるときは裁判長において, 裁判長に差支えのあるときは, 最年長の陪席裁判官において, 差支えの理由を摘示して, その旨を判決の末尾に付記することを要する。」と規定する。

Ⅱ　ドイツ民事訴訟法における裁判官の交代と直接主義の原則

を要求しないとする[38]。とくに，連邦通常裁判所（Bundesgerichtshof〔以下，「BGH」と略す。〕）のアナスタシア（Anastasia）事件判決では，判決裁判所が自ら証拠調べを実施していない場合でも，証拠評価を行うことができるとし，その根拠として，受命・受託裁判官による証拠調べの制度が引合いに出される（ここでは，証拠調べの主体と証拠評価の主体の分離が認められているから）ほか，口頭弁論の一体性から，すでに尋問された証人について同一証明主題での尋問の申立てが再尋問の申立てとみなされることを根拠とする[39][40]。

　BGHは，また，アナスタシア事件判決で，次のように判示している。すなわち，裁判では，すべての裁判官自身の知覚に基づく，記録上顕著な事項で，かつ当事者がそれに対して意見陳述する機会を有していたことのみが斟酌されてよい以上，裁判官の交代後，従前の証人供述の評価には，調書に記録されていることか，さもなければ，弁論の対象となったことのみ顧慮することが許されるとし，証拠調べの裁判官の交代の際に，従前の証人や鑑定人の供述は，調書の利用による書証の方法で利用できるとする[41]。

　そして，BGHの判例によれば，証拠調べのくり返し（再施）をするか否かは，裁判所の裁量に委ねられているものの[42]，証人や鑑定人の信用性に関して疑念が存在し，または裁判官の交代前と異なる構成の裁判所が従前の信用性評価から離れたいと欲する場合，証拠調べは，どうしても，くり返されなければならないとする[43]。

　2　これまでの学説は，大部分は，この判例の立場に賛成しており[44]，前述

---

(38)　BGHZ 53, 245, 256 ff.; BGH NJW 1991, 1180; BGH NJW 1997, 1586, 1587; BGH NJW-RR 1997, 506. *Rolf Stürner*, Der Grundsatz der Unmittelbarkeit im europäischen Zivilprozess, in: Festschrift für Uwe Blaurock zum 70. Geburtstag, 2013, S. 432, 441 や *Hans-Jürgen Ahrens*, Der Beweis im Zivilprozess, 2015, S. 50 は，これが通説であるとする。通説に属する文献は，後注(44)を参照。なお，判例・通説の立場については，Stein/Jonas/*Berger*, a. a. O. (Fn. 24), § 355 Rn. 11 と *Wallimann*, a. a. O. (Fn. 26), S. 155 f. に詳細な紹介があって参考になるほか，邦語文献では，松本・前掲注(14)「控訴審における『事後審的審理』の問題性」484 頁以下が有益である。

(39)　BGHZ 53, 245, 256 f.

(40)　文献では，BGHの見解の根拠として，ZPO 355 条 1 項が受訴裁判所の面前での証拠調べのみを要求し，判決裁判所の面前でのそれを要求していないことを挙げるものもある（*Stürner*, a. a. O. (Fn. 38), S. 441; vgl. auch *Wallimann*, a. a. O. (Fn. 26), S. 155.）。

(41)　BGHZ 53, 245, 257; BGH NJW 1992, 187, 188; BGH NJW-RR 1997, 506.

(42)　BGHZ 32, 233, 234=NJW 1960, 1252, 1253.

269

12 証拠調べ後の裁判官交代と直接主義の原則〔髙田昌宏〕

のとおり，通説と位置づけられてもいる。たとえば，アーレンスは，判決裁判所の構成員の一人が交代する場合，形式的直接主義は，後任の裁判官が個人的に関与していなかったすべての証拠調べのくり返しを強制せず，むしろ，「個人的知覚が必要と思われる事情が，すでに行われていた証拠調べの際に調書に記録されていて，両当事者が証拠調べについて意見を述べる機会を有していた場合には」，後任裁判官は，証拠の評価に関与し，それに基づいて判決を理由づけることができるとする[45]。また，人証についての個人的印象が法的に重要である場合は，この印象が調書に書き留められて記録上顕著であるときにのみ，判決の基礎にすることができ，そのかぎりで，新構成の裁判所は，たとえば証人の信用性に関する調書記載の評価に拘束されるとし，新構成の裁判所が，証人の信用性について疑問を持ちはじめ，したがって，旧構成の裁判所のもとで行われた評価から離れたいと欲するときは，証拠調べがくり返されなければならないとする[46]。ここでは，アーレンスの見解のみの紹介にとどめるが，これが，ドイツの今日の通説的立場であると考えられる。

　しかし，以上の判例・通説に対しては，ベルガーらの有力な反対説も存在する。そこで，次に対立学説を紹介することにする。

　(2) ベルガーの見解

　1　まず，ベルガーは，上記判例・通説には，直接主義原則の違反があるとし，そのような直接主義原則の違反は拒否されるべきと主張する[47]。ベルガーによれば，判例・通説の場合，新たに加わった裁判官の心証形成は，記録の利

---

(43)　BGHZ 53, 245, 257 f. 本判決では，「証拠調べ後の裁判官の交代の場合，調書の活用による書証の方法で供述の利用が行われる。したがって，裁判官の交代の場合，証人の個人的印象は，それが調書に記載され，弁論に顕出されていた場合にのみ，斟酌することができる。したがって，証拠調べ後の裁判官交代の場合に，構成が異なる裁判所が，最終弁論で，尋問裁判官によって肯定された証人の個人的信用性を疑い，もしくはそれから離れたいと欲するとき，または裁判にとって自らの印象が決定的に重要であると考えるときは，新構成の裁判所の面前での証拠調べのくり返しが避けられない。」と述べられる。

(44)　*Dieter Leipold*, Richterliche Kontrolle vereinsrechtlicher Disziplinarmaßnahmen – Besprechung der Entscheidung BGHZ 87, 337 –, ZGR 1985, 113, 122 f.; *Ahrens*, a. a. O. (Fn. 38), S. 50; *Weth*, JuS 1991, 35.

(45)　*Ahrens*, a. a. O. (Fn. 38), S. 50.

(46)　*Ahrens*, a. a. O. (Fn. 38), S. 50.

(47)　Stein/Jonas/*Berger*, a. a. O. (Fn. 24), §355 Rn. 11 f.

Ⅱ　ドイツ民事訴訟法における裁判官の交代と直接主義の原則

用のみに基づくことになり，これによって，当事者の申立てにより取り調べられた直接的な証拠としての人証が，単なる間接的な書証に「突然変異」する。ベルガーは，このような突然変異は，ZPO 355 条 1 項 1 文が禁止しているとする。なぜなら，ZPO は，その例外として，同条 1 項 2 文に受命・受託裁判官による証拠調べを定めているが，そのための要件は，裁判官の交代の場合には存しないからである。さらに，ベルガーは，とくに証人の信用性の評価は，著しく個人的な事象で，証人の供述態度は，けっして完全かつ生き生きと，かつ明確さを失うことなく調書に再現することはできないし，新裁判官は，自らの発問権（396 条 2 項，3 項）を行使することもできない，とする。

　ベルガーによれば，交代後の新構成の裁判所が，証人の信用性について，証拠調べ時の裁判所と異なる評価に到達する場合にのみ，（通説が）証拠調べのくり返し（再施）を要求するのは誤りであり，裁判所構成を異にする裁判所の面前での証人供述に関する書証の評価結果が，申し立てられた直接的な証拠の取調べを左右することは許されない。また，通説は，証拠調べを同一の裁判所（部）の二人の裁判官に委託することが，これによって三人目の裁判官がはじめから少数派の地位においやられることから許されないとの前提と相容れない，すなわち，（合議体で）退いた裁判官の代わりに入る新裁判官は，この三人目の裁判官と同じ役割を引き受けることになる，と批判する。そのため，ベルガーは，裁判官の交代の場合に，当事者が申し立てるならば，証拠調べはくり返されなければならないとする。

　2　グルンスキーは，証拠調べ後の裁判官交代があった場合の，証拠調べの再施の要否の問題を，第一審で実施された証拠調べを控訴裁判所がくり返す（再実施する）かどうかという形で問題にし，それを控訴裁判所の裁量に委ねる通説に対し疑問を呈する[48]。証拠調べのくり返しを行いたいか，すでに実施された証拠調べの結果を引き継ぎたいかを控訴裁判所の裁量に委ねることについて，グルンスキーは，控訴裁判所が証拠調べの再施に反対すれば，健全な証拠評価は，実際には不可能となろう，と言う。また，控訴裁判所が第一審裁判所

---

[48]　*Wolfgang Grunsky*, Grundlagen des Verfahrensrechts, 2. Aufl., 1974, S. 436 f. グルンスキーの見解に全面的に賛成するものとして，ヴァルターがいる（*Gerhard Walter*, Freie Beweiswürdigung, 1979, S. 339 f.）。これについては，松本・前掲注[14]「控訴審における『事後審的審理』の問題性」485 頁，春日・前掲注[13] 59 頁参照。

12 証拠調べ後の裁判官交代と直接主義の原則〔髙田昌宏〕

と異なる評価をしたいか否かに依拠して，証拠調べの再施の義務の有無を判断するのも，証拠調べの要否を，本来これから取り調べて評価すべき証拠をどのように評価するかに基づいて決定するものとして支持できないとする。さらに，証拠を取り調べた裁判官とは別の裁判官が裁判をすることができるのは，法律において明示的に定められた場合（たとえば，受命・受託裁判官の面前での証拠調べ）に限られること（ZPO 355 条 1 項 2 文）とも整合しないと批判する[49]。

3　通説・判例に批判的なベルガーらの学説[50]は，たとえば，ケルンによって，法理論的には，論証として攻撃することは不可能ではないが，強力であると評されている[51]。ベルガーは，判例・通説の扱いは，直接主義を破るもので，そのような直接主義違反は許されないとの立場に立っており，その根底には，直接主義重視の姿勢がある[52]。しかし，ケルンは，裁判官交代前の証人尋問などが新しい裁判官の面前でくり返されなくても，調書や記録を書証の方式で利用できるのならば，この書証は，形式のうえでは，（新構成の）判決裁判所が直接に利用しており，形式的直接主義違反にはならず，実質的直接主義違反が問題となるにすぎないと解する。むしろ，ケルンは，当事者から書証として申し立てられていないものが書証として利用され，証人証拠として利用されない点に，弁論主義違反の問題性を見出す。少なくとも，ベルガーの主張するように証拠調べの不再施が直接主義違反となるかどうかは，直接主義の把握の仕方にかかっている[53]。

---

[49]　グルンスキーは，両当事者が従前の供述を文書の形で利用することに同意していないかぎり，証人尋問等はくり返される必要があるとする（*Grunsky*, a. a. O.（Fn. 48），S. 437）。

[50]　ベルガー，グルンスキー，ヴァルターのほかにも，*Barbara Stickelbrock*, Inhalt und Grenzen richterlichen Ermessens im Zivilprozeß, 2002, S. 576 ff., insb. 583 ff.; *Barbara Völzmann-Stickelbrock*, Unmittelbarkeit der Beweisaufnahme und Parteiöffentlichkeit-Nicht mehr zeitgemäße oder unverzichtbare Elemente des Zivilprozesses ?, ZZP 118 (2005), S. 359, 369 Fn. 49 がある。

[51]　*Kern*, ZZP 125, 64 f.

[52]　グルンスキーが，通説・判例は ZPO 355 条 1 項 2 文と整合しないと述べている背景にも，直接主義の重要性に関する認識があることが窺えるし，グルンスキーを全面支持するヴァルターの見解の基礎にも，証人の人物，供述および供述態度についての生き生きとした印象が供述の真否についての心証形成にとって著しく重要であるとの認識がある（*Walter*, a. a. O.（Fn. 48），S. 359）。

Ⅱ　ドイツ民事訴訟法における裁判官の交代と直接主義の原則

⑶　ヴァリマンの見解

1　近時，通説・判例とベルガーらの見解との比較検討を試みつつ独自の見解を唱えるのが，ヴァリマンである。ヴァリマンは，証拠調べの再施を裁判所の裁量に委ね，再施をしないときに従前の証拠調べ結果（調書に記録された供述）の書証による利用を肯定する通説について，実質的直接主義が妥当しない民事訴訟では，この書証による利用を直接主義違反と解するベルガーの見解よりも，通説の方が妥当であるとする。その一方で，グルンスキーが批判するように，通説の場合，裁量と称して，証拠調べの再施の前に，証拠調べ後の証拠評価が先取りされるならば，自由心証主義と整合しないとする⑸⁴。そこで，ヴァリマンは，通説と反対説のそれぞれに長所短所があることから，別の解決を模索する。ヴァリマンによれば，証拠調べ後の裁判官交代の結果として，証拠調べを実施した裁判官と現在の判決裁判官との不一致が生じ，このような状況を，ZPO 285 条 2 項が，受訴裁判所の面前で証拠調べが行われなかった場合（受命・受託裁判官による証拠調べの場合）において規定している。285 条 2 項は，証拠調べをする裁判官と判決する裁判官が異なる場合を，当事者がすでに行われた証拠調べの結果について陳述することによって調整するものであるが，受訴裁判所とは別の裁判官（裁判所）が証拠調べをしたあとの扱いを規律することから，ヴァリマンは，証拠調べ後の裁判官の交代の場合には，証拠調べと判決のいずれも「受訴裁判所」が行うことを理由に，2 項を直接適用することはできないとする。しかし，証拠調べ後の裁判官の交代の場合も，証拠調べをした裁判官と判決をする裁判官が分離している点は，受命・受託裁判官の証拠調べの場合に比較できる利益状況が存在しており，かつ，前者の場合には規定の欠缺があることから，ZPO 285 条 2 項の類推適用が認められるとする。

2　また，ヴァリマンは，判例が，新構成の裁判所が，調書に記録された前任裁判官による個人的印象と異なる評価をしたい場合にのみ，証拠調べの再施を必要とみることに対しては，証拠について交代前の（証拠調べをした）裁判

⑸⁴　ケルンは，ベルガーらの見解の問題点を指摘する一方で，「いよいよ裁判官交代が頻繁になりつつある実務において，ベルガーらの見解はほとんど支持を得られないであろうが，この論争の学問的意義は，過小に評価すべきでない。」と述べる（*Kern*, ZZP 125, 64）。

⑸⁴　*Wallimann*, a. a. O. (Fn. 26), S. 245 f.

12 証拠調べ後の裁判官交代と直接主義の原則〔髙田昌宏〕

官と同じ評価を加えるか，異なる評価を加えるかが問題ではないとし，裁判官の交代の場合はZPO 355条1項2文との類似性が存在する以上，受命・受託裁判官による証拠調べに関するZPO 375条1項および1a項の枠内での一般的な証拠予測の評価に依拠するのが自然であるとする。したがって，ヴァリマンによれば，「受訴裁判所が，証拠調べの経過についての直接的印象がなくても証拠調べの経過から証拠調べの結果を適切に評価することができると最初から認める場合」（ZPO 275条1a項）にのみ，受命・受託裁判官への証拠調べの委託が適法である以上，証拠調べ後の裁判官の交代の場合にも，適切な証拠評価のために個人的印象が必要であるならば，本来裁判官の裁量によるところの証拠調べの再施に関する規律（証人の再尋問についてのZPO 398条1項）が，証拠調べの再施義務に変わるかたちで目的論的に制限されなければならないとする。ヴァリマンの見解は，上記通説・判例と反対説を折衷する見解といってよいであろう。

(4) 小　括

1　直接主義の原則が，ドイツ民事訴訟において訴訟原則として通用することは，ドイツ民事訴訟法典制定以来，変わりはない[55]。直接主義は，裁判所が自ら当事者の弁論を聴取し証拠を取り調べることを要請するもので，訴訟における事実認定にとって非常に重要であり，裁判官の自由心証とも密接に関連している一方，訴訟促進にも奉仕しうる[56]。とりわけ証拠調べの直接主義の原則は，自由心証の前提として重要であり，この原則を前提とした場合に，訴訟係属中の裁判官の交代が緊張関係に立ちうることは否定できない。しかし，通説・判例は，裁判所の構成が変更しても，交代前に実施された証拠調べを新しい裁判官の面前でくり返すことは原則として必要なく，くり返すかどうかは新構成の裁判所の裁量に属するとする。くり返し（再施）を行わない場合は，新裁判官は，従前の証拠調べの記録・調書に依拠することが想定されているが，これは，別の裁判官による証拠調べの結果に依拠するという点では，間接主義

---

[55]　もっとも，直接主義に対する立法者の態度は，不安定である（Stein/Jonas/*Berger*, a. a. O. (Fn. 24), §355 Rn. 8)。最近のドイツ民事訴訟法における直接主義をめぐる立法および法理論の展開については，髙田（昌）・前掲注[20] 57頁以下，同・「『証拠調べの直接主義』の概念に関する一考察」石川明＝三木浩一編『民事手続法の現代的機能』（信山社，2014年）716頁以下参照。

[56]　Stein/Jonas/*Berger*, a. a. O. (Fn. 24), §355 Rn. 11 ff.

に等しく，また書面によることから書証に等しい。書証とみれば，文書を直接，新裁判官が取り調べる以上，その限度で形式的直接主義が守られているといえなくはない。しかし，証人尋問に代表される人証の場合，その供述の信用性を判断するには，証人等についての裁判官自身の個人的印象が重要であり，それが把握できない調書・記録の場合に，新裁判官が当該証拠を適正に評価することは不可能であり，直接主義の理念が遵守されているとはいいがたい。そこで，通説・判例は，個人的印象が調書に記録されている場合にのみ，新裁判官は個人的印象を証拠評価に際し斟酌してよいとし，また，調書に記載された証人の信用性に疑問を抱き，それから離れる場合にのみ，証拠調べ（証人尋問）のくり返しを要求する。

　2　これに対して，ベルガーらの反対説は，交代後の新裁判官による調書の取調べそのものに直接主義違反を認め，その結果，当事者が新裁判官の面前での直接的な証拠の取調べとして証拠調べの再施を申し立てるかぎり，それに応じるべきとする。また，新裁判官が証拠調べの再施の要否を判断する際に，調書の取調べによって得られる心証により，旧裁判官の証拠評価と異なる心証形成・評価をすること自体に，直接主義がないがしろにされる危険を認めている。これは，グルンスキーらが指摘するように，証拠評価の先取りが新裁判官によって行われる危険も内包している。

　通説・判例と有力な反対説のいずれも，取扱いは違えども，直接主義および自由心証の生命線とも言うべき裁判官自らの個人的印象とそれに左右される証人等の信用性の評価に重きを置く点は共通している。この点は，受命・受託裁判官の証拠調べの許容を左右する裁判官の直接的・個人的印象の要否を参考に証拠調べの再施の要否を決定しようとするヴァリマンの見解にも共通して認められるように思われる。

Ⅲ　ドイツ法からの示唆 ── まとめと今後の課題

　1　わが国の民事訴訟法は，冒頭で触れたとおり，民訴法249条1項で，判決は基本となる口頭弁論に関与した裁判官がすると定め，直接主義の原則を宣言したあと，訴訟中に裁判官が交代した場合の一般的な取扱いとして，弁論の更新手続の定めを置き（民訴法249条2項），さらに，交代前の証人尋問につい

12 証拠調べ後の裁判官交代と直接主義の原則〔髙田昌宏〕

て，一定の要件のもとで証人の再尋問（証人尋問の再施）を裁判所に義務づける規定を置いている（同3項）。一方，ドイツ民事訴訟法には，わが国の民訴法249条1項の範となった規定がZPO 309条にあるものの，民訴法249条2項および3項のような裁判官の交代に関する規定は存在しない。この両者の違いは，ドイツからわが国に民事訴訟法が継受された当初は同じ内容の規律であったのが，わが国の民事訴訟法の大正15年改正と昭和23年の一部改正による現行249条2項および3項に相当する規定の新設によってもたらされたものである。以下では，前章でのドイツ法に対する考察の結果を踏まえ，日独民事訴訟法における裁判官の交代 —— とくに証拠調べ後の裁判官の交代—の場合の手続法的規律を対比しながら，最終的に，わが国の民事訴訟法のもとでの裁判官の交代の際の手続的規律のあるべき姿を明らかにするための手がかりを得たいと思う。

2　わが国では，訴訟中に裁判官の交代があった場合，一般に，弁論と証拠調べの区別なく，弁論の更新手続が要求される（民訴法249条2項）。ここで，直接主義を貫徹するならば，従前の口頭弁論が新裁判官の面前でくり返される（再実施される）必要があるが，訴訟経済や当事者の利益との衡量のもと，口頭弁論の再施ではなく，従前の口頭弁論の結果の陳述で足りるとされている。ただし，証拠調べのうち，証人尋問に限っては，一定の条件のもとで，当事者の申出があれば，新裁判官（新構成の裁判所）の面前での証人尋問の再施が，裁判所に義務づけられる（民訴法249条3項）。このうち，弁論の更新手続は，旧々民事訴訟法のもとで一部承認されていたことが旧民訴法187条2項により明文化されたとされる[57]のに対し，証人尋問の再施義務の規定は，証人尋問の際の直接審理主義の徹底を目指す連合国総司令部側からの強い要請により昭和23年改正で追加されたものといわれている[58]。249条2項および3項が，裁判官の交代の場合に従前の審理のやり直しが実際上難しいなかでどこまで1項で宣言された直接主義（直接審理主義）が考慮されるべきかという問いに対するわが国の立法者が下した答えであることは疑いない。しかし，それが妥当であるのか，また妥当な解決に導くにはどのように運用なり解釈が行われる必要が

---

(57)　岩松＝兼子編・前掲注(17)333頁。

(58)　上野・前掲注(5)6頁以下。佐瀬・前掲注(14)「控訴審における証人の再尋問」294頁も参照。

あるかが問われなければならない。これらの問題をとりわけ証拠調べの裁判官交代の場合を念頭に置いて検討するならば、二つの点に着目するのが有効であろう。一つは、弁論の更新手続での従前の証拠調べの結果が持つ意味であり、もう一つは、証人尋問について明文化されている証拠調べの再施の必要性である。

3　民訴法249条3項が規定する証拠調べの再施が行われないかぎり、従前の（交代前の）証拠調べの結果は、新構成の裁判官の面前で当事者から陳述されるにとどまる（民訴法249条2項）。わが国の学説では、この弁論の更新手続が直接主義の擬制とか直接主義の形式を満足させるものと説明されることが多いが、証拠調べの場合は、弁論にもまして、従前の結果が陳述または報告されても、実際に（証拠調べの）直接主義の真髄（たとえば、裁判官が証拠方法から直接的な印象を得ることによる適正な証拠評価を確保する）が達成できないことは想像に難くない[59]。だからこそ、証拠方法のなかで直接主義の要請が最も強い証人尋問について、直接主義の貫徹の必要から再施義務の規律（239条3項）が導入されたともいえる。そこで、証拠調べ後の裁判官交代の場合は、弁論よりもさらに強く直接主義の効用が云々される以上、直接主義の重視に資する新裁判官の面前での証拠調べの再施がどの限度で行われるべきかが重要な問題となる。これは、249条3項の運用・射程に関わる問題であり、この点については、同項は、証人尋問について再施を義務づけるものの、その他の証拠方法および証拠調べについては沈黙している。そのため、証人尋問以外の証拠調べの再施の可否はどうか、ほかの証拠方法にも同項の適用があるのかをめぐって、見解の対立が存在する[60]。

また、249条3項は、証人尋問の再施の要件として、単独の裁判官が代わった場合、または合議体の裁判官の過半数が代わった場合であることが前提とされている。ここでは、弁論の更新の場合と違い、合議体の裁判官の交代があっても、交代が過半数に至らない場合は、証人尋問の再施は行われないという制限が加えられている。それでは、合議体の構成員の1名のみが交代した場合はどうなのか、規定の文言に従って、249条3項の適用がなく、証人尋問の再施は行われないということでよいのかという問題が生じるように思われる。

---

[59]　証人尋問について、鈴木（重）・前掲注(2) 211頁。

[60]　これについては、前掲注(16)参照。

12 証拠調べ後の裁判官交代と直接主義の原則〔髙田昌宏〕

4 このように，民訴法249条3項が規律する証拠調べの再施をめぐっては，なお，検討すべき点がいくつか存在すると考えられる。そこで，ドイツ法に目を向けるとどうであろうか。

ドイツ法には，弁論の更新を一般的に規定するわが国の民訴法249条2項のような規定こそないものの，証拠調べ後の裁判官の交代の場合は，ZPO 285条2項（証拠調べ後の弁論）の類推適用等により，両当事者が証拠調べの結果について陳述しなければならないと一般に解されている。わが国における弁論の更新と類似する面があるが，その趣旨は，あくまで法的審尋（rechtliches Gehör）の包括的保障にある[61]。証拠調べ後の裁判官交代の場合の証拠調べの再施の要否については，ZPO には，何ら規律がなく，解釈に委ねられているが，前章で紹介したとおり，通説・判例は，証拠調べ後の裁判官交代の場合に，新構成の裁判所での証拠調べの再施は必要ないとし，再施をするか否かは新構成の裁判所の裁量とする。証人尋問といえども，証人尋問後の裁判官の交代だけで当然には再尋問は行われない。ただし，新裁判官は，既存の証拠調べの調書・記録に基づいて証拠評価をすることになるから，それらに記載されていることのみを基礎に証拠評価を行う必要があり，とりわけ証人・証言の評価にとって重要な裁判官の個人的印象は調書等に記載されている場合にのみ斟酌できるから，新裁判官が証人の信用性に疑念を有し，または従前の裁判官による証人の信用性の評価から離れたい場合は，証拠調べ（証人尋問）の再施が必要であるとして，その裁量を制限している。以上は，通説・判例であるが，ベルガーらの反対説によれば，通説・判例を前提にする場合，再施を行わないときは，新裁判官が従前の証拠調べの結果を書証の形式で評価することになり，直接主義が破られる[62]とされ，それを避けるために証拠調べの再施が要求されることになる。反対説が，一律に証拠調べの再施を義務づける趣旨かは明らかではないが，証拠調べ後の裁判官の交代の場合に，原則，証拠調べの再施を必要とするならば，実務がそうした見解を受けいれることは現実には考えにくい[63]。しかし，通

---

[61] Stein/Jonas/*Dieter Leipold*, Kommentar zur ZPO, 23. Aufl., 2018, §285 Rn. 1.

[62] ケルンが示唆するとおり，交代前の裁判官の下での証人尋問調書などの記録をもとに判決基礎を確定するときに，形式的直接主義違反があると考えるか否かについては，見解が対立しうるであろう。Vgl. *Kern*, ZZP 125, 65.

[63] *Kern*, ZZP 125, 65. 前掲注[53]参照。

278

Ⅲ　ドイツ法からの示唆

説・判例にしろ，反対説にしろ，ドイツでは，証人尋問の再施のみを問題にしたわが国の民訴法249条3項のような特別な規律がZPOにないことから，証拠調べの再施の要否の問題を証人尋問に限定して論じておらず（もっとも，直接主義の観点から証拠調べの再施を検討する際に念頭に置かれているのは，証人尋問などの人証である），むしろ，証拠方法が何かよりも，その証拠調べの結果の評価にとって裁判官の直接的・個人的印象が重要かどうかによって，証拠調べの再施の要否を判断していることが注目される。一方，わが国の民訴法249条3項は，既述のとおり，証人尋問についてのみ再施義務を定めている。直接主義の効用が証人尋問の際に最も期待されることから，それに限定して再施を義務づけることは一定の合理性があると考えられるが，他方で，当事者尋問，鑑定，検証など他の証拠調べにおいても直接主義の要請が適正な証拠評価のために重要である以上[64]，民訴法249条3項の存在から，直ちに，証人尋問以外の証拠方法の取調べについて証拠調べの再施の可能性を否定してしまうことは難しく，むしろ，証拠調べ後の裁判官交代の場合の証拠調べの再施をめぐるドイツの判例・学説に鑑みると，わが国の民訴法249条3項のもとでも，証人尋問以外の証拠方法の取調べについて証拠調べの再施の可能性を，同項の類推適用の方法であれ，それとは別の法欠缺補充の形であれ，裁判官の直接的印象の要否の視点から考える必要があるように思われる。

　また，民訴法249条3項は，前述のとおり，判決裁判所が合議体である場合，過半数の裁判官が交代する場面でのみ，再尋問義務という対応策を認めているが，証人尋問の場合に直接審理の重要性を謳いながら，交代する裁判官が過半数に満たないときは，なぜ証拠調べの再施をしなくてよいのかが問題となりうる。2項によれば，弁論の更新は，合議体の一人でも交代があれば要求されるが，3項による証人の再尋問は，合議体構成員の一人の交代では義務づけられない。しかし，人証における直接主義の要請の徹底という趣旨からは，合議体の一人でも交代があれば，その裁判官による直接的な証拠調べが必要ではないかとの疑問が生じうる。さもないと，直接に証拠を取り調べた裁判官と取り調べていない裁判官というかたちで，後者は少数派となる危険がある[65]。ドイツ

---

[64]　従前の口頭弁論の結果についての陳述に含まれる証拠調べの結果に関する報告という観点から，各証拠方法の証拠評価にとって直接主義が有する意義を考察するものとして，鈴木（重）・前掲注(2)207～212頁がある。

法は，この点，一人の裁判官の交代でも，証拠調べの再施を行う必要のある場合には再施を要求する。これは，わが国の民訴法249条3項の規律自体の合理性にも関わることであるが，同項の適用で直接主義の要請が十分でないとするならば，合議体を構成する裁判官の一人の交代でも証拠調べ（証人尋問）の再施が必要であると考えられる。

5　かりに，このように民訴法249条3項の要件や枠を超えて，証拠調べの再施の可能性を認めうるとするならば，少なくとも，直接主義が目指すところの，裁判官の個人的印象[66]を確保する必要があるか否かを基準に，当該証拠調べの再施の可否を判断することが要求されると考えられる。証拠調べの再施の要否の判断のためには，まずは，当事者の証拠調べの再施の申出が契機となるが，当事者の申出のみならず，場合によっては，職権によって[67]証拠調べの再施を行うことも考えられよう。

なお，わが国では，民訴法249条3項が控訴審でも適用されるかをめぐって，前述のとおり見解の対立がある。これは，続審・事後審という控訴審の構造とも大きく関わる問題であるが，かりに判例・多数説がいうように民訴法249条3項が適用されないとしても，本稿で考察してきた証拠調べ後の裁判官の交代の場合の規律の必要性が否定される理由はないと考えられ，その意味でも，証拠調べの再施をめぐる規律の定立が今後の課題となるように思われる。

6　以上，ドイツ法との比較に基づき，証拠調べ後の裁判官の交代をめぐるわが国の民事訴訟法の問題点を指摘した[68]。ここで指摘した問題点は，同時に，現代の民事訴訟における直接主義，とくに証拠調べの直接主義の意義を問うものでもあり，それらの問題点との取組みは，今後の課題としたい。

　＊本研究は，JSPS科研費JP17K03470の助成を受けたものです。

---

(65)　Vgl. Stein/Jonas/*Berger*, a. a. O. (Fn. 24), §355 Rn. 12.

(66)　事実認定に対して裁判官の個人的印象がもつ意義に懐疑的な文献として，佐瀬・前掲注(14)「控訴審における証人の再尋問」289頁，308頁がある。これについて，松本・前掲注(14)『民事控訴審ハンドブック』402頁注(75)参照。

(67)　兼子原著・松浦ほか・前掲注(10)1395頁［竹下＝上原］，前掲注(17)参照。

(68)　もっとも，このような問題に対しては，集中証拠調べとその直後の判決が原則とされる現行法のもとでは，証人尋問のあとに裁判官の交代が生じるケースはまれであるとの指摘が，実務サイドからありうる（菊井＝村松原著・秋山ほか・前掲注(1)157頁）。

13 身分訴訟における判決効拡張再論

本 間 靖 規

I はじめに

　かつて私は,「身分訴訟の判決効と手続権保障」と題する論考（以下では「旧論文」と略する）を発表した[1]。身分訴訟における第三者への判決効拡張と訴訟に関与しなかった第三者の手続保障を扱うもので,当時,先行するいくつかの論考に触発されながら[2],ドイツ法を主たる比較法の対象とした研究の一成果であった。1986 年のことである。それからすでに 30 年以上経過し,裁判で審理の対象とする家事関連の実体法ならびに手続法も大きく改変されるに至っている。当事比較法の対象としたドイツの家族法（BGB）, 家事事件手続に関

---

[1]　龍谷法学 19 巻 2 号（1986 年）183 頁,この論文は,本間靖規『手続保障論集』（信山社,2015 年,以下では単に「論集」と略する）275 頁に収録されている。

[2]　吉村徳重「判決効の拡張と手続権保障 —— 身分訴訟を中心として」『実体法と手続法の交錯 山木戸克己教授還暦記念（下）』（有斐閣,1978 年）118 頁,同「訴訟機能と手続保障 —— 判決効拡張との関連」民訴雑誌 27 号（1981 年）157 頁,池尻郁夫「身分判決の対世効とその制限 —— 若干の比較法的考察（1）（2）」六甲台論集 29 巻 4 号（1983 年）56 頁,30 巻 1 号（1983 年）84 頁,「身分判決の第三者に対する効力」法教 46 号（1984 年）63 頁,同「人事訴訟についてなされる判決の第三者に対する効力 —— わが国の裁判例を中心として（1）（2・完）」愛媛大学法文学部論集法学科編 12 巻 1 号（1985 年）93 頁,18（1985 年）1 頁,高田裕成「身分訴訟における対世効論のゆくえ」法教 66 号（1986 年）43 頁,新堂幸司編著『特別講義民事訴訟法』（有斐閣,1988 年,以下ではこちらの頁数で引用する）,奈良次郎「検察官を当事者とする人事訴訟と手続保障 —— 最近の裁判例を中心として 上・中・下」ジュリ 856 号 94 頁,857 号 78 頁,858 号 101 頁（1986 年）など。もちろんこれに先立つ多くの関連業績があることは当然のことであるが,ここでは当時として直近のものに限り掲げることをお許しいただければ幸いである。

『現代民事手続法の課題』春日偉知郎先生古稀祝賀〔信山社,2019 年 7 月〕

する ZPO や FG の規定も，相次ぐ改正や新たな法律の制定により，改正あるいは削除され，法規制のあり方が著しい変化を遂げている。そこで私は，かつての論考を見直し，ドイツの現在の状況を再度検討して，日本の現在の議論のあり方を考察したいと思うに至った。

当時の議論状況を振り返ってみると，身分関係の安定から帰結される画一的確定の必要性を前提とした身分訴訟の判決の第三者への拡張規定（旧人事訴訟手続法18条，現人事訴訟法24条1項）に対して，拡張を受ける第三者の手続保障の観点から，いわゆる対世効に際しての一定の範囲の第三者の手続関与の保障（手続保障）の必要性や関与できなかった場合の判決効の相対化を説くという論調が多く見られたところであった[3]。もっとも第三者の手続保障を重視するならば，当事者間の訴訟の判決効を相対効にとどめて，必要な範囲の第三者を訴訟に関与させるという方法も考えられるところである。また，形成訴訟であれば，形成判決の効力（形成力）の及ぶ範囲が問題となるが，これは判決効の法的性質との関係で規律される問題ともいえる。もともと画一的確定の手法としての判決効拡張は，絶対的要請ではない。近時のドイツ法の変遷はこの当然ともいえる問題についてあらためて考えさせる材料を提供している。

II　ドイツ法の過去と現在

旧論文当時のドイツにおける判決効拡張の規定は，婚姻関係事件に関する，①旧 ZPO636a 条，②同 638 条，親子関係事件における③同 640h 条，④ 641k 条であった。

まず，婚姻関係事件について見てみると，①は婚姻無効の訴えに関するもので，「無効の訴えについてなされた判決は，それが婚姻当事者の双方の生存中に確定したとき，又は検察官が無効の訴えを提起し生存配偶者の生存中に確定したときは，すべての者のためにかつすべての者に対してその効力を有する」，

---

(3)　人訴24条2項（旧法時代から引き継がれている）に規定するところを一般化する試みである。なお，フランス法を参考として，人訴法に規定される確認判決，形成判決の対世効に関し，暫定的対世効を説くものとして，高田・前掲注(1) 365 頁があり，現行法制の解釈として有力な主張となっている。行政訴訟の分野においてこれと同様の展開をする見解として，巽智彦『第三者効の研究』（有斐閣，2017 年）330 頁参照。

Ⅱ　ドイツ法の過去と現在

②は，「第633条ないし第635条の規定は当事者間の婚姻の存否の確認を対象とする訴えにつきこれを準用する。婚姻の存否を確定する判決は，それが婚姻当事者の双方の生存中に確定したときは，すべての者のために及びすべての者に対してその効力を有する」と規定していた[4]。これらの規定は現在削除されている。このうち①に関しては，婚姻無効の訴えそのものが，1998年の婚姻締結法（Eheschließungsrechtsgesetz）による婚姻法の現代法化の作業の中で取消可能な婚姻（Aufhebbare Ehe）に組み込まれることにより発展的に解消されたからである[5]。なお，これと非婚（Nichtehe）とは区別される。非婚は，婚姻締結が戸籍吏（Standesbeamter）の面前で行われなかった場合や婚姻を締結しようとする当事者によってその意思表示がなされていない場合などがそれに当たる。非婚かどうかが問題となる場合には，婚姻関係の存在ないしは不存在確認の手続（FamFG121条3項）で明確にされることになる[6]。他方，従来無効として取り扱われていた事案が上記改正により婚姻取消に組み込まれたわけであるが，これについては，婚姻取消の申立て（BGB1313条）にかかる手続（FamFG121条2項）により取り消されることになる[7]。婚姻の取消しは，裁判官による裁判によってのみ行われうる形成の裁判である（BGB1313条）[8]。その手続について以前は，ZPO631条以下の特別規定によっていたが，現在は，FamFG121～132条の婚姻事件一般の手続規定に従う。その裁判（決定）は，遡及効を持たず（ex nunc），対世効（erga-omnes-Wirkung）を有するとされる[9]。日本とは異なり，ドイツにおいては，離婚裁判を含めて形成訴訟の裁判

---

[4]　訳については，基本的に法務大臣官房司法法制調査部編『ドイツ民事訴訟法典──1991年11月10日現在』（法曹会，1993年）を参照した（一部の修正がある）。他条文の訳も同様である。ただしその後の改正を反映していない部分については，随時訳を補充した。その部分はもちろん私訳である。

[5]　Schwab, Dieter, Familienrecht, 24. Aufl. 2016, Rn. 60, S. 31., なお，Coester-Waltjen, Familienrecht, Beck-Texte, 2013, S. XVIII には第2婚姻法改正法とある。

[6]　Schwab, a.a.O. S. 31.

[7]　Rauscher, Familienrecht, 2. Aufl., 2008, Rn. 204. S. 138.

[8]　MüKoFamFG/Hilbig-Lugani, 2.Aufl. 2013, FamFG § 121 Rn. 13. Gernhuber/Coester-Waltjen, Familienrecht, 6. Aufl. § 3 Rn30, S. 21 などによれば，婚姻の取消や離婚といった形成権の行使は，方式自由な法律行為によって行われるのではなく，二肢的要件，すなわち方式に従った意思表示（申立て）と裁判官の裁判（拡大された要件）によって行われなければならない。

[9]　MüKoFamFG/Hilbig-Lugani, a.a.O. § 121 Rn. 9.

については対世効の規定を持たず，これを形成裁判の一般的理論に委ねてきた[10]。すなわち，離婚や婚姻の取消の申立てを認容する裁判は形成裁判に属するが，これが確定すると形成力が生じる。これは，確定した形成裁判を法律要件として実体法規定が与える一種の法律要件的効果としての形成力で[11]，裁判自体は国家行為であるものの，私的な法律行為となんら異なる性質を持つものではなく，その効力の及ぶ範囲は対世的である（für und gegen jedermann）。この形成裁判に既判力を認めるべきかをめぐっては，周知のように議論のあるところであるが，現在のドイツにおいては，これを肯定するのが通説である[12]。そして形成裁判に認められる既判力は，原則通り相対効である[13]。したがって当事者間においては，申立人の相手方に対する形成を求める要求に関して既判力が生じるため，相手方は申立人に対して，基準時において形成を求める権利が存在しなかったことを理由に損害賠償請求や不当利得返還請求をしても既判力によりこれが妨げられる。他方で第三者に既判力が及ぶ規定が存在しなければ，第三者は自己の手続において前裁判の不当を主張することは妨げられない。また離婚等の形成申立てを棄却する裁判は，実体的法律関係をなんら変更するものではない確認裁判であるから，もともと対世効を有することはなく，その効力は相対効に止まるものであった。このような法規整は，現在においても維持されている。さらに上記②の婚姻関係の存在ないしは不存在を確認する判決に対世効を与える規定（旧ZPO638条）がFamFGでは削除されたため，原則通り，相対効とされるに至った[14]。これは相対効として第三者の手続上の地位を保障するとともに，関係人の手続関与権を十全なものとして整備することにより（FamFG7条）[15]，一応，混乱は防ぐことができると考えられる。もっと

---

[10] 高田裕成「いわゆる対世効論についての一考察（一）」法協104巻8号（1987年）1140頁注7参照。

[11] 離婚に関する根拠規定はBGB1564条である。

[12] Gottwald, MunKoZPO, 2013, § 322Rn. 19, Stein/Jonas/Roth, 23. Aufl. vor § 253 Rn 107などによれば，形成判決の既判力は原則相対効で，実体的な形成権の存在という意味における形成原因への拘束として働くとする。

[13] さしあたり，Rosenberg/Schwab/Gottwald, Zivilprozessrecht, 18. Aufl., 2018, § 92 Rn. 16, S. 549. 参照。

[14] 2009年以前にすでに，これを肯定するものとして，Zöller/Phlippi, Zivilprozessordnung, 26Aufl., § 632 Rn 10があった。

[15] 本間・前掲注(1)論集575頁参照。

Ⅱ　ドイツ法の過去と現在

も対世効規定を削除したことの是非をめぐっては，これを立法上の過誤とする見解も主張されており[16]，実際，婚姻取消事件において申立人となる第三者が特定されているのとは異なって（BGB1316条），婚姻の存在，不存在確認では，関与すべき第三者の範囲が明確に特定できないところ，その裁判の効力を相対効とすると後の混乱が生じる場合も考えられることから，規定を削除したことが妥当であったか十分に議論の余地があるように思われる。この点に関する今後の議論動向を注視する必要がある。

　ところで対世効規定が存在していたときは，これを下支えする制度として，申立権者や相手方の適格性，裁判の客観的真実を担保するための職権探知主義などが挙げられる。しかし相対効に踏み切ったとき，果たしてどのような審理原則がどのような思想の下に採用されているのか気になるところである。これについてはすでに別稿で紹介したところであるため[17]，ここではごく簡単に述べる。FamFG においては，婚姻事件ならびに家族争訟事件において，総則規定の適用を大幅に排除した上，ZPO（民事訴訟法）の一般規定，地方裁判所での手続規定を準用している（113条1項）。そのうえで，婚姻事件に関しては，①事実に関して懈怠されたあるいは否認する態度をとったことの効果，②訴え変更の要件，③早期第1回期日，書面による準備，答弁（反駁書面），④和解，⑤裁判上の自白の効力，⑥認諾，⑦証書の真否に関する懈怠されたあるいは否認する態度をとったことの効果，⑧相手方，証人，鑑定人の宣誓の放棄に関する ZPO の規定等は適用しない旨を定めている（113条4項）。もっとも時機に後れた攻撃防御方法を却下する規定は置いている（115条）。このように婚姻，家族争訟事件において処分権主義や弁論主義を一部排除して，基本的には職権探知主義を採用している（127条）。ただ，この職権探知主義も，日本の人事訴訟法におけるそれとは異なって，全面的な職権探知主義ではなく，制限的職権探知主義（2項では片面的職権探知主義）である。これは当事者の私的な領域における自らの判断権を保護するためであるが，職権探知主義を採用しているのは，この種の事件が当事者の共通の子をはじめとする第三者の利益（公益）に

---

[16]　Frank, StAZ 2012, S. 236f., Prütting/Helms, FamFG Kommentar, 2018, § 121 Rn. 11, S. 1269.

[17]　本間靖規「人事訴訟手続における職権探知主義と自己決定権」高田裕成ほか編『民事訴訟の理論 高橋宏志先生古稀祝賀論文集』（有斐閣，2018年）730頁。

13 身分訴訟における判決効拡張再論〔本間靖規〕

係わることから正当性保障（Richtigkeitsgewähr）のために客観的な認定が目指され[18]，その限りにおいて当事者の自由な処分に委ねるのは妥当ではないと考えているからである。638条を削除して対世効を否定するに至ってもこの規律に変更はない。

次に，親子関係事件について見てみよう。③は，判決の効力という見出しの下，「判決は当事者の生存中に確定したときに限り，すべての者のために及びすべての者に対してその効力を有する。親子関係の存在又は親の監護権（elterliche Sorge）を確定する判決は，これに対し，親子関係又は親の監護権を自己のために主張する第三者に対しては，その者が訴訟に関与したときにのみ効力を有する」，④は，「父子関係の存在を確認する確定力ある判決は，非嫡出父子関係を自ら主張する第三者に対しては，その者が訴訟に関与しなかった場合にもその効力を有する」と規定していた。このうち③は，FamFG184条に引き継がれ，決定の効力：変更の排除：抗告に関する補充規定との見出しの下，第1項「血統事件（Abstammungssachen）における裁判は，その確定をもって有効となる。変更は排除される」。第2項「血統に関して裁判がなされる限り，その決定はすべての者のために及びすべての者に対して効力を有する」。第3項「血統事件における裁判に対して，手続に関与したあるいは関与しようと思えばできた者も又抗告することができる」と規定している[19]。また④は削除されている。

FamFG169条によれば，血統事件としては，1号：親子関係の存在あるいは不存在の確認，とりわけ，父子関係（Vaterschaft）の認知の有効ないしは無効の確認を求める事件，2号：遺伝子上の血統の探知や証拠の採集（Probeentnahme）の受忍の命令，3号：血統鑑定書閲覧ないしはその謄本の交付を求める事件，あるいは，4号：父子関係の取消しを求める事件がこれにあたる。これらの関する裁判である決定が一旦確定すると，その変更は最早許されず（FamFG184条1項2文，），その既判力は，再審によってのみ取消が可能である（同48条2項，185条，ZPO578条以下）。また血統に関して裁判がなされた限りで，その決定はすべての者のためにかつすべての者に対して効力を及ぼす（同184条2項）。これにより上記③の対世効は維持されているが，以前の規定ぶり

---

(18) Gernhuber/Coester-Waltjen, a.a.O. Anm. 8 §1 Rn 30, S. 20.

(19) FamFG の訳は私訳である。

Ⅱ　ドイツ法の過去と現在

とは異なり，「当事者の生存中に確定したときに限り」の限定がついていない。これは確定前の関係人の死亡が必ずしも本案事件の終了につながらないからである（FamFG181条[20]）。対世効は，血統関係に関して確定した裁判とは異なる身分関係が裁判上なされ得ないことへとつながる。たとえば，血統の存在いかんが左右するような扶養料請求の手続にその効力が及ぶ。父子関係の取消請求が認容された場合，その効力は子の誕生の時点に遡及する。父子関係の存在が確認された場合もその効力はこの誕生の時点まで遡る[21]。したがってそれまで扶養料を支払ってきた外観上の父親（Scheinvater）は，その後父子関係が認められた者（血統上の父）に対して償還請求権を有する[22]。なお，本条項は，血統に関して裁判がなされる限りとの限定が付いているため，たとえば例外的ではあるが，他の手続において血統の存在が付随的に判断された場合には，その判断には対世効はなく，またその手続の関係人間であってもこの点に既判力は発生しない[23]。

　このように，ドイツ法はこの種の身分関係の安定への強固な態度を示しているものと理解することができる。特に親子関係は子どもの成長や扶養と密接につながるものであり，その不安定化は回避すべき事柄であるからである。また

[20]　この規定によれば，裁判所は，関係人の一人が1ヶ月の期間内に裁判所に対してそれを要求する場合にのみ，手続は続行される旨を残された関係人に指し示さなければならないとされている。

[21]　Prütting/Helms, aa.a.O. Anm 14, S. 1681 参照。

[22]　ただし，BGB1592条1号により，婚姻関係に基づく（隠れた）父子関係が存在する場合には，血統上の父子関係の確認は何らの効力を持たないとされる。OLG München v. 31.1.2012, FamRZ 2012, 1503.

[23]　Prütting/Helms, aa.a.O. Anm14, S. 1682 参照。これによれば，子の嫡出性の取消しが奏功し，子が他の者を父とすることの確認を求めたとき，相手方は，子が今なお法的な父の下で扶養されるべき旨を主張することはできないが，たとえその者が，先行する取消手続に関与して真の血統関係が探知された場合でも，自らの生物学的な父性を争うことができる（BGH v. 4.7.2007 FamRZ 2007, 1731）。また父の提起する父子関係の取消手続が，父が父子関係を疑わせうる事情を主張しなかったという理由で棄却された場合，父子関係について裁判がなされたということはできない。したがって口頭弁論終結後に生じた事実関係に基づく新たな手続を申し立てることができる。しかし以前の手続の事実関係の主張が単に移しかえられただけで，補充や修正がなされたに止まるときには，新たな手続の基礎づけには十分とはいえない。また父が取消期間を徒過したことを理由に棄却された場合，同様に，真の血統に関して裁判がなされたとはいえず，他の関係人による後の取消しの申立ては排除されない。

そのことが，手続に関与しなかった第三者に対しても決定の効力を対世的に及ぼす根拠となっている。ところで，この対世効の中身は何であろうか。血統事件は，上述のように，親子関係の存在・不存在といった確認請求もあれば，父性（ないしは嫡出性）の取消訴訟のような形成訴訟もあり，さらには承諾請求といった給付訴訟も含まれる。すべての手続における認容決定，棄却決定が対世効を持つとされるが，その効力は既判力と考えられている[24]。これにより，新たな法律関係を形成することが妨げられ，同一手続対象に関して前決定と相違する裁判や判断を行うことを裁判所や行政庁に禁じられる。またこのことは，同一手続対象が他の事件の前提問題となる場合にも通用する。この既判力は，決定の基礎となって事実には及ばず，拘束を受ける対象となるのは，当該男が子の父であるあるいは父でないといった法律関係を形成する趣旨部分に限る。したがって手続において，血液鑑定がなされた結果，血液検査上の血統関係は決定の要素に過ぎず，その判断には既判力は生じないとされる[25]。

　親子関係事件において，旧法は裁判（判決）の対世効を前提に，判決の結論に密接な利害関係をもつ者に手続保障を施すため，この者に対する呼出（Beiladung）の規定を置いていた。すなわち，ZPO 旧640e 条は，1項で「親の一方あるいは子が当事者として訴訟に関与していないときは，その者あるいはその子に訴えの通知の下，口頭弁論期日に呼び出すことを要する。親の一方あるいは子は，当事者の一方あるいは他方にその補助のため参加することができる」。また2項で「子は，彼によって追行された父子関係を求める訴訟において敗訴するときには，第三者を父として請求することができると考える場合，当該第三者に訴訟の裁判が確定するまで訴訟告知することができる。この規定は，母が原告となる訴えにも準用される」と規定していた。これによって利害関係を有する第三者（関係人）は，訴訟の存在を知り，これに関与する機会を保障されたわけである。こういった規定は，日本においても必要と考えられ，

---

(24)　Keidel/Engelhardt, FamFG, 2017, § 184 Rn. 3. S. 1762. これによれば，拘束力の及ぶ第三者の中には，出生登録簿の付記登録を行う義務が課せられる身分庁（Standesamt）や子の引渡し手続，扶養義務違反の刑事手続（遺棄事件）なども含まれる。かつては父子関係の取消を求める権限を（取消権限を有する）官庁が有していたが（BGB 旧1600条1項5号），連邦憲法裁判所がこれを GG16条1項，6条1項，2項に違反するとしたため（BVerfG FamRZ2014, 449），削除された経緯がある。

(25)　Keidel/Engelhardt, FamFG, 2017, § 184 Rn. 3. S. 1763.

II　ドイツ法の過去と現在

その日本的な形での導入が唱えられたことは記憶に新しい。しかしドイツにおいて，FamFG 制定とともにこの呼出に関する上記規定は削除された。FamFG においては当事者に代わって関係人概念が採用，整備され，関係人への通知とともに，その必要的ないしは任意的関与が定められたことによる。これにより，呼出規定を置く必要はなくなったと考えられ，それに代わって利害関係人の関与規定の充実が図られた。こういった方法も裁判の画一的確定の必要と効力を受ける利害関係人の手続保障を調整するための規律の一つであることは間違いない。もっとも親子関係の裁判による身分関係特に子どもの法律関係安定のためには，利害関係人の範囲に止まらず，それ以外の第三者との関係も考慮しなければならないとして，定められたのが上記の対世効規定（FamFG182 条）である。たとえば嫡出性の取消手続において，自ら血統上の父と称する者が手続に参加する場合，判例は以前から共同訴訟的補助参加であることを否定しながら，この者に対しても対世効が及ぶとしてきた[26]。このような体制は現在でも維持されているものと思われる。すなわち必ずしも関与が保障されるわけではない第三者に対しても（あるいは第三者のために）裁判（決定）の対世効が及ぶとして，裁判で決着した血統関係を覆すことを認めないことを明確にしているわけである。この点は，FamFG の立法担当者が婚姻関係事件と親子関係事件との違いとして意識した点といえる（ただしこれに対して批判があることは前述したとおりである）。

　対世効を支える審理原則としての（制限的）職権探知主義は FamFG でも引き続き維持されている。ZPO 旧 640d 条は，「父子関係が取り消された場合，裁判所が，取消を求める者の異議に反して，当事者によって主張されなかった事実を斟酌することができるのは，それが取消の方向に働かないことに合致する場合に限られる」と規定していた。現行 FamFG177 条は，1 項で「父子関係の取消を求める手続において，関与した者によって主張されなかった事実は，それが父子関係の継続に役立つ場合あるいは父子関係の取消を求める者がその

---

[26]　本間靖規「共同訴訟的補助参加について」伊藤眞=上野泰男=加藤哲夫編『民事手続における法と実践　栂善夫=遠藤賢治古稀祝賀論文集』（成文堂，2014 年）667 頁参照。なお，潜在的な父が他の者の法的な父子関係と並行してその血統上の父子関係の確認を求める権利を持たないとする規定は，憲法に違反しないとする連邦憲法裁判所の判例がある（BVerfG FamRZ 2008, 2257）。

289

13 身分訴訟における判決効拡張再論〔本間靖規〕

斟酌に異議を述べなかった場合に限り，斟酌されることが許される」，2項で「169条1号と4号による手続において，血統に関しては，厳格な証拠調べ（förmliche Beweisaufnahme）を行わなければならない。鑑定人による鑑定は，その正当性と鑑定書の中における確認の完全性について裁判所が何らの疑いを持たず，かつ関係人がこれに同意する場合には，関係人の一人が他の関係人の同意の下で入手した血統に関する鑑定によって代替されうる」と規定している。このうち2項は新設の規定である。この規定は，婚姻関係事件の手続におけるFamFG127条2項3項と同様に，関係人の自己決定権を尊重するものである[27]。こういった配慮をしながら職権探知主義の下で審理された結果である裁判の効力は，利害関係人のみならず第三者にまで拡張されるというのがドイツの法制である。

Ⅲ 日本法との関係 —— 若干の比較

日本とドイツを比較する場合，まず挙げなければならない違いは，ドイツが家事事件を含む非訟手続を全面的に見直し，その結果2009年9月1日に施行されたFamFGにそれまでZPOに規定されていた婚姻事件や親子関係事件に関する手続をこれに組み込むと同時に，審理原則は基本的に判決手続でのそれを維持しながら決定手続へと移行させたことである。日本の議論は，判決手続の結果である判決効の対世的効力を受ける第三者の手続保障のあり方に向けられていたが，対世効規定まで含めて全面的な改正が行われたわけである。すなわち家事事件手続を一つの法律にまとめて一覧性を与えると同時に，その中で事件の特徴を活かした手続を工夫している。これは法治国家的な要請に応えるものといえる。これに対して日本は，家事訴訟事件は人事訴訟法，家事非訟事件は家事事件手続法と区分けし，家庭裁判所の管轄事件を訴訟，非訟の事件類型ごとに別法律で規律する方法を採用している。日本では，今のところ，細かな点の改正を除けば，当事者や利害関係人の手続保障に配慮して制定された家事事件手続法の制定から同一視角での人事訴訟法の改正は行われていない。

　身分が係わる法律関係の裁判で重要なことは，裁判で決められた法律関係の

---

[27] 婚姻関係事件における職権探知主義と関係人の自己決定権に関しては，本間・高田ほか編・前掲注[17] 725頁参照。

290

Ⅲ　日本法との関係

安定性であると考えられる。しかもその安定性は単に利害関係人間のみならず，第三者による裁判の不当性を争うことも禁ずるところまで要求すべきものと考えられてきた。そのために日本は，婚姻関係・親子関係を問わず，また請求認容・請求棄却を問わず旧人事訴訟手続法のときから現在の人事訴訟法に至るまで一貫して，対世効を認めてきた（現人訴 24 条 1 項。もっとも同条 2 項に規定する場合にのみ相対効が前法から維持されている）⒂。他方で，利害関係人の保護という観点からの整備については，ドイツの議論の影響もあって呼出の導入などが提唱されていたものの，検察官が被告となる死後認知の場合に利害関係人への通知が規定されるのみにとどまっている（人訴 28 条）。そのほか，全体的解決主義（人訴 18 条，25 条）を旧法以来維持して身分関係の早期安定を図ってはいるが，その見直しの方向は見られない（ドイツにはもはや失権効の規定はないし別訴禁止の規定は存在しない。1976 年の第 1 婚姻法改正法による有責主義から破綻主義への移行に伴い，既判力の拡張や失権効の必要性は薄れ，これが削除されて以来，現在に至るまで ZPO 旧 616 条（FamFG127 条）は職権探知主義を定めるのみである⒆）。これに対して，批判はあるもののドイツが婚姻関係事件において，利害関係人の参加の充実とともに対世効規定を廃止したことと比べると，婚姻関係事件においては，当事者間の身分的法律関係の安定と第三者保護の関係のあり方に両国で大きな差が開いたことになる。他方で，親子関係（とりわけ父子関係）事件に関する法整備という点では，ドイツにおいても利害関係人への拘束に止まらずに，第三者が裁判の不当性を主張して，これと矛盾する要求を

⒅　現行人事訴訟法 24 条について，梶村太市＝徳田和幸編『家事事件手続法（第 3 版）』（有斐閣，2016 年）549 頁［髙田昌宏］，また，日本の対世効規定の沿革については，岡垣学『人事訴訟手続法』（以下では「人訴法」と略する。第一法規，1981 年）354 頁，同『人事訴訟の研究』（第一法規，1980 年）380 頁参照。

⒆　失権効とかつてのドイツ民事訴訟法との関係について，岡垣・前掲注⒅「人訴法」174 頁，中田淳一「形成訴訟の訴訟物」同『訴と判決の法理』（有斐閣，1972 年）106 頁参照。ZPO 旧々 616 条は，「離婚の訴え又は婚姻取消の訴えにおいて請求を棄却された原告は，離婚又は婚姻の取消を請求する権利を，前訴訟において，若しくは訴えの併合により主張することができた事実をもって理由づけることはできない。離婚又は婚姻の取消の請求が棄却された場合，被告も反訴の理由として主張することができた事実につきまた同じ」と規定していた。なお，慧眼な学者により，離婚原因につきいわゆる相対的離婚原因主義がとられたときに，別訴禁止ないしは既判力の拡張の必要性が疑問となることについては既に指摘されていたところである。我妻栄「離婚と裁判手続」『民法研究Ⅶ-2』（有斐閣，1985 年）165 頁参照。

291

13 身分訴訟における判決効拡張再論〔本間靖規〕

することを既判力の拡張によって阻止するとの制度を維持していることから，この点の法制には日独間でそれほどの懸隔はない。ただ，人事訴訟における利害関係人の関与のあり方については，家事事件手続法が利害関係人の参加制度を充実させたこととの関係から見て，人事訴訟法に関して，なお一層の検討が必要であるように思われる。

Ⅳ　おわりに

前述したように本稿は，筆者の旧稿で扱ったドイツにおける身分関係事件の法規整がその後どのように変更されたかを見ておくことを目的とするものである。その結果ドイツは婚姻関係事件における関係人参加の充実を図るとともに対世効規定を削除するなどかなり思い切った改正を行ったことがわかる。これに対して日本の改正は漸進の方向を辿るものである。この違いがどこから来るものかの解明が必要であるように思われる。もっとも本稿で取り扱った範囲は狭く，ドイツの家事事件をめぐる手続体制の全体像から問題を説き起こすにはとうてい不十分なものに止まった。このような文字通りの拙稿を春日偉知郎先生にお献げするのは大変恐縮であるが，今日まで先生から受けた学恩や個人的交流によるご指導に何らかの形でお応えしたいという思いで本稿を先生に献呈させていただく次第である。この場を借りて先生はじめご家族の方々の益々のご健勝とご発展をお祈り申し上げたい。

14 民事訴訟費用の裁判と費用額確定処分

金子宏直

I　はじめに

　民事訴訟に係る費用のうち訴訟費用については敗訴者負担が原則とされる。各当事者の訴訟費用の負担は本案の裁判とともに，訴訟費用の裁判で判断される。訴訟費用の負担の裁判により，当事者の各自負担とする以外の判断がされた場合には，訴訟費用の償還請求権が発生する。本案の裁判とは別個独立に訴えないし上訴の対象にできないという点で，訴訟費用の償還請求権は訴訟手続を原因とする特殊な請求権である。

　訴訟費用償還請求権は金額が確定しなければ行使ができない。そして，旧民事訴訟法当時から，訴訟費用の償還請求権は，実際には行使されないことも多いと言われてきた。その理由として，弁護士費用等が訴訟費用に含まれないことや訴訟費用償還請求の手続が煩雑であることなどが挙げられた。平成8年民事訴訟法改正においては，訴訟費用償還請求の手続に関する改正として，旧民事訴訟法において裁判官が行っていた訴訟費用額確定決定の手続に代わり，裁判所書記官による費用額確定処分が導入された。費用償還請求権を有する当事者が訴訟費用額確定手続の申立をすることで，裁判所書記官が訴訟費用額を確定する（民訴法第71条ないし第74条）。

　旧法下の訴訟費用額の確定に関する裁判例は多くはみられない。さらに，現行法の費用額確定処分に関する裁判例はまれである。裁判所書記官の権限に費用額確定処分が委譲されて手続が変わったことにも関連する。その中で，後述する最高裁平成29年9月5日決定において，訴訟救助の猶予費用の取立に関連した費用額確定の手続についての判断が参考になる。

本論文では，訴訟費用償還手続，とくに訴訟費用額の確定について，平成8年改正の経緯等を確認し，弁論主義の適用や当事者の処分権などの手続の性質に係る問題について考察する。

Ⅱ　訴訟費用の負担に関する原則と手続

民事訴訟に要する費用のうち，法律（民事訴訟費用等に関する法律）で定められた費用が訴訟費用である。民事訴訟における訴訟費用には敗訴者負担の原則が適用になる（民訴法第61条）。この原則には事情に応じて調整するための規定がある（民訴法第62条ないし第66条）。具体的な訴訟費用は，訴訟費用の負担の裁判により負担者と負担の割合が決められる（民訴法67条）。費用償還請求権は，訴訟費用の負担の裁判により，各自負担以外の負担が命じられた場合に生じる。費用償還請求権を行使するためには，費用額確定処分により金額を確定する必要がある。（以下では，裁判官による訴訟費用の負担の裁判と裁判所書記官による費用額確定処分をあわせて民事訴訟費用の裁判等と表記することにする。）

費用額の確定処分（民訴法第71条）は当事者の申立てにより，裁判所書記官に書面を提出することによって行う（民訴規則第24条1項）。申立てには費用計算書及び費用額の疎明に必要な書面を提出する（民訴規則第24条2項）。旧法では裁判所から相手方へ送付するための計算書の謄本が必要であったが（旧法第101条2項），現行法ではこれらの書類を申立人が相手方に直送する。このように裁判所の関与の点では手続が簡略化されている。旧法下では，費用負担の裁判も費用額確定決定も任意的口頭弁論であったが（旧法第125条1項但書，法第87条但し書き），現行法の裁判所書記官による費用額の確定処分においては口頭弁論の余地はない。

民事訴訟費用の裁判等の規定は，非訟事件手続法などの他の民事事件の手続法でも準用される。しかし，手続費用の負担の原則については民事訴訟とは異なる。

まず，非訟事件手続，家事審判手続では，各自負担が原則である（非訟事件手続法第26条，家事審判手続法第28条）。非訟事件手続法は平成23年改正により，各自負担の原則が採用された（第26条1項）。その趣旨は，簡易迅速な裁

判として手続費用の償還の問題が生じないこと，非訟事件手続においては必ずしも勝敗を観念しがたいこと，非訟事件の申立人は必ずしも自分の利益のために申立ててはいないことあげられる[1]。

ただし，手続上ある審級における事件を完結する裁判については，原則による各自負担の場合でも，旧非訟事件法と異なり，常に職権で費用負担の裁判をする。その限りで，民事訴訟法の訴訟費用の負担の裁判の規定に従う（非訟事件手続法第28条による民訴法第67条ないし第74条の準用）。

そして，費用額の確定処分も裁判所書記官の権限とされる（同法第28条1項による民訴法第71条の準用）[2]。

次に，民事調停法は非訟事件手続法（第3条ないし第84条，45条および第52条を除く）を準用する（民事調停法第22条）。

家事事件手続法では手続費用の負担の裁判の規定が定められ（家事事件手続法第29条），確定処分について民事訴訟法を準用する（家事事件手続法第31条，民事訴訟法69条から74条の準用）。

そして，人事訴訟法は，民事訴訟法の特例等を定め，適用除外の定めがなければ，訴訟費用についても民事訴訟法の規定が適用される。人事訴訟法第16条が訴訟費用に関する特則を定めている。

以上のように民事訴訟費用の裁判に関する規定は，破産手続等を除けば，多くの民事事件にわたって準用される重要な手続きといえる。

Ⅲ　平成8年民事訴訟法改正と民事訴訟費用の裁判等

1　旧法の訴訟費用の裁判

旧民事訴訟法では，訴訟費用の負担の裁判も費用額の確定決定もともに，裁判官による行われた。費用負担に関する規定については改正前も現行法でも内容に変更はない。旧法の訴訟費用の裁判に関する規定と現行法および規則の対

---

[1]　金子修編著『逐条解説・非訟事件手続法』（商事法務，2015年）97頁，旧非訟事件手続きにおける訴訟費用の裁判に関する議論については，田沼愛一「非訟事件・家事審判における手続費用とその裁判」鈴木忠一＝三ケ月章監修『実務民事訴訟法講座7』（日本評論社，1970年）127頁。

[2]　金子・前掲注[1]書105頁。

14 民事訴訟費用の裁判と費用額確定処分〔金子宏直〕

応に関して表として掲げてある。(【表】旧民事訴訟法と民事訴訟法および規則の
対応)

　対応表をみると改正により訴訟費用の裁判手続等の規定はむしろ複雑になっ
たようにも見える。

【表】旧民事訴訟法と民事訴訟法および規則の対応

現行民訴法	旧民訴法
法67条1項，法67条2項 法68条～70条	旧法95条，旧法96条 旧法97条～99条
法71条1項　訴訟費用の負担の額は，その負担の裁判が執行力を生じた後に，申立てにより，第一審裁判所書記官が定める。	旧法100条1項　裁判所ガ訴訟費用ノ負担ヲ定ムル裁判ニオイテ其ノ額ヲ定メザルトキハ第一審ノ受訴裁判所ハ其ノ裁判ガ執行力ヲ生ジタル後申立ニ因リ決定ヲ以テコレヲ定ム 旧法105条　裁判所ハ裁判所書記官ヲシテ訴訟費用額ノ計算ヲ為サシムルコトヲ得
規則24条　法第71条第一項，第72条又は第73条第一項の申立ては，書面でしなければならない。 2項　前項の申立てにより訴訟費用又は和解の費用の負担の額を定める処分を求めるときは，当事者は，費用計算書及び費用額の疎明に必要な書面を裁判所書記官に提出するとともに，同項の書面及び費用計算書について第47条第一項の直送をしなければならない。	旧法150条1項 旧法101条2項
規則25条　裁判所書記官は，訴訟費用等の負担の額を定める処分をする前に，相手方に対し，費用計算書及び費用額の疎明に必要な書面並びに申立人の費用計算書の記載内容についての陳述を記載した書面を，一	旧法101条1項　裁判所ハ訴訟費用ヲ定ムル決定ヲ為ス前相手方ニ費用計算書ノ謄本ヲ交付シ陳述ヲ為スベキ旨並一定ノ期間内ニ費用計算書及費用額ノ疎明ニ必要ナル書面ヲ提出スベキ旨ヲ催告スルコトヲ要ス

Ⅲ 平成8年民事訴訟法改正と民事訴訟費用の裁判等

定の期間内に提出すべき旨を催告しなければならない。 ただし，相手方のみが訴訟費用等を負担する場合に於いて，記載上申立人の訴訟費用等についての負担の額が明らかなときは，この限りではない。 2項　相手方が前項の期間内に費用計算書又は費用額の疎明に必要な書面を提出しないときは，裁判所書記官は，申立人の費用のみについて，訴訟費用等の負担の額を定める処分をすることができる。 ただし，相手方が訴訟費用等の負担の額を定める処分を求める申立てをすることを妨げない。	2項　相手方ガ期間内ニ前項ノ書面ヲ提出セザルトキハ裁判所ハ申立人ノ費用ノミニ付裁判ヲ為スコトヲ得 但シ相手方ノ費用額ノ確定ヲ求ムル申立ヲ妨ゲズ
法71条2項　前項の場合において，当事者双方が訴訟費用を負担するときは，最高裁判所規則で定める場合を除き，各当事者の負担すべき費用は，その対当額について相殺があったものとみなす。	旧法102条　裁判所ガ訴訟費用額ヲ定ル裁判ヲ為ス場合ニ於テハ前条第2項ノ場合ヲ除クノ外各当事者ノ負担スベキ費用ハ其ノ対当額ニ付相殺アリタルモノト看做ス
規則27条　法第71条第2項の最高裁判所規則で定める場合は，相手方が第25条（相手方への催告等）第一項の期間内に同項の費用計算書又は費用額の疎明に必要な書面を提出しない場合とする。	
法71条3項　第一項の申立に関する処分は，相当と認める方法で告知することによってその効力を生ずる。 4項　前項の処分に対する異議の申立ては，その告知を受けた日から一週間の不変期間内にしなければならない。 5項　前項の異議の申立ては，執行停止の効力を有する	新設

297

6項 裁判所は，第一項の規定による額を定める処分に対する異議の申立てを理由があると認める場合において，訴訟費用の負担の額を定めるときは，自らその額を定めなければならない。	
規則26条 訴訟費用額の負担の額を定める処分は，これを記載した書面を作成し，その書面に処分をした裁判所書記官が記名押印しなければならない。	
法71条7項 第四項の異議申立てについての決定に対しては，即時抗告をすることができる。 法121条	旧法100条3項 第一項の決定に対しては即時抗告を為すことを得 旧206条 書記官処分に対する異議
法74条 （費用額の確定処分の更正）	新設

2 費用額確定処分の導入をめぐる議論

平成8年の民訴法改正に先立ち，訴訟費用の裁判の合理化が取り上げられた[3]。勝訴当事者が訴訟費用額の確定を求めることがまれなことが背景にあった。最大の原因として，訴訟費用額の確定決定の申立に訴訟費用の計算書を提出する必要があり（旧法第100条2項），その計算が煩雑なことである。また，勝訴したうえに訴訟費用の追い打ちまでかけるには及ばないというバランス感覚があることもとりあげられていた。

改正の検討事項として，費用額の確定処分を裁判所書記官が行うこと，訴訟費用を定額化し計算書の提出を不要とすること，提訴手数料や鑑定料等，訴訟費用の一部のみの確定などについて意見照会された。

---

[3] 秋山幹夫「訴訟費用制度等の合理化」ジュリスト1028号（1993年）136頁。（秋山見解）民訴費用法所定の費用には，期日の出頭旅費，訴状準備書面等の書記料，書類提出送達料等，定額化になじまないものが多く定額化は困難という指摘があるが，訴え提起の手数料，鑑定料，証人の旅費日当等当事者が納付あるいは裁判所が支払った費用で記録上金額が明らかであるものは実費とし，それ以外の費用は訴額や期日の回数による定額制ないし裁判所の裁量により決定し計算の簡略化を提案する。

3　平成 8 年改正法

これらの検討事項のなかで現行民事訴訟法で採用されたのは，訴訟費用額の確定を裁判官から裁判所書記官へ権限を委譲した点が中心である。立法担当者による解説では以下のように説明される[4]。

旧法では裁判所が，決定で訴訟費用額を確定する。訴訟費用額の確定手続は，費用額の計算事務が中心で，必ずしも裁判官が行わなければならないほど困難な法律的判断を伴わない。裁判所は，費用額の計算を裁判所書記官に行わせられると定められていた（旧法第 105 条）。実際には当事者の提出した計算書（旧法第 101 条）に基づき書記官が計算を行っていた。これらの実情に合わせ，現行法では訴訟費用額の確定を裁判所書記官の権限とした（法第 71 条 1 項，第 72 条前段，第 73 条 1 項）とされる。その結果として，訴訟費用の裁判（法第 67 条 1 項，2 項）では負担者および負担の割合のみを定めて，額を定めることはなくなった。

訴訟費用額の確定の手続きの申立て先は，裁判所から裁判所書記官に変更され，旧法の訴訟費用額確定決定に代わり，裁判所書記官による訴訟費用額の確定処分が債務名義となった（民事執行法第 22 条 4 号の 2）。

確定処分に対する不服申し立ては，処分をした裁判所書記官の所属する裁判所に対する異議申し立てが別途定められた（法第 121 条）。

訴訟費用額の確定処分は，判決が執行力を生じた後でなければ申立てができない点と確定処分の申立の手数料は不要な点は，旧法から変更がない。ただし，費用額の確定処分にかかる費用については議論があった[5]。

4　平成 8 年改正後の解説

改正後の立法関係者の解説には[6]，訴訟費用額の確定処分の新設の趣旨が以下のように説明されている。

---

(4)　法務省民事局参事官室編『一問一答新民事訴訟法』（商事法務，1996 年）69 頁。

(5)　費用額確定手続の費用については，費用額確定決定の中でその額と負担の裁判をするとする説（鈴木忠一「訴訟費用の裁判」民事訴訟法学会編『民事訴訟法講座　第 3 巻』（有斐閣，1955 年）950 頁）と，不要とする説（兼子一『条解民事訴訟法』（弘文堂，1986 年）271 頁。旧 104 条を準用し費用額確定決定のなかで定める）があった。現行法では，確定処分中に負担の裁判を行うことは不可能である。したがって訴訟費用の一部として計算する（兼子一原『条解民事訴訟法（第 2 版）』（弘文堂，2011 年）331 頁）。

14 民事訴訟費用の裁判と費用額確定処分〔金子宏直〕

　前述の立法経緯でも挙げられていたように，まず，裁判所書記官が当事者の提出した計算書に基づき訴訟費用額を計算する実情に合わせた改正である。訴訟費用額の負担額を定める処分を求める申立ては書面で行う。申立て当事者は費用計算書及び費用額の疎明に必要な書面を裁判所書記官に提出し，相手方にその費用計算書の写しを直送しなければならない。旧法では法律で規定されていたものを規則化した（民訴規則第24条から第28条）(7)。

　この改正は，訴訟費用を負担しても額の確定の申出がなく，判決通りの訴訟費用が当事者に還元されていない状況に対応する実務上の意義がある。

　この解説では改正で取り入れなかった点についても論じられている。従来，訴訟費用額の確定の方式では，項目が細かすぎ機械的な計算に時間がかかる。そこで，ある程度おおづかみに確定する。非常に多額になった鑑定費用に限定して確定をする等の方式についても議論された。ただし改正ではこの点は取り入れなかった(8)。

5　小　括

　旧法下で，費用額の確定があまり利用されないこと，および法律上は裁判官による手続と定められていたものの，煩雑な計算事務が中心であり実際上は裁判所書記官が行うことが多いことが，裁判所書記官による訴訟費用額の確定処分を新設の理由であった。

　これらの議論においては，訴訟費用負担の裁判と費用額確定決定の関係，費用額確定決定が計算事務のみなのか，実体的判断が不要なのか，当事者が費用額の確定に必要となる計算書を提出する意味，費用額の確定に対する不服申し立てについて，改正において必ずしも踏み込んだ議論は困難なようである。

---

(6)　竹下守夫=青山善充=伊藤眞編集代表『研究会新民事訴訟法（立法・解釈・運用)』ジュリスト1112号（1999年）91頁。（以下，研究会と表記する）

(7)　福田発言・研究会92頁。

(8)　馬場発言・研究会92頁。通常の書記料のようなものが高い数字を占め，複雑な事件ではなくても50数万円という準備書面等に関連する訴訟費用が出てくるのが意外であるとする。この点に関して，旧法下では書記料1通150円で枚数等を基礎に計算すると高額になる場合があった。現在は，「書類作成及び提出費用」として，まとめて1500円となった。（ただし，合計の枚数が一定の枚数を超えた場合の加算される）民訴費規則2条の2別表第2参照。)

Ⅳ　ドイツ法における費用額確定手続

旧民事訴訟法における訴訟費用の負担の裁判と費用額確定決定手続はドイツ民事訴訟法における費用の裁判手続に対応する。そこで，ドイツにおける費用額確定手続について基本的な点を確認しておく。

費用額確定手続も裁判（Entsheidung）であるが，司法補助官（Rechtspfleger）の権限とされている[9]。計算を中心とするという確定作業の内容によるからという理由だけではなく，歴史的な経緯に基づいている。

ドイツ法においては，弁護士強制制度ともに弁護士費用を含めた訴訟費用について敗訴者負担が原則である。訴訟費用に関しては裁判所費用法（GKG）に規定されている。この点が日本とは大きく異なっているといえる。

費用額確定手続は，費用償還に関して執行力ある権利が確定されていることが必要で，費用償還請求権を有する当事者（ないし第三者）の申立てに基づいて行われる[10]。申立ては，書面によるか裁判所の調書に記載があれば認められる。計算にあたり，調書に記載のあるものは証明書類の添付は不要とされる[11]。

手続の性質に関する点として注目すべきことは，司法補助官の独立の原則が適用になり，法律上の聴聞を求める権利（GG § 103 Abs.1）の保障も必要とされる[12]。費用額確定手続にも処分権主義ないし弁論主義（ZPO § 308）が適用され，これらの原則に従い，司法補助官は，申立てのない費用については判断を行うことができない。当事者の申立は費用額の総額に関して拘束力をもつ[13]。本案の手続とは異なりこの手続においては即時に取り調べられる資料に基づき疎明により判断がされる。逆に当事者は，費用の存否について証明することは許されない。

費用額確定手続においては，司法補助官は費用負担の原因等については判断

---

(9)　RPflG § 21 (1); Bassenge/Herbst, FGG/RPflG Kommentar, 7 Aufl. C. F. Muller 1995, § 21, Rdnr. 2.

(10)　Friedrich Stein / Martin Jonas, Kommentar zur Zivilprozessordnung Band 2, 23. Aufl seit 2016, § 103, Rdnr. 17.（以下，Stein/Johnas と表記する）

(11)　Stein/Jonas § 103, Rdnr. 20. 電話による申立てができるかは争いがある。

(12)　Stein/Jonas, a.a.O. § 104, Rdnr. 2.

(13)　Stein/Jonas, a.a.O. § 104, Rdnr. 23.

14 民事訴訟費用の裁判と費用額確定処分〔金子宏直〕

することはできない。

　このようなドイツの費用額確定手続と日本における訴訟費用額の確定に関する手続と比較すると，旧民事訴訟法において手続が裁判である点では共通する。現行の民事訴訟法と比較すると計算に関する書類を裁判所経由で相手方に送付するか等の違いが見られる。職務権限の点では，ドイツでは司法補助官，日本の現行民事訴訟法における裁判所書記官と裁判官が行わない点では共通する。ただし，ドイツの日本における両職には違いがあることに配慮が必要である。

V　訴訟費用の裁判等の手続の性質

　ここでは訴訟費用の裁判の手続の性質についてみてみる。まず費用額確定決定に関しては非訟事件と論じる裁判例がある[14]。また，国の直接取立てに関する手続は司法行政的な非訟手続としての性質があると指摘される[15]。この点について以下のようなことがあげられる。費用負担の裁判は当事者の申立によらず職権主義的かつ必要的なされるものである。あくまで費用額確定処分は，訴訟費用負担の裁判で訴訟費用の各自負担が命じられない場合に発生する，訴訟費用償還請求権についてその金額を確定する手続である。費用償還請求権の存否や原因について争う手続ではない。費用負担の裁判も費用額の確定処分も，いずれの手続も権利の存否について争う目的の手続という点で非訟的な手続といえる。

　三ケ月博士によると訴訟手続と対比した非訟事件の特徴として以下が挙げられる。判決ではなく決定で，不服申立ても抗告による。公開主義・口頭主義ではなく書面主義との結びつきが強い。手続の開始・進行での当事者主義の要素が希薄になり，証明の意味も厳格な証明は大きく後退し，職権主義が不可欠になる[16]。また，争訟解決作用とは区別された国家の監護作用の性格もある[17]。そして，損害賠償額の算定については，いかなる額とすべきかの判断の中に，目的指向的・裁量的な判断の範疇に属する要素があることを指摘している[18]。

　次に，訴訟であることを前提とした場合でも，訴訟費用の裁判が給付訴訟か

---

[14]　東京高決昭和46年9月27日判例タイムズ271号327頁。

[15]　川嶋四朗「判例批評」平成29年度判例解説（ジュリスト1518号）131頁。

[16]　三ケ月章「訴訟事件の非訟化とその限界」鈴木ほか監修・前掲注(1)10頁。

否かについて議論があった。これに対して形成訴訟とする立場もある[19]。

Ⅵ　訴訟費用額の確定に関する裁判例

1　裁　判　例

　旧民訴法における訴訟費用額確定決定に関連する裁判例も公表されたものは多くない。そして，現行民事訴訟法における費用額の確定処分に関しては，処分に対する不服申し立てが，抗告の裁判例で公表されることも少ないと推測される。

　以下では，旧民訴法における裁判例を整理してみる。ただし，事件類型は様々であり判例①，②，④，⑧は即時抗告事件，判例③，⑤，⑥，⑨，⑪は抗告事件，判例⑦は再抗告事件，⑩は確定申立事件である。なお，旧旧民訴法のもとでの費用額確定決定の裁判例については省略してある。

⒄　三ケ月・前掲注⒃論文 17 頁。形成的・対世的効果を帯有することが本質的な特徴として現れるとする。この点は，鈴木忠一博士が，ドイツ法とは異なり訴訟費用の裁判が給付訴訟ではなく，訴訟費用の裁判は訴訟費用償還請求権の存否を対象とする裁判であり，当事者双方について求償権の存否を（多分に形成的に）確定する性質を指摘することと共通点がみられる。鈴木・前掲注⑸論文 927 頁。

⒅　三ケ月・前掲注⒃論文 26 頁。ドイツ民訴法 287 条による指摘である。日本の現行民訴法第 248 条等で，「額を立証することが極めて困難であるとき」と限定はあるが，同様の考慮がされるようになった。

⒆　鈴木博士は，次のように論じる。原告に対しその訴訟費用を償還すべき旨を被告に命ずる給付判決と解しては不十分である。ドイツ法では，給付を命じる裁判（Verurteilung in die Prozesskosten）を通常用いる。しかし通常の給付判決と同一視することは論理上正当ではない。執行力を有するのが命令を含む給付判決だという考え方に拘泥しているからと推測される。

　このようなドイツ法における国庫の取立権を対象にする手続という考え方に対して，訴訟費用の裁判はあくまで相対立する当事者間の償還請求権を対象とすると解すべきとする。その理由として，日本の（旧）民訴費用法 18 条 1 項 3 項も，裁判により訴訟費用を負担すべき者より予納に係らない費用又は訴訟上の救助を受けた者に猶予した訴訟費用を取り立て得ることを規定するが，特別法が付随させた効力であり，国庫の取立権が費用の裁判の対象となっているのではない。鈴木・前掲注⑸論文 928 頁。

　ただし，現在のドイツ裁判所費用法には該当する規定はなく，GKG 所定の手数料の支払先である国庫の権利を実現するものと説明されている。Peter Hartmann, Kostengesetze 42 Aufl. §§ 1, 2 Rdnr. 15.（C. H. Beck 2012）.

14 民事訴訟費用の裁判と費用額確定処分〔金子宏直〕

【判例①】 高松高決昭和 33 年 10 月 31 日訟務月報 5 巻 1 号 89 頁。書記料，変更期日の呼び出し費用等についての事案である。裁判所は，旧民事訴訟法第 90 条または第 91 条を適用することなく，抗告人に訴訟費用の全部を負担させている以上，訴訟費用額確定の手続において，前記期日指定申請に関する費用を権利の伸張若しくは防禦に必要でない行為に因って生じた費用であるとして，抗告人の負担すべき訴訟費用中より除外することは許されないと判断した。

【判例②】 大阪高決昭和 33 年 12 月 27 日下民集 9 巻 12 号 2709 頁。仮処分命令手続の費用は，本案訴訟の訴訟費用に属しないと判断した。

【判例③】 仙台高決昭和 34 年 7 月 7 日下民集 10 巻 7 号 1474 頁。尋問が行われなかったとしても，その原因が同時に施行される予定であつた他の証人が出頭しないためであるときは，証人尋問の出頭に要した費用を権利の伸長または防御に必要でない行為によって生じた費用であるとはいえないとして，総額の範囲内で書記料を増額しても違法はないと判断した。

【判例④】 東京高決昭和 35 年 7 月 18 日下民集 11 巻 7 号 1513 頁。事由を疎明せずに期日変更申請書を提出した原告の訴訟代理人が期日に出頭せず，出頭した被告の訴訟代理人が期日の延期を申請した申請書に貼用された印紙代は，勝訴した原告が負担すべきとして，訴訟費用に含めなかった。

【判例⑤】 仙台高決昭和 35 年 8 月 29 日下民集 11 巻 8 号 1798 頁。訴訟費用額確定決定は，当事者の申立の額の範囲内で，不当な項目の削除，減額または正当な項目の追加，増額をすることができる。口頭弁論期日に出頭するために夜行列車を利用しなければならない場合は，現実に宿泊しなくても右期日の宿泊料相当額を訴訟費用に計上することができると判断した。

【判例⑥】 仙台高決昭和 39 年 6 月 30 日下民集 15 巻 6 号 1656 頁。原告と共同被告乙・丙間の訴訟進行中，原告と被告乙間の訴訟が和解により終了した場合には，それまで原告の要した訴訟費用中共同被告に共通した分を二分し，その一のみを原告は被告丙に償還請求することができる。訴の交換的変更がなされた場合，旧訴につき貼付された印紙のうち新訴に貼用すべき印紙相当分のみが訴訟費用負担の裁判の対象となる訴訟費用である。

【判例⑦】 東京高決昭和 41 年 1 月 27 日判タ 190 号 180 頁。訴訟費用に関する手続は，本来非訟事件である性質を有するから，民事訴訟においての狭義の弁論主義の原則は当然適用されるものではない。訴訟費用額確定決定においては，

申立の総額の範囲内で，不当な項目を削除または減額し，正当な項目を追加または増額しても差し支えない。日当は事件毎に支給すべきものと解すべきであるから，同一期日に他の事件の訴訟代理人としても出頭したとしても日当を訴訟費用に含めることは正当であると判断した。

【判例⑧】東京高決昭和46年9月27日判タ271号327頁。訴訟費用額確定に関する手続は，本来非訟事件として訴訟費用の数額を確定する手続であるから，裁判所は当事者の申立てた総計額を超えない範囲内においては，不当な費用の項目金額を削除もしくは減額する一方，当事者の申立てないものであつても，記録上明白な費用の項目，金額については，職権により加算できると判断した。

【判例⑨】東京高決昭和52年8月4日判タ363号231頁。訴えの変更に関する民訴費用法3条1項（別表第1の5）の定める，納付すべき手数料についても，両請求の目的の間に共通性があり，両者は実質的に一体をなすものとしてこれを計算すべきものとしたものとの法意に照らすときは，請求の変更がいわゆる訴の交換的変更である場合も，取下によって終了した旧請求について，すでに納められた手数料は，新請求につき独立に計算された手数料の額と重複する限度において後者に引き継がれ，新請求について納められた手数料としての効果を有すると判断した。

【判例⑩】東京高決昭和54年1月12日東京高等裁判所（民事）判決時報30巻1号1頁。損害賠償請求の上告受理事件の訴訟費用の負担の裁判及び訴訟費用額の確定申立後に移送決定がされた事案で，訴訟費用額確定決定の既判力は，申立により審理の対象とされた個々の費用項目についてのみ生じ，申立てのなかった費用項目については生じないと解するのが相当であると判断した。ただし，申立自体は，申立人の権利の伸張に必要でない行為により生じたものであるとして旧民訴法第90条を理由に棄却された。

【判例⑪】東京高決平成4年1月31日東京高等裁判所（民事）判決時報43巻1~12号14頁。判決に証拠として利用されなかった書証，口頭弁論期日において陳述しなかった準備書面及び裁判所に採用されなかった申出に係る証拠申出書の書記料，提出手数料，送達料は，いずれも敗訴当事者の負担すべき訴訟費用に含まれないと判断した。

2　裁判例の検討

これらの事例は，旧民事訴訟法の費用額確定決定のもとにおける裁判例である。

まず，裁判例で議論されるのは，弁論主義との関係での問題である。請求額（申立の総額）の範囲内では，計算書に現れている各費目の限度で，不当な費用（項目）の削除または減額，正当な費目（項目）を追加または増額を許す裁判例が多い。これに対して判例⑩は，若干異なると考えられる。同判例では訴訟費用額確定決定の既判力が申立により審理の対象とされた個々の費用項目についてのみ生ずると論じており，費用総額のみに申し立ての拘束力を認める多数の裁判例とは一致しないと考えられる。ただし，この判例は，結論は民事訴訟費用の負担に関する旧民訴法の規定を適用して費用額申立を却下しているので，額の確定決定手続で負担について判断することの許否についても検討が必要である。

これら多数とされる判例も個々の事案では費目の追加ができるか否かについて若干考え方に違いがあると考えられる。なぜなら，費目の削除，追加は，ある費目が訴訟費用の範囲に含まれるかの判断に関連しており，民事訴訟費用法の訴訟費用の解釈，相手方に負担とすることが妥当か否かの実質的法的な判断を必要とする場合もあるからである。

旧法下では，訴訟費用の裁判は裁判官による判断であり，仮に，実質的で法的な判断が必要としても問題は少ない[20]。しかし，現行法の費用額の確定処分では，裁判所書記官がこのような実質的な判断を行うことは前提にされておらず，規定もされていない。

ここで重要となるのは，額の計算の内容をどのようにとらえるかに係る。旧法下でも実務上裁判所書記官により額の計算が行われていたことを除いて考える必要がある。「計算」の内容が，費目と詳細な項目がどの手続に関連してどれだけの金額であるのかを照合し総計を明らかにすることととらえれば，費目に及ぶ削除，追加もその処分の中に含まれることになる。現行民事訴訟法の費用額の確定処分においても，旧法と異なることない。

次に，費用額の確定の手続について，非訟事件としての性質を挙げる事例と

---

[20]　訴訟負担の裁判において費用額確定手続での裁量の余地を残さないようにすべきとする。菊井維大=村松俊夫『全訂民事訴訟法Ⅱ補訂版』（日本評論社，1993年）602頁。

して，判例⑦⑧がある。そのうち，判例⑦は狭義の弁論主義は適用されないことを言明する。

Ⅶ　直接取立の場合の費用額の確定

1　最高裁判所第三小法廷平成 29 年 9 月 5 日決定判タ 1443 号 56 頁

　本件は猶予費用の取立決定に対する抗告棄却決定に対する許可抗告事件である。当事者の申立てによる費用額の確定処分に関する争いではないが，相手方へ取立てるべき費用の額の確定についての裁判所の裁量権が議論されており，費用額の確定について参考になるので以下まとめてみる。

事案：前訴では，訴訟費用のうち一定割合を受救助者の負担とし，その余を相手方当事者の負担とする旨の裁判が確定した。その後，裁判所が受救助者に猶予した費用につき相手方当事者に対して民訴法八五条前段の費用の取立てできる額は，受救助者に猶予した費用に費用負担の裁判で定められた相手方当事者の負担割合を乗じた額とする判断した。そのため相手方が原審の判断に違法がある抗告をした。最高裁判所は，原決定を破棄，差し戻しをした事例である。

判旨：「民訴法 85 条前段の規定は，本来，受救助者が，訴訟費用請求権の行使として相手方からその負担すべき費用を取り立てて，猶予費用を国庫に支払うべきであるところ，受救助者において，上記の取立て等をすることを必ずしも期待できないため，国が猶予費用を相手方から直接取り立てることができるようにしたものである。そして，同条前段の費用の取立てについては，第一審裁判所の決定により，強制執行をすることができるとされており（民事訴訟費用等に関する法律 16 条 2 項，15 条 1 項），同裁判所が民訴法 85 条前段の費用の取立てをすることができる猶予費用の額を定めることになる。

　一方，訴訟費用請求権の額，すなわち，訴訟費用の負担の額は，その負担の裁判が執行力を生じた後に，申立てにより，第一審裁判所の裁判所書記官が定めることとされ（民訴法 71 条 1 項），上記申立てにより，訴訟費用額確定処分を求めるときは，その申立人は，費用計算書等を裁判所書記官に提出しなければならず（民訴規則 24 条 2 項），裁判所書記官は，訴訟費用額確定処分をする前に，上記申立ての相手方に対し，費用計算書等を一定の期間内に提出すべき

旨を催告しなければならないものとされている（同規則25条1項本文）。そして，訴訟費用額確定処分をする場合において，当事者双方が訴訟費用を負担するときは，各当事者の負担すべき費用は，その対当額について相殺があったものとみなすものとされているが，上記相手方が上記期間内に上記費用計算書等を提出しない場合には，そのような取扱いをしないものとされている（民訴法71条2項，民訴規則27条）。このように，各当事者の負担すべき費用につき訴訟費用額確定処分又は差引計算を求めるか否か及びその求める範囲がいずれも当事者の意思に委ねられていることからすると，上記の各点についての各当事者の意思が明らかにならない限り，当事者の一方の他方に対する各訴訟費用請求権の額を判断する上で考慮される各当事者の負担すべき費用を定めることができない。そして，上記各当事者の意思は，訴訟費用額確定処分を求める申立てがされる前においては明らかにならないのが通常である。

　以上によれば，民訴法85条前段の費用の取立てをすることができる猶予費用の額は，受救助者の相手方に対する訴訟費用請求権の額を超えることができない筋合いであるが，訴訟費用のうち一定割合を相手方の負担とし，その余を受救助者の負担とする旨の裁判が確定した後，訴訟費用額確定処分を求める申立てがされる前に，裁判所が同条前段の費用の取立てをすることができる猶予費用の額を定める場合においては，上記の観点から当該事案に係る事情を踏まえた合理的な裁量に基づいてその額を定めるほかない。そして，訴訟費用額確定処分に係る上記の定めのとおり，訴訟費用請求権の額を判断する上で考慮される各当事者の負担すべき費用を定めることが当事者の意思に委ねられていることからすると，上記の場合において，猶予費用以外の当事者双方の支出した費用を考慮せずに，猶予費用に上記裁判で定められた相手方の負担割合を乗じた額と定めることが，直ちに裁判所の合理的な裁量の範囲を逸脱するものとはいえない。

　しかしながら，訴訟費用額確定処分を求める申立てがされる前に，裁判所が民訴法85条前段の費用の取立てをすることができる猶予費用の額を定めるという上記の場合に当たるものの，Aが訴え提起の手数料として少額とはいえない8万6000円の支出をし，抗告人らは，Aの地位を承継して，原々決定に対する即時抗告をし，その際にBの負担すべき費用との差引計算を求めることを明らかにしている。そして，裁判所が抗告人らに対しBの負担すべき費

用との差引計算を求める範囲を明らかにするよう求めたときに，抗告人らが上
記範囲を明らかにしないと認められる事情はうかがわれない。このようなとき
には，裁判所は，訴訟記録等により判明するところに従って，Bの抗告人らに
対する訴訟費用請求権の額を判断する上で考慮されるBの負担すべき費用の
有無及び額を審理すべく，抗告人らに対し上記範囲を明らかにするよう求める
べきである。」
　以上のように論じて原審の判断には，裁判所の合理的な裁量の範囲を逸脱し
た違法があると判断した。

2　本最高裁決定に関する議論
　本件最高裁決定に関しては，裁判所が差引計算の機会が失われないように相
手方に対して相手方の訴訟費用の範囲を明らかにするように促すべきとの判断
が妥当であるとして，支持する見解が多い[21]。

3　訴訟救助の場合の直接取立
　訴訟救助は資力の十分ではない者に，権利主張する途を開く限りで，裁判を
受ける権利の保障に役立つ。訴訟救助は，民事訴訟事件だけでなく非訟事件で
も適用がある（非訟事件手続法第29条，家事事件手続法第32条）。
　訴訟救助は訴訟費用納付義務を免除するのではなく猶予する制度である。そ
のため，当該裁判で敗訴した場合には，訴訟費用の敗訴者負担の原則に従い，
原告と被告の要した訴訟費用の負担を命ぜられる危険性がある。
　原告被告両者が受救助者の場合には，互いに費用を猶予されており費用負担
についての対立は表面化しない。これに対して，一方が受救助者で，受救助者
ではない相手方に訴訟費用の負担が命ぜられた場合には，本案の紛争に加えて
当事者間の感情的な対立が再燃する可能性がある。その理由は，受救助者に猶
予された費用の裁判所による直接取立（民訴法85条）が存在するからである。
相手方は裁判費用や立替金等を予め納付しなければならないが，自己が勝訴し
ても訴訟費用の償還請求権の行使は期待できない[22]。実務上は訴訟費用償還請
求が必ずしも行使されないのに，自己が敗訴すると裁判所の取立てによって受

---

[21]　今津綾子「評釈」法学教室 448 号 127 頁，川嶋・前掲注[15]評釈 131 頁。私見は差引計
　　算も裁量の範囲と考える，金子宏直「判例紹介」民商法 154 巻 3 号 589 頁。

14 民事訴訟費用の裁判と費用額確定処分〔金子宏直〕

救助者に猶予されていた費用を必ず全額支払わなければならない。

この点，ドイツ法では訴訟救助の猶予の効果が間接的に受救助者の相手方にも及び[23]，日本とは状況が異なると考えられる。

Ⅷ　訴訟費用の負担の裁判の理由

訴訟費用の裁判は職権主義が適用になり，当事者の申立てに因らず職権を以て行う（民訴法第67条，旧法第95条）。当事者の一方が費用の裁判を要求せず相手方が同意しても，裁判をしないことを合意しても，裁判所は費用負担の裁判をする必要がある。

一部敗訴の場合に相手方に全部費用を負担せしめる場合，勝訴の当事者をして全部又は一部の費用を負担せしめる場合等の例外（民訴法第62条，第63条，第64条）の場合には，費用負担を命じられる費用の範囲や額についての判断が必要になる。勝敗等の割合で決めるのではなく，妥当な負担を決める[24]。

ここで，旧法についてみてみると，まず，旧法第100条1項は裁判所が訴訟費用の負担を定る裁判においてその額を定めざるときと規定するように，訴訟費用の負担の裁判で，負担の割合ではなく，金額を定めることができた。つまり一部敗訴のように両当事者が按分に負担するような場合についても，負担の割合ではなく，裁判所が具体的な金額も定めることができた[25]。金額を定めた場合には，費用額確定決定も必要ないことになる。

しかし，原則通り敗訴当事者のみに負担が命じられた場合を除き，費用負担の裁判で当事者に按分の負担が命じられ，費用額の確定決定が必要な場合は，費用額確定決定を行う第一審の裁判所が費用額を審理するための基準が必要に

---

[22]　平成八年改正の議論で，前述のように訴訟費用額の確定の申立てが少ない理由として勝訴してわざわざ費用を請求しない当事者の感覚が挙げられている。

[23]　ドイツ法の関連する規定として，申立人の納付義務の猶予（GKG § 14），訴訟救助の相手方への効果（ZPO § 122(2)）等参照。内田武吉「訴訟上の救助」鈴木忠一＝三ケ月章監修『実務民事訴訟法講座2』（日本評論社，1969年）は，両当事者の公平の見地から参考になると指摘する。

[24]　裁判所が妥当な費用負担を判断するためには，当事者の訴訟費用がどの程度か概算が分からなければ判断できないと考えられる。

[25]　鈴木・前掲注(5)論文934頁。旧法下では，按分負担の場合は常に，費用額の確定を必要とすると考えられていた。

310

Ⅷ　訴訟費用の負担の裁判の理由

なると考えられる。

　この点に関連していると考えられるのは旧法での議論では，このような場合の費用負担の裁判において単に法条のみではなく相当の理由を付することが望ましいとする見解がある[26]。旧法以前の判例のため参考にとどまるが，大審院時代の判例では理由を必要と判断している[27]。また，費用額確定決定においても，理由を付すことが必要であるとされていた[28]。

　以上のような旧法下での費用額確定についての考察を前提にして，現行法においてこの問題について考えてみる。第一に考えるべきことは，現行法では，費用の負担の裁判で具体的な金額を定めず負担の割合しか決められないことである。具体的な金額は費用額の確定処分でしか決めることができない。

　費用額の確定処分の手続を進める上で，前述のように計算が費目や項目がどの手続で関連したか照合し総計を明らかにすることであるとすれば，裁判所書記官の判断の基準についても考える必要がある。ここでいう基準とは，裁判所書記官が額を審理するのに必要な判断基準，すなわち具体的な費用が訴訟費用に含まれるか，訴訟費用に算入することが妥当か否かという基準である。

　かりに，費用額の確定処分で職権主義を貫くとすれば，裁判所に知れている費用（記録上明らかなもの）ばかりではなく，知れていない費用についても，裁判所が調べたうえで費用を確定することも制度としては考えられる。

　しかし，現行法も申立人に計算書を提出させることを定め，当事者が提出する計算書に基づき，かつ当事者の申立てた金額の上限に費用額の確定は拘束される。

　そもそも当事者には，費用額の確定処分で申立てるべきか否かの裁判所とは

---

[26]　鈴木・前掲注(5)論文 933 頁。

[27]　大判明治 41 年 4 月 27 日民録 14 号 498 頁。理由を付していないとして，弁論及び費用の裁判をさせるために，訴訟費用に関する判決部分を破毀した。

[28]　鈴木・前掲注(5)論文 950 頁。(1)数額の確定のためには個々の費用項目について，(イ)これらが法律上訴訟費用に属するか，その性質及び時期的制限について検討，(ロ)数額は出費当時に権利の伸長又は防御のために必要か否かを審査すべきであるが，基本たる訴訟費用負担裁判の適否を審査し，これを訂正変更することは許されない。

　　(2)額に対する抗弁に限られ，権利消滅の抗弁，支払い，免除，相殺，和解，消滅時効等の援用は許されない。債務名義たる費用額確定決定に対する，執行方法に関する異議又は請求異議の訴えで主張すべきである。

　　減額または削除した費用項目についてはその理由を明らかにしておくことを要する。

異なる判断の基準がある。確定処分は当事者が申立てる必要がある。当事者が訴訟費用と分からないものはそもそも費用額に含めることはない。申立てには当事者が訴訟費用として分かっていても，費用額に含めるものもあれば，含めないものもある。

これに対して，訴訟費用額の確定処分を行う裁判所書記官が，申立てられた費用項目について，申立て総額を超えない限りは，妥当と判断した費用項目の削除，追加ができることを認めるのであれば，一方当事者に全額負担を認める場合を除いて，権利伸長に必要であった費用等の妥当性についての判断基準が必要であると考えられる。

したがって，費用額の確定処分を申立てる当事者と，裁判所書記官が費用額について審理するための基準は内容上も異なることになる。

ただし，当事者のもつ判断基準と裁判所の基準は，当事者が費用と分かるものは必ず申立に含めることを前提にすれば一貫する可能性もある。しかし，当事者は費用の償還請求を求めないことも多いことを考えると，いずれの基準を重視すべきかの点については，訴訟費用の負担の裁判が職権により行われることと対比しても，裁判所書記官による費用額の確定処分をより職権主義的な運用を強めることも考慮に値するように思われる。

IX 結　語

平成八年民事訴訟法改正において，裁判所書記官による訴訟費用額の確定処分の制度が設けられたのは，訴訟費用償還請求権を行使し易くするため，額確定の実務を反映して裁判所書記官が任せるものである。一方で，訴訟費用の負担の裁判と費用額確定手続を現在のような裁判官と裁判所書記官の別々の手続にしたことの理論的な検討は必ずしも十分ではない。たとえば，検討を要すこととして次のような点があげられる。

まず手続の非訟性にかかわらず，当事者の申立の重要性を強調することには次のような問題も考えられる。現行の費用額の確定処分では申立手数料は不要であるから，申立人には，費用償還請求の額を高く（水増し），申し立てるインセンティブが働く可能性がある。そのため額確定の申立を促進することと同時に訴訟の確定処分の妥当性を確保することが重要になる。また申立て金額が

高くなる場合には，申立ての相手方からの費用額の確定処分に対する不服が生じ得る。費用額確定申立の迅速性の確保とどのように調整をはかるのか検討が必要であろう。

　前述のように，費用負担が例外的な負担もしくは一部敗訴による両当事者の按分負担で命じられるような場合には，裁判所書記官が費用額を確定する際の判断基準が必要な場合がある。この判断基準のひとつとして，費用負担の裁判における理由づけは，明確でかつ費用額の算定に規範的に機能することが必要と考えられる。実務的運用の公正さの確保についても検討が必要であろう。このような点に関する検討は，訴訟費用額の確定における手続における裁判所ないし裁判所書記官の裁量権の範囲を理解するうえで役立つものであり，今後も検討が必要であると考える。

3 国際民事訴訟

15 外国判決の承認と間接管轄の判断基準

越 山 和 広

I 序 論

1 定 義

民事訴訟法 118 条 1 号は,「法令又は条約により外国裁判所の裁判権が認められること」を,外国判決が日本で承認されるための要件の一つとしている。これは,間接管轄（間接的国際裁判管轄または承認管轄）の存在が承認要件であることを意味する[1]。もっとも,この要件の中には,2 つの異なる内容が含まれている。すなわち,第 1 に,外国裁判所の民事裁判権行使が国際法上の制約である主権免除の範囲を超えていないことが必要である[2]。そして,第 2 に,このことを前提として,外国裁判所が当該事件について国際裁判管轄を有していたことが必要である。この 2 つは論理的に区別されなければならないが,条文では,「裁判権」の語が用いられ,「管轄権」の語が用いられていない[3]。そ

---

[1] 間接管轄とは,ある事件について日本の裁判所が有する国際裁判管轄（民訴第 1 編第 2 章第 1 節がいう「日本の裁判所の管轄権」）を意味する直接管轄という用語との対比で用いられる。本稿では,承認要件としての管轄は,「間接管轄」と表現し,直接管轄は,「国際裁判管轄」と表現する。

[2] 当該外国裁判所の民事裁判権の行使が主権免除の範囲を超えていないかどうかは,間接管轄と同様に,仮に日本の裁判所にその事件が係属したときに適用される基準によって決まる。鈴木正裕=青山善充編『注釈民事訴訟法(4)』（有斐閣, 1997 年）368 頁〔高田裕成〕。したがって,国際条約の他,外国等に対する我が国の民事裁判権に関する法律（平成 21 年法律 24 号）が基準となる。

[3] 平成 23（2011）年改正で,裁判権と管轄権とを明確に書き分けることになった（民訴第 2 章第 1 節の見出し, 3 条の 7 第 4 項参照）が,民訴 118 条を見直さなかったために,同じ法律内部に改正の趣旨が及んでいない条文が残存するという問題が生じている。

『現代民事手続法の課題』春日偉知郎先生古稀祝賀〔信山社, 2019年 7 月〕

れにもかかわらず，講学上，間接管轄という用語は，あまり意識されずに，外国裁判所の国際裁判管轄という第2の意味に限定されて用いられることが多い。しかし，間接管轄という用語は，意識的に，外国裁判所の国際裁判管轄の存在という意味に限定して定義されるべきであり，本稿では，そのような前提で論述する。

2　判 断 基 準

(1)　判　　例

判例（後掲最判平成10・4・28）によれば，間接管轄とは，日本（承認国）の国際民事訴訟法の原則からみて，当該外国裁判所の属する国（判決国）がその事件について国際裁判管轄を有すると積極的に認められることを意味する。つまり，承認国は，判決国が定める国際裁判管轄規則の適用結果を再確認するのではなく，仮に承認国の国際裁判管轄規則を当該事件に適用したとき，承認国の立場からも国際裁判管轄が認められるのであれば，その事件について間接管轄が認められることになる。ちなみに，ドイツ民事訴訟法328条1項1号は，「その外国の裁判所が属する国の裁判所が，ドイツの法律によれば，管轄権を有しないときは」承認することができないという定め方をしている。

(2)　同一説と非同一説

ところで，このように考えてゆくと，承認要件としての間接管轄の範囲が，日本法が定める国際裁判管轄の範囲と一致するかどうかということが問題となる[4]。この論点について，両者の基準と範囲が一致するという見解（以下，「同一説」という）によれば，その外国判決が用いた管轄原因が，日本法を基準としたときに肯定されるものであれば，間接管轄はあると判断される。しかし，その外国判決が用いた管轄原因が，日本法を基準としたときに認められないものであるときは，間接管轄も否定される。このように，同一説は，国際裁判管轄の範囲，内容が間接管轄のそれと表裏一体の関係に立つとの考え方である。そのため，ドイツ法では，国際裁判管轄の規律を鏡に映すとその像が間接管轄の規律になるという比喩的な理解に立って，この説を鏡像（Spiegelbild）原則と呼称している[5]。

---

(4)　議論状況は，芳賀雅顯『外国判決の承認』（慶応義塾大学出版会，2018年）52頁以下，高田・前掲注(2)370頁以下など参照。

これに対して，間接管轄の範囲は日本法が定める国際裁判管轄の範囲と一致する必要はないという考え方，あるいは，間接管轄の判断基準を外国判決承認という局面に応じた形で独自に定めるべきであるとする考え方（以下，「非同一説」という）もある。この説は，日本法では極めて有力な考え方であり[6]，判例も非同一説であるといわれることが多い。もっとも，この説が承認要件の緩和を目指していることは明らかであるが，実際上の適用結果が同一説と異なるのかどうかについては，はっきりしない。

(3) 本稿の目的

非同一説は，平成23年以前，すなわち，国際裁判管轄の実定法規律が確立していない状況のもとでは，一定の合理性があったと思われる。しかし，国際裁判管轄規則を明文化し，管轄原因の合理的な選別を実施した上で，民事訴訟法3条の9という留保条項まで準備した平成23年改正民事訴訟法の下では，国際裁判管轄規則から切り離した独自の間接管轄ルールを積極的に認める必然性に疑問が生じる。ところが，国際裁判管轄立法の実現後も，当該立法は民事訴訟法118条に手をつけていないという形式的な理由から，判例・学説上，非同一説が強固に主張され続けている。果たして，このような議論には，合理性が認められるのだろうか。本稿は，判例の考え方を再確認することを通じて，同一説と非同一説の対立の意味を検討することを目的とする。

Ⅱ　判例基準の確認

1　サドワニ判決

(1) 事　案

サドワニ判決（最判平成10・4・28民集52巻3号853頁）は，民事訴訟法118条の各要件について，最高裁判所の見解を確立したことで知られるものである。この事件は，香港高等法院で実質全面勝訴したXらの申立てに基づいて，弁護士費用を含む訴訟費用のほぼ全額をYらに負担させることを命じた香港高等法院の命令に対する執行判決を求める訴えを扱う。最高裁判所は，訴訟費用

---

(5)　この理論は，Anselm von Feuerbach に由来するといわれる。Martiny, Handbuch des internationalen Zivilverfahrensrechts, Bd. III/1, 1984, Kap. 1 Rdnr. 603.

(6)　芳賀・前掲注(4)56頁注74に網羅されている。

額負担命令の本案判決を基準にして，次のようなルールに準拠して，当該命令について間接管轄が認められると判断した。

(2) 基　準

「民訴法一一八条一号所定の『法令又は条約により外国裁判所の裁判権が認められること』とは，我が国の国際民訴法の原則から見て，当該外国裁判所の属する国（以下「判決国」という。）がその事件につき国際裁判管轄（間接的一般管轄）を有すると積極的に認められることをいうものと解される。そして，どのような場合に判決国が国際裁判管轄を有するかについては，これを直接に規定した法令がなく，よるべき条約や明確な国際法上の原則もいまだ確立されていないことからすれば，当事者間の公平，裁判の適正・迅速を期するという理念により，条理に従って決定するのが相当である。具体的には，基本的に我が国の民訴法の定める土地管轄に関する規定に準拠しつつ，個々の事案における具体的事情に即して，当該外国判決を我が国が承認するのが適当か否かという観点から，条理に照らして判決国に国際裁判管轄が存在するか否かを判断すべきものである。」

2　アナスタシア判決

(1) 事　案

平成 23 年改正後に，最高裁判所が間接管轄の判断基準を改めて示したのが，アナスタシア判決である（最判平成 26・4・24 民集 68 巻 4 号 329 頁）。事案の概略は，次のとおりである。X は，X が Y らに米国で伝授した営業秘密である本件技術を Y らが不正利用したとして，損害賠償を求める訴えおよび日本国内ならびに米国内における本件技術の使用差止めを求める訴えを提起したところ，米国裁判所はこれを認容した。そこで，X が，懲罰的損害賠償部分を除いた損害賠償と差止めを命じた本件米国判決についての執行判決を求める訴えを提起した。1・2 審は間接管轄を否定したが，最高裁判所は，間接管轄を認める余地があるとして破棄，差し戻した[7]。その際，最高裁判所は，サドワニ判決の基準を次のように書き換えた。

---

(7)　差戻し後の控訴審判決は平成 28(2016)年に下されたと仄聞するが，具体的な情報を得ることはできなかった。

Ⅱ　判例基準の確認

(2) 基　　準

「人事に関する訴え以外の訴えにおける間接管轄の有無については，基本的に我が国の民訴法の定める国際裁判管轄に関する規定に準拠しつつ，個々の事案における具体的事情に即して，外国裁判所の判決を我が国が承認するのが適当か否かという観点から，条理に照らして判断すべきものと解するのが相当である。」[8]

3　検　　討

(1) 国際裁判管轄規則の変遷

(a)　間接管轄に関する判例を検討する前に，国際裁判管轄についての基本的なルールの変遷を確認する。最高裁判所は，マレーシア航空事件（最判昭和56・10・16 民集 35 巻 7 号 1224 頁）で，「例外として，わが国の領土の一部である土地に関する事件その他被告がわが国となんらの法的関連を有する事件については，被告の国籍，所在のいかんを問わず，その者をわが国の裁判権に服させるのを相当とする場合のあることをも否定し難いところ」，「この例外的扱いの範囲については，この点に関する国際裁判管轄を直接規定する法規もなく，また，よるべき条約も一般に承認された明確な国際法上の原則もいまだ確立していない現状のもとにおいては，当事者間の公平，裁判の適正・迅速を期するという理念により条理にしたがって決定するのが相当であり，わが民訴法の国内の土地管轄に関する規定，（中略）その他民訴法の規定する裁判籍のいずれかがわが国内にあるときは，これらに関する訴訟事件につき，被告をわが国の裁判権に服させるのが右条理に適うものというべきである。」としていた。

(b)　その後，最高裁判所は，株式会社ファミリー事件（最判平成 9・11・11 民集51 巻 10 号 4055 頁）で，判例理論を再整理して，いわゆる特段の事情論を確立した。これによれば，どのような場合に日本の国際裁判管轄を肯定すべきかについて，上述した従前の判例ルールに加えて，「我が国の民訴法の規定する裁

---

[8]　人事に関する訴えと家事事件の国際裁判管轄については，平成 30(2018)年に明文化が実現した（人訴 3 条の 2 から 3 条の 5，家事 3 条の 2 から 3 条の 15）。しかし，外国裁判の承認について民訴 118 条とは独立した規定を設けるには至らなかった（家事 79条の 2 参照）。ドイツの家事事件手続法（FamFG）は，107 条以下に承認・執行の規定を用意している

15　外国判決の承認と間接管轄の判断基準〔越山和広〕

判籍のいずれかが我が国内にあるときは，原則として，我が国の裁判所に提起された訴訟事件につき，被告を我が国の裁判権に服させるのが相当であるが，我が国で裁判を行うことが当事者間の公平，裁判の適正・迅速を期するという理念に反する特段の事情があると認められる場合には，我が国の国際裁判管轄を否定すべきである。」との留保条項が追加された。

(c)　これに対して，平成23年改正法は，国際裁判管轄を認めるための連結点について，日本法の立場から合理的と判断したものを選び出し，3条の2以下において具体的にカタログを作成した。さらに，判例が認めていた特段の事情があるときの訴え却下については，3条の9で，裁判所にその権限を与えるという立法を実現した。この改正法は，既存の民事訴訟法典の中に国際裁判管轄規則を組み込むという作業を行ったため，どちらかというと，民事訴訟法の文言との整合性が重視され，草案準備段階で示されていたような詳細にわたるルール(9)をそのまま条文化することができていない。しかし，条理が国際裁判管轄の基準であるとする過去の判例で認められてきた一般条項的な規律が否定された点で，画期的な意義を有する。なお，いわゆる緊急管轄については，解釈論に委ねられている。

(2)　サドワニ判決の考え方

サドワニ判決の示した間接管轄に関する判例ルールを当時の国際裁判管轄に関する判例ルールと照合すると，両者は符合しており，その間に明確な食い違いは認められない。もっとも，サドワニ判決には，特段の事情という表現が登場しない。そこで，その点をとらえて両者には相違があると論じる見解があるかもしれない。しかし，「個々の事案における具体的事情に即して，当該外国判決を我が国が承認するのが適当か否かという観点から，条理に照らして判決国に国際裁判管轄が存在するか否かを判断すべきもの」との表現は，国際裁判管轄についてのマレーシア判決とファミリー判決を組み合わせた場合の表現と完全に重なる。

したがって，サドワニ判決は，その抽象的な規範定立において，当時の国際裁判管轄規則との関係で，同一説に立っていると解される。しかし，学説上は，この判決が非同一説に立つものであるとする見解が，この判決の登場当時から

---

(9)　NBL883号から888号（2008年）に掲載された国際裁判管轄研究会「国際裁判管轄研究会報告書」のほか，国際裁判管轄法制に関する中間試案および同補足説明を参照。

現在に至るまで，絶えることなく主張されている[10]。また，この事件の担当調査官解説が，間接管轄の準則は国際裁判管轄についての判例準則と方向を同じくするものの，間接管轄では「その性質上国内土地管轄の覊束性は弱く，個別具体的な事情による判断の余地が大きいであろう。」[11]と説明していることは，今日に至るまで，判例を非同一説と理解する多くの学説に大きな影響を与えている。

(3) アナスタシア判決の考え方

次に，アナスタシア判決が示した基準を検討する。まず，最終基準である「条理に照らして判断すべき」という点については，サドワニ判決と比べて変化がない。ただし，サドワニ判決がいう「間接管轄を直接的に規定した法令がなく」の箇所は，平成23年改正を踏まえて削除されている。

では，具体的な基準はどうか。まず，第一に準拠すべきとされるのが，サドワニ判決では国内土地管轄の規定であったが，アナスタシア判決では，民事訴訟法3条の2以下の国際裁判管轄の規定へと改められている。これに対して，第二の基準である，個々の事案における具体的事情に即して，外国裁判所の判決を我が国が承認するのが適当か否かという観点は，まったく変化していない。

以上のように，アナスタシア判決でも，サドワニ判決における「個々の事案における具体的事情に即して」という表現が維持されている。この表現の意味について，多くの見解は，平成23年改正を踏まえつつも，この表現を最高裁判所があえて用いたことを重視する。すなわち，アナスタシア判決は，先例を変更するものではなく，その先例が非同一説であるから，アナスタシア判決も，国際裁判管轄と間接管轄の判断基準は同一でないとの理解に立っているというわけである[12]。たしかに，後に（Ⅲ・2）検討するように，この判決の具体的解決には，非同一説的とも思える要素が内在する面がある。しかし，私見によれば，この判決の具体的な解決には疑問があり，むしろ，現在の国際裁判管轄規

---

[10] 酒井一「判批」法教218号（1998年）137頁，渡辺惺之「判批」判評（判時1670号）（1999年）205頁，山本和彦「判批」平成10年度重判解（1999年）299頁。これに対して，安達栄司「判批」NBL678号（1999年）65頁，河野俊行「間接管轄」高桑昭=道垣内正人編『新・裁判実務大系3　国際民事訴訟法（財産法関係）』（青林書院，2002年）337頁以下，道垣内正人「判批」『国際私法判例百選（新法対応補正版）』（2007年）193頁は同一説と理解する。

[11] 河邉義典・最判解民事篇平成10年度上（2001年）473頁以下。引用は474頁。

15 外国判決の承認と間接管轄の判断基準〔越山和広〕

則との関係で，同一説に立って解決すべきであったと考えている。

Ⅲ 判例における事案の解決

前の章では，判例が立てた一般的抽象的な基準を確認した。次に，2つの事件での具体的な解決結果を確認し，事件の解決（ルールの当てはめ）の中に，非同一説に傾くような要素が内在しているのかどうかを検討する。

1 サドワニ判決
⑴ 事 案

サドワニ判決が間接管轄の判断対象とした香港高等法院での本案訴訟は，次のようなものであった。香港在住のインド人夫妻 X_1・X_2 は，X_1 の兄弟で日本在住のインド人 Y_1 とその妻 A とともに，Y_1 と A が取締役をする日本法人 Y_2 が Z 銀行から融資を受けるにあたり保証人となった。ところが兄弟が不仲となり，X らを排除して Y_1 と A が保証人となる新たな保証契約が締結された。それにもかかわらず，Y_2 が事実上倒産した際，Y らは Z との間で，Z は X らに訴求すること等を内容とする起訴契約を行い，Z は，香港高等法院において X らに対し保証債務履行請求訴訟（訴訟①）を提起した。他方，X らは Y_1 と A が設定した根抵当権の代位行使確認を Z・Y_1・A に求める旨の反訴（訴訟②）と Y らおよび A に対する求償権確認を求める第三当事者訴訟（訴訟③）を提起した。さらに Y らは，X_1 のみが保証債務を負うことの確認を求める反訴（訴訟④）を提起した。なお，香港高等法院は，X らが実質的に勝訴したと認めている。

⑿ 岡田幸宏「判批」平成 26 年度重判解（2015 年）140 頁，高部眞規子「判批」金判 1458 号（2015 年）9 頁，高杉直「判批」NBL1032 号（2014 年）22 頁，長田真理「判批」JCA ジャーナル 62 巻 4 号（2015 年）13 頁，宇都宮遼平「判批」早稲田法学 91 巻 2 号（2016 年）97 頁以下など。本件調査官（廣瀬孝・最判解民事篇平成 26 年度（2017）187 頁）は，この判決はサドワニ判決のわく組みを承継し，平成 23 年改正以降も基準として一致させる必要がないことを明確にしたと説明する。他方，横溝大「判批」北大知的財産法政策学研究 46 号（2015 年）393 頁は，原因事実の証明の点で「やや鏡像理論寄りの立場を示したと一応は言い得る」と評価する。金彦淑「判批」法協 132 巻 9 号（2015 年）1791 頁は，この判決から確立した一般論を導くことは困難と論じる。

Ⅲ 判例における事案の解決

(2) 判例の当てはめ

最高裁は，間接管轄があると判断した。以下，その理由を要約すると，訴訟①は，被告の住所地管轄が香港にあることに基づくものであること，訴訟②は，訴訟①と同一の実体法上の原因に基づく訴訟であって，これと密接な関連があることから，併合請求の裁判籍が香港に存在することに基づくものであること，訴訟④は，訴訟③に対する反訴の性質を有することから訴訟③の裁判籍が香港に存在することに基づくものであることをそれぞれ理由にしている。他方，訴訟③は日本法が知らない訴訟類型であるが，「訴訟③の被告とされた者のうちY₁及びAは，同時に訴訟②の被告でもある上，訴訟②と訴訟③は，いずれも，YとZとの間で締結された起訴契約に基づきXらに対して提起された訴訟①が認容された場合に，根抵当権の代位行使ないし求償請求ができることの確認を求めるものであり，同一の実体法上の原因に基づく訴訟であって，相互に密接な関連を有しているから，統一的な裁判をする必要性が強いということができる。これらの事情にかんがみると，訴訟③については，民訴法七条の規定の趣旨に照らし，新たに被告とされたY₂に対する訴えを含め，訴訟②との間の併合請求の裁判籍が香港に存在することを肯認して香港の裁判所のした判決を我が国で承認するのが，当事者間の公平，裁判の適正・迅速の理念に合致するものであり，条理にかなうものであると考えられる。」と判断して間接管轄を認めている。

(3) 検　討

(a) 本件訴訟のうち，訴訟①について被告住所地の管轄，訴訟④について反訴（客観的併合）請求の管轄によって間接管轄の存在を認めた点は，日本の国際裁判管轄規則（判決当時のもの）をそのまま適用しており，その限りでは，非同一説に立脚していると認めることはできない。

(b) これに対して問題となるのは，法廷地が住所地でないYらおよびAを被告とする訴訟②・③について管轄原因が認められるかである（外銀であるZ銀行は考察からはずす）。このうち，訴訟②は訴訟①に対する反訴の実質を有するが，①では当事者となっていないY₁およびAが被告にされている点が問題であり，③については①・②で当事者となっていないY₂が被告とされている点が問題である。これについて最高裁は，民事訴訟法7条という併合請求の裁判籍についての日本法の趣旨に照らし，かつ承認することが条理にかなうかど

うかという基準によって，間接管轄を肯定している。この訴訟③に対応する訴訟類型は日本法には存在しない。しかし，だからといって，この判決は，条理に依拠して管轄を認めたわけではなく，併合請求の裁判籍規定の趣旨（これは，相互に密接関連性がある請求の統一的な解決ということであろう）を基準にして解決を示している。そうだとすると，非同一説に傾くに足りる要素は認められない。もちろん，当時の学説上は異論が大きかった併合請求の裁判籍を[13]，最高裁としても，国際裁判管轄原因としては認めないというのであれば，全面的に非同一説となるが，この判決は，そのような趣旨ではない。現行民事訴訟法3条の6からも，この結論は認められると解される。

(c) なお，訴訟③につき義務履行地管轄に基づいて間接管轄を認めた原判決の判断を差し替えている点には，非同一説的な意味が認められるとの意見があり得よう。しかし，本件では，問題の保証契約において，義務履行地，実体準拠法のいずれについても明示的な合意がされていない。このような事例では，債務者の予測可能性の観点から，義務履行地（民訴3条の3第1号では「債務の履行地」）の国際裁判管轄は認めることができない[14]。よって，この点でも，非同一説の要素は含まれていない。

2 アナスタシア判決

(1) 事　案

この判決が扱った外国訴訟は次のようなものである。カリフォルニア州法人Xは，その保有する営業秘密である眉のトリートメント技術および情報（「本件技術等」）について，化粧品等の開発販売を業とする日本法人Aとの間で，日本国内における本件技術等の独占的使用権等をAに付与し，その対価を受領する旨の契約を締結した。そして，Xは，同契約に基づき，Xの米国内施設において，Aの従業員であったYらに本件技術等を開示した。ところが，Yらがその後Aを退社して日本国内において眉のトリートメントサロンを順次開設した。そこで，Xは，Yらによる本件技術等の不正な開示および使用を理由に，カリフォルニア州中部地区連邦地方裁判所に対し，Yらを被告と

---

(13) この点につき，安達・前掲注(10) 65 頁参照。

(14) 笠井正俊＝越山和広編『新コンメンタール民事訴訟法（第2版）』（日本評論社，2013年）35 頁〔越山〕参照。

して，損害賠償および差止めを求める訴えを提起した。同裁判所は，Ｙらに対し，損害賠償（Ａの売り上げの減少の逸失利益，Ｙらの売り上げの不当利得の一部）のほか，日本国内および米国内における本件技術等の不正な開示及び使用の差止めを命ずる旨の判決（「本件米国判決」）を言い渡した。

(2) 判例の当てはめ

最高裁は，本件米国判決について間接管轄があるとの判断に至っている。すなわち，民訴法３条の３第８号の「不法行為に関する訴え」は，民法所定の不法行為に基づく訴えに限られるものではなく，違法行為により権利利益を侵害され，又は侵害されるおそれがある者が提起する差止請求に関する訴えをも含むと解した。その上で，間接管轄原因事実についても，不法行為地の国際裁判管轄に関する客観的原因事実証明説（最判平成13・6・8民集55巻4号727頁）が適用されるとする。そして，「これを本件についてみると，本件規定（カリフォルニア州民法の当該規定：執筆者注）は，違法行為により権利利益を侵害され，又は侵害されるおそれがある者が提起する差止請求についても定めたものと解される。そして，本件米国判決が日本国内だけでなく米国内においてもＹらの不正行為の差止めを命じていることも併せ考えると，本件の場合，ＹらがＸの権利利益を侵害する行為を米国内で行うおそれがあるか，Ｘの権利利益が米国内で侵害されるおそれがあるとの客観的事実関係が証明された場合には，本件米国判決のうち差止めを命じた部分については，民訴法３条の３第８号に準拠しつつ，条理に照らして間接管轄を認める余地もある。また，そうであれば，本件米国判決のうち損害賠償を命じた部分についても，民訴法３条の６に準拠しつつ，条理に照らして間接管轄を認める余地も出てくることになる。」と結論付けた。

(3) 検 討

(a) まず，前提を確認する。原判決は，損害賠償請求についてその間接管轄を否定し，差止請求についてもそれとセットで間接管轄を否定した。しかし，最高裁は，原判決とは異なり，差止めの問題を損害賠償とは別に取り上げ，間接管轄を肯定する余地を認めている。これは，差止めと損害賠償とで要件が異なること，つまり，判決国での損害という要件について，損害賠償では現実の発生を要する一方で，差止めでは発生のおそれで足りることを理由とするからである。その上で，併合請求の国際裁判管轄の規定（および条理）により，損

害賠償請求の間接管轄を肯定できる余地があるとしている。

(b) 次に，本稿のテーマである間接管轄を検討する。本件米国判決は，不法行為地の国際裁判管轄規則を適用している。日本法を基準としたときにも，不法行為による損害賠償請求の訴えと差止請求の訴えについては，いずれも不法行為地の国際裁判管轄の規定（民訴3条の3第8号）が適用される[15]。よって，日本法を基準としたとき，差止請求について間接管轄が存在することは，疑いがない。したがって，この点について，非同一説をとらなければならない必然性は認められない。

(c) もっとも，より細かく見ると，アナスタシア判決には，日本の国際裁判管轄規則からの逸脱ではないかと思われる要素が見出される。その意味では，非同一説と親和性があると解することもできる。まず，米国判決の主文では，差止めの対象となる諸行為について，注意深く，「日本または合衆国における (in Japan or the United States)」ものとされている。そこで，米国での行為と日本での行為とを分けてみる[16]。このうち米国内での侵害行為であるが，米国において原告の利益侵害のおそれがあれば，米国での行為の差止めを米国の裁判所で請求することができるのは当然である。しかし，外国である米国における侵害行為の差止めを命じる部分に対して，日本の裁判所が執行判決によって，日本国内においてのみその効力がある執行力を与えることには意味がない。米国内での差止めの効果は，わが国裁判所の承認を待たずに，判決国で直ちに実現することができるからである。したがって，本稿の問題関心からは外れるが，この部分はそもそも承認の対象になりえないと思われる[17]。

(d) 次に，より問題を含むのは，日本における不作為を命じた部分である。

---

(15) 笠井=越山編・前掲注(14) 40頁〔越山〕など参照。

(16) 以下は，道垣内正人「判批」平成26年度重判解（2015年）301頁に示唆を受けた。

(17) 翻って考えると，本件の債務名義は，日本国内で活動する債務者に対して外国での不作為を命じるものであるから，日本の裁判所が命じた国内でのみ効力がある間接強制によって，これを強制執行することができると考える余地がある。この判決が，差止めの対象となる行為が行われる国の区別に言及せずに，執行判決の可能性を論じたのは，このような趣旨からであろう。しかし，具体的に見ると，Yらの行為は日本に限定されており，米国での侵害のおそれを証明することは困難である。したがって，間接管轄はそのような理由から否定されるはずである。この点，高杉・前掲注(12) 24頁は，Yらが「米国国内において」トリートメントサロンを開設するなどすれば侵害行為のおそれがあるとするが，そのようなことが生じるとは思えない。

Ⅲ　判例における事案の解決

たしかに，強制執行という点のみを取り出して考えると，日本国内に居住する債務者に対して，日本での不作為を命じた債務名義を，日本の裁判所が命じる間接強制によって執行することは，完全に可能である。しかしその大前提として，米国が，被告の日本での不作為を命じる管轄（これは間接管轄の観点からという意味である）を有するのだろうか。米国における権利侵害のおそれがあれば，それだけで被告の世界各地における行為を米国の裁判所において差し止めることができるという管轄規則を本件米国判決が前提としているのだとすれば，それはまさに行き過ぎた管轄ルールであるといわざるを得ない[18]。よって，わざわざ3条の9を経由せずとも，同一説を適用して，間接管轄を否定するべきであった。もっとも，見方を変えて日本企業が有する技術情報の海外での保護という観点からすると，アンチエイジングのような高度美容技術や再生医療のような先端医療技術については，その技術が不正使用されている地（＝海外）と異なる法廷地（＝自国）における侵害のおそれを証明することは困難であるから，損害発生のおそれとは切り離して国際裁判管轄を認める可能性を考える必要がある[19]かもしれない。しかし，それは国際裁判管轄の場面でまずは考えるべきことで，それを間接管轄の議論で検討して，その結果を国際裁判管轄に投影するのは，議論の順序が逆である。

　(e)　最後に，この判決は，「また，そうであれば，本件米国判決のうち損害賠償を命じた部分についても，民訴法3条の6に準拠しつつ，条理に照らして間接管轄を認める余地も出てくることになる」と述べている。この判示を文言どおり理解すると，損害発生のおそれがある土地において，損害が生じたことを前提とする請求の管轄があわせて認められることになる。しかし，民事訴訟法3条の6の管轄原因事実は，併合された請求相互間の密接関連性だけであり[20]，それだけによって，損害賠償請求の管轄を損害が発生していない地に認めるこ

---

(18)　中野俊一郎「判批」判評 672 号（判時 2241 号）（2015 年）23 頁参照。原審（東京高判平成 23・5・11 民集 68 巻 4 号 356 頁参照）の認定によれば，連邦地裁は原告に対して差止めの管轄権について疑義を表明し，欠席判決の申立てをいったん却下していたとされる。

(19)　渡辺惺之「判批」リマークス 51 号（2015 年）147 頁，林依利子「判批」ジュリ 1500 号（2016 年）123 頁参照。

(20)　この点については，山本弘「平成二三年改正民事訴訟法における管轄権」『石川正先生古稀記念論文集　経済社会と法の役割』（商事法務，2013 年）1229 頁以下を参照。

329

とは，管轄決定の場面における被告保護の原則を掘り崩す。というのも，差止請求を基準とする併合請求管轄によって，併合された損害賠償請求の管轄が正当化されるときには，損害賠償請求に係る不法行為地管轄の管轄原因の審査は省略されると考えざるを得ないからである。国内事件の場合，移送によって，現実の不法行為地に事件を移すことは可能であるが，国際事件では，直接管轄・間接管轄のいずれの場合にしても，損害賠償事件につき移送の可能性はあり得ない。仮に損害賠償の間接管轄を肯定せざるを得ないとしても，同時に民事訴訟法３条の９を考慮して，結果的に間接管轄を否定するべきであった[21]。

　(f) 以上をまとめると，次のようになる。たしかに，アナスタシア判決の示した解決は，日本の国際裁判管轄規則から逸脱する面があるので，この点をとらえると，非同一説を採用したと見ることができるかもしれない。しかし，あるべき事案の解決という観点から見ると，本件米国判決では日本法の観点から行き過ぎた管轄規則が適用されているのではないかという疑念があり，民事訴訟法３条の９を考慮して間接管轄を否定する必要があった。つまり，３条の９を判例基準の第１段階に含ませるという意味（Ⅳ３参照）での同一説を採用したからといって，何も問題は生じず，同一説によった方が，むしろより相当な解決が期待できたのではなかろうか。

Ⅳ　考　察

1　間接管轄を審査する必要性

　外国判決の承認，執行という局面で，間接管轄の存否を審査する必要性を改めて確認する。

　まず，日本法から見て，その合理性に何ら疑問がない管轄規則が適用されるときは，間接管轄と国際裁判管轄との一致，不一致を正面から問題とする必要はない。これに対して，日本法から見て，その合理性に疑いが生じるような管

---

(21)　道垣内・前掲注(16) 301 頁参照。この判決によれば，日本企業が知的財産権侵害を理由とした紛争に巻き込まれているとき，未だ結果が発生していない外国で予防的差止めと損害賠償請求を併合して提起され，日本企業が応訴しなかったとしても，敗訴判決について併合請求の管轄による間接管轄を認められて執行されるとの懸念が生じる。併合請求の管轄を間接管轄原因として利用することには，国際裁判管轄以上に慎重さが求められる。中野・前掲注(18) 23 頁以下を参照。

轄規則が適用されるときは，間接管轄を審査する具体的な必要性が浮上する。なぜならば，間接管轄の存在が外国判決の承認要件になるということは，その事件が日本の裁判所で提訴され，日本法上の国際裁判管轄規則を適用したと仮定した場合に，日本の裁判所では国際裁判管轄がおよそ肯定されえないような事件であるときは，そのような日本法が認めていない管轄原因に基づく外国判決の効果を日本で承認することができないことを意味するからである。

　このように，承認要件としての間接管轄は，判決国法が，被告を当該国での応訴を強制するに足りるような事件と当該国との密接な関連性がないのに管轄を認めるとの規定（承認国から見たときの行きすぎた管轄規則）を定めており，そのような管轄規則による判決がされたときに，その承認を拒むことを目的としている。比較法的には，自国とほんの僅かな接点があれば，それだけで自国の国際裁判管轄を認める例は少なくない。米国のロング・アーム法による広範囲な管轄規則[22]，外国人はフランス人と契約した義務についてフランスの裁判所で訴えられるというフランス民法 14 条，僅少な財産の国内所在によっても管轄を認めるドイツ民事訴訟法 23 条などがその例である。このような行きすぎた国際裁判管轄規則は，二国間条約または多国間条約のネットワークが構築されるときには，ブラックリスト化される（ブラッセルⅠa 規則 5 条 2 項参照[23]）このため，締約国との関係では，原則として間接管轄を審査する必要がない（ブラッセルⅠa 規則 45 条 3 項）。しかし，日本はこの種の条約を締結していないし，管轄に関するハーグ条約が失敗に終わった現在[24]，日本法を基準とした間接管轄による承認対象の絞込みは不可欠の要請となる。

2　間接管轄を広く解する立場

　非同一説は，「国際裁判管轄と間接管轄とでその判断基準が異なりうる」という見解である。判例も，最終基準としての条理によって日本法とは異なる結

---

[22]　例えば，カリフォルニア州民事訴訟規則は「本州の裁判所は，本州の憲法または合衆国憲法に矛盾しない根拠であればいかなる根拠に基づいても管轄権を行使することができる」とする（CCP § 410.10）。

[23]　ブラッセル Ia 規則については，春日偉知郎『比較民事手続法研究』（慶応義塾大学出版会，2016 年）239 頁以下を参照。

[24]　ただし，多田望「ハーグ判決プロジェクト 2016 年条約予備草案について」国際公共政策研究 21 巻 1 号（2016 年）63 頁以下を参照。

果を導き出せるという意味で，非同一説だというのが，多くの学説の理解である。こうした意味を含む非同一説は，同一説には日本法が定める国際裁判管轄規則よりも寛大な基準で間接管轄を定めることができないという欠陥があると理解し，判例を非同一説と解したうえで，それを支持するという面がある。そこで，このような立場について検討する。

　まず，国際裁判管轄よりも緩やかな基準で間接管轄を定めることができるということの具体的な意味内容であるが，これは，民事訴訟法3条の2以下の規定と対応しないが，条理に照らして合理性がある管轄原因に基づく外国判決は承認されてよいということである。

　たしかに，間接管轄を寛大に肯定してゆくことで，反対に日本の国際裁判管轄の間口を広げるという結果に至るとすれば，それはそれで歓迎するべき考え方なのかもしれない。上述したように，アナスタシア判決には，そのような要素が認められる。しかし，このような考え方を採るために非同一説を採用する必要はない。なぜならば，そのような目的を達成するためには，民事訴訟法3条の3第5号や3条の4など従来の考え方を超えた管轄原因を定めた規定と対応する可能性を検討すれば足りるからである。

　非同一説が間接管轄を寛大に肯定するということは，日本法が合理的な管轄原因として容認することのできる最大限度を定めた条文上の根拠を撤廃して，条理や合理性といったような，外延が明らかでない実質的基準を導入することに帰する。しかし，このような解釈は，間接管轄規律の安定性を害するといわざるを得ない[25]。また，1で説明した間接管轄審査の意義に照らすと，間接管轄の規律を緩めることで自国の国際裁判管轄の範囲の拡張を促すということは，制度の目的を逸脱する邪道な考え方である。よって，非同一説に基づいて，間接管轄を広めに設定することができるとの見解には，賛成することができない。

3　間接管轄を狭く解する立場

(1)　非同一説採用の必要性？

　次に，非同一説には，直接管轄よりも狭い基準で間接管轄を定めることがで

---

[25]　中野俊一郎「外国判決承認要件としての国際裁判管轄」(CDAMS ディスカッションペーパー 07/2J) (2007 年) 10 頁以下の議論を参照 (http://www.ilb.kobe-u.ac.jp/repository/801000070.pdf.)。

きるという意味内容も含まれている。これは，民事訴訟法3条の2以下の規定
と対応するが，現実の事件と判決国との関連性が認められない外国判決の承認
は拒否されるという考え方である。

　しかし，このような考え方を採るために，非同一説を採用する必要は，やは
り認められない。なぜならば，このようなことは，民事訴訟法3条の9の適用
範囲内で考慮できるはずだからである[26]。あるいは，「内国関連性が認められ
ないが管轄は認められる」という国際裁判管轄規則が基本的に肯定されえない
ことは，日本の国際裁判管轄規則に内在する制約であり，3条の9という実定
法規定がなくても当然であるということもできるからである。よって，この場
面でも，国際裁判管轄規則との違いを際立たせる必要はない。なお，外国倒産
手続の承認については，債務者の財産の国内所在は間接管轄原因から除外する
立法がされている（外国倒産17条1項参照）。民事訴訟法には，このような特
別な規定がない上に，間接管轄を狭くするために働く特別な条項が存在するの
だから，非同一説を採る必要はない。

(2) 判 例 基 準

　次に，(1)での議論を，判例基準の観点から改めて検討する。アナスタシア判
決によって整理された判例基準は，二段階の規範構造となっている。その第1
段階は，民事訴訟法3条の2以下の規定によるとされており，外国判決をわが
国が承認するのが適当か否かという観点は，条理という第2基準において専ら
判断される。しかし，現行法では，3条の2から3条の9までの規定が一体と
なって第1段階の基準を構成すると見ることができる上，第2段階の基準は，
3条の9の規律と同じことを言っているとすれば[27]，判例の段階的な基準は1
つの基準に統一することができ，それは，同一説以外の何物でもない。した
がって，現行法を前提とする同一説からすれば，条理云々の表現には別段の意
味が認められないということができる[28]。

---

[26]　中野・前掲注(18) 22 頁参照。平成 23 年改正前に，判例の特段の事情論を間接管轄の局
　　面に取り込むことできることを論じていたものとして，河野・前掲注(10) 331 頁以下，安
　　達栄司「ニューヨーク州欠席判決の執行と被告保護の可能性」判タ 870 号（1995 年）
　　61 頁以下などがある。

[27]　宇都宮・前掲注(12) 98 頁はこの理解に反対する。

(3) 条理による必要性？

もっとも，このような理解が正しいかどうかは，なお検討を要する。というのは，アナスタシア判決が条理の基準を撤廃しなかった理由については，次のような2つの可能性があるからである。すなわち，第1の可能性は，間接管轄判断の第1段階基準となる日本の国際裁判管轄の規定群から3条の9をあえて除外して，これを条理によって補充したという理解である[29]。また，第2の可能性として，第1段階の基準には3条の9も含まれるが，この規定の射程は狭すぎるので，第2段階の条理基準を維持したとの理解もある[30]。

このうち，後者の理解は，間接管轄が認められる範囲を拡張する考え方と通じるものがあるが，このような発想が否定されるべきであることは，すでに論じた通りである。また，3条の9以上に様々な要素を考慮して間接管轄の範囲を狭める調整を可能とするという方向を追求する考え方もあり得ようが，これでは，間接管轄の規範的判断は不可能となる。

そこで，以下では，第1の可能性である，3条の9を間接管轄審査の基準から除外する見解（以下，「除外説」とする）を検討する。除外説は，次のように論じる[31]。3条の9の解釈として，この規定の適用があるときは日本の裁判所の管轄権が否定されるとの理解と，管轄権はあるが裁量判断によってその行使が控えられるとの理解がある。前者によりかつ厳格な同一説に従えば，3条の9と同じ状況があるときは，その外国判決の承認は拒否される。しかし，後者の場合，「日本の裁判所と同じ裁量権の行使を外国の裁判所に強要することはできないから」，間接管轄がないとの理由で承認が拒否されることはない。除外説は，後者に立つことを前提とするものである。

しかし，除外説の前提自体が問題である。というのも，私見は，3条の9に

---

(28) 道垣内・前掲注(16) 301頁，中野・前掲注(18) 22頁，本間学「判批」金沢法学58巻1号（2015年）133頁以下，山木戸勇一郎「判批」法学研究88巻4号（2015年）91頁参照。なお，中西康「判批」民商152巻2号（2015年）146頁，柳沢雄二「判批」名城法学64巻1・2号（2014年）218頁以下も参照。

(29) 調査官（廣瀬・前掲注(12) 194頁）の説明は，このような理解と通じる面がある。

(30) 山田恒久「判批」新・判例watch18号（2016年）327頁参照。

(31) 青山善充「新しい国際裁判管轄法について」明治大学法科大学院論集10号（2012年）345頁，366頁以下。さらに，2011年12月に関西大学で行われた「国際裁判管轄 民事訴訟法改正をうけて」というシンポジウムの討論記録（ノモス30号（2012年）173頁以下）を参照。

ついては，その文言にもかかわらず，同条がいう特別の事情があるときに，日本の裁判所は，国際裁判管轄の行使を自制できるのではなく，必ず却下しなければならないと考えているからである[32]。つまり，特別の事情があるときは，日本の裁判所の管轄権はそもそも否定されるのだから，承認の局面でも，日本の裁判所が承認してもしなくてもよいといった状態に陥ることはあり得ない。また，仮に同条を除外説がいうように裁量規定だと解したとしても，承認要件の審査は外国裁判所の法適用過程の再審査や承認国法の押し付けを意味しないから，除外説がなぜ裁量判断の強制を懸念するのかを，理解することができない。例えば，ある外国裁判所が，日本法を基準としたときに承認できる国際裁判管轄規則に基づいて判決をした。ところが，日本にその事件が仮に係属したときは，特別の事情を考慮して却下することも却下しないこともできたとする。間接管轄でも同じ解釈がされるべきだとすると，日本の執行裁判所は，その判決を承認してもしなくてもよいということになる。この結論は非常識であると言いたいのだろうか。しかし，この説でも，条理による微調整の余地は残されるはずだから，この説に立つ限り，この例では，承認してもしなくてもよいという奇妙な結論となる点では変わりはないのではなかろうか。

　いずれにしても，現行法の国際裁判管轄に関する規定は，特別の事情に基づく却下の規定があることですべてが完結するものとして理解されてきたはずであり，この規定を除外すると，間接管轄判断の基準として機能する限りではあるが，国際裁判管轄規則に対して立法者が取り付けた外枠をはずしてしまうという奇妙なことになりかねない[33]。たしかに，間接管轄と国際裁判管轄のルールとの厳密な対応関係を求める同一説の下では，間接管轄についてそれを緩めるような規律を導入することは，国際裁判管轄規則よりも広くなるか狭くなるかを問わず，許されないと考えられてきたと思われる。ドイツの鏡像原則は，そのような発想であろう。しかし，判例の特段の事情論を立法化した現行法においては，仮に2つのルールの厳格な対応関係を要求したところで，民事訴訟法3条の9がある以上，3条の2から3条の8が定める原則的な管轄の範囲よりも間接管轄の範囲が狭くなることは認めざるを得ないし，そのような安全装置を残しておくことは，合理的である[34]。

(32)　笠井＝越山編・前掲注(14) 62頁〔越山〕参照。

(33)　中西・前掲注(28) 146頁，前掲注(31)ノモス30号175頁以下での議論を参照。

4 判例の評価

(1) サドワニ判決

サドワニ判決は，条理を最終基準として間接管轄を判断するという考え方であり，間接管轄の有無を判断する場合における国際裁判管轄（直接管轄）規則の拘束性を弱く考えていることから，両者の基準が必ずしも一致しないという非同一説に立っているのだと理解されてきた。しかし，サドワニ判決は，2つの管轄の判断基準をそれぞれについて独自に設定するべきであるという意味での非同一説を志向しているわけではない。非同一説の論者から援用される担当調査官の解説は，国際裁判管轄と間接管轄の基準が全面的に異なることを強調したわけではなく，国際裁判管轄の場合は行為規範，間接管轄の場合は評価規範として機能するという違いに目を向ける必要があることを指摘したと読むべきである[35]。もちろん，そのように解する結果として，2つの管轄の範囲が一致しないことがあってよいということになるが，この事件で最高裁判所は，判決国が認めた国際裁判管轄の存在を承認国の条理だけを適用して否定も肯定もしていない。つまり，この時点での判例は，決して正面から非同一説を採用したわけではなかったのである。

(2) アナスタシア判決

また，同じ調査官解説で，国内土地管轄規定の拘束性が弱いと説明されていたのは，国内土地管轄規定は国際裁判管轄に特有な要素を考慮して立法されていないため，これに対して一定の修正を行わないと，国内土地管轄規定から国際裁判管轄の原因を逆推知することはできないという考え方が強かったことによる。平成23年改正は，まさにそのような修正を実行して，独自の国際裁判管轄規則を立法したのだから，このような議論は，もはや不可能である。よって，平成23年改正法が施行された時以降，両者は一致すると解するべきである[36]。また，両者が一致することを平成23年改正の立案担当者も前提として

---

(34) 山本弘「民事訴訟法の観点から注目されるいくつかの規定について」前掲注(31)ノモス30号216頁，秋山幹男ほか『コンメンタール民事訴訟法Ⅰ（第2版追補版）』（日本評論社，2014年）658頁参照。なお，外国での応訴の困難性から直ちに3条の9の適用を導くことはできない。今までの特段の事情論においても，主として考慮されてきたのは証拠方法の所在や法廷地での証拠調べの困難さであったことに注意が必要である。

(35) 法制審国際裁判管轄部会第1回会議での古田啓昌幹事発言を参照。行為規範と評価規範の点については，すでに山本・前掲注(10)299頁で言及がある。

いる[37]。そのように解さなければ，同一説を前提としてこそ意味を発揮できる規定（民訴3条の3第3号かっこ書・3条の3第8号かっこ書参照）の存在意義が説明できない[38]。

　以上のように考えるならば，平成23年改正前には機能しえた「条理」を，改正実現後になってからも，最高裁判所が持ち出す必要はもはや存在しない。したがって，アナスタシア判決では，そのような軽率な判示をすべきではなかった[39]。同判決も，その解決過程では平成23年改正後の規定を直接的に援用しており，条理を直接的に考慮した形跡がないことは明らかである[40]。いずれにしても，日本法には直接対応する規定がないが，行きすぎた管轄規則とまでは言えない規定に基づく外国判決がありうるかもしれないという，ほとんど想定することができない可能性に配慮して[41]，非同一説を採ることは，平成23年改正法の意義を結果的に低める危険があることに留意するべきである。

Ⅴ　結　論

　以上のように見ると，比較的広い管轄原因が明文化され，しかも，3条の9により国際裁判管轄を否定することができる現行法の下では，国際裁判管轄と間接管轄の判断基準を変えなくても十分に対応できる。この意味での同一説は，もはや本来の意味での同一説ではないかもしれない。しかし，間接管轄の場面でも，条理という得体の知れない実質的基準による微調整に頼るべきではない

---

[36]　兼子一原著『条解民事訴訟法（第2版）』（弘文堂，2011年）630頁〔竹下守夫〕，本間靖規ほか『国際民事手続法（第2版）』（有斐閣，2012年）185頁〔中野俊一郎〕参照。

[37]　佐藤達文＝小林康彦『一問一答平成23年民事訴訟法等改正』（商事法務，2012年）18頁。

[38]　アナスタシア判決の解説では，民訴118条に手をつけなかったことを理由に平成23年改正と間接管轄の関連性を低く評価する議論が見られるが，まったく理解することができない。

[39]　以上につき，中野・前掲注[18] 21頁以下参照。

[40]　道垣内・前掲注[16] 301頁参照。

[41]　二重機能説を採るドイツ法では，客観的併合や主観的併合の裁判籍が認められていないことや，ブラッセルⅠa規則のブラックリストに掲載されている財産所在地管轄を認めていることが，厳格な鏡像原則に対する批判の実質的な根拠になっていたとみられる。しかし，日本法は状況が異なる。

15 外国判決の承認と間接管轄の判断基準〔越山和広〕

ということを強調するために，この説を採用するべきである。

〔追記〕
　春日偉知郎先生には，筆者が大学院在籍中にコンスタンツ大学でロルフ・シュテュルナー教授の指導を受けることが決まった際，同大学に留学された経験がある先輩としてのご助言を頂き，その時から現在に至るまで，多大なご指導を頂いてきました。内容の乏しいものですが，本稿を捧げることで，先生から賜ったご学恩に対する感謝の気持ちを表したいと存じます。

16 外国判決不承認による不当利得
—— 国際司法摩擦との相克[1]

芳 賀 雅 顯

I は じ め に

　これまで，わが国では外国判決の承認をめぐる問題については，主として承認要件および承認の効果に関して議論が集中していた。すなわち，外国（判決国）で下された判決が日本（承認国）で認められるためには，どのような要件が必要であり，また，承認された場合にはどのような効果が認められるのかが主に論じられてきた。

　それでは，外国判決が承認要件を満たさなかった場合，どのような問題が生ずるのであろうか。承認要件を満たさない場合には，承認国では当該外国判決が有する訴訟法上の法的効果は認められない（しかしながら，実体法上の効果，たとえば法律要件的効力の問題は別途検討の余地がある[2]）。そのため，外国で下された判決が承認さなかった場合，同一の渉外民事事件をめぐる法律関係は，判決国と承認国とで異なることになる（跛行的法律関係の発生）[3]。しかし，このことは，新たな渉外民事紛争を生起させる可能性を有する。たとえば，外国で懲罰的損害賠償を命ずる判決が下されたものの，日本では，（一部）不承認

---

(1) 国際司法摩擦については，たとえば，ロルフ・シュテュルナー（春日偉知郎・訳）『国際司法摩擦』（商事法務研究会，1992 年）を参照。

(2) 承認国抵触法が指定する準拠法上の効力を，外国判決承認要件を介在させることなく，承認国で承認する余地がある。Geimer, Internationales Zivilprozessrecht, 7. Aufl.2015, Rdnr. 2786, 2827 ff.

(3) 外国で下された判決が内国で認められない場合には，内国での権利保護を確保させるために緊急管轄を認めることが考えらえる。Geimer, a.a.O. (Fn. 2), Rdnr. 3061.

『現代民事手続法の課題』春日偉知郎先生古稀祝賀〔信山社，2019 年 7 月〕　　*339*

16 外国判決不承認による不当利得〔芳賀雅顯〕

となった場合(4), 外国判決の債務者(たとえば, 日本企業)は, この判決の債権者(たとえば, 外国企業)に対して不当利得返還請求訴訟を日本で提起することが考えられる。あるいは, 国際訴訟競合が生じた場合に, 内国後訴を規制するには至らないとの結論に達し内国訴訟を維持したときには, 内外国の裁判所で矛盾する判決が下される可能性がある。たとえば, 外国で給付訴訟が提起されたところ, 内国で対抗訴訟として債務不存在確認訴訟を提起した場合, 内国判決と矛盾する外国判決は公序を理由に承認されないとする立場がわが国では有力である(5)。そのため, 外国裁判所が給付判決を下し, これに基づいて外国で強制執行が行われたものの, 内国で債務不存在を確認する判決が下された場合には, 外国訴訟の敗訴被告が内国で不当利得返還請求訴訟を提起することも考えられる。

　これらの事象は, 司法摩擦の一局面として捉えることができる(6)。このような問題自体は, おそらく研究者・実務家はかねてから認識していたと思われるが(7), 管見の及ぶ限りでは, 最近, この問題を正面から論じているものはほと

---

(4)　最判平成9年7月11日民集51巻6号2573頁。

(5)　大阪地判昭和52年12月22日判タ361号127頁。学説の詳細は, たとえば, つぎの文献を参照のこと。秋山幹男ほか著『コンメンタール民事訴訟法Ⅱ(第2版)』(日本評論社, 2006年)517頁, 兼子一原著『条解民事訴訟法(第2版)』(弘文堂, 2011年)641頁〔竹下守夫〕, 鈴木忠一=三ケ月章編『注解民事執行法(1)』(第一法規, 1984年)403頁〔青山善充〕, 鈴木正裕=青山善充編『注釈民事訴訟法(4)』(有斐閣, 1997年)386頁〔高田裕成〕, 高桑昭「外国判決の承認及び執行」鈴木忠一=三ケ月章監修『新・実務民事訴訟講座(7)』(日本評論社, 1982年)143頁, 道垣内正人「国際的訴訟競合(5・完)」法学協会雑誌100巻4号(1983年)115頁以下。

(6)　Regen, Prozeßbetrug als Anerkennungshindernis, 2008, Rdnr. 707. 同書では, つぎのような例が挙げられている。判決国Xで給付判決が下され執行が行われた。しかし, この判決は訴訟詐欺を理由にドイツで承認されず, ドイツで不当利得返還請求訴訟が認容された。だが, この不当利得返還請求訴訟の認容判決は, X国では内国判決と抵触するとして承認されず, 同国ではドイツ判決に対して新たな不当利得返還請求訴訟が提起され, 認容された。このX国での新たな不当利得返還請求訴訟はドイツでは, 内国判決との抵触を理由に承認されない。このような状況が際限なくつづくことになる。このようにして, "司法戦争 Justizkrieg" が生じうる, と。

(7)　参照, 石黒一憲『現代国際私法(上)』(東京大学出版会, 1986年)487, 497頁。
　　たとえば, イギリスでは, 1980年通商利益保護法(Protection of Trading Interests Act)が取戻条項(claw back)を定めている。この法律は, アメリカ合衆国裁判所が, 独占禁止法などの自国法の域外適用を認め, その結果, 懲罰的損害賠償や重畳的賠償を命ずる判決を英国民(自然人, 法人等)に対して下した場合, イギリス法廷において超過分

んどないようである[8]。そこで，この問題について議論の蓄積のあるドイツで
の議論（ドイツの文献がオーストリアを紹介している限りでは，オーストリアの議
論も適宜交える）を参考に検討を試みたい。

以下では，問題意識を明確化するために上述の例のうち，懲罰的損害賠償を
命ずる外国判決について，日本で（一部）不承認となった場合を主として念頭
に置いて議論を進める（後述の日本法の解釈の箇所では，この問題を念頭に置いて
論ずるが，ドイツ法の紹介部分では，とくにこれに限定するものではない）。また，
紙幅の関係から，ドイツでの議論は不当利得の成否との関係で「法律上の原
因」に関する問題についての紹介を中心とするが，日本法の解釈については国
際裁判管轄，準拠法の決定，そして日本の民法の解釈についても検討を試みた
い。そのため筆者の能力を超える分野に踏み込むことになるが，この点は斯学
の専門家による批判を基に今後の研究を行いたいと考える。

II　ドイツでの議論

1　外国判決の効力拡張との関係

ドイツにおいては，外国判決が承認されると（ドイツ民事訴訟法 328 条参照），
判決国法上認められる訴訟法上の効力が承認国であるドイツに拡張されると説
かれる（効力拡張説[9]）。そして，外国での訴訟が棄却された場合には，外国裁

を取り戻すことを認める。See Briggs, Civil Jurisdiction and Judgments, § 7.78 (6th ed.
2015); Briggs, Private International Law in English Courts, § 6. 213 (2014);
Cheshire/North/Fawcett, Private International Law, 553 et seq (15 th ed. 2017);
Dicey/Morris/Collins, The Conflict of Laws, § 14-275 (15 th ed. 2012); Morris/McC-
lean/Abou-Nigm, The Conflict of Laws, § 10-025 (9 th ed. 2016).同様の規定は，オー
ストラリア，カナダおよび南アフリカで制定されているとされる。See Dicey/Mor-
ris/Collins, supra, § 14-272 Fn. 1029. オーストラリアについては，Davies/Bell/
Brereton, Nygh's Conflict of Laws in Australia, § 40.92 (8th 2010).

[8]　なお参照，秋山ほか・前掲注(5) 509 頁以下，兼子原著・前掲注(5) 619 頁以下〔竹下〕，
鈴木＝青山編・前掲注(5) 354 頁以下，362 頁以下〔高田〕，高桑・前掲注(5) 125 頁以下，
128 頁など。

[9]　Vgl. v. Bar/Mankowski, Internationales Privatrecht, Bd.1, 2.Aufl.2003, § 5 Rdnr. 113;
Geimer, Anerkennung ausländischer Entscheidungen in Deutshland, 1995, S. 86;
Gottwald, Grundfragen der Anerkennung und Vollstreckung ausländischer Ent-
scheidungen in Zivilsachen, ZZP 103 (1990), 257, 261 ff; v. Hoffmann/Thorn,

判所がすべての請求原因を審理しなかった場合でも，請求棄却判決の効力は承認されなければならない[10]。

　他方，判決が内国で承認されない場合，内国では外国判決の訴訟法的効果は拡張されないことになる[11]（このことは，ドイツの抵触法が，不承認となった判決を下した裁判所が所属する国の法を当該事件の準拠法として適用すべき場合でも同様に妥当すると説かれる[12]）。この立場は，連邦通常裁判所の判決によっても認められている[13]。たとえば，つぎのような判決がある[14]。ギリシャ人原告がドイツ連邦共和国を相手に，第二次世界大戦中のドイツ軍による戦争犯罪（Kriegsverbrechen）の賠償を求める訴訟をドイツの裁判所に提起した。ボン地方裁判所，ケルン上級地方裁判所は，いずれも原告の請求を棄却した。原告が上告を提起したところ，連邦通常裁判所はつぎのように述べて原告の請求を退けた。すなわち，「控訴裁判所が正当に言い渡したように，訴えは理由を欠くものである。原告が請求した，被告に対する損害賠償ないし補償請求権は存在しない」。また，「本件で上告を認めなかった（請求棄却）ことは，リヴァデイア（Livadeia）地方裁判所の 1997 年 10 月 30 日判決の実体的確定力 die materielle Rechtskraft に反するものではない」。なぜならば，「外国判決の内容的な拘束力は，当該判決がドイツの裁判訴によって承認されるべき場合に，承認される限りにおいてのみ考慮される」が，このギリシャ判決はドイツで承認され

Internationales Privatrecht, 9. Aufl. 2007, § 3 Rdnrn. 154 f.; Junker, Internationales Zivilprozessrecht, 4. Aufl. 2019, § 27 Rdnr. 19; Kegel/Schurig, Internationales Privatrecht, 9. Aufl. 2004, S. 1061; Musielak/Stadler, ZPO, 16. Aufl. 2019, § 328 Rdnr. 36; Rosenberg/Schwab/Gottwald, Zivilprozessrecht, 18. Aufl. 2018, § 158 Rdnr. 9; Saenger/Dörner, Zivilprozessordnung, 7. Aufl. 2017, § 328 Rdnr. 6; Zöller/Geimer, ZPO, 32. Aufl. 2018, § 328 Rdnr. 31.

(10)　Rosenberg/Schwab/Gottwald, a.a.O. (Fn. 9), § 158 Rdnr. 11

(11)　Rosenberg/Schwab/Gottwald, a.a.O. (Fn. 9), § 158 Rdnr. 10; Stein/Jonas/Roth, ZPO, 23. Aufl. 2015, § 328 Rdnr. 39.

(12)　BGH Urt. v. 30. 6. 1964, MDR 1964, 840（トルコとドイツとの間で相互保証がないためトルコ判決はドイツでは承認されない。この結論は，ドイツ国際私法によりトルコ法が準拠法になるとしても同様である); Geimer, a.a.O. (Fn. 2), Rdnr. 3054; Martiny, in: Handbuch des Internationalen Zivilverfahrensrechts, Bd. Ⅲ/1, 1984, Kap. Ⅰ Rdnr. 338. この考えは，既判力に関する訴訟法説を前提にした議論と考えられる。

(13)　判例の一貫した立場とされる。Vgl. Martiny, a.a.O. (Fn. 12), Rdnr. 338.

(14)　BGH Urt. v. 26. 06. 2003, BGHZ 155, 279.

　　　　　　　　　　　　　　　　　　　　　　　　　Ⅱ　ドイツでの議論

ていないからである，とした[15]。

　このように，外国判決が存在しているとしても，その効力が内国で承認され
ない場合には国内で効力を有しないため，同一紛争について内国での新たな訴
えの提起が妨げられることはない[16]。もっとも，外国判決が不承認となり，外
国の給付訴訟で敗訴した被告が不当利得を理由に内国訴訟を提起したものの，
最終的に不当利得返還請求権が認められない場合には，外国判決が不承認で
あったとしても結果的には内国で認められることと大きな変わりはない。また，
内国裁判所は，本案の判断について外国裁判所と同じ結論に至ることもあり得
る。他方，外国判決が不承認となった後で提起された内国での訴えにおいて，
被告による外国判決が承認されるべきであったとの主張が認められるべきでは
ない。というのも，このような主張が認められると，外国判決に基づく執行判
決訴訟も内国再訴も阻止されることになるからである[17]。すなわち，このこと
は，外国給付判決が国内で承認されることが否定されることに反する。

　内国再訴の国際裁判管轄は一般原則に従う。その際には，すでに外国判決が
存在していることを完全に無視することはできない。たとえば，外国裁判所が
合意管轄に基づいて判決を下している場合に，この合意が内国では管轄を基礎
づけるものとして認められなかったときには，原告は再び判決国裁判所に行く
ように指示されるべきではない。また，原告が外国で債務名義をすでに取得し

---

[15]　外国判決が不承認となった場合に，当該判決を国内裁判所が考慮しないことを明言す
　る他の判決を簡単に紹介したい。OLG Naumburg, Beschl. v. 15. 07. 2008, OLGR 2009,
　166（裁判所は，父性確認と扶養料の支払いを命じたポーランドの判決が送達と公序の
　要件を欠くとして，当該判決を考慮しない unbeachtet とした）; OLG Düsseldorf, Urt. v.
　18. 09. 1998, FamRZ 1999, 447（父性確認と扶養料の支払いを命じたスイス判決の効力
　を父親が争い，自分が被告の父親ではないことの確認を求める訴えをドイツで提起した。
　第 1 審は請求棄却となったため，父親は控訴を提起したが控訴棄却となった。控訴裁判
　所は，その際につぎのように述べている。「しかし，確認の訴えは，スイス判決の既判
　力が確認訴訟を阻止することから，最終的に不適法である。原告が被告の父親ではない
　ことの確認を求める原告が提起した訴えで，当法廷が，必要とされる諸要件の内容的審
　査を行うことができるのは，1985 年 3 月 13 日の L 区裁判所による原告の父性を確認す
　る確定判決の承認が拒絶されるべき場合に限られる。なぜならば，その場合にのみ承認
　すべきでない外国判決が，ドイツの裁判所に拘束力を及ぼさず，また基本となる法律関
　係の内容的審査が可能となるからである。」）。

[16]　Münchener Kommentar/Gottwald, ZPO, Bd. 1, 5.Aufl.2016, § 328 Rdnr. 187.

[17]　Martiny, a.a.O. (Fn. 12), Rdnr. 343.

343

ている場合でも，管轄合意が認められないことから，原告は債務名義を内国で
実現させることはできない。さらに管轄合意が有効とされた場合でも，相互保
証がない，あるいは公序に反するといった他の理由で承認が認められないとき
には，同じ事態となる。この場合，外国判決が不承認となることによって生ず
る権利保護の欠缺は，緊急管轄（Ersatzzuständigkeit）によってカバーされる[18]。
緊急管轄は，内国における適切な権利保護の必要性を前提としており，とくに，
原告が外国において強制執行を行うことができず，また別の国で訴訟を提起す
ることがもはやできない場合に検討される。

　日本では，正面からはほとんど議論がなされていないと思われるが，外国判
決の承認要件と当事者の合意の関係がドイツでは比較的古くから議論されてい
る。たとえば，リーツラー（Riezler）は，つぎのように述べている[19]。不承認
となった外国判決には内国では既判力は認められないが，そのような場合で
あっても，放棄可能な範囲において，両当事者は当該外国判決が内国で既判力
を有するかのごとく合意することが許されるとする。そのような合意によって，
ドイツ国内の裁判所で再度訴えを提起することが阻止されるとともに，合意に
反して訴えを提起した場合には請え却下ではなく請求棄却の判決が下される
（so ist die Klage nicht als unzulässig, sondern als unbegrüdet abzuweisen）。なぜな
らば，既判力ではなく，実体法上重要な合意が請求を退ける根拠となっている
からである，と。こんにちにおいても，ほぼ同じような議論がなされており，
外国判決を内国で承認するか否かは当事者による合意の直接的な対象ではない
こと[20]，ただし，承認拒絶事由について当事者の主張が求められる場合には，
主張しない旨の合意をなすことができ[21]，また，当事者が訴訟物を処分できる
限りにおいては，そのような合意は実体法上の意味を有することがあるため，
合意が事情に応じて，請求の放棄，更改（Novation），もしくは認諾または和
解と解釈することができる，とされている[22]。

---

[18]　Martiny, a.a.O. (Fn. 12), Rdnr. 344; Stein/Jonas/Oberhammer, ZPO, 22.Aufl.2011, Bd.
　　10, EuGVVO Art. 33 Rdnr. 16.

[19]　Riezler, Internationales Zivilprozessrecht und prozessuales Fremdenrecht, 1949, S.
　　524.

[20]　Geimer, a.a.O. (Fn. 2), Rdnr. 3060.

[21]　Geimer, a.a.O. (Fn. 2), Rdnr. 3060.

[22]　Martiny, a.a.O. (Fn. 12), Rdnr. 296; Zöller/Geimer, a.a.O. (Fn. 9), § 328 Rdnr. 294.

Ⅱ　ドイツでの議論

2　証明力（Beweiskraft）

ドイツでは，外国判決が承認要件を満たさない場合でも，この判決は必ずしも承認国でまったく訴訟法上の効力を有しないというわけではないと説かれる[23]。ドイツ民事訴訟法438条が定める要件の下で[24]，外国判決の存在について証明力が認められる[25]。すなわち，判決国において一定の内容を有する判決が下されたことが証明される。もっとも，判決内容の正当性については同条が及ぶものではなく，証明力は外国で判決が下されたという事実について認められるに過ぎない[26]。この点について，不承認となった外国判決は，内国で新たに提起された訴訟に際して，認定された請求権に関する自由心証に服すべき証拠方法として貢献するにすぎない[27]，あるいは認定事実の正当性について事実上の推定が働くと説かれる[28]。

3　返還請求訴訟との関係 ── 司法摩擦の可能性

このように外国判決が承認されない場合，内国では，証明力といった例外を除いて判決国裁判所が下した判決の訴訟法的効力は内国では認められないため，

---

[23]　Riezler, a.a.O.（Fn. 19），S. 522.

[24]　【ドイツ民事訴訟法438条（外国公文書の真正）】

　　第1項　外国の官庁または公証権限を有する者により作成されたものと認められる文書が，詳しい証明なくして真正であると認められるべきであるか否かについては，裁判所が事件の諸事情に応じて裁量により判断しなければならない。

　　第2項　そのような文書の真正の証明のためには，連邦領事または連邦公使による認証をもって足りる。

　　（条文訳は，法務大臣官房司法法制部編（春日偉知郎＝三上威彦・訳）『ドイツ民事訴訟法典 ── 2011年12月22日現在』（法曹会，2012年）143頁に基本的に従った。）

[25]　RG, Urt. v. 08. 07. 1930, RGZ 129, 385, 387（ノルウェー判決がドイツで承認されなかったが，ライヒ裁判所は，同判決は被告が商標権侵害の不法行為をおこなったとする重要な証拠方法であるとした）; Geimer, a.a.O.（Fn. 2），Rdnr. 3059; Nagel/Gottwald, Internationales Zivilprozessrecht, 7. Aufl. 2013, § 12 Rdnr. 220; Spiecker genannt Döhmann, Die Anerkennung von Rechtskraftwirkungen ausländischer Urteile, 2002, S. 192.

[26]　訴訟法上の効力，たとえば，形成力が認められるわけではない。Geimer, a.a.O.（Fn. 2），Rdnr. 3059.

[27]　Rosenberg/Schwab/Gottwald, a.a.O.（Fn. 9），§ 158 Rdnr. 10; Zöller/Geimer, a.a.O.（Fn. 9），§ 328 Rdnr. 293.

[28]　Münchener Kommentar/Gottwald, a.a.O.（Fn. 16），§ 328 Rdnr. 189.

同一紛争についての内国での訴え提起は適法と解するのが通説の立場である。具体的には，以下の場合が考えられる。第1に，外国訴訟の判決が内国で効力を有しない場合に，当該訴訟の原告が，内国で訴訟を新たに提起する場合である[29]。そして，第2に，外国で敗訴した者が，内国では不承認となった外国判決に基づいて外国ですでになした給付を，不当利得返還請求訴訟によって返還を求める場合である。後者は，判決国と承認国の渉外私法関係に齟齬を来したことによる，新たな紛争と捉えることができる。この場合の解釈論的対応については，見解が分かれる。以下では，第2の場合について学説の紹介を中心に，やや詳しく見ていくことにする。

(1) 内国での返還請求を認める見解

　現在のドイツの議論では，不当利得の成立を肯定する立場が有力であると説かれる[30]。

　まず，判例の立場であるが，比較的最近の連邦労働裁判所の判決に，不当利得を肯定したものがある[31]。この事件は，原告らが，サウジアラビアの労働裁判所が支払いを命じた金額を，同国で被告代理人に支払ったが，その金銭の返還を求める訴訟をドイツで提起したというものである。第1審のアーヘン労働地方裁判所（ArbG Aachen）は請求を棄却したが，控訴審のケルン労働高等裁判所（Landesarbeitsgericht Köln）は原告の請求を認容した[32]。被告が上告を提起したところ，連邦労働裁判所（BAG）は返還請求を認める原審の判断を維持した。その際に，連邦労働裁判所は，サウジアラビアの裁判所は本件では間接管轄（ドイツ民事訴訟法328条1項1号）を有しないことから，ドイツでは同国裁判所が下した判決は効力を有しないこと，また，ドイツ民法814条によると外国訴訟の敗訴被告が任意に支払った場合には返還請求が認められないことになるが，本件では強制執行を回避するために金銭を支払ったため，同条に反し

---

(29)　OLG Köln, Urt. v. 19. 04. 1963, AWD 1965, 94（相互保証を欠く場合）; Schütze, Doppelte Rechtsverfolgung im In- und Ausland, DB 1967, 497, 497 f.

(30)　Vgl. Peiffer, Schutz gegen Klagen im *forum derogatum*, 2013, S. 404 ff.

(31)　BAG, Urt. v. 09. 07. 1986, JURIS 5 AZR 563/84（未公刊，判例データベース JURIS による）。

(32)　労働地方裁判所（ArbG），労働高等裁判所（Landesarbeitsgericht）の訳語は，村上淳一=守矢健一/マルチュケ著『ドイツ法入門（改訂第9版）』（有斐閣，2018年）288頁に従った。

ないなどとして，被告はサウジアラビア労働裁判所において，法的根拠なくして（ohne rechtlichen Grund）給付を受けたと述べて，被告に原告への金銭の返還を命じた。

つぎに，学説の説くところを見ていくことにする。この立場は，ガイマー，マルティニー，ロートなどが属する[33]。

ガイマー（Geimer）は，内国での不当利得返還請求訴訟を肯定する。それによると，外国判決が不承認となったことを理由に，ドイツで両当事者間の訴訟が繰り返され，ドイツの裁判所が，Aに対するBの給付義務がないとの立場に立った場合，この裁判所は，外国給付判決に基づいてAに引き渡された物を内国で再度取り戻すことをBに認めなければならないと説く[34]。また，外国で支払われた損害賠償額が過大である場合（重畳的賠償額 multiple damages）には，外国給付判決はドイツでは一部分の金額の支払いしか承認されないことを理由に，一部取戻しが考えられると述べる[35]。

マルティニー（Martiny）は，つぎのように述べている[36]。不承認の結果，外国判決の既判力を考慮する必要はないし，内国で新たな訴えを提起することは妨げられない。それゆえ，外国訴訟で敗訴した当事者が，不承認となった判決に基づいて給付したものを，不当利得返還請求訴訟で返還を求めることは妨げられない，と。

ロート（Roth）も，不当利得請求を認める[37]。すなわち，内国で承認することができない判決（たとえば，懲罰的損害賠償を認める判決）に基づいて債務者が外国で債務の履行をしたり，あるいはその債権に基づいて強制執行がなされた債務者は，ドイツで不当利得返還請求の方法で外国判決が支払いを命じた金額を取り戻すことができるとする。ロートによると，関係諸国での司法摩擦

---

[33] なお，本文で紹介する見解とは別に，Adolphsen, Perspektive der Europäischen Union-Gegenwartsfragen der Anerkennung im Internationalen Zivilverfahrensrecht, in: Hess (Hrsg.), Die Anerkennung im Internationalen Zivilprozessrecht-Europäisches Vollstreckungsrecht, 2014, S. 10 f. も本説を支持する（なお S.12 ff でブリュッセル規則についても言及）。

[34] Geimer, a.a.O. (Fn. 2), Rdnr. 3055.

[35] Geimer, a.a.O. (Fn. 2), Rdnr. 3058; Zöller/Geimer, a.a.O. (Fn. 9), § 328 Rdnr. 292.

[36] Martiny, a.a.O. (Fn. 12), Rdnr. 339.

[37] Stein/Jonas/Roth, a.a.O. (Fn. 11), § 328 Rdnr. 39.

16 外国判決不承認による不当利得〔芳賀雅顯〕

（Justizkonflikt）の危険を回避する利益は，当事者の正当な権利追求の利益の下では後退することになる。そこで不当利得法は，イギリスの通商利益保護法6条2項のような多くの国が有するクローバック制定法と同じ結果をもたらす，と説く。

オーバーハマー（Oberhammer）も，不当利得成立の余地を認める[38]。外国判決が不承認となった場合，際限のない支払請求が生ずる危険（die Gefahr eines unendlichen Hin- und Herzahlens）が生ずる。この場合，少数説は不承認となった外国判決は自然債務にあたるとして，ドイツ民法812条にいう給付をなす法的根拠とみなすことができるとするが，オーバーハマーは，この見解に対して，ドイツ法が準拠法となった場合に，たんに判決が存在するというだけではドイツ民法812条にいう法的根拠があるとはいえず，少数説に従うことはできないとする（もっとも，ドイツ民法814条により請求が認められない場合があるという）[39]。

（2）不当利得を認めない立場[40]

かつては，外国判決が不承認となった場合に内国での不当利得返還請求を認めないとする立場が国際私法研究者を中心に有力に説かれ，現在でも少数ながら有力説がこの見解を支持する。この立場に属すると考えられるのは，マ

---

[38] Stein/Jonas/Oberhammer, a.a.O. (Fn. 18), EuGVVO Art. 33 Rdnr. 18.

[39] 【ドイツ民法812条】
第1項　法律上の原因なくして他人の給付，またはその他の方法によってその他人の損失によりあるものを取得する者は，その他人に対して返還義務を負う。この義務は，法律上の原因が後に消滅し，または法律行為の内容に従えば給付が目的とした結果が生じない場合も生じる。
第2項　契約関係の存否を契約によって承認することも給付とみなす。
【ドイツ民法814条】
給付者が給付につき義務を負っていないことを知っていた場合，または給付が道徳上の義務もしくは儀礼を考慮したものであった場合は，債務の履行のため給付したものは，返還を請求することができない。
（条文訳は，椿寿夫＝右近健男編『注釈ドイツ不当利得・不法行為法』（三省堂，1990年）6頁，19頁〔右近健男〕に基本的に従った。ドイツ語の条文は，ドイツ連邦司法・消費者保護省のホームページによる。https://gesetze-im-internet.de/bgb/_812.html　最終閲覧日2019年3月21日）

[40] 現在では，本説は少数説に分類されている。Stein/Jonas/Oberhammer, a.a.O. (Fn. 18), EuGVVO Art. 33 Rdnr. 18.

　　　　　　　　　　　　　　　　　　　　　　　Ⅱ　ドイツでの議論

チャー，ヴォルフやシャックなどである⁽⁴¹⁾。

　古い判例であるが，学説においてしばしば引用される，ベルリン上級地方裁判所判決がこの見解を支持する⁽⁴²⁾。つぎのような事案である。ドイツ人が，イギリスでイギリス人を相手に金銭債権の支払請求をしたところ，イギリス人被告は認諾したため認諾判決がイギリスで下された。このイギリス人は執行に際して金銭を支払った後に，ドイツにおいて返還請求訴訟を提起した。その理由は，認諾は錯誤に基づくものであったこと，また，イギリス判決はドイツでは相互保証を欠くため承認されないことであった。しかし，ベルリン上級地方裁判所は，このイギリス人の請求を棄却し，返還請求を認めなかった。

　学説に目を転じると，たとえば，オーストリアのマチャー（Matscher）は⁽⁴³⁾，国内で不承認となった外国判決は自然債務に該当すると説く。それによると，次のような説明がなされている。外国裁判所による給付判決は，公法上の理由（オーストリア強制執行法 EO 79 条から 81 条にかけての要件を欠く場合。たとえば，相互保証のない国の判決）に基づきオーストリアで執行することができない場合がある。しかし，外国判決が一般的正義の要求に合致する場合には，この外国給付判決に対する履行は少なくとも良俗に従った義務である。そこで，履行が良俗に従った義務に合致する場合には，スイス債務法やドイツ民法と同様に，履行の返還を求めることはできない。ある見解は，「理性および道徳の教えを理由に，法律が拒否したのではなく，立法の精神を全般的に考察したところ強制しないとした履行の給付」に言及している。その「立法の精神の全般的な考察」は，ここで問題となる場面との関係では，公法上の利益（öffentlich-rechtliche Interessen）である。この場合には，自然債務（Naturalobligation）が語られる。したがって，外国判決による債務もまたそのようなものとみなされなければならない。そこで履行のために給付がなされたが，有効な法的根拠なくしてなされた場合には，オーストリア一般民法典（ABGB）1432 条は外国判決を明示的に挙げてはいないが，一般民法典 1431 条に基づいて返還を求めるこ

⑷　さらに古くは，メルヒオールもこの見解に属する。Melchior, Die Grundlagen des deutschen internationalen Privatrechts, 1932 (reprint 1971), S. 321.

⑷　KG, Urt. v. 27. 09. 1907, ROLG, Bd. 18 (1909), S. 55

⑷　Matscher, Über die Nebenwirkungen der Zivilurteile mit bosonderer Berücksichtigung der ausländischen Urteile, JBl. 1954, 54, 54.

349

16 外国判決不承認による不当利得〔芳賀雅顯〕

とができない[44]。すなわち，外国判決は，正当な原因（*justa causa*）を意味する，と。

この見解とは別に，判決国において債務が発生しているならば，承認国においても債務発生原因があるとする見解も主張されている。ヴォルフ（Wolff）は[45]，承認されなかった外国判決に基づいて敗訴判決を受けた者が給付をなした場合，その給付は無報酬（unentgeltlich）でもなく，また原因なくして（*sine causa*）でもないとする。そして，むしろ，確かに判決国の領域にのみ発生したが，ドイツにおいても外国で発生した債務として認められ，その債務が履行されたとすべきであると説く[46]。

シャック（Schack）は，つぎのように説く[47]。ここで問題となっている場面において，不承認となった外国判決に財産移転を正当化させる原因（causa）となる資格を否定する者は，それによって司法戦争（Justizkrieg）の危険を引き起こすことになる。つまり，双方の当事者が，給付を命じる判決を受けたことに対して，別の国で新たな判決に基づいて取り戻すことを認めるというものである。したがって，すでに内国で下された判断が不承認となった判決をも受け入れることが賢明である。たとえば，相互保証を欠くとして外国判決が不承認となったという事実だけでは，外国判決が果たす債権満足の機能を内国での

---

[44] オーストリア一般民法典（JGS Nr. 946/1811: 1812 年 1 月 1 日施行）（試訳）
　【1431 条】
　　ある者に，錯誤，あるいは法的錯誤に基づいて物が給付され，または行為がおこなわれたところ，この者が給付者に対して権利を有しないときは，前者の場合には物を返還し，後者の場合には生じた利得に応じた報酬を求めることができる。
　【1432 条】
　　時効消滅した債務，方式性を欠くことのみを理由に無効とされた債務，または法律が取立のための訴権のみを認めない債務の支払いは，債務を負っていないことを知りながら支払いをなしたときには，返還を求めることができない。
　（上記 2 つの条文の法状況については，https://rdb.manz.at/document/ris.n.NOR120 1977 および https://rdb.manz.at/document/ris.n.NOR1201978 を参照した。最終閲覧日 2019 年 3 月 21 日。それによると，施行日以降，条文の変更はない）。

[45] Wolff, Das internationale Privatrecht Deutschlands, 3.Aufl.1954, S.133.

[46] また，フランケンシュタインもこの立場に近い。Frankenstein, Internationales Privatrecht, Bd.1, 1926, S. 355 f., 358（結論として上述のベルリン上級地方裁判所判決に賛成）。

[47] Schack, Internationales Zivilverfahrensrecht, 7.Aufl.2017, Rdnr. 1132 ff.

反対訴訟を通じて阻止することを正当化しない。国家間の紛争を回避しようと
するならば，外国での強制措置を外国の収容処置と同様に受け入れなければな
らない。抵触法上の考察も，この結論を支持する。判決債務者による返還請求
権は，準拠法もしくは執行国法（介入返還請求権 Eingriffskondiktion）にのみ依
拠することができる。しかしながら，執行は法的根拠を有して実施されており，
また，準拠法が判決国法であるか，あるいは準拠法が外国判決の既判力を承認
しているか実体法上顧慮している場合には，やはり同様に法的根拠を有してい
る。そして，法的平和の利益に鑑みて，不当利得返還請求権は，公序に反する
没収に相当する状況に限るべきである，と。

(3) 公序違反を理由に不承認となる場合に不当利得を否定する見解

　ゴットヴァルト（Gottwald）は，外国判決が不承認となった場合に，内国で
の訴え提起を肯定する[48]。まず，外国判決が承認されなかった場合には，当該
外国判決によって生じた給付は法的根拠を欠くことになるとし，この場合の外
国判決は自然債務となるものでもないため，ドイツ民法814条によって取戻し
が妨げられることはないとする[49]。しかし，審理の結果，外国判決それ自体は
正当であるものの，判決を承認することが公序に反する場合には困難な問題が
生じると説く。すなわち，外国において正当にも敗訴となった者が，公序の留
保条項に基づきドイツ法によって承認執行が阻止された場合，公序は，外国で
ドイツの考えに反する多額の給付がなされたことへの返還請求を認めるための
法的根拠とはならないという[50]。というのも，ドイツ法は，イギリスの1980
年通商利益保護法6条2項（claw back）が定めるような特別の償還請求権を認
めていないため[51]，ドイツの公序は，懲罰的損害賠償を命ずる判決が命じた全

---

(48)　Rosenberg/Schwab/Gottwald, a.a.O. (Fn. 9), §158 Rdnr. 11.

(49)　Münchener Kommentar/Gottwald, a.a.O. (Fn. 16), §328 Rdnr. 192.

(50)　Münchener Kommentar/Gottwald, a.a.O. (Fn. 16), §328 Rdnr. 193; Nagel/Gottwald,
　　　a.a.O. (Fn. 25), 7.Aufl.2013, §12 Rdnr. 222.

(51)　1980年イギリス通商利益保護法（Protection of Trading Interests Act 1980）【試訳】
　　　第5条　外国判決の執行制限
　　　第1項　本条の適用がある判決は，1920年司法運営法（Administration of Justice
　　　　　Act 1920）第2部（Part 2）および1933年外国判決（相互執行法）法（Foreign
　　　　　Judgments (Reciprocal Enforcement) Act）第1部（Part 1）における登録をしな
　　　　　いものとし，また，英国内のいかなる裁判所も，当該判決上支払われるべき金額の
　　　　　回復を求めるコモンロー上の手続を行わないものとする。

16 外国判決不承認による不当利得〔芳賀雅顯〕

ての額を履行することはドイツ国内では認めないとするにとどまり，ドイツ法
が認める額よりも高い額を支払ったことに対して，返還を求める積極的な法的

第2項　本条は，外国裁判所が下した以下の判決に適用される。
(a) 第3項が定める重畳的賠償額（multiple damages）を命ずる判決
(b) 第4項の命令が発効した後に，当該命令において特定または規定された条項
または法規に基づいて下された判決
(c) 上記(a)または(b)に該当する判決によって命じられた賠償額の求償請求権に
関する判決
第3項　第2項(a)にいう，重畳的賠償額とは，有利な判決が下された者が被った
損失または損害の補償として評価された金額の，二倍，三倍，もしくは数倍にする
ことで導かれた金額の支払いを命ずる判決をいう。
第4項以下　省略
第6条
第1項　本条が適用されるのは，外国裁判所が，第5条第3項にいう重畳的賠償額を
命ずる判決を，以下に掲げる者，すなわち
(a) 英国および英国植民地の市民（citizen）
(b) 英国において，または英国政府の国際関係上責任を負う英国外の領域におい
て設立された法人（body corporate），
(c) 英国において事業を行う者（person）
（これらの者は，本条では "認定被告 qualifying defendant" という），に対し
て下した場合であり，かつ，有利な判決が下された当事者，または，認定被告
に対して損害額の支払いを求める資格を有する別の当事者に，損害算定額が認
定被告によって支払われた場合である。
第2項　認定被告は，下記第3項および第4項にしたがい，有利な判決を得た当事者
から，塡補すべき部分を超える金額として第1項で述べられた額を回復する資
格を有する；当該部分とは，当事者が賠償請求を認容された全損害の一部を構
成するものであり，当該当事者が被った損失または損害に対する塡補として判
決裁判所が算定した額と同じ部分であり，これは損害賠償額全体を構成する額
の一部分であると解されなければならない。
第3項　第2項は，認定被告が，判決を下した訴訟が開始した時点で通常の外国居住
者であった個人，または，事業本拠地を海外に有する法人である場合には，適
用されない。
第4項　第2項は，認定被告が海外で事業を行い，かつ，判決を下した手続が当該外
国でのみ行われた活動と関連する場合には，適用されない。
第5項以下　省略
（この Protection of Trading Interests Act 1980 の条文は，http://www.legislation.gov.
uk/ukpga/1980/11 を参照した。最終閲覧日 2019 年 3 月 21 日。同法律については，つ
ぎの文献が参考になる。Neuhaus, Power to Reverse Foreign Judgments: The British
Clawback Statute under International Law, 81 Colum. L. Rev. 1097 (1981).）

根拠を構成するものではない，とする。

Ⅲ　日本法の解釈

1　従来の議論

　先に紹介したドイツでの議論を基に，外国判決が日本で不承認となった場合に，日本で不当利得返還請求訴訟を提起することの可否をめぐる問題を検討する。

　これまで日本で，外国判決不承認による不当利得返還請求訴訟が大きな議論の対象とならなかったのは[52]，つぎのような事情が考えられる。第1に，本稿が扱うテーマは外国で下された判決が不承認となることが前提となるが，そのこと自体がこれまでは必ずしも多く生じたとはいえず，具体的な事案が生起しにくい状況にあったと考えられること。第2に，外国判決を不承認とすることで，日本側当事者が目的を達したと考え，不当利得返還請求を提起する動機が欠けていたと考えられることである。

　以下では，日本企業が外国の裁判所で懲罰的損害賠償を命ずる判決が下され，当該外国で執行がなされた後に，日本企業が日本の裁判所で填補賠償を超える部分の金銭の支払を求める訴訟を提起した場合を念頭に，国際裁判管轄，準拠法の決定，準拠法が日本法となった場合の民法703条，とくに「法律上の原因」をめぐる問題について検討を試みる。

2　国際裁判管轄

　外国判決が日本で不承認となり，日本で不当利得返還請求訴訟を提起する場合，国際裁判管轄原因が問題となる。しかし，渉外的な不当利得返還請求訴訟に関する国際裁判管轄を日本法は特別には定めていない。そのため，まず一般原則に従い普通裁判籍（民事訴訟法3条の2）によることが考えられる。また，ドイツでは外国判決が不承認となった場合に，ドイツでの権利保護を確保させるために，ドイツに緊急管轄を認めることの可否が論じられている[53]。たとえ

---

[52]　石黒・前掲注(7)513頁，593頁および626頁は，取戻しを認める。

[53]　Vgl. Martiny, a.a.O. (Fn. 12), Rdnr. 344; Stein/Jonas/Oberhammer, a.a.O. (Fn. 18), EuGVVO Art. 33 Rdnr. 16.

ば，当事者間で専属的合意が締結された外国裁判所が下した判決を公序違反や相互保証の欠如を理由にドイツが不承認とした場合，ドイツで訴訟を提起しようとしても，この他国を専属管轄とする国際裁判管轄の合意によってドイツの裁判所は国際裁判管轄を有しない。そのため，例外的にドイツに国際裁判管轄を認めるために，緊急管轄の議論が出てくることになる。日本においても，外国裁判所を専属的に合意した場合には，ドイツと同様に緊急管轄を検討する必要性がある[54]（もっとも，この問題は，合意の効力が及ぶ事項的範囲の解釈に関わる。なお，消費者契約や労働契約については，民事訴訟法3条の7第5項第1号括弧書き，および第6項第1号括弧書きを参照[55]）。その他に，たとえば，被告がわが国に住所や営業所等を有していない場合でも，事業活動を理由とする管轄（民事訴訟法3条の3第5号）が認められる場合がある。また，親子会社のような場合には裁判籍の併合（民事訴訟法3条の6）が検討に値する。

さらに，国際的な不当利得返還請求訴訟の実効性という点では，財産所在地管轄（民事訴訟法3条の3第3号）は重要な管轄原因ということができる。この管轄原因は，国際的には過剰管轄（excessive jurisdiction; exorbitante Zuständig-keit）の典型例として消極的な評価がなされている[56]。たとえば，ドイツ民事訴訟法23条は財産所在地管轄を規定しているが[57]，二重機能説を採用するドイツにおいて，被告の財産だけがドイツに所在する場合でもドイツに国際裁判管轄が認められるのは，管轄が広く認められすぎるとの批判がある。そのため，ブリュッセル（Ⅰa）規則5条2項により，同規則の適用がある場合，ドイツ民事訴訟法23条に基づく訴えを提起することは許されない[58]。わが国におい

---

[54]　なお，最判平成8年6月24日民集50巻7号1451頁，竹下守夫「権利保護の拒絶の回避と国際裁判管轄」駿河台法学10巻2号63頁（1997年）を参照。また，人事訴訟法3条の2第7号の規定をめぐる，内野宗揮編著『一問一答・平成30年人事訴訟法・家事事件手続法等改正』（商事法務，2019年）82頁と澤木敬郎＝道垣内正人『国際私法入門（第8版）』（有斐閣，2018年）316頁の記述も参照。

[55]　佐藤達文＝小林康彦『一問一答平成23年民事訴訟法等改正』（商事法務，2012年）145頁，152頁の解説を参照。

[56]　Vgl. Schack, a.a.O. (Fn. 47), Rdnr. 367.

[57]　同条の成立史については，つぎの文献が非常に詳細である。Hubig, Die historische Entwicklung des § 23 ZPO, 2003.

[58]　Thomas/Putzo/Hüßtege, ZPO, 40.Aufl.2019, EuGVVO Art. 5 Rdnr. 2. ブリュッセル規則（Ⅰa）の構成国に住所を有する者を被告とする訴訟では，ドイツ民事訴訟法23条

ても，財産所在地管轄に対する消極的意見が有力説によって主張されていた[59]（被告がホテルに忘れたスリッパ等が管轄原因となりうる）。平成23年の国際裁判管轄立法においては，学説からの批判を踏まえて，二つの場合，すなわち，①請求の目的物が日本に所在する場合，そして②金銭債権につき被告の差押可能な財産所在地（財産価値が著しく僅少の場合を除く）が日本である場合に限定した[60]。しかし，強制執行の実効性という観点からは，財産所在地管轄は重要な役割を果たす[61]。すなわち，判決の承認・執行制度が必ずしも円滑に機能していない現状からすると，財産所在地国である日本で判決を得て強制執行を行うことについて，日本訴訟の債権者が有するメリットは少なくない[62]。本稿の問題意識との関係では②が重要な意義を有しよう。

3　準拠法決定と実質法の解釈

(1) 法律関係の性質決定[63]

不当利得は，法律上の原因なくして他人の財産または労務によって利得を得，それによって他人に損失を与えた場合に，利得を得た者が損失を受けた者に対して利得を返還する制度であり，各国で認められている制度である。しかし，その内容（要件・効果）は各国実質私法上相違があるため，準拠法を決定する

は管轄原因とすることができないが，同規則の構成国に住所を有しない者に対する訴訟では同法23条は管轄原因とすることができる。Münchener Kommentar/Patzina, ZPO, Bd. 1, 5.Aufl.2016, § 23 Rdnr. 24. ドイツにおける財産所在地管轄をめぐる学説の紹介等は，石川明=石渡哲編『EUの国際民事訴訟法判例』（信山社，2005年）114頁〔中野俊一郎〕も参照。

[59]　参照，池原季雄「国際的裁判管轄権」鈴木忠一=三ケ月章監修『新・実務民事訴訟講座(7)』（日本評論社，1982年）29頁，東京地判昭和34年6月11日下民集10巻6号1204頁。

[60]　佐藤=小林・前掲注[55]44頁以下。

[61]　Schack, a.a.O. (Fn. 47), Rdnr. 367.

[62]　高橋宏志「国際裁判管轄」澤木敬郎=青山善充編『国際民事訴訟法の理論』（有斐閣，1987年）61頁，渡辺惺之「財産関係事件の裁判管轄権」澤木敬郎編『国際私法の争点（初版）』（有斐閣，1980年）151頁を参照のこと。

[63]　本稿で検討する問題は，外国での強制執行それ自体が不当である場合とは区別される。たとえば，詐欺に基づく判決による強制執行は不法行為と性質決定されよう（執行国法が準拠法）。Vgl. Geimer, a.a.O. (Fn. 9), S. 105; Staudinger/v. Hoffmann, BGB, 2001, Art. 40 EGBGB Rdnr. 287.

16 外国判決不承認による不当利得〔芳賀雅顯〕

必要がある[64]。すなわち，当該法律関係が，法の適用に関する通則法が定める単位法律関係（不当利得）に該当するのか否かを検討する必要がある（国際私法上の法律関係の性質決定の問題）。この問題は抵触法上の解釈問題であり，特定国の実質法上の概念からは解放されて国際私法が独自に解釈すべき問題である[65]。

(2) 外国判決の承認と準拠法決定の関係

たとえば，金銭支払いを命ずる外国判決が承認要件を充足しているとして日本で承認される場合には，不当利得返還請求訴訟の可否を検討する余地はなくなる。他方，外国判決が承認要件を充足していないとして，その一部または全部が日本で承認されない場合には，不当利得返還請求の問題が生じる。したがって，外国判決の承認の可否は，不当利得返還請求訴訟において前提となる問題として捉えることができる。もっとも，筆者は，この問題は，いわゆる国際私法上の先決問題とは異なる問題であると考える[66]。

(3) 準拠法の決定

不当利得の準拠法について，法の適用に関する通則法は 14 条から 16 条にかけて規定している。これらの中で重要と思われるのは，14 条および 15 条である（本稿が検討する問題との関係では，当事者が準拠法の合意をすることは極めて

---

[64]　山田鐐一『国際私法（第 3 版）』（有斐閣，2004 年）347 頁などを参照。

[65]　神前禎ほか『国際私法（第 4 版）』（有斐閣，2019 年）157 頁を参照。

[66]　マルティニーは，〔外国判決の〕承認という前提問題（Vorfrage）はドイツ民事訴訟法 328 条によって解答されなければならないと述べる。Martiny, a.a.O. (Fn. 12), Rdnr. 339. しかし，ここでの Vorfrage は，いわゆる国際私法上の先決問題とは異なる意味を有するともいえる。というもの，国際私法上の先決問題は，本問題（たとえば，相続）の先決的な単位法律関係（たとえば，婚姻の有効性）の判断をいずれの法によって判断すべきかを論じることが一般的といえる（準拠法決定の問題）。他方，本稿で論じる問題は，不当利得の前提として外国判決の承認の可否が問題となるが，判決承認は承認国訴訟法による手続的な処理がなされる。すなわち，判決国での判決内容を承認国で認めるのか否かという承認要件充足の手続法的判断を行うにすぎず，その限りで法律関係を判断する準拠法の決定という作業は必要ない。その意味において，少なくとも従来論じられていた先決問題の典型的な問題状況とは異なるといえる。先決問題については，池原季雄『国際私法（総論）』（有斐閣，1973 年）274 頁，溜池良夫『国際私法講義（第 3 版）』（有斐閣，2005 年）227 頁，中西康ほか『国際私法（第 2 版）』（有斐閣，2018 年）120 頁，三浦正人『国際私法における適応問題の研究』（有斐閣，1964 年）231 頁，とくに 236 頁注(6)，山田・前掲注[64] 159 頁などを参照。また，Kegel/Schurig, a.a.O. (Fn. 9), S. 376 の問題設定を参照。

稀であろう）。14 条は原因事実発生地法を，また，15 条は最密接関係地法の適用を定めている。

　法の適用に関する通則法 14 条は，不当利得地法の適用を定めている（不当利得地法主義[67]）。この不当利得地とは，多数説・判例によると不当利得の原因事実発生地を指すと解されており，具体的には「利得の直接の原因をなす行為または事実の発生した場所」とされる[68]。したがって，たとえば，懲罰的損害賠償を命ずる判決が外国で下された場合には，同法 14 条にいう不当利得地は現実に当該判決に基づいて強制執行がなされた国（法域）の法となると考えられよう。しかし，懲罰的損害賠償を命ずる判決に基づいて強制執行を認めた国（法域）の実質法上は，そもそも不当利得を構成しないと考えられる。そのため，不当利得訴訟を提起する意味はないように思われる[69]。

　他方，法の適用に関する通則法 15 条は，同法 14 条に優先して適用されると解されるところ[70]，同法 15 条は 14 条の例外条項として不当利得地法よりも密接な関係を有する地の法の適用を認める。そもそも法の適用に関する通則法 15 条は，不当利得の発現態様が多様であることを理由に設けられたとされる[71]。すなわち，当事者が共通常居所を有している場合には，当事者の社会的な生活基盤をともにしている地の法を優先させることが考えられる。また，当事者間

[67] 　その根拠は，不当利得が正義・衡平の観点から認められる制度であり，不当利得地の公益維持に関わる点にあるとされる。澤木=道垣内・前掲注[54] 237 頁，松岡博=高杉直『国際関係私法講義（改題増補版）』（法律文化社，2015 年）137 頁。不当利得の準拠法決定に関する諸主義の紹介は，山田鐐一「不当利得の準拠法の決定」『谷口知平教授還暦記念　不当利得・事務管理の研究(3)』（有斐閣，1972 年）317 頁以下などを参照。
[68] 　櫻田嘉章=道垣内正人編『注釈国際私法(1)』（有斐閣，2011 年）400 頁〔北澤安紀〕。具体例については，同書 397 頁を参照。
[69] 　この場合，法の適用に関する通則法 42 条の公序則を発動して日本法を適用する考えもあり得よう。しかし，後述のように，法の適用に関する通則法 15 条の適用が 14 条に優先するとされることから，公序を持ち出すまでもなく，15 条によって当該外国判決を下した国以外の国の法の適用が考えられる。公序則発動後の法適用関係については，古くから学説・判例において議論があるが，本稿が提起する問題との関係では法廷地実質法である日本民法の適用が考えられる。公序則発動後の法適用の関係に関する議論は，さしあたり，小出邦夫編著『逐条解説・法の適用に関する通則法（増補）』（商事法務，2014 年）375 頁を参照。
[70] 　小出編著・前掲注[69] 181 頁，櫻田=道垣内編・前掲注[68] 389，402 頁〔北澤〕。
[71] 　櫻田=道垣内編・前掲注[68] 405 頁〔北澤〕。

が契約関係にあったところ契約関係が破綻して給付物の返還請求が問題となる場合には、準拠法の分断に伴うモザイク的な処理を避けて、原因関係の準拠法による一体的な処理を行う方が簡明な法律関係の処理に資すると考えられる[72]。これらの場合には、不当利得地以外の法による、準拠法決定をおこなう合理性があるとされた[73]。しかしながら、本稿で論じている問題は、上記のいずれにも該当しないケースのように思われる。というのも、法の適用に関する通則法15条が定めている共通常居所の場合との関係では、日本企業と外国企業は常居所（本拠地）を異にしていると通常は考えられるであろうし、また基本関係の準拠法との関係では、日本では懲罰的損害賠償の部分は承認されないため、懲罰的損害賠償を認めた基本関係の準拠法の適用を認めることはできないと考えられるからである。したがって、本稿で論じた問題の場合は、同条にいう「その他の事情」に該当するものと考えられる[74]。この場合、最も密接な関係があるのは、当該懲罰的損害賠償を命じた判決を不承認とした承認国である日本であり、日本法が準拠法となると考える。

(4)　「法律上の原因」

日本法が準拠法となる場合、民法703条の適用が考えられる。同条の伝統的な理解によると、適用要件は、利得、損失、法律上の原因の欠如、そして利得と損失の因果関係である[75]。

本稿の問題意識との関係で、同条の適用に際して最も問題となるのは、法律上の原因の有無である[76]。すなわち、外国判決に基づいて外国で強制執行が行

---

(72)　なお、法の適用に関する通則法が施行される以前の学説では、不当利得の準拠法は原因関係の準拠法に依らせる見解が多数を占めていたとされる。しかし、これに反対する見解も有力であった。たとえば、不当利得が多様な場面で生じることを根拠に、原因関係の準拠法以外の適用を認める見解は、たとえば、非債弁済については弁済行為の延長とみるべきではなく、弁済地法の適用を認めることを説いていた。参照、谷口知平＝甲斐道太郎編『新版注釈民法(18)』（有斐閣、1991年）98頁〔山田鐐一〕。

(73)　小出編著・前掲注(69) 178頁。

(74)　同条の考慮要素の範囲については、小出編著・前掲注(69) 179頁、櫻田＝道垣内編・前掲注(68) 409頁以下〔北澤〕。

(75)　参照、窪田充見編『新注釈民法(15)』（有斐閣、2017年）92頁〔藤原正則〕。

(76)　法律上の原因をめぐる議論の歴史的経緯については、たとえば、川角由和『不当利得とはなにか』（日本評論社、2004年）459頁以下、窪田編・前掲注(75) 70頁以下〔藤原〕。また、裁判実務の状況については、加藤雅信『財産法の体系と不当利得法の構造』（有斐閣、1986年）232頁、滝沢孝臣『不当利得法の実務』（新日本法規出版、2001年）8

われたものの，日本でその判決が不承認となった場合に，法律上の原因を欠く
といえるのかという問題である。ドイツでの議論も，この要件に集中していた
といえる。他方，わが国においては，筆者が参照することができた限りでは，
本稿が検討した問題について言及している最近の文献や裁判例は見出すことが
できなかった。そのため，以下では主としてドイツでの議論を参考に，考察を
進めることとしたい。

　まず，外国で下された判決が，承認国において承認されなかった場合には，
どのような効果が認められるのか。ドイツでは，承認要件を充足していない場
合には，判決国の効力はドイツで認められないとする立場が通説・判例であ
る[77]。わが国においても，一般論としては，外国判決が承認要件を充足してい
ない以上は，承認国において効力を有しないと理解されていると考えられる。
その理由は，次の点に見出すことができる。すなわち，国家は他国の判決を承
認すべき義務を負っているものではなく，承認要件を充足して初めて判決国で
下された判決の効力は，承認国でも生ずる（この点は，外国判決の効力に関する
効力拡張説，効力付与説のいずれの立場でも変わりはない）。したがって，承認要
件を充足していない以上は，当該外国判決は承認国で効力を有しない[78]。そし
て，このことは外国判決が全体として不承認の場合だけでなく，一部不承認の
場合も不承認とされる限りにおいて同様に解される。最高裁も，懲罰的損害賠
償を命ずるカリフォルニア州判決の承認が問題となった判決において，「本件
外国判決のうち，補償的損害賠償及び訴訟費用に加えて，見せしめと制裁のた
めに被上告会社に対し懲罰的損害賠償としての金員の支払いを命じた部分は，
我が国の公の秩序に反するから，その効力を有しないものとしなければならな
い」とし[79]，一部不承認の場合には当該部分につき承認国で効力を有しないと

　　頁以下，とくに114頁を参照。

[77]　Martiny, a.a.O. (Fn. 12), Rdnr. 338; Rosenberg/Schwab/Gottwald, a.a.O. (Fn. 9), §
　　158 Rdnr. 10; Stein/Jonas/Roth, a.a.O. (Fn. 11), § 328 Rdnr. 39; BGH Urt. v. 26. 06. 2003,
　　BGHZ 155, 279.

[78]　もっとも，不承認となった外国判決であっても，民事訴訟法228条5項により当該判
　　決の判決書は証拠方法になると解してよいであろう。参照，秋山ほか・前掲注(5)552頁。
　　1996年改正以前について，菊井維大=村松俊夫著『全訂民事訴訟法〔I〕〔補訂版〕』（日
　　本評論社，1993年）1311頁，鈴木=三ケ月編・前掲注(5)388頁〔青山〕を参照。

[79]　最判平成9年7月11日民集51巻6号2577頁。

16 外国判決不承認による不当利得〔芳賀雅顯〕

している。

　つぎに，わが国で不当利得返還請求訴訟を提起した場合に，先に述べた一般論を貫徹すべきか考えてみたい。ドイツやオーストリアの多数説は[80]，この場合でも先に述べた立場を維持し，内国での不当利得返還請求を肯定する。これに対して，少数説は[81]，司法摩擦を回避する必要性があることを念頭に，不承認となった外国判決であっても，不当利得返還請求との関係では法的根拠がある給付にあたる，あるいは自然債務に該当するとして，ドイツ民法上の返還請求権は認められないとする。別の見解は，内国での訴え提起自体は肯定するが，外国判決を公序違反で承認しなかった場合には，超過分の返還を求めるドイツ法上の法的根拠はないと説く（イギリス通商保護法のような法律が必要であるとする）[82]。この点について，筆者は，日本法が準拠法となる場合について，不当利得返還請求を肯定する立場を支持したい。なぜならば，判決国において通用力を有する判決が他国ではその効力が認められない場合，判決国での給付は承認国において法的に効力を有しないことに変わりはないからである。たとえば，懲罰的損害賠償における填補賠償超過分が公序によって承認国で不承認となった場合と，賭博や人身売買などを理由とする金銭債権の支払いを命ずる判決が承認国で全部不承認となった場合で，検討してみたい。判決の不承認は，当該判決国での法的価値判断が承認国のそれとは相容れないことを意味する。先の例の後者は，賭博や人身売買に基づく金銭債権は日本の基本的法秩序とは相容れないことから公序に反すると判断された。この場合に，判決国での執行が行われ，それに対して当事者が特段他の方法を採らないのであればともかく，日本の裁判所が承認要件を満たさない（公序要件を充足しない）と判断した場合に不当利得を認めないということは，結果として判決国の判断を追従したことになろう。したがって，外国判決が存在するということだけでは不当利得法

---

(80)　Adolphsen, a.a.O. (Fn. 33), S. 10 f.; Geimer, a.a.O. (Fn. 2), Rdnr. 3055 ff.; Martiny, a.a.O. (Fn. 12), Rdnr. 339; Peiffer, a.a.O. (Fn. 30), S. 405; Stein/Jonas/Oberhammer, a.a.O. (Fn. 18),EuGVVO Art. 33 Rdnr. 18; Stein/Jonas/Roth, a.a.O. (Fn. 11), § 328 Rdnr. 39;

(81)　Matscher, a.a.O. (Fn. 43), S. 54; Schack, a.a.O. (Fn. 47), Rdnr. 1132 ff.; Wolff, a.a.O. (Fn. 45), S.133.

(82)　Münchener Kommentar/Gottwald, a.a.O. (Fn. 16), § 328 Rdnr. 193; Nagel/Gottwald, a.a.O. (Fn. 25), § 12 Rdnr. 222.

における法的根拠を有することにはならず[83]，ここでの判決は国内で効力を有する，すなわち外国判決の場合には承認要件を充足していることが必要である。このように解することによって，外国判決承認制度と関係において一貫性のある解釈，すなわち，外国判決は承認国の法秩序が認める要件の下で効力を有することを再確認できるのである。また，金銭の支払いを命じた根拠の全部が不当である場合（賭博や人身売買など）と一部が不当である場合（懲罰的損害賠償）とで区別を設ける必要はなく，外国判決が不当である以上はその利得の返還を認めるべきであり，イギリス通商利益保護法のような法律がなくても請求は認められると考えられる。

IV　むすび —— 司法摩擦との関係

　本稿の結論は，外国判決に基づいて執行等がなされたものの，当該外国判決が日本で承認されなかった場合には，その限りにおいて日本で不当利得返還請求訴訟の提起を認めるものである。この結論は，司法摩擦の回避という観点からは，好ましいものではない。とくに，日本の裁判所が取戻し（claw back）を認める場合，判決国との際限なき訴訟合戦が生ずる可能性がある。この点をどのように評価すべきか。

　司法摩擦の回避を優先させる見解は[84]，いわば各国の訴訟運営上の公的利益を優先させる立場であると解される。なぜならば，当事者の意思如何に関わらず，内国での取戻し訴訟の提起を否定する立場だからである。しかし，他方で公的利益の実現という観点は，内国での取戻し訴訟の提起を肯定する別の側面も内包するように思われる。それは，内国の実質法秩序を渉外民事紛争において貫徹する要請である。すなわち，懲罰的損害賠償を命ずる判決に基づいて，填補賠償を超える部分について外国での執行がなされた場合，あるいは賭博や人身売買などによる金銭の支払いを命ずる判決が下された場合，わが国においてその判決の効力を否定することで国内実質私法秩序の維持を図ることの要請である。また，個々の訴訟で問題となっているのは，いうまでもなく紛争当事者である個々人の権利であり，個人の権利の実現という私的利益が承認国の法

---

　[83]　Stein/Jonas/Oberhammer, a.a.O. (Fn. 18), EuGVVO Art. 33 Rdnr. 18.

　[84]　Schack, a.a.O. (Fn. 47), Rdnr. 1132.

16 外国判決不承認による不当利得〔芳賀雅顯〕

秩序の貫徹という公的利益と結びついたものと解される。そのように解することができるかぎりにおいて，訴訟合戦を回避するという訴訟運営上の公的利益が，承認国の実質私法秩序の貫徹（公的利益）と私人の権利実現（私的利益）を上回るのかという問題に集約されると考えられる。筆者には，前者が後者を上回るとは考えられない[85]。実際に不当利得返還請求訴訟を提起するか否かは，当事者の訴訟戦術上の考慮が左右することになると思われるが，日本法の解釈としてこのような訴訟を当初から閉ざす解釈には疑問が残る。

---

[85] Stein/Jonas/Roth, a.a.O. (Fn. 11), § 328 Rdnr. 39.

17 ブリュッセルⅡa 規則の改正案に見る
   EU における子の奪取事案の解決枠組み

村 上 正 子

Ⅰ は じ め に

　1980 年 10 月 25 日「国際的な子の奪取の民事上の側面に関する条約」[1]（以下,「ハーグ子奪取条約」という）が日本で発効し，その担保法である「国際的な子の奪取の民事上の側面に関する条約の実施に関する法律」（平成 25 年法律第 48 号。以下,「実施法」という）が施行されてからもうすぐ丸 5 年を迎えるが，事例を重ね，また公表判例も増えつつある中で，手探りで始まった運用の問題点が具体的に見えてきた[2]。中でも最も議論されている 1 つは，返還命令の執行手続の問題であろう[3]。返還裁判の審理を経て，返還命令が出されたにも関わらず，奪取親がそれに従わず子を返還しない場合には，現行法の下では，間

⑴　Convention of 25 October 1980 on the Civil Aspects of International Child Abduction.

⑵　日本における実施法の運用状況については，村井壮太郎「国際的な子の奪取の民事上の側面に関する条約の実施に関する法律における子の返還申立て事件の手続と裁判所における運用について」家庭の法と裁判 2 号（2015 年）15 頁以下，篠原康治「東京家庭裁判所における子の返還に関する事件の審理について」ケース研究 326 号（2016 年）42 頁以下，棚橋哲夫・渡辺健一・小川敦「ハーグ条約事件の実務 —— 子の返還事件を中心に」ケース研究 329 号（2017 年）138 頁以下，依田義人「ハーグ条約実施法に基づく子の返還申立て事件の終局決定例の傾向について」家庭の法と裁判 12 号（2018 年）27 頁以下参照。また，西谷裕子「子奪取条約の運用に関する比較法的検討」ケース研究 329 号（2017 年）4 頁以下も参照。

⑶　例えば，「ハーグ条約の実施に関する外務省領事局長主催研究会 —— 参加有識者による議論の取りまとめ」（2017 年）（https://www.mofa.go.jp/mofaj/files/000244351.pdf）2 頁以下，日本弁護士連合会「ハーグ条約実施法の見直しに関する意見書」（2017 年）（https://www.nichibenren.or.jp/library/ja/opinion/report/data/2017/opinion_170217_05.pdf）参照。

接強制を経たうえで執行官による解放実施と返還実施者による常居所地国への返還という二段階の代替執行手続が用意されている（実施法 134 条, 136 条〜138 条）。しかし, 奪取親のみならず, 子自身が返還に激しく抵抗しているため, 結局執行官による解放実施が出来ずに, 執行不能で手続が終了するという事例が目立っている[4]。現行法の執行手続の, 間接強制前置や債務者同時存在の原則などが, 迅速な執行の妨げとなるという指摘は, 立法当初よりなされていたところであり, いわばその懸念が現実化したともいえるわけだが, これらの規定は, 近時の民事執行法改正作業において, あわせて見直されたところである[5]。ただ問題は, 執行手続自体のみにあるわけではなく, 特に執行官による解放実施の際に子自身が拒絶の意思を示している事例においては, 子の返還裁判の審理において, 子の意見を適切に聴取できているのかどうかも検討する必要がある。また, ハーグ子奪取条約は, 子の奪取事案における子の引渡し手段として, 返還前から認められていた他の手続（具体的には, 外国裁判の承認・執行や人身保護請求）との並存を認めており（条約 29 条）, 返還命令の執行が不能に終わった後の人身保護請求において, 返還命令に従わないことをもって顕著な違法性を認めた事例もある[6]。

　一方 EU では, 国際的な子の奪取事案に対応するための枠組みは, 主にハーグ子奪取条約と, ブリュッセルⅡa規則（「婚姻関係及び父母の責任に関する手続における裁判管轄並びに裁判の承認及び執行に関する 2003 年 1 月 27 日の理事会の（EU）Nr.2201/2003 規則」）[7]からなる。ハーグ子奪取条約は, 2019 年 1 月現在で世界 99 カ国が加盟している, ハーグ国際私法会議における条約の中でも最も成功している条約の 1 つであり, EU 内でもハーグ子奪取条約だけでも

---

(4) 2019 年 1 月現在の実施状況については, 外務省のハーグ条約サイトで公表されている。https://www.mofa.go.jp/mofaj/files/000332233.pdf.

(5) 「民事執行法制の見直しに関する要綱案」（http://www.moj.go.jp/content/001270133.pdf）第 6 国際的な子の奪取の民事上の側面に関する条約の実施に関する法律に基づく国際的な子の返還の強制執行に関する規律の見直し（2018 年 10 月 4 日法制審議会第182 回会議において全会一致で原案どおり採択）を参照。

(6) 最判平成 30 年 3 月 15 日民集 72 巻 1 号 17 頁。

(7) Council Regulation (EC) No 2201/2003 of 27 November 2003 concerning jurisdiction and the recognition and enforcement of judgments in matrimonial matters and the matters of parental responsibility, O.J. 2003, L 338/1. 日本語訳は, 法務省大臣官房司法法制部編『欧州連合（EU）民事手続法』（春日偉知郎訳）（法曹会, 2015 年）を参照。

十分に対応可能ではあるが，迅速な返還をより確実なものとするために，ブリュッセルⅡa規則は一般的なスキームであるハーグ子奪取条約と協力して機能し，組織的に返還に好意的な枠組みの構築を意図している。

　そもそもハーグ条約の目的は，不法な連れ去りや留置の予防にある。すなわち，迅速に子を常居所地国に返還するスキームがあれば，子を不法に連れ去ったり留置したりしても，その行為は無駄になることから，連れ去りや留置を未然に防ぐことにつながる。そして，不法な連れ去りや留置によって自己に有利な国際裁判管轄や準拠法を取得することを認めない。この基礎には，何人も自己の不法な行為によって利益を得ることは許されないという考え方がある[8]。ブリュッセルⅡa規則は，ハーグ子奪取条約のこれらの目的の実効性の確保をより強化するために，ハーグ条約を補完する機能を果たしているのである。それと同時に，両者が競合する場面では，ブリュッセルⅡa規則がハーグ条約に優先する関係にある[9]。

　現在EUでは，子の迅速な返還の実現をより確保すべく，ブリュッセルⅡa規則の改正作業が進行している[10]。本稿では，子の返還手続を中心に，現在提案されているブリュッセルⅡa規則の改正案[11]を現行の枠組みと比較して整理し，迅速な返還の実現や構成国間の円滑な判決の承認執行の要請と，子の最善の利益の保護のバランスがどのようにとられているのかを紹介する。本稿で紹介する改正案が日本における運用や解釈に直接役立つとは限らないが，この改正作業において示された問題点は，日本における実施法の運用や，子の監護を

---

(8)　条約の目的については，See, *Elisa Pérez Vera*, Explanatory Report of the Convention on the Civil Aspects of International Child Abduction, para.10ff., available at https://assets.hcch.net/upload/expl28.pdf.

(9)　EU構成国においてはブリュッセルⅡa規則がハーグ子奪取条約に優先して適用されるが（60条2号），ハーグ子奪取条約に多数の国が加盟しているため，子の返還手続には基本的にはハーグ条約を適用し，必要な範囲でブリュッセルⅡa規則により補完または修正されるものとされている。

(10)　改正作業の詳しい進行状況については，http://www.europarl.europa.eu/RegData/etudes/ATAG/2018/614651/EPRS_ATA(2018)614651_EN.pdf. 参照。

(11)　Proposal for a Council Regulation on jurisdiction, the recognition and enforcement of decisions in matrimonial matters and the matters of parental responsibility, and on international child abduction (recast), 30 June 2016, COM (2016) 411 final., (hereinafter, "proposal"), available at https://eur-lex.europa.eu/legal-content/EN/TXT/PDF/?uri=CELEX:52016PC0411&from=EN

めぐる国際紛争の解決において生じている問題点とも共通しており，改正作業で重視されている論点に関する議論は，日本の今後の運用のあり方をめぐる議論の指針として，示唆に富むものであると思われる。

Ⅱ　EU における子の奪取事案の解決枠組み

1　現行のブリュッセルⅡa 規則の規定

EU 内の子の奪取事案の解決の全体的な枠組みは，子が連れ去り直前に常居所地を有していた国が，子の監護権の本案について継続して管轄を有することを原則とし（10 条），ハーグ子奪取条約に基づいて返還拒否の裁判が下された後も，従前の常居所地国での子の監護に関する裁判を奨励し，子の返還を含む裁判を簡易な手続で承認執行するとしている（11 条，40 条ないし 42 条）。

⑴　管轄の継続

10 条の基本的原則は，従前の子の常居所地国が子の監護権の本案については管轄を持ち続けること，言い換えれば，子が違法に奪取された先の国の裁判所は子の監護権の本案について管轄を持たないとするものである⑿。ハーグ子奪取条約は国際裁判管轄を規定するものではなく，連れ去り先の国の裁判所が返還を拒否した場合，ハーグ子奪取条約には，当該国が子の監護権の本案について審理することを防止する規定がないことが，条約の主要な弱点とされていたが，10 条はこれを補完するものである⒀。どのタイミングで常居所地が変わ

⑿　この規定は，ハーグ子奪取条約と同様に，子の奪取を未然に防止する手段として機能している 1996 年子の保護措置および親責任に関する国際裁判管轄，準拠法，承認，執行及び協力に関する条約（Convention of 19 October 1996 on Jurisdiction, Applicable Law, Recognition, Enforcement and Co-operation in Respect of parental Responsibility and Measures for the Protection of Children）（以下，親責任条約）7 条とほぼ同じ文言を用いている。国境を越えた子の奪取に関してブリュッセルⅡa 規則と親責任条約の規定を比較しつつ検討しているものとして，*Henry Setright QC et al.*, International Issues in Family Law The 1996 Hague Convention on the Protection of Children and Brussels Ⅱ a,(2015), pp.221-254.

⒀　See, *Magnus/Mankowski*, European Commentaries on Private International Law, Commentary Brussels Ⅱ bis Regulation (2017), Art. 10, note 7．長田真理「ハーグ条約の実施および合意解決の状況 ── 各国の経験から学ぶ⑴欧米諸国」二宮周平・渡辺惺之『離婚紛争の合意による解決と子の意思の尊重』（加除出版，2014 年）220 頁以下も参照。

るかについて，10条は，子が別の構成国に常居所を得ただけではこれを認め
ず，監護権を有する親が常居所地の変更に同意をしたか，一定期間の経過によ
り子が新たな環境に適応し，かつ監護親が従前の常居所地国で本案裁判をする
権利を積極的に行使しない，あるいは既に行使した場合にのみ，常居所地国の
変更を認める[14]。連れ去り直前に子が常居所を有していた国の裁判管轄権を尊
重することで，奪取や留置によって何らかの利益を得ることを阻止し，監護権
を争う親はその解決のためには従前の常居所地国で裁判をすることが求められ
る[15]。

⑵ 子の返還の促進

次に11条は，子どもの権利条約12条[16]に照らして，ハーグ子奪取条約に基

---

[14]　①当該子の監護権を有する残された親等が奪取・留置に同意している，又は②残され
た親等が当該子の所在を知った，あるいは知りえたときから少なくとも1年以上，子が
当該国に居住していて，新しい環境に適応していて，かつ③a監護権を持つ親が子の所
在を知った，あるいは知りえたときから1年以内に，当該子の返還申立てをしなかった
こと，b返還申立てが取り下げられ，その後前項期間内に新たな申立てがなされなかっ
たこと，c子の奪取前の常居所地国裁判所に係属している事件が終了したこと，d子の
奪取前の常居所地国裁判所で既に当該子の監護権に関する裁判がなされたこと，のいず
れか1つに該当するまでは，奪取直前の子の常居所地国の裁判所が管轄権を維持すると
している

[15]　*Magnus/Mankowski*, Art. 10, note 6. 長田・前掲論文注[12]は，この枠組みは，子の返還
拒否決定で管轄の移動が発生するようになっているハーグ子奪取条約16条と大きく異
なると指摘する。

[16]　UN Convention on the Rights f the Child of 1989, Art.12. Guidelines of the Committee
of Ministers of the Council of Europe on child-friendly justice adopted on 17 November
2010, 'https: //rm. coe. int/CoERMPublicCommonSearchServices/DisplayD CTMCon-
tent?documentId=09000016804b2cf3) Art.44 and 47 も参照。
44条：裁判官は子に影響を与えるすべての事項において，あるいは，子が問題となっ
ている事項を十分に理解していると思われる場合には，子の意見聴取の権利を尊重する
べきである。この目的のために用いられる方法は子の理解度と交渉能力に合わせるべき
であり，また，当該事件の事情を考慮に入れるべきである。子は意見聴取を望む方法に
ついて相談されるべきである。
47条：子はその年齢のみを理由に意見聴取の機会を奪われるべきではない。自身に影
響を与える事件において意見を聴いてほしいという場合にはいつでも，裁判官は，子の
最善の利益にかなうといえない場合は別として，子の意見聴取を拒絶するべきではなく，
当該事件における自身に関する事項について，その意見を聴くべきである。
　なお，ハーグ子奪取条約では子の意見聴取は明示されておらず，13条2項の文言か
ら読み取れるにすぎない。

づく返還裁判における子の意見聴取の機会の保障を明文化し（2項），6週間以内に決定を下すことを義務づけている（3項）。また，ハーグ子奪取条約は，子を常居所地国に迅速に返還するというスキームこそが，子の奪取を未然に防止し，子の利益に資するという考えを基礎としているが，同時に，子を返還することがかえって当該子に対する重大な危険となる場合など一定の返還拒否事由（条約13条）を設けることで，子の利益の実現をはかっている（迅速かつ安全な返還のバランス）。11条は，子の返還を確実にするというポリシーのもとで，ハーグ子奪取条約のこのスタンスに2つの主要な変更を加えている。第1に，子が返還された後の保護を保障する適切な取り決めがなされていると証明された場合には，子の返還申立てがなされた裁判所は，「子が心身に害悪を受け又は他の耐え難い状態に置かれることとなる重大な危険」があることを返還拒否事由とする13条1項bに基づいて返還を拒否することはできないとしている点である（11条4項）。もともと制限的な適用とされている同条をさらに制限するとともに，返還裁判を審理する裁判官に，アンダーテイキングやミラーオーダーについての広い裁量を認めているものであるが，保護措置は子の安全な返還を確実にするために十分具体的かつ現実的なものでなければならず，それを確保するためには中央当局間の協力が不可欠であるとされている[17]。第2に，従前の子の常居所地国で下された判決を基本的に優先するという点である。この点は10条が，連れ去り前の子の常居所地国裁判所の管轄権を原則として維持していることとつながっている。すなわち，子の返還申立てを審理する裁判所がハーグ子奪取条約13条に基づいて子の返還を拒否した場合には，当該裁判所は連れ去り前の常居所地国の裁判所に返還拒否の理由を明らかにする文書等を1ヶ月以内に到達するよう送付しなければならず（11条6項），当該文書を受領した裁判所等は当事者に対して，その旨を通知したうえで，通知の日から3ヶ月以内に子の監護に関する審理の申立てをするよう促すこととしている（同条7項）[18]。当事者が何ら申立てをしない場合には，裁判所は事件を終結する。その場合，連れ去り先の国の裁判所が将来の紛争に関しては管轄を持

---

[17]　*Magnus/Mankowski,* Art. 11, note 4 6.

[18]　このタイムリミットは，子の状態を完全に安定させるために，可能なかぎり最も迅速な判断を得ることが重要であることをリマインドするものである。*Magnus/Mankowski,* Art.11, note 66.

つことになる（10条b3項参照）。当事者が申立てをした場合には，裁判所は，準拠法に基づいてそれが最善と考える本案についての判断をすることができる。このような判断は，子が元の常居所地国に返還されなければならないことを含みうる。その場合，裁判所は子の返還を命じることができ，この判断は，連れ去り先の国でなされたハーグ子奪取条約に基づく返還拒否の判断と抵触することになる。

　これらの規定はいずれも続く8項を機能させるための重要な規定とされる。すなわち，8項によれば，返還拒否の裁判にもかかわらず，本規則で管轄が認められる裁判所が後から下した子の返還を求める判決は，後述する簡易化された手続によって執行可能とされる。既に述べたように，ハーグ子奪取条約は管轄ではなく，あくまでも返還のためのスキームを定めたものであることから，子の返還を命じる裁判が下された後に，従前の常居所地国の裁判所が子の監護権に関する本案判断の中で子の返還を命じることを禁じるものではない。しかし通常は，子の所在地国で返還拒否の裁判がなされている以上，他国で返還命令が出されてもその効力を認めることはあまり考えられず，その実効性は乏しい[19]。11条8項は，従前の常居所地国の裁判所によってなされた返還命令は，奪取先の裁判所によって下された返還拒否の判断を乗り越え，これに優先して執行されるとする。この制度的枠組みは，EU圏内でのみ有効な地域的かつ特別な国際合意であり，構成国裁判所間の相互の信頼を不可欠な要素として成り立つものである[20]。

(3) 執行手続の簡易化

　最後にブリュッセル規則は，簡易化された執行手続について規定する。規則第4節は，①当該子がその構成国から連れ去られ，かつ②連れ去り先の国の裁判所か当局が既にハーグ子奪取条約13条に基づいて返還拒否の判決を下していることを要件として，規則11条8項の原則に基づき，当該子の常居所地国の返還判決に適用される。すなわち，矛盾する2つの判決がある場合にのみ，

---

[19]　長田・前掲論文注[12] 224頁参照。

[20]　*Magnus/Mankowski*, Art. 11, note 72-77. ブリュッセルⅡa規則11条6項から8項の下での実務については，*Paul Beaumont, Lara Walker & Jayne Holliday*（2016）Conflicts of EU courts on child abduction: the reality of Article 11(6)-(8) Brussels Ⅱa proceedings across the EU, Journal of Private International Law, 12:2, 211-260, DOI:10. 1080/17441048.2016.1206708 参照。

常居所地国裁判所の返還命令が優先され，簡易に執行されることになる（40条1項b）[21]。簡易な執行とは，返還命令を下した裁判所が一定の要件充足のもとで証明書を発行した場合には，執行宣言を必要とせずに承認執行できるとするものである。その要件とは，①子が，その年齢又はその成熟度を考慮して審尋が不適当とみなされる場合を除き，審尋を受ける機会を有したとき，②双方の当事者が審尋の機会を有したとき，③裁判所がその裁判を言い渡す際に，ハーグ子奪取条約13条により言い渡した裁判の基礎となっている諸理由及び証拠方法を斟酌したときの3つである。これら全ての要件を充足するときは職権で証明書を発行し，さらに裁判所又は他の当局が，子をその常居所地国へ返還する保護措置の確保に関与するときは，当該保護措置を証明書に記載しなければならないとされる（42条1項，2項）。これにより，子の従前の常居所地国裁判所で下された子の返還を命ずる判決は，他の構成国で下された返還拒否命令に優先され，当該国における返還命令の執行手続は簡易化される。11条8項は42条とあいまって，ハーグ子奪取条約によって規定されている協力をはるかに超え，子の常居所地国への返還を強力に支持するものであり，その意味で，ハーグ子奪取条約のスキームに対する最もラディカルな変更をもたらすものといえる[22]。

2　現行の規定の問題点[23]

　現行の規定については，主に審理の迅速性，子の意見聴取等について問題点が指摘されている。上述のように返還手続には6週間ルールが適用されるが，第一審なのか，抗告審も含むのか，または返還命令の執行まで含んで6週間なのかが明確ではないし，現在の規則は，申立てを受理した中央当局による手続については期限を設けていない。加えて，各国の国内法に，返還命令に対して

---

[21]　つまり，11条8項の下で下されていない判決，特にハーグ子奪取条約13条の下での返還拒否の判決が先行していない，単なる子の返還を命じる判決は，ブリュッセル規則Ⅱa28条以下の通常の手続によってしか執行されないことになる。

[22]　*Magnus/Mankowski*, Art. 11, note 77.

[23]　Proposal, pp. 3-5ff. *Thalia Kruger & Liselot Samyn* (2016) Brussels Ⅱ *bis*: successes and suggested improvements, Journal of Private International Law, 12:1, 132-168, DOI: 10.1080/17441048:2016.1151150 も参照。特に pp.162-167 では，ブリュッセルⅡa規則の一部について具体的な改正案も提示されている。

Ⅱ　EUにおける子の奪取事案の解決枠組み

認められている不服申立てに制限が設けられていないことも，この期限遵守の問題の一因となっている。事件処理の遅延はまた，いくつかの締約国において返還の申立てを処理する裁判所の専門性の欠如にも原因があるとされる。

　子の意見聴取の機会の保障については，現行規則は子の意見を聴かなければならないと規定はしているが，裁判所が子の年齢と成熟度に鑑みて意見聴取を不適切と考えれば，子の意見を聴取しないと判断することを認めている。そして実際には子の意見が聴取されていない場合が多く，それにもかかわらず上述の証明書（42条2項）が発行されているという指摘もある[24]。その結果，加盟国は他国の手続を信頼せず，子が意見聴取の機会を与えられていないことが，判決の承認執行を拒絶する最も一般的な理由となっている[25]。さらに，子の意見聴取の方法が各国によって異なることから，特に，子の意見聴取に関してより厳しいルールを設けている国は，その基準に沿わない場合には，他国の判決を承認執行しない傾向が指摘されている[26]。また，EU内で何ら共通のルールがないことから，裁判官は，当事者の申立てにかかわらず職権で意見聴取するべきかを判断するのか，意見聴取ができる子の最低年齢はいくつか，裁判所が子の意見を聴取するのに用いることができる方法や手段，裁判官自らが子の意見を聴かなければならないのか，それとも委任されたソーシャルワーカーなどの専門家が聞けば足りるのか，裁判所での子の代理の方式（後見人の指定など）など，多くの争点がオープンのままである[27]。

　この他にも，実効的な執行や中央当局間の協力などについても問題点が指摘されている。

---

[24]　*Benedetta Ubertazzi* (2017) The hearing of the child in the Brussels Ⅱa Regulation and its Recast Proposal, Journal of Private International Law, 13: 3, 568-601, DOI: 10. 1080/17441048.2017.1386262, at pp.581. ブリュッセル規則11条6項ないし8項によって規律されるEU域内での返還手続では，80％のケースでは，それでも裁判所は42条の証明書を発行しているとする。

[25]　*Benedetta Ubertazzi*, pp. 589ff.

[26]　加えて，子の意見聴取の機会の保障は，現行規則では返還裁判との関係でのみ重視され，親責任事件の全てに関する一般的な規定にはなっていない。仮に子の意見を聴かずに判決が下された場合には，当該判決が子の最善の利益を十分に考慮していない危険があると指摘されている。Proposal, p.4.

Ⅲ　ブリュッセルⅡa規則の改正案

1　ブリュッセルⅡa規則改正手続の経緯

　2014年4月15日，欧州委員会は実務における規則の運用を評価し，その適用における制度への必要な修正を検討した報告書を欧州議会，理事会及び欧州経済社会評議会に提出した[28]。一方欧州議会は2016年4月28日，EU域内の子の最善の利益を保護するための解決（resolution）を採択し，かねてより要請のあった子の利益保護の強化について，ブリュッセルⅡa規則の改正が必要であることを指摘した[29]。これを受けて，2016年6月30日，欧州委員会はブリュッセルⅡa規則の改正案を採択し，EU理事会及び欧州議会に提案した（以下，「欧州委員会提案」とする）[30]。

　この改正手続は，欧州連合運営条約81条3項（Art.81 (3) of the Treaty on the Functioning of the European Union）に基づいて行われ，特別立法手続のうち諮問手続（consultation procedure）に従って進められている（2016/0190 (CNS)）。この手続のもとでは，欧州委員会提案について，欧州議会及び欧州経済社会評

---

(27)　子が意見聴取されるかどうかを決める基準は年齢と成熟度である。*Benedetta Ubertazzi*, pp. 590-594. によると，最低年齢を定めていない国（クロアチア，ポーランド，UK）もあるが，定めている国は10歳（ブルガリア，ルーマニア），14歳（スペイン），15歳（フィンランド）など様々であるが，裁判所の裁量で，これらの最低年齢よりも若い子も意見聴取されている。子の代理人についての制度も様々である。EU加盟国の大半では，家事事件に関与する子にはリーガルエイドを無料で受ける権利が認められている。例えばフランスでは，子が自発的に弁護士に相談を求めた場合には，法的アドバイスは無料で提供される。このように各国の法が異なることから，どの法を適用するかが結論を左右することにもなるが，この問題は手続の問題か実体の問題かで対立がある。手続の問題であれば，「手続は法廷地法による」の原則により，返還裁判や監護権本案の審理をしている国の手続法が適用されるのに対して，実体の問題であるとすると，本案に適用される準拠法（子の常居所地国法）が適用されることになるとする。P. Beaumont et al., pp. 232-250 も参照。

(28)　COM (2014) 225 final. (http://www.justicewatch.eu/20140415_EU_CommissionReport_EN_1-2014-225-EN-F1-1.Pdf).

(29)　European Parliament resolution of 28 April 2016 on safeguarding the best interests of the child across the EU on the basis of petitions addressed to the European Parliament (2016/2575 (RSP)). (http://www.europarl.europa.eu/sides/getDoc.do?pubRef=-//EP//NONSGML + TA + P8-TA-2016-0142 + 0 + DOC + PDF + V0//EN).

Ⅲ　ブリュッセルⅡa規則の改正案

議会は諮問機関として欧州理事会に意見を表明し，欧州理事会はその意見を踏まえて審議をし，最終的には欧州委員会提案の改正案を全会一致で採択することになる。欧州委員会提案について，欧州経済社会評議会は，2017年1月26日に意見表明を行い，欧州議会（主担当は法務委員会）は審議を経て議会意見を作成し，2018年1月18日に議会本会議において賛成多数（賛成562，反対16，棄権43）でこれを可決し，理事会に提出した[31]。欧州議会は特に以下の点を強調していた。すなわち，手続に関与する両親を平等に扱い，彼らが遅滞なく，完全に理解できる言語で，全ての手続きについて知らされることを確保すること，子の最善の利益を常に考慮すべきこと，特に子の意見表明権は，各国の手続法，EU人権宣言及び国連子の権利条約に従って行使されるべきであり，子の意見聴取は裁判官もしくは特別に訓練を受けた専門家によってなされるべきであること，なんらのプレッシャー，特に両親のプレッシャーなしで，子に優しい状況で，子の年齢に適した言葉遣いや内容で，子の精神的な尊厳を認め，子の最善の利益が保護されるようあらゆる手段を講じなければならないこと，調停は時に家族が友好的かつ迅速な解決に至る唯一の法的方法であることから，司法及び行政当局はメディエーターの選択や運営に関して，裁判所の手続の前及び途中で当事者を支援するべきであり，調停を行うための経済的支援も同様であること，子の返還手続について，裁判所が子の返還を命じた場合には，返還先の常居所地国の中央当局に，返還裁判及びその効力が生じる日を通知するべきであること，親責任にかかる事件においては，中央当局は責任を負う親がその意味を理解しないまま同意をしないように，バイリンガルの弁護士をつけるなど，あらゆる適切な支援をするべきであること，国境を越えた家族法の分野においては，司法協力を促進するためのトレーニング，例えばセミナーや情

---

(30)　Proposal, supra n11. 欧州委員会提案については，*Christian Kohler/ Walter Pintens*, Entwicklungen in europaischen Personen-und Familienrecht 2015-2016, ss.1515-1517, 西川・前掲論文(2) 18頁注47に概要の紹介がある。なお，改正手続の流れについては European Parliament Legislative Observatory, Procedure file 2016/0190 (CNS), https://oeil.secure.europarl.europa.eu/oeil/popups/ficheprocedure.do?reference=2016/0190 (CNS)&l=en.を参照。また，一般的なEUの立法手続については，中西優美子『EU法』（新世社，2012）110頁以下，332頁以下を参照。

(31)　欧州経済社会評議会の意見は，SOC/549-EESC-2016-05280-00-00-AC-TRA (EN)，欧州議会の意見は，P8_TA (2018) 0017 (http://www.europarl.europa.eu/sides/getDoc.do?pubRef=-//EP//NONSGML+TA+P8-TA-2018-0017+0+DOC+PDF+V0//EN.

373

報交換などが，EU としても各国レベルとしても必要であり，それによって本規則，その内容及び効果の認知度が高められるとともに，各国の司法制度に対する相互の信頼が構築されることなどである。

　一方欧州理事会も並行して審議を重ね，上記欧州議会の諮問を受けて，同年11 月 30 日，議長国から理事会に宛てて理事会の立場（General Approach）を表明し，同年 12 月 12 日には事務総局から各国の EU 代表（delegations）に対して，同一内容の文書が送付された（以下，「理事会修正案」とする）[32]。この理事会修正案は同年 12 月 19 日に欧州議会の再諮問に付され，法務委員会は理事会修正案に関する報告書を採択し，欧州議会に対して理事会修正案を承認するよう勧告をだし，2019 年 1 月 31 日，法務委員会の当該最終報告が本会議に提出された。上述のように欧州委員会提案は特別立法手続に服することから，最終的には理事会の全会一致をもって，ブリュッセルⅡa 規則の改正は成立する。

　ここでは，欧州委員会提案を中心に理事会修正案にも言及しつつ，EU における子の奪取事案の解決枠組みの改正案について，その概要を紹介する。

2　EU における子の奪取事案の解決枠組みの改正案

　欧州委員会提案は，子の奪取のために独立した章（第 3 章）を設け，主に管轄集中や返還審理の迅速化など返還手続の効率性，上訴の制限，メディエーションの活用など新たな規定を追加している。子の奪取事案に関連する規定の新旧対応は以下のとおりである。

　9 条は現行規則（以下，「現」とする。）10 条（従前の常居所地国の管轄の継続）に対応するもので，内容的に大きな変更はないが，子が他の構成国に滞在し，そのことを監護権を有する者等が知りまたは知るべきであったときから最低 1年以上経過し，子が新たな環境に適応している場合という，子の常居所地国の変更が認められる条件に，ハーグ子奪取条約 13 条以外の理由で監護権者による返還の申立てが拒否された場合を追加している（9 条（b）（ⅲ））。続いて 20

---

[32]　Proposal for a Council Regulation on jurisdiction, the recognition and enforcement of decisions in matrimonial matters and the matters of parental responsibility, and on international child abduction (Recast) -General approach, Brussels, 30 November 2018 (OR.en), 14784/18 (hereinafter," General approach"), Brussels, 12 December 2018 (OR. en), 15401/18．なお，本文で引用する際には前者の文書を用いる。

条は新設であり，これまで現 11 条 2 項でハーグ子奪取条約 12 条及び 13 条が適用される場合にのみ明示されていた子の意見表明の権利を，親責任に関する事件一般について規定するものである[33]。この際に注目すべきは，これまでは子の意見表明の機会の保障の要否が，子の年齢又は成熟度を考慮した裁量に委ねられていたのに対して，欧州委員会提案では，子が自分の意見を表明する能力があればすべからく機会は保障しなければならず，子の年齢又は成熟度は表明された意見を尊重する際の考慮要素とされている点である[34]。なお，理事会修正案は，子の意見表明の機会は，欧州人権条約（Convention for the Protection of Human rights and Fundamental Freedoms, Rome, 4 November 1950）24 条 1 項及び子の権利条約 12 条に照らして，本規則の適用において重要な役割を有するが，子の意見を誰が聴くか，どのように聞くかという問題は，それぞれの構成国の国内法及び手続に委ねられることから，その旨を明示することを提案している[35]。

　第 3 章は 21 条から 26 条で，子の奪取に関連する規定をまとめている。21 条は現 11 条 1 項に対応している[36]。なお，理事会修正案は，21 条 a を追加し，中央当局にも申立ての受理と処理について迅速に手続を進めることを義務づけるよう提案している[37]。22 条は新設で，構成国に，ハーグ子奪取条約事案を限

---

[33]　「この章のセクション 2 に従い管轄権を行使する場合には，構成国の当局は，自身の意見を形成する能力のある子が，手続の間に自由にその意見を表明する真正かつ効果的な（genuine and effective）機会が与えられることを保障しなければならない。当局は，子の年齢及び成熟度に応じて子の意見を適切に尊重し，判決にどの程度尊重したかを記載しなければならない」。

[34]　親責任にかかる判決の相互の承認執行を容易にするために，判決国の裁判所は「子が自身の意見を表明する真のかつ効果的な機会を与えられたかどうか」，そして「相当な考慮が子の意見に対して与えられたかどうか」を記載した証明書を発行しなければならないとされる（53 条 5 項）。他の構成国で判決の承認を求めようとする親にとっては，このことは，承認国の裁判所は，裁判国で子の意見聴取が承認国が採用している基準とは異なる基準でなされた，という事実だけでは承認は拒否されないことを意味する。Proposal, p. 15.

[35]　General approach, p. 37.

[36]　理事会修正案では，返還申立てが直接になされるか，中央当局の援助の下でなされるか区別することなく，関連規定は適用される旨を明示するとしている。General approach, p. 38.

[37]　Ibid., p. 39.

られた数の裁判所に集中させることを義務づけている[38]。23条1項は現11条3項に対応しているが，返還手続の迅速化を強化し，執行可能な返還命令を出すためのタイムリミットを明確にしている。具体的には，第一審と控訴審，それぞれに6週間の期限が適用される[39]。同2項は新設で，審理の早い段階で，当事者が，子の最善の利益を考慮して，友好的な解決を得るためにメディエーションを望んでいるかどうかを調査することを，裁判所に義務づけている（ただし手続を不当に遅延させる場合は除く）。この点について理事会修正案は，手続のいかなる段階でも，子の最善の利益に反しないか，不適切か，あるいは手続を不当に遅延させることにならない限りは，裁判所が直接あるいは適切な場合には中央当局の援助の下で，メディエーションに限らずそれ以外のADR手続の利用可能性を考慮させなければならないとする規定を提案している[40]。24条は現11条2項に対応しており，上述の20条に従った子の意見表明の機会を保障するものであるが，現行規定にある「子の年齢と成熟度を考慮して不適切と思われる場合を除く」という文言を削除している点が注目される。25条1項は現11条4項に対応し，子の適切な保護の確保のための裁判所の義務をより明確に規定している。具体的には，裁判所は，(a) 子の奪取直前の常居所地国の権限ある当局と直接，あるいは中央当局の協力のもと，又は欧州裁判官ネットワークを用いて協力しなければならない，(b) 適切な場合には，本規則12条による保全処分（保護措置を含む）をとらなければならない[41]。なお，理事会修正案は，①申立人が審問の機会を与えられない限りは子の返還を拒否することはできないこと，②裁判所は子の最善の利益を考慮しつつ，手続のいかなる段階でも，子と申立人との間でコンタクトが確保されているかどうかを

---

[38] これによって，この特殊な手続に熟練した裁判官が返還申立てを審理することになり，審理の迅速化につながるとされる。Proposal. P. 13. なお，理事会修正案は，各審級でそれぞれ6週間以内のタイムリミットがあることをより明確に規定するよう提案している。General approach, Art.23 (3), p. 40.

[39] さらに中央当局にも申立ての受理と処理（相手方と子の所在確認，手続を遅延させないよう確認しながらメディエーションを促進し，申立人に有能な弁護士を紹介し，あるいは裁判所に申立をする）について6週間の期限が義務づけられる。Proposal. p. 13.

[40] General approach, Art. 23a, p. 41.

[41] これらの措置は，本規則のもとで管轄を有する構成国の権限ある裁判所が必要と考える措置をとるまで，当該国を含めた他の全ての構成国で承認執行されるべきであるとされる。Proposal, Art. 48.

審理できること，③返還拒否を回避するための適切な措置がとられていることは申立人が証明するか，それ以外の方法で裁判所が納得することが必要であることなどを明記することを提案している[42]。同2項は現11条5項に対応し，同3項乃至5項は新設規定である。3項は，上訴が係属中でも仮執行宣言ができる旨（国内法がこれを認めていなくても），4項は返還命令に対する不服申立ての回数を1回に制限する旨規定する。5項は，通常の親責任に関する判決の執行手続についても6週間の期限を設け，それが遵守されない場合には，執行国の裁判所は裁判国の中央当局に，中央当局の援助なしに手続が始められた場合には申立人に，6週間以内に執行がなされない事実とその理由を通知しなければならないと定めた32条4項が，ハーグ子奪取条約の下でなされた判決の執行にも準用されるとする。この点について理事会修正案は，子の返還を命じる裁判の執行は迅速に行われるべきこと，執行手続開始後6週間以内に執行が完了しない場合に，執行当局による遅延の理由の説明を求める当事者の権利を明示することを提案している（25a条）。26条は，ハーグ子奪取条約の下での子の返還の拒否に関する規定である。1項は新設規定であり，拒否の理由（条文）を明記することを義務づけている。2項は現11条6項に対応する規定であり，返還拒否をした裁判所が奪取直前の子の常居所地国に情報を提供する相手方として，中央当局に加えて欧州裁判官ネットワークを明記し，さらに翻訳文添付を義務づけている。3項は現11条7項に，4項は現11条8項に対応し，奪取直前の子の常居所地国の裁判所は，子の最善の利益と返還拒否の判断の基礎にある理由と証拠を考慮して監護権の本案を審理すべしという文言を追加している。これについて理事会修正案はまず，常居所地国の子の返還を含む監護権の裁判が返還拒否の裁判に優先するという原則は，ハーグ子奪取条約で列挙され

---

[42] 子の適切な保護の具体例としては，返還先の構成国裁判所の，子に対する申立人の接近禁止命令，返還先の国で監護権の本案に関して判断がでるまでの間，奪取親と子が共にいることを認める暫定的な措置，治療の必要な子のための医療施設の受け入れ証明などがある。特定の事案でいかなる措置が適切かは，そのような措置がない場合に子が晒される具体的な危険による。General approach, Para23, p. 9. 中央当局やネットワークジャッジの協力も不可欠である。Ibid., p. 42, note 28. なお，欧州委員会提案では，中央当局のみならず，裁判官や行政機関，ソーシャルワーカー，NGOなどの関係者を含む幅広いネットワークの構築が，ハーグ子奪取条約の円滑な実施に不可欠であるという考えのもと，中央当局及びその他の関係当局の役割の明確化も提案されている。

ている特定の返還拒否事由（13条(1)b・13条(2)）にのみ基づいて子の返還を拒否する判決に限られるべきであるとする（26条a(1)）。さらに，返還拒否をした裁判所が定められたフォームを用いた証明書を職権で発行することを義務づけるとともに，子の従前の常居所地国裁判所に提供すべき文書を列挙している（26条a(3)）。

続いて第4章は，承認執行を定めているが，ここでは子の返還を命じる裁判や面会交流の裁判の執行の規定を見てみよう⑷。33条は現48条に対応しているが，面会交流権の行使の実際上の方法に加えて1項を新設し，執行国の裁判所は，当該判決の重要な内容が尊重されることを条件に，執行に必要な細かい手続を特定し，必要な適応を施すことができると規定する。続く2項も新設で，判決に，執行国の法には知られていない方法や命令が含まれている場合，当該国の裁判所は，当該方法や命令を，可能な範囲で，当該国法で知られている同等の効果と類似の目的及び利益を追求する方法ないし命令に適応させなければならないとする。同じく新設の36条は，1項で，判決の執行可能性が判決国で停止された場合には，執行債務者の申立てにより，執行国裁判所は執行手続を停止しなければならないと規定する。さらに2項は，執行債務者の申立てにより，執行国の裁判所は，子の重病のような一時的な状況により，執行が子の最善の利益を危険にさらすことになる場合には，当該執行手続を停止することができるとし，当該障害が消滅したらすぐに執行は再開されると規定する⑷。

続いて40条は親責任に関する判決の執行拒否事由を定めた新設規定である。欧州委員会提案では対象となる全ての裁判の執行について執行宣言が廃止されるため，他の構成国の裁判の執行を求める当事者は，執行のための特別の手続をとる必要はなく，それに異議を唱える相手方当事者が，承認執行の阻止を求めて申立てをして，その理由（38条1項の承認拒否事由）を主張しなければな

⑷ 欧州委員会提案では，既に面会交流や特定の返還命令，扶養義務などの家事事件の分野では実現している執行判決の廃止を，ブリュッセルⅡa規則の対象となっている裁判の執行全てに広げるとしている。Proposal, Art. 30.

⑷ 理事会修正案は，障害が続く場合でも執行を拒否する前に，国内法及び手続に従い適切な措置がとられるべきであるとする。具体的には，判決後になって初めて聞かれた子の明白な拒絶の意思が強く，これを無視すると，子にとって甚大な身体的・精神的な害を与えるリスクが高くなるというような事情変更によって生じるあらゆる障害を克服するよう努めなければならない。General approach, p. 77.

らない。ただし，26条4項の第2文に基づいて奪取直前の子の常居所地国の裁判所が返還拒否の裁判の後に下した子の返還命令や面会交流を認める裁判に対しては，38条1項のa-cに挙げられた承認拒否事由（公序違反，送達，審問請求権の侵害）は主張できない（40条1項）。そして，以下に挙げる事由のいずれかが存在するため当該判決が下された後の事情変更があるという理由で，執行が明らかに執行構成国の公序に違反することになる場合には，執行債務者の申立てにより，当該判決の執行は拒否されることができる。その事由とは，(a) 十分な年齢と成熟度に達した子の拒絶の意思が強く，執行が子の最善の利益に明らかに反することになる場合，(b) 判決が下されたときからその他の事情が変更し，執行が明らかに子の最善の利益に反することになる場合である（2項）。なお，第2項(a)の場合，執行を拒否する前に，執行構成国の権限ある当局は，子の協力を得て，子の最善の利益に従った執行を確保するために必要な措置をとらなければならない（3項）。それ以外の拒否事由は主張できない（4項）[45]。ここで紹介した規定を含め，親責任の判決に関する第4章の規定は，35条及び38条2項を除いて，ハーグ子奪取条約の下で下された返還命令にも適用される（49条）。

　以上見たように，欧州委員会提案では執行手続に関する特定のルールの統一化が図られているが，この点について理事会修正案は次のように述べている。すなわち，いかなる執行手続をとるかは，基本的には執行国法によって規律されるが，判決後に生じた著しい事情変更にどのように対処するかについての最低限の統一ルールは，判決の自由な回覧システム（a system of free circulation of decisions）の促進にとっては重要である。このようなルールはそれゆえ，執行国における執行自体を停止あるいは拒否するための，一定の統一化された理由を含むべきである。こうすれば，全ての構成国において概ね同じ条件の下で執行が拒否されたり停止されたりすることになり，それによって全ての親及び子にとって法的安定性が増すことになる[46]。次に欧州委員会提案は，公序違反の

---

[45]　欧州委員会提案は，どのような場合に国境を越えた執行可能性のみならず，執行そのものに対して異議を述べられるかを統一的に定義している。後者は例えば，事情の変更が生じた場合などがあてはまる。さらに，子が執行に異議を述べている場合や，執行が一時的な事実上の障害によって実行できない場合に対処する規則も統一的に定めることにより，必要な被告の保護が確保しつつ，執行判決手続の時間やコストは削減できることになるとする。Proposal, pp. 14-15.

抗弁を子の最善の利益に反する場合に限定し，判決を下した裁判所が出す証明書には，①子が自身の意見を表明する真のかつ効果的な機会を与えられたかどうか，②相当な考慮が子の意見に対して与えられたかどうかを記載しなければならないとする（53条5項）。このことから，単に子の意見聴取の方法が異なるという理由で執行を拒否することはできない。欧州委員会提案でも，子の意見聴取の方法は構成国の国内法及び手続に委ねられているが，20条は構成国に，異なった子の意見聴取の制度を相互に承認する黙示の義務を課していることになり，このことで明らかに判決の相互執行及び手続の効率化が強化されることになる[47]。

Ⅳ　むすびにかえて —— 日本法への示唆

　以上見てきたように，EU域内における子の返還裁判のシステムは，ハーグ子奪取条約を中心としつつ，それをブリュッセル規則が補完しながら，さらにその目的を追求するというシステムになっている。このようなシステムが成り立つのは，ひとえにEUという一つの共同体の中で，長い時間をかけて構成国相互間の司法制度に対する信頼と協調が構築されてきたからに他ならず，EUの制度がそのまま日本の制度運用や解釈にあてはまるわけでは当然ない。しかし，EU域内におけるシステムと今回の規則の改正案は，子の最善の利益の保護を考慮しつつ，子の返還や親責任にかかる判決の承認執行を迅速かつ効率的に実現することを追及し，そのためには何が必要なのかを熟慮したうえで提案されているものであり，我々が今後，ハーグ条約実施法に基づく子の返還裁判やその執行を含め，子の監護にかかる事案解決の改善に向けて検討していく際

---

(46)　General approach, Para16, p. 5.

(47)　Proposal, p15. ただこれに対しては，相互の信頼を強化し，子の利益を保護するためには，子の意見聴取の手続に関して最低限の共通基準が必要であるとする意見もある。すなわち，証明書及び判決文において，子の意見聴取の機会とは何か，いつそれが与えられたか，なぜ子がこれらの機会を利用しなかったか，裁判官はなぜ子の意見聴取をするのは不適切と判断したのか，を明白に述べなければならない。また，手続に関しては，ブリュッセル規則は構成国に統一の最低限の基準を課すべきである。具体的には，子の意見聴取の手段，環境そして子を傷つけずに意見を聴くスキルと能力を持った熟練した者によって子が意見聴取されるのに適切なトレーニングなどである。See, Ubertazzi, pp. 594.

の，1つの指針となりうると思われる。

　具体的に今回の欧州委員会提案及び理事会修正案から得られる示唆としては，以下の3点が挙げられる。

　第1に，いかにして子の安全な返還を確保するかについてである。平成31年1月の時点で，日本から外国への子の返還が申立てられた事案で結論が確定した70件のうち，裁判で不返還（返還拒否）の判断がなされた事案は9件とそれほど多くはないが，返還命令が出された13件のうち3件は執行不能となっており，返還が実現していない[48]。不返還とされた事案がその後どのような経緯をたどっているか（日本で子の監護権の本案について審判を得ているのかどうかなど）は不明であるが，特に執行不能の事案においては，返還後の子の安全が確保されていないことも，執行を拒絶する原因の一つとなっているかもしれない。ハーグ子奪取条約の事案では，通常の子の引渡し請求の場合と異なり，子を常居所地国に返還することが主目的であり，必ずしも申立人に子が引き渡されることを予定しているわけではない[49]。日本の場合は国際的な裁判官同士のネットワークがそれほど活用されているわけではなく，返還後の子の安全を確保するための措置は，むしろADRや調停などの合意によるほうが現実的かもしれない[50]。しかし，合意の場合はその実効性が必ずしも確保されているわけではないことから，今後は特定の国と二国間条約を結ぶという方法も視野にいれるほか，中央当局の協力を得るなど，返還先における子の安全確保について柔軟に対応することが期待される。

　第2に，欧州委員会提案が，執行手続を迅速化・簡易化する一方で，判決後の事情変更により執行自体に対して異議を述べることを統一的に明文化している点である。すなわち，①十分な年齢と成熟度に達した子の拒絶の意思が強く，執行が子の最善の利益に明らかに反することになる場合，②判決後の事情変更により，執行が明らかに子の最善の利益に反することになる場合には，公序違

---

[48]　外務省ハーグ条約サイト（https://www.mofa.go.jp/mofaj/files/000332233.pdf.）参照。

[49]　確かに，執行手続における返還実施者を申立人とすることを前提とし，申立人に引き渡すのが適当でないのであればそもそも返還は認められないとする立場もありえようが，そのような運用は返還の可能性を狭めることになるし，申立人に引き渡すかどうかは監護権の本案に関する判断と直結するものであり，それも含めて常居所地国で判断するべき問題であると考える。

[50]　西谷・前掲論文注(2) 57頁以下参照。

反として執行を拒否することが認められるとする。これは主に他の構成国裁判所における子の引渡しを命じる判決の執行を念頭においた規定であるが，わが国においてはハーグ子奪取条約適用事案で，子の返還命令の執行手続の段階で子の拒絶の意思が強く執行が不能になる事例が見られ[51]，返還を命じた後に申立人の経済的事情が悪化したことをもって実施法 117 条に基づき終局判断の変更を認めた事案もある[52]。執行手続の迅速化・簡易化と子の最善の利益の保護のバランスをとることは，子の引渡しを命じる内外国判決の執行の場合にも，また実施法に基づく返還命令の執行の場合にも必要である。いかなる場合に判決後の事情変更が認められるのか，欧州委員会提案通りに規則が改正された場合，各構成国の運用が注目されるところである。

第 3 に，子の意見聴取の機会の保障についてである。従来，子の年齢や成熟度によって意見聴取の機会を付与するかどうかは裁判所の判断に委ねられていたが，改正案では，自身の意見を形成する能力を有するかどうかが機会を付与するための基準とされ，子の年齢や成熟度はその評価の際の考慮要素とされることが明示されている。わが国の家事事件手続法も，子どもの権利条約 12 条の子の意見表明権の趣旨に沿う形で，「子の陳述の聴取，家庭裁判所調査官による調査その他の適切な方法により，子の意思を把握するよう努め，審判をするにあたり，子の年齢及び発達の程度に応じて，その意思を考慮しなければならない」と規定している（65 条）[53]。ここでは，自己の意見を形成する能力のない子についても，なおその意思を把握・考慮の対象としている点で，その射程が広いとされている[54]。さらに子の監護に関する審判事件では，15 歳以上の

---

(51) 同様の問題は例えばドイツなどでも生じている。例えば，ダグマ・ケスター＝バルチェン（酒井一訳）「ドイツにおける子の引渡執行と子の最善の利益」名古屋大学法政論集 280 号（2018 年）305 頁以下参照。また，EU 圏内でも，ブリュッセルⅡa 規則 11 条 8 項の下で出された返還命令が実際にはほとんど執行されていないことを指摘するものとして，P. Beaumont et al., pp. 229-231. も参照。

(52) 最判平成 29 年 12 月 21 日集民 257 号 63 頁，判時 2372 号 16 頁，判タ 1449 号 94 頁，家庭の法と裁判第 15 号 84 頁。

(53) その他にも，意思能力のある子について自ら手続参加を認め（151 条 2 項・168 条・118 条），相当な場合には子を職権で手続に参加させ（42 条 3 項），弁護士を子の手続代理人に選任できる（23 条）。

(54) 松川正毅＝本間靖規＝西岡清一郎編『新基本法コンメンタール 人事訴訟法・家事事件手続法』（日本評論社，2013 年）252 頁（山本和彦執筆）。

子の陳述の聴取が義務づけられている（152条2項・157条2項）が，15歳未満の子についても，どのような方法によって子の意思を把握すれば，子の意見表明権が保障されたことになるのか，裁判官による審問，家庭裁判所調査官による調査のほか，子の手続代理人を活用する方法，さらには子を手続の主体として尊重し，その意見表明の権利を実質的に保障するためにどの程度情報を提供するべきかなど，今後検討すべき課題は多い[55]。基本的には，子に必要な情報を与えた上で，子の年齢や成熟度に応じた方法を用いて出来るだけ子の生の声を手続に反映できるようにするべきであろう。また特に返還命令においては，子の意見聴取の方法や内容，評価の基準等を出来るだけ具体的に記載するべきである（執行手続や返還後の裁判でも参考になる）。このことは，通常の子の監護に関する裁判においても同様であり，こうすることが，子の意見聴取の手法に対する信頼確保につながると考える[56]。

　ハーグ子奪取条約もブリュッセルⅡa規則も，子の意見聴取や執行方法などは統一せず，締約国や構成国の裁量に委ねられ，それぞれの国の法制度の枠内で運用がなされている。しかしいずれのスキームにおいても，条約のあるべき実施方法や各国の運用（判例）について情報を共有し，条約の解釈適用の統一を図ることで，長期的には各国実務の均質化がもたらされると指摘されている[57]。わが国におけるハーグ子奪取条約の運用の歴史はまだ浅く，事例もそれほど多くはないものの，条約が締約国間の司法制度に対する相互の信頼を前提としている以上は，わが国における，実施法に基づく子の返還裁判やその他一般的な子の監護に関する裁判に関する手続や法解釈が，子の最善の利益を実現

---

[55]　大谷美紀子「家事事件手続における意見を聴かれる子どもの権利の保障」松川正毅編集代表『木内道祥先生古稀・最高裁判事退官記念論文集　家族と倒産の未来を拓く』（きんざい，2018年）57頁，二宮周平「離婚紛争における子どもの意思の尊重」ケース研究332号（2018年）4頁参照。また，手続代理人の活用について，佐々木健「子の利益に即した手続代理人の活動と家事紛争解決」立命館法学369・370号（2016年）211頁，谷英樹「家事事件における子どもの手続代理人の役割と課題」松川正毅編集代表『木内道祥先生古稀・最高裁判事退官記念論文集　家族と倒産の未来を拓く』（きんざい，2018年）73頁参照。

[56]　子の意見(声)の尊重はハーグ子奪取条約の運用においても重要な課題とされている。See, The Judges' Newsletter on International Child Protection, Volume XXII/Summer-Fall 2018, Special focus The Child's Voice -15 Years Later , available at www.hcch.net.

[57]　西谷・前掲論文注(2)14頁以下参照。

17 ブリュッセルⅡa規則の改正案に見るEUにおける子の奪取事案の解決枠組み〔村上正子〕

するにふさわしいものになっているか，EU を始めとする諸外国の動向に注意を払いつつ，柔軟かつ実効的な運用を目指すことが求められる。

〔付記〕春日先生には長年公私にわたり多くの教えを頂き，本稿も先生からご教示いただいた資料に基づいている。EU 法について多くの優れた業績を残されている春日先生のご期待に応えるにはあまりにも拙いものではあるが，先生の古稀をお祝いし，今後も変わらぬご指導をお願いする次第である。

＊本稿は，科学研究費補助金課題番号 16K03385 の成果の一部である。

18 国際裁判管轄に関する若干の問題

山 本 和 彦

Ⅰ　はじめに

　国際裁判管轄については，平成23年民事訴訟法改正によって，財産関係に関する明文化が図られた（民訴3条の2以下）。そして，その後，日本社会・経済の国際化を反映して，その点を争点とする訴訟事件が増加しているように見られる。さらに，平成30年改正によって，懸案であった人事訴訟・家事事件についても国際裁判管轄の明文規定が置かれた（人訴3条の2以下，家事3条の2以下）。本稿では，ランダムであるが，国際裁判管轄をめぐるいくつかの法律問題について，若干の検討を試みるものである。

　第1の問題は，絶対的強行法規と合意管轄の関係に関する。すなわち，絶対的強行法規を（結果として）潜脱するような効果を有する合意管轄についての効力をめぐる論点である（Ⅱ参照）。これは民事訴訟法上の解釈論であり，独禁法等を争点とする訴訟で現実に争われている問題であり，具体的事件に関する筆者の意見書を基にしたものである。

　第2の問題は，仲裁合意と保全管轄の関係に関する。すなわち，当該紛争について仲裁合意がある場合において，その紛争に関して保全処分を実施する国際裁判管轄（国際保全管轄）をめぐる論点である（Ⅲ参照）。これは民事保全法上の解釈論であるが，東芝とウエスタンデジタルの間などで現実に争われた問題であり，やはり具体的事件に関する筆者の意見書を基にしたものである。

　第3の問題は，本案管轄がない場合の審判前の保全処分の国際裁判管轄に関する。すなわち，遺産分割や財産分与において本案の家事審判の国際裁判管轄がない場合において，当該事件に係る仮差押え等の保全処分を実施する国際裁

判管轄をめぐる論点である（IV参照）。これは，家事事件に係る国際裁判管轄の立案時に議論されたが，結果として解決されなかった立法論に属する。

　本稿は，春日偉知郎先生の古稀をお祝いするために執筆されたものである。周知のように，春日先生の主たる研究分野は証拠法であるが，それと並んで，国際民事訴訟法の分野においても，その草分け的な存在であった。筆者は，春日先生には，様々な研究会でお世話になるとともに，国際民事訴訟法における様々なご論稿において学恩を被ってきた。そのように学恩著大な春日先生の古稀をお祝いする論文として，このような不十分なものしか執筆できなかったことは申し訳ない限りであるが，国際民事訴訟法分野において筆者が今後も研究を続ける誓いとして，本稿を捧げることをお許し願いたい。

II　絶対的強行法規と合意管轄

1　問題の設定

　国際裁判管轄の合意の有効性については，平成23年改正が明文で承認した（民訴3条の7）。ただ，旧法下の判例は，合意の有効性について一定の例外を前提としており，その例外は現行法の下でも活きていると解されている。そこで，その例外の範囲が問題となる。

　具体的には，以下のような例が設定される。すなわち，AとBがある契約上の紛争についてアメリカの裁判所の専属裁判管轄を合意していた。その後，A・B間に当該契約をめぐって紛争が生じたが，AはBの日本の独占禁止法違反を問題にして，日本の裁判所に訴えを提起した。この場合，日本の独禁法が日本における絶対的強行法規であるとして，当該管轄合意は有効と考えられるか，換言すれば，日本の国際裁判管轄は否定されるか，というのがここでの問題である。

2　旧法下の判例

　専属的国際裁判管轄合意の効力について，旧法下の判例として，最判昭和50・11・28民集29巻10号1554頁がある（以下「チサダネ号事件判決」と呼ぶ）。同判決によれば，国際的な専属的合意管轄についても，日本の国際的専属管轄

に反しない場合であって，かつ，合意された国が当該外国法上管轄権を認めるときには，その効力が認められることを前提とする。そして，そのような管轄合意の効力の限界について，「被告の普通裁判籍を管轄する裁判所を第1審の専属的管轄裁判所と定める国際的専属的裁判管轄の合意は，『原告は被告の法廷に従う』との普遍的な原理と，被告が国際的な海運業者である場合に渉外的取引から生ずる紛争につき特定の国の裁判所にのみ管轄の限定を図ろうとするのも経営政策として保護するに足りるものであることを考慮するときは，右管轄の合意がはなはだしく不合理で公序法に違反するとき等の場合は格別，原則として有効と認めるべきである」（下線部，筆者）と判示する。

　これによって，専属的国際裁判管轄合意について公序による効力の例外を一定の場合に認める趣旨が明確化されたと言える。同判決の調査官解説[1]は，「本判決は，前記のとおり，合理性の存在（又は不合理でないこと）を合意の有効要件とする立場はとらなかったが，管轄の合意が『はなはだしく不合理で公序法に違反するとき等の場合』は合意が無効になると判示して，国際的専属的裁判管轄の効力に歯止めをしている」と評価する。

　なお，この判決との関係で注目されるのは，当該判決の第1審である神戸地裁判決[2]である。同判決は，管轄合意の効力否定の根拠となる公序の趣旨を明確化し，「船荷証券上の裁判管轄の合意に関しても，それが（中略）運送の免責を意図して本来適用されるべき公序法の適用を免れることを目的とするもの，または合理的な範囲を超えて運送人に偏益するものと判断されるものに限り，無効とされるべき」としていた（なお，具体的事案では公序法に反するとはいえないとして，管轄合意の効力を認めている）。これは，法廷地の公序法の適用を免れることを目的とする国際裁判管轄合意の効力を公序により否定する余地を認めるものとして，後述の議論と通じるところがあるといえよう。

3　平成23年改正

　以上が旧法下の判例であるが，周知のとおり，平成23年民事訴訟法改正により，国際裁判管轄の合意についても明文規定が設けられた（民訴3条の7）。ただ，その改正の趣旨は，チサダネ号事件判決の趣旨を変更するものではない

---

(1)　友納治夫・解説・昭和50年度最判解民事535頁参照。
(2)　民集29巻10号1582頁参照。

とされている。立案担当者の解説[3]によれば，チサダネ号事件判決の判旨の妥当性について，「改正法においては，管轄権に関する合意が無効になる場合について，特段の規定は設けられていませんが，その合意が甚だしく不合理で公序法に違反するときは，民法第90条等により無効となると考えられますので，同様の趣旨は，改正法の下においても妥当すると考えられます」とされる。

また，菊井＝村松の注釈書[4]も，「国際裁判管轄合意は，公序による規制を受ける」として，具体的には，「日本の裁判権を排除する合意との関係では民法90条によって公序良俗に反する管轄合意は無効と解される」とする。ただ，「いかなる場合が公序に反するかは，今後の判例の集積に委ねられている（特に当事者間に力関係の格差がある場合に係る合意で，一方当事者の裁判を受ける権利を脅かすような合意については，公序法による慎重な有効性審査が必要となろう）」と評価する。その意味で，前記の神戸地裁判決などを含む旧法下の裁判例は，現行法下においてもなお一定の意義を有しよう。

4　管轄合意の効力 —— 絶対的強行法規と管轄合意

本設例での問題は，専属的国際裁判管轄合意の効力を認める結果，日本の独占禁止法が適用にならない可能性がある点である。その意味で，ここで問題となるのは，いわゆる「絶対的強行法規」の議論である。すなわち，どのような場合であっても（当事者の意思＝合意いかんにかかわらず），日本において当該法律関係が効果を及ぼす限りは，当該法規が適用される必要がある（そのような類型の法規範が存在する）という考え方である。

このような考え方については，例えば，現在の法適用通則法の制定過程において，法務省等の下で行われた研究会の中で，「法廷地の『絶対的強行法規』は，我が国の政治的・社会的・経済的の秩序の根幹にかかわる重要な強行法規であって，外国が準拠法となっても潜脱されてはならず，必ず適用されなければならない」ものとされた[5]。また，西谷祐子教授も，「国際私法においては，

---

(3)　佐藤達文＝小林康彦編著『一問一答平成23年民事訴訟法等改正』（商事法務，2012年）140頁参照。

(4)　菊井維大＝村松俊夫原著『コンメンタール民事訴訟法Ⅰ（第2版追補版）』（日本評論社，2014年）640頁参照。

(5)　法例研究会『法例の見直しに関する諸問題(1)』別冊NBL80号（2003年）69頁参照。

国家利益・社会利益の実現を目的とする特に強行性の強い法規であって，準拠法いかんにかかわらず適用されるべき規範」が存在するものとされる[6]。すなわち，絶対的強行法規とは，政治的・社会的・経済的秩序の観点から，法廷地（日本）に当該行為の法的効力が及ぶ限り，必ず適用しなければならない規範ということであり，その意味では，その適用がされていないような法的判断が日本で効力を持ってはならない趣旨の法規範という位置づけがされているといえよう。

　また同様に，法適用通則法の立案担当者の見解でも[7]，「法廷地の絶対的強行法規の適用があることに関しては，大きな異論はみられない」とされ，現行法でこの点について明文規定は設けられなかったが，「通則法においても，少なくとも準拠法ではない法廷地の絶対的強行法規の適用は解釈上可能である」とされる[8]。その意味で，現行法の下でも，上記のような規範が存在することに争いはないといえよう。

　そうだとすると，そのような日本の絶対的強行法規の適用を排除する結果になるような専属的国際裁判管轄合意は，日本の公序に反するという理解が導かれよう。けだし，本来の管轄国である日本において裁判がされる場合には必ず適用されなければならない法規範が，合意管轄（すなわち当事者の合意＝意思）によって排除される結果となることは，当該法規の強行的適用によって日本の政治的・社会的・経済的秩序を維持しようとした当該法の趣旨に反することになるからである。そして，当該法規自体は日本法の公序に含まれることは明らかであり，その法規が日本国内で効力を持つ法的判断（外国判決）に際して適用されないことは，それ自体日本の公序に反することになると解される。その結果，そのような状態を作出する管轄合意自体も日本の公序に反すると理解されることになろう。

　そのような趣旨から考えれば，管轄合意を公序違反と考えるに際しては，必

---

(6)　櫻田嘉章＝道垣内正人編『注釈国際私法第 1 巻』（有斐閣，2011 年）267 頁〔西谷祐子〕参照。西谷教授は，このような規範を「強行的適用法規」と呼ばれる。その呼称については，櫻田＝道垣内編・前掲 35 頁〔横溝大〕も参照。

(7)　小出邦夫編著『逐条解説 法の適用に関する通則法』（商事法務，2009 年）86 頁参照。

(8)　小出編著・前掲注(7) 88 頁参照。櫻田＝道垣内編・前掲注(6) 267 頁〔西谷祐子〕も，「解釈として，従前と同様に，法廷地の強行的適用法規が準拠法いかんにかかわらず適用されることは，当然の前提とされている」と評価される。

ずしも日本の絶対的強行法規の適用排除を当該管轄合意が「目的としている」までの必要はないと解される。重要なことは，その管轄合意という行為によって日本の絶対的強行法規が適用されず，日本が守ろうとしていた公的な秩序が維持されなくなるという事態ないし結果そのものだからである。その意味で，当事者の主観的意図はどうであれ，結果として絶対的強行法規の適用が排除されるとすれば，日本法からみて当該管轄合意は公序に反するという評価が可能になろう[9]。

　したがって，外国裁判所の専属的国際裁判管轄の合意は，①絶対的強行法規を適用する日本の裁判所の法定管轄権を排除し，②その結果として日本の絶対的強行法規を適用しない外国裁判所で審理判決がされることになり，③その判決が日本で効力を有する（承認される）とすれば，それは日本の法秩序として認め難い結果をもたらすことになり，当該管轄合意の効力を公序違反として否定すべきであろう。このような考え方は，例えば，通則法制定に関与された手塚裕之弁護士においても[10]，「独禁法や証券法，業法等，公益保護の観点から強行法規的に定められた法規範の効力が外国裁判所を専属的合意管轄裁判所とする合意によって骨抜きになる場合も同様の問題が生じる。当該外国裁判所を指定する目的が，もっぱら，あるいは主としてかかる保護法規・公益規定の回避・潜脱にある場合には，公序違反等による例外を認めることに問題はないであろう。問題は，回避・潜脱の意図までは認め難いが，結果として回避・潜脱を認めたのと同じことになる，という場合である。事案の性質や当事者の性質，当該保護法規の趣旨等から見て，そのような結果が日本の法秩序にとって明らかに許容し難い結果をもたらす場合（中略）には例外を認める，という考えは，新法の文言あるいはチサダネ号事件最高裁判決のいずれとも矛盾しないと考える」とされるが，基本的に相当な考え方と言えよう。筆者自身もかつて同様の考え方を示したことがある[11]。

　もちろん，何がこのような意味での絶対的強行法規であるかについては様々

---

(9)　神前禎「合意による管轄権」高桑昭=道垣内正人編『新・裁判実務大系3 国際民事訴訟法（財産法関係）』（青林書院，2002年）143頁が「当該強行規定が，外国裁判所の管轄合意により強行規定の適用を免れることをも禁ずる趣旨であれば，そのような合意は無効とされよう」とされるのも同旨であろうか。

(10)　手塚裕之「管轄権に関する合意」『新しい国際裁判管轄法制』別冊NBL138号（商事法務，2012年）74頁参照。

な議論があり得る[12]。筆者自身はこの点につき定見を有するものではないが，ここでは仮に独占禁止法について「外国事業者による国外の行為であってもその競争制限的な効果が日本国内に生ずると認められる限り，常に適用される必要がある」との基本的考え方に基づくとすれば，同法は上記のような意味での絶対的強行法規であることになる。そのような前提に立てば，仮に本件専属的国際裁判管轄合意に係る国（米国）の裁判所が日本の独禁法を適用しないと認められる場合には，当該専属的管轄合意は無効になるものと解される。そして，この場合には（専属的合意によって排除されていた）日本の裁判所の法定国際裁判管轄権が復活することになる。

5　外国判決の承認拒絶と緊急管轄

以上では，日本の絶対的強行法規である独占禁止法を適用しない外国裁判所の判決が日本国内で効力を持ち得ることを前提に，そのような結果をもたらす国際裁判管轄合意は公序に反して効力を有しないと論じてきた。ただ，議論の前提として，そのような外国判決はそもそも日本の公序に反し，日本では承認されず，効力を有しないとする考え方もあり得る。そのような考え方によった場合には，国際裁判管轄はどのように考えられることになるであろうか。すなわち，専属的国際裁判管轄合意により管轄権を有する外国裁判所の判決が日本で承認されない場合の日本の国際裁判管轄の問題である。

この点については，やはり旧法下における注目すべき判例として，最判平成8・6・24民集50巻7号1451頁がある。これは，ドイツの裁判所において公示送達によって離婚判決を取得した原告が日本で離婚訴訟を提起した事案であるが，判決は，「ドイツ連邦共和国においては（中略）判決の確定により離婚の効力が生じ，ＸとＹとの婚姻は既に終了したとされている（中略）が，我が国においては，右判決は民訴法200条〔現118条〕2号の要件を欠くためその効力を認めることができず，婚姻はいまだ終了していないといわざるを得ない。

---

(11)　「座談会・国際裁判管轄ルールの法令化にあたって」前掲注(10) 20頁〔山本和彦発言〕では，本来適用されるべき強行法規が管轄合意によって適用されなくなるような事態につき，「そういう効果をもたらすような合意が公序に反するということもあるのではないでしょうか」としていた。

(12)　この点をクリアにできなかったことが，通則法においてこの点の立法ができなかった理由の1つとされる。小出編著・前掲注(7) 88頁参照。

18 国際裁判管轄に関する若干の問題〔山本和彦〕

このような状況の下では，仮にＸがドイツ連邦共和国に離婚請求訴訟を提起しても，既に婚姻が終了していることを理由として訴えが不適法とされる可能性が高く，Ｘにとっては，我が国に離婚請求訴訟を提起する以外に方法はないと考えられるのであり，右の事情を考慮すると，本件離婚請求訴訟につき我が国の国際裁判管轄権を肯定することは条理にかなうというべきである」と判示する。

この判決については，外国判決が日本において承認されない場合の一種の緊急管轄を認めたものとする理解が一般的である。例えば，本判決の調査官解説[13]は，本判決の評釈の中には本判決が「いわゆる緊急管轄を認めたと理解するものも多い」とし，「本判決は，Ｘが日本の裁判所に提訴する以外に婚姻解消の手段のないことを重視して，日本の国際裁判管轄を認めており，その意味では，緊急管轄の考え方と相通ずるところが多いといえよう」と評価する。その意味で，旧法下において緊急管轄が一定の場合に認められるとの趣旨を本判決から導くことは不当ではない。

また，本判決に関するより立ち入った分析として，竹下守夫教授は，「外国における訴訟の提起が法律上または事実上の障害によって不可能と認められ，あるいは法の規範的要求として期待できない場合には，憲法上保障された『裁判を受ける権利』の要請として，わが国の国際裁判管轄を認めるべきことは，本件判決の趣旨に含まれていると見てもあながち牽強付会とは言えまいし，わたくしとしては，さらにこれを，いまだ萌芽にすぎぬかも知れないが，本件判決に含まれた一つの法理と理解したい」とされる[14]。そして，既に外国で勝訴判決を得ているが，それが日本で承認されない当事者の保護は，外国判決が承認されない理由により異なるものの，公序違反の場合には，「一般に，権利保護の拒絶回避のために，わが国の国際裁判管轄を認めるべきである」とされる[15]。そして，未だ外国判決が出されていない場合であっても，「公序違反（中略）が予測される不承認事由である場合には，予測が確実であることを原告が証明できれば，わが国の管轄を認めてもよいであろう」と論じられる[16]。

---

(13)　山下郁夫・解説・最判解民事平成 8 年度 475 頁注 18 参照。

(14)　竹下守夫「権利保護の拒絶と国際裁判管轄」駿河台法学 10 巻 2 号（2003 年）77 頁参照。

(15)　竹下・前掲注(14) 83 頁参照。

Ⅱ　絶対的強行法規と合意管轄

このような竹下教授の見解は，本問題との関係でも大いに示唆的であると思われる[17]。

　以上が旧法下の判例であるが，国際裁判管轄に関する平成 23 年改正においては，緊急管轄に関して明文規定が設けられなかったところ，そのような改正の趣旨が問題となる。この点につき，立案担当者は，法制審議会では種々の議論がされたものの，「財産権法の分野において緊急管轄が問題となった裁判例はなく，また，財産権上の訴えにおいて緊急管轄が問題となり得る事案も想定し難く，具体的な要件を定めることが困難であることなどを考慮し，特段の規定を設けないこととされ」たとする[18]。また，菊井＝村松の注釈書[19]も，上記のような法制審議会の審議経緯に鑑みれば，「事案の具体的な事情に照らして，日本の裁判所の管轄権を否定することが真に原告の裁判を受ける権利を侵害するような事態になるような場合（（中略）原告の権利保護のためには日本で当該外国裁判所の判決を承認する必要があるにもかかわらずそれが日本で承認されない事情がある場合など）には，事案と日本との一定の関連性を前提に，なお緊急管轄として，日本の裁判権を肯定する余地はあるものと解される」としている[20]。

　以上から，現行法下でも，専属的国際裁判管轄合意に係る外国裁判所の判決が日本において承認されないとみられる場合において，当該事件と日本との間に一定の関連性が認められるとき（具体的には，法定管轄権が認められるとき等）には，当事者の日本における裁判を受ける権利を保護するため，日本の裁判所に緊急管轄権が認められるものと解される[21]。

　本件のような専属的国際裁判管轄の合意について，Ⅱで見たように，仮にそれを無効とすれば，当該合意管轄国においてのみ効力を生じるような範囲で

---

[16]　竹下・前掲注[14] 84 頁参照。

[17]　なお，竹下・前掲注[14] 86 頁注 21 には筆者の論稿も引用されている。そこでは，筆者は既に「いずれかの外国裁判所が自国の管轄を認めるとしても，その裁判所の下す判決が日本で承認されえないことが明らかに認められる場合にも，やはり日本に緊急管轄が存しうると解される」と論じていた（斎藤秀夫ほか編『注解民事訴訟法（第 2 版）』（第一法規，1991 年）446 頁〔山本和彦〕参照）。

[18]　佐藤＝小林編著・前掲注[3] 181 頁参照。

[19]　菊井＝村松原著・前掲注[4] 579 頁参照。

[20]　同旨，松本博之＝上野泰男『民事訴訟法（第 8 版）』（弘文堂，2015 年）288 頁，道垣内正人「日本の新しい国際裁判管轄立法について」国際私法年報 12 号（2011 年）203 頁など参照。

あっても，当該外国裁判所は管轄権を行使できないことになる[22]。しかるに，そのような帰結は，日本の絶対的強行法規の貫徹を目的とするにしても，過剰な規制ではないかという批判の余地があろう。けだし，絶対的強行法規の趣旨は，あくまでも日本国内における当該法規の貫徹を担保するものであるからである。そうだとすれば，むしろ当該外国判決が日本に効力を及ぼす範囲で，その効力を否定すれば足りるという見方もあり得よう。つまり，当該判決の効力につき，日本国内ではクロ，日本国外ではシロとする色分けの可能性である。仮にそのような理解が採られるとすれば，むしろこれを当該外国判決の承認の問題として処理する可能性が見出される。つまり，日本の絶対的強行法規を適用しないような外国判決は日本の公序（民訴法118条3号）に反するため，日本としては承認しないが，当該管轄合意の有効性自体は認め，当該外国で判決をすることは容認するという考え方である。

　仮にそのような見解に基づくとして，独占禁止法の絶対的強行法規性をここでは前提とするとすれば，承認対象となる外国判決が独禁法を適用しないことが予見できる場合には，将来の当該外国判決は日本の公序に反して日本国内では承認されず，効力を有しないことになる。そうすると，仮にそのような判決が出されたとしても，その判決の効力は日本には及ばず，日本において既判力を有する判決を取得できる原告の法的地位が保護されない結果になる。すなわち，竹下教授の言われる「権利保護拒絶の回避のための国際裁判管轄の法理」が妥当すべき場面がここに現出することになろう。

　以上のような検討によれば，専属的国際裁判管轄合意に基づき管轄権を有する外国の裁判所の判決が独禁法を適用しないことにより公序に反して日本で承

---

[21]　なお，緊急管轄の明文化の議論は，人事訴訟の国際裁判管轄の立案時にも繰り返されたが，結局，そこでも立法には至らなかった。ただ，その際には，具体的な要件についても相当突っ込んだ議論が展開され，例えば，「外国において訴えを提起し，又は申立てをしても却下される可能性が高いこと，法令又は条約により管轄権が認められる外国裁判所の裁判を日本において承認することができない可能性が高いことその他の理由により，日本において訴えを提起し，又は申立てをする以外に原告又は申立人の権利を実現することが著しく困難であり，かつ，その訴え又は申立てが日本に密接な関係があるとき」（下線部・筆者）といった要件が示されていたこと（「人事訴訟事件等についての国際裁判管轄法制研究会報告書」64頁参照）は，本件との関係でも注目されてよい。

[22]　もちろん，合意の専属性の部分のみが無効となるとする（一部無効の）考え方もあり得るが，ここでは公序に反する管轄合意は全面的に無効となることを一応の前提とする。

認されないことが予見されるとすれば，日本において既判力を有する判決を取得する当事者の利益の保護を別途図る必要があることになる。それは日本において当該当事者の裁判を受ける権利を保護する必要を意味し，その意味で，このような場合に日本の裁判所の国際裁判管轄権を認めることは憲法上の要請にもなると解される。

したがって，そのような場合には，当該事件が日本との間に一定の関連性を有する限り，日本の裁判所に緊急管轄権が認められるものと解される[23]。したがって，日本の裁判所は緊急管轄権に基づき国際裁判管轄権を取得し，独占禁止法を適用して日本国内で妥当する判断を示すべきことになる[24]。したがって，日本の裁判所の国際裁判管轄権が肯定されるものと解される。

Ⅲ　仲裁合意と国際保全管轄

1　事例の設定

ある紛争について仲裁合意がある場合，仲裁廷は一定の範囲で保全措置をとることができると解されているし，そのような条項を手続規則の中に規定する仲裁機関も多い。しかし，現行法上は，仲裁廷の保全措置は，それ自体は仲裁判断ではないので，執行決定の対象とはなりえない[25]。そこで，仲裁合意がある場合でも，国家裁判所が民事保全処分をする必要がある場合があること自体は否定できないが（仲裁法15条もそのような場面を前提とする），その場合，どの国の裁判所が保全処分の国際裁判管轄（国際保全管轄）を有するかが問題となる。それがここでの問題である。

例えば，以下のような事案で具体的に問題となりうる。すなわち，Ａ社とＢ

---

[23]　以上のような考え方は，前記竹下説と基本的に同趣旨のものであり，竹下説の理解される判例法理とも整合的なものと解されよう。

[24]　そのような日本の判決が外国にまでその効力を及ぼすことができるかは，当該外国が日本の判決を承認してくれるかどうかに係っており，日本国としてはそこまで期待すべきものではなかろう。

[25]　但し，UNCITRAL 国際商事仲裁モデル法の 2006 年改正においては，17H 条以下を新設し，仲裁廷の暫定的判断も執行決定の対象になるものとしている。モデル法の同改正については，三木浩一「UNCITRAL 国際商事仲裁モデル法 2006 年改正の概要」JCA ジャーナル 54 巻 6 号・7 号（2007 年）参照。ただ，日本は，現段階ではこれを反映した仲裁法の改正をしていない。

社がある契約に関連する紛争について日本を仲裁地とし，日本の仲裁機関の仲裁に付する旨の合意をしていた。米国に本店が所在するB社がA社について当該契約に関する虚偽事実を告知・流布している場合，AはB日本の裁判所に，BがA社に関する虚偽事実を告知・流布してはならない旨の仮処分を申し立てることができるか，という論点である（なお，当該紛争は上記仲裁合意の範囲に含まれる紛争であることを議論の前提とする）。

2　本案管轄について

(1)　本案管轄の意義

民事保全法11条は，日本の国際保全管轄について，「日本の裁判所に本案の訴えを提起することができるとき」に認めているが，この本案管轄の趣旨としては，①保全処分が本案に従属するものであることから，本案判断をする管轄権を有する国に保全処分についても管轄権を認めることが相当と解されること，②本案判断と保全処分の判断は重複するところが多く，共通の国の裁判所に管轄権を認めることが審理の便宜や訴訟経済に資すること，③債務者の財産が多数の国に散在しているような場合には，本案裁判所で保全処分についても一括して統一的に判断することが望ましい場合があることなどが指摘されている[26]。

以上のような一般論は，仲裁合意が存在せず，本案審理をいずれかの国の裁判所が行うことを当然の前提にしているものと考えられるが，本案について仲裁合意がある場合にもこの規定が適用されるのかが問題となりうる。

(2)　旧法下の裁判例

この点について，平成23年改正によって民事保全法11条が立法される前の裁判例として，東京地決平成19・8・28判時1991号89頁がある。これはやや複雑な事案に係るものであるが，ある製品をAに販売するためにXをYのエージェントに任命するエージェント契約に韓国を仲裁地とする仲裁合意がある場合において，Yから更新拒絶の意思表示を受けたXが，当該更新拒絶が無効であるなどと主張し，当該契約上の履行請求権に基づき，YがA社に対してXによる発注を経ずに本件製品を販売することの禁止などを仮処分とし

---

[26]　佐藤=小林編著・前掲注(3)183頁，加藤新太郎=山本和彦『裁判例コンメンタール民事保全法』（立花書房，2012年）92頁〔山本和彦〕，山本和彦ほか編『新基本法コンメンタール民事保全法』（日本評論社，2014年）43頁〔酒井一〕など参照。

て求めた事件であるが，日本の国際保全管轄が否定されている。

同決定はまず一般論として，「どのような場合に保全命令事件の国際裁判管轄を肯定すべきかについては，国際的に承認された一般的な準則が存在せず，国際的慣習法の成熟も十分ではないため，一般の民事訴訟と同様に，当事者間の公平，裁判の適正・迅速を期するという理念により条理に従って決定するのが相当である」として，いわゆる特段の事情論を採用した最判平成9・11・11民集51巻10号4055頁を引用し，「民事保全法12条1項に規定する保全命令事件の管轄裁判所が我が国内にあるときは，原則として，我が国の裁判所に申し立てられた保全命令事件につき，債務者を我が国の裁判権に服させるのが相当であるが，これらが存在しない場合には，我が国で裁判を行うことが当事者間の公平，裁判の適正・迅速を期するという理念に沿う特段の事情がない限り，我が国の国際裁判管轄を否定すべきである」という一般論を明らかにした。これは，いわゆる逆推知に加えて，国内管轄原因を欠く場合にも，特段の事情がある場合には国際保全管轄が認められる場合があるとの考え方を示したものである。

そして，本案管轄との関係では，同決定は，国内管轄に関する民事保全法12条1項の「本案」には仲裁手続も含まれ，仲裁合意がある場合の「本案の管轄裁判所」とは，当該仲裁の仲裁地を管轄する裁判所をいうとし，「本件では，当事者間に仲裁地を韓国ソウル市とする本件仲裁合意が存在するため，民事保全法12条1項所定の『本案の管轄裁判所』は我が国には存在せず，また，本件申立ては，仮差押命令又は係争物に関する仮処分を求めるものではないから，同項所定の『仮に差し押さえるべき物若しくは係争物の所在地を管轄する地方裁判所』が管轄裁判所となることもないから，本契約に基づく履行請求権を被保全権利とする申立てについては，民事保全法12条1項に規定する管轄裁判所が我が国内には存在しない」とした。そこでは，仲裁合意がある場合の本案管轄の意義として仲裁地国説を採用するとともに，仮差押目的物・係争物所在地管轄については仮の地位を定める仮処分が含まれない旨を明らかにしている点で注目に値する。

最後に，「本契約は韓国法を準拠法とするものであること，本件仲裁合意にしたがって，韓国において大韓商事仲裁院の商事仲裁規定に従って仲裁の申立てを行うことにより迅速な紛争解決を期待できることに照らせば，我が国で裁

判を行うことが当事者間の公平や裁判の適正・迅速の理念に沿う特段の事情が存在し，本契約に基づく履行請求権を被保全権利とする申立てについて我が国の国際裁判管轄を肯定すべきということもできない」として，特段の事情による管轄拡大も認められないとして，日本の国際保全管轄を否定している。

(3) 現行法下の解釈

　現行民事保全法の下で仲裁合意がある場合の本案管轄に関する解釈としては，3つの考え方があり得る。第1に，仮に仲裁合意がなければ本案訴訟につき国際裁判管轄を有する国が本案管轄国になるとする考え方である[27]。仲裁合意がある場合には，本案審理をする国家裁判所は存在しないことになるので，この場合は仲裁合意の不存在を仮定して，本案裁判所を考えざるを得ないと解するものである。第2に，仲裁合意がある場合には，本案管轄は仲裁地国にあるとする考え方である[28]。これは民事保全法11条にいう「本案」には仲裁事件も含まれ[29]，その管轄は仲裁地にあるので（仲裁法5条1項2号），仲裁地を管轄する裁判所を本案裁判所と解するものとみられる[30]。第3に，仲裁合意がある場合には，本案事件は仲裁事件となるので，本案管轄国は存在しないとする考え方である[31]。この場合は，「日本の裁判所に本案の訴えを提起することができるとき」に当たらないからである。筆者自身は最後の見解を支持するものである[32]。

---

[27]　佐藤＝小林編著・前掲注(3)183頁注において，あり得る考え方として示唆されているものである。旧法下の見解では，明確ではないが，河野正憲・判批・判タ1320号26頁はこの説か。

[28]　旧法下の東京地決平成19・8・28前掲が採用する考え方である。山本ほか編・前掲注[26]45頁〔酒井一〕もこの説か。

[29]　民事保全法37条3項は，いわゆる起訴命令との関係で，「仲裁合意があるときは仲裁手続の開始の手続」を本案の起訴と同視しているが，それをこのような場合にも拡張する考え方ともいえよう。

[30]　ただ，仲裁法は仲裁地以外の裁判所の管轄を認めている場合があるし（仲裁法5条1項1号・3号参照），更に仲裁地が決まっていない段階で保全処分の申立てがあった場合にどのように考えるのか（仲裁法8条参照）など細かな点について，この見解の詳細は明らかでない部分もある。

[31]　旧法下の見解として，必ずしも明確ではないが，中野俊一郎・判批・JCAジャーナル55巻8号2頁参照。ただ，中野説は，本案管轄は認めながら，保全の必要の問題として解決する見解とも読める。

[32]　私見については，加藤＝山本編・前掲注[26]92頁以下〔山本和彦〕参照。

Ⅲ　仲裁合意と国際保全管轄

　すなわち，仲裁合意がある場合には，それを前提に本案管轄を考えざるを得ず，第1説のように，仲裁合意の不存在を仮定することは，その前提自体がそもそも相当ではないと解される[33]。また，第2説については，①本案管轄の趣旨は，前述のように（⑴参照），保全処分の本案への従属性を根拠として，本案を審判するのと同じ国の裁判所が保全管轄を有することが相当である点にあるところ，仲裁合意がある場合には（たとえ仲裁地国であってもその国の裁判所は本案について自ら判断する管轄権は有していないので）その趣旨が妥当しないこと，②同じく本案管轄の趣旨として，本案と保全の審理の重複に基づき同一国によって審判することの訴訟経済があるが，仲裁合意がある場合は，本案審理を担当するのは仲裁廷であるので，仮に仲裁地国裁判所に保全管轄を認めても，上記の意味での訴訟経済は達成できないこと，③民事保全法11条の文言からしても，仲裁合意がある場合はそもそも「日本の裁判所に本案の訴えを提起すること」ができず，同条の適用は考え難いこと，④仮に本案管轄を否定したとしても，仮差押目的物・係争物所在地管轄が認められれば，債権者の権利救済にとって問題はないと解されること[34]が指摘できる。以上のような理由から，当事者間に仲裁合意がある場合には，国際保全管轄に係る本案管轄はアプリオリに否定されることになろう。

　⑵において紹介した東京地決平成19・8・28前掲のような理解は，現行法制定前であればともかく，その制定後の解釈論としては無理があろう。けだし，仮に仲裁地を管轄する裁判所が日本にあったとしても，その「裁判所に本案の訴えを提起することができる」わけではないので，日本の裁判所に保全命令を発令する国際保全管轄を認めるべき理由はないと思われるからである。また，仲裁廷の保全措置は裁判所の保全処分に完全に代替できないことから国際保全管轄を広く捉えるべきとする見解もあるが[35]，上記④のように，係争物所在地の国際保全管轄を認めておけば，実効的な保全命令を発令できる国家裁判所は常に存在することになり，それ以上に係争物所在地でもない国に管轄を認める必要はないと解される[36]。したがって，仲裁合意がある場合には定型的に本案

---

[33]　加えて，第2説に対する以下の批判は，第1説に対しても同様に妥当する。

[34]　したがって，この場合は，仮の地位を定める仮処分との関係でも，後述のように（2⑴参照），係争物所在地管轄が認められることが当然の前提となる。

[35]　山本ほか編・前掲注⒆45頁〔酒井一〕参照。

18 国際裁判管轄に関する若干の問題〔山本和彦〕

管轄が認められないものと解してよい。

以上に述べたところから，本件設例において，本案管轄を理由とする日本の国際保全管轄は否定されるものと解される。

3 係争物所在地管轄について

(1) 係争物所在地の意義

次に，民事保全法11条は，「仮に差し押さえるべき物若しくは係争物が日本国内にあるとき」にも，日本の裁判所の国際保全管轄を認めている。そこで，この規定の適用が問題となるが，本件は仮の地位を定める仮処分であり，この場合に，同条にいう「係争物」の所在地の意義が問題となる。

この点で，係争物所在地国を根拠とする国際保全管轄は，仮の地位を定める仮処分には適用されないとする見解があり得る。東京地決平成19・8・28前掲はそのような理解を前提にするものとみられる。また，仮の地位を定める仮処分一般についてはその適用を否定しないとしても，特定物を目的としない仮の地位を定める仮処分（例えば，債務者の作為・不作為のみを求める仮処分等）については，「係争物」と解される物がないので，やはり係争物所在地管轄は妥当しないとする見解もある[37]。

しかし，このような考え方は妥当とは思われない。確かに「係争物の所在地」という文言は，仮差押え及び係争物仮処分にのみ対応しているように見え，それを文字どおりに読めば，仮の地位を定める仮処分では一切問題にならないようにも解されるし，少なくとも目的物が問題とならないような，作為・不作為のみを対象とした仮処分については適用されないと解される余地がある。ただ，この点は，民事保全法11条立案の際から議論のあったところであり，（国内管轄の場合とは切り離して）少なくとも国際保全管轄については慎重に検討する必要のある問題である。例えば，法制審議会国際裁判管轄法制部会の審議の

---

[36] 上記見解の論者は，仮の地位を定める仮処分には係争物所在地管轄が妥当しないことを立論の前提にしているように見受けられるが，それが相当でないことについては，2(1)参照。

[37] 山本ほか編・前掲注[26]46頁〔酒井一〕参照。なお，国内保全管轄の関係では，仮の地位を定める仮処分に目的物がある場合には当該目的物所在地を含む見解が一般的であるが，特定物を目的としない作為又は不作為を求める仮処分の場合には，その適用を否定する見解も有力に存在する。加藤＝山本編・前掲注[26]48頁〔川崎博司〕など参照。

Ⅲ　仲裁合意と国際保全管轄

過程では，「作為又は不作為を命じる場合に作為又は不作為がなされるべき場所が『係争物の所在地』に当たらないと解すると，日本の裁判所に国際裁判管轄が認められない可能性」があること等を理由として，「同項の『係争物の所在地』よりも広い範囲で保全命令事件の国際裁判管轄を認めるべきではないか」という意見があったとされる[38]。また，中間試案に対する意見でも，例えば，日本弁護士連合会から，「作為又は不作為を命じる保全処分については，『作為又は不作為義務の履行地』が日本にある場合も日本の裁判所に保全処分を求めることができるものとすべきである」との意見が示されていたという。換言すれば，国際保全管轄については，本案管轄だけでは債権者の救済が不十分になってしまうとの指摘である[39]。現行法はこの点を明確にしていないが，これは上記のような解釈を否定するものではなく，この点を解釈に委ねる趣旨と解される[40]。

　以上のような経緯を前提にすれば，この問題に関しては，国内裁判管轄の解釈としても，「係争物の所在地」には，仮の地位を定める仮処分について，作為・不作為がされるべき場所を含むものと解するべきである[41]。そのような地においては，保全命令を発する十分な関連性が認められるからである[42]。そして，このような趣旨は，国際裁判管轄にも同様に（あるいはそれ以上に）妥当するものと解される。今回国際保全管轄について，上記のような批判にもかかわらず，明確な立法がされなかった以上，解釈論による対応が不可欠と考えら

---

[38]　法務省民事局参事官室『国際裁判管轄法制に関する中間試案の補足説明』61頁参照。筆者自身も，法制審議会においてこのような意見を述べたことがある。

[39]　その意味で，これは仲裁合意がある場合に本案管轄を否定する見解に限った問題ではなく，仲裁合意がある場合に（本稿とは異なり）本案管轄を認める見解に立った場合にもなお問題となりうる論点である。

[40]　佐藤＝小林・前掲注(3)183頁は，国内管轄の理解として「特定物を目的としない作為又は不作為を命ずる仮処分（例えば，出演禁止の仮処分）については，その作為又は不作為がされるべき地が『係争物の所在地』であるとの考え方と，これに反対する考え方に分かれています。同法第11条の『係争物』の所在地についても，同様の議論が妥当すると考えられます」として，この点を解釈に委ねる考え方を示している。

[41]　このような見解として，吉川大二郎『保全訴訟の基本問題（増補再版）』（有斐閣，1952年）412頁以下，菊井維大＝村松俊夫＝西山俊彦『仮差押・仮処分（3訂版）』（青林書院新社，1982年）28頁など参照。

[42]　特に仲裁合意がある場合には本案管轄は観念できないという（本稿のような）立場をとる場合には，国内管轄との関係でも，上記のような解釈は必須になると解される。

18 国際裁判管轄に関する若干の問題〔山本和彦〕

れ[43]，仮の地位を定める仮処分の場合には，国際保全管轄原因である係争物所在地には，作為・不作為がされるべき場所が含まれるものと解される。

以上から，作為・不作為がされるべき場所が日本国内にある場合に限り，係争物所在地管轄によって日本の国際保全管轄が認められると解される。なお，係争物が日本国内にあることを理由として民事保全法 11 条に基づく国際保全管轄が認められるとしても，別の裁判所又は仲裁廷が同一の係争物に関して同時に管轄権を有する可能性があることは言うまでもない。

(2) 本件設例における係争物所在地管轄

以上のような係争物所在地管轄に関する解釈を前提に，本件設例に即して，国際保全管轄が日本の裁判所に認められるかを検討する。

まず，本件で求められている不作為義務の内容は，B 社は虚偽事実を告知・流布してはならないというものである。そこで，以上のような不作為義務の履行地国（作為又は不作為をすべき国）がどこであるかが問題となるが，当該事実を告知・流布させるのは Y 社らの行為であり，その履行地（不作為をすべき国）は B 社の本店所在地であると解される。そして，B 社は米国法人であるので，不作為義務の履行地，すなわち係争物所在地国は米国であると解される。したがって，係争物所在地国は米国であり，日本の国際保全管轄は否定されることになると解される[44]。

Ⅳ　本案の国際裁判管轄がない場合の審判前の保全処分

1　問題の設定

平成 30 年人事訴訟・家事事件の国際裁判管轄に関する法改正[45]に際して，

---

[43] 緊急管轄的な対応を図ることも考えられるが，法的安定性を考えれば，民事保全法の解釈による方がより適切であろう。

[44] 仮に本案管轄を認め，仲裁地所在国に本案管轄を認めながら，係争物所在管轄を認めない見解に立てば，本件では，日本の国際保全管轄を認めることになろう。逆に米国を仲裁地として日本法人を相手方とする場合には，本稿の見解によれば日本の管轄権が認められるが，上記見解はこれを否定することになろう（このような帰結の差異を明確にするため，本稿では実際の意見書の事案を変更している）。

[45] 同改正については，高田裕成ほか「渉外的な人事訴訟・家事事件にかかる手続法制」論究ジュリ 27 号（2018 年）4 頁以下参照。本稿の論点については，同 28 頁以下も参照。

Ⅳ　本案の国際裁判管轄がない場合の審判前の保全処分

審判前の保全処分に係る国際裁判管轄の規定が議論された。その際，本案の家事調停・家事審判事件について国際裁判管轄権を有する国が関連する審判前の保全処分につき国際裁判管轄を有することは当然とされたが，それ以外の国の裁判所が審判前の保全処分の国際裁判管轄権を有する場合があるかが論点となった。

　具体的な設例として，以下のようなものが考えられる。すなわち，日本で婚姻したがオーストラリアに移住したオーストラリア人の夫Ａと日本人の妻Ｂがオーストラリアで離婚したが，その際に財産分与については合意がされなかった。そこで，Ｂは財産分与の申立てを考えているが，Ａは日本において所有する不動産を友人Ｃに譲渡しようとしている。そこで，Ｂは，財産分与に係る審判前の保全処分として，当該不動産につき日本の裁判所において仮差押えの申立てをすることができるか。

　この事例の問題意識として，財産分与の本案の国際裁判管轄は離婚訴訟の場合と同様の国に属するとされるところ（家事3条の12第1項），この場合，相手方の住所地，最後の共通住所地等のいずれによっても，オーストラリアの裁判所が国際裁判管轄を有することになると解される[46]。そこで，オーストラリアの裁判所が財産分与事件を本案とする仮差押えの国際裁判管轄を有することは当然である。ただ，仮にこのような仮差押えの申立てが日本でできないとすると，日本の裁判所は仮差押えをすることができず，他方で，オーストラリアの裁判所が仮に仮差押えを命じたとしても，当該裁判は，確定した終局裁判（家事79条の2）ではないので，民訴法118条の準用はなく，日本では承認執行されないことになる。その結果，Ａによる日本所在財産の処分を防ぐ方途がなくなってしまうが，それは問題ではないかという問題意識である。同様の問題は，財産分与のほか，遺産分割などでも発生しうる[47]。

---

[46]　但し，家事3条の12第4号の当事者間の衡平や適性迅速な裁判の実現のための特別の事情が認められる場合は別である。

[47]　遺産分割も本案の管轄は相続開始時の被相続人の住所地国が原則となり（家事3条の11第1項），それが外国である場合，日本の裁判所が遺産に属する財産の仮差押え等審判前の保全処分についてのみ国際裁判管轄を有し得るかが論点となる。

18 国際裁判管轄に関する若干の問題〔山本和彦〕

2　平成 30 年改正における議論と帰結

前述のように，この点は，平成 30 年改正の際の法制審議会国際裁判管轄法制（人事訴訟事件及び家事事件関係）部会の審議においても，議論の対象とされた。

この問題につき，中間試案は，「家事審判事件を本案とする審判前の保全処分については，日本の裁判所に，本案の家事審判事件（家事審判事件に係る事項について家事調停事件の申立てがあった場合にあっては，その家事調停事件）が係属しているときに限り，することができる」旨の提案を行っていた[48]。その趣旨について，中間試案の補足説明は，「本部会においては，国際的な要素を有する家事審判事件を本案とする審判前の保全処分について，日本の裁判所に本案の管轄権が認められない場合であっても，日本に存在する財産等の保全的措置を要する必要性があり，外国の裁判所には本案が係属している場合には，仮に差し押さえるべき物又は係争物の所在地の管轄を認めるべきであるとの意見があった」ものの[49]，「家事事件手続法において，本案の係属がない場合に審判前の保全処分を取り扱う規定が存しないこと，本案の係属がない場合に家事審判事件を本案とする民事保全を認めることは民事保全法が前提とする民事保全の本案の範囲の変更を伴うことになること等の事情から」採用できないものとされた[50]。そして，中間試案後もなお同様の議論があったものの，上記のような意見は採用に至らなかった。その結果，審判前の保全処分について独自の国際裁判管轄に関する規定は設けられなかった[51]。

以上のような説明から明らかなように，上記のような提案のネックとなったのが審判前の保全処分における本案係属要件の問題である。仮差押え等について，本案とは別に日本の国際裁判管轄を承認しようとすれば，本案係属要件を外さざるを得ないが，ただこれを外すためには家事事件手続法自体の改正が必要になり，国内法（家事事件手続法や民事執行法の考え方等）にも跳ね返る問題

---

[48]　法制審議会国際裁判管轄法制（人事訴訟事件及び家事事件関係）部会「人事訴訟事件及び家事事件の国際裁判管轄法制に関する中間試案」第 2 の 12 参照。

[49]　筆者も，同部会の委員であったが，部会審議において同様の意見を述べたことがある。

[50]　商事法務編『人事訴訟事件及び家事事件の国際裁判管轄法制に関する中間試案（別冊NBL151 号）』（商事法務，2015 年）64 頁参照。

[51]　本案係属要件を前提にすれば，本案事件が係属した裁判所（その国）にのみ保全処分の申立てができることは自明であるため，明文規定は不要とされた。

IV　本案の国際裁判管轄がない場合の審判前の保全処分

となるとして導入には至らなかったものである。結局，改正後の解釈論としては，設例のような場面は緊急管轄の問題とならざるを得ないが，日本での保全処分を認めることは難しい場合が多いということになろう。本案についてまで緊急性を認めることは通常困難とみられるからである。

3　若干の立法論的検討

以上のように，今回改正は断念されたが，筆者の理解では，部会審議でも，なお将来の課題としては残っている旨の確認はされたと思われる。具体的改正の方策としては，①外国において本案事件が係属していれば，例外的に本案係属要件を満たすとの理解[52]，②そもそも一定の類型の保全処分（仮差押え及び係争物仮処分）については国内事件についても本案係属要件を外し，本案事件と審判前の保全処分とを切り離してよいとの理解があり得よう[53]。

そこで，本案係属要件の趣旨について考えてみると，今般の家事事件手続法制定時に，その廃止も議論されたが，結果として，係属要件の対象となる本案事件を家事審判だけではなく家事調停にも拡大する形で同要件自体は維持された。その際に，その趣旨が詳細に議論されたが，最終的な整理としては，「審判前の保全処分は，暫定的な処分でありながら，強制力が付与されていることから，発令の前提として，本案の審判が認められる蓋然性が必要に」なるところ[54]，「そのような蓋然性を認めるためには，少なくとも本案の家事審判事件が係属していることが必要である」とされた。そして，家事審判と家事調停の密接な関連性及び連続性に鑑み，家事調停が係属している場合でも本案係属要件が肯定されると整理されたものである。

---

[52]　これであれば，国内事件には影響せずに改正ができる。ただ，その場合も，家事事件手続法105条1項の「本案の家事審判事件（中略）が係属する家庭裁判所」の後に，例えばカッコ書で「外国に本案の家事審判事件が係属するときは，105条の2に規定する家庭裁判所」などという文言を加えるだけでは足りず，本案事件が取下げで終了した場合等の規律を別途設ける必要があろう。

[53]　これを民事保全処分として整理するのは，前述の補足説明にあるように，民事保全の本案の範囲の変更をもたらすことになり，必ずしも望ましくない。その意味で，審判前の保全処分の範囲内で問題を解決することが相当であろう。

[54]　民事保全のように，一定の請求権の客観的存否が判断対象になるものではないため，被保全権利の蓋然性に代えて，本案の家事審判において一定の権利義務が形成される蓋然性が必要になると理解されている。

18 国際裁判管轄に関する若干の問題〔山本和彦〕

以上のように，本案係属要件は，本案と保全処分とが密接不可分にある関係を前提に論じられていたといえる。例えば，監護権の帰属に係る本案紛争における子の引渡しの保全処分等について考えれば，確かに本案係属要件は家事審判において本案の審判が認められる蓋然性を支えるものといえ，上記のような論拠は良く妥当する。それに対し，仮差押えや係争物保全処分は基本的に本案との関連性は低いものであり，仮の地位を定める保全処分と区別される余地はある。もちろんその場合も被保全権利の疎明等は必要であるが，それは通常の民事保全の場合と大きくは異ならないようにみえる。確かに本案の裁量性は，その判断において，本案係属裁判所の優位性を支えるものであるが，既に調停段階に前倒しした結果，当該裁判所が常に審判を担当する旨の前提は必ずしも妥当しなくなっている(55)。その意味では，本案と切り離して財産所在地管轄を認める余地は十分あるのではないかと思われる。

以上からすれば，仮の地位を定める保全処分のような類型については，本案係属要件を外すべきではないし，外国裁判所に本案が係属しているからといって日本の裁判所が保全処分を出すのは相当ではない(56)。他方，仮差押えや係争物仮処分については，日本の裁判所に本案が係属している必要はなく，外国裁判所の本案係属があれば，それによって本案の審判が認められる蓋然性が一定程度担保されると考え(57)，係争物所在地である国内裁判所に保全処分の発令を認める余地はあろう。さらに，それを超えて，国内の場合も含めて仮差押え等については本案係属を求める必要性はないとすることも考えられるが，仮に否定する場合には，起訴命令等民事保全法と同様の手当てが必要となり，かなり大きな改正になろうか。必要な範囲内での微修正に止める(58)のであれば，国際事案の特則として，外国裁判所に本案（審判事件又は調停事件）が係属してい

---

(55) 実際には多くの裁判所で家事調停を担当した裁判官がそのまま家事審判を担当する運用のようであるが，制度的にそれが担保されているわけではない。

(56) 結局，このような場合において，仮に当該外国でされた保全処分が国内では実効性をもたないときは，任意の履行に期待する仮処分と同様のものにならざるを得ないであろう。

(57) もちろん準拠法が外国法になれば，日本の裁判所にとって本案認容の可能性の判断が事実上困難になることは否定できない。しかし，それは民事保全処分にもある問題であり，保全裁判所が本案の認容の蓋然性を確信できなければ，申立てを却下すれば足りるものと解される。

Ⅳ　本案の国際裁判管轄がない場合の審判前の保全処分

れば，日本での審判前の保全処分申立てを認め，係争物所在地である日本の国際裁判管轄を肯定するという立法もありえようか[59]。

---

(58)　国内裁判所が本案管轄を有する場合には，仮に財産所在地が別の裁判所の管轄であったとしても，本案管轄裁判所の保全命令は財産所在地でも当然に執行できるので，国際事件とは異なり，問題は相対的に少ない。

(59)　この場合，前述のように（前掲注(52)参照），外国本案事件が取下げや棄却等で終了した場合の措置を定める必要があり，そのような場合について，保全処分を取り消さなければならない旨の規定も併せて設けられることになろう。

◆第Ⅱ部◆

民事執行・倒産手続

1 民事執行

19 不当執行に基づく債権者の損害賠償責任

三 木 浩 一

I は じ め に

　民事執行においては，債務名義についての実体的な判断が執行段階ではなされず，執行機関は，債務名義に従って執行を実施する職責を負う。したがって，執行結果が実体法秩序と矛盾する事態が生じることは，現実問題として避けることはできない。こうした事態は，しばしば「不当執行」または「違法執行」と呼ばれる。本稿では，ターミノロジーとして「不当執行」と「違法執行」を区別し，執行手続が手続法上は適法に行われたが，執行結果が実体法上許されない場合を「不当執行」と呼び，手続法の規定に違反して行われた場合を「違法執行」と呼ぶことにする[1]。本稿における「不当執行」に当たる場合としては，債務名義に記載された権利が実際には存在しなかった場合，債務名義の成立時には存在した権利が執行当時には消滅していた場合，保全の対象である本案の権利が存在しないのに保全執行がなされた場合などがある。

　こうした不当執行に債務者が対処するための民事執行法上の手段としては，請求異議の訴え（民執法 35 条）がある。しかし，請求異議の訴えは，債務者の側で能動的なアクションをとることが前提であり，執行の完了までに債務者が不当執行の事実を知ることができない場合には対応できない。したがって，後日の裁判などで債務名義に記載された実体権の不存在が判断され，不当執行の事実が判明した場合には，他の手段によって事後的に実体法秩序との調整を図る必要がある。具体的には，債務者から債権者に対して，不当利得の法理に基

---

[1]　本文におけるような「違法執行」と「不当執行」の使い分けにつき，中村英郎「違法執行と不当執行」同『民事訴訟理論の諸問題』（成文堂，1975 年）231 頁参照。

19 不当執行に基づく債権者の損害賠償責任〔三木浩一〕

づいて債権者に移転した給付物の返還を求めることや，不法行為の法理に基づ
いて被った損害の賠償を求めることなどである。これらのうち，本稿では，給
付物の返還に関する議論は対象外とし，もっぱら損害賠償責任のみを取り上げ
る。また，不当執行の損害賠償責任を負う者には執行機関や弁護士なども考え
られるが，この点でも，本稿では，理論的にも実務的にも議論が集中している
債権者のみに焦点を当てるものとする。

　不当執行の問題が生じうる民事執行の形態には，仮執行宣言に基づく仮執行，
保全処分に基づく保全執行，本執行としての強制執行，担保権の実行などがあ
る。これらのうち，まず，仮執行が不当執行であった場合の債権者の損害賠償
責任については，民事訴訟法に明文規定があるため，同規定の解釈をめぐる問
題が議論の中心となる。次に，保全執行については，確立した最高裁の判例が
あるため，主として，これにフォーカスして議論が行なわれることとなる。こ
れらに対し，強制執行については部分的に判例や学説上の議論がみられるが，
一般的な分析が十分になされているとはいえない。また，担保権実行が不当執
行であった場合については，ほとんど議論がなされていない。

　本稿は，こうした状況を踏まえて，不当執行に基づく債権者の損害賠償責任
という問題について，各種の形態の民事執行を通しての全体的な整理と若干の
私見の呈示を試みようとするものである。

Ⅱ　仮執行の場合

1　民事訴訟法 260 条 2 項

　下級審における本案判決に仮執行宣言が付され，これを債務名義として強制
執行が実施されたが，その後に本案判決が上級審で取り消された場合には，執
行結果と実体法秩序の間に齟齬が生じ，不当執行の一類型となる（以下，こう
した場合を「不当仮執行」という）。この場合における債権者の損害賠償責任に
ついては，不当執行の各類型の中で唯一の例として，法律上に明文の定めが設
けられている。すなわち，民事訴訟法 260 条 2 項は，「本案判決を変更する場
合には，裁判所は，被告の申立てにより，その判決において，……仮執行によ
り又はこれを免れるために被告が受けた損害の賠償を原告に命じなければなら
ない。」とする。

II 仮執行の場合

この規定の法的な性質については，広義の不法行為責任に属するものと解する見解と，適法行為に基づく法定の特別責任であると解する見解がある。しかし，いずれの見解をとっても，個々の論点における結論に大きな差異はなく[2]，現在では，主として説明の違いにすぎないものと解されている[3]。たとえば，民法509条が定める相殺禁止は，不法行為説においても，その適用は否定される。また，過失相殺についても，民法418条と同法722条2項とで適用法条が分かれる可能性はあるが，債務者の過失との過失相殺を認めるという結論に差異はない。

この民事訴訟法260条2項に基づく損害賠償請求は，本案判決が変更される上訴審の手続内で提起することが予定されている。すなわち，一種の訴訟中の訴えを許容した規定であるが，反訴ではないので，控訴審で行う場合であっても，相手方の同意は要しない（民事訴訟法300条参照）。もっとも，独立した訴えとして別訴を提起することも可能である（最判昭和29年3月9日民集8巻3号637頁）。

2 無過失責任説

民事訴訟法260条2項について，他の不当執行の類型との整合性や規定そのものの妥当性を考えるうえでの最も大きな問題は，判例・通説ともに，同条同項に基づく損害賠償責任を無過失責任であると解している点である。すなわち，判例は，すでに戦前の大審院時代において，同条同項（当時は旧民事訴訟法198条2項）に基づく損害賠償責任は無過失責任である旨を判示しており[4]，現在でも確立した判例の地位を有している。また，学説上の通説も，同条同項を無過失責任とする[5]。その主たる論拠は，本来は判決の確定後に与えられるはずの執行力を，仮執行宣言によって未確定の段階で利用するのは一種の特典であり，そのことを承知のうえで特典を利用する者に，それが効力を失った場合の

---

(2) 具体的には，いずれの見解も，①民事訴訟法260条2項に基づく損害賠償責任は無過失責任とする，②損害賠償責任の範囲は相当因果関係のある全損害とする，③債務者の過失との過失相殺を認める，④民法509条の相殺禁止は適用されない，との結論をとる。

(3) 斎藤秀夫ほか編『注解民事訴訟法（第2版）(5)』（第一法規，1991年）41頁，兼子一原著『条解民事訴訟法（第2版）』（弘文堂，2011年）1431頁〔竹下守夫＝上原敏夫〕参照。

(4) 大判昭和12年2月23日民集16巻133頁。

19 不当執行に基づく債権者の損害賠償責任〔三木浩一〕

責任を負わせることが公平であるとの考慮にある。

3 過失責任説

こうした判例・通説に対し，同条同項に基づく損害賠償責任は，過失責任と解すべきであるとする伊藤眞教授の見解がある[6]。この見解の主要な論拠は，以下のとおりである。第1に，同条同項は，要件事実としての過失に触れていないが，立法段階の議論において無過失責任が明示的に確認されているわけではなく，違法性の要件事実のみを規定したものと考えれば，過失は一般の不法行為の要件事実が妥当すると解することも可能である。第2に，原審の判断が上級審で取り消されたことの危険を無条件に債権者に負わせることは公平とはいえないし，また，濫上訴を制限して訴訟促進を図ろうとする考え方にもそぐわない。第3に，不当保全の場合における損害賠償責任については過失責任とする考え方が判例・通説であるところ，任意的口頭弁論の下で疎明を基準として発令される保全処分に基づく執行においてさえ，過失責任の原則が適用されるにもかかわらず，いかに確定していないとはいえ，必要的口頭弁論の下で証明を基準として発令される終局判決に基づく仮執行について債権者に無過失責任を課すのは，両者の均衡を失する。

4 私 見

しかし，こうした過失責任説には疑問がある。

まず，第1の点であるが，旧民事訴訟法198条2項の立法に際し，大正15年改正当時の立法担当者は，「此規定は外国の立法例にも斯う云ふ風に入れてあるのがあるやうであります」と述べており[7]，これがドイツ法を参照したこ

---

(5) 松浦馨ほか『条解民事訴訟法』（弘文堂，1986年）582頁，斎藤ほか編・前掲注(3)40頁・42頁，菊井維大＝村松俊夫『全訂民事訴訟法（補訂版）I』（日本評論社，1993年）1269頁，鈴木正裕＝青山善充編『注釈民事訴訟法(4)』（有斐閣，1997年）276頁〔森勇〕，兼子原著・前掲注(3)1431頁〔竹下＝上原〕，秋山幹男ほか『コンメンタール民事訴訟法V』（日本評論社，2012年）252頁参照。

(6) 伊藤眞「不当仮執行にもとづく損害賠償責任-無過失責任説の再検討」判タ775号（1992年）4頁。

(7) 民事訴訟法改正調査委員会議事速記録第36回（大正12年2月6日）松岡義正委員発言。松本博之ほか編『民事訴訟法〔大正改正編〕(3) 日本立法資料全集12』（信山社，1993年）377頁。

とを意味することに争いはないので，明らかに無過失責任説を前提にした立法であるといえる[8]。また，伊藤説は，現行民事訴訟法の制定前の論考であるところ，現行民事訴訟法260条2項は，こうした議論があることを踏まえた上で，平成8年改正において，旧民事訴訟法198条2項の規律を維持したものである。したがって，立法論であればともかく，現行民事訴訟法下における解釈論として過失責任説をとることは困難であろう。

第2の点は，この問題における公平についての価値判断が問われる中核的な論点であるが，私見は，次のとおりである。たしかに，仮執行制度を正規の方法で利用したにすぎない債権者に無過失の損害賠償責任を負わせるのは，債権者にとっては酷であることは否めない。しかし，他方において，不当執行を受けた債務者の保護も，同時に考えなければならない。債務者の保護を考える場合，過失責任説によるとすると，債権者は勝訴判決を得て仮執行宣言に基づいて執行をしているのであるから，正当な権利の行使と信ずるのが通常であり，その場合には過失を問うことはできないので，債務者がこの責任を追求することは，ほぼ不可能になる[9]。すなわち，過失責任説によった場合には，原則として，債務者の側が不当執行のリスクを全て負担することになる。しかし，執行を仕掛けた側のリスクがゼロであって，受け身の側のリスクが100パーセントという結果が，両者の負担調整として公平であるとは思われない[10]。債務者の側に過失がある場合には，無過失責任を基礎としたうえで，過失相殺によって両者の負担を調整することが可能であることを考えれば[11]，公平の観点に照らしても，無過失責任説が妥当である。

第3の点については，次のように考える。不当仮執行における債権者の損害賠償責任について，判例は，過失責任説をとっているが，後述するように，債権者に過失があることを類型的に推定するものとしている。そして，判例が，この推定を覆す特段の事情を認めるのは，基本的には，債務者の側に過失が

(8) 鈴木正裕「判決の法律要件的効力」山木戸克己教授還暦記念『実体法と手続法の交錯〔下〕』（有斐閣，1978年）167頁，本間靖規「仮執行と給付物返還・損害賠償」中野貞一郎先生古稀祝賀『判例民事訴訟法の理論〔下〕』（有斐閣，1995年）79頁注(31)参照。

(9) 菊井=村松・前掲注(5)1269頁，秋山ほか・前掲注(5)253頁参照。

(10) 本間・前掲注(8)77頁参照。

(11) 本間・前掲注(8)77頁，鈴木=青山編・前掲注(5)276頁〔森〕，兼子原著・前掲注(5)1431頁〔竹下=上原〕，秋山ほか・前掲注(5)253頁参照。

19 不当執行に基づく債権者の損害賠償責任〔三木浩一〕

あった場合である。他方，仮執行の場合に無過失責任説をとったとしても，前述のように，学説の多数は過失相殺による負担の調整を認める。つまり，判例や学説の多数は，両者ともに，第一次的には債権者に責任を認めつつ，第二次的には債務者の過失の有無や程度によって調整を図っている。このようなことから，両者の間にどれほどの懸隔があるかは疑わしいとする見解もみられるところである(12)。また，仮執行は現状を変更するものがほとんどであるのに対し，保全処分は現状を維持するものが多いことを考慮すれば，不当仮執行の場合に債権者に無過失責任を課すことが，不当保全の場合との均衡を欠くとは思われない。

III 保全執行の場合

1 不法行為による法的構成の意義

　仮差押えまたは仮処分等の保全命令が発令され，さらにその保全命令が執行された後に，保全異議や保全抗告または本案手続において被保全権利の存在が否定された場合において（以下，こうした場合を「不当保全」という），保全執行の債権者が債務者に対して一定の損害賠償責任を負う場合があることは，判例および学説が一般的に承認するところである。その際，損害賠償責任の発生を導く法的構成としては，判例および学説は一致して不法行為責任とする。すなわち，民法709条の不法行為を理由とする損害賠償請求権を訴訟物として，別訴としての通常訴訟による債務者の救済を認めるものとする法的構成を採用している。

　しかし，保全処分の手続においては，債務者の反論の機会は保障されておらず，権利確定における手続保障は十分とはいえないため，事後に不当保全の問題が発生する可能性があることは，当然に予想しうるものである。したがって，本来は，債権者の債務者に対する損害賠償の取扱いは，保全制度の仕組みの中にシステムとして組み込んでおくべきものといえる(13)。現に，1973年に法務省民事局参事官室が公表した「強制執行法案要綱案（第二次試案）」の中では，本

---

(12)　本間・前掲注(8) 77頁参照。

(13)　本間靖規「不当な民事保全と損害賠償」中野貞一郎ほか編『民事保全講座〔1〕——基本理論と法比較』（法律文化社，1996年）505頁参照。

案訴訟において被保全債権の不存在を認定する債権者敗訴の判決がなされる場合には，債務者の受けた損害に対して債権者に「無過失」の賠償責任を課すという制度の導入が提案されていた。なお，仮執行宣言に基づく仮執行が事後に本案判決の変更等によって不当執行となった場合については，民事訴訟法260条2項において無過失の賠償責任が債権者に課される仕組みが立法的に採用されていることは，前述のとおりである。

　こうした点を考慮すると，結局，不当保全の場面における判例・学説による不法行為構成の採用とは，国家制度として設置された民事保全をもっぱら自己利益のために利用した債権者と，十分な手続保障の機会を与えられることなく損害を被った債務者との利害を事後的に調整するための手段として，不法行為訴訟という既存の通常訴訟を借用することにより，債権者と債務者の間における公平を損害賠償の方法によって代替的に実現しようとするものにほかならない[14]。そのため，不当保全の場面における不法行為の適用に際しては，不法行為の理論における通常の議論が，そのまま妥当するわけではない。たとえば，通常の不法行為の場合と異なり，民法509条による相殺の禁止は適用されない（最判昭和53・12・21民集32巻9号1749頁参照）。このように，不法行為構成がとられているといっても，そこから直ちに各論的な問題の解決が導かれるわけではない[15]。

2　不当保全における「過失」の位置づけ

　不当保全に基づく損害賠償責任を不法行為として構成する場合，不法行為の主観的要件である「過失」をどのように位置づけるかについては，かねてより，さまざまな議論がなされてきた。そうした議論の分類の仕方に，一般的に定着したものがあるとはいえないが，比較的異論の少ないものとして，「過失責任説」，「無過失責任説」，「折衷説」に三分類する方法がある[16]。こうした分類では，「過失責任説」は，通常の不法行為責任と同様に過失を要求する見解であ

---

[14]　上田徹一郎「不当保全処分と損害賠償責任」竹下守夫＝鈴木正裕編『民事保全法の基本構造』（西神田編集室，1995年）167頁参照。

[15]　伊藤敏孝「違法な保全処分による損害賠償」塚原朋一＝羽成守編『現代裁判法大系〔14〕民事保全』（新日本法規，1999年）57頁参照。

[16]　本間・前掲注[13] 519頁，伊藤・前掲注[15] 60頁参照。ただし，本間論文と伊藤論文とでは「折衷説」の意味が異なる。以下では，本間論文の分類を用いる。

19 不当執行に基づく債権者の損害賠償責任〔三木浩一〕

り，「無過失責任説」は，民事訴訟法 260 条 2 項と同様に過失を不要とする見解であり，「折衷説」は，これら両者の中間的な処理を志向する見解を意味する[17]。

これらのうち，純粋な「過失責任説」をとる見解は，わが国でも母法国のドイツでもほとんどみられない。わが国における通説は，伝統的には「無過失責任説」であるとされる[18]。その根拠としては，①民事手続法の母法国であるドイツでは一貫して無過失責任説がとられていること，②判決手続として債務者の手続保障の充足がある仮執行宣言でさえ民事訴訟法 260 条 2 項で無過失責任とされているのであるから，保全処分ではより一層無過失責任でなければならないこと，③保全処分は，もっぱら債権者の自己利益のための制度であり，他方で債務者は落ち度なく損害を被った立場にあるのだから，債権者と債務者との公平を維持するには無過失責任でなければならないことなどが挙げられている[19]。

これに対する他の有力な立場は「折衷説」である。ただし，この「折衷説」という分類は，純粋な過失責任説または無過失責任説以外に属する全ての見解の総称であることから，ここには多様な見解が含まれている。そうした「折衷説」の中の細分類における主要な見解としては，「事実上の推定説」と「法律上の推定説」がある[20]。これらのほかに，「証明責任転換説」と呼ばれる見解もあるが，法律上の推定がなされれば実質的に証明責任の転換の効果が生じるので，法律上の推定説と，ほぼ同一の見解であるといえよう。このように，「折衷説」の中の細分類を「事実上の推定説」と「法律上の推定説」とする場合，両者の異同は，次のようになる。まず，共通点としては，いずれの見解も，当該事件における過失の個別的・具体的な認定を必要とせず，ただ不当保全であるというだけで類型的に債権者の過失を導く。したがって，ともに「過失責任説」と比較して債務者に有利な訴訟上の地位を認める点で共通する。次に，両者の相違点であるが，「事実上の推定説」は，少なくとも理論上は事実認定

---

[17] 本間・前掲注[13] 519 頁参照。

[18] 上田・前掲注[14] 169 頁，本間・前掲注[13] 521 頁参照。

[19] 上田・前掲注[14] 170 頁，伊藤・前掲注[15] 61 頁参照。

[20] 本間・前掲注[13] 521 頁参照。また，上田・前掲注[14] 171 頁も，「折衷説」という分類は用いないが，「事実上の推定説」と「法律上の推定説」の分類を用いる。

が経験則に基づいて行われるという構造をとるので，その点では一般の過失の認定と異ならない。これに対し，「法律上の推定説」は，なお債権者には無過失の立証の余地が残されるとはいえ，実質的には証明責任の転換による事実認定がなされるため，無過失責任説に近接した見解ということができよう。

3　判例の立場

不当保全に基づく損害賠償責任の可否および要件という問題に関する判例の立場については，確定判例による判例法理が形成されている。戦後のリーディングケースとされている判例は，最判昭和43年12月24日民集22巻13号3428頁（以下，「昭和43年最判」という）である。その判旨は，次のとおりである。

「仮処分命令が，その被保全権利が存在しないために当初から不当であるとして取り消された場合において，右命令を得てこれを執行した仮処分申請人が右の点について故意または過失のあつたときは，右申請人は民法709条により，被申請人がその執行によって受けた損害を賠償すべき義務があるものというべく，一般に，仮処分命令が異議もしくは上訴手続において取り消され，あるいは本案訴訟において原告敗訴の判決が言い渡され，その判決が確定した場合には，他に特段の事情のないかぎり，右申請人において過失があつたものと推認するのが相当である。」

「右申請人において，その挙に出るについて相当な事由があつた場合には，右取消の一事によって同人に当然過失があつたということはできず，ことに，仮処分の相手方とすべき者が，会社であるかその代表者個人であるかが，相手側の事情その他諸般の事情により，極めてまぎらわしいため，申請人においてその一方を被申請人として仮処分の申請をし，これが認容されかつその執行がされた後になって，他方が本来は相手方とされるべきであつたことが判明したような場合には，右にいう相当な事由があつたものというべく，仮処分命令取消の一事によって，直ちに申請人に過失があるものと断ずることはできない。」

こうした昭和43年最判の法理は，その後も一貫して維持されている[21]。また，多くの下級審裁判例でも引用されており，実質的には判例法を形成してい

---

[21]　最判昭和57年7月1日金判681号34頁，最判平成2年1月22日判時1340号100頁。

19 不当執行に基づく債権者の損害賠償責任〔三木浩一〕

るといってよいであろう[22]。

4 昭和43年最判の法理

上記の昭和43年最判は，不当保全に基づく損害賠償責任の問題について，いかなる立場を採用したものであろうか。

まず，「過失責任説」，「無過失責任説」，「折衷説」の三分類のいずれであるかについては，次のように考えられる。昭和43年最判は，債権者の不法行為責任を認めるための要件として「過失」を要求している。しかし，他方において，保全命令に対する異議等によって保全命令の取消し等があった場合には，具体的な事案の内容をなんら問うことなく，「一般に」，「申請人において過失があったものと推認する」としている。したがって，本稿における三分類による場合には「折衷説」の立場ということになる。

しかし，「折衷説」にもさまざまな見解がある。そこで，さらに，「折衷説」の中におけるどのような立場かが問題となる。一般的には，昭和43年最判が示した法理は，過失の認定について，「一応の推定」の法理を用いたものとして整理されることが少なくない[23]。しかし，わが国において判例法理として展開されてきた「一応の推定」の学理上の位置づけについては，その理解は定まっていない[24]。具体的には，「事実上の推定」の一種とみる見解もあれば，「証明責任の転換」の一種とみる見解もある。また，過去の判例の分析においても，どの判例が「一応の推定」を用いたものであるかについてすら，見解の一致はみられない。したがって，たとえ昭和43年最判の判旨を「一応の推定」を用いたものとして位置づけたとしても，それで昭和43年最判の意味や趣旨が解明されるわけではない。また，「一応の推定」は，その使われる場面によって構造や機能が異なっており，とくに「過失」の認定に用いられる場合には，「過失」という規範的要件の下での証明主題の変更をともなうため[25]，他の場面における「一応の推定」とは，その意味や機能が大きく異なる。その点

---

[22]　下級審裁判例については，伊藤・前掲注(15)62頁等参照。

[23]　高田裕成「過失の一応の推定」伊藤眞=加藤新太郎編『[判例から学ぶ]民事事実認定』（有斐閣，2006年）61頁，町村泰貴「判批」高橋宏志ほか編『民事訴訟法判例百選（第5版）』（有斐閣，2015年）129頁参照。

[24]　中野貞一郎『過失の推認』（弘文堂，1978年）1頁，藤原弘道「一応の推定と証明責任の転換」同『民事裁判と証明』（有信堂高文社，2001年）61頁等参照。

でも，昭和 43 年最判の論理が「一応の推定」であるか否かを論ずることに，さほどの意味はない。

　昭和 43 年最判自身は，「過失があったものと推認するのが相当」という文言を用いている[26]。この文言だけをみると，昭和 43 年最判の立場は「事実上の推定説」のようにみえなくもない。しかし，そもそも「事実上の推定」とは，一定の「前提事実」から経験則に基づいて一定の「推定事実」が導かれるという構造を有するはずである。しかし，昭和 43 年最判の論理を「事実上の推定」と考えた場合，「前提事実」は不当保全が行われたことであるが，この事実から導かれるべき「推定事実」は存在しない。つまり，昭和 43 年最判は，「前提事実」から「推定事実」を経由せずに直接的に「過失」[27]を導くという構造をとっている[28]。また，「事実上の推定」に不可欠の経験則の存在も，この事案類型では認められない。保全処分の申請には被保全権利の疎明を要し，裁判所もその疎明による事実を認定して初めて保全命令を発するものである以上，そこに債権者の過失を推認することができるような経験則は存在せず，むしろ過失を「推認」できない方向の経験則が存在するはずだからである[29]。つまり，昭和 43 年最判の論理を「事実上の推定説」と捉えることには無理がある。

　以上の考察を前提とすれば，昭和 43 年最判が用いている論理は，債務者保護という政策的判断に基づいて証明責任の転換を図ったものであり，「折衷説」のうちの「法律上の推定説」に類似した見解として理解すべきである。もちろん，法律上の推定を定めた法規自体は存在しない以上，文字どおりの法律上の推定ではない。昭和 43 年最判が，こうした「無過失責任説」に近接する政策的な価値判断を行った理由は，判決中には特に明示されてはいない。しかし，その背後にある価値衡量としては，上記の「無過失責任説」の論拠と同様の考えがとられたことが推測される。すなわち，①民事訴訟法 260 条 2 項がとっている「無過失責任説」との対比，②保全処分における債務者の「手続保障の欠如」に対する救済，③自己の利益のために制度を利用した債権者と落ち度なく

---

(25)　小林秀之『新証拠法（第 2 版）』（弘文堂，2003 年）60 頁，三木浩一ほか『民事訴訟法（第 3 版）』279 頁〔三木〕参照。

(26)　昭和 43 年最判の判旨に「一応の推定」という言葉は出てこない。

(27)　現在の判例・通説の立場では，「過失」は法的評価であって事実ではない。

(28)　町村・前掲注(21) 129 頁参照。

(29)　上田・前掲注(14) 172 頁，小林・前掲注(22) 61 頁参照。

19 不当執行に基づく債権者の損害賠償責任〔三木浩一〕

損害を被った債務者の間の「公平の維持」等が考慮された結果，民法709条の要件である「過失」を要求する立場の中で，最も「無過失責任説」に近接した「法律上の推定説」に類似した見解が採用されたと考えるべきではないだろうか。こうした昭和43年最判の捉え方は，近時では有力となっているものと思われる。たとえば，「民事訴訟法260条2項類推による無過失責任説が多数説であることを意識した，法律上の推定に類似した部分的な証明責任の転換である」と評する分析などがみられる[30]。

なお，昭和43年最判は，保全命令の発令による不法行為責任については言及しておらず，不当な保全執行に基づく不法行為責任のみを論ずるものである。

5　私　見

昭和43年最判は，通常の事実認定の過程を経ることなく，不当保全という類型的な事実のみから，直ちに原則として債権者に「過失」ありという結論を導くとの論理を用いている。これは，民法の不法行為規定の本来の解釈・適用の域を超えており，実質的な立法に近いものと評することもできよう。しかし，わが国の法制が，不当保全の場合における事後処理について，ドイツの無過失責任規定のような立法的手当てをしていない状況の下で，過失責任主義に立脚した不法行為の制度を借用し，その枠内で「無過失責任説」にある程度近接した結果を実現するためには，こうした司法機関による準立法的な作用については，肯定的に評価すべきものと思われる。

また，昭和43年最判の論理は，あくまでも無過失責任説を採用したわけではなく，法律上の推定に類似した証明責任の転換であることから，債権者が不当な保全執行を行うについて「相当な事由」があった場合には過失を否定しうるものとされている。そして，実際にも，同事件では債権者の過失を否定している。同事件では，債権者が仮処分の相手方を誤認して結果として不当保全の挙に出ることになったのは，債務者の側に誤認を惹起させるような行動があったからであり，それが「正当な事由」にあたるとの認定をしていることを考えると，「正当な事由」は，実質的には過失相殺と同様の機能を果たすものと解される。

---

(30)　小林・前掲注(22)61頁参照。

Ⅳ　強制執行の場合

1　不当強制執行における不法行為責任

　次に，通常の本執行としての強制執行における債権者の損害賠償責任の有無およびその成立要件をみていく。強制執行が不当執行であった場合（以下，「不当強制執行」という）において，当該執行を申し立てた債権者に不法行為に基づく損害賠償責任が発生するか否かについては，かつては執行法制の母法国であるドイツやその継受国であるわが国において，議論があったところである。執行機関が実施した執行行為それ自体は手続法的に適法であったとすると，その申立てが事後に不当執行であるとされたときに，いかなる理由に基づいて，債権者が不法行為に基づく損害賠償責任を負うのかということについて，さまざまな考え方があったからである[31]。

　しかし，その後，債権者が，故意または過失により，執行機関に不当執行をなさしめた場合，あるいは，不当な執行を阻止しなかった場合には，債権者が不法行為の要件に基づいて損害賠償責任を負うのは当然のことであるとする考え方が，一般的に承認されるようになった[32]。たとえ手続法上の適法行為であったとしても，実体法上は違法行為であるという事態はありうるので，不当強制執行の場合に債権者に不法行為責任を負わせることに理論上の障碍はないと考えられる。わが国の判例も，大審院以来，不当強制執行に基づく債権者の不法行為を原因とする損害賠償責任の発生を認めている[33]。

2　不当強制執行における「過失」の位置づけ

　不当強制執行の場合に，不法行為に基づく債権者の損害賠償責任が発生しうるものとすると，不法行為の主観的要件である「過失」をどのように考えるべ

---

[31]　齋藤秀夫「不当執行行為の違法性に付て(1)－(3完)」法学 6 巻 1164 頁・6 巻 1243 頁・7 巻（1938 年）55 頁参照。

[32]　兼子一『増補強制執行法』（酒井書店，1955 年）145 頁，中村英郎「違法執行と不当執行」同『民事訴訟理論の諸問題〔民事訴訟論集第 3 巻〕』（成文堂，1975 年）234 頁参照。

[33]　大判大正 5 年 7 月 15 日民録 22 輯 1409 頁，大判大正 7 年 7 月 10 日民録 24 輯 1365 頁等。

19 不当執行に基づく債権者の損害賠償責任〔三木浩一〕

きかが問題となる。その場合のアプローチの枠組みであるが，単に「不当強制執行」として一括りに論ずることは適当ではなく，債務名義に既判力がある場合とない場合に分けて論ずる必要があろう。

⑴ 債務名義が既判力を有する場合

まず，強制執行の債務名義が，確定判決（民執法 22 条 1 号）のように既判力を有する場合については，その基準時における請求権の存在は当事者間で既判力によって確定されており，これを否定するには再審による取消しが必要となるので，たとえ債権者が不当執行であることについて「故意」または「過失」を有していたとしても，基本的には，損害賠償責任が発生することはないものと解すべきである[34]。

ただし，債務名義である確定判決の成立過程において，債権者が債務者の権利を害する意図の下に，作為または不作為によって債務者の訴訟手続に対する関与を妨げ，あるいは虚偽の事実を主張して裁判所を欺罔する不正な行為を行うなど，再審事由に該当するような事実があった場合には，別途の考慮を要する。このような場合は一般に「既判力の騙取」と呼ばれるが，判例は，既判力の騙取の事案においては，再審事由の先取りとして，再審の訴えを提起するまでもなく，不当執行を理由として不法行為に基づく損害賠償請求をすることを例外的に認める[35]。

既判力の騙取にあたる場合に，不当執行を受けた債務者に対して再審の訴えと不法行為訴訟の二段の手続を要求することは，被害者である債務者の保護の見地からみて妥当ではなく，再審の訴えを提起するまでもなく不法行為に基づく損害賠償請求をすることを認める判例の態度は，支持すべきものといえよう。なお，既判力の騙取にあたるような場合には，過失による不当執行の事案は考えにくく，基本的には既判力を騙取する行為についての「故意」が必要とされるものと解される。

⑵ 債務名義が既判力を有しない場合

次に，債務名義が既判力を有しない場合については，基本的には，通常の不法行為の論理に従うものと解すべきであろう。すなわち，強制執行を申し立て

---

(34) 兼子・前掲注(32) 146 頁，大判昭和 13 年 3 月 8 日法学 10 号 159 頁参照。

(35) 最判昭和 44 年 7 月 8 日民集 23 巻 8 号 1407 頁，最判平成 10 年 9 月 10 日裁判集民事 189 号 743 頁，最判平成 22 年 4 月 13 日裁時 1505 号 12 頁参照。

るに際して，債権者において当該執行が本稿にいうところの不当強制執行であることに関して故意または過失がある場合には，不法行為に基づく損害賠償責任が認められる。

　不当強制執行の場合の損害賠償責任に関する下級審の裁判例としては，以下のようなものがある。大阪地判昭和41年7月7日判時481号116頁は，公正証書に基づく強制執行が不当執行であったとして，債務者が債権者に対して不法行為に基づく損害賠償請求の訴えを提起した事案である。裁判所は，当該強制執行は，債権者が債務者に対する債権がないことを知りながら，あえて実施した不当な強制執行であるとして，債権者の不法行為責任を認めた。加害者の主観的要件としては，故意が認定された事案である。

　また，東京地判平成20年3月19日LLI/DB判例秘書L06331872は，和解調書の執行力ある正本に基づく強制執行の着手が不当な強制執行であるとして，不法行為に基づく損害賠償が請求された事案である。この事件において，債権者は，和解条項に定める条件が成就したとして裁判所書記官に対して執行文の付与を申請したが，債務者から執行文付与に対する異議の訴えが提起され，この訴訟において債権者敗訴の判決が確定した。これを受けた不法行為訴訟において，裁判所は，債権者が事実を捏造して執行文付与の申請をしたとまでは認められないが，債権者の執行文付与の申請は少なくとも権利の濫用にあたる旨を述べ，執行分付与の申請が違法である以上，強制執行の申立ても違法というほかないとして，債権者の損害賠償責任を認めた。この裁判例では，加害者の主観的要件として，故意を認定したのか過失を認定したのかは，必ずしも判然としない。

V　担保権実行の場合

1　不当担保執行における不法行為責任

　担保権の実行が不当執行となった場合（以下，「不当担保執行」という）における不法行為に基づく損害賠償責任については，これを正面から論じた裁判例や学説等は見当たらない。したがって，一般的に承認された見解は存在しないが，基本的には強制執行の場合に準じて考えるべきであろう。

　たとえば，不動産執行を例にとると，執行正本が担保権の存在を証する確定

19 不当執行に基づく債権者の損害賠償責任〔三木浩一〕

判決である場合（民執法 181 条 1 項 1 号）には，再審による確定判決の取消しがない限り，たとえ債権者が不当執行であることに故意または過失があったとしても，損害賠償責任は発生しないものと考えられる。

また，担保執行の本質が実質的に保全処分である場合には，不当強制執行に関する昭和 43 年最判の趣旨に鑑みて，法律上の推定に類似した証明責任の転換の法理によって処理すべきである。また，担保執行の裁判において，保全処分の場合と同程度に債務者の手続保障が欠如している場合にも，やはり，昭和 43 年最判の法理の適用が検討されなければならないであろう。

以上のいずれでもない場合は，担保権の実行を申し立てるに際して債権者に不当な担保執行であることについての故意または過失があるときに，不法行為に基づく損害賠償責任が認められると解すべきである。

2 保全処分としての船舶国籍証書等の引渡命令

民執法 189 条は，船舶に対する担保権の実行について，船舶の強制執行および不動産競売の規定を準用する。そして，同条により準用された同法 115 条は，船舶執行の申立て前の段階における船舶国籍証書等の引渡命令について定める[36]。船舶執行では，不動産競売の手続が準用されているため，差押えは，不動産競売の場合と同様に執行裁判所の開始決定による差押宣言と差押えの登記によってなされる。しかし，船舶は移動性が高いため，こうした観念的な処分制限だけでは，差押えの目的を達成することは困難であることが少なくない。そこで，目的船舶の船舶国籍証書等の取上げの制度を設け，船舶執行における差押えの効力を強化している（民執法 114 条 1 項）。さらに，同法 115 条は，通常の差押えと取上執行の手順を踏んだ場合には，その実現が困難となる事情や急迫の事情がある場合において，船舶執行の申立て前の時点における船舶国籍証書等の執行官への引渡命令の制度を設けたものである。

こうした趣旨で設けられた民執法 115 条の船舶国籍証書等の引渡命令の制度

---

[36] 民執法 115 条の船舶国籍証書等の引渡命令の制度は，強制執行としての船舶執行の制度であり，それが同法 189 条で船舶の担保権実行の場合に準用されている。しかし，実際上は，同法 115 条の強制執行として実施されることは少なく，そのほとんどは，同法 189 条の準用による船舶先取特権や船舶抵当権の実行としての競売を保全するために用いられる。浦野雄幸編『基本法コンメンタール〔第 6 版〕』（日本評論社，2009 年）376 頁参照。こうしたことから，本稿では，不当担保執行の箇所で取り上げている。

は，船舶執行における保全処分の性質を有する[37]。そして，その保全処分としての実質から，以下のような手続規律によって運用される。第1に，債務者への事前送達は不要とされている。第2に，引渡命令は口頭弁論を経ることなく発令することができる。第3に，実務上は，債務者の立ち会いなく審理および決定が行われる。第4に，引渡命令に対する不服は，執行抗告ではなく即時抗告である（同法115条5項）。第5に，即時抗告には執行停止の効力がないので（同法同条6項），申立人に対する告知により即時に執行力を生じる。第6に，一般の保全処分の場合と同様に（民保法43条3項参照），相手方に送達される前でも執行を行うことができる（民執法115条7項・55条9項）。このように，民執法115条の船舶国籍証書等の引渡命令の制度は，その目的が実質的に保全処分であるというだけでなく，債務者の手続保障の程度においても，民事保全法に基づく保全処分の場合とほぼ同等である。

　民執法115条の船舶国籍証書等の引渡命令の執行後における本執行への移行の手続であるが，債権者は，同条の引渡命令を受けた船舶の所在地の地方裁判所に対し，5日以内に船舶執行の申立てをする。この場合，同条の引渡命令の手続により，「強制競売の申立ての要件は疎明されているので，本執行の申立ては，債権者にとってはそれほどの負担ではない」とされる[38]。つまり，民執法115条の引渡命令から本執行への移行は，実際には一連の流れとして行われる。ただし，手続法的には，船舶執行の強制競売の開始決定においては，民執法115条の引渡命令によって既に船舶国籍証書等を執行官が保管中であったとしても，あらためて民執法114条の船舶国籍証書等の取上執行の命令が発令される必要がある。したがって，民執法115条の引渡命令によって船舶国籍証書等を保管していた執行官は，114条によって取上げを命じられた執行官と同一人である場合にはみずからが執行裁判所にこれを提出し，また，別人である場合には114条によって取上げを命じられた執行官にその船舶国籍証書等を引き渡し，その執行官がこれを執行裁判所に提出することになる[39]。114条3項の差押えの効力は，開始決定に掲げられた執行官が船舶国籍証書等を取り上げた

---

(37)　鈴木忠一=三ケ月章編『注解民事執行法(4)』（第一法規，1985年）59頁〔浦野雄幸〕，園部厚『書式不動産執行の実務（全訂10版）』（民事法研究会，2014年）518頁参照。

(38)　鈴木=三ケ月編・前掲注(37)62頁〔浦野〕参照。

(39)　鈴木=三ケ月編・前掲注(37)62頁〔浦野〕参照。

19 不当執行に基づく債権者の損害賠償責任〔三木浩一〕

ものと判断される時に生ずる。

3　不当保全に準ずるケース

　前述したように，民執法 115 条の船舶国籍証書等の引渡命令の制度は，実質的には保全処分の制度であり，手続の構造も保全処分と類似する。しかし，民事保全法上の保全処分とは異なる点もある。民事保全法上の保全処分の発令要件は，「被保全権利」と「保全の必要性」であり，保全処分の申立てを受けた裁判所が，両要件をともに判断する必要がある。これと民執法 115 条の船舶国籍証書等の引渡命令を対比すると，後者の「保全の必要性」については，民執法 115 条の場合も，実質的に保全の必要性に相当する要件が立てられている。すなわち，民執法 115 条 1 項の「船舶執行をすることが著しく困難になるおそれがあるとき」および「急迫の事情があるとき」という要件は，ほぼ「保全の必要性」と同様の要件である。

　しかし，「被保全権利」については，同様であるとはいえない。民事保全法上の保全処分では，「被保全権利」の存否は保全処分の発令裁判所が判断する。これに対し，民執法 115 条の場合は，同条が本来的に適用される強制執行のときは，本執行と同じく「執行力のある債務名義の正本」が要求されているため（同条 3 項），民事保全法上の保全処分とは異なって，同条に基づく申立てを受けた裁判所がみずから権利の存否の判断を行うことはない。また，同条が，民執法 189 条により担保権の実行に準用されるときも，同条 3 項の「執行力のある債務名義の正本」は，「181 条第 1 項から第 3 項までに規定する文書」等と読み替えられるところ，181 条 1 項 1 号ないし 3 号が定める文書は，確定判決，公正証書，登記事項証明書等の公文書であり，これらの文書の法的性格については，債務名義に準ずる実行名義であるとする見解と法定証拠であるとする見解があるが，いずれの見解に立とうとも，これらの文書が提出されれば，執行裁判所はみずから担保権の存否を調査することなく開始決定をすべきものとされている(40)。したがって，この場合も，執行裁判所が権利の存否の判断を行うことはない。つまり，この点については，民執法 115 条の引渡命令の制度は，それが実質的に保全処分であるとはいっても，民事保全法上の保全処分とは異

---

(40)　浦野編・前掲注(36) 512 頁〔竹下〕参照。

V　担保権実行の場合

なるのである。

　ただし，次の場合には，さらに事情が異なってくる。それは，民執法115条が同法189条によって担保権の実行に準用される場合であって，その際の執行名義が，民執法181条1項4号が定める先取特権の存在を証する文書（準用の場合の読み替えを含む）であった場合である。なぜなら，民執法181条1項4号が定める文書は，同条同項1号ないし3号が定める文書のような，それ以上の証明を不要とする文書とは性格を異にし，先取特権の存在を証明するための手段にすぎないと解されているからである[41]。したがって，先取特権については，執行裁判所がみずから権利の存否の判断を行わなければならならず，その点では，民事保全法上の保全処分の場合における「被保全権利」の認定の場合と同様である。そして，前述したように，その際における債務者の手続保障については，実質的に民事保全法上の保全処分と同様であり，両当事者に攻撃防御の機会が保障されている判決手続と比べると債務者の手続保障は大きく欠如している。

　以上を勘案すると，債権者が民事執行法189条の準用する同法115条に基づいて先取特権によって船舶を差押さえ，その後，競売開始決定に対する執行異議等によって，担保権の存在を証明する文書が無いとの理由で開始決定が違法と判断されて取り消された場合には，債権者の債務者に対する不法行為責任を考えるに際し，昭和43年最判が示した判例法理に従って，法律上の推定に類似した証明責任の転換の法理が用いられるべきである。したがって，この場合には，過失に関する事実についての証明責任の負担は，実質的に債権者の側に帰属することになる。

---

[41]　浦野編・前掲注[36] 513頁〔竹下〕参照。

20 引換給付判決の執行開始要件としての
   反対給付の提供の意義について

山木戸勇一郎

I   問題の所在

引換給付判決の強制執行に関しては，旧民事訴訟法の強制執行編においては
明文の規定がなかったものの，民事執行法の制定とともに 31 条 1 項の規定が
新設され，明文の規定によって「反対給付又はその提供のあつたこと」が執行
開始要件とされることとなった[1]。執行文付与の要件ではなく執行開始要件と
されている点については，可及的に同時履行関係を維持するために反対給付の
履行行為の時期を履行強制の時期に近接させるという趣旨によるものであり，
旧民事訴訟法下の通説・判例[2]をドイツ法の規定に倣って明文化したものであ
ると説かれている[3]。また，「反対給付…のあつたこと」のみならず「反対給
付…の提供のあつたこと」も執行開始要件とされている点については，被告で
あった債務者（以下，単に「債務者」という）の反対給付についての受領遅滞を
引換給付判決の執行開始要件とするドイツ法の規定や旧民事訴訟法下の学説に
従ったものとみられる[4]。本稿の問題関心は，主に後者の点に関するものであ

---

(1) 反対給付と引換えに意思表示を命じる判決の場合は，意思表示の擬制がなされるとい
   う特殊性から例外的に執行文付与の要件とされているが（民執 174 条 2 項），論述の便
   宜上本稿においては通常の場合のみを念頭に置くこととする。
(2) 我妻栄『債権各論上巻』（岩波書店，1954 年）97 頁，兼子一『増補強制執行法（再増
   補 3 版）』（酒井書店，1955 年）125 頁，大決大正 5 年 8 月 10 日民録 22 輯 1425 頁など
   多数。
(3) 田中康久『新民事執行法の解説〔増補改訂版〕』（金融財政事情研究会，1980 年）88 頁，
   浦野雄幸『条解民事執行法』（商事法務研究会，1985 年）135-136 頁，香川保一監修『注
   釈民事執行法(2)』（金融財政事情研究会，1985 年）236 頁〔田中康久〕。
(4) ドイツ民法（BGB274 条 2 項，322 条 3 項・274 条 2 項）は，「債権者は，債務者が受

20 引換給付判決の執行開始要件としての反対給付の提供の意義について〔山木戸勇一郎〕

る。

引換給付判決の基礎となっているのは，同時履行関係に基づく実体法上の履行拒絶権であるが，これは反対給付の履行があれば消滅することになるため，引換給付判決の強制執行の実施が「反対給付…のあつたこと」によって正当化されることについては，実体法的な問題は特に生じない[5]。これに対して，わ

領遅滞にあるときは，引換給付判決に基づいて，自らに義務付けられた給付の実現なくして，強制執行の方法によって自らの請求権を追求することができる」と規定しており，これとの平仄を考慮してドイツ民事訴訟法（ZPO756条1項本文）においても，「執行が債権者の債務者に対する引換給付にかかるときは，執行官は，債権者が債務者に対してその受けるべき給付を受領遅滞を生じさせる方法で提供するまでは，強制執行を開始してはならない」と規定するに至っている（ZPO756条の立法経緯の概要については，*Gaul/ Schilken/ Becker-Eberhard*, Zwangsvollstreckungsrecht, 12. Aufl. (2010), § 16 Rdnr. 40 参照。ZPO756条1項本文の訳文については，法務大臣官房司法法制部編『ドイツ民事訴訟法典――2011年12月22日現在』（法曹会，2012年）206頁〔春日偉知郎=三上威彦訳〕の訳文を用いた）。わが国の旧民事訴訟法下の学説においても，債務者を受領遅滞に陥らせることが執行開始要件である旨の記述が見られる（兼子一『増補強制執行法（再増補3版）』（酒井書店，1955年）125頁，岩野徹=西村宏一=井口牧郎=宮脇幸彦『注解強制執行法(1)』（第一法規，1974年）264頁〔丹野達〕）。

[5] もっとも，履行拒絶権が反対給付の本旨弁済以外の事由（相殺・代物弁済・免除等）によって消滅した場合においては，実体法的には強制執行の開始を正当化することができるはずであるものの，そのような事由の有無の判断は執行開始要件の審査にあたる執行機関による形式審査には馴染みにくいようにも思われることから，手続法的にはそのような事由の発生によっては執行開始要件を充足したものとして強制執行を開始することはできないのではないか，という問題が議論されている。特に議論の中心であった相殺に関しては，相殺の事実の立証がなされる限り開始すべきとするものとして，東孝行「引換給付判決の執行上の諸問題――民事執行法31条1項との関連において」判タ416号（1980年）26頁，三ケ月章=鈴木忠一編『注解民事執行法(1)』（第一法規，1984年）533頁〔町田顕〕，青山善充「判批」ジュリ743号154-155頁（この見解に立ちつつも執行機関が執行官である場合は除くべきとするものとして，浦野・前掲注(3)136頁）。相殺の効果を是認する旨の債務者の陳述等がある場合のように，執行機関が容易に相殺の有無を判断できるような事情があるときに限って開始すべきとするものとして，東京高決昭和54年12月25日判時958号73頁，中野貞一郎『民事執行法（増補新訂6版）』（青林書院，2010年）160頁，斎藤秀夫編『講義民事執行法』（青林書院新社，1981年）77頁〔遠藤功〕，竹下守夫『民事執行法の論点』（有斐閣，1985年）113頁。相殺の事実の有無は最終的には判決手続によって審理することが適切であるという観点から，相殺の事実の証明を執行開始要件ではなく執行文付与の要件と解するものとして，香川監修・前掲注(3)245頁〔田中〕，上原敏夫=長谷部由起子=山本和彦編『民事執行・保全百選(第2版)』（有斐閣，2012年）28頁〔垣内秀介〕。

I 問題の所在

が国の民法学説においては，反対給付の提供がなされたにすぎない場合は，違法性阻却事由としての同時履行の抗弁権は消滅するものの，履行拒絶権としての同時履行の抗弁権は消滅しないという理解が一般的であるため[6]，これを前提にすると，「反対給付…の提供のあつたこと」によって引換給付判決の強制執行が手続法上許容されることになる —— 反対給付の提供後も履行拒絶権を有するはずの債務者が債務の履行を強制されることになる —— ことについて，その裏付けとなる実体法的な正当化根拠はいかなるものなのかという疑問が生じ得ることになる[7]。

　そこで，本稿においては，前述したような一般的理解 —— 反対給付の提供によっても履行拒絶権は消滅しないという準則 —— を前提とすると，引換給付判決の強制執行の実施の実体法的な正当化根拠について，どのような説明の仕方が考えられるのかについて整理し，また，その整理を前提にすると，執行開始要件としての反対給付の提供に関するいくつかの論点（反対給付の提供の時期・反対給付の受領の時期）について，どのように理解されることになるのかについて整理した上で，現行法を前提とした場合の各説明の妥当性と今後の課題となり得る事項について考察していきたい。

---

(6)　大判明治44年12月11日民録17輯772頁，大判大正6年11月10日民録23輯1960頁，最判昭和34年5月14日民集13巻5号609頁，我妻栄『債権各論上巻』（岩波書店，1954年）94-96頁，星野英一『民法概論Ⅳ（契約総論）』（良書普及会，1975年）49頁，三宅正男『契約法（総論）』（青林書院，1978年）73頁，松坂佐一『民法提要（債権各論）〔第4版〕』（有斐閣，1982年）41頁，谷口知平＝五十嵐清編『新版注釈民法(13)〔補訂版〕』（有斐閣，2006年）603頁〔澤井裕＝清水元〕，中田裕康『契約法』（有斐閣，2017年）152頁など。

(7)　本文で述べた一般的理解に対する反対説としては，末弘厳太郎『債権各論』（有斐閣，1918年）144-145頁，鳩山秀夫『増訂日本債権法各論（上）』（岩波書店，1932年）119-120頁，柚木馨『債権各論（契約総論）』（青林書院，1956年）79-81頁など（訴訟段階の反対給付の提供に限定する中間説的な見解として，末川博『契約法（上）』（岩波書店，1958年）69-73頁）。これを採用するのであれば，反対給付の提供がなされることによって履行拒絶権も消滅することになるため，本稿の問題意識は共有されないことになる（民事執行法31条1項の文言と「相手方がその債務の履行を提供するまでは，自己の債務の履行を拒むことができる」という民法533条の文言は，両者を素直に読めば整合的であるように思われるところ，反対説の結論は民法533条の文言から比較的素直に導かれるものであるのに対して（柚木・前掲80頁），本文で述べた一般的理解は必ずしもそうではないことから，本稿のような問題意識が生じることになる）。

II 引換給付判決の強制執行の実施の実体法的な正当化根拠

1 総説

理論的な前提的理解として，履行拒絶権の存在は強制執行の実施を妨げると理解するのであれば，引換給付判決の強制執行の実施を正当化するためには，少なくとも強制執行との関係では債務者の履行拒絶権を喪失させる必要があるため，反対給付の提供によっても履行拒絶権は消滅しないという準則の例外を強制執行との関係で認めるための説明が必要となる（本節の2において検討する）。

これに対して，履行拒絶権の存在は強制執行の実施を妨げないと理解するのであれば，債務者の履行拒絶権を喪失させるための説明は不要であり，上記の準則を強制執行との関係でも維持することが可能となる。もっとも，履行拒絶権を存続させたまま強制執行を実施することができる理論的根拠については，一応検討しておく必要があるように思われる（本節の3において検討する）。

2 履行拒絶権の存在は強制執行の実施を妨げるという理解を前提とした説明

履行拒絶権の存在は強制執行の実施を妨げるという理解を前提として，履行拒絶権の喪失を反対給付の提供によって基礎づけるための説明としては，さしあたり以下の二つが挙げられる。

(1) 立案担当官の説明 —— 受領拒絶による履行拒絶権の喪失

民事執行法の立案担当官の解説等においては，引換給付判決の執行開始要件として反対給付の提供が挙げられているのは，債務者が反対給付を受領拒絶するような事態に備えたものである，という趣旨の説明がなされている[8]。この説明の意味するところは，引換給付判決の強制執行を開始するためには，原則として，原告であった債権者（以下，単に「債権者」という）は，反対給付を先履行することによって債務者の履行拒絶権を喪失させなければならないものの，債務者が反対給付を受領拒絶するのであれば，強制執行との関係では債務者の

---

[8] 宇佐美隆男他「民事執行セミナー第3回」ジュリ721号（1980年）60頁〔浦野雄幸発言〕，田中・前掲注(3)89頁。

履行拒絶権を喪失させることとした，ということであると考えられる。したがって，この説明によれば，反対給付の提供によって債務者が強制執行との関係で履行拒絶権を喪失するのは，反対給付の履行に必要な行為をした債権者に対する一種の褒賞であり，受領拒絶をした債務者に対する一種の制裁であるということになろう（以下，便宜上「受領拒絶説」と表記する）。

(2) ドイツ法の説明 ── 債務不履行による履行拒絶権の喪失

ドイツ法においては，引換給付判決の執行開始要件は，受領遅滞を生じさせる方法で反対給付を提供することであるとされている（ZPO756条1項本文）。この意味するところは，債務者が反対給付について受領遅滞に陥っているのであれば，強制執行との関係では債務者の履行拒絶権を喪失させる，ということである[9]。そうすると，反対給付の提供によって債務者が強制執行との関係で履行拒絶権を喪失するのは，債務者を受領遅滞に陥らせた債権者に対する一種の褒賞であり，受領遅滞に陥った債務者に対する一種の制裁であるこということになろう[10]。

もっとも，受領拒絶も受領遅滞の発生要件であることからすれば，この考え方と受領拒絶説との間には一見すると差異はないようにも思われる。しかし，ドイツ法においては，引換給付関係にある一方当事者が，自己の負担する甲債務の履行の提供をして，他方当事者が負担する乙債務の履行を請求した際に，他方当事者がこれに応じて乙債務の履行の提供をしなければ，甲債務についての受領準備を完了していたとしても，他方当事者は甲債務について受領遅滞に陥ることになっており（BGB298条）[11]，これを前提にすると，債権者が反対給

---

(9) ドイツにおいては，履行拒絶権の喪失を強制執行との関係に限定するのが通説的な理解であるが，これに対して，給付訴訟において反対給付についての受領遅滞が認定できるのであれば，無条件給付判決をすべきであるという考え方も提唱されている（*Schilken*, Wechselbeziehungen zwischen Vollstreckungsrecht und materiellem Recht bei Zug-um-Zug-Leistungen, AcP 181 (1981), S. 355 ff.）。

(10) 立法当時においては，受領遅滞を引換給付判決の強制執行の要件としたことについて，反抗的な債務者に対して簡単な方法でその義務を強制することを可能とするためであると説明されていた（*Schilken*, a. a. O. (Fn. 9), S. 358; *Günther*, Probleme bei der Vollstreckung von Zug-um-Zug-Urteilen aufgrund der Verklammerung von Leistung und Gegenleistung, DGVZ 2008, 179; 石川明=小島武司=佐藤歳二編『注解民事執行法（上）』（青林書院，1991年）285頁〔上村明宏〕）。

(11) このような規律からは，乙債務の履行請求に応じることは甲債務についての必要的な

付の提供とともに履行を請求したにもかかわらず，債務者が自己の債務を履行しないことに対する一種の制裁としての意味が存在するという点に，受領拒絶説との差異が見出されることになる（以下，便宜上「債務不履行説」と表記する）。

（3）小　括

前述の通り，受領拒絶も受領遅滞の発生要件であることからすると，債務不履行説と同様に受領拒絶説も，債務者の反対給付についての受領遅滞を引換給付判決の執行開始要件と見ていると捉えて差し支えないように思われる[12]。もっとも，両説の間には，受領拒絶または受領不能を受領遅滞の発生要件とする日本法（民413条参照）を前提とするか，同時履行関係にある反対債務の不履行も受領遅滞の発生要件とするBGB298条の存在を前提とするか，という受領遅滞の発生要件についての前提的な理解に差異があり，それが後述するような両説の差異に結びついていると見ることができる。

3　履行拒絶権の存在は強制執行の実施を妨げないという理解を前提とした考え方

履行拒絶権の存在は強制執行の実施を妨げないという理解を前提とするのであれば，反対給付の提供によっても履行拒絶権は消滅しないという準則を強制執行との関係でも貫くことができる。そうすると，受領拒絶説や債務不履行説のようにいずれかの債務を先履行とする（後述Ⅲ-2参照）のではなく，執行手続の満足段階において，債務者は債権者の満足と引換えに反対給付の履行を求めることができる，という考え方も成り立ち得ることになる[13]（以下，便宜上「引換給付説」と表記する）。

もっとも，この考え方によれば，両債務の同時履行関係には整合的であるも

　　履行協力行為であると理解することができる（MüKo-BGB, 7. Aufl. (2016), § 298 Rdnr. 1）。このような理解を前提として反対給付の受領の時期の問題を論じたものとして，東・前掲注(5)28-29頁がある。

[12]　このように捉えるのであれば，立案担当官の説明に関しては，受領拒絶のみならず受領不能も暗黙の前提として含まれていると見ることができるが，さしあたり本稿においては，論述の便宜上受領拒絶のみを念頭におくこととする。

[13]　この考え方をあり得る選択肢として挙げる（ただし現行法を前提に採用には難色を示す）ものとして，福永有利「強制執行開始要件としての弁済の提供と事後手続との関係」金法981号（1982年）9頁以下。

Ⅱ　引換給付判決の強制執行の実施の実体法的な正当化根拠

のの，履行拒絶権を有している債務者に対して履行準備行為を強制することが可能であることになるため，これを実体法的にどのように正当化するのかという問題が生じる。

おそらくこの問題については，同時履行関係に基づく履行拒絶権の内容に関して，給付拒絶権能（相手方の受領を拒絶する権能）のみであって提供拒絶権能は含まないものと見るか[14]（以下「給付拒絶権能説」と表記する），提供拒絶権能まで含むものと見るか[15]（以下「提供拒絶権能包含説」と表記する）によって説明を異にするように思われる。

仮に前者の給付拒絶権能説によるのであれば，同時履行関係にある一方当事者による反対給付の提供を伴わない単純請求に対してすら，他方当事者は履行拒絶権を有していても自己の債務の提供義務までは負うことになるため，履行拒絶権を有している債務者に対して履行準備行為を強制することを正当化することは容易であり，反対給付の提供に実体法的な正当化のための意義を求める必要はないことになる。

これに対して，仮に後者の提供拒絶権能包含説によるのであれば，債務者に対して履行準備行為を強制するためには，提供拒絶権能を喪失させなければならないものと考えられるため，これを正当化するための説明が必要となるが，提供拒絶権能包含説の意味するところは，反対給付の提供を伴わない単純請求に対しては提供義務すらも負わないということであるから，これを前提にしても，反対給付の提供があった場合はそれに応じて提供義務を負う（提供拒絶権能を喪失する）ことになると説明することは可能であろう。このような説明によれば，反対給付の提供には実体法的な正当化のための意義が与えられることになる。

さて，仮にこのような形で実体法的に正当化することができるとしても，執行手続の満足段階において引換給付を実現することが可能かという手続法的な問題は残されており，引換給付説を採用するためには，この問題をクリアすることは欠かすことができない前提となる（Ⅳ-2において検討する）。

---

[14]　神戸寅次郎「同時履行論」慶應義塾大学法学研究会編『神戸寅次郎著作集（下）』（慶應通信，1969年）850頁。

[15]　谷口＝五十嵐編・前掲注(6)612頁〔澤井＝清水〕。

20 引換給付判決の執行開始要件としての反対給付の提供の意義について〔山木戸勇一郎〕

Ⅲ 各説から導かれる帰結の整理

1 反対給付の提供の時期について

執行開始要件としての反対給付の提供の時期に関しては，さほど多くの文献において触れられているわけではないが，触れられている文献においては，必ずしも債務名義成立後に限られず，例えば，判決の事実または理由の記載によって，反対給付の提供があったことが証明されるのであれば，それでも足りると説かれている[16]。

この点に関して検討すると，まず，執行開始要件としての反対給付の提供に実体法的な意義があることになる考え方によれば，執行開始以前の段階において反対給付の提供の効果が発生していれば足りるのであるから，反対給付の提供は債務名義成立以前のものであってもよいと考えて差し支えないように思われる。これに対して，執行開始要件としての反対給付の提供に実体法的な意義がないことになる考え方によれば，執行開始要件として反対給付の提供が必要とされるのは，手続法的な理由によるものと考えることになろうから，その理由との関係において反対給付の提供の時期をどのように解すべきかを考察すべきことになろう。

以上を前提にすると，受領遅滞を引換給付判決の執行開始要件とする両説（受領拒絶説・債務不履行説）に関しては，反対給付の提供には履行拒絶権を喪失させるという実体法的な意義があるため，反対給付の提供は債務名義成立前であってもよいことになる[17]。

---

(16) 中野・前掲注(5)159頁。この考え方によれば，債務名義成立後の再度の反対給付の提供を要しないことになるため，債務名義成立後に限定する場合に比べて，反対説（注7参照）からの批判（一方当事者の受領遅滞によって他方当事者が反対給付の提供の反復を要するという不利益を負うことになる〔柚木・前掲注(7)80頁参照〕）を緩和することができることになる。

(17) なお，このような理解を前提にするのであれば，引換給付判決中において反対給付の提供の事実が認定されている場合は，主文中に引換給付文言のない通常の給付判決と同じように強制執行が可能であることになるため，一見するとこのような場合に引換給付判決をする意義は存在しない（反対説〔注(7)参照〕を採るのと実質的に同じことになる）ようにも思われる。もっとも，本節の2において述べる通り，受領拒絶説や債務不履行説の場合は，反対給付の提供が債務名義成立前になされていても，執行開始前後におい

Ⅲ　各説から導かれる帰結の整理

また，引換給付説に関しては，提供拒絶権能包含説を採るのであれば，反対
給付の提供には提供拒絶権能を喪失させるという実体法的な意義があるため，
受領拒絶説や債務不履行説と同様に解されることになる。これに対して，給付
拒絶権能説を採るのであれば，反対給付の提供の手続法的意義が問題となり，
その意義について例えば，満足段階における引換給付の実現可能性の一応の担
保と説明するのであれば，反対給付の提供は開始段階においてなされるべきと
いう理解に結びつきやすいように思われる（もっとも，引換給付説を採用するた
めに必要になると考えられる〔満足段階において債権者が反対給付を履行しない事
態に備えるための〕新たな仕組みを法整備することにするのであれば〔Ⅳ-2(2)・(3)
参照〕，このような手続法的な意義を前提とした反対給付の提供の必要性はほとん
どないことになるため，引換給付判決の強制執行に関して特別の執行開始要件を設け
ることは不要であるという理解にも到達し得ることになる）。

2　反対給付の受領の時期について

執行開始要件として反対給付の提供がなされた場合において，債務者は開始
段階でそれを受領することができるのか，という問題がしばしば議論されてき
ている[18]。この問題をより一般化すると，債務者はいつの時点において反対給
付を受領することができるのか，という問題であると理解することができる。
引換給付説に関しては，執行手続の満足段階であることは検討するまでもない
ので，受領遅滞を引換給付判決の執行開始要件とする両説（受領拒絶説・債務
不履行説）に関して，以下検討していくこととする。

(1)　受領拒絶説

受領拒絶説によれば，引換給付判決の強制執行との関係においては，債権者
は反対給付を先履行することが原則であるため，執行開始要件として反対給付
の提供がなされた場合は，受領意思のある債務者がこれを受領することができ

て受領遅滞が解消されると，基本的に強制執行の実施（開始・継続）は許されないこと
になるため，このような意味においてなお引換給付判決をする意義は存在することにな
る（この点が反対説との相違点ということになる）。

[18]　宇佐美他・前掲注(8) 60 頁，東・前掲注(5) 28-29 頁，福永・前掲注(13) 6 頁以下，三ケ
月=鈴木・前掲注(5) 532 頁〔町田〕，石川=小島=佐藤編・前掲注(10) 286-287 頁〔上村〕，
中野・前掲注(5) 160 頁など。

20 引換給付判決の執行開始要件としての反対給付の提供の意義について〔山木戸勇一郎〕

るのは当然であることになる[19]。

そうすると，債務名義成立以前の段階では受領拒絶をしていた債務者が，執行開始前に翻意して反対給付を受領する旨を申し出た場合も，開始段階において債務者に受領意思があることが明らかである以上，執行開始要件を満たすためには，債権者は反対給付を履行しなければならない（債務者はこれを受領することができる）ことになる。

また，執行開始前の段階では受領拒絶をしていた債務者が，執行開始後に翻意して反対給付を受領する旨を申し出た場合は，債務者の受領拒絶の解消によって，債務者は強制執行との関係でも履行拒絶権を回復することになると考えられ，これを前提にすると，引換給付判決の強制執行の実施の手続法上の許容性の裏付けとなる実体法上の正当化根拠が失われることになることから，その後の強制執行の実施は手続法上許容されないことになるものと考えられる。そうすると，債権者がその後も強制執行を継続することを希望するのであれば，債務者の履行拒絶権を改めて喪失させるために，債権者は反対給付を履行しなければならず（債務者はこれを受領することができる），債権者が反対給付を履行することができない場合は，債務者は執行異議等によって強制執行を阻止することができることになるものと解される[20]。これを前提とすると，債権者は執行開始後も受領拒絶の解消に備えて，反対給付を履行することができる状況を継続しておかなければならないという意味において，反対給付の履行準備の継続は執行継続要件であると表現することもできる[21]。

---

[19] 大判昭和 8 年 5 月 26 日民集 12 巻 1353 頁，宇佐美他・前掲注(8) 60 頁〔浦野発言〕，三ケ月=鈴木編・前掲注(5) 532 頁〔町田〕。

[20] 以上に対して，受領拒絶の解消によっても強制執行の実施（開始・継続）は妨げられないと解するのであれば，反対説（注(7)参照）と同様の帰結となる（注(17)参照）。

[21] 反対給付の提供の継続を執行継続要件と解する見解も多いところではあるが（東・前掲注(5) 29 頁，福永・前掲注(13) 10 頁，香川監修・前掲注(3) 242 頁〔田中〕，石川=小島=佐藤編・前掲注(10) 286 頁〔上村〕，三ケ月=鈴木編・前掲注(5) 532 頁〔町田〕。中野・前掲注(5) 159 頁および 164 頁注(6)は，反対給付の提供の継続が欠けても直ちに執行手続の続行が違法となるわけではないが，配当表の作成や土地上の建物の収去といった最終段階に入る執行処分に対する執行異議・執行抗告の理由とすることができるとする），反対給付の履行準備に加えて，その旨の通知と受領の催告（口頭の提供〔民 493 条但書〕）を反復することまで要求する必要はないように思われる。

なお，反対給付の提供の継続という用語は，反対給付の提供によっても履行拒絶権は

Ⅲ　各説から導かれる帰結の整理

(2) 債務不履行説

　債務不履行説の前提となる実体法理解によれば，債権者の反対給付の提供に応じて債務者が自己の債務の履行の提供をしない場合は，債権者は反対給付の履行を拒絶することができ，また，債務者は反対給付について受領遅滞に陥ることとなる（その結果として引換給付判決の執行開始要件が満たされることになる）。このような理解を前提にすると，執行開始要件として反対給付の提供がなされた場合も，債権者は自己の債務を履行するのと引換えでなければ，これを受領することができないことになる。

　なお，執行開始後に債務者が任意に自己の債務の履行の提供をした場合に関しては，これに応じて債権者が反対給付を履行することができないときは，債務者は自己の債務の履行を拒絶することができ，また，債務者が債務の履行の提供をしたことによって，債務者の受領遅滞は解消されているため，債務者は執行異議等によって強制執行を阻止することができることになるものと解される[22]。これを前提とすると，受領拒絶説の場合と同様に債務不履行説の場合も，反対給付の履行準備の継続は執行継続要件であると表現することもできるものの，債務者が自己の債務の履行の提供をしたときに反対給付の履行準備が継続しているのであれば，両債務は履行されて消滅することになるため，執行継続要件を満たすときは請求異議事由が生じるという関係に立つことになる。

消滅しないという準則について，反対給付の提供が継続している場合に限って例外を認めるという文脈の中で大審院判例が用いたものであるが（大判明治44年12月11日民録17輯772頁。文字通りに受け取れば中間説的な見解であるといえる），このような用語および一般論に対する評価は必ずしも芳しくなく（その意味するところが不明瞭であり，文字通りに理解すると債権者に酷である旨を指摘するものとして，入江眞太郎「同時履行抗辯權ノ適用ニ關スル諸問題」新報28巻10号（1918年）59頁，谷口=五十嵐編・前掲注(6)603頁〔澤井=清水〕。理論的混迷であると指摘するものとして，三宅・前掲注(6)73頁。最判昭和34年5月14日民集13巻5号609頁も，事案の解決に必ずしも必要のない一般論において同様の判示をしているが，その最判解説は「用語に適切を欠く憾なしとしない」と指摘している〔鈴木潔「判解」最判解民事篇昭和34年度65頁〕），また，その後の大審院判例は，反対給付の提供の継続の有無を問わず，現実の履行があるまでは引換給付判決をすべき旨を判示していることからすると（大判大正6年11月10日民録23輯1960頁），反対給付の提供の継続を執行継続要件と解する基礎にも疑問の余地があるように思われる。

[22]　これに対して，受領遅滞の解消によっても強制執行の継続は妨げられないと解するのであれば，反対説（注(7)参照）と同様の帰結となる（注(17)参照）。

Ⅳ 検 討

1 受領遅滞を引換給付判決の執行開始要件とする説について
(1) 受領拒絶説について

前節における整理（Ⅲ-2(1)参照）を前提にすると，受領拒絶説によれば，債務者が受領拒絶をし続けるのであれば，債務者は強制執行によって自己の債務の先履行を強いられるものの，債務者が反対給付について受領意思を有するのであれば，債権者は反対給付を先履行しなければならないことになる。そうすると，債務者が反対給付について受領意思を有する場面においては，特に反対給付の内容が不可分的なものである場合に関して，同時履行の抗弁権や留置権の不可分性（留置権につき民296条）との関係で，債権者が先履行を要求されることが妥当かという問題が生じることになる[23]。加えて，債務者が受領意思を有する場面における帰結は，自己の債務を履行しない債務者よりも反対給付の履行意思のある債権者が不利に扱われることを意味するため，利益衡量的な観点からも妥当とはいえないのではないかという問題もある。

(2) 債務不履行説について

前節における整理（Ⅲ-2(2)参照）を前提にすると，債務不履行説によれば，債務者が任意に自己の債務の履行の提供をすることによって強制執行を阻止することができる場合を除いて，債務者は強制執行によって自己の債務を先履行しなければならないことになる。このような帰結は，債務者が任意に債務を履行する場合は，同時履行関係が貫徹されることになり，債務者が任意に自己の債務を履行しない場合は，そのような債務者よりも反対給付の履行意思のある債権者が有利に扱われることになることを意味するため，利益衡量的な観点からも首肯しやすいように思われる。ただし，債務不履行説は，受領遅滞に関するわが国の実体法の一般的な理解からは直ちに導かれないという問題があるが，解釈論としては採用可能な範囲にあるように思われる。

---

[23] 執行債権が金銭債権で反対給付の内容が不可分的なものである場合において，当該金銭執行によって全額の満足を得られる見込みがないときであっても，執行開始要件を満たすために債権者が反対給付を先履行しなければならないとすることは，同時履行の抗弁権や留置権の不可分性に反する結果を招くことになる。

IV 検 討

2 引換給付説について

(1) 問題の所在

引換給付説は，反対給付の提供によっても履行拒絶権は消滅しないという準則に整合的であり，現実の履行段階まで同時履行関係を貫徹することを目指しているという点において，魅力的な選択肢であるということができる。もっとも，引換給付説を採用するためには，執行手続の満足段階において引換給付を実現することが手続法的に可能かという問題をクリアする必要がある。

(2) 現行法について

現行法を前提とすると，基本的に執行機関は執行当事者に代わって反対給付を履行したり受領したりすることはできないものと考えられることから[24]，執行手続の満足段階において引換給付を実現するためには，債権者が満足を得る時点において，債務者が債権者から反対給付を受領することができる現実的な機会（場）があることが必要であると考えられる。しかしながら，金銭執行において配当等が実施される場合を除いては，このような現実的な機会が（確実に）あるとはいえない[25]。

---

[24] 昭和 41 年の旧民事訴訟法改正によって，執行官に関しても債権者の代理人としての位置付けが否定されたため，基本的に執行機関には執行当事者を代理する権限も義務もないというのが現行法の態度であり，例外的に執行官に弁済受領権限を認めている規定（民執 122 条 2 項等）に関しては，国家機関の一種のサービスとして維持されたものであると説かれている（浦野・前掲注(3)545 頁）。

[25] 金銭執行において配当等が実施される場合に関しては，債権者が満足を得るのは弁済金の交付の日または配当期日であるが（配当期日において反対給付の履行が必要となり得るのは，反対給付の内容が可分的なものである場合に限られる），債務者はこれらについて通知または呼出しを受けることになるため（民執規 59 条 3 項，民執 85 条 3 項），これらが反対給付の受領のための現実的な機会となり得る。

　これに対して，配当等が実施されない場合（債権執行手続において，転付命令や譲渡命令によって弁済擬制がなされる場合や供託義務を負わない第三債務者に対して取立権行使をする場合）に関しては，債権者が満足を得る時点（転付命令や譲渡命令の確定の時点や取立完了の時点）において，反対給付の受領のための現実的な機会があるとはいえない。

　また，非金銭執行に関しては，債務者の義務の強制履行が完了した現場において，債務者が債権者から反対給付を受領することができるかが問題となるが，制度上は債務者がそのような現場に立ち会う権利は保障されておらず，不動産引渡・明渡執行の場合を除いては（民執 168 条 3 項参照），債権者側もそのような現場に出頭する義務があるわけではないため，反対給付の受領のための現実的な機会が確実にあるとはいえない。

445

20 引換給付判決の執行開始要件としての反対給付の提供の意義について〔山木戸勇一郎〕

　これに加えて，あくまで現実の履行段階まで同時履行関係を貫徹することを目指すのであれば，満足段階において債権者が反対給付を履行しない事態に備える仕組みが必要であるように思われるところであるが，金銭執行において配当等が実施される場合を除いては，このような仕組みを現行法から見出すのは困難である[26]。

　そうすると，引換給付説を採用するためには，債権者が満足を得るのと引換えに，債務者が反対給付を受領することができることを保障する法的な仕組みについて，さしあたり金銭執行において配当等が実施される場合以外を念頭に，新たな法整備をする必要があることになる。

(3) 新たな法整備について

　引換給付説を採用するための新たな法整備 —— 債権者が満足を得るのと引換えに，債務者が反対給付を受領することができることを保障する法的な仕組み —— について，具体的な内容を以下若干検討しておきたい。

　まず，物の引渡・明渡執行の場合に関しては，満足段階において債権者が反対給付を履行しない事態が生じたときは，債権者の満足（執行目的物の債権者に対する引渡しまたは明渡し）を保留するために，執行目的物を執行官保管とするような仕組みを設けることが考えられる。

　しかし，それ以外の場合（金銭執行において配当等が実施されない場合や作為義務執行の場合）に関しては，債権者の満足を保留することは性質上困難であるため，あらかじめ反対給付の履行として債務者に引き渡されるべき物または書類などを執行機関に提出させて（または，反対給付の内容が金銭や有価証券など供託に馴染むものである場合はあらかじめ執行供託させて）[27]，債権者が満足を得た場合はこれを債務者に引き渡し，執行不奏功や不完全履行などによって債

---

[26] 金銭執行において配当等が実施される場合に関しては，債権者が反対給付を履行しない事態が生じたときは，停止条件付債権の配当留保供託の規定（民執 91 条 1 項 1 号）を類推適用することによって，債権者の満足を保留することができるように思われるが（引換給付説を採用するのであれば，これを明文化することが望ましい），これ以外の場合に関しては，債権者の満足を保留することが可能となる仕組みを現行法から見出すのは容易ではない。

[27] 引換給付判決の強制執行として転付命令・譲渡命令や作為義務執行を申し立てる場合は，これらの提出または供託を申立ての要件とすること，また，供託義務を負わない第三債務者に対して取立てを行う場合は，これらの提出をも取立権発生の要件とすることが考えられる。

権者が満足を得られなかった場合はこれを債権者に返還する，というような仕組みを設けることが考えられる[28]。

V　お わ り に

現行法を前提とする限りにおいては，引換給付説を採用することは困難であるため，受領遅滞の要件に関して BGB298 条に倣った解釈が必要となるものの，利益衡量的な観点からの問題が少ないように思われる債務不履行説を採用しておくのが妥当であるように思われる。もっとも，反対給付の提供によっても履行拒絶権は消滅しないという準則は，現実の履行段階まで同時履行関係を維持することを目指すものであることからすると，このような準則によって維持された同時履行関係を反映することができるのは引換給付判決をするところまでであって，現実の履行段階である強制執行には反映することができないというのは問題であるようにも思われる。このような認識を前提とするならば，引換給付説を採用するために新たな法整備をすることも十分に検討に値するように思われる。

〔付記〕慶應義塾大学大学院法務研究科在学中より現在に至るまで，春日偉知郎先生には誠に数多くのご高配を賜っており，深く感謝申し上げます。謹んで古稀をお祝いいたしますとともに，今後のご健勝をお祈りいたします。

---

[28]　執行官に関しても債権者の代理人としての位置付けが否定された現行法においても，国家機関の一種のサービスとして執行官に弁済受領権限が認められていることに鑑みると（注[24]参照），このように執行機関に債権者に代わって反対給付を履行する権限および義務を認めることは，執行機関が国家機関であるという性質論によって妨げられるわけではないように思われる。

2 倒 産

21 イギリスにおける倒産時の労働契約の取扱い
—— 再建型倒産手続における議論を中心に

上江洲純子

I はじめに

再建型倒産手続の目的は，「事業の再生」（民再1条）であり，「事業の維持更生」（会更1条）である。したがって，当該目的の達成のためには，時として，債務者会社における人員の削減，すなわち，労働者の解雇が不可避となる場合がある。

この場合において，民事再生法や会社更生法は労働者の解雇に関する定めを置いていないことから，結局のところ，労働契約の取扱いについては，倒産手続における契約関係の処理に関する一般原則に委ねられることになる。そもそも労働契約が双務契約であることを踏まえれば，倒産手続開始時に存在する労働契約については，双方未履行双務契約に該当し，労働契約を履行するか，解除（解約）するかの選択は，民事再生法49条1項・会社更生法61条1項に基づき，再生債務者・（再生）管財人・更生管財人（以下「管財人等」という。）が判断することになる[1]。そして，管財人等が労働契約の解除（解約）を選択し，労働契約を終了させた場合は，労働者にとっては解雇に相当する行為となる[2]。

これに対して，労働法においては，労働者を保護する観点から，労働者の解雇を規制するルールが設けられており，労働契約法16条は，解雇は，客観的に合理的な理由を欠き，社会通念上相当であると認められない場合は，権利の濫用にあたる旨定めている。しかしながら，倒産法には，これらの労働法の規

---

(1) 破産法にも同様の定めがあるが，本稿では再建型倒産手続に絞って検討する。
(2) なお，破産の場合は，破産法53条3項に基づき民法631条を準用して，破産管財人・労働者いずれからも解約が可能とされている。

『現代民事手続法の課題』春日偉知郎先生古稀祝賀〔信山社，2019年7月〕

21 イギリスにおける倒産時の労働契約の取扱い〔上江洲純子〕

定との整合を図る特則等が存在していないため，再建型倒産手続において，このような労働法上の解雇規制をどのように解すべきかについては，今もって明確とはいえない状況にある。

それどころか，これまでの下級審裁判例では，再建型倒産手続中に行われた労働者の解雇につき，倒産手続中であることは特段考慮されることなく，労働法上の解雇規制ルールの適用を認め，その際は，労働法の通常の判断枠組みの中で解雇の可否が判断されてきたことが窺える[3]。

さらに，近年，一石投じたのが日本航空の会社更生手続において更生管財人が実施した更生会社の労働者の解雇の有効性が争われた2つの事件，「日本航空（客室乗務員）整理解雇事件（東京高判平成26年6月3日労働経済判例速報2221号3頁）」と「日本航空（運航乗務員）整理解雇事件（東京高判平成26年6月5日労働経済判例速報2223号3頁）」である[4]。両判決では，会社更生手続下でなされた更生管財人による労働者の解雇に解雇権濫用法理（労契16条）が適用されることを認め，その上で，解雇権濫用法理の適用にあたっては，当該解雇が経営上の理由によって行われた解雇，いわゆる整理解雇に相当することを理由に，判例法理として蓄積されてきた「整理解雇法理[5]」が適用されること，が明示された[6]。

それでは，上記両判決が示したように，再建型倒産手続において管財人等が

---

(3) 上江洲純子＝中島弘雅「再建型倒産手続と整理解雇法理（2・完）」慶應法学28号（2014年）16頁以下参照。

(4) 両判決の評釈については，池田悠「判批」NBL1032号（2014年）25頁以下等参照。また両判決のうち客室乗務員判決の評釈については，池田悠「判批」速報判例解説Vol.16 新・判例解説Watch（2015年）295頁以下，戸谷義治「判批」平成26年度重判（2015年）239頁以下，運航乗務員判決の評釈については，戸谷義治「判批」季刊労働法248号（2015年）224頁以下等参照。また，両判決の第1審判決の評釈としては，宮里邦雄「判批」労働法律旬報1766号（2012年）6頁以下，門伝明子「判批」NBL976号（2012年）6頁以下，池田悠「判批」実務研究会編『概説倒産と労働』（商事法務，2012年）156頁以下，池田悠「判批」論究ジュリスト2号（2012年）242頁以下等参照。

(5) 整理解雇が権利の濫用にあたるか否かについては，①人員削減の必要性，②解雇回避努力の履践，③被解雇者選定の合理性，④手続の妥当性の4要件（要素）を総合考慮する判断基準が判例法理として確立されており，「整理解雇法理」と呼ばれている。

(6) 両判決では，「いわゆる整理解雇法理が適用される。」，「いわゆる整理解雇法理も適用されるものと解するのが相当である。」として，いずれも整理解雇法理の適用を明示する。両判決の第1審判決の分析については，上江洲＝中島・前掲注(3)論文19頁以下参照。

事業再生の実現のために労働契約を解除（解約）する際にも，労働法上の解雇規制を適用すべきであろうか。果たして，労働法における判例法理として定着している「整理解雇法理」は，再建型倒産手続においてもそのまま妥当するのであろうか。

そこで本稿では，これらの問題意識を踏まえて，倒産法と労働法の交錯領域につき，事業再生の実現を目的とする再建型倒産手続において労働者保護の実現を目的とする労働法の規律との調和はいかに図られるべきか模索していくために，経済的理由に基づく解雇，いわゆる整理解雇につき日本と類似の解雇規制ルールを有するイギリス[7]を取り上げ，イギリスの再建型倒産手続において労働契約がどのように取り扱われているか，そして，労働者の解雇に当たって倒産法と労働法の規律の調整がどのように図られているかについて紹介していきたい。

Ⅱ　イギリス倒産制度の概要

イギリスの再建型倒産手続における労働契約の取扱いについて取り上げる前に，まずはイギリスの倒産制度の概要に触れておくことにする。

1　倒産制度の概観と清算手続（Winding up）

イギリスの現行倒産法は「1986 年倒産法（Insolvency Act 1986）[8]」である。その中で，会社の倒産手続として定められているのが，「清算（Winding up）」，「レシーバーシップ（Receivership）」，「会社任意整理（Company voluntary arrangement）」，そして，「会社管理（Administration）[9]」である。

清算（Winding up）は，清算人（liquidator）の下で進められ，最終的には会

---

(7)　本稿でいうイギリスとは，イングランドおよびウェールズを指す。

(8)　1986 年倒産法の立法経緯については，中島弘雅「イギリスの再建型企業倒産手続（一）」民商 118 巻 4・5 号（1998 年）144 頁以下，Ian F. Fletcher, *The Law of Insolvency* (5th. ed.2017), pp. 13-19. 参照。1986 年倒産法は，1977 年に設置された倒産法改正検討委員会（コーク委員会）の改正検討作業の成果として策定された 1985 年倒産法（Insolvency Act 1985）と，それに伴い改正された 1985 年会社法（Companies Act 1985）とを，両法の施行前に，これらを統合する形で誕生したものであり，その内容は基本的に 1985 年倒産法を踏襲するものであった。

社を解体することを目的とする手続であり，文字通り清算型の倒産手続である。特に，裁判所が任命する清算人によって行われる強制清算手続では，我が国の破産手続と同様，清算人（日本では破産管財人）が会社財産の管理・換価を行って債権者に配当することを任務としている。

2　レシーバーシップ（Receivership）

これに対して，レシーバーシップは，もともと担保権の実行手続で，担保権者が任命したレシーバー（receiver）が担保財産を管理して賃料等の収益を収受し，担保財産を換価するなどして，その収益や売得金を分配する手続である[10]。

しかし，イギリスにおいては次第に，事業収益や事業売却による売得金からの弁済を可能にするために，担保を設定する社債証書（debenture）においてレシーバーにマネージャーとして会社の事業遂行権をも付与してレシーバーの権限を拡大することが一般化していった。このようにマネージャーの権限を付与されたレシーバーは，レシーバー兼マネージャー（receiver and manager）と呼ばれ，その下で経済的窮境にある会社が再建を果たす例も散見されたという。

このようなレシーバーシップの機能に着目し，これを進化させたのが管理レシーバーシップ（Administrative receivership）であり，1986年倒産法は，当該手続を倒産手続に位置づけている。管理レシーバーシップは，会社の全財産を担保とする浮動担保権者によって任命された管理レシーバー（administrative receiver）が会社の業務遂行権を引き継いで当該会社の業務を遂行し，その財

---

(9)　イギリスの倒産手続を紹介する文献の中には，Administration やその遂行主体となる administrator を，「会社更生」「更生管財人」と訳するものが存在するが，本稿においては，その手続の性質を踏まえた訳語を提唱されている中島・前掲注(8)論文148頁の表記に従う。

(10)　イギリス法の下では，社債証書（debenture）等により担保の設定を行うのが一般的であるが，その際，会社の不動産や設備に個別に設定される固定担保（fixed charge）に加えて担保の対象とされているのが，浮動担保（floating charge）である。浮動担保は，現在そして将来をも含む会社の全財産を担保として設定するもので，レシーバーが任命されるあるいは清算手続が開始される等，法の定める特定の事由が発生した場合に，その時点で会社が有する財産が担保目的財産として固定化し，担保権の実行は，当該固定化した担保目的財産を対象に行われることになる。詳細については，中島・前掲注(8)論文141頁参照。

産や事業の管理・処分を行いつつ，事業収益や事業・財産の処分代金から債権者へ弁済を行っていく手続である。

管理レシーバーは，担保権者に限らず無担保債権者に対しても，担保資産の処分計画や業務運営計画，そして自らを任命した浮動担保権者を含む債権者への弁済計画を記載した報告書を提出し，法の定める順位に従って弁済を行っていかなければならない。その意味で，管理レシーバーシップは確かに倒産手続の性質を有しているといえる。しかしながら，その一方で，この手続の最大の目的は依然として管理レシーバーを任命した浮動担保権者の利益保護にあり，そこに着目すれば，管理レシーバーシップは厳密な意味での倒産手続ではなく，その本質はなお担保権の実行手続であるといえる。

3 会社任意整理 (Company voluntary arrangement)

その他に，比較的小規模の会社の再建に活用される手続として会社任意整理 (Company voluntary arrangement) があるが，裁判所による関与が限定的で，基本的には当該会社の取締役 (director) によって任意に進められるため，法的整理と私的整理の中間に位置づけられる手続とも評されている[11]。

具体的には，取締役が業務運営計画や債権者への弁済計画などを記載した任意整理の提案を作成して，整理委員 (nominee) にこれを審査してもらい，債権者集会および株主総会において当該提案[12]が承認されれば，その後は，取締役が承認された提案内容（任意整理計画）を，監督委員 (supervisor) の監督の下で遂行していく流れとなる。

もっとも，会社任意整理は他の倒産手続，例えば，清算手続や後述する会社管理 (Administration) との併用が従前から想定されており，これらが先に開始されている場合には，会社任意整理手続の遂行も，取締役ではなく，清算人 (liquidator) や管理人 (administrator) に委ねられることになる。

このように会社任意整理の手続は，清算手続や会社管理手続が併用されている場合を除き，基本的には，取締役が経営権を失わず，取締役の提案内容に対

---

(11) 中島弘雅「イギリスの再建型企業倒産手続（二）」民商118巻6号 (1998年) 10頁。

(12) ただし，担保権者や優先債権者の権利を侵害する内容の提案を作成した場合は，それらの権利者の同意を得なければ承認してはならない (1985年倒産法4条(3)(4)) とされている。

455

する債権者の承認要件として多数決原理が採用され，承認されれば反対債権者をも拘束するという点で，DIP 型の再建型倒産手続類似の特徴を有しているが，その反面，裁判所は債権者等からの異議申立の際に介入するのみであることから基本的には裁判外で進められる手続ともいえ，文字通り債務者会社と一般債権者・株主との間の任意整理手続という特徴を有している。

4 会社管理 (Administration)

会社管理は，従来型のレシーバーシップにおけるレシーバー兼マネージャーが事業の維持・再生のために果たしてきた役割を評価して，1986 年倒産法において新設された手続である。手続新設の主な理由としては，会社が清算手続という不可逆的な段階に進むことがないよう，債権者との交渉や提案の作成を行う場として「一息つける場所（breathing space）」を提供することにあるとされている[13]。

このため会社管理手続の流れも，任命された管理人（administrator）が，会社の全財産をその管理下に置き，会社の業務を引き継いで事業や財産の管理を行うとともに，会社管理の目的を達成するための提案を作成して債権者集会の承認を得た場合には，管理人が当該提案内容を遂行するというように，日本の再建型倒産手続と類似した構造となっている。

それに加えて，会社管理については，1986 年倒産法において手続の目的が明確に定められており，その制定当初は，4 つを定めていた[14]が，2002 年企業法（Enterprise Act）による改正により，会社管理の目的が，（Ⅰ）継続企業としての会社の救済，（Ⅱ）会社が清算した場合の結果と比べて債権者により良い結果をもたらすこと，（Ⅲ）担保権者・優先債権者への配当のために資産を現実化すること，の 3 つに改められている（1986 年倒産法附則（Schedule）B1para3）。さらに，この定めの順番（Ⅰ→Ⅱ→Ⅲ）が目的達成の優先順位とされており，管理人の任務の第一は会社の救済，すなわち，会社の再建を図るこ

---

(13) Ian F. Fletcher, *The Law of Insolvency*, p. 489.

(14) 1986 年倒産法 8 条(1)では，会社管理の目的を，①会社および継続企業としての会社の事業の全部または一部の存続，②会社任意整理の承認，③会社法 425 条の定める債務整理計画（scheme of arrangement）の裁判所による認可，④会社が清算した場合の結果と比べて債権者により良い結果をもたらすこと，と定めていた。

とであることが明示され，これにより，会社管理は再建型の倒産手続であることが前面に打ち出されている手続といえる。

以上のようにイギリスの倒産手続は，「清算」を除けば，いずれの手続においても債務者会社を再生することが可能な手続構造を内包してはいるものの，「レシーバーシップ」，「会社任意整理」は厳密な意味で法的整理とはいえない側面も有している。そのため本稿においては，債務者会社の再建を第一の目的と標榜する「会社管理」を検討の中心に据えることにする。

Ⅲ　会社管理手続における労働契約の取扱い

1　管理人の権限と地位

まず，会社管理を遂行するために任命される管理人の権限や地位について確認する。

管理人には，その任務を遂行するにあたり，1986年倒産法上，広範かつ強力な固有の権限が付与されている。たとえば，管理人は，会社の業務，事業，財産の管理に必要な全ての事項を行うことができ（1986年倒産法附則（Schedule）B1para59），1986年倒産法附則（Schedule）1に列挙された23の事項について権限を有している（1986年倒産法附則（Schedule）B1para60）。当該附則（Schedule）1には，収集及び取得した会社の財産を占有する権限，会社の財産を競売等により売却又は処分する権限，当該会社の事業を継続する権限，子会社を設立して会社の資産を譲渡する権限，そして清算手続を申し立てる権限等が列挙されている[15]。さらに管理人の権限は拡大されており，2002年企業法による1986年倒産法改正により，管理人に債権者に対する配当権限が付与されたほか，会社管理の目的の達成に資する場合には，管理人は業務遂行上必要な

---

[15]　管理レシーバーにも同一の権限が付与される。1986年倒産法附則附則（Schedule）1の定める管理人の権限の主なものは，①会社の財産をその占有・管理下におくこと，②会社財産を売却・処分すること，③資金の借入を行うことおよび会社財産を担保に供すること，④ソリシタや会計士を任命すること，⑤会社の名前でかつ会社のために訴訟その他の紛争処理手続を遂行し，または防御すること，⑨代理人を任命したり，労働者を雇用・解雇すること，⑩会社財産の換価に必要な全てのことをなすこと，⑪会社の事業を経営すること，⑮会社の清算を申し立てたり，それを防御することなどである。

支払いをなすことも許されている（1986年倒産法附則（Schedule）B1para66）。

　このように，管理人には，債務者会社の取締役（director）や取締役会が有する権限にも匹敵する権限が付与されることに加えて，任命時に全ての会社財産を支配下に置く義務や，債権者等の承認を得られた提案に基づいて会社の業務，事業，財産の管理や運営を遂行する義務も課せられている。

　それでは，このように広範かつ強力な権限や義務等を付与される管理人の地位については，どのように解すべきであろうか。

　1986年倒産法附則（Schedule）B1para5においては，管理人が裁判所の発令する管理命令により任命されたか，浮動担保権者等により裁判所を介さずに任命されたかを問わず，管理人は，「裁判所の職務従事者（officer of the court）」である旨定められている。そこには，会社管理が裁判所の関与の下で行われる手続であることが表れている。しかしながら，その一方で，管理人がその任務を遂行中は，債務者会社の「エージェント（agent）」として行動しているとみなされる（1986年倒産法附則（Schedule）B1para66）。これにより，管理人が債務者会社のために行った行為の責任は債務者会社が負うことが，明らかにされているのである。

2　会社管理手続中の労働契約の取扱い

　このような会社管理手続の特徴や管理人の地位・権限を踏まえて，以下では会社管理手続において労働契約がどのように取り扱われるか見ていくことにする。

　本稿冒頭でも触れたように，日本では倒産手続開始時に存在する労働契約については，双方未履行双務契約として取扱い，労働契約を履行するか，解除（解約）するかの選択が管財人等に委ねられる。これに対して，イギリス1986年倒産法には，これに相当する定めは置かれていない。

　その代わり，1986年倒産法附則（Schedule）1para9において，管理人には，その任務にあたって労働者を雇用し，解雇する権限があることが明確に定められている。これによりイギリスの再建型倒産手続に相当する会社管理手続においては，労働契約の取扱いが管理人の権限に服することが明示されている。したがって，この文言に従えば，管理人は，債務者会社の再建のために必要と判断した場合には，特定の労働者を解雇すること，いわゆる整理解雇を行うこと

も認められることになる。

このように，1986年倒産法では，労働契約の取扱いについて特に定めを置いていない日本と異なり，管理人の権限に委ねることが規定化されている。しかしながら，その一方で，労働者の雇用や解雇の一般原則を定める労働法の規律との調整については，日本と同様，定めを置いていない。したがって，管理人が会社管理の手続中に債務者会社の労働者を解雇する場合に，労働法の適用，具体的には労働者の解雇規制ルールの適用を受けるか否かが，債務者会社の再建という目的達成の成否にも影響を与える可能性がある。

加えて，イギリスにおいては，その前提の問題として，会社管理の手続開始前，すなわち管理人の任命前に存在した労働契約はそもそも手続開始後に存続しうるのかという点についても議論がある。これは，倒産手続の開始が既存の契約に影響を与えるか否かの問題である。

さらに，1986年倒産法附則（Schedule）B1para99では，会社管理手続において最優先債権として扱われる労働契約の定義を「管理人が受入れた（adopted）労働契約」と定めていることに鑑みて，この文言の意味する「受入れ（adoption）」をどのように捉えるべきかについても解釈が分かれている。

そこで，以下では，イギリス労働法における解雇や解雇規制のルールを概観した上で，上述した議論に関連する判例等も取り上げ，若干の検討を試みることにしたい。

Ⅳ　イギリス労働法における解雇の取扱い

1　通常の解雇の取り扱い

イギリス労働法[16]は，複数の制定法とコモン・ローによって構成されており，制定法としては，たとえば1996年雇用権法（Employment Rights Act），1992年労働組合・労働関係（統合）法（Trade Union and Labour Relations（Consolidation）Act）を挙げることができる。

---

[16]　イギリス労働法については，Robert Upex, Stephen Hardy, *The Law of Termination of Employment*（8th.ed.2012）pp. 153-187，小宮文人『現代イギリス雇用法』（信山社，2006年）226頁以下，荒木尚志=山川隆一=労働政策研究・研修機構編『諸外国の労働契約法制』（労働政策研究・研修機構，2006年）279頁以下（有田謙司）等参照。

まず，期間の定めのある労働契約の場合は，コモン・ローにおいて，その契約の期間中については使用者による解雇は原則として許されておらず，仮に期間の途中で労働者を解雇する場合には，労働者による重大な契約違反など雇用を継続できない特別な理由が必要とされる。これに対して，期間の定めのない労働契約の場合は，使用者が労働者に対して合理的な解雇予告期間[17]を設けて適切な予告を与えれば，労働者を解雇することができるとされており，さらに，使用者が労働者に対して解雇予告期間相当分の賃金を支払えば，適法に即時解雇することも認められている。

したがって，期間の定めのある労働契約につき理由のない解雇や，期間の定めのない労働契約において適切な解雇予告期間を与えずにした解雇は，違法解雇に相当し，労働者はこのような違法解雇に対して損害賠償を求める訴えを提起できるとされている。

2　不公正解雇 (unfair dismissal) に関するルール

イギリスでは，上述した違法解雇に対する救済以外に，労働者の解雇に関する規制として 1996 年雇用権法第 10 部（94 条〜134 条）において，不公正解雇に関するルールが定められている。

まず，1996 年雇用権法 94 条は，「労働者は，使用者によって不公正に解雇されない権利を有する。」と定める[18]。当該ルールは，1971 年労使関係法 (Industrial Relations Act) によって導入され，その後，廃止や修正を経て，現行の1996 年雇用権法に受け継がれたものである。

解雇に不服がある労働者は，雇用審判所 (Employment Tribunal) に不公正解雇に対する救済の申立てを行うことが認められている。雇用審判所が，当該解雇が不公正解雇であると判断した場合は，その救済方法として，原職復帰命

---

[17]　1996 年雇用権法 86 条では，最低予告期間が法定されており，例えば，2 年未満勤務の労働者には 1 週間，2 年以上勤務している労働者にはその労働契約期間 1 年ごとに 1 週間の最低予告期間が付与されている。

[18]　1996 年雇用権法 95 条 1 項は，解雇の定義を，①使用者がその労働者との労働契約を解約した場合，②労働者が期間の定めのある労働契約で雇用され，その期間満了時に更新されなかった場合，③労働者がその使用者の行為を理由として予告なくその契約を終了させることができる状況の下で，その労働契約を終了させた場合（いわゆる，みなし解雇 (constructive dismissal) の場合），と定めている。

令や再雇用命令のほか補償金の裁定を行うことが認められている。

　これに対して，使用者は，当該解雇が公正な解雇事由に該当する解雇であったことを示さねばならない。解雇が許容される公正な解雇事由としては，①労働者の職業的な能力や資格に関するものであること，②労働者の行為に関するものであること，③労働者が剰員であること（redundant），④法的義務等に違反することなく雇用を継続することができないこと，⑤その他解雇を正当化する実質的な理由があること，の5つが法定されている（1996年雇用権法98条(1)・(2)）[19]。

　ただし，使用者が公正な解雇事由が存在することを示した場合でも，雇用審判所は，あらゆる事情を考慮して，当該解雇が公正か否かを判断しなければならないとされており，その際には，使用者が当該解雇に際して合理的に行動したか否かが問われることになる（1996年雇用権法98条(4)）。

　このようにイギリスにおいて不公正解雇に関するルールを適用するには，第1に公正な解雇事由の存否，第2に使用者による合理的な対応の有無が審査されなければならないのである。

3　剰員（redundancy）を理由とする解雇の取扱い

　剰員を理由とする解雇（以下「剰員整理解雇」という。）は，日本においては使用者側の経済的理由に基づく解雇，いわゆる整理解雇に相当する解雇を指す。イギリスでは，1996年雇用権法139条(1)が，①使用者が，その労働者が雇用されている事業を停止した又は停止しようとしていること，②その労働者が雇用されている事業場の事業を停止した又は停止しようとしていること，③特定の業務を遂行する労働者の従事する事業や事業場が停止したまたは減少したこと，④特定の業務を遂行する労働者にとって必要な事業や事業場が停止するまたは減少する見込みがあること，を理由に行われた解雇を，剰員整理解雇に相当すると定義している。

　これらの理由でなされた剰員整理解雇は，不公正解雇に関するルールの下では，2において触れたように公正な解雇事由の一つに該当することになるため，その場合にはさらに，当該解雇にあたり，使用者による対応の合理性が審査さ

---

[19]　自動的に不公正となる事由として法定されているものとして，妊娠・出産・育児休暇取得等を理由とする解雇や労働組合活動を理由とする解雇などが挙げられる。

れることになる。

　当該合理性の基準について，雇用審判所は，Williams v Compair Maxam Ltd 事件[20]において，①使用者が労働者に剰員整理解雇前にできる限り十分な通告を行うこと，②労働組合と協議を行い，被解雇者選定基準について合意できるよう努めること，③客観的な被解雇者選定基準を設定すること，④被解雇者の選定が，設定した基準に従い公正に行われること，⑤労働者に代替的な雇用を申し出ることが可能か検討すること，を考慮すべきと判断し，当該基準はそれ以降の事件にも踏襲されている[21]。

　加えて，Polkey v A.E.Dayton Services Ltd 事件[22]により，貴族院も，使用者が剰員整理解雇を行う場合は，①対象となる労働者又は労働者代表に通知し，協議を行うこと，②被解雇者選定のための客観的な基準を設定すること，③設定した客観的な選定基準を公正に適用すること，④剰員整理解雇を回避する又は減少させるような合理的な措置を講ずること，が使用者による合理的な対応として要求されると判示している[23]。

　このように，イギリスにおいて剰員整理解雇そのものは公正な解雇事由に該当するが，その場合においてもさらに，解雇に際して使用者が合理的に行動したか否かについて審査する必要があり，その判断の指標として判例によって形成された合理性基準は，日本の整理解雇法理との類似性をも有しているのである[24]。

---

[20]　Williams v Compair Maxam Ltd [1982] IRLR83. 当該事件の示した判断の概要については，Ian Smith, Aaron Baker and Owen Warnock, *Smith & Wood's Employment Law* (13th.ed.2017). p. 585, 唐津博「イギリスにおける整理解雇法ルール」季刊労働法 196 号（2001 年）112 頁参照。

[21]　唐津博・前掲注[20]論文 112 頁。

[22]　Polkey v A.E.Dayton Services Ltd [1987] 3 All ER 974.

[23]　唐津博・前掲注[20]論文 112 頁。

[24]　1972 年に定められた「労使関係行動準則（Industrial Relations Code of Practice）」では，剰員整理解雇につき，労働者や労働者代表との協議を行うこと，その協議を通して労働者への通知，労働者の配転や自主退職の検討，対象労働者の退職後の職探しへの支援等を要求しており，唐津・前掲注[20]論文 112 頁は，これが判例においても踏襲されていると指摘する。

4 労働者代表との協議制度

さらに，当該合理性基準の労働者代表との協議に関連して，そもそもイギリスにおいては使用者に，1992 年労働組合・労働関係（統合）法（Trade Union and Labour Relations（Consolidation）Act）[25]により，剰員整理解雇を行うに当たって労働者代表との適切な協議義務を課しており，その手続が法定されている[26]。そのため，使用者がこれに違反した場合は，労働者代表または労働者が，労働審判所に救済を申立て，下された保護裁定（protective award）による補償を受けることが認められている。

使用者は，一事業所で 90 日以内に 20 人以上の労働者を剰員として解雇する場合には，適切な労働者代表（appropriate representatives）と協議しなければならないとされている。この場合の，適切な労働者代表とは，労働組合がある場合には労働組合代表，労働組合がない場合は関係する労働者から選出された労働者代表を指す。

そして，協議に際して，使用者には，剰員整理解雇の理由，被解雇予定者，被解雇者選定の基準等の情報開示義務が課されているほか，労働者代表とは，解雇を回避する方法，被解雇者数を減らす方法等の協議事項について合意に達することを目指して公正に協議することが義務づけられている。具体的に「公正に協議する」とは，協議事項について労働者代表が十分に理解した上で，意見表明のための公正かつ適正な機会を付与されること，そして表明された意見について使用者が適正かつ真摯に検討することである[27]。

このように剰員整理解雇の合理性基準は，労働者代表との法定の協議制度とも連動しているのである。

---

[25] 労働者代表との協議制度は，1975 年雇用保護法（Employment Protection Act）にて制度化され，順次法改正を経て，現行の規定が制定されている。

[26] ただし，当該法における剰員整理解雇の対象は，「個々の労働者には関係のない理由による解雇」とされているため，不公正解雇に関するルールにおける公正な解雇事由に該当する解雇よりも対象が広いと解されている。

[27] たとえば，R. v British Coal Corporation and Secretary of State for Trade and Industry［1994］IRLR75 参照。

V 会社管理手続と剰員整理解雇の関係

1 倒産手続開始の労働契約への影響

上述したように，イギリスにおいては，倒産手続開始前から存在する労働契約が，倒産手続開始後も存続するかにつき議論があった。

まず，清算型倒産手続のうち強制清算手続については，裁判所が清算人を任命する強制清算開始命令（winding-up order）が発令されると，全ての労働者を自動的に解雇する効果が発生すると解されている[28]。加えて，担保権の実行手続に位置づけられているレシーバーシップ手続においても，裁判所によるレシーバーの任命が行われた場合は，強制清算開始命令と同様に，全ての労働契約を終了させる効果をもたらすと考えられている[29]。その理由は，イギリス労働法においては，労働契約当事者の消滅が，契約の履行不能をもたらすとして，コモン・ロー上，労働契約を自動的に終了させる事由の一つに数えられているからである。裁判所による清算人やレシーバーの任命はまさに当事者の消滅の例に相当すると認められている。

これに対して，再建型倒産手続にあたる会社管理手続については，そこで任命される管理人が会社の資産をその支配下に置き，裁判所の職務従事者（officer of the court）としてその任に当たる点では，強制清算手続の清算人やレシーバーシップ手続における裁判所任命のレシーバーと共通している。その意味で，労働契約の自動終了についても同様に考える余地は残されている。しかし，その一方で，会社管理手続に関しては，裁判所任命の清算人やレシーバーと異なり，任命される管理人は会社のエージェント（agent）として行動する旨が1986年倒産法において明確に定められている[30]。これを踏まえれば，労働者との関係において会社管理手続開始後に使用者性を有するのは，当該手続の対象たる債務者会社であって管理人ではないことになる[31]。この点について

---

[28] David Pollard, *Corporate Insolvency : Employment Rights* (6th.ed.2016), p. 145 参照。

[29] Nicoll v Cutts [1985] BCLC322, David Pollard, *Corporate Insolvency : Employment Rights*, p. 150 参照。

[30] 1986年倒産法14条(5)が2003年9月14日以前の会社管理について，附則（Schedule）B1para69が2003年9月15日以降の会社管理についてそれぞれ定める。

は，後述する判例[32]においても，これを前提とした判断が示されており，そこでは，強制清算手続のような自動解雇原則は適用されなかった。

したがって，会社管理手続の開始，すなわち管理命令の発令は従前の労働契約関係には何ら影響を及ぼさず，会社管理手続開始前から存在する労働契約は，管理人の任命後も存続することになる。

2 会社管理手続における解雇規制ルールの取扱い

それでは，管理人が，手続開始前から存続する労働契約を解約した場合において，管理手続中の労働者の解雇に，イギリス労働法の定める解雇規制ルールは適用されるのであろうか。

確かに，強制清算手続の場合は，手続の開始により既存の労働契約を終了させる法的効果が発生するため，労働者の解雇についても不公正解雇の責任を問う余地はないと解されており，それを踏まえて，強制清算手続以外の倒産手続について，当該手続中の労働者の解雇を不公正解雇の対象とすることについて疑問を呈する判断も存在した[33]。

しかしながら，上述したように，会社管理手続の開始は既存の労働契約を終了させるものではないことに加え，1992年労働組合・労働関係（統合）法の定める労働者代表との事前の協議義務に関しては，Clarks of Hove Ltd v Bakers' Union[34]事件において，使用者の倒産は，労働者代表との協議義務を免除する特別な事情にはあたらない旨の判断が示されている。そうすると，会社管理手続開始後も，債務者会社やそのエージェント（agent）としての管理人は，労働法の定める解雇規制ルールにも服するものと解するのが相当であり，そのため，後述する判例[35]においても，これを前提とした判断が示されている。

---

(31) なお，Freedland, *The Personal Employment Contract*（2nd.ed.2003）p. 505 は，従前の使用者である債務者会社に加えて，管理命令の発令により管理人を共同の使用者として追加する考えを主張する。

(32) Powdrill v Watson[1995] 2 All ER 65 参照。

(33) Fox Brothers (Clothes) Ltd v Bryant [1978] IRLR485

(34) Clarks of Hove Ltd v Bakers' Union [1979] 1 All ER 152

(35) Powdrill v Watson[1995] 2 All ER 65

3 管理人による労働契約の「受入れ（adoption）」

このように会社管理手続中の管理人による労働者の解雇にも不公正解雇や事前協議といった解雇規制ルールが適用される場合に，当該ルールの下で裁定された労働者の補償金は会社管理手続においてどのように位置づけられるであろうか。

通常，会社管理手続において，労働債権は，法の定める一部の例外を除き，原則として無担保債権に位置づけられている。ただし，「管理人が受入れた（adopted）労働契約」に該当する場合は，現行の 1986 年倒産法附則（Schedule）B1para99 により，管理人が任命されている間に発生する労働債権として，会社管理手続上，最優先債権として取り扱われ，会社管理の手続費用や通常の優先債権よりも優遇されることになる[36]。そうすると，管理人が「受入れた」労働者を後に解雇し，それが不公正解雇に該当するものであった場合には，解雇規制ルールの下で裁定された補償額も最優先債権化される可能性があり，その金額が多額になればなるほど債務者会社の再生の目的を達成できなくなるおそれが生じてしまう。

さらに，法の定めるところによれば，管理人の任命後 14 日を超えても解雇されていない労働者の労働契約が「管理人が受入れた（adopted）労働契約」として扱われるとされているため，結局のところ，管理人は，その任命から 14 日という短期間に，債務者会社の再建のために剰員整理解雇を実施すべきか否かという重大な選択を迫られることになる[37]。

4 労働契約を受入れない旨の通知の効力と不公正解雇

そこで，実務においては，「管理人が受入れた（adopted）労働契約」と認められて，その後の解雇によって労働者が有する債権の最優先債権化が図られることを回避し，事業の再建を実現する方策として，管理人が，就任直後に労働者に向けて労働契約を受入れない旨の通知を送付する手法が用いられてきた[38]。

---

[36] なお，同様の規定は，管理レシーバーシップ（1986 年雇用権法 44 条）にも従来型のレシーバーシップ（1986 年雇用権法 47 条）についても設けられている。

[37] David Pollard, *Corporate Insolvency : Employment Rights*, p. 449. は「労働者を排除するには最初の 14 日以内に作成された通知又は決定によることとし，14 日経過後は労働者を受入れたとみなされるというのは，これらの規定について不必要に厳格な解釈のようにみえる」と指摘する。

V　会社管理手続と剰員整理解雇の関係

その通知の有効性が正面から争われたのが，Powdrill v Watson 事件[39]である。

Powdrill v Watson 事件では，ある航空会社の会社管理手続において任命された管理人が，労働契約を受入れない旨の通知を労働者に送付しつつ，労務は引き続き提供するように指示していたもので，管理人が送付した通知には，労働者が実際に労務を提供した期間については債務者会社が賃金の支払いを継続することを管理人が確約する旨の記載がなされていた。会社管理手続開始後は，当該通知の記載通りに，労働者に対して賃金等の支払いが行われてはいたものの，事業譲渡が不奏功となったことを契機に，労働契約の解約について事前告知もなく全労働者が管理人により解雇されたため，パイロットであった労働者の一人が，自身の労働契約が「管理人が受入れた労働契約」に当たることを根拠に，2002 年企業法による 1986 年倒産法改正前の 19 条(5)に基づき特別の優先権が付与されていると主張して，通知に代わる補償や賞与等の支払いを請求した事案である。また，これらと併せて事前に雇用審判所に申し立てて取得した不公正解雇に基づく裁定の命令の適用や，その補償額の最優先債権化の主張もなされていた。

貴族院は，管理人によって一方的になされた労働契約を受入れない旨の通知は無効であるとし，管理人が労働者に対して債務者会社のために労務を続けるよう調整した場合は，管理人が労働契約を「受入れた」とみるべきであるとした。すなわち，1986 年倒産法上，管理人の発した通知には労働契約の受入れの効果を停止させる効力はないということである。その前提には，管理人の任命によって労働契約が当然に終了することはないとの考えがあったことも窺える。その上で，貴族院は，管理人の在職中に「受入れた労働契約」から生じる責任には，1986 年倒産法 19 条(5)に基づいて優先権が付与されることもまた認定し，通知に代わる補償や賞与等の支払いを認めたのであった[40]。

これに対して，雇用審判所が上述した合理性基準に則り不公正解雇にあたるとして認定した補償裁定の命令については，高等法院が，雇用審判所における手続を尊重して，その判断の有効性を認定したものの，その補償額については，

---

(38)　Ian F. Fletcher, *The Law of Insolvency*, p. 557 ; Alice Belcher, *Corporate Rescue* (1997), p. 205.

(39)　Powdrill v Watson [1995] 2 All ER513

(40)　David Pollard, Corporate *Insolvency : Employment Rights*, p. 167.

「受入れた労働契約」から生じる責任ではなく，制定法上の責任であるとして最優先債権化を認めず[41]，この点についてはそもそも貴族院では争われなかった。これにより，会社管理手続中の管理人の解雇にも労働法上の不公正解雇ルールが適用され，判例において形成されてきた判断基準に則って判断されることが，当該事件においても前提とされている。

　なお，当該貴族院の判決により，「受入れた労働契約」として最優先債権化される労働債権の範囲について改めて議論が生じたが，後に改正された1986年倒産法附則（Schedule）B1para99(5)(c)において，優先権の対象とされる「労働契約から生じた債権」として「賃金又は給与」が明示された結果，労働法の解雇規制ルールの下で不公正解雇や労働者代表等との協議義務違反により生じた債権は，会社管理手続上最優先債権化されることはないと解されている。そうすることで，管理人が行う剰員整理解雇が，会社管理の目的である債務者会社の事業の維持を妨げないように配慮されていると見ることもできる。

5　管理人による労働者の解雇と解雇規制ルールの関係

　以上において確認したように，イギリスの再建型倒産手続である会社管理手続においては，手続開始前に締結された労働契約は手続開始後も終了せずに存続すること，手続開始後に管理人が労働者を解雇した場合にはイギリス労働法上の解雇規制ルールが適用されること，そして，解雇規制ルールの一つである不公正解雇の判断指標として判例により形成されてきた使用者の行為の合理性基準は日本の整理解雇法理と近似していること，さらに，当該合理性基準が，会社管理手続中の管理人の解雇の場合にも適用されていることが明らかとなった。

　これらを一見すると，イギリスにおいても，倒産時の労働契約については，日本と同様，労働法の解雇規制ルールを適用し，倒産手続開始の前後で労働者の解雇の取扱いを変えていないようにも見受けられる。それでは，果たして，イギリスにおけるそのような取扱いは妥当といえるのであろうか。そこで，以

---

(41)　Powdrill v Watson [1994] 2 BCLC 118. その後，Allders Department Stores Ltd [2005] 2 All ER 122 事件において，「受入れた」労働契約の労働者がその後解雇された場合に剰員整理手当や不公正解雇に基づく裁定等による債権が，1986年倒産法附則（Schedule）B1para99 の「賃金または給料」にはあたらないことが明確に示されている。

V 会社管理手続と剰員整理解雇の関係

下では，イギリス労働法上の解雇規制ルールと会社管理手続における労働者の解雇の関係を検討していくことにする。

そもそもイギリス労働法における解雇規制ルールは，これらのルールが制定された当時のイギリスの社会的状況と密接に関連していると指摘される。当時のイギリスでは，労働組合によるストライキや労働紛争が多発しており，それがイギリスの経済社会の生産性の低迷にもつながっていた。そこで，当時の政府が労働政策として企図したのがこれらの一連の解雇規制ルールである。その目的は，個別の労働関係に関する解雇規制を導入することで，労働紛争の集団化を防ぎ，ひいては労働争議の抑制を図って，労働力の流動化や経営の効率化をはかることにあったといわれている[42]。

そのような労働力の流動化政策の下では，「剰員整理解雇」は推進すべきものとされる。これを促進し，労働者や労働組合の抵抗を緩和する方策として導入されたのが「剰員整理手当」であり[43]，これにより剰員整理解雇される労働者には使用者から法定の一時金が支払われることになった。さらにその後に，剰員以外の理由による解雇も含めて同様の目的で導入されたのが「不公正解雇制度」である。こうした経緯から，剰員整理解雇は公正な解雇理由の一つに数えられており，その際に，使用者の行為の合理性の判断基準を要求し，手続の公正さに重きを置くのも，事前に定められた手続を尽くすことにより，使用者が不公正な解雇を行うことを防ぎ，そうすることで，不公正解雇から生ずるコストの発生を抑制できるという考えが根底にあったとされている[44]。

さらに不公正解雇の救済方法に関しても，雇用審判所には，現職復帰命令や再雇用命令だけでなく，金銭補償のための裁定，いわゆる基礎裁定や補償裁定を行うことが認められているが，実際には，現職復帰や再雇用命令はほとんど出されず，もっぱら金銭補償による解決が主であるという特徴がある。この点は，日本の解雇権の濫用に対する救済方法が現職復帰であるのとは大きく異なっている。

---

[42] Hugh Collins, *Justice in Dismissal*, (1992), pp. 23-29, 小宮文人『英米解雇法制の研究』（信山社，1992 年）169 頁以下参照。

[43] 小宮・前掲注[42]170 頁。

[44] 神吉知郁子「イギリス不公正解雇制度における手続的側面の評価の変遷」季刊労働法210 号（2005 年）162 頁，Collins, *Justice in Dismissal*, p. 104 参照。

すなわち，イギリス労働法では，労働者の保護政策として，雇用の維持継続を第一とするのではなく，解雇される労働者の金銭補償や新たな雇用確保の支援措置を充実させることによって労働者の生活保障を図ることを重視していることが窺えるのである。

そうすると，このような解雇規制ルールの下では，結局のところ，労働者の雇用の維持継続は優先されるものではないという帰結となる。その意味で，解雇された労働者の生活保障のための金銭補償や新たな雇用の支援策が充実していることも理解できる。

これに対して，会社管理手続においてなされる労働者の解雇は，手続の目的である債務者会社の維持存続を優先するためになされるものであることから，この場合において，管理人による解雇権行使の帰結は，労働法の解雇規制ルールの帰結とも矛盾することはない。

したがって，このようなイギリスの解雇規制ルールの下では，労働法上の不公正解雇の判断基準が，会社管理手続における解雇の有効性の判断基準としても適正に機能していると評価することができる。

VI　お わ り に

本稿では，事業の再生を目指す再建型倒産手続において，労働者保護の実現を目的とする労働法の規律との調和を模索するために，イギリス法を素材に検討を進めてきた。

これまでの考察を踏まえると，確かに，イギリスの再建型倒産手続における労働者の解雇については，日本と類似した解雇規制ルールの下で同様の取扱いをしているように見受けられる。ただし，それをもって，イギリス法における取扱いを日本法にそのまま当てはめることもまた容易ではない。

そもそもイギリスにおいては，剰員整理解雇や不公正解雇の処理が，日本とは異なり，1996年雇用権法や1992年労働組合・労働関係（統合）法により準司法機関である雇用審判所の審判事項とされ，履践すべき手続が法定されている。加えて，イギリスにおける不公正解雇ルール上，剰員整理解雇は公正な解雇事由の一つに掲げられており，適用対象となる「剰員」の定義も法定されている。また，剰員整理解雇を行うに当たっては，そもそも労働者代表等との事

Ⅵ　おわりに

前協議義務が課せられており，これらの手続を遵守することが，使用者が合理的に行動したか否かの判断に当たっても重視されている。この点，整理解雇について履践すべき法的手続を持たず，その有効性をもっぱら裁判所の事後的審査に委ね，さらに，解雇の有効性の判断に際し，人員削減の必要性や解雇回避措置の履践をより重視する日本とは大きく異なっている。

そして，イギリスにおいて，こうした制度や剰員整理解雇の合理性基準が確立された背景には，雇用の流動化を推進させるという当時の労働政策の影響があることが認められ，その下では，労働者保護政策が雇用の維持に代わる金銭補償を充実させる方向へと向かうことになる。これに対して，日本における整理解雇法理発展の背景には，日本の労働慣行である終身雇用システムの影響があるとされ，そこでは労働者保護の観点からできる限り雇用を維持する必要性が意識されてきた[45]。

このように，日本とイギリスにおいては整理解雇の取扱いに関する考え方が根本的に異なっており，したがって解雇の有効性につき異なる帰結が導かれるのも当然のことといえよう。

しかしながら，その一方で，再建型倒産手続の目的が事業の再生・維持更生を実現するためにあることは，日本でもイギリスでも変わるところはない。民事再生・会社更生手続における管財人等も，会社管理手続における管理人も，それを職務としており，その職務の遂行に当たっては，それぞれ裁判所の監督に服している。ただし，日本の場合は，雇用の維持を第一の目的に掲げている整理解雇法理の下で解雇の有効性を判断することになるため，その場合は，労働者の解雇は極力抑制され，解雇が無効となり，その結果，事業の再生・維持更生の目的を阻害する要因になる可能性がある。この点，イギリスにおいては，剰員整理解雇は公正な解雇として解雇が有効となる可能性が高く，仮に，事前の協議義務の懈怠等から，解雇が無効となる場合においても，会社管理手続では，それにより発生する債権の最優先債権化を認めないことで，解雇によるコストの増大を防ぎ，事業の再生・維持更生の目的を阻害しないよう配慮がなされている。

---

[45]　米津孝司「解雇権論」籾井常喜編『戦後労働法学説史』（労働旬報社，1996年）657頁以下，奥野寿=原昌登「解雇権濫用法理・整理解雇法理概説」神林龍編著『解雇規制の法と経済』（日本評論社，2008年）15頁以下等参照。

21 イギリスにおける倒産時の労働契約の取扱い〔上江洲純子〕

　そうすると，日本の再建型倒産手続において労働法上の解雇規制ルールとの整合性を図りながら事業の再生・維持更生の実現を模索していくに当たって，労働法上の解雇規制ルールを再建型倒産手続においても矛盾することなく機能させているイギリスの制度は，日本法にも多くの示唆を与えてくれるように思われる。

　今後は，イギリスの制度や議論を手掛かりに，労働者の雇用の維持を最優先とする既存の整理解雇法理を，管財人等による解雇の判断基準の適正なツールとして機能させていくことを目指して，その方向性につき具体的に考えていかなくてはならないが，それらの検討については他日を期すことにしたい。

〔追記〕春日偉知郎先生には，学部の講義・ゼミナール，大学院博士課程在籍中，そしてそれ以降も，長年にわたり折に触れて温かいご指導を賜り続けてきた。本稿は，先生の古稀をお祝いするとともに，これまでのご指導に深謝の意をお伝えするものとしては甚だ不十分なものではあるが，筆者のお祝いの気持ちをお汲み取りいただければ幸甚である。

22 破産管財人の受託者的地位
―― 信託的構成の再評価と管理機構人格説との調和

岡　伸　浩

I　はじめに

　本稿は，我が国における破産法上の破産管財人の法的地位を信認関係（fiduciary relation）を中核とする信託法理から分析し考察する。従来の法定信託（受託者）説が破産法律関係と信託との外形的・客観的類似性を捉え，破産管財人の受託者的地位を導いていたのに対し，本稿では信託の本質である信認関係を基軸として検討する[1]。破産管財人の法的地位に関する信託的構成を再評価し，今日の通説的見解である管理機構人格説の正当化根拠としての意義を見い出し，両者を調和して位置付けることを目的とする[2]。

---

[1]　岡伸浩「破産管財人の法的地位・序説―管理機構人格説の再定位と信託的構成との調和」（慶應法学 40 号（2018 年）23 頁以下）。同稿では，破産管財人の法的地位に関する諸学説について検討を加え，管理機構人格説が破産管財人をして破産財団の管理機構として私人とは独立した法人格を有すると主張するところの「法人格」の内実や財団債権の債務者は誰か，という問題を中心に管理機構人格説を再定位すべきことを提唱した。本稿は，前稿で私見の結論部分を述べるにとどめた破産管財人の法的地位に関する信託的構成を中心に考察する。

[2]　工藤敏隆「アメリカ倒産法における管財機関の生成と信託理論（1）（2）完」慶應法学 28 号（2014 年）135 頁以下，慶應法学 29 号（2014 年）325 頁以下，同「イギリス倒産法における管財機関の生成と信託理論」法学研究 84 巻 12 号（2011 年）505 頁以下は，アメリカ倒産法およびイギリス倒産法における管財機関と信託理論の歴史的経緯を紹介する。

『現代民事手続法の課題』春日偉知郎先生古稀祝賀〔信山社，2019 年 7 月〕

22　破産管財人の受託者的地位〔岡　伸浩〕

Ⅱ　法定信託(受託者)説をめぐる考察

1　法定信託(受託者)説

法定信託（受託者）説とは，破産管財人の法的地位について，裁判所の裁判（破産手続開始決定。破産法 15 条）によって債務者を委託者，破産管財人を受託者，債権者を受益者とする法定信託関係と理解した上で受託者的地位にあるとする見解をいう[3]。

2　法定信託(受託者)説の根拠の提示

法定信託（受託者）説を提唱する霜島甲一教授は，その根拠として以下の 4 点を挙げる[4]（暦年や条文数は原文では漢数字による表記であるものを数字に変換して表記した）。

(1)　**実定法との調和**

まず第 1 に，実定法との調和を挙げ，「第 1 に実定法との調和の見地からみて，その地位を正面から定める唯一の規定というべき破産法 162 条，会社更生法 96 条 1 項と矛盾せず，民訴法 201 条 2 項の立法者意思とも合致する。」とする。

(2)　**理論的見地**

第 2 に理論的見地として，「管財人は形式的には権利・義務者として自己の名で行動するが，実質的には他人の財産を第三者のために管理するものであるところ，信託における受託者は，まさにそのような法的地位を有するものだからである。」とする。

(3)　**倒産法全体の体系的理解のための有用性**

第 3 に体系的見地からみて，「私的整理における信託型の債権者委員長の地位との対応関係が示される点で，倒産法全体の体系的理解のため有用と考えるからである。」とする。

(4)　**機能的見地**

第 4 に機能的見地からみて，「対外的にも行動せざるをえないわが国の管財

---

(3)　霜島甲一『倒産法体系』（勁草書房，1990 年）44 頁。

(4)　霜島・前掲注(3)54 頁。

人の地位の外国人による理解を容易なさしめるからである（《trustee》と訳すか
《administrator》とした方が誤解が少ないかの問題があるが，信託概念を出発点にす
ることは合目的的である。これをせず，財団代表説をとっても，暗星的法人代表者
なる概念が国際社会で理解される可能性は絶無に近いであろう）。」とする。

3　法定信託（受託者）説の根拠に関する考察

　以上の法定信託（受託者）説の根拠のうち(3)と(4)は，既存の制度の評価に関
連し，多分に価値判断の要素を包含するものであり，重要となる論拠は，(1)と
(2)であると考える。以下，この点について考察する。

　(1)「実定法との調和」という根拠について

　霜島甲一教授の『倒産法体系』が公刊された1990年当時の条文および当時
の条文と対応する現行法の条文について確認すると，旧破産法（大正11年4月
25日法律第71号）162条は現行破産法（平成16年6月2日法律第75号）80条に
対応し，旧会社更生法（昭和27年6月7日法律第172号）96条1項は現行会社
更生法（平成14年12月13日法律第154号）74条1項に対応し，旧民事訴訟法
201条2項（明治23年4月21日法律第29号）は現行民事訴訟法（平成8年6月
26日法律第109号）115条1項2号に対応する。いずれもその内容につき実質
的な変更は認められない。

　(a)　旧破産法162条（現行破産法80条）と矛盾しないとの点について

　破産法80条は，破産財団に関する訴えについては，破産管財人を原告また
は被告とすると定め，破産管財人に破産財団に関する訴訟の当事者適格を認め
る。この趣旨は，破産財団に関する財産の管理処分権を破産手続開始決定時に
破産管財人に専属させたこと（破産法78条1項）に伴い，「破産財団に関する
訴え」についての訴訟追行権，すなわち当事者適格を破産管財人に認めたもの
であり，法定訴訟担当の一場面である[5]。なお，ここにいう「破産財団に関す

---

[5]　伊藤眞ほか『条解破産法（第2版）』（弘文堂，2014年）642頁。伊藤眞『民事訴訟法
　　（第6版）』（有斐閣，2018年）192頁は，法定訴訟担当について，「訴訟追行権付与の目
　　的が担当者たる第三者の利益保護か，被担当者たる権利関係の主体の利益保護かによっ
　　て，狭義の法定訴訟担当と職務上の当事者とに分けられるのが通常であるが，両者の区
　　別は相対的なものにすぎず，法定訴訟担当としての基本的性格に差異を生じるものでは
　　ない。」と説明した上で，破産管財人の破産財団に関する訴訟の当事者適格（破産法80
　　条）を狭義の法定訴訟担当の例として紹介する。

22 破産管財人の受託者的地位〔岡　伸浩〕

る訴え」とは，一般に破産財団に属する財産に関する訴えをいうが，破産財団を引当てとする破産債権や財団債権に関する訴えも含まれると解されている[6]。

　法定信託（受託者）説は，信託における委託者と受託者の間の法律関係を目的財産の帰属に着目して，破産法80条（旧破産法162条）が「破産財団に関する訴え」の当事者適格を破産管財人に認めたことは，実質的に破産者に帰属する財産について形式的に破産管財人が主体となるとし，信託が実質的に委託者に属する財産を形式的に受託者を主体とする点と共通するため，破産管財人が信託における受託者的地位にあると説明することは破産法80条と矛盾しないとする。

　もっとも，こうした指摘は，法定信託（受託者）説の固有の論拠とはいえず，むしろ破産法80条は，管理機構人格説とより整合的な規定であると評価し得る。本来，訴権の行使は，訴訟物たる権利を実体法上処分するのと類似の効果を持つといえ，このことから訴訟物たる権利関係の主体が当事者適格を有するのが原則である[7]。管理機構人格説は，破産管財人を破産財団の管理機構として私人とは独立した法主体であると位置付ける[8]。破産手続開始決定によって破産財団に所属する財産は依然として破産者に帰属しつつ破産財団の管理処分権は破産管財人が専有する（破産法78条1項）[9]。破産管財人は破産財団帰属財産の管理処分権を付与され（破産法78条），かかる実体法上の権能を基礎として，破産財団に関する訴えについて当事者適格が認められると解される（破産法80条）。破産法80条は法定信託（受託者）説に固有の論拠とはいえず，この点は，法定信託（受託者）説を主張する霜島甲一教授が旧破産法162条（現行破産法80条）と「矛盾せず」との表現にとどめていることからも垣間見ることができる。

　(b)　旧民事訴訟法201条2項（現行民事訴訟法115条1項2号）の立法者意思

　次に，霜島甲一教授は，法定信託（受託者）説の根拠として旧民事訴訟法201条2項（現行民事訴訟法115条1項2号）の「立法者意思とも合致する」と

---

(6)　伊藤ほか・前掲注(5)642頁。

(7)　伊藤・前掲注(5)190頁。

(8)　伊藤眞『破産法・民事再生法（第4版）』（有斐閣，2018年）218頁，伊藤眞「破産管財人の法的地位と第三者性 —— 管理機構人格説の揺らぎ？」岡伸浩ほか編著『破産管財人の財産換価』（商事法務，2015年）549頁。

(9)　伊藤・前掲注(8)218頁。

476

する[10]。その意図するところは，体系書の限られた記述からは必ずしも明確ではないが，ここにいう「立法者意思」とは何かを確認する必要がある。

旧民事訴訟法201条2項（現行民事訴訟法115条1項2号）の立法に関し，司法省編『民事訴訟法中改正法律案理由書』は，「他人ノ爲メニ訴訟ノ當事者ト爲リタル者（第47條，第86條參照）ニ對スル判決ハ其ノ他人ニ對シテモ效力ヲ及ホスヘキコトヲ規定シタルモノニシテ斯ル訴訟ノ性質上蓋シ當然ノコトナリ」としている[11]。立法の経緯をみると，当初の起草委員会案には旧民事訴訟法201条2項（現行民事訴訟法115条1項2号）に対応する規定は存在しなかったが，これに対する修正意見が提起され，その意見を入れる形で，改正案（第二案）以降，同項に対応する規定が設けられたものであり，修正意見の根拠として旧破産法162条（現行破産法80条）などが適用される場面において本人に判決効を拡張する必要性が指摘されているが，この必要性について特に議論がなされた形跡はなく，改正法律案理由書においては訴訟の性質上当然のことと説明されていると指摘されている[12]。ここにいう必要性とは，確定判決の紛争解決機能を維持することを意味すると解される。すなわち，民事訴訟法115条1項2号は，訴訟担当の場合に担当者の訴訟追行行為の結果生じた既判力（民事訴訟法114条1項）を本人に拡張する条文であり[13]，この立法者意思は，訴訟担当者が当事者として得た確定判決の既判力を被担当者に及ぼさないと紛争が蒸し返されるおそれがあることから，このような紛争の蒸し返しを防止して判決の紛争解決機能を確保する必要性があるという点にある。加えて，被担当者に既判力を拡張できる根拠として，権利帰属主体たる被担当者には訴訟担当者を通じて代替的な手続保障が与えられているといえる点も指摘することができる[14]。

---

(10)　霜島・前掲注(3)54頁。

(11)　司法省編『民事訴訟法中改正法律案理由書』（清水書店，1926年）109頁。

(12)　鈴木正裕ほか編『注釈民事訴訟法(4)』（有斐閣，1997年）428頁〔伊藤眞〕。

(13)　伊藤・前掲注(5)581頁。

(14)　鈴木ほか編・前掲注(12)394頁〔伊藤眞〕。新堂幸司『新民事訴訟法（第5版）』（弘文堂，2011年）700頁，伊藤・前掲注(5)562頁参照。なお，秋山幹男ほか『コンメンタール民事訴訟法Ⅱ（第2版）』（日本評論社，2006年）480頁は，民事訴訟法115条1項2号による判決効拡張の根拠につき，「本人の利益は訴訟担当者により保護されるし，自らに関係のない理由で発生した当事者適格により二重に攻撃防御を余儀なくされるのでは相手方に酷な結果になるという点にある。」と説明する。

既に指摘したように破産法80条は法定訴訟担当の場合であると解され[15]，民事訴訟法115条1項2号は，破産財団に関して破産管財人が訴訟担当者としてした訴訟の確定判決の効力が被担当者である破産者本人に及ぶことを意味すると解される[16]。管理機構人格説によれば，破産財団の管理機構として法主体性を有する訴訟担当者としての破産管財人が原告または被告となった破産財団に関する訴訟の確定判決の効力が破産者に及ぶこととなり，破産法80条ないし民事訴訟法115条1項2号は，管理機構人格説とも整合的であるといえる。よって，法定信託（受託者）説が自らの根拠として挙げる「破産法80条と矛盾せず，民事訴訟法115条1項2号の立法者意思とも合致する」との指摘は，いずれも法定信託（受託者）説に固有のものとはいえないと考える。

(2) 理論的見地からの根拠について

次に，法定信託（受託者）説の理論的見地として，破産管財人がいずれも形式的には権利義務者として自己の名で行動するが実質的には他人の財産を第三者のために管理するという点で，信託における受託者と共通性を有する点が指摘されている[17]。他人である委託者の財産を第三者である受益者のために管理するのが信託関係であると理解した上で破産法律関係における破産管財人の地位との類似性を見い出すものと考える。もっとも，こうした指摘も法定信託（受託者）説の固有の論拠といえず，実質的には破産者に帰属する破産財団所属財産を破産財団の管理機構として独立した法主体である破産管財人が管理処分権をもって専有するとする管理機構人格説と調和すると解される。

(3) 小 括

以上の考察から法定信託（受託者）説の論拠は，いずれも同説を支える固有

---

(15) 伊藤・前掲注(5)192頁。

(16) 全国倒産処理弁護士ネットワーク編『注釈破産法（上)』（きんざい，2015年）574頁［山田尚武]。秋山ほか・前掲注(14)480頁は，民事訴訟法115条1項2号は，法定訴訟担当であるか任意的訴訟担当であるかに関わらず利益帰属者に判決効を拡張したものであるとし，具体例として，破産財団に関して破産管財人がした訴訟（破産法80条）の判決の効力は破産者に及ぶと説明する。なお，破産者は判決効を受ける立場にある者として破産管財人に共同訴訟的補助参加をすることができると解される（伊藤ほか・前掲注(5)649頁)。

(17) 霜島・前掲注(3)54頁。なお，ここにいう「自己の名」の意味は必ずしも明らかではないが，実務上，破産管財人としての職務は「破産管財人○○」として行うことから，この様に解した上で検討を進めている。

II 法定信託(受託者)説をめぐる考察

の論拠とまで位置付けることはできないと考える。

4 法定信託(受託者)説に対する批判の検討

(1) 代表的批判の内容

法定信託(受託者)説に対する代表的な批判は，破産財団所属の権利義務が破産者から破産管財人に信託的に移転するとみることは困難である，法定信託成立に関する明文の規定を欠くというものである[18]。以下，これらの批判の当否について考察を加える[19]。

(2) 破産管財人に対する信託的移転を観念できないとの批判について

ここにいう「信託的移転」の内実は必ずしも明らかではないが，破産管財人は破産者の財産の管理処分権(破産法78条)を取得するにすぎず，とりわけ管理機構人格説では，破産手続開始決定後には破産管財人に破産財団の管理処分権が帰属するが，破産財団所属の財産は依然として破産者に帰属すると説明することから，破産財団所属財産の移転を観念しづらいという点に批判の核心があるといえよう[20]。

ところで，現行信託法は，「信託」とは，信託法2条各号に掲げる方法のいずれかにより，特定の者が一定の目的(専らその者の利益を図る目的を除く)に従い財産の管理または処分およびその他の当該目的の達成のために必要な行為をすべきものとすることをいうと定める(信託法2条1項参照)。また，信託契約を締結する方法による信託(信託法3条1項)については，委託者となるべき者と受託者となるべき者との間の信託契約の締結によって，その効力を生ずると定める(信託法4条1項)。これは，信託契約が諾成契約であり，その効力発生のために目的物の移転は必要ないことを明らかにした規定であると解される[21]。現行信託法は，信託の効力の発生に委託者から受託者に対する財産権の

⒅ 伊藤・前掲注⑻218頁による。この点については，既に拙稿「破産管財人の法的地位・序説—管理機構人格説の再定位と信託的構成との調和」においても取り上げていることから，その要旨について簡潔に述べる。

⒆ なお，拙稿・前掲注⑴35頁以下においても同様の点につき考察をしている。

⒇ 伊藤・前掲注⑻218頁は，管理機構人格説の立場から，「破産財団所属財産は破産者に帰属し，また破産債権の債務者は破産者であるが，それらについての管理処分権は破産管財人に帰属し，財団債権については，管理機構としての破産管財人が債務者となる。」と説明する。

移転を必要としていないと解される[22]。よって，法定信託（受託者）説に対する「信託的移転を観念できない」という批判は，信託契約を諾成契約として捉え，信託の効力発生に信託目的物の移転を不可欠の要件としない現行信託法の下では，もはや合理的な批判とは解されないといえよう。

さらに現行信託法は「特定の者が一定の目的に従い自己の有する一定の財産の管理又は処分及びその他の当該目的の達成のために必要な行為を自らすべき旨の意思表示を公正証書その他の書面又は電磁的記録……で当該目的，当該財産の特定に必要な事項……を記載し又は記録したものによってする方法」として自己信託（信託宣言）を認めている（信託法3条3号）。自己信託（信託宣言）は信託の目的物の移転を前提としない信託であり，こうした管理機構人格説は，破産手続開始決定によって破産財団の管理処分権は，破産管財人に帰属するが破産財団所属財産は，破産者に帰属すると解する点で，財産の「移転」を観念しづらいとの側面はあるものの信託契約を諾成契約とし自己信託を容認した現行信託法に照らせば，もはや，そのこと自体が信託的性質を排斥する直接的理由とはいえないと解される。

(3) 法定信託を認める明文の規定が存在しないとの批判について

次に法定信託（受託者）説に対して，明文の規定が存在しないとの批判がある[23]。確かに破産法はもとより信託法にも破産管財人の法的地位を信託に求める旨を直接定める規定は存在しない。この点，法定信託（受託者）説を提唱する霜島甲一教授は，「破産および会社更生では，手続開始の裁判によって，開

⑵ このように信託契約を諾成契約とした趣旨は，信託契約を要物契約とすると財産の処分があるまでは信託契約は成立せず受託者に忠実義務等の各種義務が発生しないこととなり，受益者の利益が害されるおそれがあるとの見解に配慮したものであると説明されている（新井誠監修『コンメンタール信託法』（ぎょうせい，2008年）46頁）。

⑵ 信託契約が要物契約か諾成契約かにつき旧法の下における通説であった諾成契約説は，信託の成立につき信託の成立時期と信託契約の効力発生時期の2段階に分けて論じていたところ，現行信託法4条が信託契約の成立のみならず信託の効力も合意のみによって生じるとした点について，新井誠『信託法（第4版）』（有斐閣，2014年）119頁以下。特に123頁参照。この問題につき，新井誠教授は，伝統的見解を維持し，信託に原則として要物契約性を有せしめ，例外として現代的実務ニーズへの対応として諾成契約性を認めるべきであり，この例外の場合には，成立時期と効力発生時期との分かつのを原則とすべきであるとし，信託の諾成契約性を制限的に捉える（同書124頁以下）。

⑵ たとえば，伊藤・前掲注⑻218頁。

II　法定信託（受託者）説をめぐる考察

始と同時に債務者の財産の管理処分権は債務者の手を離れ，管財人がこれを取得する」として旧破産法7条（現行破産法78条1項），旧会社更生法53条（現行会社更生法72条1項）（なお，会社更生では債務者事業の経営権についても同様と指摘する）を挙げ，「これは，法律の規定に基づき，裁判所の裁判によって，債務者を信託者，債権者を受益者として設定される法定信託関係と理解することができる」として，法定信託（受託者）説の根拠条文として破産管財人が破産財団帰属財産について管理処分権を専有する旨を定めた破産法78条を摘示する[24]。この説明によれば，元来，法定信託（受託者）説にいう「法定」とは，信託設定に向けての直接の法律の定めではなく，裁判所が破産管財人を選任し（破産法74条1項），これを契機として破産管財人に破産者の財産の管理処分権の専属を認める破産法78条1項にあるといえる。法定信託（受託者）説は，破産管財人の法的地位が信託における受託者であるといった直接的な明文の規定が存在しないことを前提に破産管財人に管理処分権の専有を認める破産法78条に依拠して，信託関係との類似性を認める見解であるといえる。仮に批判として成り立ち得るとすれば，以下で考察するように破産法78条を契機として法定信託の成立を導くこと自体の可否であって，明文の規定の欠缺を根拠とする批判は，必ずしも合理的であるとはいえないと考える[25]。

(4)　小　括

以上の考察から従来の法定信託（受託者）説に対する批判は，今日の信託法の建前や法定信託（受託者）説の主張内容に照らし，合理性を有すると評価し得ないといえよう。よって，信託的構成によって破産管財人の受託者的地位を論ずることは十分可能であると解し得るのである。

---

[24]　霜島・前掲注(3) 44頁。霜島甲一教授は，「このように破産管財人・更生管財人の地位は，私的整理における受託者としての委員長の地位に対応する」と続いて指摘する（同44頁から45頁）。

[25]　この点に関して加藤哲夫教授は，法定信託（受託者）説は，破産管財人の法的地位を一種の法定信託と解しているが，「英米法とは異なり，わが国における信託類型は委託者と受託者の合意にもとづいて成立する」ところ，「手続開始決定に伴いまた78条1項の規定から当然にこのような信託関係が成立するかどうかはさらに検討の余地がある。」と指摘する（加藤哲夫『破産法（第6版）』（弘文堂，2012年）79頁）。

III 破産管財人の受託者的地位に関する考察

1 信託契約の不存在

我が国における信託法の下での信託の設定には，原則として委託者と受託者の合意（信託契約）が必要であるが，破産法上の破産管財人は，裁判所による破産手続開始決定と同時に裁判所によって選任され，破産者と破産管財人との間の信託契約に基づくものとはいえない。また，信託法が予定する信託行為（信託法2条2項各号）が存在するとはいえない。

2 信託の本質 —— 信認関係からのアプローチ

そこで，果たして破産法74条1項，78条1項を理由として破産管財人の法的地位について信託的構成による理解を導くことができるかを考察する必要がある。この問題は，ある法主体をめぐる法律関係において，信託もしくは信託との類似性を見い出すことができるかという点に核心があり，信託の本質である信認関係から考察すべきであると解する。

私見は，信託法上の信託の本質は，財産の帰属主体と利益の享受主体を分離し，新たな財産の帰属主体が自ら利益を享受しないという点にあり，信託とはこの制度が信認関係[26]で包摂された法律関係であると考える[27]。こうした理解を前提として，信認関係とは何か，いかなる要素が認められれば信認関係の存在が肯定され，関係当事者に信託ないし信託類似の関係を見い出すことができるかを考察する。

---

[26] 信託における信認の意味について，「信託における信認関係では，単に受託者を信頼して託するというだけでなく，受託者が信託財産の利益を自分に帰せしめてはいけないという基本思想のもとでそれを実現するための構造も含めて信認関係を理解し，これを意図する。工藤敏隆「アメリカ倒産法における管財機関の生成と信託理論(1)」慶應法学28号（2014年）147頁。「これが設定意思になるということですか。」という質問に対し，道垣内弘人教授は，「そこがポイントだろうと思う」と指摘され，さらには，「その仕組みが整えられていること」，「その仕組みは，一般的には意思によって整えられる」と指摘する。私見もこの立場に賛成するものである。能見善久=道垣内弘人編『信託法セミナー(1) 信託の設定・信託財産』（有斐閣，2013年）58頁。

3 信認関係の意義

信認関係の起源は，英米法におけるエクイティに求めることができる。このことから，大陸法系の法体系を継受したとされる我が国の法体系，とりわけ私法体系とは馴染みにくいとの感があったことは否めない[28]。しかし，英米法か大陸法かといった法体系の歴史的系譜をめぐる認識を超えて，今日，この信認関係は，広がりを持つ開かれた概念[29]として我が国の私法における法律関係に法規範として受け容れられ，個々の法律の目的の下で一定の変容を受けつつ生成し，展開されるに至っている[30]。信認関係は，一定の関係性を有する当事者間に見い出すことが可能であり，典型的には，信託法（平成18年法律第108号）に具現しているといえる[31]。

信認関係を中核とする信託もしくはこれに類似した当事者間の関係を包摂し

---

[27] 岡伸浩「預り金の破産財団帰属をめぐる信託的構成に関する考察」『倒産法実務の理論研究』（慶應義塾大学出版会，2015年）168頁以下。道垣内弘人教授は，信託における信認関係では，受託者が信託財産の利益を自分に帰せしめてはいけないという基本思想の下でこれを実現するための構造を含めて信認関係を理解する点がポイントであるとする（能見=道垣内編・前掲注[26]58頁。能見善久教授の発問に対する発言）。さらに，沖野眞已教授は，信託の理解においては，利益享受と財産主体を分ける仕組みが意図されているかが重要である旨を説く（同書58頁〔沖野発言〕）。

[28] 道垣内弘人『信託法理と私法体系』（有斐閣，1996年）1頁以下参照。

[29] 19世紀後半における協議の信託と信認関係が徐々に区別されるに至ったものの，信認関係について一義的な定義は存在せず，信認関係が様々な信託類似の関係を包摂する開かれた概念であることを紹介するものとして，工藤・前掲注[26]147頁。

[30] 信認関係の存在認定を通じ，そこからある当事者間に契約に基づかない様々な義務を導くというアプローチにつき，道垣内・前掲注[28]121頁以下。

[31] 信託法リステイトメント（第2次）第2条は，「A trust, as the term is used in this Restatement when not qualified by the word "resulting" or "constructive," is a fiduciary relationship with respect to property, arising from a manifestation of intention to create that relationship and subjecting the person who holds title to the property to duties to deal with it for the benefit of charity or for one or more persons, at least one of whom is not the solo trustee.」とする。また，スコットは，信認関係が信託の中核的要素であることを前提に「信託とは，ある財産権（property）の権原を保有する人をしてその財産権を他人の利益のために管理・処分すべき衡平法上の義務に従わせる財産権に関する信認関係（fiduciary relation）であって，当事者の意思（manifestation of an intention）に基づき発生するものをいう」と定義する（A. W. Scott, Abridgement of the Law of Trusts, 1960, §2.3 (p. 23-24)）。ここから信託の定義の要素として，トラストはrelationであり，しかも特別の信認的な性質をするfiduciary relationであるとの要素を抽出し得ることにつき，新井誠『財産管理制度と民法・信託法』（有斐閣，1990年）35頁。

て信託法理と呼ぶことができる。信託法理は，信託における委託者，受託者，受益者に類似した関係を関係当事者間に見い出し，受託者に対して信認義務と同等か，これを修正した義務を課することによって信認関係を維持しようとする仕組みということができる[32]。信託法理は，信認関係を中核とし，委託者的地位にある者が受託者的地位にある者に対して高度の信頼をもって依存して委託事務の遂行を委ねるとき，受託者的地位に立つ法主体は，一定の裁量を有しつつも受益者的地位にある者の利益に反した行動を取ることを許されず，これらの者の利益を最大限尊重した行動を取るべきであり，この場合，受益者は受託者の信認関係違反行為に対して一定の救済を求めることを可能とする法理であり[33]，私法上の法主体をめぐり規範的役割を持って展開している[34]。

IV　信認関係の構成要素

1　信認関係の特質

信託法理の本質的要素としての信認関係は，「一方が他方を信認し，あるいは他方に依存し，他方は，自らに依存している相手方に対しその利益を図る義務を負うような関係一般を指す」[35]とか，「将来起こりうる事態を網羅する詳細な契約を締結するのではなく，当事者の一方が他方を信頼して，自己の身体や財産に関する事柄をその裁量に委ねる関係」とし，「この場合，相手方は専門家として高度の注意を払いつつ自らの技能を十分に発揮して委ねられたこと

---

(32)　道垣内弘人教授は，「信認関係の概念は信託を超えて，一方の他方に対する信頼を基礎とする法律関係において，義務者に対して信託の受託者に類似する義務を課すための概念として機能している。」と説く（道垣内・前掲注(28) 54 頁）。信認関係の実質的な意義と役割（機能）の指摘として，賛成する。道垣内弘人教授は，このことによって信託法理は類似した立場にある者の義務を均質化する機能を導くが，あわせて義務内容が完全に同じというわけではないと指摘する（同書 54 頁）。

(33)　こうした救済の中心には，エクイティの下では忠実義務違反の場合の利益の吐き出しがあるが，我が国においては，必ずしも同じ救済方法を採用するものではない。

(34)　信託法理が様々な場面で出現することにつき，「Fiduciaries appear in a variety of forms, including agents, partners, directors and officers, trustees, executors and administrators, receivers, bailees, and guardians.」（Tamar Frankel, Fiduciary Law, vol. 71 California Law Review. 795 (1983)）。

(35)　樋口範雄『フィデュシャリー［信認］の時代 —— 信託と契約』（有斐閣，1999 年）28 頁。

IV　信認関係の構成要素

を行う義務（高度善管注意義務）とともに，与えられた信頼を利用して自己や第三者の利益を図ってはならないという義務（忠実義務）を負う。この様な関係を『信認関係』と呼ぶことがある」と説明される[36]。信認関係は，英米の法社会におけるエクイティ裁判所の紛争解決を通じて発達した法理であり[37]，個々の具体的争訟の中から裁判所が発見し，積み重ねられた判例法理によって形成されたものである。こうした信認関係は，その成り立ちに照らし，具体的事案を離れて，明確に定義付けられた法概念としての存在様式を見い出すことが困難であるという特質を有する。この意味で我が国の法体系に照らせば，異質な概念であるといえる[38]。かかる観点からみれば，上記の信認関係の定義は，信認関係を構成するに必要な諸要素を包括したものと理解できる。

　ある当事者間に信認関係があると認めるにあたっては，当該当事者間の関係性を抽出し，これらの要素が相互に関連性を持って信認関係を構成する要素として認識されたとき，当該当事者間には信認関係が認められるという思考方式によって見い出されるべきであると解する[39]。この様に信認関係は，当事者間の関係性に着目した規範的概念であり[40]，当事者の関係性に着目して認識される関係規範であるといえる[41]。

---

(36)　中田裕康『契約法』（有斐閣，2018 年）51 頁。なお，中田裕康教授は，契約の固定性とは異質の異なる法律関係として「当事者の裁量」という項目の下で，医師と患者の診療契約や弁護士と依頼者の訴訟委任契約を例として挙げた上で，この様な信認関係について「契約の固定性とは性質の異なる法律関係がみられる。」と指摘する（同書 51 頁）。

(37)　Tamar Frankel 著・溜箭将之監訳・三菱東京 UFJ 信託銀行 Fiduciary Law 研究会訳「フィドゥーシャリー ──『託される人』の法理論」（弘文堂，2014 年）iv 頁。

(38)　道垣内・前掲注(28) 2 頁。道垣内弘人教授は，信託法理を大陸法理に基づく他の法理とまったく異質なものととらえることはできないとの観点から，民法・商法と信託法とが一体となって形成する矛盾のない私法体系を構築することの必要性を説く。同書のいう「信託のある風景」を描くことの必要性に共感し，賛成するものである。

(39)　新井誠教授は，前掲注(31)の信託の定義に関するスコットの見解につき，「定義（definition）というよりは，性質の列挙（description）であるように思われ」ると説く。このことは，信認関係（特に英米法における信託の定義）がいくつかの要素により構成されることに関連する指摘として捉えることが可能であるといえよう。その上で，新井誠教授は，英米法の信託の基本的特徴として，fiduciary relation と信託財産の独立性という 2 つのメルクマールを挙げる（新井・前掲注(31) 35 頁）。

(40)　加藤新太郎「弁護士の誠実義務」『弁護士役割論（新版）』（弘文堂，2000 年）345 頁以下。

22 破産管財人の受託者的地位〔岡　伸浩〕

2　信認関係の構成要素の抽出

次に，ある当事者間に信認関係があると認めるためには，いかなる要素が必要かを検討する。この作業は，信認関係の構成要素を探索し，信認関係の成立に不可欠な本質的要素を抽出することに他ならない[42]。信認関係を構成する諸要素を分析し抽出すると，以下の特質を見い出すことができる。

(1)　当事者の意思

信認関係の発生源泉は，委託者的地位にある一方当事者から受託者的地位にある他方当事者に対する信頼であり，この信頼は当事者の意思を基調とする[43]。こうした当事者の意思は，契約関係と同様に信認関係を結ぶか否かの選択の自由，信認関係の内容についての選択の自由をもたらす[44]。この意思は，信託法上の信託においては信託設定意思の問題として捉えることができる。信託法リ

---

[41]　加藤新太郎教授は，弁護士と依頼者との関係を信認関係として捉え，弁護士法上の弁護士の誠実義務（弁護士法1条2項）に関し，その内実を忠実義務として理解し，信認関係から導かれる関係規範であるとする（加藤・前掲注(40) 349頁以下）。こうした理由によれば，信認関係は，例えば，委任契約における受任者の善管注意義務（民法644条）のように，当事者間の意思表示の合致により契約が成立し，契約上の義務として発生する善管注意義務が合意規範であるのと異なるものとなる。

[42]　樋口範雄教授は，英米法の信託と契約の相違点につき，①契約が自己責任であるのに対して信託が一方の他方に対する依存関係であること，②契約は当事者の義務を限定するのに対して，信託では一方当事者，すなわち受託者の義務は広範となること，③違反に対する救済につき契約は損害賠償が原則であるのに対し，信託ではこれに限らず利益の吐き出しなど多様であること，④契約では私的自治の原則が妥当するのに対して，信託においては受益者保護のため裁判所が積極的に後見的役割を果たすことが認められてきたのであり，この積み重ねが信託法の発展であったと指摘する。さらに，⑤契約によっては特定の財産に特別な色は付かないのに対して，ある財産を信託財産にするというのは，受益者の財産として特別な色が付くことであり，受託者の他の財産と区別され倒産隔離（bankruptcy remote nobody's property）を生み出すと説明する（樋口範雄『入門信託と信託法（第2版）』（弘文堂，2014年）21頁以下）。

[43]　この点で，例えば，当事者の意思に関わりなく形成される身分関係と異なる。さらに信認関係について，当事者の意思を要素として捉えると，意思表示の合致による契約関係と信認関係との区別が考察の対象となる。本稿において，信認関係と構成する要素は後に列挙して紹介するが，信認関係の特質は，他者への高度の信頼や依存を正当化し，信頼を受けて依存される受託者に契約上の義務を超えた信認義務が課せられることにあると解する（樋口・前掲注(35) 47頁）。信認関係と身分関係・契約関係との比較につき，樋口・前掲注(35) 28頁以下，特に38頁。

[44]　樋口・前掲注(35) 28頁以下。

ステイトメント（第2次）は，第2条で「本リステイトメントにおいて信託と
称するのは，『公益』『復帰』または『擬制』という文言が付けられている場合
を除き，或る財産権を保有する人に，その財産権を他人のために管理・処分す
べき衡平上の義務に従わせる財産権に関する信認関係であって，設定の意思表
示にもとづき発生するものを言う。」として信認関係の中心的要素として，設
定者の意思を位置付ける[45]。

　さらに，信認関係の中核としての当事者の意思の内実について，より立ち
入って考察を進める必要がある。この際，能見善久教授は，信託の理念型モデ
ルにより，有用な視座を提供する[46]。すなわち，信託が機能的に異なるものを
包含することを明らかにするために信託の使われ方を示すモデルとして，①信
託＝財産処分モデル，②信託＝契約モデル，③信託＝制度モデルという3つの
理念的なモデルを提示する。その上で，①信託＝財産処分モデルは，英米法に
おける信託の原型ともいえるタイプであるとし，委託者の財産処分に向けた信
託であることから，財産を処分する委託者の意思（委託者のエステイト・プラン
ニング）が重視されるとする。また，②信託＝契約モデルは，信託設定段階で
の委託者と受託者の交渉により，信託目的，信託財産の管理処分方法を合意し，
③信託＝制度モデルは，信託によって1つの「制度」が作られる形態であり，
ここでは，委託者・受託者の意思は，客観化・制度化され，もはや委託者・受
託者の単なる合意ではこれを変更することはできなくなるとする。いずれのモ
デルにおいても，信託の設定において委託者・受託者の意思が重要な役割を果
たすものであるが，こうしたモデルに加え，私見では，先に指摘した③の一亜
種として信認関係を中核とする信託法理を取り入れた既存の客観的制度や仕組
みが存在する場合に，委託者的地位にある者が当該制度や仕組みを認識し，こ
れを利用して自らや受益者的立場にある者の利益を実現しようとするとき，そ
こに信認関係を基礎付けるために必要な当事者の意思を見い出すことができる
と考える[47]。かかる場合は，委託者的地位にある者が受託者的地位にある者を
具体的な個人として信頼しているかを問わず，地位や仕組み，制度自体の信頼

---

[45]　財団法人トラスト60『米国信託法リステイトメント（第2版）（上）』（トラスト60，
　　1996年）2頁。Restatement of the law Second Trusts. 2d § 2. Definition of Trust につ
　　き，前掲注[31]参照。
[46]　能見善久『現代信託法』（有斐閣，2004年）10頁以下。

を基調とする点に特色があるといえ，いわば信認関係を内在した制度自体に対する信頼の場面であると考える[48]。当事者（特に委託者的な立場にある者）に信託の設定そのものに向けた明確な信託設定意思が存在していない場合でも，法が予め信託に類した一定の制度を自らの手続構造にふさわしい形に変容しつつ受け容れて構築している場合に，委託者的立場にある一方当事者がこれを認識して，利用することによって，一定の目的実現に向けた意図を有していれば，信認関係を基礎付ける当事者の意思を見い出すことが可能であると解する[49]。

(2) 信頼関係

次に，信認関係が認められるための基本的かつ重要な構成要素として，一方が他方に対して特定の目的実現のためにある法律関係を委ねるに際して，当該当事者間に信頼関係が認められることが挙げられる。この信頼関係の存在という要素は，後の依存性や裁量性と密接に関連し，相関して捉えられるべきであり，信頼関係とは，抽象的にいえば，依存関係が生じる程度の信頼が認められる場合ということになろう。

なお，信認関係の本質をなす信頼関係は，財産を媒介とする信託の場面における委託者的地位にある一方当事者と受託者的地位にある他方当事者の間においては，委託者と受託者の信頼を基点としつつも，受託者・受益者間の信頼関係として擬制され具現することになる[50]。こうした信頼関係は，信認関係を前提として，これを仕組みとして取り入れた法制度ないし法律関係が存在する場

---

[47] 寺尾美子「専門家責任」『信託法と民法の交錯』（トラスト60，1998年）154頁は，「法律上の信認関係」として「法律上の信認関係の場合は，たとえば株主＝取締役の関係のように，与信者が受信者を現実に信頼していたかどうかは信認関係の発生に影響を与えない」とする。

[48] 寺尾・前掲注[47]174頁は，「制度上当然に信認関係が存在するとされる信認関係の法理」は，「信頼関係を基礎としている」と指摘する。

[49] この意思の点に関して，樋口範雄教授は，受益者にあたる人に対して，「当該財産を取り扱うにあたり，別の受益者の利益のために行動するエクイティ上の義務（信認義務＝fiduciary duty）を課す意思が表示されているかが，ポイントだと言うことである。」と指摘し，信託の意思をめぐる基本法理として，受託者に該当する者に対して当該財産を取り扱うに際して別の受益者の利益のために行動する信認義務を課す意思が表示されていることが重要であり，受託者と受益者の間で信認関係を作り上げるような意思表示が存在するか否かを重視すべきであると主張するが（樋口範雄『アメリカ信託法ノートⅠ』（弘文堂，2000年）20頁），賛成する。なお，能見＝道垣内編・前掲注[26]58頁〔道垣内弘人発言〕参照。

合，かかる既存の法制度自体を信頼し，当該法制度が予定する法主体に対して
その法制度上の仕組みに従った処理を委ねる場合も包含すると解すべきである。
後に指摘するように，破産法が予定する管理処分権を有する法主体としての破
産管財人は，まさにかかる場合に該当すると解されるのである。

(3) 依存関係性

　次に，委託者的地位ないし受益者的地位にある一方当事者が，自らの欲する
一定の目的の実現に向けた業務の遂行に際し，受託者的地位にある者に対して
依存していることが挙げられる。この依存は多くの場合，受託者的地位に就く
者が有する能力，技術，専門的知識を契機として発現する。依頼者と弁護士，
患者と医師の関係はその典型であるといえるが，それ以外にもいわゆる専門家
に対して一定の業務を依頼する場合には，依頼者の側との能力の格差から必然
的に依存関係が生じる[51]。

(4) 裁　量　性

　信認関係は，委託者的地位にある一方当事者から委託を受けた受託者的地位
にある他方当事者に，その業務の遂行にあたって広い裁量が認められる場面で
あるときに認められる。かかる裁量性は，信頼関係を背景とし，依存性と表裏
の関係に立ち，さらに次の信認義務と密接に関連する。

(5) 受託者の忠実性を担保する義務群の存在

　受託者に認められた裁量性は，ひとたび受託者がこれを濫用するときは，委
託者の受託者に対する高度の信頼関係が直ちに崩壊する。受託者に認められた
裁量性は，一方で受託者の柔軟な対応を保障する役割を営むとともに，他方で
受託者に認められた裁量が濫用されるおそれを否定できない。そこで，信認関
係の要素として，受託者による裁量の濫用を防止するため，予め受託者に種々
の義務を課すことが必要となる[52]。

　こうした義務群は，信認義務（fiduciary duty）と呼ばれ[53]，信認義務の中心

---

[50]　こうした信託の特色につき，四宮和夫教授は「信託は，委託者の受託者に対する信頼
　を出発点とする。しかし，一般に，この信頼は，信託設定後は受益者の受託者に対する
　信頼とされる」とし，この点に「法の擬制を見ることができる」と指摘する（四宮和夫
　『信託法（新版）』（有斐閣，1989年）66頁）。

[51]　樋口範雄教授は，この依存性について，たとえば身分関係の依存性が全面的であるの
　に対し，信託の目的との関係で部分的である点に特色があると指摘する（樋口・前掲注
　[35] 39頁）。

22 破産管財人の受託者的地位〔岡　伸浩〕

となる基本的義務が忠実義務（duty of loyalty）と善管注意義務（duty of prudence）である[54]。

　英米法の下では，受託者の忠実義務は，善管注意義務と区別されて理解されている[55]。すなわち，①善管注意義務は，注意義務であり，義務を負う者の過失が問題となるのに対して，忠実義務は，無過失責任である点，②それぞれの義務違反の効果につき，責任の範囲として，善管注意義務違反の場合は，被害者が受けた損害の賠償であるのに対して，忠実義務違反の場合には，被害者の損害の有無にかかわらず，忠実義務を負う者が得た利益の吐出しであるといった点で善管注意義務（注意義務）と忠実義務は異なる[56]。さらに，③忠実義務

---

[52]　樋口・前掲注[35]は，「現代の受託者には必然的に裁量が必要であり，そのために信認法の主たる関心はこの裁量が濫用されないように配慮するところにある」（101頁），「一方で裁量を認めるが，その濫用を防止することが，現代の信認法の重要な任務となる」（101頁），「信認法の最大のディレンマが受認者の裁量を尊重しつつ，その濫用や背信をいかにして防ぐかにある」（241頁）と述べる。また，いわゆる専門家責任においては，依頼人と専門家との間において専門家に信認義務を課すことによって，専門家の持つ広範な裁量につき，これを適切に行使するよう担保する役割を果たす。寺尾・前掲注[47]は，専門家責任における特色として，当事者の非対称性を指摘し，「判断権，裁量権を委ねられた専門家が，これを適切に行使してくれることを如何に担保するかが，「専門家の責任」法理に課された課題」であり（177頁），「信認／信頼関係の法理は，契約モデルでは克服が難しい専門家＝依頼者間の非対称性の問題を，一定の範囲で克服できるという意味において有用な法理である。」と指摘する（179頁）。

[53]　同じく信認関係といっても，そこには信認の程度に濃淡はあるが，様々な信認関係の普遍的な徴表は信認義務であると説かれている（樋口・前掲注[35]24頁）。信認義務の類型化につき，「類型化の効用は，個々の類型に属するとされる義務違反行為が，それぞれ一定の構成要件と効果（救済方法）とを共有することが明確となり，具体的事案の処理に混乱をきたさなくなることにある。」との視点から，①自己取引の禁止，②財産濫用の禁止，③第三者取引の禁止，④競業の禁止，⑤未公開情報濫用の禁止，⑥秘匿履歴の禁止，⑦不当威圧・擬制詐欺・取引能力較差濫用の禁止の7個の具体的信認義務によって構成する体系を提示する立場として，植田淳『英米法における信認関係の法理──イギリス判例法を中心として』（晃洋書房，1997年）28，30頁。

[54]　樋口・前掲注[35]100頁は，「信認法の核心は，受託者の2つの基本的義務，すなわち忠実義務（duty of loyalty）と善管注意義務（duty of prudence）である。」と指摘する。

[55]　信託法リステイトメント（第2次）170条1項は「受託者は，受益者の利益のためにのみ，信託を管理すべき義務を，受益者に対して負う。」として忠実義務を正面から定める（財団法人トラスト60・前掲注[45]261頁）。Restatement of the law Second Trusts. 2d § 170. Duty of Loyalty (1)「The trustee is under a duty to the beneficiary to administer the trust solely in the interest of the beneficiary.」

にはいわゆる経営判断原則（business judgement rule）の適用がないといった点で両義務は異なると解されている[57]。英米法の下では，この様に忠実義務と善管注意義務は大きく異なり，特に忠実義務は，信認関係の基礎を構成する特殊性のある義務として構成され，信認関係の効果として受託者一般に認められ，信託関係の本質に根ざす義務であると指摘することができる[58]。もっとも，我が国の既存の法律が信託法理を受容するにあたっては，それぞれの法律の目的に沿って忠実義務のあり方も変容することになる。

(6) 受託者の法主体性

以上の(1)から(5)が信認関係の重要な構成要素として指摘できるが，受託者的地位にある主体に関し，次の点も特徴といえる。すなわち，ある受託者的地位に置かれた者が自らの裁量的判断に基づいて活動し得るためには，特定の法律によって一定の地位や権限を付与された法主体であることが求められる。ここにいう法主体とは，通常は権利義務の帰属主体としての地位または資格という一般的な法人格を意味するが，これに限らず，信認関係に基づいて委託された目的を実現するためにそれぞれの法律が付与した諸権能や上記(5)で検討した善管注意義務や忠実義務といった信認義務の主体となることができる法主体性を意味する。

---

[56] 神田秀樹『会社法（第 21 版）』（弘文堂，2019 年）230 頁。この注意義務の発生源泉は信認関係にある。

[57] 忠実義務と business judgement rule の関係につき，赤堀光子「取締役の忠実義務（一）」法学協会雑誌 85 号 20 頁は，business judgement rule により取締役の注意義務（duty of care and due diligence）に対する裁判所の審査の範囲が縮小するにつれて，経営者の不正な利得行為を厳格に規制する必要が増大し，経営者に課された重い忠実義務は，この要求に対応したものであると指摘する。また，新井修司「取締役の経営上の判断と対会社責任」家近正直編『現代裁判法大系(17) 会社法』（新日本法規出版，1999 年）183 頁は，「取締役の経営上の判断には，当該取締役が判断対象に利害関係を有するものや，法令に対する違反行為を含むものもあり得るが，これらには経営判断原則が敵うようされないと一般に解されている。」とする。なお，東京地判平成 15 年 5 月 22 日判タ 1136号 225 頁およびその控訴審である東京高判平成 16 年 12 月 21 日判時 1907 号 139 頁は，取締役が自己の利益を図るために行った行為につき，経営判断の原則に踏み込むことなく取締役の責任を認めた事案であると解されている（「判批」判タ 1136 号（2004 年）226 頁，「判批」判時 1907 号（2005 年）140 頁）。

[58] 四宮和夫「受託者の忠実義務」末延三次先生還暦記念『英米私法論集』（東京大学出版会，1963 年）130 頁。

(7) 目的財産の独立性

さらに，委託者から受託者に対する信認関係が財産を媒介とする場合，当該財産は，受託者の財産と区別され独立性を確保されなければならない[59]。信認関係が最も直接的に現れる信託法上の信託において委託者から受託者に移転したり，受託者の管理処分権が設定された信託目的財産は，委託者や受託者に対する債権の引当てとならず，隔離される（信託法25条4項ないし7項。信託財産の倒産隔離機能）。こうした目的財産の独立性の要素は，信託の目的が財産管理にあるときに最も顕在化する[60]。

ここで目的財産の独立性をどの程度要求すべきか，という点が問題となる。とりわけ目的財産が金銭である場合には，金銭においては「占有＝所有」というドグマが働くことから，その独立性については別途考慮が必要である。信託法上の信託においては，受託者の倒産から信託財産を隔離する必要から信託財産の種類ごとに分別管理の方法を定めている（信託法34条1項各号）[61]。分別管理は忠実義務と密接に関連し，財産を媒介とする信認関係においては，分別管理を通じて信託財産の特定性を確保し，受益者保護を図る機能を有する[62]。そこで，財産を媒介とする信認関係を導く目的財産の独立性の程度は，物理的に独立性を有することのほか，信託法34条の規定に照らし，分別管理が認め

[59] 新井誠教授は，受託者と受益者の信託における特別の信認関係を信託における第一の本質的な特徴であるとし，信託財産と受託者の固有財産とは明確に分離され，信託財産の財産としての独立性を信託における第二の本質的な特徴であると指摘する（新井・前掲注[31]33頁）。なお，目的財産の独立性をさらに徹底して，信託における信託目的財産に実質的法主体性を認める見解として，四宮・前掲注[50]69頁。さらに，破産法の下における破産財団に法主体性を認める見解として，兼子一『破産財団の主体性』『民事法研究Ⅰ（第15版）』（酒井書店，1965年）422頁以下がある。もっとも，いずれについても，我が国の実定法上，信託財産や破産財団に実質的法主体性を認めることを可能とする明確かつ説得的な根拠を見い出すことは困難であるという批判が妥当しよう（信託財産に実質的法主体性を認めることへの批判として，新井・前掲注[22]61頁）。

[60] 新井誠教授は，信託財産の存在が信託における中核であると把握する立場から，信託が設定されるのは，委託者から受託者の名義に移転されてはいるものの，当事者からは独立しており，信託目的のみに拘束されている信託財産（信託の独立性）を創出しようとする場合であるとして，信託財産の独立性こそ，信託における不可欠の要素であると説く（新井・前掲注[22]60頁以下）。

[61] 法務省民事局参事官室「信託法改正要綱試案　補足説明」別冊NBL編集部編『信託法改正要綱試案と解説』（商事法務，2005年）73頁以下。

[62] 新井・前掲注[22]288頁。

られる程度の管理態様によっても認められると解される[63]。

V　信託法理の展開と破産法への投影

1　破産法における信託法理の展開

Ⅳで述べたとおり，信認関係を構成する要素が認識できる場合，ここに信認関係を中核とする信託法理が妥当すると評価し得る。そして，このことは，ある当事者が新たに信託ないし信託類似の関係を創設する場面のみならず，既存の法律が既にこれらの構成要素を取り入れて，一定の制度（仕組み）を構築している場合に，当事者が自らの利益や受益者的地位にある者の利益を実現するためこの制度を利用しようとする場面でも認めることができると解される。かかる観点から破産法における破産管財人の法的地位を検証すると，次のようになる。

2　信認関係に基づく信託法理の破産法への投影

まず，破産法が定めた破産手続は，破産法の目的である「債務者の財産等の適正かつ公平な清算を図るとともに，債務者について経済生活の再生の機会の確保を図ること」（破産法1条）を実現するため，破産法律関係を策定している。破産法が予定した破産管財人を中心とする破産法律関係を概観すると，破産者（破産手続開始申立時における債務者）は，債務超過ないし支払不能といった破産原因のある状態において（破産法16条1項，15条1項），破産管財人に破産財団の管理処分権を委ね（破産法78条1項），破産管財人がかかる管理処分権の下，破産財団に帰属する財産の換価を行い，破産財団を形成し，これを配当

---

[63]　能見善久教授は，委任等の他の制度と信託との区別に際して倒産隔離機能の存在を重視され，「結局信託を委任などの他の制度と区別するのは，倒産隔離なのではないかと考えたのです」と指摘する。そのうえで倒産隔離があくまでも信託の効果であることを踏まえ，「信託が成立した場合の効果であって，これを信託の要件のところに読み込むのは妥当でない」とし，「そこでそのような効果を導くような仕組みとしての信認関係，その中に忠実義務と分別管理義務が含まれるのだと思いますが，これを意図するのが信託設定意思ということではないかと思われます。」と指摘する（能見＝道垣内編・前掲注[26]64頁〔能見善久発言〕）。本稿は，基本的にこの立場に賛成するものであるが，信託設定意思を発見する際のメルクマールとしては，委任との区別の観点から分別管理の有無を重視するものである。

することにより，財産等の適正かつ公平な清算を図り，個人の債務者であれば経済的再起更生の機会を図るという目的を実現するため，破産手続を利用するのである。

　このことを信認関係の構成要素に照らして考察すると次のとおりとなる。すなわち，債務者は，自然人であれば支払不能（破産法15条1項），法人であれば支払不能または債務超過（破産法16条1項）にある自己の財産を総債権者に対して公平に分配し清算すること，自然人の債務者であれば免責を得ることによって経済的再起更生を図ることを目的として，破産手続を利用する（(1)の充足)[64]。破産者（破産手続開始申立時の債務者）には，信託を設定するという表示はないものの破産管財人を受託者，配当について総債権者を受益者，経済的再起更生の機会確保という利益を中心にみれば，破産者を委託者兼受益者とする破産法が創設した客観的仕組みを前提に，これを認識し，受け容れた上で利用する意図の下で破産申立てを行うと評価することができる。この様な手続構造を破産法が利用者に提示し，利用者がこれを認識し，理解し，利用する意思を表明することが破産手続開始の申立行為に他ならないといえる。換言すれば，破産手続開始の申立てを行おうとする者には，破産管財人に自己の財産の管理処分権を専有させ（破産法78条1項），財産の換価を通じて，破産財団を増殖させ，債権の調査を通じて，確定した破産債権者に対して配当を実施するという集団的，画一的手続の仕組みを理解し，当該破産法上の破産手続を利用する意思を見い出すことができるのである。

　破産者は，破産管財人という法的地位にある管理機構に対し，制度的な意味における信頼を有し（(2)の充足)，依存する（(3)の充足)。さらに，破産管財人は，破産財団所属財産につき管理処分権を付与され（破産法78条1項），裁判所の監督（破産法75条1項）の下，一定の裁量をもって破産手続遂行の中心的な主体として管財業務を遂行する（(4)の充足)。破産管財人には，法定の義務として利害関係人に対する善管注意義務（破産法85条1項）[65]や情報提供努力

---

[64] 信託設定に向けられた当事者の主観的意図がなくとも，特定の財産をめぐる客観的な関係が信託関係として理解できる場合には，そこに信託関係の成立を認めることを推定信託と呼ぶことにつき，新井・前掲注(22)191頁。破産管財人の受託者的地位を導くための破産者（債務者）の信託設定意思を探求する作業は，主観的な意図なき客観的な信認（新井・前掲注(22)186頁）の一場合であり，推定信託の法理の応用場面として理解することが可能であると考える。

義務（破産法86条）[66]，計算報告等の情報開示に関する義務（破産法41条）が課され，これらが信認義務としての役割を担う義務群としての役割を果たしている（(5)の充足）。破産法自体が破産管財人に独立した権利義務の主体としての地位を予定し，こうした破産手続の中心的存在である破産管財人は，私人とは別個の独立した法主体性を有する破産財団についての管理機構としての地位を有すると解すべきである（(6)の充足）。ここに信託的構成と管理機構人格説の調和を見い出すことができる。さらに，破産財団は，破産管財人により分別管理され，財産としての独立性を有しつつ配当財源を形成することになる（(7)の充足）。

　以上のとおり，信認関係に基づく信託法理は，破産手続に投影されていることが理解できる。破産法は，委託者が一定の信頼を以て受託者に依存し，当該信頼に基づき一定の裁量を認められた受託者が受託業務を遂行し，受益者に利益を配分するという信託法理の基本構造を受け容れ，これに破産法の目的（破産法1条）を実現するために一定の変容をした上で信託をめぐる法主体と類似の関係を構築していると評価できる。破産者は，破産手続を利用し，債務超過にある自己の財産を公平に分配する利益と，自然人の場合であれば免責を受ける利益を享受することを目的とする点で委託者兼受益者的地位にあるといえ[67]，

---

[65]　破産管財人の善管注意義務を定めた破産法85条2項の「利害関係人」には，破産債権者，財団債権者および破産者が含まれると解されている（伊藤ほか・前掲注(5) 668頁，全国倒産処理弁護士ネットワーク編・前掲注(16) 597頁［石井三一］）。これらの者のほか，別除権者や取戻権者を含むかについて争いがある。別除権者や取戻権者は，破産手続外でそれぞれの権利を行使することが認められた存在であり，破産債権者や財団債権者といった破産手続内の利害関係人とは区別されるべきであり，破産法85条2項の「利害関係人」には含まれないと解する（伊藤眞・伊藤尚・佐長功・岡伸浩「破産管財人の善管注意義務──『利害関係人』概念のパラダイム・シフト」金融法務事情1930号（2011年）64頁）。こうした考えは，信認関係の構成要素である依存関係性との関係で，破産債権者は破産手続によらなければ権利を行使できず（個別的権利行使の禁止・破産法100条1項），財団債権者も弁済を受けるには破産手続上の承認（破産法78条2項13号）を必要とする等，その権利の実現には破産手続を主宰する破産管財人に依存せざるを得ない立場であるのに対し，別除権者や取戻権者はこうした状況になく，破産手続外においてそれぞれの実体法上の権利行使が認められている点からも説明できると考える。

[66]　破産管財人の情報提供努力義務の法的性質，善管注意義務との関係等につき，岡伸浩「破産管財人の情報提供努力義務」同『倒産法実務の理論研究』（慶應義塾大学出版会，2015年）59頁。

22 破産管財人の受託者的地位〔岡　伸浩〕

破産管財人は，破産裁判所によって選任された受託者的地位に立つと評価することができる[68]。こうして破産法は，先に指摘した破産法の目的（破産法1条）を実現するため信託法理を変容した上で取り入れたものと理解することができよう[69]。

VI　まとめに代えて

以上考察したように破産法は，信認関係に基づく信託法理を受け容れ，これ

---

[67] 伊藤眞教授は，破産者が破産手続の利用によって期待する利益として，第一に公平分配利益をあげ，第二に個人破産者であれば，併せて破産免責を取得する利益（免責利益）をあげる（伊藤眞「破産者代理人（破産手続開始申立代理人）の地位と責任」全国倒産処理弁護士ネットワーク編『破産申立代理人の地位と責任』（きんざい，2017年）26頁）。特に第1の公平分配利益が破産者にとっても利益となるかどうかにつき，「あえてこのような概念を提唱するのは，破産者の主観的動機とは区別して，破産手続の開始によって破産者が期待すべき利益を表そうとしたものにほかならない」と説くが，破産制度を利用する破産者の利益の分析として賛成である。さらに，こうした理解を信託法理との関連で捉えれば，委託者的地位と受益者的地位を兼ねる自益信託的理解と連なることとなろう。なお，他益信託と自益信託の区別につき，新井・前掲注[22] 66頁以下。

[68] 新井誠教授は，信託の基本構造に関して，信託を他者のための財産管理制度として位置付けた上，「受託者の行う財産の管理・処分が委託者本人の利益のためではなく，それ以外の第三者である受益者の利益のためになされる」他益信託と，「受託者の財産の管理・処分が同一人である委託者兼受益者の利益のためになされる」自益信託に区別して理解する（新井・前掲注[22] 67頁以下）。こうした観点からは，破産管財人は，自益信託そのものでなく，他益信託の要素も有する複合的な位置付けとなり，破産者が委託者兼受益者となり，かつ，総債権者が受益者的地位にある場合における管理機構と位置付けられると解される。

[69] 垣内秀介「破産管財人の地位と権限」山本克己ほか編『新破産法の理論と実務』（判例タイムズ社，2008年）143頁は，信託法上の信託（信託法2条1項，3条）との関係で，「破産管財人と破産者等との関係を信託と類似した関係ないし信認関係であるということと，それが信託法上の信託（信託法2条1項，3条）であるということとは別問題であり，信託法理が十分に定着する以前に確立された母法を比較的忠実に継受し，その枠組みをなお維持している現行法の理解としては，破産法は，こうした信認関係を規律するために，管理処分権のみの移転というやや特異な法技術を用いている，と説明するのが穏当であろう」とする。もっとも，法の継受という視点からは，信託の発想を持たないドイツ法を継受した現行破産法は信認関係法理に基づく信託法理そのものを継受したと評価することは困難であろう。この様な視点から本稿は，ことさら法の継受という観点を強調するものではない。

を破産法の目的（破産法1条）達成に有用となるよう変容したうえで破産管財人を受託者的地位に置き，破産法律関係を構築していると理解することが可能である。従来の破産管財人の法的地位をめぐる議論において，法定信託（受託者）説は，管理機構人格説と対立する見解として並列的に位置付けられてきた。しかし，信認関係から見た信託法理に照らし破産管財人の受託者的地位を再評価すべきであり，管理機構人格説は破産管財人の受託者的地位と調和して理解されるべきであると解する。

〔追記〕春日偉知郎教授には，筑波大学大学院（夜間社会人大学院）の修士課程および教授が慶應義塾にご移籍されるまでの間，博士課程にてご指導頂きました。長年の学恩に心より感謝申し上げますとともに，教授の益々のご活躍を祈念いたします。

23 破産手続における求償権の取扱い

小 原 将 照

I 本稿の目的

1 人的担保としての「多数当事者の債権関係」

　一個の給付について債権者または債務者が複数いる場合の法律関係を，民法上，「多数当事者の債権関係」と呼んでいる[1]。民法の債権・債務関係の規定は，おおむね単一の当事者を予定していることから，当事者が複数いる場合の関係を規律する必要があり[2]，「多数当事者の債権関係」については，民法427条以下に「多数当事者の債権及び債務」に関する規定が置かれている。債権関係の分野について全般的な見直しがされ，2017年5月に成立し，同年6月に公布された民法改正法では，債権および債務の目的（給付）に着目して分類を行い[3]，分割債権（民427条），分割債務（同条），不可分債権（民428条），不可分債務（民430条），連帯債権（民432条），連帯債務（民436条）を規定し，これらに加え，保証債務（民446条）を規定する[4]。

　このような「多数当事者の債権関係」は，文字通りに見れば，同一の債権債

---

(1)　潮見佳男『債権総論（第5版）』（信山社，2018年）557頁，松井宏興『債権総論（第2版）』（成文堂，2014年）241頁，中田裕康『債権総論（第3版）』（岩波書店，2014年）426頁，小野秀誠『債権総論』（信山社，2013年）436頁，我妻栄『新訂債権法総論』（岩波書店，1964年）374-375頁など。

(2)　中田・前掲注(1)426-429頁，小野・前掲注(1)436頁など。

(3)　筒井健夫=村松秀樹編『一問一答民法（債権関係）改正』（商事法務，2018年）115頁。以下，この民法改正法を前提に議論を進める。

(4)　なお，民法改正法では連帯債務に関する規定の見直しを行い，不真正連帯債務に改正後の規定を適用しても差し支えないとする。潮見・前掲注(1)565-566頁，筒井=村松・前掲注(3)119頁注3参照。

務について複数の債権者，債務者が関わっているという意味しか持たないが，債務者が複数いる場合（以下では「多数当事者の債務関係」という）は，実質的に見て，人的担保と呼ばれる担保としての機能が認められる[5]。なぜなら，債権の弁済は債務者の責任財産によって行われることから，債権の実価値は，債務者の責任財産によって決まるともいえる。ところが，債務者が無資力になるリスク，いわゆる「無資力リスク」は常に存在しており，それゆえ債権の実価値は債務者が一人の場合は，常にその債務者の資力状態に依拠することになる。しかし，債務者が複数存在すれば，仮に一人が「無資力」になったとしても，他の債務者の責任財産から弁済を受ければよく，その結果，債権の実価値は，一人の場合よりも明らかに強化安定する。言い換えると，債務者が一人の場合の「無資力リスク」は債権者が負うしかないが，複数の債務者が存在すれば，債務者の一人の「無資力リスク」は他の債務者が負うことになるのである[6]。

2　人的担保をめぐる破産法の規律

さて，債務者が無資力になる場面の究極が，破産手続（その他法的倒産手続）の開始であり，破産手続において機能してこそ人的担保の意義が認められることになる。他方で，複数の債務者が存在するといっても，破産した債務者との関係では，複数の債務者の相手方たる債権者は，単なる一般の破産債権者でしかない。なぜなら，人的担保とはいえ，債権者の有する債権の引き当てとなる財産は，債務者の総財産を対象としているのみで，破産した債務者の特定財産に優先権を持つわけでも，また，債務者の総財産について優先権を持つわけでもないからである。したがって，他の一般の破産債権者よりも優先する地位は認められず，また他の一般の破産債権者を害するような権利行使も認められるべきではない[7]。このことを踏まえると，破産手続において多数当事者の債務関係における債権者の権利行使をどのような形で認めるのかは，立法政策の問題であると理解されてきた[8]。

旧民法441条は，連帯債務者の破産について債権全額が破産債権となる旨を

---

(5)　平井宜雄『債権総論（第2版）』（弘文堂，1994年）299-300頁，松井・前掲注(1)　244-245頁，中田・前掲注(1)431-432頁，小野・前掲注(1)436頁など。

(6)　中田・前掲注(1)431-432頁，平井・前掲注(5)300-301頁。

(7)　伊藤眞『破産法・民事再生法（第4版）』（有斐閣，2018年）284頁。

規定し，旧民法430条はこれを不可分債務について準用していた。しかしながら，連帯保証債務などその他の人的担保の機能が認められる場面については，特別の規定が存在しないという問題があった。破産法は旧法24条において，これと重複する定めを置き，人的担保が認められる場面を「全部義務を負う場合」（以下「全部義務関係」という）として，その適用範囲を拡げるとともに，旧民法441条にいう「債権全額」の意味を手続開始時の現存額であると定めたと説明する[9]。そして，現行破産法では，旧法以来の学説・判例の展開を踏まえ，破産法104条として詳細な定めを置いている。そのため，今回の民法の債権関係分野の全般的な見直しにより，旧民法441条は削除されることとなった[10]。

破産法104条の規律は，①債権者は，開始された各破産手続で開始時に現存する全額で手続に参加できると定め（破104条1項）（以下では「現存額ルール」と呼ぶ），開始決定時までに弁済を受けた額を控除した金額で，かつ開始された破産手続すべてに参加できることとした。また，②開始決定後に弁済等がなされ債務が消滅したとしても，その債権の全額が消滅しない限り，開始時に現存する全額で権利を行使することができると定め（同条2項）（以下では「非控除ルール」とよぶ），全額が弁済されない限り開始決定後に弁済を受けた額を控除しないこととした。この①および②のルールを合わせて開始時現存額主義と呼んでいる[11]。立法的に考えると，破産手続開始時の現存額ではなく債権の成立額による権利行使を認める考え方や，破産手続開始後の弁済額等を控除する

---

(8)　斎藤秀夫=麻上正信=林屋礼二『注解破産法（第3版）（上巻）』（青林書院，1998年）145-146頁［加藤哲夫］，加藤正治『新訂増補破産法要論』（有斐閣，1957年）79頁，同『破産法研究（訂正四版）（第一巻）』（有斐閣，1922年）245頁以下。

(9)　山本和彦ほか『倒産法概説（第2版補訂版）』（弘文堂，2015年）164-165頁［沖野眞已］，伊藤・前掲注(7)304-305頁，斎藤=麻上=林屋・前掲注(8)144頁［加藤哲夫］，加藤・前掲注(8)「要論」78-79頁。

(10)　筒井=村松・前掲注(3)123頁。

(11)　このように債権者の権利行使に着目して，二つのルールを明確に区別した先駆的論考として，杉本和士「破産における「現存額主義」と一部弁済処遇の関係に関する覚書(1)～(6・完)」早稲田法研論集112号186頁（2004年），113号200頁（2005年），115号234頁（2005年），116号270頁（2005年），117号222頁（2006年），119号107頁（2006年）がある。杉本論文では，「現存額準則」および「非控除準則」と呼ぶ。杉本・前掲注(11)119号109頁参照。

考え方も十分ありうる[12]が，わが国の破産法は，人的担保の側面を重視し，実体法の債権額とは乖離した債権額での債権者の権利行使を容認したものと理解できる。

そして，③将来行うことがある求償権全額での手続参加を認めるが，債権者が開始時の現存額で参加した時には，本来であれば一個の給付であるにもかかわらず，破産財団に対して二つの権利の行使を許容して二重の負担を課することになる[13]ので，参加できないと定める（同条3項）。また，④破産手続開始後に他の全部義務者等が弁済をした場合であっても，債権全額が消滅した場合に限り，自己の求償権の範囲内において債権者の有した権利を破産債権者として行使することができる（同条4項）[14]。③および④のルールにより，債権者と求償権者の権利行使について債権者を優先することを明確にしている。

3 判例による議論の展開と本稿の目的

このような債権者の権利行使を規律する開始時現存額主義と，求償権者の権利行使を規律するルールは，一見明解なように見えるが，旧法以来様々な問題点が指摘され，判例による決着がつけられる，ということがいくつか存在した。

旧法で長く議論されていたのは，債権者の権利行使のルールである開始時現存額主義（宣告時現存額主義）を定めた旧法24条の規定と，弁済をした求償権者の権利行使のルールを定めた旧法26条2項の規定の解釈であった。具体的には，破産手続開始後（破産宣告後）に求償権者が届出債権の一部について弁済をした場合，旧法24条の規定に従い，債権者は手続開始時の現存額で権利を行使することができるとする見解[15]と，旧法26条2項の規定に従い，一部を弁済した求償権者は弁済部分について債権者に代位して権利を行使すること

---

(12) 伊藤・前掲注(7) 285頁，斎藤＝麻上＝林屋・前掲注(8) 145-146頁[加藤哲夫]，加藤・前掲注(8)「要論」79頁。

(13) 杉本・前掲注(11) 112号179頁参照。原債権と求償権が別個の債権であるという理解は重要であるが，従来このことは見過ごされ「二重の権利行使」という表現が用いられることがあった。しかしながら，別個の債権である以上「二重」に権利を行使しているわけではない。

(14) 弁済による代位によって，求償権者が行使するのは原債権であると考えられる。したがって，手続的には名義変更をして行使することになる。伊藤・前掲注(7) 313頁，山本ほか・前掲注(9) 167-168頁[沖野眞已]など参照。

ができ，その限りで旧法24条による債権者の権利行使は修正されるとする見解[16]に分かれていた。判例は，和議事案である最三小判昭和62年6月2日民集41巻4号769頁[17]，最一小判昭和62年7月2日金法1178号37頁[18]，および物上保証事案である最三小判平成14年9月24日民集56巻7号1524頁[19]のいずれにおいても，前者の見解を採用し，現行法への改正時に旧法24条と旧法26条は，104条に一括して定められるとともに，この解釈を明確にする文言へとあらためられた[20]。

現行法制定後も，全部義務者に対して複数口の債権が存在し，その複数口の債権の連帯保証人等の求償権者が弁済を行った場合，複数口の債権の全額について弁済しない限り求償権者は権利を行使することができないのか，それとも，各口の債権が弁済されたのであれば，その各口の債権について求償権（弁済額の権利）を行使することができるのかで，下級審で見解が分かれていた[21]。最高裁は，最三小判平成22年3月16日民集64巻2号523頁[22]で開始時現存額主義は各口毎にその適用を考える見解を採用し，複数口の債権全額について弁済されていなくとも，一個の債権について全額が弁済されていれば，その権利

---

[15] 青山善充=伊藤眞=井上治典=福永有利『破産法概説（新版）』（有斐閣，1992年）102頁[福永有利]，谷口安平『倒産処理法（第2版）』（筑摩書房，1980年）173頁，山木戸克己『破産法』（青林書院，1974年），兼子一監『条解会社更生法（中）』（弘文堂，1973年）363頁など。

[16] 林屋礼二=上田徹一郎=福永有利『破産法』（青林書院，1993年）91頁[林屋礼二]。

[17] 民集41巻4号769頁。評釈等として，笠井正俊「判批」別冊ジュリ163号98頁（2002年），谷口安平「判批」ジュリ臨増910号145頁（1988年），青山善充「判批」判タ677号302頁（1988年），瀬戸正義「判解」曹時42巻6号176頁（1990年）など。

[18] 金法1178号37頁。評釈として，四宮章夫=松井敦子「判批」金法1421号70頁（1995年），稲田龍樹「判批」判タ706号306頁（1989年），野田宏「判批」金法1188号17頁（1988年）などがある。

[19] 民集56巻7号1524頁。評釈等として，徳田和幸「判批」民商131巻2号269頁（2004年），松下淳一「判批」リマークス28号146頁（2004年），佐賀義史「判批」判タ臨増1154号238頁（2004年），田頭章一「判批」ジュリ臨増1246号133頁（2003年），田原睦夫「判批」金法1684号64頁（2003年），三村晶子「判解」曹時56巻11号195頁（2004年）などがある。

[20] 小川秀樹編『一問一答新しい破産法』（商事法務，2004年）151-153頁。

[21] 大阪高判平成20年5月30日判タ1269号103頁，大阪高判平成20年4月17日金法1841号45頁。なお，両事案の詳細については，拙稿「複数口の債権と開始時現存額主義」東北学院70号85頁（2010年）で検討した。

23 破産手続における求償権の取扱い〔小原将照〕

を弁済した者が行使できる（債権者は権利を行使できない）と判断した。

そして，新たに，開始時現存額主義に基づいて権利を行使し，手続外で弁済を受けた債権者が配当を受領したときに当該債権者の実体法上の債権額を超える配当がなされる場合，いわゆる超過配当額の取扱いについて見解が分かれていた点について，最高裁は，最三小決平成 29 年 9 月 12 日民集 71 巻 7 号 1073 頁[23]（以下「平成 29 年決定」という）でその判断を示した。この決定は，開始時現存額主義に基づく権利行使と手続外の弁済から生じる可能性があった超過配当額の取り扱いについて，従来の議論に決着をつける判断が示された点で大きな意義を有するが，その他にも債権者の権利行使に関する開始時現存額主義を定めた破産法 104 条 1 項，2 項と求償権者の手続参加を規律する破産法 104 条 3 項，4 項の解釈について，あらためて検討する契機となる判断も含まれていた。

そこで本稿では，まず平成 29 年決定で示された最高裁の判断および下級審の判断を分析し，次に民法における多数当事者の債務関係の内部求償に関する議論を概観し，また破産法 103 条 4 項および 104 条 3 項に関する従来の理解を踏まえて，これまであまり深く検討されてこなかった破産法 104 条 3 項，4 項が定める求償権の手続上の取扱いに関する規律を検討し，その基本的な理解を示した上で，多数当事者の債権関係における求償権の破産手続上の規律について私論を展開することとする。

---

[22] 民集 64 巻 2 号 523 頁。評釈等として，八田卓也「判批」別冊ジュリ 216 号 32 頁（2013年），小林秀之「判批」金法 1905 号 48 頁（2011 年），木川裕一郎「判批」リマークス 42 号 126 頁（2011 年），森田修「判批」法協 128 巻 10 号 246 頁（2011 年），松下祐記「判批」ジュリ臨増 1420 号 173 頁（2011 年），滝澤孝臣「判批」金商 1349 号 8 頁（2010 年），中吉徹郎「判解」曹時 65 巻 4 号 127 頁（2013 年）などがある。

[23] 民集 71 巻 7 号 1073 頁。評釈等として，杉本純子「判批」民商 154 巻 6 号 61 頁（2019年），山本研「判批」ジュリ臨増 1518 号 140 頁（2018 年），木村真也「判批」新・判解WATCH22 号 205 頁（2018 年），佐藤鉄男「判批」リマークス 57 号 128 頁（2018 年），田頭章一「判批」金法 2097 号 44 頁（2018 年），杉本和士「判批」金法 2078 号 34 頁（2017年），齋藤毅「判解」曹時 70 巻 7 号 211 頁（2018 年）などがある。なお，従前分かれていた見解については後述参照。

Ⅱ 平成 29 年決定について

1 事案の概要

A 株式会社（以下「A 社」という）は，平成 23 年 9 月，破産手続開始決定を
受け，Y が破産管財人に選任された。X は A 社の B 信用金庫に対する二口の
借入金債務を保証していたところ，B 信用金庫に対し，その元本全額並びに破
産手続開始決定の日の前日までの利息全額および遅延損害金の一部（合計 5651
万 1233 円）を代位弁済した。そして，X は A 社の破産手続において，この代
位弁済により取得した求償権の元本（以下「本件破産債権」という）等を破産債
権として届け出た。

C は X との間で，A 社の X に対する求償金債務を担保するために，自己の
所有する不動産に根抵当権を設定していたところ，平成 24 年 10 月，当該不動
産の売却代金から 2593 万 9092 円を本件破産債権に対する弁済として支払った。
この代位弁済の結果，本件破産債権の残額は 3057 万 2141 円となった。

C は，平成 27 年 8 月，A 社の破産手続において，上記代物弁済により取得
した求償権 2593 万 9092 円（以下「本件求償額債権」という）を予備的に破産債
権として届け出た。

Y は，破産債権の調査において，本件破産債権の額を認め，C の本件求償額
債権について，「本件破産債権の残額が配当によって全額消滅することによる，
破産法 104 条 4 項に基づく求償権の範囲内での原債権の代位行使という性質に
おいて認める」旨の認否をした。

本件配当表には，本件破産債権について，配当をすることができる金額とし
て本件破産債権の残額の金額が，備考欄に「計算上の配当額は 4512 万 4808 円
であるが，本件破産債権の残額は 3057 万 2141 円であり，これを越えての配当
はできないため」との旨が，それぞれ記載されていた。また，本件配当表には，
本件求償額債権について，配当をすることができる金額として 1455 万 2667 円
が，備考欄に「本件破産債権の残額が配当によって全額消滅することによる，
破産法 104 条 4 項に基づく原債権の代位行使に対する配当として（本件破産債
権の計算上の配当額と残債権額との差額の配当として）」との旨が，それぞれ記載
されていた。

23 破産手続における求償権の取扱い〔小原将照〕

Ｙの作成したこの配当表に対してＸが異議申立てをしたのが本件である。原々審で示された争点は，ⅰ）破産手続上の配当において，債権者が，破産法104条2項，4項に基づき，開始後の利息および損害金の劣後的破産債権部分を含めた債権全額の弁済を受けるまで，一般破産債権を有する求償権者に優先して配当を受けることが許されるか（すなわち劣後的破産債権部分の弁済を受けるまで，求償権者の配当参加が制限されるのか），ⅱ）仮にそれが許されない場合に，債権者の債権のうち劣後部分を除いた部分の名目額に対する配当額が，実際の残債権額を超過する場合の処理である。

原々審は，ⅰ）について「劣後部分は，元本債権に対する附帯請求という意味において破産手続開始時において存在していたとしても，開始後に発生する部分まで含めて一律に「債権の全額」に含まれるとする…解釈は，文言上採用することはできない」と述べ，ⅱ）について「…開始時現存額主義の下では，…超過配当は当然に想定されうる場面であり，このような場面の処理に関しては，大別して，①超過配当額については破産財団に帰属し，その他の債権者に対する配当の原資となる，②超過配当額は破産法104条2項，4項により配当への参加が制限されていた求償権者に配当する，③実質的な超過配当を考慮することなく名目額に対して配当を行い，超過配当額に関しては破産手続外での債権者間の不当利得の問題として処理される，との三つの考え方がある」とした上で，「本件においては上記②の方法を選択することが相当である」として，「…本件配当表の記載は正当であ」ると結論付け，Ｘの異議申立てを却下した。これに対して，Ｘが却下決定の取り消しと本件配当表の更正を求めて即時抗告を申立てた。

原審は，「…破産法104条1項及び2項の「破産手続開始時において有する債権の全額」並びに同条2項及び4項の「その債権の全額」にはいずれも開始後利息及び開始後損害金が含まれるものと解するのが相当である。

したがって，破産手続において債権の全額（開始後利息・損害金を含む。）を破産債権として届け出た債権者は，債務者に対する破産手続開始後に物上保証人から届出破産債権の一部の弁済を受けても，届出破産債権の全額の満足を受けない限り，届出破産債権の全額について破産債権者としての権利を行使することができる」と述べ，ⅰ）の点については原々審と異なる見解を前提とした上で，ⅱ）の点について「上記配当は，破産債権者の一般破産債権に対して行

われるべきものであるから，一部の配当によりX（債権者）の実体法上の一般
破産債権残額が消滅する以上，Y（破産管財人）は，上記残額を超過する配当
額…を一般破産債権に対するものとしてX（債権者）に配当すべきではないし，
X（債権者）もこれを受領することができない」と述べ，「本件超過配当部分は，
まず，他の一般破産債権者…の届出に係る一般破産債権に対する配当に充てる
べきである」として，原決定を取り消し，この理解に基づいた配当表の記載を
更正させるため，原々審に本件を差し戻す決定をした。これに対して，Yが許
可抗告を申立て，許可されたのが本件である。

2 決定要旨

「…破産法104条1項及び2項は，複数の全部義務者を設けることが責任財産
を集積して当該債権の目的である給付の実現をより確実にするという機能を有
することに鑑みて，配当額の計算の基礎となる債権額と実体法上の債権額との
乖離を認めるものであり，その結果として，債権者が実体法上の債権額を超過
する額の配当を受けるという事態が生じ得ることを許容しているものと解され
る（なお，そのような配当を受けた債権者が，債権の一部を弁済した求償権者に対
し，不当利得として超過部分相当額を返還すべき義務を負うことは別論である。）。

　他方，破産法104条3項但書によれば，債権者が破産手続開始時において有
する債権について破産手続に参加したときは，求償権者は当該破産手続に参加
することができないのであるから，債権の一部を弁済した求償権者が，当該債
権について超過部分が生ずる場合に配当の手続に参加する趣旨で予備的にその
求償権を破産債権として届け出ることはできないものと解される。また，破産
法104条4項によれば，債権者が配当を受けて初めて債権の全額が消滅する場
合，求償権者は，当該配当の段階においては，債権者が有した権利を破産債権
者として行使することができないものと解される。

　そして，破産法104条5項は，物上保証人が債務者の破産手続開始後に債権
者に対して弁済等をした場合について同条2項を，破産者に対して求償権を有
する物上保証人について同条3項及び4項を，それぞれ準用しているから，物
上保証人が債権の一部を弁済した場合についても全部義務者の場合と同様に解
するのが相当である。

　したがって，破産債権者が破産手続開始後に物上保証人から債権の一部の弁

23 破産手続における求償権の取扱い〔小原将照〕

済を受けた場合において，破産手続開始の時における債権の額として確定したものを基礎として計算された配当額が実体法上の残債権額を超過するときは，その超過する部分は当該債権について配当すべきである。

　以上と異なる原審の判断には，法令の解釈適用を誤った違法がある。

　しかしながら，以上説示したところによれば，Ｘの異議申立てを却下した原々決定は不当であるから，原々決定を取り消して本件を原々審に差し戻した原審の判断は，結論において是認することができる。」として，本件抗告を棄却した。なお，本判決には木内道祥裁判官の補足意見があり，次のように述べる。

　「…基本的には，配当額の計算の基礎となる債権額と実体法上の債権額との乖離を認める破産法104条１項及び２項によるものであるが，配当手続との関係においても，配当表は上記のとおりのものとならざるを得ない。…破産法198条１項ないし３項は，異議等のある破産債権，停止条件付債権又は将来の請求権である破産債権，別除権付債権について配当手続に参加するための要件を規定しているが，これらの債権とは異なり，確定した破産債権は，破産債権者表の確定債権額としての記載が確定判決と同一の効力を有しており，債権者は確定債権額をもって配当手続に参加することができる。

　したがって，配当表において，Ｘの配当手続に参加することができる債権の額とされるべきものはＸの確定債権額であり，その配当表に対する異議において，債権調査手続において述べるべき主張を事由とすることはできない。…

　各債権者に対する配当額は，配当することができる金額（総額）を破産法194条の定める順位で割り振った額であり，本件では，本件破産債権はその他の一般の破産債権と同順位であるから，債権額の割合に応じて案分した額が配当額でなければならない。…

　Ｃの債権は，予備的なものとして届け出られ，Ｙは…これを認めた。

　予備的とする届出の趣旨，また，Ｙが認めるとした趣旨は必ずしも明らかではないが，本件破産債権が配当によって全額消滅することを停止条件とする債権が届け出られ，債権調査において認められたとしても，この債権をもって配当手続に参加するには，配当除斥期間内に配当が実施されるはずがなく，本件破産債権が全額消滅することもないから配当除斥期間内の条件成就はあり得

ない。Ｘが残債権を全額消滅させるに足りる配当請求権を取得することが停止条件であると解しても，Ｘが配当請求権を取得するのは，破産管財人からの配当通知によってであり，それは配当表が確定した後になされるのであるから，その条件が配当除斥期間内に成就することもあり得ない。

　また，前項で述べたように，Ｘは，本件破産債権の全額をもって配当手続に参加することができるのであるから，請求異議訴訟などによってそれが変更されない限り，Ｃの債権は，予備的あるいは条件付とされるのがいかなる趣旨であったとしても，これをもって本件破産債権と並んで配当手続に参加することはあり得ないのである。」

3　平成 29 年決定についての若干の考察

　まず，本決定の中心的論点である開始時現存額主義に基づいて配当を実施したときに，実体法上の残債権額を超過する結果を生じさせる配当が見込まれる，いわゆる超過配当が生じる場合に，どのような配当を実施すべきか。言い換えれば，本来の権利の帰属ではなく手続的に誰に対して配当を実施すべきか，という点について考察する。

　この問題については，現行破産法の制定当初から議論されており[24]，超過部分が，①求償権者と破産財団のいずれに帰属すべきか，そして，②求償権者に帰属するとして，ⅰ）超過部分も含めて債権者に配当し，後に手続外で求償権者が債権者に対して不当利得として返還請求をするという処理に委ねるか，ⅱ）超過部分は破産手続中で求償権者に配当するか，という二つの問題点をめぐって，次の三つの学説に大別される。

　第一の見解は，超過部分は求償権者に帰属すべきものであるが，破産手続においては超過部分も含めて債権者に配当した上で，後に手続外で求償権者の債権者に対する不当利得返還請求による処理に委ねるとする見解である[25]。第二

[24]　伊藤眞＝松下淳一＝山本和彦編『（ジュリスト増刊）新破産法の基本構造と実務』（有斐閣，2007 年）346 頁以下。

[25]　山本研「手続開始時現存額主義により生ずる超過配当額の処理」高橋宏志ほか編『民事手続の現代的使命（伊藤眞先生古稀祝賀論文集）』（有斐閣，2015 年）1205 頁，上田純＝豊島ひろ江「破産債権・再生債権の確定後の債権消滅・変更に対する処理」銀法766 号 34 頁（2013 年），竹下守夫編『大コンメンタール破産法』（青林書院，2007 年）442 頁［堂園幹一郎］など。

23 破産手続における求償権の取扱い〔小原将照〕

の見解は，超過部分は求償権者に帰属すべきものであり，求償権者に直接配当すべきとの見解である[26]。第三の見解は，超過部分は破産財団に帰属すべきものであるから，他の破産債権者に対する配当原資とすべきとの見解である[27]。本件は，原々決定が第二の見解，原決定が第三の見解，本決定が第一の見解を採用したものと理解されている[28]。

　すでに指摘されているように，求償権者による手続外での弁済等がなければ，債権者に対する超過配当という現象は生じる余地がない。したがって，これを破産財団に帰属させ他の破産債権者の配当原資にすることは，求償権者の負担で他の破産債権者に「棚ぼた」的な利益を得させる[29]ことになり望ましくないと思われる。したがって，第三の見解は採用しがたい。

　また，破産法104条3項但書および4項の趣旨から，求償権者は債権者が全額の弁済を受けるまで，求償権に基づいて手続に参加する，あるいは代位取得した原債権を行使することはできない。そうすると，配当表の作成段階においては，いまだ配当は実施されておらず，債権者は全額の弁済を受けてはいない[30]。債権者が全額の弁済を受けるのは，あくまでも配当の実施後である。そうすると，同条項の趣旨に忠実に従えば，配当表作成段階においては，仮に超過配当が生じることが明らかであっても，債権者の手続参加額（配当の基準となる金額）は開始時現存額主義の適用を受けるべきであり，求償権者の手続参加または代位取得した原債権の行使は，制約されることになる。そして，配当

---

[26]　田原睦夫＝山本和彦監『注釈破産法（上）』（金融財政事情研究会，2015年）701-702頁〔中井康之〕，滝澤孝臣「判批」NBL763号（2003年）65頁，伊藤ほか・前掲注[24]365-367頁（沖野眞已発言，山本和彦発言）など。

[27]　廣瀬正剛「開始時現存額主義の結果，本来の債権額を超える配当等がされた場合の当該超過部分の取扱い」「倒産と担保・保証」実務研究会編『倒産と担保・保証』（商事法務，2014年）715頁，松下満俊「破産手続における開始時現存額主義をめぐる諸問題」岡正晶＝林道晴＝松下淳一監『倒産法の最新論点ソリューション』（弘文堂，2013年）130頁，伊藤・前掲注[7]309-310頁など。

[28]　中井康之「開始時現存額主義と超過配当」金法2076号（2017年）1頁，杉本・前掲注[23]36-37頁，判時2355号10頁平成29年決定匿名コメントなど

[29]　松下淳一「開始時現存額主義に関する若干の考察」高田裕成ほか編『民事訴訟法の理論（高橋宏志先生古稀祝賀論文集）』（有斐閣，2018年）1315頁，1329頁。

[30]　なお，原々審，原審で問題となった破産法104条1および2項の「開始時において有する債権の全額」並びに同条2項および4項の「その債権の全額」に劣後的破産債権に該当する部分が含まれるか否かについて，本決定は判断を示していない。

Ⅱ　平成29年決定について

が配当表に従って実施される以上，第一の見解が妥当であるということになる。その意味では，本決定の理解には賛成できる。

　ただし，すでに指摘されているように，債権者に対する超過配当が許されるとして，その超過配当額が実体と大きく乖離するような状況まで許容されるものではない，ということは付言しておきたい[31]。なぜなら，開始時現存額主義により手続上の権利行使額と実体法上の債権額が乖離することが容認されるとしても，そのことが即，実体法上の債権額を上回る配当額の受領を容認するものではないからである。開始決定時を基準時にするにせよ，他の時点を基準時にするにせよ，手続外で他の全部義務者からの弁済等が行われる限り，乖離が生じることは避けられず，どの時点についてそれを認めるかの問題でしかない[32]。したがって，本件のように超過配当が認められ，かつそれが一定の金額になる場合は，何らかの方法で手続上の調整を行い[33]，求償権者への配当を実現できる方がよいと思われる[34]。

　次に，本決定および木内補足意見で触れられている求償権者の届出の可否について考察する。この問題は，破産法104条が定める債権者および求償権者の手続参加の具体的内容に関わるものである。原々審は配当手続では参加できないものの債権届出それ自体は認める理解であり，原審もこの点は認めているように思える。しかしながら，本判決は求償権者による予備的届出それ自体を否定した。そうすると，法が定めている「手続参加」の意味は，届出の可否なのか，それとも配当表での除外なのか，という疑問が生じる。さらに付言すれば，届出，調査，確定という債権調査手続にそもそも該当しない債権であるのか，それとも単に配当段階で配当表から除外される債権なのか，という問題に還元されるものと考える。

---

(31)　杉本・前掲注(23)38頁，佐藤・前掲注(23)130頁参照。

(32)　配当時の現存額を基準とする考え方も十分にあり得る。栗田隆「開始時現存額主義と配当時現存額主義（不足額主義）」関大63巻6号（2014年）1頁参照。

(33)　すでに中間配当による調整（杉本・前掲注(23)40-41頁）や配当受領請求権の求償権者への譲渡を債権者に促すこと（山本・前掲注(25)1224-1226頁）などが指摘されており，その他にも協議による債権届出の取り下げや名義変更等も考えられる。

(34)　なお，全部義務関係において，内部求償が発生しない場合が存在することは，すでに指摘されているとおりである（杉本・前掲注(11)113号191-189頁）。この場合に超過配当部分は破産財団に帰属すべきものと考えられるから，債権者に配当すること自体が問題となる。

23 破産手続における求償権の取扱い〔小原将照〕

破産法104条の定めに従った場合，①債権者が全額で届出を行ったとき，求償権者の届出はどのように扱われることになるのか。また，②債権者が全額の弁済を受けた場合，弁済等をした求償権者は，弁済による代位で取得した原債権あるいは自身の求償権のいずれによって手続に参加することになるのか，という問題がある。①については，ⅰ）届出自体を認めず，届出があれば却下するという取り扱い，ⅱ）届出は受け付けるが管財人が異議を述べるという取り扱いがある(35)。実務においては，ⅰ）はほとんど見られず，ⅱ）の取扱いが一般的であると思われる(36)。また，②については，代位取得した原債権の行使を認め名義変更の手続をとる方法(37)と，債権者の届出を取り下げさせ，求償権者の届出を追加するという方法があるとされる(38)。本決定は，届出それ自体を許さないとする立場と考えられるので，①の問題についてⅰ）の方針と思われるが，従来の実務の取扱いとは大きく異なるものであり，この点に疑問がある。また，②の問題も含めて考えると，全部義務関係の場合における求償権者の権利行使について，手続に関する部分が不明瞭であるように思われる。すなわち，破産手続における全部義務関係の債権者と求償権者の権利行使を定めた破産法104条の規律は，破産手続における権利行使額を定めたもの（実体的規律）であると思われる。しかしながら，どのような手順で破産手続に参加するのか，つまり債権の届出・調査手続においてどのような取り扱いを受けるのか（手続的規律）という部分については何ら定めていないと思われる(39)。このような疑問を前提として，以下では，破産手続における全部義務関係の求償権者の権利行使

---

(35) 澤野芳夫「近時における破産・和議の諸問題」金法1507号6頁（1998年），11頁，竹下編・前掲注(25)446頁[堂薗幹一郎]。

(36) 鹿子木康=島岡大雄編『破産管財の手引（増補版）』（きんざい，2012年）257-258頁[片山健=原雅基]，西謙二=中山孝雄編『破産・民事再生の実務（新版）（中）』（きんざい，2008年）114頁[杉田薫]，園尾隆司=深沢茂之編『破産・民事再生の実務（上）』（きんざい，2001年）302頁[泉路代]，東京地裁破産・和議実務研究会編『破産・和議の実務（下）』（民事法情報センター，1998年）58頁[澤野芳夫]など。

(37) 鹿子木=島岡・前掲注(36)258頁[片山健=原雅基]，西=中山・前掲注(36)114頁[杉田薫]，園尾=深沢・前掲注(36)303頁[泉路代]など。

(38) 澤野・前掲注(35)11頁，東京地裁破産・和議実務研・前掲注(36)59頁[澤野芳夫]。なお，沖野眞已「主債務者破産後の物上保証人による一部弁済と破産債権の行使」曹時54巻9号1頁（2002年），30頁では，この方法は封じられるとの解釈が示されている。

(39) 沖野・前掲注(38)30頁は，実体的規律の解釈から手続的規律を導き出している。

と手続参加を検討するために，まず実体法における内部求償の理解を概観し，次に従来の破産法における求償権者の権利行使に関する議論を検討した上で，私論を展開することとする。

Ⅲ　全部義務関係の対象と実体法の理解

1　全部義務と実体法上の内部求償

　破産法 104 条にいう全部義務には，不可分債務（民 430 条），連帯債務（民 432 条），不真正連帯債務，保証債務（民 446 条）[40]，連帯保証債務（民 458 条）および手形についての合同債務（手 47 条）などを含むとされる[41]。以下，これらの債務の内部求償について，概観することとする。

(1) 不可分債務

　不可分債務とは，その目的が性質上不可分である債務のことであり（民 430 条）[42]，多数者がこのような債務を負担する場合の関係である[43]。このような不可分債務は，そのほとんどについて連帯債務の規定が準用されていることから，内部求償についても連帯債務の諸規定（民 442 条以下）によることになる。

(2) 連帯債務

① 意　義

　連帯債務とは，複数の債務者が各自債権者に対して同一内容の可分給付について全部の給付をなすべき債務を負担していて，そのうちの一人が給付をすれ

---

[40]　破産法 105 条により，催告および検索の抗弁権を行使できず，破産法 104 条が適用される。伊藤眞ほか『条解破産法（第 2 版）』（弘文堂，2014 年）773-774 頁，竹下編・前掲注(25) 451 頁[堂園幹一郎]など参照。

[41]　伊藤・前掲注(7) 306 頁，竹下編・前掲注(25) 440-441 頁[堂園幹一郎]，伊藤ほか・前掲注(40)・763 頁など。なお，民法改正法により，不真正連帯債務の概念は必要とされなくなる（後述Ⅲ 1(3)参照）。にもかかわらず，ここで挙げるのは，いまだそれを反映していない既存の破産法学説に依拠しているためである。

[42]　旧法では，その目的が性質上不可分である債務だけでなく，性質上可分であるが当事者の意思表示によってその目的が不可分とされた債務も含まれていたが，債権法改正によって後者は不可分債務の対象から外されることとなった。筒井=村松・前掲注(3) 117 頁参照。

[43]　潮見・前掲注(1) 586 頁，松井・前掲注(1) 241-242 頁，中田・前掲注(1) 467 頁，小野・前掲注(1) 444 頁。

23 破産手続における求償権の取扱い〔小原将照〕

ばすべての債務者が債務を免れる関係である（民436条以下）[44]。

② 性質に関する議論

連帯債務については，当事者が複数であるが，その債務が単一であるのか，複数であるのか，という個数論と呼ばれる議論が存在する。わが国では，債務者の数に応じた複数の債務があるとする複数債務説が通説である[45]。ただし，後述する保証債務とは異なり，各債務間に主従の関係はない[46]。このような複数債務を前提として，連帯債務がどのような性質を持つのか，特に絶対的効力や求償関係をどのように説明するのか，という性質論が議論され，二つの見解が示された。

第一の見解は，主観的共同関係説[47]である。この見解によれば，連帯債務では債務者間に主観的な共同目的があり，互いに結合している関係があると考える。第二の見解は，相互保証説[48]である。連帯債務では債務者同士が相互に保証しあう関係にある。すなわち，連帯債務者は，それぞれ自己の負担部分については固有の債務を負い，他の者の負担部分については保証人の地位に立つと考える。

しかし，両説とも連帯債務のすべての規定を統一的に説明することはできず，現在では，連帯債務には，主観的共同による一体性と相互保証性の両要素があることを認めるものが多いとされる[49]。ただし，このような性質論が，連帯債務の絶対的効力が大きく限定され，また内部求償のルールも変更された民法改正法の下でも維持されるのかどうかは，検討すべきと思われる。

---

[44] 潮見・前掲注(1) 563頁，松井・前掲注(1) 242頁，中田・前掲注(1) 441頁，小野・前掲注(1) 452頁。

[45] 潮見・前掲注(1) 563頁，松井・前掲注(1) 255頁，中田・前掲注(1) 444頁，小野・前掲注(1) 453頁，我妻・前掲注(1) 401-402頁，平井・前掲注(5) 329頁。ただし，この議論は，連帯債務の性質についての説明のしやすさ，という点にしか意味はないともされる。中田・前掲注(1) 444頁参照。

[46] 潮見・前掲注(1) 563頁，松井・前掲注(1) 255頁，平井・前掲注(5) 327頁。

[47] 我妻・前掲注(1) 402頁。

[48] 於保不二雄『債権総論（新版）』（有斐閣，1972年）224頁，山中康雄「連帯債務の本質」『私法学の諸問題(1) 民法』（有斐閣，1955年）371頁，376頁。

[49] 河井健『民法概論3（債権総論）（第2版補訂版）』（有斐閣，2009年）181頁，奥田昌道『債権総論（増補版）』（悠々社，1992年）348頁，松井・前掲注(1) 256-257頁，小野・前掲注(1) 445頁。

③ 成　立

連帯債務は，債務の目的がその性質上可分である場合に当事者の意思表示または法律の規定により生じる（民436条）。したがって，契約または贈与などの法律行為により成立する。契約による場合，その契約は必ず一個であることを必要としない[50]。また，連帯債務は，法律の規定によっても生じる。民法719条，761条，商法511条1項，579条などがその例である[51]。

④ 内 部 関 係

連帯債務者の一人が弁済その他自己の財産をもって共同の免責を得たときは，他の連帯債務者に対し，各自の負担部分について求償することができる（民442条1項）[52]。今回の債権法改正によって，判例[53]に従い，その共同の免責を得た額が求償を求める連帯債務者の負担部分を越えていることを要しない旨が明文化され，また，連帯債務者が他の連帯債務者に対して取得する求償権の額について，一般的な解釈に従い，原則としては連帯債務者が支出した財産の額であるが，連帯債務者の支出した財産の額が共同の免責を得た額を超える場合には，共同の免責を得た額にとどまる旨も明文化された[54]。

このような求償権を行使するためには，連帯債務者は，弁済等の前後に他の債務者に通知しなければならないと定められている（民443条）。その理由は，連帯債務者の一人が弁済等をした場合でも，他の連帯債務者がこれを知らずに弁済等をする場合があり，また，他の連帯債務者が債権者に対して対抗できる事由を有していることがある。このような場合，他の連帯債務者を保護するために，弁済等をした連帯債務者が事前・事後に通知しなければ，一定の範囲で

---

[50]　中田・前掲注(1)446-447頁，小野・前掲注(1)454頁。なお，民法改正法により不可分債務か連帯債務かは，「その性質上可分であるか否か」によって区別されることから，当事者の意思によって左右されないことになる。潮見佳男『民法（債権関係）改正法の概要』（きんざい，2017年）112-113頁，大村敦志=道垣内弘人編『解説民法(債権法)改正のポイント』（有斐閣，2017年）214頁［幡野弘樹］参照。

[51]　民法改正法により，真正連帯債務と不真正連帯債務を区別する必要がなくなったため，これらの法律の規定による場合も区別の必要がなくなった（後述Ⅲ1(3)参照）。

[52]　潮見・前掲注(1)575頁，松井・前掲注(1)269頁，中田・前掲注(1)457頁，小野・前掲注(1)452頁。

[53]　大判大6年5月3日民録23輯863頁。

[54]　筒井＝村松・前掲注(3)124頁，潮見・前掲注[50]117-118頁，大村=道垣内・前掲注[50]224-226頁。

求償権が制限されることが定められている[55]。

求償権の根拠については，前述した連帯債務の性質論と大きく関係しており，主観的共同関係あるいは相互保証関係のいずれかのみに求めるのは疑問視されている[56]。

(3) 不真正連帯債務

民法には，多数の債務者が同一の内容の給付について全部の履行すべき義務を負い，債務者のうちの一人が弁済をすれば他のすべての債務者が債務を免れる点では連帯債務と同じであるが，連帯債務に含まれない多数当事者の債務関係が存在し，従来，このような多数当事者の債務関係を不真正連帯債務としてとらえ[57]，民法436条（旧432条）の規定は適用されるものの，主観的共同関係がないことから，連帯債務の絶対的効力に関する規定（旧434条～439条，改正民437条～440条）は当然には適用されず，負担部分がないことから求償関係も生じないと解されていた[58]。

しかしながら，民法改正法により，連帯債務の絶対的効力事由を極限まで限定し，かつ求償のルールを不真正連帯債務にも適用するものとしたことから，民法改正法では，真正連帯債務と不真正連帯債務を区別する必要がないとされる[59]。

(4) 保 証 債 務

保証債務は，主たる債務の履行を担保することを目的として，債権者と保証人との間で締結された契約により成立する。主たる債務の存在を前提として，主たる債務の履行がない場合に，保証人が保証債務の履行をすることをその内容とする（民446条）[60]。保証債務には，いくつかの重要な性質がある。

---

[55] 潮見・前掲注(1) 578-583 頁，松井・前掲注(1) 271-274 頁，中田・前掲注(1) 459-460 頁，小野・前掲注(1) 463-464 頁。なお，今回の債権法改正において，事前・事後の通知制度についても改正がなされたが，ここでは詳細な説明を省略する。詳細については，筒井＝村松・前掲注(3) 124-125 頁，潮見・前掲注(50) 118-120 頁，大村＝道垣内・前掲注(50) 226-229 頁参照。

[56] 松井・前掲注(1) 269 頁，中田・前掲注(1) 458 頁。潮見・前掲注(1) 575-576 頁は，相互保証関係から説明されると述べる。

[57] 松井・前掲注(1) 277 頁，中田・前掲注(1) 462-463 頁，小野・前掲注(1) 466 頁，我妻・前掲注(1) 443 頁。

[58] 松井・前掲注(1) 277 頁，中田・前掲注(1) 463-464 頁，小野・前掲注(1) 466 頁。

[59] 潮見・前掲注(1) 565-566 頁，同・前掲注(50) 112-113 頁。

Ⅲ　全部義務関係の対象と実体法の理解

① 別個債務性・付従性・補充性

保証債務は主たる債務とは別個の債務であるという性質である，具体的には，保証債務は主たる債務の発生原因とは別の保証契約によって成立する。保証債務と主たる債務とは別々に消滅することがある。保証債務についてのみ，違約金または損害賠償の額を約定することもできる（民447条2項）。保証債務を主たる債務として，さらに保証する（副保証）こともできる[61]。

保証債務は主たる債務の履行を担保することを目的とするものであるから，主たる債務が有効に成立・存続することを前提とし，主たる債務に従たる性質を有しており，成立における付従性，消滅における付従性，内容における付従性の三つがある[62]。

保証人は，主たる債務の履行がない場合に，補充的に履行の責任を負う性質を有しており，債権者からの履行請求に対する保証人の抗弁権（催告の抗弁権，検索の抗弁権）としてあらわれる（民452条，453条）[63]。その他の性質として，随伴性や内容同一性が挙げられる[64]が，ここでは割愛する。

② 保証契約の成立

保証契約は，債権者と保証人との合意が書面で行われることにより成立する諾成・要式の契約である（民446条2項）。保証人になろうとしている第三者は，主たる債務者に頼まれて保証人になることが多い。すなわち，債務者と保証人の間には，保証委託契約が存在するのである。しかしながら，前述したように，保証債務は主たる債務とは別個の債務であるから，主たる債務者は保証契約とは直接の関係はなく，保証委託契約の有無は，保証債務の成立には無関係である。したがって，保証委託がなく（無委託）とも保証人になることはでき，また，主たる債務者の意思に反しても，保証人になることはできる。ただし，委託の有無は求償権の範囲に影響する（民459条以下）[65]。

[60]　潮見・前掲注(1)598頁，松井・前掲注(1)281頁，中田・前掲注(1)474頁，小野・前掲注(1)470頁，我妻・前掲注(1)447-448頁，平井・前掲注(5)302頁。

[61]　潮見・前掲注(1)599頁，松井・前掲注(1)283頁，中田・前掲注(1)480頁。

[62]　潮見・前掲注(1)599-600頁，松井・前掲注(1)283-284頁，中田・前掲注(1)481頁，小野・前掲注(1)472-474頁。

[63]　潮見・前掲注(1)601頁，松井・前掲注(1)284頁，中田・前掲注(1)481-482頁。

[64]　潮見・前掲注(1)599-600頁，松井・前掲注(1)284頁，中田・前掲注(1)482頁，小野・前掲注(1)474-475頁。ただし，中田・前掲注(1)482頁は，内容同一性を否定する。

23 破産手続における求償権の取扱い〔小原将照〕

③ 内 部 関 係

ⅰ）事後求償権

保証人が主たる債務者に代わって弁済した場合，保証人は主たる債務者が負う債務の最終的な負担者ではないから，弁済した保証人は主たる債務者に対して弁済額について償還を求めることができる（民459条，459条の2，462条）。これが保証人の事後求償権である。保証人の事後求償権は，主たる債務者からの委託の有無により違いがある。ア：委託を受けて保証人になった場合（民459条〜461条），保証人の求償権は，委託事務処理の費用償還請求権（民650条）に該当する。委託なく保証人になった場合，イ：それが主たる債務者の意思に反しないとき（民462条1項）は，事務管理の費用償還請求権（民702条1項）に，ウ：主たる債務者の意思に反するとき（民462条2項）は，本人の意思に反する事務管理の費用償還請求権（民702条3項）または不当利得による返還請求権（民703条）に該当すると解されており，保証人の求償権の規定は，これらの規定の特別規定として捉えられている[66]。

このような保証人の求償権は，原則として，保証人が弁済その他自己の財産をもって主たる債務を消滅させたときに発生する，すなわち事後求償権である。なぜなら，求償権の本来の目的は，現実に保証人と主たる債務者間に利得・損失関係が発生した場合にその調整をする，すなわち求償利得であるから，事後の求償が本来の姿である[67]。

ⅱ）事前求償権

ところが，委託を受けた保証人については，例外的に，保証人が現実に自己の財産によって債務消滅行為をする前でも，予め求償できる場合が認められている（民460条）。これを事前求償権という[68]。この事前求償権については，次の二つの議論を概観する。まず，このような事前求償権の根拠・法的性質については，受任者の費用前払請求権（民649条）を保証委託契約の趣旨に照らし

---

[65]　潮見・前掲注(1) 603-605頁，松井・前掲注(1) 284-285頁，中田・前掲注(1) 482-483頁，小野・前掲注(1) 475-476頁。

[66]　潮見・前掲注(1) 634-640頁，松井・前掲注(1) 296頁，中田・前掲注(1) 500頁，小野・前掲注(1) 487-489頁。

[67]　潮見・前掲注(1) 649頁，松井・前掲注(1) 296頁。

[68]　潮見・前掲注(1) 649頁，松井・前掲注(1) 297頁，中田・前掲注(1) 501頁，小野・前掲注(1) 490頁。

　　　　　　　　　　　　Ⅲ　全部義務関係の対象と実体法の理解

て必要な範囲で例外的に認められたものとする理解（費用前払説）[69]が通説で
あったが，事後求償のための地位を保全するためのものとの理解（事後求償権
保全説）[70]や，近時は，規定の沿革および起草趣旨に照らしても，また制度目
的からしても，この制度は，一定の事由がある場合に，保証人をその負担から
解放し免責するためのものとの理解（免責請求権説）が有力になっている[71]。

　次に，事前求償権と事後求償権の関係については，ア：両者は同一の権利
（一個の権利）であるとする一個説[72]と，イ：両者は別個の権利であるとする二
個説[73]が見られ，後者が有力である。

　判例は，前者の議論について，いまだ明確な判断を示していないが，下級審
では費用前払説を明示しながら，その機能として事後求償権保全説的な説明を
するものが存在している[74]。後者の議論については，最三小判昭和 60 年 2 月
12 日[75]および最三小判平成 27 年 2 月 17 日[76]の二判例で，両者は別個の債権で
あると述べている。

---

[69]　内田貴『民法Ⅲ（第 3 版）債権総論・担保物権法』（東京大学出版会，2005 年）355 頁，
　　我妻・前掲注⑴491 頁。

[70]　林良平「事前求償権と事後求償権」金法 1143 号 29 頁（1987 年），奥田・前掲注⑷
　　407 頁など。

[71]　潮見・前掲注⑴649-651 頁，中田・前掲注⑴501 頁注⒅。

[72]　柚木馨「保証人の求償権をめぐる諸問題（上）」金法 261 号 22 頁（1961 年），24 頁，
　　石田喜久夫「判批」ジュリ 862 号 58 頁（1988 年），60 頁，倉田卓次「判解」最判解昭
　　和 34 年度 98 頁（1961 年），101 頁など。

[73]　林良平「判批」論叢 67 巻 1 号 96 頁（1949 年），99 頁，同・前掲注[70]31 頁，秦光昭「求
　　償権をめぐる諸問題」金法 1110 号 53 頁（1986 年），57 頁，潮見・前掲注⑴651 頁，中
　　田・前掲注⑴502 頁など。

[74]　東京高判平成 19 年 12 月 5 日判時 1989 号 21 頁。評釈として，村田利喜弥「判批」金
　　法 1336 号 126 頁（2010 年），福田誠治「判批」リマークス 38 号 22 頁（2009 年），波床
　　昌則「判批」別冊判タ 25 号 38 頁（2009 年），渡邊力「判批」判評 594 号 180 頁（2008 年）
　　などがある。

[75]　民集 39 巻 1 号 89 頁。評釈等として，前田陽一「判批」法協 108 巻 6 号 1028 頁（1991
　　年），小杉茂雄「判批」民商 93 巻 4 号 581 頁（1986 年），石田喜久夫「判批」ジュリ臨
　　増 862 号 58 頁（1986 年），柴田保幸「判解」曹時 41 巻 6 号 89 頁（1989 年）などがある。

[76]　民集 69 巻 1 号 1 頁，評釈等として，齋藤由起「判批」判評 685 号 148 頁（2016 年），
　　米倉暢大「判批」ジュリ臨増 1492 号 75 頁（2016 年），加藤新太郎「判批」ジュリ臨増
　　1492 号 133 頁（2016 年），渡邊力「判批」リマークス 52 号 22 頁（2016 年），高橋眞「判
　　批」民商 151 巻 2 号 132 頁（2014 年），山地修「判解」曹時 68 巻 3 号 228 頁（2016 年）
　　などがある。

(5) 連帯保証債務

連帯保証は，保証人が主たる債務者と連帯して債務を負担する場合であり，保証契約において債権者と保証人が「連帯の特約」をすることによって成立する（民454条）。なお，保証が商行為であるときは，その保証は連帯保証になる（商511条2項）。このような連帯保証も保証債務の一種であるが，通常の保証とは異なる点がある。第一に，連帯保証には補充性がなく，連帯保証人は，催告の抗弁と検索の抗弁を有しない（民454条）。第二に，連帯債務者の一人に生じた事由の効力を定めた規定が連帯保証人に生じた事由について準用されている（民458条）。第三に，複数の連帯保証人が存在する場合，各連帯保証人が全額弁済の義務を負うので分別の利益はない[77]。その他の点については，通常の保証と同じである。

(6) 手形の合同債務

手形関係の目的は，手形金額が満期において支払われることにある。しかし，支払をなすべき者が支払わないことがあり得る（例として，支払拒絶，不渡りなど）。また，為替手形の場合，引受拒絶などにより満期における支払いが著しく不確実となることもある。このような場合に，その手形の作成または流通に関与した者に支払の代償を提供させることによって，満期において支払があったのと同様の経済的効果を所持人に収めさせる制度が，手形法における遡求の制度である[78]。

遡求権利者は，最後の手形所持人（現手形所持人）であり（手77条1項4号，43条，47条1項），また，償還義務を果たして手形を受け戻した者（裏書人（手77条1項4号），保証人（手77条3項，32条3項）および参加支払人（手77条1項5号，63条1項））も，その前者に対して遡求することができる[79]。

これに対して，遡求義務者は，為替手形の場合は，振出人（手9条1項），裏書人（手15条1項），これらの者の保証人（手32条1項）および参加引受人（手58条1項）である。約束手形の場合には，振出人が主たる債務者となるか

---

[77] 潮見・前掲注(1)658頁，松井・前掲注(1)302-303頁，中田・前掲注(1)505-507頁，小野・前掲注(1)493-495頁。

[78] 福瀧博之『手形法概要（第2版）』（法律文化社，2007年）375-376頁など。

[79] 田邊光政『最新手形小切手法（5訂版）』（中央経済社，2007年）201頁，福瀧・前掲注[78]376頁。

Ⅲ　全部義務関係の対象と実体法の理解

ら，遡求義務者は，裏書人（手77条1項1号，15条1項），その保証人（手77条3項，32条1項）および参加引受人（手58条1項参照）である。

ただし，すべての裏書人が遡求義務者となるわけではなく，無担保裏書や取立委任裏書の裏書人は，遡求義務者ではないとされる。また，為替手形の引受人および約束手形の振出人は，満期後も責任を負う（手78条1項，28条2項）が，これは主たる債務者であって遡求義務者ではないとされる[80]。

遡求義務者である裏書人および為替手形の振出人ならびにそれらの者の保証人は，主たる債務者である約束手形の振出人，為替手形の引受人とともに，所持人に対して合同して手形金を支払う責任を負う（手77条1項4号，47条1項）。ここでいう合同責任とは，遡求義務者の各自が手形金額の全部について責任を負い，しかも，そのうちの一人の支払によって他のすべての者もその責任を免れる関係のことである。その意味では連帯債務に類似しているが，遡求義務者の内部関係には負担部分がなく，究極的には約束手形であれば振出人，為替手形であれば引受人（引受がなければ振出人）の全部責任となる点など，連帯債務と異なる点もいくつかある[81]。そして，連帯債務とは重要な相違があるので，合同責任といわれており，いわゆる不真正連帯債務にあたると解されている[82]。

遡求義務者が手形を受戻したときは，為替手形の振出人以下の前者に対して，約束手形であれば第一裏書人以下の前者に対して，さらに遡求することができる（手77条1項4号，47条3項，77条1項5号，63条1項）。これを再遡求という[83]。手形所持人から償還請求を受けた遡求義務者が償還すると，当該義務者およびその後者の手形上の義務は消滅する。しかしながら，その遡求義務者の前者の手形上の義務は引き続き存続する。それゆえ，遡求義務を履行した者は，手形とともに前者に対する手形上の権利を再取得して，自己よりも前者に対し

---

(80)　福瀧・前掲注(78) 376-377頁，田邊・前掲注(79) 200-201頁。

(81)　大隅健一郎＝河本一郎『注釈手形法・小切手法』（有斐閣，1977年）342-344頁，福瀧・前掲注(78) 378頁，田邊・前掲注(79) 201-202頁。

(82)　川村正幸『手形・小切手法（第3版）』（新世社，2005年）283頁，福瀧・前掲注(78) 378-379頁，大隅＝河本・前掲注(81) 342頁。民法改正法により，不真正連帯債務の考え方が，今後必要とされなくなることにつき前述Ⅲ1(3)参照。

(83)　福瀧・前掲注(78) 387頁，田邊・前掲注(79) 206頁，大隅＝河本・前掲注(81) 348-349頁，川村・前掲注(82) 283頁。

23 破産手続における求償権の取扱い〔小原将照〕

てさらに遡求することができるとされる[84]。再遡求するためには，遡求義務者はその償還義務を履行して，手形を受戻さなければならない（手77条1項4号，50条1項）。再遡求を行うことができるのは，遡求義務を履行して手形を受戻した者である（手77条1項4号，47条3項，49条）。また，これらの者の権利承継者も同じ権利を有する[85]。これに対して，義務なくして手形を回復した者は，手形所持人に満足を与えて手形を取り戻したからといって，遡求する権利を当然に取得するものではないとされる[86]。

以上，実体法における全部義務関係について概観した。次に，破産手続における求償権者の権利行使について，これまでの議論を整理する。

Ⅳ　破産法における事後求償権の取扱い

破産法において，事後求償権に関して定められていると解される規定は二つある。一つは，本稿で取り上げている平成29年決定でも問題となった破産法104条において，いわゆる全部義務関係における求償権者の手続参加を定めた同条3項と4項の規定である[87]。もう一つは，破産債権者の手続参加を定めた破産法103条において，同条4項で定める「将来の請求権」の例として，保証人等の求償権が挙げられている[88]。そして，これら二つの規定の適用の前提として，当該求償権が破産債権に該当することが要求される[89]。したがって，破産債権の要件を定めた破産法2条5項の規定も，求償権の取扱いを考える上で必要不可欠となる。

---

[84]　福瀧・前掲注[78] 387頁。

[85]　福瀧・前掲注[78] 388頁，大隅=河本・前掲注[81] 348-349頁，川村・前掲注[82] 284-285頁。

[86]　福瀧・前掲注[78] 388-389頁，大隅=河本・前掲注[81] 349頁。

[87]　伊藤・前掲注[7] 311-313頁，竹下編・前掲注[25] 443-448頁[堂園幹一郎]，伊藤ほか・前掲注[40] 767-768頁など。

[88]　伊藤・前掲注[7] 287-289頁，竹下編・前掲注[25] 436-438頁[堂園幹一郎]，伊藤ほか・前掲注[40] 759-761頁など。

[89]　破産債権に該当しない，すなわち非破産債権の場合には，破産手続に参加することができないが，破産手続による拘束（破100条1項など）も受けないことになる。

IV 破産法における事後求償権の取扱い

1 破産債権性

破産債権とは，原則として，破産者に対し破産手続開始前の原因に基づいて生じた財産上の請求権であって，財団債権に該当しないものである（破2条5項）。また，劣後的破産債権や破産手続開始後の原因に基づくが例外的に破産債権とされるものなども破産債権に含まれることが例示されている（破2条5項かっこ書にいう97条各号に掲げる債権）[90]。このような破産債権に該当するための基本要件として，①財産上の請求権であること，②破産者に対するものであること（人的請求権），③強制的実現を図ることができること（執行可能性），④破産手続開始前の原因に基づくものであること，の4つが挙げられている[91]。

求償権が破産債権に該当するか否かについては，いくつかの先行研究が存在するが，無委託保証人が主たる債務者の破産手続開始後に保証債務を履行したことで生じた事後求償権による相殺の可否が争われた最二小判平成24年5月28日[92]（以下，「平成24年判決」という）を契機に，無委託保証人の事後求償権の破産債権性について活発な議論がなされた。その議論では，上述した④の要件を充足するか否かが問題となった[93]。平成24年判決は，無委託保証人の事後求償権の発生原因は保証契約にあり，破産手続開始前に保証契約が締結されていれば，④の要件は充足するとして，破産債権であることを認めた[94]。学説も平成24年判決と同様，破産債権性を肯定する見解がある[95]。

しかしながら，無委託保証人の事後求償権について，その破産債権性を否定

---

[90] 伊藤・前掲注(7) 276頁，山本ほか・前掲注(9) 55頁［沖野眞已］，竹下編・前掲注(25) 20頁［小川秀樹］，伊藤ほか・前掲注(40) 32頁など。

[91] 伊藤・前掲注(7) 276-282頁，山本ほか・前掲注(9) 55-58頁［沖野眞已］，竹下編・前掲注(25) 20頁［小川秀樹］，伊藤ほか・前掲注(40) 32-36頁など。

[92] 民集66巻7号3123頁。評釈等として，中島弘雅「判批」ジュリ臨増1453号（2013年）137頁，田村陽子「判批」判評650号（2013年）121頁，松下淳一「判批」金法1977号（2013年）26頁，村田典子「判批」法研86巻8号（2013年）125頁，栗田隆「判批」関法62巻6号（2013年）306頁，関武志「判批」青法55巻2号（2013年）119頁，岡正晶「判批」金法1954号（2012年）65頁，藤原彰吾「判批」金法1954号（2012年）4頁，柴田義明「判解」曹時66巻9号（2014年）291頁などがある。

[93] その議論の前提として，①～③の要件は充足していることに争いはない。また，④の要件について，この問題が議論される前に争いがあった，一部具備説と全部具備説の対立については，現在の通説である一部具備説に基づいて議論されることについても争いが見られない。

[94] 千葉補足意見では，弁済の事実が④の要件にあたらない旨も明言する。

523

23 破産手続における求償権の取扱い〔小原将照〕

する見解も有力に主張されている[96]。この見解によれば，ⅰ）委託を受けた保証とは異なり，無委託保証の場合，債権者と保証人間の保証契約のみが存在し，債務者と保証人間には保証委託契約（委任契約または事務管理委託契約とみなされる）が存在しないこと，ⅱ）委託保証人の事後求償権は，委任契約に基づく事務管理費用の償還（民650条1項）と解するのに対して，無委託保証人の事後求償権は，事務管理に基づく有益費用償還請求権（民702条1項，3項）と解されること，ⅲ）実体法上，保証人の事後求償権を停止条件付債権または将来の請求権として見ることは希薄であること，などを理由として，無委託保証人の事後求償権は，弁済の事実があって初めて生じる請求権であり，「破産手続開始前の原因に基づく」とする破産債権の要件を充足しないと述べる[97]。

このような有力説に対しては，無委託保証人の事後求償権が破産債権に該当しない，つまり非破産債権であるとすると，破産者の自由財産に対する権利行使を許容することになり，また免責許可決定の効力の対象外になる，といった批判[98]がなされている[99]。

---

[95]　長谷部由紀子「弁済による代位（民法501条）と倒産手続」学習院46巻2号238頁（2011年），山本和彦「倒産手続における求償権の処遇」関西特許法律事務所編『民事特別法の諸問題 第四巻』（第一法規，2002年）265頁，273頁，藤原・前掲注[92]，岡・前掲注[92]，関・前掲注[92]，中島・前掲注[92]など。

[96]　東畠敏明「「破産債権」「将来の請求権」概念についての民事実体法からのアプローチ（上）（下）── 最高裁平成24年5月28日判決を契機として」銀法772号22頁（2014年），773号30頁（2014年），潮見佳男「相殺の担保的機能をめぐる倒産法と民法の法理 ── 民法の視点からの最高裁平成24年5月28日判決の検証」金融財政事情研究会編『現代民事法の実務と理論（上巻）』（きんざい，2013年）267頁，283-286頁，増市徹「保証人の事後求償権と相殺 ── 破産手続における事後求償権の属性の観点からの考察」倒産実務交流会編『争点倒産実務の諸問題』（青林書院，2012年）268頁，273-274頁，栗田隆「主債務者の破産と保証人の求償権 ── 受託保証人の事前求償権と無委託保証人の事後求償権を中心として」関法60巻3号45頁（2010年），伊藤・前掲注[7]529-530頁など。

[97]　伊藤・前掲注[7]530頁，東畠・前掲注[96]24頁以下，潮見・前掲注[96]283-286頁，増市・前掲注[96]273-274頁，栗田・前掲注[96]67頁以下など。

[98]　岡・前掲注[92]67頁，山本・前掲注[95]269頁以下など。

[99]　なお，財団債権説も一部では主張されている（中西正「いわゆる『合理的相殺期待』概念の検討」事業再生と債権管理136号51頁（2012年）など）。山本克己「倒産法上の相殺禁止規定（1）── 判例の整理と検討」民商89巻6号800頁（1986年），818頁は，第三者が任意弁済した場合に取得する求償権について，財団債権に該当する旨の示唆をする。

Ⅳ　破産法における事後求償権の取扱い

　以上のように，無委託保証人の事後求償権について争いはあるが，他の全部
義務関係の求償権については，議論されることなく，その破産債権性は肯定さ
れていると考える[100]。

2　将来の請求権としての事後求償権

　破産手続は，破産債権者に対する配当を行うことを目的とするため，配当を
受ける破産債権についても，弁済期が未到来であればそれを到来させ，金額が
未確定であればそれを確定させ，非金銭債権であればそれを金銭債権として評
価する必要がある[101]。

　弁済期については，破産手続開始時までに弁済期が到来していない期限付債
権は，破産手続開始と同時に弁済期が到来したものとみなされる（破103条3
項）。これを現在化と呼ぶ。この現在化は，債務者について破産手続開始と同
時に期限の利益が失われること（民137条1号）に対応したものである[102]。

　これに対して，金額が未確定の債権や非金銭債権については，債権の金額等
を破産裁判所に届け出なければ破産債権として権利を行使することができない
（破111条1項）。その届出に際しての金額について（同項1号），破産法103
条が手続参加額を定めている。具体的には，①すでに金額が確定されている金
銭債権（同条2項2号），②金銭の支払いを目的としない債権，金額不確定の金
銭債権，および外国通貨による金銭債権など（同項1号イロ），③定期金債権
（同号ハ），④条件付債権および将来の請求権（同条4項）である[103]。そして，全

---

[100]　若干の考察を加えると，複数の債務の発生原因が一つである場合には，全部義務者も
　　同時にその地位に就くことから，求償権の原因もその時点にあると考える。不可分債務，
　　連帯債務がこれにあたる。複数の債務の発生原因が二つであっても，法の規定に基づく
　　場合は，債務発生時点に求償権の原因もあると考えて問題はない。手形の合同債務がこ
　　れにあたる。結果として，全部義務関係の発生が，主たる債務者の関与の有無に関係な
　　く，債権者と保証人間の保証契約に基づいて発生する保証債務，連帯保証債務について
　　のみ，その破産債権性が議論されることになると考える。

[101]　伊藤・前掲注(7) 283頁，山本ほか・前掲注(9) 61頁 [沖野眞已]，竹下編・前掲注(25)
　　430頁 [堂園幹一郎] など。

[102]　伊藤・前掲注(7) 283頁，山本ほか・前掲注(9) 61-61頁 [沖野眞已]，竹下編・前掲注(25)
　　433頁 [堂園幹一郎]，伊藤ほか・前掲注(40) 758頁など。

[103]　伊藤・前掲注(7) 284頁以下，竹下編・前掲注(25) 431頁以下 [堂園幹一郎]，伊藤ほか・
　　前掲注(40) 756頁以下など。

23 破産手続における求償権の取扱い〔小原将照〕

部義務関係における事後求償権は，法定の停止条件に係る債権として，将来の請求権の例として挙げられるのが一般的である[104]。

3 全部義務関係における内部求償の取扱い

前述したように不可分債務における内部求償の問題に関しては，求償に関する連帯債務の諸規定（民442条以下）が準用されている（民430条）。したがって，不可分債務者，連帯債務者の一人が弁済その他自己の財産をもって共同の免責を得たとき，その免責を得た額が自己の負担部分を超えるかどうかにかかわらず，その債務者は，他の不可分債務者，連帯債務者に対して，各自の負担部分について求償をすることができる（民442条1項参照）。同様の内部求償の規定は，保証債務（連帯保証債務を含む），手形の合同債務にも存在していることは，上述で概観した通りである。このような実体法の規定を前提として，全部義務者の一部について破産手続が開始された場合に，求償権者が破産手続においてどのような権利を行使することができるのかを定めたのが，旧破産法26条1項本文および現行法104条3項本文である。

旧法以来のわが国での一般的な理解は次のような見解（以下「一般的見解」という。）であった。すなわち，破産手続において求償権者に事後求償しか認めないこととすると，破産者について破産手続が終結し，免責許可決定まで得てしまっているときは，求償権者は求償権行使の途を奪われるという不利益な結果が生じる。そこで，民法上委託を受けた保証人が主たる債務者破産の場合においてあらかじめ請求できるとする，いわゆる事前求償権の行使（民460条1号）を他の全部義務者にまで拡張し（「事前求償権化」），これを認めたのが旧法26条1項本文および現行法104条3項本文であるとする[105]。また，債権者

---

[104] 伊藤・前掲注(7) 287-288頁，山本ほか・前掲注(9) 56頁[沖野眞已]，竹下編・前掲注(25) 438頁[堂園幹一郎]，伊藤ほか・前掲注(40) 761頁など。旧法下の文献として，中田淳一『破産法・和議法』（有斐閣，1959年）193頁，加藤正治『破産法研究（第七巻）』（有斐閣，1927年）7頁，斎藤=麻上=林屋・前掲注(8) 141頁[石川明=三上威彦]，谷口・前掲注(15) 154頁，山木戸・前掲注(15) 97頁など。ただし，求償権について，法定の停止条件にかかる債権として，将来の請求権とする理解は，民法上一般的ではないと指摘される。潮見・前掲注(96) 283頁。

[105] 斎藤秀夫=伊東乾編『演習破産法』（青林書院，1973年）244頁[小室直人]，伊藤・前掲注(7) 312頁，斎藤=麻上=林屋・前掲注(8) 154頁[加藤哲夫]，加藤・前掲注(8)「要論」81-82頁，伊藤ほか・前掲注(40) 767頁。

Ⅳ　破産法における事後求償権の取扱い

と求償権者の権利行使が破産財団に対して二重の負担にならないために，旧法26条1項但書および現行法104条3項但書が置かれている[106]。

　なお，現行法への改正に際して，債権者の権利行使と求償権者の権利行使の優劣を明らかにするために，旧法26条2項に定められている弁済をした求償権者の権利行使について，現行法104条4項では「その債権の全額が消滅した場合に限り」との文言が付加された[107]。

　これに対して，少数ではあるが異なる見解（以下「有力見解」という）[108]が示されている。すなわち，旧法23条1項，2項および現行法103条4項が，条件付債権および将来の請求権であっても，破産手続に参加できる旨を定めており，ここにいう将来の請求権に事後求償権は含まれることから，旧法26条1項本文および現行法104条3項本文は，当然のことを確認したに過ぎず，開始後の弁済に基づく求償権であっても破産債権として行使できることを確認した規定ととらえる。むしろ，但書にこそ意味があり，債権者が権利を行使した際には財団に二重の負担を課すことになるため，求償権者の権利を行使できないと定める点に力点があるとする[109]。「一般的見解」では，旧法26条1項本文および現行法104条3項本文についての説明として，将来の請求権に事後求償権が含まれる，と説明しながらも，旧法26条1項本文および現行法104条3項本文において求償権を行使できる，という説明を行い，両条の関係性について言及しないものが多い[110]。

　その上で，将来の請求権に該当する事後求償権を有する債権者は，破産債権者として求償義務者の破産手続において届出をすることができるが，あくまでも将来の請求権であることから，中間配当が行われる場合には配当額は寄託され（破214条1項4号），最後配当の除斥期間内に行使できる状態になっていな

[106]　伊藤・前掲注(7)312頁，斎藤＝麻上＝林屋・前掲注(8)154頁[加藤哲夫]，加藤・前掲注(8)「要論」82頁，伊藤ほか・前掲注(40)767-768頁。

[107]　小川・前掲注(20)151頁。

[108]　石川明『破産法』（日本評論社，1987年）125頁，竹下編・前掲注(25)443頁[堂園幹一郎]など。

[109]　山本克己「求償義務者倒産時における求償権者の地位──その権利行使方法に関する立法論的考察」青山善充ほか（編）『現代社会における民事手続法の展開（下巻）』（商事法務，2002年）631頁，637-639頁，竹下編・前掲注(25)444頁[堂園幹一郎]，山本・前掲注95・270-271頁。

[110]　山本・前掲注(109)640頁。

527

ければ，寄託された配当額は他の破産債権者に対して配当される（同条3項）。
また，最後配当においても除斥期間内に行使できる状態になっていなければ，
最後配当の手続から除斥される（破198条2項）。無論，主たる債権者が破産手
続に参加した場合には，破産財団に対して二重の負担を課することになるから，
事後求償権者が破産法104条3項但書の制約を受けることに変わりはないが，
「一般的見解」が述べるような事後求償権の「事前求償権化」はされないと理
解していると思われる[111]。

4　小　括

　以上，実体法における求償権をめぐる理解と破産法における理解の全体像を
概観してきた。以上概観したこと，および平成29年決定をふまえると，破産
手続における求償権者の権利行使について，次のような問題が見えてくる。
　まず，議論の前提として求償権の破産債権性の問題が存在する。多数当事者
の債権関係において，「内部関係」による求償の原因が破産債権の要件の一つ
である「破産手続開始前の原因」に該当するか否か，という問題である。そし
て，破産債権性が肯定された上で，次の三つの問題が挙げられる。
　第一に，多数当事者の債権関係における事後求償権は，破産手続において
「事前求償権化」するのか，という問題である。「一般的見解」によれば，破産
法104条3項により事前求償権となるわけであるが，そもそも破産法103条4
項にいう将来の請求権の例として事後求償権を挙げている。この点について整
合性のある理解を示す必要があると考える。加えて，実体法において議論が分
かれている事前求償権と事後求償権の関係について，二個説に従うなら，ここ
でいう「事前求償権化」の意味をどのように考えるのかという問題も生じる。
　第二に，多数当事者の債権関係における事後求償権を破産債権として行使す
る場合，手続上，現在の請求権とするのか，それともあくまでも将来の請求権
とするのか，という問題がある。仮に，主たる債権者が権利を行使しないとす
るなら，事後求償権の「事前求償権化」の持つ意味は大きく，破産法103条4
項など将来の請求権としての規律を働かせることの可否にもつながる。また，
受託保証人には事前求償権と事後求償権の両方が存在することから，破産手続

---

[111]　山本・前掲注[95] 270頁は，旧法26条にいう「求償権」は事後求償権と考えるべきで
　　あると述べる。

での両者の取扱いが問題となる。この問題は，第一の問題において指摘した
「事前求償権化」を仮に肯定するのであれば，より慎重な検討が必要な問題と
なる。以上の二つの問題は，事後求償権の実体的規律にかかわる問題と見るこ
とができる。

　そして第三に，主たる債権者が権利を行使する，つまり届出をした場合に，
破産法 104 条 3 項との関係も含め求償権の破産手続における手続的取扱いはど
うなるのか。平成 29 年決定は，この点，届出さえも許さないとの理解を示し
ているように見える[112]が，一審の取扱いは，これとは異なっている。したがっ
て，事後求償権の手続上の取扱い，すなわち手続的規律の問題も，実体的規律
の問題を踏まえて詳細に検討する必要があると考える。

　以下では，これらの問題について考察を行い，私論を述べることとする。

V　考　察

1　求償権の破産債権性

　あらためて破産債権の要件を確認すると，①財産上の請求権であること，②
破産者に対する請求権であること，③強制的実現を求めることができること，
④破産手続開始前の原意に基づくものであることである（破 2 条 5 項）。

　多数当事者の債務関係においては，一般的に金銭債権であることから，①と
③の要件は充足する。また，破産手続において求償権の債務者は破産者である。
したがって，求償義務者が破産した場合には，②の要件も充足する。したがっ
て，求償権が破産債権に該当するか否かは，④の要件を充足するか，という点
にある。ただし，④の要件についても，上述した無委託保証の場合を除き，要
件の充足が議論される余地はほとんどないと思われる。なぜなら，無委託保証
を除く他の多数当事者の債務関係では，主たる債務の発生と根拠を同じくする
契約や法の規定に，求償権の発生の根拠があると考えられるからである。

　以上のことから，無委託保証の場合を除き，多数当事者の債務関係における
求償権は，破産債権に該当すると結論付けられよう。残るは，無委託保証の場
合である。保証債務は，主たる債務と保証が異なる契約によって成立し，主た

---

[112]　木内裁判官の補足意見は，予備的届出，条件付届出を否定している。

23 破産手続における求償権の取扱い〔小原将照〕

る債務者の意思に反しても保証債務が成立することから，無委託保証の場合に，求償権について④の要件を充足するか否かが問題となる。

これまでの議論を検討すると，委託の有無により求償権の性質が実体法上異なる点に着目して，無委託保証に基づく求償権については弁済時に現実化するとして，④の要件を充足せず破産債権には該当しないとする非破産債権説の見解は説得的である[113]。しかしながら，保証契約が締結されたのは破産手続開始前であるにもかかわらず，また主たる債権者が保証人から弁済を受け，その結果，破産財団が利得を得ている状況であるにもかかわらず，無委託保証人の求償権が非破産債権とされ，破産手続外に置かれる結果は好ましいものでなく，むしろ問題であると考える。

それゆえ，理論的にはやや難があるものの，保証契約の締結を求償権発生の原因ととらえ，無委託保証に基づく求償権であっても破産債権に該当するとした上で，個々の具体的規定の適用との関係で調整するのが，現時点では妥当ではないかと考える[114]。

2　事後求償権の「事前求償権化」と事後求償権の実体的規律

(1)「事前求償権化」の可否

「一般的見解」によれば，上述したように全部義務関係の場合について破産法104条3項は，受託保証人の事前求償権（民460条1号）について，他の全部義務者すべてに対象を広げたと説明する[115]。したがって，全部義務関係のす

---

[113]　前掲注(97)参照。

[114]　この問題に関連して，無委託保証を締結していた債権者の権利行使，すなわち破産法104条1項，2項の適用の有無について，完全な第三者による任意弁済の場合と比較して検討する必要があると考える。従来の一般的理解によれば，手続開始後に完全な第三者による任意弁済がなされた場合，債権者の権利行使について破産法104条1項および2項は適用されず，弁済を受けた分だけ債権額は減少するとされる（伊藤・前掲注(7)305頁注105，斎藤＝麻上＝林屋・前掲注(8)148頁［加藤哲夫］，伊藤ほか・前掲注(40)765頁など）。この場合，手続開始後の任意弁済により第三者が取得した求償権は，破産債権に該当するのか，という議論がある（木村真也「委託なき保証人の事後求償権と破産手続における相殺」金法1974号32頁（2013年），36頁以下に議論の整理がある）。無委託保証人の事後求償権の破産債権性について，この議論が相互に影響を与えていると考えられ，その延長線として，債権者の権利行使の側面についても比較して検討すべき問題と考える。ただし，本稿の主題との関係では，ここでは問題の指摘にとどめ後日の検討課題とする。

Ⅴ　考　察

べての事後求償権は，破産手続上，すべて事前求償権として破産手続に参加することができる。このような理解は，全部義務関係における事前求償権と事後求償権の存在を意識しつつ，多数当事者の債務関係における「内部関係」の取り扱いを破産手続において統一する点に意義があると思われる。

　しかしながら，このような「一般的見解」には次のような疑問がある。第一に，条文の文言上「破産者に対して将来行うことがある求償権を有する者は，その全額について破産手続に参加することができる。」との定めから，なぜ事後求償権を事前求償権として扱うことと定めたと理解できるのか，という点である。このような理解をするための前提としては，将来の請求権たる事後求償権はそもそも破産手続において権利を行使することができない，との理解から出発しているように思える。しかしながら，「有力見解」が述べるように，破産法 2 条 5 項に該当し，かつ同法 103 条 4 項により破産債権として権利を行使できることが明示されているのであるから，「一般的見解」の前提となる理解は成り立たないことになり，事前求償権として破産手続に参加するとの理解は，条文の文言上から直ちに導くことができるものではない，と思われる。

　第二に，破産法 104 条 3 項，4 項が「第一項に規定する場合において」と定めていることから，同法 103 条 4 項が定める将来の請求権の規定の特別規定と解して，全部義務関係について事後求償権を「事前求償権化」する規定と理解することも，さほど無理があるわけではない。しかしながら，なぜ全部義務関係における事後求償権だけが，事前求償権とされるのかの理由は説得的ではない。確かに，将来の請求権である事後求償権を破産手続で行使できない場合，破産手続が進行して免責されてしまえば，事後求償権者がその負担を回復する方法がなくなるというのは当然であり，それを回避するために「事前求償権化」が必要であるとの説明は，理由になるかもしれない。しかし，同様の立場に置かれるのは，将来の請求権であればすべて，また停止条件付請求権であってもやはり同様であろう。にもかかわらず，全部義務関係における事後求償権だけを「事前求償権化」するのは，むしろ他の将来の請求権や停止条件付請求権との関係で，公平を害する取り扱いではないか，と思われる。つまり，「一般的見解」の考え方は，同列にある他の一般の破産債権者との公平を考慮して

⑾5　なお，「将来の求償権」を現在の請求権として事前求償権と解した上で，立法論的検討を行うものとして，山本・前掲注(109)がある。

いないように見えるのである。さらには，将来の請求権・停止条件付請求権について，配当手続において除斥規定（破198条2項など）を設けている破産法の趣旨に鑑みると，全部義務関係の求償権を「事前求償権化」していることは，このような一般的規律に対する明らかな例外的取り扱いであり，「一般的見解」では，その根拠については何ら説明されていない。

第三に，「有力見解」においても検討しなければならないが，事前求償権に関する実体法の議論との整合性についてである。まず事前求償権の根拠・法的性質について，有力説が主張するように事後求償権保全のためのものとする理解や，一定の事由がある場合に保証人を負担から解放し免責するためのものとする理解をふまえると，そのような補完的あるいは特殊な権利を，なぜ破産手続開始により他の全部義務関係に拡大するのか。その根拠は，従来の破産法における議論からは判然としない。

また，事前求償権と事後求償権の関係について，一個説，二個説のいずれによるかで，「一般的見解」の理解は異なると思われる。一個説に従えば，事後求償権の行使要件を拡大したと見ることになるが，判例の立場に従って二個説に立てば，破産手続開始により他の全部義務関係においても別個の債権を発生させることになる。いずれの見解をとるにせよ，なぜ破産手続開始決定によって，そのようになるのかを明らかにする必要がある[116]。

以上を踏まえると，破産法104条3項によって事後求償権が「事前求償権化」される，との「一般的見解」は妥当ではなく，事後求償権は事後求償権として，すなわち破産法103条4項によって将来の請求権としての取扱いを受ける[117]，というのが妥当な理解であり，この点の理解に関しては，「有力見解」の説明が正当であると考える。ただし，「有力見解」の理解に従ったとしても，次のような問題がある。すなわち，実体法上，受託保証人に認められている事前求償権（民460条1号）の取扱いである。この点については，すでに指摘したように，事前求償権の実体法における議論を踏まえて検討する必要がある。

(2) 受託保証人の事前求償権の破産手続における取扱い

まず，事前求償権の根拠・法的性質については，従来の通説である費用前払

---

[116]　栗田・前掲注(96) 55頁は，説明の問題にとどまる，と述べる。

[117]　なお，破産法104条3項但書により債権者が優先されるので，主たる債権者の権利行使がない，ということが前提ではある。

説だけで説明するのは難しいと思われる。そうすると，少なくとも事後求償権保全説あるいは免責請求権説の理解も踏まえて検討しなければならない。この点に関して，ここで明確な結論を示すことは難しいが，少なくとも事前求償権が事後求償権とは異なり，単なる債務者と代位弁済者間の利得・損失の帰属割り当ての調整システム[118]ではなく，より特別な場面における利得・損失の調整システムであるとの理解を前提とするのが妥当ではないかと考える。

次に，事前求償権と事後求償権の関係については，判例は二個説に立ち，学説も二個説に立つ見解が多いように思われる。それぞれを定めた規定が別であり，発生要件も異なることから考えると，両者は別個のものであり，ここでの検討も二個説を前提とする。

事前求償権と事後求償権が，同一の目的を持ちながら別個の債権であることから，破産手続上，両債権を同時に行使することは，破産財団に二重の負担を課す結果につながるので，認めることはできない。また，事前求償権が事後求償権とは異なり，特別な場面で機能することを併せ考えると，すべての全部義務関係に認められる事後求償権の方を主位的に破産手続上行使させ，事前求償権は事後求償権が破産手続上行使できない場面に限って予備的に行使させるべきものではないかと考える。

(3)「将来の請求権」としての事後求償権

また，事後求償権が破産債権に該当するのであれば，破産法103条4項によって，事後求償権者が破産手続に参加できることは疑いの余地がない。したがって，事前求償権について実体法上証明される機能は，すでに破産手続の中に組み込まれているのであって，何らかの特別の取扱いを必要とするものではない。むしろ，事前求償権を現在の請求権である[119]として受託保証人だけが弁済前に事前求償権に基づく配当を受領できる地位にあると見ることの方が，債権者間の公平を欠くように思われる[120]。

そして，このような理解に立つなら，破産手続上，多数当事者の債務関係における事後求償権の「事前求償権化」はなされるべきではなく，受託保証人の

---

[118]　潮見・前掲注(1) 354頁，我妻・前掲注(1) 219頁など参照。

[119]　山本・前掲注(10)641-642頁は，そのような視点を明示している。

[120]　事後求償権は，あくまでも「将来の請求権」としての地位しか持たないので，最後配当においては，破産法198条2項の制約を受けることになる。

事前求償権も，事後求償権が行使できないような場合でない限り，破産財団に二重の負担をかけるものとしてその行使を認めるべきではない。この理解を前提とすると，求償権者は債権者が権利を行使している場合は，全額弁済するまで代位弁済額に応じた求償を受けられないだけでなく，債権者の権利行使がない場合であっても，最後配当の除斥期間内に弁済をしない限り，「将来の請求権」として事後求償権に基づく配当を受領することはできないことになる[12]。

3 求償権の破産手続上の取扱い（手続的規律）

　破産手続において破産債権者として権利を行使する場合，単に実体法上の請求権を有しており，それが破産債権に該当する（破2条5項）だけでなく，破産手続における債権の届出・調査手続を経て，その存在および額が確定していなければならない。

　したがって，求償権者が破産手続において権利を行使するための前提として，まず，法定の方式（破111条，破規則32条）に従い，裁判所に対して自己の求償権を破産債権として届出を行う。届出を受けた裁判所の裁判所書記官は，破産債権者表を作成する（破115条）。

　破産債権者表が作成されると，そこに記載された債権の存否および額ならびに優先劣後の順位等について調査が進められる。調査手続も法定の方式（破116条以下）に従い，破産管財人の認否（認否書）と破産債権者の異議に基づいて行われる（破産者も異議を述べることができるが破産債権の確定には影響がない）。そして，破産管財人が認め，破産債権者からの異議がなければ，その破産債権は破産債権者表の記載通りで確定する（破124条）。破産管財人が認めず，または破産債権者からの異議が出された場合には，その破産債権は債権者と異議者等の間で査定手続等を通じて確定することになる（破125条以下）。

　では，求償権者は，このような債権の届出・調査手続にどのような形で参加することになるのか。この点を確認する必要がある。

　主たる債権者が届出を行っていない場合には，破産法104条3項但書は機能しないので，求償権者が事後求償権について届出を行い，調査・確定手続を経

---

[12]　なお，このような「将来の請求権」としての事後求償権の取扱いや，受託保証人の事前求償権と事後求償権の併存行使の問題について検討するものとして，山本ほか・前掲注(9)166-170頁[沖野眞已]参照。

ることには何ら問題がない[122]。では，主たる債権者が全額で債権届出を行った場合，求償権者の有する求償権は，破産手続上どのような取扱いを受けることになるのか。

破産法104条3項本文は「破産手続に参加することができる」と定め，同項但書で「債権者が…破産手続に参加したときは，この限りではない」と定めている。「手続への参加」ということであれば，「届出」がその端緒になるため，「届出」それ自体をすることができないと解することは，この文言に忠実であると思われる。また，同条4項は「…弁済等をしたときは…債権者が有した権利を破産債権者として行使することができる」と定めている。したがって，破産手続開始後の弁済によって求償権者が権利を行使することが可能になった場合には，求償権の届出を認めるのではなく，債権者が届出た債権について名義変更を認めることが本条の文言に忠実であると思われる[123]。

このような理解に従って，現在の実務では，債権者が全額で届出を行っている場合には，求償権者の届出は，そもそも認められず，求償権者から届出がなされた場合，裁判所が届出自体を却下するか，破産管財人は求償権の債権届出に異議を述べることになる。そして，債権届出期間内に求償権者が全額を弁済すれば，求償権を届出ることを認め，債権者の届出を取り下げさせる，あるいは債権者が届出た債権について名義変更の手続（破113条）をとることになる。債権届出期間が経過した後に弁済が完了した場合には，もはや求償権を届出ることはできないため，債権者が届出た債権について名義変更の手続をとるしかないことになるとされる[124]。したがって，本判決が予備的な届出を認めないとした趣旨も，補足意見であえて停止条件付届出について言及していることも，そもそも届出それ自体を認めないとする理解が根底にあると考える[125]。

しかしながら，このような平成29年決定の理解には疑問がある。そもそも破産手続においては，破産債権の届出・調査手続で破産債権者表の記載が確定され，その記載は確定判決と同一の効力を有する（破124条3項）が，実際に

---

[122] ただし，前述した実体的規律の理解に基づくと，あくまでも「将来の請求権」と同様の取扱いであると考える。

[123] 沖野・前掲注[38]30頁参照。

[124] 澤野・前掲注[35]36頁参照。

[125] 求償権者による届出を認めず，原債権の代位取得による権利行使のみ認めるべきと述べる見解として，沖野・前掲注[38]30頁。

23 破産手続における求償権の取扱い〔小原将照〕

権利を行使した結果である配当を受領する地位が完全に確定するわけではない[126]。配当が1回のみ，すなわち最後配当のみしか行われない場合を前提に議論を進めると，最後配当の手続は，破産管財人が裁判所書記官の許可を得て（破195条2項），配当表を作成し（破196条1項），これを裁判所に提出した後に，遅滞なく，最後配当の手続に参加することができる債権の総額および最後配当をすることができる金額を公告するか，届出をした破産債権者に通知する（破197条1項）。配当表に対する異議申立期間（破200条1項）経過後，または配当表に対する異議申立てがなされる場合には，それについて裁判所の決定がなされた後，破産管財人は遅滞なく配当額[127]を定め，これを破産債権者に通知する（破201条1項，7項）。配当金は，破産債権者が破産管財人の職務を行う場所において受け取る（破193条）が，実務上は，破産管財人が破産債権者に現金を付与することはほとんどなく，破産債権者が届出た銀行口座に振り込む方式が一般的とされる[128]（破193条2項但書参照）。配当を実施したときは，配当した金額を破産債権者表に記載しなければならない（破193条3項）。

では，「最後配当の手続に参加することができる破産債権者」（破196条1項1号）とは誰なのか。

最後配当に参加することができる破産債権者には，債権届出をして債権調査・確定手続を経た債権のうち，ⅰ）異議等がなく確定した債権，ⅱ）異議等が述べられたが，債権確定手続を経て確定された債権，ⅲ）停止条件付債権および将来の請求権に該当するものであって，除斥期間内に行使することができるまでに至った債権[129]，ⅳ）別除権にかかる破産債権で除斥期間内に，破産管財人に対し当該別除権によって担保される債権の全部または一部が破産手続開始後に担保されなくなったことを証明した，あるいは当該担保権の行使によって弁済を受けることができない債権額等を証明した債権，ⅴ）根抵当権にかかる破産債権で，除斥期間内に破産管財人に対して確定不足額を証明した，あるいは証明できなかった場合でも最後配当の許可があった日における当該破産債権

---

[126] 配当前に破産債権者が破産手続上行使できる権能の基礎にはなる。

[127] 中間配当の場合は配当率を定める（破211条）。

[128] 鹿子木＝島岡・前掲注(36)311頁［吉井篤］，西＝中山・前掲注(36)203-204頁［杉本正則］など。

[129] なお，解除条件付債権については，すでに債権として発生しているため，除斥期間内に条件が成就しなければ，最後配当に参加することができる債権に該当することになる。

のうち極度額を超える部分の額の債権，である[130]。

　これらのことを踏まえ，また上述した主たる債権と求償権の別個債権性を前提として，主たる債権者とともに求償権者が届出を行うことは，直ちに破産財団に二重の負担を課す結果には至らず，それぞれの債権が債権調査・確定手続を経ることができると考える[131]。仮に，このようにそれぞれが届出を行い，債権調査・確定手続を経たとしても，求償権者が配当に参加するためには，最後配当の除斥期間内に行使することができるまでに至らなければならず，それは破産法104条4項により主たる債権者が全額弁済を受けなければならない，ということになる。

　以上のことから，求償権の手続的規律として，破産法104条にいう「破産手続への参加」の意味について，従来の一般的な理解とは異なる考え方が十分に成立すると考える。すなわち，求償権者が届出を行い，債権調査・確定手続に破産債権者として参加できるが，確定した破産債権者表に基づく各種の手続参加や，配当手続への参加については破産法104条3項但書および4項の制約を受ける，という理解である。

　確かに，旧法24条および26条は，「権利ヲ行フコトヲ得」と定め，現行法では「参加することができる」とその文言があらためられている。このような改正を，これまでの一般的な理解に従って，届出の可否についても含めた規定にあらためたと見ることはできるが，具体的にどのような手続で参加するのかという点については，特に言及されていない。したがって，破産法104条3項および4項に全部義務関係における求償権者の権利行使の定めが置かれているが，これらの規定は手続に参加する場合の権利の制約を定めた実体的規律であって，具体的にどのような手続的取扱いを受けるのかを定めた手続的規律ではない，と解するのが望ましいと考える。そして，このような理解を前提に，求償権者が届出を行い，債権調査・確定手続を経るのであれば，むしろ全部義務関係の全体像を破産管財人が把握することに役立つ，という利点が挙げられる。求償権者が届出を行えば，まず多数当事者の債務関係に関する権利関係を

---

[130]　これらに加えて，租税等の請求権および罰金等の請求権のうち財団債権に該当しないものも最後配当の手続に参加できる。

[131]　伊藤・前掲注(7) 313頁注[112]中段では，求償権を破産債権として届出ることを認めることを前提とした議論がなされている。

23 破産手続における求償権の取扱い〔小原将照〕

正確に把握できるだけでなく，手続の開始前の弁済状況に加え，手続開始後の求償権者らの弁済状況の把握も容易になろう。その結果，平成29年決定で生じた超過配当の状況についてもあらかじめ予測可能であり，そのような状況の発生に対する何らかの対処[132]についても，破産管財人が十分に対応できるのではないかと考える。

また，人的担保を有する債権者についての権利行使のルールである開始時現存額主義が，実体法上の権利の実存額と破産手続上の権利行使額の乖離を認めるルールであるならば，その乖離の状況を把握する方法についても，手続上備えておくべきではないかと考える[133]。

このような求償権の取扱いについては，結果として一般的な理解に従った従来の運用と何ら変わる点はないとの批判も考えられるが，求償権について届出を認め，債権調査・確定手続を経ることに意味があり，主たる債権者と求償権者の破産手続における権利行使を債権届出でコントロールするのではなく，配当手続でコントロールする点で従来の一般的な理解と大きく異なると考える[134]。

4 開始時現存額主義との関係

さて，求償権者の権利行使について，上述した破産法104条3項および4項の理解が，主たる債権者の権利行使のルールである開始時現存額主義を定めた同条1項および2項の規定の理解と齟齬を生じないか，あるいはその理解に何らかの変更をもたらすのかについて検討する必要がある。私見を述べるなら，開始時現存額主義も求償権者の権利行使と同様，配当表作成時において機能するルールと解するべきであり，従来の一般的な理解である債権届出のルールではない，と解することになる。なぜなら，開始時現存額主義が債権の実存額と手続上の行使額の乖離を認めるものであるなら，その乖離の事実と具体的な乖

---

[132] 前掲注(31)および(33)参照。

[133] 破産法104条1項〜4項が物上保証についても準用されており，手続外の物上保証の実行状況や被担保債権額を把握するためにも，物上保証人の事後求償権の届出がなされた方がよいと考える。

[134] よりドラスティックな手続的規律としては，債権者が破産法104条1項および2項の適用を受けるためには，求償権者による求償権の届出と，債権調査・確定手続を経る必要がある，という方法もあり得ると考える。この方法によれば，第三者の任意弁済の場合との区別が明確になるという利点があると思われる。

V 考 察

離額を破産管財人や破産裁判所が適切に把握しておかなければ，手続上，他の破産債権者との間の公平を損なう可能性が生じる危険がある。無論，主たる債権者と求償権者の双方が債権届出を行えば，破産管財人の債権管理が煩雑になる，との批判もあろう。しかしながら，届出に基づいて破産債権者表を作成するのは裁判所書記官の職務（破115条1項）であり，単に届出債権を表にするだけなら，さほどの労力は必要としない(135)。むしろ，届出の時点で開始時現存額主義の適用を考慮して，届出を認めないとすることの方が問題であろう。なぜなら，実体法上存在しない債権の届出や否認される可能性のある債権の届出であっても，後の債権調査・確定手続で認められない可能性はあるが，その届出自体が認められないことはない。そのことを踏まえると，債権自体が将来の請求権として存在し，ただ開始時現存額主義によりその権利行使が制限されている債権であっても，届出自体を認められないことはなく，むしろ届出は認められるべきであると考える。また，債権調査・確定手続においても，存在について争いがある債権とは異なり，求償権の届出は，単に手続上の権利行使の基礎となる額を定める，あるいは配当表作成の基礎となる資料である債権の届出に該当するため，手続上の権利行使の条件や，配当手続で配当表に記載されるための条件を破産債権者表に記載すればよく，届出それ自体を認めない理由は存在しないと考える(136)。

　よって，破産法104条1項〜4項については，届出を行い，債権調査・確定手続において，主たる債権者と求償権者が手続上どのような取扱いを受けるのかを定めた規定ではなく，債権調査・確定手続を経た上で，破産手続上の各種の権利行使の基礎となる債権の基準額，および配当手続において配当表に記載されるべき債権額についてのルールを定めたものと解すべきであると考える。

5　私論のまとめと今後の議論への示唆

最後に，本稿において論じた私論のポイントをまとめ，今後の議論への示唆

---

(135)　実務においても，直接，破産管財人に届出る運用もなされている。鹿子木＝島岡・前掲注(36) 244 頁[深瀬朋美]，西＝中山・前掲注(36) 120 頁[西野光子]など参照。

(136)　むしろ，裁判所に提出された届出債権の内容すべてをチェックした上で，裁判所書記官が破産債権者表を作成する方が困難であると思われる。また，破産管財人に直送された債権届出の場合の取り扱いも問題となると思われる。

を試みる。まず，破産手続における求償権の取扱いについては，実体的規律の側面と手続的規律の側面に分けて検討すべきである。前者については，①事後求償権の「事前求償権化」はなされず，②事後求償権のみが「将来の請求権」に該当するものとして手続に参加するのを原則とする。後者については，他の「将来の請求権」と同様，配当手続における制約を受け，また，破産法104条3項但書，4項の制約も受けるが，あくまでも破産手続における権利行使の制約であって，債権届出は当然に認められ，債権調査・確定手続を経るべきものと考える。

以上の私論については，債権者による届出がなされるのが一般的であり，実質的に議論すべき意義があるのか，といった批判も考えられる。しかしながら，次の二つの点で，今後の議論につながるものと考える。一つは，すでに様々な先行研究により，必ずしも開始時現存額主義による非控除ルールが妥当ではないとする場面があるとの指摘があり[137]，また，すでに述べたように，いまだ判例による解決がなされなければならない問題も生じている。したがって，開始時現存額主義を多数当事者の債務関係の一部の問題ととらえた場合，求償権の取扱いを詳細に検討しておくことは有益であると考える。そして，その延長線上には，開始時現存額主義を含めた破産法104条全体の見直しの議論にも大きく関わるのではないかと考える。

もう一つは，再建型倒産手続（民事再生，会社更生）における破産法104条1項〜4項の規律の妥当性である。本稿での検討の結果，多数当事者の債務関係における求償権の破産手続上の取扱いについては，手続上の権利行使や配当受領の基礎として，どのように権利を反映するのかという実体的規律と，債権の届出および債権調査・確定手続にどのような形で参加するのかという手続的規律は別個のものであって，破産法104条3項，4項は，あくまでも前者の規律でしかないことを明確にできた。このような議論の整序から，開始時現存額主義も含めた破産法104条の規律の妥当性が，あくまでも債務者財産の清算時についてのみ妥当する規律との考え方も十分に導くことができると思われる。そ

---

[137] 拙稿「主たる債務者による一部弁済と開始時現存額主義」青法51巻1・2合併号413頁（2009年），同「新破産法における抵当権付債権を有する者の取扱い——不足額責任主義と宣告時現存額主義の交錯」みんけん（民事研修）571号3頁（2004年），杉本・前掲注(11)など。

V 考 察

の上で，再建型倒産手続における多数当事者の債務関係について，破産法とは異なる規律が妥当性を持つことも十分に考えられ，その検討に際しては，本稿での議論が参考になるのではないかと考える。

24 「債権者平等原則」の法的性質
── 破産判例の変遷を中心に

河 崎 祐 子

I　は じ め に

　債権者の平等は,「古今東西の倒産法の基本原理」[1]であり,「倒産処理手続の生命線」[2]だといわれる。これらの主張を裏づけるかのように,旧破産法(大正 11 年 4 月 25 日法律第 71 号)304 条(旧和議法 49 条 2 項で準用の強制和議)には「平等」の文言がみられるし(「強制和議ノ條件ハ各破産債権者ニ付平等ナルコトヲ要ス」),民事再生法や会社更生法も同様に,計画による権利変更について「平等」を規定している(民事再生法 155 条 1 項,会社更生法 168 条 1 項等)。

　ところがその一方で,興味深いことに,倒産処理の基本である破産手続を規定する破産法には,「平等」という文言は一切登場しない。例えば,旧破産法において「平等」が規定されていたのは,上述のように和議に関する部分のみであり,現行破産法においても,その目的を定めた第 1 条で強調されているのは,「債務者の財産等の適正かつ公平な清算」とあるように,「適正」や「公平」であって,「平等」ではない。また,破産法上の「債権者平等原則」の根拠条文と目される 194 条 2 項(旧破産法 40 条)[3]は,同一順位の破産債権には「その債権の額の割合に応じて」配当すべきことを規定しているに過ぎないし,同様に 152 条 1 項本文も,財団不足の場合の財団債権への弁済は「債権額の割合によ」ることを定めるばかりである[4]。

　この条文上の根拠の欠如を反映するかのように,旧破産法以来,これまでに

---

(1)　霜島甲一『倒産法体系』(勁草書房,1990 年) 14 頁。
(2)　山本和彦『倒産処理法入門 (第 5 版)』(有斐閣,2018 年) 192-193 頁。
(3)　高橋宏志「債権者の平等と衡平」ジュリ 1111 号 (1997 年) 156 頁参照。

『現代民事手続法の課題』春日偉知郎先生古稀祝賀〔信山社,2019 年 7 月〕

24 「債権者平等原則」の法的性質〔河崎祐子〕

通説的地位を占めてきた学説の体系書においても「債権者平等原則」を説明した叙述は皆無であった。そこでは,「公平」という言葉が頻繁に使われているのに対して,「平等」はせいぜい,配当率による破産配当の内容を説明する場面でみられるのみである[5]。いわば,「債権者平等原則」が倒産手続の根本原則として学説上議論されるようになったのは,比較的近年になってからのことなのであった[6]。

では,「債権者平等原則」とはどのようなものであり,その根拠はどこにあるのだろうか[7]。これを知るには,判例に目を向ける必要があるだろう。というのも,裁判のなかでは,倒産事案においても戦前から既に「債権者平等ノ原則」という言葉が使われているのを確認できるからである。つまり,「債権者平等原則」は,むしろ実際の民事裁判の場でいち早く使われるようになった言葉だったのである。

そこで本稿では,確認することのできた平成30年6月末日までの「債権者平等」に係る約280件の裁判例を対象に,特に裁判所の判旨に注目して,「債

⑷ そのうえ,旧破産法の前身である明治破産法（明治23年商法第3編破産）1045条では「平等ノ割合ヲ以テ」配当する旨規定されていたところ,旧破産法ではこの「平等」の語が削除され,現行法に至っていることも指摘されなければならない。商人破産主義との決別以来,破産法は「平等」から距離を置くこととなったのである。

⑸ 例えば,加藤正治博士の体系書『破産法要論（訂正3版）』（有斐閣,1935年）において「平等」が論じられているのは,「平等なる満足」（7頁）,「平等的満足」（97頁）,「債権額の割合に応じ平等に辨濟」（100頁）,「破産的平等辨濟」（156,158頁）,同順位債権者の配当率は「平等の割合」（390頁）であり,同様に兼子一博士の体系書『強制執行法・破産法（新版）』（弘文堂,1963年）においても,Vで後述する一箇所のほか,「平等な割合」での配当の受領（163頁）,「破産手続による平等比例配当の原則」（206頁）,「平等弁済」（219頁）,「平等比例的な金銭配当」（227頁）とあるように,ほぼ全てが「弁済」や「満足」という言葉とのセットで,配当受領の文脈に表れたものである。

⑹ 実際,主要な法律学辞典における「債権者平等の原則」の項目（戦前は「債権平等の原則」）は民法上の原則として説明されており,その効果的な発現の一例として債務者破産の場合が挙げられているに過ぎない。末弘嚴太郎・田中耕太郎責任編輯『法律學辭典（第2巻）』（岩波書店,1935年）973頁,我妻榮編集代表『新法律學辭典』（有斐閣,1952年）344頁,竹内昭夫ほか編『新法律学辞典（第3版）』（有斐閣,1989年）528頁参照。他方,事業再生との関係で「債権者平等原則」を倒産法上の原則として問い直そうとする近年の動きの一つとして,中西正「破産法における『債権者平等原則』の検討」『民事手続の現代的使命 伊藤眞先生古稀祝賀論文集』（有斐閣,2015年）973頁以下がある。

544

Ⅱ 「債権者平等原則」の生成

権者平等原則」の法的性質をめぐる公権的判断がどのように変遷していったのかを辿ってみたい。もっとも，紙幅に限界があるため，関係判例を網羅的に紹介することは残念ながらできない。そのため以下では，判例をその傾向に基づいて大きく三つの時期に区分し，倒産手続の基本である破産に関する判例に焦点を絞って，各期における特に特徴的な判例を中心に分析を進める。また，「債権者平等原則」を深く掘り下げて理解するためには，「破産制度」全体のなかで「債権者」の「平等」の意義づけを考察する必要がある。それゆえ，それぞれの時代の判例分析においては，（1）破産制度観，（2）その破産制度における債権者の法的地位，及び（3）平等の法的性質，という三つの観点に注目することとする。

Ⅱ 「債権者平等原則」の生成 ── 第一期（～1970年代）

1 判例の動向

もともと「債権者平等」は，破産判例上，重要視されていたわけではない。第一期（1970年代半ば頃まで）の「債権者平等」をめぐる判例は，戦前に2件，戦後は77件あるが，そのうちの約7割（53件）が民法及び執行・保全関係（抵当権実行を含む）であり，倒産判例は残りの26件に過ぎなかった。しかも，そのうち5件の最高裁判決（破産事案4件，会社整理事案1件）をみると，法廷意見において「債権者平等」に直接触れた破産判例は皆無であり[8]，当事者側

---

(7) 日本破産法の母国ドイツにおいても，倒産処理における債権者同一取扱原則 Der Gleichbehandlungsgrundsatz の起源と内容の探究はかねてより行われてきたが，確たる起源はなお解明されておらず（z.B. Wilhelm Uhlenbruck, Einhundert Jahre Konkursordnung, in FS: Einhundert Jahre Konkursordnung 1877-1977 (1977), S. 3, 6 ff.），またその内容については，しばしば援用される「倒産法上最も人気のある定型的な論題」ながら，「結局は満たすことのできない要請」であり，「体系的理解」や「教義上明確な輪郭を与えられたことのない」いわば「スローガン」に過ぎない，というのが現代の到達点だといえる。Vgl. A. M. Berges, Die rechtlichen Grundlagen der Gläubigergleichbehandlung im Konkurs, KTS 1957, 49；Hans-Jochem Lüer, Einzelzwangsvollstreckung im Ausland bei inländischen Insolvenzverfahren, KTS 1978, 200, 210 ff.；Jan Felix Hoffmann, Prioritätsgrundsatz und Gläubigergleichbehandlung (2016), S. 1, Einleitung A, S. 193 ff. Vgl. BGH Urt. v. 29. 1. 1964, BGHZ 41, 98, 99, 101［和議手続全体を支配する債権者利益同等取扱の原則と対比させて，均等満足 gleichmäsig Befriedigung の原則を「包括執行としての破産の中核」と呼ぶ］.

24 「債権者平等原則」の法的性質〔河崎祐子〕

が上告理由などで「平等的満足」や「平等の原則」を持ち出してもこの表現にこだわることなく，忠実な法文の解釈・適用に終始していた[9]。いわば，この時期の倒産判例における「債権者平等」は，民法判例や執行判例におけるが如き所定の原理・原則としてではなく，下級審裁判所の判示にあるように，一定の「弁済」のありようを指し示す概念であって[10]，それは，同時代の主要な体系書が論じているように，当時の破産法（旧破産法）に新たに導入された，配当率に基づいた配当という破産法独自の「弁済」の方法を説明するものに過ぎなかったのである[11]。

では，この旧破産法に導入された「弁済」の方法を説明するために「債権者平等」が持ち出されたのはなぜかといえば，それが何のための何を目指したものなのかを明らかにするためだったからにほかならない。すなわち，破産法又は破産法上の制度の「目的」や「理念」を論じるための「債権者平等」である。例えば，名古屋地裁昭和 38 年 5 月 30 日判決[12]は，相殺無効の判断を下すにあ

---

(8)　ただし，Ⅲで第二期判例として取り上げるように，第一期と第二期の境目の時期に出された最三小判昭和 53・5・2 判時 892 号 58 頁では，天野武一裁判官の意見で「債権者平等の原則」という言葉が用いられているほか，会社整理事案では，最一小判昭和 47・7・13 民集 26 巻 6 号 1151 頁で，会社の債権者間における「平等的比例弁済の原則」という表現が用いられている。もっとも，いずれも，他の第一期の下級審判例判例がそうであるように，一定の弁済のありようを補助的に説明するためのものであった。

(9)　最三小判昭和 37・11・20 民集 16 巻 11 号 2293 頁，最二小判昭和 41・4・8 民集 20 巻 4 号 529 頁，最二小判昭和 43・11・15 民集 22 巻 12 号 2629 頁，最三小判昭和 47・12・19 民集 26 巻 10 号 1937 頁。

(10)　例えば，「一般債権者の平等弁済を害する行為」（佐賀地判昭和 32・10・11 下民 8 巻 10 号 1898 頁），1 号否認と「債権者間の平等」（大阪地判昭和 34・2・24 民集 21 巻 4 号 869 頁），「債権者の平等弁済を害するもの」（東京地判昭和 34・5・14 金法 210 号 4 頁），「一般債権者の平等分配の利益」（札幌地判昭和 41・7・20 下刑 8 巻 7 号 1021 頁），「総債権者の平等弁済を害する場合」（大阪高判昭和 44・9・16 判時 596 号 53 頁）等がある。

(11)　旧破産法では，公平かつ迅速な倒産処理を実現するべく，一般破産主義を採用して非商人についての家資分散法との統合が図られるとともに，従来不十分だった破産債権に関する詳細な規定を設けるにあたり，商人破産主義に拠っていた明治破産法にはなかった配当率についての規定を置くこととなった（梅謙次郎口述『破産法案概説』〔法學協會，1903 年〕87 頁，第四十五帝國議會貴族院破産法案外一件特別委員小委員會議事速記録第二號〔河村謙三郎委員發言・山内確三郎政府委員發言〕参照）のであり，この新たに定められた破産独自の「弁済」のあり方に意が払われたとしてもなんら不思議なことではない。また，学説の状況も前述の通りであった（前掲注(5)参照）。

(12)　民集 20 巻 4 号 537 頁。

たり「破産法の目的とする『破産債権者間の平等的比例弁済の原則』」という
表現を用いている。ここでいう「破産法の目的」である「平等的比例弁済」を
実現するには，旧破産法104条（以下，旧破産法条文については「旧」を付して
条項数のみを示す）の相殺制限が「破産財団を不当に減少し債権者平等の原則
に反する結果とな」らないことを考慮したものだとする東京高裁昭和39年5
月25日判決[13]の判示にあるように，「破産財団」の「不当」な「減少」を避け
ることが不可欠となる。というのも，それは，旧72条2号の対象行為を説明
するにあたり「総債権者の平等の理念に反し，破産債権者の利益を害する行
為」と論じた大阪地裁昭和45年3月13日判決[14]にみられるように，「破産債
権者の利益を害する」ものであり，破産法の「理念」に反するからである。

　この意味するところは，「破産債権者」の間の「平等的（比例）弁済」を
「目的」とする破産法・制度の「理念」が，「特別の事情（事由）」がない限り
貫徹される，ということであった。実際，1970年代には，「債権者平等」に係
る破産判例5件の全てにおいて，こうした観点から否認や相殺の可否が論じら
れ，うち4件で，この例外を認める「特別の事情（事由）」がないとの立場か
ら，争われた特定債権者に対する弁済は否定されていた。

2　「債権者平等原則」の法的性質
(1)　破産制度観
　この第一期の特徴，すなわち，旧破産法で新たに導入された「弁済」方法
（配当率に基づいた配当）が何のために（「目的」）何を目指していたのか（「理
念」）を補足的に説明するために「債権者平等」を用いるという特徴が最も顕
著に表れているのが，最高裁第三小法廷昭和47年12月19日判決[15]であった。
判示のなかでは「債権者平等」に触れられてはいないものの，破産会社が詐欺
的に取得した融資金の返還行為が問題となった本件事案において，不当利得返
還請求権は「債権者の平等弁済の確保」を必要とする一般取引上の債権とは異
なるとの上告理由に対し，最高裁は，本件返済金は「特別の事情のないかぎり
特定性がな」いからその所有権は相手方債権者に「復帰するものではなく」，

---

[13]　高民17巻4号235頁。
[14]　下民21巻3・4号397頁。
[15]　前掲注(9)参照。

「わけても，弁済に代えて給付された物ないし権利が破産会社の一般債権者（破産債権者）の共同担保である財産（破産財団）に属することはいうまでもないから，これを減少させる行為は，破産債権者の利益を侵害するものである」として，事実上上告人のいう「債権者の平等弁済」に服するよう判断した形で，管財人による否認権行使を認めた。

　ここに示されている破産制度観は大きく二つに分けることができる。それは，①破産制度においては，破産債権者の「利益」を害する行為をしてはならず，そのために，②破産状態になって以後は「特別の事情がない限り」，「一般債権者（破産債権者）の共同担保である財産（破産財団）に属する」「物ないし権利」を，特定債権者に「給付」してはならない，という理解である。つまり，破産制度とは，「特別の事情」がない限り，破産債権者の「利益」を害する行為（破産財団を減少させる，特定債権者に対する弁済）をしてはならない，という「目的」や「理念」を持つものだということである。

(2) 債権者の法的地位

　このような破産制度観の下で，債権者はどのような法的地位に置かれているのだろうか。上記昭和47年判決に手がかりを求めると，次のような分析が可能である。まず，破産債権者が破産制度において得る「利益」は，破産財団からの破産配当が行われた結果としてのみもたらされる。それゆえ，「一般債権者（破産債権者）の共同担保である財産（破産財団）」を「減少させる行為」は「破産債権者の利益を侵害するもの」として許されない。したがって，破産債権者の「利益」を害さないことと，あるべき破産財団が維持されることとは同義である。このようにみてくると，この破産制度における破産債権者は，破産財団から「利益」を受けることのできる地位にある者として捉えられていることになる。

(3) 「平等」の法的性質

　では次に，このように破産配当を通して破産財団から「利益」を受けることのできる地位にある債権者間の「平等」とは，どのようなものだろうか。上記昭和47年判決において最高裁は「債権者平等」という言葉を用いていないので，正確には分からないが，「債権者平等弁済の確保」という上告理由に対する判示をみると，次のように推察することができる。すなわち，最高裁は，破産会社による返済金の所有権は「特別の事情のない限り」相手方債権者に復帰

せず，したがって破産財団に属するとした。そうであれば，これを相手方債権者に「給付」して破産財団を「減少させる行為」は「破産債権者の利益を侵害するもの」として許されない。したがって，この破産制度における「平等」とは，「特別の事情がない限り」特定債権者に対する破産財団からの「給付」を認めないことを意味している。というのも，このような「給付」を原則として認めないことによって，判例上，破産法・制度の「目的」や「理念」だとされた配当率による配当（「平等的（比例）弁済」）を，「不当」に「減少」させることなく実現することができるからである。

Ⅲ 「債権者平等原則」の変容 —— 第二期（1970年代～1990年代）

1 判例の動向

オイルショックを契機とした高度経済成長期の終焉とともに，「債権者平等」をめぐる判例は，新しい傾向を示しはじめる。この第二期（1970年代半ば頃～1990年代終わり頃）においては，「債権者平等」に係る判例のうち，民法及び執行・保全に関わるものは急減し，特に80年代・90年代になると約8割（49件中37件）を倒産判例が占めるようになった。しかも，最高裁昭和53年5月2日第三小法廷判決においてそうであったように，個別裁判官の「意見」のなかで「債権者平等」に言及するものがみられるようになってくる[16]。ただ，この時期の破産判例も第一期と同様，最高裁の法廷意見において「債権者平等」に直接触れたものはなく，「債権者平等」をめぐる判示の新しい傾向は，下級審裁判所がリードしていた。それは端的にいえば，「特別の事情」がない限り破産債権者の「利益」を害する行為をしてはならない，とされた「債権者平等」における「特段の事情」とは，判例上どう解されるのか，を明らかにしようとする動きであった[17]。

---

[16] 前掲注(8)参照。同行相殺が問題となった本件事案において，天野裁判官は，手形所持人の自由な選択に基づく権利行使という観点から論じた法廷意見と結論は同じくしながらも，原審が問題とした破産管財人の側からする相殺を取り上げて「債権者平等の原則に反しないような特別の事情のない限り許されないものと解すべきである」との意見を付した。ここでは，第一期に確立された「特別の事情」の必要という判断枠組みによりながら，破産判例上，おそらく最高裁において初めて「債権者平等の原則」に言及されており，第二期の到来が示唆的に表れている。

24 「債権者平等原則」の法的性質〔河崎祐子〕

こうして，第二期の破産判例における「債権者平等」では，特定債権者に対する「弁済」が許容される「特段の事情」を解明することに主眼がおかれることとなる。すなわち，法定の否認要件の前提となる一般的要件としての「不当性（相当性）」及び「有害性」という新しい概念である[18]。しかしながら，ここで興味深いのは，当初は破産債権者の「利益」を害さない"例外"のありようを「特別の事情」という形で模索していたはずの裁判所のこうした努力が，次第に，特定債権者が「弁済」を受けられる"原則"のありようを確立するための努力に変質していったことである。

例えば，借入による弁済の否認を認めた大阪高裁昭和61年2月20日判決[19]では，「破産手続が破産債権者間の平等公平な弁済を目的とする点」から「債権者の平等を害すること」及びその他の実際的な弊害をも考慮して「不当性を有する」本件弁済は否認すべきである，との判断がされている。ここで「不当性」の有無という一般的要件は，特定債権者に対する「弁済」が認められる"例外"を絞りこむ点で，第一期における「特別の事情」に近いものだということができるだろう。ところが，連帯保証の無償否認が問題となった最高裁昭和62年7月3日第二小法廷判決[20]にみられるように，この一般的要件の強調は，容易にそれを破産法・破産制度における事実上の"原則"に転化してしまうものであった。というのも，無償行為否認が客観的要素に基づく特殊な否認類型であることを根拠に法の「形式」（法律上の要件）に即して結論を導いた法廷意見に対して反対意見を付した二人の裁判官は，「法の趣旨」や「大審院の

⒄　例えば，破産手続に前後して進められていた私的整理で債権者委員長を務めた被告が配当等として受けた弁済をめぐり「かように一応破産法七二条二号に該当する行為があっても，右行為が他の債権者との間で公平を害することがない特段の事情がある場合には右行為を否認し得ないものと解するのが相当である」として，割高な配当率の認められた手形債権についての配当部分のみを「債権者の平等の弁済に反して支払を受けたもの」と認定した岐阜地大垣支部判決昭和57・10・13判時1065号185頁がある。もちろん，「特段の事情」の認定に最も切実な利害を有する当事者側からも，様々な解釈が熱烈に主張された。その象徴的な例として，後注⒇引用の上告理由参照。

⒅　同時代の有力学説もこうした判例の動向を強く支持していた。山木戸克己『破産法』（青林書院，1974年）188頁以下，谷口安平『倒産処理法』（筑摩書房，1976年）252頁以下，斉藤秀夫ほか編『注解破産法』（青林書院，1983年）318頁［宗田親彦］，伊藤眞『破産法』（有斐閣，1988年）272頁以下等参照。

⒆　判時1202号55頁。

⒇　民集41巻5号1068頁。

判例」の「趣旨」，あるいは「実質的対価」や「間接」的な「経済的利益」といった「実質」を考慮する観点から，破産申立前6月内に破産者が義務なく行った保証等の行為として旧72条5号の要件が充足されている場合であっても，無償行為として否認することはできないとしているからである[21]。いわば，それら法の「趣旨」の実現に適うと評価される場合には，法律上の要件に拘わらず，"原則"として一般的要件が適用される，ということである。

2 「債権者平等原則」の法的性質

(1) 破産制度観

「形式」よりも「実質」を重視し，破産債権者の「利益」を害さないことよりも一定の要件の下に特定債権者に対する「弁済」を認めようとするこの傾向は，1990年代になるとよりいっそう顕著になる。そこで注目されるようになったのが，「目的」や「理念」ならぬ，破産制度の「趣旨」であった。例えば，東京高裁平成4年6月29日判決は，連帯保証人がその主債務を代位弁済した債権者との間に締結した連帯保証契約が無償行為として否認されないことを理由づけるにあたり，こう判示している。「債権者平等の原則に反する結果を招来させる等」の「一般債権者を害する行為」の効力を「一定の類型的要件のもとに」否定して「破産債権者に対する公平な配当を可能ならしめることを目的として設けられた」という「否認権制度の趣旨からすれば」，「否認される行為は，これによって破産財団を減少させ，一般債権者を害するものに限られる（いわゆる「有害性の要件」）べきこともまた当然である」[22]。否認制度の「趣旨」に基づき，一般的要件（「実質」）が充足されれば，法律上の要件（「形式」）の有無に拘わらず否認が認められる，とするこの判断枠組みは，そのコロラリーとして，「形式」がなくても，「趣旨」を勘案して「実質」が認められるとの結論をも導出することとなる。例えば，危機時期到来を停止条件とする集合債権譲渡担保契約につき信義則により旧72条1号否認又は2号否認の準用を認めた東京地裁平成10年7月31日判決[23]がこの点について顕著である。

---

[21] 島谷六郎，林藤之輔両裁判官の反対意見。本件上告理由も，有害性と不当性を否認権成立のための要件とする理解の下に，受益者が「特段の事情を立証して，当該行為が破産債権者にとって有害でないか，不当でないことを明らかにした場合には，否認権は成立しない」と主張していた。

24 「債権者平等原則」の法的性質〔河崎祐子〕

同判決は,「一般の破産債権者間の平等を害して債権譲受人のみが優先的,排他的に債権の回収を図り,破産法所定の否認の制度を潜脱することを目的とする脱法的な契約」と評価される本件契約を「単に否認の要件を形式的には満たしていないとの一事をもって」否認対象から除外することは「否認制度の趣旨を没却するもの」だと判示した。「形式」である法律上の要件が不充足の場合にも,制度「趣旨」の観点から「実質」が優先される,というのである。

　これらの下級審判例に示されている第二期の破産制度観もまた,第一期と同じように,二つに分けて考えることができるだろう。すなわち,①第一期においては「特別の事情」がない限り"許されない"ものであった特定債権者に対する弁済が,第二期においては破産財団すなわち破産債権者を害さない限り原則として"許される"ようになり,その原則を明らかにするために,②破産制度の「趣旨」に基づいた一般的要件(「有害性」及び「不当性」)が考慮される必要がある,という理解である。つまり,第二期を特徴づける破産制度観は,第一期のような,「特別の事情」がない限り特定債権者に対する「弁済」を禁止することを「目的」や「理念」とするものから,「特段の事情」(一般的要件)があれば特定債権者に対する「弁済」が許容されることを「趣旨」とするものへと,変容したのであった。

(2) 債権者の法的地位

　破産制度観における,破産財団すなわち破産債権者の利益を害さない限り"許される"という新しい原則(一般的要件)の適用は,破産制度において配当

---

⑳　判時1429号59頁。同様の判決として,例えば,東京地判平成7・8・25判時1574号85頁も,当事者が主張した「有害性」の欠如を「不当性」の存在の主張と解釈したうえで,「客観的には特定の債権者に対する弁済として偏頗弁済と認められ,計数的にも破産会社の責任財産の減少と認められるものであっても」,「破産会社のした行為として相当性があ」れば否認の対象とはならないと判断している。また,これをさらに押し進めたものとして,倒産解除特約の効力が問題となった東京地判平成10・12・8判タ1011号284頁がある。ここでは,「法形式」との「間に齟齬があっても」,その「実質」において「合理性」がありこれに対する「当事者の期待」が「法的に保護されるべき」契約であれば「無効とすべき理由はない」とされているが,これは,破産状態になった以後のみならず,破産以前の契約関係にまで「特段の事情」を拡張させ,その契約関係をめぐる特定債権者の「期待」が「保護される」としている点で,Ⅳで検討する第三期の傾向を先取りしたものだとみることができる。

㉓　判時1655号143頁。

を受領する破産債権者に対しても，新しい法的地位を割り当てることとなる。なぜなら，破産制度の「趣旨」に反さない限り，特定債権者に対する「弁済」が原則として認められるならば，破産配当の原資となる破産財団（配当財団）もまた，「趣旨」に反さない限り当然に縮小するものとして捉えられるからである。これを破産債権者の立場から言い換えるならば，破産財団から「利益」（配当）を受けることができるという第一期の法的地位は，第二期においては，破産制度の「趣旨」に反さない配当原資の減少（特定債権者に対する「弁済」）を受け入れざるをえない法的地位になった，ということである。こうして，破産財団という責任財産を同じくするがゆえに，特定債権者の優先的地位が原則として認められるようになったことの裏返しとして，破産配当から「利益」を得られるという破産債権者の地位は後退することになったのである。

(3)「平等」の法的性質

破産債権者の法的地位が破産制度の「趣旨」に照らしてこのように後退したことの必然的結果として，その間の「平等」の意味も，「趣旨」との関係で変容を迫られる。なぜなら，法律上の区分としては同じ破産債権者に分類される者の中で，「弁済」が認められる特定債権者とそれ以外の破産債権者とを区別するのが，法文には書かれていない破産制度の「趣旨」であり，これから導かれる一般的要件だからである。したがって，第二期の破産制度観の下での「平等」とは，「形式」（法律上の要件）ではなく，「実質」（一般的要件）を重視することであり，破産制度の「趣旨」に基づいた判例上の新しい原則（一般的要件）に反しないこと，を意味するということができる[24]。

---

[24] このことは，「債権者平等」とは必ずしもあらゆる「債権者」を「平等」に「扱う」ことではない，とする立論を導き出すこととなる。一例を挙げれば，破産手続開始後の物上代位権行使の正当性を根拠づけようとした代位権者側の主張として，「破産法上の債権者平等というのも，すべての債権者を平等に取扱う趣旨ではなく，特別担保権ないし所有権者等の破産財団に対する権利を除外して，一般の破産債権者の共同担保となり得るものについて債権者を平等に取扱おうという趣旨のものである」から，「本件債権者の先取特権を認めたところで債権者平等の原則に反するものではなく，また破産債権者を害するものではない。」（名古屋高決昭和56・8・4判タ459号70頁［抗告理由書］）と論じたものがある。

Ⅳ 「債権者平等原則」の定着 ── 第三期（1990年代〜）

1 判例の動向

バブル経済の崩壊に伴う不良債権処理を課題とし，倒産法制の改革が進められた第三期（1990年代終わり頃以降）になると，「債権者平等」に関する倒産判例の件数は大幅に増加し，2018年6月末までの全143件中103件に上った。そのうえ，第一期・第二期とは異なり，第三期倒産判例の最高裁判決5件（破産事案3件，民事再生事案2件）では，そのすべての法廷意見において初めて「債権者の平等」（2000年代）又は「債権者間の公平・平等」（2010年代）という言葉が用いられた。ただ，2000年代と2010年代とでは微妙な違いがあり，2000年代の2判決(25)が，停止条件付債権譲渡契約の否認という同一論点をめぐって旧72条2号の否認制度の「趣旨」を論じるという，第二期にみられた論理を発展させたものであったのに対して，2010年代の3判決(26)は，「債権者間の公平・平等」な「扱い」が破産制度・民事再生手続の「基本原則」であることを明言する，これまでの判例における一つの到達点を示すものであった(27)。

この「債権者平等原則」の定着に向けて，第三期の判例では，「実質」を重視して特定債権者に対する弁済を破産以後に認める“原則”を確立するという第二期の方向性を踏襲しつつ(28)，さらにこの“原則”を破産以前の契約関係の評価にまで拡張することにより，事実上の「優先権」として定着させることを目指すようになる(29)。その理論的な含意は，特定債権者が有する破産以前の権利が，破産以後においても事実上行使できるということであった。というのも，この時期に蓄積されてきた下級審判例では，「担保」ないし「担保」と同等の「機能」を有する権利を破産以前に備えた特定債権者の「期待」は破産以後に

---

(25) 後注(30)参照。

(26) 後注(34)及び(36)参照。

(27) それゆえ2010年代の2判決にそれぞれ付された補足意見では，この「基本原則」の定義づけが試みられているが，いずれも民事再生や会社更生を念頭に置いたものであって，破産に関わる「債権者平等原則」を正面から論じたものとはいえない。このことは，破産判例である後述の平成24年判決において須藤正彦裁判官の補足意見が，「少額債権者の優先弁済」や「会社更生法での担保権の更生担保権としての処遇」を「その一例」として挙げていることからも明らかである。

Ⅳ　「債権者平等原則」の定着

おいても「保護」されうるのだ，と判示されているからである[30]。この第三期
の判例の傾向は，既に 2000 年代最初の「債権者平等」判例である東京地裁平

[28]　この一貫した方向性のゆえに，第三期の判例であっても，第一期の「特別の事情」や
第二期の「不当性」「有害性」といった各期のキーワードを含むものが意外に少なくない。
例えば，代位弁済された労働債権につき「破産法上の趣旨」や実際上の必要性を踏まえ
つつ「財団債権としての優先的な効力を付与すべき特段の事情がある」とした大阪地判
平成 21・3・12 金法 1897 号 83 頁や，「いわゆる故意否認の対象となるか否かは，行為
当時の破産者の経済的状況，行為の目的等からして他の破産債権者を害すべき不当なも
のであるか否かを認定する必要がある」とした名古屋地判平成 13・4・20 民集 58 巻 5
号 1750 頁，破産者の預金口座からの弁済につき「有害性を欠く特段の事情」を認めた
大阪地判平成 14・6・3 金法 1664 号 78 頁等がある。

[29]　例えば，破産法の定める相殺禁止について，「元来…相殺適状にある限り，両債権の
取得時期にかかわらず，相殺することができる」ところを「これに対する例外として」
破産法が「債権者平等の観点から」規定したものであるとした大阪高判平成 15・3・28
金法 1692 号 51 頁は，この“原則”化の好例である。

[30]　質権設定された預金債権につき，銀行取引約定に基づいて「もともと」「他の債権者
の満足に供することのできないものであった」と認定したうえで，当事者の「予測」や
「意図」等の「実質」を考慮して否認を認めなかった札幌地判平成 14・6・25（Lex 文
献番号 28072131）や，たとえ協力金として預けられた預金であってもこれを「担保と
する期待」が「法的保護」に「値しないとはいえない」と評価して銀行による相殺を認
めた大阪高裁平成 17・9・14 金判 1235 号 44 頁，あるいは，相殺権者たる銀行の「期待」
は，契約の内容としては「保護すべき要請」が相対的に低いが，「破産会社と被告との
公平の観点」や「破産会社の他の債権者との平等の観点」をも考慮すれば「合理的」な
ものだとして相殺を認めた大阪地判平成 17・4・22 金判 1235 号 53 頁には，破産以前の
契約関係の評価にあたってのキーワードである「担保」，「期待（≒意図・予測）」，「保護」，
「合理」性をみとめることができる。特に「期待」は，従来の判例でも用いられること
があったが，後述の「機能」と結びつくことで第三期の判例を特徴づけることとなった。
　それゆえ，もちろん逆に，破産以前の契約関係を評価した結果，特定債権者の「保護」
が不要だと判断されることもある。下級審判決としては，「一般の債権者間の平等を害
して債権譲受人のみが優先的，排他的に債権の回収を図るとともに，破産法所定の否認
制度を潜脱することを目的とする脱法的契約である」（大阪地判平成 14・9・5 判タ
1121 号 255 頁）があるほか，「不均衡」な「結果」という独特のキーワードを挙げて旧
104 条 2 項の類推適用を認めるべきとの評価を下した東京地判平成 15・10・9 判時 1842
号 109 頁や名古屋地判平成 16・5・24 判時 1887 号 93 頁がその一例である。そして，危
機時期の到来を停止条件とする債権譲渡契約の否認をめぐる 2000 年代の二つの最高裁
判決すなわち最二小判平成 16・7・16 民集 58 巻 5 号 1744 頁及び最三小判平成 16・9・
14 裁時 1371 号 12 頁も，契約の内容や目的に着目して，「債権者間の平等及び破産財団
の充実を図ろうとする」破産法 72 条 2 号の規定の「趣旨」に反してその「実効性」を
失わせる本件契約は，「実質的」にみれば「危機時期が到来した後に行われた債権譲渡
と同視すべきものであ」るとしてその否認を認めたのであった。

555

24 「債権者平等原則」の法的性質〔河崎祐子〕

成 12 年 6 月 20 日判決[31]に顕著に表れていた。そこで以下ではまず，その判示内容を手がかりに，この第三期における「債権者平等原則」の法的性質を分析してみたい。

2 「債権者平等」原則の法的性質

(1) 2000 年代

(a) 破産制度観

同判決において裁判所はまず，請負契約に付随する解除違約金条項に基づき，破産申立後に解除のうえ行使された違約金請求権を受働債権とする相殺につき，同請求権は，破産の前における契約合意の時点で停止条件付債権として既に発生していたとの法律判断の下に旧 104 条 4 号該当性を否定した。次いで，さらに「実質的」に「考察」しても同条号が該当しないことを説明するにあたり，「債権者平等の理念に反する」として被告側が主張した論拠を採用する形で，次のように三つの「趣旨」に照らした判断を示した。すなわち，同判決は，①同条号による相殺禁止の「趣旨」は，破産者の「危殆状態において」「駆け込み的に」「実価よりも下落した破産債権を取得して」する「不当に有利に債務の消滅を図る」相殺について，「法が想定する本来の相殺の趣旨を逸脱する」からこれを「許容しない」ことにあるとしたうえで，②本件違約金条項に合意した時点で発注者は本件違約金請求権の発生を「合理的に期待し得る」のだから上記相殺禁止の「趣旨」に反するものとは到底認められず，③「しかも」本件違約金条項の「趣旨」は，請負人側の事情による契約解除の場合に受けかねない「不測の損害」という「発注者の負担を軽減する」ことにあると解されるから，同条項により取得した違約金債権に基づく注文者の相殺を許容して「その担保的機能を保護することが契約関係における当事者間の衡平に合致するものというべきである」，としたのであった[32]。

---

(31) 判自 213 号 104 頁

(32) この判断は控訴審（東京高判平成 13・1・30 訟月 48 巻 6 号 1439 頁）でも支持され，確定した。また現行法適用事案である東京地判平成 19・3・29 金法 1819 号 40 頁も，破産法上の相殺禁止規定を「他の破産債権者との間で不公平を生じさせ，破産債権者平等の理念に反する結果となる」ような相殺を禁じたものと解したうえで具体的に本件事案における破産以前の事実関係を考察し，そのような結果はもたらさないとの判断の下に相殺を許容している。

IV 「債権者平等原則」の定着

この「実質的」な「考察」では，三段階構成で，破産の前と後における契約
及び破産制度についての「趣旨」の問い直しが行われている。まず第一に，旧
104条4号の相殺禁止規定の「趣旨」につき，裁判所は，「本来の相殺の趣旨」
を「逸脱する」相殺を「許容しない」ことにあると考察している。では，「本
来の相殺の趣旨」とは何か。それは第二に，「駆け込み的に」実価以下の破産
債権を取得してする相殺による「不当に有利な債務の消滅」はさせないことで
ある。ならば，そこでいう「不当」はどのような基準で判断するのか。そのヒ
ントは，第三に，裁判所が「発注者の負担軽減」という本件違約金条項の「趣
旨」を問い直している点に求められる。すなわち，破産の後に適用される破産
法の「趣旨」ではなく，破産の前の契約関係の「趣旨」を問い直すことこそが，
「不当」な相殺かどうかという破産法上の制度の「趣旨」を理解する基準だと
されたのである。いわば，「契約関係における当事者間の衡平に合致する」か
どうかという「不当」性の基準により，本件相殺の「担保的機能を保護する」
かどうかを「実質的」に「考察」することが重要だというわけである。

ここで行われている判断作用については多角的な分析が可能だが，本稿が注
目する破産制度観に目を向けるならば，それは，破産以前の「契約関係」が
「当事者間の衡平」を体現しているかどうかを破産制度の「趣旨」に基づき破
産以後に問い直すための最後の契機だということになる。破産制度の「趣旨」
を重視するという点では，この第三期の判例は第二期の傾向を引き継いでいた
といえるだろう。しかし，破産債権者や破産財団の「利益」を考え，あるいは
それを害さないことを基準に理解されてきた第一期や第二期とは異なり，第三
期になると，破産制度とは，特定債権者の「担保的機能」に対する「合理的」
な「期待」を破産の後においても「保護」するために，破産の前の「契約関
係」を「衡平」の観点から問い直すものなのだと解釈され，それが「債権者平
等」という"原則"にも適うのだと述べられるようになったのである。

(b) 債権者の法的地位

この破産制度においては，破産以前に締結された「契約関係」における「担
保的機能を保護」することで「当事者間の衡平」が実現されるという「契約関
係」の評価がなされた。この評価が意味しているのは，「担保的機能」を有す
る特定債権者は，破産の場面においても，破産の前に締結された「契約関係」
(≒債権債務関係)の実現を「合理的」に「期待」し得る立場にある，というこ

とである。ただし，その「期待」は，「当事者間の衡平」を問い直すものだとされている破産制度（手続）のなかで修正されうるという限界を伴っている。この裏返しとして，「期待」を有さない（一般）債権者は，この「担保的機能」の実現に対する特定債権者の「期待」を甘受する立場に置かれることになる[33]。

　(c)「平等」の法的性質

　このように，債権者の法的地位が，特定債権者とそれ以外の（一般）債権者とに二分して理解されていることに暗示されているように，第三期において「債権者平等」というときの「平等」とは，（第三期にしばしば用いられる表現を借りれば）同じような債権者を同じように「扱う」ことであって，あらゆる債権者を同じように「扱う」ことではなかった。これは，第一期・第二期とは決定的に異なるものである。なぜなら，「特段の事情」であれ一般的要件であれ，それらはあらゆる債権者に対して同じように適用されるものとして考えられていたからである。いわば，条文や要件を「適用」した結果として債権者の「扱い」が決められるのではなく，債権者の「扱い」（≒法的地位）に応じて「適用」される条文や要件が決められるようになったのである。

　(2) 2010 年代

　2010 年代に入って破産手続の「基本原則」が「破産債権についての債権者間の公平・平等な扱い」にあることを明言した最高裁平成 24 年 5 月 28 日第二小法廷判決[34]は，破産制度の「趣旨」，債権者の「合理的」な「期待」，「機能」という第三期を特徴づける全てのキーワードの出揃ったその到達点だといえる

---

[33]　代位弁済と財団債権性の承継が問題となった次の事案には，この債権者の法的地位についての理解がよく反映されている。すなわち，第一審での「財団債権としての優先的な効力を付与すべき特段の事情がある」かどうかの検討（前掲大阪地判平成 21・3・12）に加えて，控訴審では，財団債権とされた「政策目的を超えて，総破産債権者らの負担において保護すること」の是非や「総債権者の満足の最大化と利害関係人の権利の公平な実現という破産法の趣旨に照らし」て「他の破産債権者全体との関係において債権者平等原則の例外を認めるべきかという観点から判断」した（大阪高判平成 21・10・16 民集 65 巻 8 号 3197 頁）のに対して，上告審は，弁済による代位の制度趣旨を求償権確保のための「一種の担保」的「機能」に見出すことで，特定債権者に対する事実上の優先権を認め，このように解しても「他の破産債権者は，もともと原債権者による上記財団債権の行使を甘受せざるを得ない立場にあった」のだから「不当に不利益を被るということはできない」と判示したのであった（最三小判平成 23・11・22 同上 3165 頁）。

[34]　民集 66 巻 7 号 3123 頁。

IV 「債権者平等原則」の定着

ものである。そこで，同判決の判示に照らしながら，改めて第三期の判例の特徴を確認してみよう。

(a) 破産制度観

無委託保証契約に基づき取得した求償権を自働債権とする相殺が争われた本件において，最高裁は，破産法67条が「受働債権につきあたかも担保権を有するにも似た機能を営むもの」である相殺の権利を「別除権と同様に取り扱うことにした」規定であるとの解釈を示している。なぜなら，相殺のこの「担保的機能に対する破産債権者の期待を保護することは，通常，破産債権についての債権者間の公平・平等な扱いを基本原則とする破産制度の趣旨に反するものではない」からである。それゆえ，最高裁によれば，破産法71条及び72条は「上記基本原則を没却する」相殺を禁じもの，すなわち“例外”にあたるのである。

ここでの論理を端的にまとめれば，①相殺の「担保的機能」に対する「期待を保護すること」は，破産債権者間の「公平・平等な扱い」を「基本原則」とする破産制度の「趣旨」を，体現しているとまではいえないものの，その「趣旨」には反しない，そこでこれを根拠として，②相殺の「担保的機能」に対しては「別除権」という法定の優先権と「同様」の「扱い」がなされるのが「債権者間の公平・平等な扱い」に適うのだから，破産法67条が「適用」されるのだ，というものである。つまり，最高裁の考える破産制度とは，破産の前に備えられた「担保的機能」に対する「期待」を破産の後においても「保護」する「趣旨」を含むものであり，その「趣旨」を実現するために「担保的機能」に対して事実上の「優先権」を付与することこそが，破産制度の「基本原則」である「債権者間の公平・平等」にも反しない債権者の「扱い」だというのである。したがって，破産の前に「担保的機能」を備えた特定債権者かどうかを，破産の後に判別し，そうであれば事実上の「優先権」を付与して別除するのが破産制度だということになる。

(b) 債権者の法的地位

それゆえ，先にみた2000年代の判例と同様，債権者の法的地位は大きく二分されている。すなわち，破産の前になされた「担保的機能」に対する特定債権者の「期待」は，破産の後においても「保護」されうるが，それ以外の一般の破産債権者は，「担保的機能」に対して事実上の「優先権」が付与された結

559

24 「債権者平等原則」の法的性質〔河崎祐子〕

果である破産財団（配当財源）の縮小を甘受する立場にある，ということである[35]。

(c) 「平等」の法的性質

　こうして，債権者の法的地位が，特定債権者とそれ以外の（一般）債権者とに二分されたことにより，最高裁のいう「平等」とは，やはり 2000 年代の判例と同様に，同じ"立場"の債権者を同じように「扱う」ことを意味し，あらゆる債権者を同じように「扱う」ことではなかった。しかも，本判決後，最高裁はこの破産制度の「趣旨」から導かれた「破産債権についての債権者間の公平・平等な扱い」という「基本原則」を民事再生事案でも採用しており[36]，これを法的倒産処理手続一般の「基本原則」として位置づけようと志向していた[37]。いわば最高裁は，各倒産法が異なる単行法によって規定されていることや，そのそれぞれの第 1 条が規定する法の目的の違いにも拘わらず，各倒産法を，事実上単一の倒産手続を観念してその下に統合しようとしていたのであり，それゆえに，「平等」規定を持たない破産法もまた，「債権者間の公平・平等な扱い」を「基本原則」とする事実上単一の倒産手続の下に，「債権者平等原則」を体現するものとして位置付けられることとなったのである。

V　おわりに

　本稿では「債権者平等原則」の法的性質を明らかにするために，破産制度観，

---

[35]　こうした理解は，貸金債権への弁済につき「保護に値」する「合理的な期待」があるから，「破産債権者の共同担保となることを期待すべき財産ではな」いとして否認を認めなかった東京地判平成 24・5・15 金法 1973 号 90 頁にも読み取ることができる。

[36]　最一小判平成 26・6・5 集民 68 巻 5 号 462 頁，最二小判平成 28・7・8 民集 70 巻 6 号 1611 頁。下級審では，東京地判平成 26・3・31（Lex 文献番号 25518903）が先んじて「破産債権についての債権者の公平・平等な扱い」を「破産手続」の「基本原則」としている。このほか，「債権者間の公平・平等」な「満足」を破産制度の「趣旨」としたものとして，東京地判平成 23・8・8 金法 1930 号 117 頁）がある。

[37]　割賦販売契約上の支払債務を履行したファイナンス会社の別除権行使を認めた札幌地判平成 28・9・13（Lex 文献番号 25543728）で，破産事案ながら「債権者間の衡平」という再生・更生計画による権利変更に関わる言葉（民事再生法 155 条 1 項，会社更生法 168 条 1 項参照）を用いて判断されているのも，このように統一的な「基本原則」が観念された一つの結果だとみることができよう。

V おわりに

債権者の法的地位及びそこでの「平等」の法的性質に焦点を当て，破産判例の変遷を辿ってきた。これを簡単に振り返ると，大審院判決上告理由中に「債権者平等ノ原則」とあるように，「債権者平等原則」という言葉は戦前から存在していたものの，それが最高裁において明確に「原則」とみなされるようになったのは，第三期（1990年代終わり頃〜）になってからであった。すなわち，第一期（〜1970年代半ば頃）における「債権者平等」とは，旧破産法で新たに導入された「弁済」方法（配当率による配当）を補足的に説明するためのものであり，「平等的（比例）弁済」のような形で触れられるに過ぎなかった。なぜならば，破産制度とは，破産財団から「弁済」（「利益」）を受けることができるという破産債権者の立場を守るためのものであり，「特別の事情（事由）」がない限り特定債権者に対する弁済を認めないことが「平等」に適うのだと理解されていたからである。しかし第二期（1970年代半ば頃〜1990年代終わり頃）になると，破産手続における"例外"であったこの「特別の事情」を明らかにしようとする努力が，「不当性」・「有害性」という一般的要件の重視に結実するなかで，まず下級審裁判所により"原則"化され，第三期（1990年代終わり頃〜）において，最高裁が遂に，この一般的要件を破産の前にまで拡張させる形で，破産以前の契約関係に「当事者間の衡平」（≒「平等」）が体現されているかどうかを破産以後に問い直すという「原則」にまで昇華させることとなる。破産制度の「趣旨」に則れば，破産の前になされた「担保的機能」に対する債権者の「期待」を破産の後においても「保護」するために，破産以前の契約関係を破産以後に勘案し問い直すことこそが，「債権者平等」だというわけである。いわば，破産の前における債権者の「期待」を破産の後においても「保護」するという形で，第三期の「債権者平等原則」の下では，基準時での責任財産の固定という破産財団の観念は事実上消し去られ，特定債権者に対する「弁済」が事実上の「優先権」として「原則」化されることとなったのである。

ただ，破産法の目的規定である第1条が示しているように，破産法に体現されている破産制度は，①「債権者その他の利害関係人の利害及び債務者と債権者との間の権利関係を適切に調整し」，それにより，②「債務者の財産等の適正かつ公平な清算を図るとともに」，③「債務者について経済生活の再生の機会の確保を図る」ことを目的とした，「支払不能又は債務超過にある債務者の財産等の清算に関する手続」なのであって，債権者間の「平等」が目指されて

24 「債権者平等原則」の法的性質〔河崎祐子〕

いるわけではない。また，ここで債権者は，その「利害」及び債務者との間の「権利関係」を「適切に調整」することにより，「債務者の財産等」の「適正かつ公平な清算」を受ける立場に置かれているのだから，第三期の最高裁判例により定着した新しい「債権者平等原則」をこれらの文言から導き出すことは極めて困難だと言えるだろう。相殺禁止であれ，否認権であれ，破産法のあらゆる条項が，この第1条の目的を達成するために規定されていることを想起するならば，第三期の「債権者平等原則」は，破産法が本来想定している目的からかけ離れてしまったといわれても仕方のないものであった。

しかしながら，このことは現行法の下で「債権者平等原則」それ自体がまったく意味のないものだということを示しているのではない。というのも，例えば，破産を「清算」と捉えた兼子一博士は，否認権の性質を論じる文脈において，「債権者平等」に関し第一期と同様の見地に立ちつつ，次のように述べているからである。「(破産)債権者は，破産前には，各自責任財産を危うくする債務者の行為を取消す詐害行為取消権を有するが(民四二四条)，破産手続中は個別的権利行使の許されない関係上，その権利もなくなるし」，「また通常の状態では債権者相互間で他人の権利行使に干渉できないのがかえって債権者の平等を意味する」[38]。ここに示されているのは，破産においては全ての債権者が個別の権利行使を許されないという点で「平等」なのだ，という「債権者平等原則」の理解である[39]。もしいま「債権者平等原則」の再構築が必要なのだとすれば，その出発点の一つはここにあるのかもしれない。

---

(38) 兼子・前掲注(5)211頁。

(39) この兼子博士の考え方が反映されている近年の判例として，「個別的権利行使の禁止」を「倒産手続の基本原則」と論じた東京高判平成22・12・22判タ1348号243頁がある。

562

25 裁判例における事業再生目的

北島(村田) 典子

I 民事再生手続と事業の再生

1 民事再生法の基本構造と事業の再生

　法的倒産処理手続は，歴史的に債権者による債権回収手段としての役割を担ってきた。それに対応するように，倒産処理手続の構造は基本的には債権回収に資するものとなっている。その倒産処理手続の一つであり，再生型手続の一般法である民事再生法は，再生債務者の事業の再生を目的に掲げている（民再1条参照）。この事業の再生と債権者による債権回収とは，性質を異にするように思われる。すなわち，法的倒産処理手続が基本的な機能として有するところの債権回収は，債務者事業の将来の収益からの定期的な弁済，あるいは債務者の財産（事業）を売却することで得られる売得金による一括弁済によって行われ，債権者は債権回収額に強い関心を有する。債務者からすると負債が圧縮されることで財務状況の再構築が行われることを意味する。他方，事業再生は財務状況の改善で足りるものではなく，それと併行して営業利益を増大するための業務リストラ，さらには不採算事業の見極め・廃止・売却や経営改善といった当該事業を見直すことで営業利益の改善やキャッシュフローの改善を図る事業リストラが必要となり[1]，しかもこれらが重要な意義を有する。民事再生手続は，債権者による債権回収を基本としつつ，債務の圧縮という財務状況改善に対応することで債務者の事業の再生に資する機能を有すると考えられるが，これは事業の再生という作業の一部分に過ぎない。事業の再生で行われる

---

[1] 座談会「事業再生と倒産手続利用の拡充に向けて」法律時報89巻12号（2017年）41頁［中西正発言］参照。

25　裁判例における事業再生目的〔北島(村田) 典子〕

ことと法的倒産処理手続が基本的な機能として有するところの債権回収とは，一面では表裏の関係にあるようにもみえるが，異質なものであるようにも思われる。

そうすると，民事再生手続はどのような方策を用意することで事業の再生を実現しようとしているのか，事業の再生という目的を掲げたことで債権回収手段としての役割を果たしてきた法的倒産処理手続に何らかの変容が生じたのか，事業の再生という目的は民事再生手続においてどのように位置づけられるのかといった疑問が生じる。例えば，再生計画案の策定において，債権者の公平・公正を重視するか，事業の維持・保全を重視するかによってその内容は大きく異なりうるとされる[2]。そうすると，民事再生法が事業の再生を目的に据えたことで，再生計画案の策定に関して何らかの影響が生じるのであろうか。また，わが国の企業社会では伝統的に後者を重視する価値観が支配的であったことから，倒産処理手続を選択する際にこの価値観が影響を及ぼす場面が少なくなかったとされる[3]。現在，民事再生手続はそのポジションを私的整理に奪われているのではないかとの指摘もあり[4]，民事再生手続をどのように捉えるかが，倒産処理手続全体に大きな影響を及ぼすことになろう。そこで，改めて民事再生手続における事業の再生という目的の位置づけを検討する必要がある。本稿はその検討の一つとして，裁判例において事業の再生という目的がどのように現れているのかを考察するものである。

2　検討の方法

企業を対象とする民事再生事件を対象に，判例検索システムにおいて，「事業」および「再生」および「目的」もしくは「趣旨」を検索用語として指定し，その結果表示された裁判例の中から事業の再生という目的が理由付けとして用

---

(2)　山口卓男「企業再生の理念の再検討とその法的手法に関する実務上の問題点」企業法学 11 号（2009 年）130 頁。同論文は，現行制度はどちらかといえば債権者の公平に重きを置くが，社会経済的な価値の維持・保全にもっと重点が置かれるべきであるとする（131 頁）。

(3)　山口・前掲注(2) 127 頁。

(4)　座談会・前掲注(1) 41 頁［多比羅誠発言］。もっとも，裁判外の事業再生手続が活発に行われているかというと，必ずしもそのような状況にはないとされている。同 38 頁［山本和彦発言，小林信明発言］。

Ⅰ　民事再生手続と事業の再生

いられているものを取り上げた。事業再生目的が一定の意義をもって判決・決定に引用されていたと思われる事案は 20 件あった[5]。これらの裁判例を，民事再生手続の制度に関係するもの（「Ⅱ　民事再生手続利用の可否・民事再生法の規定」）と，民事再生手続における当事者の合意の効力を問題とするもの（「Ⅲ　当事者の合意と民事再生手続」）に分類し，さらにその中を類型化した[6]。事業の再生という目的あるいは民事再生法 1 条（以下。「事業再生目的等」という。）が，裁判実務においてどのように参照されて，いかなる結論を導くための理由付けとなっているのかをみることで，事業再生目的等が裁判実務にどの

(5)　本稿で取り上げた事業再生目的等を引用する裁判例を判決年月日に着目して表にすると以下のとおりである。なお，本稿が対象とした裁判例は，脱稿日との関係で，2018年 9 月までのものである。

	合計件数	類型Ⅱ	類型Ⅲ
平成 12 (2000) 年	0	0	0
平成 13 (2001) 年	0	0	0
平成 14 (2002) 年	1	0	1
平成 15 (2003) 年	1	0	1
平成 16 (2004) 年	0	0	0
平成 17 (2005) 年	2	2	0
平成 18 (2006) 年	0	0	0
平成 19 (2007) 年	4	3	1
平成 20 (2008) 年	2	1	1
平成 21 (2009) 年	2	2	0
平成 22 (2010) 年	3	1	2
平成 23 (2011) 年	3	1	2
平成 24 (2012) 年	1	0	1
平成 25 (2013) 年	0	0	0
平成 26 (2014) 年	0	0	0
平成 27 (2015) 年	1	0	1
平成 28 (2016) 年	0	0	0
合計	20	10	10

民事再生法施行当初の件数は少なく，平成 17 年から平成 23 年は平均して年に 3 件程度あり，平成 24 年以降は減少している。中には同様の事件で同じ裁判官が判断を行っている場合や原審と上告審が共に事業再生目的等に言及している場合，下級審裁判例が先に出された最高裁の判示を踏襲した場合など，相互に関連しているものも複数みられることを考慮すると，平成 17 年から平成 23 年の間に特に対象事件が多かったともいえない。もっとも平成 24 年以降はかかる事案が見られない年もあり，減少傾向にあるといえよう。なお，民事再生事件の新受件数は昨今減少しており，平成 26 年には 200 件を割り込んで平成 28 年まで 100 件台で推移していることから，事件数の減少に連動して事業再生目的等に触れる裁判例が減少しているとみることもできる。

565

ような影響を与えているのか（いないのか）を探ることとする。本稿における検討方法には，そもそも裁判例を網羅しているとはいえないことや，同様の事案で事業再生目的等が問題となっていない裁判例も比較検討の対象にしなければ，事業再生目的等が結論にどのような影響を与えたのかの正確な判断はできないことといった問題もある。しかし，本稿では，裁判実務における事業再生目的等の影響の大略をつかむことを第一の目標としたい。

Ⅱ　民事再生手続利用の可否・民事再生法の規定

1　民事再生手続利用可否に関するもの

(1)　手続利用の可能性

①東京高決平成 17 年 1 月 13 日判タ 1200 号 291 頁は，再生計画不認可決定確定後の再生債務者による再度の再生手続開始申立ての適法性が争われた事案で，再度再生債権者との意見調整を図りながら再生計画案を作成し，異なる再生計画のもとで事業の再生を図る機会を与えることが適当な場合も少なくないとして再度の申立てを許容した。ここでは，事業の再生という目的が再生手続の利用可能性を広く認める理由となっているとみることができる[7]。

②東京地判平成 21 年 3 月 10 日 Westlaw Japan 文献番号 2009WLJPCA0310 8005 では，再建型を念頭に置いている民事再生法 92 条 1 項（以下本稿では，特に断らない限り条文は民事再生法のそれを意味する。）を，事業譲渡を内容とする清算型の再生計画の場合にも適用しうるかが問題となった。②判決は，民事再生法は債務者の事業または経済生活の再生を目的とし（1 条），そのために必

---

(6)　複数の類型にまたがっている事案もあるが，そのような場合は，規定の趣旨ではなく事案の処理を基準にした。例えば，25 条 4 号の申立棄却事由に関する裁判例は，規定の趣旨を説明するものであると同時に再生手続利用の可否に関するものでもあるが，本稿では後者に分類した。また，後述の商事留置権者による手形取立てと弁済充当の事案で 85 条 1 項が問題となった場合には商事留置権を巡るものとして分類した。

(7)　別除権者を優遇しているとして 25 条 4 号の申立棄却事由の有無も問題となったが，①決定は，多様な利害関係を有する多数の債権者の権利調整を経て事業の再生を図ることを目的とする再生手続においては事業再生方法について債務者と債権者の意見が対立することもあり，債権者毎に債務者の対応にある程度の違いが生じることはやむを得ず，一般に再生債務者の誠実性は債権者の議決権行使を通じて最終的に評価されるべきであるとして，同条 4 号該当性を否定した。

要な場合には，裁判所の許可を要件とした再生債務者の全部譲渡も許容していることからすると（43条1項），92条1項の相殺権の制限の規定は，清算型の場合にも当然に適用されることを予定していると判示した。1条は，事業の継続に必要な場合の事業等の譲渡を認める43条1項に言及する前提として用いられており，事業譲渡が事業再生手法の一つであることを確認するものである。

　③東京高決平成23年7月4日判タ1372号233頁は，事業継続を目的としない清算を内容とする再生計画案の許容性が争点の一つとなった事案である。③決定は，民事再生手続の目的は再生債務者の事業または経済生活の再生を図る点にあるから（1条），再生手続が当初からもっぱら事業の清算を目的としている場合にはその利用が認められないことは明らかであるが，当初は事業再生のために手続が進んでいても手続中に事業継続の見通しが立たないことが明らかとなって，清算を決意せざるを得ない場合が生じることもあり，そのような場合に，再生手続によって債権回収が進んでいるのであれば，清算を前提とした再生手続を進める方が再生債権者にとって有利な場合が多いから，清算を内容とする再生計画案が可決される可能性があるのであれば，破産手続に移行させなければならない理由はなく，民事再生法もこれを禁じるものではないとする。③決定は条文に定めのない問題について1条を引用しているが，事業再生目的が結論に直接影響を与えているわけではない。1条は当初からもっぱら清算を目的としている場合には再生手続の利用は認められないという原則を述べるために用いられている[8]。③決定からは，事業再生が手続中に常に指向されるべき目的とされているわけではないことも読み取ることができる。

(2) 申立棄却事由の有無

　民事再生法25条4号の申立棄却事由に関する裁判例が3件ある。④高松高決平成17年10月25日金判1249号37頁は，1条・21条を引用した上で，民事再生手続は，破産手続開始原因事実が生じる前の段階で，債務者が債権者の多数の同意を得て裁判所の認可を受けた再生計画を定めること等によって，債

---

(8)　民事再生法の立案過程において，清算目的での新再建型手続開始申立てを認めるか，新再建型手続を用いた清算を認めるかについては議論があった。後者については肯定的に捉える見解が多数であったが，前者は認められないとして，新再建型手続は広い意味での再建を目指す手続と位置づけられていた。法制審議会倒産法部会第2分科会第5回会議（平成10年11月20日（金）開催）。

権者の犠牲のもとに当該債務者の事業または経済生活の再生を図り，破産手続開始を回避しようとするものであるから，債務者は，手続開始申立てから計画の履行に至るまで再生債権者に対して誠実に対応することが当然求められる。そうすると，25条4号は，債務者に不当な目的がある場合または不誠実な申立てをした場合を包括的に申立棄却事由として定めたものと解されるとした。④決定は，再生手続を債権者の犠牲のもとに債務者の事業の再生を図るものと明記する点が特徴的である。そして，④決定は，取締役会での手続開始申立ての決議から実際の申立てまで1ヶ月以上かかっていること，その間も取引先から仕入れを継続したこと，当該決議を秘して額面合計5000万円の手形の交付を受けたこと，申立てに際して債権者に対する根回しを行っていないこと，債務者会社代表者と債権者が連絡を取れない状態となっていること等を指摘して，本件申立ては同条4号にあたるとした。

　⑤東京高決平成19年7月9日判タ1263号347頁と⑥東京高決平成19年9月21日判タ1268号326頁は[9]，1条を引用した上で，再生手続は再生計画に基づいて債務者の事業等の再生を図る手続であり，必要な場合に裁判所が監督委員や管財人の選任を通じて手続を監督する制度であることを確認する。そして，25条が手続開始に対する消極的要件の形で規定されているのは，利用しやすい再建型手続を設けるという趣旨に沿って，債務者の早期再建のために早期に手続開始決定がなされる必要があり，その調査を比較的短期間にすべきであるとの考え方を前提にしたものであるから，25条4号の要件をあまり広く解するのは相当ではないとする。そして，⑤決定は，25条4号は，真に再生手続開始を求める意思や，真に手続を進める意思がないのに専ら他の目的（一時的に債権者からの取立てを回避し，時間稼ぎ等を図ること等）の実現を図るため，手続開始申立てをするような場合など，申立てが再生手続本来の目的から逸脱した濫用的な目的で行われた場合をいうとして，粉飾決算や財産隠匿行為等の問題点がうかがわれるとしても，これらは手続開始後に監督委員の監督，否認権の行使，再生計画案に対する債権者の決議等で決せられれば足り，同条4号には該当しないとした。⑥決定も⑤決定とほぼ同じ一般論を示した上で（⑥決定では，「専ら第三者をだまして利得を得る目的で申立てがされた場合」が加えられ

---

　(9)　この2つの決定は，近接した日に同じ裁判官によって出された決定であって，ほぼ同じ文言が用いられている。

ている），債務者の取締役等が文書を偽造して，それをもとに多額の金融を得たとしても，それだけで同条4号に該当すると解することはできないとした。

ところで，破産手続の場合も不当な目的での破産手続開始申立てや不誠実な申立ては棄却される（破30条1項2号）。これは，25条4号と同様の規定を定めたものとされ，典型例として，真に破産手続開始を求める意思や，真に破産手続を進める意思がないのに，一時的に債権者からの取立てを回避し，時間稼ぎを図ること等，専ら他の目的をもって破産の申立てをする場合などが該当すると考えられている[10]。これらの事由は民事再生法の場合にも申立棄却事由に該当すると考えられるから[11]，かかる事由が問題となる典型的な事例では，事業再生目的は棄却事由の判断にはあまり影響を与えないとも考えられる。しかし，④決定は，再生手続は債権者の犠牲のもとに債務者の事業の再生を図る制度であるから，債務者は再生債権者との関係でも誠実に対応することが当然に求められているとして，25条4号該当性を認めやすい方向を示唆している一方で，⑤・⑥決定は，倒産状態に陥った債務者を早期に再建させるという目的によって，再生手続開始の方向に傾いていると考えられるから，事業の再生という目的をどのように捉えるかが，事案の解決に影響を与えうるといえよう[12]。

2　規定の趣旨を説明するもの

(1)　民事再生手続特有の制度に関するもの

⑦東京高決平成19年4月11日金法1821号44頁は，再生計画案の決議が174条2項3号ないし4号に該当するかが問題となった事案で，172条の3第1項が頭数要件を定めた趣旨について，1条が定める立法趣旨に照らし，議決権数要件のみでは議決に反映されない可能性のある少数債権者の意向を議決に反映する要件を設けることにより，少額債権者の保護を図るものであると述べた。その上で，174条2項3号にいう「不正の方法」とは，再生手続開始申立

---

[10]　竹下守夫編集代表『大コンメンタール破産法』（青林書院，2007年）112頁［大寄麻代］。

[11]　才口千晴＝伊藤眞監修・全国倒産処理弁護士ネットワーク編『新注釈民事再生法（上）（第2版）』（金融財政事情研究会，2010年）121-122頁［髙井章光］，園尾隆司＝小林秀之編『条解民事再生法（第3版）』（弘文堂，2013年）121頁［瀬戸英雄＝上野尚文］参照。

[12]　民事再生法25条4号の申立棄却事由に関しては，村田典子「民事再生手続における『不誠実』な申立て──不誠実を理由とする申立棄却事由の意義」石川明＝三木浩一編『民事手続法の現代的機能』（信山社，2014年）403頁以下も参照。

25 裁判例における事業再生目的〔北島(村田)典子〕

後または申立て直前の再生債権の一部譲渡によって，頭数要件を具備するものとすることも含むとした。⑦の許可抗告審である⑧最一小決平成20年3月13日民集62巻3号860頁は，174条の趣旨について，再生計画が再生債務者とその債権者との間の民事上の権利関係を適切に調整し，もって当該債務者の事業または経済生活の再生を図るという法の目的を達成するに適しているかどうかを，再生裁判所に改めて審査させ，その際，後見的な見地から少数債権者の保護を図り，ひいては再生債権者の一般の利益を保護しようとするものであるとした。

　計画案の可決要件（173条の3第1項）と計画不認可事由（174条2項）に関する規定は，計画（または協定）に基づく弁済を行う手続に特有の規定である（会更196条5項・199条1項・2項，特別清算については会社567条1項・569条1項・2項参照）。⑦決定は，172条の3第1項がいわゆる頭数要件を少額債権者保護の規定であると説明するために[13]，1条を参照していることから，この引用は債務者と債権者との間の権利関係を適切に調整することを明らかにする点に主眼があったと考えられる[14]。⑧決定は，174条は再生計画が法の目的に適しているかを裁判所に改めて審査させる制度であることを述べる際に1条に触れるものであって，必ずしも事業の再生という目的を重視しているとはいえない。

(2) 各倒産手続の特性に応じた違いが見られるもの

　⑨東京地判平成22年3月10日 Westlaw Japan 文献番号2010WLJPCA03108004では相殺権に関する92条1項が問題となった。再生債務者Aが49条1項に基づいてBとの間の社員権譲渡契約を解除したとして，Bに対して解除に基づく原状回復として既払代金の返還を求めたところ，Bが当該返還債務と社員権譲渡契約にかかるAの債務不履行に基づく損害賠償債権との相殺を主張した。Aの契約解除が債権届出期間満了後になされたことから，Bはこのような場合には92条1項の制限を受けないこと，そうしないと再生債権者が一

---

(13)　才口千晴＝伊藤眞監修・全国倒産処理弁護士ネットワーク編『新注釈民事再生法(下)(第2版)』(弘文堂，2013年) 87頁〔富永浩明〕参照。

(14)　特別清算にも同旨の規定があること（会社567条1項1号），会社更生法には頭数要件に相当する規定がないこと（会更196条5項参照）に照らしても，頭数要件は事業再生目的に直接結びつくわけではないということができよう。

II　民事再生手続利用の可否・民事再生法の規定

方的に不利益を被る不当な結果になることを主張した。⑨判決は，1条を引用した上で85条1項および92条1項に言及し，これらの法の趣旨に照らすと，92条1項は，原則として禁止されている再生債権者による相殺を例外的に認める規定であって，民事再生法は，同規定によらない再生債権の相殺を許容しておらず，Bによる相殺は認められないとした。また，Bの主張に対しては，本件相殺を認めると，再生債権者が再生計画の定めによらずに実質的に弁済を受けることを認める結果となって，再生手続の目的を達成することができなくなることは明らかであるし，そもそも民事再生手続自体が再生債務者の事業の再生のために債権者の利益を一定程度制限する制度であると述べた。

　一般倒産債権者が倒産手続を通じた権利行使を余儀なくされるのは民事再生の場合も破産の場合も同じである（85条1項，破100条1項）。⑨判決は，92条1項は相殺を例外的に認める規定としているが，破産法の相殺権も破産債権の個別的権利行使の禁止に対する例外をなす[15]。その意味で，ここでの事業再生目的にかかる1条引用部分は，相殺権を例外的に認める説明としては大きな意味を持つわけではない。⑨判決は，相殺適状が生じた時期および相殺権行使の時期に対する制約は本件では適用されないとのBの主張に対して，まず再生手続の目的を達成できなくなることを挙げるが，ここでいう再生手続の目的の内容は明確ではない。もっとも，⑨判決は，債権者が不利益を受けたとしても，そもそも再生手続が事業再生のために債権者の権利を一定程度制限するものであるからやむを得ないと述べる。92条は再生手続開始時に再生債権者が再生債務者に対して債務を負担し，債権届出期間満了前に相殺適状が生じた場合にのみ再生債権者は相殺権を有するとし，その上，再生債権者が相殺権を行使できる期間を債権届出期間の満了までに限定している。これは，再生債権の調査・確定のための基礎と計画案作成のための基礎の両方を早期に固定するという要請と，相殺権行使による満足と再生計画に従った満足のいずれかを選択できることに対する再生債権者の利益を調整する趣旨に出たものと解されている[16]。⑨判決は，再生手続における相殺権行使に対する制限を，手続の進行を図るための手続的な要請という意味に止まらず，事業の再生のための一方策であると理解するようである。

---

(15)　竹下編代・前掲注(10) 291頁［山本克己］。

(16)　園尾=小林編著・前掲注(11) 478頁［山本克己］。

⑩東京高決平成 21 年 7 月 7 日金判 1323 号 16 頁は，再生債務者が戸建分譲事業の一環として購入した土地に設定されていた抵当権について担保権消滅許可の申立て（148 条）を行ったところ，事業継続不可欠性要件が問題となった事案である。⑩決定は，担保権消滅許可制度は「担保権者の利益と事業再生の目的及び一般債権者の利益との調整を図る」ものであるとし，事業継続不可欠性要件が求められるのは，本来自由であるはずの別除権者の権利行使を制約するには，「再生債務者が事業再生を図るという民事再生手続の目的を達成するのに必要不可欠な範囲に限定されることが相当」とされたことによる。同要件を充たす財産とは，担保権実行により当該財産を活用できなくなったときは事業継続が不可能となるような代替可能性のない財産であることが必要であると述べた。

民事再生手続における担保権消滅許可制度は，⑩決定と同様に，担保権者の利益と事業再生の目的及び一般債権者の利益との調整を図るものと考えられており[17]，事業再生という目的が担保権の消滅を導く根拠とされている[18]。⑩決定は，事業再生目的達成のために必要不可欠な範囲に同制度の利用を限定するために事業継続不可欠性要件が定められているとして[19]，それを基に同要件の解釈指針を提示する。⑩決定においては，事業再生という目的が，担保権消滅許可制度の趣旨に関しても，事業継続不可欠性要件の解釈においても重要な意義を有している。事業継続に不可欠な財産か否かは事業計画と密接に関係するため[20]，事業継続不可欠性の判断は事案に即したものとならざるを得ず[21]，自ずと裁量の余地が広くなるであろう[22]。その際に事業の再生という目的をどのように捉えるかが，結論に影響を与える可能性がある。

---

[17] 才口＝伊藤監修・前掲注(11) 845 頁［木内道祥］，山本和彦ほか『倒産法概説（第 2 版補訂版）』（弘文堂，2015 年）443 頁［笠井正俊］参照。

[18] 松下淳一『民事再生法入門（第 2 版）』（有斐閣，2014 年）104 頁，伊藤眞『破産法・民事再生法（第 4 版）』（有斐閣，2018 年）712, 1039 頁，山本ほか・前掲注(17) 142 頁［沖野眞已］。

[19] 鹿子木康編著『民事再生の手引（第 2 版）』（商事法務，2017 年）248 頁［中村悟］も同様の説明を行っている。

[20] 園尾＝小林編著・前掲注(11) 795 頁［小林秀之］，伊藤・前掲注(18) 1042 頁注(77)。

[21] 民事再生手続における担保権消滅許可制度，事業継続不可欠性要件については，村田典子「再生手続における事業継続不可欠性要件」「倒産と担保・保証」実務研究会編『倒産と担保・保証』（商事法務，2014 年）245 頁も参照。

Ⅲ　当事者の合意と民事再生手続

　当事者間で取引を開始する際に，一方当事者が経済的苦境に陥る場合に備えて，いわゆる倒産解除特約や期限の利益喪失条項を定めておくことがある。倒産法は，このような当事者間の合意の処理に関する規定を設けていないため，これを倒産手続においてどう扱うかは解釈に委ねられている。事業再生目的等に言及する裁判例の中には，これら当事者間の合意の倒産手続における有効性が問題となったものが多く見られる。

1　倒産解除特約
⑴　裁　判　例

　建物所有者Ｘが賃借人Ｙに対して，Ｙの民事再生手続開始申立ては賃貸借契約中の契約解除原因である和議の申立てに該当するとして同契約を解除したと主張して，建物の明渡しを求めた。⑪秋田地判平成14年2月7日 Westlaw Japan 文献番号 2002WLJPCA02079008 は，49条1項は，「再生債務者の相手方の利益を考慮し衡平を保持しつつ，再生の基盤となる再生債務者財産の毀損・散逸を極力防止し，再生の目的の達成と再生手続の円満な進行を図る」ための方法を定めたものである。本件特約を有効と解すると，賃貸人は常に再生債務者に対して解除権を行使できるが，これでは再生の物的基盤を危うくすることになり，民事再生法49条1項の趣旨，さらには再生債務者と再生債権者との間の民事上の権利関係を適切に調整し，もって再生債務者の事業または経済生活の再生を図ることを目的とする民事再生法の目的を没却することになる。したがって，本件特約中，再生手続開始の申立てと読み替えるべき和議の申立てに関する部分は無効であると判示した。

　⑫東京高判平成19年3月14日金判1308号48頁は，Ｘ・Ｙ間でファイナンス・リース契約を締結しリース物件をＹに引き渡したところ，Ｙについて再生手続開始申立てがされたため，Ｘがリース契約中の倒産解除特約に基づいてリース契約を解除したとして，所有権に基づくリース物件の返還請求をした

---

⑳　事業継続不可欠性は事業計画によっていくらでも変わりうるから同要件を広く解すべきとする見解として，園尾＝小林編著・前掲注⑾795頁［小林秀之］。

事案で，再生手続開始申立てを解除原因とする部分を無効とした。すなわち，1条を引用した上で，再生手続開始申立てを理由に，再生手続によらずに「リース業者がリース物件を取り戻せることになると，民事再生の目的である『債務者とその債権者との間の民事上の権利関係を適切に調整し，もって当該債務者の事業又は経済生活の再生を図る』ことが困難になるといわなければならない（リース物件は再生債務者の事業再生の基礎をなすものが少なくないものである）。そうすると，本件特約は民事再生法の趣旨，目的を害するもので，これを無効と解するのが相当である」とした。また，リース契約の解除は実質，担保権実行の意味があるとしても，民事再生法は中止命令や担保権消滅許可の制度を設けて，事業に必要な物件等については，担保権の行使についてもこれを制約することを認めているから，それが無制約に行使できるとなると，やはり民事再生法の趣旨，目的を害するものといわなければならないとする。

⑫判決の上告審である⑬最三小判平成20年12月16日民集62巻10号2561頁も，本件特約のうち民事再生手続開始の申立てがあったことを本件リース契約の解除事由とする部分は，民事再生手続の趣旨，目的に反するとして無効とした。すなわち，「民事再生手続は，経済的に窮境にある債務者について，その財産を一体として維持し，全債権者の多数の同意を得るなどして定められた再生計画に基づき，債務者と全債権者との間の民事上の権利関係を調整し，債務者の事業又は経済生活の再生を図るものであり（民事再生法1条参照），担保の目的物も民事再生手続の対象となる責任財産に含まれる」。ファイナンス・リース契約におけるリース物件は担保としての意義を有するものであるが，再生手続開始申立てを解除事由とする特約による解除を認めることは，「このような担保としての意義を有するにとどまるリース物件を，一債権者と債務者との間の事前の合意により，民事再生手続開始前に債務者の責任財産から逸出させ，民事再生手続の中で債務者の事業等におけるリース物件の必要性に応じた対応をする機会を失わせることを認めることにほかならないから，民事再生手続の趣旨，目的に反することは明らかというべきである」とした。

⑭東京地判平成27年3月26日Westlaw Japan文献番号2015WLJPCA03268034は，業務委託契約における倒産解除特約が問題となった事案である。AはY₁から物流業務の委託を受けてこれをY₂に再委託していた。A・Y₂間の業務委託基本契約には，再生手続開始申立てがあった場合には，相手方は直ちに

契約を解除しうるとの規定があったことから，Y_2 は，A の再生手続開始申立てを受けて，A に対して本件契約を解除する旨の意思表示を行った。その後，A が破産手続開始決定を受けたところ，A の破産管財人 X は，Y らが A の再生手続開始申立てを契機として A との間の業務委託契約を解除し，直接業務委託契約を締結したことについて，当該解除は無効であると主張した。⑭判決は，⑬判決を引用した上で，本件事案は，A・Y_2 契約が担保としての意義を有するものとも A の責任財産を構成するものともいえず，⑬判決が問題としている事案とは性質を異にするとして，本件解除を有効とした。

(2) 検 討

このように，倒産手続開始申立てや支払停止等，倒産手続開始に至る過程で生じる一定の事由を解除事由とする特約，いわゆる倒産解除特約の効力が問題となり[23]，事業再生目的等を参照して判断する裁判例がみられる[24]。民事再生法立案過程において，事業の継続のために不可欠な資産を目的とする売買契約等について倒産解除特約が存在する場合には，その特約の効力を否定または制限するものとする考え方が検討対象とされたが[25]，立法化は見送られた[26]。これらの裁判例は，民事再生手続であること，あるいは事業再生目的だけを理由として倒産解除特約の有効性を判断しているわけではない。当該事案で問題となった倒産解除特約を有効と解した場合にどのような帰結が導かれるか，それ

---

[23] 倒産手続における倒産解除特約については，本間靖規「各種約款の倒産解除特約の効力 —— 消費者関連約款も含めて」河野正憲＝中島弘雅編『倒産法大系 —— 倒産法と市民保護の法理』（弘文堂，2001 年）554 頁，深山雅也「破産申立解除特約の効力」山本克己ほか編『新破産法の理論と実務』（判例タイムズ社，2008 年）239 頁，工藤敏隆「倒産解除条項の倒産手続における効力」法学政治学論究 81 号（2009 年）1 頁，水元宏典「契約の自由と倒産解除特約の効力」熊本法学 117 号（2009 年）1 頁，森倫洋「民事再生手続における各種契約条項の拘束力の有無」事業再生研究機構編『民事再生の実務と理論』（商事法務，2010 年）69 頁，松下祐記「倒産手続における倒産解除条項の効力」法教 390 号（2013 年）4 頁など参照。

[24] 倒産解除特約に関する裁判例を広く集めて分析したものとして，森倫洋「倒産解除特約」小林信明＝山本和彦編『実務に効く事業再生判例精選』（ジュリ増刊）（有斐閣，2014 年）164 頁がある。

[25] 法務省民事局参事官室編『倒産法制に関する改正検討課題 —— 倒産法制に関する改正検討事項とその補足説明』別冊 NBL46 号（商事法務，1998 号）52，95-96 頁。

[26] 法務省民事局参事官室編『破産法等の見直しに関する中間試案と解説』別冊 NBL74 号（商事法務，2002 年）124-126 頁。

25 裁判例における事業再生目的〔北島(村田)典子〕

が民事再生法の規定や制度，趣旨に抵触するかを検討した上で判断を行っている。これらの裁判例は，大きく双方未履行双務契約の処理に関する倒産法上の規定を潜脱するものと，非典型担保の実行に関するものに分けることができる[27][28]。

（ⅰ）双方未履行双務契約に関するもの

⑪判決では，双方未履行双務契約に関する49条1項が問題となった。⑪判決は，49条1項は再生債務者の相手方との衡平を保持しつつ，再生目的の達成と再生手続の円満な進行のために，再生の基盤となる再生債務者財産を保持するための方法を定めたものであるとし[29]，履行・解除の選択権の付与は，再生を図る前提として再生の基礎となる債務者財産を保持するための制度と位置づける。この場合，双方未履行双務契約に関する規定は，再生債務者にとって負担となる契約はこれを解除し，利益となる契約はその履行を選択する自由を認めるという，手続の目的を達成するために再生債務者等に特別に認められた権限と解することになろう[30]。そして，倒産解除特約を有効とすると，再生の

---

[27] 倒産解除特約の効力をこれら二つの類型に分けて検討する方式は，現在のところ学説において広く取り入れられているといえよう。伊藤眞「証券化と倒産法理(下)——破産隔離と倒産法的再構成の意義と限界」金法1658号（2002年）83頁，深山・前掲注[23] 239頁，工藤・前掲注[23] 4頁，水元・前掲注[23] 9頁以下，水元宏典「契約の効力と倒産法の強行法規性——倒産解除特約の効力を中心として」(＜シンポジウム＞倒産と契約) 民訴雑誌56号（2010年）145頁，森・前掲注[24] 172頁参照。

[28] 工藤・前掲注[23] 9-17頁は，倒産解除特約の効力に関して規定するアメリカ連邦倒産法の条文は，①財団所属財産の範囲ならびに財団所属財産の使用収益や処分の場面に関するアメリカ連邦倒産法541条(c)(1)および同法363条(1)と，②未履行双務契約等について管財人等が承認または履行拒絶する場面における規定である同法365条(e)に大別することができ，これらの規定の実質的根拠を踏まえて検討すると，①については財団所属財産の逸出防止の要請に，②については管財人が有する未履行契約等の選択権の保障に求めることができるとする。

[29] 周知のように双方未履行双務契約に関する規定の理解を巡っては議論がある（詳細については，才口＝伊藤監修・前掲注[11] 258-262頁［中島弘雅］，園尾＝小林編著・前掲注[11] 250-253頁［西澤宗英］，伊藤・前掲注[18] 378-386頁，山本克己編著『破産法・民事再生法概論』(商事法務，2012年) 211-215頁［佐藤鉄男］，山本ほか・前掲注[17] 207-211頁［沖野眞已］等）が，49条1項の趣旨として再生目的の達成を掲げる見解はそれほど多くないと思われる。49条1項は，再生債務者の事業の再生のために手続を速やかに行うことができるよう法が再生債務者等に履行か解除かの選択権を与えたものとする見解として，才口＝伊藤監修・前掲注[11] 262頁［中島弘雅］。

[30] 伊藤・前掲注[27] 83頁参照。

物的基盤となる債務者財産が散逸することになって，49 条 1 項の趣旨，さらに民事再生法の目的を没却することになるとして当該特約を無効とする。直接的には，倒産解除特約を有効と解して 49 条 1 項の潜脱を招くことが問題となっているが，実質的にはそのことで再生の基盤となる債務者財産の保持が図られず，ひいては再生目的の達成と再生手続の円満な進行が害されることが特約の効力を否定する根拠となっているといえよう。

民事再生法の目的が害されるという理由付けがどのような意味を有するかを検討するために，破産手続において倒産解除特約が問題となった事案を参照する。【a】東京地判平成 21 年 1 月 16 日金法 1892 号 55 頁では，⑪判決と同様に賃貸借契約における倒産解除特約が問題となった(31)。賃借人 A の破産手続開始決定を受けて，賃貸人 Y が A の破産管財人 X に対して倒産解除特約に基づき賃貸借契約を解除する旨の意思表示を行った事案で，【a】判決は，倒産解除特約を含む本件契約条項は，平成 16 年法律第 76 号により当時の民法 621 条が削除された趣旨（賃借人の破産は，賃貸借契約の終了事由とならないものとすべきこと）および破産法 53 条 1 項により破産管財人に契約の履行・解除の選択権が与えられている趣旨に反するものとして無効とした(32)。また，売買契約において売主が倒産した場合には買主は売買契約を解除できるとの特約が定められていた事案で，【b】東京地判平成 10 年 12 月 8 日金商 1072 号 48 頁は，本件解除特約は双務契約である売買契約を買主側の判断で一方的に解除しうるという内容の特約であるから，売主と買主の双方が債務を履行していない段階を想定すると，破産管財人の解除権と抵触することを理由に特約の効力を否定した(33)。

これらの裁判例によれば，双務契約にかかる倒産解除特約が，双方未履行双務契約の規定の潜脱を招く場合には当該特約の効力は否定されることになり，

---

(31)　賃貸借契約における倒産解除特約については，借地借家法が定める借地契約や借家契約の強行規定（借地借家 9 条，30 条）を理由に，効力を否定する見解がある。深山・前掲注(23) 241 頁。

(32)　なお，【a】判決は，倒産解除特約は無効であるからこれに基づく解除も無効であるとしたが，賃貸借契約自体は合意解除されたとしている。

(33)　【b】で問題となったのは，既に売主である A が引渡しを終えた商品について，その売買契約を遡って失効させるという意味での解除であった。これについて【b】判決は，本件特約は破産法上許されない相殺を当事者間の合意をもって可能にしようとするものであるとして正当とすることはできないとした。本文引用部分は，売主と買主の双方が債務を履行していない段階を想定した場合についての判示である。

25 裁判例における事業再生目的〔北島(村田)典子〕

結論としては，破産手続の場合も民事再生手続の場合も同じといえよう[34]。ただし⑪判決は，倒産解除特約を有効と解した場合の結果が，双方未履行双務契約の規定の潜脱を導くという結論自体を問題とするだけでなく，そのことがいかなる意味で再生手続に影響を与えるのか，再生手続の目的・趣旨を害するのかという，その背後にある理由を重視している。そして，民事再生法の双方未履行双務契約の規定が，再生債務者等に履行か解除かの選択権を与えて，当該契約が再生の基盤となる債務者財産にとって利益になるかどうかを判断する権限を与えているとの理解を前提にすると，その判断権を保証するために，まずは債務者財産を保持することが必要となるが，倒産解除特約はこの規律を破る故に無効と解されるとする。同じように考えると，破産の場合は，配当原資となる破産財団増殖のために破産管財人が契約を履行するか解除するかの判断権を与えられており，これを保障するためには債務者財産の保持が必要であって，倒産解除特約はこの規律を破る故に無効と解されることになる。そうすると，再生か清算かという目的の違いはあるものの，いずれの場合も，再生債務者等または破産管財人の履行か解除かの選択権を保障するための財産の維持こそが主眼にあると考えられる。その場合，いずれの手続においても，かかる規律を破ることになる倒産解除特約を無効と解することになろう。このように考えると，事業再生目的等が結論に大きな影響を与えるわけではないといえそうである。ただし，このような結論は双方未履行双務契約に関する規定の趣旨をどのように考えるかに影響を受けうる[35]。

　双務契約における倒産解除特約が問題となったものでも，⑭判決は，双方未履行双務契約の規定の潜脱等を問題としていない。ファイナンス・リース契約に関する⑬判決を引用して，業務委託契約が担保としての意義を有するものとも再生債務者の責任財産を構成するものともいえないから，倒産解除特約に基

---

[34]　双方未履行双務契約に関する規定の潜脱を問題にするのであれば，一般に民事再生法の規定と破産法のそれとがほぼ同趣旨と理解されている現状では，倒産解除特約の効力を両手続で同じように理解することにも納得できよう。

[35]　本文中では，⑪判決が述べるところの 49 条 1 項の趣旨になぞらえた検討を行った。これに対して，倒産法上の双方未履行双務契約に関する規定の第一の目的は，双務契約における当事者間の公平にあり，このような目的論に立つと，倒産解除特約は双方の債務を共に消滅させることで，まさにそのような不公平を除去しているといえるから，その制度目的とは何ら矛盾しないとの議論がある。水元・前掲注[27]145 頁。

Ⅲ　当事者の合意と民事再生手続

づく解除は有効であるとしており，裁判例においては，双務契約であるからといって，双方未履行双務契約に関する規定の潜脱だけを考慮要素としているわけではないことがわかる。

　(ⅱ)　非典型担保（ファイナンス・リース）に関するもの

　⑫判決以前の【c】東京地判平成 15 年 12 月 22 日金法 1705 号 50 頁や【d】東京地判平成 16 年 6 月 10 日金判 1308 号 55 頁（⑫判決の原審）は，事業再生目的等に触れることなく，民事再生手続では担保権は別除権としての行使を認められていること，リース契約にかかる倒産解除特約は別除権行使方法を定めたものであることを理由に，倒産解除特約を有効と解していた[36]。⑫判決は，リース業者が物件を取り戻すことで再生債務者の事業再生の基礎をなすものが失われること，さらに，リース契約の解除が担保権実行の意味があるとしても，事業の再生に必要な物件等については，これに対する担保権行使の制約を認める民事再生法の規定を潜脱することを問題視していることからすると，事業の再生を図るという目的に重きを置いていると考えられる。

　⑬判決は，1 条を引用する際に，特に債務者の「財産を一体として維持」するとの文言を挿入しており，事業再生の前提としての財産の維持に注意を向けている。⑬判決は，民事再生手続の趣旨，目的に反することを特約を無効とする理由に挙げるが，どのような手続の目的に反するとしているのかは必ずしも明確ではない[37]。⑬判決は，リース物件が債務者の責任財産から逸出し，再生

[36]　なお，破産手続においてファイナンス・リース契約にかかる倒産解除特約の効力が問題となった裁判例は，管見の限りでは見つけることができなかった。ユーザーに破産手続が開始された場合には，リース会社側からする契約解除は有効であるとする見解として，巻之内茂「各種の契約の整理（Ⅲ）── リース契約」園尾隆司ほか編『新・裁判実務大系第 28 巻新版破産法』（青林書院，2007 年）232-233 頁がある。また，破産手続における，賃貸借契約にかかる倒産解除特約は有効と解するものとして，富永浩明「各種の契約の整理（Ⅱ）── 賃貸借契約(2)」園尾ほか編・注[36] 210 頁。

[37]　水元・前掲注[27] 144 頁。例えば，伊藤・前掲注[27] 83 頁は，所有権留保における倒産解除特約の効力を否定した最三小判昭和 57 年 3 月 30 日民集 36 巻 3 号 484 頁は，「特定財産上の担保権の実行権能を更生担保権という形で制限しようとする会社更生手続の基本目的」が，倒産解除特約によって潜脱ないし回避されることを防ごうとするものと解されるとして，特定の規定の利用が回避されることに着目する。倒産解除特約が手続の目的を害するという命題の具体的な意味内容が必ずしも明らかでないことが，破産法改正時に倒産解除特約についての立法が成就しなかった原因の一つであるとの指摘もある（法務省民事局参事官室編・前掲注[26] 125-126 頁）。

25 裁判例における事業再生目的〔北島(村田)典子〕

手続の中で債務者の事業における物件の必要性に応じた対応をする機会が失われることを問題としており，⑫判決と比べると，事業再生目的の位置づけが後退しているようにも見える。責任財産の逸出を問題視することに注目すれば，事業再生目的等は倒産解除特約の有効性判断に影響しないと解する余地もある[38]。他方で，⑬判決が示唆するところの，民事再生手続中で担保目的物の必要性に応じた対応をするための制度である担保権の実行手続の中止命令（31条1項）および担保権消滅許可制度（148条1項）[39]は，担保権が実行されて再生債務者の事業の再生に必要不可欠な財産が失われ，再生が困難になる事態を避けることを意図して設けられたものであり[40]，⑬判決は，ファイナンス・リース契約にもこれらの規定の適用を認めようとするものであるから，倒産解除特約を無効と解することで，事業再生目的を反映した規定の適用を通じて，間接的に事業の再生という目的を実現するための手当てを講じたものと考えられよう[41]。つまり，民事再生手続において，財産を保持し，上記の各制度を利用する余地を確保することで，事業再生の可能性を残しておくことに重点があると考えられる。そうすると，民事再生手続の趣旨，目的に反するとの判示部分は，特約を有効と解することは，事業の再生を図る機会を失わしめるという意味で，手続の目的に反するとするのであって，民事再生法が事業の再生を目的に掲げていること自体から，特約を無効とするわけではないと考えられる[42]。

2　相殺条項・期限の利益喪失条項

⑮東京地判平成22年12月8日 Westlaw Japan 文献番号2010WLJPCA12088012は，Xに民事再生手続開始決定がなされたため，Yが継続的売買契約にかかる取引基本契約中の「Yは，Xに対して債権を有する場合，その弁済時

---

[38]　森冨義明「判解」法曹会編『平成20年度最高裁判所判例解説民事編』（法曹会，2011年）597頁，佐藤鉄男「判批」判例評論612号（判時2060号167頁）5頁，高田賢治「判批」速報判例解説6号（日本評論社，2010年）167頁。

[39]　松下・前掲注[18]120頁。

[40]　深山卓也ほか著『一問一答民事再生法』（商事法務，2000年）62頁，190頁。

[41]　民事再生手続の趣旨・目的に反するとしていることから，⑬判決の射程は直ちに破産手続には及ばないと解するものとして，森・前掲注[24]173頁等。

[42]　手続の特性に応じた特定の規定の回避を問題とする理解は，伊藤・前掲注[27]83頁と通じる。前掲注[37]参照。

期にかかわらず，本契約に基づく X に対する債務と対等額につき相殺することができる」との定め（「本件相殺条項」という。）に基づいて相殺の意思表示をしたことから，本件相殺条項の有効性が問題となった事案である。特に当該条項が期限の利益喪失事由を限定していないことが問題となったが[43]，92 条の趣旨との関係について，銀行取引約定書等における期限の利益喪失条項と本件相殺条項を比較すると，いずれも再生手続開始申立後，債権届出期間満了前に再生債権の期限の利益を失わせて相殺適状を生じさせることに変わりはないから，「後者に喪失事由の限定がないことをもって，再生債務者や他の債権者の保護すべき利益を害するなど，民事再生手続の趣旨，目的に反すると解すべき根拠は見当たらない」と判示している。

　金銭消費貸借契約や継続的な取引に関する契約等において，債務者の倒産手続開始申立てや支払停止等によって，債務者が債権者に対して負う一切の債務について当然に期限の利益を失い，直ちにその債務を弁済しなければならないとする，いわゆる期限の利益喪失条項の有効性が問題となる[44]。破産法と異なり現在化の規定がない民事再生法においては（破 103 条 3 項参照），その意義は一層大きなものとなる。民事再生手続における期限の利益喪失条項は一般に有効と解されており[45]，裁判例においても[46]，⑬判決における田原裁判官の補足意見は，「一般に，リース契約では，ユーザーが倒産手続開始の申立てをした場合，ユーザーは，リース料金についての期限の利益を失い，直ちに残るリース料金の全額を支払うべきものとする定めが置かれているが，かかる期限

---

(43)　⑮判決は，本件相殺条項はあくまで Y から相殺する場合に限った期限の利益喪失を認めるものであって，銀行取引約定における期限の利益喪失条項のように期限の利益全般を失わせて強制執行をも可能にするものではないから，X が受ける不利益も反対債権を有する場合には対等額の限度で相殺されるというに止まり，期限の利益喪失事由を限定しないことが直ちに不合理ということはできないとする。

(44)　破産手続では，手形に対して商事留置権を有する銀行が手形を取り立てて手続開始後に取立金を自己の有する債権への弁済に充てた事案で，銀行取引約定における期限の利益喪失条項は有効であることが前提となっている（最三小判平成 10 年 7 月 14 日民集 52 巻 5 号 1261 頁）。また，自動車の割賦販売・保証委託契約に関する自動車購入時のクレジット契約条項における期限の利益喪失条項が有効であることを前提とするもの（名古屋地判平成 27 年 2 月 17 日金法 2028 号 89 頁），割賦販売契約条項における期限の利益喪失条項が有効であることを前提とするもの（名古屋高判平成 28 年 11 月 10 日金法 2056 号 62 頁）などがある。

の利益喪失条項の効力は，一般に否定されてはいない」とする。この点について，期限の利益喪失条項と相殺権行使を合わせると[47]，期限の利益喪失条項については，相殺権という担保を特別に保護する合意であるという意味で，「一債権者と債務者との間の事前の合意により，民事再生手続開始前に債務者の責任財産から逸出させ」るという⑬判決の理由付けによって，無効とされる余地があるのではないかとの見解があるが[48]，担保権を別除権扱いして個別の行使を認める再生手続においては，期限の利益喪失条項あるいは相殺予約に基づく自働債権の本来の弁済期より前の相殺を認めざるをえないとの見解もある[49]。

---

[45]　岡正晶「平成20年最判判批」金法1876号（2009年）46頁，進士肇「平成20年最判判批」金判1314号（2009年）9頁，園尾=小林編・前掲注[11]480頁［山本克己］，松下・前掲注[18]114頁など。その理由として，園尾=小林編・前掲注[11]［山本克己］は，旧会社更生法に関して，更生債権に付される期限の利益喪失条項の有効性を否定する見解は，会社更生においては物上担保権者が更生担保権者として更生手続に服する債権者として扱われることとの権衡上，相殺権を制約しようとするものであるが，民事再生においては物上担保権者は別除権者であり再生手続に服するものとはされていないから，民事再生との関係ではその主たる根拠を欠くとする。遠藤元一「リース契約における倒産解除特約と民事再生手続（下）── 東京高判平成19・3・14を契機として」NBL894号（2008年）36-37頁は，期限の利益喪失条項は有効と解すべきであるが，倒産解除特約を無効としながら期限の利益喪失条項を有効と解するようなカズイスティッシュな解釈は法的安定性等の観点から問題があるのではないかと指摘する。他方，倒産解除特約を無効と解するのであれば期限の利益喪失条項も効力を生じないとする見解として，本間・前掲注[23]566頁。

[46]　後掲の商事留置権に基づく手形取立てと弁済充当が問題となった裁判例でも，銀行取引約定における期限の利益喪失条項は有効であることが前提となっている。その他，民事再生手続の場合に，融資契約・保証委託契約における期限の利益喪失条項を有効したものとして，東京地判平成16年5月7日 Westlaw Japan 文献番号 2004WLJPCA05070003 がある。また，会社整理の事案で，大阪地判平成13年7月30日 Westlaw Japan 文献番号 2001WLJPCA07300004 は，期限の利益喪失条項を合意することは，「債権者として当然の権利保全のための措置であって，一概に無効とすべきものではなく，このような特約をして自己の債権の保全を図り，債権回収が確保されているという期待の下に契約関係を維持してきた者の利益は，再建型手続の目的達成との衡量の下においてもなお保護されるべき」であるとする。

[47]　最三小判昭和57年3月30日民集36巻3号484頁の評釈の中で，竹下守夫「判批」判タ505号（1983年）280頁は，相殺予約の場合は，更生申立てによる期限の利益喪失約款は，更生債権者が相殺によって自己の債権の満足を得ることを可能にするものであるから，取戻権への転化以上に強い効果をもち，判旨の趣旨からすれば無効と解すべきこととなる公算が大きいとしていた。

Ⅲ　当事者の合意と民事再生手続

⑮判決は，期限の利益喪失条項が有効であることを前提に，それと本件相殺条項は一定の期間に相殺適状を生じさせることに変わりはないから有効であるとした。⑮判決は，本件相殺条項に喪失事由の限定がないことをもって再生債務者や他の債権者の保護すべき利益を害するなど民事再生手続の趣旨，目的に反すると解すべき根拠は見当たらないとするが，その内容は必ずしも明確ではない。

3　商事留置権者に基づく手形取立てと弁済充当
(1)　裁　判　例

⑯名古屋高裁金沢支判平成 22 年 12 月 15 日金法 1914 号 34 頁では，銀行が顧客から割引依頼を受けて預かった手形を顧客の再生手続開始後に取り立てて，取立金を顧客に対する債権の弁済に充当することが，85 条 1 項との関係で問題となった。⑯判決は，再生手続の目的（1 条）や 85 条 1 項の規定の仕方からすると，同条項は強行規定と解さざるを得ず，単に当事者間で締結された銀行取引約定に弁済充当の合意があるからといって，取立金を再生手続によることなく，本件貸金債権の弁済に充当することが許されるわけではないとして，本件充当が，85 条 1 項の「この法律に特別の定めがある場合」に該当するかを検討する。そして，85 条 1 項による再生債権の弁済禁止は，「債権者に再生手続によらない個別の権利行使を許すと，再生債務者の事業又は経済生活の再生を図るという民事再生法の目的を達成できなくなることに加え，債権者間の衡平を図るためと解される」とした上で，商事留置権の目的となった留置物は，再生債務者が再生計画を遂行するための事業原資となることが予定されていなかったものであり，また，銀行が占有下にある手形を担保として取り扱い，顧客が債務不履行に陥った場合には手形を取り立てて債権の弁済に充当することは広く知られているから，かかる充当は 85 条 1 項の趣旨ないし目的に必ずしも反するとはいえないとした。

---

(48)　中島肇「民事再生手続におけるリース契約の処遇――最三小判平成 20・12・16 にみる諸論点」NBL907 号（2009 年）70 頁。岡・前掲注(45)46 頁は，期限の利益喪失条項を有効としつつも，これらの特約に基づくリース契約の早期不履行解除が，再生手続の中で，債務者の事業等におけるリース物件の必要性に応じた対応をする機会を不相当に失わせるときは，当該解除は無効と解する余地があるとする。

(49)　松下・前掲注(18)114 頁。

25 裁判例における事業再生目的〔北島(村田)典子〕

⑰東京地判平成 23 年 8 月 8 日金判 1373 号 14 頁では，A の再生手続開始決定を受けて，期限の利益喪失条項および弁済・充当条項を含む銀行取引約定を締結していた Y 銀行が，A から取立委任のために裏書譲渡を受けていた各手形を取り立てた後，A の再生手続は廃止されて破産手続に移行したため，破産管財人 X が Y に対して取立金返還請求をしたところ，Y は本件条項に基づいて取立金を A の債務の一部の弁済に充当したことから，商事留置権に基づく弁済充当の可否および Y による相殺の相殺禁止の例外規定該当性が問題となった。⑰判決は，後者の争点について事業再生目的に触れている。すなわち，Y は本件取立金について商事留置権を有しておらず，破産者に対して本件取立金相当額の返還債務を負担しているから[50]，Y は破産法 71 条 1 項 4 号によって，本件取立金相当額の返還義務を受働債権とした本件貸付金との相殺を主張できないとした上で[51]，同法 71 条 2 項 2 号の「前に生じた原因」該当性を判断するために，相殺の担保的機能に対する合理的期待の有無を検討する。その中で，本件取立金相当額の返還債務は，Y が手形金等を取り立てることで初めて発生する債務であって，A との間で手形の取立て・充当に関する合意があったとしても，Y による取立てを停止条件として効力を発するものとは認められない。仮にそのように解したとしても，再生手続は，破産手続と異なり，債務者とその債権者との間の民事上の権利関係を適切に調整し，もって当該債務者の事業の再生または経済生活の再生を図ることを目的とするものであること（1 条参照），民事再生法には破産法 67 条 2 項に相当する規定がないことを考慮すると，再生手続開始後に停止条件成就により負担した債務については，一律に 93 条 1 項 1 号の相殺禁止の対象となるのが相当である。した

---

[50] ⑰判決は，金銭については占有と所有が結合しているから，Y が手形を取り立てて取得した金銭（取立金）の所有権は Y に帰属する。そうすると，Y が有する取立金は，商事留置権の目的物となる債務者の所有する物または有価証券にあたらないから，Y が A から預かっていた手形に対する商事留置権は，再生手続開始後，手形等の取立てによって取得した取立金に対してはその効力が及ばないとした。

[51] ⑰判決は，再生手続廃止決定後に職権で破産手続が開始された場合には，破産法 71 条 1 項 4 号・2 項 2 号の「破産手続開始の申立て」は「再生手続開始の申立て」と読み替えられるが（民再 252 条 1 項），同条 1 項 1 号の「破産手続開始後」を「再生手続開始後」と読み替える旨の規定は存在しないから，本件破産者が再生手続開始申立てを行った日から破産法 71 条 1 項 4 号・2 項 2 号が適用されて，破産手続開始日から同条 1 項 1 号が適用されるとする。

がって，Yが相殺の担保的機能について期待していたとしても，それは合理的なものとはいえない。本件相殺が再生手続との関係で否定される以上，移行後の破産手続との関係においても，当該相殺は効力を持たないから，本件取立金相当額の返還債務は，破産法71条2項2号の「前に生じた原因」に基づき負担した債務にはあたらないとした。

　この問題のリーディングケースとなったのは，⑱最一小判平成23年12月15日民集65巻9号3511頁である。XとY銀行は，期限の利益喪失条項，およびXがYに対する債務を履行しなかった場合には，Yは担保およびその占有しているXの動産，手形その他の有価証券を法定の手続によらずに取り立てた上でXの債務の弁済に充当することができるという条項を含む銀行取引約定を締結していた。YはXの再生手続開始後に，申立前にXから取立委任のための裏書譲渡を受けていた各手形を順次取り立てて，その取立金を受領した。Xが取立金の引渡しを求めたのに対して，Yは銀行取引約定に基づいてXの当座貸越債務の弁済に充当したことを理由にこれを拒否した。⑱判決は，取立委任を受けた約束手形につき商事留置権を有する者は，その取立金を留置することができるのが相当であるとした上で，取立委任を受けた手形について商事留置権を有する銀行は，再生手続開始後に手形を取り立てた場合であっても，別除権の行使としてその取立金を留置することができるから，これについては再生計画の弁済原資や事業資金に充てることは予定し得ない。また，88条および94条2項に照らすと，取立金を法定の手続によらず債務の弁済に充当できる旨の銀行取引約定は，別除権の行使に付随する合意として民事再生法上も有効であり，このように解しても別除権の目的である財産の受戻しの制限，担保権消滅や弁済禁止の原則に関する各規定の趣旨や，民事再生法の目的（1条）に反するものではない。したがって，Yによる取立金の債務への弁済充当は有効であるとした。

　⑰判決の控訴審である⑲東京高判平成24年3月14日金法1943号119頁は，会社から取立委任を受けた手形等につき商事留置権を有する銀行は，同会社の再生手続開始後にこれを取り立てた場合であっても，別除権の行使としてその取立金を留置することができるとした上で，⑱判決とほぼ同じ文言を用いて取立金の債務への弁済充当を有効とした。

25 裁判例における事業再生目的〔北島(村田)典子〕

(2) 検 討

商事留置権に基づく手形の取立てとその弁済充当を巡っては様々な議論があり，論点も多岐にわたるが，ここでは本稿の目的と関連する事業再生目的等に言及する裁判例・判示部分に絞った。⑯判決は，85条1項の規定の趣旨に事業の再生という目的を読み込んでいた[52]。⑰判決は，仮に取立金相当額の返還債務を停止条件付債務であると解したとしても，手続開始後に条件が成就した場合には相殺を認めない理由の一つとして1条を引用している[53]。民事再生手続と破産手続とを対比させていることに照らすと，再生手続が事業の再生を図る手続であることを考慮しているようであるが，事業の再生を図る場合になぜ相殺を認めないのかについての理由が明確にされているわけではない。

⑱判決は，銀行は別除権の行使として取立金を留置でき，これについては弁済原資や事業資金に充てることは予定し得ないこと，さらに88条・94条2項の規定を考慮すると，銀行取引約定は別除権の行使に付随する合意として有効であって，そのように解しても別除権の目的財産の受戻しの制限，担保権消滅

---

[52] 85条1項の説明として債権者に個別の権利行使を許すと再生債務者の事業の再生という法の目的を達成できなくなることを挙げるものとして，オロ=伊藤監修・前掲注(11) 447頁［森恵一］がある。他方，事業の再生という目的に触れることなく，同条1項は個別的権利行使禁止の現れであり，債権者平等の原則を確保・実現するのに不可欠な規律であるとする見解として，園尾=小林編著・前掲注(11) 422-423頁［杉本和士］がある。

[53] 周知のとおり，再生手続開始時に停止条件未成就の債権を受働債権とする相殺の可否については議論がある。相殺を認めない見解は，条件の成就または不成就は不確定であって，成就の場合には，再生債権者としては再生手続においてその権利を行使する一方，再生債務者に対する債務を履行しなければならないから，再生債権者が条件不成就の利益を放棄して相殺することは，再生債務者が有する当該債務履行に対する期待を侵害する結果となり，債務者の事業の再生を目的とする再生手続においては相殺は許されないとする（伊藤・前掲注(18) 978頁）。園尾=小林編・前掲注(11) 479頁［山本克己］も，反対債権について，87条1項3号ホ・ヘに相当する規定も，破産法67条2項後段のような規定もない以上，手続開始時に条件が成就していない停止条件付債権を受働債権とする相殺は，認められないとする。相殺を認める見解は，条件に関する利益の放棄は民法上妨げられるものではなく，また開始された手続が破産手続か再生手続かによって手続開始時における相殺の合理的期待の有無に変わりはなく，再生手続においては相殺適状および相殺の意思表示の期間が制限され，相殺の認められる範囲が限定されていることからすると，債権届出期間満了までに停止条件が成就し相殺適状に達したときは相殺が認められるとする（山本ほか・前掲注(17) 268-269頁［沖野眞己］。）松下・前掲注(18) 115頁も，民法の一般原則として条件に関する利益の放棄も可能であることを理由に相殺を認める。

許可制度や弁済禁止の原則に関する各規定の趣旨や，1条に反するものではないことを理由に弁済充当を有効とする。もっとも，⑱判決では，銀行取引約定を有効と解しても1条等に反しないとする積極的理由は示されていない[54]。これについて，取立金については再生計画の弁済原資や債務者の事業原資に充てることを予定しえないと判示している点に着目すると，その背景には，弁済・事業原資等にあたるものについては，債務者財産として一体として保持し，事業の再生に鑑みた財産の必要性に応じた担保規制等に服せしめる必要があるが，本件のような取立金の場合には当てはまらない。つまり，本件取立金を別除権の目的である財産の受戻しや担保権消滅許可制度の対象とする必要性は低く，事業の存続に必要不可欠な財産を確保しようという趣旨はここでは妥当しないため，1条に反するものではないとの理解に立つものと解することもできる[55]。このような実質的判断をする背景には，⑱判決が，再生手続は事業の再生を図る手続であるという考えをみることができ，事業の再生という目的が結論を導く直接的な理由となっているわけではないが，事業の再生を目的とした各種規定の潜脱を導くか否かが，当該合意の再生手続における有効性を判断する際の一つの指標となっているといえよう。

4　譲渡禁止特約と営業譲渡

　XとYは，契約上の地位や権利・義務を第三者に譲渡してはならないとする譲渡禁止特約を含む商品製造委託契約を締結していたところ，Yが再生手続の中で事業の一部を譲渡したため，Xは上記営業譲渡は本件契約に違反するとして，契約を解除する旨の意思表示を行った。⑳東京地判平成15年12月5日金法1711号43頁は，再生手続中で行われる営業譲渡は「事業の再生を図る目的で，かつ裁判所の許可など公正な手続の下で行われるものであるから，その目的は正当であり，営業譲渡契約の内容も適正である」。当事者間の合意によって，営業譲渡自体が事実上制約されることになると，事業を債務者から切り離すことで事業の再生を図るという目的が実現されず，多数の利害関係者

---

[54]　中井康之「取立委任手形による取立てと商事留置権・相殺」ジュリ1438号（2012年）77頁。

[55]　田中秀幸「判解」法曹会『最高裁判所判例解説民事篇（平成23年度［下］）』（2014年）783-784頁参照。

の利益を損なうおそれがある。このような事態は，「多数の利害関係人の利益を調整しながら適正な手続きによって事業の再生を図ろうとする民事再生法の趣旨に著しく反する」と判示した。

再生手続における営業等の譲渡は，裁判所が，当該再生債務者の事業の再生のために必要であると認める場合に限り，裁判所の許可を得て行われる（42条1項1号）[56]。この規定は，譲渡先において事業の存続を図ること，および倒産した企業等の債権者に対する弁済率を向上させることを目的としている[57]。⑳判決は，譲渡禁止特約を有効と解すると，事業の再生のために必要な事業譲渡を再生手続中で行うことができなくなり，事業の再生を図ろうとする法の趣旨に反するとして当該特約を無効とした。これは，再生手続は事業の再生を図る手続であり，そのための手段を妨害するような特約は無効であると解する判断であって，事業再生のために必要な場合には営業譲渡を認めるという42条1項の規定を手がかりとして，事業の再生という目的が結論に現れた事案ということができる。

5 小 括

本章では，当事者の合意に関して事業の再生という目的が問題となった裁判例を取り上げた。双方未履行双務契約にかかる倒産解除特約について，⑪判決は49条1項の趣旨に，再生の基盤となる債務者財産の毀損・散逸を防止して再生目的の達成と再生手続の円満な進行を図ることを読み込んでいた。そうすると，⑪判決は，倒産解除特約を無効と解するにあたって事業の再生という目的を重視しているようにみえるが，その主眼は，債務者財産を維持・保持にすることにあるとすれば，事業再生目的は，なぜ財産の逸脱を防ぐ必要があるのかという理由付けに当たることになる。

ファイナンス・リース契約にかかる倒産解除特約について，⑬判決は，再生の基礎となる債務者財産を確保すること，および担保権としての実質を有するファイナンス・リースに，再生手続が定める，その実質に応じた規制を及ぼす

---

[56] 立案過程において，営業等の譲渡の許可は再生債務者の事業の再生という法律の目的に資する場合にのみ行われるべきことを明確にする必要があると考えられたため，42条1項後段の文言が加えられた。深山ほか著・前掲注(40)23頁。

[57] 深山ほか著・前掲注(40)72頁，才口=伊藤監修・前掲注(11)219-220頁［三森仁］。

Ⅲ　当事者の合意と民事再生手続

べきことを理由にこれを無効とする。後者は，特定の債権者に，その者と債務者との合意によって作成された権利の実質よりも有利な地位を認めないという意味で，他の利害関係人との衡平を図ることも意味する。民事再生法が用意する別除権の行使に対する制約は，担保目的物について事業における必要性に応じた対応を可能とするものであって，これらの規定が事業継続不可欠性を要件とするように（148条1項参照），事業の再生を図る手段であることに照らせば，倒産解除特約を無効とすることで事業の再生を容易にするものと考えられる。もっとも，ここでは事業の再生自体を目的とするのではなく，事業再生を実現するための手段としての財産の保持および事業再生の必要性に応じた対応可能性の確保に重きを置いているようにみえる。そうすると，類型は異なるものの，倒産解除特約の有効性に関して，双方未履行双務契約の場合とファイナンス・リース契約の場合とで，裁判例が意図するところは，いずれも再生の基盤となる再生債務者財産の保持，および必要性に応じた当該財産への対応可能性の確保の重視にあるとみることができる。事業の再生という目的は，債務者の財産を確保し，それに対して倒産法上の対応を及ぼすための理由付けとしての意義を有することになる。したがって，倒産法上の対応を及ぼすために適用される規定が事業再生目的を色濃く反映したものか否かによって，事業再生目的の現れ方が異なってくると思われる。1条の事業再生目的自体が結論に影響を与えるというよりも，適用が予定される規定を通じて事業再生目的が反映されてるといえよう。

　商事留置権に基づく手形取立てと弁済充当に関する⑱判決は，取立金は再生計画の弁済原資や債務者の事業原資に充てることを予定しえないものであって，事業の存続に必要不可欠な事業用財産を確保しようという場合ではないため，担保権消滅許可制度等の利用は考えにくいことを，特約を有効と解する根拠としていた。このような考え方は，ファイナンス・リース契約における倒産解除特約の有効性をめぐる⑬判決と通じるところがある[58]。そうすると，民事再生手続において当事者間の合意の有効性が問題となる場合には，大まかに言えば，債務者財産からの財産の逸出や，手続の中で事業再生のための必要性に応じた対応を可能にする諸制度の適用の潜脱が問題となっているといえよう。その背

---

(58)　田中・前掲注(55) 783-784 頁参照。

景には，債務者の事業の再生を図るための財産の保持および再生に必要な財産か否かを手続中で判断する機会の確保を重視するという姿勢が見えてくる。これは，1条の目的にもみられるが，むしろ中止命令や担保権消滅許可制度といった事業の継続に必要な財産を保持するための制度を通じて，事業を再生する機会を確保するものといえる。

Ⅳ　おわりに

本稿は，裁判例の検討を通じて，民事再生手続における事業の再生という目的の位置づけを検討しようとしたものである。1条あるいは事業再生目的等を判決・決定理由に用いた裁判例の数はそれほど多くない。そして，事業再生目的等それ自体から結論を導く事例は多くないこと，また，理由付けの中で事業再生目的等に触れる裁判例はおおむね規定の趣旨を説明するものと再生手続において当事者の合意が問題となるものに分けられることが明らかとなった。事業の再生という目的が再生手続の利用可能性を広く認める根拠となっていた裁判例もあるが（①），これは，事案を処理する手がかりとなる規定がなかった例外的場合と考えられ，そのような場合には手続の目的をどのように考えるかが結論に影響する結果になりやすい。事業の再生という目的が強く表れた裁判例もあるが（⑩），問題となったのが担保権消滅許可制度であって，制度自体が事業の再生を図るという目的を実現するためのものである。むしろ，1条を引用しているが，そこでいう再生手続の目的が何を意味しているのか，事業の再生をいうのか，債権者・債務者間の権利の調整をいうのか，再生手続上の制度の適用のことをいうのか，それ以外のものであるのか判然としない場合も多かった（⑨⑬⑮⑱⑲）。各裁判例は，1条の目的自体ではなく，事業再生という目的を特定の規定の趣旨に読み込むことで，当該規定を通じて，結論に事業再生目的を反映させようとしているように思われた。裁判例によって，事業の再生目的の取扱いにも違いが見られる。例えば，申立棄却事由の有無に関して，同じく事業の再生を参照しながら，一方では，そのために棄却事由をあまり広く解するべきではないとし（⑤・⑥），他方では，事業の再生が債権者の犠牲を図る制度であることを理由として棄却事由を認めやすい方向に傾いていた（④）。このことから，事業の再生について，これが債権者の利益を一定程度制

Ⅳ　おわりに

限するものであることに着目するか，債務者に利用しやすい再生手法を提供するものであることに着目するか，いずれを重視するかで，一定の場合には，結論にも影響が生じうることがわかる。

倒産解除特約の有効性や商事留置権に基づく取立・弁済条項の有効性をめぐる裁判例では，債務者財産の保持と事業の再生に応じた対応可能性の確保を考慮要素として特約の効力を判断していた。このような判断は事業の再生に資するものであるが，その前提として，財産拘束[59]，およびそれを通じた最適な倒産処理の実現を確保するものといえる[60]。その意味で，倒産処理手続に共通する機能を現したものといえよう。民事再生手続には，担保権消滅許可制度等をはじめとして債務者の事業の再生を図るための制度が複数用意されている。裁判例は，このような法によって定められた事業再生のための制度の活用を確保するという形で，またその範囲で，事業の再生を図ろうとしているとみることができる。

民事再生法制定時は，中小企業向けの再建型手続の制定が急務とされており，民事再生法はその政策を反映して事業の再生という目的を掲げたと考えられる。しかし，それが制度の究極を指して言う普遍的な目的である保証は必ずしもなく[61]，倒産手続の目的や基本的な機能について引き続き検討を行っていく必要がある。

---

[59]　財産拘束については，中西正「ドイツ破産法における財産分配の基準（一）」法と政治43巻2号（1992年）431頁，443頁以下。

[60]　水元・前掲注(23) 7頁参照。倒産処理手続の基本的機能は債務者財産の適切な活用方法を模索することにあると考えられる。北島(村田)典子「民事再生手続の機能と事業の再生」民訴雑誌64号（2018年）141頁も参照。

[61]　佐藤鉄男「倒産手続の目的論と利害関係人」田原睦夫先生古稀=最高裁判事退官記念論文集『現代民事法の実務と理論（下巻）』（金融財政事情研究会，2013年）31頁。

26 個人再生手続における別除権協定の問題点

倉部真由美

I　はじめに

　民事再生手続において，物的担保権は別除権として扱われ，別除権者は，再生手続によらないで，その担保権を行使し得るものとされている（民再 53 条 2 項）。そこで，再生債務者は，再生計画の履行のために不可欠な財産について担保権実行を回避するために，別除権者との間で別除権協定の締結に向けて交渉するのが一般的である。

　個人再生手続においても，再生債務者が別除権者との間で別除権協定を締結することは禁止されていない。別除権協定とは，別除権者と再生債務者との間で締結される和解契約であり，民事再生法に抵触しない限り，通常の再生手続と同様に可能であると考えられる[1]。

　しかし，民事再生法に別除権協定に関する一般的な規律が存在するわけではなく，それゆえに，民事再生法の枠組みの中で別除権協定により何が可能とされているのか明らかではなく，別除権協定をめぐり多くの問題が生じている[2]。

---

[1]　鹿子木康=島岡大雄=舘内比佐志=堀田次郎『個人再生の手引き（第 2 版）』（判例タイムズ社，2017 年）280 頁〔岡伸浩=堀田次郎〕。

[2]　別除権協定をめぐる諸問題について網羅的に論ずる文献として，中井康之「別除権協定に基づく債権の取扱い」伊藤眞ほか編『担保・執行・倒産の現在 —— 事例への実務対応』（有斐閣，2014 年）311 頁，山本和彦（新説）「別除権協定の効果について」『倒産法制の現代的課題（民事手続法研究 2）』（有斐閣，2014 年）121 頁以下，木村真也「別除権協定の取扱いと規律 —— 最判平成 26 年 6 月 5 日を踏まえて」債権管理 150 号（2015 年）144 頁以下，多比羅誠「別除権協定にかかる問題点 —— 再生現場の視点から」伊藤眞ほか編代『倒産法の実践』（有斐閣，2016 年）111 頁以下など多数存在する。

『現代民事手続法の課題』春日偉知郎先生古稀祝賀〔信山社，2019 年 7 月〕

26 個人再生手続における別除権協定の問題点〔倉部真由美〕

それらの問題のなかには，通常再生手続と個人再生手続で共通するものと，個人再生手続固有の問題が含まれる。

本稿では，通常再生手続と個人再生手続で共通する別除権協定をめぐる問題点として，別除権協定において弁済が約された債権の法的性質を採り上げた後に，個人再生手続固有の問題点を指摘し，若干の検討を試みる。

II 別除権協定において弁済が約された債権の法的性質

1 問題の所在

再生債権は，再生計画によって弁済を受けるべきところ（民再85条1項），別除権協定では受戻額の分割弁済がなされるのが一般的である。そこで，別除権協定において弁済が約された債権の法的性質と弁済を可能とする法的根拠が問題となる。この点については争いがあり，共益債権説と再生債権説の対立が見られる。

2 共益債権説

共益債権説の根拠は，各論者により様々説かれており，[1]別除権協定は共益債権化を合意した一種の和解契約であると解する説[3]，[2][1]と同様に別除権協定を和解契約と解しつつ，不足額の確定まで合意しているか否かで別除権協定の類型を分けて，不足額確定型別除権協定の場合に限り，共益債権であると解する説[4]，[3]別除権協定により，既存の債権＝再生債権について別除権を行使しない旨の義務を負う代償として，同一内容の別個の債権を取得し，こ

---

(3) 井田宏「民事再生手続におけるリース料債権の取扱い —— 大阪地裁倒産部における取扱い及び関連する問題点の検討」判タ1102号（2002年）7頁，オ口千晴＝伊藤眞監修・全国倒産処理弁護士ネットワーク編『新注釈民事再生法（上）（第2版）』（金融財政事情研究会，2010年）472頁〔中井康之〕，木村真也「別除権協定の取扱いと規律 —— 最判平成26年6月5日を踏まえて」事業再生と債権管理150号（2015年）151頁。小林信明「別除権協定が失効した場合の取扱い」伊藤眞ほか編代『倒産法の実践』（有斐閣，2016年）142頁も同旨と思われるが，「再生債権を共益債権化することが認められるかどうかは，別除権協定の担保目的財産の種類やその評価額，弁済方法，不履行の場合の措置，牽連破産に移行した場合の措置などを総合的に考慮して，別除権者に不当な利益を与えず，債権者一般の利益に適合するかどうかの観点から，監督委員の同意に際して検討されるべきもの」として，最終的には共益債権化を監督委員の判断に委ねている。

II　別除権協定において弁済が約された債権の法的性質

れは再生債務者の行為によって生じるため共益債権となる（民再119条5号）と解する説[5]，そして，[4]別除権協定の締結を「新規融資」ととらえて共益債権化すると解く説[6]などがある。しかし，共益債権は再生手続を遂行し，その目的（民再1条）を実現するために再生債権者が共同で負担しなければならない費用としての性質を有する債権であり[7]，また，共益債権とされる債権は，法定されている債権に限られていることを考慮すると，いずれの説についても，なぜ再生債務者と別除権者の間での合意により再生債権を共益債権とすることが可能なのか，正当化根拠を見出すことは難しいといわざるをえない。別除権付再生債権を共益債権化して優先順位を変更するのであれば，その旨の定めが必要であり，安易に二当事者間の合意のみによる共益債権化を認めるべきではない[8]。

3　再生債権説

他方，別除権協定において弁済が約された債権の法的性質は本来の性質である再生債権のままであるとする立場がある[9]。再生債権説は，裁判所による再生債務者の行為制限について定める民事再生法41条1項9号（および監督委員の要同意事項について定める54条2項）に挙げられている「別除権の目的の受戻し」が85条1項「この法律に特別の定めがある場合」に該当し，例外とし

---

(4)　中井康之「別除権協定に基づく協定債権の取扱い」伊藤眞ほか編著『担保・執行・倒産の現在』（有斐閣，2014年）315頁以下，山本和彦（新説）「別除権協定の効果について」『倒産法制の現代的課題（民事手続法研究2）』（有斐閣，2014年）121頁以下，とくに141頁。

(5)　山本（和）・前掲注(4)127頁において，あり得る考え方として提示されている。

(6)　藤本利一「別除権協定の失効とその効果」〔最判平成26年6月5日判批〕阪大法学64巻6号（2015年）304頁。

(7)　伊藤眞『破産法・民事再生法（第4版）』（有斐閣，2018年）927頁。財団債権について，中西正「財団債権の根拠」関西学院大学法と政治40巻4号（1989年）289頁，360頁，同「ドイツ破産法における財産分配の基準（2・完）」関西学院大学法と政治43巻3号（1992年）85頁，142頁参照。

(8)　より詳しくは，拙稿「民事再生手続における別除権協定の位置付け」日本民事訴訟法学会シンポジウム〈倒産法と優先順位〉民訴64号（2018年）90頁以下を参照されたい。

(9)　山本和彦（旧説）「別除権協定の効果について」田原睦夫先生古稀・最高裁判事退官記念論文集『現代民事法の実務と理論〔下巻〕』（金融財政事情研究会，2013年）617頁以下，岡伸浩『倒産法実務の理論研究』（慶應義塾大学出版会，2015年）302頁。

26 個人再生手続における別除権協定の問題点〔倉部真由美〕

て，個別的権利行使の禁止の対象からはずれることを弁済の根拠とする[10]。ここで特に留意すべきは，この場合も再生債権が共益債権化されるわけではなく，あくまで再生債権として例外的に個別弁済が認められるに過ぎないという点である[11][12]。

4 現行法の解釈論

以上を踏まえると，現行の民事再生法のもとでは，解釈論としては，再生債権と解し，もれなく「別除権の目的の受戻し」を裁判所の許可事項として指定すべきであると解される。

しかし，「別除権の目的の受戻し」が，常に裁判所の許可事項として指定されるとは限らない[13]。通常再生手続の場合であれば，裁判所の許可に代わるものとして，監督委員の同意事項とすることが考えられるが，個人再生手続では監督委員を選任する制度とはなっておらず，個人再生委員が必要に応じて選任されるのみである。この点について，次に検討してみたい。

Ⅲ 個人再生手続における別除権協定の締結

1 問題の所在

再生債務者が別除権協定を締結しようとする場合，別除権協定締結の必要性，別除権の目的物の評価額，別除権の受戻しによる他の再生債権者や履行可能性への影響等について，慎重に判断することが求められる。この点につき，前述

---

[10] 花村良一『民事再生法要説』（商事法務研究会，2000 年）245 頁。

[11] この点を強調するものとして，例えば，園尾隆司=小林秀之編著『条解民事再生法（第3 版）』（弘文堂，2013 年）424 頁〔杉本和士〕。

[12] しかしながら，再生債権説にも限界があり，民再 41 条 1 項 9 号が 85 条 1 項の「この法律に特別の定めがある場合」にあてはまるとしても，41 条によれば，裁判所は「指定することができる」とされており，指定しない余地が残されており，再生債権の例外的な弁済の根拠として十分とは言い難い。
また，そもそも，41 条 1 項 9 号の「別除権の目的の受戻し」が，典型的な受戻額の一括払いを想定しているとすれば，別除権協定のような受戻額の分割払いの場合には，裁判所による「弁済許可」であると解することが可能なのかという疑問も生ずる。

[13] 再生債権説についても現行法においては限界があり，共益債権化を認める立法論を展開するものとして，拙稿・前掲注(8) 90 頁以下。

のように，通常再生手続においては，「別除権の目的の受戻し」を監督委員の同意事項に指定して，慎重な対応をする運用が見られるところである[14]。しかしながら，個人再生手続においては，通常再生手続と異なり，監督委員は選任されないため，監督委員による判断を仰ぐことができない（民再238条，245条）。したがって，これに代わる手法として，個人再生手続では，個人再生委員が別除権協定締結のプロセスにおいて重要な役割を果たすことが期待される。

2　個人再生委員の選任と職務

(1)　個人再生委員の趣旨

　個人再生手続において監督委員等の制度が設けられていない理由は，個人再生手続は通常の再生手続と比べて事件規模が小さく，手続自体も簡素化されているなかで，監督委員等を選任する実益は乏しく，監督委員等の費用および報酬は高額になることが予想され，これらは共益債権（民再119条4号）として最終的に再生債務者の負担になることも考慮すると，監督委員等を選任するのは，費用対効果等の点で合理的ではないことなどにある[15]。

(2)　個人再生委員の選任と職務

　裁判所は，小規模個人再生または給与所得者等再生の申述があった場合，必要があると認めるときは，利害関係人の申立てにより又は職権で，個人再生委員を選任することができる（民再223条1項，244条）。裁判所が個人再生委員を選任する際には，個人再生委員の職務とされている以下の3つのうち，1つないし複数を裁判所が指定する（民再223条2項）。個人再生委員の職務とは，①再生債務者の財産および収入の状況を調査すること（民再223条2項1号），②227条1項本文に規定する再生債権の評価に関し裁判所を補助すること（同条同項2号），③個人債務者が適正な再生計画案を作成するために必要な勧告をすること（同条同項3号）の3つである。

(3)　個人再生委員選任の実務

　個人再生委員の運用状況は，東京地方裁判所においては，全件につき職権で民再223条2項の3つの職務全てを職務として指定して個人再生委員を選任し

---

(14)　例えば，東京地裁破産再生部の運用につき，鹿子木康編著『民事再生の手引』（商事法務，2012年）60頁，同『民事再生の手引（第2版）』（商事法務，2017年）58-59頁。

(15)　始関正光編著『一問一答個人再生手続』（商事法務研究会，2001年）168頁。

26 個人再生手続における別除権協定の問題点〔倉部真由美〕

ており，また，札幌地方裁判所では，職権で個人再生委員を選任するが，民再223条2項1号および3号のみを指定して個人再生委員を選任しており，職務の指定範囲に差異はあるが，全件につき選任する方式をとる点では共通している[16]。他方，大阪地方裁判所のように，手続開始申立ての際に代理人がつくことが原則とされ，再生債務者代理人による申立ての場合には原則として個人再生委員を選任しないという方式がとられている地方裁判所もある[17]。

3 個人再生手続における別除権協定締結のプロセス

(1) 別除権協定締結の際の問題点

前述のように，個人再生委員が選任されない事件もありうる運用のもとでは，別除権協定が，再生債務者または再生債務者代理人の判断のみに基づいて締結される可能性がある[18]。しかし，受戻額の合意は，その裏返しとして，不足額を定めることになり，この点で，別除権付再生債権者と他の一般の再生債権者との債権者平等の実現が求められる。すなわち，別除権協定において別除権者に対する弁済が認められるのは，担保目的物の評価額の範囲内にとどまるのであり[19]，評価額を超える弁済がなされれば，他の一般債権者との債権者平等が害されることになるからである。このように考えると，別除権協定の締結は，別除権者と再生債務者の二当事者の合意のみにまかせ，完全に自由に決定してよいとは言い難い。また，別除権者は，常に担保権実行というトリガーを引くことができるのであり，交渉のはじめから，再生債務者と別除権者の間には大きな力関係の差があることも考慮する必要がある。そこで，別除権協定の締結に至る過程で，ほかの一般の再生債権者の利益を考慮した債権者平等の実現を保障する仕組みを，民事再生手続の中に設ける必要がある。したがって，まず

---

[16] 鹿子木ほか・前掲注(1)34-35頁，池田弥生「東京地裁における個人再生事件の概況」金法2088号（2018年）58頁，藤原克彦＝中西覚「札幌地裁（本庁）における個人再生事件の現状」金法1765号（2006年）21頁。

[17] 藤田晃弘「平成29年度における大阪地方裁判所の個人再生事件の運用状況」金法2096号（2018年）24頁。

[18] 木下竜哉ほか「大阪地方裁判所における個人再生手続の現状と運用の改善について—『改正法対応事例解説個人再生—大阪再生物語』刊行後の運用」判タ1346号78頁（2011年）。

[19] 伊藤・前掲注(7)969頁注(8)。

Ⅲ 個人再生手続における別除権協定の締結

は再生債務者に代理人がついている場合には，再生債務者代理人が別除権協定の内容を十分に把握しておくことが求められ，次に，個人再生委員により別除権協定締結の必要性や別除権の目的物の評価などについて慎重に判断されることが求められよう。さらに，別除権協定において弁済が約された債権が再生債権であることを考慮すれば，「別除権の目的の受戻し」を裁判所の許可事項として指定すべきであることは前述の通りである。

(2) 東京地方裁判所の運用

以上の問題点を踏まえて，注目されるのが，個人再生手続における別除権協定締結に関する東京地方裁判所の運用である。

(a) かつての運用

前述のように，東京地方裁判所では，個人再生事件の全件について個人再生委員を選任しており，別除権協定の締結に関して，かつては，再生債務者は，個人再生委員や裁判所と「協議」をした上で，別除権協定を締結するという運用であった[20]。

しかし，先に見たように（Ⅱ），別除権協定に基づく弁済が約された債権は，本来，再生債権であり，個人再生委員や裁判所との協議では，弁済を正当化する十分な根拠とは言い難い。

(b) 現在の運用

そこで，現在の東京地方裁判所の運用では，再生手続の開始決定において，「別除権の目的である財産の受戻し」を裁判所の許可を得なければ再生債務者がすることができない行為として指定し，その許可の申立てについては，再生債務者が個人再生委員と協議をした上で，個人再生委員から協定締結が「相当」との意見を得ることが必要であるとの運用に改められている[21]。

別除権協定締結に至る具体的なプロセスとしては，先に個人再生委員と協議をし，別除権協定締結は「相当」との意見を得た上で，裁判所の許可を停止条件とした別除権協定を締結し，その上で，裁判所に対し「別除権の目的である財産の受戻し」の許可を申し立てるという場合と，個人再生委員から別除権協定締結は「相当」との意見を得たのちに，直ちに裁判所から「別除権の目的で

---

[20] 鹿子木康＝島岡大雄編／東京地裁個人再生実務研究会著『個人再生の手引』（判例タイムズ社，2011 年）250 頁，252 頁〔岡伸浩〕。

[21] 鹿子木ほか・前掲注(1) 282-283 頁。

26 個人再生手続における別除権協定の問題点〔倉部真由美〕

ある財産の受戻し」の許可を得た上で，その後に別除権協定を締結する場合がありうる[22]。

このような運用は，別除権協定において弁済が約された債権の法的性質について，再生債権説および共益債権説のいずれの立場にも立つものではないが[23]，再生債権説に立つ本稿の立場からは，現行法において望ましい運用であると考える。

(3) 個人再生委員が選任されない場合

もっとも，東京地方裁判所の運用をすべての地域で採用することは現実的ではない。東京地方裁判所の運用は，個人再生委員に選任できる弁護士の数が豊富であり，また少額の報酬でも引き受けるという在京三弁護士会の協力があることが前提となっており[24]，東京地方裁判所が置かれる特殊事情によるところが大きい[25]。

このように考えると，個人再生委員が選任されていない場合，再生債務者代理人による別除権協定締結の可能性に関する裁判所への十分な情報提供が不可欠である。例えば，大阪地方裁判所では，再生債務者代理人が別除権協定の締結について裁判所に上申することを推奨している。しかし，別除権協定に基づく弁済は，再生債権の弁済であり，法的な効果をもたない上申ではなく，「別除権の目的の受戻し」を裁判所の許可事項として指定することにより，裁判所による別除権協定の内容のチェックを可能とするべきではなかろうか。そこで裁判所が個人再生委員の協力が必要であると判断する場合には，個人再生委員を選任することも考えられよう。このような運用により，別除権協定の必要性とその内容につき，より慎重な判断をすることが可能になるとともに，別除権協定に基づく弁済の法的根拠が明確になると考える。

---

[22]　鹿子木ほか・前掲注(1) 285-286 頁。

[23]　鹿子木ほか・前掲注(1) 280-281 頁。

[24]　東京地裁破産再生実務研究会『破産・民事再生の実務（第3版）民事再生・個人再生編』（きんざい，2014 年）390 頁。

[25]　大阪地方裁判所のように，個人再生委員の選任を原則としない方式をとる裁判所もあり，このような運用は，民事再生手続が DIP 型を基礎とする手続であり，個人再生委員の関与は例外的であると位置付けることによる（藤田・前掲注[17] 24 頁，園尾＝小林編著・前掲注[11] 1157 頁〔中西正〕）。このような方式は，我が国の実務において一般的になりうるのではないかとの指摘もある（園尾＝小林・前掲書 1157 頁〔中西正〕）。

Ⅳ　むすびに

　以上，本稿では，個人再生手続における別除権協定の締結をめぐる問題点を主として別除権協定の内容のチェックの観点からとりあげた。個人再生手続において別除権協定の締結が問題となる具体的な場面としては，主として，リース契約，所有権留保付きの自動車，住宅資金特別条項が適用されない場合などがある。

　また，民事再生手続における別除権協定をめぐる問題点は，本稿で指摘した点にはとどまらない[26]。実務上の対応が先行しているものの，十分な議論が尽くされているとは言えない個人再生手続を含め，民事再生手続全体を通じた議論が改めて必要であると考えている。

　個人再生手続における具体的な場面における問題点および民事再生手続全体を通じた別除権協定の検討については他日を期すことにしたい。

---

[26]　民事再生手続における別除権協定の問題点につき，通常の民事再生手続を念頭に置いて論ずるものとして，拙稿・前掲注(8) 90 頁以下参照。

27 破産者の憲法的不自由はこれでよいのか

佐 藤 鉄 男

I　は じ め に

　物々交換や現金取引にのみ頼らず，広く信用取引を展開する社会において，破産は誰しも回避したい現象であり，不名誉なことと認識されている。すなわち，債権者から与えられた信用に債務者が応えられないということになると，債権者は当てがはずれ自らも信用不安に陥る可能性があるので，債務者に怒りを向けるのが普通であり，社会としても破産した債務者に厳しく臨む風潮は当然と受けとめられる。破産のルーツを辿ると，債権者を欺いたという意味でそれ自体が刑罰の対象であったのであり，時代によって異なるが，何らかの不名誉のレッテルが待ち受けていた。

　破産を不名誉なことと捉え破産した債務者（以下，破産者）に厳しく臨むことは，古今東西を貫くものであり，それ自体が比較法制史の研究テーマたりうる。紀元前のローマ法においては，破産者は債権者に自らの身体生命を捧げる必要があったのであり（人的執行），中世ヨーロッパにおいては，破産者は目立つ衣装などで晒し者にされており，英語の Bankrupt の語源が破産者のベンチを壊す banca rotta に由来することもよく知られている。破産法はこうした恥辱（不名誉）から始まったのである[1]。この点は，後で述べるように，わが国でも同様であった。

　しかし，時代が進むにつれ，破産債務者への対処が懲罰的発想一辺倒で足るものでないことが理解されるようになる。破産に至る事情は様々であることを

---

(1)　小梁吉章『倒産法講義』（信山社，2005 年）51 頁以下，小梁吉章「破産と恥辱」広島法科大学院論集 4 号（2008 年）35 頁。

27 破産者の憲法的不自由はこれでよいのか〔佐藤鉄男〕

考えれば，懲罰が破産の一般予防になるとは限らず，また人的執行が近代の人権思想に悖るものであるから，当然であろう。破産債務者といえども基本的人権の享有主体として尊重されるべきであり，破産からの脱出を図り再び社会に貢献しうる存在として復活してもらうことが望ましい。自然人の倒産法制として免責制度が普及し，企業の倒産法制として再建型手続が発展するのは，まさにこのことを体現する。だが，このことから，現代の債権者が皆一様に破産者に寛大であるなどと速断しうるものではなく，倒産会見の席で債権者の怒号が飛び交い，自力救済的商品引揚げ行動がなされる現実もなくなってはいない。債権者の権利に手続的・実体的不利益を余儀なくする場面である以上，債務者にも相応の不利益を忍んでもらうべきことは避けられない。その本質にあるのが，破産で言えば，自らの財産の管理処分権の剥奪でありやがてその全財産を債権者の配当に供することであるが，これ以外に，倒産法制上ないし周辺の法制との関係で，種々の不利益が破産者に課せられている。

本稿は，この後者の意味での破産者に課せられる不利益について検討するものであるが，それが憲法上の権利が制限されるものとなっている点に特に着目している。もちろん，国民一人ひとりが享有しうる基本的人権は，不可侵の永久の権利とされながらも（憲11条），濫用してはならず公共の福祉のために利用すべきものとされている（憲12条）という意味で絶対的ではない。では，翻って考えて，破産という場面において，破産者の基本的人権が制限されるのは，どのような意義においてであるのか，問題はないのか，その程度はどうであるべきなのか，実はあまり議論がないことが気になり，改めて考えてみようと思った次第である。以下で扱うのは，居住制限，資格制限，郵便物管理，官報公告といったもので，教科書等であまり詳しく触れられることのないものである。

II　わが国における破産者の人権制限の概要

1　歴史的変遷

現行法とのつながりが認められるわが国の倒産法制は，旧商法すなわち明治23（1891）年商法の第3編破産を嚆矢とする。当時，ヨーロッパ諸国の法典を参考に各種法典を制定した中の一つである。但し，法体系には断絶があるが，

経済的な展開のあった江戸時代にも，経済的に破綻を来す債務者がおり，これに対処する固有法がなかったわけではない。江戸時代には何度も相対済令が出されており，借金を抱えた武士を救済する棄捐令が出されるなど，債務者に甘く債権者に厳しい様相が窺える一方で[2]，債権者に対し債務者が全財産を差し出す「分散」の制度との関係では，債務者に対する差別的処遇もあったとされる。すなわち，婚姻・縁組の禁止，羽織の着用禁止，傘下駄の使用禁止，そして地域からの追放（所払い）等である[3]。

　こうした江戸時代の分散に伴う債務者の不利益は，明治23年以降の法制度にも影を落とすことになった。すなわち，前述の旧商法破産では，破産者は，取引所への立ち入りができなくなり，合名会社・合資会社の社員や株式会社の取締役にはなれなくなるなどの資格制限があり（同法1054条），また公法レベルでは，公民権停止となり，国政選挙の選挙権・被選挙権が否定される[4]。また，この商法の破産制度が商人を前提にしていた関係で，非商人たる国民が経済的に破綻した場合につき，同じ明治23年に家資分散法が制定されている。といっても，破産のような管財業務が想定されたものではなく，もっぱら家資分散債務者の資格停止を導くものであった。裁判所と市町村の掲示場に掲示され，名簿が備えられ，選挙権・被選挙権を失う。

　このように破産が債務者に何らかの不利益をもたらすことは，わが国においても長い歴史をもつと言える。この点は，大正11（1922）年に，商法から独立して制定されるに至った，いわゆる旧破産法でも実質的には受け継がれた。すなわち，破産そのものを罪悪視する懲戒主義の建前こそ採ってはいないものの，一定の義務や制限は課され，その多くは今日まで引き継がれているものである。具体的には，説明義務（旧破153条・232条），居住地を離れない義務（旧破147条），さらにこれらと関連して，引致・看守もありうるものとされた（旧破148

---

(2)　村上一博「江戸時代は借金天国だったか」村上一博＝西村安博編『史料で読む日本法史』（法律文化社，2009年）222頁。さらに古くは，笠松宏至『徳政令』（岩波書店，1983年），早島大祐『徳政令』（講談社，2018年）。

(3)　小梁・前掲書注(1)54頁，園尾隆司『民事訴訟・執行・破産の近現代史』（弘文堂，2009年）44頁。

(4)　公民権停止は，市制9条，町村制9条。選挙権については，明治22年衆議院議員選挙法14条2号（もっとも，当時は普通選挙権ではなかった）。そのほかの制限につき，園尾・前掲書注(3)250頁。

条・149条）。また，破産者が各種資格を制限されることは，破産法の外でその種の立法が増え続けることになる。そして，旧々破産法に続き，信書・電報の制限，すなわち，破産者宛てのそれを管財人に回付し管財人がこれを開披できる（旧破190条・191条）との制度の運用も定着した。破産の事実が何らかの方法で公示され，本籍地において破産者名簿が整備されることも，旧破産法の実務処理として固まって行くことになる。もっとも，当時の大日本帝国憲法の下では，国民（日本臣民）に保障された人権は現行憲法に比べると少なく，「居住及移転ノ自由」（22条），「信書ノ秘密」（26条）などとの抵触は問題があったとしても，少なくとも第二次世界大戦前は，マイナーなものと片付けられていたのではないかと想像する[5]。

その後，日本国憲法が制定されることになり，これに伴う法改正や新しい法律の制定も多くを数えることになる。倒産法制にあっても，昭和27（1952）年に，旧会社更生法の制定，破産免責制度の導入などの大きな動きがあったが，その点を除くと破産法は結果的にほぼそのまま平成年代まで命脈を保つこととなった。

2　日本国憲法と倒産法の接点

本稿のテーマは，破産に伴う破産者の義務や制限が憲法の人権規定に照らし，問題とすべきところがあるのではないかということであるが，これまでに倒産法と日本国憲法との関係が問われたのは，このような点ではなかった。とはいえ，債務者が破産したことにより，回収不可債権の発生という不利益が迫りくる関係で，本質的な点が問題とされ最高裁判断として知られているものもある。

違憲判断が出て騒ぎになるようなこと（アメリカでは倒産法関連での最高裁の違憲判断は珍しくない）はなく，すなわち，すべて合憲であり，第二次世界大戦後の倒産立法・実務が憲法的に容認されたという意味では意義がある。具体的には，次の6つが知られている[6]。①破産免責の制度が財産権を保障する憲法29条に反しないとした最大決昭和36・12・13民集15巻11号2803頁，②会社更生計画による権利変更の不利益が公共の福祉のために許された合理的な

---

(5)　旧破産法が制定される前の大正年代に，破産者の選挙権剥奪等を問題視していたのは，加藤正治「破産者解放論」同『破産法研究4巻』（有斐閣，1918年）337頁。

(6)　これらについては，佐藤鉄男「倒産法の憲法的考察」民訴雑誌56号（2010年）1頁。

財産権の制限であるとした最大決昭和45・12・16民集24巻13号2099頁，③会社更生計画による債務免除が保証債務に附従しないことが憲法14条の平等原則に反しないとした最大判昭和45・6・10民集24巻6号499頁，そして，破産や更生の手続処理が口頭弁論を経ないで行われる点の手続特性が，いささか形式論理であるが，憲法に反するものではないとされた，④最大決昭和45・6・24民集24巻6号610頁，⑤最決昭和60・1・22判タ550号136頁，⑥最決平成3・2・21金判866号26頁，である。

　しかし，日本国憲法は大日本帝国憲法に比べ人権規定が充実したこともあり，主権者たる国民の目線で問い直すべき点は倒産法との関係で少なくないと思われる。筆者は，かつて注(6)に掲げた論稿で若干の考察を試みたことがあるが，本稿では，一部重なる所もあるが，特に破産者の不利益に的を絞って検討するものである。

Ⅲ　破産者の身体的不自由 —— 居住制限を中心に

　破産者が身体的な不利益に晒されることは，昔からである。しかし，現代では，破産者を当然に犯罪者扱いしたり人的執行を許容するようなことはしない。ただ，倒産に絡んで行われる悪質な行為については構成要件を明らかにして，倒産犯罪として処罰する可能性はある。その限りでは現在も，懲役刑の余地はある(7)。

　破産手続においては，裁判所の監督の下，選任された破産管財人に破産者の財産の管理処分権が委ねられ手続が進む。手続を進める上で，破産者本人は大事な情報源であり，説明義務（破40条），重要財産開示義務（破41条）が課される。義務と思えば負担は負担であるが，厳格な清算を適正に行うには破産者からの情報は不可欠であり，ここで破産者に黙秘権を与えるべきであるという主張は出てこないであろう。民事執行の場面にあって，特別な手続で債務者から財産の開示を受ける（民執196条以下）のと比較すると，破産は決定的に異なる。多くの自然人破産者が，破産に接続した免責許可決定でフレッシュ・スタートが確保されることを考えれば，説明を尽くすのはさほど苦にならないは

---

(7)　破産法では，すべての破産犯罪につき懲役刑の余地がある（265条-275条）。

27 破産者の憲法的不自由はこれでよいのか〔佐藤鉄男〕

ずだが，債権者申立てで破産に至った場合は，非協力的なこともありえよう。

その意味で，通常は特に問題なく履行が期待されうる義務であるが，これを確保する上で，破産者の居住制限（破37条），引致（破38条）の可能性が定められている。旧破産法では，さらに看守（旧破149条），面接禁止（旧破150条）の可能性もあった。これらは，居住移転の自由（憲22条）と相容れないものであることは明らかであるが，現実にこれが発動される例が少ないこともあり，憲法論争にはなっていなさそうである。

しかし，こうした強面の制度が本当に必要であるかは，検討の余地はあろう。もともと，これらの制限は旧破産法の母法であるドイツの旧破産法に由来するものである[8]。民事執行の場面でも，執行官が警察上の援助を求めて職務の執行を確保することはありうるが（民執6条），これと比べても強力なものであることがわかる。確かに，破産手続の妨害となるような説明拒絶等の行為に厳しく臨むことは必要であろう。その意味で，所定の手続妨害行為を破産犯罪として，懲役や罰金に処することはあってもよかろう[9]。しかし，破産者からの説明が重要でありこれを確保する手段として，何が有効適切であるかは考慮の余地があろう。現行破産法では，旧破産法にあったもののうち，居住制限や引致の制度は残したが，看守や面接廃止の制度は廃止している[10]。時期的に若干先行したドイツの倒産法改正では，この辺の規定を改め，債務者の説明義務の履行強制方法という発想での規律に切り換えている[11]。

旧破産法の時代から，引致や看守の例は少ないとされ，現行法に残った形の引致もそうした状況は変わっていない[12]。その意味で，ほとんど無用の条文と思えるが，必要性の審査があり，現実に利用されていないという限りでは，憲

---

(8) すなわち，1877年の破産法（Konkursordnung）であり，100条で説明義務が定められているのに続き，101条で居住制限（1項），引致・拘留（同2項）が定められていた。

(9) 具体的には，説明及び検査の拒絶等の罪（破268条），重要財産開示拒絶等の罪（破269条），業務及び財産の状況に関する物件の隠滅等の罪（破270条），審尋における説明拒絶等の罪（破271条），破産管財人等に対する職務妨害の罪（破272条）である。

(10) 小川秀樹編著『一問一答 新しい破産法』（商事法務，2004年）76頁。

(11) ドイツ倒産法（Insolvenzordnung）98条であり，民事訴訟法（日本の強制執行を含むものである）の宣誓，宣誓に代わる保証，拘留の規定の準用で説明義務を強制させようとしている。

(12) 伊藤眞ほか『条解破産法〔第2版〕』（弘文堂，2014年）326頁，田原睦夫＝山本和彦監修『注釈破産法〔上〕』（金融財政事情研究会，2015年）278頁〔鶴巻暁〕。

法的不自由は事実上現れていない。これに対し，居住制限は，破産者が居住地を離れるには裁判所の許可を要するという建付となっているので，その制限は破産に伴い当然に発生することになる。これは[13]，破産者（代理人や取締役などの破産者に準ずる者へ準用される，破 39 条）につき，憲法 22 条の居住移転の自由が自動的に制限されることを意味する。人権としての居住移転の自由は，人が何事にも縛られずに自由に活動の場を求めうることに価値を見出すもので，大日本帝国憲法の時代からあるものである（22 条）。説明義務を尽くさせ，財産の持ち逃げをさせないなどのため，居住制限をする必要性がある場面は想定できなくはないが，格別の要件が設定されるでもなく一律に破産者にこうした制限を及ぼすというのは，いかにも過剰防衛という気がする。要は，破産手続中，破産者が破産管財人や裁判所と連絡が可能な状態にあれば済むのであって，殊更に居住制限といった規律を残しておくことは，破産者差別の風潮を煽るだけのように思われる。ドイツは，従来は破産者の居住制限として規律していたものを（§ 101 KO），現在は，債務者は裁判所が命ずる時にいつでも説明と協力ができるよう準備する義務がある（§ 97 InsO）とマイルドでいて実効的なものになっていることが参考になろう。

Ⅳ　破産者の職業選択の不自由（資格制限）

　憲法 22 条 1 項は，居住移転の自由と並び職業選択の自由を謳う。身分制度や家制度に縛られ職業選択が制限されていた時代と異なり，すべての国民は，個人として尊重され平等な存在として幸福を追求できる（憲 13 条・14 条）。これは，職業に貴賤はなく，自らが望む職業で自己実現できることが社会的にも好ましいとの考えが背景にあると思われる。人が人を差別する愚かさに人類が気づくには長い歴史が必要であった。職業選択の自由は，人間の自由な自己実現に関係する重要な権利である。しかし，職業生活は多かれ少なかれ他者との関わりを伴うものなので，試験等で参入者の質の確保を図るべく資格制度がある場合があることはやむを得ない。その意味での不自由は公共の福祉のため合理的な制限と言える（法科大学院での不合格採点もしかりである）。

---

[13]　破産者の海外旅行申請を，債権者集会への出頭を条件に許可したことと憲法 22 条の関係が問われた例として，東京高決平成 27・3・5 判タ 1421 号 119 頁。

27 破産者の憲法的不自由はこれでよいのか〔佐藤鉄男〕

破産者はマイナスのラベリングがされ，長く蔑視の対象であった。その名称にも問題がないわけではないが（近時は，「破産」に相当する言葉を倒産法で使わない国も増えつつある），現在のわが国では，破産法そのものにおいて破産者を何らかの職業的な資格停止・制限に付することはしていない。このことをもって非懲戒主義と分類されることがあるが，否むしろ問題は破産法の外にある。その意味で，形式的には破産法の問題ではないわけだが，実質的には破産法で考えるべき問題であることは疑いない。

1 資格制限・総説

現行破産法は破産者の公民権を停止するなどの一般的な人格否定をもちろんしてはいない。しかし，公法上，私法上，破産者は各種の資格制限を余儀なくされているのが現実である。制限の態様には微妙な差があるが，その数なんと229種類に及ぶ[14]。その内訳は，これを整理した『条解破産法』の分類によれば，①破産手続開始決定で罷免・解任されるもの28，②破産者で復権を得ていない者が欠格事由とされるもの73，③役員が破産したことで法人の資格が制限されるもの56，④法人及び自然人の資格を制限するもの60，⑤その他12，である。このように破産者を所定の職業や業務から遠ざけることは，破産者の特性をステレオタイプで捉え，それらの職業や業務にふさわしくないと予防線を張るものである[15]。しかし，こうした決めつけは破産者を不当に差別する懲戒主義的発想の名残であり，所定のキャリアから排除されるということはそれだけ生活再建のルートが少なくなることを意味する。この素朴な疑問は今に始まるものではない。随分早くから説かれていたが[16]，状況は現行破産法でも変

---

(14) これについては，伊藤ほか・前掲書注(12)の巻末資料として，1864頁-1901頁にかけて分類して整理されている。また，宮下正彦「資格制限と復権」竹下守夫＝藤田耕三編集代表『破産法大系Ⅲ破産の諸相』（青林書院，2015年）88頁以下でも，網羅的な分類が試みられている。

(15) これらを故宮川知法教授は，人格不信型，資力不足型，複合型に分ける。「破産者の職業保障」同『消費者更生の法理論』（信山社，1997年）92頁〔初出，1990年〕。

(16) 破産者解放論を説いた加藤正治博士や破産者の法律上の地位を論じた齋藤常三郎博士の主張に始まるが，価値観を共有する世代では，注(15)の宮川論文のほか，西澤宗英「倒産者の地位」ジュリ1111号（1997年）170頁，萩屋昌志「破産者に対する資格制限の比較法的検討」河野正憲＝中島弘雅編『倒産法大系』（弘文堂，2001年）510頁。いずれも，比較法的な視野から説いている。

Ⅳ　破産者の職業選択の不自由（資格制限）

わっていない。

　しかし，仮にこれを改めるべく，資格制限を明記する個別法規と破産法の関係を問い直すとなると，いささか繁雑に思える。それは，日常レベルで最も影響のあった会社役員の取締役資格を考えればわかる。これ自体は，現在では破産者が欠格事由とされることはなくなり問題が解決したが，参考までに若干の確認をしておきたい。その上で，個別検討とは発想を変え，言わば一律に破産者の資格制限を改める方法として，アメリカの差別禁止の議論を参照してみたい。

2　破産と取締役の欠格事由

　現在，破産者は，取締役の欠格事由ではない。しかし，この点については，変遷があった。まず，会社と取締役の関係の基本は委任とされる（会社 330 条）。委任は受任者の破産によって終了するので（民 653 条 2 号），取締役が破産するとその資格を失うと解され，復権しない限り，破産者は取締役の被選任資格がないとの判例もあった[17]。しかし，条文でこれが明示されたのは，1981 年の商法改正においてであった（商旧 254 条ノ 2 第 2 号）。その影響は，有限会社はもちろん，他の法人にも及んだ。

　ところが，2005 年の改正，すなわち，会社法が商法から独立して制定されるに際して，破産者を当然に取締役の欠格事由とするような規定は引き継がれなかった。破産者であろうが誰であろうが，株主が個別に判断すれば足りることであり，一律に法で規制することではないとされたものである。上記の規定があった間は，取締役に就任する者は破産者でないことの身分証明を要し，その度に破産者軽視の感覚を人々に摺り込んでいないとも限らなかった[18]。その後，破産者を取締役の欠格事由とする規定の削除によって何か弊害が現れたようには聞かないが，どうだろうか。

---

[17]　最判昭和 42・3・9 民集 21 巻 2 号 274 頁。自身の財産の管理処分権のない者は他人の財産を管理する立場に就くべきではない，という理解である。

[18]　かくいう私も 1986 年に公務員（文部教官：当時）に就任するに先立って，身分証明書の提出を求められた。当時も破産者を公務員の欠格事由とする規定はなかったが，身分証明書は，禁治産者・準禁治産者（当時）でないこととともに破産者でないことの証明書であった。周囲の人に聞くと，これを求められた人は多くなかった。なぜ私は？と思った。こうした事項を身分証明の対象とすること自体，差別に繋がりかねない。

27 破産者の憲法的不自由はこれでよいのか〔佐藤鉄男〕

　破産と取締役の資格と言えば，本稿の射程外の問題であるが，会社を破産に
至らしめた取締役の制裁が絡んでくる。すなわち，民事責任，刑事責任が問題
となることはもちろんであるが，取締役となる資格を一定期間停止・剥奪する
というものである。フランスやイギリスでは発達しているが，日本では民事の
財産的責任がメインである。

3　破産者の差別禁止 ── 画一的制限から個別的制限へ

　破産者について画一的に諸々の資格制限に付すことについては，早くから批
判があった。しかし，それ自体を明文化しているのは破産法ではなく各種法規
である。これを取締役のそれのように一個一個問い直すのは容易ではない。

　この点で参考になるのは，アメリカの対応である。破産者の差別禁止を違憲
とし，それを一般的に条文化することをした。きっかけは，破産免責を得たこ
とで交通事故による損害賠償債務を支払わない者の運転免許の更新を拒否する
ことは，憲法に反し，債務者の再出発を妨げるとした連邦最高裁判決が現れた
ことである[19]。それから間もない 1978 年の連邦倒産法改正に際し，差別禁止
の条文が設けられることになった。すなわち，破産を理由に各種の資格や雇用
上の差別を禁止するというものである[20]。

　これを日本法に応用するならば，破産それ自体に由来する資格制限を全廃し
てみることであろう。その場合，不誠実な破産者を甘やかす結果となりはしな
いか，資力のない破産者が所定の資格職業にあるのは社会にとって不安を与え
るのではないか，といった声が出ないとは限らない。しかし，ここは発想を転
換すべきところであり，資格要件に保証金や保険などのハードルを課せばよい
のではないか[21]。破産による再出発を決意したのに，当然に資格制限で職業不
安が伴うというのはやはり望ましくないだろう。

---

[19]　ペレツ事件である，Perez v. Campbell, 402 U. S. 637（1971）

[20]　11 USC § 525 がそれであるが，正確には，当初，政府機関（governmental unit）に
　　よる差別からの保護のみが規定され，1984 年に，民間の使用者（private employer）に
　　よる差別も保護の対象に加わった。さらに，学生時代の奨学金の返済不履行を理由とし
　　て金融機関が融資を拒絶することを禁止するのも同条である。同様の方針を採ったの
　　は，韓国の「債務者の回生及び破産に関する法律」である。倒産手続にある債務者の不
　　利益処遇を禁止する明文をおいた。林治龍「韓国の倒産・再建制度と最近の動向」事業
　　再生と債権管理 158 号（2017 年）178 頁の本文と注 1 参照。

4 事実上の退職強制

以上は，破産者が，再出発の意欲を持ちながらも資格制限でその出端をくじかれるという問題である。これに対し，制度上の問題ではなしに，破産者の職業生活を脅かしかねないという現実もある。それは，多くの破産者が破産の前後に退職・転職を余儀なくされているという現実である。ここには微妙な問題が付き纏う。

まず，その退職が使用者によってなされたものであるならば，つまり解雇が，労働者の破産のみを理由としたものであれば，破産者を差別した濫用的解雇であり無効と言える（労契16条）。ただ，実際には，そんな露骨な解雇はないであろう[22]。

悩ましいのは，形の上では，破産者が自主的に退職する場合である。理由の一つとして考えられるのは，退職することによって退職金を配当に供するためである。給料の後払いの性質をもつ退職金は確かに差押え可能部分が観念的には破産財団に属する。退職しない場合は退職金の8分の1を評価額として，これを親戚等から工面すれば，退職は要しない。しかし，それが不可能な場合は，退職の心理的強制が強まる。また，破産に至る過程で受けた債権者からの催促電話や給料の差押え等で面目が潰れ，いたたまれなく退職するケースも多いであろう。結果的に，退職は，終身雇用・年功制の雇用スタイルを前提に考えると，再就職してもその後の生活再建に不利になることは必至である。

仕事は人間の尊厳にとって重要なものである。破産者が職業選択の自由を脅かされる現実に目を瞑ってはならないだろう。

V 破産者にはプライバシーがない？ —— 郵便物管理

破産者は通信の秘密（憲21条2項）が保障されなくなる。それは，破産者宛

---

[21] 宮川・前掲注[15]論文，萩屋・前掲注[16]論文がこうした立場に立つ。萩屋は，具体例として酒税法10条10号の規定を挙げる。すなわち，酒類製造・販売業の免許につき，破産により経営基盤が弱いと認められる場合は，個別判断で税務署長は免許を与えないことができるという運用になりうるとする，萩屋512頁，536頁。

[22] 破産以外に解雇を正当化する理由があれば，別である。多額の債務を負った信託銀行の従業員の解雇で，暴行事件による逮捕等の事情があった例として，東京地判平成10・9・4労判1687号23頁。

27 破産者の憲法的不自由はこれでよいのか〔佐藤鉄男〕

ての郵便物には管財業務に有用なものが少なくないとの理由で，破産者に宛てた郵便物・信書を破産管財人に配達すべき嘱託がなされた上（破81条），破産管財人によって開披されるからである（破82条）。法によって認められた信書の開披なので，破産管財人が信書開封の罪（刑133条）に問われることはない。類似の規定は，外国でも見られる[23]。一見すると，居住制限や職業制限ほどの不自由ではないようにも思えるが，通信の秘密の制限と言えば，犯罪捜査のための通信傍受，被疑者・被告人の郵便物の差押え（刑訴100条・222条1項），関税法の犯則嫌疑者の郵便物の差押え（関税122条）等の他の具体例から明らかなように，犯罪絡みのものである。その意味で，破産者を犯罪者扱いしていた旧習の匂いを感じさせるところがなくはない。破産犯罪が成立するような場合はともかく，商事法ないしは民事の手続法という位置づけが確立した今日の破産法において[24]，このような制度が正当化できるのか改めて見つめ直す余地はあろう。

1　郵便物管理の沿革と現状

　郵便物管理の規定は，明治23年商法破産編（旧々破産法）1006条3項4項に始まり，その後，1877年ドイツ破産法の規定に倣う形で，旧破産法190条・191条に引き継がれた。それ自体としては制裁の一種という狙いはなく，破産者宛ての郵便物には破産財団や破産債権に関係する内容のものがありうるのであくまで管財業務に役立てることが主眼であった。大日本帝国憲法の時代には，通信の秘密という発想もなかったので，あまり問題視されることもなく，言わば破産に伴うルーティンの効果として運用されていた。すなわち，旧破産法190条は格別の要件設定もせず「裁判所ハ……破産管財人ニ配達スヘキ旨ヲ嘱託スルコトヲ要ス」としていたことによる。これを昔の破産管財人がどう活用し管財業務にどの程度に寄与していたかは，関心の薄い制度とあって，確たる

---

[23]　竹下守夫監修『破産法比較条文の研究』（信山社，2014年）によると，アメリカにはないが，イギリス，ドイツ，フランスで類似の制度がある，297頁-299頁。

[24]　郵便物から倒産処理に有用な情報を取得することは，どの手続でも共通していよう。民事再生法でも管財人が選任された場合は同趣旨の規定があり（73条・74条）があり，会社更生も同様である（75条・76条）。なお，強制執行の場面で財産情報獲得のために郵便物を云々する話は聞かない。近年，成年被後見人に宛てた郵便物を成年後見人が管理する制度が導入されている（民860条の2・同3）。

V　破産者にはプライバシーがない？

情報は見当たらない。

　しかし，日本国憲法が制定されて以降も破産法は免責制度の導入という改正はあったが，この規定はそのままであり，憲法21条2項の例外という認識はされたものの，自働的嘱託という運用は続いていた[25]。そして，平成の倒産法改正においても，郵便物管理の制度は基本的に維持され現行破産法81条・82条となったわけだが，この間，周知のとおり社会における通信事情は大きく変わっていた。

　81条は，「破産管財人の職務の遂行のため必要があると認めるときは」と旧法にはなかった要件設定を行い，形の上では，自働的嘱託から裁量的嘱託に変わった。また，嘱託の対象も，「通信官署又ハ公衆通信取扱所」に対し「郵便物又ハ電報」の配送を嘱託するとされていたのが，「信書の送達の事業を行う者」に対し「郵便物」又は「信書便物」[26]の配達を嘱託する，へと変わった。電報が削除される一方で，嘱託先は広げられた観があるが，信書便物の送達を行う事業者は数百社を数える現実に照らしこれを網羅することは不可能であるため，嘱託は日本郵便に限られているとのことである[27]。しかし，日本郵便には，原則として，全件で嘱託がされる扱いが続いているようである[28]。そして，破産管財人に送達された郵便物は，管財業務に役立っているというか，重要な調査手段と位置づけられている[29]。たとえば，金融機関からの通知で金融商品の所在が，固定資産税の納税通知で不動産の所在が，ゴルフクラブからの通知で会員権の所在が，判明したりするという具合である。さらには，破産者宛ての郵便物の点検で，各種の取引・契約関係の詳細がわかることもあれば，その他の利害関係を含む当該破産事件の背景が見えてくることもあるだろう。

---

[25]　そのことは，この郵便物開披によって債権譲渡の対抗力が破産管財人との間で満たされることになるかが問題となった，最判昭和49・11・21民集28巻8号1654頁で再認識されるに至った。制度の危険性を指摘するのは，染野義信・倒産判例百選54頁（1976年）。

[26]　信書便物については，民間事業者による信書の送達に関する法律2条3項。

[27]　この点は，田原=山本監修・前掲書注(12) 583頁〔柚原肇〕。

[28]　伊藤ほか・前掲書注(12) 650頁。

[29]　野村剛司・石川貴康・新宅正人『破産管財実践マニュアル（第2版）』（青林書院，2013年）90頁・114頁，瀬戸英雄・植村京子「破産者の義務」竹下守夫=藤田耕三編集代表『破産法大系Ⅰ破産手続法』（青林書院，2014年）211頁。

2 ドイツにおける郵便物管理

郵便物管理が管財業務に役立つものであることはそのとおりであろうが，破産手続とは何の関係もない郵便物があることも容易に想像できる。ここから得られる情報は本当に他に取得手段のないものなのかどうか。破産者の説明や重要財産開示からは出てこない情報はそれほど多くないようにも思える。

わが国より一足先に倒産法の改正を果たしたドイツは，郵便物管理（Postsperre）の制度自体は残しているが，限定的な位置づけに変わった。すなわち，「債権者を害する債務者の法的行為を解明し又は阻止するため（um für die Gläubiger nachteilige Rechtshandlungen des Schuldners aufzuklären oder zu verhindern）」必要と認められる時に，理由を付した決定により，倒産管財人に転送するよう命ずることができるものとなった（§ 99 InsO）。すなわち，かつての日本と同じく転送を当然としていたのを，発令要件をかなり絞り込んだことがわかる。また，発令前に債務者を審尋することを原則とするという手続も明確にした。転送を義務づけられる主体については明記されていないが，2007 年 7 月以降の郵便事業の自由化でこれを扱う事業者全般に及ぶという理解に立っている[30]。その後の開披や即時抗告に関してはわが国と同じであるが，ドイツでは，債務者が法人である場合，代表権を有する機関や社員について郵便物管理の規定を準用する旨の明文もある（§ 101 InsO）。

ドイツで注目すべきは，この制度が基本法（憲法）10 条 1 項の信書・通信の秘密規定と抵触関係にあることを自覚し，その例外規定となることをわざわざ倒産法に明記してあることである（§ 102 InsO）。これによって違憲の疑いを回避する一方で，要件の限定と理由付けの必要性と相俟って，謙抑的な運用を旨とするよう作用する働きが期待される。発令を絞る方向での要件設定，転送すべき郵便も必要な範囲に限定しうる条文はそこにつながることになろう。

また，ドイツでは郵便事業の自由化に伴い，郵便物管理は，影響を受ける事業者が国営のドイツ郵便だけの時代とは異なる問題も意識されるようになっている。すなわち，この制度が事業者の協力（転送という手間とその費用の負担）

---

[30] 電話は該当しないが，E メールは該当するという理解が多く，したがって，ドイツ郵便局だけでなく通信プロバイダーも転送を命じられる事業者として裁判所の命令で列挙される。Volker Grub, Die Stellung des Schuldners im Insolvenzverfahren, Kölner Schrift zur Insolvenzordnung, 3 Aufl. 2009, Rndr. 73

V 破産者にはプライバシーがない?

を要するところ, それが民間事業者への国家の介入という側面を有するからである[31]。破産者のおかれる地位に着目する本稿では深入りしないが, 仮にわが国でも日本郵便以外にも転送の嘱託をするようになると避けられない問題である。

3 郵便物管理のこれから

郵便物管理は, 実務の視点での記述をみる限り, 管財業務に役立っていることは否定できない。誰もがEメールを多用し, 商取引・決済も電子化が進んでも, なお相当程度郵便で書面のやり取りはなされているからである。しかし, 他方でそこから取得できる情報には限界があり, それら情報は郵便物からしか得られない情報かというと, そうでもない。大方は破産者が誠実に手続に協力する限り, 入手可能なものであろう。「帯に短し襷に長し」との言い方があるが, 情報の網羅が必要であるなら, Eメールも射程に入れあらゆる信書・通信事業者に嘱託すべきということになるが, そうしたからといって関係者の労力・コストの割にどこまで効果が増すだろうか。

通信とは特定の発信者と受信者の間でのコミュニケーション行為であり, 人間が生きて行く上で欠かせない。憲法21条にこれが規定されている点で, 表現行為として表現の自由の一環をなしていると思われる一方, 私生活・プライバシーの保護の一形態とも解される[32]。それが保護に値する価値を有することを疑う者は今日いないわけだが, 憲法21条2項にあって, 禁止される検閲との対比では, 絶対的保障までを意味するものではないようである。先に記したように, 刑訴法による郵便物等の押収, 関税法による郵便物等の差押え, といった具体的な制約の例があり, 倒産法の郵便物管理もこれらと並べられている[33]。仮に通信の秘密の保護が相対的なものであるとしても, これらの合憲・違憲は個別的検討を要するところであろう。しかし, 目的を特定せず, ほぼ全件で破産者宛ての郵便物を管財人に転送し開披を認めるわが国のそれは行き過

---

[31] この点については, ドイツにおける倒産法と基本法の関係について論じた, Stefan Werres, Grundrechtsschutz in der Insolvenz, 2007 S. 116

[32] 通信の秘密の意義の捉え方につき, 長谷部恭男編『注釈日本国憲法(2)』(有斐閣, 2017年) 433頁〔阪口正二郎〕。

[33] ほかに, 刑事収容施設及び被収容者等の処遇に関する法律の127条・135条・140条・144条, 郵便法による郵便物の開示要求 (郵便法31条・32条)。

27 破産者の憲法的不自由はこれでよいのか〔佐藤鉄男〕

ぎの感を否めない[34]。手続に必要な情報が得られるからといって，破産者が裁判所のする転送嘱託により破産管財人に私事を覗き見られることを社会は容認し続けるとは思えない。

　まず，郵便物管理制度の全面的廃止が説かれてもよいと考える。管財業務にあってこれに依存する度合が少なく，代替手段があるのであれば問題はないであろう。仮に必要である場合も，これが憲法的利益と衝突するものであることに鑑み，できるだけ侵害が最小限で済むよう絞り込むことが望ましい。すなわち，単に「職務の遂行のため必要がある」というのではなく，ドイツ法のように，「債権者を害する行為の解明又は防止」と利用範囲の限定を意図した例示を条文で明らかにしておくと良いだろう。さらに，必要性が具体的になっていることを前提とすれば，転送を受け確認すべき郵便物につき発信者を特定する等の方法で限定するに越したことはない。全種類の郵便物とするのは，あくまでも最後の手段と考えるべきである。

　Ｅメールを含めるかどうか，それは嘱託を要請する信書便物取扱事業者をどうするか，技術的処理を含めて，問題ではある。本当に必要な場合は，これにアプローチができないのでは威力が半減する。しかし，きりがないのが現実であり，憲法的利益に反するおそれのある制度の利用を拡大する方法を開発することもないだろう。

　もっとも，通信の秘密の保護については，債務者が自然人と法人とでは差異がありえよう。法人の事件では，自然人に比べ保護の要請は弱まると考えられるので，転送を嘱託する対象を，債務者たる法人宛てのほか，役員等の組織の肩書付きで宛てられたもの，本店のみならず支店を含めるとしても良いであろう。もちろん，それは必要性がある場合であって，基本になるのは最小限化アプローチと考える。

---

[34]　明確にそう指摘するものとして，倒産法では，霜島甲一『倒産法体系』（勁草書院，1990 年）431 頁，憲法では，樋口陽一ほか『注解法律学全集　憲法Ⅱ』（青林書院，1997 年）88 頁〔浦部法穂〕。この郵便物管理が破産犯罪に関係した事案については，佐藤鉄男「財産情報をめぐる破産者と管財人の関係 —— 破産者のジレンマ」中央ロー・ジャーナル 15 巻 2 号（2018 年）101 頁。

Ⅵ　破産情報をめぐる公私ジレンマ —— 官報公告の光と陰

　郵便物管理で破産者のプライバシーが問題になったところで，もう一つ，悪しきレッテルで始まった破産の歴史ゆえに，破産者の更生を妨げその尊厳にも影響しているという意味での憲法問題についても触れておきたい。これについての問題提起は既に別稿において行っているところであるが[35]，本稿の視点で改めて整理しておくこととする。

1　倒産手続における公告の今日的状況

　倒産は単に債務者一人の問題ではなく，濃淡はあるが方々に影響を及ぼすものである。これを知れたる関係者限りである程度内密に処理をする私的整理の手法も存在するが，裁判所の倒産手続による場合は，公然[36]かつ透明たることが要請される。ところが，個々の倒産事件における影響の範囲は必ずしも自明のものではないので，裁判所は事件にかかる情報を広く知らせることで名乗り出てもらう方法を採ることになる。

　手続の種類により公告する対象に違いはあるが，倒産法は重要事項を関係者に知らせる方法として公告と送達を併用している（破10条，民再10条，会更10条）。このうち，公告が原則で，それは官報によって行い，掲載の翌日に効力を生じ，一切の関係人に告知が及んだものとされる。そして，この官報公告は現在，インターネットで誰でも閲覧できるようになっている[37]。

　公告を要する事項は法定され，個々ばらばらであるが，債務者が特定できないことには公告の意味をなさないので，事件番号，債務者の氏名（名称），住所，といった識別情報の掲載が必須となる。ところが，これが倒産公告となって現れると，思わぬ事態を招いているというのが，ここでの問題である。それは，かつての紙媒体のみの官報であった時代であれば，公告と言っても現実に

---

[35]　佐藤鉄男「情報としての倒産公告の意義と問題点」中央ロー・ジャーナル14巻3号（2017年）87頁。

[36]　わが国の倒産事件が，訴訟事件ではなく，「非訟」事件として決定手続で処理されていることは，ここで言う「公然」とは意味を異にする。非公開が強調されるより，関係者に開かれた手続として，集団的に透明な処理が目指されたものである。

619

27 破産者の憲法的不自由はこれでよいのか〔佐藤鉄男〕

これをチェックするのは債権者となりうる業者に限られていたのが，インターネット官報となると誰でもどこからでも見られるのであり，間接的な閲覧を含めて情報が拡散してしまうことである[38]。その結果，倒産の事実が近隣の人にも知れ渡り，経済的再起に支障を来しかねない事態が生じているのである。

この倒産事件で公告を使うことは世界で共通する。公告の種類，内容，仕方等に違いがあるのは当然である。しかも，電子化の普及は世界に共通しており，特にわが国と類似性ある公告制度を有するドイツでは，以下に述べる情報保護の問題が議論もされている[39]。問題は殊のほか自然人の破産手続開始の事実を知らせる公告で深刻であり，以下はこれに絞って述べることとする。

2　倒産情報の二面性

自然人の多重債務問題も，破産等に依らず，弁護士が債権者と話をつける私的な債務整理で解決がつく場合も少なくない。この場合は，経済的な破綻とそれを弁護士の介入で処理したことは，直接の関わりのある債権者らを除き，広く知れ渡るということはない。しかし，債権者との調整がつかず，かつ資力が回復する見込みもないとなると，破産が現実味を帯びてくる。有限責任でリスクの隔離が可能な法人と異なり，無限責任の自然人は，破産免責による合法的な解決手段を選択しない限り[40]，債務問題から逃れる術はない。

---

[37]　直近 30 日分は，誰でも閲覧は無料である。http://www.kanpou.npb.go.jp　画像処理データである。有料制の会員となることで，検索サービスが過去の分を含めて利用できる。さらに，この官報公告を集積し編集の上，有料で提供する民間サービスも存在する。こうした官報公告の弊害と改善について指摘するのは，全国倒産処理弁護士ネットワーク編『倒産法改正 150 の検討課題』（金融財政事情研究会，2014 年）100 頁〔黒木和彰〕。民事執行の強化との関係で，破産者名簿，破産公告などにつき歴史的スパンで論じるのは，園尾隆司「破産者に対する制裁と破産者名簿調製の歴史」判タ 1388 号（2013 年）5 頁。

[38]　前注で述べたサービスのほか，地域の週刊誌が官報公告を編集し掲載している例もある。弁護士会等が問題視したものの，それは現在も続いている。

[39]　Hans-Ulrich Heyer, Insolvenzbekanntmachungen und Datenshutz, ZVI 2015, 45

[40]　破産免責の制度そのものが，債権者の財産権を侵害する違憲の存在ではないかという問題提起は，わが国では導入してから早い段階で，最高裁の合憲判断で決着がついている。すなわち，最大決昭和 36・12・13 民集 15 巻 11 号 2803 頁は，最悪の事態（債務者の自殺，強盗等の犯罪惹起）を避ける，公共の福祉のための合理的な財産権の制限とした。

Ⅵ　破産情報をめぐる公私ジレンマ

　経済的なフレッシュ・スタートの手段となる破産免責は，性質上これを秘密裡に獲得するというのでは意味がない。すなわち，これによる再起を期すことを関係者に知らしめ，意見を述べる機会を与えてこそ（破251条），免責の効果（破253条1項）が威力を発揮できる。所定の例外はあるが，債務者は匿名ではなく顕名で破産者となり，広く免責の効果を主張できてこそ再起が可能となる。債務者は，官報公告でそのことが知れることは理解し覚悟もして破産を申し立てているはずである。

　官報公告は，現実にその情報が必要な人に情報が知れ渡ったかどうかに関係なくそれが擬制できるという意味では，倒産事件にかかる情報の伝達方法としては合理的である。そして，そのことが債権者らにとっては当該特定個人にかかる信用情報として格別な扱いがされることへの理解も，現代社会に生きる債務者はしているであろう。すなわち，信用格付けの低下，いわゆるブラックリストへの登録である[41]。そして，それが債権者らの間である程度の期間共有されるので，再起が茨の道であることも確かであるが，その試練に耐えてこそ人間の尊厳を回復できる。

　ところが，アクセスが容易な官報公告は，思わぬ形で破産者の足枷となるということが起こりえている。人間は誤りを犯す存在であり，挫折もする。それはお互い様であるので，社会のルールとしての法は厳しいばかりではなく，時に優しい存在でもある。経済的な失敗である破産に関しても，モラル・ハザードを避ける趣旨の歯止めはあるが，破産免責の運用とそれに連動する当然復権（破255条1項1項）に体現されたわが国の破産法は破産者に優しいものと思える。しかし，世間で現実に破産者に向けられる視線は厳しく，それは破産者のレッテルが必要以上に広く長く付いて回ることでのし掛かる。具体的には，官報に掲載された破産公告が，紙媒体やこれを複製・編集等を施した者から広く知れ渡ってしまうことによる。とりわけ，インターネット上に情報が出回れば，官報の無料閲覧期間を超えていつまでも，検索エンジンで容易に辿りつけることである。

---

　[41]　事実に相違ない限り，ブラックリストへの登録自体を，憲法13条や14条に反するとすることはできないだろう。東京高判平成10・2・26金法1526号59頁。これに対し，事実に反する倒産情報の問題性については，霜島甲一「最終講義　倒産法研究の回顧と倒産法新体系」法学志林97巻2号（2000年）3頁特に，10頁以下。

破産者は心機一転，再起を期す。一刻も早くここから抜け出し，尊厳を取り戻したいと願っているだろう。それが，いとも簡単に，破産のレッテルが掘り起こされ邪魔される，すなわち，世間は破産の事実を「忘れてくれない」のである。なぜだろう。

3　更生の利益と忘れられる権利

破産者の「経済生活の再生の機会の確保」は，現行破産法の目的として掲げられている（破1条）。だが，上記のような意味で，それを妨げるという現象は，破産のルーツが影響している。もともと，破産は債権者を裏切る犯罪であり，マイナスのレッテルを貼って晒し者にしたことから始まっている。時には具体的な目印で，屈辱を味わわせ，また一般的な警告としていたわけである。やがて破産法から懲戒主義の思潮は後退して行ったわけだが，人々の感覚に破産者への偏見は根強く残っている。本稿で取り上げた他の論点もそこに繋がっている。

破産者本人は，嫌な過去は忘れたいとしても，克服すべき試練として胸に留めるべきであるかもしれない[42]。しかし，他人はいたずらにそれを論うようなことは慎むことが望まれる。このことは，前科前歴がインターネットに残っていることをめぐる問題と通ずるところがあるように思える。近時，過去の前科前歴といった本人の不名誉情報がいつまでも検索エンジンを介してインターネット上に掲示されることに対する削除要求，すなわち事実であるとしてもその状態を長く続けるのは不当であるとし，いわゆる「忘れられる権利（the right to be forgotten）」が展開されており[43]，参考になる。

人には，それが事実であるとしても差別や偏見につながりかねないデリケートな情報については[44]，みだりに公表されない権利がある。他方で，情報を発

---

[42]　このことは，短期間で免責を繰り返すモラル・ハザードを防止する上で，7年の待機期間が定められていることに現れている（破252条1項10号）。しかも，これを制度的に維持するために破産免責のリストを用意するようなことはしていないので，記憶すべきは本人であり，他人は忘れる優しさこそが望まれているのではないかと考える。実際，本籍地役場に備える破産者名簿（これ自体は非公開）への記載は，免責の可能性がない場合に限定する運用に取扱いが変更されている。

[43]　最高裁はかかる権利に言及していないが（最決平成29・1・31民集71巻1号63頁），下級審レベルでは，忘れられる権利に基づく，記事の削除要求が認められつつあった。

信する側には，表現の自由があるという意味では，「忘れられる権利」はプライバシーと表現の自由の比較衡量の新たなタイプと言われる。現在では，破産そのものを犯罪視することはしていないが，そのルーツに遡って考えた場合，破産情報は前科前歴に近い実質をもつ。すなわち，本稿で扱った他の制限と相俟ってマイナスのイメージがつきまとい，再起を図る上で支障を生じかねないように思われる。ただ，信用情報として，公的な関心事であることも否定し難い面がある[44]。

裁判所の破産手続は秘密裡にするものではない。官報公告を利用することで，手続情報をオープンにして透明性を確保すること自体は理に適ったものである。しかし，自己の業容に照らし，破産手続に直接的な利害関係が見込まれる債権者らは，注意深くこれをチェックしていると思われるので，さほど長い時間その情報を公表しておくこともないのではなかろうか。インターネットに流れた情報の拡散防止・削除をどのように行うか技術的な問題はあるが，破産者の更生を確保する上では，最低限の公表期間が過ぎさえすれば，後はそれ以上に公表されない利益，逆に言えば，忘れられる権利が優先すると考えたいところである。ただ，具体的方策は情報処理技術を踏まえた検討を要する。

Ⅶ　終わりに

以上，破産者をめぐる居住制限，資格制限，郵便物管理，倒産公告をめぐり，それが破産者にとって憲法的な不利益となっている状況について述べてきた。歴史的経緯もあり長く破産者は，マイナスのレッテルを余儀なくされる存在であった。しかし，破産に至った原因は様々であるし，人間が債務問題で一生を棒に振ってしまわないよう，現代の倒産法は債務者の更生のために手を差し伸べることも重視するものとなっている。破産により解体消滅する法人と異なり，自然人には破産以後の人生もある。その場合，いつまでも破産を引き摺るよりも，一刻も早くこれを克服し人間としてしての尊厳を取り戻し，前向きに生き

---

[44] 個人情報保護法は要配慮個人情報として保護を謳う（2条3項）。人種，信条，社会的身分，病歴，前科前歴等が挙げられている。

[45] 経済産業省の個人情報保護委員会の「信用分野における個人情報保護に関するガイドライン」（2017年2月）では，官報の破産者情報は要配慮個人情報からはずされている。

623

27 破産者の憲法的不自由はこれでよいのか〔佐藤鉄男〕

て社会に貢献できるようになるに越したことはないはずである。

　ところが，本稿で取り上げた問題を見た場合，破産者は依然として現実的な不利益を忍ばざるをえず，プライドが傷つけられていることに想いを致さなければならなかった。居住制限は説明義務の確保の手段としては行き過ぎであり，一律の資格制限はあまりの過剰防衛である。郵便物管理も，多少は有用な情報がそこから得られるにしても，全件で必要な手段なのかははなはだ疑問である。そして，官報による倒産公告に関しては，それ自体の手続的効用は否定できないが，その情報としてのデリケートさに鑑み，不必要な複製や拡散がされないような取組みが必要とされる状況にあると考えている。

　拙い論稿であるが，春日偉知郎先生の古稀のお祝いに参加できる光栄に感謝しながら本稿を閉じたい。

　〔付記〕本稿は，科研費基盤研究(B)「民事紛争処理手続における情報の保護と利用の両立」（課題番号 17H02473・代表町村泰貴）の研究成果の一部である。また，執筆の途中で，中央大学公法系勉強会及び東京大学民事訴訟法研究会にて報告の機会を得ており，ご出席の皆様からご教示をいただいた。再校の時期に，官報の倒産公告を地図化する"破産者 map"なるサイトが現れ，問題となった。

28 破産手続・再生手続終了後の留保所有権者による私的実行の可否

杉 本 和 士

I はじめに ── 問題状況の確認と本稿の検討対象

1 問題状況

近年，販売会社・購入者（顧客）・信販会社の三者間における自動車割賦販売契約（いわゆるオートローン契約）に関する所有権留保の倒産手続上の処遇が争われた裁判例が数多く登場してきた。具体的には，購入者の破産手続又は再生手続において，立替払又は代位弁済をした留保所有権者たる信販会社が別除権者として[1]留保所有権を行使するための手続開始時における自己登録名義の要否，さらに，信販会社による手続開始前の自動車引揚げに対する否認権の成否を争点とする紛争が全国において多発してきた。

その発端となったのが，最判平成 22 年 6 月 4 日民集 64 巻 4 号 1107 頁（以

※本稿は，「第 50 回倒産・再生法実務研究会」（平成 30 年 9 月 1 日。仙台弁護士会「仙台オートローン問題研究会」の須藤力弁護士，舘脇幸子弁護士及び木下清午弁護士との共同報告及びコメント）において筆者に報告分担を割り当てられたテーマに関するものである。同報告の機会を賜り，参加者の方々から貴重な御意見や御質問を頂戴したことはもとより，「仙台オートローン問題研究会」での事前の準備段階で会員の先生方と有益な議論をさせて頂いたことについて，ここに改めて記し感謝申し上げる。

[1] 前提として，担保目的の所有権留保特約付売買契約に関して，破産手続・再生手続において留保所有権は，取戻権（破 62 条，民再 52 条 1 項）か別除権（破 2 条 9 項・65 条 1 項，民再 53 条 1 項 2 項）のいずれの法的性質を有するものと認められるのかが問題となりうるが，平成 22 年最判は別除権として扱うことを暗黙の前提として認めており，今日，この実務運用が定着しているようである。この問題に関して，杉本和士「破産管財人による所有権留保付動産の換価 ── 前提となる法的問題の検討」岡伸浩ほか編著『破産管財人の財産換価（第 2 版）』（商事法務，2019 年）787-789 頁参照。

28 破産手続・再生手続終了後の留保所有権者による私的実行の可否〔杉本和士〕

下,「平成 22 年最判」という。）である。同判決は,結論において,販売会社・購入者・信販会社の三者間契約に関する,信販会社の立替金及び手数料債権（立替金等債権）を被担保債権とする所有権留保の事案について,購入者の再生手続が開始した時点で信販会社の登録名義がない限り,留保所有権者である信販会社による別除権行使は認められない旨を判示した。この結論は,購入者が信販会社に対して立替金及び手数料を完済するまでは自動車登録を販売会社名義のままとする自動車販売業界の長年の実務慣行を否定する契機を含むものであった。そのため,この実務慣行を支持する業界関係者からの強い批判を受けるとともに,破産手続や再生手続における前記紛争を数多く誘発させることとなった[2]。

　ところが,最判平成 29 年 12 月 7 日民集 71 巻 10 号 1925 頁（以下,「平成 29 年最判」という。）の登場によって,急増した係争件数も鎮静しつつあるようである。同判決は,平成 22 年最判と同様に自動車割賦販売契約に関して,信販会社が留保所有権を顧客の破産手続において別除権として行使することの可否が争われた事案につき,自動車売買で所有権留保の合意がされ,代金債務の保証人となった信販会社が販売会社に代金残額を支払った後,購入者の破産手続開始の時点で自動車につき販売会社名義の登録がされているときには,保証人たる信販会社が,自己名義登録がなくても,法定代位（民 500 条,501 条）により取得した留保所有権を別除権として行使することができる旨を判示した。すなわち,この判例の登場により,自動車登録を販売会社名義のままとする実務慣行を維持しつつ,差し当たり購入者の破産手続又は再生手続において信販会社は留保所有権を別除権として行使する途が再び拓かれた訳である。

　もっとも,これにより平成 22 年最判の判断が変更された訳ではなく,平成 29 年最判登場後も,平成 22 年最判の射程との棲み分けが問題となる。この 2 件の最高裁判例からは,購入者の破産手続又は再生手続の開始時において,す

---

(2)　自動車メーカー系のクレジット会社全社の調査結果に基づく統計情報によると,平成 22 年最判が現れた直後の平成 22 年（2010 年）の時点では係争件数年間 50 件程度であったのが,平成 26 年（2014 年）から平成 29 年（2017 年）にかけては年間で約 600 件から 700 件程度で推移し,つまりは年間の係争件数が以前の 10 倍以上まで増加していた。阿部弘樹ほか「登録名義を有しない自動車所有権留保の破産手続上の取扱いに関する実務の流れと問題点の検討 —— 平成 22 年 6 月 4 日最高裁判決を契機として」事業再生と債権管理 155 号（2017 年）67 頁参照。

Ⅰ　はじめに

でに優先性が公示された留保所有権とその《被担保債権の同一性》が維持される場合には，信販会社が自己名義登録なくして法定代位（民500条，501条）により留保所有権を別除権として行使できるという判例法理を導くことができる[3]。

　ただし，この《被担保債権の同一性》という点に関しては，なお以下のような問題が残されているように思われる。売買代金債権のみならず，民法の想定する「弁済の費用」（民485条）の範囲を超えた，信販会社に固有の利益部分，すなわち信販会社の利益に当たる手数料に関する債権は，販売会社の下では本来成立しえないはずである。それにもかかわらず，（代位する前に）販売会社の下での被担保債権にこの手数料債権まで含めることで被担保債権の同一性を維持しようとしても，その被担保債権（すなわち原債権）の範囲で信販会社が販売会社に代位し，自己名義の登録なくして別除権行使をすることは認められないと考えるべきではないか[4]。実際に，平成29年最判も，「自動車の購入者と販売会社との間で当該自動車の所有権が売買代金債権を担保するため販売会社に留保される旨の合意がされ，売買代金債務の保証人が販売会社に対し保証債務の履行として売買代金残額を支払った後，購入者の破産手続が開始した場合において，その開始の時点で当該自動車につき販売会社を所有者とする登録がされているときは，保証人は，上記合意に基づき留保された所有権を別除権として行使することができるものと解するのが相当である。」（傍点は引用者による）と判示し，これに加えて，平成22年最判につき，「販売会社，信販会社及び購入者の三者間において，販売会社に売買代金残額の立替払をした信販会社が，販売会社に留保された自動車の所有権について，売買代金残額相当の立替金債権に加えて手数料債権を担保するため，販売会社から代位によらずに移転を受け，これを留保する旨の合意がされたと解される場合に関するものであっ

---

(3)　杉本和士「倒産手続における集合動産譲渡担保と所有権留保の競合問題に関する覚書」近江幸治先生古稀記念『社会の発展と民法学〔上巻〕』（成文堂，2019年）658頁。要するに，平成22年最判及び平成29年最判は，目的自動車が破産財団又は再生債務者財産を構成することを前提に，当該自動車の財産価値に対する優先性は，手続開始までに予め公示されていなければならず，手続開始時の登記・登録等が，いわば留保所有権者の優先権の及ぶ被担保債権の「枠」の事前公示の要件として要求される旨を示したものと理解される（同上）。

(4)　杉本・前掲注(3)658頁脚注(23)参照。

て，事案を異にし，本件に適切でない。」（傍点は引用者による）と述べており，被担保債権はあくまで売買代金債権の範囲に留められる旨を示唆している[5]。ところが，同判例の調査官解説は，「なお，本件の売買代金には割賦販売の手数料が含まれているところ，このような手数料は，いずれ販売会社から信販会社に支払われるものであるとしても，三者間の合意上は販売会社が購入者から割賦販売を受けるもので，支払が滞れば信販会社から販売会社に売買代金残額の一部として代位弁済されることになるのであるから，手数料部分をも被担保債権とする留保所有権が法定代位により移転すると解すべきことは当然の前提とされているものと考えられる。」（傍点は引用者による）[6]と述べている。すなわち，売買代金債権に手数料が含まれるという理解である。しかし，「このような手数料は，いずれ販売会社から信販会社に支払われるものである」として，この手数料が信販会社固有の利益であること（すなわち，手数料債権が信販会社の下で初めて生じる，固有の債権であること）を前提としながら，この手数料が，「支払が滞れば信販会社から販売会社に売買代金残額の一部として代位弁済されることになる」という論理が成立しうるのか大いに疑問がある[7]。

2 問題設定

以上で確認してきたように，平成29年最判の登場によって，購入者倒産時における自動車割賦販売（オートローン）に関する紛争は一応の決着を見たものの，近時，なお多くの下級審裁判例で争われている，破産手続又は再生手続

---

(5) 印藤弘二「判批」金法2086号（2018年）41頁参照。

(6) 堀内有子「判解」ジュリ1526号（2018年）110頁。

(7) 山本和彦「判批」判例秘書ジャーナル〔文献番号HJ100037〕6頁は，平成29年最判の理解として，弁済による代位として債権移転を伴う場合には対抗要件を不要とし，この場合，移転する原債権には手数料債権も含められていることを示唆し（「本判決自身は，手数料債権の被担保債権性を強調する。」と指摘する。），平成22年最判との差異は，弁済の代位として債権移転に伴う担保移転があったかどうか（代位によらずに新たな担保設定があったかどうか）という点に求められると述べる。その上で，「信販会社の回収費用（より一般的に言えば信販会社の下で発生する債権）を被担保債権化することは，代位構成では原則としてありえないことになる」（同7頁）と指摘していることから，手数料と回収費用を区別しているようである。この手数料が「弁済の費用」（民485条）の趣旨のものであると考えれば，私見の立場からも首肯することができるが，本件事案における手数料が信販会社固有の回収費用を含まないものであるのかどうか疑わしい。

開始前の留保所有権者による自動車の引揚げに対する否認権の成否[8]も含めて，その処理に関する問題点の全てが解決され，また，その不明瞭さが完全に払拭されたとは言い難いのが現状である。そうすると，破産手続において目的自動車が自由財産の拡張（破 34 条 4 項）又は財団放棄（破 78 条 2 項 12 号）の対象とされる事例のほか，留保所有権者である信販会社名義の登録がないこと（平成 22 年最判の射程が及ぶ事案において販売会社名義のままである場合や，所有権留保の合意があるにもかかわらず破産者名義となっている場合[9]。）を理由に別除権行使が認められない，又は別除権行使が認められるかどうかが不明瞭なまま，再生手続につき終結決定がなされたり，あるいは破産手続又は再生手続が廃止されてしまうという病理現象を想定することも，決して机上の空論であるとは言い切れないように思われる。

　そこで，本稿では，販売会社・購入者・信販会社の三者間での自動車割賦販売契約における所有権留保の事例を念頭に置き，破産手続において当該自動車が自由財産拡張又は破産財団からの放棄の対象とされた上で同手続が終結した場合，破産手続や再生手続が廃止された場合，免責許可決定により被担保債権が免責された場合，又は再生手続が終結した場合をそれぞれ想定しつつ，手続終了後に留保所有権者たる信販会社が改めて留保所有権の私的実行として当該自動車の引揚げ及びその換価を実施することが認められるのかという問題について検討を行う[10]。民法上の留保所有権の権能について，最判平成 21 年 3 月 10 日民集 63 巻 3 号 385 頁（以下，「平成 21 年最判」という。）は，自動車割賦販売契約における所有権留保の事例に関して，「留保所有権者が有する留保所有権は，原則として，残債務弁済期が到来するまでは，当該動産の交換価値を把

---

(8)　この争点に関する下級審裁判例は多数に上る。高等裁判所における裁判例のみを挙げると，名古屋高判平成 28 年 11 月 10 日金法 2056 号 62 頁①事件（肯定），東京高判平成 30 年 1 月 18 日 LLI ／ DB【判例番号】L07320344（肯定）等。裁判例及び問題状況につき，野上誠一「所有者の登録名義を有していない自動車の留保所有権者が自動車を引き上げて債権の満足を受けた場合の否認可能性」判タ 1424 号（2016 年）5 頁，阿部ほか・前掲注(2)75-82 頁参照。

(9)　川畑正文ほか編『はい 6 民です お答えします（倒産実務 Q&A）（2018 年 10 月第 2 版）』（大阪弁護士協同組合，2018 年）212 頁参照。

(10)　福田修久「破産手続・民事再生手続における否認権等の法律問題 第 1 回 所有権留保に基づく自動車引上げがされた場合の否認等について」曹時 64 巻 6 号（2012 年）16-18 頁において同様の検討がなされている。

握するにとどまるが，残債務弁済期の経過後は，当該動産を占有し，処分することができる権能を有する」と判示することから，破産手続又は再生手続の終了後，留保所有権者が改めて，自己登録名義がなくても，民法上の処分権能として私的実行をすることが考えられる。以下ではこの民法上の処分権能に基づく私的実行の可否を検討対象とする。

Ⅱ　破産手続終了後の留保所有権の処遇

1　配当実施による破産手続終結の場合（破220条）

　仮に留保所有権者（信販会社）が別除権行使として目的自動車の引揚げを実施しない，又は，前述のように（前記Ⅰ1），自己名義の登録がないため別除権行使が認められず引揚げを実施できないという場合には，当該自動車は破産財団を構成する以上，最終的には破産管財人によって換価されて破産債権者に対する配当原資とされる[11]。したがって，この場合，配当が実施され，破産手続が終結した後には，留保所有権者（信販会社）による私的実行（引揚げ及び換価）の可否は問題とならない。

2　同時廃止又は異時廃止の場合（破216条，217条）
⑴　破産手続の廃止による終了後の留保所有権の処遇

　破産手続が同時廃止又は異時廃止[12]により終了した場合には，平成21年最判の説示によれば，残債務弁済期が経過しているため，民法上，留保所有権者（信販会社）には留保所有権に基づく処分権能が認められ，その行使に際して

---

[11]　ただし，登録を破産者名義としないままでは，自動車の換価を行うことは事実上不可能であろう。そこで，破産管財人は，信販会社に対して登録名義の変更を求めることができるのかが問題となる（杉本・前掲注⑴795-797頁参照）。福田・前掲注⑽10頁は，「破産管財人は，訴えを提起して販売会社に対して登録名義の移転を求め，判決を得ていったん登録名義を破産者（購入者）に移転させた後に転売することができる」と説く。実務上は，一般的に，和解による解決が試みられているようである（中山孝雄=金澤秀樹編『破産管財の手引（第2版）』（金融財政事情研究会，2015年）220-221頁，川畑ほか・前掲注⑼212-213頁参照）。

[12]　もっとも，破産手続中に目的自動車が換価されずに破産手続が異時廃止として終了する場合には，その前提として目的自動車は自由財産拡張又は財団放棄の対象とされること（後記3）が通常想定される。

II　破産手続終了後の留保所有権の処遇

自己登録名義は要求されない。よって，留保所有権者（信販会社）は，破産手続終了後，留保所有権に基づき当該自動車を引き揚げることができると解される[13]。

　もっとも，廃止事案においては，そもそも目的自動車の財産価値（査定評価額，処分見込額）が極めて低いこと[14]が前提として想定されるため（逆に，当該自動車の財産価値が高いと認められる場合には，基本的に破産手続は廃止されるべきではなく，換価・配当が実施されるべきであろう。），実際には，引揚げではなく，一定の金銭による和解的処理をすることで解決するのが妥当であると考えられる[15]。

(2) 免責許可決定によって被担保債権が免責された場合の留保所有権の処遇

　なお，自然人破産の場合，免責手続において免責許可決定を受け，別除権行使がなされなかった担保権の被担保債権を含めて破産債権が破産免責（破253条1項柱書本文）の対象とされることが想定される。そこで，上記(1)の検討に加えて，自然人破産の事例において，破産手続において別除権行使がなされず，また換価が実施されないまま廃止により破産手続が終了し，同時に免責手続で被担保債権が免責対象となったという場合，手続終了後，留保所有者は改めて私的実行をすることができるのか，という問題をここで設定し，検討することとしよう。

　破産免責の効果として，破産債権は自然債務となるというのが判例及び通説の立場である（最判平成11年11月9日民集53巻8号1403頁参照。自然債務説・責任消滅説）。もっとも，たとえ被担保債権が免責許可決定により自然債務となったとしても，破産手続終了後には民法上の処分権能に基づき，留保所有権に基づく私的実行をし，被担保債権の満足を得ることができると考えられる[16]。

----

(13)　福田・前掲注(10)17頁，甲斐哲彦「対抗要件を具備していない担保権の破産・民事再生手続上の地位」司法研修所論集116号（2006年）129頁も同旨を説く。

(14)　大阪地裁第6民事部（倒産部）の運用では，「普通自動車で初年度登録から7年，軽自動車・商用の普通自動車で5年以上を経過しており，新車時の車両本体価格が300万円未満であり，外国製自動車でない場合には，損傷状況等からみて無価値と判断できる限り，査定評価を受けることなく0円と評価」されているという（川畑ほか・前掲注(9)172頁）。

(15)　この場合，登録名義人（販売会社）も，名義変更のための協力費という名目での金銭支払によって所有権及び登録名義の移転に応じるのではないかと推測される。

(16)　これに対して，甲斐・前掲注(13)129頁は，否定説を示唆する。

631

その根拠は，以下のとおりである。

所有権留保事例とは異なるが，最判平成 30 年 2 月 23 日民集 72 巻 1 号 1 頁は，破産者が建物の自己持分につき根抵当権を設定していたものの，同時廃止決定が行われ，また，免責許可決定の確定により被担保債権たる貸金債権が免責されたという事例について，「抵当権の被担保債権が免責許可の決定の効力を受ける場合には，民法 396 条は適用されず，債務者及び抵当権設定者に対する関係においても，当該抵当権自体が，同法 167 条 2 項所定の 20 年の消滅時効にかかると解するのが相当である。」と判示している。ここでは，破産免責の対象とされた被担保債権については，自然債務としてもはや消滅時効の進行を観念することができない（前掲・最判平成 11 年 11 月 9 日）としても，これとは別個に（すなわち，民法 396 条の適用ではなく），抵当権自体が 20 年の消滅時効（民法 167 条 2 項。平成 29 年改正民法 166 条 2 項参照）にかかると判断されている。このことから，抵当権は被担保債権に関する破産免責の影響を受けず，被担保債権が破産免責により自然債務となった場合であっても，自然債務はなお給付保持力を有していることを考えると，抵当権自体が消滅時効にかからない限り，その実行によって被担保債権の満足を得ることは可能であると考えられる[17]。そして，以上の理は，同じく担保を目的とする所有権留保の場合にも妥当しよう。

3 自由財産拡張又は破産財団からの権利放棄がなされた場合[18]

(1) 自由財産拡張の決定（破 34 条 4 項）

まず，破産手続において留保所有権を別除権として行使することが認められない場合に，目的自動車が自由財産拡張の対象とされたとき（破 34 条 4 項）に

---

[17] 鳥山泰志「担保権存在条件としての『債権』（3・完）——付従性の原則の一考察」一橋法学 3 巻 3 号（2004 年）1058 頁参照。

[18] 全国倒産処理弁護士ネットワーク編『破産実務 Q&A200 問』（金融財政事情研究会，2012 年）144 頁〔富永浩明〕は，「所有権留保自動車について，生活に必要不可欠等の理由で自由財産の拡張が認められ又は破産財団から放棄され，管理処分権が破産管財人から破産者に戻った場合は，対抗問題とならず，ディーラーが対抗要件を具備していなくても自動車を引き上げられる可能性もあ」るとし，「自由財産の拡張や放棄によらず，破産管財人から破産者の親族等が購入する等の対応も考えられ」ると指摘する。これに対し，本稿では，以下で述べるように，自由財産拡張や財団放棄の場合にも，もはや引揚げが認められないという見解に与し，その根拠を論じる。

II 破産手続終了後の留保所有権の処遇

は[19]，破産者が当該自動車の管理及び処分を行うこととなる。問題は，その後，留保所有権者（信販会社）が留保所有権に基づき当該自動車の引揚げ及び換価をすることが認められるかである。

実質論から述べるとすれば，破産手続中において，自由財産に含まれるに至った目的自動車につき留保所有権者が私的実行としてその引揚げ及び換価を行い，破産債権たる被担保債権の満足を得ることは，そもそも自由財産の拡張を裁判所が認めた趣旨に反すると言わざるをえないであろう。また，破産手続中に自由財産から破産債権に対する弁済を破産者が強制されることを否定した判例（最判平成18年1月23日民集60巻1号228頁）の趣旨にも明らかに抵触すると考えられる。このことは，破産手続終了後においても同様である。

以上の帰結を導く法律構成としては，次のように考えることができる。すなわち，破産手続において，留保所有権者には別除権（破2条9項，65条1項）が認められることを前提とすると，所有権留保合意の目的自動車は別除権目的物であるから，「破産者が破産手続開始の時において有する一切の財産」として，法定財団を構成する（破34条1項）[20]。本来ならば留保所有権者は別除権の行使により優先弁済の実現が可能であるものの，そのような別除権の行使が認められず（又は別除権が行使されず），さらに裁判所による自由財産拡張の決定（破34条4項）により当該自動車が破産財団から除外されると，当該自動車に対する名目的な財産帰属しか有していなかった破産者に当該自動車に関する管理処分権が復帰し[21]，これによって破産者はその確定的な所有権帰属を回復

---

[19] そもそも前提として，所有権留保の目的自動車を自由財産拡張の対象としうるかが問題となる。留保所有権を別除権として行使できるという場合には，当該自動車が自由財産拡張の対象とされることは想定しにくい。また，別除権行使が認められない場合も，本来ならば，当該自動車は破産財団帰属財産として換価され，配当原資とされるべきである。もっとも，自動車の財産価値が極めて低い場合（前掲注[14]参照）はもとより，例外的に，具体的事情の下で，破産者の生活保障の観点から，当該自動車の維持が不可欠と認められれば，自由財産の総額と当該自動車の財産価値をも考慮し（「破産者の生活の状況，破産手続開始の時において破産者が有していた前項各号に掲げる財産の種類及び額，破産者が収入を得る見込みその他の事情を考慮して」。破34条4項），自由財産拡張の対象とする判断も認められてもよいと思われる。

[20] 前掲注[1]参照。これに対して，留保所有権が取戻権（破62条）として扱われるのであれば，所有権留保の目的物は法定財団に含まれないということになる。

[21] 破産財団からの権利放棄についてではあるが，最決平成12年4月28日判時1710号100頁は，「破産財団から特定の財産が放棄された場合には，当該財産の管理及び処分

28 破産手続・再生手続終了後の留保所有権者による私的実行の可否〔杉本和士〕

させる。要するに、裁判所による自由財産拡張の決定がなされることで、目的自動車が（別除権者を含む）債権者の満足の引当てとなる破産財団（法定財団）から除外され、これにより確定的に破産者にその所有権が帰属する結果として、留保所有権者（信販会社）の当該自動車に対する物権（留保所有権）が消失する訳である。その結果、破産手続中であれその終了後であれ、自由財産に含まれるに至った自動車に対しては、もはや留保所有権に基づく権利行使が認められなくなる。

(2) 破産財団からの権利放棄（破 78 条 2 項 12 号）

つぎに、破産管財人により破産財団から所有権留保の目的自動車が放棄された場合（破 78 条 2 項 12 号）であるが、それが当該自動車の財産価値（査定評価額、処分見込額）が著しく低い（その結果、オーヴァーローンの状態にある）ことを理由とするときには[22]、留保所有者権者の側からの私的実行を行う実益は乏しいであろう。この場合も、前記(1)で述べたのと同様の根拠により、破産者は当該自動車の所有権帰属を確定的に回復することになるため、販売会社に対して登録名義の移転請求をすることができる。もっとも、実際に販売会社名義から破産者名義へ登録名義を変更することに関しては、名義変更のための協力費という名目で金銭支払による和解的処理で解決することになろうか。

他方、仮に破産者が自由財産から破産財団に一定額を組み入れることを条件に放棄が認められた場合（この場合は、いわば「条件付の自由財産拡張」に相当すると言えよう。）には、目的自動車が一定の財産価値を有している可能性がある。しかし、やはり前述のような自由財産拡張の場合に関するのと同様の根拠により、留保所有権に基づく私的実行はもはや認められないと考えられる[23]。

について、破産管財人の権限は消滅し、破産者の権限が復活する」と説く。伊藤眞ほか『条解破産法（第 2 版）』（弘文堂、2014 年）524 頁参照。

[22] 破産管財人による財団放棄（破 78 条 2 項 12 号）につき、最高裁判所規則で定める額（100 万円。破規 25 条）以下の価額を有するものに関するときには、裁判所の許可を要しない（破 78 条 3 項 1 号）。東京地裁民事 20 部（破産再生部）の運用によれば、処分見込価格が 20 万円以下の自動車については換価も廃車手続も不要とされ、破産財団からの放棄の扱いがなされている（中山＝金澤編・前掲注[11]138-139 頁、141 頁）。前掲注[14]も参照。

[23] 福田・前掲注[10]17 頁も、私見と同様、この場合につき否定説に与する。

Ⅲ　再生手続終了後の留保所有権の処遇

1　再生計画成立による再生手続の終結（民再188条）

　再生手続においても，破産手続について述べたのと同様に（前記Ⅱ1参照），仮に留保所有権者（信販会社）が別除権行使として目的自動車の引揚げを実施しない，又は，自己名義の登録がないため別除権行使が認められず引揚げを実施できないという場合には，当該自動車は再生債務者財産を構成し，留保所有権者（信販会社）の被担保債権は，再生債権として権利変更の対象とされ，再生計画に基づく弁済を受けることとなることとなる（民再179条1項，2項）。

　問題は，再生計画が成立し，再生手続が終了した後（民再188条），前述のとおり（前記Ⅰ2），残債務弁済期が経過した後には，民法上，留保所有権者は当該自動車を「占有し，処分することができる権能」（平成21年最判）を有するのではないかという点である。

　この点に関して，再生計画において権利変更を受けた被担保債権につき，計画弁済が順調に行われている限りは，残債務弁済期が経過し，債務不履行が生じたとは評価されず，再生手続終了後も留保所有権に基づく引揚げをすることは認められないと考えるべきである[24]。逆に，計画弁済につき不履行が生じた場合には，「残債務弁済期の経過後」となり，留保所有権の処分権能に基づく引揚げが可能となろう。

2　再生手続廃止（民再191条から194条まで）・牽連破産（民再249条，250条）

　他方で，再生手続が廃止決定により終了した場合（民再191条から194条まで）には，上記の再生計画成立の場合とは異なり，被担保債権について権利変更がなされていないため，手続終了後，留保所有権者は，自己名義の登録がな

---

[24]　甲斐・前掲注[13]135頁も，「再生債務者が再生計画に従って再生債権の弁済をしている限りは，期限の利益を喪失することはないので，再生債権者は，その担保権を実行することはできない」と説く。また，福田・前掲注[10]18頁は，再生計画履行中の再生債務者は公平誠実義務（民再38条2項）を負うため，偏頗的な代物弁済が許されないことを理由に，従前どおり留保所有権者に対する引渡しを拒むことができると説く。

28 破産手続・再生手続終了後の留保所有権者による私的実行の可否〔杉本和士〕

くても，民法上の処分権能に基づいて目的自動車の引揚げを実施することが認められる。

　ただし，廃止の場合であっても，引き続き破産手続に移行する場合（牽連破産の場合）には，再生手続廃止決定が確定し，破産手続開始決定がなされるまでの間，破産手続における別除権行使が認められない限り，引揚げは認められないと解すべきであろう。

Ⅳ　お わ り に

　販売会社・購入者・信販会社の三者間における自動車割賦販売契約に関して，購入者の破産手続において，販売会社名義の登録のままであっても信販会社が販売会社に代位することでその留保所有権を別除権として行使することを認めた平成29年最判の登場により，今後，このような法定代位構成を前提とした約款（いわゆる新約款(25)）の利用が普及するものと予想される。そうすると，破産手続や再生手続における所有権留保を別除権として行使できるか否かが問題となることも少なくなり，本稿で検討してきたような問題が手続終了後に生じる可能性も低くなると思われる。

　もっとも，平成29年最判の下では，上記の法定代位構成を約款で形式的に明記しておけば，問題なく自己名義登録なくして別除権行使が認められるという訳ではなく，本稿で述べてきたように（前記Ⅰ2），平成22年最判との射程の棲み分けの下で，なお別除権行使の可否が問題となりうる局面は生じうる。そこで，仮に破産手続や再生手続で別除権行使が認められないとしても，手続終了後は民法法理が妥当し，民法上認められた処分権能に基づき私的実行としての引揚げ・換価が当然に認められるかというと，破産手続や再生手続における処遇の影響を自ずと受けざるをえない場面がありうるというのが本稿の結論である。

　〔付記〕なお，本稿は，JSPS科研費19H01431の助成を受けた研究成果の一部である。

---

(25)　約款の種類の分析については，阿部ほか・前掲注(2)70-75頁，阿部弘樹ほか「オートローン『新約款』と別除権 —— 最一小判平成29.12.7の実務への影響」事業再生と債権管理161号（2018年）141頁が詳しい。

29 仮想通貨交換業者の破産手続における
利用者の仮想通貨返還請求権の取扱い
── MTGOX 破産事件を素材として

玉 井 裕 貴

I はじめに

今日，我々を取り巻く金融決済の状況は大きく変化しつつある。クレジットカードの普及はもとより，ICT 技術の発展により，電子マネーやバーコード・二次元コード（QR コード）決済は急速に広まりつつある。また，仮想通貨の誕生とその成長も目覚ましい。とりわけ，代表的な仮想通貨であるビットコインは，店舗や，EC サイトで実際に決済方法として利用できる場面も増加しており，まさに通貨のように利用できる環境が整いつつある。また，根幹技術にブロックチェーンと呼ばれる暗号技術を用いた分散型台帳システム（DLT：Distributed Ledger Technology）を用いていることから，金融のみならず，その応用可能性[1]を背景に ICT の分野からも高い注目を浴びている[2]。

他方，現在の仮想通貨については，本稿で取り上げる MTGOX の倒産事件や，コインチェックの NEM 流出事件，さらには市場価格の乱高下など，依然として，決済手段としての安定性が確保されている状況とはいえず，さらには，決済方法としてよりも投資・投機の対象として取引されているのが実態であるとも指摘されるところである[3]。

仮想通貨を法的にどのように位置づけ，いかなる規制をすべきか，あるいは

---

[1] 愛敬真生=赤羽喜治「仮想通貨以外のブロックチェーン技術の活用法とその技術的リスクおよび対応策の可能性」現代消費者法 42 号（2019 年）34-37 頁に，近時のブロックチェーン技術の具体的な活用事例が紹介されている。

[2] 小出篤「『分散型台帳』の法的問題・序論 ──『ブロックチェーン』を契機として」江頭憲治郎先生古稀記念『企業法の進路』（有斐閣，2018 年）827 頁。

『現代民事手続法の課題』春日偉知郎先生古稀祝賀〔信山社，2019 年 7 月〕　　*637*

規制すべきでないかは，今後の重大な課題であるが，本稿では，仮想通貨の法的取扱いの議論を加速させることとなった，MTGOX の倒産事件を素材として，仮想通貨の取引所（仮想通貨交換業者）が破産した場合における，利用者の仮想通貨返還請求権の処遇について論じることとする。

　以下では，まず，MTGOX 倒産事件とそれに関連する 2 つの下級審裁判例を紹介し（第 II 節），ついで，仮想通貨の法的性質をめぐる学説を概観する（第 III 節）。そして，破産手続における仮想通貨返還請求権の取り扱い，とりわけ，それが，破産債権となるか，あるいは取戻権を構成するか —— 構成するとしたらどのような場合か —— といった問題について検討を加えることとする（第 IV 節）。

II　MTGOX 倒産事件の概要 ── 2 つの下級審裁判例

1　MTGOX 倒産事件の流れ

　仮想通貨や仮想通貨交換業者に対する規制の契機となった MTGOX の倒産事件[4]は，やや複雑な展開をみせている。

　まず，2014 年 2 月初旬に MTGOX のビットコインが大量に消失していることが発覚する。このことをきっかけとして，MTGOX は，ビットコインの払戻し停止措置を取ることとなる。これにより平常の事業運営が困難になったとして，MTGOX は，同年 2 月 28 日に自ら民事再生手続開始の申立てを行った。これに対して東京地方裁判所は，ただちに包括的禁止命令（民再 27 条 1 項）および，監督命令（民再 54 条 1 項）・調査命令（民再 62 条 1 項）を発令した。

　その後，同年 4 月 16 日，東京地方裁判所は，再生手続開始申立てを棄却するとともに，保全管理命令（民再 251 条 1 項 1 号）を発令し，監督委員を保全管理人に選任した。続く同年 4 月 24 日に，MTGOX は破産手続開始決定を受

---

(3)　現在のところ，日本の仮想通貨取引の大半は投資・投機対象の取引で，その約 8 割がデリバティブ取引であるといわれる。このことについて，神作裕之「仮想通貨から暗号資産へ」法学教室 463 号（2019 年）1 頁。

(4)　なお，MTGOX の倒産事件は，これに関連して，同社の代表取締役が，私電磁的記録不正作出・同供用，業務上横領，特別背任などの罪に問われた刑事事件としても注目を浴びた。刑事事件としての側面について論じた論考として，和田俊憲「Mt.Gox 刑事事件の分析」慶應法学 42 号（2019 年）455 頁以下参照。

け，保全管理人が破産管財人に選任された。

　その後は，破産手続が進められていたが，それ以後のビットコインの価格高騰により，破産手続開始当時，債務超過であった MTGOX は，資産超過となるに至る[5]。このような事情を受け，2017 年 11 月 24 日になって，一部の破産債権者が，再生手続開始の申立てを行い，2018 年 6 月 22 日には再生手続開始決定がなされ，破産手続が中止，破産管財人が再生管財人に選任され，再生手続が進行している[6]。

　このような経過から，破産手続における仮想通貨返還請求権の処遇のみならず，破産配当に際して，仮想通貨による配当を行うことができるか否かといった問題や[7]，100％配当が可能な事案における再生手続開始の可否も問題として生じることとなった[8]。本稿では，仮想通貨（ビットコイン）返還請求権の破産手続上の取扱いに焦点をあて，検討を加えることとする。以下では，これに関連する MTGOX 倒産事件の 2 つの裁判例を紹介する。

2　仮想通貨（ビットコイン）返還請求権の取戻権非該当性

　まず，ビットコインの返還請求権が，破産手続上，取戻権を構成するか否かについて争われた事件の裁判例として，東京地判平成 27 年 8 月 5 日判例集未搭載（LEX/DB 文献番号 25541521）〔以下，平成 27 判決という。〕がある[9]。本件事案の概要と判旨は以下の通りである。

---

(5)　ビットコイン価格の推移については，Bitcoin 日本語情報サイト「ビットコインの歴史と価格推移」（https://jpbitcoin.com/about/history_price）（最終閲覧日：2019 年 4 月 26 日）から確認することができる。

(6)　以上の事件の推移については，「MTGOX・Web サイト」（https://www.mtgox.com/）（最終閲覧日：2019 年 4 月 26 日）および，債権者の一部が開設した Web サイト「Mt. Gox Creditors」（https://mtgox-creditors.com/category/japanese/）（最終閲覧日：2019 年 4 月 16 日）から把握することができる。なお，これらの情報を時系列でまとめた図表が，高田賢治「仮想通貨交換業者の倒産手続におけるビットコイン返還請求権の処遇」慶應法学 42 号（2019 年）265 頁に掲載されている。

(7)　伊藤眞『破産法・民事再生法（第 4 版）』（有斐閣，2018 年）730 頁。

(8)　この問題について，高田・前掲注(6)275 頁以下，伊藤・前掲注(7)826 頁。また詳細については，中島弘雅「破産債権確定後の破産会社に対する再生手続開始の可否 —— ビットコイン取引所 MTGOX の倒産事件を素材として」多比羅誠先生喜寿祝賀『倒産手続の課題と期待』（近刊，商事法務）所収を参照。

29 仮想通貨交換業者の破産手続における利用者の仮想通貨返還請求権の取扱い〔玉井裕貴〕

(1) 事案の概要

X_1 は，ビットコインの取引所である MTGOX においてアカウントを取得し，ビットコイン取引を行っていた。

2014 年 2 月 28 日，MTGOX は東京地方裁判所に民事再生手続開始の申立てをしたものの，同年 4 月 24 日に破産手続開始決定を受け，Y が破産管財人に選任された。MTGOX の破産手続開始決定時に，X_1 のアカウントには，458余のビットコイン残高があった。これを Y が占有しているとして，X_1 は，所有権を基礎とする破産法 62 条の取戻権に基づいて，Y に対し，ビットコインの引き渡しを求めた。

主たる争点は，ビットコインが所有権の客体となるか（争点 1），X_1 が Y に対してビットコインの取戻権を行使できるか（争点 2）である[10]。

本判決は，以下のように判示して，原告 X_1 の請求を棄却した。

(2) 判　旨

① 争点 1：ビットコインが所有権の客体となるか

1．所有権の客体となる要件について

「所有権は，法令の制限内において，自由にその所有物の使用，収益及び処分をする権利であるところ（民法 206 条），その客体である所有「物」は，民法 85 条において「有体物」であると定義されている。有体物とは，液体，気体及び固体といった空間の一部を占めるものを意味し，債権や著作権などの権利や自然力（電気，熱，光）のような無体物に対する概念であるから，民法は原則として，所有権を含む物権の客体（対象）を有体物に限定しているものである。」「また，所有権の対象となるには，有体物であることのほかに，所有権が客体である「物」に対する他人の利用を排除することができる権利であること

(9) 本件の判例評釈として，鈴木尊明「判批」速報判例解説 19 号（新・判例解説 Watch）(2016 年) 59 頁，松嶋隆弘「仮想通貨の法的問題 —— 近時の裁判例を素材として」税理 2017 年 11 月号（2017 年）2 頁，松尾弘「判批」法学セミナー 763 号（2018 年）122 頁。

(10) その他，X_1 はビットコインが引き渡されないことにより，自由に使用収益ができなかったことを理由として不法行為に基づく損害賠償請求を（争点 3），また，破産管財人 Y に対して，破産法 78 条 2 項 13 号（取戻権の承認）の許可を裁判所に得るよう求めていた（争点 4）。争点 3 については，ビットコインについて所有権が認められないことを前提として棄却，争点 4 については，X_1 が取戻権を行使できないこと，また，破産管財人にこのような許可を得よ，との行為を請求することができないとして棄却されている。

から排他的に支配可能であること（排他的支配可能性）が，個人の尊厳が法の基本原理であることから非人格性が，要件となると解される。」「〈…〉所有権の対象となるか否かについては，有体性及び排他的支配可能性（本件では，非人格性の要件は問題とならないので，以下においては省略する。）が認められるか否かにより判断すべきである。」

　２．ビットコインについての検討

　ア　「ビットコインは，「デジタル通貨（デジタル技術により創られたオルタナティヴ通貨）」あるいは「暗号学的通貨」であるとされており，本件取引所の利用規約においても，「インターネット上のコモディティ」とされていること，その仕組みや技術は専らインターネット上のネットワークを利用したものであること，からすると，ビットコインには空間の一部を占めるものという有体性がないことは明らかである。」

　イ　「（ア）ビットコインネットワークの開始以降に作成された「トランザクションデータ」（送付元となるビットコインアドレスに関する情報，送付先となるビットコインアドレス及び送付するビットコインの数値から形成されるデータ等）のうち，「マイニング」（ビットコインネットワークの参加者がトランザクションを対象として，一定の計算行為を行うこと）の対象となった全てのものが記録された「ブロックチェーン」が存在する。ビットコインネットワークに参加しようとする者は誰でも，インターネット上で公開されている電磁的記録であるブロックチェーンを，参加者各自のコンピューター等の端末に保有することができる。したがって，ブロックチェーンに関するデータは多数の参加者が保有している。

　（イ）ビットコインネットワークの参加者は，ビットコインの送付先を指定するための識別情報となるビットコインアドレスを作成することができ，同アドレスの識別情報はデジタル署名の公開鍵（検証鍵）をもとに生成され，これとペアになる秘密鍵（署名鍵）が存在する。秘密鍵は，当該アドレスを作成した参加者が管理・把握するものであり，他に開示されない。

　（ウ）一定数のビットコインをあるビットコインアドレス（口座 A）から他のビットコインアドレス（口座 B）に送付するという結果を生じさせるには，ビットコインネットワークにおいて，①送付元の口座 A の秘密鍵を管理・把握する参加者が，口座 A から口座 B に一定数のビットコインを振替えるとい

641

う記録（トランザクション）を上記秘密鍵を利用して作成する，②送付元の口座Aの秘密鍵を管理・把握する参加者が，作成したトランザクションを他のネットワーク参加者（オンラインになっている参加者から無作為に選択され，送付先の口座の秘密鍵を管理・把握する参加者に限られない。）に送信する，③トランザクションを受信した参加者が，当該トランザクションについて，送付元となる口座Aの秘密鍵によって作成されたものであるか否か及び送付させるビットコインの数値が送付元である口座Aに関しブロックチェーンに記録された全てのトランザクションに基づいて差引計算した数値を下回ることを検証する，④検証により上記各点が確認されれば，検証した参加者は，当該トランザクションを他の参加者に対しインターネットを通じて転送し，この転送が繰り返されることにより，当該トランザクションがビットコインネットワークにより広く拡散される，⑤拡散されたトランザクションがマイニングの対象となり，マイニングされることによってブロックチェーンに記録されること，が必要である。

　このように，口座Aから口座Bへのビットコインの送付は，口座Aから口座Bに「送付されるビットコインを表象する電磁的記録」の送付により行われるのではなく，その実現には，送付の当事者以外の関与が必要である。

　（エ）特定の参加者が作成し，管理するビットコインアドレスにおけるビットコインの有高（残量）は，ブロックチェーン上に記録されている同アドレスと関係するビットコインの全取引を差引計算した結果算出される数量であり，当該ビットコインアドレスに，有高に相当するビットコイン自体を表象する電磁的記録は存在しない。

　上記のようなビットコインの仕組み，それに基づく特定のビットコインアドレスを作成し，その秘密鍵を管理する者が当該アドレスにおいてビットコインの残量を有していることの意味に照らせば，ビットコインアドレスの秘密鍵の管理者が，当該アドレスにおいて当該残量のビットコインを排他的に支配しているとは認められない。」

　ウ　「上記で検討したところによれば，ビットコインが所有権の客体となるために必要な有体性及び排他的支配可能性を有するとは認められない。したがって，ビットコインは物権である所有権の客体とはならないというべきである。」

② 争点2：原告（X₁）の被告（Y）に対する取戻権行使の可否

「〈…〉ビットコインは所有権の客体とならないから，X₁が本件ビットコインについて所有権を有することはなく，本件破産会社の管理するビットコインアドレスに保有するビットコインについて共有持分権を有することもない。また，寄託物の所有権を前提とする寄託契約の成立も認められない。

したがって，X₁は本件ビットコインについてその所有権を基礎とする取戻権を行使することはできない。」

(3) 本判決の意義

本判決は，所有権を根拠とする仮想通貨返還請求権が，破産法上，取戻権とは評価されないとの判断をした下級審裁判例としての意義を有する。その理由付けとして，所有権の客体となるためには，有体性と排他的支配可能性が必要であることを前提に，ビットコインについては，そのいずれもが認められないため，所有権の客体とはならず，結果，取戻権も成立しないと説示した。

この判決に対し，ビットコインの所有権を否定する上では，有体性を否定すれば足りたはずであり，排他的支配可能性までも否定したことについては，異論の余地があることが指摘されている[11]。

また，取引所が破産した時に，「その」ビットコインを取り戻すことができないという取扱いで良いのか，さらに検討が必要であるとの指摘や[12]，あくまで本判決は「所有権」に基づく取戻権を否定したに過ぎず，他の根拠に基づく取戻権まで否定したわけではないとの見解もある[13]。

さらに，本件事案では，利用者が有していたのは取引所へのアカウントに過ぎず，ビットコインを直接保有していたわけではなかったため，そもそもビットコインが所有権の対象となるか否かを問題にすべき事案ではなかったとの指

---

[11] 高田・前掲注(6) 269-270 頁。なお，この点については，特定の取引所で管理していたビットコインを別の取引所に移転させる場合に，紙媒体に暗号を印字する形で物理的な表象にすることができ，こういった場合には，その紙媒体自体に有体性が認められて，この紙媒体の所有権が問題となる可能性がある。そのために，本判決では，ビットコインの支配可能性をも否定していたのではないかとの分析がなされている。このことについて，鈴木・前掲注(9) 61 頁。

[12] 小出・前掲注(2) 848 頁。

[13] 有吉尚哉ほか編著『FinTech ビジネスと法 25 講 —— 黎明期の今とこれから』（商事法務，2018 年）190 頁〔芝章浩〕。

摘もなされている[14]。

本件を契機として，仮想通貨の返還請求権をどのように扱うべきか，盛んに議論されるようになったが，さしあたり，本判決によれば，利用者の取引所に対する仮想通貨返還請求権は，取戻権が認められず，破産法上，原則として破産債権と評価されることになろう[15]。

3 仮想通貨（ビットコイン）返還請求権の非金銭債権性

つぎに，ビットコイン返還請求権が債権であるとして，その性質が問題となった，東京地判平成30年1月31日金判1539号8頁〔以下，平成30年判決という。〕を紹介する[16]。本件もMTGOXの破産事件に関連する一連の訴訟のひとつである。本件事案と判旨は次のとおりである。

(1) 事実の概要

本件では，MTGOXの利用者であったX_2が，2015年5月28日にMTGOXの破産事件において，ビットコインの返還請求権およびこれに附帯する遅延損害金請求権として，各破産債権を届け出た。破産管財人Yは，これらの届出債権のうち，一部のみを認めた[17]。そのため，X_2は，2016年6月24日，東京地方裁判所に対し，その届出どおりの破産債権を認めるよう，破産債権査定の申立て（破125条）を行った。しかし，2017年3月2日になされた同裁判所の査定決定の内容は，破産管財人Yの認否と同様の判断であったため，X_2は，同年4月3日に，原決定の変更を求めて，破産債権査定異議の訴え（破126

---

[14] 得津晶「仮想通貨の消費者被害と法的問題」現代消費者法42号（2019年）25頁。

[15] これに対しては，破産法62条は破産者に帰属しない「財産」の取戻権を認めるもので，当該財産が自己に帰属しているにもかかわらず，破産管財人が準占有等支配していることを理由に取戻しを求めるものであるから，債権的請求権ではなく，所有権に基づく返還請求権に相当する。そのうえで，本件のような事案で問われるべきは，①ビットコインが，X_1に"帰属"すべき財産と言えるか，②そのビットコインについてYに準占有等の現実的支配性が認められるかどうかにこそにある。との指摘がある。このことについて，松尾・前掲注(9)122頁。

[16] 本件の評釈として，松嶋隆弘「判批」税務事例50巻6号(2018年)67頁，森下哲郎「判批」現代消費者法41号（2018年）64頁。

[17] 原告（X_2）の届出債権の金額・内容とそれについての破産管財人の認否・原決定の詳細については，松嶋・前掲注(16)88頁，松嶋隆弘=渡邉涼介『これ1冊でわかる！仮想通貨をめぐる法務・税務・会計』（ぎょうせい，2018年）146頁〔金澤大祐〕。

条）を提起した。

本判決は，以下のように判示して，原決定を認可した。

(2) 判　旨

「ビットコインは，仮想通貨であり，物品を購入し，若しくは借り受け，又は役務の提供を受ける場合に，これらの代価の弁済のために不特定の者に対して使用することができ，かつ，不特定の者を相手方として購入，売却及び交換を行うことができる財産的価値を有する電磁的記録であって，電子情報処理組織を用いて移転することができるものである〈…〉。」「ビットコイン（電磁的記録）を有する者の権利の法的性質については，必ずしも明らかではないが，少なくともビットコインを仮想通貨として認める場合においては，通貨類似の取扱をすることを求める債権（破産法103条2項1号イの「金銭の支払を目的としない債権」）としての側面を有するものと解され，同債権（以下「コイン債権」という。）は，ビットコイン（電磁的記録）が電子情報処理組織を用いて移転したときは，その性質上，一緒に移転するものと解される。X_2は，X_2が破産会社に対してビットコインの返還請求権を有するとして，破産債権の届出をしたものであるが，ビットコイン自体は電磁的記録であって返還をすることはできないから，X_2は，コイン債権について，破産法103条2項1号イの「金銭の支払を目的としない債権」として，破産手続開始時における評価額をもって，破産債権として届け出たものと解される。」

「X_2が主張するように破産会社の代表者がX_2のビットコインを引出して喪失させたのであれば，既にビットコインは他に移転し，同時にコイン債権も他に移転したことになるから，破産手続開始時において，X_2は破産会社に対し，コイン債権を有しなかったことになる。本件届出債権は，X_2が破産会社に対してコイン債権を有することを前提とするものと解されるところ，その前提を欠くことになるから，X_2の上記主張は，結論を左右するものとはいえない。」

(3) 本判決の意義

本判決は，破産債権確定訴訟の中ではあるが，ビットコイン返還請求権を「債権」と捉え，破産法103条2項1号イに基づく「非金銭債権」として評価したものである。ただし，これは破産手続開始時に仮想通貨が破産者に残存していることを前提としたものと捉える見解もある[18]。

29 仮想通貨交換業者の破産手続における利用者の仮想通貨返還請求権の取扱い〔玉井裕貴〕

4 小 括

以上，ビットコイン取引所の破産時における，仮想通貨（ビットコイン）返還請求権をめぐる，MTGOX破産事件の下級審裁判例についてみてきた。この2件の裁判例からは，ビットコインを「物」とみることはできないため「所有権」の対象とならないこと，したがって，破産法上，一般の取戻権（破62条）は成立しないこと，そして，利用者の仮想通貨（ビットコイン）返還請求権は債権として評価され，その性質は「非金銭債権」（破103条2項1号イ）とされること，という判断がなされたこととなる。結果，これらの裁判例のルールに従う限り，仮想通貨返還請求権を有する利用者は，一般の破産債権者として割合的な弁済を受け得るにとどまるという結果を生じさせることとなる。

Ⅲ 仮想通貨の法的性質

1 学説上の検討[19]

以上で紹介した一連のMTGOX倒産事件は，仮想通貨の法的性質や，仮想通貨利用者の保護措置についての検討が本格化する契機となった。

仮想通貨をどのように性質付けるかは，結果として，仮想通貨利用者が，破産手続の中でどのような権利を行使できるかにも関連することとなるが，現段階では，明確な位置づけはなされておらず，学説上，様々な見解が提唱されている状況にある[20]。もっとも，仮想通貨自体は，ブロックチェーン上のデータ

---

(18) 高田・前掲注(5) 274-275頁。

(19) 本節では，仮想通貨が，所有権や所有権類似の権利となるか，あるいは，債権となるかといった点から法的性質を検討しているが，この他にも，仮想通過（ビットコイン）の保有については，権利化に至らない状態が一定の保護の対象となり，仮想通貨流通の取引ルールは，そのネットワーク参加者全員が合意している仕組みであるから，そのような合意が一種のソフトローとなっているものとして，ここに根拠を求めるべきとの見解もある（合意アプローチ・合意構成）。詳細については，末廣裕亮「仮想通貨の私法上の取扱いについて」NBL1090号（2017年）68頁参照。

(20) 武内斉史「仮想通貨（ビットコイン）の法的性格」NBL1083号（2016年）10頁，末廣・前掲注(19) 67頁，得津晶「日本法における仮想通貨の法的諸問題：金銭・所有権・リヴァイアサン」法学（東北大学）81巻2号（2017年）83頁，森田宏樹「仮想通貨の私法上の性質について」金融法務事情2095号（2018年）14頁，末廣裕亮「仮想通貨の法的性質」法学教室449号52頁参照。

に過ぎず，先の平成 27 年判決の説示するように，物の所有権の基礎となる「有体性」がないため，民法上の「物」とは評価できないとする見解については一般的といえる[21]。

　一方，ビットコインを前提として，「所有権類似の権利」を利用者に認め得るとする見解もみられる。たとえば，仮想通貨を所有権の対象である「物」と認めることは難しいとしても，信頼性のある発行・管理主体が存在せず，ビットコインは，それ自体に価値の認められるデータ・情報であり，売買・交換・仲介などを行う取引所を通じて市場が形成されており，アドレスと秘密鍵がわかれば他のビットコインとも区別・識別できることからすれば，ビットコインは，動産類似の価値のある「物」（2017 年改正前民法 86 条 3 項[22]類推）と捉えることができるとする見解がある[23]。

　また，法定通貨（金銭）と仮想通貨の機能面に着目し，金銭と類似した取扱いをする可能性も指摘されている[24]。これは，金銭については「占有＝所有」のルールのもと，占有者，すなわち事実上の支配があるところに所有権が帰属するという判例[25]の理論を借用し，ある者がブロックチェーン上の記録を通じてビットコインの残高を事実上支配している状態をもって，ビットコインがその者に帰属していると説明される。この見解によると，さらに，何をもって「占有」と評価するのか，具体的には，秘密鍵を保有する者のみがビットコインの実質的な支配（＝占有）をしていると捉えるべきか，秘密鍵保有者のみに限らないと捉えるべきかが問題となるとされる[26]。

----

[21]　小林信明「仮想通貨（ビットコイン）の取引所が破産した場合の利用者の預け財産の取扱い」金融法務事情 2047 号（2016 年）43 頁。

[22]　2017 年改正前民法 86 条 3 項は，「無記名債権は，動産とみなす。」との定めを置いていたが，現在は削除されている。

[23]　田中幸弘=遠藤元一「分散型暗号通貨・貨幣の法的問題と倒産法上の対応・規制の法的枠組み（上）——マウントゴックス社の再生手続開始申立て後の状況を踏まえて」金融法務事情 1995 号（2014 年）59 頁。

[24]　末廣・前掲注20〔法教論文〕54 頁参照。

[25]　最判昭和 39 年 1 月 24 日判時 365 号 26 頁。同判決の解説として，川内宏行「判批」潮見佳男=道垣内弘人編『民法判例百選 I 総則・物権（第 8 版）』（別冊ジュリスト 237 号）156 頁。

[26]　中森亘ほか編代『バーチャルマネーの法務〔第 2 版〕』（民事法研究会，2018 年）278 頁。

29 仮想通貨交換業者の破産手続における利用者の仮想通貨返還請求権の取扱い〔玉井裕貴〕

さらに，ビットコインのような分散型仮想通貨については，所有権や知的財産権の対象とはならず，さらには特定の者に対する債権とも構成できないが，「財産権」としての法的性質が認められ，その帰属変更，帰属の侵害について，所有権の場合と同じ規律が妥当するとの見解もある[27]。

これらの所有権あるいは所有権類似の権利を肯定する見解によれば，仮想通貨取引所の破産時に，直接的に取戻権を認め利用者を保護することができる。しかし，知的財産権などと異なり，特段の法律の規定がないために，これを肯定できるかについては疑問が呈されている[28]。

2 改正資金決済法

他方，MTGOX 倒産事件を背景として，仮想通貨に対する法的規制もなされることとなり，2016 年 5 月には「情報通信技術の進展等の環境変化に対応するための銀行法等の一部を改正する法律（平成 28 年 6 月 3 日法律第 62 号）」が成立し[29]，これによって，資金決済に関する法律（以下，改正資金決済法という。）が改正されている[30]。この改正により，仮想通貨の定義（改正資金決済法 2 条 5 項）が置かれるとともに，仮想通貨交換業の登録制の導入（同法 63 条の 2〜7）や，利用者の財産と仮想通貨交換業者財産との分別管理義務（同法 63 条

---

[27] 森田・前掲注20 16 頁。関連して，森田宏樹「財の無体化と財の法」吉田克己=片山直也編『財の多様化と民法学』（商事法務，2014 年）116-117 頁参照。

[28] 中森ほか・前掲注26 279 頁。

[29] 一般に「FinTech 法」と呼ばれる法律である。FinTech 関係の法律については，増島雅和=堀天子編著『FinTech の法律 2017-2018』（日経 BP，2017 年）が，関連法を網羅的に扱っている。仮想通貨については，同書 260 頁以下参照。

[30] なお，仮想通貨への規制については，主として，仮想通貨がマネーロンダリングやテロ資金供与に悪用されているという問題に対処することからスタートしている。具体的には，2015 年 6 月の G7 エルマウ・サミットにおいて「仮想通貨及びその他の新たな支払手段の適切な規制を含め，すべての金融の流通の透明性拡大を確保するためのさらなる行動をとる」との首脳宣言が合意され，それを受けたマネーロンダリング・テロ対策の国際基準を策定する政府幹部会の FATF（金融活動作業部会）が，2015 年 12 月に，規制のあり方についてのガイダンスを公表した。これにより，仮想通貨と法定通貨の交換業者に対して，マネーロンダリング・テロ資金供与規制を課す国際的な要請がなされたことが，仮想通貨の規制強化の直接的な要因となっている。このことについて，佐藤則夫監修『逐条解説 2016 年銀行法，資金決済法等改正』（商事法務，2017 年）12-13 頁。また，改正の経緯については，畠山久志編著『仮想通貨法の仕組みと実務』（日本加除出版，2018 年）74-81 頁が詳しい。

の 11) といった規制が新たに導入された。

(1) 仮想通貨の定義

改正資金決済法 2 条 5 項は，「仮想通貨」を次のように 2 つに分類して定義している。

【改正資金決済法 2 条 5 項 1 号（1 号仮想通貨）】

「物品を購入し，若しくは借り受け，又は役務の提供を受ける場合に，これらの代価の弁済のために不特定の者に対して使用することができ，かつ，不特定の者を相手方として購入及び売却を行うことができる財産的価値（電子機器その他の物に電子的方法により記録されているものに限り，本邦通貨及び外国通貨並びに通貨建資産を除く。次号において同じ。）であって，電子情報処理組織を用いて移転することができるもの」

【改正資金決済法 2 条 5 項 2 号（2 号仮想通貨）】

「不特定の者を相手方として前号に掲げるものと相互に交換を行うことができる財産的価値であって，電子情報処理組織を用いて移転することができるもの」

1 号仮想通貨は，法定通貨と相互に交換できることが要件とされており[31]，この 1 号仮想通貨にはビットコインが含まれることになる。また 2 号仮想通貨は，1 号仮想通貨と交換することができるものを指し，カラードコイン（colored coin）または，アルトコイン（ALTcoin: Alternative coin）がこれに当たる[32]。

なお，改正資金決済法は，仮想通貨交換業規制に必要な程度で，仮想通貨の定義を置くものに過ぎず，同法の規定は，法的性質を決定するための重要な要素ではあるものの，法的性質を決定づけるものとはなっていない[33]。

---

[31] 佐藤・前掲注[30] 160 頁。

[32] 片岡義広「仮想通貨の規制法と法的課題（上）」NBL1076 号（2016 年）56-57 頁。なお，現在交換所で取引されている主要な仮想通貨としては，イーサリアム（Ether），ライトコイン（Litecoin），ドージコイン（Dogecoin）は 1 号仮想通貨に，ビットコインと相互に交換ができるカウンターパーティコイン（XCP）やトークンなどは 2 号仮想通貨に当たるとされる。このことについて，堀天子『実務解説資金決済法（第 3 版）』（商事法務，2017 年）38 頁。

[33] 松嶋・前掲注[16] 91 頁。

(2) 仮想通貨交換業者

次に，改正資金決済法上の「仮想通貨交換業」の定義である。

【改正資金決済法2条7項】

「この法律において「仮想通貨交換業」とは，次に掲げる行為のいずれかを業として行うことをいい，「仮想通貨の交換等」とは，第1号及び第2号に掲げる行為をいう。

1 仮想通貨の売買又は他の仮想通貨との交換

2 前号に掲げる行為の媒介，取次ぎ又は代理

3 その行う前二号に掲げる行為に関して，利用者の金銭又は仮想通貨の管理をすること。」

そして，これらを業として行うために，改正資金決済法の下では，登録を行う必要があり（改正資金決済法63条の2），その登録をなした者を「仮想通貨交換業者」と定義している（同法2条8項）。

MTGOXは，改正資金決済法施行前に倒産しているため，登録等の規制を受けていないものの，改正資金決済法の想定する仮想通貨交換業者とみることができる。

また，業者による利用者の資産の不正利用を防止することや，そもそもMTGOXの倒産を背景としていることとも関連し，利用者の資産を仮想通貨交換業者が毀損するリスクから利用者を保護する措置として，仮想通貨交換業者に「分別管理義務」（同法63条の11）が課されることとなった。

【改正資金決済法63条の11】

「第1項 仮想通貨交換業者は，その行う仮想通貨交換業に関して，内閣府令で定めるところにより，仮想通貨交換業の利用者の金銭又は仮想通貨を自己の金銭又は仮想通貨と分別して管理しなければならない。」

「第2項 仮想通貨交換業者は，前項の規定による管理の状況について，内閣府令で定めるところにより，定期に，公認会計士（公認会計士法（昭和23年法律第103号）第16条の2第5項に規定する外国公認会計士を含む。第63条の14第3項において同じ。）又は監査法人の監査を受けなければならない。」

また，仮想通貨取引業者が「金銭」を管理する場合について，仮想通貨交換

業者に関する内閣府令（平成29年内閣府令第7号）20条1項は，①利用者の金銭であることがその名義により明らかになる形での預金銀行等への預金又は貯金（同1号），または，②信託業務を営む金融機関等への元本補塡の契約のある金銭信託（同2号）の方法で「分別管理」を行わなければならない旨を定めている。

さらに，「仮想通貨」を管理する場合については，仮想通貨交換業者に関する内閣府令20条2項に基づいて，次のような方法で分別管理を行うことが求められている。

「1　仮想通貨交換業者が自己で管理する仮想通貨

利用者の仮想通貨と自己の固有財産である仮想通貨とを明確に区分し，かつ，当該利用者の仮想通貨についてどの利用者の仮想通貨であるかが直ちに判別できる状態（当該利用者の仮想通貨に係る各利用者の数量が自己の帳簿により直ちに判別できる状態を含む。次号において同じ。）で管理する方法

2　仮想通貨交換業者が第三者をして管理させる仮想通貨

当該第三者において，利用者の仮想通貨と自己の固有財産である仮想通貨とを明確に区分させ，かつ，当該利用者の仮想通貨についてどの利用者の仮想通貨であるかが直ちに判別できる状態で管理させる方法」

このように「金銭」と「仮想通貨」で，分別管理の方法が異なっている点については，仮想通貨の私法上の位置づけが明確ではなく，法制上・事実上，供託・信託を行うことができないという制約があり，少なくとも現段階では，仮想通貨交換業者と利用者の区分管理が基本となる，との指摘がなされたためだと考えられる[34]。

3　小　括

以上，仮想通貨の法的性質をめぐる学説と，法的性質を検討する上で参考となり得る改正資金決済法上の「仮想通貨」および「仮想通貨交換業者」の定義について確認してきた。一連のMTGOX事件の判決を受け，様々な形で「所有権類似の権利」として，物権的な保護を与えようと試みる見解があるものの，

---

[34]　佐藤・前掲注[30]173頁参照。

法的な根拠が得られないこと，また，改正資金決済法も，そのような権利を明確に根拠付けるだけの規定とはなっていないことが理解できる。

ただし，このことは，利用者が仮想通貨交換業者に対して，何らかの債権を有することとは矛盾しない[35]。したがって，仮想通貨返還請求権をいかに取り扱うべきか，利用者はどのような権利を行使できるのかが重要な問題となる。

Ⅳ　破産手続における仮想通貨返還請求権の取扱い

1　破産債権

まず，仮想通貨に所有権または所有権類似の権利が認められないとして，利用者の有する仮想通貨返還請求権は，破産手続上，どのように扱われるのか検討する。ここでは，仮想通貨返還請求権を，破産債権と評価する見解をみていくこととする。

(1) 金銭債権

まず，MTGOX 事件のように，利用者と取引所の財産の分別がなされておらず，取引所のみが秘密鍵情報を有して，利用者分も含めて仮想通貨（ビットコイン）を支配し，利用者財産も流出していた以上は，利用者の仮想通貨（ビットコイン）の交換価値相当額の損害賠償請求権が破産債権になるとする見解がある[36]。この立場に立った場合，破産手続開始後の利息等の請求権が劣後的破産債権（破97条1号）になるとされる[37]。

(2) 非金銭債権

他方，前掲平成30年判決は，利用者の仮想通貨返還請求権を，破産法103条2項1号イの「金銭の支払いを目的としない債権」と評価した。この見解によれば，利用者は，破産手続開始時における評価額でもって，金銭化された形で破産債権を行使できる。

もっとも，破産法103条2項1号イが，主として，物の引渡請求権や役務提供請求権，あるいは代替的作為請求権の金銭化を想定していることからすると[38]，結論自体に変わりはないものの，仮想通貨については，破産法103条2

---

(35)　堀・前掲注(32) 352 頁。

(36)　片岡・前掲注(32) 60 頁。

(37)　高田・前掲注(6) 271 頁。

項1号ロの「金銭債権で，〈…〉　その額を外国の通貨をもって定めたもの」
（外国通貨）に当たると解することもできる[39]。なぜなら，「物品を購入し，若
しくは借り受け，又は役務の提供を受ける場合に，これらの代価の弁済のため
に不特定の者に対して使用することができ，かつ，不特定の者を相手方として
購入及び売却を行うことができる財産的価値」（改正資金決済法5条1項参照）
との仮想通貨の定義や，その機能面に着目すれば，通貨になぞらえて考える方
が実態に近く，また，為替相場と同様に，客観的な市場価値の把握が比較的容
易であるためである。

2　取戻権

次に，利用者の仮想通貨返還請求権が，破産手続上，取戻権と認められる可
能性について検討する。前掲平成27年判決以後，仮想通貨の「有体性」は否
定し，「所有権」に基づく取戻権の成立は認め得ないものの，別の根拠によっ
て，仮想通貨返還請求権について，取戻権成立の可能性を検討する様々な見解
がある。

⑴　根拠：物権的保護に値する財産的価値[40]

この見解は，まず，仮想通貨交換業者を介して取引を行っている利用者は，
自分は仮想通貨を所有しており，自分が所有する仮想通貨を交換業者に預けて
いると考えているのが通常である。そういった利用者の素直な理解に照らして
も，利用者と交換業者との間で別途の契約を行っている場合を除いて，基本的
に，利用者と交換業者との関係は，秘密鍵を利用者が直接管理しているかどう
かにかかわらず，寄託や混蔵寄託，あるいはそれに類似したものと把握すべき
とする[41]。

---

[38]　伊藤眞ほか『条解破産法（第2版）』（弘文堂，2014年）756頁，伊藤・前掲注⑺287頁。
また，平成30年判決は，ビットコインを「仮想通貨類似の取扱をすることを求める債権」
と判断しているが，そのことと破産法103条2項1号イの「金銭の支払を目的としない
債権」であることとどのような関係があるのか判然としないとの指摘もある。このこと
について，森下・前掲注⒃69頁。

[39]　松嶋・前掲注⒃91頁。

[40]　森下哲朗「FinTech時代の金融法のあり方に関する序論的検討」江頭憲治郎先生古
稀記念『企業法の進路』（有斐閣，2018年）807-808頁。

[41]　森下・前掲注[40]803頁。

そして，改正資金決済法が，仮想通貨に財産的価値があることを認め，また，特に仮想通貨交換業者に対して分別管理を求めたことで，仮想通貨保有者の権利が物権的保護に値する権利であることを，法が認めたことを意味しているとする。また，仮想通貨の帰属や移転については，一時的には帳簿や台帳の記録を手がかりとしつつ，そこで権利者として記録されている者が本来の権利者ではない場合には，本来の権利者に帰属させる。その上で，仮想通貨の取引については，仮想通貨を物や証券と同じように考え，仮想通貨に関する当事者間の契約関係により，売買や寄託と同様に扱うべき場合や，消費寄託と同様に扱うべき場合とを判断することになる，とする[42]。

そして，有体物ではないものの，帰属についても物権法のルールを適用するという考え方は，すでにペーパーレス化された証券の取引との関係で採用されてきた考えでもあるし，預金の帰属に関しても有力に説かれてきていることも指摘される[43]。

(2) 根拠：問屋破産時に委託者が有する取戻権

次に，利用者に取戻権を認める根拠として，仮想通貨交換業者を金融商品の取引所と同様に捉え，問屋（証券会社）の破産に関する，最判昭和43年7月11日民集22巻7号1313頁[44]の判例枠組みを適用し得るとする見解がある[45]。この判決は，証券会社が委託の実行としてした売買によって権利を取得した後，これを委託者に移転しない間に破産した場合，委託者は，その権利について取戻権を行使できる旨を判示したものであるが，その中の「問屋の債権者は問屋が委託の実行としてした売買により取得した権利についてまでも自己の債権の一般的な担保として期待すべきではないといわなければならない。」との判断は，仮想通貨交換業者が破産し，利用者が仮想通貨を預けていた場合にも妥当するものと理解する。

また，問屋が委託者のために物品を買い入れた場合には，取戻権行使の対象

---

[42] 例として「利用者と交換業者との関係が消費寄託のようなものであれば，いくら仮想通貨について物権的な帰属を考えるとしても，利用者は交換業者に対して債権的な権利を有するのみということになろう」とも指摘される。森下・前掲注[40] 808頁。

[43] 森下・前掲注[40] 807-808頁。

[44] 本件の評釈として，栗山忍「判解」法曹時報20巻10号166頁，岡庭幹司「判批」伊藤眞=松下淳一編『倒産判例百選（第5版）』（別冊ジュリスト216号）100頁。

[45] 松嶋・前掲注[8] 8頁。

となる財産が問屋の一般財産に混入してしまい特定できないと，取戻権の行使は困難となるという問題があるが，現在の金融商品取引法には，証券会社など，金融商品取引業者等の分別管理義務が規定されており（金商43条の2），証券会社は，顧客の指示に委託に従い買い入れた株式を分別管理しており，取引所の財産に混入することはない。

そして，現行の改正資金決済法においても，仮想通貨については，分別管理義務が要求されているところ，金融商品取引所と同様に，取戻しの対象となる財産が問屋の一般財産に混入してしまうことがないようになっており，仮想通貨交換業者と，金融商品取引所と同様に把握することができるとしている[46]。

(3) 根拠：改正資金決済法上の分別管理義務

また，改正資金決済法では，利用者の仮想通貨を預かる場合の分別管理が法定されたから，取戻権が認められるような分別管理が検討されるべきとの見解もある[47]。そして，具体的な管理としては，利用者ごとの仮想通貨とその秘密鍵を紐付けて，他の利用者からも分別して管理することまでは，実際上困難であるから，利用者全体が有すべき仮想通貨およびそれに紐づく秘密鍵と，仮想通貨交換業者固有のそれとが分別管理されていれば，混蔵寄託的なものながら，利用者の勘定に見合う仮想通貨については，集団的な取戻権を認め，破産管財人が換価して，当該利用者集団にかかる金銭の返還をすることも可能になる余地があると指摘する[48]。

そして，そのような取扱いをし得る根拠として，明文の規定はないものの，信託法25条1項を準用すべきとし，その総量が不足する場合には，管財人としては，その「他主占有的な仮想通貨の総量」の範囲内では，一般優先債権（民306条）があるのと同様に，別除権（破2条1項10号，65条）等と同様の取扱いをすべきとする[49]。

いわば，改正資金決済法上の「分別管理」をもって，信託的な構成を作出し，あたかも，利用者の仮想通貨について倒産隔離が生じているととらえる見解と

---

[46] 松嶋=渡邉・前掲注[17] 153-154頁〔金澤〕。

[47] 片岡・前掲注[32] 60頁。

[48] 片岡・前掲注[32] 60頁。

[49] 片岡義広「ブロックチェーンと仮想通貨をめぐる法律上の基本論点」久保田隆編『ブロックチェーンをめぐる実務・政策と法』（中央経済，2018年）165頁。

みることができよう。

(4) 根拠：信託契約の成立

そして，仮想通貨交換業者が預かった資産を信託財産，交換業者を受託者，利用者を委託者兼受益者とする信託契約が成立し，利用者財産が交換業者の破産財団から隔離された場合（信託 25 条 1 項），受益者たる利用者は，受託者の固有財産で構成される破産財団に破産債権を有するのではなく，信託財産に対して受益権を有するため，当該信託財産について，取戻権を行使できるとの見解もある[50]。

ただし，この場合であっても，信託財産として倒産隔離が認められるためには，帳簿上の分別管理では不十分で，分別管理によって，特定性を持って信託財産に属する旨を証明する必要があるため，仮想通貨交換業者の仮想通貨と，利用者の仮想通貨とが別アドレスによって分別管理されていなければならないとの指摘もある[51]。

3 検 討

以上，破産手続における仮想通貨返還請求権をめぐる見解をみてきた。前掲の MTGOX 破産事件の 2 つの下級審裁判例と総合すると，次のような議論状況であるといえる。すなわち，仮想通貨の性質を分析し，そこから物権的な保護を認め，直接的に取戻権を認めようとする見解が有力に説かれる一方で，立法的な手当がない以上，そのような権利を認めることはできず，一般的には，利用者の仮想通貨請求権は破産債権として扱われざるを得ない。しかし，改正資金決済法が存在する今日においては，仮想通貨交換業者において，利用者財

---

[50] 田中＝遠藤・前掲注[23] 75 頁，小林・前掲注[21] 44-45 頁，末廣・前掲注[20] 57 頁，伊藤・前掲注[7] 456 頁。なお，この見解は，公共工事の請負者が保証会社の保証を受けて地方公共団体から前払金の支払を受けたが，請負者の破産により請負契約が解除され，保証会社により前払金の残金相当額が支払われた，という事件において，前払金の授受により地方公共団体と請負者との間に信託契約が成立し，信託財産である前払金の残預金は請負者の破産財団に組み入れられないとされた，平成 14 年 1 月 17 日民集 56 巻 1 号 20 頁（同判決の評釈として，沖野眞已「判批」伊藤眞＝松下淳一編『倒産判例百選（第 5 版）』〔別冊ジュリスト 216 号〕104 頁）を，仮想通貨交換業者と利用者との関係に適用しようとするものであるとされる。このことについて，松嶋＝渡邉・前掲注[17] 152-153 頁〔金澤〕。

[51] 武内・前掲注[20] 16 頁。

IV　破産手続における仮想通貨返還請求権の取扱い

産の分別管理がなされていれば，取戻権を認める余地がある。ただし，その分別管理の態様が，利用者の信託財産と評価し得るまでに分別されていなければならないか否かについては議論があり，これは，"利用者全体" のアカウントと仮想通貨交換業者のアカウントとが分かれていれば足りるのか，それとも，"利用者個々人" のアカウントと仮想通貨交換業者のアカウントが分かれている必要があるのか，という議論と繋がる。

これに関連して，実際の分別管理の状況については，利用者資産の大半はインターネットに接続されていない，すなわち，オフラインのコールドウォレットで管理され，一定量の利用者資産と交換業者の自己資産はオンライン上のホットウォレットで混蔵管理されているとされる。そして，コールドウォレットに分別管理された利用者分の仮想通貨は，特定性に問題はなく，ホットウォレットに混蔵管理された仮想通貨も交換業者の利用者口座管理によって特定性は担保されている[52]。そうであるならば，以上のような分別管理がなされているかぎり，仮想通貨交換業者の破産時には，利用者全体が，仮想通貨交換業者に対して，仮想通貨返還請求権を共有しているものと解して，利用者全体に取戻権を認めるべきであろう[53]。これは，改正資金決済法が，利用者財産の毀損を防止するために分別管理を求めた趣旨や，それを実効的なものとする上で必要な措置と思われる。この場合は，利用者分の仮想通貨について，破産管財人の管理処分権が及ばないこととなるので，利用者同士の利害調整は，別途，財産管理人等を置き，破産手続との関係では，代理委員（破110条）として関与する方法があると思われる。

もっとも，個々の利用者との間で信託契約が成立していると評価し得るほどの分別管理が行われていれば，信託法25条1項の準用によって，個々の利用者財産について倒産隔離が実現するため，個別の利用者の保護のためには，仮想通貨交換業者が積極的にこのような管理を行うことは望ましいとも思われる。しかし，分別管理の態様として，そのような契約を仮想通貨交換業者が利用者と結ばなければならないとすると，仮想通貨交換業者が業として信託を行うこととなるため，信託業法の規制に服さなければならないと思われる（信託業3

---

[52]　小野傑「仮想通貨交換業者の分別管理義務」金融法務事情2103号（2018年）1頁。

[53]　なお，この場合，仮想通貨交換業への取戻権の行使は，保存行為（民252条但書）として可能になるとされる。このことについて，田中＝遠藤・前掲注[23]60頁参照。

条参照）。仮にそうであるならば，改正資金決済法が，別途「仮想通貨交換業者」への規制を設け，利用者保護を企図した意味が減じられることになる。改正資金決済法が「業法」であり，私法上の仮想通貨の法的性質や仮想通貨返還請求権の性格を決定するものではないとしても，「分別管理」を別途求めた趣旨を尊重すべきであろう[54]。

V　結びにかえて

　以上，MTGOX破産事件を素材として，仮想通貨交換業者に対し，利用者が有する仮想通貨返還請求権の処遇について検討してきた。結果として，利用者は仮想通貨交換業者の破産手続においては，原則として，外国通貨建ての金銭債権と同様に破産債権を行使することができる。そして，仮想通貨交換業者が，改正資金決済法上の分別管理義務を履行し，利用者財産と自身の財産を分別管理していれば，利用者としては，利用者分の仮想通貨について共有的に取戻権を行使できる。また，改正資金決済法の制定趣旨に鑑みて，個別の利用者と仮想通貨交換業者との間の信託契約の成立までは要しないとの結論を得た。もっとも，このような結論を得る上では，法律上，より明確な法律上の定めが必要であるとも思われる[55]。

　なお，この点に関し，仮想通貨交換業者の倒産時における利用者財産の保護については，「顧客の暗号資産[56]返還請求権を優先弁済の対象とする仕組み」として，仮想通貨交換業者が顧客（利用者）から預かった暗号資産（仮想通貨），及び弁済原資として持っている同種・同量以上の暗号資産（仮想通貨）から，業者が破綻した際に一般の債権者に先立って利用者が弁済を受けることができる権利を持つ，とする法案の整備が検討され[57]，その成果として「情報通信技術の進展に伴う金融取引の多様化に対応するために資金決済に関する法律等の

---

[54]　片岡・前掲注[49] 165頁。

[55]　小野・前掲注[52] 1頁参照。

[56]　仮想通貨については，後述する，「情報通信技術の進展に伴う金融取引の多様化に対応するために資金決済に関する法律等の一部を改正する法律案」により，「暗号資産（crypto-asset）」という語に改められる予定である。なお，その他に「暗号通貨（crypto-currency）」との用語もあるが，いずれも区別せずに用いられており，同様に論じることが可能である。このことについて，得津・前掲注[14] 19頁参照。

V　結びにかえて

一部を改正する法律案〔以下，「法律案」という。〕」が公表されるに至っている[58]。これによれば，利用者は，暗号資産（仮想通貨）交換業者が分別管理する利用者の暗号資産及び履行保証暗号資産[59]に対して，他の債権者に先立って弁済を受ける権利を有するものとされており，この権利は先取特権として扱われることになるようである（法律案〔資金決済法〕63条の19の2第1項・第2項参照）。仮にそうであるとするならば，今後，利用者の暗号資産（仮想通貨）返還請求権は，別除権（破2条9項参照）と取り扱われることになると思われる。もっとも，この権利の実行に関して必要な事項は政令で定めることとされており（法律案〔資金決済法〕63条の19の2第3項），現段階では，具体的な権利の実現方法などは，明らかとなっていない。その意味で，仮想通貨交換業者破綻時の仮想通貨の取扱いとその規律の整備は過渡期にあるといえるが，現行法の下では，利用者保護の観点から，先に述べたような取扱いが適切であるといえ，また，現在進められている法整備の流れとも整合するものと考えられる。

　今後，仮想通貨の取引が増加し，仮想通貨の保有がより一般化すれば，仮想通貨交換業者の破綻のみならず，仮想通貨利用者の破綻も増加することが予想される。利用者の破綻に際しては，その配当に際して，仮想通貨そのものによる配当が可能かといった問題が生じることになるが[60]，これらの問題についての検討は，今後の課題としたい。

〔付記〕脱稿後，2019年5月31日に「情報通信技術の進展に伴う金融取引の多様化に対応するために資金決済に関する法律等の一部を改正する法律案」は参議院で可決・成立した。この改正に伴う資金決済法・金商法等の改正法は，2020年上旬までに施行される見通しとなっている。

---

[57]　金融庁「第41回金融審議会総会・第29回金融分科会合同回会合議事録」(https://www.fsa.go.jp/singi/singi_kinyu/soukai/gijiroku/20190304.html)（最終閲覧日：2019年4月26日）山本和彦発言および小森卓郎発言。

[58]　なお，この法律案は2019年3月15日付で閣議決定，同年5月22日付で衆議院を通過している。提出された法律案は，金融庁「国会提出法案（第198回国会）提出した法律案」(https://www.fsa.go.jp/common/diet/198/02/houritsuanriyuu.pdf)（最終閲覧日：2019年5月22日）。

[59]　法律案では，ホットウォレットで管理する暗号資産について，別途，見合いの弁済原資として，同種・同量の暗号資産の保持が求められており，これを「履行保証暗号資産」と定義している（法律案〔資金決済法〕63条の11の2）。

[60]　伊藤・前掲注(7)731頁。

30 別除権協定の規律事項に係る議論の土俵に関する再考察

濱 田 芳 貴

I はじめに

1 再考察の起点

　本稿は，事業者（なかんずく株式会社）を対象とする民事再生手続の大方において，その企業再建・事業再生という実践的な要請から，再生債務者の財産の上に担保権を有する再生債権者（別除権者）と再生債務者（債務者企業または管財人）との間で，協議され，締結され，履行され，ときに破棄が取り沙汰される，いわゆる「別除権協定」というものについて，あらためて軽薄ながらの思索に踏み入るものである。

　もとより，同様の題材については，すでに実務面からも理論面からも幾多数多の論説解説がみられるところであり[1]，また，平成 26 年の最高裁判決（に至る原審や原原審の各判断）を経て[2]，さらなる議論の充実がみられるところでも

---

(1)　網羅的な収載には程遠いが，例えば，文末〈参考文献・目録 1〉に掲記の文献などがみられる。

(2)　最（一小）判平成 26 年 6 月 5 日民集 68 巻 5 号 403 頁，判時 2230 号 26 頁，判タ 1404 号 88 頁，金判 1445 号 14 頁，同 1456 号 10 頁，金法 2007 号 60 頁。その判示事項の要旨は，①再生債務者と別除権者との間で締結された別除権の行使等に関する協定に設けられた，再生手続廃止の決定がされること等を解除条件とする旨の条項につき，再生手続終結の決定を受けた再生債務者が再生計画の履行完了前に再生手続廃止の決定を経ずに破産手続開始の決定を受けた場合にも，同協定の効力が失われる旨の内容を含むものとされた事例，かつ，②別除権の行使等に関する協定において，別除権者を権利者とする担保権の被担保債権につき，担保目的である不動産の受戻し価格まで減額される旨，再生債務者と別除権者との間で確認された額が，解除条件の成就により同協定の効力が失われた結果，同協定の締結前の額から同協定に基づき弁済された額を控除した額

30 別除権協定の規律事項に係る議論の土俵に関する再考察〔濱田芳貴〕

あり[3]，ここに拙論を付け加える意義を問われると，怯み臆するところではある。ただ，これまで諸説百出した結末として何らかの定見に至ったのかといえば，必ずしもそうでもなさそうであり，むしろ未だなお，何かどこかで諸々の議論が噛み合っていないようにも思われてならない。この見立て，やはり愚見が愚考のゆえなのであろうか。

2　議論の土俵への省察

この点，比較的近時の文献から引用しながら顧慮してみるに，例えば，別除権協定をめぐる法的な議論の一局面である「別除権協定に基づく受戻代金請求権の法的性質」について，「別除権協定につき共益債権を発生させる合意又は再生債権を共益債権化する合意と捉え，「再生債務者財産に関し再生債務者等が再生手続開始後にした資金の借入れその他の行為によって生じた請求権」（民再 119 条 5）に当たる共益債権と考える立場や，別除権協定によっても再生債権としての性質は変わらず，別除権協定につき再生債権を弁済するための合意と捉え，民事再生法 85 条 1 項の「この法律に特別の定めがある場合」として，別除権の被担保債権である再生債権についても再生手続外で弁済する可能性を認める立場，不足額の確定を目的とする別除権協定（いわゆる「不足額確定型協定」又は「固定型協定」と呼ばれるもの）に関しては，協定に基づく債権を共益債権として扱うべきとする立場，あるいは，再生債権たる被担保債権の一部を確定して，それを共益債権として支払う旨の合意の効力を絶対的に排除すべきではないとする立場等がある（文献略）」とした上で[4]，「・・・別除権協定は，飽くまで再生債務者と別除権者との間の私法上の契約であるから，これにどのような効果を認めるかは，契約当事者間の合理的意思を解釈して，当

になるものとされた事例〔破棄自判（控訴棄却）〕。なお，原審は，高松高判平成 24 年 1 月 20 日判タ 1375 号 236 頁，金判 1398 号 50 頁。原原審は，松山地判平成 23 年 3 月 1 日判タ 1375 頁 240 頁，金判 1398 頁 60 頁。

(3) 前掲注(1)同様，収載の網羅性には悸るが，前注事案の認定判断内容につき直接または間接に解説または論評する文献として，例えば，文末〈参考文献・目録 2〉に掲記の文献などがみられる。

(4) 舘内比佐志=永谷典雄=堀田次郎=上佛大作編『民事再生の運用指針』（金融財政事情研究会，2018 年）265 頁。各種の立場が摘示されているが，各々の結論相互の独立性や包摂性，どこ(か)に共通の認識や理解の基盤があるのか，それぞれの議論の分岐点，その他，議論の全体像までは説き明かされていない。

該別除権協定の内容を認定・評価する必要があるところであり（最判平 26.6.5 民集 68 巻 5 号 403 頁参照），東京地裁破産再生部では，特定の立場によることなく，事案に応じた柔軟な対応をすることとしている」といったかたちで運用指針が示されていたり[5]，あるいは，件の平成 26 年最判の位置づけに関連して，「固定説は，平成 26 年最判で退けられた，というのが実務家一般の理解である。筆者も実務家であるから，判例がそれを否定したとすれば，その判例の考え方を受け入れたうえで，理論と整合する実務を再構築するしかない」としながらも[6]，「平成 26 年最判の事案は，特異な事案であったようで，そのような事案においては，固定説による結論が担保権者に酷であったこと，固定説の結論に較べて復活説の結論が穏当であったことから，法（条文）から乖離した判決がなされたように思われる。当該事案は，別除権協定における担保価値評価が明らかに誤っていた事案である。そのような評価の誤りが生じた理由は不明であるが，紛争解決の落ち付けどころとして，担保権者を救済する必要性が認められたのかもしれない。特殊事案による救済判断として理解すべきであり，最高裁判所が，復活説を積極的に支持したと解することには慎重であるべきように思われる」といった論評がされていたりするのである[7]。

3　再考察の視座

　言わずもがな，「再生債務者と別除権者との間の私法上の契約」に対する指導原理は，飽くまで私的自治（契約自由）の原則であり，「別除権協定に基づく受戻代金請求権の法的性質」，「これにどのような法的効果を認めるか」は，第一義的には契約当事者の意思次第に決せられるはずであり，その内容が一義的に明確でない場合には，「契約当事者間の合理的意思を解釈して，当該別除権協定の内容を認定・評価」されることになろう。

---

(5)　前掲注(4) 265 頁。

(6)　中井康之「別除権協定をめぐる理論と実務—倒産手続における担保権の不可分性について—」伊藤眞=加藤信太郎=永石一郎編『これからの民事実務と理論—実務に活きる理論と理論を創る実務』（民事法研究会，2019 年）400 頁。ただし，書籍の趣旨との関係で学説や参考文献等の紹介は省略されているため（同 384 頁），「固定説は平成 26 年最判で退けられたとする理解が実務家に一般」であるとされる実状や背景までは示されていない。

(7)　前掲注(6) 403 頁。

30 別除権協定の規律事項に係る議論の土俵に関する再考察〔濱田芳貴〕

　しかし，契約当事者が明確な意思でもって与えようとした法的効果が，例えば，「不足額の確定を目的とする別除権協定（いわゆる「不足額確定型協定」又は「固定型協定」と呼ばれるもの）」ではないが「協定に基づく債権を共益債権として扱う」という内容であったとした場合，その意思次第に任せて構わないものかどうかは，いかならん。この点，かく解して差し支えなし（むしろ解すべき）とする見解もあり得ようが，他方，これに対する異見もあり得るし[8]，さすがに平成26年最判の判示事項の外と解されようし[9]，少なくとも，何か先験的（先見的）に決せられる論題ではなく，「A説 vsB説」「甲説対乙説」「A説は甲説と親和的」云々といったかたちでの一般化もしにくい論点であり，ここで目線を引いて，議論の土俵（思考の枠組み）として再考されるべきは，私的自治（契約自由）の原則に対する例外（制約・限界）に関する検証，という視座ではなかろうか[10]。

　なおかつ，その際には，これまで実践的な必要性から経験的に（トライ・アンド・エラーにより）創出されてきた別除権協定の規律事項（として一般に整理されてきたところ）にとどまらず，現時の実践での汎用や耐用については未知数ながら，論理的に可及的に想像（創造）される規律事項をも併せ（各種担保付ローンなど企業金融面からのアナロジーも含め）検証されることが，個別事案の解決に予測可能性を与える解釈論として，必要とされているのではなかろうか。

　以上，前置きばかり長くなったが，本稿では，企業再建・事業再生の実践に

---

(8)　前掲注(4)に係る本文参照。

(9)　前掲注(2)①および②参照。

(10)　個別具体的事案の解決という場面では，実体的には，民事再生法その他の法令に規律される他の諸制度や諸原理との間で整合性が保たれているか否か，手続的には，そうした実体的な価値判断を基礎として所要の許可（再生裁判所）または同意（監督委員）を得られるか否か（あるいは，後に至り問題点が顕在化し紛糾し係争と化した場合には，その裁判手続における判断いかん），という両輪の問題となる。そうした場面において，実際に「認定・評価」されるべきが，「当事者間の合理的意思解釈（事実認定）」であるのか，「私的自治（契約自由）に対する制約（法的評価）」なのか，という相違は（少なくとも論理的には）あり得る。実務的には，前者（一義的に明確でない規律内容に係る合理的意思の解釈いかん）の方が身近な課題かと思われるが，理論的には，後者（一義的に明確な規律内容により付与されようとしている法的効果が私的自治の原則にもかかわらず他の法的要請との関係で制約を受けるか否か）の方がシビアな問題であろう。

おける担保目的財産・事業用財産の可及的な保持と活用（それに伴うコストやリスクの負担），という経営的ないし経済的な要請を踏まえつつ，民事再生手続における別除権協定の規律事項に係る要規・可規・禁規（規律の必要性，可能性，許容性）につき，私的自治の原則と例外という視座を意識しながら，その議論の土俵を設えるような考察を試みたい。

Ⅱ　別除権協定の規律事項に係る実践的な要請について

1　別除権構成からの形式論理

企業再建・事業再生を企図して民事再生手続その他の手段[11]を選択し遂行するにあたり，その企業が経営する事業を継続し展開するために必要な資源が何かといえば，それは，俗に「会社はヒト・モノ・カネ」などと説かれるように，有形無形の諸々により織り成される何ものか，であるはずだが，その総体を成す各別の要素の中には，先々にわたり不可欠そうなものから，いずれ不要になるか，他の何かで代用できそうなものまで，それぞれの存在意義や価値には相応の差異があるはずで，さりながら，債務者側の関係者にとって経済面や心理面において重要で大切そうな存在ほど，債権者側からすれば担保として確保するに値する傾向にもあるはずで，結局，事態が民事再生のような法的倒産処理にまで至った場合，そうした性格の資産ほど，既に担保（権）の目的とされている可能性も高いのではあるまいか（以下，そうした可能性の高い資産のことを，「枢要資産」という[12]）。

---

[11]　隣接諸制度としては会社更生手続が想起されるが，近時ではむしろ私的整理の実践が進化しており，また，破産や特別清算の手続に付帯関連して実行される事業譲渡や会社分割による事業承継も考えられる。私見については，拙著『私的整理　88講による道案内』（商事法務，2013年），拙稿「窮境企業ガバナンス論（番外編）「第二会社」方式に関する回顧と懐古―概ね新世代の関係者に向けて―」事業再生と債権管理158号（2017年）167頁。

[12]　再生債務者が所有する不動産は，かつてそれ自体を取得する資金調達のため，またはその他の資金需要のため，所要の借入（有利子債務の負担）との関連で，担保設定のされている場合（さらには，その取得時の簿価を現在の時価が下回り，いわゆる担保割れの状態にある場合）が通例かと思われる。もしその物件が本社オフィスの類いであれば（社長や古参社員の思い入れを別にすれば），この機会に売却処分し（それで顕在化する会計的・税務的な損失については，再生計画の中で債務免除などの金融支援を仰ぐ過程

30 別除権協定の規律事項に係る議論の土俵に関する再考察〔濱田芳貴〕

しかるに，（旧）会社更生の制度が厳然としていた法環境のもと，従前の和議に代替させるべく創設された民事再生の制度においては，倒産処理の各種手続との関係で究極の清算として位置付けられる破産（倒産法制における一般法たる破産法(13)）の場合と同様に（つまり，倒産法制における一般法たる破産法の規律と同様に，他方，株式会社再建にかかる特別法たる会社更生法の規律とは異なり(14)），倒産債務者の財産（権）を対象とする担保（権）につき，その民事実体法における担保（権）の処遇（さらには執行法制をも視野に入れた位置付け）を尊重し，なおかつ，そうした担保（権）の制度に依拠して構築される金融実務上の諸々の経済的な期待（担保掴取による債権保全に向けられた予測可能性）にも勘案し，例えば，その担保権が不動産抵当権であるならば，その競売の実行による権利の実現が妨げられることはない，というのが制度設計の基本とされている。

とすると，民事再生という手続は，経営破綻した末の破産的な清算ではなく，窮境からの再生を企図しているにもかかわらず，その事業の継続や展開にとって不可欠そうな資産，つまり枢要資産に担保(権)が設定されていることにより，例えば，再生手続開始の申立てをした途端，期限の利益喪失特約に依拠した競売申請の危機に晒されるかもしれず，早々に再生手続開始の決定を得られたとしても，個別的権利行使禁止の効力が担保権(者)に及ぶわけではなく，一応，資産負債等の調査を経て再生計画を立案する段階にまで至ったとしても，先々なお競売される余地と懸念は，その将来計画に内在する不確定要素（変動要因）となり，たとえ何とか外形的な体裁の整った再生計画(案)が可決され認可

で処理することとし)，近隣の家賃低廉な賃借オフィスに移転することとしても（その際の一時的な転居コストを加味しても，大局的には)，業務に大きな支障は生じないかもしれない（その物件が既済未済の閉鎖拠点の類いであれば，単に売却処分の対象となるのみだが，物件の性状や市場性に勘案し，任意売却に難渋し，競売すら捗らない場合もあろう)。しかし，それが主要な生産施設や研究開発施設の場合，施設や設備それ自体の性質からして，さらには就業者や取引先や提携先や自治体などとの相関性（所在・規模・交通・水利など）に勘案して，移転は容易でないかもしれない（その物件をスポンサー等に対して売却した上で賃借（セール・アンド・リースバック）することができれば，転居の必要はなくなるが，所有者の物件保有コスト（物件取得用の調達資金に掛かる金利や不動産所有に伴う課税など）は，賃借料に反映されるであろう)。

(13) 以下，破産法の条文を引用する場合には，「破産○条」と略称する。同様に，民事再生法については「民再」，会社更生法については「会更」とする。

(14) 担保権や被担保債権の処遇に関する民事再生手続と隣接諸制度（前掲注(11)参照）との対比については，追って本文Ⅲ3において適宜言及する。

Ⅱ　別除権協定の規律事項に係る実践的な要請について

されたとしても，後に実際に枢要資産を競売で喪失すれば，残る再生債権に対する弁済計画の履行もままならず，結局，その再生の企図を果たせず清算のやむなきに至りかねない，というのが一般論としての理屈，経営的な理屈である。

2　別除権協定への実践的要請

　つまるところ，債務者企業につき，その保持する資産を収益の源泉としつつ，その負担する債務の過剰を圧縮しつつ，その再建再生を企図する事案では（民事再生の場合に限らず会社更生でも私的整理でも同様ながら），その枢要資産に係る担保権者との間で「適切な関係性」が「再構築」されないことには，その経営基盤（≒資金創出能力≒事業価値）が盤石ならず，つまり，優先的債権（公租公課や労働債権の類い）や権利変更後の一般債権（無担保の金融債権や商取引債権の類い）に対する弁済計画につき，その履行可能性に対する懸念は払拭されない。さりとて，「関係性の再構築」を焦るあまり，背伸びした事業計画を前提として，担保権者に対して（のみ）過剰に忖度した約束をしてみたところで，その先に見える経営基盤は砂上の楼閣か荒野の陽炎でしかなく，資産における実質的な含み損失と負債における実質的な過剰債務を抱えたままでは，いずれ諸々の弁済に支障を来すことになりかねない。実際，当初の計画に無理があったがために，その履行や遂行が困難となり，再度の経営破綻が視野に入る中で，担保権者との「関係性の見直し」という課題が顕在化し，さらに，現実の経営破綻に至り，その関係性の解消を巡る問題が紛争化する事態も皆無ではない。

　しかして，先に言及し，後にまた論及するとおり，民事再生法が直接の目的とするのは，法定多数の再生債権者の賛同と裁判所の認可決定により成立した再生計画による，再生債権の権利内容の変更であり，担保(権)は別除権とせられ，その処遇は多数決原理に服せず，「担保権者との関係性の再構築」については，担保権実行中止や担保権消滅許可という側面支援的な制度こそ設けられているものの，そもそも，「再構築されるべき関係性」の内実について，何を規律しておく必要があるのか（要規），何を規律することが可能であるのか（可規），何か規律が規制されることはあるのか（禁規），つまるところ，いわゆる別除権協定における規律内容について，正面から法定されているわけではない[15]。

　この点，「具体的に別除権協定において定められる事項」については，例え

30 別除権協定の規律事項に係る議論の土俵に関する再考察〔濱田芳貴〕

ば，「①担保権の不行使，②被担保債権の一部放棄ないし受戻代金額までの縮減，③担保目的物の受戻し，④受戻代金額の弁済方法・弁済期間，⑤受戻代金弁済後の担保抹消，⑥担保権の行使によって弁済を受けることができない債権の部分（別除権不足額）の確定，⑦破産手続等の他の倒産手続へ移行した場合の取扱いなどがあり，これらの事項を組み合わせた内容の合意をする例が多い（文献略）」といったように，紹介されてはいる[16]。

　ただ，これらの諸事項は，大要，企業再建・事業再生に向けた実践的な必要性，その根底にある経営的・経済的・金融的・会計的・税務的な要請から実践的に創意され，そうした要請や実践の成果が法的観点から整理されてきたものかと思われる。同時に，これら諸事項の全部または一部を実際に組み合わせながら策定される個別具体的な事案における別除権協定では，各種の書式集の記載例や同種案件での実例などが適宜に踏襲されつつ（当初は，旧来の和議の実務や更生担保権の処遇なども参照されつつ[17]），所要の規律文言（規定・条文）が起案され，合意書面として策定され，そのようにして蓄積されてきた実例を対象に取り込みながら，再帰的に法的な検証が深化されてきたものかと思われる。かかる二重らせん的な経緯そのものは，「実務と理論」の相互乗り入れに係る成功例かと思われるのではあるが[18]，ただ一点だけ気がかりがあるとすれば，

---

(15)　間接的にも明確ではない。わずかに，別除権者の再生手続参加につき，「当該担保権によって担保される債権の全部又は一部が再生手続開始後に担保されないこととなった場合には，その債権の当該全部又は一部について，再生債権者として，その権利を行使することを妨げない」（民再88条ただし書き）とされ，あるいは，「別除権の目的である財産の受戻し」や「和解」につき，「裁判所は，再生手続開始後において，必要があると認めるときは，（略）裁判所の許可を得なければならないものとすることができる」（同41条1項柱書き・9号・6号）とされている程度である。

(16)　前掲注(4)264頁，および，当該箇所の引用文献など。

(17)　実体験としては，平成12年頃には，かつての和議手続や会社更生手続で実際に使用していた書面を参照しながら，手続申立当初における債権者に対するアナウンスとして，「お詫びとお知らせ」「債権者説明会のご案内」「説明会の式次第」「再生手続の流れに関するご説明」「少額債権に対する弁済に関する案内」「共益債権に対する弁済について（申立て後かつ開始前の取引債権等についての共益債権化に関するご説明）（今後の取引と支払条件に関するご提案）」「連鎖倒産防止にかかる制度融資等のご案内」など，心の赴くまま乱造した記憶がある。担保権者との合意についても，特別清算手続での実例をも参照しながら，なおかつ法理論的な詳細までは詰め切らないまま，概ね専ら実践的な要請に添って何かしら合意したような記憶であり，今となっては恥じ入るばかりである。

(18)　なお，前掲注(6)1頁「はしがき」冒頭には，「理論は，実務の脊梁であり，ときに実

ここにいう「理論」と両輪となる（べき）「実務」というものが，はたして倒産法実務に限られていていいものか，そこに経営的・経済的・金融的・会計的・税務的な実感や実際を伴うものでなければ，実社会（つまり企業社会）における「実務」としての安定性や整合性が保たれにくいのではないか，という漠たる危惧である[19]。それが杞憂であればと思いつつ，論を進める。

Ⅲ　別除権協定の規律事項に係る法理面での許容性いかん

1　再考察の大枠

さて，ここまで散々に大風呂敷を広げた末，個別事案の解決に予測可能性を与える解釈論としては，たとえ現時の実践での汎用や耐用が未知であっても論理的に可及的に想起され得る規律事項をも含めた検証こそが肝要，などと自ら述べておきながら，さはさりながら，実践的な必要性から経験的に創出されてきた別除権協定の規律事項（として整理されてきたところ）から乖離した検証であっては，これまで積み重ねられてきた議論との接点を見失い，かえって実務的な安定性や整合性に悖る結末になりはしまいか，という危惧もあり[20]，以下，諸々に説き及ぶにあたっては，実践的な便宜を優先し，主に「具体的に別除権協定において定められる事項」として先に掲記した①〜⑦の諸事項を念頭に置きながら，体裁としては順不同に，大枠4項目に整理して，内容においては初歩から愚直に，進めていくことにしたい[21]。

2　「担保権の不行使（先述①）」について

もっぱら再生債務者の都合だけを考えれば，別除権者との関係性の再構築

務を変革する梃子であるといわれることがあります。実務の側からは，生起する問題を解決するために理論の側からの指針が求められるともいわれます」とある。

[19]　実際，金融実務（や法理論）と倒産再生の法理論（や実務）の間に共通言語が存在しているのか，その危惧からか，近時，「倒産と金融」実務研究会編『倒産と金融』（商事法務，2013年），長島・大野・常松法律事務所編『ニューホライズン　事業再生と金融』（商事法務，2016年），といった書籍も，ものされているところである。

[20]　本稿では各別の引用を省略しているが，文末〈参考文献・目録1〉〈同2〉参照。

[21]　前掲注[16]に係る本文参照。前注に述べた各別の引用の省略こそが，従前の議論との接点喪失の元凶ながら，紙幅と能力の都合により，ひたすら先学に低頭するほかない。

30 別除権協定の規律事項に係る議論の土俵に関する再考察〔濱田芳貴〕

（明示の合意や書面化）にまで至らずとも，別除権の行使としての担保権の実行（民再53条2項，民事執行法180条以下）さえ避けられるならば，枢要資産が担保目的であっても当座の事業継続はできる。仮に債務者（担保権設定者）の受けた決定が破産手続の開始であれば，法律上，これにより期限の利益は主張できなくなり（民法137条1号），期限付債権は現在化され（破産103条3項），根抵当権については元本確定の事由ともなるが（民法398条の20第4項），それが民事再生手続の開始であれば，かような効果が直ちに生じることはなく[22]，机上の空論ながら理屈上は，上述のような中途半端な関係性が保たれる可能性も，なくはない。

とはいえ現実的には，取引基本約定等における所定の規律を介して（債権者からの請求により，または当然に），債務者に係る手続開始決定（または，その申立て）により期限の利益を喪失せしめられるのが通例であり，それでもなお，追々言及するとおり，再生債務者との関係性の再構築は別除権者にとっても通常は有意義なことゆえ，直ちに担保権の実行にまで及ぶ事態は（債務者による再生手続の利用が，端から何かの隠れ蓑であるかのような，明白に不誠実でありそうな事案であれば格別，そうでもなければ）昨今では希なことかと思われる。ただ，理屈上は不慮の事態もあり得ようから，担保権実行中止命令の制度も設けられているが（民再31条各項），そうしたこと自体，いつまでも再生債務者が当座の状況に甘んじることなく，他の利害関係人（従業員や取引先や得意先など）の地位を可及的に安定させるべく，事業の永続に向けた事態の打開を図るよう，別除権者との関係性の再構築の一環として，どのような条件（互恵的な

---

[22] 破産手続に場合には，清算計画案の可決と裁判所の認可による権利変更といった仕組みはなく，その計画の定めにより期限付債権等の権利内容を変更する等の手続的操作ができないゆえ，一種の擬制なかりせば，一律な破産配当もまた難儀へと帰する。この点，再生手続であれば，計画の定めにより諸々の権利変更の有無や範囲を決し得る。なお，別除権となる担保権が根抵当権である場合，再生計画の立案や決議の段階で既に元本が確定しているならば，たとえ「別除権の行使によって弁済を受けることができない債権の部分」（別除権不足額）が確定していない場合であっても，「被担保債権のうち極度額を超えている部分」について，再生計画所定の権利変更（債務の減免，期限の猶予その他）の一般的基準に従い計算される弁済金額につき，あらかじめ根抵当権者の了解を得つつ「仮払い」ができる旨，しかし，その場合には，後に「別除権不足額」が確定した際に再計算される弁済金額との差額の精算に関しても措置すべき旨，再生計画（案）の定めに関する規律が設けられている（民再160条2項，165条2項，182条ただし書き）。

見返り）が整えば「担保権の不行使」について合意できるのか，その協議が促される仕組として，民事再生制度内に組み込まれているものとして，理解されるべきである。そして，以下にて言及するのは，その際に協議さるべき事項に係る諸条件の互恵性いかんに関する検証ともいえる。

3 「担保目的物の受戻し（先述③）」と「受戻代金弁済後の担保抹消（同⑤）」について

(1) 会社更生の場合との類比

再生手続の俎上に載せられた事業の継続と展開に必要な資産については，再生債務者としては，いち早く，法的安定に見通しの立つ形での使用収益権を確保したいわけで，いつ実行されるか不安の残る担保があれば，その抹消[23]こそが，最も端的かつ劇的な手立てである。そのようにして現に事業の再生が果たされるならば，経営面と法律面それぞれ，従業員の雇用や仕入先との取引や得意先への供給など有機的な関係性は維持されようし，再生計画の定めによる弁済の履行が滞ることもなかろう。しかし，債務者の窮境という事態に備えていた担保権者の期待を一切無視した措置など一方的に執れようはずもなく，相互の関係性の再構築に向けて，その担保(権)により把握される担保価値[24]を実質的な対価とした担保目的財産の受戻し[25]を合意し，もって担保抹消に至る必要がある。

---

[23] 術語を厳密に用いるとすれば，担保権設定契約の合意解約（民事実体法），担保権設定登記の抹消登記（登記手続法），といった語句になろうが，担保権消滅許可申立ての制度（民再148条以下，破産186条以下，会更104条以下）を活用する場合を含め，慣用化していると思われる「担保抹消」の語を用いる。

[24] ある担保（権）が把握する経済的価値の評価の基準や方法，そして評価額に相当する対価を担保権者に給付する条件や方法もまた，重要な論点であり，これらの点については別途，追って本文4で検討する。

[25] 「別除権の目的である財産の受戻し」という語句は法令用語ながら（破産78条2項14号，民再41条1項9号），用例が明確とまでは言えず，ただ，担保権の不可分性（民法296条，372条ほか）からしても被担保債権が完済されれば担保権も付従して消滅するのだから，これを敢えて「(担保の)受戻し」として捉えるに及ばず，実際，被担保債権の一部弁済による担保抹消（制限物権者に設定（供与）されていた権利（価値）の復帰，非典型担保における留保所有権の移転（所有権留保）や譲渡所有権の回復（譲渡担保）や権利移転予約の解消（仮登記担保））という法的事象に関する慣用表現と理解しておけば足りると思われる（ただし，仮登記担保法11条本文参照）。

もっとも，その協議の着地点として，「被担保債権の一部弁済完了後の担保抹消」ばかりを念頭に置くべき必然性はない。

ここで隣接諸制度との類比をしてみるに，例えば，会社更生の場合，更生担保権（会更2条10項本文）については，手続の開始により被担保債権も担保権も行使や実行が禁止され（同47条1項，50条1項），立案・可決・認可を経た更生計画における期限の猶予（場合により，債権元本の一部減免まで踏込み）や分割弁済（または一括弁済）の定めが履行されていくが（同167条1項1号，168条1項1号，3項，170条1項，189条1項，196条5項2号，199条2項各号，209条1項ほか），同計画の定めにより存続が認められたものを除き，担保権は消滅することになる（同204条1項）。実践的には，基本的には，確定した更生担保権額を被担保債権とする担保権の存続の定めを置くことになろうが[26]，理屈上は，確定更生担保権の全額を今後は無担保債権としつつ計画期間中に分割弁済する，といった関係再構築が可能な場合（むしろ，それこそが実質的平等を害さないという可能性）もあるかもしれない。

(2) 私的整理の場合との類比

また，私的整理の場合[27]，協議の対象とされた金融債権（対象債権）のうち，まず，担保付債権につき，計画の基準時点における担保目的(物)の評価額の範囲で保全された被担保債権の部分を保全債権とし，その保全割れの部分と，当初からの無担保債権とを合わせて非保全債権とし，保全債権については，債権放棄の対象としないことを前提に，そして非保全債権については，当該企業・

---

[26] 担保目的を他の財産に変換しつつ担保を存続させる定めもあり得よう。関連する措置としては，根担保の確定，共同担保関係の存廃，各種変更登記や抹消登記の手続や費用に関する定めなどがあり得よう。

[27] ここでは，一応，私的整理に関するガイドライン手続，特定認証紛争解決手続（事業再生ADR），中小企業再生支援協議会による再生計画策定支援手続など，準則化された仕組みを念頭に置く（前掲注[11]拙著16頁以下ほか参照）。なお，特定調停制度については，裁判所の手続という意味では法的整理の範疇に含める理解の仕方もあるが，届出債権者に認められた議決権を前提として，その法定多数の賛同と裁判所の認可により（権利変更の内容を含む）計画が成立する，という会社更生や民事再生の仕組みとは異なり，当事者となった債務者と債権者の全員が同意して計画が成立するという点では（調停に代わる決定（特定調停法20条，民事調停法17条）といった特殊な調停成立の方法もあるにせよ），むしろ私的整理の範疇で検討すべき論点が多いかと思われる（同制度に関する私見については，「「事業再生特定調停」に関する一試論」仲裁とADR9号（2014年）109頁以下ほか）。

Ⅲ　別除権協定の規律事項に係る法理面での許容性いかん

事業の価値（≒資金創出能力：財務や経営などに係るデュー・ディリジェンス等を経て策定された再生計画の前提として算定）に照らし，将来に向けて負担可能な範囲を超える部分について債務免除（金融支援）を受けることとし（近時はメイン寄せ等はせず，非保全プロラタ），その保全債権の残高と残高圧縮後の非保全債権とを合算した総額に対し，再生事業により創出される返済原資を按分平等（分割）弁済する（保全と非保全を問わず，残高プロラタ），といった関係再構築が模索される[28]。その際，保全割れ（非保全）となった担保付債権については，基本的には無償で即時に担保抹消される一方で，保全債権の範囲に収まった被担保債権については，計画期間終了時における担保抹消について計画内で厳密な規律まではしない場合や[29]，スポンサー支援の受入れをも含む債務者企業（グループ）内外での組織再編（ストラクチャリング）にあたり，当初の担保権や担保目的財産との関係が切り離され，その解除と再設定（担保変換）を経る場合もあり，そうした場合，「受戻し」と「担保抹消」とが共に常に強く意識されるわけではない。

　民事再生の場合であっても，その事業再生の手法として再生計画内外での事業譲渡を選択すると（民再 42 条各項），その譲渡対象資産に含まれるであろう担保負担付き枢要資産を譲受人に承継させる際には，実践的には担保抹消を経る必要があり[30]，担保権者との関係再構築の内実は，破産などにおける任意売

---

[28]　さしあたり，各用語の簡便な解説としては，対象債権につき，前掲注[11]拙著 10 頁，デュー・ディリジェンスにつき同 42 頁，金融支援につき同 94 頁，保全債権につき同 100 頁，非保全プロラタにつき同 112 頁，残高プロラタにつき同 116 頁，メイン寄せにつき同 138 頁，各参照。

[29]　この場合，再生計画ないし弁済計画の期間終了時においてなお残存が想定される対象債権の残高につき，将来における借換え（リファイナンス）の可能性が含意されているわけであるが，この点は，被担保債権に対する弁済方法（計画期間終了時に無借金経営状態にまで改善される必要性や必然性があるのか云々）にも関連する。

[30]　理屈上は，担保権の負担が残された財産を代金の授受なく譲渡人から移転し（民再 53 条 3 項参照），譲受人において「受戻し」と「担保抹消」を行う（あるいは，担保権実行されるがままに任せ，関係者による落札を目指す）という処理方針も，考えられなくはない（抵当権消滅請求制度につき，民法 379 条以下ほか。なお，確定根抵当権の場合につき，同 398 条の 22 参照）。この場合，担保価値に相当する被担保債権に係る債務引受が行われるか（偏頗性や詐害性は，別途検討を要する），物上保証履行後の求償権が放棄されるか（課税問題は，別途検討を要する），何らかの形で譲渡譲受当事者間における対価的な調整が図られることにはなろう。

30 別除権協定の規律事項に係る議論の土俵に関する再考察〔濱田芳貴〕

却の場合と異なるところはない[31]。やや空想に傾くが，策定可能な事業計画の内容上，向こう数年間は枢要資産を稼働させるが，その後は他に（例えば，スポンサーが開発中の拠点などに）移転する，といったスキームを採用したい場合には，担保権者との間で再構築される関係もまた，暫定的な分割弁済（例えば，相場賃料程度の額の毎月支払い[32]）を経た後に実施する任意売却の代金による一括弁済，といった条件付きの内容になるかもしれない。

ただ，いずれにせよ，「受戻し」と「担保抹消」の実質的な対価となるべき担保価値の評価の方法と，その相当額に係る支払い条件などは，車の両輪または二人三脚の様相を呈する課題として残る。

4 「被担保債権の一部放棄ないし受戻代金額までの縮減（先述②）」と「受戻代金額の弁済方法・弁済期間（同④）」について

(1) 遊休不稼働資産の場合

民事再生の過程でも，稼働不全ないし遊休の資産につき，たとえ売却損を出しても免除益で帳消しにできる時機（つまり，枢要とは言い難い資産の処分により仮に含み損が顕在化しても，その損失を会計的かつ税務的に処理するに足るまでの金融支援を仰ぎ得る，債務者にとっての好機）を逃さず，早々に対外的な売却

---

(31) 担保目的財産の売却代金による被担保債権の一部に対する一括弁済と引換にする担保抹消，換言すれば，売買契約と担保設定契約解除と引渡しと支払いと一部返済と抹消登記と移転登記を同時日に実施する，ということ（もとより，弁済原資が被担保債権を賄うに足る場合には，担保抹消そのものの交渉にはならない（前掲注㉕）。この点，破産法上の担保権消滅許可の制度は，まさに破産管財人による財団換価の方法としての任意売却における担保抹消交渉を補完する仕組みとして設けられているが（破産184条1項，186条1項，190条1項），民事再生法上のそれは，事業継続にとって不可欠な財産の可及的な確保に向けられた仕組みであり（民再148条1項），必ずしも担保目的の外部売却のみを念頭に置くものではないが，対価の一括納付を要することから（同152条1項），実際上，事業譲渡に伴う財産移転にあたり譲受人（スポンサー）から所要金額の支払原資を一括導入できる等の場合でないと，利用が難しい。なお，会社更生法上のそれもまた，その仕組みの企図するところは民事再生と同様ながら（会更104条1項，108条1項），更生担保権に対する弁済は更生計画の定めによらねばならず，裁判所に納付された担保目的財産の実質的な対価もまた，更生計画の認可決定があるまで管財人に交付されない（同109条）。

(32) 当事者間の合意により，賃料債権に対する物上代位または不動産収益執行が行われたようなエコノミクスを，暫定的に実現する格好となる。なお，前掲注⑿参照。

Ⅲ　別除権協定の規律事項に係る法理面での許容性いかん

の対象とされるべき（つまり，収益に還元しない資産のスリム化と収益で償還できない負債の可及的な圧縮による，バランスシート一体改善への施策）は，その財産自体の性状に由来する現実の処分における難易という課題も含め，さして破産の場合と違わず，であろう。かつ，そうした場合における「受戻代金額」は，破産財団の換価として行われる任意売却の場合と同様に，基本的には，観念的な評価額よりも現実的な成約可能額に重きが置かれ（つまり，いくら机上で好評定されようと現に売れないモノに換金的な価値はない），譲受申込額（購入申出額）から所要の取引経費[33]を控除するなどして捻出される弁済可能額をもって，担保権者が担保抹消の対価額として受け入れ可能かにより決せられるものであり，それで応諾可となれば，実際の支払いは取引決済時に一括が通例であり[34]，その際，分割弁済の金額や回数（所定の期限の猶予）といった時間軸まで考慮すべき条件を伴うことは，少なくとも契約文言上は，ないであろう。

とはいえ，ある金額をもって物件売買の申込額とする際，そして，ある金額でもって担保抹消の受入額とする際，およそ一切の時間軸が考慮外であるかといえば，少なくとも経済的な動機や背景としては，そのようなはずはない。たしかに，個人の居住用物件の売買の類いであれば，近隣の取引事例そのものが人気投票的な相場（住みたい地域ランキング，節税対策投資プランなど）に引きずられている可能性もあるが，事業用物件の場合，売り手も買い手も，各々，己の経済合理性を旨として，将来に向けての投資採算（収益還元）を考慮した値付けに従うのが通例のはずであり[35]，結局，担保権者も，自社（自行）内に

---

(33)　不動産取引仲介手数料，登記手続費用，契約印紙代など。もっとも，民事再生では，破産の場合と異なり，いわゆる財団組入金に相当する金員の控除は例外的であろう（余談ながら，よく考えてみれば，破産管財人の売却活動により競売手続によるよりも相対的に早期に高値で売却できる（できた）見返りとして，その増価分の一部が破産財団（一般配当原資）に組み込まれるという理屈からすれば，少なくとも，管財人が選任されて進められる再生・更生手続の場合であれば，同様の理が妥当して良さそうな話ではあるし，実際，宅地造成開発業などの更生事案では，宅造物件の販売収益を確保できないと本業の再建はおろか当面の営業すらままならないため，自ずと，更生担保権に係る担保目的物件の売却にあたり所定の利益率に勘案した金額を更生会社内に留保できるような計画案が，模索される（べき）ことになる。

(34)　前掲注(31)参照。

(35)　買い手において物件取得という投資を検討する場合，その原資は，自己資金か外部調達（借入や増資など）いずれかによるであろうが，前者であれば，選択可能な他の投資（または，投資リスクを取らないままでいる状態）と対比される利回りが，また，後者

おける担保評価がどうあれ，待てば得する特段の事情がない限り，現実的な担保（権）価値という意味での市価ないし時価に従わざるを得ない場合が多いであろう[36]。

(2) 枢要資産を含む事業譲渡等の場合

そして，かような理は，ある範囲では，事業用物件が担保目的資産である場合にも当てはまる。例えば，それが事業譲渡や会社分割における承継対象財産とされ，その実質的な対価がスポンサー（買い手）側において賄われ，その原資が直接または間接に担保抹消のために充当されるとした場合，とりわけ，その承継の対価がスポンサー（新規事業取得者）から再生債務者（当初事業主体）に一括で拠出され，ただちに再生債務者（担保設定者）において別除権者（担保権者）に対して内入弁済がされ，ただちに担保抹消もされるという場合[37]，

であれば，調達コスト（約定借入利率・想定配当還元率）と対比される利回りが（さらに，その借入調達にあたり従前の担保抹消後の譲受物件に直ちに新規の担保設定がされる場合には，その貸し手と借り手の双方における担保評価の経済性をも含めて），それぞれ問題とされるはずである。もちろん，思惑が皆無というわけでもなかろうが。なお，拙稿「実は「任意売却」が「事業再生」であったりもすること」市民と法82号（2013年）22頁以下参照。

[36] 担保権者において，どうしても納得がいかない（≒稟議が通りにくい）場合には，最終的には吉か凶かの競売手続によるほかない。が，結局は売却処分に至るほかない，という経営的な実状から逆算しつつ，売り急ぎによる売得金の目減りを避け，かつ，債権（担保）回収の可及的な極大化をも目指す，という方向性を是とするならば，いわゆる処分連動方式による別除権協定や更生計画案の定めが検討に値するであろう。さしあたり，西村あさひ法律事務所＝フロンティア・マネジメント(株)編『法的整理計画策定の実務』（商事法務，2016年）294頁以下〔中村広樹〕（及び201頁以下〔拙稿〕）など参照。

[37] この点，事業譲渡による承継の場合であれば，事業譲渡代金に含まれる枢要資産の対価が，譲受人から譲渡人に対する代金支払いを経て，担保設定者の担保権者に対する内入弁済金へと至る，というシンプルな決済フロー（前掲注[31]参照）となる一方，これが会社分割による承継であると（組織再編含みの場合など多様なパターンが考えられるが，比較的シンプルな例でも），まず承継させる事業（枢要資産込み）を旧会社が新会社に切り出し，その子会社の株式を旧会社がスポンサーに譲渡し，その譲渡代金（の内金）をもって旧会社が担保権者に内入弁済を実施する，といった決済フローとなる。いずれにせよ，担保抹消後の物件につき，取得者の側で新規借入のため担保設定をする場合には，ステップが1つ増えるが，いかにせよ，実践的には，実質的な同時決済が企図されるであろう（同日付け一括か，帳簿の締日末と明翌日の二段階か。各当事者における機関決定や社内手続の順序，各関係者間での資金の送金の順序，所要の各登記申請書類を提出する順序，所用の契約書や領収書の日付や授受の順序など，作業内容や負担に多少の差は出よう）。

Ⅲ　別除権協定の規律事項に係る法理面での許容性いかん

その資産を用いて再生債務者の事業が継続されるか否かという点を除けば，任意売却（先述）も事業譲渡等も，経済的または金融的には（その担保目的資産に関する限り）同様の取引になる。ここで，当事者間で担保抹消の対価の金額について了解に至らない場合，担保権抹消許可制度の利用可能性が問題となるが，民事再生の場合には（破産の場合とは異なり[38]），担保権消滅請求にかかる価額決定請求における評価人による担保目的の評価が手続化されており（民再 148条以下），その評価基準については，「財産を処分するものとしてしなければならない」ものとされ（民再規則 79 条 1 項），その評価方法については，「財産が不動産である場合には（中略），所在する場所の環境，その種類，規模，構造等に応じ，取引事例比較法，収益還元法，原価法その他の評価の方法を適切に用いなければならない」ものとされており（同条 2 項[39]），これを解するに，不動産鑑定評価書における価格の種類としては，「正常価格」より低値な「特定価格」（早期処分価格）が採用されることになる。担保権者にとっても担保権消滅許可に伴う対価は一括受領である以上[40]，そして物件取得者（スポンサー）側でも一定の調達コストなり投資リスクなりを負担することとなる以上[41]，先述の一般的な任意売却の場合と同様の経済性に落着する（つまり，その取引の実行により単なる評価額としてではなく実際の処分価格が顕現することになる）のは自然なことであるし，当然，このことは，当事者間で任意に合意される場合における担保抹消の対価の水準（評価の基準）に対しても，事実上の影響を与

[38]　彼我の制度目的の相違につき，前掲注[31]参照。破産の場合，以下の本文に述べるような価額決定請求の仕組みを擁しない。

[39]　同条項は，会社更生における担保権消滅請求にかかる価額決定請求（会更 104 条以下）についても準用されている（会更規則 27 条）。なお，この評価の方法に係る規律については，更生担保権の債権調査にかかる価額決定の申立てにおける評価人による担保目的の評価（会更 153 条）にも準用されているため（会更規則 48 条），更生手続において財産評定の結果と更生担保権の評価が連動するという見解を前提として推論するならば，少なくとも更生担保権の目的である担保不動産に関する限り，この評価の方法に関する規律に矛盾しないような方法によって財産評定が進められるべきことになる（このことは，会社更生における不動産の時価評価は不動産鑑定評価における正常価格とは限らない，との見解を補強するかと思われる）。

[40]　ただし，会社更生の場合には，更生担保権による個別的権利行使禁止（会更 47 条 1 項）や更生計画の定めによる担保権の存続（同 204 条 1 項 1 号）といった制度との関係でまた別の制約がある点につき，前掲注[31]参照。

[41]　前掲注[35]参照。

30 別除権協定の規律事項に係る議論の土俵に関する再考察〔濱田芳貴〕

える（その方が理に適うことになる）はずである[42]。

(3) 枢要資産を継続使用する場合

むしろ，さらに検討してみるべきは，「目的物の評価額＋α」とか「継続企業価値あるいは時価を上限として」合意されるのが実務上の通例，と論評されるところの，その別除権協定における担保抹消にかかる，その合意内容そのもの（つまりは実体面）[43]に対する視座の提供いかん，ではなかろうか。すなわち，ここまでの検討では，明に暗に，即時の一括決済による担保抹消ばかりを念頭に置いて思考省略してきたが，実際の別除権協定においては，枢要資産が再生債務者自身の資産として継続保有され使用継続されることを前提にしつつ，その担保物件の経済的評価，その評価額相当に関する一定期間にわたる分割弁済，その分割弁済後における担保抹消など，その内容面に一定の時間軸を伴う合意がされる場合も当然みられるものである[44]。しかして，再生債務者（さらにはそのスポンサー）と別除権者との間で再構築（さらには新築）される関係性について，相応の時間軸にも勘案した経営的かつ金融的な観点から，先に事業譲渡等の場合について述べたことをも含め，あらためての観察をしてみるに，大要，以下のようなモデルないしパターンを想起できまいか。

すなわち，まず一つには，再生債務者からスポンサーへの経営の完全な移管

---

[42] 少なくとも，かつて一部の実務で行われていた節のある，正常価格を超える金額での合意，さらには被担保債権額をそのまま担保評価額として認めるかのような合意は，債権者間の実質的な平等の確保という意味でも，総債権者にとっての責任財産（配当財源）の可及的な確保という意味でも，再生債権者一般の利益を害するものと解される。もっとも，民事再生法が特則として整備する「住宅資金特別条項」制度においては，大要，住宅ローン債務の元利金の全額を支払うという前提が崩れなければ，その債権者の同意がなくとも，再生計画の定めにより，喪失した期限の回復，約定弁済の継続，一定の範囲でのリスケジュールなど，実現できるものであるが（民再199条各項），これは個人債務者の生活基盤の確保という特殊の要請によるものであろう（いうまでもなく，個人債務者は，最悪，解散清算すれば消滅できる法人債務者とは異なり，たとえ破産しても（免責を得られまいと）世に活きて往かねばならぬものである。拙稿「次世代倒産法制論」事業再生と債権管理145号（2014年）124頁）。

[43] これと対置されるのが，その合意に至る交渉過程に対する監督姿勢いかん（といった手続的見地）。当事者間の交渉力の強弱，つまり，別除権者付再生債権者は再生債権者としても最大であり，再生計画案が無事に可決されるためには多少の妥協や忖度は共通善か必要悪か，といったような実情や情実に対する目配せ。

[44] 以下の本文は概ね，前掲注[24]に対する応答。対比の意味で，前掲注[34]に係る本文(1)の該当箇所など参照。

Ⅲ　別除権協定の規律事項に係る法理面での許容性いかん

が企図され，担保抹消の上で枢要資産も移転され，その抹消に掛かる経済的な負担は専らスポンサー側が負担（投融資）する一方，担保権者は担保評価額（譲渡承継の対価）の範囲内ながら一括回収を遂げていく場合〔スポンサー移管型〕(45)。また一つには，ともかくも再生債務者における自主再建が企図され（業務提携等によるスポンサー支援の有無は別として），枢要資産は再生債務者の手許に残され，再生債務者における経済的な負担のもと（収益償還），担保権者は将来にわたり担保評価に相当する金額を分割弁済で受領し，もって，担保抹消に至ろうとする場合〔自主再建型〕(46)。さらに，その両極ないし両翼の間にあって，スポンサーによる一定程度の支援のもと(47)，基本的には，再生債務者の手許に枢要資産を残しながら，その評価額に相当する債務について（さらには，再生計画による権利変更後の再生債権に係る債務も含めて），スポンサー側の信用力に補完されつつ，再生債務者からの償還が進められるという場合〔相乗型（混交型）〕(48)。

　さて，この先は無知ゆえの当て推量にも及ぶ話となるのだが，こうした各パターンにおいて合意される「枢要物件の担保評価」と「被担保債務の弁済条

---

(45)　枢要資産の活用などにより獲得される事業収益があれば（計画超過収益を含め），基本的には，枢要資産の確保に掛かる負担（調達コストや投資リスク，金利負担や利回りの逸失）を担ったスポンサー（＝新経営主体）の側にて享受されるべきものと評せられよう。当然のことながら，スポンサー側において，担保抹消後の枢要資産を担保に借入調達に及べば，別途，その元利金支払の負担が生じることになる（かつ，その際の担保評価が処分価格を大きく上回ることもあるまい）。前掲注(35)参照。

(46)　枢要資産の活用などにより獲得される事業収益は，（再生計画の定めによる権利変更後の）再生債権に対する弁済原資となり，かつ，（別除権協定の定めによる）別除権者に対する分割支払原資ともなるべきものである。この場合，再生債務者が枢要資産を保持するための負担（リスクやコスト）は，もし仮に別除権者が一括回収を希求し，これに再生債務者側でも応接して，担保抹消後の枢要資産を担保に他の金主（スポンサー，金融機関，ファンド，オーナー個人）から借入を実施し，もって一括支払金に充当する（再生債務者としては新たな有利子債務の負担になる，一種の借換えに及ぶ）場合における金主と類比すれば，一定程度（少なくとも借換え利息に換算できる程度）は別除権者により担われていると評せよう。なお，前掲注(30)参照。

(47)　企業グループとしての再編，子会社・関連会社化，分割・合併，債務引受・担保変換などを経る場合を含むものとする。なお，前掲注(12)，(26)，(29)及び(32)各参照。

(48)　再生債務者が枢要資産を保持するための負担がスポンサー側にあるのか別除権者側にあるのか，前掲注(45)及び(46)に勘案すると，分割弁済の場合には特に，一概に割り切れない状態と評せようか。以下の本文にて順次言及する。

679

30 別除権協定の規律事項に係る議論の土俵に関する再考察〔濱田芳貴〕

件」の組み合わせにつき，仮説を想起してみるに，例えば，〔スポンサー移管型〕の場合には，「処分価値」「特定価格」をベースとした合意額の「一括弁済」と引換に担保が抹消されることに関し，相応の理ありや，と思われる一方で[49]，〔自主再建型〕の場合には，「処分価値プラスアルファ（継続企業価値）」「正常価格」的な発想で合意された評価額に係る「無利息での分割弁済」を経た末に担保が抹消されることに対し，漠たる了解ありや，とも思われる[50]。さてここで，〔相乗型（混交型）〕の範疇にありそうな合意内容（事案）のバリエーションに思い馳せつつ，類比を試みる。前提として，まず，再生債務者における経営基盤の充実，信用力の補完に向けて，スポンサー側から一定程度の新規の資金注入（投融資）による支援が行われるものとする（事業オペレーションに対する関与いかん，シナジーの有無や濃淡については，暫く措く）。

そして，その資金の使途を視座に，一種の「場合分け」を試みるに，まず一方では，再生手続の早期終結（いわゆる卒業）に向け，新規資金を原資とした既存債務に対する早期（なかんずく一括）弁済が計画される場合も想定できれば[51]，その他方では，事業の基盤整備や再構築に向けて，さしあたりの運転資金や設備投資に充当されるに留まり，既存債務については将来収益を引当とした分割弁済（中長期）が計画される場合も想定できる[52]。さらには，前者の派生形として，バランスシート圧縮による財務改善を企図して，枢要資産について，不動産事業者を相手方とする売却と賃借（セール・アンド・リースバック）を計画に加える場合が想起されたり[53]，あるいは，後者の亜型として，分割弁

---

[49]　もし担保権抹消請求にかかる価額決定手続にまで至れば，手続に要する時間と手間はともかく，理屈としては，そのようになる。本文(2)参照。

[50]　換言すれば，倒産債権には利息を付さない，ただでさえ減免が不可避なのに付利などあり得ない，という旧来からの一種の常識（他の発想があり得るとすれば，その発想からすれば，一種の思い込み）。

[51]　ここにいう既存債務としては，再生計画の定めによる権利変更後の再生債権のみを想定。もし，別除権協定で弁済条件の定められた被担保債権に係る債務をも含むものとすれば，それは先述の〔スポンサー移管型〕の範疇となろう。

[52]　権利変更後の再生債権については，その再生計画の定めにより，また，別除権の被担保債権については，別除権協定における合意内容による。その際に導入される新規資金の規模が極小化すれば，それは先述の〔自主再建型〕に近似しよう。

[53]　枢要資産の売却にあたり担保抹消を経る点では，〔スポンサー移管型〕と異ならず，ただ，枢要資産の移転先が他の事業資産の帰属元とは別々にはなる。スポンサー候補と不動産事業者が共同（協働）スポンサーとして機能している，という見立ても可能であ

済が計画される既存債務について，スポンサーが重畳的な債務引受や連帯保証や物上保証を実施する場合や[54]，再生債務者がスポンサーの信用補完を得て金融機関などから新規貸付（イグジット・ファイナンス）を受けて，いわゆる借換え（による一括弁済）を実施する場合が[55]，想起されたりもする。

(4) 担保評価と弁済条件に関する再考

もとより，〔相乗型（混交型）〕のバリエーションが以上に限られるものでもなかろうが，計画上，どのような仕組み，建て付けを採用するにせよ，無事に事業再生を果たせるかどうか，後日，何をもって事業再生を果たし得たと評し得るのかも含め[56]，計画策定の時点において確実といえるものは，実は限られる。実際上，〔スポンサー型〕や〔自主再建型〕の場合も含め，大方の関係者の利害を収斂し得そうな仮説を構築し得るにすぎない。とすれば，将来的なリスクやコストの負担（可能性）については，各別の関係者におけるリターン享受の仕方（可能性）と相関させつつ，各別の利害に応じて配賦されてこそ理に適う。大枠でいえば，出資者には利益配当（出資者間では，議決権の有無，配当順位等における優劣などの設定），融資者には元利金支払（融資者間では，担保の有無，融資期間の長短，金利水準の高低，弁済順位における優劣などの設定），といった差異である。また，再生債務者をめぐる利害関係人には諸々あろうが，

る（売却と賃借の相手方がスポンサー企業グループ内であれば，〔スポンサー型〕に近似していく。マイナーでも出資があると尚更。）。なお，前掲注(12)，(35)及び(45)参照。

(54) ここにいう既存債務についても，基本，権利変更後の再生債権のみを想定するものであるが，任意の約定としては，別除権協定に規律された被担保債権をも含め得るものであり，その双方につき債務引受等が実施されると，実質的な信用リスク等の配賦状況は，概ね〔スポンサー移管型〕と同様となる（なお，担保設定されたままの枢要資産がスポンサーに移転されつつ被担保債権の分割弁済が進められる，という建て付けも考えられなくはないが，いうまでもなく，その被担保債権について債務引受等が実施されないと，担保付債権者の負担する与信リスクは軽減されない。なお，前掲注(30)参照）。

(55) その際，別除権協定に規律された被担保債権をも含めた借換えが実施される場合には，おのずと担保抹消（と新規設定）を経ることにより，別除権付債権者は事後の与信リスクから解放されることになる。スポンサーと新規貸付者が共同（協働）スポンサーとして機能している，という見立ても可能である（新規貸付者がスポンサー企業グループ内であれば，〔スポンサー型〕に近似していく。マイナーでも出資があると尚更。）。なお，前掲注(29)及び(53)参照。

(56) 債務超過の解消，損益の黒字化，暖簾の償却，その施策の内容や所要の期間，その後の経営資源や環境の変容，技術革新や陳腐化の速度，その他，事前に合理的に想定し得るほど現実の推移に合理性はない。なお，前掲注(11)拙著82頁以下参照。

30 別除権協定の規律事項に係る議論の土俵に関する再考察〔濱田芳貴〕

大枠でいえば，再生手続開始（その申立て）後に再生債務者との商取引に入る債権者，新たな契約により与信（DIP ファイナンス）に及ぶ金融債権者，新たな契約により投融資（再生支援）に及ぶスポンサーなど，新規の利害関係者を生ずる一方で，再生計画の定めにより権利内容を変更される再生債権者（旧債権者）が対置される。そうした中で，旧債権の主体でありながら，担保を保有しているがゆえに，任意の新たな合意（別除権協定）により，再生債務者との関係性の再構築が模索さるべき別除権者という存在は，相応に特異に見える。

　この点，再生対象の事業（企業）が擁すべき収益力や資金創出能力（≒事業価値（企業価値））は，枢要資産を含む事業基盤の全体から生成されるものであるところ，民事再生を経ながらのターンアラウンド（リストラクチャリング）の段階ともなると，創業者は経営責任を背負って退場し，既存債権者は権利内容を縮減される一方で，新たな経営主体のもと，新たな利害関係が取り結ばれ（日常取引のほか，DIP ファイナンスやスポンサー支援など），事業基盤の担い手の構成は重層化しているはずである[57]。しかるに，その事業の保有と運営に必要なコストとリスクの負担，そして，その保有と運営の成果としてのリターンの享受，つまり，将来その事業から創出される可能性ある資金を関係者間で配分するための基準を設定する際には，再生債権者と別除権付再生債権者との間での均衡のみならず[58]，新たな利害関係者と別除権付再生債権者との間についても考慮されるべきところ，先にした〔相乗型（混交型）〕に関する概観から当て推量するに，枢要資産に依拠して供与される信用（既存の担保解除と可及的回収に表裏する新規の担保設定と融資，ばかりでなく，既存の担保維持と回収可能額にかかる条件変更）については，基本的には，その時点において現に取引を実施するとした場合における評価額（現に取引がされる場合には実現額）を前提と

---

[57]　その事業が仮にスタートアップ（ベンチャー）の段階にでもあれば，事業基盤の担い手は創業者（アイデアとバイタリティの主）と金主（リスクマネーを投じる者），というシンプルな状況に留まりそうなところである。

[58]　前掲注[42]参照。再論ながら，担保権消滅請求にかかる価格決定請求による場合には，担保目的財産を処分するものとしてされる評価が，両者の間の均衡点となる。本文4(2)参照。なお，別除権がまさに別除権であるゆえに，財産評定（民再124条1項）における枢要資産の価額評価と別除権協定における合意額とが法的に整合すべき必然性はないが，財産を処分するものとして評定することが本則とされている点は（民再規則56条1項），本文のような思考（経営的ないし金融的な観点）とは整合的ではある。

Ⅲ　別除権協定の規律事項に係る法理面での許容性いかん

し，調達金利や投資利回り等に勘案して，利率や弁済期間を含めた条件設定がされることこそ理に適うように思われる。要は，「目的物の評価額＋α」「継続企業価値あるいは時価を上限として」的な発想ではなく「処分価値」「特定価格」をベースとして目的物評価額が合意され，それに相当する残存被担保債権額につき，所用の弁済期間に亘る信用リスクに応じた「利息つき」での分割弁済が合意されるべきではないか，実践上，それがすべてとはいわないまでも，少なくともそのような発想を容れる可能性はあるかと思われる次第である[59]。

5　「担保権の行使によって弁済を受けることができない債権の部分（別除権不足額）の確定（先述⑥）」と「破産手続等の他の倒産手続へ移行した場合の取扱い（同⑦）」について

(1)　別除権付債権に関する債権確定手続と残高確認合意

　紙幅も尽きてきたが，なお若干の補足をしておきたい。これまで，主に別除権の行使によって弁済を受けることが「できる」部分について言及してきたが，以下，いわゆる「別除権不足額」にかかる再生債権の部分を主として，である。

　まず，その再生債権額と別除権予定不足額の確定などについて。別除権協定においては，通例，被担保債権である再生債権の総額が相互に確認され，別除権の目的である財産の評価額について合意され，その差引額については再生計画の定めに従う旨などが規律される（民再53条1項，88条，160条1項，182条）。とはいえ，個別的権利行使を禁止される再生債権者が法定の債権届出と調査を経て権利内容の確定に至るという手続構造との関係で，別除権協定にお

---

[59]　再生計画の定めによる再生債権の権利内容の縮減ではないため（民再155条3項参照），受戻弁済期間が10年を超えることに加え，かつ，その間に金利が付される（固定金利に拘らず，変動金利とする余地もある）こと，所定期間内の分割弁済ではなく，据置後の一括弁済とすることなども容れることが，より柔軟な関係性の再構築に資すると思われる（なお，将来のある時期においてリファイナンス（借換）が可能となる水準まで負債の圧縮を進める財務プランにつき，前掲注(29)及び(56)参照）。ちなみに，将来に亘り再生債務者が金利負担することは，一見，不利益ばかりのようにも思われるが，利払いは経費・損金となるため，タックス・プランニング的には課税負担の圧縮に資する面もあり，また，債権者にとっても，将来の金利収入の見込まれる債権は稼働資産の保有として評し得ようし，一概に損得や当否は論じ得ない。むしろ，将来の利益配分の基準を，現在の元本残高における「プラスアルファ」として固定的に表現することの方が，過度に硬直的である。

30 別除権協定の規律事項に係る議論の土俵に関する再考察〔濱田芳貴〕

ける債権確認の結果と所定の届出調査を経た債権確定の結果とが（過誤などにより）齟齬を来す，という観念的な可能性は残る。別除権付再生債権者が債権届出を怠り（同法 94 条 2 項参照），再生債務者が再生債権の自認をも怠った場合（同法 101 条 3 項参照），別除権で担保されない部分については弁済順位において劣後的に扱われるが（同法 181 条 1 項 3 号・2 項），別除権で担保される部分については，相殺権の行使のため債権届出までは要しないとする多数説から演繹する限り，別除権協定の定めによる弁済は受けられると解してよいものと考える。届出調査確定または自認された再生債権額と別除権協定で確認された額とが齟齬する場合も問題となるが，前者の仕組みにより確定された額（債権者表の記載）には確定判決と同一の効力が認められることを前提に（同法 180 条 2 項），上述したところから敷衍して処理されることになろう。いずれにせよ，債権調査の結果と齟齬する内容の別除権協定の締結は，単に私的自治に付随しての協定内容の合理的解釈という問題ばかりでなく[60]，再生債務者の公平誠実義務（管財人の善管注意義務）への抵触（同法 38 条 2 項，78 条，60 条）や，別除権協定の相手方に対する義務違反，といった問題にも波及し得るものである。

(2) 別除権不足額に対する弁済の条件と別除権受戻代金請求権の法的性質

次に，その弁済条件などについて。法律上，別除権の行使によって弁済を受けることができない債権の部分が確定していない場合には，再生計画において，その確定の後に再生債務者として権利行使するための適確な措置を定めなければならないものとされているから（民再 160 条 1 項），たとえ別除権協定の成立が再生計画の策定後であっても，別除権付再生債権者の計画弁済受領権が侵害されることはない建前であるが[61]，それはあくまで，不足額の部分が確定した場合に限り，再生計画の定めによる弁済を受けられるに留まるのであって（同法 182 条本文），その例外として明確に定められているのは，別除権となる担保

---

[60] 前掲注(10)参照。

[61] とはいえ，別除権協定が未締結で，枢要資産に関する担保権実行の可能性，それを回避するための再生債務者における経済的負担の規模（別除権評価額）が不明確な段階で，履行や遂行の可能性が確かな再生計画を立案できるか否かについては，再生債務者にとって過大な負担となる別除権協定が拙速に締結済である場合とともに，付議要件や認可要件との関係で問題となり得るから，ひとり別除権付再生債権者のみにかかる利害ではない。本文Ⅱ 2 のほか，前掲注(10)及び(42)各参照。

684

Ⅲ 別除権協定の規律事項に係る法理面での許容性いかん

権が根抵当権の場合のみである。すなわち，法律上，別除権不足額が未確定の再生債権者であっても，これを担保する根抵当権の元本が確定している場合には，その被担保債権のうち極度額を超える部分については，再生計画所定の一般的基準（同法156条）に従い，「仮払」に関する定め（併せて，後に不足額が確定した場合における「精算」に関する措置）を設けることができる，とされているが（同法160条2項，182条ただし書き），かかる定めをした再生計画案を提出しようとする者は，あらかじめ，その定めに係る根抵当権者から書面による同意を得て，その再生計画案の提出の際に併せて提出しなければならないものとされている（同法165条2項，民再規則78条1項・2項）[62]。これすなわち，再生裁判所，監督委員，議決権のある再生債権者において，かかる定めのある再生計画案であることを認識の上で，その内容の評価，検証ができるという仕組みである。

　さて，法律上，かような制度設計や手続構造が採用されていることを前提としつつ，では，「再生債務者と別除権者との間の私法上の契約」である別除権協定について，私的自治（契約自由）の原則を一般的な論拠として，例えば，①その協定当事者が「不足額の確定を目的とする別除権協定（いわゆる「不足額確定型協定」又は「固定型協定」と呼ばれるもの）」ではない協定（いわゆる復活型）を締結することは許容されるのか，その法的効果を当事者が明確な意思でもって与える場合と，その内容が一義的に明確でない場合に合理的意思として解釈する場合とで，その許否に相違はあるのか，②そうした協定の規律自体は（場合により）許容されるとして，その協定当事者が（明示または黙示に，その協定の規律により変容された何らかの内容が，後に「復活」する可能性を残しつつ），別除権不足額にかかる再生債権の部分について，再生計画の定めによる支払いを受けることは可能か，それは権利変更後の再生債権に対する「弁済」として可能なのか，確定根抵当権の場合に準じての「仮払」に留まるのか，仮に後者であるとして，所要の「仮払精算」に関する定めが再生計画に設けられていない場合はどうか，同じく，その定めに係る担保権者の同意書面が再生計画案とともに提出されていない場合はどうか，③やや異なる視点から，上述のような「不足額確定型」ではない（復活型の）協定当事者が，別除権で担保さ

---

[62]　前掲注⑿参照。

30 別除権協定の規律事項に係る議論の土俵に関する再考察〔濱田芳貴〕

れる被担保債権の部分につき，その「協定に基づく債権（受戻代金請求権）を共益債権として扱う」旨を合意することは許容されるのか，その法的効果を当事者が明確な意思でもって与えている場合と，その内容が一義的に明確でない場合に合理的意思として解釈される場合とで，その許否に相違はあるか，「不足額の確定を目的とする」協定でないかどうかが一義的に明確でない場合はどうか，④逆に，「不足額の確定を目的とする」協定の当事者が，別除権で担保される被担保債権の部分につき，その「協定に基づく債権（受戻代金請求権）を共益債権として扱う」旨を合意することは許容されるのか等々，検証すべき点は多岐に亘るかと思われる。

　私見は，最後の点（④）については，「目的物の評価額＋α」「継続企業価値あるいは時価を上限として」的な発想ではなく「処分価値」「特定価格」をベースとした担保目的評価と，それに相当する残存被担保債権額につき，所用の弁済期間に亘る信用リスクに応じた「利息つき」での分割弁済とが容れられる限り[63]，その受戻代金債権を共益債権とすることにより，他の再生債権者の利益が害されることはない，つまり，結論は許容されるべきものと解するが（共益債権とまでするかは当事者の任意ながら），他方，その余の点（①ないし③）については，懐疑的に解している。

　すなわち，不足額の確定を企図しない別除権協定を前提とした，その不足額部分に対する再生計画の定めによる「支払」は，そもそも不足額が「確定」していない点で，法が予定する確定不足額部分に対する権利変更と「弁済」ではあり得ず，もっとも類似しそうな確定根抵当権者に対する「仮払」（後日の「精算」含み）の場合に準じてのみ，再生債務者からの「支払」が容れられるというのが，法的な限界と解される。その場合にも，確定根抵当権の場合に準じた規律と手続（所要の規定と書面同意の提出）は，他の再生債権者の利益を守る見地から不可欠と解され，それらを欠く場合，一義的に明確でない場合にまで，合理的意思解釈を通じて「不足額確定型」でないタイプの別除権協定として取り扱うことは，本来，許容されるべきではないし，例え当事者間において一義的に明確なようであっても，以降，再生計画による支払いが進められた案件では特に，むしろ「不足額確定型」として解釈（善解）されるべきである。もと

---

[63]　本文 4 (4)参照。

Ⅲ 別除権協定の規律事項に係る法理面での許容性いかん

より，一義的明確に受戻代金請求権を共益債権と位置づけつつ不足額の確定を
も企図しない別除権協定（その解除等による巻き戻し）など論外であり，監督委
員の同意（再生裁判所の許可）いかんの段階で是正さるべきものと解する次第
である。

〈参考文献・目録1〉

・上野正彦=須藤英章=宮川勝之=山岸洋=高木裕康『詳解 民事再生の実務』（第一法規，
　2000年）384頁〔須藤英章〕
・深沢茂之「別除権をめぐる問題」銀行法務21・595号（2001年）60頁以下
・三上徹「別除権協定の実務」事業再生と債権管理105号（2004年）158頁
・須藤英章編著『民事再生の実務』（新日本法規，2005年）312頁〔須藤英章〕
・三上徹「別除権協定の諸問題 —— 民事再生法の影の主役」商事法務編『再生・再編事例集
　(4) 事業再生の思想 —— 主題と変奏』（商事法務，2005年）37頁
・全国倒産処理弁護士ネットワーク第4会全国大会シンポジウム（山本和彦・西謙二・林圭
　介・信濃孝一・小林信明・須藤力）報告「新法下における破産・再生手続の実務上の諸問
　題 目次3 担保権の処理 —— 別除権協定と担保権消滅請求」事業再生と債権管理111号
　(2006年）27頁
・山本和彦=長谷川宅司=岡正晶=小林信明『Q&A民事再生法（第2版）』249頁〔難波修一〕
・松下淳一『民事再生法入門』（有斐閣，2009年）97頁
・福永有利監修『詳解 民事再生法（第2版）—— 理論と実務の交錯』（民事法研究会，2009
　年）312頁〔山本和彦〕
・才口千晴=伊藤眞監修・全国倒産処理弁護士ネットワーク編『新注釈民事再生法【上】（第
　2版）』（金融財政事情研究会，2010年）471頁〔中井康之〕
・倉部真由美「別除権協定について」事業再生研究機構編『民事再生の実務と理論』（商事
　法務，2010年）342頁
・髙井章光「牽連破産に関する諸問題」同258頁以下
・全国倒産処理ネットワーク編著『通常再生の実務Q&A120問 —— 全倒ネットメーリング
　リストの質疑から』（金融財政事情研究会，2010年）218頁〔森川和彦〕
・園尾隆司=山本和彦=中島肇=池田靖編『最新 実務解説一問一答 民事再生法』（青林書院，
　2011年）518頁〔多比羅誠〕
・山本克己編著『破産法・民事再生法概論』（商事法務，2012年）180頁〔長谷部由起子〕
・藤田広美『破産・再生』（弘文堂，2012年）236頁
・園尾隆司=小林秀之編『条解民事再生法（第3版）』（弘文堂，2013年）385頁〔山本和彦〕
・四宮章夫=藤原総一郎=信國篤慶編『書式 民事再生の実務（全訂4版）』（民事法研究会，
　2014年）304頁
・東京地裁破産再生実務研究会編『破産・民事再生の実務（第3版）民事再生・個人再生』
　（金融財政事情研究会，2014年）164頁
・倉部真由美=山本研「再生手続における別除権の処遇」山本和彦=山本研編『民事再生法の
　実証的研究』（商事法務，2014年）206頁

30 別除権協定の規律事項に係る議論の土俵に関する再考察〔濱田芳貴〕

〈参考文献・目録 2〉

・遠藤元一「別除権協定の後に破産手続が開始された場合の効力」事業再生と債権管理 139 号（2013 年）13 頁
・佐藤鉄男＝松村正哲編『担保権消滅請求の理論と実務』（民事法研究会，2014 年）548 頁〔矢田悠〕
・高木裕康「別除権協定の執行とその場合の既払金の取扱い（最一小判平 26.6.5）」事業再生と債権管理 146 号（2014 年）110 頁
・中井康之「別除権協定に基づく協定債権の取扱い」伊藤眞＝道垣内弘人＝山本和彦編『担保・執行・倒産の現在 ── 事例への実務対応』（有斐閣，2014 年）304 頁（初出・ジュリスト 1459 号（2013 年）90 頁
・山本和彦「別除権協定の効果について ── 協定に基づく債権の共益債権性の問題を中心に」『民事手続法研究 II　倒産法制の現代的課題』（有斐閣，2014 年）121 頁以下（初出・田原睦夫先生　古稀記念・最高裁判事退官記念論文集『現代民事法の実務と理論（下巻）』（金融財政事情研究会，2013 年）617 頁以下）
・長谷川卓「再生手続における別除権協定の諸問題 ── あるべき別除権協定の姿とは」倒産法改正研究会編『続々・提言倒産法改正』（金融財政事情研究会，2014 年）122 頁
・園尾隆司＝多比羅誠編『倒産法の判例・実務・改正提言』（弘文堂，2014 年）309 頁以下〔田川淳一＝志甫治宣〕
・堂園昇平「民事再生手続における別除権協定の効力」金融法務事情 2007 号（2014 年）25 頁
・伊藤眞『破産法・民事再生法（第 3 版）』（有斐閣，2014 年）899 頁（注 8）
・松嶋英機＝伊藤眞＝園尾隆司『【専門訴訟講座⑧】倒産・再生訴訟』（民事法研究会，2014 年）268 頁〔伊藤眞〕
・同 390 頁〔松下祐記〕
・上床竜司「再生手続における担保権の処遇」「倒産と担保・保証」実務研究会編『倒産と担保・保証』（商事法務，2014 年）48 頁以下
・深山雅也「再生法 88 条ただし書の適用と登記の要否」同 311 頁
・栗原伸輔「再生手続における合意による不足額の確定」高橋宏志＝上原敏夫＝加藤信太郎＝林道晴＝金子宏直＝水元宏典＝垣内秀介編『民事手続の現代的使命 伊藤眞先生古稀祝賀論文集』（有斐閣，2015 年）841 頁
・印藤弘二「別除権協定失効の効果と既払金の取扱に関する考察 ── 最一小判平 26.6.5 を踏まえて」金融法務事情 2024 号（2015 年）6 頁
・小林信明「判批」金融法務事情 2025 号（2015 年）44 頁
・山地修「判批」ジュリスト 1485 号（2015 年）94 頁
・上田裕康＝北野知弘「別除権協定に関する平成 26 年 6 月 5 日最高裁判決と今後の別除権協定」倒産実務交流会編『続・争点　倒産実務の諸問題』（青林書院，2019 年）221 頁（初出・銀行法務 21・783 号（2015 年）20 頁）
・高田賢治「別除権協定における解除条件条項の有効性」同 235 頁（初出・同 29 頁）
・野村秀敏「判批」金融・商事判例 1454 号（2015 年）8 頁
・松村裕紀「判批」『平成 26 年度重要判例解説』ジュリスト 1479 号（2015 年）147 頁
・木村真也「別除権協定の取扱いと規律 ── 最判平成 26 年 6 月 5 日を踏まえて」事業再生

Ⅲ　別除権協定の規律事項に係る法理面での許容性いかん

と債権管理 150 号（2015 年）144 頁以下
・辺誠祐「別除権協定における当事者合意の意義 —— 協定債権の性質失効時の効力を手がかりに」長島・大野・常松法律事務所編『ニューホライズン　事業再生と金融』（商事法務，2016 年）447 頁以下
・多比羅誠「別除権協定にかかる問題点 —— 再生現場の視点から」伊藤眞=園尾隆司=多比羅誠編集代表『倒産法の実践』（有斐閣，2016 年）111 頁以下
・小林信明「別除権協定が失効した場合の取扱い」同 131 頁以下

◆第Ⅲ部◆
ＡＤＲ・仲裁手続

31 仲裁判断取消申立ての裁量棄却について
—— 仲裁人の開示義務違反の場合，ドイツ法の新展開

安 達 栄 司

I　はじめに

1　平成 15 年仲裁法の制定

わが国の仲裁法は，はじめ旧(々)民事訴訟法の一部に含まれていたが，平成 8 年の民事訴訟法制定によって，公示催告手続及ビ仲裁手続ニ関スル法律として旧法の規定のまま存続された。その後，平成時代の司法制度改革の一環として裁判外紛争解決の強化政策が唱えられ，政府の司法制度改革推進本部仲裁検討会の検討を経て平成 15 年（2003 年）に独立の仲裁法が制定された。新しい仲裁法の制定によっても，わが国において仲裁手続の利用件数が格段に増えたと報じられることはなかった。しかし近時，特に国際取引の分野において仲裁の利用が再び注目されている[1]。

わが国の仲裁法は，仲裁地が日本国内にある仲裁手続，および仲裁手続に関して日本の裁判所が行う手続について適用される（仲裁法 1 条）。取引の当事者が紛争の適切かつ合理的な解決のために，他国ではなくあえて日本国内に仲裁地を置くことを合意して，その仲裁手続を日本法に準拠させてもよいと考える

---

[1]　国際仲裁制度研究会「わが国における国際仲裁の発展に向けて：日本仲裁の活性化を実現する 7 つの提言」NBL1125 号（2018 年）4 頁，柏木昇「日本の仲裁活性化のための提言（座長私案）(上）(下)」NBL1126 号（2018 年）37 頁，1127 号 49 頁。法務省内で平成 29 年 9 月，国際仲裁の活性化に向けた関係府省連絡会議が開催され，平成 30 年 9 月には国際仲裁，特に仲裁代理人の拡大に向けた検討会の報告書案が公表された。同検討会の報告書によれば，シンガポールの仲裁機関（SIAC）は 452 件（2017 年），香港の仲裁機関（HKIAC）は 262 件（2016 年）の仲裁申立件数があるのに対し，日本の仲裁機関（JCAA）は 16 件（平成 28 年度）にすぎない。

『現代民事手続法の課題』春日偉知郎先生古稀祝賀〔信山社，2019 年 7 月〕

ことができるためには，その仲裁手続が公平，適正および迅速という理念に合致していること，仲裁判断の内容および終局性を信頼できることが不可欠である。これらの手続上および実体法上の理念を実現するために，わが国の仲裁法は国家裁判所による仲裁判断の取消し（仲裁法44条）の制度を定める。

　当事者の合意によって選任される仲裁人の公正性と中立性を確保することは適正な仲裁手続および仲裁判断を確保するための最も重要な要素のひとつであり，そのために当事者は当該仲裁人を忌避することができる（仲裁法18条）。仲裁法18条4項によれば，当事者による仲裁人の忌避申立てを可能にするため，仲裁人は当事者に対して自己の公正性または独立性に疑いを生じさせるおそれのある事実の全部を遅滞なく開示しなければならない（開示義務）。仲裁人がこの開示義務に違反するならば，その仲裁人が関与して作成された仲裁判断は，仲裁手続の法令違反を理由にして，裁判所によって取り消される（仲裁法44条1項6号）。

2　最高裁平成29年12月12日決定が残したもの

　最決平成29・12・12民集71巻10頁2106頁は，仲裁判断取消しの申立ての事案において，①仲裁法18条4項の仲裁人の開示義務の趣旨，②開示義務の事前免脱の不可と開示義務の存続期間，並びに③開示義務の前提としての仲裁人による調査義務の存在と開示義務の違反をいうための要件，を最高裁として初めて明らかにする重要判例である。最高裁は，仲裁人の開示義務違反を理由にして仲裁判断を取り消した原決定を破棄して，上述③の基準にしたがって仲裁人の開示義務違反の有無を判断させるために事件を原審に差し戻した。最高裁決定において明示された仲裁人の開示義務の判断基準ないし要件は妥当であり，評釈等[2]でも異論を見ない。しかし当該事案について仲裁人の開示義務違反を認めて，仲裁法44条1項6号の取消事由に基づいて仲裁判断を取り消すべきか，という結論に関しては，多様な見解に分かれる。本件の原々決定（大

---

(2)　浜辺陽一郎・WLJコラム126号（2018年），岡田紀彦・ジュリスト1517号（2018年）96頁，今津綾子・法学教室451号（2018年）140頁，安達栄司・法の支配190号（2018年）113頁，渡部美由紀・判例秘書ジャーナルHJ100032（2018年），河野正憲・法政論集297号（2018年）265頁，川嶋四郎・法学セミナー765号（2018年）124頁，我妻学・JCAジャーナル65巻10号（2018年）22頁，中野俊一郎・民商法雑誌154巻5号（2018年）1083頁がある。

I　はじめに

阪地決平成 27・3・7 民集 71 巻 10 号 2146 頁）と原決定（大阪高決平成 28・6・28 民集 71 巻 10 号 2166 頁）は，当該仲裁判断の取消しの可否について真逆の結論を示し，学説においてもそれぞれに賛否両論がある[3]。

　本件の事案の処理についての多様な見解の幅をもたらしている要因のひとつは，仲裁判断取消申立ての裁量棄却の概念の不透明にある。仲裁判断取消申立ての裁量棄却とは，国家裁判所は，仲裁法 44 条 1 項各号が定める取消事由が認められる場合であっても，その裁量によって仲裁判断を取り消さないで，仲裁判断の効力を維持することができるという概念[4]であり，平成 15 年の仲裁法の立案担当者によってすでにその存在が指摘され，学説においても広く支持されている[5]。最決平成 29 年 12 月 12 日の事案についても，問題の仲裁人による開示義務違反の存在（または可能性）を指摘しながらも，同時に，平成 29 年最決で言及されなかった裁量棄却の概念を用いて，仲裁判断取消申立て自体は棄却される可能性を示唆する論者も多い[6]。

　問題は，仲裁判断取消しの申立ての裁量棄却と言う場合，そこで何が考慮さ

---

(3)　原決定について，中村達也・国際商事法務 44 巻 11 号（2016 年）1621 頁，浜辺陽一郎・WLJ コラム 87 号（2016 年），猪股孝史・新判例解説 Watch2017 年 4 月号 185 頁，内藤順也ほか・NBL1097 号（2017 年）39 頁，森下哲朗・別冊ジュリスト重判解説平成 28 年度（2017 年）315 頁，安達栄司・リマークス 2018 年（上）（2018 年）138 頁，芳賀雅顯・TKC ローライブラリー新判例解説 Watch[国際私法 No.22]（2018 年 3 月 16 日掲載），唐津恵一・ジュリスト 1516 号（2018 年）98 頁。原々決定について，芳賀雅顯・JCA ジャーナル 63 巻 4 号（2016 年）55 頁，髙橋一章・ジュリスト 1513 号（2017 年）134 頁。また本件事案を念頭において考察する論文がある。高杉直「国際商事仲裁における仲裁人の開示義務違反と仲裁判断の取消」小田敬美ほか編『市民生活と現代法理論 三谷忠之先生古稀祝賀』（成文堂，2017 年）247 頁，森下哲朗「仲裁人の開示義務・調査義務と仲裁判断の取消し」柏木昇ほか編『国際取引の現代的課題と法 澤田壽夫先生追悼』（信山社，2018 年）571 頁。

(4)　仲裁法 44 条 1 項各号の取消事由は，同法 45 条 2 項各号の仲裁判断の承認拒絶の事由と重なる。それゆえに，仲裁判断について承認拒絶事由が認められる場合であっても，裁判所の裁量によって承認を拒絶しないという方向での「仲裁判断の裁量承認」も同様に観念できる。

(5)　近藤昌昭ほか『仲裁法コンメンタール』（商事法務，2003 年）249 頁，三木浩一＝山本和彦ほか「新仲裁法の理論と実務（第 17 回）」ジュリスト 1285 号（2005 年）82 頁，小島武司＝猪股孝史『仲裁法』（日本評論社，2014 年）222 頁，山本和彦＝山田文『ADR 仲裁法（第 2 版）』（有斐閣，2014 年）370 頁。

(6)　芳賀・前掲注(3)（JCA）59 頁，今津・前掲注(2)，内藤他・前掲注(3)・44 頁，渡部・前掲注(2) 7 頁。

695

31 仲裁判断取消申立ての裁量棄却について〔安達栄司〕

れるのかがまったく不明瞭な状況にあることである。代表的な体系書において，「取消事由が存在すると認められる場合でも，それが重大でなく，仲裁判断の結論を左右するものでないときには，仲裁判断の取消による利害得失を考慮して，その仲裁判断の効力を維持する方向でのみ，裁判所が裁量による判断をしてよい」として，その趣旨が説明されている[7]。しかし，例えば，最決平成29年の事案について，第1審は仲裁人の開示義務違反を軽微な瑕疵だと評価して仲裁判断の取消し申立てを棄却したのに対して，原審の大阪高裁は重大な手続上の瑕疵だと判断して全く逆の結論を導いている。裁量棄却の概念について，「重大でない」，「結論を左右する」または「利害得失を考慮する」という一般条項的な基準を述べるだけでは，裁判所が行使する裁量権の指針としてはまったく物足りない。

　この物足りなさの原因は，日本で実施される仲裁手続の件数が極端に少なく，したがって裁判所においても仲裁手続の支援または仲裁判断の取消し・承認執行の申立てに関与する機会が乏しいために，仲裁法についての理論と実務が安定して共有されないことにある。そのために，国内外の仲裁手続に関与する限られた範囲の仲裁法実務家たちの，ともすれば現状肯定的な実務の理解や直感が，仲裁判断取消し申立ての裁量判断において不合理に優先されるのではないか，という危惧が裁量棄却の概念に生じる[8]。このような状況は，国家裁判所による裁判（民事訴訟）と並んで，法治国家における適正公正な紛争解決手段へと仲裁法ないし仲裁手続を発展させることを考えるならば，望ましいことではない。

　本稿は，最決平成29年の判例にとって今後の課題として残された[9]仲裁判断取消申立ての裁量棄却の問題について，ドイツ法を参照して検討しようとするものである。ドイツ法は，日本の仲裁法の母法であり，またわが国と同様に1985年の国連商取引委員会（UNCITRAL）のモデル法にしたがう全面的改正

---

(7)　小島＝猪股・前掲注(5) 222頁。

(8)　唐津・前掲注(3) 101頁は，「仲裁判断取消制度は，「これはひどい」というものを取消事由で拾うこと…」，と説明するが，それがたとえ比喩的な表現であるとしても，一つの判断基準として主張されているならば，仲裁実務の経験に乏しい裁判所に困難を強いることになる。また，仲裁法44条1項各号が排他的，個別的に取消事由を定めていることとの整合性も疑問である。

(9)　岡田・前掲注(2) 101頁。

を経て，1998 年から仲裁法（民事訴訟法典（ZPO）第 10 章）として適用されている。また，旧法のときから日本と比較して国内仲裁および国際仲裁が取引実務において頻繁に利用され，判例および学説の膨大な蓄積がある。

　本稿が捧げられる春日偉知郎先生は，わが国の司法制度改革論議でも参照された近年の大陸ヨーロッパの仲裁法の研究を牽引されている。本稿は，春日偉知郎先生が開拓された膨大かつ詳細なご研究[10]をふまえて，仲裁判断取消申立ての裁量棄却の概念について検討する。

Ⅱ　仲裁判断取消し(および承認)における裁判所の裁量権

　わが国において仲裁判断取消申立ての裁量棄却の問題を最も詳しく検討したのは，中村達也「仲裁判断取消しの裁量棄却について」立命館法学 363・364号（2016）1708 頁である[11]。中村論文は，仲裁法 44 条 1 項 1 号から 8 号のすべての仲裁判断取消事由を対象にして詳細に検討する研究である。最初に本論文を手がかりにして問題の所在を概観したい。

　仲裁法の立案担当者および通説が，仲裁判断取消申立ての裁量棄却の概念を肯定する第一の根拠は，仲裁法 44 条 6 項において，裁判所は同条 1 項各号に掲げる事由のいずれかがあると認めるとき「仲裁判断を取り消すことができる。」との文言を使用していることにある。旧仲裁法（公示催告仲裁法）801 条は，「仲裁判断ノ取消ハ左ノ場合ニ於テ之ヲ申立ツルコトヲ得」とし，第 1 号から第 6 号までの取消事由を定めていたが，裁判所の裁量を明示するものではなかった。仲裁法 44 条 6 項の「できる」という条文表現は，この新仲裁法が全面的に準拠する UNCITRAL モデル法（以下，モデル法という）34 条が仲裁

---

[10]　春日偉知郎先生にはドイツ語圏の近時の仲裁法について次のような輝かしいご業績がある。「ドイツにおける仲裁法の改正動向」JCA ジャーナル 43 巻 7 号（1996 年）2 頁，「ドイツ仲裁手続法の『政府草案』について」判タ 924 号（1997 年）20 頁，「ドイツの新仲裁法について（上）（下）」JCA ジャーナル 46 巻（1999 年）7 号 12 頁，8 号 28 頁，仲裁法制研究会『世界の仲裁法規』（商事法務，2003 年），「ドイツ仲裁法とその波及」仲裁と ADR2 号（2007 年）1 頁，「オーストリア新仲裁法について」河野正憲ほか編『民事紛争と手続理論の現在　井上治典先生追悼論集』（法律文化社，2008 年）601 頁，『比較民事手続法研究』（慶応義塾出版会，2016 年）。

[11]　本論文は，中村達也『仲裁法の論点』（成文堂，2017 年）379 頁に所収された。本稿では，以下，本書頁を示して引用する。

判断の取消しについて「can」を用いていることに由来する[12]。

日本の仲裁法において，仲裁判断取消申立てを定める44条はモデル法34条に，また仲裁判断の承認について定める45条はモデル法36条に対応する。モデル法34条2項は仲裁判断の取消事由を，同36条1項は仲裁判断の承認拒否事由を，おのおの列挙して定めているが，それらはいずれも，わが国も加盟する外国仲裁判断の承認及び執行に関する条約（昭和36年条約第10号。いわゆる，ニューヨーク条約）5条1項および2項が定める仲裁判断の承認・執行の拒否事由に準拠している。それゆえに，中村論文にならって[13]，わが国の仲裁法44条（及び45条）の解釈論を展開する際にニューヨーク条約の解釈論を参照することが合理的である。

1　ニューヨーク条約による仲裁判断の承認および執行における裁量
──概観

ここでは中村論文においても決定的に引用されているニューヨーク条約の標準的な解説書（以下，Wolff 解説書，という）[14]を全面的に参照して，裁判所の裁量判断の問題状況を概観したい。ニューヨーク条約5条1項は，「判断の承認及び執行は，判断が不利益に援用される当事者の請求により，承認及び執行が求められた国の権限のある機関に対しその当事者が次の証拠を提出する場合に限り，拒否することができる。」と定めて，(a)項以下で7つの拒絶事由を列挙する。ニューヨーク条約締約国の執行裁判所は，条約5条に列挙されている各執行拒否事由の存在が認められるにもかかわらず，その裁量によって仲裁判断の承認および執行を許可することができるか，という問題が議論されるのは，この条約規定の文言（単語）が各国で多様に訳されているからである。英語版では，Recognition and enforcement may be refused と表現されて，裁量の余地を見せている。中国語版，ロシア語版，スペイン語版も同様の文言を用いる。しかし，フランス語版の条約規定は，執行拒絶事由の存在が証明される場合に

---

(12)　中村・前掲注(11) 383頁。なお，モデル法の文言に由来する裁量概念に疑問を述べる見解として，三木=山本ほか・前掲注(5) 84頁の谷口発言がある。さらに，小島武司=高桑昭・注釈と論点仲裁法（青林書院，2007年）251頁[谷口安平]も参照。

(13)　中村・前掲注(11) 380頁以下。

(14)　Wolff (ed.), New York Convention, 2012.

Ⅱ　伸裁判断取消し(および承認)における裁判所の裁量権

限り，執行は拒否され「なければならない」という表現を採用している。ニューヨーク条約 14 条によれば，同条約において中国語，英語，フランス語，ロシア語およびスペイン語の版のいずれもが公式の条約文言として通用する。まず条約法に関するウイーン条約 32 条[15]に基づき起草者意思を尋ねる。そこから明らかになるのは，異なる法域において裁量が異なって行使されることにより不確実性と予見不可能性がもたらされ，そのことは執行実務の調和という起草者の目的に反すること，そしてそのことが，裁判所に裁量の余地を与えることに反対する主な論拠になることである[16]。他方で，ニューヨーク条約の主たる目的が外国仲裁判断の承認と執行を促進し容易にすることであり，そのために条約起草者は，承認・執行許可の拒否事由を慎重に 7 つに限定列挙したことが指摘される。条約 5 条が定める執行拒否事由を排他的，徹底的，網羅的に列挙しているとしても，締約国の執行裁判所がより寛容に対処することを条約は禁止しておらず，事案の実情に鑑みて，執行拒否事由が存在するにもかかわらず，特段の事情がある場合，根本的正義の原則が破られていないと判断することによって，執行を許可することを条約の起草者は禁止していない[17]。さらにニューヨーク条約のフランス語版の文言を分析すると，裁量の余地が明確に排除されているわけではなく，起草過程を見ても，shall か may かの違いには決定的な違いがない。したがって，裁判所に裁量の余地を残すことが起草者の意思に合致すると結論づけられる[18]。

---

(15)　ウィーン条約条約第 32 条（解釈の補足的な手段）「前条の規定の適用により得られた意味を確認するため又は次の場合における意味を決定するため，解釈の補足的な手段，特に条約の準備作業及び条約の締結の際の事情に依拠することができる。
　　　(a) 前条の規定による解釈によつては意味があいまい又は不明確である場合
　　　(b) 前条の規定による解釈により明らかに常識に反した又は不合理な結果がもたらされる場合」

(16)　Nacimiento, in: Kornke/Nacimiento/Otto/Port（eds.），Recognition and Enforcement of Foreign Arbitral Awards, 2010, p. 205 を引用する。

(17)　この趣旨に合致する裁判例として，香港最高裁判所の判例を引用する。China Nanhai Oil Joint Service Corp v. Gee Tai Holdings Co Ltd., XX Y.B.Com. Arb. 671, 677 (1995). この判決は，ニューヨーク条約 5 条にって与えられている裁量の余地は，国内裁判所が事案のすべての事情を考慮して，正義に到達するために，すべての事情を考慮することを許している。

(18)　明白な事案だけ執行が拒否されるという van den Berg, in: 50 Years of NYC, pp 649, 660 による見解を引用する。

31 仲裁判断取消申立ての裁量棄却について〔安達栄司〕

次に，執行許可の際に裁量判断を許容することは，ニューヨーク条約の主要締約国の立法者の態度および執行裁判所の実務に合致する[19]。アメリカ合衆国においては，連邦仲裁法 207 条が shall という文言を使用しているにもかかわらず，合衆国裁判所は条約 5 条を裁量的な規定であると解釈している。カナダおよびニュージーランドにおいても同様である。フランスの裁判実務においては，条約 5 条のフランス語版の文言にもかかわらず，拒否事由が存在しても必ずしも承認と執行が禁止されない。フランスの国内仲裁法（新民事訴訟法 1502 条）は，条約 7 条を基礎にして国内裁判所によって適用されているが，条約 5 条の規定によるよりも狭い範囲でしか執行拒否を許していない。

しかしドイツでは，条文訳に darf（may に相当）という単語を使用しているにもかかわらず，条約 5 条は執行裁判所に裁量権を与えていないと一般的に考えられている[20]。ドイツの通説は，条約起草者の意図は拒否事由の標準化と調和にあるから，ということをその論拠とする。このような解釈は，ドイツ仲裁法の立法者の意図と一致する[21]。もう一つの理由は，ドイツ法において，外国仲裁判断と内国仲裁判断の間で承認拒絶事由の取り扱いの食い違いを避けたいからである。すなわち，国内の仲裁判断の執行に関する限り，ドイツの裁判所は拒否事由がひとつでもあることが認められるならば仲裁判断の執行を必ず拒否しなければならない，と解されている。しかし，ドイツの実務を見ると，明らかに仲裁判断の承認・執行に前向きであり，裁判所は拒否事由をとても狭く解釈する傾向にある。ドイツの裁判所は執行拒否の事由の存在を一般的に認めようとしない。最後に，ドイツの裁判所は，仲裁判断と手続上の瑕疵との間の因果関係がないとして，拒否事由の存在を否定する傾向にある。つまり，ドイツの裁判所は，別の方法を用いて，他の締約国と同じように仲裁判断の承認・執行に前向きな結果に到達している[22]。

---

[19]　Wolff, p. 264 ff.

[20]　Haas. in: Weigand（ed.), Practitioner's Handbook on international Arbitration, 2002, Part 3, Art. V para. 4 を引用する。

[21]　BT-Drucks. 3/2160, p. 26.

[22]　ドイツ ZPO1061 条の注釈のほか，OLG Stuttgart Beschl. v. 14.10.2003, BeckRS 2003, 18189 を引用する。

2 ドイツ法における仲裁判断取消申立ての裁量棄却

(1) 裁量棄却の否定と仲裁判断への影響

Wolff 解説書を見る限り，ニューヨーク条約 5 条に基づく仲裁判断の承認・執行に関しては，主要な締約国の法解釈または裁判実務において，裁判所による裁量判断が承認されている。またはドイツのように一般条項的な要件（仲裁判断への影響性・因果関係）を措定して裁量判断の場合と同様の実務が実施されていると言えそうである。しかし，Wolff 解説書は 2003 年の刊行であり，また本稿の検討対象である仲裁判断取消申立ての裁量棄却の問題を直接に論じているわけではないので，同書の叙述だけを頼りにして，本稿で参照するべきドイツ法の現状を語ることはできない。以下では，仲裁判断取消申立ての裁量棄却の問題に絞って，ドイツ法の状況を詳しく見てみよう。

ドイツ仲裁法は，日本と同様に UNCITRAL モデル法に準拠する形で改正され，1998 年から施行されている[23]。新仲裁法において仲裁判断の取消しは，ZPO1059 条が規定する。同条 2 項は同項 a)～d)の事由がある場合に「取り消すことができる(= kann, können)」と定める。この kann という条文表現について，ZPO の最も詳しい注釈書は次のように解説する。「この『できる』という表現は，裁量を意味するものではなく，（旧法と同様に）将来も『しなければならない(= müssen)』を意味する。すなわち，国家裁判所の判断上の裁量の余地（その程度，過失，影響の有無での）は，ドイツの根本的理解と相容れない。それは当事者の申立てに基づく拘束力のある裁判所の審査であって，最終的に『寛容できるかどうか』または適切かどうか，というような評価的判断ではない（例えば BGB315 条 3 項 2 文，または 319 条 1 項のような）。したがって，精確に受け取るならば，この規定は，取り消さなければならない(muss)の意味での『できる(darf)』を意味する[24]」。

他方で，新仲裁法は，特に（本稿の関心である）仲裁手続規定の違反の取消事由に関して，その違反の存在に加えて仲裁判断の結論への影響があることを

---

[23] 前掲注(10)の春日偉知郎先生の一連の研究を参照。ドイツの新仲裁法の翻訳は，春日偉知郎先生と三上威彦先生の定訳があり，本稿でも随時参照している。法務省大臣官房司法法制部『ドイツ民事訴訟法（2011 年 12 月 22 日現在）』法務資料第 462 号（2012 年）。

[24] MüKo/ZPO/ Münch, 5. Aufl. 2017 zu § 1059, Rn. 5. ただし，英米法では違うこと，及びドイツでも裁量の余地を認める異説があることも注で言及されている。

新しく明文で要求する（ZPO1059 条 2 項 1 号 d）。その影響の程度として，絶対的に（重大な）影響を与えていることまでも要求されるならば，ZPO1059 条 2 項 1 号 d に基づいて仲裁判断が取り消される余地は小さくなるだろう。ドイツ学説においては，そのようなより重大な影響の存在を求める見解もあり[25]，場合によっては裁量棄却を是認する結果と変わらなくなる。

　新仲裁法の立案段階ではこう説明された。「ZPO1059 条 2 項 1 号 d の規定は，UNCITRAL モデル法 34 条 2 項(a)iv と比べてより厳格に起草されている。さらに同条文の文言から明らかなのは，その取消事由は，手続瑕疵が仲裁判断に影響を及ぼした場合に限り発動される。このような要件は，純粋に形式的な理由に基づいて仲裁判断が取り消されること，そして取り消された仲裁判断と全く同じ結論を導くことが必至の・新しい手続が実施されることを防止する。[26]」

(2) BGH 2014 年 12 月 11 日決定

　ドイツの通説は，立法草案の解説に忠実に，ここで言う影響の程度について，その違反が存在しなければ別の判断が下されたかも知れない可能性があることで足りると解している[27]。この通説は，連邦通常裁判所（BGH）2014 年 12 月 11 日というごく最近の判例によって確立されたものである[28]。この判例を紹介する。

(a) 事案　　本件の事案は，ある温泉の賃貸借契約に記載された仲裁条項にかかわる。賃借人は，賃貸人に対し，賃貸借契約が期限の定めのないものであることの確認を求めて，2010 年 12 月，仲裁手続の開始を申し立てた。各当事者によって選任された二人の仲裁人は，さらに仲裁廷の長となる第三の仲裁人を選出した。賃貸人（仲裁被申立人）はこの仲裁長に対し不公正の疑いがあると主張して忌避を申し立てたが，仲裁廷はこれを却下した（ZPO1037 条 2 項）。その後，この却下決定に不服の賃貸人が高等裁判所（OLG）に同仲裁人の忌避

---

[25]　Zöller/Geimer, ZPO . Aufl. 2018 zu § 1059, Rn. 44 は，法律違反がなければ別の判断が下されたであろうという可能性だけでは足りないと述べる。

[26]　BT-Drs.13/5272 S. 59.

[27]　MüKo/ZPO/ Münch, 5. Aufl. 2017 zu § 1059, Rn. 33; Musielak ZPO/Voit, 15. Aufl. 2018 zu § 1059, Rn.22; Prütting/Gehrlein, ZPO/Raeschke-Kesser, 10. Aufl. 2018 zu § 1059, Rn. 49.

[28]　BGH NJW-RR 2015, 1087. 本決定の概要は，森下・前掲注(3) 586 頁で紹介されている。

を申し立てたところ，OLG は，2014 年 1 月 3 日，忌避申立てに理由があると
判断した（ZPO1037 条 3 項 2 文）[29]。しかし，この間に仲裁廷は仲裁手続を続
行して，2013 年 4 月 10 日，忌避申立をしている賃貸人に不利な内容の仲裁判
断を下していた。仲裁被申立人である賃貸人は，OLG にこの仲裁判断の取消
しを申し立てた。相手方（仲裁申立人・賃借人）はこれを争い，仲裁廷の構成
員に忌避事由を抱える仲裁人がいたことは仲裁判断に影響を与えていないと主
張した。相手方は，その証拠として，陪席の仲裁人が署名した陳述書を提出し
た。陳述書には，仲裁判断は全員一致で下されたこと，および別の仲裁長を選
んでも仲裁判断の結論は変わらないことが述べられていた。OLG は，
ZPO1059 条 2 項 1 号 d（仲裁手続の違反）を理由とする仲裁判断の取消し申立
てを認容した[30]。それに対して，相手方が BGH に法律抗告を申し立てた。

　(b) 決定要旨(抗告棄却)　　　BGH は次のように述べて相手方（賃借人）の法
律抗告を棄却した。「1. 忌避が認められた仲裁人が仲裁廷に加わっていたなら
ば，仲裁廷の構成が ZPO 第 10 編（仲裁法）の規定に合致しているとはいえな
い。本件はそのような事案である。OLG は，本件申立人の申立てに基づき，
仲裁廷の仲裁長に対する不公正性の恐れを理由とする忌避に理由があると決定
を下した。このことによって仲裁廷の構成が ZPO10 編の規定に合致しないこ
とが確定した。その際に，忌避申立ての裁判が仲裁判断の発令後に下されたこ
と，および忌避された仲裁人を含む仲裁廷が 1037 条 3 項 2 文に基づく忌避申
立ての手続の係属中にも仲裁手続を続行し，仲裁判断を言い渡すことができた
ことは，ここでは問題にならない。」

　「2.(a) 本件の仲裁廷の構成の瑕疵は本件仲裁判断に影響を与えた，と考える
ことができる。手続違反が仲裁判断に影響したこと，という要件は，仲裁判断
が純粋に形式的な事由によって取り消されないこと，および取り消された仲裁
判断と全く同じ結論を導くことが必至の・新しい手続が実施されることを防止
すること，のためにある。それゆえに，この影響性の要件については全く高い
水準を求めてはならない。この要件は，その手続違反がなければ仲裁廷は別の
判断を下したかも知れない，という可能性があるだけで充足される[31]。」

---

(29)　本件の仲裁長が手続途中で，仲裁申立人の側にだけ仲裁判断の見通しを伝えていた等
　の不正が疑われ，OLG が忌避を認めた。OLG München, SchiedsVZ 2014, 45 参照。
(30)　OLG München, BeckRS 2015, 08977.

31 仲裁判断取消申立ての裁量棄却について〔安達栄司〕

「(b) この要件は，忌避事由の存在が肯定された仲裁人が関与して仲裁判断が下された場合，常に充足される。忌避された仲裁人とは別人の仲裁人が仲裁廷に加わっているならば別の判断に到達したかも知れないということは，どのようにしても，排除されない。三人の仲裁人で構成されている仲裁廷が全員一致で判断を下した場合，不公正な仲裁人の関与は結果に対して因果関係のある影響を与えておらず，また別の仲裁人を関与させて新たに仲裁判断を下しても同じ結論になっただろう，という抗告人の主張は採用できない。二人以上の仲裁人が関与する仲裁手続においては，ZPO1052条1項に従い，当事者が別段の合意をしていない限り，仲裁廷の判断は全構成員の多数決によって下される。この規定は，それが明確に定めていないとしても，評決の前には評議が行われることを前提とする。複数の裁判官によって構成される裁判体が評議の後に評決をして判断をする場合，これらの裁判官のうちの一人が関与することによって一定の判断に至るという可能性は決して排除されない。評議と評決における一人の裁判官の態度が他の裁判官の意見形成と投票行動に影響を与えることは，常に起こり得る[32]。それゆえに，法律抗告で主張されている見解とは反対に，仲裁判断に対する影響の可能性に関して，仲裁判断取消しの申立人による・具体的な事実主張も，またそれに対応する OLG の認定も，不要である。」

本 BGH 決定は，本件仲裁判断が有効であることについて陪席仲裁人が提出した陳述書の適法性および意義に疑問を述べていることも，注目される。

「(c) 法律抗告は，仲裁判断が全員一致で評決されたこと，および仲裁長が交代しても同じ内容の仲裁判断が下されるであろうことが説明されている陪席仲裁人作成の陳述書を援用するが，採用することはできない。なお，その仲裁人の陳述書は利用可能なのかどうか，またその仲裁人はその陳述内容に関して証人として尋問され得るのかということは，仲裁人にも原則的に妥当する評議の

---

(31) ここで次の判例文献が引用されている。BayObLG, NJW-RR 2000, 360; OLG Saarbrücken, SchiedsVZ 2003, 92 [93 f.]; OLG Karlsruhe, BeckRS 2013, 01974; Stein/Jonas/Schlosser, ZPO, 22. Aufl. 2008, § 1059 Rn. 24; MüKoZPO/Münch, § 1059 Rn. 34; Musielak/Voit, § 1059 Rn. 22; Schwab/Walter, Schiedsgerichtsbarkeit, 7. Aufl. 2005, Kap. 24 Rn. 30; さらに手続瑕疵の原因性について BGH, IHR 2009, 225 = SchiedsVZ 2009, 126 Rn. 7 mwN を引用する。

(32) BayObLG, NJW-RR 2000, 360; OLG Saarbrücken, SchiedsVZ 2003, 92 [94]を先例として引用する。

秘密（裁判官法 46 条参照）に照らしてみて疑義があるように見えるが，そのことはここでは重要ではない。これに関連して，そのような陳述書の説明が，仲裁人の誠実さ，およびその仲裁人の仲裁人職としての適性に関する疑念を引き起こすことも重要ではない。仲裁判断は評議の後にはじめて下され得ること，また正当な理由から，仲裁廷は別の構成を取っていたなら別の結論に至った，または至ったであろうことが排除され得ないことに鑑みると，問題の仲裁判断が全員一致で下されたかどうかは，どうでもよいことである。さらにまた，それゆえに，新しい仲裁長に替わっても同じ内容の仲裁判断が下されることになると陪席仲裁人が陳述書で説明していることも考慮に値しない。」

(c) BGH 2014 年決定の意義　　本 BGH 決定の意義は，仲裁手続規定の違反を理由とする仲裁判断の取消しの場合にその規定違反が仲裁判断に対して影響を及ぼすことが要件であるとしても，①その影響の程度は高いものではないこと，②本件のように忌避事由が肯定される一人の仲裁人が仲裁判断の評議評決に関与したという事実だけでその影響は肯定できること[33]，③しかもそのことは三人制の仲裁廷において全員一致で仲裁判断の結論に至っている場合であったとしても妥当すること，を明らかにしたことにある[34]。

　前述のように本決定は，ドイツの学説において全面的に支持され，ZPO1059 条 2 項 1 号 d の取消事由に関する主要な注釈書の叙述はすべてのこの決定の趣旨で加筆され，または改説された[35]。現在の通説において，仲裁判断に対して影響を及ぼさないまれな手続規定違反の例として，仲裁当事者は証人尋問の際に証人が国家裁判所の面前で宣誓することを合意していたが，それ

---

[33]　ただし，ミュンヒは，別の事案についても，具体的主張を要しないと言い切って良いかは，慎重に見ている。Münch, LMK 2015, 371723.

[34]　本件において，陪席仲裁人の一人が全員一致で仲裁判断の結論が導かれたことを内容とする陳述書を提出したこと自体が，仲裁判断の評議の秘密に反し，むしろそのことによって本仲裁判断に疑義が生じていることを本決定はすでに言明している。Münch, aaO; Hangebrauch, EWiR 2015, 528 も同様に見る。ドイツ仲裁法における評議の秘密に関して，田邊誠「仲裁における評議の秘密と証言拒絶」広島法学 16 巻 1 号（1992 年）105 頁参照。

[35]　仲裁判断へのより高度な影響性を要求する Zöller/Geimer, ZPO . Aufl. 2018 zu § 1059, Rn. 44 も，本決定のこの判断を支持する。本決定において当時の学説の反対見解として引用された Prütting/Gehrlein, ZPO/Raeschke-Kessler, 6. Aufl. 2008, § 1059 Rn. 41 は，その後 2016 年の第 8 版で本決定に全面的に従って叙述を改めている。

が実施されなかった事案において，結局，仲裁判断の本案はもっぱら法律問題に依拠して決せられ，証人の証言は問題にならなかった，という場合が示されている[36]。

3　ドイツ法における仲裁人の開示義務違反と仲裁判断の取消し──BGH 2017年5月決定の出現と判例変更

わが国の通説が承認する仲裁判断取消申立ての裁量棄却の概念においては，①仲裁判断への結論への影響性のほかに，②取消事由の重大性および③取消の場合の利害得失，が考慮される[37]。上述2冒頭で言及したように，裁量的判断を一般的には拒否するドイツ法においても①の影響性についての要求水準を高くすれば裁量判断の余地が生じる。同じことは，②および③の考慮要素についても当てはまる。近時，ドイツにおいて，この問題に関する注目するべき判例が現れた。BGH 2017年5月2日決定[38]を紹介する。

本件は，ドイツ仲裁協会（DIS）の仲裁規則に基づいて下された仲裁判断について，仲裁廷が選任した鑑定人に公正および独立に疑念を引き起こす事由の開示義務の違反があったことを理由として，取消しが裁判所に求められた事案にかかわる。ドイツ仲裁法には，鑑定人にも忌避の制度があり，仲裁人の忌避の事由および手続（ZPO1036条，1037条）が準用される（同1049条3項）。このことから，本決定は，仲裁人の開示義務違反を理由とする仲裁判断取消しの事案にも妥当する，しかも従来の判例を変更する重要判例として注目されている。

（a）事案　　両当事者（仲裁申立人と被申立人は双方ともに会社）は鉄道車輌の製造業務を受任するための共同企業体（コンソーシアム）を組織した。1998年2月の共同企業体契約書において，紛争はドイツ仲裁協会の仲裁規則に従い仲裁廷によって排他的，終局的に判断されることが合意された。その後，契約書補充書において，当事者は発注者(DB)から指摘された完成車輌の欠陥による損傷を除去することについて相互に義務を負った。その後，仲裁申立人が120

---

[36]　Musielak ZPO/Voit, 15. Aufl. 2018 zu § 1059, Rn. 22 が Schwab/Walter, Schiedsgerichtsbarkeit 7. Aufl. 2005, Kap. 24 Rn. 30 を参照して挙げる例である。

[37]　小島=猪股・前掲注(5) 222頁。

[38]　BGH, Beschluss vom 2.5.2017=NJW 2018, 70.

機の車輌を作り直し，仲裁被申立人は276機の車輌を作り直した。仲裁申立人は仲裁被申立人に対し，1600万6000ユーロの作り直し費用の補償を要求して仲裁手続の開始を申し立てた。仲裁申立人は，この作り直し費用は仲裁被申立人の設計ミスに起因すると主張した。仲裁被申立人は，反対請求を申し立てて，損害は仲裁申立人の組み立てミスに由来するものであり，コンソーシアムの出資割合に対応して車輌の費用の68,895％を負担することを求めた。仲裁廷は，T社の社員Sを鑑定人に選出し，Sは鑑定書の作成を受諾した。その際Sは，仲裁廷からの質問に対して，自分は両当事者とは経済的または私的な接触をもっていないと明言した。仲裁手続においてSは2012年8月30日付および同年12月12日付の二通の鑑定書を提出したが，いずれにも当事者の共同企業体契約補充書で定められた損傷は仲裁被申立人の設計ミスに起因するとの結論を示した。2013年1月13日，仲裁被申立人は，鑑定書の不備と鑑定人の偏頗（不公正・非独立）を理由としてS鑑定人の忌避を申し立てた。仲裁廷は忌避申立を却下した。仲裁廷は，2013年3月18日から22日まで，最終口頭弁論を実施し，審理手続は終結した。2013年3月28日，仲裁被申立人は鑑定人に対し，偏頗を理由に，改めて忌避を申し立てた。仲裁被申立人が主張した忌避の理由は，第一に，仲裁申立人とSが属するT社との間に経済上の密接な関係があること，第二に，鑑定人が口頭弁論において仲裁被申立人に対して不適切かつ中傷的な発言をしたことである。仲裁長は，この偏頗の申立を，2013年5月10日，却下した。仲裁廷は，2013年9月1日付けの仲裁判断によって，仲裁被申立人に対し，580万ユーロの支払い，ならびに11車輌についての乗客室床の将来の作り直しの費用の補償を命じた。この仲裁判断は，仲裁申立人が負う作り直しの費用・出費は仲裁被申立人の設計ミスに起因するものである，という鑑定書の評価に依拠していた。

　仲裁被申立人は，OLGに仲裁判断取消しを申し立てた。この申立ての中で，仲裁被申立人は，①自分がした2回目の忌避申立ての審査に法的審問権の侵害があるので，この仲裁判断を承認執行することは公序違反を引き起こすと主張した。さらに，仲裁被申立人は，②鑑定人Sの直接の上司は，T社に転職する前に仲裁申立人の会社で働いていたこと，③T社と仲裁申立人との間には包括的かつ重大な取引関係が存在していたこと，という事実があるが，鑑定人Sは，それらの事実を黙秘していた。したがって，仲裁手続は法律規定に合致

31 仲裁判断取消申立ての裁量棄却について〔安達栄司〕

せず，仲裁判断にも影響している。逆に，仲裁申立人は，仲裁判断の執行決定と仲裁判断取消申立ての却下を裁判所 OLG カールスルーエに申し立てた。OLG は，仲裁被申立人が主張する①〜③のすべての取消事由の存在を退けて仲裁判断取消申立てを却下し，かつ仲裁判断を執行可能と宣言した[39]。これに対して，仲裁被申立人が BGH に法律抗告をした。

(b) 決定要旨（破棄差戻し）　　BGH は，法律抗告のうち上記①法的審問侵害による公序違反（ZPO1059 条 2 項 2 号 d）および上記③の事実の開示義務違反（ZPO1059 条 2 項 1 号 d）を理由とする取消しについては，理由がないとした。①の抗告理由については，仲裁廷による法的審問権の侵害はなかったこと，およびそのための適時の異議申立がなかったからである[40]。③の事実の開示義務違反については，T 社と仲裁申立人との間の取引関係は S 鑑定人が開示義務を負わされるような状況のものではなかったという OLG の認定を支持している。しかし BGH は，②の事実に関しては，OLG が（変更されるべき従来の判例に従っていたため）その判断を誤り，その結果，鑑定人 S の開示義務の存否の審理を尽くしていないので，その判断を維持できないと述べて原決定を取消して，本件を OLG に差し戻したのである。以下では，この②の取消事由に絞って決定要旨を紹介する（冒頭の数字は NJW 掲載判旨のそれである）。

「[40] 仲裁廷によって選任される鑑定人には，ZPO1049 条によって同 1036 条および同 1037 条 1 項，2 項が準用される。それに従い，鑑定人に選任される人物は，自分の不公正および非独立の疑問を想起させ得るすべての事情を開示しなければならない（1036 条 1 項 1）。鑑定人は，事前に当事者に伝えていなかったならば，その選任から仲裁手続の終了まで，それらの事情を当事者に開示する義務を負っている（ZPO1036 条 1 項 2）。」

---

(39)　OLG Karlsruhe Beschl. v. 18.12.2015, BeckRS 2015, 121261.

(40)　BGH のこの判断は，次のような定式で本決定の決定事項 1 になっている。「1　仲裁手続の当事者は，通常，遅滞なくして問責しなかった・仲裁廷による審問権違反について，（仲裁手続において）その当事者がこの違反を遅滞なくして問責する可能性を持ち，かつそのことについてこの違法を治癒する可能性が存在した場合，その違反を後から主張することは，ZPO1027 条 1 文（責問権の喪失）によって許されない。」したがって，本決定は，開示義務違反の場合の仲裁判断の取消申立ての可能性を拡大する一方で，仲裁廷の審問権違反を理由とする取消申立てに関しては，責問権の喪失と治癒を明確に認めた判例としても注目される。

Ⅱ　仲裁判断取消し(および承認)における裁判所の裁量権

「[45]cc）法律抗告が正当に主張しているように，開示義務の違反の場合に
おいて忌避事由を事後的に主張することに関する従来の判例の基礎にある考え
方はもはや説得力がない[41]。当裁判所は，それゆえにこの判例にもはや従わな
い。」

「[46](1) 鑑定人に選任されることになる，またはされた人物が，その不公正
と非独立の疑念を生じさせるすべての事情を開示しなかったならば，その仲裁
手続は ZPO1049 条 3 項，同 1036 条 1 項の規定に合致しない。ZPO1059 条 2
項 1 号 d によれば，仲裁判断は，この手続違反が仲裁判断に影響を与えるこ
とが想定される場合に取り消される。この要件は，通常，次の場合に満たされ
る。すなわち，仲裁判断が鑑定人の鑑定意見に依拠しており，かつ鑑定人の忌
避のために開示されるべきであった事由が，彼の不公正および非独立の疑念を
生じさせるものとして十分なものであった，という場合である。」

「[47](2) 仲裁判断は，当事者の間では確定力ある裁判所の判決と同じ効力を
有し（ZPO1055 条），そしてそれゆえに，確定判決と同様に法的安定性と法的
平和をもたらすことになるという事実は次のことを正当化しない。すなわち，
開示義務違反を法的安定性および法的平和の原則と対照させて考量すること，
並びに鑑定人によって開示されるべきであった事情が特別に重大かつ一義的に
不公正・非独立といえる事案を基礎づけるような場合においてのみ，
ZPO1059 条 2 項 1 号 d による取消事由が存在するものとして認めること，で
ある。仲裁判断は，それが取消しまたは執行可能宣言を求める手続の枠内にお
いて ZPO1059 条 2 項の取消事由の存在を理由にして取り消されることがない
という限りにおいてのみ，当事者間で確定判決と同一の効力を有する。
ZPO1049 条 3 項，1036 条 1 項による開示義務の違反に基づいて，ZPO1059 条
2 項 1 号 d の取消事由が存在する限りにおいて，仲裁判断は，法的安定性と法
的平和を理由としてもはや取り消すことができなくなる，というような確定力
を生じさせることはない。」

「[48](3) 以上の理由から，国家裁判所の判決の場合 ZPO580 条 3 号の再審
の訴えは，判決が依拠した鑑定書について鑑定人が真実義務に反して刑事上有
責である場合に限り許容されるという事実がたしかにあるとしても，

---

[41]　ここで，Stein/Jonas/Schlosser, ZPO 23. Aufl. 2014 § 1036 Rn. 70 から Rn. 76 が引用
される。

ZPO1059条2項1号dの取消事由を基礎づけるためZPO1049条3項，1036条1項による開示義務の違反が十分にあると言えるためには，その違反が評価的に見て真実義務の可罰的違反と同等の価値がある場合に限る，という制定法上の評価を引き出すことは許されない。かかる同一視は禁止される。なぜなら立法者は仲裁判断の取消しのためには，再審の訴えが認容される場合についてよりも，より小さい要件を措定したからである。ZPO580条3号の場合とは異なり，ZPO1059条2項1号dによれば，仲裁手続がZPO10編の規定 —— 本件では開示義務に関する1036条1項の規定 —— と合致せず，かつこのことが仲裁判断に対して影響を及ぼしていることが想定され得る，ということで十分である。」

「[[49]](4) 以上のことは，不公正・非独立を理由とする仲裁人または鑑定人の忌避は仲裁判断が下された後は原則的にできないこと，および仲裁判断の取消しまたは執行可能宣言の手続において後から判明した不公正・非独立の事由は主張することはできないこと，という原則[42]から離反することを意味するものではない。しかし，仲裁人または鑑定人が，その開示義務違反によってすでに仲裁手続において忌避を申し立てる可能性を当事者から奪っていたならば，仲裁判断の取消しまたは執行可能宣言の手続において，仲裁人または鑑定人によって開示されるべきであった事由が忌避のために十分であったかどうか，が審査されなければならない。そして，そのように言えるならば，仲裁判断は，それがその鑑定人の鑑定書に依拠しているならば，取り消されなければならない。」

(1) 本決定の意義

原決定は，鑑定人Sにおいて，自分の直属の上司が自分が鑑定人に指名される以前に仲裁申立人の会社の管理技術者として長年就業していた事実を知っていたかどうか，または知り得べきであり，その事実について開示義務を負っていたかどうかの事実認定をしていない（決定要旨[51]）。原決定は，仮にそうであったとしても，そのような事実だけでは，「特別に重大でかつ明白な」

---

[42] 決定文はここでBGHZ 141, 90 [95] = NJW 1999, 2370を引用する。本決定は，BGH1999年決定の判例変更を明言しているが，この原則自体は未だに維持していることが判る。そうすると本決定の判例上の変更点は，この原則に対する例外を許容する要件として，「特別に重大かつ明白な」違反を求めないことに限られる。

Ⅱ　仲裁判断取消し（および承認）における裁判所の裁量権

偏頗の事由には当たらず，仲裁判断の取消しをもたらす手続規定違反には該当しないと判断したのである。原決定のこの判断は BGH の従来の判例にしたがったものであるが，本決定において BGH はこの点での判例変更を明言して，原決定を取消した[43]。

　原審がしたがった従来の判例，すなわち BGH の 1999 年 12 月の決定[44]をあらためて確認しておこう。同決定は，仲裁被申立人が，仲裁判断の言渡し後，仲裁人（被申立人が選任した弁護士である）が仲裁申立人の親会社の顧問弁護士事務所に属していたことが判明したこと，そしてそのことが偏頗の忌避事由に当たることを主張して，仲裁判断の取消しを求めた事案にかかわる。同決定は，仲裁人がその忌避事由になり得る偏頗の事実を開示しないまま仲裁判断が下された場合，その後に明らかになった偏頗の事実の開示義務違反を主張して，仲裁判断の取消しまたは承認執行の拒絶の事由となる手続規定の違反（ZPO1059条 2 項 1 号 d）があったと言えるためには，その不開示の事実が「特別に重大でかつ明白な偏頗（不公正・非独立）といえる場合に限る」と述べて，仲裁判断の取消申立てを認容した原決定を取り消した。その部分を抄訳する。

　「事後的に判明した忌避事由を審査することは原則的には認められないとしても，仲裁廷の手続が ZPO1041 条 1 項 1 号の意味において不適法と見なされるべきことを正当化するような特別に重大でかつ明白な偏頗の場合があるならば，例外的に事後審査は実施されなければならない。原決定がこの点で次のことを指摘することは正しい。すなわち，当事者の忌避申立権は不公正の司法に対抗するための仲裁手続における最も重要な保護であり，何人も必要な中立性に欠ける裁定人による審査を受けてはならない。それゆえに，仲裁手続において，仲裁人が当事者に対して忌避事由を開示しなかったから，という理由だけで，当事者が忌避事由を主張することができなかったのであるならば，執行可能宣言または取消手続において，上述の要件のもとで，そのような手続瑕疵の可能性と法的安定性および法的平和の比較較量が行われなければならない。こ

---

[43]　Kröll, SchiedsVZ 2018, 201(207)は，180 度の方向転換だと評している。もっともクレルは，仲裁判断取消事件の増加を予想して，この判例変更にやや懐疑的な態度をとっている。開示義務の拡大を歓迎しながらも仲裁判断取消申立て事件の増加を危惧する。

[44]　BGHZ 141, 90〔95〕= NJW 1999, 2370. 本決定は，豊田博昭「仲裁人の忌避（下）」JCA ジャーナル 53 巻 10 号（2006 年）11 頁に概要が紹介されている。

31 仲裁判断取消申立ての裁量棄却について〔安達栄司〕

のことは，仲裁判断は執行可能宣言によって初めて確定判決と同様の資格を有することになるという視点も考慮している。それによって要請されている価値評価からここで明らかになるのは，（問題の）仲裁人による開示義務に対する何らかの違反は彼が手続の不適法を引き起こしただろうということと同じ重さがあると明確に言えないことである。すなわち，開示が欠けていた原因は，原審によって認定された — またその他でも争われていない — 事実関係にしたがうならば，仲裁人は，自らを偏頗であるとは見なしておらず，また仲裁被申立人の目から見ても，そのような偏頗を理由づけるような事情は存在しないはずだと主観的には考えていた，ということにも求めることができた。そのような単純な判断ミスは，仲裁被申立人にとっての・自ら選出する仲裁人の中立性および公正な手続に対する正当な利益を最大限に尊重したとしても，仲裁判断の取消しの事由にはならない。」

このように BGH 1999 年決定は，仲裁判断の取消しを導く開示義務違反を重大かつ明白な偏頗の事案に限定し，その要件判断に際しては開示義務の瑕疵と法的安定性および法的平和の要素とを比較考量することを求め，さらに開示義務違反をした仲裁人自身の主観的評価も考慮していた。それに対して，BGH 2017 年決定はこの判例を変更して，鑑定人（＝仲裁人）が開示しなかった事情は —— たとえ特別に重大でかつ明白な偏頗といえないとしても —— それが鑑定人（仲裁人）の不公正と非中立についての正当な疑念を生じさせるという意味において偏頗を意味するものかどうか，が審査されなければならないこと（決定要旨［52］），しかもそのことは，忌避を申し立てる当事者が仮にはじめからそのことを知っていたらどうなるか，という視点から判断されることを明らかにした(45)。

なお，法律抗告の理由において，仲裁被申立人が BGH 1999 年の判例を攻撃する際に，新仲裁法が鑑定人（仲裁人）の開示義務を明文で規定したことを挙

---

(45)　Krächer, Die Aufhebung von Schiedssprüchen wegen der Besorgnis der Befangenheit eines Sachverständigen, SchiedsVZ 2017, 277 (281) は ex-ante-sicht（はじめから判っていたら，の視点）と言う。Krächer は，仲裁人の開示義務と併せて問題状況を整理して本決定に賛成の評釈をする。Gruber, IWRZ 2017, 275 (277) も，本決定に賛成の評釈であるが，本決定に従うとしても偏頗につながるすべての事情ではなく，「理性的な考察をして客観的に忌避を正統化するような事情」を開示する義務を仲裁人（鑑定人）は負うと指摘する。

げていたが，BGH はこの主張には与せず，旧法によっても同様の結論が導かれると述べたことが注目される（決定要旨［44］bb）。

(2) 学説による評価（シュロッサー説の採用）

BGH 2017 年決定の学説上の意義は，BGH 1999 年決定において名指しで否定されていたシュロッサーの見解[46]を逆に評価して採用したことにある[47]。BGH 1999 年決定は，判例として尊重され，事後に判明した仲裁人の開示義務違反が取消事由になる場合について特別に重大でかつ明白な瑕疵であることが要件になると注釈書等に記載されてきた[48]。シュロッサー説は有力少数説にとどまっていた。しかし，このたびシュロッサー説に従うことを明言する BGH 2017 年決定が現れて，BGH 1999 年の判例の変更を宣言した。本決定の判例上の射程は仲裁人の開示義務違反の事案にも及ぶと解されることから，BGH 1999 年決定に従うだけだった学説状況にも大きな変化が生じることは間違いない[49]。ドイツ仲裁法において，有力少数説が通説へと昇格する瞬間をここに見ることができるだろう。

---

[46] BGH 1999 年決定が否定した Stein/Jonas/Schlosser, ZPO の見解はその第 21 版（1994）で追加されたものである。そこで示された旧法 1032 条 Rn.32a のシュロッサーの見解は次の通りである。「判決に確定力が生じた後，偏頗する裁判官が判決に関与したことを主張することはできない。長い間，偏頗する仲裁人の仲裁判断への関与にも同じ原則が妥当すると考えられてきた。しかし，1980 年代以後，世界中で次のような慣習法上の原則が生じた。すなわち，仲裁人は，当事者の目から見て自分が偏頗であると映り得るような事情を知っているならば，それを開示する義務を負う（ブロマイヤー説）。仲裁人は，かかる事情の存在または不存在に関して常日頃のこととして説明をする。そのような説明が行われなかったならば，仲裁判断は不適法な手続に依拠している。スイス連邦裁判所の見解（BGE 111 I a, 72）によれば，その場合，仲裁廷の構成に違法がある。もちろん，仲裁人が開示義務を負っていた自らの忌避事由が忌避に足りるものでなかったならば，仲裁判断は不適法な手続に依拠しているとはいえない。」

[47] 本決定要旨［45］参照。Stein/Jonas/Schlosser, ZPO の 21 版（1994）で表明されたシュロッサー説の趣旨は，本決定で引用される第 23 版にも引き継がれている。第 23 版でシュロッサーは，BGH 1999 年決定の判例に明確に反対の立場を表明し，主要他国の裁判例の叙述を追加した。

[48] BGH 1999 年決定の判例にしたがって叙述されてきたドイツの注釈書の概況に関して，芳賀・前掲注(3)(JCA)61 頁注 22 が簡潔に紹介する。BGH 2017 年決定が出た後も，そこで少数有力説として紹介されている真逆のプリュッティング説がそのまま維持されるかどうかは疑問である。

[49] MüKoZPO/Münch, 5. Auf. 2017 zu § 1036 Rn. 25; Musielak ZPO/Voit, 15. Aufl. 2018 zu § 1036 Rn. 3 においてこの判例変更が言及されている。

31 仲裁判断取消申立ての裁量棄却について〔安達栄司〕

BGH が本決定において採用したシュロッサー説とは次のようなものであった[50]。「（1999 年決定の）BGH の見解には反対するべきである。第一に，BGH は，仲裁裁判権において偏頗を理由とする忌避手続がどのような意義を有するのかについて判断を誤っている。まさにそれゆえに，（新法の）立法者は開示義務を明文化した。開示義務を本気で考えるならば，その不履行には見せしめの制裁が科されなければならない。いずれにせよ，1059 条 2 項 1 号 d の意味に言う手続瑕疵が認められる。取消申立てを審理する裁判所の目から見て，開示されるべき事情が忌避権を理由づけたであろう場合，開示義務の違反に因果関係がある。（先に引用した）イギリス最高裁の判決[51]が象徴するように，黙秘された忌避事由が後から現実に取消事由となるという結論をひとは恐れてはならない。」「開示しなかったことが仲裁判断取消しを引き起こしたならば，仲裁人は仲裁手続にかかった莫大な費用を賠償する義務を負う。なぜなら，BGH 839 条を類推する免責特権はこの状況に拡張できないからである。法的安定性の観点は，仲裁裁判権の完全無欠性の要求を前にして後退させらなければならない。BGH（1999 年決定）自身が，特に重大でかつ明白な偏頗の事案の場合，不適法な手続があると見なしている。このように不特定の法律概念を言い連ねていることは，法的安定性の観点がいかに相対的なものであるかを示している。さらに，重大な偏頗が実際にあるならば，ZPO1059 条 2 項 2 号 b によって取消が可能な公序違反が存在することになる。」

さらにシュロッサーは，BGH 1999 年決定の見解が国際的に見ても孤立していること，並びにスイス，アメリカ，フランス，さらにハンガリーの近時の裁判例を参照させて自説が主要国の裁判実務の趨勢に合致することを述べている。BGH 2017 年決定は，仲裁法においてドイツ法のレベルがようやく国際標準に追いついたことを私たちに示唆する。

---

[50] Stein/Jonas/Schlosser, ZPO 23. Aufl. 2014 zu § 1036 Rn. 70 bis 76.

[51] Regina v. Bow Street Metropolitan Stipendiary Magistrate a.o. ex parte Pinochet Urgate 2 WLR [1999] 271 ff. を引用する。これは，ピノチェト元大統領が亡命先のイギリスにおいてチリへの召還が求められた刑事裁判の手続において，イギリスの貴族院が，裁判官の一人がピノチェトの刑事訴追を求める政治団体〔アムネスティインターナショナル〕に属していたという事実が判明したので，一度下した判決をあとから変更したというショッキングな裁判例である。

Ⅲ　日本法への示唆

　仲裁手続規定の違反を理由とする仲裁判断の申立てを取り扱う新しいドイツ仲裁法の二つの判例から次のようなキーワードが浮かんでくる。すなわち，BGH 2014 年決定からは，①仲裁手続規定の違反と仲裁判断への影響の要求程度が高くないこと，BGH 2017 年決定からは，②鑑定人（仲裁人）の開示義務の絶対的意義（価値），③法的安定性・法的平和との考量の拒絶，④偏頗（不公正・非中立）の存否は忌避申立て人の側からの事前の視点によること（仲裁人自身の主観の排除）である。これらのドイツ仲裁法の現況に鑑みるならば，仲裁判断取消申立てに関するわが国のいわゆる裁量棄却の概念に対しては消極の態度をとるべきだ，という結論が引き出される。

　まず，わが国の裁量棄却の概念の推奨者において，「仲裁人に忌避事由の開示義務違反があった場合であっても 3 人の仲裁人から成る仲裁廷が全員一致で仲裁判断をしたときは，不開示の事実の存在が仲裁判断に結果に影響を及ぼす蓋然性が否定される」という見解が主張されることがあるが[52]，ドイツの 2014 年判例を見た後では賛同できない。そのような見解は，仲裁判断における評議・評決の過程の意義を誤って理解していると言わざるを得ない（決定要旨 2 参照）。

　次に，わが国の学説において，仲裁判断取消申立てにおける裁量棄却の概念について，「取消事由が存在すると認められる場合でも，それが重大でなく，仲裁判断の結論を左右するものでないときには，仲裁判断の取消による利害得失を考慮して，その仲裁判断の効力を維持する方向でのみ，裁判所が裁量による判断をしてよい」と論じられる場合，「仲裁判断の取消しによる利害得失」において含意されているものは，結局，「仲裁判断を取り消した場合，当事者や仲裁人が費やした時間，費用，労力はすべて無駄になってしまう[53]」という

---

[52]　中村・前掲注(11) 398 頁，同・前掲注(3) 1628 頁。猪股・前掲注(3) 187 頁は，この見解を支持する。森下・前掲注(3)(澤田追悼) 595 頁注 53 は，「プロフェッショナルである仲裁人については…1 名の仲裁人が他の仲裁人の意見形成や投票行動に与える影響は，あるとしても実質的なものである可能性は小さいと思われる」と述べて，同じくこの見解に賛成している。それは，しかし BGH 2014 年決定とは対照的な評価である。

[53]　中村・前掲注(11) 397 頁。

31 仲裁判断取消申立ての裁量棄却について〔安達栄司〕

考慮に他ならならい。「仲裁判断の終局性を重視するべき[54]」,「仲裁判断を取り消したときには,それまでの時間,費用などが無駄になる[55]」,「いったん下された仲裁判断の法的安定性も『仲裁制度に対する信頼を維持するため』には極めて重要である[56]」,「…国際商取引において標準的な解決手段として浸透している仲裁においては,仲裁判断は極力尊重すべきで,裁判所による介入は謙抑的に行われるべきである[57]」等を指摘して,「仲裁制度に対する信頼性」と「仲裁制度の法的安定性」のバランスをとるというアプローチも同様である[58]。これらの言説は,すべて BGH 2017 年決定において斥けられた法的安定性および法的平和の要素の言い換えに過ぎない。BGH 2017 年の判例を前にすると,この意味においてもわが国の学説で有力に主張されている裁量棄却の概念を支持することはできない。

　もちろん,日本法がドイツ仲裁法の(しかも一定しない)判例および通説にならうことは必然ではない。しかし,日本の仲裁法の母法がドイツ民事訴訟法であること,わが国の仲裁法とドイツ法が同じ 1985 年の UNCITRAL モデル法にならって立法されていることという比較法の考察の重みは無視できないだろう。さらにドイツは,日本にくらべて膨大な仲裁の裁判例と学説の集積があり,多くの手本を見せている。しかしそれ以上に,2017 年の判例においてBGH がその(判例変更の)理由付けとして援用する各理由付け,すなわち鑑定人(仲裁人)の偏頗事由の開示義務によって保障される仲裁判断の正当性,取消事由のない仲裁判断のみが確定判決と同一の効力を有すること,民事訴訟の判決の再審事由よりも取消事由が緩和されていることは,すべてわが国の仲裁制度においても尊重されるべき法理論の根拠を示すものである。これらの論拠を軽視することは,仲裁制度が国家法秩序に組み込まれてその正統性が担保されていること(仲裁制度の法治国家性)[59]を脆弱化し,また各取消事由に込められた手続的正義の価値を過小評価していると言わざるを得ない。したがって,

---

(54)　中村・前掲注(11) 397 頁。

(55)　猪股・前掲注(3) 187 頁。

(56)　内藤ほか・前掲注(3) 44 頁。

(57)　唐津・前掲注(3) 101 頁。

(58)　内藤ほか・前掲注(3) 45 頁。

(59)　道垣内正人『国際契約実務のための予防法学』(商事法務,2012 年) 239 頁,240 頁参照。

Ⅲ　日本法への示唆

わが国で語られる仲裁判断取消申立てにおける裁量棄却の概念には，にわかに
は賛同できないというのが本稿の結論である[60]。

---

[60]　最決平成 29 年の事案の処理について言うと，差し戻し審において，最高裁が示した
　　要件に照らして仲裁人の開示義務違反が認定されるならば，それは直ちに仲裁判断の取
　　消しを導くことになる。その際に，法的安定性，法的平和，労力の無駄，または義務違
　　反が直接に仲裁判断に与える影響は，考慮されてはならない。

32 ADR 前置合意の効力に関する一考察

川 嶋 隆 憲

I　は じ め に

　本稿は，訴えの提起に先立って裁判外の紛争解決手続を利用すべき旨の当事者間の合意（以下，本稿において「ADR 前置合意」という）の効力について，近時の解釈・立法の動向を踏まえて若干の考察を試みることを目的とする。ADR 前置合意の効力という問題は，東京高判平成 23・6・22 判時 2116 号 64 頁を契機として意識的に論じられるようになった比較的新しい論点の一つと言えるが[1]，筆者が特にこの問題を取り上げて論じるのは主として以下の問題関心に基づく。

　第一に，ADR 前置合意の効力については，議論の蓄積が未だ必ずしも十分ではないために，当該合意を利用する当事者の法的地位が不安定な状況に置かれていると考えられることである。例えば，上記東京高判は，この問題を正面から論じた数少ない公刊事例として先例的価値を有すると見られるところ，判旨は，ADR 前置合意の効力について，「努力規定，訓示規定にとどまり，紳士条項的な意味しか持たないものとみるほかはない」として訴訟上の効力を明

---

[1]　先行研究として，山本和彦「ADR 合意の効力 ── 訴権制限合意についての若干の検討」伊藤眞ほか編『民事手続における法と実践 梅善夫先生・遠藤賢治先生古稀祝賀』（成文堂，2014 年）41 頁以下（山本和彦『ADR 法制の現代的課題』（有斐閣，2018 年）に所収），山田文「民間型 ADR の利用と訴訟手続の関係」豊田愛祥ほか編『和解は未来を創る 草野芳郎先生古稀記念』（信山社，2018 年）35 頁以下などがある。また，関連する諸外国の法事情に関しては，中村達也「交渉，調停前置合意について」法政 79 巻 3 号（2012 年）723 頁以下に詳しい。東京高判平成 23・6・22 に関する解説等につき，後掲注(4)掲記の文献参照。

『現代民事手続法の課題』春日偉知郎先生古稀祝賀〔信山社，2019年 7 月〕

示的に否定する一方で，「仮に……何らかの訴訟上の効力を認めるとしても，
……受訴裁判所に訴訟手続を中止する権能を認めるにとどめるべきである」と
も付言しており，ADR 前置合意の効力に関して多分に曖昧さを残している。
ADR 前置合意をめぐる議論の中でも，とりわけ訴訟上の効力の有無は，当該
合意を利用することのメリットやリスクを左右する重要なファクターとなりう
るものであり，当事者の予測可能性を高めるためにも解釈論の一層の進展が望
まれる。

　第二に，仮に ADR 前置合意に何らかの訴訟上の効力を認めるとしても，そ
の効力については，その性質上，不起訴合意や仲裁合意といった類似の訴訟上
の合意とは異なる面がありうると考えられることである。ADR 前置合意は，
訴えの提起に一定の制約を課すという点において不起訴合意や仲裁合意と共通
する特徴を有する一方，右合意に反して訴えが提起された場合の問題は，究極
的には，事案の性質や紛争の経緯に照らして，訴訟による紛争解決と約定され
た ADR による紛争解決のいずれがより適切であるかの問題に収斂されると考
えられる点で，不起訴合意や仲裁合意等の他の訴訟上の合意の問題とは異なる
総合衡量を必要とするように思われる。ADR 前置合意の効力は，しばしば不
起訴合意の一種としてその延長線上で語られるが，訴訟手続の中止や所定の
ADR 手続の勧奨といった，事案に応じた弾力的な訴訟運営の可能性をも視野
に入れるとするならば，伝統的な訴訟要件論の枠を超えた解釈論を模索する必
要があるだろう。

　第三は，ADR 前置合意の効力をめぐる従前の議論に対して，「民法の一部
を改正する法律」（平成 29 年法律第 44 号）がどのような影響を及ぼしうるかを
検討する必要があると考えられることである。すなわち，現行法下においては，
民間調停（ADR 法[2]25 条の適用を受けるものを除く）の利用は時効中断事由とは
ならないから，係争中の権利につき時効中断効を得ようとすれば，裁判所に訴
えを提起せざるを得ないという実際上の必要性が存在している。これに対して
今般の民法改正は，訴えの提起を時効の「完成猶予」の事由として規定し直す
（改正民法 147 条 1 項 1 号参照）とともに，協議を行う旨の書面等による合意を
時効の「完成猶予」の事由の一つに加えた（同 151 条 1 項参照）ことから，係

---

(2)　裁判外紛争解決手続の利用の促進に関する法律（平成 16 年法律第 151 号）。以下，本
　　稿では「ADR 法」と表記する。

争中の権利につき時効の完成を回避する手段としては必ずしも訴えの提起による必要がなくなった。ADR 前置合意の訴訟上の効力を消極的に解する理由の一つが訴え提起による時効中断効の獲得の必要にあったことに鑑みれば，従前の解釈論に対して今般の法改正がもたらす影響の有無および範囲についても考察の必要があるように思われる。

　そこで以下，本稿では，ADR 前置合意の効力をめぐる従前の議論を概観した上で，右の問題に対する筆者の基本的な視点を提示することを試みる。なお，本稿にいう「ADR 前置合意」とは，ADR の利用を約する旨の合意（広義の「ADR 合意」）のうち，訴えの提起に先立って所定の ADR 手続を履践すべき旨の合意（「訴権制限合意」とも呼ばれる）を含むものを指す[3]。また，ADR（Alternative Dispute Resolution）という用語は，一般的には裁定型 ADR の代表格である仲裁を含むが，仲裁合意については特に仲裁法に規定が置かれている（仲裁法 13 条以下参照）ことから，本稿にいう「ADR 合意」ないし「ADR 前置合意」は，特に断りのない限り，仲裁合意を含まないものとする。

II　議論の状況

1　裁判例 ── 東京高判平成 23・6・22 判時 2116 号 64 頁

　東京高判平成 23・6・22 判時 2116 号 64 頁は[4]，当事者間に紛争を生じた場合において訴えの提起に先立って民間の調停を行う旨の当事者間の合意[5]の法

---

[3]　山本・前掲注[1] 41 頁注[1]は，「ADR 合意」を「当事者間で裁判以外の紛争の解決方法を定める合意のうち，仲裁合意を除くもの」と定義する。また，同 42 頁は，「ADR 合意」の種別として，①（特定の）ADR 手続を利用することができる旨の「ADR 利用合意」，②（特定の）ADR 手続の利用を両当事者に義務付ける旨の「ADR 利用強制合意」，③（特定の）ADR 手続を経ないで訴えを提起することを両当事者に許さない旨の「訴権制限合意」の 3 つがありうるとする。

[4]　本判決の解説等に，宗宮英俊「判批」NBL965 号（2011 年）119 頁，中野俊一郎「判批」判評 636 号（2012 年）20 頁，長谷川俊明「判批」際商 40 巻 3 号（2012 年）390 頁，藤原利樹「判批」ビジネス法務 12 巻 3 号（2012 年）75 頁，上田竹志「判批」法セ 690 号（2012 年）144 頁，濱田陽子「判批」リマークス 45 号（2012 年）98 頁などがある。また，阿部博友「民間調停による紛争解決条項の法的効力をめぐる争い」NBL994 号（2013 年）92 頁以下，中村達也「多層的紛争解決条項の効力」柏木昇編集代表『国際経済法講座 II』（法律文化社・2012 年）233 頁以下，山本・前掲注[1] 50 頁以下も参照。

32 ADR前置合意の効力に関する一考察〔川嶋隆憲〕

的効力が争われた事案であり，ADR 前置合意の効力に関する近時の議論の出発点ともいうべき裁判例である。事案の概略は，大要，以下のとおりである。

本件訴訟は，DRAM 製品の製造・販売等を行う X 社が，アメリカ合衆国で摘発されたカルテル行為に関して，DRAM 販売に関連する企業等に支払った和解金等（約 118 億円）相当額の損害を主張して，平成 22 年 1 月 25 日，X 社を実質的に支配してきた Y 社らを被告として，上記損害額の支払を求める損害賠償請求の訴えを提起したものである（X は本件訴訟に先立って，平成 21 年 7 月 24 日，Y らを相手方として，上記損害額の支払を求める民事調停を東京簡易裁判所に申し立てたが，平成 22 年 1 月 12 日，不成立により終了している）。Y らは，本案前の抗弁として，上記和解金等の分担について X と Y らとの間で締結した平成 18 年 1 月 27 日付「Judgement Sharing Agreement Civil DRAM Cases」（以下，「JSA」という(6)）と題する合意に基づき，上記 JSA に定める手続を経ずに提起された訴えは不適法である旨を主張して，本件訴えの却下を求めた。

JSA の第 2・6 条(7)によれば，上記和解金等の配分については，本契約の当事者間においてその配分が適切か否かについて交渉するものとし，当事者間に合意が成立しない場合には，各当事者において本契約の定める手続に従い手続を進める権利を有する旨が定められている。また，JSA 第 9 条(8)によれば，解

---

(5) 以下に見るように，本件当事者間において締結された合意には，紛争を生じた場合に当事者間で誠実な交渉を行う旨の合意（いわゆる「誠実協議条項」）が含まれている。理論上は，そのような誠実協議条項の私法上および訴訟上の効力も問題となりうるところであるが，本稿では立ち入らない。誠実協議条項を含む，企業間契約の協議条項の効力を検討する論稿として，茂木鉄平「企業間契約における協議条項の法的効力」伊藤眞ほか編『経済社会と法の役割 石川正先生古稀記念』（商事法務，2013 年）643 頁以下参照。

(6) このような JSA（民事賠償責任分担契約）の機能は，反トラスト法違反行為を原因として提起された民事訴訟（3 倍額賠償が採用される）において，原告との間で和解が成立した被告（3 倍額賠償の負担を免れうる）とそうでない被告（和解した被告が免れることになった負担額を最終的に引き受ける）との間で生じうる賠償リスクを違反当事者間において分担することにあるとされる。阿部・前掲注(4) 94 頁参照。

(7) JSA 第 2・6 条は「分担解決金が▲▲期間中に発生した行為に起因する範囲で，C 社，B 社，および A 社は，かかる分担解決金の配分が適切かどうかについて交渉し，もし適切であればかかる分担解決金の公正かつ衡平な配分を決定することに合意する。かかる交渉によりかかる紛争が解決しない場合，各当事者は，本契約第 9 条に規定の手続に従い手続を進める権利を有するものとする。」（原文は英文であり，邦訳は本件原告の訳文による）と定める。

Ⅱ　議論の状況

決金の配分方法につき紛争を生じた場合の手続として，①当事者間で誠実な交渉を行うものとする旨，②誠実な交渉の開始日から 60 日以内に紛争が完全に解決しない場合には，当事者の合意により選出された中立的な日本の調停人に事件を付託することができる旨，③調停人の選択について調停手続の開始時から 30 日以内に合意ができない場合には，JCAA（日本商事仲裁協会）に調停人の選出を要求することができる旨，④これらの調停によって紛争が完全に解決されない場合には，日本の裁判所において残りの問題を解決するためのあらゆる法的手段を開始する旨が定められている。

　なお，X と Y らの間では，本件訴え提起後の平成 22 年 10 月 1 日から，JSA 第 9 条に定める民間調停手続が開始され，当事者間の合意により選任された調停人の下で民間調停手続が進行している（ただし，X は，本件調停の開始に際して，本訴が不適法であることを自認するものではなく，本訴による紛争解決を求める権利を放棄するものでもない旨を Y らに対して留保しており，Y らもまた，本訴における本案前の主張を撤回するものではなく，本訴が不適法であることに影響を与えるものではない旨を X に対して留保している）。

　原審は[9]，Y らの本案前の抗弁を容れ，本件訴えは，前記 JSA 第 2・6 条，第 9 条で合意された手続を履践していない（JSA 第 9 条が定める上記①ないし④の手続のうち，少なくとも上記②および③の手続を履践したとは認められない）以

---

(8)　JSA 第 9 条は，「本契約は，すべての点において日本法に準拠し，日本法に従い解釈されるものとする。本当事者が本契約による分担解決金の配分方法につき意見を異にする場合（「本分担紛争」），当該本当事者は，かかる紛争に関して誠実な交渉を行うものとする。かかる交渉がかかる誠実な交渉の開始日から 60 日以内に当該紛争を完全に解決しない場合，一切の本当事者は，当該事件を中立的な日本の調停人に付託することができる。当該調停人は，本当事者らの合意により選出するものとする。調停人の選択について本当事者らが調停手続の開始時から 30 日以内に合意に達することができない場合，一切の本当事者は，書面による要求を社団法人日本商事仲裁協会（「JCAA」という。）に提出し，調停人の選出を要求することができる。かかる調停人は，日本語を母国語とし，日本の商取引に精通した者であるものとする。JCAA による調停人の選択は，本当事者らを拘束するものとする。調停人が選出された後，本当事者らは，日本の商慣行の原理に従い，非拘束的な調停を行うものとする。調停によって当該紛争が完全に解決されない場合，本当事者らは，日本の裁判所において残りの問題を解決するためのあらゆる法的手段を開始することに合意する。」（原文は英文であり，邦訳は本件原告の訳文による）と定める。

(9)　東京地判平成 22・12・8 判時 2116 号 68 頁参照。

上，不適法と言わざるを得ないとして，本件訴えを却下した[10]。これに対して
Xが控訴したところ，控訴審は，要旨，以下のように判示して（〔　〕は筆者
注），本件訴えは訴訟要件に欠けるところがないとして，原判決を取り消し，
本件を原審に差し戻した。

① 「訴訟に関する合意については，一般的に，合意の効力や効力発生のための要
　件について，通常の私法上の合意とは異なる規律に服すると言われる。しかし
　ながら，より具体的なレベルにおいては，一部の訴訟に関する合意（不起訴合
　意，仲裁契約）を除いては，あまり議論がされていない。不起訴合意及び仲裁
　契約を除いては，合意の効力（訴訟上の効力も発生させるか，私法上の効力を
　有するにとどまるか。），合意の成立要件（訴訟上の効力を発生させるための要
　件など）について，判例，学説上の定説と言われるものが見当たらず，確立し
　た解釈がない状態にある。
　　……〔本件合意に関する〕Yらの主張は，判例，学説上過去に例をみない新
　たな類型の訴訟要件（本案判決をするための要件）を創造しようとするものに
　当たる。」
② 「訴訟に関する合意に本案判決をするための要件（訴訟要件）の欠缺という訴
　訟上の効力を認めるには，当該効力が日本国憲法32条に規定する国民の裁判を
　受ける権利の喪失を来すものであることも考慮しなければならない。仲裁契約
　や不起訴合意に本案判決をするための要件（訴訟要件）の欠缺という効果が認
　められるのは，仲裁契約については訴訟に代替する紛争解決手段（仲裁）が確
　保されており，不起訴合意については実体法上の権利が既に自然債務と化して
　いることが，その実質的な理由の一つである。……また，裁判所は，当事者の
　裁判を受ける権利を実質的に侵害することがないように，仲裁契約や不起訴合
　意が真実成立しているかどうかの事実認定を慎重に行った上で，訴え却下判決
　をするものである。
　　……本件のJSAが訴訟の前に予定する交渉及び民間調停は，いずれも紛争を
　最終解決に導く保障を有しない。双方当事者は，交渉又は調停をまとめて紛争
　を最終解決させる義務を負わない。また，交渉及び調停は，紛争解決手段とし

---

[10] 本件原審は，本件JSAの規定の解釈につき，「X及びYらに，上記分担解決金の配
　　分に関する紛争の解決については，訴訟を提起する前に同条所定の手続をとることを義
　　務付けたものと解するのが相当である」とした上で，「同条〔JSA第9条〕は，JSAが
　　規律する紛争に関して，契約当事者が一定の手続を履践するまでは訴権を制限したもの
　　であると解するのが合理的であるところ，このような合意も，当該合意自体が公序良俗
　　に反するなどの事情がない限り有効であり，JSAの規定する具体的手続に鑑みても，
　　公序良俗に反する事情は認められず，かかる合意に違反して提起された訴えは不適法で
　　あるというべきである」としている。

ては，双方当事者にある程度の信頼関係が存在しないと円滑に機能しないものである上，交渉及び調停の過程を経ないで訴訟が提起されるのは，当事者間の信頼関係が低下して，交渉及び調停を実施しても紛争の最終解決が見込めない場合であることが多いとみられる。さらに，交渉及び民間調停（ADR 法 25 条の適用のある場合を除く。）には，時効中断効がなく，時効中断効を確保したい当事者は，訴訟の提起以外に確実な方法を有しない。

　以上のような点，特に訴訟に代替する紛争解決手段が確保されている仲裁契約との相違点を考慮すると，所定の交渉及び調停の過程を経ていないときに本案判決をするための要件（訴訟要件）が欠けるという効力を認めるのは，JSA 第 2・6 条及び第 9 条の規定に過大な効力を与えるものであって，相当でないというべきである。JSA の当該規定が私法上どのような効力を有するか（例えば，損害賠償義務の発生原因となるかどうか。）については，本件の争点ではないので，当裁判所は判断すべき職責を有しないが，当該規定の訴訟上の効力については，努力規定，訓示規定にとどまり，紳士条項的な意味しか持たないものとみるほかはない（なお，仮に前記 JSA の規定に何らかの訴訟上の効力を認めるとしても，後記(4)［下記④］のとおり，ADR 法 26 条の類推適用により，一定の要件を満たすときに限り，受訴裁判所に訴訟手続を中止する権能を認めるにとどめるべきである。）。」

③　「……ADR 法 26 条 1 項 2 号は，認証紛争解決手続によって紛争の解決を図る合意がある場合に，当該認証紛争解決手続を経ないで提起された訴訟も，訴訟要件を欠くものとして不適法却下してはならないという考え方を前提としているものとみられる。

　また，ADR 法 26 条 1 項 2 号は，認証紛争解決手続によって紛争の解決を図る合意がある場合であっても，当事者共同の申立てがなければ（一方当事者が当該認証紛争解決手続を実施することに消極的であれば），却下判決ができないことはもちろん，訴訟手続を中止することも許さず，裁判の審理を続行することを受訴裁判所に義務付けているものとみられる。さらに，ADR 法 26 条 1 項 2 号は，認証紛争解決手続によって紛争の解決を図る合意及び当事者共同の申立てがある場合であっても，訴訟手続の中止を受訴裁判所に義務付けず，中止するかどうかを受訴裁判所の合理的な裁量に委ねると同時に，中止の期間に関する受訴裁判所の裁量の範囲を限定して 4 箇月以上の中止を禁じている。

　認証紛争解決手続が，民間の機関による調停のようなものであること（ADR 法 2 条 1・3 号参照）を考慮すると，現在のわが国の法制度は，当事者間に JSA のような民間の機関による調停を行う旨の合意がある場合であっても，当該合意に強い訴訟上の効力を認めることに消極的であり，当該民間調停の手続を経ずに提起された訴訟も適法である（本案判決をするための要件に欠けるものではない。）という考え方に立つものとみられる。

32 ADR前置合意の効力に関する一考察〔川嶋隆憲〕

以上のような ADR 法 26 条の規定との比較においても，JSA 第 2・6 条及び第 9 条の規定に，所定の交渉及び民間調停の過程を経ていないときに本案判決をするための要件（訴訟要件）が欠けるという訴訟上の効力を認めるのは，わが国の実定法の規定との整合性を欠き，適切でない。

④ 「さらに，実定法上の明文の規定もないのに，JSA の誠実交渉及び民間調停実施の合意に反して提起された訴えが不適法却下されるという Y らの主張を採用するには，X が思わぬ不利益を被らないかどうかにも配慮する必要がある。

X の主張によれば，X は，本訴請求債権のうち最も早いもので平成 18 年 2 月又は 3 月頃に損害の発生を知ったことになるところ，X は，その 3 年後（平成 21 年の応当日）には当該債権が時効により消滅することとなるので，平成 21 年 1 月 29 日に催告（民法 147 条，153 条），同年 7 月 24 日に民事調停の申立（平成 22 年 1 月 12 日に調停不成立），平成 22 年 1 月 25 日に本件訴訟の提起（民事調停法 19 条，民法 147 条，149 条）をして時効中断の措置をとろうとしたものであることが認められる（弁論の全趣旨により認められる）。しかしながら，本件訴えを不適法却下すると，前記一連の時効中断効が生じないこととなる（民法 149 条）が，この結果は，X に酷である。……［以下略〕。

また，……X は，既に，本件訴訟の第一審における訴えの提起について 1789 万円の訴提起手数料を納付済み（うち 716 万 1000 円は民事調停申立時に納付）であり，本件訴訟の却下判決が確定しても納付済みの手数料の返還を受けることはできない。他方，X が，本件訴訟の却下判決確定後に JSA 所定の誠実交渉及び民間調停の過程を履践して，本件と同一内容の訴えを再度提起する場合には，再度 1789 万円の訴提起手数料の納付が必要となる。このような訴提起手数料二重負担の結果も，X に酷である。

これらの事情にもかかわらず本件訴えを不適法却下するとすれば，民事訴訟法理論はだれのためにあるかという観点からの非難を免れない。このような観点からも，JSA 第 2・6 条及び第 9 条の規定に，所定の交渉及び民間調停の過程を経ていないときに本案判決をするための要件（訴訟要件）が欠けるという訴訟上の効力を認めるのは，適切でない。……Y らの主張は，実定法上の明文の規定もなく，判例，学説上例のない新たな類型の訴訟要件の創造に当たるので，Y らの主張を採用する場合において時効中断の措置がとれなかったり，訴提起手数料を二重にとられたりするという結果が発生することは，X にとって予測が困難であったことを考慮すると，なおさら，適切でない。なお，仮に前記 JSA の規定に何らかの訴訟上の効力を認めるとしても，ADR 法 26 条の認証紛争解決手続により紛争解決を図る合意がある場合の規定を類推適用して，当事者共同の申立てがある場合に 4 箇月の限度で訴訟手続を中止する権能を受訴裁判所に認めるにとどめるべきものである。」

Ⅱ　議論の状況

　以上のように，本判決は，①本件訴えが訴訟要件を欠き不適法である旨の主張は，判例・学説上，過去に例を見ない新たな類型の訴訟要件を創造しようとするものに当たり，その是非について検討する必要があること，②仲裁合意においては訴訟に代替する紛争解決手段が確保されているのとは異なり，JSA所定の交渉及び民間調停はいずれも紛争を最終解決に導く保障を有しないものであるから，当該手続を経ない場合に訴訟要件の欠缺という効力を認めるのは過大であること，③ADR法26条の規定によれば，認証ADR手続を経る旨の合意があっても訴えを不適法却下することまでは認められていないところ，JSA所定の交渉及び民間調停を経ないで提起された訴えを不適法却下することは上記実体法の規定との整合性を欠き適切でないこと，④本件訴えを不適法却下した場合には，本件においてXが講じた一連の時効中断措置による時効中断効が生じず，かつ，再度の訴え提起に際してXが提訴手数料の二重負担を強いられるという，Xにとって酷な結果を生じること等を理由に，本件JSA所定の手続を経ずに提起された訴えも訴訟要件に欠けるところはないと判示する。本判決によれば，本件JSAの定めは，訴訟上の効力に関する限り，努力規定ないし訓示規定として紳士条項的な意味しか持たないと見るほかはなく，仮に何らかの訴訟上の効力を認めるとしても，ADR法26条を類推適用して当事者共同の申立てがある場合に4か月の限度で訴訟手続を中止する権能が受訴裁判所に付与されるにとどまる。

2　学　説

⑴　ADR前置合意の効力 —— 東京高判平成23・6・22に対する学説の評価

　訴えの提起に先立って民間の調停手続を試みる旨の合意（本稿でいう「ADR前置合意」）が存在する場合に当該合意に反して訴えを提起することの適否という問題は，上記東京高判平成23・6・22判時2116号64頁（以下「本判決」と表記する）が「判例，学説上過去に例をみない」解釈問題と位置づけたように，従前の議論の蓄積に乏しく，本判決を契機に意識的に論じられるようになった問題である。本判決に対しては，結論において原告の訴えを適法と判断した点については学説上も概ね肯定的な評価がなされているが，その理論的な前提となるADR前置合意の効力に関する本判決の考え方については様々な観点からの批判が見られる。

32 ADR前置合意の効力に関する一考察〔川嶋隆憲〕

第一の批判は，本判決が，ADR前置合意に反する訴えの適否という問題を，上記のように，判例，学説上過去に例をみない新たな類型の訴訟要件を創造するものと位置づけた点に向けられる。すなわち，いわゆる不起訴合意については，法的性質に関する見解の相違（私法契約説と訴訟契約説の対立）[11]こそあるものの，当該合意に反して訴えを提起した場合に訴訟要件の欠缺という訴訟上の効力が認められることについては一般に許容されているところ，ADR前置合意は調停手続を経るまでの間，訴えを提起しない旨の一時的な不起訴合意であるから[12]，不起訴合意に関する従来の理解が同様に妥当しうる[13]，との見方である。

第二の批判は，本判決が，ADR前置合意の訴訟上の効力につき，努力規定ないし訓示規定であって紳士条項的な意味しか持たないとして，訴訟上の効力を否定した点に向けられる。例えば，本判決がADR前置合意の訴訟上の効力を一般的に否定したことは当事者意思の尊重や代替的紛争解決の促進という要請と相容れない，と批判される[14]。また，判旨は，ADR前置合意の訴訟上の効力を否定する理由として，民間調停は紛争を最終解決に導く保障を有しておらず，訴訟に代替する紛争解決手段が確保されている仲裁合意と同列に論じることはできない旨を説くが，これに対しては，仲裁合意のように裁判の利用を全面的に排除する合意について訴えの却下という強い訴訟法的効果を与えながら，ADR前置合意のように裁判の利用を一時的に排除するに過ぎない合意について何らの訴訟上の効果を認めないのは均衡を欠く，との反論もなされる[15]。学説上，ADR前置合意の訴訟上の効力としては，裁判所に訴訟手続を中止する権能が付与される旨を説くものが比較的多いが[16]，原告の訴訟上の義務（所定の紛争解決手続を履践する義務）違反を理由に訴えを却下することができる旨を説く見解も主張される[17]。

---

(11) 差し当たり，兼子一原著『条解民事訴訟法（第2版）』（弘文堂，2011年）735頁以下［竹下守夫］，新堂幸司=福永有利編『注釈民事訴訟法(5)』78頁以下［福永有利］参照。

(12) 濱田・前掲注(4)101頁は調停の実施を条件とした解除条件付の不起訴合意と解する。

(13) 上田・前掲注(4)144頁は，「一時的不起訴合意の存在にもかかわらず裁判権行使による私的自治への介入を許容することとなり，疑問が残る」とする。

(14) 中野・前掲注(4)23頁参照。

(15) 中野・前掲注(4)25頁参照。

(16) 宗宮・前掲注(4)121頁，上田・前掲注(4)144頁，中野・前掲注(4)25頁参照。

II　議論の状況

　第三の批判は，第二の批判とも関連するが，ADR 前置合意の訴訟上の効力を否定することは今日の国際的な潮流に逆行するとの批判である。すなわち，UNCITRAL 国際商事調停モデル法[18]の第 13 条は「当事者が既に生じた紛争または将来に生じうる紛争について調停をする旨を約し，かつ，特定の期間または特定の条件が成就するまでの間，仲裁手続または訴訟手続を開始しないことを明示的に合意したときは，当該合意は，当該合意が遵守されている間において，……仲裁廷または裁判所によりその効力が認められる」と規定する形で，調停前置合意の仲裁手続上および訴訟手続上の効力を肯定しているほか，諸外国の法律や判例においても調停前置合意に一定の訴訟法的効力を認める考え方（なかでも一方当事者の申立てにより手続の中止を認める考え方が有力であるとされる）が定着しつつあることに鑑みれば，わが国においてもこれらの諸外国と歩調を合わせた処理が望まれる，との指摘がある[19]。

　第四の批判は，いわゆる「なお書き」として，本判決が，仮に受訴裁判所に訴訟手続を中止する権能が認められると解した場合の実定法上の根拠を ADR 法 26 条の類推適用に求めた点に向けられる。すなわち，ADR 法 26 条 1 項は，当事者間に認証紛争解決手続によって紛争の解決を図る旨の合意がある場合（同項 2 号参照）において，当事者の共同の申立てに基づき裁判所が訴訟手続の中止を決定することができる旨を規定するところ，同条所定の「共同の申立て」を手続中止の前提条件とすることは，ADR 前置合意に実効性を持たせる手段として不十分と言わざるを得ない，との批判である[20]。所論によれば，

---

(17)　濱田・前掲注(4) 101 頁は，ADR 前置合意の効力として，原告が所定の紛争解決の手順を経ることなく訴えを提起した場合には，原告の義務違反を認定して訴えを却下することになるが，被告が私的交渉の不必要な引き延ばしや不誠実な対応をした事実があれば，被告の義務違反に基づき訴えの適法性を認めることができる，と説く。

(18)　UNCITRAL Model Law on International Commercial Conciliation (2002). 同モデル法の解説につき，三木浩一「UNCITRAL 国際商事調停モデル法の解説(1)-(9・完)」NBL754 号-756 号，758 号，760 号-764 号（2003 年）参照。なお，同モデル法は，2018 年に，国際和解合意とその執行に関する新たな規定を盛り込んだ改正がなされている。

(19)　中野・前掲注(4) 25 頁，阿部・前掲注(4) 98 頁参照。

(20)　中野・前掲注(4) 25 頁参照。また，濱田・前掲注(4) 101 頁は，認証紛争解決機関による紛争解決の促進を目的とする ADR 法の趣旨を，アドホックな民間調停と訴訟との関係で類推することを疑問視する。

32 ADR前置合意の効力に関する一考察〔川嶋隆憲〕

ADR前置合意を理由とする手続の中止は，家事審判規則130条（現行家事事件手続法275条1項に相当）の類推適用や，裁判実務で用いられる「期日は追って指定」の方法により，被告からの抗弁があればすることができるとされる[21]。

　以上のように，本判決は様々な観点から批判的な検討が加えられているが，他方で，本判決が結論においてADR前置合意に反する訴えを不適法却下しなかった点については，次の理由からこれを支持する見解が多い。すなわち，①本判決も述べるように，本件訴えを不適法却下した場合は，本件において原告が講じた一連の時効中断措置による時効中断効が生じず，また，再度の訴え提起に際して原告に提訴手数料の二重負担を強いることになり，原告にとって酷な結果を生じる[22]，②ADR前置合意の訴訟上の効力をおよそ一般に否定することは妥当でないとしても，調停手続に要する期間は限定的であるから，訴訟上の効力としてはその間の手続中止を認めれば足り，訴え却下という強力な効果を与えるのは行き過ぎである[23]，③訴訟に先立って裁判所の民事調停が試みられている本件においては，本件JSA合意が定める紛争解決手続を経るものではないとしても，上記事実に一定の評価が与えられて然るべきである[24]，などの理由が挙げられる。また，④そもそも本件JSA合意の解釈として，訴権を制限する旨の合意（訴権制限合意）を含んでいると解することはできず，それゆえに本件訴えの提起は本件合意によって制限されないとの見方もある[25]。

(2) 不起訴合意に関する議論状況

　ADR前置合意に関する議論は，しばしば不起訴合意のアナロジーとして論じられる。その当否についてはのちに検討するが（三Ⅰ参照），この点をいかに解するにしても，ADR前置合意も当事者間における訴えの提起に一定の制約を課すという点において不起訴合意と共通する面があることは否定できない

---

[21]　中野・前掲注(4)25頁参照。

[22]　上田・前掲注(4)144頁参照。また，伊藤眞『民事訴訟法（第6版）』（有斐閣，2018年）178頁注(20)は，本判決を例として，この種の合意に反して提起された訴えは訴えの利益を否定すべき旨を説くが，時効中断の必要などの特別の事情がある場合には例外的扱いが認められる，としている。

[23]　中野・前掲注(4)25頁参照。

[24]　中野・前掲注(4)25頁，濵田・前掲注(4)101頁参照。山田・前掲注(1)40頁も，本件においては，民事調停手続を経由したことで実質的には和解仲介手続の試みは尽きており，調停利用合意は実質的に履行されている旨を指摘する。

[25]　山本・前掲注(1)55頁参照。

から，不起訴合意に関する既存の解釈論との整合性ないし均衡性は無視し得ないものと考えられる。そこで以下，不起訴合意に関する従前の議論を概観しておく。

　不起訴合意に関する議論は，古くはその法的性質を中心に論じられてきた。わが国の伝統的な見解は，訴権は国家に対する権利であり私人間でこれを処分することができないので，不起訴合意は当事者間において不起訴の不作為義務を生じる私法上の契約としてのみ可能であると解した上で，不起訴合意に反して訴えが提起された場合には，相手方当事者において当該合意の存在を訴訟上の抗弁として主張・立証することにより，訴えは権利保護の利益に欠けるとして却下されると解する（いわゆる「私法契約説」）[26]。これに対しては，不起訴の合意を，司法機関の裁判権排除という訴訟上の効果（「変動効果」ないし「処分的効果」と呼ばれる）と，訴えを提起しないという訴訟上の義務を負担するという効果（「（訴訟法上の）義務付け効果」と呼ばれる）の発生を目的とした訴訟法上の契約であると捉えた上で，不起訴合意の当事者間においては合意した権利または法律関係について訴訟上の権利行使ができなくなるとともに，これに反して訴えが提起された場合には，当該合意の存在が裁判所に認められることにより，訴えは初めから不適法であったことになり，訴えは却下されると解する見解が主張される（いわゆる「訴訟契約説」）[27]。

　もっとも，不起訴合意の法的性質に関する見解の対立は，結論において訴えの原則的却下を導く点で大きな違いを生じるものではなく，近年における議論

---

[26]　兼子一「訴訟に関する合意について」同『民事法研究Ⅰ』（酒井書店，1950 年）273 頁以下［初出・法協 53 巻 12 号（1935 年）］，兼子一『新修民事訴訟法体系（増訂版）』（酒井書店，1965 年）153 頁参照。私法契約説の下では，合意に反する訴えの適否の問題は権利保護の利益の問題に収斂されることになるから，合意に反する訴えが当然に不適法と解されるわけではない。例えば，小山昇『民事訴訟法（5 訂版）』（青林書院，1989 年）235 頁は，「不起訴の契約があっても，それは訴権不発生の効果をもたらさない（訴権の発生障害にならない）から，当事者間で自主的な解決が行きづまったときは判決による解決の必要性がありうる」と説く。兼子・前掲論文 277 頁注69も，権利保護の利益の喪失については「契約の本来の効果ではなく，其の訴訟上の主張に対する訴訟法的評価に過ぎない」としており，権利保護の利益の判断に際して評価的要素が含まれることを示唆している。

[27]　竹下守夫「不起訴の合意と訴取下契約」三ケ月章=青山善充編『民事訴訟法の争点（初版）』（有斐閣，1979 年）157 頁，青山善充「訴訟法における契約」芦部信喜ほか編『岩波講座基本法学 4』（岩波書店，1983 年）259 頁など参照。

の中心は，不起訴合意が仲裁合意のような代替的な紛争解決手段を与えることなく司法による救済の途を排除する合意であることに鑑み，いかなる場合にそのような司法的救済の排除（その帰結としての訴え却下）という強力な効力を認め得るか，という不起訴合意の許容性ないし限界の問題に移っていると言える[28]。

　この点，例えば，新堂幸司教授は，不起訴合意の中には，当事者間の紛争についてまずは誠意をもって解決にあたり，いきなり裁判所に訴えることは避けるという趣旨の合意であって，最終的にも起訴しないとの効果意思があるとは言えないものもありうることを指摘した上で，そのように解すべき不起訴合意については，「自主的解決の努力がすでに尽くされたか，尽くしたとしても成功しない事情」が認められる場合には，合意に反して提起された訴えについても訴えの利益を肯定すべきであるとして，司法的救済の途を開いている。上記の場合であれば，裁判所が訴えを取り上げても私的自治への不当な介入であるとは言えないし，これを取り上げなければ，却って当事者の駆け引きに裁判所が手を貸すことになり，民事訴訟制度の目的からしても妥当とは言えない，とされる[29]。

　また，松本博之教授は，全面的不起訴合意と一時的不起訴合意を区別した上で，前者については，裁判を受ける権利は憲法上の基本的人権であり当事者はこれを放棄することができないと解されること，また，当事者が契約によって処分行為をしたいのであれば実体法上の権利を処分すれば足りること等を理由に，全面的不起訴合意の適法性を否定する。他方，後者については，第三者機関等による調停が不調に終わるまでの間は訴えを提起しない旨の合意等が想定されるところ，このような合意であれば当事者による訴え提起の可能性を全面的に奪うものではないから一般的には適法と解することができ（ただし，前置

----

(28) 兼子原著・前掲注(12) 736 頁［竹下］参照。また，山本和彦＝山田文『ADR 仲裁法（第2版）』（日本評論社，2015 年）317 頁は，不起訴合意の効力に関して，仲裁合意との不均衡を指摘し，仲裁合意の要式性（仲裁法 13 条 2 項参照）を認めた仲裁法の制定を契機として，不起訴合意の要件や方式についても再検討が必要である旨を説く。

(29) 以上につき，新堂幸司『新民事訴訟法（第 5 版）』（弘文堂，2011 年）260 頁注(1)参照。なお，同 261 頁は，不起訴合意の趣旨として，自主的解決の帰趨や事情変更の如何にかかわらず，訴えの提起という手段をとらない趣旨が明確なものは，合意の対象たる実体権を放棄する趣旨とみるべきであるとする。

される手続の質も様々であることに鑑み，司法調停を除いて個別の審査が必要とされる），当該合意に反して訴えが提起された場合には，裁判所は相手方の抗弁を待って訴えを「差し当たり」不適法として却下すべきである，と説く[30]。

山本和彦教授は，訴権を制限する内容を有する ADR 合意（訴権制限合意）を「時限付不起訴合意」と位置づけた上で，ある合意が訴権制限合意であると認定されるためには，原則として訴権を制限する旨の明示の合意が必要であるとし，例外的に黙示の訴権制限合意を認定しうる可能性があるとしても，訴えの提起に代わる時効中断効の有無や訴訟に代替される ADR 手続の明確性などの観点から，訴権排除の効果意思の存在について慎重に判断する必要があると説く[31]。また，訴権制限合意が認定されるとしても，それにより直ちに訴え却下の結論が導かれるわけではなく，暫定的一時的な訴権否定という当該合意の特徴に鑑みれば，訴えの利益を一般的な形で否定して訴え却下の結論に至ることは原則として相当ではなく，ADR における話合いが成立する蓋然性が高いなどの特段の事情がある場合に限り，例外的に訴えの利益が否定される旨を示唆する[32]。

Ⅲ　若干の考察

1　不起訴合意との異同

(1)　提訴制限合意としての側面

ADR 前置合意の効力を論じる前提として，まずは不起訴合意との間の共通点および相違点を明らかにしておきたい。不起訴合意に関する従前の議論の応用可能性は，両者の異同の有無および程度に即して検討される必要があると考

---

[30]　以上につき，松本博之＝上野泰男『民事訴訟法（第 8 版）』（弘文堂，2015 年）316 頁以下［松本博之］参照。池田辰夫「訴訟係属前後の訴訟上の合意の適法性」木川統一郎博士古稀祝賀論集刊行委員会編『民事裁判の充実と促進（上）　木川統一郎博士古稀祝賀』（判例タイムズ社，1994 年）223 頁が，当事者間の「合意」の成立を弾力的に解した上で，「一般的に ADR 手続先行中のときは，その間に提起された訴訟は［当該 ADR 手続での審理に問題がなく，暫定的な訴訟排斥が相当な期間にとどまる限り］不適法とみることができる」と説くのも，一時的不起訴合意の成立を観念する立場に近いと言える。

[31]　山本・前掲注(1) 43 頁以下参照。

[32]　山本・前掲注(1) 47 頁以下参照。

えられるからである。

　この点，ADR 前置合意も，訴えの提起に一定の制約を課すという提訴制限合意としての側面を有する点で，不起訴合意と共通する。ADR 前置合意の成立により，当該合意に定める一定の期間（例えば，調停人への付託から一定期間，あるいは調停手続の終了までの間など）にわたって訴えの提起が制限されるという効力が生じるという意味では，ADR 前置合意は不起訴合意の一種ないし亜型であると見ることができる。ADR 前置合意を「一時的不起訴合意」ないし「時限付不起訴合意」と呼ぶとすれば，それはまさに当該合意の提訴制限合意としての性格を端的に捉えたものと言うことができる。

　ADR 前置合意の提訴制限合意としての側面に着目すれば，学説上，不起訴合意（および不起訴合意を含む訴訟上の契約一般）の適法性判断基準ないし考慮要素として説かれてきた事由 —— 論者によって異なりうるが，例えば，①訴訟物たる権利または法律関係が当事者の処分を許すものであること，②合意時において当該合意から生じる訴訟追行上の不利益の限度が明確であること，③他に契約の無効事由がないこと[33] —— は，提訴制限合意の適法性判断基準ないし考慮要素としても，原則として妥当しうると考えられる。ADR 前置合意は，その効果として提訴制限という裁判を受ける権利に対する重大な制約を伴うものであるから，当該合意から生じる提訴制限の限度（提訴制限からの解放のための条件）が当該合意において明確であることは当該合意が有効であるための不可欠の前提をなすと言ってよい。また，ADR 前置合意が，当事者間の力関係を背景とした，訴訟による紛争解決を排除する手段として用いられるおそれがありうることに鑑みれば，契約の一般的有効要件としての適法性や社会的妥当性の観点[34]に照らして，その効力が否定される場合も想定しうる。一般に，他人の窮迫や軽率等に乗じて著しく過当な利益を獲得する行為が公序良俗違反と

---

　(33)　兼子・前掲注(26) 260 頁参照。兼子原著・前掲注(12) 906 頁［竹下］は，訴訟上の合意の一般的な要件として，各当事者に処分の自由が認められている行為であることを前提として，その契約から生じるべき不利益が予測可能であり，一方当事者の利益にのみ偏ったものないこと，を挙げる。また，笠井正俊＝越山和広編『新・コンメンタール民事訴訟法（第 2 版）』（日本評論社，2013 年）554 頁［名津井吉裕］は，不起訴の合意の効力を判断するにあたっての考慮要素として，合意の対象となる紛争，合意が行われた状況，合意の趣旨，合意の背景となった事情等を総合的に観察して，慎重に判断する必要がある旨を説く。

評価されるように[35]，提訴制限合意を含む ADR 前置合意を盛り込むことが相手方当事者の無知や窮状を奇貨としてなされる場合には，公序良俗違反（民90条）を根拠に無効と解される場合がありえよう。

(2) 手続履践合意としての側面

他方，ADR 前置合意は，上記の提訴制限合意としての性格にとどまらず，当該合意で定める ADR 手続の履践を当事者に課す点で，特定の権利または法律関係について訴えを提起しない旨を定めるにとどまる（単純な）不起訴合意にはない独自の特徴を持つ。

この手続履践合意としての側面は，それ自体が単体で合意の対象となりうるもの —— 仮に手続履践合意が提訴制限合意と無関係に締結されたとすれば当該 ADR 手続を利用する旨の合意（ADR 利用合意）にとどまる —— であり，なおかつ，これが提訴制限合意と組み合わされることで提訴制限合意の拘束力から当事者を解放する条件[36]として機能する点に特徴を持つ。このような ADR 前置合意の手続履践合意としての側面に着目すれば，いかなる場合であれば合意で定めた手続履践義務を果たしたこととなり，提訴制限合意の拘束力から解放されるのかが当事者に明確となっている必要があると考えられるから，ここでは契約の一般的有効要件としての確定性や実現可能性の観点からの検討が特に重要な意味を持つように思われる。一般に契約が有効であるためには，その契約内容が確定していることが必要であるから，手続履践合意を含む ADR 前置合意が有効に成立していると言えるためには，当該合意において ADR が前置されるべき権利関係の範囲や前置されるべき ADR 手続が，契約の内容として

---

(34) 契約の一般的有効要件（契約内容に関するもの）は，伝統的に，確定性，実現可能性，適法性，社会的妥当性の4つに分けて説明される。四宮和夫＝能見善久『民法総則（第9版）』（弘文堂，2018年）297頁以下，内田貴『民法Ⅰ（第4版）』（東京大学出版会，2008年）267頁以下参照。

(35) 大判昭和9・5・1民集13巻875頁，最判昭和32・9・5民集11巻9号1479頁など参照。

(36) 訴訟行為に条件または期限を付すことは，原則として手続の安定性を害するものとして許されないが，手続の安定性を害さないと認められる範囲で例外的に許容される場合がある。訴訟上の合意に関しても，従来の学説・裁判例は，被告が原告に対して一定の金員を支払うことを条件とする訴え取下げ合意や，私的整理の当事者間において一定段階までは訴えを提起しない旨の不起訴合意など，期限や条件を付けることについて比較的寛容な立場を採っている。従前の議論につき，青山・前掲注(27)264頁参照。

具体的に確定していることが求められる[37]。また，手続履践合意の内容が当事者に不可能を強いるものである場合は実現可能性に欠けることになるから，手続履践合意の内容として，特定の ADR に関する手続申請義務や手続応諾義務を課すのみならず，およそ一般に和解案の承諾義務を課すものについては，上記実現可能性の観点からは原則として許容しえないと考えられる。

(3) ADR 合意の多義性

このように見てくると，学説上，既に指摘されているように，一口に ADR 合意——特定の当事者間において特定の ADR 手続を利用する旨の合意——といっても多義的であり[38]，少なくとも，① ADR の手続履践合意としての性質を持つにとどまる ADR 合意（ADR 利用合意）と，②手続履践合意の履行が提訴制限合意の拘束力からの解放と結び付けられている ADR 合意（ADR 前置合意）は，理論上区別して考える必要がある。ある合意が ADR 前置合意として有効に成立しているかは，主として，当該合意の文言とその解釈，また，合意内容に関する有効要件の充足にかかっているが，これを大まかに整理するならば，㋐当該合意の内容として，所定の ADR 手続を履践するまでの間は訴えの提起が制限される旨の合意が含まれていること（契約内容としての提訴制限合意と ADR 履践合意の含意）を前提として，㋑提訴制限合意としての有効要件と ADR 履践合意としての有効要件がそれぞれに充足されていることが必要であると言える。提訴制限合意については，裁判を受ける権利の制約という効果の重大性に鑑み，適法性・社会的妥当性の観点から特に慎重な検討と判断が必要となると考えられるのに対し，ADR 履践合意に関しては，それが提訴制限からの解放の前提条件としての機能を果たすことに鑑み，とりわけ内容の確定性が重要なファクターとなると言えよう。

なお，上記の概念上の区別は，ADR 法 26 条 1 項に定める「合意」の意義を明らかにする上でも有用である。すなわち，ADR 法 26 条 1 項は，訴訟の係属中に，当該当事者間において認証紛争解決手続が実施されているか，または，当該当事者間に認証紛争解決手続によって当該紛争の解決を図る旨の合意

---

(37) 阿部・前掲注(4) 96 頁以下は，イギリス法の議論を参考とした実務上の指針として，「法的効力を有する ADR 条項を作案する際には，調停人の選任方法，具体的調停手続，適用される規則，調停の始期と終期等を具体的に規定することが望ましい」としている。

(38) 山本・前掲注(1) 42 頁参照。

がある場合に，当該当事者の共同の申立てがあることを要件として，受訴裁判所が4か月の限度で訴訟手続を中止する決定をすることができる旨を定めているところ，同項に定める「合意」は，その論理的な解釈として，上記にいうADR利用合意をいうものと解するのが相当である。なぜなら，ADR利用合意は単体では提訴制限の効果を伴わないから，係属中の訴訟手続においてADRを訴訟に優先させる裁判所の訴訟指揮を求めるには，別途，訴訟手続の利用制限に係る当事者の明確な意思（手続中止の共同申立て）を求めることが適切であると考えられる[39]のに対し，ADR前置合意はそれ自体が既に訴訟手続の利用制限の意思を含んでいると解される以上，受訴裁判所がADRを訴訟に優先させる措置を講じるにあたり重ねて当事者の共同申立てを必要とするというのでは，ADR前置合意を締結した当事者の意思をそのものを否定することになると考えられるからである。

2 改正民法とADR前置合意

(1) 協議を行う旨の合意による時効の完成猶予

「民法の一部を改正する法律」（平成29年法律第44号）（以下，「改正民法」と表記する）は，主として債権関係の規定について全面的な見直しを行った。時効制度に関しても，現行法における時効の中断・停止事由を大幅に見直し，これらの時効障害事由を時効の完成を猶予する効果を有する「完成猶予」と，時効期間を新たに進行させる効果を有する「更新」とに再構成した上で，時効の完成猶予事由として，①裁判上の請求等（改正民法147条1項），②強制執行等（同148条1項），③仮差押えおよび仮処分（同149条），④催告（同150条），⑤協議を行う旨の合意（同151条1項）を定める。これらの完成猶予事由のうち，①ないし④は，現行法上も時効障害事由として規定があるものを完成猶予事由として規定し直したものであるのに対し，⑤は，改正民法において新たに追加されたものである。

改正民法が協議を行う旨の合意を時効の完成猶予事由としたのは，現行法下においては，当事者が権利をめぐる争いを解決するための協議を継続していて

---

[39] 山本・前掲注(1)59頁は，ADR法26条にいうADR合意は，あくまでADR利用合意であって提訴制限合意ではないので，改めて両当事者の共同申立てを求めている，と解する。

32 ADR前置合意の効力に関する一考察〔川嶋隆憲〕

も，時効の完成を阻止するためには裁判所における訴えの提起や調停の申立てなどの措置をとらざる得ないところ，そのような法的手段に訴えることが当事者間における自発的で柔軟な紛争解決の障害となると考えられたことによる[40]。改正民法は，権利についての協議を行う旨の合意が書面または電磁的記録によりされた場合には，①当該合意時から1年間，②当該合意で協議の期間（1年に満たないものに限る）を定めた場合には，その期間を経過するまでの間，③協議の続行を拒絶する旨の通知が書面または電磁的記録によりされた場合には，当該通知時から6か月を経過するまでの間，時効の完成が猶予される旨を定める（改正民法151条1項1号ないし3号。電磁的記録による場合につき，同4項，5項参照）。また，上記猶予期間中にされた再度の合意は，本来の時効が完成すべき時から通算して5年を超えない範囲で，時効の完成猶予の効力を生じるとされる（同2項参照）[41]。

　なお，改正民法施行以前においても，当事者間における協議が時効障害事由となりうる場合として，ADR法所定の認証紛争解決手続を利用した場合がある。同法25条は，認証紛争解決手続の利用を要件の一つとして，その後，訴えを提起した場合に，時効中断との関係では，認証紛争解決手続における請求の時点を訴え提起の時点とみなす旨を定める。これは，ADRの継続中にその目的となった権利について時効が完成するようなことがあれば，結局，訴訟等の時効中断効が認められる他の紛争解決手続を選択せざるを得ないことから，認証紛争解決手続を利用するインセンティブとして時効中断（改正民法では完成猶予）の特例を認めたものである[42]。もっとも，上記特例の適用を受けるためには，認証紛争解決手続を利用したことのほか，当該手続によっては紛争解決についての合意が成立する見込みがないことを理由に手続実施者がこれを終

---

[40]　改正の趣旨につき，筒井健夫＝村松秀樹編『一問一答 民法（債権関係）改正』（商事法務，2018年）49頁，大村敦志＝道垣内弘人編『解説民法（債権法）改正のポイント』（有斐閣，2017年）74頁〔石川博康〕参照。また，商事法務編『民法（債権関係）の改正に関する中間試案の補足説明』（商事法務，2013年）82頁以下，法制審議会民法（債権関係）部会の部会資料80-3（http://www.moj.go.jp/content/000124580.pdf）2頁以下も参照。

[41]　このほか，協議を行う旨の合意は更新の措置をとるまでの暫定的なものである点において催告と共通することに鑑み，催告によって時効の完成が猶予されている間に協議を行う旨の合意がされても時効の完成猶予の効力は認められず，また，協議を行う旨の合意によって時効の完成が猶予されている間に催告がされても，当該催告に時効の完成猶予の効力は認められない旨が定められている（同3項参照）。

了したこと，当事者が手続終了の通知を受けた日から1か月以内に訴えを提起したこと等，同条が定める他の要件を充足する必要がある。

(2) ADR 前置合意と時効の完成猶予

前記東京高判平成 23・6・22 判時 2116 号 64 頁は，ADR 前置合意に訴訟要件の欠缺という訴訟上の効力を認めることのできない理由として，交渉や民間調停は，いずれも紛争を最終的に導く保障を有しないことに加え，（ADR 法 25 条の適用がある場合を除き）時効中断効がないために，時効中断効を確保したい当事者としては訴えの提起以外に確実な方法を有しないことを挙げており，交渉や民間調停には時効中断効がないことを ADR 前置合意の訴訟上の効力を否定的に解する論拠の一つとしている。仮に ADR 前置合意に反する訴えが不適法として却下されるとすれば，所定の ADR 手続を履践するまでは訴えを提起することができず，そのために争いの対象となっている権利について時効が完成する事態を生じうる。事実，上記東京高判の事案は，時効の完成が間近に迫る中で，X が Y らに対して催告をし，その後，催告から 6 か月以内に民事調停の申立てをし，調停不成立となったのち間もなくして訴えを提起したという事案であり，仮に本件訴えを却下すれば，一連の時効中断効がすべて消滅する結果，係争中の権利について時効が完成することになるケースであった。本判決の評釈等においても，時効完成回避の手段を奪うことの不当性を説くものは少なくない。

今次の民法改正が ADR 前置合意の効力に関する従来の議論に与える影響の有無および程度について考えると，差し当たり，議論の対象となりうる問題状況として，次の二つの場合を想定しうる。

第一に，ADR 前置合意の成立によって時効の完成猶予の効力が生じ，これによって本来であれば時効が完成すべき時点での時効の完成を免れる場合である。一例としては，時効の完成が迫っている特定の権利義務について，当事者間において訴えの提起に先立ち ADR による紛争解決を試みる旨の ADR 前置合意が書面または電磁的記録の方法により締結された場合が挙げられる。この

⒀　ADR 法 25 条の規定の趣旨につき，内堀宏達『ADR 認証制度 Q&A（別冊 NBL114 号）』（商事法務，2006 年）176 頁参照。なお，改正民法では訴えの提起が時効の完成猶予事由として規定されたことに伴い，ADR 法 25 条の規定も，これまでの「時効の中断」に関する特例規定から，「時効の完成猶予」に関する特例規定に改められている。

場合，当該 ADR 前置合意の成立により「協議を行う旨の合意」としての時効の完成猶予の効力が発生し，時効期間が経過してもなお，民法 151 条 1 項所定の期間にわたっては時効の完成が猶予されることになる。だとすると，紛争当事者間において上記の合意が締結された場合には，暫定的ではあるものの，これによって時効の完成を回避することが可能になるから，ADR 前置合意の効力として訴えの却下という扱いを認めると当該権利者の時効完成回避の手段が奪われる，との懸念はここでは当然には妥当しない（結論において訴えの却下という扱いが適当であるか否かは別問題であり，この点については後述する）。

第二に，既に成立している ADR 前置合意とは別に，当事者間で「協議を行う旨の合意」が成立することで時効の完成が猶予される場合である。一例としては，取引上の契約を締結するに際して，当該契約から生じうる将来の紛争について ADR 前置を事前に合意しておく場合が考えられる。この場合，他に特段の定めがなければ，時効完成を間近に控えた時期において時効の完成を回避するためには，別途，「協議を行う旨の合意」を締結するか，または訴えを提起して時効の完成を阻止する手段を講じる必要があると考えられる。この場合，当事者間において「協議を行う旨の合意」を得ることができる場合はこれにより時効の完成を回避することができるが，そのような見込みのない状況では，訴えの提起が事実上唯一の時効完成回避の手段となる点で，現行法下におけるのと変わりない。ADR 前置合意の効力として訴えの却下という扱いを認めると当該権利者の時効完成回避の手段が奪われる，との懸念はその範囲では妥当しうると考えられる。

このように見てくると，今次の民法改正において「協議を行う旨の合意」が時効の完成猶予事由の一つに加えられたことにより，時効完成回避のために ADR 前置合意に反する訴えの提起を許容しなければならない場面は限定的なものとなった，との見方もできないではない。しかしながら，改正民法下においてもなお，ADR 前置合意の効力として訴えを却下することが権利者の時効完成回避の手段を奪うことになる場面を想定しうることは既に見たとおりである。また，時効完成を間近に控えて「協議を行う旨の合意」が成立した場合であっても，その効果はあくまで暫定的なものにとどまるから，時効の完成を確定的に阻止するために，訴えを提起して確定判決等を取得する（改正民法 147 条 2 項参照）途を残しておく必要があることは，改正民法下においても変わら

ない。理論的には，「協議を行う旨の合意」により時効の完成猶予の効力が生じる間は，本案判決を受ける必要性を欠く（訴えの利益の欠缺），あるいは，裁判所の審判権が排除されること理由に訴えが却下されるとの見解も想定しうるが，このような解釈論は，訴えを却下された原告に再度の訴え提起の負担を強いることになるだけでなく，訴えの提起が適法と解される時点をどこに求めるか（時効の完成猶予効が消滅するよりも前である必要があるが，明確な線引きは容易ではない）という問題を生じさせる点で適切ではないように思われる。

3　小括 —— 議論の継続と発展に向けて

(1)　基本的視点

以上の紹介と考察を踏まえて，ADR 前置合意の効力に関する基本的な視点を整理すると，大別して，次の三点に整理することができる。

第一は，ADR 手続を利用する旨の当事者間の合意（広い意味での ADR 合意）の内容として，所定の ADR 手続を履践するまでの間は訴訟手続の利用を制限する旨の合意（提訴制限合意）を含んでいると解することができるか，という当該合意の解釈に関わる視点である[43]。この点，特定の法律関係について所定の ADR 手続を履践するまでは訴えを提起することができない旨が明示的に定められている場合には，当該合意には訴訟手続の利用制限の意思が含まれているものとして，その意思に応じた法的効果（後記参照）を付与することが考えられてよい。一応の目安としては，ADR 合意において訴えの提起に先立ち所定の ADR 手続に「よらなければならない」（あるいは，当該 ADR 手続を試みるまでの間，訴訟手続を「開始することができない」）旨を定める合意は，一般に，提訴前に当該 ADR 手続を前置させる意思を含むものと解され，当該合意から発生する一定の拘束的効果に服すると解するのが相当であると思われる（他に訴訟上の合意としての有効要件や契約一般の有効要件を備えている必要があることは既に見たとおりである）。他方で，所定の ADR 手続に「よることができる」旨の合意は，これを字義どおりに解する限り，提訴前に当該手続を任意で選択できる旨を定めるものと解されるから，ADR の必要的前置に関する黙示の合

---

(43)　山本・前掲注(1) 43 頁は，「個々の ADR 合意と訴訟手続との関係を考察するに際しては，その ADR 合意が……訴権制限合意としての内容を有するものであるのか，についてまず慎重な検討を要する」と説く。

意があったことを基礎づける特段の事情[44]がない限り，右合意に反して訴えが提起された場合でも，当該契約違反の問題を生じないと考えられる。

第二は，ADR 合意が訴訟手続の利用制限合意（提訴制限合意）を含むものと解される場合には，当該合意を締結した当事者の真意に即した法的効果が付与されるべきである，という契約の効力に関する視点である。もちろん，ADR 合意の中には，当事者相互の信頼を基礎とした自発的な履行を期待するにとどまる，いわゆる「紳士協定」としての性格を持つものも少なくないと思われる。しかしながら，訴訟という最終的かつ強制的な紛争解決手続の存在を前提として，あえて ADR 手続の履践を前置させる当事者の主たる動機ないし目的は，ADR 手続を利用することによるメリット —— 訴訟によっては必ずしも得られない紛争解決の可能性[45] —— を享受することにあると考えられるから，当該合意の法的効果の有無および範囲を考えるにあたっても，上記の動機ないし目的に基礎づけられた当事者意思に即応する法的効果が付与されることが望ましい。この点，ADR 前置合意に私法上も訴訟上も何らの法的効力も生じないとするのでは，上記メリットを享受する利益は容易に奪われてしまうことになるし，私法上の効力が生じると解した場合でも，その効力が実体的な作為・不作為義務（およびその義務違反に対する損害賠償義務）の発生にとどまると解するのみでは，ADR 前置合意に反する訴え提起を抑止する効果は薄弱であるように思われる[46]。当事者間の合意が訴訟手続の利用制限の意思を含む合意である限りは，当該合意の実効性を確保するために，合意に反する訴えに対して直接的な

---

[44]　山本・前掲注(1) 45 頁以下は，黙示の訴権制限合意の認定に関して，「代替的手続保障なしに訴権を制限されることに当事者が同意するとは一般に考え難く，あえて当事者が代替的な手続保障を不要としたと理解できるような特段の事情のない限り，……当事者の訴権制限の黙示の意思を推認することは相当でない」との見地から，当該合意の認定にあたっては，時効中断との関係（訴訟に代えて利用が強制される ADR 手続が時効中断効を持つか否か）や，ADR 手続の明確性（訴訟に代えて利用を強制される ADR が訴訟手続を排除にするにふさわしい明確なものであるか否か）などの観点から，慎重に判断する必要があるとしている。

[45]　「司法制度改革審議会意見書」（平成 13 年 6 月 12 日）における「ADR の拡充・活性化の意義」では，①利用者の自主性を活かした解決，②プライバシーや営業秘密を保持した非公開での解決，③簡易・迅速で廉価な解決，④多様な分野の専門家の知見を活かしたきめ細かな解決，⑤法律上の権利義務の存否にとどまらない実情に沿った解決，の可能性が指摘される。山本=山田・前掲注(28) 12 頁以下も参照。

法的効力 —— 訴訟手続の利用制限 —— を付与する解釈が志向されるべきであろう。現行法制上，調停前置が義務付けられている場合に，これに反して訴えが提起された場合の処理としては，調停手続を先行させるべく，訴訟手続を中止する（民調 20 条の 3，家事事件手続法 275 条参照）扱いがとられていることを参酌すれば，ADR 前置合意に基づき調停前置が当事者に義務付けられている場合もまた，両者の問題状況において特段の差異がない限り，同様の扱いを認めることが相当であるように思われる。

　第三は，ADR 前置合意の効力として訴訟手続の利用制限という効力を付与することによって得られる利益と，それによって制約を受けることになる利益との間の，実質的な利益衡量の視点である。このような利益衡量的視点は，前記東京高判平成 23・6・22 判時 2116 号 64 頁においても，訴え却下に伴う時効中断効の遡及的消滅や再度の訴え提起に伴う提訴手数料の二重負担への配慮，という形で現れている。前述のように，争いのある権利義務について時効の中断（改正民法では時効の完成猶予・更新）の効力を得るためには，ADR 合意の存在にもかかわらず，債権者に時効完成回避のために訴えの提起を許容すべき場合があることは否定できないから，ADR 前置合意に基づく訴訟手続の利用制限の具体的な帰結として，訴え却下という扱いを認めることは相当ではない。学説上は一時的却下という扱いが説かれることがあるが，ここでいう一時的却下が，時効の完成に至るまで相当程度の時間的な余裕がある（ゆえに時効完成回避の手段を奪うことにはならない）場合に限ってなされるものであるとしても，原告に再度の訴え提起の負担を強いるという問題はなお残る。時効の中断（ないし完成猶予・更新）の必要性や再度の訴え提起に伴う費用と労力の回避という利益は，裁判管轄権の欠缺（管轄違い）の場面において特に顧慮されてきた利益であるが，これと同様の考慮は ADR 前置合意に反する訴え提起の場面において同様に妥当すると言ってよい。

　上記の利益衡量の視点は，主として，ADR 前置合意に反して訴えを提起す

⑷　ADR 前置合意の義務違反によって生じる損害の評価も一つの問題である。詳細に立ち入ることはできないが，ADR 手続を履践したとしても最終的な解決に至るかは不確実であるし，最終的な紛争解決の内容もまた不可知であることからすると，いわゆる履行利益（契約が履行されたならば債権者が得られたであろう利益）の考え方には馴染まず，信頼利益（契約の成立・継続を前提に支出した費用）の回復にとどまると見るべき性格の問題であるように思われる。山田・前掲注⑴ 40 頁も，損害の証明困難を指摘する。

32 ADR前置合意の効力に関する一考察〔川嶋隆憲〕

る当事者の利益に着目するものであるが，これに加えて，ADR 前置合意に反する訴訟の利用を無限定に許容した場合に生じうる，裁判所ないし司法制度の側の負担にも一定の目配りが必要であろう。ADR 前置合意に反する訴えについて何らの法的効力も認められないとすれば，当事者の一方において所定のADR を試みることなく裁判所に訴えを提起することも特段妨げられないこととなるが，このような事態は，相手方当事者における ADR 利用のメリットを奪うだけでなく，訴訟手続の利用を回避しえたにもかかわらず訴訟手続を利用することになったという意味において，限りある司法資源の効率的な利用という裁判所ないし司法制度（およびその費用負担者としての納税者）の利益を損なう面があることも否定できない。もちろん，ADR 前置合意が存在する場合でも，当事者間の信頼関係が破綻しており，およそ ADR 手続による調整が見込めない場合になお ADR 手続の利用を強いることは，却って当事者およびADR 機関の費用と労力を費消することとなり，ADR 手続とその後の訴訟手続において当事者に二重負担を強いるものであるから，ADR 前置合意に反して訴えを提起された裁判所においては，当該事案の具体的事情に応じた状況適合的な判断が求められる。

　以上の点を勘案すれば，ADR 前置合意に反して訴えが提起される場合の扱いとしては，これを直ちに訴訟要件の欠缺による訴え却下という効果に結び付けるのではなく，裁判所において，訴えが提起されるに至った諸般の事情を考慮した上で，所定の ADR 手続を先行させることが適当と認められる場合には訴訟手続を暫時中止する，という裁判所の裁量判断的扱いによることが，訴え却下によって生じうる当事者の不利益を回避しつつ，訴訟制度の効率的な利用という公益的要請に適うように思われる[47]。ADR 手続と訴訟手続とが同時または相前後して並行するという状況は，いわゆる重複訴訟（ただし，ここでは「重複手続」という語が相応しい）の状況と近似していると見ることができると

---

[47]　山田・前掲注(1) 39 頁は，「訴訟利用の可能性を留保しつつ ADR を利用するという紛争解決手続に係る意思の合致が見られるならば，原則としてその実現を図るべき」との立場から，「オールオアナッシング，すなわち，訴えを却下するか否かではなく，訴訟手続は係属し，手続を事実上中止して（あるいは中止しないで），ADR 手続を先行させ，その状況や結果を見ながら訴訟の帰趨を決めるという訴訟指揮も考えられよう」と論じる。他に，訴訟手続の中止を含む裁判所の裁量的判断の活用を説く見解として，中野・前掲注(4) 171 頁，山本・前掲注(1) 56 頁など参照。

ころ，重複訴訟の処理は個別事件の性質や状況，進行の程度やタイミングといった諸要素を勘案してなされるべき裁判所の裁量性の高い行為であると説かれる[48]ことは，ここでの問題処理を考えるにあたっても示唆的であると言えよう。

　(2) 東京高判平成 23・6・22 判時 2116 号 64 頁の再検討

　東京高判平成 23・6・22 判時 2116 号 64 頁については，既に様々な観点から検討されていることは既に紹介したとおりであるが，ここでは，上記の基本的視点に沿って若干の再検討を試みる。

　まず，本件 JSA 合意の内容として訴訟手続の利用制限の意思が含まれていると解することができるか否かという本件合意の解釈であるが，民間調停に「付託することができる」とする JSA 第 9 条の文言からは，これを素直に読む限り，提訴前に民間調停手続を任意で選択できる旨を定めたものと解される。JSA 第 9 条は，その規定ぶりから[49]，訴訟手続を，相対交渉や民間調停によっても解決することができない場合の最終的手段として位置づけていることが読み取れるが，交渉や調停を経ることなく訴えを提起することを明示的に排除する意思は少なくとも明示的には表れていないし，不起訴合意に相当しうる条項[50]が明確に盛り込まれているわけでもない。よって，本件 JSA 合意の解釈として，訴訟手続の利用制限の合意が含まれていると解することは，他に当事者の真意が ADR の必要的前置にあったことを基礎づける事情がない限り，適当ではない[51]。したがって，本件 ADR 合意に反する訴えの提起を適法なもの

---

(48)　三木浩一「重複訴訟論の再構築」同『民事訴訟における手続運営の理論』（有斐閣，2013 年）318 頁［初出・法研 68 巻 12 号（1995 年）］は，重複訴訟の処理を裁判所の訴訟指揮権の範疇に属する事件管理の一環として位置づけた上で，「有限な司法資源の適正管理，判決相互の抵触防止による裁判の信頼性の維持，当事者の裁判を受ける権利の保障などを根拠とする裁判所の生来的義務であり，個々の事件における紛争の性質，事件の進行状況，両訴の関係などに応じてタイミングと手段が選ばれるべき裁量性の高い行為である」と説く。

(49)　JSA 第 9 条の訳文につき，前掲注(8)参照。

(50)　公刊された裁判例において，不起訴合意の成立が認められた合意条項の例として，「Y 社の倒産に伴なう整理について，破産等の裁判手続によらず，Y 社に属する資産をもって，債権者の債権に対し，平等弁済して迅速公正なる整理をなすことに同意します。」（名古屋地判昭和 58・7・25 金判 689 号 27 頁），「絶対に，借金返済のための裁判の申し立てはしないものとする。」（水戸地判平成 18・12・24 判タ 1247 号 340 頁）などがある。

32 ADR前置合意の効力に関する一考察〔川嶋隆憲〕

と判断した本判決は，上記の理由に基づき，結論において支持できる。

次に，仮に本件 JSA 合意が，訴訟手続の利用制限の意思を含む，ADR 前置合意としての性質を持つものであったと考えた場合はどうか。前述のように，ADR 前置合意の法的効力については，当該合意の実効性を確保するために，当該合意から訴訟手続の利用制限という訴訟上の効力が直接的に生じると解するのが相当であり，かつ，右の効力は訴えを当然に不適法とする効力まではなく，訴えが提起されるに至った諸般の事情を考慮した上で，所定の ADR 手続を先行させることが適当と認められる場合には訴訟手続を暫時中止する，という裁判所の裁量権が付与されると解するのが相当である。この点，本件では，本件 JSA 合意所定の民間調停は履践されていないものの，訴え提起に先立ち，簡易裁判所における司法調停（民事調停）が試みられているという経緯がある。本件 X が JSA 合意所定の民間調停ではなく，司法調停を選択した理由としては，消滅時効の完成が迫る中，民事調停を申し立てることで，時効の完成を一時的に回避しながら，まずは調整型の紛争解決を目指したことが推測される。仮にこのような調停申立ての経緯や動機が認められるとすれば，本件事案においては JSA 合意所定の民間調停は司法調停によって代替的に履践されたものとものとして，手続の停止の必要までは認められないと考えることができよう[52]。

なお，本件 X の主張からは，本件 JSA 合意を締結した当時とは異なり，本件訴え提起の前後においては既に紛争が深刻化しており，ADR による自主的な紛争解決が期待しにくい状況にあったという事情も垣間見える[53]。しかしな

---

(51)　山本・前掲注(1) 51 頁以下は，本件 JSA 合意が手続の進め方等を全面的に調停人の裁量に委ねる内容となっていることに鑑み，黙示の訴権制限合意を認めることは困難であるとしている。

(52)　ただし，このような理解が成り立つためには，ADR 前置合意で定められた民間調停手続と，これに反して申し立てられた司法調停手続との間に実質的な同質性ないし代替性があること，換言すれば，当事者間で当該民間調停手続を選択した目的が，司法調停によっても実質的に達成しうること，が必要になると思われる。山田・前掲注(1) 40 頁は，本判決の理解につき，「例えば専門的知見を求めて民間 ADR が合意されていた場合など，事情が異なる事案には射程が及ばないと考えることもできよう」と指摘する。

(53)　ただし，原判決は，「本件全証拠に照らしても，……訴訟によらない自主的な紛争解決が全く不可能であるとまでは認めるに足りない」としており（本判決もこれを引用），このような事情を積極的に認定しているわけではない。

がら，仮にこのような事情が認められるとしても，ADR 前置合意をあらかじめ締結しておくことの意義は，（当該合意がなければ）任意の紛争解決が期待できない状況下においてなお訴訟によらない紛争解決の可能性を協同して模索することにあると言えようから，当事者間の関係悪化という事実のみでは ADR 前置合意に反する訴えを当然に許容すべき理由にはならないように思われる。

Ⅳ　結びに代えて

　以上，本稿では，ADR 前置合意の効力について，この問題を正面から取り上げた東京高判平成 23・6・22 判時 2116 号 64 頁と，これを契機とする学説上の議論をもとに，若干の考察を試みた。この問題に関する筆者の私見は前章で述べたとおりである。

　ADR 前置合意の効力として，訴訟手続の利用制限（手続の中止に関する裁判所の裁量権の付与）という訴訟上の効力を直接的に付与することは，当該合意によって生じうる利益・不利益の限度について当事者の予測可能性を高めるだけでなく，紛争発生時において所定の ADR 手続を協同して履践するインセンティブとして機能することが期待される。当事者間の契約交渉過程において，将来において発生しうる紛争の種類や性質に即した ADR 手続をあらかじめ選択するというプロセスは，当事者間において当該 ADR 手続を利用する意義や利点を共有し，あるいはまた，これを再確認する契機となるであろうし，一般に当事者間の良好な関係を構築することが難しい紛争発生下においてなお，当事者をより望ましい手続選択へと向かわせる推進力ともなりえよう。ADR 前置合意の訴訟上の効力を肯定することが，裁判所の適切な訴訟運営の下で，ADR を含む広義の紛争解決手続全体の効率的利用を促進することにつながるという面も軽視できないように思われる。

　立法論としては，裁判所等において適当と認める場合に ADR の利用を勧奨することができる旨の規定や，さらに進んで，裁判所等において必要と認める場合に事件を ADR 手続に付することができる旨の規定（いわゆる「付 ADR」制度）の必要性等が今日的課題となっている[54]。裁判所において，他の紛争解決手続の利用を推奨し，あるいはこれを義務付けることは，訴えを提起した当事者の裁判を受ける権利との関係で慎重な配慮が必要であることは言うまでも

32 ADR前置合意の効力に関する一考察〔川嶋隆憲〕

ないが，ADR 前置合意が存在する事案においては，訴訟手続の利用制限に関する当事者意思の合致が認められる限り，当該合意の実効性確保の観点から，所定の ADR 手続の推奨ないし義務付けを認めることは許容されてよいように思われる。ADR の勧奨ないし「付 ADR」制度の立法的検討にあたっては，ADR 前置合意の効力をめぐる解釈論との接点をも視野に入れた考察が望まれる。

〔付記〕春日偉知郎先生には，先生の慶應義塾大学在任時から，研究会等を通じて多くのご指導とご助言を頂戴する機会に恵まれた。筆者が大学院で初めて取り組んだテーマはアメリカの域外的ディスカヴァリをめぐる「国際司法摩擦」であったが，これを選んだそもそものきっかけは，上記テーマに関する先生の一連の著作に触れ，研究対象としてのスケールの大きさ，問題解決に至る道のりの険しさに強い知的好奇心を抱いたことに始まる。以来，「民事手続の国際的調和」への問題意識は，英米法理論の日本法への応用可能性を模索する筆者の研究スタンスの底流をなしている。これまでの学恩に報いるには甚だ不十分ではあるものの，このたび古稀を迎えられた春日先生への心からのお祝いと感謝の気持ちを込めて，謹んで本稿を献呈させていただきたい。

＊本稿は，JSPS 科研費（JP17K13650）の助成による成果の一部である。

---

(54) 裁判所による（認証）ADR の勧奨や勧告の制度は，法務省「ADR 法に関する検討会報告書」（2014 年 3 月 17 日）（http://www.moj.go.jp/content/000121361.pdf）では，「将来において更に検討されるべき」問題として時期尚早の判断が示されたものであるが，その後，一般財団法人日本 ADR 協会「ADR 法制の改善に関する提言」（2018 年 4 月 25 日）（https://japan-adr.or.jp/adrproposal20180425.pdf）が明文規定の導入に向けた提言を行っており，制度化の機運は高まりつつあると言える。

33 オーストラリアにおける金融 ADR
—— ワンストップ・サービスへの統合経過

工 藤 敏 隆

I は じ め に

わが国では，2009 年（平成 21 年）に，銀行法，金融商品取引法，保険法などの金融サービスに関する法律[1]の改正によって，顧客と金融サービス事業者間の取引上の紛争について，行政庁の指定を受けた民間の機関が紛争解決を行う，「金融 ADR」制度が創設され，2010 年（平成 22 年）10 月から施行されている。わが国の金融 ADR は，制度創設以前から金融サービスの業界団体が自主的に行っていた ADR の仕組みを活用しつつ，その中立性・公正性を制度的に担保し，顧客保護の充実を図ったものである[2]。このように，金融分野で業界団体が自主的に行なっていた ADR を，政府認可による ADR に発展させた制度は，わが国に先んじてオーストラリアが採用していた[3]。しかし同国では，当初は業態ごとに分立していた ADR が次第に統合され，2018 年の法改正により，公的年金の一種であるスーパーアニュエーションも含めたあらゆる金融業態について一つの ADR 手続のみが認可を受ける制度となり，オーストラリ

---

(1) 全 16 法の関係条文の対照表が，金融庁ウェブサイト［http://www.fsa.go.jp/policy/adr/hourei/01.pdf］に掲載されている（本稿に記載する URL は，別途記載がない限りすべて 2019 年 1 月 13 日閲覧）。

(2) 金融 ADR に関する立法に先立って行われた議論を取り纏めたものとして，金融トラブル連絡調整協議会「金融分野における裁判外の苦情・紛争解決支援制度（金融 ADR）の整備に係る今後の課題について（座長メモ）」（平成 20 年 6 月 24 日）。［http://www.fsa.go.jp/singi/singi_trouble/houkoku/20080624/02.pdf］および，金融審議会金融分科会第一部会・第二部会合同会合「金融分野における裁判外紛争解決制度（金融 ADR）のあり方について」（平成 20 年 12 月 17 日）［http://www.fsa.go.jp/singi/singi_kinyu/dai1/siryou/20081217/02.pdf］

『現代民事手続法の課題』春日偉知郎先生古稀祝賀〔信山社，2019 年 7 月〕　　749

ア金融苦情処理機構（AFCA: Australia Financial Complaints Authority）の呼称によるワンストップ・サービスが実現するに至っている。

　わが国が金融ADR制度を創設する際にも，業態横断的かつ包括的な紛争解決機関を創設すべき旨の提案がされ[4]，現行制度の導入の際にも，将来的には業態横断的な制度の構築が望ましいとされていた[5]。わが国の業態別の金融ADRは8年以上に渡り安定的に運用され，2018年12月時点では業態横断型制度の創設に向けられた動きは見られない[6]。とはいえ，最近に統合を実現したオーストラリアの歴史的経過を知ることは，わが国の金融ADRの中長期的将来を考える一助となることが期待できる。本稿では，オーストラリアにおける金融ADRの発展経過について，業態別のスキームから，業態横断型の単一スキームへの統合経過に注目しつつ概観する。

II　業界団体による自主的な紛争解決手続（1990年代）

1　各業態における自主的な手続
(1)　銀　行

1980年代末から90年代初めにかけて，主要な金融業態において，業界団体が自主的に紛争解決サービスを提供するようになった。その嚆矢となったのは銀行業界であり，オーストラリア銀行業オンブズマン（ABIO: Australian Bank-

---

(3)　オーストラリアの金融ADRに関する邦語文献として，杉浦宣彦ほか「金融ADR制度の比較法的考察—英国・豪州・韓国の制度を中心に—」金融研究研修センター平成17年度ディスカッションペーパー（2005年）10頁，タン・ミッシェル「オーストラリアの消費者保護制度における民間型ADR機関の役割　上・下」帝塚山法学7号（2002年）53頁・同9号（2005年）327頁，竹井直樹「金融ADRの今後の展開に関する考察」保険学雑誌618号（2012年）198頁，村上正子「オーストラリアにおける金融オンブズマン制度」石川明＝三木浩一編『民事手続法の現代的機能』（信山社，2014年）647頁。

(4)　金融ADR・オンブズマン研究会『『金融専門ADR機関』のあるべきモデルと実現手段」（2008年）8頁。

(5)　金融庁ウェブサイト「金融ADR制度について」[http://www.fsa.go.jp/policy/adr/adr.pdf]

(6)　現時点では，業態横断型制度の導入に向けた具体的検討は行われていない。金融ADR制度のフォローアップに関する有識者会議「「金融ADR制度のフォローアップに関する有識者会議」における議論のとりまとめ」13頁（平成25年）。[http://www.fsa.go.jp/singi/adr-followup/20130308/02.pdf]

ing Industry Ombudsman）は，1990 年から紛争解決業務であるオーストラリア銀行業オンブズマン・スキームを開始した[7]。オーストラリアにおいて「オンブズマン」は，行政を監視する公的機関の名称として用いられていたが[8]，ABIO は，事業者と顧客の間の紛争解決業務を提供する，産業界オンブズマン（industry ombudsman）の先駆けであった。

ABIO の理事会は，オーストラリア銀行協会（Australia Bankers' Association）の会員である銀行の役員によって構成され，スキーム運営の財務等を担当していた。また，理事会とは別に，金融業界代表，消費者代表および中立的な議長によって構成される評議会（council）を設置し，紛争解決業務を主宰するオンブズマンは評議会の監督に服するものとしていた[9]。

オーストラリア銀行協会は，会員の自主規制ルールである銀行取引準則（Code of Banking Practice）を 1993 年に策定した。この準則は，顧客と銀行間の紛争解決に関する規定を有しており，会員である銀行に対し，顧客との銀行取引に関する紛争について，内部苦情処理手続の設置と，外部機関による無料で中立公平な紛争解決手続へのアクセスを義務付けていた[10]。

(2) 損 害 保 険

損害保険の業界団体であるオーストラリア損害保険協会（ICA: Insurance Council of Australia）は，1991 年に，損害保険問合せ・苦情スキーム（GIECS:

---

[7]　Banking and Financial Services Ombudsman Limited, Review of The Banking And Financial Services Ombudsman Scheme Background Paper, 16 (2004).
〔https://www.fos.org.au/custom/files/docs/background_paper_bfso_independent_review.pdf〕

[8]　行政機関を監視する公的機関としてのオンブズマンは，州レベルでは 1971 年の西オーストラリア州に始まり，1978 年までにすべての州と準州が導入した。また，連邦レベルでは連邦オンブズマン法（Commonwealth Ombudsman Act 1976 (Cth)）に基づき 1977 年に執務を開始した。See Making a difference – 40 years of the Commonwealth Ombudsman, p3-7 (2017). 〔http://www.ombudsman.gov.au/__data/assets/pdf_file/0023/44852/40th-Anniversary-Book.pdf〕

[9]　Australian Banking Industry Ombudsman, Submission to the Financial System Inquiry (4 September 1996). 〔http://fsi.treasury.gov.au/content/downloads/PubSubs/000055.pdf〕

[10]　Nicola J Howell, Revisiting the Australian Code of Banking Practice: Is Self-Regulation Still Relevant for Improving Consumer Protection Standards?, 38 U.N.S.W.L.J. 544, 559 (2015).

751

General Insurance Enquiries and Complaints Scheme）を創設し，紛争解決業務を開始した。また，1993 年には GIECS を運営する独立の法人として，Insurance Enquiries & Complaints Ltd.（IEC）が設立された。IEC の理事会は，中立的な理事長と，消費者と業界の代表各 3 名，並びに ICA 会長と，政府代表1 名で構成されており，個別事件の処理を行うパネル・メンバーやレフェリーは，ICA が消費者担当大臣と保険・スーパーアニューション委員会（ISC: Insurance and Superannuation Commission）への諮問を経て指名した者から，IECの理事会が任命するものとされていた[11]。

ICA が1994 年に策定した損害保険実務規範（General Insurance Code of Practice）は，ISC の承認を得て 1995 年に発効した。同規範は，会員である損保会社に対し，消費者との間の紛争解決について内部苦情処理手続の設置と，GIECS への参加を義務付けていた[12]。

(3) 生 命 保 険

生命保険の業界団体であるオーストラリア生命保険協会（Life Insurance Federation of Australia）は，1991 年に問合せ・苦情手続（Inquiries and Complaints Service）と，生命保険苦情審査委員会（Life Insurance Complaints Review Committee）を設置した[13]。

1995 年には，旧法に代わる新たな生命保険業法が制定されるとともに，ISCが，生命保険の広告・販売・苦情に関する行動規範（Code of Practice for Advising, Selling and Complaints Handling in the Life Insurance Industry）を制定した。同規範は，すべての生命保険会社と，生命保険ブローカーに対し，内部苦情処理手続の設置と，外部紛争解決手続の設置を義務付けていた。同年には外部紛争解決手続を運営する独立の法人が設立され，生命保険苦情サービス（Life Insurance Complaints Service）として事件処理を開始した[14]。

---

[11]　Alison Maynard, General Insurance Enquiries and Complaints Scheme, ADR Bulletin: Vol. 1, No. 8, Art. 3（1999）.

[12]　John Wallace et. al., Analysis of Market Circumstances Where Industry Self-Regulation Is Likely To Be Most and Least Effective（A report submitted to the Commonwealth Treasury）Chapter 9.3.4（2000）. [http://archive.treasury.gov.au/documents/1128/PDF/ch9.pdf]

[13]　Eugene Clark, Some Recent Developments in Tasmanian Commercial Law, 11 U. Tas. L. Rev. 213, 218（1992）.

Ⅱ 業界団体による自主的な紛争解決手続（1990年代）

(4) その他の業態

前記以外の業態での自主的な ADR としては，オーストラリア・フィナン
シャル・プランニング協会（Financial Planning Association of Australia Ltd.）に
よって 1995 年に設立された Complaints Resolution Scheme が，1998 年に改称
した金融サービス苦情処理スキーム（FSCRS: Financial Services Complaints Reso-
lution Scheme）[15]，1996 年に全国保険ブローカー協会（National Insurance Brok-
er Association）により設立された保険ブローカー紛争解決（Insurance Brokers
Disputes Facility）[16]，および同年に設立された信用組合紛争解決センター
（CUDRC: Credit Union Dispute Resolution Centre）[17]がある。

2 スーパーアニュエーション不服審判所

金融サービスについて業態別の自主的な ADR が創設されたのとほぼ同時期
に，連邦政府はスーパーアニュエーションに関する紛争を解決する独立の専門
的機関を創設した。

オーストラリアの公的年金は，老齢年金（Age Pension）とスーパーアニュ
エーション（Superannuation）の二本柱（twin pillar）で構成されている。老齢
年金は税方式による社会保障年金として最低限度の給付を保障するものであり，
資産と所得に応じて減額や支給停止がされる。これに対し，スーパーアニュ
エーションは，年齢および賃金に関する法定の要件に該当する被用者が業務的
に加入する確定拠出型の退職年金である。スーパーアニュエーションは，雇用
主が被用者の給与の一定割合の拠出義務を負うことに加えて，被用者が任意の
拠出をすることができ，これらを合わせた積立金は，被用者が選択する民間の
スーパーアニュエーション基金によって運用される[18]。

現行の年金制度は，連邦政府が 1989 年に長期的政策として打ち出し，1992

---

[14] Gail Pearson, The Place of Codes of Conduct in Regulating Financial Services, 15-2
Griffith L. Rev. 333, 343 (2006)

[15] Nicole Andersen, ADR in the Financial planning industry – the Financial Services
Complaints Resolution Scheme, ADR Bulletin: Vol. 1, No. 4, Art. 1 (1998).

[16] Insurance Brokers Disputes Ltd Annual Report, p5 (2003).
[https://www.fos.org.au/custom/files/docs/ibd_complaints_report_2003.pdf]

[17] 2007-2008 Credit Union Dispute resolution Centre Annual Report, p4. [https://www.
fos.org.au/custom/files/docs/cudrc_mutuals_annual_report_2008.pdf]

年にスーパーアニュエーション保証（管理）法[19]の制定により，雇用主の拠出義務が導入された。1993 年にはスーパーアニュエーション産業監督法[20]により，基金の健全性や透明性に関する法規制の枠組みが定められるとともに，スーパーアニュエーション苦情解決法[21]により，スーパーアニュエーションおよび関連する金融商品についての加入者の不服を取り扱う，スーパーアニュエーション不服審判所（SCT: Superannuation Complaints Tribunal）が設立され，1994 年 7 月から事件処理を開始した。SCT の設置や運営の責任は，ISC によって担われていた。

Ⅲ　政府の認可による紛争解決手続の分立と統合（2000 年代から2010 年代）

1　金融規制の業態横断的再編

オーストラリアの金融システムについては，1981 年に発表された政府による調査報告書（Campbell Report）[22]に基づき，大幅な規制緩和が実現していた。政府はその実状を検証し更なる改革の要否を検討するため，1996 年に新たな調査に着手し，1997 年 3 月には最終報告書（Wallis Report）[23]が発表された。同報告書は，金融規制の効率性と効果性の増進のために，多岐にわたる改革の提案を行っているが，その柱となる提案は，金融業態ごとに異なる機関に分属していた監督権限を[24]，機能ごとに集約し再編するものであった[25]。

これを受けて，1998 年には，預金受入，損害保険，生命保険およびスーパーアニュエーションについて，金融の安全性の見地からの規制を所管する機関として，オーストラリア健全性規制庁（APRA: Australian Prudential Regula-

---

[18]　オーストラリアの年金制度に関する最近の邦語文献として，丸尾美奈子「オーストラリアの年金制度について」早稲田大学商学研究科紀要 71 巻（2010 年）365 頁，野村亜紀子「オーストラリアのスーパーアニュエーション」野村資本市場クォータリー2013Autumn（2013 年）45 頁，西村淳「オーストラリアの年金制度」年金と経済 35 巻 1 号（2016 年）62 頁など。

[19]　Superannuation Guarantee (Administration) Act 1992 (Cth).

[20]　Superannuation Industry (Supervision) Act 1993 (Cth).

[21]　Superannuation (Resolution of Complaints) Act 1993 (Cth).

[22]　Australian Financial System: Final Report of the Committee of Inquiry (1981)〔http://fsi.gov.au/publications/〕

[23]　Financial System Inquiry Final Report (1997)〔http://fsi.gov.au/publications/〕

Ⅲ　政府の認可による紛争解決手続の分立と統合（2000年代から2010年代）

tion Authority）が新設された[26]。また同年には，既存のオーストラリア証券委員会（Australian Securities Commission）が，前記業態に関する消費者保護の観点からの規制を所管することとなり，オーストラリア証券投資委員会（ASIC: Australian Securities and Investment Commission）に改称された[27]。

2　免許要件としての紛争解決システム

2001年には，金融サービス改革法（Financial Services Reform Act 2001 (Cth)）により，成立直後の2001年会社法（Corporations Act 2001 (Cth)：以下「CA」という）が改正され，オーストラリア国内で金融サービス（financial service）[28]を業として提供する者に対し，オーストラリア金融サービス・ライセンス（Australian financial services license：以下「AFSL」という）の取得が原則として義務づけられた（CA s 911A(1)）。

AFSLの審査はASICが所管し（CA ss 913A, 913B(1)），AFSLの要件の一つとして，事業者は，消費者や小企業などの小口顧客（retail clients）[29]に提供する金融サービスにつき紛争解決システムを有することが義務付けられている（CA s 912A(1)(g)）[30]。ここでいう紛争解決システムは，当該事業者が設置する内部紛争解決手続（internal dispute resolution procedure）および当該事業者が

---

[24]　例えば，銀行の監督権限は連邦準備銀行（Reserve Bank of Australia）が有していたが，住宅金融組合や信用組合についてはオーストラリア金融機関委員会（AFIC: Australian Financial Institutions Commission），生命保険やスーパーアニュエーションについては保険・スーパーアニュエーション委員会（ISC：Ⅱ 1(2)参照）が権限を有していた。

[25]　APRAとASICの規制領域について，Memorandum of Understanding between the APRA and the ASIC, June 2004; May 2010）[http://download.asic.gov.au/media/1340876/MOU-APRA-and-ASIC-May-2010.pdf].

[26]　Australian Prudential Regulation Authority Act 1998 (Cth).

[27]　ASIC website [https://asic.gov.au/about-asic/what-we-do/how-we-operate/history/]

[28]　「金融サービス」を提供する者は，金融商品（financial product）に関する助言を提供する者，金融商品の取引を行う者，金融商品に関する保管や預託を行う者等を含む(766A(1))。「金融商品」とは，投資，リスク管理または決済手段を意味し，具体的には証券，保険，デリバティブ，管理投資スキームなどを含む（CA ss 763A-765A）。

[29]　「小口顧客」の定義は，金融商品の業態ごとに異なるが，一般に，企業活動（ただし従業員が一定規模以下の小企業（small business）を除く）に関し購入されるものや，一定水準の価格を超える金融商品は除外されている（CA s761G）。

755

メンバーとなっている外部紛争解決スキーム（external dispute resolution scheme）（後記Ⅳの AFCA 認可後は AFCA）であり，いずれも ASIC の認定を受けていることを要する（CA s 912A(1)(g), (2)）。

また，全国消費者信用保護法（NCCPA: National Consumer Credit Protection Act）の施行により，ASIC は 2010 年からは消費者金融事業の免許であるオーストラリア・クレジット・ライセンス（Australia credit license：以下「ACL」という）を所管しており[31]，ACL についても，紛争解決システムを有することが免許の要件とされた（NCCPA s47(1)(h)(i)）。

ASIC は紛争解決システムの認定や監督について，規制ガイド（regulatory guide）を策定している。規制ガイドは，ASIC が考える権限行使の時期・方法および法解釈，並びに ASIC の行動の基礎となる原則の説明や実務的ガイダンスを与えるものであり，外部紛争解決スキームの審査において考慮すべき基本原則や，スキームが具備を必要とし，または推奨される内容を詳細に規定している[32]。

3 ASIC の認可による外部紛争解決スキーム

外部紛争解決スキームについては，前述した自主規制による ADR がいずれも ASIC の認可を取得し，最多で 7 つのスキームが存在していた[33]。しかし，スキームは自主的な合併等を経て次第に集約され，AFCA が事業を開始する

---

[30] なお，AFSL を免除される小口金融商品の発行者や仲介販売者にも，同様に紛争解決システムを有することが義務付けられている（CA s 1017G）。

[31] National Consumer Credit Protection Act (Cth) ss 36, 37.

[32] Regulatory Guide 139（Approval and Oversight of External Dispute Resolution Schemes）〔https: //download. asic. gov. au/media/4773585/rg139-published-20-june-2018. pdf〕; Regulatory Guide 165（Licensing: Internal and External Dispute Resolution）〔https: //download. asic. gov. au/media/4772056/rg165-published-18-june-2018.pdf〕

　なお，かつては別途ポリシー・ステートメント（Policy Statement 139（Approval of external complaints resolution schemes））が存在したが，2013 年に改正・再編された RG139 に一本化された。RG139 は，AFCA の創設により 2018 年に RG267 に置き換えられている（後記Ⅳ 1(3)）。

[33] タン・前掲注(3)56 頁。Colin Neave & John Pinnock, Setting the Scene: Industry-Based Customer Dispute Resolution Schemes Presented to National Alternative Dispute Resolution Advisory Council, p6 (2003).

III　政府の認可による紛争解決手続の分立と統合（2000年代から2010年代）

直前の 2018 年 10 月時点では，金融オンブズマン・スキーム（FOS）と，信用取引・投資オンブズマン（CIO）の 2 つのみになっていた[34]。

(1)　金融オンブズマン・スキーム（FOS）

金融オンブズマン・スキーム（FOS: Financial Ombudsman Scheme）は，①ABIO が 2003 年に改称した，銀行・金融サービスオンブズマン（BFSO: Banking and Financial Services Ombudsman），②GIECS が 2005 年に改称した保険オンブズマン・サービス（IOS: Insurance Ombudsman Service），③生命保険苦情サービスから 1999 年に改称され，フィナンシャル・プランナーや証券業者がメンバーとなっていた FSCRS を 2000 年に統合したスキーム[35]である，金融業苦情サービス（FICS: Financial Industry Complaints Service）の 3 スキームの合併により 2008 年に成立した。

この合併は，利用者にとっての分かりにくさの解消や，スキームの事務の効率化のために自主的に行われたものであり，2009 年には，信用組合紛争解決センター（CUDRC）や，保険ブローカー紛争解決（IBDF）が FOS に統合された。さらに同年，ASIC の認定を受けたスキームであり，主に住宅金融組合（building society）がメンバーとなっていた金融組合紛争解決スキーム（FCDRS: Financial Co-operative Dispute Resolution Scheme）が事業を終了し，メンバーであった事業者は各自の選択により，FOS または後述する CIO に加入した。

(2)　クレジット・投資オンブズマン（CIO）

モーゲージ・ブローカーやファイナンス・ブローカーを主な対象として，2003 年に外部紛争解決スキームの認可を受けたモーゲージ業オンブズマン・サービス（MIOS: Mortgage Industry Ombudsman Service（MIOS））[36]が，2004

---

(34)　スキームの合併等の経過について，ASIC のウェブサイト［http://asic.gov.au/regulatory-resources/financial-services/dispute-resolution/asic-approved-dispute-resolution-schemes/］，Final Report: Review of the financial system external dispute resolution and complaints framework (2017)［https://treasury.gov.au/publication/edr-review-final-report/］，および各スキームの年次報告書（FOS ウェブアーカイブ［https://www.fos.org.au/publications/archive/#id=annual-reviews］、CIO ウェブアーカイブ［https://www.cio.org.au/publications/annual-reports.html]を参照。

(35)　Colin Neave & John Pinnock, Setting the Scene: Industry-Based Customer Dispute Resolution Schemes Presented to National Alternative Dispute Resolution Advisory Council, p6 (2003).

757

33 オーストラリアにおける金融ADR〔工藤敏隆〕

年にクレジット・オンブズマン・サービス（Credit Ombudsman Service），2014年にクレジット・投資オンブズマン（CIO: Credit and Insurance Ombudsman）に改称されたスキームである[37]。こちらはFOSとは異なり，他のスキームとの合併は行われていない。

4 外部紛争解決スキームの統合

(1) Ramsey Review

2016年5月に，連邦政府は，金融サービスやスーパーアニュエーションに関する紛争解決システムの見直しのため，メルボルン大学法学部 Ian Ramsay教授を委員長とする独立の専門家委員会を設置した。同委員会は，2016年8月に，当時の外部紛争解決スキーム（FOS, CIO, SCT）の運営状況に関する調査を付託され，2017年4月に最終報告書（Ramsey Review）[38]を提出した。

同報告書は，外部紛争解決スキームの運営状況を，関係機関が提出した意見書や，イギリスなどの外国法制も踏まえて再精査した上で，既存のシステムは意図的な設計でなく歴史的所産にすぎないとして，改革の必要性を指摘した。特に，複数の外部紛争解決スキームが，対象とする紛争について競合的に管轄を有すること[39]は，メンバーである金融サービス事業者には利益があるとしても，利用者には混乱のもとになり得ることや，産業界や規制者には重複するコストとなり得ることを指摘した。また，SCTについては，不十分な経済基盤

---

[36] ASIC, Media release on 22 Dec. 2003.〔https://asic.gov.au/about-asic/news-centre/find-a-media-release/2003-releases/03-411-mortgage-industry-ombudsman-scheme-approved-by-asic/〕

[37] なお，2006年までの事件処理は，商事紛争を扱っていた民間ADR機関であるオーストラリア商事紛争解決センター（ACDC: Australian Commercial Disputes Centre）（当時。2015年に Australian International Dispute Center と合併し，Australian Dispute Resolution Center となった。）に委託されていた（以上につき，CIO ウェブサイト〔http://www.cio.org.au/about/about-cio/〕）。

[38] Final Report: Review of the financial system external dispute resolution and complaints framework (2017).〔https://treasury.gov.au/publication/edr-review-final-report/〕

[39] 例えば，クレジット（消費者信用）については FOS と CIO，生命保険については FOS と SCT，ファイナンシャル・アドバイスについては FOS, CIO, SCT の管轄が競合しており，2015-16年の事件数では約70％がそのような分野の紛争であるとの調査結果が示されている（*Id.* p103）。

Ⅲ　政府の認可による紛争解決手続の分立と統合（2000年代から2010年代）

や柔軟性の乏しさゆえに，FOS や CIO に比べ平均事件処理期間が長期に渡っ
ていることを指摘した[40]。このような状況認識に基づき，最終報告書は，スー
パーアニュエーションを含めた全業態の紛争を扱う単一の外部紛争解決スキー
ムの新設や，請求額や補償額の上限の引上げ，ASIC による外部紛争解決ス
キームに対する監督の強化，内部紛争解決手続の透明性向上などを勧告した[41]。

（2）金融関係諸法の改正

連邦政府は，2017 年 5 月に発表した 2017-18 年予算案において，金融シス
テム改革の一環をなす顧客保護強化策として，業態横断型の単一の外部紛争解
決スキームを創設する意向を表明した[42]。そのための財務関係諸法の改正法案
が議会に提出され，2018 年 5 月に法律として公布された[43]。

この法改正により，AFSL 取得事業者や ACL 取得事業者等に加え，かつて
は SCT が管轄していたスーパーアニュエーション基金受託者についても，業
界横断型の単一の外部紛争解決スキームであるオーストラリア金融苦情処理機
構（AFCA: Australian Financial Complaint Authority）への加入が義務とされた[44]。
これにより FOS，CIO および SCT は 2018 年 11 月 1 日以降新件の受付けを停
止し，係属事件の終結後に事業を廃止することとなった[45]。

また，同改正により内部紛争解決手続に対する監督も強化され，事業者は
ASIC に内部紛争解決手続の運営状況を報告する義務を負い[46]，ASIC は報告
を受けた情報を，個人情報が特定されない形で公開できることとされた[47]。

---

[40]　*Id.* p8-9

[41]　*Id.* P10-17

[42]　Budget 2017-18 overview
　　［https://www.budget.gov.au/2017-18/content/glossies/overview/html/overview-17.
　　htm］

[43]　The Treasury Laws Amendment（Putting Consumers First-Establishment of the
　　Australian Financial Complaints Authority）Act 2018（Cth）.

[44]　CA ss 912A（2），1017G（2）; National Consumer Credit Protection Act（Cth）s47（1）（i）;
　　Retirement Savings Accounts Act 1997（Cth）s 47（1）（a）; Superannuation Industry
　　（Supervision）Act 1993（Cth）s 101（1）（a）.

[45]　Treasury Laws Amendment（Putting Consumers First-Establishment of the
　　Australian Financial Complaints Authority）Act 2018（Cth）.

[46]　CA s 912A（1）（g）（ii），（2A）; National Consumer Credit Protection Act 2009（Cth）s 47
　　（1）（ha）; Retirement Savings Accounts Act 1997（Cth）s 47（1），（2A）; Superannuation
　　Industry（Supervision）Act 1993（Cth）s 101（1），（1B）.

IV 単一の業態横断型 ADR (2018 年 11 月以降)

1 外部紛争解決スキームの認可および監督

(1) 認 可 権 者

歳入・金融サービス大臣（Minister for Revenue and Financial Services）が，外部紛争解決スキームを運営する法人の認可に関する権限を有する（CA s 1050(1)(4)）。認可にあたっては，後述する認可要件に加え，一般的考慮事項として利用し易さ（accessibility），中立性（independence），公正性（fairness），説明責任（accountability），効率性（efficiency），実効性（efficiency）についても考慮することを要する（CA s 1051A）[48]。

既に認可された外部紛争解決スキームが存在する場合は，他のスキームを承認することができず（CA s 1050(3)），認可されたスキームおよびその運営主体は，オーストラリア金融苦情処理機構（AFCA）と呼称される（CA s 1050 Note）。これは，政府が認可する外部紛争解決スキームが，単一の業態横断型であることを前提としている。

(2) 認 可 要 件

(a) 組織に関する要件（CA s 1051(2)）

メンバーの資格が，法の規定やライセンスの条件などにより加入を必要とする事業主体の全てに開かれていること（同(a)），スキームの運営はメンバーの会費で支弁されること（同(b)），スキームについて中立的な評価人が存在すること（同(c)），申立費用を徴収しないこと（同(d)）。

(b) 運営法人に関する要件（CA s 1051(3)）

運営主体はスキームの運営と手続につき中立的な評価を実施すること（同(a)），保証有限責任会社（a company limited by guarantee）であること（同(b)），定款で非営利性が明記されていること（同(c)），定款で業界代表の理事と，消費者代表の理事が同数とされていること（同(d)），理事長は中立的な人物であること（同(da)），スキーム認可後 6 月以内に，理事長を含めた理事の半数未

---

[47] CA s 243(c).

[48] その他，歳入・金融サービス大臣が関連すると思料する事項を考慮することができる（CA s 1050(1)(2)）。

満については，所管大臣が任命可能である旨が定款で規定されていること（同(e)）。

(c) 運営に関する要件（CA s 1051(4)）

メンバーに対し苦情を有する者が適切にアクセス可能な手続であること（同(a)），苦情について，公正，効率的，適時的，中立的な方法で解決が試みられること（同(b)），苦情を取り扱うための適切な専門知識を有すること（同(c)），メンバーのコンプライアンスを確保するために合理的な段階が履まれること（同(d)），裁定はメンバーを拘束するが，申立人を拘束しないこと（同(e)），スーパーアニュエーションに関する苦情については請求額や補償額に上限がないこと（同(f)），

(d) コンプライアンスに関する要件として，運営主体はスキーム認可の条件，規則，指示を遵守すること（CA s 1051(5)）

(3) 認可後の監督

ASIC は AFCA に対する監督権限を有しており，認可要件や一般的考慮事項に関する細目的規制の策定（CA s 1052A），請求額や補償額に関する上限の引上げの指示（CA s 1052B(1)），およびスキーム運営の経済的基盤の確保に関する指示（CA s 1052BA(1)）を行うことができる。ASIC は AFCA に対し，法定の認可要件，スキーム認可の条件や細目的規制を遵守すべき旨を指示することができ（CA s 1052），これに従わない場合には，裁判所による遵守命令の発令を申し立てることができる（CA ss 1052(B)(4), 1052BA(7)）。また，AFCA がスキームに重要な変更を加える場合は，ASIC の承認を得なければならない（CA ss 1051(5)(b), 1052D(1)）。

ASIC は，AFCA に関する新たな規制ガイドを 2018 年 6 月に発出している[49]。

2　AFCA を運営する法人

(1) AFCL の設立

2018 年 5 月に，非営利の保証有限責任会社である Australian Financial Complaints Limited（以下「AFCL」という）が，AFCA を運営する法人として

---

[49]　Regulatory Guide 267 (Oversight of the Australian Financial Complaints Authority) [https://download.asic.gov.au/media/4773579/rg267-published-20-june-2018.pdf]

33 オーストラリアにおける金融ADR〔工藤敏隆〕

歳入・金融サービス担当大臣の認可を受けた[50]。AFCL は FOS の運営法人とは別人格の新たな法人として設立されているが，資産や従業員は FOS の運営法人から承継されており，設立直後の移行期間中の初代理事長は FOS の理事長が務めた[51]。また，移行期間後の理事のうち 6 名は直近の FOS の理事である[52]。

(2) メンバー

AFCL の定款（Australia Financial Service Complaints Limited Constitution：以下「AFCLC」という）は，メンバーの資格について以下の通り規定する。金融サービス，スーパーアニュエーション，またはそれらに類似もしくは関係する事業を営む者が資格を有し（AFCLC 3.2a），申請により理事会の承認を得てメンバーとなることができる（AFCLC 3.2b）。メンバーは，AFCL が定める規則に従わなければならず（AFCLC 3.2g），規則や拘束力ある裁定に違反した場合には除名の対象となる（AFCLC 3.4.a.i）。

(3) 理事，オンブズマン

金融業界，消費者いずれの出身でもなく，任務と抵触する利害関係を有しない中立的な理事長（chair）1 名と，3 名以上 5 名以内の業界代表の理事（director），および同数の消費者代表の理事を必要的とする（AFCLC 4.1.a, d）。なお，初代理事については，法人設立直後の理事会に関する経過規定に基づき，スキームの認可後に，歳入・金融サービス担当大臣が初代の理事長と 4 名の理事を選任した。その後の理事については理事会が任命権限を有する（AFCLC 4.1. b.）

理事会は，首席オンブズマン（Chief Ombudsman）と，CEO を任命しなければならない（AFCLC 11.1.b.i）。首席オンブズマンと CEO は，理事会から付託を受けて AFCL の日常的管理業務を担当する（AFCLC 11.1.b.ii）。次席オンブズマン（Deputy Ombudsman）以下のオンブズマンは，理事会が必要と認める範囲で選任することができる（AFCLC 11.1.b.ii）。オンブズマンは単独で外部紛

---

[50] AFCA media raleases〔https://www.afca.org.au/news/media-releases/ministerial-authorisation-of-the-australian-financial-complaints-authority/〕

[51] Message from the Chair of the Board, FOS 2017-18 Annual Review〔https://www.fos.org.au/public/file/FOSAnnualreview2017-18.pdf〕

[52] AFCA website〔https://www.afca.org.au/about-afca/independence/the-afca-board/afca-board-directors/〕

争解決スキームの判断権者となる資格を有する（AFCLC 11.1.d.）。また，その中立性を確保するため，政府，業界，消費者のいずれからも独立して任務を行う。

理事会は必要に応じて，アジュディケーター（adjudicator）を選任し，外部紛争解決手続についてオンブズマンが有する権限の付与や義務の負担をさせることができる（AFCLC 11.2.）。また，理事会は AFCA スキームの判断権者となる合議体のメンバー（panel member）を選任することができる（AFCLC 11.3）。

3 AFCA スキームの手続

⑴ 手続準則の制定

2018 年 9 月に，AFCL が制定した苦情解決スキーム・ルール（以下「SR」という）[53]が ASIC の認可を受けた[54]。SR は，AFCL，メンバーである事業者，および申立人との間で，AFCA スキームについての契約内容の一部となるものであり（SR A.1.2），SR の解釈適用に関する細目については運用ガイドライン（以下「OG」という）[55]が策定されている。AFCA は業態横断型スキームであるため，これらの手続準則が適用される金融取引の範囲は，消費者信用やスーパーアニュエーションも含んだ幅広いものとなっている。以下では，銀行取引，損害保険および生命保険に適用される準則を中心に概観する。

⑵ 対象とする事件

⒜ 適格を有する申立人であること（SR A.4.1）

消費者および従業員 100 人未満の小企業が申立適格を有する。

⒝ メンバーである事業者と，顧客である申立人との関係から生じたものであること（SR A.4.3.a）

申立人が顧客となっている金融サービスに関する契約条項，あるいは保険や

---

[53] AFCA Complaint Resolution Scheme Rules（2018）.〔https://www.afca.org.au/about-afca/rules-and-guidelines/rules/〕

[54] ASIC media releases〔https://asic.gov.au/about-asic/news-centre/find-a-media-release/2018-releases/18-263mr-asic-approves-australian-financial-complaints-authority-rules/〕

[55] AFCA Operational Guidelines to the Rules（2018）.〔https://www.afca.org.au/about-afca/rules-and-guidelines/afcas-operational-guidelines/〕

33 オーストラリアにおける金融ADR〔工藤敏隆〕

スーパーアニュエーションにおける受益者の地位に関して生じた苦情であることを要する（SR B1.1, B.2.1.）。

(c) オーストラリアとの十分な関係があること（SR A.4.3.b）

苦情がオーストラリア法上の契約や義務から生じたものであること，申立人がオーストラリアにおいて受領した，外国集団投資スキーム（Foreign Collective Investment Scheme）からの投資勧誘であること，またはオーストラリアで提供されている投資プラットホームに行われた投資であることを要する（SR B.3.1）。

(d) 時間制限（SR A.4.3.b）

一般的な取引については，申立人が損害について知りまたは合理的に知り得た時点から6年（この期間は，多くの州における，契約上の請求や不法行為（人身傷害を除く）に基づく請求の出訴期間と同じである。）[56]，または，申立人が，内部紛争解決手続で事業者から回答を得た日から2年以内の申立であることを要する（SR B.4.3.1）。ただし，取引や苦情の種類に応じた特則がある（例えば，消費者信用における返済条件変更に関する苦情は，契約終了から2年以内（SR B.4.2.1a））。また，特別な事情があると認めた場合は，前記期間経過後の申立であっても苦情処理の対象とすることができる（SR B.4.4.2）。

(e) 対象外事案（SR A.4.4）

(ⅰ) 必要的除外

全ての当事者とAFCAが同意しない限り，苦情処理の対象から除外される（SR C.1.1）。主な例としては，手数料，保険料や利率の水準（SR C.12a），損害保険におけるリスク評価（SR C.1.4c），投資商品における投資効果や基金の運営状況（SR C.1.5a, b）など経営判断的事項に関する苦情や，事業者（小企業を除く）向けの保険商品に関する苦情（SR C.1.4a）がある。

(ⅱ) 裁量的除外

例外的事情がある場合には，裁量的に苦情処理の対象としないことができる（SR C.2.1）。主な例としては，約款の規定の不適切な適用や運用に関するものではない場合（SR C 2.2c），苦情が瑣末，濫用的，あるいは誤認によるものや，実質を欠く場合（SR C2.2d），事業者が「テスト・ケース」（test

---

[56] 例えばニューサウスウェールズ州（Limitation Act 1969 (NSW) s14），ビクトリア州（Limitation of Actions Act 1958 (Vic) s5(1)）など。

case）とすること，すなわち同様の事実上・法律上の争点を有する複数の事件の中から，特定の事件を選んで裁判所の判断を求めることに AFCA が同意し，事業者が裁判所にその旨を申し立て，手続費用を負担する措置を講じている場合（SR C.2.2f）などがある。

⒡ 他の手続との関係

申立人は AFCA の利用を強制されるものではなく，裁判やその他の紛争解決手続を選択することは妨げられない（SR A.1.4）。これに対し事業者は，申立に係る取引について，提訴や債権回収を行うことが原則として禁止される（SR A.7.1）。

裁判，他の ADR や AFCA により既に取り扱われた苦情（SR C.1.2c, d）は，対象外事案となる。また，苦情について，裁判や他の ADR など，AFCA 以外の紛争解決手続で扱うことが適切と認められる場合や，既にそれらの手続で扱われていた場合は，裁量的に対象外事案となる（SR C2.2a, e）。

⑶ 申立の受理

申立は，オンライン，書面または電話によって行うことができる（SR A.3.1）。申立手数料は無料で，弁護士等による代理は不要である（SR A.1.3）。

通常の事案では，AFCA は申立を受理した後，相手方の事業者に通知し（SR A.5.1），申立人と直接に交渉して紛争を解決するか，事業者の立場を主張するかの検討期間（refer-back period）を設定する（SR A.5.2）[57]。検討期間は運用ガイドラインに規定されているが[58]，当事者の申出により事情を考慮して延長することができる。（SR A.5.3, OG A.5.3）。

⑷ 和解の試み

検討期間後の手続の通常の流れとしては，まず交渉（negotiation）またはコンシリエーション（conciliation）による和解の試みがされ，これが奏効しない場合に予備的評価（preliminary assessment）および裁定（determination）が行われる（SR A.8.1）。ただし，和解的解決の見込みがない事案については直ちに

---

[57] 検討期間は，AFCA が，調査の開始が適切と考える場合や，事業者側から却下の申立てがされている場合や，事案が迅速を要する場合には設定されない（SR A.5.2, OG A.5. 2）。

[58] 内部紛争解決を既に経ている場合は 21 日とされる。内部紛争解決を経ていない場合は取引や苦情の種類に応じて 21 日，30 日，45 日とされ，スーパーアニュエーションに関する場合は 90 日とされる（OG A.5.3）。

裁定に進むことができる（SR A.8.2）。また，事案の検討を続ける必要がないと認めた場合は手続を終了させることができる（SR A.8.3）。これに該当する例は，申立に理由がない，申立人に損害が生じていない，損害につき既に適切に補償がされている，事業者の過誤が認められない事案などである（OG A.8.3）。

和解的解決を仲介するのは AFCA の事件担当職員（case worker）であり[59]，交渉は和解案を相互に伝達する方法，コンシリエーションは AFCA を交えた3者間の電話会議による方法が採られる。これらにおいて，AFCA は和解的解決が不調となり裁定が行われる場合の結論の見通しを伝えることができる（OR A.8.1）。

(5) 情 報 収 集

AFCA は，当事者に事件に関する情報提供を求めることができ，当事者は秘匿権を有する事項等を除き，指定された期間内に情報提供する義務を負う（SR A9.1）。AFCA は，当事者を聴聞のために出頭させること，事業者に対し調査を命じること，および中立的専門家を選任し報告をさせることができる（SR A.9.3.）。また，事業者や消費者アドバイザーの意見や（SR A.9.6），法律，医療，建築等に関する専門家の意見を求めることもできる（SR A.9.7）。これらに違反した場合は，違反者に対し不利な認定により手続を進めることや，手続の打切りが可能である（SR A.9.5）。

スーパーアニュエーションの事案では前記に加え，会社法の規定（CA 1054A, 1054B）により，当事者に対し，書面回答や文書提出を命じることや，コンシリエーションへの出頭を命じることができる（SR A.9.4）[60]。

(6) 予備的評価

関連する情報の収集を行い，当事者の主張の提出を受けた後，AFCA は予備的評価（preliminary review）を行う[61]。予備的評価においては，事案に関する結論と理由，および，苦情を解決する方法についての推奨が述べられる

---

[59]　A Guide to Conciliation Conference, AFCA〔https://www.afca.org.au/about-afca/publications/〕

[60]　提出された情報や文書については，AFCA は法の規定に従い秘密保持命令を発することができる（CA 1054BA; SR A.11.4）。また，命令の違反に対する制裁も設けられている。

[61]　緊急を要する場合など，事案によっては予備的評価を経ずに直ちに裁定を行うこともできる（SR A.8.2; OG A.8.2）。

（SR A.12.1）。その上で，AFCAは，当事者に対し，予備的評価を受け入れるか，裁定を求めるか選択できることを通知しなければならない。すべての当事者が予備的評価を受け入れた場合，予備的評価に基づく和解的解決が行われる（SR A.12.2）。

　事業者が，指定された期限内に予備的評価を受け入れなかった場合，または，申立人と事業者のどちらかが，予備的評価に同意しない理由を示した上で裁定を求めた場合，裁定に移行しなければならない（SR A.12.3）。予備的評価につき，事業者は受け入れたが，申立人が期限内に返答をしない場合には，事件を終了させることができる。申立人が予備的評価に対し返答や受入れをしない場合，事前評価は当事者を拘束しない（SR A.12.4）。

　(7) 裁　定

　(a) 判 断 権 者

　裁定を行う判断権者（decision maker）は，オンブズマン，アジュディケーター，またはこれらの者によって構成される合議体（panel）である。首席オンブズマンが，事件の複雑性や被害額などの個別具体的事情や，オンブズマンやアジュディケーターの専門性や経験を考慮し，適切な判断権者に配てんする（SR A.13.1, A.13.2, A13.3）[62]。

　(b) 判断資料および判断基準

　裁定を行うに際しては，当事者に対し関連する情報へのアクセスや，主張提出の機会を事前に保障しなければならない（SR A10.2）。当事者がAFCAに提供した情報は，原則として相手方当事者と共有されることになる（SR A10.1）。当事者は，相手方への開示に同意しない条件で情報を提供することができるが，その場合，判断権者は当該情報を事実認定に用いることは原則としてできない（SR A10.4）[63]。

---

[62]　ガイドラインによれば，①アジュディケーターは争点が少数かつ明確であり，請求額が比較的少額の事案，②オンブズマンは複雑で請求額が比較的多額の事案や保険金詐欺の事案，③パネルは業界側専門家や消費者代表者を直接意思決定に関与させた方が効果的な事案，複雑性や重要性が高い事案，多くの同種事案の申立があり，または予想される事案に適しているとされる（OG A.13.1）。

[63]　このような事実を例外的に認定に用いるには，当該情報を提供する当事者が，相手方への開示なしに事実認定に用いるべき理由と，他の当事者に反論の機会を提供する方法を提示すべきとされる（SR A.10.5）

33 オーストラリアにおける金融ADR〔工藤敏隆〕

判断権者が裁定を行うにあたっては，法原則，業界の規範や慣行，および関連する先行裁定を参考にした上で，公正と考えるあらゆる事情を考慮しなければならない（SR A.14.2）。ただし，そのような事情は厳密な意味で法的に可能なものに限定されない（OG A.14.2）。また，証拠法や，AFCA等の外部紛争解決スキームの先例には拘束されない（SR A.14.3）

なお，スーパーアニュエーションの事案については法の規定に基づく特則があり，AFCAは法律問題を連邦裁判所に照会することができる（CA 1054C, SR A.14.1a）。また，裁定においてはあらゆる事情を考慮し公正かつ合理性のある判断が可能であるが，法，基金に適用される規則，契約や約款に違反することはできないとされ（CA 1055, SR A.14.1b），遵法性がより強く求められている。

（c）方式および内容

裁定は，理由を記載した書面によって行われる（SR A.14.4)[64]。裁定で付与することが可能な救済として，申立に係る苦情を解決するための金銭支払，債務の免除や変更，担保の解除，事業者に対する手数料や利息の免除や変更，謝罪などの措置を講ずべき旨の宣言がある（SR D.2.1）。事業者から申立人への補償は，直接の財産的損害についての金銭支払や債務免除など，金額の算定が可能な方法を命じることができる（SR D.3.1）。事案によっては，間接的な財産的損害の補償や（SR D.3.2），非財産的損害の補償を命じることができるが（SR D.3.3），懲罰的損害賠償を命じることはできない（SR D.3.4）。

金銭支払の上限は，苦情に係る取引の種類ごとに定められている。例えば一般的な銀行取引では，直接の財産的損害につき500,000オーストラリア・ドル（以下「AUD」という），間接の財産的損害につき5,000AUD，非財産的損害につき5,000AUDとされている（SR D.4.2）。上限金額について，AFCAは，定期的な（3年おきに，消費者物価指数や男性の平均週賃金の変動に基づいて）見直しを行うほか，ASICの規制や指令に適合するように随時見直すことができる（SR D.4.3）。

裁定は，当事者が特定されない形式で公開される。当事者が特定されるおそれがあるなど，非公開を相当とする理由がある場合にはこの限りでない（SR

---

[64] 関連する事実についての情報，申立に関連する争点とそれについての判断権者による判断，申立についてどのように解決するかとその理由，与えられる救済について記載される（OG A.14.4）

A14.5)。

(d) 拘 束 力

スーパーアニュエーション以外の事案については，申立人が，裁定を受領した日から 30 日以内に受容した場合，当事者間に効力を生ずる（SR A15.3）。申立人が裁定を受容しない場合，申立人は裁定には拘束されず，当該事案につき，裁判その他の紛争解決手続で争うことは妨げられない。

一方，スーパーアニュエーションの事案については，裁定は，それ自体が効力発生時期について述べていない限り，裁定の発出と同時に効力を有する（CA 1055B）[65]。裁定に対し，当事者は法律問題に限り連邦裁判所（Federal Court of Australia）[66]に上訴をすることができる（CA 1057, SR A.15.1）。上訴があっても，上訴審裁判所が執行停止をしない限り，裁定は執行力を有する（CA s 1057A）。

4 小 括

AFCA の手続は，最初は和解的解決を目指す調整型の性質を有するが，不調の場合には裁定に移行するため，裁断型の性質も併有する。このような基本構造は，FOS および SCT で行われていた手続とおおむね共通する[67]。

また，具体的な手続準則を見ると，銀行，損害保険，生命保険などかつて FOS が管轄を有していていた取引に関する手続については，FOS が採用していた準則がおおむね踏襲されている[68]。スーパーアニュエーションについても，

---

[65] 裁定に従うことは，登録スーパーアニュエーション事業者免許（Registrable Superannuation Entity License）の義務であり（Superannuation Industry（Supervision）Act 1993（Cth）s 64A），給付の受給権者など関係する第三者にも拘束力を有する（CA s 1055D）。

[66] 連邦裁判所は，一般的な民事事件の第一審を管轄する裁判所である。連邦巡回裁判所（Federal Circuit Court of Australia）は，家事，行政，倒産事件等に関する第一審裁判所であり，同裁判所からの上訴事件は連邦裁判所が管轄する。また，連邦裁判所からの上訴事件については連邦高等法院（High Court of Australia）が管轄を有する。

[67] CIO における手続は，事業者に自主的解決を促した後，和解的解決の段階はなく，直ちに事前評価の段階に移行するのが特徴である（とはいえ，当事者による合意的解決はいつでも妨げられない。）。（CIO website [https://www.cio.org.au/complaint-resolution/complaint-process.html]）。

[68] FOS における手続の邦語による紹介として，村上・前掲注(3) 664 頁。

769

33 オーストラリアにおける金融ADR〔工藤敏隆〕

SCT に適用されるスーパーアニュエーション苦情解決法と同旨の規定が，ASIC に関する会社法の規定にも設けられたため，やはりドラスティックな変化は見受けられない。そのため，手続の基本的な流れは取引の種類に関わらず共通化されているが，金銭支払や申立時期に関する制限の有無，判断権者が獲得可能な情報や証拠の範囲，裁定の拘束力や上訴の可否といった主要な点については，苦情が対象とする取引の種類による差異が残存している。

V おわりに

1 スキーム統一が実現した背景

前述のとおり，オーストラリアでは銀行業の団体による自主的な ADR の開始から約 18 年を経て，業態横断型の単一のスキームが創設され，ワンストップ・サービスによる金融 ADR が実現した。その直接の契機となったのは Ramsey Review における勧告（前記Ⅲ4(1)）であるが，スキーム統一が実現した背景について若干の考察を加えることとする。

統合の下地としては，1990 年代末から 2000 年代初めにかけて行われた金融規制の再編により，業態の垣根を越えた統一免許である AFSL が導入され，内部苦情処理手続および外部紛争解決スキームに関する規制法や所管行政庁が一元化されていたことを，まずもって挙げることができる。しかし，AFSL 導入時点では，業界団体による自主的な ADR を前身とする業態別の 7 つのスキームが分立する状態にあった。その状況に問題意識を抱いた BFSO，FICS および IOS が，取扱事案などの違いを克服して，自主的に合併を選んだことが注目に値する。これらの 3 スキームの合併により発足した FOS が，後に他のスキームも相次いで統合し，人的資源や手続運営に関し実質的に AFCA の母体となっていることから，各スキームの運営主体が，効率化や利便性向上のための自助努力として統合を選択し，一般の支持も得ていたことがうかがえる。このようなオーストラリアの経験に照らすと，わが国におけるワンストップ・サービスの実現も，既存の業態別の ADR のいくつかの間で，自主的な統合の機運に基づく合併が実現するか否かが鍵と言えそうである。

また，別の事情として，行政決定に対する不服申立を取り扱う，司法機関の系統に属さない機関である審判所（tribunal）の再編が行われていたことも，

770

V　おわりに

SCT の金融 ADR との一元化を促したもう一つの遠因であろう。2015 年以前には，特定の分野に属する行政決定に対する不服を扱う審判所として，移民再審査審判所（Migration Review Tribunal），難民再審査審判所（Refugee Review Tribunal）および社会保障不服審判所（Social Security Appeal Tribunal）が存在していたが，同年に行政不服審判所（AAT: Administrative Appeal Tribunal）に統合された[69]。ASIC により運営されていた SCT はこの対象外であったが，2016 年度以降は運営予算が 2015 年度以前より大幅に削減されており，業務効率化の課題に直面していたようである[70]。スーパーアニュエーション基金は，被用者が公的に加入義務を負うものであるが，生命保険や個人年金と同様に民間の金融サービス事業者によって運用されており，同様に ASIC が認可・監督権限を有する外部紛争解決スキームへの統合を選んだのは自然な流れともいえる。

2　今後の展望

このように，AFCA は，ワンストップ・サービスによる消費者側の利用し易さや，スキーム運営側の事務効率性の向上への期待とともに事件処理を開始したが，その実績を評価することは，本稿執筆時点では時期尚早である。AFCA 創設の立法に際し行われた意見公募において，FOS とともに最後まで残っていた外部紛争解決スキームである CIO の設立母体であるオーストラリア・モーゲージ・ファイナンス協会（MFAA: Mortgage and Finance Association of Australia）は，外部紛争解決スキームの統合による独占により，サービス向上への動機付けが弱まることや，小規模事業者の利益が損なわれること等に懸念を表明している[71]。加えて，前記Ⅳ 3 のとおり，AFCA の手続準則は，消費

---

[69]　Tribunals Amalgamation Act 2015 (Cth). 行政審判所が 1975 年に設置される以前は，行政不服審査に関する一般法は存在せず，個別の法規に基づく不服審査機関が分立していた。行政審判所設置の経緯に関する邦語文献として，碓井光明『行政不服審査機関の研究』（有斐閣，2016 年）58 頁，70 頁。

[70]　SCT Annual Report 2015-16, p16; Id. 2016-17, p14 [https://www.sct.gov.au/documents/annual-reports]

[71]　MFAA Response to the Treasury on the Transition to the Australian Financial Complaints Authority (2017) [https://static.treasury.gov.au/uploads/sites/1/2018/02/Mortgage_and_Finance_Association_of_Australia_Submission_AFCA_20Nov17.pdf]

者信用やスーパーアニュエーションなど取引の種類によるバリエーションを許容しているため，手続運営の効率性や分かりやすさを後退させるおそれも孕んでいる。これらの点については，AFCA の自助努力や，ASIC による適切な監督が求められるであろう。

なお，タスマン海を挟んだ隣国であるニュージーランドは，AFCA 設立以前のオーストラリアと同様に，管轄が競合する複数の外部紛争解決スキームが認可を受けて並存する状態となっているが，現在のところ統合に向けた動きは見受けられない[72]。両国の今後の状況の比較も，わが国にとって示唆に富むものといえよう。

---

[72] 詳しくは，拙稿「ニュージーランドにおける金融 ADR」慶應法学 40 号（2018 年）111 頁。

34 労働審判制度が民事訴訟法改正に与える示唆

定 塚 　 誠

I 労働審判制度と春日偉知郎先生 ── 平成 15 年夏

　労働審判制度は，平均 2.5 か月程度で結論に至り，紛争解決率は約 8 割を超える高さであって，ユーザーである国民や代理人から評判が良い[1]。それは，裁判所の手続は時間がかかり，スピード感が「国民のニーズ」「社会のニーズ」に応えていないという批判に応えて，「迅速」で「充実した審理」を行う仕組みを考えようという司法制度改革の検討会委員の情熱が結集した制度であったからだと思う。

　この制度を誕生させた，司法制度改革推進本部の「労働検討会」（座長・菅野和夫東京大学名誉教授）は，平成 14 年 2 月 12 日の第 1 回から平成 16 年 7 月 27 日の第 32 回まで続いた。合計 11 設置されていた司法制度改革推進本部の検討会の中で，最も開催回数の多い検討会であった。

　平成 15 年の夏は頗る暑かった。平成 14 年の 2 月から始まった労働検討会も，1 年半に至ろうかというこの時期，まだ労働検討会に終着駅が本当にあるのか

---

[1]　佐藤岩男「労働審判制度利用者調査の概要」菅野和夫=仁田道夫=佐藤岩男=水町勇=水町勇一郎編著『労働審判制度の利用者調査 ── 実証分析と提言』（有斐閣，2013 年），林道晴「口頭による争点整理と決定手続」金融財政事情研究会編『現代民事法の実務と理論（下巻）田原睦夫先生古稀・最高裁判事退官記念論文集』（2013 年）995 頁以下，山田文「労働審判の未来 ── その評価と民事訴訟制度への示唆」論究ジュリスト 24 号（2018 年）73 頁以下参照。なお，平成 26 年 6 月 20 日開催・日弁連ほか主催のシンポジウム「いま司法は国民の期待にこたえているか」において，日本労働組合総連合会の新谷信幸総合労働局長（当時）は，労働審判制度は，「司法制度改革の最大のヒット商品」と評価されている。

『現代民事手続法の課題』春日偉知郎先生古稀祝賀〔信山社，2019 年 7 月〕

34 労働審判制度が民事訴訟法改正に与える示唆〔定塚　誠〕

さえ見えない状況であった。その閉塞感さえ漂いかねない暑い暑い夏に，7月4日，7月11日，7月18日，8月1日，8月8日とわずか1か月強の間に5回も期日が開催され，激論が続けられた。今，思うと，菅野和夫座長ほか委員の方々のこのとんでもなく熱い情熱こそが，労働審判制度を産み出したのだと強く感じる。

　その暑い夏の真っ只中，労働検討会委員11名の中で唯一の民事訴訟法学者でいらっしゃった春日偉知郎教授が，同年7月18日の第24回の期日に，山川隆一教授（東京大学大学院法学政治学研究科教授・前中央労働委員会会長），村中孝史教授（現京都大学法科大学院教授）と共に，学者委員3名連名の「中間的な制度の方向性について（メモ）」を出された。そこには4つの案（①調停・裁定選択型，②調停・裁定合体型，③調停・裁定融合型，④裁定単独型）が記載されていた。ここで初めて具体的な制度のイメージが各委員に示され，流れが変わった。霧の中にあった終着駅が少しずつ見え始めた[2]。

　当時，春日偉知郎先生は，茗荷谷にあった筑波大学に研究室を持っておられた。筆者は，男澤聡子行政局付（当時）と共に，何度も何度も茗荷谷に通わせていただいたが，春日先生は，いつも変わらぬ優しい笑顔で我々を迎えてくださり，時には茗荷谷の鮨屋でごちそうになり，一緒にビールを飲ませていただいたりした。春日偉知郎先生は，民事紛争解決制度について，柔軟でかつプラクティカルなお考えをお持ちであり，しかもドイツなど欧州の紛争解決制度に深い造詣をお持ちであったことから，上記のご提案をされたのであって，この学者委員連名のご提案がなければ，労働審判制度は成案を得るに至らなかったであろう。改めて，春日偉知郎先生に，労働審判制度を所管させていただいている裁判所の一員として，心より感謝申し上げる次第です。

　ところで，この労働検討会は，いわゆる使用者団体と労働者団体の各最高幹部であられた矢野宏典日本経営者団体連盟専務理事（当時）及び高木剛日本労働組合総連合会副会長（当時）が，また，いわゆる労働側弁護士と経営側弁護士の各リーダー的存在であった鵜飼良昭弁護士及び石嵜信憲弁護士が，それぞ

---

(2)　労働審判制度成立の経緯については，菅野和夫=山川隆一=齊藤友嘉=定塚誠=男澤聡子著『労働審判制度（第2版）』（弘文堂，2007年）13頁以下，菅野和夫『労働法（第11版補正版）』（弘文堂，2017年）1090頁以下，「菅野先生に聴く」（第2回）論究ジュリスト21号（2017年）145頁以下参照。

I 労働審判制度と春日偉知郎先生

れ委員として参加され，それぞれの立場の違いなどから，まさに口角泡を飛ばす議論が延々と続けられていた。しかし，この熱い議論は，無駄ではなかった。その熱意溢れる議論により，それぞれの立場を超え，学者の先生方，裁判所，法務省，弁護士会も一体となって，「世の中のニーズに応じてこれまでにない新たな紛争解決の仕組みを作ろう」というパワーとエネルギーが蓄積されていき，それが「労働審判制度」という世界に類を見ない我が国独特の紛争解決制度を誕生させることになった。

　新しい制度が産み出されるときには膨大なエネルギーが必要だが，必ずしも同じ方向を向いたものである必要はない。それぞれ違う方向に向かっていても，我が国の「国民のニーズ」や「社会のニーズ」を見据えた良い紛争解決制度を創ろうという熱い思いが結集されれば，新しい良い制度が産み出される。

　現在，我が国では，平成 29 年 6 月 9 日に閣議決定された「未来投資戦略2017」において，「迅速かつ効率的な裁判の実現を図るため，諸外国の状況も踏まえ，裁判における手続保障や情報セキュリティ面を含む総合的な観点から，関係機関等の協力を得て利用者目線で裁判に係る手続等の IT 化を推進する方策について速やかに検討し，本年度中に結論を得る。」とされ，これを受けて，内閣官房日本経済再生総合事務局に「裁判手続等の IT 化検討会」（座長・山本和彦一橋大学大学院法学研究科教授）が設置され，8 回の議論を経て，平成 30 年3 月 30 日に「裁判手続等の IT 化に向けたとりまとめ」が出された。

　ここで注目すべきは，「未来投資戦略 2017」においては，「迅速かつ効率的な裁判の実現」が求められ，かつ「利用者目線で」の改革が求められているということである。

　そして，今般，単に IT 化にとどまらず，その IT 化を 1 つの契機として，「利用者目線」すなわち民事裁判制度のユーザーである「国民のニーズ」あるいは「社会のニーズ」に応えた民事訴訟にするために，民事訴訟法の抜本的な改正をしようという動きが始まっている。

　法務省は，有識者からなる「民事裁判手続等 IT 化研究会」（座長・山本和彦一橋大学大学院法学研究科教授）を立ち上げ，平成 30 年 7 月 24 日に第 1 回会合を開催し，2019 年度中に法制審議会（法務大臣の諮問機関）に，民事訴訟法改正を諮問する予定で動きを開始している。

　労働審判制度が産み出されたときのように，「国民のニーズ」「社会のニー

ズ」にしっかりと応えた新たな仕組みを創ろう！というパワーとエネルギーが，関係者にしっかりと充填されて，この機会に，単に現状の裁判手続を IT 化するのではなく，このスピードアップした現代社会における国民の期待やニーズに応えられる「利用者目線」で「迅速かつ効率的な裁判」を実現する民事訴訟法の抜本的改正がされることを大いに期待したい。

II 民事訴訟実務の現状と評価

平成 15 年の夏を迎える 7 年ほど前，平成 8 年に改正民事訴訟法（平成 8 年 6 月 26 日法律第 109 号）が成立し，平成 10 年に施行された。

この民事訴訟法改正は，国民の期待に応える利用しやすく分かりやすい民事裁判の実現を企図したものであり，それまでの，いつになったら裁判が終わるか予想できない民事裁判によって「国民の司法離れ」が生じるのを何とかしようという危機意識に根ざしたものであった[3]。そして，当時，多くの実務家や研究者が，この危機意識を共有し，「社会のニーズ」「国民のニーズ」にしっかりと応えた迅速で適正な民事訴訟を実現したいという情熱を持っていた。関係者のそのような情熱は，そのまま司法制度改革へと注ぎ込まれることになった。平成 14 年から平成 16 年という労働審判制度に向けての議論がされていたのは，まさにそのような時期であった。

しかしながら，改正民事訴訟法成立後約 10 年を経過した平成 18 年ころから，法曹実務家からは，ユーザーである国民のためにより適正・迅速な民事裁判を実現しようという熱気が冷めていったと言われる[4]。そして，平成 8 年の民事訴訟法改正によって目指していた「国民に利用しやすく，わかりやすい民事訴

---

(3) 伊藤眞=秋山幹男=福田剛久「これからの民事訴訟法・民事訴訟法学に期待すること」論究ジュリスト 24 号（2018 年）82 頁［福田剛久発言］参照。平成 8 年民事訴訟法改正に至る経緯については，法務省民事局参事官室編「一問一答 新民事訴訟法」(商事法務，1996 年) 5 頁以下，福田剛久「民事訴訟の現在位置」(日本評論社，2017 年) 138 頁以下参照。

(4) 武藤貴明「裁判官からみた審理の充実と促進」論究ジュリスト 24 号（2018 年）14 頁，高橋宏志ほか「座談会・民事訴訟法改正 10 年，そして新たな時代へ)」ジュリスト1317 号（2006 年）40 頁［高橋宏志発言］参照。

II　民事訴訟実務の現状と評価

訟」は実現されているとは言いがたい状況にある[5]。

　当然のことながら，国民による民事裁判制度の満足度は低下し，民事訴訟学者等の有志からなる「民事訴訟制度研究会」（代表早稲田大学大学院法務研究科菅原郁夫教授）が平成23年に民事訴訟の利用者を対象として行った調査では，「日本の民事裁判制度は，国民にとって満足のいくものだと思いますか」との問いに対し，「強くそう思う」と「少しそう思う」の両方を合わせても，わずか20.7パーセントと低迷している[6]。

　マネジメントの父と呼ばれるP.F.ドラッカーは，「マーケティング」とそれに対応する「イノベーション」だけが組織に成果をもたらすという[7]。マーケティングの結果，少し満足という人を含めて，2割のユーザーしか満足させられないような制度は，民間企業であれば，スクラップするか本気で抜本的なイノベーションに着手するしかないであろう。

　山本和彦教授がご指摘されるとおり，民事訴訟は，その利用者（便益を享受する者）のために税金を原資として国が運用している制度であり，その意味では，外交，防衛，公教育等と同じ性質を有する公的サービスとして位置づけられるものである[8]。山本教授は，従前より，民事訴訟を公的サービスの1つとして位置づけることによって，公的サービスとしての質の評価が重要であり，どのような質を保証すべきかの議論，更に質保証の方法論（サービスの定期的なチェック，利用者のニーズ（利用者満足度）の把握等）などについても意識的に議論の対象とすべきであると指摘されておられる。

　外交，防衛，公教育等の公的サービスは，絶えず国会やマスコミでの議論にさらされ，国民の意向を受けて，より国民の期待に沿うものへと年々変貌を遂げていく。しかしながら，司法は，三権の中の一権でありながら，予算規模も

---

(5)　平成8年の民事訴訟法改正後の民事訴訟の審理の問題点については，垣内秀介「民事訴訟の審理をめぐる問題状況 —— 現行民事訴訟法施行20年を振り返って」論究ジュリスト24号（2018年）6頁以下参照。

(6)　菅原郁夫「民事訴訟利用者調査の報告（資料）」（HP）参照。なお，同報告によれば，裁判期間の評価として，「長すぎる」と「やや長い」の合計は44.2パーセントに至っている。

(7)　P.F.ドラッカー『マネジメント　基本と原則（エッセンシャル版）』（ダイヤモンド社，2001年）16頁以下参照。

(8)　山本和彦『民事訴訟法の現代的課題』（有斐閣，2016年）2頁以下。

34 労働審判制度が民事訴訟法改正に与える示唆〔定塚 誠〕

年間約 3200 億円で国家予算のわずか 0.3 パーセントしかないせいか，その公的サービスとしての質や利用者満足度などが国会やマスコミで議論される機会は乏しい。そのため，司法は，絶えず自ら国民のニーズに合っているのかを検証して改善していかないと，社会のニーズからかけ離れ，国民から見放されることになりかねない。

現に，弁護士 1 人当たりの民事通常訴訟事件新受件数は，戦後 20 世紀中は概ね 10 件内外で推移していたが，平成 27 年には，4.2 件と半分以下にまで落ち込んでいる[9]。

その原因については，様々な見方があるが，「現在の民事訴訟のやり方が社会・経済のスピードや効率性の感覚に適合しなくなっているのではないか」「…裁判所が紛争解決機関として回避されているのではないか」という厳しい指摘がされている[10]。

司法制度改革審議会で審理期間半減の提言がされ，そこで基準とされた平成 11 年（1999 年）当時，人証調べ事件の平均審理期間は 20.5 か月であったが，平成 28 年（2016 年）においても，人証調べ事件の平均審理期間は 20.6 か月であり[11]，目標の「半減」どころか，若干であるが増加すらしている。この点，複雑かつ非定型的な事件が増えたことは間違いないが，この「半減」という審議会の意見が，司法に対する利用者の意見を相当程度反映したものである以上は，現状は，「訴訟制度がユーザーに見放されてもやむを得ない状況にあるとすらいえよう。」[12]。

---

[9] 山本和彦「争点整理手続の過去，現在，未来——口頭審理期日立法再論」高田裕成ほか編『民事訴訟法の理論 高橋宏志先生古稀記念論文集』（2018 年）771 頁。なお，「弁護士 1 人当たりの民事通常訴訟事件新受件数」とは，民事通常訴訟事件新受件数をその時点での弁護士数で除した件数をいう。

[10] 山本・前掲注(9) 772 頁。

[11] 最高裁事務総局「裁判の迅速化に係る検証に関する報告書」（平成 29 年 7 月）（2017 年）25 頁。因みに，20.6 か月と言われてもピンとこないかもしれないが，新元号になる 2019 年 5 月 1 日を起点として考えると，20.6 か月後の 2021 年 1 月は，我が国の消費税増税はもとより，東京オリンピックも終了し，米国大統領選挙も終わっている時期である。内外の経済情況の変化がめまぐるしい現代社会において，「もちろん勝つ保証はないけど，たぶん 20.6 か月後の 2021 年 1 月ころには一審判決が出ると思うよ。負けたら控訴審，最高裁もあるから訴訟やらない？」と弁護士に言われて，我が国の民事訴訟に紛争解決を委ねたいと考えるビジネスパーソンがどれほどいるだろうか。

[12] 山本・前掲注(9) 773 頁。

II　民事訴訟実務の現状と評価

　筆者も，30年近く前に，民事裁判が，国民のニーズとかけ離れた時間感覚で動いていることに危機感を覚えて，「ビジネスのテンポが急速にスピードアップし，ビジネスと裁判では，時間に対する感覚がまるで違う。」「民事訴訟という紛争解決システムが国民のニーズに応えるためには，裁判が適正であることはもちろん，可能な限り迅速に処理されなければならない。」と書かせていただいた[13]。さらに，「裁判はこのままでは斜陽産業となる。…法曹全体の問題として，危機感をもって，この斜陽産業の建て直しについて議論がなされるとき，このサービス産業の将来にも展望が開けよう。」と書いた[14]。

　しかし，平成8年の民訴法改正とこれに引き続く司法制度改革のときの情熱が冷めてしまったと言われる現在，山本教授の言われるように，民事裁判は，いよいよユーザーから見放される時期を迎えているのであろう。

　このような現状にありながら，仮に法曹実務家の多くが，ユーザーのニーズに応える民事訴訟に改革しよう！という強い意識を持たないとするならば，民事裁判は，ユーザーである国民から見放されてもやむを得ない「斜陽産業」であるというほかない。

　前述のとおり，近時，民事訴訟のIT化の動きに伴って，国民のニーズに応える民事訴訟を目指して，抜本的に民事訴訟法を改正すべきではないか！という動きが生じている。今，全国の多くの裁判所で，国民のニーズに応える新たな民事訴訟法を目指して，議論が始められている。この議論が盛り上がり，司法関係者が，どうしたらもっともっとユーザーである国民の方々の期待に応えられる民事訴訟になるだろう？と危機感を持って真摯に議論をすることが，国民や社会から見放されない民事訴訟に近づく第1歩であろう。

　春日偉知郎教授が4つの案を提案された先述の司法制度改革審議会の労働検討会では，裁判所の手続は時間がかかり，「社会のニーズ」に応えていないという批判に応えて，「迅速」で「充実した」審理を行う仕組みを考えようという議論がされた。

　その結果，「迅速」で「充実した」審理という見地から，民事訴訟にはない思い切った仕組みが導入されている。以前，現行民事訴訟法に基づく「運用

---

[13]　拙稿「アメリカ合衆国における民事訴訟の合理化・迅速化への施策（上）」判例時報1331号（1990年）3頁，同（下）1332号（1990年）21頁。

[14]　拙稿・前掲注[13]（下）21頁。

論」を念頭に，労働審判制度の「秘密兵器」について書かせていただいたことがある[15]が，本稿では，我が国の民事訴訟法の改正という「立法論」を含めて，「迅速で充実した審理と判断」を実現している労働審判制度の「秘密兵器」を検討してみたい。これが本稿の目的である。

Ⅲ　多くのみなさんに使っていただける民事訴訟を目指して
── なぜ，民事裁判は，国民の「迅速な裁判」のニーズに応えられていないのか

　筆者は，行政官の経験を二度させていただいたことを踏まえて，裁判官の仕事の魅力を司法修習生に伝えるときなどに，裁判官の国家機関としての「裁量」について話をすることがある。すなわち，裁判官には，担当することになった事件について，①結論をどうするのか，及び②どんな方法で審理を進めるのか，の２点について，広い裁量が与えられている。そして，①，②共に，１人又は３人の判断で最終的な結論が決まる。自分が若いころ，課長補佐級の行政官として内閣官房で仕事をさせていただいた経験からすると，重畳的に存在する多くの上司や大臣，副大臣などの政治家，合議先になる関係府省庁，与野党の議員や関係部署，総理官邸など，ステークホルダーがたくさんいて，自分の原案どおりに物事が進むことなどなかなかない。これに比べると，裁判官は自らの判断で決められることが多く，実にやりがいのある仕事であると。

　しかし，他方で，その与えられた裁量を国民の負託に応えるように適切に行使していくことは大変なことであり，それを全うしようと思えば，不断の勉強や努力が必要になる。そして，多くの裁判官は，このことを肌で感じて，政府のワークライフバランス担当部署に怒られるくらい，日々，場合によっては夜半に至るまで，真面目に努力している。

　近時，裁判所では，「部の機能の活性化」と「合議の充実・強化」が広く提唱され，裁判長の経験などの伝承による成果が上がっているとされる[16]。

---

(15)　拙稿「労働審判制度がもたらす民事司法イノベーション ── 口頭主義，一括提出主義，審尋主義，PPP な実務家養成，IT 審判制度等」判例時報 2251 号（2015 年）3 頁以下。
(16)　武藤・前掲注(4)18 頁，齊藤繁道「東京地方裁判所民事通常部における新たな合議態勢への取組について」判タ 1411 号（2015 年）5 頁以下参照。

Ⅲ　多くのみなさんに使っていただける民事訴訟を目指して

　しかしながら，民事の第一審の審理は，むしろ長期化傾向にある[17]。

　そして，その主たる原因は，「争点整理期日」の形骸化，長期化にあるといわれる[18]。

　現に，人証調べ事件の平均期日回数 11.5 回のうち，7.3 回が争点整理期日であり，期間についてもその大半を占めている[19]。この争点整理が，労働審判のように 1 回の期日で，あるいは複雑な事案でも 2 回程度の期日で終われば，大幅な審理の迅速化が図られよう。

　前述のとおり，裁判官には，担当事件について，①結論をどうするのか，②どんな方法で審理を進めるのかの双方について，広い裁量が与えられている。実は，この①の「結論をどうするのか」の裁量が主として裁判の「適正」の要請に繋がり，②の「どんな審理方法で進めるのか」の裁量が主として裁判の「迅速」の要請に繋がるものであると思う。

　これからの民事裁判の審理の在り方を考えるときに，用語として慣れ親しんできた「適正・迅速」という 2 つ並べられたお題目を，「適正」のための施策はどんなことがあるのか，「迅速」のための施策はどんなことがあるのかというように，まず，明確に 2 つに切り分けて頭の整理をし，そもそも「適正」と「迅速」は場合によっては，二律背反する概念であり得ることを明確に意識することが重要であると思う。一般に「適正」のための施策をどんどん手厚くすれば，「迅速」の要請からは遠ざかる。時代の情況等に合わせた両者のバランスの取り方が求められている。

　小学生か中学生のころ，「自由と平等」って両方ともステキだなあ！と思っ

---

(17)　最高裁事務総局「裁判の迅速化に係る検証に関する報告書」（2017 年）参照。

(18)　垣内・前掲注(5)論究ジュリスト 24 号 7 頁，山本・前掲注(9) 771 頁以下，前掲注(3)論究ジュリスト 86 頁以下［秋山幹男発言］，［福田剛久発言］，民事裁判シンポジウム「争点整理で 7 割決まる⁉」判例タイムズ 1405 号（2014 年）7 頁［相羽洋一発言］，10 頁［後藤裕発言］，［小町谷育子発言］［福田千恵子発言］，25 頁以下［伊藤眞発言］（伊藤先生は，争点整理の「広がり」（訴訟物についての判断に必要な事実が何かについての認識を裁判所と当事者で共有し不意打ちないし手続保障の欠如を防ぐこと）と「深さ」（争点に関連する証拠の所在と内容が十分に裁判所に提示され，それを前提として裁判所が適切な形で心証形成すること）に分けて検討されている。），同［田原睦夫発言］（田原睦夫元最高裁判事は，裁判所の責任と当事者の責任に分けて検討されている。）各参照。

(19)　最高裁事務総局「裁判の迅速化に係る検証に関する報告書」（平成 29 年 7 月）（2017 年）25 頁表 17，山本・前掲注(9) 773，783 頁参照。

たが，実は，「自由主義」を標榜する国家と「平等主義」を標榜する国家の間
で，長年にわたる軋轢があり，現代国家においては，自由競争と規制の在り方，
国際競争社会での成長戦略と税や福祉の在り方というように，自由と平等の在
るべき姿とそのバランスが求められている。

　民事訴訟実務において，「適正」の車輪ばかり磨いていて，「迅速」の車輪の
磨き方がおろそかになると，時代のスピードについていけず，社会から置いて
いかれてしまうことになる[20]。

　裁判官の一般的なマインドを考えると，①の「適正」の要請に対しては，敏
感である。「控訴審で取り消された」，「最高裁で意見が入れられた」…など自
分の判断が正しかったかどうかについては，敏感に反応する人が多い（もちろ
ん，上級庁の判決文を読んで，これは上級庁の判断が間違いだ！と力説する頼もし
い輩も少なからずいるが…。）。

　他方で，②の「迅速」の要請に対しては，裁判の迅速化に関する法律2条1
項にいう「2年以内」であればまあいいか，人証調べ事件は，平均20か月か
かるんだからまあいいかなというように，「適正」に比べると敏感度が下がる。
そして，たとえば，遅れがちな弁護士の書面提出についても，強い訴訟指揮を
して弁護士と軋轢が生じることを嫌ったり，自分の事件の判決言渡が終結後2
か月以内（民事訴訟法251条1項）にできないときに逆に文句を言われるから
やめておこうなどと消極的になったりする。

　また，裁判所が近時行っている「部の機能の活性化」と「合議の充実・強
化」という施策は，多角的な視点から判断することができ，また，経験の長い
裁判長の指摘を受けながら充実した判断をすることができ，「適正」の要請に
寄与するものである。

　しかしながら，裁判長が，国民が求める「迅速」な裁判の実現に対して高い
意識を持って創意工夫している人でなければ，部の機能を活性化しようが，合
議を充実強化しようが，「迅速」な裁判実現のための創意工夫が継承されるこ
とはない。

　このような実情にあることから，民事裁判官たちは，合議充実や部の機能の
活性化で頑張って「適正」の車輪を磨くが，「国民のニーズ」「社会のニーズ」

---

[20]　拙稿・前掲注[13]（下）21頁参照。

Ⅲ　多くのみなさんに使っていただける民事訴訟を目指して

に適切に応えた「迅速」な裁判の実現に情熱を燃やす人が増えない。その結果,
「現在の民事訴訟のやり方が社会・経済のスピードや効率性の感覚に適合しな
くなっているのではないか」とか「訴訟制度がユーザーに見放されてもやむを
得ない状況にあるとすらいえよう。」という厳しいご指摘をいただく状況に
なっているのだと思う。

　しかも,驚くべきことに,争点整理を行う弁論準備手続が立法当初のイメー
ジと現実の運用で大きな食い違いがあり,多くの研究者や実務家から争点整理
手続ないし弁論準備手続が形骸化していると指摘されている[21]のに,争点整理
の改革は,法曹実務家からは根強い抵抗があり,そのような抵抗は,当初は改
革の熱気の中で抑えこめても,その熱気が衰えてくると,強い「慣性の法則」
の中で結局は「元の木阿弥」になるというのが歴史の教訓であるという指摘が
されている[22]。そして,山本和彦教授は,「このような事情は現在でも変わっ
ておらず,我々が立ち向かおうとしている「岩盤」の厚さを歴史は教えてい
る。」と指摘される[23]。

　本来,個々の裁判官が,社会の変化に応じた国民のニーズを把握し,上記の
②の「審理運営方法」についての裁量を適切に行使して,そのニーズに応えた
裁判を実現できることが望ましい。そして,心ある裁判官はこれを実践して成
果を上げている[24]。

---

[21]　前掲注[18]参照。

[22]　山本・前掲注[9] 776 頁。

[23]　山本・前掲注[9] 776 頁。約 30 年前に,筆者も「裁判はこのままでは斜陽産業となる。
適正の車輪ばかり大切に磨いていても,時代からは置いていかれるばかりである。法曹
全体の問題として,危機感をもって,この斜陽産業の建て直しについて議論がされると
き,このサービス産業の将来にも展望が開けよう。」「新しいものを採り入れることは,
古いマニュアルが使えなくなることであるから,古いマニュアルに慣れ親しんだ人々は,
新しい制度に反対したがる。しかし,このような感情的,利己的な反対は断固として排
斥されなければならない。トライアル・アンド・エラーの勇気が今,求められているの
ではなかろうか。」と書かせていただいた(前掲注[13](下) 21 頁参照)。今も同じ思い
である。

[24]　藤田正人「争点整理の新しい運用に関する一試案 —— 福岡民事プラクティス研究会の
議論を踏まえて」判タ 1321 号(2010 年) 39 頁以下(なお,この「福岡民事プラクティ
ス研究会」の座長である山口幸雄福岡高等裁判所判事(当時)は,東京地裁労働事件専
門部部総括判事のときに,「労働検討会」の裁判所選出委員として労働審判制度創設に
尽力された。),菊池浩也=藤田正人「福岡地方裁判所における民事訴訟の運用改善に向

34 労働審判制度が民事訴訟法改正に与える示唆〔定塚　誠〕

他方，「古いマニュアル」を使って長年実務を行ってきた重鎮の実務家などには，自分の過去の業績を否定されると感じるのか，迅速化や効率化から目をそむける人も少なくなく，「岩盤」はぶ厚いと感じる。

しかしながら，民事訴訟のIT化をきっかけとして，いよいよ「国民のニーズ」「社会のニーズ」にしっかりと向き合った抜本的な民事訴訟法改正作業が行われることになりそうである。みんなでワクワクしながら，ぶ厚い「岩盤」をぶち壊して，国民にとって民事訴訟の在るべき姿を考えたい。

Ⅳ　労働審判制度が今般の民事訴訟法改正に与える示唆[25]

労働審判制度の特長は，創設当初から，「SSS（スリーエス）」（Speedy, Specialized, Suitable）な制度[26]と言われたように，そのスピードに重点を置いた制度設計がされている。

すなわち，当時，解雇や雇い止めなどをめぐる個別的労働紛争に関する事件の審理に2年，3年と時間がかかりすぎて，到底「国民のニーズ」「社会のニーズ」に応えているとは言いがたい状況があった。たとえばいわゆる失業保険は，会社都合で退職した労働者の最短の給付日数は90日であり，会社が解雇した労働者について，その失業保険の給付期間が終了して，生活のためにあ

けた取組──福岡方式の改訂（新福岡プラクティス）と迅速トラックの実施」判タ1353号（2011年）52頁以下，浅見宣義「労働審判方式を取り入れた民事紛争解決方式（L方式）について──民事調停を利用した試行的実施のレポート」判例時報2095号（2011年）3頁以下，和久田斉「労働審判の経験を踏まえた自庁調停」判タ1357号（2011年）18頁以下参照。

[25]　労働審判制度施行当時から労働審判制度が民事訴訟に与える示唆について検討したものとして，拙稿「労働審判制度が民事訴訟に与える示唆」判タ1200号（2006年）5頁以下，同「労働審判制度にみる「民事紛争解決制度」の将来」判タ1253号（2008年）54頁，山本和彦「労働審判制度から民事訴訟制度一般へ──民事訴訟法の視点から」菅野和夫＝仁田道夫＝佐藤岩男＝水町勇一郎編著「労働審判制度の利用者調査──実証分析と提言」（有斐閣，2013年）239頁以下，定塚誠＝男澤聡子「新しく誕生した労働審判制度について」NBL789号（2004年）32頁，拙稿「労働事件の現状と新設された「労働審判制度」について判タ1147号（2004年）12頁，同「新しい「労働審判制度」の概要と特色」判タ1167号（2005年）12頁以下，参照。

[26]　菅野ほか・前掲注[2]244頁，拙稿・前掲注[25]「新しい「労働審判制度」の概要と特色」判タ1167号（2005年）5頁以下。

IV　労働審判制度が今般の民事訴訟法改正に与える示唆

きらめて別の会社に入ってしまう前に，解雇や雇い止めが無効か有効かの結論を知りたいと考えるのは，労使ともに当然のことである。

　統計によると，労働審判制度の近時の平均審理期間は79.1日であり，全体の事件の8割弱は，労働審判事件を契機として最終的な解決に至っている[27]。

　そして，労働審判制度は，「当事者間の権利義務を踏まえた」解決をするものであって（労働審判法1条，20条1項，2項），裁判所は，争点整理，証拠の整理，証拠調べを行って判定作用（判断作用）を行うことが予定されている。労働審判制度においては，現実に判定作用が実施され，それを踏まえて調停や審判が行われており，その判定作用が行われるがゆえに，労働審判制度はユーザーから高い評価を受けている[28]。

　そこで，労働審判において，平均審理期間79.1日という極めて短期間に，争点整理，証拠整理，証拠調べを行って「判定作用」が行われる秘訣について検討することは，「国民のニーズ」「社会のニーズ」に応えた迅速な民事訴訟の在り方を考える上で，大いに参考になると思う[29]。

　そこで，以下，「国民のニーズ」「社会のニーズ」に応える民事訴訟法の改正の在り方を検討するに当たり，労働審判制度に仕組まれたいくつかの審理の迅速化・充実化のための「秘密兵器」について検討してみたい。

1　最初の主張書面（訴状，答弁書）で勝負する ── ①合理的な「必要的記載事項」を法定化し，②弁護士の行為規範を明示する。

　労働審判制度の成功をもたらした「三種の神器」は，「口頭主義（直接主

---

[27]　最高裁事務総局「裁判の迅速化に係る検証に関する報告書（第7回）（平成29年7月）（2017年）59頁。

[28]　佐藤・前掲注(1)「労働審判制度利用者調査の概要」（有斐閣，2013年）49頁以下によると，労働審判制度の利用者が，この制度において最も重要であると考える特徴について，労働者側の回答の第1位が「法的な権利関係を踏まえた制度であること（法律反映）」であった。ちなみに，使用者側の回答の第1位は「当事者本人が口頭で事情を説明すること（口頭性，直接性）」である。

[29]　前掲注(3)「これからの民事訴訟法・民事訴訟法学に期待すること」93頁［福田剛久発言］は，「労働審判が人気があるのも，国民が早い紛争解決を望んでいるからだと思います。それに応えた新しいメニューを作るということは，十分考えられることだと思うのです。」とされている。

34 労働審判制度が民事訴訟法改正に与える示唆〔定塚　誠〕

義)」,「一括提出主義」,「審尋主義」であると言われることがある[30]。その中でも,以下の(4)で述べるように,「口頭主義」は,「迅速」で「充実した」審理のために極めて重要である[31]。

もとより,井戸端会議のように,やみくもに口頭でたくさんおしゃべりをしたからといって,「迅速」で「充実した」審理ができるようにはならない。

口頭主義が真にその実力を発揮して「迅速」で「充実した」審理を成功させるためには,「口頭で議論するだけの材料をその期日までに提供しなければけない。」[32]。また,山本和彦教授も,有効な口頭審理のためには,その前提として議論をするための十分な情報が提供されている必要がある。」と指摘される[33]。

このように,口頭主義を活用して「迅速」で「充実した」裁判を行うためには,訴状や答弁書といった主張書面に,裁判所が,事案解明に必要と考えられる事実や法律論が十分に記載されている必要がある。

労働審判制度においては,①申立書及び答弁書に記載すべき事項を規則で具体的に定めており,②「予想される争点」を中心に主張や証拠を記載してもら

---

(30)　拙稿前掲注(13) 6 頁以下，山本・前掲注(9) 792 頁以下参照。

(31)　藤田正人・前掲注(24)「争点整理の新しい運用に関する一試案」45 頁以下，山本・前掲注(9) 778 頁以下，増田勝久ほか「民事訴訟法施行 20 年記念シンポジウム『民事訴訟法施行 20 年を迎えて —— 争点整理等における現状と課題，あるべき姿』」判例タイムズ 1447 号（2018 年）7 頁以下［北川清発言］，8 頁［渡邊徹発言］，［中武由紀発言］，竹下守夫「『口頭弁論』の歴史的意義と将来の展望」竹下守夫＝石川明編『講座民事訴訟法(4)』（1985）35 頁，林道晴・前掲注(1)「口頭による争点整理と決定手続」（2013）998 頁以下，増田ほか・前掲注(32) 24 頁［笠井正俊発言］参照。笠井正俊「争点整理のための口頭議論をめぐって」高田裕成ほか編『民事訴訟法の理論 高橋宏志先生古稀記念論文集』（有斐閣，2018 年）459 頁以下は，裁判所の心証開示やフリーディスカッション方式，ノンコミットメントルールについて詳細な検討がされている。なお，山本和彦教授は，口頭審理のメリットは，①裁判官・当事者が不明点，知りたい点を即時に質問でき，質疑応答が連鎖することが情報交換の効率性・実効性にとって有用であること，②争点の軽重の判断が可能になり，重点に絞った情報交換が可能になること，③書面よりも付加的・付随的情報が増加することで情報が豊富になることの 3 点に整理される。

(32)　前掲注(3) 86 頁［福田剛久発言］。福田元判事は，続けて，（現状は，）「そこが欠けているのではないかと思うのです。まず，訴状，答弁書でどういう情報を提供するのかというところが，かなり忘れられています。」と指摘されておられる。

(33)　山本・前掲注(9) 785 頁。なお，小山稔「モデル訴状，答弁書の試み」判タ 664 号（1988 年）19 頁以下参照。

　　　　　　　　　　　　　Ⅳ　労働審判制度が今般の民事訴訟法改正に与える示唆

うこととし，さらに，③主張書面は原則1回だけとすることで，十分な調査と
分析の上で渾身の一通を出してもらうこととされている。

　このように，当事者から渾身の主張書面が出されることにより，制度創設当
時の東京地裁労働事件専門部の裁判長であった難波孝一部総括判事（当時）は，
「裁判官は，申立書と答弁書をじっくり読みます。読むと，どっちが勝ち筋か
なとか，どっちが負け筋かなという見当は，6割から7割程度の事件はつくと
考えています。すなわち，よくできた申立書，よくできた答弁書を読めば，自
ずとどちらが有利かなというのはわかります。そのことを前提に，本人，関係
者に確認する中で，自分の仮説が正しいのか正しくないのか検証しているのだ
と思います。」[34]と述べておられる。これが迅速審理をもたらす，「口頭審理」
の1つの理想的な姿であろう。

　労働審判規則9条1項は，申立書の記載事項として，①予想される争点及び
当該争点に関連する重要な事実（同条1項1号），②予想される争点ごとの証拠
（同2号），③当事者においてされた交渉（あっせんその他の手続においてされた
ものを含む。）その他の申立てに至る経緯の概要（同3号）を記載しなければな
らないとしている。他方で，労働審判規則16条1項は，答弁書の記載事項と
して，申立書と同様に，①予想される争点及び当該争点に関連する重要な事実
（同項4号），②予想される争点ごとの証拠（同項5号），⑥当事者間においてさ
れた交渉（あっせんその他の手続においてされたものを含む。）その他の申立てに
至る経緯の概要（同項6号）などを記載しなければならないとしている。

　しかも，申立人も相手方も，予想される争点についての「証拠書類」がある
ときは，その写しを申立書又は答弁書に添付しなければならないと定めている
（規則9条3項，同16条2項）[35]。

---

(34)　菅野和夫ほか「座談会・労働審判制度1年 —— 実績と今後の課題」ジュリスト1331
　　号（2007年）19頁［難波孝一発言］

(35)　労働審判規則は，最高裁判所民事規則制定諮問委員会の議論を経て制定されたもので
　　あるが，その原案は，当時の最高裁事務総局園尾隆司行政局長，同男澤聡子行政局付，
　　渡會千恵行政局第三課労働係長，その後任の岩崎光宏労働係長，原佳子行政局第三課専
　　門職，井上英樹同調査員というメンバーにより作成され，内閣法制局尾島明参事官の審
　　査を経て制定された。労働審判法が1条ないし34条までであるところ，労働審判規則
　　はそれを1条上回る1条ないし35条からなる。労働審判規則の逐条解説は，前掲注(2)・
　　菅野ほか「労働審判制度［第2版］」137頁から233頁までが詳しい。また，男澤聡子
　　＝岩崎光宏＝原佳子＝井上英樹「労働審判規則の解説」判例タイムズ1167号7頁以下

34 労働審判制度が民事訴訟法改正に与える示唆〔定塚 誠〕

民事裁判においては，現在，「争点」を整理し，その「争点」について証拠調べをして裁判所の判断を示すというように，「争点」を中心に展開されている。そうであれば，弁護士は，依頼者から話を聞いたり，相手方と交渉する際にも，当然予想される「争点」を意識して調査し，分析を行うはずである。そこで，労働審判では，迅速な審理に資するように，「予想される争点」を軸に主張と証拠を明確にしてもらうことにしてある。そして，双方当事者に裁判に至る前の「交渉の経緯」を記載してもらうことによって，「争点」がビビッドに浮かび上がる。

これは，かねてより山本和彦教授が主導されてきた「当事者主義的訴訟運営」[36]の一つの発現形態であろう。

筆者は，労働審判制度は，民事訴訟に関する壮大な実験であると書いたことがある[37]。

まさに，この労働審判制度における申立書と答弁書の記載事項は，依頼を受けた代理人が，当然に事前に相手方と交渉をし，そこで真の争点を把握するといういわば弁護士の行為規範の確立を企図したものであろう。実際に，現在の労働審判の申立書と答弁書は，この要請を満たしているものがほとんどであり，一般の民事訴訟においても，この「予想される争点」を軸に主張や証拠を明示することは，労働審判のように「迅速で充実した審理」を行うために極めて有益であろう。

なお，民事訴訟のIT化との関連でいえば，訴状や答弁書が電磁的に送付されるようになれば，足りない部分などについて，裁判所が，すぐにその補充や

（2005年）参照。

　なお，本稿作成に当たっては，現在，最高裁事務総局行政局で労働関係事件を担当されている佐藤彩香局付判事及び楠松第二課長に，多くの資料提供やご示唆をいただきました。心より感謝申し上げます。

[36] 山本和彦「当事者主義的訴訟運営の在り方とその基盤整備について」同『民事訴訟法の現代的課題』（有斐閣，2016年）76頁以下。山本和彦教授は，民事訴訟運営の在り方について，より当事者主義的な方向に軸足を移していく必要があるのではないかと指摘され，その理由として，①当事者が手続過程に積極的に関与することに係る独自の意義など民事訴訟法理論上の理由，②弁護士数増大による裁判所の負担増などの民事訴訟実務上の理由，③公的セクターを減量化し民間活力を活用しようという国家の役割に対する考え方の3点を掲げられる。

[37] 拙稿・前掲注[25]「労働審判制度が民事訴訟に与える示唆」5頁以下。

IV 労働審判制度が今般の民事訴訟法改正に与える示唆

加除訂正を求めることが可能になる。また，世界で検討が進められているように，いずれ人工知能（AI）の活用によって，たとえば訴訟物や要件事実のチェックが自動的に行われ，要件を満たしていない書面はそもそも受理しないという時代が来ることも十分に考えられる。そもそも訴訟物とか，請求原因事実，抗弁，再抗弁といった整理は，アルゴリズムの支配領域であるし，膨大な裁判例の整理や分析も AI が得意とする分野であろう。AI の活用は裁判実務を大きく変える可能性を秘めており，せっかく民事訴訟の IT 化がされるのであれば，近い将来に向けて，早急に AI の活用について本格的な検討がされるべきであろう。

2 当事者及び関係者のウェブ会議への出頭確保 —— いわゆる「持ち帰り問題」の解消へ

「持ち帰り問題」とは，「裁判官あるいは一方代理人が口頭で議論しようとしても，他方代理人がそれに応じず，持ち帰って次回期日に準備書面で対応する」という事態のことである[38]。現実には極めて多いが，この「持ち帰り問題」は，「迅速」で「充実した」審理の天敵であり，それらを撲滅させることを目指す工夫が必要である[39]。

「持ち帰り」の理由として代理人が用いることが多く，しかも裁判所を悩ますのが，「その点については，当事者本人から十分に事情聴取をしてなかった

---

[38] 山本・前掲注(9) 786 頁以下，前掲注(31)「民事訴訟法施行 20 年を迎えて」11 頁［中武由紀］発言参照。

[39] 前掲注(3)・論究ジュリスト 24 号 88 頁において，伊藤眞東京大学名誉教授は，「書面を出して，裁判所がそれに対して何らかの指摘をすると，「じゃあ，それは持ち帰りまして，検討して，また次回に書面で」という，やや戯画化されたパターンがあります。そういう慣行を変えるには，やはり口頭での議論であるとか，意見の交換が有用である」と指摘される。前掲注(18)・民事裁判シンポジウム 13 頁［福田千恵子発言］は，「裁判所が口頭で議論しようとしても，代理人からは「次回書面で」と言われてしまい，フランクな議論に応じてもらえないことが多いのが実情です。」とし，「裁判所は，通常，弁論準備での口頭議論はあくまでもフリートーキング」であるとみており，「弁論準備での口頭の議論にノンコミットメントルールを浸透させることは賛成です。」と述べておられる。なお，ノンコミットメントルールは口頭弁論の活性化のために有用であるとして賛同者が多いが，その周知の必要性については，前掲注(31)「民事訴訟法施行 20 年を迎えて」12 頁［渡邊徹発言］，対応策については，同［北川清発言］，［中武由紀発言］，その理論的問題点については，同 10 頁［笠井正俊発言］各参照。

789

ので，改めて事情聴取して次回書面で」というものである。

この問題に対して，労働審判制度では，第1回期日に弁護士が当事者本人を同行し，労働審判委員会は，当事者本人に対し，口頭で，不明な点や知りたい点について質疑応答をすることが予定されている（労働審判法15条1項，労働審判規則21条1項参照）。さらに，労働審判制度では，第1回期日に審尋が行われ，重要な関係者からの事情聴取が行われることから[40]，重要な関係者も，第1回期日に，弁護士と共に出頭するのが一般的である。そこで，労働審判委員会は，不明な点や知りたい点があれば，本人や関係者から口頭で事情を聴けばよい。

したがって，労働審判においては，「依頼者に改めて事情を聴くので…」という理由での「持ち帰り問題」は生じず，第1回期日の早い段階で，争点整理が終わる。

一般の民事訴訟においても，当事者本人や重要な関係者に審理に参加してもらい，裁判所や相手方から，口頭で本人や関係者に疑問点，不明点を確認することが「持ち帰り問題」を解決し，「迅速」で「充実した」審理を行う秘訣である[41]。

この点については，「民事訴訟のIT化」が大きく寄与する。すなわち，期日が，裁判所と弁護士事務所をウェブ会議システムでつなげて行うようになれば，当事者本人や関係者もいつも打合せをしている弁護士事務所に赴けば足りる。したがって，裁判所に出頭するという心理的抵抗も少なくなるし，裁判所から遠い場所にいる当事者や関係者でも出頭確保が容易になる。また，急な出張などが入っても，小型パソコンさえあればスカイプなどで参加することもできる。とにかく，ウェブ会議システム経由で構わないから，争点整理期日には必ず当事者や関係者に参加してもらうことが「迅速」で「充実した審理」を行うためには重要である。

---

(40)　菅野ほか・前掲注(2)『労働審判制度（第2版）』195頁，250頁

(41)　もちろん，本人については，既に民事訴訟法151条1項1号の釈明処分としてのいわゆる当事者出頭命令があり，裁判官がそれを活用すれば本人の出頭は確保できるが，法令又は慣行により，当事者及び重要な関係者が争点整理期日に必ず出頭するようにすることが重要である。なお，争点整理期日に紛争当事者や関係者を同行して，その同席のもとで期日において争点整理を進める「当事者同行方式」を提言するものとして，藤田正人・前掲注(24)「争点整理の新しい運用に案する一試案」48頁以下参照。

Ⅳ　労働審判制度が今般の民事訴訟法改正に与える示唆

3　書証の「同時一括提出主義」と裁判官による「暫定的心証」の開示

　前述のとおり，裁判官は，出来の良い訴状と答弁書を読めば，6割から7割の事件については，どちらが勝ち筋か分かるというのが，たぶん多くの裁判官の偽らざる感覚であろう。ただし，暫定的にせよ，当事者に「心証」を開示をするというためには，裁判官の多くは，「書証」を出発点として，そこからの論理的な筋道，推論の過程を述べるであろう。そうでないと弁護士，当事者を説得することは難しいからである。

　そこで，「暫定的な心証」を開示するためには，争点に関する重要な書証が早期に提出されている必要がある。労働審判規則では，9条2項及び16条により，「予想される争点についての証拠書類」があれば，それぞれ「申立書」と「答弁書」に「添付」して提出しなければならないこととしている。書証の「早期一括提出主義」というか，主張書面に添付する「同時一括提出主義」である。

　民事訴訟においても，訴状や答弁書などの主張書面の記載が充実し，争点に関する重要な書証がこれと共に提出されれば，裁判官の多くは，その時点までの「暫定的な心証」を持つに至るであろう。逆に言えば，裁判官は，自らの「暫定的心証」が得られないのであれば，自分が「暫定的心証」が得られないネックとなっている疑問点や不明点を，口頭でどんどん尋ねて「暫定的心証」を形成をすれば良い。

　このようにして得た「暫定的心証」を積極的に「開示」することは，「迅速」で「充実した」審理のために極めて重要である[42]。

　すなわち，まず第1に，「暫定的心証」を開示された弁護士が，「なあんだ！裁判官はそんなことを考えてたんだ。それなら主張や書証を追加しよう。」ということで追加提出してくれれば，裁判所は，早期により真相に迫ることができることになる。そして，第2に，「暫定的心証」が，双方代理人の合理的思考結果と合致すれば，早期に和解が成立することになる。「迅速」で「充実した」審理にとって百利あって一害なしであろう[43]。

---

[42]　前掲注[31]「民事訴訟法施行20年を迎えて」14頁［中武発言］，具体的な暫定的心証開示のプラクティスについては，同15頁［北川発言］，［中武発言］［渡邊徹発言］［田中智晴発言］各参照。

[43]　心証開示の分析については，矢尾渉「争点整理のための心証開示について ── 裁判所

34 労働審判制度が民事訴訟法改正に与える示唆〔定塚　誠〕

このように「暫定的心証開示」の内容が当事者にちゃんと伝われば，もう「迅速」で「充実した審理」の成功が見えてくる。

しかしながら，裁判官側の隘路として，この「心証開示」がきちんとできないという，いわゆる「心証開示問題」[44]が指摘されている。すなわち，裁判官による「暫定的心証開示」が不十分で，ポーカーフェイスでいるような裁判官が相手では，当事者らが口頭議論を行うことは困難であり，このような口頭審理による迅速審理を自ら阻害する裁判官らの悪しき対応が「心証開示問題」と呼ばれている。

「心証開示問題」を突きつけられている裁判官は，「方法」と「内容」からの真摯な対応が必要である。「方法」については，「ほのめかす」とか「婉曲的な示唆」いうのは代理人から見たら最悪であり[45]，裁判官にとって恥ずべき事態である。誰も裁判官の心証開示に，我が国特有の文化とされる「奥ゆかしさ」など求めていない。ほのめかしたり，婉曲的にいうのは，暫定的心証の過程等に自信が無いからであろう。自ら疑問点や不明点を口頭でどんどん確認すれば，自信が持てるようになり明快な発言ができるようになる。

「内容」の点では，そもそも開示するのは，あくまでその段階における「暫定的な心証」であり，暫定的心証の開示は，不意打ち防止による手続保障の意味があり，主張立証が追加されたり変更されることが当然に予定され，心証が変わることも予定されているものであるから，当該時点でまでに提出された主張や書証からの一応の筋道を明快に堂々と述べればいい。弁護士も，法律論争を含めて，これに堂々と対峙すればいい[46]。

　の心証は，なぜ当事者に伝わりにくいのか」民訴雑誌 62 号（2016 年）154 頁以下参照。

(44)　山本・前掲注(9) 788 頁。

(45)　前掲注(18)・民事裁判シンポジウム 18 頁［後藤裕発言］，は，「弁護士としては，裁判所からはっきり言ってもらいたいと思います。」「裁判所は非常に婉曲的に心証を示唆されているのではないでしょうか。日本人の会話の悪いところだと思うのですが…。」とした上で，そのような裁判官に対する弁護士側の対策まで伝授しておられ，弁護士としては，「その場ですぐに反応して，裁判官の言われたことは，かくかくしかじかこれこれということでしょうかと示唆の内容が明らかになるように聞き返せば，コミュニケーションが成り立ち，婉曲的に示唆された裁判所も明示的に心証を開示せざるを得ないと思います。」と指摘する。

(46)　前掲注(31)「民事訴訟法施行 20 年を迎えて」のシンポジウムでコメントされた高橋宏志東大名誉教授は，争点証拠整理は，裁判所と弁護士らとの三者間の議論，討議を行う

792

IV　労働審判制度が今般の民事訴訟法改正に与える示唆

　これからは，コミュニケーション能力（コミュ力）の時代であると言われる。「コミュ力」は，民間企業の面接等でも重視されている。しっかり物を考えていても，相手にそれがきちんと伝わらなければ，考えていないのと同じである。これからは特に，裁判官にも弁護士にもコミュ力が求められる。自信がなければ，寄席に行って落語や漫才のトーク力を学んだり，おしゃべりなおじちゃんおばちゃんがいっぱいいる居酒屋に行って一緒に一杯やりながら社会感覚を学ぶと共に「コミュ力」の極意を盗んだりすることが有益かもしれない。

　4　無駄な「争点整理手続」からの脱却 ── 「口頭主義（直接主義）」の活用

　「争点整理」というと大仰なイメージがあるが，実は，通常の事案であれば，弁護士が，依頼者や関係者から事情聴取し，必要な書証を出してもらって検討し，さらに相手方と紛争解決に向けての事前交渉をするならば，多くの場合，当然に「争点」を予測できると考えられる。裁判官としての実務経験がおありの京都大学大学院法学研究科笠井正俊教授も「争点について弁護士間で必ずしも共通の認識がないということ自体が不思議な感じがします。」と述べられておられる[47]。また，竹下守夫教授がご提案された「三期日審理方式」は，通常事件では，三回の期日で審理を終結させるものとして，第一回期日を事件振分け及び処理方針決定のための期日，第二回期日を主張整理・争点確定及び証拠整理・人証決定のための期日，第三回期日を集中証拠調べと最終弁論のための期日とされ，争点整理は，第二回期日の一回だけで，口頭の対審的期日で行うことを想定されておられる[48]。

　労働審判制度では，前述のとおり，申立書に，「申立ての趣旨」「理由」のほかに，「予想される争点」及び「当該争点に関連する重要な事実」（労働審判規則9条1項1号）並びに「予想される争点ごとの証拠」（同項2号）の記載を求め，その予想される争点についての「証拠書類」の写しの添付（同9条3項）

　　ものであって，弁護士らからも裁判官に対して積極的に問いかけをし，また，その対象も法律構成などを含めた法律論を含めて積極的に議論すべきであるというのが，20年30年前から民訴学者が「法的観点指摘義務」のもと「法的対話」をすべきであると述べていることである旨指摘されておられ，示唆に富む。

(47)　前掲注(18)・民事裁判シンポジウム10頁［笠井正俊発言］。

(48)　竹下守夫「民事訴訟の改善と新たな審理モデルの模索」自由と正義40巻8号（1989年）95頁以下参照。

を求め，さらに「事前交渉」など「申立てに至る経緯の概要」（同条1項3号）など「争点」を把握するに必要な事項の記載を求めている。そして多くの代理人は，これを記載している。

「争点整理」というと，大変な作業をするように錯覚するが，複雑な事件を除けば，事前交渉を行った双方代理人間で「争点」については概ね共通の認識ができていることが多いであろう。労働審判では，第1回期日の冒頭部分で行われている争点整理が，民事訴訟となると，前述のとおり平均7.3回もの期日を要するというのは尋常ではない。田原睦夫元最高裁判事は，上訴記録を見て，弁論準備期日を十数回も実施している事件があり，そういう運用をやっているのは裁判所の責任だと批判しておられる[49]。これは，もはや弁論準備手続が，裁判官と弁護士が誰にも邪魔されずに密室で漫然と書面交換というぬるま湯に入り続ける「審理のオアシス」になっているからとしか考えにくい。

そして，「争点整理」は，裁判官の心証形成の過程と密接に関連する[50]。福田千恵子判事が言われるように，裁判官は，争点整理段階で，徐々に心証形成をし，争点整理終了段階では一定の暫定的な心証を形成していることが多く，その後の人証調べでそれが大きく覆される事案は多くない[51]。

言い換えれば，裁判官の人証調べ直前段階としての「暫定的心証形成」ができ上がれば，基本的に「争点整理」は終わる。事件に，客観的普遍的な「争点」というものがあるわけではない。田原睦夫元最高裁判事が，「裁判所の中には，当事者が一生懸命主張しているから重要な間接事実として摘示する例が見られますが，その争点は甲か乙かによって結論が違わないのであれば，重要な間接事実には該当しないはずです。にもかかわらず，それを争点と記載し，一生懸命判決に理由を書いている。」[52]と批判しておられるように，実は，裁判官の「心証形成」にとって意味のない事実は「争点」にはなり得ない。

そうすると，裁判官としては，主張と書証をしっかり検討し，口頭で疑問点

---

(49) 前掲注(18)・民事裁判シンポジウム25頁［田原睦夫発言］参照。

(50) 前掲注(18)・民事裁判シンポジウム9頁［福田千恵子発言］参照。

(51) 前掲注(18)9頁［福田千恵子発言］。なお，瀬木比呂志『民事訴訟実務と制度の焦点
——実務家，研究者，法科大学院生と市民のために』（判例タイムズ社，2006年）250
頁は，民事裁判の人証調べでそれまでの心証が変わるのは，10数件に1件，年に2，3
件程度と指摘する。

(52) 前掲注(18)・民事裁判シンポジウム26頁［田原睦夫発言］。

IV 労働審判制度が今般の民事訴訟法改正に与える示唆

や不明点を代理人や当事者，関係者にどんどん質問して，できる限り早期に「暫定的心証」を形成し，それを口頭で当事者に明確に伝え，「不意打ち防止」という「手続保障」のフィールドを経ることで，原則として「争点整理」は終わる。極めてシンプルな構造である。それゆえに，労働審判では，第1回の冒頭部分で争点整理が終わるのであろう。

この暫定的な心証形成過程は，口頭審理のやり方も含めて，民事訴訟実務において極めて重要であるから，どんどん合議体で行って，若手裁判官は，裁判長からそのプロとしての手法を学ぶと良い。そして，その心証を主張や証拠から出発して代理人や当事者に対してどのように明快に示すのかもとても重要であるから，裁判長からその手法を学ぶと良い。これらが伝承されていけば，民事裁判の未来は明るい。

5　期日の回数制限──「納期がわかる」裁判の実現

裁判の概ねの終期を示してほしいという要請は，以前から強いものがあった。どの会計年度で結論が出るのかが予測できれば，裁判所による解決がビジネスベースに乗ってくるという。

終期を見通した裁判の実現の要請は，平成8年の民事訴訟法改正の際にも，司法制度改革の際にも強かった。

そして，民事訴訟法の平成15年改正（平成15年7月16日・法律第108号）で，計画審理の章が新設され，同法147条の2は，「裁判所及び当事者は，適正かつ迅速な審理の実現のため，訴訟手続の計画的な進行を図らなければならない」と一般的に規定し，同法147条の3の第1項は，「裁判所は，審理すべき事項が多数であり又は錯綜しているなど事件が複雑であることその他の事情によりその適正かつ迅速な審理を行うために必要があると認められるときは，当事者双方と協議をし，その結果を踏まえて審理の計画を定めなければならない。」と定め，さらに，同条第2項は，「前項の審理の計画においては，次に掲げる事項を定めなければならない。一　争点及び証拠の整理を行う期間　二　証人及び当事者本人の尋問を行う期間　三　口頭弁論の終結及び判決言渡しの予定期間」と定めている。

しかし，残念ながら，実際にはほとんど活用されていない。

やはり，「適正かつ迅速な審理を行うために必要があると認められるとき」

というような曖昧な規定では，実務上は死文化してしまうのであろう。

労働審判法では，「特別の事情がある場合を除き，3回以内の期日において，審理を終結しなければならない。」(15条2項) と規定された。そして，規則21条1項において，「労働審判委員会は，第1回期日において，当事者の陳述を聴いて争点及び証拠の整理をし，第1回期日において行うことが可能な証拠調べを実施する。」と第1回期日に行う内容を具体的に規定した上，規則27条で，「当事者は，やむを得ない事由がある場合を除き，労働審判手続の第2回期日が終了するまでに，主張及び証拠書類の提出を終えなければならない。」と規定している。

法令で具体的な回数設定がされると，心ある実務家は，その実力をフルに発揮して，創意工夫をする。労働審判制度創設時にも，解雇事件のような複雑困難な事件を3回で解決するのは不可能ではないか？と危ぶむ声も多かったが，いざ施行してみると，調停が成立した事案のうち，3割近く (27.7パーセント) が第1回期日に成立，4割強 (41.3パーセント) が第2回期日に成立 (平成21年から平成25年の平均値) と，予想をはるかに上回るハイペースで調停が成立している。

そして，労働審判に関係する実務家の努力によって，「とにかく第1回勝負」「スタートダッシュが決め手の手続」と言われるくらい，スピードアップした審理がされ，解決まで至るようになった[53]。

PPP (Professional, Perspiration, Passion) な法律実務家が，国民のニーズに応えるべくパワーを集結させると驚くべきエネルギーになり，困難と思われたものも可能になり慣行として定着する[54]。

民事訴訟法改正に当たっても，国民のニーズに応えた「迅速」で「充実した」裁判を実現するためには，具体的な「数値目標」が必要であろう。

数値目標というと窮屈そうであるが，いくつもバリエーションは考えられる。たとえば「争点整理は2回以内の期日で口頭で行うものとする。」とか「訴状提出から6か月以内に集中証拠調べを行うものとする。」という努力目標 (任意規定) を置けば心ある実務家はそれに近づけるべく工夫をする。また，3か月コース，半年コース，10か月コース…というようにいくつかコースを決め

---

[53]　前掲注(34) 14頁以下［難波孝一発言］［中町誠発言］［徳住堅治発言］，菅野ほか・前掲注(2)『労働審判制度 (第2版)』249頁以下参照。

[54]　拙稿・前掲注(15) 10頁以下。

ておいて，争点整理期日に，裁判官が争点のボリューム等に応じて，決定でどのコースに乗せるか決めるというのも面白いであろう[55]。

V 最 後 に

「現在の民事訴訟のやり方が社会・経済のスピードの効率性の感覚に適合しなくなっている」，「裁判所が紛争解決機関として回避されている」「訴訟制度がユーザーに見放されてもやむを得ない状況にある」[56]。

長年にわたって各種民事裁判実務に目を向けて研究をされ，様々な建設的なご提案をしてこられた山本和彦教授が，「民事訴訟の現状に対する危機感」[57]に基づいて，厳しい警鐘を鳴らしておられる。

これらはまさに正鵠を得たご指摘であり，筆者も全く同じ思いである。

民事司法は，国民のためのサービス業であり，その国民から見捨てられつつある斜陽産業であるという現状をしっかりと受け止めて，危機感を持って，国民のニーズ，社会のニーズに合う制度に改革，イノベーションをしていかなければならない。

平成から新しい年号に変わるこの時期に，民事法曹実務家が，我が国民や社会から目を背けて安住している「厚い壁」を自ら壊して，国民のニーズ，社会のニーズに応えたイノベーションを断行する意欲と情熱を持たなければ，この斜陽産業の将来は危うい。

司法制度改革の真っ只中，春日偉知郎先生ほか研究者の先生方が提案された案を元に，最終的には労使も官民も一体となって，菅野和夫座長のリーダーシップの下，必ず国民のニーズや社会のニーズに応える新しい制度を創ろう！というあの情熱溢れる議論を，もう一度見てみたいものである。

新しい良い制度を生み出すのはいつも関係者の「情熱」である。

「平成15年の「熱い」夏をもう一度！」という思いを込めて，この小稿を春日偉知郎先生の古稀のお祝いに捧げさせていただきたい。

---

[55] 拙稿・前掲注⒀ (上) 6頁・ステイタス・カンファレンス・スケジューリング・オーダー参照。

[56] いずれも山本・前掲注(9)772頁，773頁参照。

[57] 同・前掲注(9)・772頁。

35　医療 ADR における専門性と日常性

中 村 芳 彦

I　はじめに

　医療 ADR は，各種 ADR の中では，専門型 ADR の一つとして比較的よく利用され，各弁護士会を始めとして，各地で具体的な展開がなされている[1]。

　しかし，その基本理念や手続のあり方自体は，必ずしも十分に整理されているとは言えず，あっせん人の人数やその構成に医療者が入るか否かなど各種の問題点についても各 ADR 機関毎に様々なやり方が併存している。また，2010（平成 22）年 3 月から 2013（平成 25）年 3 月迄，厚生労働省の主催で 8 回開かれた「医療 ADR 連絡調整会議」では，各地の医療 ADR の実状が報告され，あるいは報告者がそれぞれの意見を述べたに留まり，これからの方向性を明らかにしたり，報告書をまとめることなく終了している[2]。

　医療 ADR は，紛争の性質から患者側と医療側が，根深い対立構造となり易く，またそこで繰り広げられる主張も金銭賠償に限らず，様々な争点が形成され，どのような審理構造を描くかは制度全体のあり方に大きな差をもたらすものといえる。

　そこで，現段階で，医療 ADR をめぐる論点をもう一度整理し，多様性を示す各種の医療 ADR をその中に位置付けつつ，これからの方向性を探ってみることが必要な時期に来ているように思われる。

---

(1)　日本弁護士連合会 ADR センター編『医療紛争解決と ADR』（弘文堂，2011），植木哲編著『医療裁判から医療 ADR へ』（ぎょうせい，2011 年），児玉安司「医療 ADR」法律時報 85 巻 4 号（2013 年）33 頁以下など参照。

(2)　厚生労働省の医療裁判外紛争解決(ADR)機関連絡調整会議のウェブサイト参照。

『現代民事手続法の課題』春日偉知郎先生古稀祝賀〔信山社，2019年7月〕

35 医療ADRにおける専門性と日常性〔中村芳彦〕

以下，本稿では，医療 ADR における専門性と日常性の交錯という視点から問題を捉えることにより，その現実の姿を分析的に明らかにし，その意味を問い直しつつ，基本的な特性や，そこから描かれる今後求められる手続のあり方を論じてみたい。

II　医療 ADR の現状とその類型

まず，各地で展開されている医療 ADR を，いくつかの視点から分類し，その特徴を明らかにして，分析視角を整理するところから始めよう。

1　運営主体による分類

運営主体による分類としては，1)弁護士会型，2)民間団体型，3)医師会主導型に分かれる。これは，どのようなルートによって事案が ADR 機関に持ち込まれるかの違いを生み出し，このことは取り扱う事案の性質や代理人関与率にも影響を与えている。

それぞれの特徴を簡単に要約しておくと，1)弁護士会型は，その組織の性格から弁護士があっせん人に入ることが当然に前提とされているが，その構成員の人数や構成員の中に医師も入るか否かは単位弁護士会により異なっている。

2) 民間団体型は，手続を柔軟に組み立てやすく，医師などの医療関係者の関与を得やすいことが特徴として挙げられる。具体的には，千葉県の認証 ADR である特定非営利活動法人医療紛争相談センターが存在し，医師や看護師による相談前置と本人申立によることに独自性が見られる。なお，調停委員は，医師と弁護士の 2 名とされている[3]。

3) さらに，医師会主導型は，設立主体が医師会であることから，中立性の確保が課題となる。これには，茨城県の医療問題中立処理委員会があり，調停委員は弁護士 1 名，学識経験者等 1 名，医師 1 名の 3 名で構成される。そして，弁護士は，医師会とは関係を持たない人を選任し，またマスコミや市民の代表者を加えることによって中立性の確保を図っている[4]。

---

(3)　植木編著・前掲注(1) 118 頁以下参照。なお，運営主体によって，調停委員とあっせん人という呼び名で使い分けられている。以下では，弁護士会 ADR 法の用語であるあっせん人を使用する。

Ⅱ 医療ADRの現状とその類型

ADR の基本的な特性からすれば，医療現場のできるだけ近くにまで手続の裾野を広げるためには，利用者にとって，様々なアクセスのルートがあることが望ましい(5)。また，その審理過程も，事案の特性に応じた対応を行うという意味では，機関によって多様性を有していることは重要なことである。検討すべきは，それがどのような問題意識に支えられ，そのことにどのような意味があるかを明らかにすることである。

2 あっせん人の人数や構成による分類，特に医師があっせん人あるいは専門委員に入るか否か

この問題は，医療 ADR の基本的な性格付けを考えた場合には，重要な論点となる。

すなわち医療専門性や法的専門性が手続の中でどのような意味や役割を持つかかが問われるということである。

例えば，同じ弁護士会 ADR でも，東京三会のようにパネルに医師が入らない形態と愛知や大阪のようにパネルの一員として，あるいは専門委員として医師が関与する形態とに分かれている。

この点について，事案解明という訴訟と同様の意味で医療専門性を理解すれば，医師の関与は当然に必要と考えられる。これに対して，不要としている東京三会の説明では，どういう医師にどういう方法で求めるのか，あるいは，医学における評価の多様性から医師の一人に意見を聞いたところで紛争は解決しないといったことなどが理由として挙げられている(6)。

3 相談体制との連携とその具体的形態

弁護士会型の医療 ADR の特徴としては，代理人弁護士の選任率が高く，その実態として，医療事件を多く扱っている患者側弁護士も持ち込んでいる実情を指摘できよう(7)。すなわち，基本的には，訴訟には持ち込みづらい相談案件

---

(4) 植木編著・前掲注(1) 231 頁以下及び注(2)のウェブサイトにおける「茨城県医療問題申立処理委員会の活動」参照。

(5) 院内のメディエーションとの連携も重要である。これについては，和田仁孝・中西淑美『医療メディエーション ── コンフリクト・マネジメントへのナラティヴ・アプローチ』（シーニュ，2011 年）およびその活動につき日本医療メディエーター協会のホームページ参照。

35 医療ADRにおける専門性と日常性〔中村芳彦〕

を医療 ADR に繋げているという理解であり，そうしたニーズに支えられているという認識である。弁護士会 ADR 全体の利用が，低減傾向にある中で，医療 ADR の申立で増加している点は注目される。

　従来は，損害賠償請求の主張・立証は難しいからと相談段階で諦めてしまっていたものを，第三者を交えた話し合いの場作りの方法として ADR の利用へと弁護士の関与対象が拡充している。そして，逆に，少額事案で過失が明らかであるケースも，わざわざ訴訟を起こさないで ADR で賠償額の合意を得ようという利用法も併存している。

　また，患者や遺族には，自分自身で医療者側と向き合うため直接に手続に関与したいという強い希望がある。このため，弁護士の相談を受けたうえで，単独であるいは弁護士を代理人として申立てて，自ら期日に出席するというケースも多い。

　なお，相談体制との連携については，千葉県の認証 ADR が特徴的である。すなわち，医師や看護師による相談段階で，当事者のニーズを踏まえつつ，専門的視点からアドバイスを受け，その中から調停に適したケースが本人申立でADR に繋がっていくシステムが形成されている。このことは，様々な事案にADR の対象領域を広げる意味で大きな意味がある。

4　持ち込まれる事件の傾向と代理人の関与形態

　医療 ADR が利用されるほとんどの事件は，患者あるいは遺族からの申立てである[8]。また，実際の医療 ADR の利用目的には，様々なタイプのものがある。すなわち，例えば 1）損害賠償請求型，2）説明や謝罪要求型，3）事案解明型などである。もちろん，ひとつの事件が複数の目的を持つ場合も多く，本

---

(6)　日本弁護士連合会 ADR センター編・前掲注(1) 133 頁以下の各参加者の意見参照。なお，東京三会では，あっせん人の立場から，第三者医師から個別具体的な意見を求める必要性を感じるとする回答が全体の 4％（全回答者 335 人中）にとどまり，大半のあっせん人が必要性を感じなかったと回答している『東京弁護士会医療 ADR 第二次検証報告書』（2016 年 3 月）（14 頁，以下「報告書」として引用）。もちろん，これは申立人代理人弁護士が付いた場合に医学文献を書証として提出したり，それに基づいて主張書面を提出することが多いことを前提としている。また，本人申立の場合にも自分で医学文献等を調べて申立がなされることもある。

(7)　東京三会の複数体制の事件 213 件のうち，代理人弁護士が選任されている事件は申立人 141 件（66.2％），相手方 157 件（73.7％）（報告書 7 頁）である。

Ⅱ　医療ADRの現状とその類型

人の主張や要求の仕方も多様である。

代理人弁護士が付く申立事件で，実際に利用が比較的活発なケースとしては，大きく分けて，1) 過失や因果関係の存在が比較的はっきりしていて，むしろ賠償額の争いが中心のもの，2) 逆に過失や因果関係の存在が認められにくいが，何らかの説明や謝罪などが求められるものがある。

特徴的なのは，代理人申立といっても単に法的ニーズに基づくというよりも，申立人本人と手続自体を一緒に進めていくことに意義を認めている場合の存することである。このような各種事案の特性を十分に踏まえた手続進行が求められている。

これに対して，本人申立事件では，申立段階で問題が整理されていないことも多い。

こうした多様なニーズに適切な対応をするためには，本来は様々な相談段階との連携が不可欠である。しかし，相談前置としていない ADR 機関も多いため，特に本人申立てのサポートが必要となる。第二東京弁護士会の「手続相談」といった ADR の利用を考える人向けの相談体制の確保は，その一つの工夫である。また，相談体制が十分でないことを前提に，受理後，あっせん人の方で，まずは当事者の拘りに丁寧にフォローしていく必要性が高い。

5　手続自体の特質からの検討視点

このように，どのような事案について，申立てがなされるかは，様々なケースがある。しかし，このような多様性の中で，重要なポイントは，医療専門性や法専門性を如何に手続に位置づけ，どのように手続を進めていくかをきめ細かく考えてみることであろう。そこでは手続のあり方自体にあくまで拘りながら，事案や当事者の特性に応じた個別対応が求められている。

この点は，医療 ADR の議論が始まった頃は，裁判準拠型と対話自律型といった区別として論じられてきた[9]問題であるが，その後の実情を踏まえて，

---

(8)　東京三会では，申立人が患者側 264 件（96.7%），医療側が9件である。相手方となった医療機関の種別は，病院 208 件，診療所 58 件，その他（健康センター，鍼灸院，介護施設等）5件，不明 26 件である（報告書6頁）。様々な診療科のケースにつき申し立てられているが，歯科等が特徴的である。

(9)　和田仁孝「医療事故紛争 ADR 構築の背景と今後の展開」法学セミナー 631 号（2007年）43 頁以下参照。

どのような姿を描けるかを検討しよう。

これについては，既に指摘されている ADR に求められる 3 つの専門性，すなわち，1）法的専門性　2）領域専門性　3）手続専門性と呼ばれている観点を手掛かりとして，それぞれの意味や相互の関係性を，もう一度見直すことから始める必要があると思われる[10]。以下では，それぞれの問題点について検討した後で，その関係性について考えてみたい。

Ⅲ　医療専門性の位置づけと役割

1　ADR における医療専門性の位置づけ

まず，領域専門性としての医療専門性は，ADR においてどのような意味を持つものだろうか。具体的には訴訟における専門知とは異なるものか，同じなのだろうかという問題である。

この点は，これまで多くの場合に，訴訟と ADR では専門性の持つ意味自体は同様に考えられてきたように思われる[11]。すなわち，事案の究明のためには，医療専門家が専門的知見から，事案を解明し，これを踏まえて事故の原因や過失の有無を探っていくことが紛争解決に資する不可欠な視点であり，この点は訴訟も ADR も同じだと捉えられてきたことによる。

しかし，医療 ADR に持ち込まれるケースを想定すると，前述のように，過失が比較的明らかな事案のみならず，評価や事実関係の点で争われる事案が存在する。例えば，診療記録に記載された診療経過を前提として，診療・検査・治療がより早期に行われるべきであったか，あるいは行われるべきでなかったかといった診療行為の作為不作為に関する義務違反の有無であったり（＝評価に争いがある場合），また，その前提として，そもそも何が起こったか自体が十分に判明しないといった事実関係が明らかでない（＝事実に争いがある場合）といった場合である。

---

(10)　佐藤岩夫「ADR の専門性 —— 労働審判制度を素材として」仲裁と ADR 10 号（2015 年）13 頁以下参照。

(11)　例えば，渡辺千原「紛争解決過程における専門知 —— 医療 ADR を例に」仲裁と ADR 13 号（2018 年）72 頁以下，山本和彦「医療 ADR の可能性」『ADR 法制の現代的課題』（有斐閣，2019 年）351 頁以下参照。

Ⅲ　医療専門性の位置づけと役割

この場合に，評価あるいは事実関係自体を争われると，合意に基づく ADR では，事案解明や評価には限界があり，膠着状態に陥り，先へ進めなくなる。すなわち，心証に基づいて裁判官が判断する訴訟と同様には，医療専門性がうまく働かないという現実が存在する[12]。

また，医療専門性の機能自体も，ADR では，申立人としては，訴訟の場合の法適用の前提である事実認定を行うためというだけでなく，何が起こったかの真相を知りたいといった法的目的とは必ずしも連動しない動機に基づくものであることもある。

もちろん，評価や事実関係が争われた場合でも，訴訟と同じような重装備の手続や事案解明システムを持つ ADR を想定し得ないではない。しかし，医療専門性そのものが，もともと一義的には決め難い性質のものであるとすれば，最終局面で，見解が分かれると，仲裁手続のような決定機能を持たない手続では，結局は途中で打ち切らざるを得ない。

このように医療専門性が必要だとしても，その意味は訴訟とは異なった形をとらざるを得ないように思われる[13]。

2　紛争当事者の視点

そこで，医療専門性を生かす道としては，ADR における第三者的評価というよりは，紛争当事者の視点から，当事者の事実への拘りから出発するアプローチ[14]に接合させる形で，手続に組み込んでいく必要があろう。

すなわち，医療の専門用語をいかにわかりやすい言葉に組み替えて，起こった事象や原因を説明できるか，また，診療行為そのものでなくとも，医療現場でのやり取りの意味を含めて，丁寧にその医学的な意味やニュアンスを回顧的に説明していくことが求められる。そして，それが可能となるためには，説明

---

[12]　東京三会のアンケートでも，事実関係に関する双方の主張に大きな隔たりがあった(43 人，48％)，法的評価に関する双方の主張に大きな隔たりがあった（43 人，48％）という場合が，不成立となった最も多い割合を占めている（報告書 29 頁）。

[13]　東京三会のあっせん人に対するアンケートでは，ADR 手続において医療的知見補充の必要性を感じたか否かについては，必要を感じたと回答した者が 107 名（31％），必要を感じなかったと回答した者が 228 名（66％）であった（報告書 41 頁）。

[14]　拙稿「ADR における事実認定」和田仁孝編『ADR —— 理論と実践』（有斐閣，2007 年）77 頁以下参照。

805

は，原則として，直接医療行為に当たった医師（主治医など）からなされることに大きな意味がある。

実際の医療 ADR においても，比較的規模の小さな医療機関の場合には，このような形で説明が行われる傾向にあるが，総合病院などの規模の大きな医療機関の場合には，主治医があっせん期日に直接出席することは，既に退職しているとか，組織として対応する，あるいは多忙である等の理由で実現せず，代理人弁護士のみか，期日によって医療安全の担当者や事務長と弁護士の組み合わせで出席がなされることも多い。このため，この意味での医療専門性は十分に満たされずに，ADR の期日では直接の当事者の「声」はなかなか聴こえて来ない。むしろ，中間に関与する人の存在が，結果的に当事者間の対話のバリアになってしまい，患者や遺族は不満を募らせがちとなる。

その意味で，医療 ADR における医療の専門性は，多くの場合に，単に客観的な形での医療情報や第三者として専門家の判断を示すというよりは，様々な感情的要因を踏まえつつ，何が起こったのかを直接診療に当たった医療従事者からわかりやすく説明してもらうという形で求められている。

そして，この意味での専門性は，直接関わった医療従事者の個人的な認識や思いと直結することで，当事者の日常性に支えられている。後述するように，このような専門性と日常性の交錯するところで，同席による直接的な対話を通じて，当事者相互の共感性を育むことを可能にしていく。

3　第三者の視点

次に，医療者が，あっせん人になる場合に，医学的な評価を行うという意味で，訴訟における鑑定などと比較してみたときに，大きな役割を期待できるかという問題がある。

確かに弁護士と医師がペアで関わって仲裁人的役割を果したり，第三者的評価を示すことが，対話を促進することがないとは言えない。しかし，東京三会の医療 ADR の検証報告書などでも指摘されているように，医療事件の特質から，中立的評価を示す紛争基盤が十分にあると言えるかには疑問が残る[15]。

むしろ，あっせん人に医師が加わることの積極的意義は，2でみた紛争当事者の視点を補完することにあるのではなかろうか。すなわち，当事者である医療者の説明がわかりにくいとか，十分でないとか，あるいはそもそも期日に来

Ⅲ　医療専門性の位置づけと役割

ないで書面のみを提出するに留まるとかの場合に，その説明を補足する形で患者側に理解してもらう努力をするという役割があるように思われる。このように，むしろ一歩引いた形で手続に関わることによって，始めて，重層構造を持つ膨らみを持った手続になり得ると考えられる。

あっせん人が直接的に医学的評価を試み，当事者を説得する立場で行動することは，かえってその専門性のゆえに当事者として納得しにくい手続とならざるを得ない。すなわち，実際のケースでは，事故時の状況を客観的に再現したり，過失の有無を評価したりすることは，判断が分かれて難しい場合もあり，それは，推論を前提とした医学的判断であったり，医学的判断そのものについて見解が分かれることも多い。その場合に，第三者で中立的であるからといって，当事者がそのことのゆえに，真に信頼して合意するものとは言えず，結局良くわからないままに結論を押しつけられたものとなりかねない。そして，それが仮に医学的に正しいものだとしても，重要なのは理解と納得のプロセスであるとすると，直ちに了解可能となる訳でもない。それは，ADR における当事者の自律性の尊重という理念からは離れたものとならざるを得ない。

4　小　括

このように ADR における医療専門性は，基本的には，あくまで当事者の対話促進のための有効なツールとして機能していくものであり，「何故事故が起きてしまったのか」という当事者の紛争の原点へのこだわりに，しっかりと寄り添うために必要なのではないだろうか。

これに対して，訴訟における医療専門性は，過失などの法的責任の有無を導き出すためのツールとして問題とされることが多く，現在ではかなり例外的になりつつあるとは言え，紛争当事者から異なった私鑑定が提出されたり，裁判所による正式な鑑定という証拠方法として特徴的に発現する。あるいは，こうした書面や手続が利用されない場合でも，裁判官が，当事者の主張や医学文献等による立証を前提として医療専門性を踏まえた心証に基づき判断を下す，あ

⒂　もっとも千葉県の認証 ADR では，相談段階から医師が関与することで，早い時点で一つの見方が示され，その延長線上に調停が存在していることに手続の特徴を見出すことができる。この場合には，申立人にとって，相談段階の医学的評価がある程度前提となることが予測されよう。

るいは和解を促すというアプローチとなる。

　つまり，訴訟のプロセスは，紛争当事者双方の代理人弁護士と裁判官という法専門家同士による法的三段論法の枠組を踏まえた手続構造となる。そこでは，どうしても当事者本人は手続から阻害されやすく，判断の客体という位置付けに留まらざるを得ない傾向がある。

　訴訟手続が当事者にとって医療専門性を共有する場になれば良いが，訴訟の構造的特質から，対立当事者が別の現実や評価を見ることになりやすい。

　損害賠償責任の有無や賠償額といった法的評価中心の訴訟システムのあり方が，紛争を激化させ，かえって当事者自身の直接的な声を聞き届けにくくさせているとは言えないだろうか。もとより，訴訟のような強制力を背景とする紛争処理手続では，こうした傾向が不可避であるとしても，少なくとも合意に基づくADRでは，これと異なったシステムを構築していく必要があろう。

　すなわち，ADRでは，対立構造を乗り越えていく新たな医療専門性の役割が求められている。

Ⅳ　法的専門性の位置づけと役割

1　法的専門性の位置づけ

　法の判断枠組みは，言うまでもなく，ケースを法的に見るとどうなるか，つまり法的責任の有無の識別というスクリーニングとしての機能を本来的に有している。また，法的専門性と医療専門性は連動しており，訴訟では，両者に対応するために医療専門部や集中部が設けられている。

　もともと医療事故は，刑事事件の実況見分調書などによって事故状況を把握しやすい交通事故と異なり，また医療の不確実性があり，そして自賠法のような証明責任転換規定も設けられていないという法的評価のもともと難しい紛争である。

　ADRにおいても，あっせん人が弁護士である場合には，事案を捉える前提として，申立書を読んだ手続当初の段階で，一応の法的評価をとりあえず考えることは多い。しかし，問題は，その先をどう進めていくかにある。法専門家が自らの専門性の役割に留まる限りは，医療ADRは，専ら損害額の算定を目的とする場合のような司法効率型ADRとしての機能を果たすにとどまり，医

IV 法的専門性の位置づけと役割

療事故当事者の多様なニーズに十分対応することはできない。

そこで，医療 ADR において法的専門性をどのように位置づけるかが課題となる。

2 紛争当事者の視点

医療事故紛争において法的な争点となるのは過失と因果関係である。患者本人や遺族が，過失や因果関係という法的な争点を明確に認識して，一定の見解を持つということはそもそも難しく，何故事故が起こったのか，医療ミスではないかという強い疑いを抱きつつ手続に臨む。医療者側から法的責任を否定されても容易には納得できない。

このように紛争当事者の視点に立ってみると，ADR においてあっせん人が最初から法的視点で関わることは，法的評価に争いがなく賠償額のみが争点となる場合を除いては，当事者の紛争へのこだわりを法的に切り取ってしまうことになりやすい。そこで，まずは法的視点を棚上げして手続に臨むことが必要となる。

実際にも，医療 ADR において，当事者間で過失の有無自体が争点となっている場合には，なかなか先へ進めず膠着状態になって，合意形成が始めから困難になることが多い。そのことが責任の有無や解決額の多寡に直結してしまうからである。

すなわち，「過失の有無はさておき」という形で例外的に合意形成が可能な，例えば，賠償責任保険を利用しない少額事案は別として，それ以外の場合は，損害保険会社が了解せず，医師と弁護士の両方があっせん人となったとしても，評価的視点で両当事者の合意を徴求することは難しい場合が多い。

これに対して，医療者側に過失があることに争いがなく，損害の発生との因果関係が「確信」に至ってない場合には「相当程度の可能性の理論」を使うことなどによって ADR においても合意形成はある程度可能であろう。

このように医療 ADR において紛争当事者の視点に立って，法的専門性を考えるとその役割は必ずしも大きいものとは言えない。

3 第三者の視点

あっせん人が，法的視点をしっかりと棚上げするためには，法的評価パネル

809

を別に用意することが役割矛盾を引き起こさないためには有効であると思われる[16]。しかし，現状での医療 ADR は必ずしもそのような方向にはなっていない。

確かに，東京三会の医療 ADR のように患者側弁護士と医療側弁護士があっせん人として関わることは，医療についての判例や学説の理解を前提として，法的なスクリーニングには役立つし，その前提としての医療専門性についても，ミニマムスタンダードを形成するものである。

しかし，医療全般に関する基本的知識には大きな意味があるものの，診療科毎の個別分野では，専門性が細かく分かれていたり，事実自体が不確定であることが多く，簡単にあてはめができない。すなわち，このシステムだけでは対立が激化し，多様な医療事故のケースでは十分有効に機能しない。

あっせん人は，手続が，このような限界を有していることを十分踏まえつつ，むしろ，まずは当事者のニーズに即して対応し，評価型のあっせん手続に流れないように留意して，手続を進めていく必要がある。

4　三人合議制

あっせん人の役割を検討するとき，東京三会で採用している三人合議制の問題が議論の材料を提供してくれる。

すなわち，東京三会では，これまで和解あっせんを多数経験してきた弁護士1名，患者側代理人の経験が豊富な弁護士，医療側代理人の経験が豊富な弁護士の3名体制で行われることが多い。これは，労働審判や労働委員会でみられるような立場性のあるあっせん人を合議体の中にとりこむ三者合議による和解あっせんのモデルに基づくと説明されている[17]。

この指摘は，物の見方の多様性を示す限度では十分に理解できる。しかし，あっせん人は，それぞれの立場の代弁者として手続に加わるわけではない。あくまであっせん人である以上は，当事者に多角的に考えてもらうという範囲にとどまる限り意味を持つ。特に医療事故紛争は，情報の偏在や患者側ニーズの多様性を有する点で，労働紛争とは異なった特質を持っている。

---

[16]　拙稿「対話型医療事故紛争 ADR について」法学セミナー 631 号（2007 年）38 頁以下参照。

[17]　日本弁護士連合会 ADR センター編・前掲注(1) 120 頁以下，児玉・前掲注(1) 36 頁。

Ⅳ　法的専門性の位置づけと役割

　また，反面で，当事者は，3人のあっせん人と向き合うことになって，1対1の対話過程が形成されにくくなる点についても留意が必要である。様々な角度から事案が捉えられることは，当事者の立場からすると，パネル全体の意図や方向性が定まらないことにもつながる。あるいは，あっせん人の立場の違いを支えている意識の違いが手続に反映され，対応がバラバラにならないように配慮する必要がある。

　そして，より本質的には，あっせん人の中立性をどう捉えるかという問題と関連する。もちろん，単に，中立だから良いわけではなく，当事者との距離の取り方や関係のあり方自体が問われている。それぞれの弁護士の専門的立場や固有の紛争の見え方を積極的に生かすというよりは，そこから見える風景を示すことが，時には，当事者の認識の変容に繋がることもあるという，あくまで可能性の範囲に留まる。この点については，見え方自体を工夫しないと，当事者の反発を招きかねない。異なる現実を示すことは，様々な可能性を示すことではあるが，どの物語を選択するかは，結局は当事者自身が主体的に決めていくほかないからである。

5　小　括

　医療 ADR の利用を拡充していくために，取扱う対象を限定せずに間口を広げて様々なものを取り込んでいくスタンスが求められる。その意味で，当事者間の対話の促進を一義的な目的として位置づけることができる。実際的には，過失が明らかな場合か，むしろ法的な責任追及以外の理由に主要因がある場合に，その活用が期待できるが，始めからそのような限定を付けてしまうことは疑問である。

　法の機能として，当事者のニーズを実現する方向でこれを活用することには意味があるが，反面 ADR においてこれを否定することが，当事者ニーズの多様性から，そのケースを ADR の手続で扱うことに適さないことには必ずしもならない点が十分自覚されるべきであろう。すなわち，この場合に，法の果たす機能は限定的であって，むしろ当事者の考える領域を狭めてしまわないように配慮する必要がある。

811

V　手続専門性と対話専門性の果たす役割

1　領域専門性や法的専門性との関係

　医療専門性と法的専門性は，どうしてもそれぞれの専門性の視点から事実を見るという枠組みに捉われやすい。このために，当事者の拘りに対し，自らの領域専門性から否定的な評価を下してしまうことになることも多い。

　これに対して，手続専門性とは，当事者の視点に立ち，どのような手続を，その時々に形成していくことが，そのニーズに対応していくために必要であるかを考え，その工夫の中から，どこかに合意形成につながる道があるかを慎重に探っていく過程自体に独自の意義を見出す役割モデルと位置付けられる。合意形成に，医療専門性や法的専門性が意味を持つ場合ももちろんあるが，このことが他面で当事者のニーズと矛盾した役割を担ってしまうことも多いことから，手続過程自体の果たす役割をまずは直視し，その流れの中から新たな可能性の芽を見出していくことを重視する。

2　手続専門性と対話専門性の関係

　もっとも手続専門性と言ったときに，どのような手続を描くかには様々な考え方がある。そして，確かに現実の ADR では，手続専門性と領域専門性や法的専門性とが混在していると評価できるが，それだけでは実際にどのような手続過程が望ましいかが明らかにならず，そのあり方を説明したことにはならない。

　これまで，ADR においても，手続規律が語られることは多かった。確かに静態的に，例えば，守秘義務や手続進行上のルールを定めておくことにも意味があろう。しかし，あっせん人等にとって，より重要なのは，動態的な視座をどのように保ちながら手続に臨むかである。手続専門性とは，もともと固定した何かではなく，そうした感覚に如何に研ぎ澄まされているかを意味する。それは，その場の感覚を即興的に反映させていくという振舞いを常に求められ続けられる性質ものである。対話専門性とは，こうした手続の質を高めていくための評価視点を提供し，手続専門性を支える役割を担わされている。その中身を抽象的に捉えれば，あっせん人等は，無知の姿勢で，ケアの心を持って，

V 手続専門性と対話専門性の果たす役割

フェアーにかつ柔軟に手続に臨むことであると思われる。

　もっとも，手続の展開過程をもう少し具体的にイメージしてみることは可能であろう。すなわち，手続に関与する者が，どのような形で場作りをし，何を意識して手続で臨むかというフローを描いてみることである。

　そこで，以下，医療ADRの手続の展開過程を具体的に検討してみよう。

3　手続の展開過程
(1)　基本としての同席方式

　まず，あっせんや調停手続は，医療事件に限られないが，同席で行うことを原則とすることが求められよう。特に，医療ADRでは，法的でない問題を含め，争点が多岐にわたり，当事者本人が自らの声で話をし，直接に相手方に聴いてもらうこと自体に，大きな意義を見出すことができる。この段階は，まずは，当事者の拘りがどこにあるのかをしっかりと述べてもらい，これを手続に関与する者が共有していく過程として描くことができる[18]。

　なぜ同席に意味があるかについては，当事者間で直接の対話が可能であるという現実的な理由以外に，まずは，時を共有する「共時性」が挙げられる。手紙・メール・電話・別席では，時間がずれて共時性が満たされない。同時であることは，非言語の部分を含めて，「今ここで」起こっていることに対してその場に居る者が，同時に目を向け，瞬時に反応できることを意味する。また事態をその場で直ちに理解できることで，当事者の関係の変化を促し，また誤解を避けることを可能にする。

　次に，「関係性」が挙げられる。すなわち，あっせん人を加えた三者の相互関係の中で，申立人，相手方，あっせん人それぞれが，自分自身を考える機会を提供してくれることである。これにより，複合的な構造の中で，三者が，それぞれ少し距離を置きつつ，自らを見つめ直す機会を作り出すことが可能とな

---

[18]　ただし，弁護士会ADRでは，必ずしも同席での運用が一般的であるとは言えない（例えば，前田智彦「利用者調査からみたADRに対する期待とADRにおける弁護士の役割」仲裁とADR12号（2017年）25頁は「同席調停を原則としている岡山仲裁センターを例外として，別席での進行が一般的であり，特に単位弁護士会系センターで「すべて別席」が半数を超えているのが印象的である」とする）。医療ADRでも，東京三会のあっせん人に対するアンケートでは，「できるだけ両当事者相対での話し合いを心がけた」との回答は11名（9.5%）に留まる（報告書18頁）。

813

る。

　もっとも，同席を原則としつつも，手続の途中で，別席場面を作ることにも独自の意義がある。それは，当事者が，少し余裕をもって自らと向き合い，問題を整理するウンセリング的な展開が必要となる場面である。同席手続では，どうしても相手方がいるために，なかなか冷静になれずに，自己の立場に固着して表面的な対応や対立に留まってしまう場合がある。

　ある程度の時間や距離を置くことで，当事者が問題に対する考察を深め，相手方との関係性を見直すことに繋がることも多い。

　また，本人申立で，医療側に代理人弁護士が付いている場合には，力のバランスを図るという意味で別席の効用がある。

　要は，関係性の中でのどのような振舞いが，当事者を新たな方向性へと導いていくかは，常に多様性の中にあり，その時々の状況を，しっかりと認識し，それぞれの場面で相応しい即興的な対応をとることが求められる。

(2) 相手方の応諾と手続構造

　東京三会では，手続の進行に当たって，まず，両当事者の「対話の促進とそれによる相互理解」に向けて，話し合いの交通整理をするという step1 と，これにより，両当事者に解決に向けた機運が生まれれば，両当事者の了解のもとに，「具体的な解決に向けた合意形成のための調整」を行う step2 という2つの段階に分けて進行を行うとされている。

　しかし，実際のケースにおいて，このように整然と手続を区分けするのは，なかなか難しく，こうした方式は，とりあえず相手方に，話し合いのテーブルに付いてもらうという，手続に応諾しやすくするための工夫として機能していると考えられる[19]。手続の現実からすると，実際には，予想外の展開をすることが多く，当事者としても，事態を連続的，総合的に捉えているというのが実情に近い。より重要なのは，「対話の促進による相互理解」という段階が特に必要であるということを当事者自身に全件を通じて認識してもらうという実践的な意図の方にあろう。

(3) 手続進行における共振性と即興性

　あっせん人の手続進行のプラクティスとして，共振性と即興性を挙げること

---

[19]　ちなみに東京三会では，2015年5月末日時点において，応諾事件は182件（うち係属中2件），不応諾事件は91件あり，応諾率は66.7%（182/273）である（報告書5頁）。

がV 手続専門性と対話専門性の果たす役割

ができる。

あっせん人が，いわゆる事件の落としどころや解決イメージを頭の中で想定すると，たちまち手続は硬直化する。

むしろ，同席の何気ないやり取りから，突然生み出されるものや新しく芽生えるものに出会うことがある。また，期日を重ねると，関係者間に「信頼関係」という型苦しい言葉とは異なる何かが共振し合う関係が育まれることがある。

例えば，隠されていたカギとなる争点の創出，事態展開への何らかの糸口，何処かで通い合う気持ちの表出，互いに何かに拘ることの無意味さへの認識などと様々である。

こうした経験を手続の中で丁寧に積み重ねることで，当事者の関係のあり方が少しずつ変化していく。あっせん人は，粘り強く，このような関係の形成がなされていくことを待つ。

また，共振性と並んで即興性がある。第三者は，その場で状況に応じて，待ち，あるいは瞬時に反応する。その細かなやり取りが，事態展開に影響を与える。当事者から語られる言葉に触発され，疑問点を確認し，理解を深める質問を行い，具体的な希望を表明してもらうなど，時々に思い浮かぶ事柄を返していく。

その際の留意点は，当事者の自律性の芽を摘むことなく，これを育むために関わることである。医療ADRでは，特に当事者が拘りを強く持っていることが多いが，むしろ拘りを注視することで，少しずつ溶けていくものに目を向ける必要がある。

(4) 対話促進のための医療専門性と法的専門性の組み込み

次に，手続を進めていくうえで，法的専門性や医療専門性を，対話を促進させるために具体的にどのような形で組み込んでいくかが課題となる。

a) 医療専門性の組み込み

まず，医療専門性は，第三者的な評価の視点で提供するのではなく，あくまで当事者自身によって語られ，ケースの持つ意味を解釈する一つのツールに留まることを認識することが求められる。

もちろん，それによって事案の解明が十分なされるわけではないし，当事者の納得が直ちに得られるとは限らない。しかし，そのような努力をすることを

通じて，双方がケースに向き合い，医療現場において，なしたこと，なし得なかったことを見つめ直すことで，当事者の関係の変化を促す作用を果たすことがある。そうした不確実さに丁寧に関わることで，何らかの理解や合意が生まれ得る。

その組み込みは，当事者の拘りがはっきりした段階で，その拘りへの対応として提供されていく。重要なことは，ADR における医療専門性に限界があることを自覚し，当事者の特性や通常の日常感覚を抑え込もうとしないことである。すなわち，あくまで当事者自身に医療情報の意味や解釈を自ら考えてもらうことである。

b）法的専門性の組み込み

医療 ADR における法的専門性は，実際に当事者のニーズが，法的な点にある場合に問題となり，しかもそれが機能することがわかった時点では，司法効率型的な展開をしていくか，あるいは反対に，この場合 ADR の舞台で取り扱うことにはあまり馴染まないとされてしまう特徴がある。

法や事実は，法的三段論法により，行き先を定めた物語を形成する。こうした手法は，話し合いがどこへ向かうかを定めずに，「個別的なるもの」「語られていないもの」「語り得ないもの」との出会いを求めて行く ADR の手続とは相容れない。法的な枠組みで，当事者の声や物語を評価すれば，ユニークな思いは否定されざるを得ない。したがって，ADR の場は，法で対象を切り取る手続ではないことの自覚が求められる。まずは，法のバリアを外して，「語られていない物語」が述べられる状況作りが何よりも不可欠である。

他方で，既に述べたように法的専門性は，これまで医療専門性と連動する形で，ADR で扱うことの限界を示してきたとも言える。しかし，当事者にとっての日常性から法的専門性にアプローチすれば，異なった見方も可能である。すなわち，自分の物語を生きている当事者同士が，何とか共存し，認め合って生きて行かざるを得ない現実も存在する。法は，元来そうした場面の備えであった。

この場合に法は，謙虚に，その声に深く静かに耳を傾け，自らの固定的な物語に誘導することなく，法そのものを個別性の前に変容させ，つねに脱構築して行く努力が求められる。当事者自身は，示される法情報が，自分にとってどのような意味を持つものであるかを考え，自らを振り返るツールとして，自分

の物語と織り合せていくことになる。

その過程は，決して生易しいものではないが，当事者と法のそれぞれの振る舞いが，個別的なるものの前に共振し合う関係が育まれることが，既存の法の枠組みを乗り越えつつ，他者との関係性をもう一度取り結ぶために求められている。法的専門性を，もう一度，そのような視点から再構築していく必要があろう。そして，このことは医療専門性自体の見直しにも繋がることである。

(5) 合意の形成過程

始めに合意ありきでの手続では，どうしても合意に向けて，領域専門性の視点からする説得の場としてADRが使われることになってしまう。

もともと当事者間の合意は，様々な小さな変化を生み出す出来事の積み重ねの結果であり，語り合った関係者の姿勢や佇まいの変化が，何らかの収束へと向かわせた場合に初めて招来するものと位置づけられる。

あるいは，合意をせずに問題をひきずったままでいることの痛みを乗り越え，語られなかった悲しみの表出として形成される。いずれにしても，当事者がADRというステージで，自らをどう区切りをつけていくかという，合意それ自体がプロセスそのものとして立ち現れる。

したがって，当事者間の合意として結実しなかったとしても，手続過程におけるやり取りは，当事者間の新たな関係形成に何らかの意味を持ったと考えられる。この場合には，あっせん人は，合意形成ができなかった場合の今後の手続について説明することになる。その目的は，あくまで当事者に様々な選択肢を考えてもらうためのものであり，立証負担・費用・時間などを持ち出して，ADRでの合意を説得するためのものではない。

(6) ADRの日常性とは何か

医療の分野は，誰しもが世話にならざるを得ない，とても身近な存在であり，しかも，当事者の病気・怪我や大切な人の喪失という極めてセンシティブな状況において登場するものである。このため，人々の日常性に根差した手続が第一義的に求められ，同時に高度の専門性を有するという二面性を備えている。

すなわち，専門性を備えた紛争であっても，利用を求めていく患者や遺族は，市井の人であり，仮にその人がたまたま医療関係者であったとしても，自らが患者となることで，逆に専門性を有するが故に，平常心という日常性を失うことになりやすい。

35 医療ADRにおける専門性と日常性〔中村芳彦〕

この問いの行きつく先は，ADR に求められる日常性とは何か，何故それを基盤として，手続を考えていくのかという問題に突き当たらざるを得ない。

当事者が，紛争状態にあるということは，非日常の世界にいるということである。まして，患者や遺族が ADR の手続に関わっている場面は，相手方やあっせん人がいる状況で，その対立・緊張状態は最大限に達していると考えられる。すなわち，このような場では，そもそも多くの感情的な混乱や相手方への攻撃を招きやすい心理状態に最初から置かれている。

そうした問題を，自分一人で抱え込んでいる状況の中で，ADR という関係性の中に身を置くことで，もう一度その人本来の日常性の状況の下で，考えてもらう場と時間を作っていく。専門性は，こうした局面では，あくまで他者の物語に留まり，説得のような形では，その人の固有性や個別性と相いれないものとして，理解や納得は容易には生まれない。すなわち，専門性は，当事者自身の日常性というフィルターを通して，始めて ADR の世界に立ち現れる。

ADR の場での実際の合意は，結論的には，意思表示の合致によってもたらされるものであるとしても，その実相は，当事者の関係性の反映として，その時々に立ち現れる認識の変容に共感や理解を示していく過程が，何らかの合意に繋がっていくのが現実であろう。その意味で，まずは，ADR の手続自体を，あくまで日常性の中に位置づけていく工夫が求められている。

VI　訴訟と医療 ADR の交錯

1　訴訟と ADR の連続と不連続

医療 ADR のあり方を考える際には，合わせて医療裁判の適正化も同時に検討課題となる。すべてのケースを ADR で合意を得ることができない以上は，これは必要不可欠な視点である。

すなわち，訴訟も，現在では，医療専門性を前面に押し出して問題の解決を図る姿勢から転じてきている。それは専門家であれば，同じ事例に同じ一つの答えを出すことが可能であるということ，そのものが幻想ではないのかという疑問も生じる。カンファレンス鑑定や複数鑑定の存在は，その現実の一端を物語っていると言えなくもない。

そのように考えると訴訟と ADR の連続と不連続という問題が浮かび上がっ

てくる。

　通常，訴訟とADRとは車の両輪であると言われる。それは，両者が相まって，紛争処理システムを形成している状況を表している。しかし，これが実際に機能するためには，いくつかの条件が必要であろう。例えばそれぞれの役割分担が明確で，いずれもが十分に，その目的を果していることである。近時の議論との関係でいうと，両者が十分に自己決定機能を果たすように作用していることである。しかし，現実はどのようになっているだろうか。

2　医療ADRと訴訟上の和解

　そこで，以下では，いずれも合意による手続という点で，近似性がある医療ADRと訴訟上の和解の関係を，どのように捉えるかという問題を取り上げよう。

　訴訟上の和解の場合には，まずは訴訟提起という形で，法的請求がなされ，しかも認められるか否かがわからないグレーゾーンのケースを想定して，手続が組み立てられ，審理が進む中で，裁判官の心証が次第に形成され，これを踏まえて，和解も試みられる。

　これは，同じ話し合いの手続といっても，医療ADRの場合とは，かなり異なった展開をたどることになる。訴訟で，代理人弁護士が付く場合には，通常，当事者本人は，和解期日といった局面での部分的な関り合いに留まらざるを得ない。そうだとすると，法的専門性を中心とし，また当事者本人の直接の関与の薄い手続の方が，理解や納得から更に解離しやすいことになってしまう。

　「民事訴訟は強制的紛争解決制度として自己決定による紛争解決を裏から保障し，ADRは自己決定の内実を豊饒化・実質化する」[20]という考えは，抽象論としては，十分理解できるとして，訴訟手続内部において，特に訴訟上の和解のあり方は，どのように位置づけたらいいだろうか。

　すなわち，ADRにおいて提出された証拠の訴訟手続における証拠制限のように，ADRにおける自己決定を阻害しないようにすることと並んで，訴訟手続においても自己決定機能を十分に発揮させることも合わせて求められるのではなかろうか。特に，医療専門性や法的専門性は，医療訴訟においては，なお

---

[20]　垣内秀介「民事訴訟制度の目的とADR」高橋宏志ほか編『民事手続の現代的使命　伊藤眞先生古稀記念論文集』（有斐閣，2015年）127頁以下参照。

限界を併せ持っているとすれば，強制的な機能は，できるだけ謙抑的に行使するのが，当事者や紛争の実態を踏まえると相応しいように思われる。

　民事訴訟の目的が当事者にとって「合意しない自由」を保障することにあるとすれば，訴訟上の和解における合意は，逆に強制的契機はできるだけ除かれていることが望ましいことになろう[21]。このように制約付ではあっても，訴訟上の和解を医療 ADR とは，可能な限り共通性を持っていくことが求められよう[22]。

Ⅶ　おわりに ── これからの方向性をめぐって

　医療 ADR のあり方をめぐる議論は，ADR 全般において専門性と日常性の関係をどのように措定しておくかについて，共通する課題を示唆している。すなわち，医療専門性のような領域専門性は，日常性の阻害要因となりやすい中で，どのような工夫によって両者の関係を位置づけることが望ましいかという問題を提起している。

　あるいは，法的専門性も，医療の不確実性や現場対応の緊急性や必要性を考えると，その判断はもともと容易ではなく，また委縮医療とならないために法的な解決に過度に依存するのが必ずしも望ましいとも言えない。また，法的専門性は，損害賠償以外の当事者ニーズに十分応えられていない。

　もともと，ADR という試みは，司法システムの一端を担いながらも，さま

---

[21]　垣内秀介「訴訟上の和解をめぐる「和解技術論」以後の展開」豊田愛祥ほか編『和解は未来を創る　草野芳郎先生古稀記念』（信山社，2018 年）29 頁は，利用者調査などの検討結果として，「判決において勝訴当事者と同数の敗訴当事者がいるのと同様に，和解においても，少なからぬ当事者が内容面では不満と感じながらも種々の事情から受け入れることを余儀なくされている可能性がある」と推測する。この点は，民事訴訟の手続構造との関係で，和解成立に至るプロセスのあり方が重要であることを示唆している。

[22]　簡易裁判所の民事調停との関係も問題となるが，近時の傾向としては民事調停の機能強化として，調停委員会が，事実関係を整理し，認定した上で，合理的かつ落ち着きのよい解決案を策定して，場合によっては適宜の時期に解決案を当事者に提示をし，積極的な説得，調整を行って，さらに調停が仮に成立しなかった場合には，調停に代わる決定（17 条決定）を活用していくという取り組みがなされている。東京弁護士会 LIBRA 18 巻 7 号（2018 年）14 頁（「座談会　民事調停のすすめ」における東京簡易裁判所の丸山忠雄裁判官の発言）参照。

Ⅶ おわりに

ざまな価値を取り込める多様性・多声性を有している，それは，専門性や政策目的や効率性といった他者の物語を展開する場である以前に，人々の多声的な声を聴く，日常に深く根差した試みとして，繰り広げられる必要がある。

専門型 ADR は，各種の ADR の中では，利用が比較的なされている領域である。そこでは，専門性が高いが故に紛争解決の実効性があると評価される反面で，見過ごされやすい問題がある。すなわち両当事者が専門性を備えている場合は別として，一方のみである場合には，日常的な了解可能性との兼ね合いをどのように考えるかである。

医療 ADR は，専門型 ADR の中でも，医療専門性と法的専門性が，患者や遺族にとって，日常性と距離を生じやすいが故に，ADR の果たす役割は何なのかをもう一度考え直す必要がある。この場合に，専門性を純化させていく方向ではなく，日常性の視点からもう一度，医療専門性や法的専門性を再構成し，ADR の手続のあり方を，対話専門性や手続専門性の視点から問い直していくことが求められよう。

その場合，問われ続けているのは，つねにあくまで「今ここ」での瞬時の振舞いをどうするかである。あっせん人は，ひとつひとつのケースにおいて，共に揺れながら，当事者自身によって作り出されていく固有のカギを見つけていくことになる。

医療 ADR は，その意味で，ADR に相応しい分野であるが，どのように手続を形成するかで，その姿は全く異なったものとなるだけに，今後の議論が更に期待される領域でもある。本稿のような問題提起は，専門型 ADR の伝統的理解とは異なるものであり，制度論になっていないとの指摘もあろうが，ADR は，もともと個々の手続のあり方自体から考えていくべきものなのであろう。

◆第IV部◆

ドイツ民事訴訟手続

36 国際的な展開からみた民事訴訟における証拠収集の要件 *

ロルフ・シュテュルナー

〔訳・芳賀雅顯〕

Ⅰ 序 論

　この古稀祝賀論文集が献呈される春日偉知郎教授と筆者とは，数十年にわた
る学問的な共同作業と友好的な個人的関係とによって結ばれている。こうした
関係はおよそ 30 年前にまで遡るものであり，春日教授が，民事訴訟法の研究
を進めるためにフンボルト財団の奨学研究員としてコンスタンツ大学法学部に
おいて客員教授に迎えられた際に，筆者が受入れ教授となったことに端を発し
ている。また，個人的な結びつきは，滞在期間中に家族全員がコンスタンツで
生活したことにより，さらに深まることとなった。筆者は，日本語の理解を欠
いているため，日本の民事手続法の多くを理解できたこと，および，春日教授
の研究領域における提言について集中的に対話を促進できたことについて，同
教授に対して学問的に感謝している。なぜならば，これらについて，春日教授
は，自身の論考や翻訳によって［ドイツと日本の］架け橋となっているからで
ある[1]。筆者は，いずれも著名な，筑波大学および慶應義塾大学に共同研究の
ためにゲストとして滞在したことがあるが，この筑波大学から慶應義塾大学へ
移籍した，筆者よりもやや若い同僚［である春日教授］の学問的な成功の道の
りを見守ることができたのは大きな喜びである。この記念論文集における筆者
の寄稿は，証拠法の領域における比較訴訟法のテーマを扱うものであるが，こ

　＊ 原文：Die Voraussetzungen einer Beweiserhebung im Zivilprozess im Spiegel der
　　 internationalen Entwicklung〔Rolf Stürner〕
　⑴　この点については，以下に掲げる春日教授の論稿を参照のこと。Festschrift Rolf
　　 Stürner, Band II, 2013, S. 1571 ff.

　　『現代民事手続法の課題』春日偉知郎先生古稀祝賀〔信山社，2019年 7 月〕

36 国際的な展開からみた民事訴訟における証拠収集の要件〔ロルフ・シュテュルナー〕

れは長年にわたり，われわれ両名が関心を寄せてきたものであり，また，現在でもそうである。筆者は，筆者の考察が春日教授の関心を喚起し，筆者の見解が同教授にいささかでも喜びをもたらすことを願っている。日本の民事訴訟法は，現代の訴訟におけるヨーロッパとアメリカ合衆国とのミックスカルチャーの代表的存在であって，その日本の訴訟法においても，本テーマが扱う問題は，アメリカ合衆国およびヨーロッパにおけると同様に，つねに新たな議論を呼び起こすものであろう。すなわち，どのような明確な要件の下で，民事訴訟は事実関係の解明のための手続を開始すべきであるか，また，どのような場合に，事案解明の要求が根拠のないまたは濫用的なものとして却下されなければならないのか，という問題である。

II　大陸の訴訟モデルとコモンロー訴訟モデルの相反する出発点

　ある手続が証拠に基づく事案解明の開始を認めるための要件は，訴訟構造の基本的特徴と密接な関係があるだけでなく，そもそも訴訟の役割に関する法文化に基づく思想と密接な関係を有する基本問題である。自白された事実[2]または争いのない事実[3]は原則として証拠調べ手続に服しないとされる限りにおい

---

(2)　この点については，以下の規定を参照のこと。ドイツについては民事訴訟法 288 条。オーストリアについては民事訴訟法 266 条 1 項。イングランドについては民事訴訟規則 14 条(1)および(3)（事実の自白）。スペインについては民事訴訟法 281 条 3 項。フランスについては民法 1383 条および 1383 条の 2。イタリア民法 2733 条。アメリカ合衆国連邦証拠規則 801 条(d)(2)(A)。

(3)　この点については，以下の規定を参照。ドイツについては民事訴訟法 138 条 3 項。オーストリアについては民事訴訟法 266 条。スペインについては民事訴訟法 281 条 3 号。オーストリア民事訴訟法 267 条では，裁判官の裁量による自白の擬制を定める。スペイン民事訴訟法 405.2 条 2 項は，立証の必要性がないことによってのみ区別している。イタリア民事訴訟法(2011 年以降)115 条。イングランドでは場合分けをした解決を行っている。イングランド民事訴訟規則 16 条(5)(3)および(5)は，立証を要とする要件として明示的なまたは理由付否認を扱う。同規則 16(5)(4)は，主張された損害額について沈黙した場合には理由付否認とする。そして同規則 16 条(7)は，答弁に対する沈黙による否認を扱う。驚くべきことに，フランスでは明文の規定がない。しかし，争いがない場合には立証の必要性がないとするのが，実務の趨勢である（*Ferrand*, Dalloz, Répertoire de Procédure Civile, Preuve, 2006, No. 86 ff.; *Chainais/Ferrand/Guinchard*, Procédure Civil, 33. Aufl. 2017, Rn. 534)。アメリカ合衆国では，当事者間の"争点"についてのみ裁判所に判断することを認めているアドバーサリー・システムの下では，争

Ⅱ　大陸の訴訟モデルとコモンロー訴訟モデルの相反する出発点

て，事実に関する当事者主義という考えが一般的に普及している。大陸の訴訟とコモンローの訴訟との間の大きな相違は，とくに，アメリカ合衆国連邦裁判所での手続形成過程において，証拠調べを実施するために，どの程度事実が詳しく述べられ，または具体化されなければならないか，そして，どのようにして証拠方法の申出を特定しなければならないかという問題に見出される。

1　必要とされる主張の具体化に関する二つの相反する基本モデル

　大陸の訴訟は，理論的な訴訟という伝統を有している点で，少なくとも，つぎのことを前提にしている。すなわち，争われている事実が非常に具体的に陳述されているため，その事実が厳格な有理性審査をクリアし[4]，かつ，申出がなされた個々の証拠方法が詳細に摘示され[5]，それぞれの事実主張が整然と整

いのない事実は立証の必要性がない（この点については，*Hazard/Leubsdorf/Bassett*, Civil Procedure, 6. Aufl. 2011, S. 4)。その他の場合，当事者の一方は，相手方に対して認否の通知や証言録取書を通じて，態度を明らかにすることを強制することが認められる。

(4)　ドイツ民事訴訟における有理性審査については，民事訴訟法 253 条 4 項，130 条 3 号，331 条，592 条 1 文（この点については，つぎの文献を参照のこと。*Rosenberg/Schwab/Gottwald*, Zivilprozessrecht, 17. Aufl. 2010, § 95 Rn. 19 ff., S. 520; *Thomas/Putzo/Reichold*, ZPO, 38. Aufl. 2017, § 253 Rn. 38)。オーストリア民事訴訟法では 177 条，178 条，226 条および 239 条，そして，これらに関する，*Fasching*, Zivilprozessgesetze, 2. Aufl. Band 2/1, 2002, Einl. Rn. 16; *Rechberger/Simotta*, Zivilprozessrecht. Erkenntnisverfahren, 7. Aufl. 2009, Rn. 524, 758 を参照のこと。フランスにおける "関連事実 faits pertinents" の陳述の必要性については，民事訴訟法 6 条を参照のこと（この点については，つぎの文献を参照。*Chainais/Ferrand/Guinchard*, Procédure Civil, 33. Aufl. 2016, Rn. 526 ff.)。イタリアにおける事実主張の必要性および "関連性の判断 giudizio di rilevanza" については，2018 年民事訴訟法 163 条 3 項 4 号，183 条 4 項，6 項および 7 項，184 条，ならびに 187 条 1 項および 2 項（同様の問題について，つぎ文献を参照のこと。*Mandrioli*, Diritto Processuale Civile, Band 2, 19. Aufl. 2007, S. 16 ff., 84 ff.; *Liebmann*, Manuale di Diritto Processuale Civile, 7. Aufl. 2007, Rn. 79, 152)。スペインについては，民事訴訟法 399 条，400 条，281 条 1 号および 283 条 3 号を参照のこと。

(5)　ドイツについては，民事訴訟法 253 条 4 項，130 条 5 号，359 条，371 条，373 条，403 条，420 条以下，および 445 条を参照のこと。オーストリアについては，民事訴訟法 76 条，78 条，177 条，178 条，226 条，および 227 条を参照のこと。フランスについては，民事訴訟法 9 条，および 56 条を参照のこと。イタリアについては，民事訴訟法 163 条 3 項 5 号，ならびに 183 条 4 項，6 項および 7 項を参照のこと。スペインについては，民事訴訟法 284 条 1 項，399 条 3 号および 429 条を参照のこと。

理されている場合にのみ，証拠調べが開始するという前提である。これに対して，アメリカ合衆国民事訴訟規則は，訴えまたは訴えに対する防御を理由あらしめるのに適切な証拠方法および事実を収集する可能性を，プリトライアル段階において両当事者に確保させるため，周知のように，まず，プリーディング段階で基準となる事実関係を概括的に記述することを許容している(6)。その後，両当事者は，トライアル段階では，裁判官に対して本来は厳格に口頭による証拠提出を通じて事実を提示する。その結果，アメリカ合衆国の民事訴訟は，結局のところ大陸法モデルとは異なり，事実の主張と証拠提出を厳格に区別することをまったくしていないのだが，この基本的な性質における相違は，双方の異なった訴訟文化に基づいて代弁する者同士の意思疎通を，無意識的に困難なものにしている(7)。

2　コモンローの法文化における均質性の欠如

しかし，コモンローの民事訴訟は，本来的な意味における大陸法のような均一性を有する訴訟をほとんど有していない点を明確にしておかなければならない。もっとも，本稿が扱う問題設定との関係では，大陸の訴訟は，コモンロー訴訟よりも本質的に統一的なコンセプトを放棄している。アメリカ合衆国の民事訴訟がモデルとした19世紀のイングランド民事訴訟は，その伝統によると，プリーディング段階，プリトライアルの局面，そしてトライアルに分かれていた(8)。請求の方式（claim form）は厳格な有理性審査が求められることはなく，

---

(6) いわゆるノーティス・プリーディングにおいて，事実の主張に関する要求の程度が緩和されたことについては，アメリカ合衆国連邦民事訴訟規則8条を参照のこと。第二次世界大戦以前における，いわゆるファクト・プリーディングは，関連事実との一定の密接性を要求し，その限りではイングランド民事訴訟のディスカバリーが非常に限定的な範囲で許容されているのと同様であった。このファクト・プリーディングの歴史的発展に関する有益な概観と，ノーティス・プリーディングおよび戦後の非常に広範囲に及ぶディスカバリーについては，つぎの文献を参照のこと。*Hazard/Leubsdorf/Bassett*, Civil Procedure, aaO, § 4.11 ff., S. 172 ff. アメリカ合衆国連邦最高裁判所の判例については，とくにつぎの判決を参照のこと。Hickman v. Taylor 329 U.S. 495 at 507 (1947); Conley v. Gibson 355 U.S. 41 (1957).

(7) この点については，つぎの文献を参照のこと。*Stürner* ZZP 123 (2010), 147 ff., 157 f.; *Chase/Hershkoff/Silberman/Sorabji/Stürner/Taniguchi/Varano*, Civil Litigation in Comparative Context, 2. Aufl. 2017, S. 353.

(8) 双方の類似性と異なった発展をめぐる適切な概観が，つぎの文献に示されている。

Ⅱ　大陸の訴訟モデルとコモンロー訴訟モデルの相反する出発点

個々の証拠方法の摘示も必要はなかったのであるが，もちろん，いずれについても，そのようにすることは可能であった。しかし，事実については，こんにちの連邦民事訴訟規則におけるよりも幾分か具体的に主張されなければならなかった。とりわけ，プリトライアルにおいて，相手方は，認否通知（notice to admit）によって紛争状況の解明が求められたり，文書の提出や土地の立入許可の通知などを通じたディスカバリーが要求されたりすると，その者は，まず，事実のより一層の具体化を求めることで対応することができた（より詳細な事実を提供するノーティス：notice to give more and better particulars）。そのため，こんにちのアメリカ合衆国連邦裁判所での訴訟よりも，証拠方法にアクセスするためのハードルが幾分高いものであった[9]。現代アメリカ民事訴訟規則におけるディスカバリーの目的が，両当事者に，すべての証拠方法と事実を広い範囲で認識させるようにすること，すなわち証拠漁り（fishing expedition）をまさしく許容するものであるのに対し，イングランド民事訴訟では証拠漁りは認められていなかった。事実の主張をしていない当事者が，ディスカバリーを通じて初めて証拠を入手することはできなかった[10]。

3　双方の訴訟モデルの長所と短所

(1) 大陸の民事訴訟

双方の訴訟モデルは，長所と短所を有する[11]。大陸の民事訴訟は，主張され

Millar, Civil Procedure of the Trial Court in Historical Perspective, 1952. また，最近の文献として，つぎのものを参照のこと。Langbein/Lerner/Smith, History of the Common Law, 2009, inbes. S. 85 ff., 345 ff. ヨーロッパという状況下におけるイングランド民事訴訟法の発展については，つぎの文献を参照のこと。Stürner, Festschrift für Ekkehard Schumann, 2001, S. 491 ff.; ders. Festschrift für Alfred Söllner, 2000, S. 1171 ff.

(9)　ウルフ改革までのイングランド民事訴訟の発展に関する適切な概観が，つぎの文献に示されている。O'Hare/N Hill, Civil Litigation, 8. Aufl. 1997, insbes. S. 145 ff., 149 ff.; Casson/Dennis, Odger's Principles on Pleading and Practice, 21. Aufl. 1975, S. 83 ff., 139 ff.; Stürner, Die Aufklärungspflicht der Parteien des Zivilprozesses, 1976, S. 17 ff. mNw.

(10)　伝統的民事訴訟における判例の典型例として，つぎのものがある。Goldschmidt v. Constable (1937) 4 All. E. R. 293/234; Barham v. Lord Huntingfield (1911 to 1913) All. E. R. 663, 665; Rofe v. Kevorkan (1936) All. E. R. 1337, 1338. 20 世紀における緩和傾向として，つぎの判例がある。C. v. C. (1973) All. E. R. 770, 773, 774 f. もっとも，この事例ではディスカバリーの手段が試みられたが，別の理由により行われなかった。

(11)　この点について，および以下の点について，すでに詳細に論じているのは，つぎの文

36 国際的な展開からみた民事訴訟における証拠収集の要件〔ロルフ・シュテュルナー〕

た事実および証拠の申出について裁判官による有理性審査を非常に早い時期に実施するが，その結果，事実関係の諸要素，および，裁判官の考えでは訴訟に重要な個々の証拠方法に基づいて，訴訟資料の方向付けが早い段階で行われる。ほとんどすべての訴訟で，両当事者は，説得力のある具体的事実を主張し，特定の証拠方法を指摘することが出来るほどに，法的に重要な事実関係について十分な知識をも有している。このことは，必要な証拠方法を，相手方当事者あるいは第三者が有している場合においても同様である。しかし，大陸法モデルでのリスクは，事実主張が十分具体化されておらず，または証拠の申出が十分特定されていないことを理由に，裁判官があまりにも早く証拠調べの途を閉ざし，そして訴えまたは被告の防御を手続開始後ただちに裁判によって（a limine）退ける点にある。よく知られているように，この問題は，ドイツでは，根拠のない主張（Behauptung ins Blaue），あるいは模索的証明（Ausforschungsbeweis）というキーワードとともに言及がなされている。このあまりに早い［裁判官による］終結の危険は，裁判官が手続の早い段階で法的根拠を確定させ，他方で別の法的根拠との関係では重要となり得る事実関係の要素を評価しないままにしておくことによって，増加している。事実関係の解明を行った，あるいはその準備をした裁判官が，その後の判決合議体の判断と同一でない場合または部分的に同一でない場合には，この危険は増大する。この手続モデルの長所としては，正確な説明と有理性審査に際して，最初から両当事者に手続上の機会を冷静に検討させること，また現実的な真実性審査および説得性審査をなすことに行き着く点である。なぜならば，具体的かつ詳細に陳述された事実関係および具体的な証拠の申出という鏡の前では，客観的真実およびその証明可能性を凌ぐ幻想は消えてなくなり，また，事実を基礎にした特定の歴史に基づく事実の確定を強制することによって，当事者は，ただちに（hic et nuc），自身の争いのある地位を後に修正して解明することが出来ない立場に強いられることが明らかになるからである。

（2）アメリカ合衆国連邦民事訴訟規則での訴訟

アメリカ合衆国のモデルは，事実関係のあまりにも早い決着を回避する点で，また，裁判官が事件を早期に終結することを困難にさせる点で利点がある。と

献である。*Stürner* RabelsZ 69（2005），201 ff., 232 ff.; さらに，*Murray/Stürner*, German Civil Justice, 2004, S. 589 ff.

830

りわけ，裁判をなすのに重要な経事実過が相手方あるいは第三者の領域で発生した場合に，大陸民事訴訟法と対比して事案解明の可能性が増大している点は重要である。匿名性が守られ，あるいはアウトソーシングを利用する組織が稀ではないため，最終的な実体の把握が困難な相当遠隔地にいる契約パートナーと取引をする世界では，このような事案の形成が最近ではますます重要性を増している。このような動向，とくに，渉外関係事件および経済的に非常に重要な事件では，アメリカ合衆国のモデルが魅力的であり続けることは明らかである。しかしながら，要件がほとんどない手続的な事案解明手段が有する短所は，非常によく知られている[12]。すなわち，当事者の負担が大きく，またしばしば事案解明手段が非常に高額であることから，相手方は非常に強大な和解圧力を受けること；高額な弁護士費用を伴う長期にわたる訴訟であること；公然とまたは秘密裏に行われる産業スパイ行為を，非常に有効な方法で相手方サイドにおいて実施し，調査機会を濫用的に利用すること；法治国家で保証されている拒否権を放棄するよう関係者に対して圧力をかけたり，また，［ディスカバリーではなく］私法上オーガナイズされ，そして大規模事務所の助けを借りて実施された流行のコーポレートガバナンスに関する内部調査の結果を利用したとしても，やはりこの手続は，関係者に対する法治国家上の手続保障を必ずしも考慮していないこと，などである。

Ⅲ　2つの事例研究 —— ドイツの事案（Daktari und Flipper）とアメリカ合衆国の事例（Ashcroft）

次の興味深い事案は，民事訴訟における推定された事実関係のジレンマを明らかにするものである。これは，Daktari und Flipper という複雑な事実関係の事案である[13]。著名なメディア事業家であるレオ・キルヒ（Leo Kirch）[14]が

---

(12)　要約として，つぎの文献を参照のこと。*Stürner*, Why are Europeans Afraid to Litigate in the United States? Schriftenreihe des Centro di studi e ricerche di diritto comparato e straniero, Band 45, 2001.

(13)　この複合事案の一部分については，とくに，つぎの判例を参照のこと。BGH, Urteil vom 31.1.1979, I ZR 77/77, LM § 123 BGB Nr. 52. 購入者と将来の転売者による将来の販売価格をめぐる事案解明における欺罔の問題については，とくにつぎの文献を参照のこと。*Kötz/Schäfer*, Judex oeconomicus, 2003, S. 176 ff. この文献は，必要とされる真摯な解明という問題を単純化し，多かれ少なかれ，いま機能している市場での需要によっ

36 国際的な展開からみた民事訴訟における証拠収集の要件〔ロルフ・シュテュルナー〕

経営者であった，あるフィルム会社が，1965 年から 1969 年にかけてアメリカのテレビシリーズ Daktari und Flipper の放映権を，アメリカのフィルム業者から購入した。1969 年初めにフィルム会社と業者は，さらに 5 年間延長する取り決めをし，それによると営業収益は第 2 ライセンス期間中に半年ごとに清算し，半分に分割されることとされた。1969 年 11 月に，業者は，ここでもレオ・キルヒ（Leo Kirch）が経営者であった前記フィルム会社の子会社と，1 万ドルの金額を支払うことで 50％の持分を認める合意をした。業者は，第 2 ドイツテレビ（das Zweite deutsche Fernsehen）が二次的放映権におよそ 2 万米ドルを支払ったとするドイツ第 2 テレビの会計検査報告書を読んだ後に，詐欺を理由にこの合意を取り消し，100 万マルクを請求した。業者の主張によると，経営者のレオ・キルヒは金銭支払いの合意を締結する時点で，二次的放映権の申出がいくらであったのか十分に知り得たのであり，そして収益の可能性について業者を意図的に欺いたとするものであった。その後の訴訟手続のすべては，最終的には，二つの企業とともに訴えられたレオ・キルヒが，つぎの点を詳細に陳述しなければならなかったのかが問題となった。それは，キルヒが誰と第 2 ドイツテレビについて詳細に交渉したのか，そして，どのような結論を，どの時点で得たのか，また，第 2 ドイツテレビが交渉経過と関係社員に関する情報提供を行い，書類の閲覧を許したのか否かであった。控訴審であるミュンヘン上級地方裁判所は，結論としてそのいずれも否定し[15]，また連邦通常裁判所に対する上告は退けられた。その際に決定的であったのは，模索的証明が主張されたことであった。模索的証明によって，十分具体化されていない申立てが理由具備性を有すると主張され，また，十分特定されていない証拠の申出が正

てもっぱら判断することを求めている。この市場による要求は，明確性の点では問題ない。しかし，私的構成による経済利益が，法的検討に際して一つの側面でありうるものの，唯一の決定的基準ではないことを認める（つぎの文献は，出発点において適切である。*G. Wagner*, Festschrift für Canaris zum 80. Geburtstag, 2017, S. 186 ff. しかし，この文献は，私法上の重要問題について経済的効率性を最も重視し，経済的な効率的行動の合理性を過大評価している。その点を批判するのは，つぎの文献である。*Stürner* AcP 214 (2014), 7 ff., 18 ff., 35 ff., 44 ff., 48 ff.)。

(14) レオ・キルヒについては，とくにつぎの文献を参照のこと。*Der Spiegel*, Das Imperium des Leo Kirch, Nr. 42/1987.

(15) OLG München, Urteil vom 24. 1. 1980, in der Rechtssache Taurus Film, Vaduz, gegen 1. Beta-Film, München 2. Dr. Kirch ── 管見の及ぶかぎりでは公刊されていない。

当化されると主張されたが，この模索的証明は不適法とされた。

　これと対をなすのは，アメリカ合衆国連邦最高裁判所が下した，Ashcroft v. Iqbal 事件である[16]。この事件は，パキスタン人イスラム教徒のイクバル（Iqbal）が，2001 年 9 月 11 日のワールドトレードセンターへのテロ攻撃の後に，極めて限定された事情の下，テロの危険があるとの容疑により連邦公務員によって拘束された。その後，イクバル（Iqbal）は，かつての司法長官であったアッシュクロフト（Ashcroft）と連邦捜査局 FBI 長官のモラー（Mueller）に対して損害賠償請求訴訟を提起した。その理由は，客観的根拠がないにも関わらず，イクバルが人種，宗教，および国籍に基づいて特に危険人物とみなされ，その結果，上記両名によって極めて過酷な拘束状況下におかれたというものであった。連邦最高裁判所は，この事件で，たんなる一般的な法的主張はプリトライアル・ディスカバリーや事案解明手続を開始するには十分ではないとした，Bell Atlantic Corp. v. Twombly 事件[17]から始まった厳格な判例をそのまま維持した。そして，むしろ，原告によって提示された一般的な主張を確実に説得することができる，具体的な事実が提出されなければならないとした。

Ⅳ　基本問題および法的に理解困難な基本問題の構造

　すべての法体系が直面する基本的な問題は，つぎの点にある。それは，一方では，訴訟手続による事案解明の開始が，相手方，第三者あるいは国家の司法機関に，時間，費用さらに部分的に精神的な負担をももたらすため，説得的な根拠なしにはこの負担を他の関係者に及ぼすことが期待できないし，また期待すべきではない点である。なぜならば，これらの負担は，訴訟を提起したり，防御したりする訴訟好きの当事者による恣意的な方法に基づき，保護を受けず

---

(16)　Ashcroft v. Iqbal 556 U.S. 662 (2009).

(17)　Bell Atlantic Corp. v. Twombly 550 U.S. 544 (2007). これら双方の判決に対する批判と議論については，つぎの文献を参照のこと。*Arthur R. Miller*, Duke Law Journal 60 (2010), 1 ff.; *Dodson*, University of Pennsylvania Law Review 158 (2010), 442 ff.; アメリカ合衆国民事訴訟法の発展との重大な関連性については，つぎの文献を参照のこと。*Richard Marcus*, in: Ucelac/van Rhee (Herausgeber), Revisiting Procedural Human Rights: Fundamentals of Civil Procedure and the Changing Face of Civil Justice, 2017, S. 53 ff., 59.

36 国際的な展開からみた民事訴訟における証拠収集の要件〔ロルフ・シュテュルナー〕

にもたらされるからである。他方，事案解明手続が実施され，すでに当初から一方の当事者が知っていた弱点が事案解明手続の実施により明らかにされた場合に，初めて濫用がある程度明白になる[18]。法制史上は，信義に反する訴訟追行を行わないとする訴訟上の宣誓（Calumnieneid），あるいは訴訟罰や費用の追納によって濫用に対処したが[19]，このことは予防効果に乏しく，さらに，配慮する必要のない訴訟好きの当事者ではなく，むしろ誠実な市民を威嚇した。しかし，有効な予防的威嚇方法は，特定の事実を主張することで自らの法的地位を具体化するよう強制されることであった。"他の者を裁判所において強制する者は，少なくとも，自らの利益を正当化する構成要件事実を…主張しなければならない。…たんに責任があるとするだけで理由づけがない主張によって，ある者をその意思に反して訴訟に引き込むことは…許されない"[20]。"裁判所は，責任を追及する者に対して，時間と場所をできる限り明確かつ特定して責任を追及するよう求める"[21]。他方，このようなアプローチは，常につぎのような敵視に晒された。それは，とくに，事前に証拠による評価をしているとの批判[22]，あるいは，必要とされる主張の具体化の程度が個別事案に大きく左右されることから[23]，具体化を求める要求の程度につき裁判官の恣意を認める契機

---

[18] 詳細に具体化を行わない，または，ドイツでのいわゆる"模索的証明"という一般的な事実主張の問題性についての詳細は，すでに，つぎの文献を参照で論じた。*Stürner*, Die Aufklärungspflicht der Parteien des Zivilprozesses, 1976, § 9, S. 106 ff.

[19] つぎの文献が適切に要約した説明を行っている。*Winker*, Die Missbrauchsgebühr im Prozessrecht, 2011, S. 9 ff.

[20] *Kohler*, Über Einlassung und Klagerecht, in: Gesammelte Beiträge zum Zivilprozeß, 1894, S.50 ff., 60.

[21] Lord *Penzance* in Marriner v. Bishop of Bath and Wells (1893) P. at 146. その際，イングランド民事訴訟法では，トライアルにおける不意打ちからの保護という考えが，根拠のない要求からの保護という考えと混同されている。この点についての紹介は，つぎの文献を参照のこと。*Casson/Dennis*, Odger's Pleading and Practice, aaO, S. 113 ff.

[22] *E. Peters*, Ausforschungsbeweis im Zivilprozeß, 1966, S. 71 ff.; *ders.* ZZP 81 (1968), 294 ff.; *Rosenberg/Schwab*, Zivilprozeßrecht, 11. Aufl. 1974, § 119 II 2 c, S. 619; *A. Blomeyer*, Zivilprozeßrecht, 1963, § 74 II 1, S. 375/376; *Gaul* ZZP 83 (1970), 234 ff., 235, 239; BGH LM Nr. 5 zu § 282 ZPO; BGH LM Nr. 12 zu § 282 ZPO = NJW 1962, 1394; BGH ZZP 74 (1961), 86 f. m Anm. *Schneider*.

[23] これは，とくにつぎの文献による強烈な批判の内容である。*Arthur Miller* Duke Law Journal 60 (2010), 1 ff. これは，Twombly および Ashcroft 事件において，アメリカ合衆国連邦最高裁判所が，程度の差はあるものの要件なしにディスカバリーを不適用とし

IV 基本問題および法的に理解困難な基本問題の構造

となりうるとの疑念である。したがって，最近のドイツでは，当事者による主張の具体化が不十分であると裁判官が判断する際には，根拠のない主張（Behauptung ins Blaue）であることを実際に確かめるために，当事者が［具体化されない主張をなさざるを得なかった］弊害を除去する手段を有していたとする要件に[24]，頻繁にそして厳格に服させている[25]。もう一つ別の，裁判官による終結があまりに早い段階でなされることへの対処としては，概括的な主張をなすに際して，そのような一般的な主張をなす経緯につき確実な蓋然性が存在する"手掛かり（Anhaltspunkte）"がかつては要求され，また現在でも一部ではそのようになされている[26]。もちろん，多くの場合，このような具体化を求める要求の程度では，濫用を排除する蓋然性の判断基準としては不十分であるか，有用ではない。そこで，濫用を排除する手段として，主張が正当である可能性のわずかな状況証拠（schwache Indizien）があればよいとしている[27]。アメリカ合衆国の民事訴訟では，ディスカバリー段階の後で，当事者の一方に陪審審理の開始を認めるのに十分な蓋然性に到達した場合には，主張された経過が十

たことについて述べている。

[24] つぎの文献は，この点について適切に説いている。*Stein/Jonas/Kern*, ZPO, 23. Aufl. 2016, § 139 Rn. 29 mNw.; *Thomas/Putzo/Seiler*, ZPO, 38. Aufl. 2017, § 139 Rn. 5.

[25] 根拠のない（„ins Blaue"）主張という常套文句については，つぎの判例を参照のこと。BGH NJW-RR 2008, 337, 338 mNw. これは，古い時代からの判例の立場である。BGH LM Nr. 11 zu § 138 ZPO = NJW 1968, 1233; BGH NJW 1964, 1414; 1958, 1491. これ以外の学説・判例の紹介は，つぎの文献を参照のこと。*Stürner*, Aufklärungspflicht, aaO, S. 108 f.

[26] そのように解するのが，近時の判例の有力な立場である。BGH NJW 1991, 2707, 2709; 1992, 1967, 1968; 1995, 2111, 2112; 1997, 128, 129; NJW-RR 1999, 361; NJW-RR 2004, 337, 338. この視点は，すでにつぎの文献で明確に指摘されている。*Stürner*, Auklärungspflicht, aaO, 119 f. フランスにおいても同様の傾向がある。*Goubeaux/Bihr*, Dalloz, Procédure Civil. Preuve, 1979, No. 91 ff., 104（faits sérieux, faits avec et sans fondement etc.）.

[27] この点については，すでに，つぎの文献で述べている。*Stürner*, Aufklärungspflicht, aaO, S. 119 ff. 説得性という意味における蓋然性審査の考えを明確に認めるのは，つぎの文献である。*Lüderitz*, Ausforschungsverbot und Auskunftsanspruch bei der Verfolgung privater Rechte, 1966, S. 29 ff., 35; *Musielak*, Die Grundlagen der Beweislast im Zivilprozeß, 1975, S. 144. 最近の文献として，つぎのものがある。*Stein/Jonas/Leipold*, ZPO, 22. Aufl. 2008, § 284 Rn. 48 ff. もっとも，同箇所は，低い水準に基づいた手掛かり（Anhaltspunkten）による蓋然性審査という概念を回避している（この点については，§ 284 Rn. 43）。

36 国際的な展開からみた民事訴訟における証拠収集の要件〔ロルフ・シュテュルナー〕

分説得性を有するという意味での“一応有利な事件（prima facie case）”と呼ばれる[28]。したがって，アメリカ合衆国の訴訟では，事案解明のための濫用的な手続の続行を阻止することが問題となる限りにおいて，証明に必要な蓋然性よりも低い蓋然性の程度による判断は一切生じない。Twombly 事件および Iqbal 事件における最近の判例が要求する説得性の要件（plausibility requirement）は，陪審審理を開始するのに必要な説得性の基準よりも明らかに低いものである[29]。事件全体の状況判断という裁判官による事前評価は，主張の十分な具体化という伝統的な要求ではなく，明らかに，すでにプリーディングないし事実主張を根拠にした勝訴の可能性という説得性審査の段階と結びついている。こうして，最終的には著名なイングランドの学説による言説に行き着く。すなわち，“いかなる場合に詳細な事実がディスカバリーに優先し，またはディスカバリーが詳細な事実に優先するのかを判断するための，厳格で普遍的なルールを定めることはできない。それぞれの事案は，それぞれの個別事情に左右される”[30]。

この，濫用の有無に関する裁判官による審査という，理解が困難で正確に客観化することが極めて難しい法的枠組みは，模索的証明を虚構の問題（Scheinproblem）とみなし[31]，有理性審査の意味における包摂（Subsumtion，訳者注：事実の法規範へのあてはめ）を認める程度の具体性で十分であるとする傾向を繰り返し促すことになる[32]。もっとも，この方法には，問題を回避する循環論法

---

[28] もちろん，ここでの“一応有利な事件（prima‐facie‐case）”という概念の意味は，一応の証明（Prima-Facie Beweis）という大陸法上の観念とは，ほとんど共通性がない。一応の証明に相当するのは，ネグリジェンス責任における因果関係の証明の領域におけるレス・イプサ・ロキトゥール（res ipsa loquitur）という制度である。

[29] 陪審審理における完全な事案解明手続が開始される以前に，訴訟の結果について，二重に蓋然性審査を行うことの問題性については，とくに，つぎの文献を参照のこと。*Arthur Miller* Duke Law Journal 60（2010），1 ff., 53 ff., 71 ff.

[30] *Haarwood*, in: Odger's on Pleading and Practice, 20. Aufl. 1971, S. 163; *Wheatcroft*, in: Halsbury's Laws of England, 3. Aufl. 1955, Vol. 12, S. 20/21.

[31] そのように説くのは，たとえば，つぎの文献である。*Rosenberg/Schwab*, Zivilprozeßrecht, 11. Aufl. 1974, S. 620. これに反対するのは，つぎの文献である。*Gaul* ZZP 83（1970），234, 235.

[32] 現在，一部そのように説くのは，つぎの文献である。*Rosenberg/Schwab/Gottwald*, Zivilprozessrecht, 17. Aufl. 2010, § 116 Rn. 16 und 20, S. 656. つぎの文献は同趣旨を説く。*E. Peters*, Ausforschungsbeweis im Zivilprozeß, 1966, S. 63 ff., 123.

が隠れている。なぜならば，たんにある法規範の構成要件メルクマールが存在するとの主張であっても許されるなら，具体化が可能な一般的な主張をつねになしうることになるからである。そこで，訴訟による事案解明手続の開始が，法的安定性を損なう非常に低い程度の蓋然性に基づく裁判官の判断に左右されないようにするために，主張の具体化を要求しなかった Hickman 事件および Conley 事件［訳者注：脚注(6)の事件］以降の 20 世紀後半のアメリカ合衆国民事訴訟法による解決が注意深く吟味された。そして，それぞれの訴訟文化やその歴史的発展とは無関係に絶えず生じ，── Ashkroft や Twombly の事件，またドイツの Leo Kirch 事件がこのことを教える ── 決して明解な解決によって除去されず，あるいは克服されなかった根本的な問題を，アメリカ合衆国での解決方法が克服した。この，長い訴訟法の歴史において続いてきた問題に対峙し，そして，お決まりの過激な魔法の言葉（Zauberformel）によって，この問題をある方向または別の方向に押しやることをしない場合には，訴訟の濫用との限界を画するために，理性的な裁判官による裁判に信頼の基礎においた，ある程度の法的不安定性を受け入れた妥協だけが残ることになる。裁判官による裁判が，個々の事案において，権利保護の確保と，濫用から他の関係者が保護される自由としての権利との調和に失敗した場合には，主張の具体化を求めるあまりにも厳格な要求によって，公正な法治国家による手続保障をともなう調和の取れた権利保護の制限がもはや達成されないことを理解しなければならない[33]。

V　ALI/UNIDROIT の Transnational Civil Procedure による解決と将来的な法発展を通じた解決の確認

UNIDROIT の報告者として筆者がその発展に関与した[34]，ALI/UNIDROIT の Transnational Civil Procedure は，訴訟による事案解明の要件をめぐる問題について，アメリカ合衆国の法文化やヨーロッパ大陸法文化，そして現代のイングランド訴訟法にも受け入れが可能な妥協案を選択した。その際，この問題について，アメリカ合衆国とイングランドを含むヨーロッパ大陸との間を橋渡しすることは，ヨーロッパ大陸諸国の大陸法諸国と，ウルフ・リポート後の現

---

(33)　BVerfGE 37, 132 ff., 145 ff.

(34)　詳細は，つぎの文献を参照のこと。*Stürner* RabelsZ 69 (2005), 201 ff., 2015 ff.

代イングランド訴訟が現しているコモンローの訴訟文化を橋渡しすることよりもはるかに困難であった。

ALI/UNIDROIT の原則 11.3 は，つぎのように定められている。

　　"プリーディングの段階では，両当事者は，合理的にみて詳しい程度で，重要な事実，法律上の主張，救済の要求を提示しなければならず，かつ，自らの主張を根拠づけるために提出すべき利用可能な証拠を，十分特定して説明しなければならない。当事者の一方が，重要な事実について合理的な程度で詳細に主張することができない，または，証拠を十分特定することができない十分な理由を示した場合，裁判所は，必要な事実および証拠が，訴訟の進展に応じて，後に明らかになる可能性を十分配慮しなければならない。"

　この解決は，自己に有利な事実を具体的に主張し，かつ，申し立てられた証拠方法を正確に特定する当事者双方の負担を前提とするものである。したがって，出発点において，ヨーロッパ大陸や若干の修正がなされたイングランドと同様に，主張の具体化および証拠方法の特定性が，重要な事実関係についての主張の信頼性を判断する蓋然性審査の方法として選択されている。他方，この解決は，相手方または第三者の領域で起きた事象経過をめぐる多くのケースでは，通常は，正確な主張の具体化および証拠の特定が期待できないことになる。そして，その場合に，包摂可能な特定の事実について，主張を具体化するために前提としているのは，まず一般的な主張がなされ，その後で追加的に信頼性（"手掛かり Anhaltspunkte"）が提示されることによって補足される点である。また，そのような場合には，証拠の申出は通常の場合よりも緩やかに特定される。たとえば，時間を区切った文書や電子データのグループ，概括的に設定された立証主題に関する鑑定，または，抽象的に述べられ，そして相手方によって具体化された，その者が知っている証人の証言がこれに関係する。このような方法で，詳細は不明であるものの当事者の一方に有利な事実関係であると判断することに十分な理由がある典型的な場合には，相手方または第三者による濫用的な要求や裁判所の公的資源を利用せずに，手続による事案解明に向けた扉が開かれている。この ALI/UNIDROIT 原則が成立した時点においては，とくにヨーロッパ大陸法秩序およびイングランド民事訴訟では，明らかにこれに相当する試みが存在し，同じ解決に向けた徴候が示されていたが，その後の

連邦最高裁の判例の方向転換は驚くべきものであった。もっとも，アメリカ合衆国のいくつかの州では，ノーティス・プリーディングをまったく実施せず，コモンローでの一般的伝統という意味におけるファクト・プリーディングの方式が存続していたが，これは大陸法の手続における厳格な関連性審査よりも要求される程度は低いものである。どの程度，ALIで成立した諸原則が連邦最高裁の多数意見に影響を及ぼしたのか，あるいは，どの程度，アメリカ合衆国の個別の法領域で[35]詳細な事実主張が求められた動向や，ファクト・プリーディングというかつての一般的な伝統が重要であったのかは，連邦最高裁がALIの活動を注目し，また認識していることを前提としうるとしても不明確である。いずれにしても，ALI原則による解決は，この基本問題に関する訴訟法制史の動向を正確に理解しており，そして，訴訟による事案解明を開始する要件を有意義なものとして確定させるという，法文化に左右される問題の克服が将来果たされることを的確に予測している。

Ⅵ　一般的な事実主張および特定されていない証拠の申出に基づく事案解明を克服するためのドイツ民事訴訟法の手段

ドイツ民事訴訟法は，通常は具体化された主張と証拠の申出が特定されていることを前提としている。しかし，相手方または第三者の領域にある，それぞれの事実および証拠方法を知らない場合，いかにしてドイツ民事訴訟法が訴訟法上の手段によってその情況を克服するのかを詳細に論ずることは，本稿の任務とするところではない。しかし，最後に，この点に関するいくつかのコメントを行うことで，本稿を締めくくりたい。

まず，証拠申出の特定性に関する原則については，つねに例外が認められてきたことが指摘されなければならない。古くからの法律上の例外は，フランス法をモデルにした大陸諸国の商法典において，さまざまな分野で共通性があり，商人の文書提出について適用された。裁判所は，ドイツ商法典に基づき，職権で，または当事者の申立てにより，取引帳簿の提出を求めることができ，そして裁判に際して重要な帳簿の一部分を訴訟に提出することができる[36]。その際に，条文が前提にしているのは，当事者の一方が，訴訟に重要な文書を正確に

---

[35]　この点については，つぎの文献が若干の重要な例を示している。*Arthur Miller* Duke Law Journal 60 (2010), 1 ff., 38 f., 124.

36 国際的な展開からみた民事訴訟における証拠収集の要件〔ロルフ・シュテュルナー〕

特定することができず，それゆえ，文書の種類，内容および文書成立の時期の提示を一般的なもので十分であるとし，その結果，民事訴訟法142条または422条，423条に基づく提出の申立てよりも[37]，特定性が緩和されているということである。鑑定人の選任に際しては，証拠の申出はしばしば一般的な提示で十分であるとされる。その理由は，この場合にはすでに主張を正確に具体化すること自体が，鑑定を必要とする知識を前提としているからである[38]。当事者の一方が証人を正確に特定できる場合，その相手方は，証拠申出における特定性に関する通常の要求よりも緩和された程度で，相手方のみが知る氏名と住所を明らかにすることが義務付けられる[39]。もちろん，一部のドイツの判例は，まさしく証拠の申出の特定に際して現在でも高い要求をしているが，このことは，事実主張の具体化が緩和されていることを無意味にするものである[40]。

連邦通常裁判所の非常に重要な一歩は，相手方当事者が民事訴訟法138条2項および3項に基づいて負う，いわゆる第二次主張責任（sekundäre Darlegungslast）を認めたことである。これは，具体化責任を負う当事者が，相手方当事者の領域で生じた事象経過について，非常に一般的で具体化されていない主張をなすことができるというものである。そして，緩和された第一次主張責任によって，相手方当事者は，自己の認識に基づいて事実を具体的に主張する義務を負う[41]。しかし，この判例によると，相手方当事者の主張によって，自

---

[36]　ドイツについては，商法典258条から261条。フランスでは，より制限的である。商法典123条の23。イタリアについては，民法典2711条。そして，スペインについては，商法典32条，33条および民事訴訟法327条。

[37]　BGH NJW-RR 2007, 1393 は，特定性について通常の程度を要求する; NJW 2014, 3312 Rn. 28 ff. は，非常に高度な要求をする傾向にある。

[38]　BGH NJW 1995, 130; *Thomas/Putzo/Reichold*, ZPO, aaO, § 403 Rn. 1.

[39]　この点については，つぎの文献を参照のこと。*Thomas/Putzo/Reichold*, ZPO, aaO, § 373 Rn. 1. 拒絶を証明妨害として評価する最近の判例として，つぎのものがある。BGH NJW 2008, 982.

[40]　たとえば，つぎの判例がある。BGH NJW 2014, 3312 Rn. 28 ff. 正当にもこの傾向に批判的であるのは，つぎの文献である。*Wagner* JZ 2007, 706 ff., 713. この判例は，主張を具体化して書類の所在の特定するために，書類のファイルの内容を指示することを求めた事案である。

[41]　この点については，つぎに掲げる最近の判例を参照のこと。BGH NJW 2018, 65 Rn. 15 ff.; 2018, 68 Rn. 13 ff.; BGHZ 200, 76 ff., Rn. 17 ff. = NJW 2014, 2360. すでに一部のライヒ裁判所の判例でさまざまな理由とともに承認されていた，異なった領域における，い

840

Ⅵ　一般的な事実主張および特定されていない証拠の申出に基づく事案解明を克服するためのドイツ民事訴訟法の手段

己の主張の具体化を改善し，十分特定された証拠方法を提出するのは，第一次的に具体化責任を負う当事者の問題であるとされる。

　しかし，残念ながら詳細は不明な点が多い。まず，この不明確さは，相手方当事者が拘束される法的性質の正確性についていえる。連邦通常裁判所は，第一次具体化責任を負う当事者とは異なり，相手方当事者は具体化のリスクを負担しないことを前提にしている。これは，たとえば，証明負担を負う当事者が，不当利得法[42]における利得の法的根拠が存在しないといった，消極的事実を証明しなければならない場合の主張責任の転換があてはまる。この場合，相手方当事者は，一つまたは複数の具体的な法的根拠に関する事実を主張しなければならず，その後，第一次証拠提出義務を負う当事者が，その事実の不存在を証明しなければならないが，その際，一つまたは複数主張された法的根拠に関する事実について，証明責任を負う当事者が不存在を証明できない場合に，相手方当事者は，証明責任を負う当事者の証明の危険について客観的に具体化するリスクを負担することがあり，相手方当事者が主張の具体化に成功しなかった場合，相手方当事者に有利な別の事実関係が実際に存在しても訴訟上相手方当事者が証明しないときには，注意義務に反したか否かに関わらず，相手方当事者は敗訴する[43]。むしろ，連邦通常裁判所は，このいわゆる第二次主張責任については，期待可能性の範囲内で相手方当事者に拘束力が生じることを前提にしているように思われるが，この責任は本来的には義務として語られるべきであろう。これは，たんなる概念上の問題ではなく，つぎに述べるリスク分配と行動への要求との区別である。前者のリスク分配は，能力，期待可能性または非難可能性とは関係なく，状況を克服できなかったという構成要件にのみ不利益な結果が結びついている。後者の行動の要求は，この要求が果たされないことに対して，能力，期待可能性および非難可能性というルールが適用される。責任（Last）および義務（Pflicht）という概念は，この基本的な相違を適切に表すことを可能にするが，連邦通常裁判所さえも，この概念を学説同様に混乱

　わゆる"主張責任"ないし"事案解明義務，または――解明責任"の前史については，つぎの文献を参照のこと。*Stürner*, Die Aufklärungspflicht der Parteien des Zivilprozesses, 1976, § 10 I, S. 134 f.

[42]　この点については，たとえば，つぎの判例を参照のこと。BGH NJW-RR 2014, 556.

[43]　*Stürner*, Aufklärungspflicht der Parteien des Zivilprozesses, aaO, § 10 VI 2, S. 149 ff.

36 国際的な展開からみた民事訴訟における証拠収集の要件〔ロルフ・シュテュルナー〕

して不正確に用い，したがって，内容的に完全に異なった法的拘束力の機能を明確に区別することができないため，有用とはいえない[44]。

しかし，第二次主張責任は，具体化責任を負う当事者に勝訴に必要な情報をすべて入手させるわけではないと，連邦通常裁判所は常に強調していることから，連邦通常裁判所は，内容上必要な明確性にかける[45]。もっとも，相手方当事者は，敗訴を回避するために，場所，取引当事者，および時間についての法律上重要な経緯に関する，自らが認識しまたは入手が期待可能な事実に関する情報[46]を与えなければならないのであり，それによって，もちろん，相手方当事者には，自己の主張を明確に述べ，この主張によって新たな証拠方法を明らかにする機会が与えられるという点は，正当である —— 連邦通常裁判所によって名づけられた第二次主張責任の意味は，まさしくそこにある。しかし，連邦通常裁判所は，民事訴訟ではいずれの当事者も勝訴するための武器を相手に与える必要はないとする画一的で乱暴なテーゼに，いまだに明らかに執着している。これは，一般的にむろん誤りであったし，ヨーロッパあるいは現代世界の民事訴訟法制史においてもいうまでもなく誤りである[47]。一般的包括的事案解明義務は，要件を加重することなく，また一定の限界を画さずには，存在することができないが，連邦通常裁判所は，かつての判決で，あまりに不当な方法で筆者がこの考えを有していると扱った[48]。それでも，穏当な事案解明義務と

---

[44] すでにこのことを的確に述べるのは，つぎの文献である。*Esser*, Schuldrecht, 2. Aul. 1960, § 28, 5 b, S. 89; *ders.* AcP 154 (1955), 49 ff. 民事訴訟について，この考えに従うのが，つぎの文献である。*Stürner*, Aufklärungspflicht der Parteien des Zivilprozesses, aaO, § 7, S. 71 ff.

[45] 最近の判例として，つぎを参照のこと。BGH NJW 2018, 65 Rn. 15.

[46] 情報収集義務については，多くの判例の代わりに，つぎを参照のこと。BGHZ 200, 76 Rn. 18. このことは民事訴訟法 138 条 4 項から生ずる。

[47] この点については，以下の文献が概観を示している。*Chase/Hershkoff/Silberman/ Sorabji/Stürner/Taniguchi/Varano*, Civil Litigation in Comparative Context, 2. Aufl. 2017, Ch. 4 III und IV, S. 251 ff., 281 ff. 最近の文献として，とくに，つぎのものを参照のこと。*Gottwald*, Festschrift Rolf Stürner, Band I, 2013, S. 303 ff. 日本における発展については，つぎの文献を参照のこと。*Ichiro Kasuga*, Festschrift Rolf Stürner, Band II, 2013, S. 1571 ff., 1572 ff., 1575 ff.; *Kazuhiro Koshiyama*, Festschrift Rolf Stürner, Band II, 2013, S. 1633 ff.

[48] BGH NJW 1990, 3151. 連邦通常裁判所は判決文中でページを参照していないが〔訳者注：連邦通常裁判所は本判決でシュテュルナー教授の文献を引用するものの，具体的な

Ⅵ 一般的な事実主張および特定されていない証拠の申出に基づく事案解明を克服するためのドイツ民事訴訟法の手段

いう正当な基本的考えが生き残り，多くの賛同者を得，そしてドイツでも広範に支持されている。なぜならば，この基本的発想は，西洋文化での訴訟法に関する長い一般的伝統に合致するからである。

最後に，連邦通常裁判所が選択した第二次主張責任の欠点が指摘されている。第二次主張責任は，相手方が主張の具体化に貢献したと考えられる場合には消滅することなく存続するが，相手方の陳述が意味をなさない場合には，具体化責任を負う当事者には，主張の具体化に関して通常の要求がなされるため，他のすべての証拠方法の証拠調べを遮断する。だが，本当にそうなのであろうか。この点は，まだ多くの硬直的な点があり，解消されなければならない。

連邦通常裁判所の判例を通じた民事訴訟法の適用と継続形成が，実体法の基準に従い専門化された各々の部［Senat］に細分化されたため，停滞し――歩みが遅く，辻褄が合わず，矛盾を抱えたままでいる状況下に，ドイツ民事訴訟法は全般的に苦しんでいる。立法者は，ヨーロッパ連合による領域ごとに専門化された個々の法概念を通じて促進された，法の継続形成スタイルに適合させてきた。立法者の大いなる成果は，民事訴訟法施行以来，たとえば1976年のシュテュットガルト・モデルを通じた訴訟文化の新たな形成とは異なり，証拠法においては成果をもたらしておらず，現在問題となっている真のあるいは誤解に基づいた必要性を満足させるための，不完全なものでしかない。

ページを引用していない点を指すと思われる］，このことは，他の場合には非常に注意深く引用し作業をしている連邦通常裁判所に対して，本来は警告を発しなければならなかったであろうし，また，このようなことは従来と異なる扱いを生じさせてしまいかねない。学術刊行物においては，他者の見解を概括的で乱暴に評価することは，通常行われている基準に合致しない。筆者が，相手方の証拠提出に関する情報提供および協力義務を形成する際に，従来十分とされていた程度よりも広い範囲の解明義務を支持したときに，筆者は細部を詰める際にはつねに一定の要件にかからしめ，適切な限界設定に服させた。その他の点では，判例は，筆者のテーゼと内容的に同じであり，相手方当事者につねにより多くの共同作業への貢献を求めているが，体系化された基礎を有しない〝パッチワーク〟の方法――細部を結びつける全体の状況を明解に説明するものではない――によっている。この点については，再び，つぎの文献を参照のこと。*Chase/Hershkoff/Silberman/Sorabji/Stürner/Taniguchi/Varano*, Civil Litigation, aaO, S. 295 ff. 武器を相手に与える必要がないとする，武器に関する命題は，鬨の声のように響くが，訴訟は戦闘でも調和の取れた作業グループでもなく，慎重にバランスを図ったリスク配分と義務から成る事案解明システムである。

37 ドイツ裁判所の専門化[*]

アストリッド・シュタッドラー

〔訳・芳賀雅顯〕

I ドイツ裁判所構成法における新ルールとその背景

2017年3月初めに，ドイツ連邦議会は裁判所構成法を補充し，それによって，喫緊の課題である司法の現代化と効率的な手続形成がもたらされると説かれた。新たに加えられた裁判所構成法72a条および119a条は2018年1月1日に施行したが，これらの規定は，銀行およびファイナンシャル業務，建築および設計委任契約に基づく紛争，治療行為に基づく請求権に関する紛争，ならびに保険契約関係から生ずる紛争に関する特別部の強制的な設置を，地方裁判所および上級地方裁判所におくことを定めている[(1)]。これらの規定は，——とくに大きな公けの議論を経ずに——閉会直前の最後の瞬間に，ドイツ連邦議会の法務委員会の勧告に基づいた，"建設契約法の改正および売買法上の瑕疵担保責任の変更に関する法律"に由来するものである。特別部設置のための法的根拠が，これ程早く設けられることは期待されていなかった。たしかに，2014年にハノーファーで開催された第70回ドイツ法曹大会は，その民事法部会において，"民事訴訟における裁判官——民事訴訟法と裁判所構成法は，いまなお時代に適合しているのか？"[(2)]というテーマで行われ，鑑定人であるグラフ・ペーター・カリエス教授（Prof. Dr. Graf-Peter Callies）と報告者は，広範囲にわたる提案を行った。これらの提案は一部分についてのみ多数の同意を得た。

---

[*] 原題：Die Spezialisierung deutscher Zivilgerichte〔Astrid Stadler〕

(1) Beschlussempfehlung und Bericht des Ausschusses für Recht und Verbraucherschutz, BT-Drucks. 18/11437 vom 8.3.2017; Gesetz vom 28.4.2017, BGBl. 2017 I, 969.

(2) Verhandlungen des 70. DJT Hannover 2014, Bd. I, Gutachten A 1- A 111.

しかしながら，建築法，医師責任，保険契約紛争および金融機関の資金に関する事件といった，一定の法領域について特別部を設置することは，ドイツ法曹大会の最終投票において多くの賛成を得た[3]。もっともこれは，ドイツの立法者に対しては拘束力のない勧告にすぎないため，立法で直接取り上げられることは必ずしも期待されていなかった。

　新しい裁判所構成法72a条，および119a条によると，特別部は，1) 銀行および金融業務から生じた紛争（第1号），2) 建築および設計委任契約ならびにエンジニア契約から生じた紛争（第2号），3) 治療行為に基づく請求権に関する紛争（第3号），ならびに4) 保険契約関係から生じた紛争（第4号）について新たに設置された。これら4つのすべての領域は，広く解されることが意図されている。たとえば，第2号は，建築家，建設会社，または，その種の業務を職業上委託されたその他の者が契約に関与した場合に，当事者の一方が建築工事を計画し，実施し，または監督した法律関係から生ずるすべての請求権を含むものである。その際には，契約の法的性質決定は問題とならない[4]。また，治療行為から生ずる請求権（第3号）についても，すべての契約上および法定の請求権を含むものとされており，その請求権には，医師，歯科医師，治療師，心理学者，精神療法士または物理療法士に対するものが含まれる[5]。しばしば専門領域として取り上げられるものの，第1号によっても含まれなかったのは，金融資本市場（Kapitalmarktstreitigkeiten）の紛争である。第1号で掲げられた銀行および金融業務は，法律草案の理由書によると，銀行，貯蓄銀行，または，その他の金融もしくは信用機関が関係する紛争のみを含むものとされている[6]。それによって，信用・預金業務といった伝統的な銀行業務に加えて，投資アドバイスや投資仲介から生じた責任追及事案についても新しい専門部での扱いが考慮され，また同様に，銀行によって発行・販売された金融市場証券のすべて

---

(3)　Verhandlungen des 70. DJT Hannover 2014, Bd. II Referate und Beschlüsse, S. I 51 f, angenommen mit 62:10:1. これは，とりわけ地方裁判所長ミヒャエル・ロッツ（LG Präsident Michael Lotz）の提案による。Verhandlungen des 70. Deutschen Juristentages Hannover 2014, Band II/1 Sitzungsberichte — Referate und Beschlüsse, 2014, S. I 23 ff.

(4)　Begründung des Entwurfs, BT-Drucks. 18/11437 S. 45.

(5)　Begründung des Entwurfs, BT-Drucks. 18/11437 S. 45.

(6)　Begründung des Entwurfs, BT-Drucks. 18/11437 S. 45.

I　ドイツ裁判所構成法における新ルールとその背景

も，同じ扱いが考えられる。しかしながら，たとえば，不作為，虚偽および誤認させる単発的な通知に基づく損害賠償請求権を株式会社に対して直接請求するといった，有価証券取引法（Wertpapierhandelsgesetz：WpHG）に基づく責任追及事案は含まれない。他方で，専門性という目的を達成するために，従事する裁判官が長期間にわたりそこに留まり続けるようにするためには，専門部の設置だけではなく，専門家を育成し利用できるようにしなければならない（この点については後述する）。

　このたび施行された法律による規律が必要とされたのは，つぎの理由による。それは，裁判所の構成が，専門の合議体がないという問題を内部で解消する状況に全体としてなかったためである[7]。たしかに，建築契約紛争について，多くの地方裁判所はすでに特別部を設けているし，また，上級地方裁判所や連邦通常裁判所のレベルでは，たとえば医師責任法あるいは銀行法および会社法についての特別部は長きにわたって認められてきた。しかしながら，そのような合議体の設置は，これまで裁判所総務部（Gerichtspräsidium）の裁量に服してきた。とくに，地方裁判所すなわち第1審では，このことは，労働負担の公正な分配や裁判に関わる裁判官の相性が異なることに鑑みると，重大な組織上の問題をもたらした[8]。専門化に向けたより強い要求は，ここ数年，とくに特定の手続が非常に長期間を要する状況にあることとの関係で議論されてきた。統計調査が示すところによると，とくに，建築および設計委任契約に基づく手続ならびに医師責任事件は，第1審で比較的長期間を要している[9]。その原因と

---

(7)　裁判所構成法13a条は，2006年以降，つぎのように定めている。すなわち，州法を通じて"複数の裁判区域を管轄する裁判所に，すべての種類の事件について一部または全部が割り当てられ，また，裁判所の外に部を設置する"ことができる，と。しかしながら，実務ではほとんど利用されていなかった。*Hirtz* NJW 2014, 2529, 2532.

(8)　*Küspert* in: Althammer/Weller (Hrsg), Europäische Mindeststandards für Spruchkörper, Tübingen 2017, S. 55 ff.

(9)　*Keders/Walter*, Langdauernde Zivilverfahren — Ursachen überlanger Verfahrensdauern und Abhilfemöglichkeiten, NJW 2013, 1697, 1700. また，おもに鑑定および長期化する手続に対する訴訟指揮に関して，高等裁判所によるつぎの研究も参照のこと。Präsident des OLG Hamm (Hrsg.), Langdauernde Zivilverfahren. 以下でアクセス可能である。http://epub.sub.uni-hamburg.de/epub/volltexte/2013/17880. それ以外にはつぎの文献を参照のこと。*Kniffka*, Die Zukunft des Baurechts, in: Festschrift 50 Jahre Deutsches Anwaltsinstitut e. V. (2003), S. 131 ff, 139; *Küspert* in: Althammer/Weller (Hrsg), Europäische Mindeststandards für Spruchkörper, Tübingen 2017, S. 55 ff.

847

しては，不可避的に生ずる鑑定，また裁判所の鑑定意見に対する理解と評価に
要する時間の問題が容易に見出される[10]。2008 年にようやく，裁判所構成法
198 条以下において，過度に長期化した手続に対応するためのルールが施行し
た。この規律は，ヨーロッパ人権裁判所による圧力がドイツ法に受け容れられ
たものであるが，効果はなかった。なぜならば，このルールは原因を除去する
には至らなかったからである[11]。

　手続の長期化および特別部設置による裁判への効率的アクセスの議論とは別
に，学問領域[12]およびヨーロッパ連合[13]では，構成国における民事訴訟法の最
低基準の構築について，一般的に多く論じられている。この問題に関する議論
は，すでに時代遅れのものであったが，ヨーロッパ司法領域における判決の往
来が一層緩和されていることを通じて，避けることができないものとなった。
とくに 2012 年 12 月のブリュッセル（Ⅰa）規則の施行によって，統一的な最
低基準を確立する必要性が明らかになった。そしてそのことは，各国の司法お
よび法制度への相互信頼に関する EU の命令に実りのある基礎をもたらした。
このヨーロッパ規則は，――2004 年以降のいくつかの特別なヨーロッパ規則と
同様に――すべての民事および商事事件の判決について承認手続を廃止したが，
いくつかの構成国により膨大な反論がなされたため，公の秩序による留保とそ

⑽　ドイツの立法者は，すでに 2016 年に鑑定に関する法を改正し（Ges. v. 11.10.2016,
　　BGBl. 2016 I, 2222），民事訴訟法 407a 条（鑑定人が委託事項を処理することができるか
　　否か，できるとした場合に裁判所が定めた期間内に処理することができるのかを，鑑定
　　人が遅滞なく検討する），民事訴訟法 411 条 1 項（鑑定人に対して期間を設定する義務
　　を裁判所が負う），および，民事訴訟法 411 条 2 項（鑑定人が期間を徒過した場合には
　　厳格な制裁が加えられる）といったルールを通じて［手続に要する時間短縮の達成］を
　　試みた。

⑾　2014 年ドイツ法曹大会の鑑定人によって，ドイツ民事訴訟法に"第 6 編　長期化し
　　た手続"を設ける提案がなされたが承認されなかった。つぎの文献を参照のこと。Bd. I
　　S. A. 108 f.

⑿　この点については，つぎの文献を参照のこと。*Althammer/Weller*, Mindeststan-
　　dards im europäischen Zivilprozessrecht, Tübingen 2015; sowie *Althammer/Weller*
　　(Hrsg.), Mindeststandards für Spruchkörper, Tübingen 2017.

⒀　"ヨーロッパ連合における民事手続法に関する共通最低基準の発展――法的基礎"に
　　関するヨーロッパ議会作業文書（PE 572.853 vom Dezember 2015），および 2017 年 2
　　月 10 日のヨーロッパ議会法務委員会報告書草案"ヨーロッパ連合における民事手続法
　　に関する共通最低基準に関する欧州委員会への勧告"（2015/2084（INL））を参照のこと。

の他の承認拒否事由，そして，手続上，執行国での特別な法的救済規定を有するに至った。最低基準の範囲との関係では，基本的な法治国家的保証（Garantien）だけが重要である。この保証は，すでにヨーロッパ基本権憲章47条およびヨーロッパ人権条約6条によって拘束力を伴って定められており，また，手続形成の効率性ならびに裁判官の資格および専門性が重要な役割を果たす[14]。しかしながら，2017年2月に公表されたヨーロッパ議会の法務委員会の報告書草案では[15]，23条において，裁判官の継続的な教育だけが扱われた[16]——つまり，専門性についての言及はなかったが，これまでヨーロッパにおいて非常に異なった法教育がなされてきたことに鑑みて，言及されても不思議ではなかった[17]。たしかに，ヨーロッパ連合の多くの構成国は，民事裁判権と並んで，労働事件もしくは農地事件[18]に関する特別管轄，特別の特許および農業裁判所[19]，そしてもちろん商事裁判所または商事部[20]を有している。このような相違は，通常は，通常裁判所に座る者によって生ずる。すなわち，一人の法律家の他に，専門知識を有する素人[21]が一緒に裁判官席に着席し，職業裁判官[22]と同等の資格で判断する。フランスでは，よく知られているように商事裁判所は，

---

[14] この点は，つぎの諸論考を参照のこと。*Küspert, Spickhoff* und *Stadler* in *Althammer/Weller* (Hrsg.), Mindeststandards für Spruchkörper,Tübingen 2017, S. 55 ff, 67 ff, 167 ff.

[15] EP Rechtsausschuss 2015/2084(INL), 10.2.2017 PR/1 109 280DE.docx（前掲注[10]も参照のこと）．これに対して，一般的に批判するのはつぎの文献である。*Stadler* JZ 2017, 673 ff.

[16] AaO Fn. 11, S. 36.

[17] この点については，つぎの文献を参照のこと。*Stadler* in Althammer/Weller (Hrsg.), Mindeststandards für Spruchkörper, 2017, S. 187 ff.

[18] ドイツについては，建築法典（BauGB）220条1項2文，229条1項1文。

[19] ドイツについては，農業裁判手続に関する法律（LVwG）2条2項，4条3項。

[20] より詳細には，つぎの文献を参照のこと。*Stadler*, in: Althammer/Weller, Mindeststandards für Spruchkörper, 2017, S. 167 ff, 187 f. ギリシャについては，同書のつぎの文献を参照のこと。*Tsikrikas*, S. 125 ff（特別部が，海事紛争，特許事件および家事事件について設置されている）．

[21] しかしながら，これらの者は法的基礎知識を有しなければならないとされる。商事事件に関するヨーロッパ裁判官連合憲章（Charta der Union Européene des Magistrats statuant en matière commercial, 27.8.2005, No. 5）も同様の要求をしている。

[22] ヨーロッパの伝統についての論証は，つぎの文献を参照のこと。*Bell*, Judiciaries in Europe — a Comparative Review, 2010, p. 352.

37 ドイツ裁判所の専門化〔アストリッド・シュタッドラー〕

法曹教育を受けていない商事裁判官によってのみ占められているし[23]，ドイツでは合議体における素人商事裁判官は，数字の上では多数を占める[24]。民事および商事裁判権では，それ以上の専門化は組織上は表立ってなされてはいない。ドイツのような法律上の裁判官に関する厳格な原則を有しない構成国，すなわち，裁判所内の職務分配が客観的で事前に定められた基準に従う原則を有しない構成国では[25]，前述の組織上の分離は不要である。たとえば，イギリスの裁判所運営は，特別な専門的知見を要する複雑な事件を単独裁判官に割り振る──このような選択は，ドイツ法ではこれまで考えられないことである[26]。フランス，イタリア，スペイン，そしてポルトガルといった国々では，たしかに法律上の裁判官は少なくとも間接的には憲法上は保証されているが，──ドイツと異なり──事務分配が恣意的に逸脱している場合にのみ違反が認められ，また，その逸脱は客観的に証明することができない[27]。European Justice Scoreboard 2015 は，10 以上の構成国について，同様な裁判所内部における事件の柔軟な分配が行われていることを示している[28]。

---

[23]　フランス商法典 615 条以下。

[24]　ドイツについては，裁判所構成法 105 条 1 項を参照のこと。このことは，実務上重要なスイスのチューリッヒ商事裁判所についても当てはまる（チューリッヒ州民事および刑事訴訟における裁判所および官署の構成に関する法律 39 条 2 項）。オーストリア商事裁判所では，現在，単独の素人裁判官が関与する。参照，オーストリア裁判管轄規則 7 条，8 条 2 項。

[25]　この点および連邦憲法裁判所の判例の詳細については，つぎの文献を参照のこと。Gutachten Callies 70. DJT 2014, Bd. I, S. A 60- A 77.

[26]　この点についても，2014 年の第 70 回ドイツ法曹大会は穏当に緩和することを勧めているが，これまでのところ立法には至っていない。報告者ロッツ（Lotz）の提案および大会での議決について，つぎの文献を参照のこと。Bd. II Referate und Beschlüsse, und S. I 51 f. 提案は 61 票対 13 票対 7 票で採択されたが，裁判長は，決定によって，公平の観点から個々の手続を年間の職務分配とは異なって割り当てることができるものとされた。

[27]　フランスについては，つぎの文献を参照のこと。*Ferrand* in: Althammer/Weller, Mindeststandards für den europäischen Zivilprozess, 2015, 31 ff. 他の諸国については，つぎの文献を参照のこと。*Müßig*, Recht und Justizhoheit. Der gesetzliche Richter im historischen Vergleich, 2. Aufl. 2009, S. 60 f.

[28]　European Justice Scoreboard 2015, Tabelle 55. 以下でアクセスが可能である。http://ec.europa.eu/justice/effective-justice/scoreboard/index_en.htm. ヨーロッパ司法裁判所の状況については，つぎの文献を参照のこと。*Stadler*, in: Althammer/Weller, Mindeststandards für Spruchkörper, 2017, S. 185 ff.

II 専門化の必要性はあるのか？

ドイツ法の厳格な事務分配ルールを考慮し，また裁判の質の向上を図る利益の観点から，部の高度専門化とその導入についてこれまで以上に論じられてきた。しかし，議論が始まったばかりであったため，ドイツの立法者の迅速な反応には，良い意味で驚きを隠せない。

II 専門化の必要性はあるのか？

1 司法および立法への行動圧力

裁判官の専門化について以下で言及する場合，本質的には2つの局面が含まれる。これら2つの異なる局面は，裁判実務から分類することができるものである。まず，新しいルールの主たる契機であった建築および設計委任契約，そして，医師責任法では，事実関係の正確な理解以上に法的問題の複雑さが問題となることはなかった。この場合，事実関係の正確な把握は鑑定人なくして，そして最終的に鑑定書なくしては不可能である。しかし，同様に将来的には特別部によって扱われるべき銀行および金融業務ならびに保険契約から生ずる紛争については[29]，── 新しい裁判所構成法72a条および119a条のカタログにおけるのと同様に資本市場の紛争はとくにリストに掲げられていない ──，法的問題のレベルで困難さがあり，判例法ならびにヨーロッパ法および国内制定法から生ずる領域に一貫性のある解決を導くことへの困難さがある。

司法および立法への圧力は，本テーマのヨーロッパにおける状況とは無関係に，本質的に2つの展開から明らかである。まず，国家裁判所に対する競争相手が増え，これに対するリアクションが必要とされる。この競争相手は，──他の手段と並んで ── 民事裁判所の新受件数の明らかな減少の原因である[30]。消費者法における裁判外紛争メカニズムが魅力を増していることは，国として望まれていたが[31]，これに加えて，数年来，商取引法および経済法から生ずる大規模（かつ経済的に魅力的な）紛争が仲裁手続に流出していることが看取さ

---

[29] これらは，銀行および金融業務という概念の下では包括的に包含することができない。すでに上記Ⅰにおいて言及した Begründung des Rechtsausschusses, BT-Drucks. 18/11437 S. 51 に基づく。

[30] 2014年には2000年との比較において，区裁判所における民事事件の新受件数は24%減少し，また，地方裁判所では20%減少している。つぎの文献を参照のこと。Greger, „Mit der Postkutsche auf der Autobahn", NZV 2016, 1.

37 ドイツ裁判所の専門化〔アストリッド・シュタッドラー〕

れている。もっとも，このことは以前から渉外事案に限定された現象ではない[32]。これらのケースは，国家の司法が喜んで奪い返そうとするであろう。しかし，高額の費用にもかかわらず，仲裁手続の両当事者は，非公開であることに加えて，専門知識を有し法的専門性のあるパネルを要求できることを［仲裁の利点として］評価している——そして，（いつもではないが）しばしば効率的かつ迅速な手続処理という結果をもたらす。

さらに，過小評価すべきでない心理的な要因を伴う別の現象が加わる。すなわち，ドイツの裁判官は，複雑な大規模手続では，大規模法律事務所の高度な専門知識を有する弁護士と対峙するが，その専門知識に裁判官はついていくことができない[33]。銀行法，会社法，保険法および投資法は，——著名な法領域のみを掲げた——ここ数十年で，立法者および判例によって，あまりに高度に複雑化し多彩な特殊領域へと発展したが，その特殊領域は毎日の実務でそのことを分析する者だけが展望できるのである。医師責任法および医師による治療契約については，立法者は 2013 年に民法典に新たな節を規定したが[34]，上述のことはすでに長年妥当していた。ドイツの司法当局は，大学から優秀な卒業生を採用することに成功しているものの[35]，勤務先の変更を伴う典型的なキャリアの経過あるいは裁判所での慣行となっている事務分配は，個々の裁判官が

---

(31) 消費者事件における裁判外紛争解決に関するヨーロッパ指令（2013/11/EU），オンライン紛争解決に関する規則（524/2013/EU）および 2016 年 2 月のドイツの置換立法（消費者紛争解決法：Verbraucherstreitbeilegungsgesetz — VSBG）を参照のこと。

(32) *Stürner* ZZP 127 (2014), 271 ff. は，3 類型の傾向について言及している。それによると，支払能力の高い当事者のための仲裁，"通常の"民事訴訟，および消費者にとって費用面でリーズナブルな解決である裁判外紛争解決手続に分かれる。つぎの文献も同様の批判を行う。*H. Roth* JZ 2013, 637 ff.

(33) つぎの文献の指摘を参照のこと。*Küspert* in: Althammer/Weller, Mindeststandards für Spruchkörper, 2017, S. 55 ff. それによると，銀行法および資本市場法における専門弁護士の数は，2008 年から 2015 年までに 4 名から 900 名に増加している。

(34) 民法 630a 条から 630h 条。Ges. vom 20.2.2013, BGBl. 2013 I, 277.

(35) *Rebehn*, DRiZ 2018, 46 ff によると，裁判官および弁護士の初年度の給料は，大規模法律事務所における弁護士の平均初年度年収と 7 万ユーロの差がある。25 年前は弁護士の初年度の収入は，裁判官と検察官よりも 3 万ユーロしか高額でなかった。このような展開に鑑みると，優れた能力を有する法律家を公務員に招き入れることは，一層困難となる。さらに，今後 15 年で年金付退職者の波が押し寄せる結果，裁判所および検察官の 3 分の 2 の職が新たに確保されなければならない。*Rebehn* aaO S. 47.

Ⅱ　専門化の必要性はあるのか？

一貫性のある専門性を獲得することを通常は許さない。しかしながら，──代理人と同じ目線で接するためには──専門性が必要である。この専門性が効率的かつ迅速な紛争処理に貢献するのか否かは，たしかに明白な経験上の証拠がないことから疑問があるところではあるが[36]，他方で，すでに特別な専門知識を有する裁判官が従事している建築事件や医師責任事件において，審理長期化の明白な原因が取り除かれていない。そのことは，むしろ費用や労力のかかる鑑定が訴訟遅延の原因であることの根拠を示すものである。

2　専門性の長所および短所

専門性を有する事件と頻繁に関わることからすると，ドイツの立法者にとっても，いまや，裁判の質を向上させるという観点は，裁判所構成法72a条および119a条を導入するに際して決定的なものであった[37]。裁判官が当該問題について特別な専門知識を有し，またその種の事案に長い経験を積んでいる場合には，法的および/または事実に関して複雑な手続であっても，迅速かつより高い正当性を有して裁判がなされることは基本的に明らかである。医師責任法は，すでに長きにわたって，つぎのことを示してきた。すなわち，裁判所は，事実に関する鑑定を可能な限り詳細に理解し，批判的に質問をし，矛盾を明らかにし，そして矛盾する複数の鑑定を基にして自身で一つの見解をまとめる状態になければならないということである。

他方で，正当にもつぎのような指摘がある。それは，高度の専門性を有し，そして特定の事件と常に関わりを持つことは，一面的な作業を強いることになり，全体を見渡した法的理解や他の法分野における継続的発展に対する俯瞰を妨げることになるというものである[38]。法曹職業を最初に選択する者のうち多くは裁判官を選択する。その理由は，まさしく多様性と変化を考慮した裁判官の職業イメージに基づき，大規模法律事務所の専門弁護士と反対の印象を有することによる[39]。

---

(36)　*Hirtz* NJW 2014, 2529, 2532. "専門裁判官が効率的な訴訟運営および手続期間の短縮をもたらす根拠が欠けている。"

(37)　Begründung Rechtsausschuss, BT-Drucks. 18/11437 S. 51.

(38)　*Spickhoff*, in: Althammer/Weller, Mindeststandards für Spruchkörper, 2017, S. 67 ff.; ebenso *Tsikrikas* ebenda, S. 125 ff., 130 f.

Ⅲ　専門性の現実的な獲得

　第一に，専門部を設置するとした場合には必ず，専門性が十分に類型化されている法領域であるとのコンセンサスが前提となる。正当にも立法者は，裁判所構成法72a条および119a条を規定するに際して，多くの提案，および，これまですでに348条における単独裁判官と合議体の権限分配に関する類型化に従った。それ以上の細分化は，各専門部に義務を生じさせることに鑑みて，現時点では自明な考えとは思われない。

　特別の管轄または特定の部を設置するには，十分な規模の事件数があることが前提となる。必ずしもすべての地方裁判所が，専門部を十分に活用し，十分な経験材料を入手するだけの，十分な医師責任事件や保険契約事件の数を有しているわけではない[40]。事前に適切な提案がなされていたにもかかわらず，裁判所構成法の新ルールは，裁判所構成法13a条の一般規定に基づいてのみ，裁判区域をまたがる共通の部が設置されることを認めるに過ぎない。2017年秋の州司法相会議で，裁判所構成法72a条に関する特別の委任権限について話がでたが，それとともに，"隣接する者の"権利保護が確保されなければならないと説かれた[41]。しかし，権利保護を求めている者にとって遠隔地に所在することは，裁判官の質がより向上することを通じて埋め合わせを図ることができ，また，そのことは両当事者が甘受しうるものであろう[42]。これとは全く異なる問題は，"専門家"は自らの専門領域についてのみ専念すべきなのかという問題である。適切な方法を通じて十分な数の事件数が確保されたとしても，裁判所内で適正な職務分配を行い，また同意を得ることによって，専門裁判官を日

---

(39)　*Küspert* in: in: Althammer/Weller, Mindeststandards für Spruchkörper, 2017, S. 55 ff., 64.

(40)　つぎの文献もそのように説く。*Spickhoff*, in: Althammer/Weller (Hrsg), Europäische Mindeststandards für Spruchkörper, Tübingen 2017, S. 67 ff, 71; *Küspert*, in: Althammer /Weller (Hrsg), Europäische Mindeststandards für Spruchkörper, Tübingen 2017, S. 55 ff., 58 f.

(41)　この点については，つぎの文献を参照のこと。*Haferanke/Neumann* DRiZ 2018, 58 f.

(42)　しかしながら，つぎの文献は懐疑的である。*Küspert*, in: Althammer/Weller (Hrsg), Europäische Mindeststandards für Spruchkörper, Tübingen 2017, S. 55 ff. (Fn. 51).

常業務にも関与させることを実務家は主張しており，またそのこと自体は必ず
しも不当ではない。裁判所構成法の新しい 72a 条 2 文が定めるところによると，
新たな専門部は，通常の，地方裁判所の民事事件をも割り当てられる。このこ
とができるのは，もちろん小規模の地方裁判所であり，そのような裁判所では
これと異なる事務分配は最初から不可能である。

裁判官の義務的な継続教育も，いまや法律で定着した専門化に結び付けられ
るのか，との問に対する調査結果はいくぶん驚きである。他の国々と異なり，
そのような裁判官の専門化は過去これまでのドイツ法では存在しておらず，ま
た，現在も採用されていない。すでに 2014 年にハノーファーで開催されたド
イツ法曹大会では，鑑定人および報告者によって，そのような趣旨の要求がな
されたが否決された[43] —— しかし，司法関係者が聴衆の多くを占めていること
からすると驚くには値しない。したがって，新たに構成される部では，それぞ
れ自発的な継続教育に委ねなければならないことになる。他方で，裁判所は，
上述のリスク，すなわち特定の偏った事件にのみ関与する結果，数年後には職
業的な盲目さが生ずるリスクに立ち向かわなければならない[44]。組織上は専門
が固定されているものの，裁判官を他の部に時機に応じて変更することが有意
義であるのは間違いない。

Ⅳ　複数の専門領域にまたがる部

［裁判の］質を確保するために，建築および設計委任契約[45]もしくは投資事件
に関する紛争，または医師責任訴訟において，専門知識を有する名誉裁判官を
設置することが繰り返し要求されたが，ドイツの立法者はこれを取り上げな

---

(43)　しかし，つぎの文献はこれに同意する。*Hirtz* NJW 2014, 2529, 2532（弁護士も含めて）.

(44)　つぎの文献も参照のこと。*Spickhoff*, in: Althammer/Weller（Hrsg）, Europäische
Mindeststandards für Spruchkörper, Tübingen 2017, S. 67 ff, 73 f.

(45)　たとえば，連邦参議院に提出されたベルリン地区の提案はこれらのケースに限定する。
BR-Drucks. 322/15 vom 7. Juli 2015. 裁判所構成法 114a 条の草案の文言によると，合議
体は，建築および設計委任事件について，裁判長と，職業裁判官によって推薦された 2
名の名誉裁判官によって構成される。別の方向性をたどる見解として，つぎの文献があ
る。*Gaier* NJW 2012, 2871. この文献は，イギリス法を参考に，建築裁定（*construction
adjudication*）—— 強制的な裁判外手続の一種を提案する。

37 ドイツ裁判所の専門化〔アストリッド・シュタッドラー〕

かった⁽⁴⁶⁾。この名誉裁判官は，制度上あるいはアドホックなものとして招集され，── 通常は ── 合議体における判決に関与する資格を有するメンバーとして行動する。上述の事件類型は，本来ならば専ら鑑定を通じて訴訟において技術的または専門的な知識を有すべき問題であるので⁽⁴⁷⁾，そのような名誉裁判官が裁判官席を占めるとすると，裁判官と鑑定人の区別が全くつかなくなってしまうことになる。たとえば，ベルリンの立法提案は，建築および設計委任事件について鑑定人に相当する立場で［裁判官席に］着席した場合には鑑定人の意見聴取を放棄することができると定めているが，この提案は論理的一貫性がある⁽⁴⁸⁾。訴訟費用の観点からは，このことは，魅力的な理由である ── 両当事者にとっても。

　しかしながら，なぜ鑑定人が，従来の立場におけるよりも裁判官席にいる方が裁判発見に貢献しうるのか，適切に説明することはできない。これに対して，── 稀ではないが ── 鑑定人の間で意見が一致せず，また特定の"学派形成"が認められる場合，この者が一緒に判決を下す資格を有することは問題を生じさせる。このような場合には，裁判所に属する専門知識を有する者は，事件の判断に不当に大きな影響を及ぼし，異なった専門的意見のもとで一つの判決を形成するという，裁判所の自由がもはや確保されないことになろう。裁判所内部で専門的な助言が与えられた場合には，その判断に容易に従うとの反対意見がありうる。しかし，── そのときどきの部の構成にもよるが ── 助言だけが問題なのではなく，非裁判官による共同判断が問題なのである。経験を積んだ特別部は，そのような判決合議体の拡張をする必要はない。シュピックホフ（Spickhoff）は，正当にも，医師責任法について，"カラス理論"⁽⁴⁹⁾を指摘した。これは，理解が困難な，医者の間での無言の職業的団結心のことをいい，鑑定とは無関係に，同僚たる医者のミスを確定することをしばしば非常に困難にしている⁽⁵⁰⁾。職業階級的団体が素人裁判官の提案権を有している場合には，この現象は考慮しなければならない。とくに，現在の専門知識では別の鑑定人

⁽⁴⁶⁾　Vorschlag *Calliess*, 70. DJT, Bd. I S. A 96; *Lotz* DRiZ 2014, 20 ff.

⁽⁴⁷⁾　現存する商事部の状況とは若干異なる。ここでは，おもに法的領域，とくに商慣習に関する専門知識が問題となる。

⁽⁴⁸⁾　つぎを参照のこと。BR-Drucks. 322/15, § 114j GVG Entwurfsfassung.

⁽⁴⁹⁾　ドイツの有名な格言によると，同業者は仲間同士でかばいあう（カラスは仲間の目をつつくことをしない：Eine Krähe hackt der anderen kein Auge aus）。

を招致することができない場合には，このような者が具体的事件に関わるとすると，被害者にとって取り返しのつかない結果をもたらすことになる。鑑定人が同時に素人裁判官として共同で判決を下す場合に，別の鑑定人を招集することを可能にするために，自分の知識の欠如を公にしなければならないような不愉快な状況になることは稀ではない。しかし，その場合に，自分の能力を過信する危険が存在する[51]。

　これに加えて，当事者が，偏頗を理由に通常の鑑定人として専門知識を有する名誉裁判官を忌避することは困難であろう[52]。たしかに，忌避理由は同一であるが（参照，民事訴訟法406条1項1文，関連して41条，42条），鑑定人は自己の専門知識に基づく考察を鑑定書または尋問で明らかにするため，両当事者は，予断の印象を有していたか否かを判断することが容易である。これに対して，鑑定人が裁判官の構成メンバーである場合には，この鑑定人はとくに秘密裏に助言することで影響力を行使することができるのである。他方で，裁判所のメンバーである鑑定人に対する忌避申立の試みが，言及に値するほどの数になるならば，このことは司法の独立の威信を損なうことになろう[53]。

V 結 語

　ドイツの立法者は，地方裁判所および上級地方裁判所に専門部を設置することで，正しい歩みを進めた。新たなルールは，裁判所間における統一的な構造を確保し，また，判決言渡しの質の向上を長期間もたらすことになろう。さらに，裁判所における自己涵養を促進することになる。というのも，そうすることで裁判官には，裁判の動向を配慮し，専門弁護士の目線で審理する可能性が

---

[50] *Spickhoff*, in: Althammer/Weller（Hrsg），Europäische Mindeststandards für Spruchkörper, Tübingen 2017, S. 67 ff., 76 ff. このリスクについては，つぎの判例も明示的に言及している。BGH VersR 1999, 1282, 1284. つぎの文献は，これに対して批判する。*Müller* NJW 1997, 3049, 3054.

[51] *Spickhoff*, in: Althammer/Weller（Hrsg），Europäische Mindeststandards für Spruchkörper, Tübingen 2017, S. 67 ff., 78.

[52] 医師責任訴訟において，鑑定人に対する忌避の申立件数は非常に多い。*Spickhoff*, Medizinrecht, 2. Aufl. 2014, Zivilprozessrecht, Rn. 27 ff.

[53] *Spickhoff*, in: Althammer/Weller（Hrsg），Europäische Mindeststandards für Spruchkörper, Tübingen 2017, S. 67 ff., 77.

生ずるからである。ドイツ連邦の 16 の各州司法大臣が，すでに 2017 年秋の会合で，専門性についてさらに踏み込んで検討しているのに対して，今ようやく，新しい部の経験を得ようとしている。ここで立法者は，柔軟性を保たなければならない。なぜならば，適切な重要案件の出現を伴った専門領域の形成はダイナミックな展開の影響下にあり[54]，また，その重心は経済状況と市場の発展によって迅速に変化するからである。

　立法者は，典型的に裁判官以外の専門知識が必要である特定の手続において，完全に同等の資格を有するメンバーとして鑑定人を合議体に加える要求を断念させることに成功した。鑑定に関する現在のルールは，適切なものであり，また，証拠調べと裁判発見の明確な区別をもたらすものであるが，この区別はしばしば鑑定人と大きな相違を認めているとの批判が向けられている。

---

[54]　つぎの文献は，このことを適切に指摘する。*Küspert*, in: Althammer/Weller (Hrsg), Europäische Mindeststandards für Spruchkörper, Tübingen 2017, S. 55 ff., 64.

38 民事訴訟の主たる目的としての権利実現＊

アレキサンダー・ブルンス

〔訳・芳賀雅顯〕

I 民事訴訟の目的論の意義

民事訴訟の目的に関する議論では，はじめに，民事訴訟の目的は民事訴訟法の目的と同一であるのかという問題が必ず想起される。ドイツ民事訴訟法学は，昔から民事訴訟の目的論に特別の注意を向けてきた[1]。著名な民事訴訟法学者であるフリードリッヒ・シュタイン（*Friedrich Stein*）は，1920 年代前半につぎのような見解を主張した。それは，訴訟法は“きわめて明瞭に作成された技術的な法であり，利便性の変化に支配され，普遍的な価値を有するものではない”とするものである（Prozessrecht sei „das ‚technische Recht' in seiner aller-schärfsten Ausprägung, von wechselnden Zweckmäßigkeiten beherrscht, der Ewigkeitswerte bar"")[2]。このような訴訟技術的アプローチの結果として，第一に，訴訟法では哲学的考察は排除された。しかし，現代の訴訟目的論は，訴訟の普遍的価値を厳格に否定するものではない。疑いなく訴訟法は，—— 人間によって作り出された他のすべての対象と同様に —— 決して普遍的性格を有するものではない。それにもかかわらず，現代の訴訟法学者の間では，一定の基準となる価値が民事訴訟法に備わっているという点で基本的な一致がある。それぞれの訴訟法体系は，少なくともある目標を目指しているが，決して明確で

＊ 原文：Rechtsverwirklichung als Primärzweck des Zivilprozesses〔Alexander Bruns〕

[1] この問題に関する現状の概観を示す文献として，たとえば，以下のものがある。
Münch, in: Bruns/Münch/Stadler (eds.), Die Zukunft des Zivilprozesses, 2014, pp. 5-51.

[2] *Friedrich Stein*, Grundriß des Zivilprozeßrechts und des Konkursrechts, 1921, Vorwort.

『現代民事手続法の課題』春日偉知郎先生古稀祝賀〔信山社，2019年7月〕

はなく，それゆえ，どのような一つのまたは複数の目的を民事訴訟が追及しているのかについて争いがある。すなわち，権利の実現，法的平和の達成と維持，法的安定性，法的基準の発展と育成，社会的制御，効率的な資源の分配，または —— 最後ではあるが重要な —— 紛争解決である。また，2つ，あるいはそれより多くの異なった目的を根拠にする訴訟法秩序においては，競合する複数の根拠のうち，いずれの目的が民事訴訟の主たる目的とみなされるべきかという問題が前面に出てくる。

民事訴訟法の目的論は，訴訟法学にとって非常に重要な問題である。第一に，立法者の目的を確定させることは，一定の実務上の効果を達成するために常に必要である。立法者が達成しようとする目的を確定させた場合にのみ，その目的に向けて有意義に法律の文言が作成される。その場合，高くそびえる基準となる目的論は，訴訟法においても合理的な立法の基礎となる。第二に，訴訟法の目的は，その規範体系の有意義かつ統一性のある解釈にとって，必要条件でありまた指針となる点である。第三に，訴訟目的の意義は，決して法律の解釈を制限するものではなく，むしろ，類推適用という方法で法律の欠缺を埋めるに際しても，また法律を越えた［判例による］法の継続形成をなすに際しても，法律の目的が実りのあるものとなるのである。要約すると，つぎのように述べることができる。すなわち，訴訟の目的には，民事訴訟法の形成，適用および継続的発展にとって鍵となる機能が備わっている，と。この場合，民事訴訟の目的を特定する際には，憲法，ヨーロッパ法および国際法の影響に服することになる。

II　基本的立場

1　権利の実現

a）権利の貫徹

民事訴訟の目的を確定するための諸原則が競合する中で，権利実現は，比較的多くの賛同を得ている。権利実現を訴訟の目的にまで高めるアプローチは，民事訴訟はたんに紛争解決に役立つのではなく，実体的な規範的基準を貫徹させるという基本発想に基づいている。その際，民事訴訟はとくに個々の民事法上の請求権および権利という形での権利実現を目的としているとの考えが，

Ⅱ　基本的立場

ヨーロッパ大陸の訴訟法学においては支配的である。ロマン法圏の例としては，フランス民事訴訟[3]，イタリア民事訴訟[4]，およびスペイン民事訴訟[5]がある。しかしながら，フランス民事訴訟では，公的利益の保護と紛争解決もまた論じられている。イギリス民事訴訟は，1998 年のウルフ改革（Woolf Reform）に基づいて，正義に適い適切なコストで事件処理を行うという重要な目的に服している（CPR 1.1〔1〕―„overriding objective of dealing with cases justly and at proportionate cost"）[6]。このことは，まず，権利実現を意味するように思われるが，それとともに効率性に基づく重大な制限も意味する。目的（Zweck）が目標（Ziel）と同じであることを前提にするならば，イギリス民事訴訟のドグマは，紛争解決よりも権利実現により一層接近するように思われる。日本の民事訴訟法では，すでに 1907 年に仁井田益太郎によって[7]，また 1926 年改正後はドイツで研鑽を積んだ細野長良によって[8]，訴訟の目的は権利実現であるとされた。しかしながら，第二次世界大戦後，この見解は支配的ではなくなった[9]。ドイツの有力な訴訟法学説[10]および連邦通常裁判所[11]は，今日に至るま

---

(3)　*Couchez*, Procédure civile, 17e éd. 2014, No. 3; *Solus/Perrot*, Droit judicaire privé, Tome 3, 1991, No. 6; *Schmidt*, Civil Justice in France, 2010, p. 103（紛争解決は，個々人の私的利益と公の利益の双方に貢献する）．

(4)　憲法に基づく（憲法 24 条 1 項）: *Cristofaro/Trocker*, Civil Justice in Italy, 2010, p. 19.

(5)　憲法に基づく（憲法 24 条 1 項）。以下の文献を参照のこと。*Esplugues Mota*, in: Esplugues Mota/Barona-Vilar (eds.), Civil Justice in Spain, 2009, p. 264.

(6)　以下の文献を参照のこと。*Neil Andrews* on Civil Processes, Vol. I Court Proceedings, 2013, pp. 11 s.（掘り下げた分析はなされていない）．

(7)　*Masutaro Niita*, Minji Soshôhô Yôron, Vol. 1, 1907, p. 183.

(8)　*Nagayoshi Hosono*, Minji Soshôhô Yôgi, Vol. 1, 1930, p. 11. また，以下の文献も参照のこと。*Hiroyuki Matsumoto*, Materielles Recht und Prozessrecht in der Dogmatik des Zivilprozessrechts, in: Stürner (ed.), Die Bedeutung der Rechtsdogmatik für die Rechtsentwicklung, 2010, S. 203 ff., 207.

(9)　*Matsumoto* (Fn. 8), S. 203, 209 ff., 211.

(10)　たとえば，つぎの文献を参照のこと。*Rosenberg/Schwab/Gottwald*, Zivilprozessrecht, 17th ed. 2010, § 1 Rn. 7; Stein/Jonas/*Brehm*, Zivilprozessordnung, 22. Aufl. 2003, ZPO-Einl. Rn. 9, 5; Münchener Kommentar/*Rauscher*, 4. Aufl. 2013, ZPO-Einl. Rn. 8; *Schilken*, Zivilprozessrecht, 6. Aufl. 2010, S. 10（主たる目的）; *Stürner*, Die Aufklärungspflicht der Parteien des Zivilprozesses, 1976, S. 42 f.（権利の貫徹と不法に対する防御）; *ders.*, in: Prütting (ed.), Festschrift Baumgärtel, 1990, S. 545 f.; *Münch*, in: Oestmann (ed.), Zwischen Formenstrenge und Billigkeit, 2009, S. 55, 95/96 m.w.N.; *Bruns* ZZP 124 (2011), S. 29, 31; *ders.*, in Bruns/Kern/Münch/Piekenbrock/Stadler/Tsikrikas (eds.),

38 民事訴訟の主たる目的としての権利実現〔アレキサンダー・ブルンス〕

で，権利実現が民事訴訟の主たる目的であるとの前提で一致している。核心部分において，この見解は，憲法上の司法保護（Justizgewährleistung）（基本法2条1項，14条1項，20条3項）[12]から導き出されているが，この司法保護には，とくに民事裁判所へのアクセス，原告による権利保護の要求や当事者による申立に対する裁判所の審査と裁判，判決の強制執行，ならびに，暫定的権利保護に関する処分が含まれる[13]。

　この基本となるアプローチの範囲内において，ほかの観点，すなわち，たとえば法的平和，法的安定性，経済的考慮あるいは社会的制御が役割を果たすが，これらは立法者の本質的な動機でもなければ，民事訴訟法の基準となる目的でもない。しかし，真実発見が民事訴訟の目的で考慮されなければならないことには，十分な根拠がある。なぜならば，個々人の私法上の権利を裁判所が保護することは，事前の真実発見なくして，まったく不可能だからである[14]。すなわち，真実なくして権利実現も正義もないのである。原告が自身の実体法上の請求権の満足を追求している場合，すなわち，たとえば，売買契約に基づく引渡請求権の履行や，不法行為に基づく賠償請求権の履行を求める場合には，実体権の実現が民事訴訟の目的であることは疑いの余地がない。これらの場合に，裁判所が原告の申立に従い被告に対して敗訴判決を下すと，判決は，費用の点だけでなく，原告によって申し立てられ，そして判決が下された請求権に関しても強制的に実現が可能となる。その限りにおいて，実体権の貫徹は訴訟の主たる目的とみなすことができる。しかし，請求棄却判決の場合，その結論は，原告による要求または実体的請求権の貫徹とみなすことはできない。だが，このことは，訴訟の目的としての権利実現を説く立場に決定的に不利であるということにはならない。なぜならば，裁判所の判決手続は，原告によって主張さ

　　Festschrift Stürner, 2013, Bd. 1, S. 257 ff.（憲法上の司法保護請求が民事訴訟法の次元で現れた）。

(11)　実体法的要素に関して若干不明確であるのは，つぎの連邦通常裁判所の判決である。BGHZ 10, 350, 359（民事訴訟は，実体権の実現を目的としている）; 18, 98, 106; NJW 1983, 2200, 2201 l. Sp.; NJW-RR 1989, 508, 509; NJW 1992, 438, 439 r.Sp.; 権利実現を明確に強調するものとして，つぎの判例がある。BGHZ 161, 138, 143（Rn. 16 ― 民事訴訟の目的は権利の確認および実現である）.

(12)　BVerfGE 35, 348, 361; 79, 80, 84; 85, 337, 345; 88, 118, 123; 93, 99, 107; 97, 169, 185.

(13)　より詳細には，つぎの文献を参照のこと。*Bruns*（Fn. 10, 2013），S. 257, 258 ff.

(14)　つぎの文献を参照のこと。*Stürner*（Fn. 10, 1976），S. 49 ff., 50.

II　基本的立場

れた権利が存在するのか否かを確定させることに資するからである。したがっ
て，法秩序は，勝訴という意味における原告に有利な積極的な判決を保障する
ものではないのである。その他の状況については，明確ではない。著名な例と
して確認訴訟がある。すなわち，ドイツ法の場合，原告が被告を相手に明示的
または黙示的に確認を求めた権利が根拠を有していない場合，その結果として
下された確認判決は，実体権を貫徹する手段とただちにみなすことはできない。
しかし，確認判決は，典型的には，民事訴訟における両当事者の実体権の実現
を支えている。別の事例群では，民事手続は，訴訟上の権利の実現に貢献する。
全体として，この説明モデルは，個人の権利の実現を中心とするものであり，
そして，この権利実現は，典型的には実体法上，また状況によっては訴訟法上
のものとして位置づけられる。

　b）客観的な法的基準の貫徹

　別の基本的視点は，著名なドイツの訴訟法学者であるアドルフ・ワッハ
（*Adolf Wach*）が1885年に刊行したドイツ民事訴訟法ハンドブックにおいて特
に強調した点であるが，この視点は，民事訴訟は客観的な法秩序の貫徹に貢献
するという考えを根拠にするものである[15]。日本では，高木豊三が，1890年民
事訴訟法について1896年に公刊された民事訴訟法の教科書において，ほぼ同
じ観点を主張し[16]，また兼子一は，1926年改正民事訴訟法の下で同様のアプ
ローチをさらに発展させた[17]。アメリカ合衆国においては，民事訴訟の相反す
る目的論が衝突する。実体的正義を達成するための権利実現を民事訴訟の主た
る目的として挙げるのは，たとえば，ジェームス，ハザード＆ルーブスドルフ
（*James, Hazard & Leubsdorf*）であるが，権利の実現を明示的には言及していな
い[18]。ライト＆ミラー（*Wright & Miller*）の有名な注釈書は，民事訴訟の主た
る目的（Zweck）について，正義という目標（Ziele）の促進を述べている[19]。
これは個人の権利を包摂するように思われるが，権利の実現が唯一の，あるい
は少なくとも主要な目的であるのかどうかは明確ではない。

---

[15]　*Adolf Wach*, Handbuch des Deutschen Civilprozessrechts I, 1885, S. 4 ff., 11.

[16]　*Toyozô Takagi*, Minji Soshôhô Ronkô, 1896, pp. 8 ss.

[17]　*Hajime Kaneko*, Soshô Shôkeiron, in Minjihô Kenkyû, Vol. 1, 1950, p 33.

[18]　*James/Hazard/Leubsdorf*, Civil Procedure, 5th ed. 2001, § 1.1, p. 2.

[19]　*Wright/Miller*, Federal Rules of Civil Procedure, 5th ed. 2008, Rule 1, § 1029 Ch. 2, p.
149.

38 民事訴訟の主たる目的としての権利実現〔アレキサンダー・ブルンス〕

この目的論のアプローチに従う訴訟法秩序では，個々の私権の実現は訴訟の結果であるとして，私権の実現は全体的には背後に控えている。本質的な訴訟の目的は，具体的事件を考慮すると，全体としての法秩序の貫徹である。それによると，第一に，公の利益を守り，そして貫徹させるという意義が訴訟法に認められる。この基本的アプローチは，広い意味での社会的制御という考えと一致する。双方の決定的な違いは，その結論が基礎におく基準にある。すなわち，訴訟の結果は専ら権利を貫徹することにあるが，社会的制御という考えはむしろ，倫理，道徳，宗教的信条などを考慮する余地を残している。誰が権利者であるのかとは無関係に，民事訴訟は専ら法の貫徹に貢献するとの基本的立場を基礎にする目的論モデルは，所有権および個人の自由を保障する法秩序において出現するが，最終的には説得力を有しない。なぜならば，このモデルは，克服不可能な矛盾を有するからである。このモデルは，個人の権利および裁判での権利の貫徹を憲法上保障していることと ―― もしかりに一致するとしても ――，ただちに一致するものではない ―― ドイツでは，そのように定義づけられた訴訟の目的は憲法違反となろう。

c）私人による法の実現（Private Law Enforcement）

訴訟の目的としての私人による法の実現という考えは，はじめに，アメリカ民事訴訟法において展開した[20]。有名な例は，1929年のいわゆる魔の金曜日のウォールストリート金融市場の崩壊と，それに伴って生じた大恐慌に対応した1936年のアメリカ反トラスト法の改正である。ある意味では，上述の二つの基本モデルの統合形態として，私人による法の実現という考えを理解することができる。この見解は，すべての権利の実現は客観的な法秩序の貫徹とともに現れるという論理に相当する。訴訟当事者の権利を裁判によって審理し確定することは，具体的事件において客観的法秩序の維持に貢献すると理解することが可能である。この点において，複数の競合する主観的および客観的な訴訟目

---

[20] つぎの文献を参照のこと。*Carrington*, The American Tradition of Private Law Enforcement, in: Bitburger Gespräche 2003, S. 33 ff.; *Stürner*, Markt und Wettbewerb über alles?, 2007, S. 123 ff.; *ders.*, Duties of Disclosure and Burden of Proof in the Private Enforcement of Competition Law, in: Basedow (Hrsg.), Private Enforcement of Competition Law, 2007, S. 163 ff.; *Bruns*, Private Enforcement of Competition Law: Evidence, in: Basedow/Terhechte/Tichý (Hrsg.), Private Enforcement of Competition Law, 2012, S. 127.

的論を認める見解は新しいものではなく，民事訴訟法に固有な現象であり，また，この考えは，たとえば，すでに 20 世紀初頭のドイツ民事訴訟法理論に見出すことができる[21]。しかし，アメリカのモデルは，このような論理的に自明な関係性を越えている。なぜならば，この考えによると，民事訴訟は，── 少なくとも部分的には ── 個人の権利と客観的法秩序を同時に実現させることを意識的に出発点にしているからである。このことは，必ずしもすべての場合に当てはまるものではないが，裁判所に係属している紛争の多くについて特徴的である。この基本的な考えは，他の方法では実現できないであろう原告の実体法上の請求権を，裁判所で決然と追求することを原告に促すよう動機づけ，それを通じて公的利益を維持，貫徹するというものである。このことを通じて，訴訟は，広い意味において，社会的制御の一つの手段となる。その重要な例として，刑事損害賠償（懲罰的損害賠償）または重畳的賠償（二倍・三倍賠償）を利用することがあげられるが，これらは原告および原告代理人にとって魅力的であるし，また，クラス・アクションまたはグループ・アクションが認められれば，多数の少額債権を束ねることで多大な訴訟上の影響力を行使することができる。そして，これらを通じて，同時に客観的な法準則の貫徹が促進される。また，公民権訴訟も，民事訴訟の目的としての私人による法の実現の根拠を支える。まず私人による法の実現を根拠におく訴訟法体系は，官公署による公的利益の実現については，むしろ抑制的であるのが通常である。私人による法の実現は，訴訟目的は一つであるとする法体系の例なのか，それとも，目的論は実際上複数混在しているのかは，論じるときりがない。最終的には，二つの訴訟目的の混合として位置づけるのが適切である。

2 紛 争 解 決

　現代において，権利実現のモデルと対照的であるのは，民事訴訟は紛争解決を目的としているとする考えである。アメリカ合衆国においても，また，ヨーロッパにおいても有力であるトレンドは[22]，広範囲に代替的紛争解決の手段を

---

(21) *Kisch*, Beiträge zur Urteilslehre, 1903, S. 1（二重の目的）; *de Boor*, Der Begriff der actio im deutschen und italienischen Prozeßrecht, in: Festschrift Boehmer, 1954, S. 99, 107; *Gaul*, AcP 168（1968）, S. 27, 46 f.

(22) たとえば，つぎを参照のこと。Directive 2013/11/EU of the European Parliament

38 民事訴訟の主たる目的としての権利実現〔アレキサンダー・ブルンス〕

取り入れ，強固なものにしてきたが，民事訴訟それ自体もまた第一に紛争解決を目的としていたのではないのかという考えが容易に生じる。たしかに，いわゆる ADR の発展はアメリカ合衆国に端を発したが[23]，民事訴訟の主たる目的としての紛争解決という考えは，1970 年代半ばにドイツでも賛同者がいた[24]。日本では，通説は，第二次大戦後今日に至るまで民事訴訟の主たる目的を紛争解決とみなしてきた（兼子一，小山昇，三ケ月章など）[25]。ドイツでは，このような手続の理解は，——すでに述べたように——学説および判例において多数を占めてはこなかった。

　アメリカ合衆国では，この点は，少なくとも不明確であるし，また一部では議論がなされている。連邦民事訴訟法規則 1 条は，つぎのように述べている。„These rules govern the procedure in all civil actions in United States District Courts, except as stated in Rule 81. They should be construed, administered and employed by the court and the parties to secure the just, speedy and inexpensive determination of every action and proceeding.“ ドイツ語［訳者注：日本語］で訳すと，つぎのようになる。すなわち，"これらの規定は，アメリカ合衆国連邦裁判所におけるすべての民事事件に適用されるが，81 条で言及されている場合はこの限りでない。これらの規定は，あらゆる訴訟および手続が適切，迅速かつ低廉な費用で終結するように，裁判所および両当事者によって解釈，運営，そして関与がなされなければならない。""終結する（Erledigung; determination）"という概念の伝統的な定義は，"とくに裁判所の判決を通じた紛争の処理および終了"を含むものであり，それによって紛争解決が民事訴訟の主たる目的であることの根拠を与えていた。フリーデンター

---

　　　and of the Council of 21 May 2013 on alternative dispute resolution for consumer disputes and amending Regulation (EC) No 2006/2004 and Directive 2009/22/EC (Directive on consumer ADR), (ABl. Nr. L 165 S. 63).

[23]　*Carrington*, ADR and the Future of Adjudication: A Primer on Dispute Resolution, 15 Rev. Litig. 485 (1996); *Hensler*, Our Courts, Ourselves: How the Alternative Dispute Resolutions Movement is Re-Shaping our Legal System, 108 Penn State Law Review 165 (2003).

[24]　*Kern/Wolf*, Gerichtsverfassungsrecht, 5. Aufl. 1975, S. 23 ff.

[25]　*Hajime Kaneko*, Minji Soshôhô no Shuppatsuten ni Tachikaette, in Minjihô Kenkyu, Vol. 1, 1950, pp. 475 ff. (法の実現から紛争解決へと見解の変更をともなう); *Noburo Koyama*, Minji Soshôhô, 5th ed. 1989, p. 4; *Akira Mikazuki*, Minji Soshôhô, 1959, pp. 4 ss.

Ⅱ　基本的立場

ル，ケイン＆ミラー（*Friedenthal, Kane & Miller*）による著名な教科書の説明で
は，各々の訴訟法体系におけるほとんどの民事訴訟規定の目的は，真実発見の
達成，および，正当で，効率的かつ経済的な私法上の紛争解決の達成をもたら
す公正な手続を用意することにあるとされる[26]。ジェームス，ハザード＆ルー
ブスドルフ（*James, Hazard & Leubsdorf*）は，訴訟の目的について，権利実現
に直接基づく紛争解決であると述べる[27]。その際，私法上の紛争の適正な解決
は，権利実現なくしては不可能であることを明確にしておかなくてはならない。
アメリカ合衆国連邦憲法は，修正 5 条および修正 14 条において，適正な紛争
解決という意味におけるデュー・プロセスを保障するだけではなく，訴訟によ
る実体権の実現を求める権利を，平等な権利保護の付与を各州に義務付ける修
正 14 条（平等保護条項）を通じて保障している。さらに，修正 7 条は，連邦裁
判所に対して，訴額が 20 ドルを超えるすべてのコモン・ロー上の訴訟につい
て，陪審裁判の実施および拘束力のある判決を求める権利を保障している。し
かし，権利を考慮せずに紛争解決が実現されるとする場合には，この憲法によ
る保障（Verfassungsgarantieren）は，ほとんど意味をなさないであろう。した
がって，たんなる紛争解決に終始し，裁判所による権利の審理と確定を中心に
置かないモデルは，アメリカ合衆国連邦憲法に適合するのは困難であろう。ア
メリカ合衆国での権利実現は，非常に多くの訴訟が陪審または裁判官による判
断なしに行われている。和解，仲裁または ADR は，紛争解決の有力な手段で
ある。しばしば和解交渉が言及され，そしてこの和解交渉は陪審を背後に控え
て行われるにもかかわらず，この非争訟的な紛争解決形態が多く用いられてい
ることが，民事訴訟の性質とその主たる目的に影響を及ぼし得ることになる。
いずれにしても，権利実現 —— 個人の権利保護という意味にせよ，客観的法秩
序の実証の形をとるにせよ —— は，アメリカ合衆国民事訴訟法においては，
ヨーロッパ大陸におけるのと同様の支配的立場を得てはいないことは明らかで
ある。

---

[26]　*Friedenthal/Kane/Miller*, Civil Procedure, 5th ed. 2015, p. 1.

[27]　*James/Hazard/Leubsdorf*, Civil Procedure, 5th ed. 2001, p. 2.

867

38 民事訴訟の主たる目的としての権利実現〔アレキサンダー・ブルンス〕

3 その他競合する基本的立場

a) 法 的 平 和

民事訴訟の主たる目的に関する，その他の競合する基本的立場の中では，法的平和が若干の支持を得ている[28]。形式的かつ実体的に確定した終局判決は，法的平和の表明とみなされることに異論はない。このことは，正当な民事判決について妥当するだけではなく，確定した誤判についても妥当する。それにもかかわらず，法的平和を唯一，あるいは少なくとも優先的な民事訴訟の目的として取り上げることに対して，広範な支持を見出すことはできない。このアプローチに対して判例および学説が躊躇するのは，客観的法秩序の維持を訴訟の主たる目的とする目的論を否定するのと同じ根拠が，結局のところ受け入れられているからである[29]。さらに，実際には非常に例外的にしか生じない確定した誤判を，客観的な訴訟目的理論の重要な証しとすることは，説得的でない。原告に有利な正当な民事判決が，典型的には権利を実現させる。したがって，法的平和の達成は，正当にも主たる訴訟目的とみなすことはできない。

b) 法的安定性

拘束力のある裁判所の判断が，法的安定性をもたらすことに疑いはない。したがって，法的安定性の獲得が民事訴訟の優先的な目的であるとすることに，多くの学説は賛同している[30]。この基本的立場は，民事訴訟の主たる目的として法的平和を掲げる前述の学説と直接関連性があり，そして，法的平和に対するのと同様の反論が —— 類推して —— 見いだされる。法的安定性は，当然ながら，拘束力のある裁判所の判決の結果であり，そのことは，たとえば，既判力論ないしは，アングロ・アメリカ法圏での res judicata 理論や請求排除効 (*claim preclusion*) および争点排除効 (*issue preclusion*) に現れている。しかし，法的安定性は個人の権利義務について裁判所が審理し，確定させることで生ずる重要な副次的効果であるにもかかわらず，この法的安定性の理論は学説上賛同者が少ない。

---

[28] たとえば，つぎの文献を参照のこと。*Schönke*, Das Rechtsschutzbedürfnis, 1950, S. 11, 13; *Sax* ZZP 67 (1954), S. 21 ff.

[29] 上記 sub II. 1. b) を参照のこと。

[30] *Degenkolb*, Beiträge zum Zivilprozess, 1905, S. 25/26〔[法的] 平和維持のための権利確認〕; *Böhm*, Bewegliches System und Prozesszwecke, in: Bydlinski et al. (ed.), Das bewegliche System im geltenden und künftigen Recht, 1986, S. 211 ff.

Ⅱ　基本的立場

c）法の育成，法の発展および法の創造

同様に，法の育成，法の発展および法の創造が，訴訟の目的となりうるものして議論されている[31]。この見解は，まず，判例法システムを有するアングロ・アメリカ法圏において登場したが，そこでは，イギリス，そして部分的にはアメリカ合衆国におけるように，裁判所の判決は法源として完全に承認されている。しかし，ヨーロッパ大陸の民事法および民事訴訟法もまた，裁判所による制定法に対する法の育成と継続的発展なくして，長くは続くものではない。法律上のルールを正確に描き説明する裁判所による判決は，法典化された法秩序の発展にとって重要な要素である[32]。さらに，控訴審判決，そして，とくに最上級裁判所による上告審判決は，類推や法の継続形成という方法によって，法的基準の発展に向けて重要な貢献をなす。したがって，法の育成，法の発展および法の創造が，一般的には上訴手続の目的として，またとくに上告の目的としてみなされるのは，もっともなことである。しかし，これだけが，民事訴訟の主たる目的のすべてとして位置づけられるのではない。

d）社会的制御と福祉

社会的制御を訴訟の目的とみなす基本的立場は，ある程度，私人による法の実現という考えと結びついている。すなわち，私人による法の実現が公的利益を実現させることに貢献するならば，最終的には，社会的制御が問題となる[33]。しかし，社会的制御を訴訟目的に掲げるアプローチは，決してアングロ・アメリカ法圏に限定されるものではない。むしろそれとは正反対に，社会的制御の基本原則は，別の理論的根拠とともにではあるが，ヨーロッパ大陸法の訴訟法でも表明されている。最も著名かつ重要な例は，すでに 1901 年に民事訴訟を社会福祉の制度として位置づけていた，フランツ・クライン（*Franz Klein*）の手によるオーストリア民事訴訟法典である[34]。クラインは，不活発な裁判官が社会的弱者である当事者に不利益をもたらしているとの確信に基づき，私的自

---

(31)　RGZ 95, 310, 313; *Lames*, Rechtsfortbildung als Prozesszweck, 1993, S. 1 ff., 131 ff.; *Maultzsch* Streitentscheidung und Normbildung durch den Zivilprozess, 2010.

(32)　*Pawlowski* ZZP 80 (1967), S. 345, 363 ff.（権利の具体化）.

(33)　上記 sub II.1.c)を参照のこと。

(34)　*Klein*, Zeit- und Geistesströmungen im Prozesse (Vortrag 1901), in: Reden, Vorträge, Aufsätze, Briefe, Bd. 1, 1927, S. 117, 134.

869

38 民事訴訟の主たる目的としての権利実現〔アレキサンダー・ブルンス〕

治の原則を批判した[35]。そして，クラインは，事実の確定に際して，両当事者と共同作業をすることを裁判官に認めなければならない，との見解を主張した[36]。そして，そのような構造の民事訴訟は糾問主義的性質を有するとの見解にクラインは反論し，また，とくに，裁判官自身が事実を訴訟に提出し，いずれの当事者も知らない証人を尋問する権限を裁判官が有することを求めた[37]。さらに注目すべきことに，クラインは，重要な書類の提出を相手方当事者に求めることができる権利を，双方の当事者が有すべきであると主張した[38]。

　ドイツでは，民事訴訟は，社会的に不利な人々を保護するという意味における社会的制御に貢献するという考えが，とくに1970年代に盛んに議論され，また，社会的思想の所産として重大な影響力を有した[39]。処分権主義および提出原則によって形成された手続は，裁判所と当事者の共同作業に基づいて達成される強固なモデルに形を変え，また，民事訴訟は社会的の弱者を保護することが求められた。この見解は，フランツ・クラインの訴訟目的理論を想起させるものであるが，最終的には，立法および学説はこの基本的立場を取り入れなかった。しかし，それにもかかわらず，たとえば，民事訴訟法典中の訴訟救助に関する規定において，ドイツ民事訴訟法が社会的要素を有していることには疑いがない。さらに，2002年の民事訴訟法改革は，文書および検証物の提出を当事者に課する裁判所の権能を強化したが（民事訴訟法142条，144条），このことは，ある程度，フランツ・クラインおよび社会的民事訴訟の賛同者によって追求された基本的考えに沿うものである。もっとも，このことは，立法者が権利実現という民事訴訟の基礎となる目的を放棄したことを意味するものではない。

　e）効率的な資源配分

　社会生活のさまざまな領域で経済性が強調される現代のトレンドの結果，お

---

[35]　*Klein*, Pro Futuro, Betrachtungen über Probleme der Civilproceßreform in Oesterreich, 1891, S. 10, 19.

[36]　*Klein*（Fn. 35）, S. 23.

[37]　*Klein*（Fn. 35）, S. 34 f.

[38]　*Klein*（Fn. 35）, S. 49.

[39]　概観を提供するものとして，つぎの文献を参照のこと。*Leipold*, Sozialer Zivilprozess, Prozessmaximen und Prozessgrundrechte, in: Stürner/Bruns（eds.）, Globalisierung und Sozialstaatsprinzip, 2014, S. 235 ff., 240 f.

870

もにイギリスおよびアメリカ合衆国に端を発する法の経済的分析が，民事実体法のみならず民事訴訟法においても用いられている[40]。古典的な経済分析は，法秩序が効率的な資源分配を生じさせるのか否か，生じさせるならばどの程度なのかを調べた。いわゆる法の規範的経済分析は，社会全体の福祉の利益のために，資源分配の最適化を目指している[41]。その結果，規範に関する経済分析は，経済理論に基づいて法律のルールを説明した。純粋な経済分析は，法を，たんに最適な資源分配達成のための手段とみなしている。法の規範的経済分析によれば，効率性を主たる訴訟目的に高めることが，論理的に一貫することとなろう。興味深いことに，法の規範的分析もまた社会的制御の一般目的を追求している。しかし，アメリカ合衆国での私人による法の実現や社会的制御とは反対に，この考えは，一般的な公的利益や社会福祉の理想によって動機づけられているわけではなく，もっぱら経済的な利益衡量が支配している。もちろん，公の経済的福祉を強調することによって，権利実現の重要性は後退する。訴訟法を形成するに際して，訴訟経済が本質的な要素であるとしても，効率性を民事訴訟法の主たる目的にまで高める目的論的な基本原則は，権利の効率的な実現という意味において憲法上の司法保護を結局のところほとんど正当に評価していない[42]。

f）訴訟による個人の利益保護

訴訟の主たる目的を新たに確定させる最近の試みについて，ヨアヒム・ミュンヒ（*Joachim Münch*）は，訴訟による個人の利益保護という考えを展開した[43]。この新しいアプローチは，なぜ実体権の存在が民事訴訟による権利保護の必要条件ではないのかを説明することを可能にする。確認判決および請求棄却判決は，このモデルと難なく整合する。さらに，裁判所による判決の代わりに手続的要素を強調することで，仲裁，訴訟上の和解および代替的紛争解決への道が用意される。一見すると，この新しいフレーズは，完璧なジンテーゼを導き出したように思われる。しかし，詳細に検討すると，疑問が出てくる。第一に，

---

[40] ドイツの観点については，つぎの文献を参照のこと。*Bruns*, ZZP 124（2011），S. 29 ff.

[41] *Bruns*（Fn. 40），S. 29, 31 ff.

[42] *Bruns*（Fn. 40），S. 29, 33 f.

[43] *Münch*, Grundfragen des Zivilprozesses, in: Bruns/Münch/Stadler（eds.），Die Zukunft des Zivilprozesses, 2014, S. 5 ff., 36 ff.

目的論に関するこの革新的な試みは，比較的広いアプローチを考えている。そうすると，なぜ，民事訴訟は，法秩序によって承認されていない個人の利益の保護に貢献すべきなのかという疑問が生ずる。第二に，訴訟上の保護を訴訟上の和解，仲裁およびメディエーションにまで拡張することには疑問がある。なぜならば，実体法および法的に保護された利益からは相当程度離れた利益を保護する紛争解決の方式（Formen）を問題にしているからである。そして，これらの手続上の保護は，古典的民事訴訟における裁判所を通じた紛争事案の審理と判決に比べて，大きく制限されているのである。

Ⅲ　推奨に値する民事訴訟の主たる目的の決定

　訴訟目的理論の分析によって，民事訴訟の目的を決定するための基本アプローチが広範囲にわたることが明らかになった。主たる目的は，法的，政治的または社会的システムによって，異なって定義づけることができる。すべての法秩序と法体系について統一的な一つの訴訟目的論を定めることは不可能であるため，どの訴訟目的が推奨に値するのかという問題が生じる。これらの基本モデルは，一方では，権利実現という考えという点で，そして他方では，紛争解決といった客観的目標を強調する体系，効率的な資源分配または社会福祉という点で分かれる。後者のグループが“法的ではない”と分類しうるのか否か，分類しうるならばどの範囲なのかは，答えることはできない。なぜならば，紛争解決，効率性および社会福祉もまた，賢明な立法作業の結果だからである。しかし，中心となるのは，紛争解決，経済および社会福祉が前面に出た権利実現ではないことは確かである。民主的な法治国家においては，好ましい政治的目標が立法を通じて達成されるのは自明である。したがって，現代民主主義における権利実現は，たんなる紛争解決よりも，より一層説得的なアプローチである。紛争解決により一層重心を置けば置くほど，実体権の実現からは遠ざかることになる。和解，仲裁およびメディエーションに重きを置けば，最終的には，裁判所による厳格な権利の貫徹を弱体化させることになる。

　第二の重要な区別は，権利貫徹と公益実現という二つの分類方法である。民事訴訟において第一に権利実現が重要であることが民主的法治国家において明白であるならば，たんに客観的法秩序が実現されるか，または民事訴訟の目的

論が権利の実現に向けられているのか議論することができる。自由主義，個人の自由，および個人の権利という理想によって特徴付けられた法体系においては，権利の実現は，つぎのような国家機構，すなわち，共同体，相互主義および個人の順応という思想によって強力に影響を受ける法文化を伴う国家機構におけるよりも，より大きな役割を果たす。ある訴訟法体系が，民事訴訟の目的論について，権利の実現と法の実証の調和を実現させるのかは，かなりの程度，行政機関の効率性に対する信頼にもかかっている。強力かつ効率的な行政組織は，民事訴訟体系を，公的利益に奉仕する任務から解放する。他方，私人による法の実現は，行政機関が脆弱である場合，公的利益の実現のために望ましい手段である。しかし，このことは，公的利益が，公法という手段によってよりよく達成され，またそのことが入念な事実分析に基づいて，かつ，イデオロギー的確信という基準によらずに判断される場合には当てはまらない。

Ⅳ　まとめ

1　民事訴訟の主たる目的の確定は，あらゆる民事訴訟法体系の適切かつ論理的な形成，解釈および将来への発展にとって基本となる要件である。

2　比較法的観点からすると，ヨーロッパ大陸では，個人の権利の実現が民事訴訟の目的として有力である。アメリカ合衆国の民事訴訟法モデルは，私人による法の実現という方法によって，権利および公的利益の実現という二つに分かれたアプローチを採っている。

3　目的論として紛争解決を主に掲げる訴訟法モデルでは，権利実現を主たる目的とする訴訟法体系におけるよりも，実体権の実現の重要性は低い。和解，仲裁およびメディエーションを強調することは，裁判所の判決に基づいた法の貫徹を中心に据えるモデルよりも，規範から乖離した法体系に行き着く。

4　法的平和，法的安定性，［法の発展に向けた］育成，法的基準の発展および創造，社会的制御および社会福祉または効率性は，訴訟の目的として，権利実現や紛争解決と競合しうるものであるが，現代民事訴訟においては，これらは訴訟の目的として非常に限られた意味しかない。

5　新しい試みは，民事手続に関する競合する複数の目的を一つの統合的概念で融合しようとするものであり，この概念は訴訟による利益保護を民事訴訟

38 民事訴訟の主たる目的としての権利実現〔アレキサンダー・ブルンス〕

の主たる目的にまで高めたものである。この試みは，たとえば，一面では，権利実現ないし法秩序の実証，他面では紛争解決の区別の重要性を過小評価してしまうことにつながる。

　6　主要な民事訴訟法体系の目的論は，部分的に著しく相違している。民主主義的法治国家では，主に法の貫徹のために民事訴訟を設定することが推奨に値する。民事訴訟の主たる目的として権利実現がとくに推奨に値するのは，法体系が個人の自由および権利に基づく場合である。民事訴訟の目的として公的利益の保護が重要性を有するのか，有するとした場合にどの程度重要なのかは，本質的に公的機関の能力と効率性にかかっている。

春日偉知郎先生 略歴

1949 年 (昭和 24 年)	3 月	新潟県高田市(現・上越市)にて出生
1967 年 (昭和 42 年)	4 月	中央大学法学部法律学科入学
1971 年 (昭和 46 年)	3 月	同卒業
	4 月	中央大学大学院法学研究科修士課程入学
1974 年 (昭和 49 年)	3 月	同課程修了
	4 月	一橋大学大学院法学研究科博士課程入学
1977 年 (昭和 52 年)	3 月	同課程単位取得退学
	5 月	一橋大学助手法学部
1978 年 (昭和 53 年)	3 月	同退職
	4 月	獨協大学法学部専任講師
1981 年 (昭和 56 年)	4 月	同学部助教授
1983 年 (昭和 58 年)	4 月	筑波大学助教授社会科学系

同年 6 月 1 日から大学院社会科学研究科担当

1990 年 (平成 2 年) 4 月 1 日から大学院経営・政策科学研究科担当

	9 月・10 月	ヨーロッパ各国の公証制度の研究（ドイツ連邦共和国, フランス共和国, スイス連邦, オーストリア共和国）
1984 年 (昭和 59 年)	5 月	民事訴訟法学会幹事 (1987 年 4 月まで)
1986 年 (昭和 61 年)	6 月・7 月	アメリカ合衆国及びカナダ連邦の空中権制度の研究
	9 月	アレクサンダー・フォン・フンボルト財団奨学研究員としてドイツ連邦共和国コンスタンツ大学法学部に留学 (1987 年 9 月まで)
1988 年 (昭和 63 年)	5 月	水戸弁護士会懲戒委員会委員 (1990 年 3 月まで)
1989 年 (平成 元 年)	4 月	弁理士審査会臨時委員 (特許庁) (1993 年 11 月まで)
1990 年 (平成 2 年)	2 月	水戸地方裁判所司法委員 (2015 年 9 月まで)
	4 月・5 月	在外研究（ドイツ連邦共和国コンスタンツ大学法学部）
1991 年 (平成 3 年)	10 月	民事調停委員 (2015 年 9 月まで)
1992 年 (平成 4 年)	2 月	筑波大学教授社会科学系

1997 年 (平成 9 年) 4 月 1 日から大学院経営・政策科学研究科(企業法学専攻)担当

2001 年 (平成 13 年) 4 月 1 日から大学院ビジネス科学研究科担当

春日偉知郎先生 略歴

1992 年（平成 4 年）10 月　博士(法学)（一橋大学）
1993 年（平成 5 年）5 月　民事訴訟法学会理事（雑誌担当）（1996 年 4 月まで）
1994 年（平成 6 年）11 月　茨城県公害審査会委員（2003 年 10 月まで）
1995 年（平成 7 年）1 月　法務省司法試験（第二次試験）考査委員（民事訴訟法担
　　　　　　　　　　　　　当）（2004 年まで）
　　　　　　　　　4 月　財団法人自動車製造物責任相談センター審査委員会委員
　　　　　　　　　　　　　（2005 年 3 月まで）
　　　　　　　　　6 月・7 月　在外研究（ドイツ連邦共和国フライブルク大学法
　　　　　　　　　　　　　学部客員教授）
1996 年（平成 8 年）5 月　民事訴訟法学会理事（大会担当）（1999 年 4 月まで）
1998 年（平成 10 年）7 月　工業所有権審議会臨時委員（1999 年 7 月まで）
　　　　　　　　　12 月　在外研究（ドイツ連邦共和国フライブルク大学法学部客
　　　　　　　　　　　　　員教授）
1999 年（平成 11 年）8 月　文部科学省著作権審議会専門委員（2001 年 9 月まで）
　　　　　　　　　10 月　家事調停委員（現在に至る）
2000 年（平成 12 年）4 月　カンボディア重要政策中枢支援「法制度整備」に係る民
　　　　　　　　　　　　　事訴訟法作業部会委員（2004 年 3 月まで）
　　　　　　　　　8 月　カンボディア王国における民事訴訟法の立法支援（国際
　　　　　　　　　　　　　協力事業団）のためカンボディア王国滞在
2001 年（平成 13 年）1 月　水戸家庭裁判所参与員（現在に至る）
　　　　　　　　　4 月・5 月　カンボディア王国における民事訴訟法の立法支援
　　　　　　　　　　　　　　（国際協力事業団）のためカンボディア王国滞在
　　　　　　　　　11 月　総合研究開発機構「生命倫理法研究」研究会委員（2002
　　　　　　　　　　　　　年 10 月まで）
　　　　　　　　　12 月　内閣司法制度改革推進本部労働検討会委員（2004 年 3 月
　　　　　　　　　　　　　まで）
2002 年（平成 14 年）10 月　筑波大学永年勤続者表彰
2004 年（平成 16 年）3 月　筑波大学大学院ビジネス科学研究科退職
　　　　　　　　　4 月　慶應義塾大学大学院法務研究科教授
　　　　　　　　　4 月　筑波大学名誉教授
　　　　　　　　　4 月　筑波大学大学院ビジネス科学研究科非常勤講師（2004 年
　　　　　　　　　　　　　11 月まで）
　　　　　　　　　5 月　最高裁判所民事規則制定諮問委員会臨時委員（2012 年
　　　　　　　　　　　　　11 月まで）
　　　　　　　　　11 月　弁護士登録（2013 年 6 月まで）
2005 年（平成 17 年）2 月・3 月　在外研究（ドイツ連邦共和国フライブルク大学法

春日偉知郎先生 略歴

　　　　　　　　　　　　学部客員教授)
2006 年 (平成 18 年) 2 月　法制審議会臨時委員 (電子債権法部会) (2008 年 2 月ま
　　　　　　　　　　　　　で)
2007 年 (平成 19 年) 5 月　大学評価・学位授与機構法科大学院認証評価委員会専門
　　　　　　　　　　　　　委員 (2013 年 4 月まで)
　　　　　　　　　　8 月　水戸地方裁判所委員会委員 (2011 年 7 月まで)
2008 年 (平成 20 年)10 月　カンボディア王国友好勲章叙勲 (カンボディア法制度整
　　　　　　　　　　　　　備)
　　　　　　　　　　11 月　厚生労働省中央労働委員会公益委員 (2013 年 2 月まで)
2010 年 (平成 22 年) 4 月　筑波大学大学院ビジネス科学研究科非常勤講師 (2011 年
　　　　　　　　　　　　　3 月まで)
2011 年 (平成 23 年) 2 月　連合王国及びドイツ連邦共和国における労働裁判所の実
　　　　　　　　　　　　　態調査 (中央労働委員会)
　　　　　　　　　　10 月　在外研究 (ドイツ連邦共和国フライブルク大学法学部客
　　　　　　　　　　　　　員教授)
2014 年 (平成 26 年) 3 月　慶應義塾大学大学院法務研究科定年退職
　　　　　　　　　　 4 月　関西大学大学院法務研究科教授
2019 年 (平成 31 年) 3 月　同定年退職
　　　　　　　　　　 4 月　関西大学名誉教授

877

春日偉知郎先生　業績一覧

〈単　著〉

『民事証拠法研究 —— 証拠の収集・提出と証明責任』（1991 年 7 月・有斐閣）

『民事証拠法論集 —— 情報開示・証拠収集と事案の解明』（1995 年 12 月・有斐
　閣）

『民事証拠法論 —— 民事裁判における事案解明』（2009 年 3 月・商事法務）

『比較民事手続法研究 —— 実効的権利保護のあり方』（2016 年 6 月・慶應義塾
　大学出版会）

〈共同執筆書・共編著〉

倉田卓次監修『要件事実の証明責任（債権総論）』（1986 年 7 月・西神田編集
　室）16-75 頁，157-277 頁及び 312-345 頁担当。

　　本書は，2006 年 4 月に，Takuji Kurata（Herausgeber）（Übersetzung
　von Prof.Dr.Hans-Peter Marutschke），Beweislast（Schuldrecht-Allgemein-
　er Teil）（April 2006, Japanisches Recht 41, Carl Heymannsverlag）として，
　ドイツ語で公刊されている。

園部逸夫編『注解行政事件訴訟法』（1989 年・有斐閣）75-127 頁執筆。

吉村徳重・小島武司編『注釈民事訴訟法(7)』（1995 年・有斐閣）274-322 頁執
　筆。

民事訴訟法現代語化研究会・代表三ケ月章編『各国民事訴訟法参照条文［平成
　改正準備資料 1］（日本立法資料全集別巻 34）（1995 年・信山社）115-130 頁，
　290-354 頁及び 516-580 頁担当。

吉村徳重・小島武司編『注釈民事訴訟法(7)』（1995 年・有斐閣）274-322 頁執
　筆。

鈴木正裕・鈴木重勝編『注釈民事訴訟法(8)』（1998 年・有斐閣）71-100 頁執筆。

基本法コンメンタール『新民事訴訟法 2』（1998 年・日本評論社）219-221 条
　執筆，同第 2 版（2003 年），同第 3 版（2007 年），第 3 版追補版（2012 年）
　において同様。

中野貞一郎・松浦馨・鈴木正裕編『新民事訴訟法講義』［初版］（1998 年・有

春日偉知郎先生　業績一覧

斐閣）第 3 編第 4 章「証拠調べ」の部分執筆。以後，同書第 2 版（2004 年），
第 2 版補訂版（2006 年），第 2 版補訂第 2 版（2008 年）及び第 3 版（2018
年）において同様。

吉村徳重・竹下守夫・谷口安平編『講義民事訴訟法』（2001 年・青林書院）
237-281 頁執筆。

竹下守夫先生古稀祝賀『権利実現過程の基本構造』（2002 年・有斐閣）（伊藤
眞・上原敏夫・野村秀敏と共同編集）

小島武司先生古稀祝賀『民事司法の法理と政策』（上巻）（下巻）（2008 年・商
事法務）（伊藤眞・大村雅彦・加藤新太郎・松本博之・森勇と共同編集）

『文書提出等をめぐる判例の分析と展開』（金融・商事判例増刊 1311 号）（2009
年）（西口元と共同編集）

高田裕成・三木浩一・山本克己・山本和彦『注釈民事訴訟法第 5 巻』（2015
年・有斐閣）1-29 頁執筆。

〈論　文〉

1975 年（昭和 50 年）
　「医療過誤訴訟における証明責任 —— 西ドイツの判例とその周辺」一橋論叢
　　74 巻 6 号 74-81 頁（通 638-645 頁）

1977 年（昭和 52 年）
　「証明責任論の一視点 —— 西ドイツ証明責任論からの示唆」判例タイムズ
　　350 号 97-140 頁

1979 年（昭和 54 年）
　「証明責任の分配基準」ジュリスト増刊民事訴訟法の争点 250-253 頁
　「民事訴訟における違法収集証拠の利用可能性 —— 問題提起と各国の状況紹
　　介を中心として」獨協法学 12 号 39-62 頁
　「賃貸借契約と破産」宮脇幸彦・竹下守夫編『破産・和議の基礎〔実用編〕』
　　（青林書院）128-131 頁

春日偉知郎先生　業績一覧

1980 年（昭和 55 年）

「証明妨害をめぐる近時の動向 —— 西ドイツの医療過誤訴訟における証明妨害を手掛りとして」（上）判例タイムズ 412 号 9-22 頁，（中）同 413 号 17-27 頁，（下）同 414 号 23-32 頁

「時機に後れた攻撃防禦方法の却下 —— 西ドイツ簡素化法（Vereinfachungs-novelle）の問題点」獨協法学 15 号 19-65 頁

1981 年（昭和 56 年）

「証明責任論の現状と将来」ジュリスト 731 号 145-150 頁

「録音テープの証拠調べ」新・実務民事訴訟講座第 2 巻（日本評論社）192-202 頁

1982 年（昭和 57 年）

「証拠の蒐集および提出過程における当事者行為の規律 —— 事案解明義務の要件を中心として」民事訴訟雑誌 28 号 60-109 頁

「欧州共同体裁判所手続規則」比較法雑誌 15 巻 3 号 53-114 頁

「執行証書中でなされた将来の消費貸借から生ずる支払義務の成立及びその期限到来の証明責任を免除する旨の意思表示と請求異議訴訟における『金銭の授受』の証明責任 —— ZPO 767 条，791 条 1 項 5 号，795 条」判例タイムズ 468 号 49-51 頁

「賃貸借契約と破産」宮脇幸彦・竹下守夫編『新版破産・和議法の基礎』（青林書院新社）128-131 頁

1983 年（昭和 58 年）

「自由心証主義の現代的意義」講座民事訴訟第 5 巻（弘文堂）27-62 頁

「新種証拠の証拠調べ」ジュリスト 1028 号 109-115 頁

「控訴」三ケ月章・中野貞一郎・竹下守夫編『新版・民事訴訟法演習 2』（有斐閣）110-122 頁

1984 年（昭和 59 年）

「公害訴訟における因果関係の証明と診療録の提出命令 —— 千葉川鉄カルテ

春日偉知郎先生 業績一覧

提出東京高裁決定を契機に」ジュリスト 827 号 32-38 頁

1985 年（昭和 60 年）

「破産と賃貸借」道下徹・高橋欣一編『裁判実務大系 6〔破産訴訟法〕』（青林書院）131-140 頁

「近時の公正証書に関する裁判例 —— 公証制度の実態と機能に関連させて」民事訴訟雑誌 31 号 129-215 頁（五十部豊久教授及び上原敏夫教授と共同執筆）

1986 年（昭和 61 年）

Die Regelung der Parteihandlungen in der Beweissammlung und Beweisführung — Über die Sachaufklärungspflicht der Parteien im Zivilprozess 筑波法政 9 号 307-328 頁

1987 年（昭和 62 年）

「自白」小山昇・中野貞一郎・松浦馨・竹下守夫編『演習民事訴訟法』（青林書院）470-483 頁

「行政訴訟における証明責任」南博方編『条解行政事件訴訟法』（弘文堂）254-273 頁，南博方・高橋滋・同第 2 版（2003 年）172-187 頁，同第 3 版（2006 年）201-217 頁及び同第 3 版補正版（2009 年）200-226 頁。

1988 年（昭和 63 年）

「自由心証主義」ジュリスト増刊民事訴訟法の争点〔新版〕236-239 頁

「証明責任論の方法と個別問題の解決（上）」判例タイムズ 679 号 109-122 頁

Behauptungs-und Beweislastverteilung im Bürgschafts-und Selbstschuldbürgschaftsvertrag 筑波法政 11 号 283-290 頁

1989 年（昭和 64 年・平成元年）

「表見証明」判例タイムズ 686 号 34-65 頁

「民事訴訟における証明上の基本問題」民事研修 387 号 9-28 頁

「国際民事訴訟における『司法摩擦』—— 製造物責任訴訟を例とした「ハーグ

証拠収集条約」をめぐるアメリカ合衆国と EC 諸国との司法摩擦」判例タイムズ 702 号 19-33 頁

1991 年（平成 3 年）
「ドイツ民事訴訟における『証拠保全手続』」の改正によせて」NBL474 号 12-19 頁
「請求異議訴訟における主張・証明責任」三ケ月章先生古稀祝賀『民事手続法学の革新』下巻（有斐閣）51-92 頁
「アメリカ合衆国との司法摩擦と懲罰的損害賠償訴訟」筑波法政 14 号 138-164 頁

1992 年（平成 4 年）
「ドイツ環境責任法」（村松弓彦・福田清と共著）判例タイムズ 792 号 16-41 頁

1993 年（平成 5 年）
「新種証拠の証拠調べ」ジュリスト 1028 号 109-115 頁
「鑑定人の責任」川井健先生退官記念『専門家の責任』（日本評論社）267-303 頁

1994 年（平成 6 年）
「証拠収集手続 ── 係争事実をめぐる情報の開示と証拠の収集」（上）判例タイムズ 829 号 26-38 頁，（下）別冊判例タイムズ 13 号 147-168 頁
「情報請求権 ── その実行手続と現代的意義」木川統一郎博士古稀祝賀『民事裁判の充実と促進』中巻（判例タイムズ社）159-198 頁
「製造物責任訴訟における主張・証明責任 ── 最近のドイツの判例から眺めた証明責任と証明軽減」木川統一郎編著『製造物責任の理論と実務』（成文堂）79-135 頁
「破産管財人の職務権限及び責任」判例タイムズ 830 号（破産・和議の実務と理論）80-81 頁
「製造物責任法 証明責任」ジュリスト 1051 号 29-36 頁

春日偉知郎先生 業績一覧

「製造物責任における証明責任」民事法情報 96 号 4-5 頁

1995 年（平成 7 年）

「比較法からみた損害額の認定」春日偉知郎『民事証拠法論集』（有斐閣）
141-158 頁

「証拠収集及び証拠調べにおける国際司法共助 —— 執行管轄権の視点を交え
て」中野貞一郎先生古稀祝賀『判例民事訴訟法の理論』下巻（有斐閣）
425-473 頁

「西淀川大気汚染公害訴訟（第 2-4 次）第 1 審判決における因果関係及びそ
の立証上の問題点」判例タイムズ 889 号 11-17 頁

「更生担保権の意義及び範囲」判例タイムズ 866 号（会社更生・会社整理・
特別清算の実務と理論）251-253 頁

1996 年（平成 8 年）

「民事裁判における事案解明(論)について」司法研修所論集 1996-Ⅰ（第 95
号）39-93 頁

「ドイツにおける証言心理学研究の歴史（目撃者の証言 —— 法律学と心理学
の架け橋）」現代のエスプリ 350 号 143-149 頁

「『相当な損害額』の認定」ジュリスト 1098 号 73-77 頁

「父子関係訴訟における立証問題と鑑定強制について」ジュリスト 1099 号
76-83 頁

「親子関係訴訟における鑑定強制」家族〈社会と法〉13 号 115-127 頁

「ドイツにおける仲裁法の改正動向」JCA ジャーナル 43 巻 7 号 2-6 頁

1997 年（平成 9 年）

「ドイツにおける行政庁の文書提出義務とその周辺問題 —— ドイツ行政裁判
所法を中心として」司法研修所論集 1997-Ⅰ（第 97 号）創立五十周年記
念特集号第 1 巻民事編Ⅰ 414-445 頁

「父子関係訴訟における証明問題と鑑定強制（検証協力義務）—— 最近の一事
例（東京高裁平成 7 年 1 月 30 日判決）からの示唆」法曹時報 49 巻 2 号
299-338（1-40）頁

「ドイツ仲裁手続法の『政府草案』について」判例タイムズ 924 号 20-34 頁

「オーストリア民事訴訟法概説 ──『基本原則』を中心として」『オーストリア民事訴訟法典』（法務資料第 456 号）1-11 頁

1998 年（平成 10 年）

「民事訴訟における審理の基本原則」ジュリスト増刊民事訴訟法の争点 ［第 3 版］156-159 頁

「新民事訴訟法の概要について ── 集中審理の担い手としての裁判所書記官の職務権限」書記官研修所報 43 号 1-27 頁

1999 年（平成 11 年）

「証言拒絶権」竹下守夫編集代表『講座民事訴訟法 II』（弘文堂）123-157 頁

「特許権侵害訴訟における損害額の認定 ── 民事手続法の観点から」ジュリスト 1162 号 43-48 頁

「ドイツの新仲裁法について」（上）JCA ジャーナル 46 巻 7 号 12-21 頁，（下）同 46 巻 8 号 28-35 頁

「否認権行使と保全処分」松浦馨・伊藤眞編著『倒産手続と保全処分』（有斐閣）281-295 頁

2000 年（平成 12 年）

「『渉外民事訴訟ルール草案』」に対するヨーロッパ側の反応 ── シュテュルナー鑑定意見の翻訳」（上）国際商事法務 28 巻 3 号 281-289 頁，（下）同 28 巻 4 号 407-412 頁

2001 年（平成 13 年）

「ドイツにおける弁護士責任訴訟の一端 ── 証明責任とその軽減可能性をめぐる判例から」『企業法学の研究』（筑波大学大学院企業法学専攻十周年記念論集）（信山社）263-294 頁

2002 年（平成 14 年）

「第三者異議訴訟における事案解明 ── ドイツ法における訴え提起前の情報

提供義務に即して」竹下守夫先生古稀祝賀『権利実現過程の基本構造』
（有斐閣）55-77 頁

「ドイツの『独立証拠調べ』について」NBL740 号 33-47 頁

「民事裁判における事実・証拠の収集」判例タイムズ 1098 号 14-16 頁

「送達（送達条約 10 条 a による直接郵便送達）『新・裁判実務大系』第 3 巻
国際民事訴訟法（財産法関係）（青林書院）343-350 頁

「鑑定人の民事責任 —— ドイツの最近の様子を中心として」石川明先生古稀
祝賀『現代社会における民事手続法の展開』下巻（商事法務）3-28 頁

「即時抗告をめぐる諸問題」判例タイムズ 1100 号 578-579 頁

「抗告審における不利益変更禁止の原則の適用の有無」判例タイムズ 1100 号
580-581 頁

2004 年（平成 16 年）

「ヨーロッパ債務名義創設法 —— 争いのない債権に関するヨーロッパ債務名
義の創設のための欧州議会及び理事会の規則（2004 年 4 月 21 日）につい
て」国際商事法務 32 巻 10 号 1331-1342 頁

「ヨーロッパ証拠法（「民事又は商事事件における証拠収集に関する EU 加盟
各国の裁判所間の協力に関する EU 規則（2001 年 5 月 28 日)」）につい
て」判例タイムズ 1134 号 36-47 頁

「続・ヨーロッパ証拠法（「EU 加盟各国における民事又は商事事件について
の域外証拠収集に関する共同体の実施法」）について」判例タイムズ 1140
号 49-54 頁

2006 年（平成 18 年）

「『民事裁判における事実認定と事案解明』点描 —— 若干の事例と理論の変遷
に沿って」『融合する法律学』（筑波大学大学院創設記念・筑波大学大学院
創設記念・企業法学専攻創設 15 周年記念）上巻（信山社）505-524 頁

「事案解明義務 —— 伊方原発訴訟上告審判決（最高裁平成 4 年 10 月 29 日第
1 小法廷判決）に即して」ジュリスト増刊『[判例から学ぶ]民事事実認
定』96-100 頁

2007 年（平成 19 年）

「民事裁判における秘密保護（非公開審理）── 秘密保護の手続の概要と根拠づけを中心として」川井健先生傘寿記念論文集『取引法の変容と新たな展開』（日本評論社）358-382 頁

「ドイツ仲裁法とその波及」仲裁と ADR2 号 1-15 頁

2008 年（平成 20 年）

「民事裁判における情報・証拠の開示と保護 ── 問題状況と主張・立証過程における開示」民事訴訟雑誌 54 号 82-95 頁

「ドイツの判例から見た『同意なくして行われた DNA 鑑定』の人事訴訟における利用限界 ── 違法収集証拠の利用禁止と個人情報をめぐる自己決定権」小島武司先生古稀祝賀『民事司法の法理と政策』上巻（商事法務）271-304 頁

「オーストリア新仲裁法について」井上治典先生追悼論文集『民事紛争と手続理論の現在』（法律文化社）601-625 頁

「『要件事実及びその証明責任』の機能」点描 ── 消費者法要件事実研究会に参加して」法科大学院要件事実教育研究所報 6 号 112-120 頁

「要件事実の証明責任と事案解明 ── 学納金返還請求訴訟を題材として」法学セミナー 647 号 28-32 頁

「EU 民事司法」庄司克宏編『EU 法（実務編）』（岩波書店）255-272 頁

2009 年（平成 21 年）

「証拠法の国際調和 ── 現在の試みと将来に向けた試み」民事訴訟雑誌 55 号 1-27 頁

「口頭弁論の意義と必要性」民事訴訟法の争点（新・法律学の争点シリーズ 4）156-157 頁

2010 年（平成 22 年）

「ドイツにおける行政庁の文書提出義務とその審理 ── 行政裁判所法におけるインカメラ手続を中心として」法学研究 83 巻 1 号 183-209 頁

「行政訴訟における情報の偏在と解消可能性」法律時報 83 巻 2 号 40-46 頁

春日偉知郎先生 業績一覧

2011 年（平成 23 年）

「執行免除（Vollstreckungsimmunität）をめぐるドイツの様相 —— 執行免除及び免除事由の証明責任」慶應法学 19 号 215-228 頁

「インカメラ手続による秘密保護の新たな展開 —— ドイツにおける模索とわが法への示唆」判例タイムズ 1343 号 64-85 頁

2012 年（平成 24 年）

「ドイツ民事訴訟法概説」『ドイツ民事訴訟法典（2011 年 12 月 22 日現在)』（法務資料第 462 号）1-20 頁

「『要件事実の機能と事案の解明』についてのコメント」法科大学院要件事実教育研究所報第 10 号 180-185 頁

2013 年（平成 25 年）

Sachaufklärung und Geheimnisschutz im Zivilprozess — Die Entwicklung der Diskussion und die akutuelle Situation in japan —, Festschrift für Rolf Stürner zum 70. Geburtstag, 2. Teilband, S. 1571-1580.

2014 年（平成 26 年）

「医師責任訴訟における法律上の推定規定の意義 —— ドイツ民法 630h 条の推定規定を契機として」栂善夫先生・遠藤賢治先生古稀祝賀『民事手続における法と実践』（成文堂）395-434 頁

「独立証拠手続の最前線 —— 判例からみた『訴訟前の解明に係る法的利益』」河野先生古稀祝賀『民事手続法の比較法的・歴史的研究』（慈学社）45-73 頁

「欧州連合（EU）における民事司法の最前線 —— EU 証拠規則をめぐる EU 裁判所の先決裁定」『民事手続法の現代的機能』（信山社）519-539 頁

2015 年（平成 27 年）

「弁護士責任訴訟における証明問題への対応 —— ドイツ連邦通常裁判所の判例に則して」伊藤眞先生古稀祝賀論文集『民事手続の現代的使命』（有斐

閣）183-210 頁

「欧州連合（EU）における民事手続法の基本構造 ── 全体の枠組みと各規則の要点」『欧州連合（EU）民事手続法』（法務資料 464 号）1-45 頁

「ドイツにおける法曹倫理」日本法律家協会編『法曹倫理』（商事法務）245-261 頁

2016 年（平成 28 年）

「スイス連邦民事訴訟法における証拠調べと秘密保護をめぐる規律 ── 証拠調べにおける協力義務と秘密保護との交錯」『比較民事手続法研究』（慶應義塾大学出版会）73-110 頁

「ドイツの民事訴訟における文書の提出義務」松本博之先生古稀祝賀論文集『民事手続法制の展開と手続原則』（弘文堂）413-431 頁

2017 年（平成 29 年）

「証拠調べにおける当事者の支配（Parteiherrschaft）と裁判官の権能（Richtermacht）」上野泰男先生古稀祝賀記念論文集『現代民事手続の法理』（弘文堂）163-184 頁

2018 年（平成 30 年）

「ドイツ仲裁協会の『仲裁規則（DIS-Schiedsgerichtsordnung）』の改正（2018 年 3 月 1 日施行）について」NBL.1133 号 38-49 頁

〈**翻訳書等**〉

ロルフ・シュテュルナー著『国際司法摩擦』（1992 年 9 月・商事法務研究会）

『オーストリア民事訴訟法典（1995 年 3 月 15 日現在）』（1997 年，3 月・法務資料第 456 号・法務大臣官房司法法制調査部）（青山善充・河野正憲・上原敏夫・山本克己・高田裕成・吉野正三郎・小川秀樹との共訳）

仲裁法制研究会編『世界の仲裁法規』（別冊 NBL78 号）（2003 年）におけるドイツ，スイス，オーストリア及びロシアの仲裁法の翻訳及び概説。

『ドイツ民事訴訟法典（2011 年 12 月 22 日現在）』（2012 年 3 月，法務資料第 462 号・法務省大臣官房司法法制部）（三上威彦との共訳）

春日偉知郎先生　業績一覧

『欧州連合（EU）民事手続法』（2015 年，法務資料第 464 号・法務大臣官房司法法制部）

ディーター・ライポルト「民事訴訟における証明度と証明責任──1984 年 6 月 27 日ベルリン法律家協会での講演」判例タイムズ 562 号（1985 年）39-51 頁（後に，ディーター・ライポルド著/松本博之編訳『実効的権利保護──訴訟による訴訟における権利保護』（2009 年・信山社）に所収）

ロルフ・シュテュルナー「ヨーロッパにおける仮の権利保護」竹下守夫先生古稀祝賀『権利実現過程の基本構造』（2002 年）405-434 頁

ロルフ・シュテュルナー「国際民事訴訟原則（Principles of Transnational Civil Procedure）──その最も重要な根幹について」法学研究 82 巻 4 号（2009 年）115-139 頁

〈判例研究等〉

1976 年（昭和 51 年）

医師が化膿性髄膜炎の治療としてしたルンバールの施術とその後の発作等及びこれに続く病変との因果関係を否定したのが経験則に反するとされた事例（最高裁第二小法廷昭和 50 年 10 月 24 日判決民集 29 巻 9 号 1417 頁）（川井健と共同執筆）判例タイムズ 330 号

1978 年（昭和 53 年）

書証の成立の真正についての自白の裁判所に対する拘束力（最高裁第二小法廷昭和 52 年 4 月 15 日判決民集 31 巻 3 号 371 頁）民商法雑誌 78 巻 4 号

コンピューター用磁気テープは民訴法 312 条にいう文書（準文書）にあたるとしてその提出を命じた事例─多奈川火力訴訟文書提出命令抗告審決定─（大阪高裁昭和 53 年 3 月 6 日決定判例タイムズ 359 号 194 頁）判例タイムズ 362 号

1979 年（昭和 54 年）

話者の同意なくしてなされた録音テープの証拠能力（東京高裁昭和 53 年 7 月 15 日判決判例タイムズ 362 号 241 頁判例タイムズ 367 号

有益費償還請求における支出額・増加現存額の主張・立証責任（大阪高裁昭和53年4月12日判決判例時報902号70頁）判例タイムズ390号

1980年（昭和55年）
コンピューター用磁気テープの閲覧・謄写の拒否（大阪高裁昭54年2月26日決定高民集32巻1号24頁）判例タイムズ411号

1982年（昭和57年）
国の国家公務員に対する安全配慮義務違反を理由とする損害賠償請求と右義務違反の事実に関する主張・立証責任（最高裁第二小法廷昭和56年2月16日判決民集35巻1号56頁）判例タイムズ472号

1992年（平成4年）
文書の原本ではなく写しそれ自体とする趣旨で写しそれ自体を提出して行われる書証の申出（東京地裁平成2年10月5日判決判例時報1364号3頁）私法判例リマークス4号

1993年（平成5年）
訴状の有効な送達がなく判決が確定した場合の再審事由（最高裁第一小法廷平成4年9月10日判決民集46巻6号553頁）金融法務事情1364号

1995年（平成7年）
配当表に記載されていない者と配当異議の訴えの原告適格（最高裁第一小法廷平成6年7月14日判決民集48巻5号1109頁）金融法務事情1428号

1996年（平成8年）
西淀川大気汚染公害訴訟（第2-4次）第1審判決における因果関係及びその立証上の問題点（大阪地裁平成3年3月29日判決判例時報1383号22頁）判例タイムズ889号
第三者の申立てに係る不動産競売手続において抵当権者が債権の一部に対する配当を受けたことと右債権の残部についての時効の中断（最高裁第一小

春日偉知郎先生　業績一覧

　　法廷平成8年3月28日判決民集50巻4号1172頁）法学教室193号

2000年（平成12年）

　相続回復請求権の消滅時効を援用しようとする者が立証すべき事項（最高裁
　　第一小法廷平成11年7月19日判決民集53巻6号1138頁）私法判例リ
　　マークス21号

2003年（平成15年）

　藁の上からの養子として虚偽の出生届をした戸籍上の母が提起した親子関係
　　不存在確認の訴えの適否（東京高裁平成14年1月16日家裁月報54巻11
　　号37頁）ジュリスト1246号

2005年（平成17年）

　一時金による損害賠償の支払いの申立てに対して定期金による支払いを命ず
　　ることの可否（東京高裁平成15年7月29日判決判例時報1838号69頁）
　　法学研究78巻3号

2006年（平成18年）

　刑訴法47条所定の「訴訟に関する書類」に該当する文書につき民訴法220
　　条3号所定のいわゆる法律関係文書に該当するとして提出を命ずることの
　　可否（最高裁第三小法廷平成16年5月25日決定民集58巻5号1135頁）
　　法学研究78巻8号

　捜索差押許可状・捜索差押令状請求書に対す文書提出命令（最高裁第二小法
　　廷平成17年7月22日決定民集59巻6号1837頁）ジュリスト1313号

2007年（平成19年）

　法務省が外務省を通じて外国公機関に照会を行った際に外務省に交付した依
　　頼文書の控え，上記照会に関して外務省が外国公機関に交付した照会文書
　　の控え及びこれに対する回答文書につき，民訴法223条4項1号の「他国
　　との信頼関係が損なわれるおそれ」があり，同法220条4号ロ所定の文書
　　に該当する旨の監督官庁の意見に相当の理由があると認めるに足りないと

892

した原審の判断に違法があるとされた事例（最高裁第二小法廷平成17年7月22日決定民集59巻6号1888頁）法学研究79巻12号

韓国人で韓国在住の前婚の妻らが日本人で日本在住の後婚の妻に対し重婚を理由として日本の裁判所に提起した後婚の取消請求訴訟（本訴）の係属中に，後婚の妻が提起した前婚の無効確認等の反訴について日本の裁判所に国際裁判管轄が認められた事例等（東京高裁平成18年4月13日判決判例時報1934号42頁）法学研究80巻9号114頁

2009年（平成21年）

金融機関が民事訴訟において訴訟外の第三者として開示を求められた顧客情報について，当該顧客自身が当該民事訴訟の当事者として開示義務を負う場合に，同情報は，民訴法197条1項3号にいう職業の秘密として保護されるか等（最高裁第三小法廷平成19年12月11日決定民集61巻9号3364頁）法学研究82巻11号

法務省が外務省を通じて外国公機関に照会を行った際に同省に交付した依頼文書の控えにつき民訴法223条4項1号の「他国との信頼関係が損なわれるおそれ」があり同法220条4号ロ所定の文書に該当する旨の監督官庁の意見に相当の理由があると認めるに足りないとした原審の判断に違法があるとされた事例等（最高裁第二小法廷平成17年7月22日決定民集59巻6号1888頁）金融・商事判例1311号

2011年（平成23年）

米国の州によって同州港湾局の我が国における事務所の現地職員として雇用され，解雇された者が，雇用契約上の権利を有する地位にあることの確認及び解雇後の賃金の支払を求めて提起した訴訟につき，同州は我が国の民事裁判権から免除されるとした原審の判断に違法があるとされた事例（最高裁第二小法廷判決民集63巻8号1799頁）法学研究83巻9号

固有必要的共同訴訟において合一確定の要請に反する判決がされた場合と不利益変更禁止の原則（最高裁第三小法廷平成22年3月16日判決民集64巻2号498頁）判例タイムズ1343号

春日偉知郎先生 業績一覧

2012 年（平成 24 年）
　1 事件　債権差押命令の申立てにおける差押債権の特定の有無の判断基準
　　（最高裁第三小法廷平成 23 年 9 月 20 日決定民集 65 巻 6 号 2710 頁
　2 事件　複数店舗に預金債権があるときは預金債権額合計の最も大きな店舗
　　の預金債権を対象とする旨の方式による差押命令の申立てと差押債権の特
　　定（積極）（東京高裁平成 23 年 10 月 26 日決定判例時報 21304 頁）以上 2
　　件につき法学研究 85 巻 8 号

2013 年（平成 25 年）
　詐害行為取消権の訴訟物である詐害行為取消権は，取消権者が有する個々の
　　被保全債権に対応して複数発生するものではない（補足意見がある）（最
　　高裁第三小法廷判決金融・商事判例 1355 号 16 頁）法学研究 86 巻 5 号

〈書　評〉

1978 年（昭和 53 年）
　Gerhard Reinecke, Die Beweislastverteilung im Bürgerlichen Recht und im
　arbeitsrecht als rechtspolitische Regelungsaufgabe（Duncker & Hum-
　blot）, 1976　民事訴訟雑誌 24 号（1978 年）255-265 頁

1980 年（昭和 55 年）
　図書紹介「村上博己著『民事裁判における証明責任』」Law School 23 号（1980
　年）120-121 頁

1994 年（平成 6 年）
　石川明=三上威彦編『国際民事訴訟の基本問題』（青林書院）
　判例タイムズ 854 号 56-58 頁

1996 年（平成 8 年）
　加藤新太郎著『手続裁量論』（弘文堂）判例タイムズ 918 号 30-33 頁

2001 年（平成 13 年）

藤原弘道著『民事裁判と証明』（有信堂）ジュリスト 1204 号 93 頁

2013 年（平成 25 年）

菅野和夫他編著『労働審判制度の利用者調査』（有斐閣）日本労働研究雑誌 640 号-頁

〈学会報告・講演等〉

1981 年（昭和 56 年）

民事訴訟法学会第 51 回大会個別報告

「証拠の収集および提出過程における当事者行為の規律」民事訴訟雑誌 28 号 60-109 頁

1995 年（平成 7 年）

司法研修所講演「民事裁判における事案解明義務(論)について」司法研修所論集 95 号 39-93 頁

1996 年（平成 8 年）

家族〈社会と法〉学会　シンポジウム報告「親子関係訴訟における鑑定強制」家族〈社会と法〉『実親子関係と DNA 鑑定』13 号 115-127 頁

1997 年（平成 9 年）

書記官研修所講演「新民事訴訟法の概要について ── 集中審理の担い手としての裁判所書記官の職務権限」書記官研修所報 43 号 1-27 頁

1998 年（平成 10 年）

水戸地方裁判所講演「これからの民事訴訟」Court Clerk No.178（1999 年 2 月）14-33 頁

2007 年（平成 19 年）

民事訴訟法学会第 77 回大会シンポジウム報告「民事裁判における情報・証

拠の開示と保護 —— 問題状況と主張・立証過程における開示」民事訴訟雑誌 54 号 79-156 頁

2012 年（平成 24 年）

仲裁 ADR 法学会第 8 回大会　シンポジウム「民事調停の機能強化」（司会）仲裁と ADR8 号 94-130 頁

〈その他〉

平成 5 年重要判例解説—懲罰的損害賠償の支払いを命ずるカリフォルニア州判決の執行（東京高判平成 5・6・28）

平成 7 年重要判例解説—建物収去土地明渡を命ずる判決の確定と建物買取請求権の行使（最二判平成 7・7・12）

平成 14 年重要判例解説—藁の上からの養子として虚偽の出生届をした戸籍上の母が提起した親子関係不存在確認の訴えの適否（東京高判平成 14・1・16）

平成 17 年度重要判例解説—捜索差押許可状・捜索差押え令状請求書に対する文書提出命令（最二判平成 17・7・22）

民事訴訟法判例百選［第 5 版］「過失の概括的認定（最三判昭和 39・7・28）」別冊ジュリスト 226 号（2015 年）

民事執行・保全判例百選［第 2 版］「建物の競売と敷地利用権の不存在の場合の担保責任（最二判平成 8・1・26）」別冊ジュリスト 208 号（2012 年）

倒産判例百選［第 5 版］「否認の登記と転得者（大阪高判昭和 53・5・30）」別冊ジュリスト 216 号（2013 年）

「演習(1)〜(12)」法学教室 332 号（2008 年 5 月），同 334 号，同 336 号，同 338 号，同 340 号，同 342 号，同 344 号，同 346 号，同 348 号，同 350 号，同 352 号，同 354 号。

〈座談会〉

1977 年（昭和 52 年）

〈研究会〉証明責任論とその周辺　判例タイムズ 350 号

1989 年（平成元年）

〈研究会〉証明責任論の現状と課題　判例タイムズ 679 号

1991 年（平成 3 年）

〈特集〉独禁法違反と損害賠償請求　ジュリスト 983 号

1994 年（平成 6 年）

〈座談会〉民事訴訟法改正問題の検討と展望（民事訴訟法改正研究 6）　判例タイムズ 826 号

〈座談会〉「民事訴訟手続に関する改正要綱試案」をめぐって（民事訴訟法改正研究 9）　判例タイムズ 843 号

1995 年（平成 7 年）

〈座談会〉民訴改正「要綱試案」の検討(1)—— 第 1 管轄，第 2 当事者，第 3 訴え　判例タイムズ 870 号

〈座談会〉民訴改正「要綱試案」の検討(2)—— 第 4 口頭弁論及びその準備，第 5 証拠　判例タイムズ 876 号

〈座談会〉民訴改正「要綱試案」の検討(3)・完 —— 第 6 訴訟手続に関するその他の事項等　判例タイムズ 877 号

1996 年（平成 8 年）

〈座談会〉事実認定と供述心理　判例タイムズ 897 号

〈座談会〉民訴改正要綱・民訴法案をめぐって　判例タイムズ 903 号

1997 年（平成 9 年）

〈座談会〉ここを学ぼう新民訴・民事訴訟を変えるのは君たちだ　法学セミナー 505 号

〈新春座談会〉電子的文書保存の法的諸問題 —— 磁気ディスクに保存されたデータと証拠法（上）（下）　NBL608 号・609 号

〈座談会〉新民事訴訟法下の審理を探る —— 新民事訴訟規則を中心に（上）（下）　判例タイムズ 931 号，937 号

春日偉知郎先生 業績一覧

〈座談会〉事実認定の客観化と合理化　判例タイムズ 947 号

2000 年（平成 12 年）

〈座談会〉民事訴訟における専門的知見の導入 ── 鑑定の効果的利用を中心として　判例タイムズ 1010 号

〈座談会〉稟議書を中心とした文書提出命令（上）（下）　判例タイムズ 1027 号・1028 号

2004 年（平成 16 年）

〈特集〉労働審判法制定〔座談会〕労働審判制度の創設と運用上の課題　ジュリスト 1275 号

2005 年（平成 17 年）

〈座談会〉間接強制の現在と将来　判例タイムズ 1168 号

2011 年（平成 23 年）

〈座談会〉民事訴訟手続における裁判実務の動向と検討第 1 回　判例タイムズ 1343 号

2012 年（平成 24 年）

〈座談会〉民事訴訟手続における裁判実務の動向と検討第 2 回　判例タイムズ 1361 号

〈座談会〉民事訴訟手続における裁判実務の動向と検討第 3 回　判例タイムズ 1375 号

2013 年（平成 25 年）

〈座談会〉民事訴訟手続における裁判実務の動向と検討第 4 回　判例タイムズ 1386 号

2014 年（平成 26 年）

〈座談会〉民事訴訟手続における裁判実務の動向と検討第 5 回　判例タイム

ズ 1397 号

〈研究助成〉

1992 年（平成 5 年）
　国際民事訴訟における「司法摩擦」　全国銀行学術研究振興財団

1998 年（平成 10 年）
　電子文書に関する証拠法上の問題点と対応策 —— 電子取引における問題点を
　　中心として　電気通信普及財団

2004 年（平成 16 年）
　「顧客情報の開示を理由とする損害賠償請求」の訴訟上の問題　全国銀行学
　　術振興財団

〈所属学会〉
日本民事訴訟法学会
日本私法学会
仲裁 ADR 法学会
日本法律家協会

現代民事手続法の課題

―― 春日偉知郎先生古稀祝賀 ――

2019(令和元)年 7 月27日　第 1 版第 1 刷発行

編　集	加藤新太郎・中島弘雅 三木浩一・芳賀雅顯
発行者	今井 貴 今井 守
発行所	株式会社 信 山 社

〒113-0033　東京都文京区本郷6-2-9-102
Tel 03-3818-1019　Fax 03-3818-0344
info@shinzansha.co.jp
出版契約 2019-8064-7-01010 Printed in Japan

Ⓒ編著者，2019　印刷・製本／亜細亜印刷・牧製本
ISBN978-4-7972-8064-7 C3332　分類327.000-a011民事手続法
8064-01011：012-040-005《禁無断複写》.p.920

JCOPY　〈(社)出版者著作権管理機構　委託出版物〉
本書の無断複写は著作権法上での例外を除き禁じられています。複写される場合は，
そのつど事前に，(社)出版者著作権管理機構(電話 03-5244-5088，ＦＡＸ 03-5244-5089，
e-mail:info@jcopy.or.jp) の許諾を得てください。